中国中央电视台年鉴

2013

主　　编　胡占凡

副主编　罗　明

任学安

中国广播影视出版社

编 辑 说 明

一、《中国中央电视台年鉴》是以丰富翔实的图文资料，逐年度、全方位客观记录中央电视台事业、产业发展的新情况、新发展、新经验和新成果的大型工具书。为中央电视台决策管理部门和工作人员以及国内外社会各界了解、研究中央电视台的发展轨迹提供可靠信息。

二、本年鉴1994年创办，每年编印一卷。主体是记录和反映中央电视台一整年的宣传情况和各项成果。2013年卷为第二十卷。

三、本卷设：图片纪事、特载、概况、专辑、机构、频道·栏目·节目、新媒体传播、获奖·表彰、受众调查、研发、规章制度选载、电视书报刊及音像出版物、新技术设备、产业经营、同港澳台交流与合作、对外交流与合作、人物、统计、大事记、附录及索引等21个栏目。

四、随着中央电视台深化改革，不断创新，《中国中央电视台年鉴》的内容更为丰富，形式更加新颖。2013年是党的十八大后的开局之年，本卷突出反映了2013年中央电视台在党中央的正确领导下，始终坚持正确导向，加强新闻宣传和舆论引导，紧密围绕党和国家工作全局，圆满完成了党的十八届三中全会、习近平主席系列出访、中国梦主题宣传、四川芦山地震等重大事件和突发事件报道；“走转改”、“寻找最美”等系列活动接地气、润泽人心；《中国汉字听写大会》、《谁是球王》等一批新节目创造了主流文化传播新热点；台网融合稳步推进、“央视新闻”等积极开拓新媒体传播阵地，国家电视台的传播力、公信力、影响力显著增强。围绕建设国际一流媒体总目标，中央电视台在国际舆论中的地位、作用和影响日益彰显，传播理念、发展战略、转播水平、整体实力都有了进一步提升。对此，中央满意，群众赞扬，国际认同。

五、《中国中央电视台年鉴》编辑工作得到了全台各级领导和各中心特约编辑、资料员以及出版单位的大力支持。在此，一并表示感谢。

中国中央电视台年鉴（2013）

编 辑 委 员 会

中国中央电视台年鉴（2013）

编 辑 部

编辑部地址： 北京市朝阳区光华路甲1号中央电视台总部
发展研究中心电视传播研究部

邮政编码： 100789

联系电话： 010-85057266

图书在版编目（CIP）数据

中国中央电视台年鉴. 2013/胡占凡主编；《中国中央电视台年鉴》编辑部编.—北京：中国广播影视出版社，2015.1
ISBN 978-7-5043-7374-8

Ⅰ.①中… Ⅱ.①胡… ②中… Ⅲ.①中央电视台—2013—年鉴 Ⅳ. ①G229.24-54

中国版本图书馆CIP数据核字(2015)第028083号

中国中央电视台年鉴（2013）

胡占凡 主编
《中国中央电视台年鉴》编辑部 编

责任编辑 沈楚瑾
装帧设计 大盟文化
出版发行 中国广播影视出版社
电　　话 010-86093580　010-86093583
社　　址 北京市西城区真武庙二条9号
邮　　编 100045
网　　址 www.crtp.com.cn
电子信箱 crtp8@sina.com
经　　销 全国各地新华书店
印　　刷 北京雅昌艺术印刷有限公司
开　　本 787毫米×1092毫米　1/16
字　　数 1200千字
印　　张 34.625
插　　页 4印张
版　　次 2015年1月第1版　2015年1月第1次印刷
书　　号 ISBN 978-7-5043-7374-8
定　　价 180.00元

❖ 新年前夕，国家主席习近平通过中央电视台、中央人民广播电台、中国国际广播电台发表2014年新年贺词。
（图片来源：新华社）

胡占凡
台分党组书记
台长

罗　明
台分党组副书记
总编辑
副台长

魏地春
台分党组副书记
副台长

胡　恩
台分党组成员
副台长

何宗就
台分党组成员
副台长

高　峰
台分党组成员
副台长
中央新闻纪录电影制片厂（集团）总裁

孙玉胜
台分党组成员
副台长

张海鸽
台分党组成员
纪检组组长
机关党委书记

袁正明
台分党组成员
副台长

薛继军
台分党组成员
中国电视剧制作中心
有限责任公司总裁

梁晓涛
台分党组成员
中国国际电视总公司
董事长

丁文华
总工程师

程　宏
副总编辑

李　挺
副总编辑

朱　彤
副总编辑

黄传芳
副总编辑

张　宁
副总编辑

彭健明
副总编辑

董为民
总会计师

❖ 2013 年 11 月 16 日，正在中国访问的荷兰首相马克·吕特一行参观中央电视台总部大楼并接受专访。中央电视台台长胡占凡陪同参观。

❖ 2013 年 4 月 25 日，中央电视台总编辑、副台长罗明会见英国广播公司研究发展部总监马修 · 波斯盖特。

❖ 2013 年 8 月 13 日，中央电视台副台长魏地春会见台湾海基会董事长林中森。

❖ 2013 年 5 月 31 日，中央电视台副台长胡恩会见国际电视资料联合会主席简 · 穆勒。

❖ 2013 年 6 月 21 日，中央电视台副台长何宗就会见日本松下公司代表团一行。

❖ 2013 年 11 月 18 日，中央电视台副台长高峰会见葡萄牙资产传媒集团副总裁兼 TVI 电视台台长米格尔·吉尔。

❖ 2013 年 3 月 14 日，中央电视台副台长孙玉胜会见路透社全球董事总经理史蒂文·施瓦茨。

❖2013 年 6 月 13 日，中央电视台分党组成员、纪检组组长、机关党委书记张海鸽会见捷克文化部副部长。

❖2013 年 9 月 23 日，中央电视台副台长袁正明会见英国伦敦副市长。

❖2013 年 8 月，中国电视剧制作中心有限责任公司总裁薛继军参加英国爱丁堡国际电视节并发表演讲。

❖2013年4月，中央电视台总工程师丁文华参加美国NAB广播电视设备展。

❖ 2013年3月1日，中央电视台副总编辑程宏会见美国野生救援协会创始人兼理事长奈彼得。

❖ 2013年3月19日，中央电视台副总编辑李挺会见NBA新任联盟主席亚当·萧华。

❖2013 年 12 月 2 日，中央电视台副总编辑朱彤会见英国银色之门媒体公司副主席威廉·阿斯特。

❖ 2013 年 9 月 6 日，中央电视台副总编辑黄传芳会见古巴广电局副主席艾米里奥。

❖ 2013 年 07 月 24 日，中央电视台副总编辑张宁会见香港特别行政区民政事务局局长曾德成一行。

❖ 国家新闻出版广电总局副局长张丕民在台领导张海鸽陪同下检查中央电视台春节联欢晚会安保工作。

❖ 2013 年 4 月 16 日，机要档案处成立。图为机要档案处同志与台办公室领导合影。

❖ 法规处组织召开中央电视台电视综艺节目知识产权法律问题研讨会。

❖ 2013 年 4 月 8 日，央视总部 9 层餐厅开餐服务。

❖ 房管处的同志在新址工作现场。

✤ 2013 年 4 月，版权管理部组织了中央电视台第一届荧屏杯知识产权法律知识竞赛。

✤ 2013 年 6 月 14 日，节目播出部组织召开第三批播出搬迁会议。6 月 18 日全台开路频道实现新址全面播出。

✤ 2013 年 7 月，审片部召开电视剧市场走势分析会议。

✤ 2013 年 8 月 16 日，总编室举行了“总有话说”党的群众路线教育实践活动系列之“认知马克思主义新闻观，践行编辑记者职责”演讲比赛。

✤ 2013 年 1 月，综艺频道《开门大吉》栏目在新节目样片专家评议会上进行方案陈述。

✤ 2013 年 6 月，节目推介部举办“精彩一夏——2013 暑期特别奉献”新闻发布会，向媒体集中推介中央电视台暑期精彩节目。

✤ 2013 年 9 月 18 日，总编室携手综合频道《开讲啦》栏目开展 CCTV 青年影响力大型展演活动。

❖《感动中国 2013 年度人物评选》获奖者在颁奖晚会现场合影。

❖ 2013 年 4 月 18 日，中央电视台北美分台在华盛顿子午线国际艺术中心举行品牌与节目推广活动。

❖ 2013 年 1 月 3 日，中央电视台大马士革记者站记者对叙利亚政府军与反对派大马士革郊区巷战作现场报道。

❖ 2013 年 7 月 7 日，中央电视台新闻中心记者在南中国海首次随“蛟龙号”下潜。

❖ 2013 年 7 月 12 日，斯诺登在莫斯科谢列梅捷沃机场露面，中央电视台记者在现场作报道。

❖ 2013 年 7 月 27 日至 8 月 17 日，“和平使命——2013”中俄联合反恐军演在俄罗斯车里雅宾斯克举行。图为新闻中心军事节目部记者在演习现场进行拍摄。

❖2013年9月，中央电视台驻肯尼亚记者现场报道肯尼亚首都内罗毕西门商场恐怖主义袭击事件。

❖2013年9月，中央电视台驻外记者专访叙利亚总统巴沙尔·阿萨德。

❖2013年9月29日，中央电视台第一届《寻找最美“村官”》颁奖晚会于北京举行。

❖“嫦娥三号”发射当天，新闻中心记者在发射塔架边采访探月工程总设计师吴伟仁。

❖经济新闻部记者和海事卫星直播工程师在海拔3000米的天梯上拍摄武警战士徒步抢运救灾物资进入草坡乡的画面。

❖社会新闻部记者在东非野生动物大迁徙报道工作营地编辑新闻。

2013 年 8 月 16 日，综合频道召开观众座谈会，听取热心观众和业内专家的意见和建议，共同探讨频道发展面临的机遇与挑战。

综合频道黏土动画宣传片画面截图。

2013 年 8 月 19 日，八一少年跳伞队的小队员在《开学第一课》节目录制现场向小同学教授跳伞姿势。

《生活早参考》十一特别节目《寻访时令美味》主持人阿丘在荷塘体验挖藕工作，寻访制作莲藕美食的高人。

2013 年，综合频道推出三档新栏目。图中从左至右依次为《为了你》、《正大综艺·宝宝来啦》、《撒贝宁时间》节目录制场景。

❖ 2013年12月12日，英国前首相布莱尔到央视总部参加第14届中国经济年度人物颁奖盛典前与中央电视台台长胡占凡会面。

❖ 2013年12月11日至12日，2013央视财经论坛在北京举行。副台长魏地春先后参加主旨论坛和中国制造业自主品牌价值评价结果发布会并致辞。

❖ 2013年“3·15” 晚会直播现场。

❖ 2013年3月1日，《CCTV经济生活大调查2012－2013》特别节目录制现场，农民工代表发布调查数据。

❖ 第14届中国经济年度人物颁奖盛典在中央电视台新址成功举办。

❖ 2013年1月29日，综艺频道召开2013年工作会议，副台长胡恩、副总编辑彭健明出席会议并讲话。

❖《中国好歌曲》节目录制现场，周华健献唱歌曲《朋友》。

❖ 2013年12月，《黄金100秒》栏目春节特别节目《金光闪闪闹新春》录制现场，主持人李佳明和杨帆配合选手亮相。

❖ 2013年中央电视台综艺频道创新推出的《开门大吉》实现收视和口碑的双丰收，成为总局本年度创新栏目。图为节目录制现场。

❖ 2013年12月23日，《中国好歌曲》录制现场。

❖ 第六届“汉语桥”在华留学生汉语大赛预赛现场，参赛选手进行才艺表演。

❖ 2013 年 11 月 28 日，“CCTV 全球侨胞中国梦”大型征文活动颁奖典礼《中国梦 · 中华情》在中央电视台新址举行。

❖《华人世界·客家足迹行》摄制组工作照。

❖ 2013 年 8 月 5 日，中文国际频道推出七集大型人文纪录片《长寿密码》。

❖ 2013 年 9 月，《梅州月 · 中华情》中央电视台中秋晚会在广东梅州举行。

❖ 中文国际频道“神舟十号”报道演播室场景。

✣ 2013 年 8 月 18 日，体育赛事频道 CCTV－5+ 正式开播。图为开播仪式现场，台领导共同启动频道开播装置。

✣ 2013 年 10 月 6 日至 15 日，第 6 届东亚运动会在天津举办，中央电视台体育频道和技术部门密切协作，对本届赛事进行全方位转播报道。图为东亚运动会中央电视台工作区。

✣ 2013 年 2 月 1 日至 6 日，体育频道制作了“首届 CCTV 贺岁杯”系列赛，共包含象棋、围棋、羽毛球、乒乓球、搏击、九球等六项赛事。

✣ 2013 年 4 月至 6 月，体育频道与教育部合作，以在华留学生参与为主的“留动中国”阳光体育活动为契机，策划推出“CCTV－5 就在你身边”系列主题活动。

✣ 2013 年 4 月至 6 月，体育频道与教育部合作，以在华留学生参与为主的“留动中国”阳光体育活动为契机，策划推出“CCTV－5 就在你身边”系列主题活动。

✣ 2013 年 8 月 31 日至 9 月 12 日，第 12 届全运会在辽宁举办，中央电视台多个频道全方位转播报道，创新多项技术应用于公用信号制作。

✣ 2013 年，体育频道为关注普通群众体育生活、推广全民健身，发起“为爱为健康、跟 5 一起跑”活动。

❖ 电视剧频道总监代表中央电视台电视剧管理中心与四川电视节办公室就“金熊猫”奖国际电视剧评选签署合作协议。

❖ 电视剧频道 2013 年工作会议现场，频道领导在作年度工作总结。

❖ 电视剧频道“走基层”慰问活动组织《推拿》剧组到南京与观众互动。

❖ 电视剧频道引进的韩剧《原来是美男》剧照。

❖《影视俱乐部》栏目片头。

❖ 电视剧《妈祖》海报。

❖《影视同期声》栏目片头。

❖ 科教频道组织召开中央电视台 2013 年科教文卫宣传工作联席会。

❖ 科教频道邀请国际纪录片制作人伊夫·让·诺共同探讨科教文化节目国际市场形势，并分享国际合作经验。

❖《影视名堂》栏目录制现场。

❖《发明梦工场》初赛节目录制现场，玉米面条机发明人薛心亮（左一）展示面条成品。

❖ 2013 年《科技盛典》录制现场。

❖ 2013 年 12 月 14 日，《嫦娥落月》系列直播节目第二场《落月》直播结束后，现场嘉宾与直播工作人员合影留念。

❖ 社会与法频道召开年度工作总结会。

❖ 社会与法频道组织员工参观反腐倡廉展览。

❖ 2013 年《平安中国》特别节目《人民监督员：见证制度创新》视频截图。

❖ 社会与法频道大型特别节目《法治的力量——CCTV2013 年度法治人物评选》演播室录制现场，所有获奖者合影。

❖ 《法律讲堂》栏目推出的系列节目《法官解案》片头截图。

❖《社区英雄》栏目片头视频截图。

❖《星光璀璨——2013 新民歌演唱会》工作照。

❖《空中剧院》开播十周年答谢联欢晚会录制现场。

❖ 音乐频道承办的国家重点大型歌唱类电视文化活动《寻找刘三姐》演播室录制场景。

❖ 2013 年 4 月至 8 月，戏曲频道举办了中央电视台首届全国少儿京剧电视大赛。

❖《越女争锋》参赛选手表演画面。

❖ 音乐频道新栏目《争奇斗艳》节目录制现场。

❖ 戏曲频道新栏目《一鸣惊人》演播室录制现场。

❖ 2013 年 7 月 28 日，《相约北京》国际青少年大联欢晚会在中央电视台一号演播厅录制。

❖ 2013 年 10 月 27 日，《寻找最美孝心少年》大型公益活动颁奖典礼现场，活动形象大使李瑞英、董浩、刘纯燕、郎永淳深情朗诵《孝心无价》。

❖ 2013 年六一晚会《快乐的节日》演播现场。

❖《儿童剧场》栏目片头视频截图。

❖ 少儿频道部分新栏目 LOGO。

❖ 2013 年 10 月 26 日，《中央电视台西班牙语大赛》节目录制现场，主创人员与评委及前三名获奖选手等合影。

❖ 2013 年 9 月，在宁夏银川召开的中阿广电论坛推介会上，阿拉伯语频道工作人员向与会嘉宾介绍阿拉伯语频道优秀节目。

❖ 2013 年 5 月 22 日，“和谐团队”·“成长之星”评选及颁奖活动现场 9 位成长之星合影。

❖ 2013 年 8 月 27 日，俄语频道摄制组在位于符拉迪沃斯托克的远东国立大学采访拍摄。

❖ 2013 年 8 月 9 日，法语频道外籍记者采访叙利亚诗人阿多尼斯。

❖ 2013 年 3 月，阿拉伯语频道主持人采访伊拉克当地农民。

❖ 纪录片《china·瓷》宣传片截图。

❖ 纪录片《南海Ⅰ号》片头截图。

❖ 纪录片《发现肯尼亚》工作照。

❖ 纪录片《扎溪卡的微笑》视频截图。

❖ 由中央电视台纪录频道、英国广播公司、美国探索频道、法国国家电视集团联合摄制的纪录片《非洲》截图。

❖ 纪录片《丹顶鹤》片头截图。

❖ 2013 年 10 月 4 日，第九届全国电视小品大赛现场，中央电视台副台长胡恩和大型节目中心领导为获奖者颁奖。

❖ 2013 年 3 月 29 日，《CCTV2012 中国电视剧年度明星盛典》现场，中央电视台台长胡占凡为演员李雪健颁发终身成就奖。

❖ 2013 年 3 月 8 日，《与美丽同行——2013 年“三八”国际妇女节专题文艺晚会在央视总部演播室演出。

❖ 2013 年 9 月 10 日，大型节目中心党支部联合综艺频道组织主持人、编辑、记者赴北京雷锋小学开展公益助学活动。

❖ 2013 年 5 月 4 日，《五月的鲜花 · 我们的中国梦——2013 年全国大学生校园文艺会演》在中央电视台录制。

❖ 2013 年 11 月 25 日，第 15 届中韩歌会在北京录制。图为中韩两国主持人阵容。

❖ 2013 年 6 月 11 日，军事节目中心“神舟十号”飞船发射前方报道组在酒泉卫星发射中心直播航天员出征仪式后合影。

❖ 2013 年 4 月，《走边关》摄制组在西双版纳中老边境磨憨口岸进行采访。

❖ 2013 年 4 月，军事节目中心记者在四川芦山地震重灾区宝盛乡中坝村采访救灾部队。

❖《军迷淘天下》栏目 LOGO。

❖ 庆祝建军 86 周年八一特别节目《我是一个兵》节目演播现场画面。

❖ 军事节目中心全新军事益智类暨首届全民国防知识大赛《我爱国防》录制现场。

❖ 2013 年 10 月 16 日，海外传播中心在北京举办 CCTV 国际频道品牌推广研讨会。图为中央电视台副台长魏地春在研讨会上致辞。

❖ 2013 年 12 月 23 日，中央电视台副总编辑朱彤与土耳其国家广播电视公司副总经理易卜拉欣·艾兰签署两台节目交换播出合作备忘录。

❖ 2013 年 4 月 17 日，中央电视台召开 2013 年国际传播能力建设联席会议。

❖ 2013 年 12 月 28 日，中央电视台副总编辑朱彤与南非欧恩数字媒体公司首席执行官哈里法·埃迪·巴洛代表双方签署《关于转播中国中央电视台英语新闻频道和纪录国际频道的协议》。

❖ 2013 年 4 月，海外传播中心联络部工作组赴美国洛杉矶举办 @CHINA 国际频道品牌推广活动。

❖ 2013 年 5 月，海外传播中心领导赴葡萄牙，与葡萄牙 MEO 公司商谈落地合作事宜。

❖ 人力资源管理中心创新推出的干部沙龙活动现场。

❖ 人力资源管理中心“现场服务日”群众路线教育实践活动现场。

❖ 人力资源管理中心组织中央电视台 2013 年校园招聘考试现场。

❖ 人力资源管理中心在新加坡南洋理工大学举办干部管理创新培训活动。

❖ 人力资源管理中心为督导全台绩效工资发放工作，组织召开以“成熟组织的绩效变革”为主题的中央电视台全面绩效管理业务研讨会。

❖ 离退休人员管理处组织中央电视台离退休老同志参加秋游和理论学习班活动。

❖ 中央电视台总会计师董为民对计划统计处基础业务工作进行体验。

❖ 会计核算处组织完成中央电视台个人所得税现场纳税申报工作。

❖ 财产物资处组织进行中央电视台新址办公家具（第二场）现场招标工作。

❖ 财务管理中心综合业务处就完善会计委派相关规定作研讨。

❖ 财务管理处召开部门工作会议。

❖ 产业管理处研讨 2013 年中央电视台下属企业财务会计决算工作。

❖ 2013 年 5 月 16 日，中央电视台台长胡占凡在 2013 北京国际电视技术研讨会上发表《推动科技发展创新，构建现代传播体系》主题演讲。

❖ 2013 年 4 月 11 日，技术管理中心召开“金帆奖”颁奖暨 2013 年参评工作落实会。图为副台长何宗就与技术管理中心领导为获奖单位颁奖。

❖ 2013 年 8 月 23 日，中央电视台副总工程师宋宜纯带队参观第 22 届北京国际广播电影电视设备展览会（BIRTV2013）。

❖ 2013 年 6 月 7 日，新疆广电局副局长阿不力米提·阿不来提一行赴央视总部参观，中央电视台总工程师丁文华、副总工程师宋宜纯、技术管理中心领导等陪同参观并与对方座谈。

❖ 2013 年 4 月 26 日，技术管理中心组织党团员在海淀消防支队凤凰岭消防中队进行消防、防火安全知识培训。

❖ 2013 年 6 月 23 日，中央电视台就与北京理工大学联合创建“数字表演与视觉创意联合实验室”举行合作框架协议签约仪式。

❖ 2013年8月20日，CCTV－5+体育赛事频道开播。图为台领导亲临央视总部E15演播室指导工作。

❖ 2013年11月7日，中央电视台总工程师丁文华、副总工程师宋宜纯在央视总部演播室与松下公司人员进行4K技术交流。

❖ 2013年春节联欢晚会线阵箱进行现场调试。

❖ 技术制作中心领导检查2013年春节联欢晚会现场准备情况。

❖ 2013年11月15日，录制一部与制作部联合举办灯光设备和技术现场交流演示活动。

❖ 2013年8月21日，第12届全运会外场演播室系统搭建准备现场画面。

❖ 2013 年 6 月 18 日，中央电视台 24 个公共频道正式在央视总部全面播出。

❖ 2013 年 11 月，转播部二维索道有线传输摄像机系统进行首次测试，中央电视台总工程师丁文华赴涿州现场指导工作。

❖ 2013 年全国“两会”期间，播出传送中心领导在人民大会堂金色大厅直播现场与总控部人员讨论直播技术方案。

❖ 2013 年 3 月，新闻制播三部技术人员随国家领导人出访坦桑尼亚，利用中央电视台卫星地面站设备传送时政新闻。

❖ 为确保新闻系统搬迁工作顺利进行，新闻制播一部在央视总部 C01 演播室召开演练现场会。

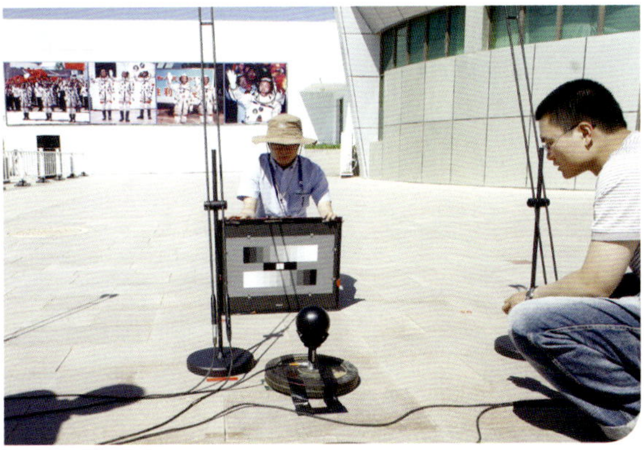

❖ 2013 年 6 月，“神舟十号”发射转播期间，转播部首次使用 Q－BALL 遥控微型摄像机拍摄航天员出征画面。图为技术人员在现场调试设备。

❖ 2013 年 4 月 5 日，中央电视台台长胡占凡在全国公益广告大赛新闻发布会上致辞。

❖ 2013 年 10 月 30 日，资产管理中心领导带队赴上海与耐克公司洽谈广告合作事宜。

❖ 资产管理中心客户部兼频道经营部领导在中央电视台 2014 黄金资源广告招标现场讲解投标卡填涂说明。

❖ 2013 年 11 月 18 日，资产管理中心领导在中央电视台 2014 黄金资源广告招标现场讲解投标规则。

❖ 2013 年 10 月 15 日，资产管理中心在北京举办中国电视影响力发展论坛。

❖ 2013 年 9 月 17 日，中央电视台举办 2014 节目资源推介会。

2013 年 5 月，由中央文明办与中央电视台共同主办、发展研究中心承办的“讲文明、树新风、心系公益、共圆中国梦——中央电视台公益广告论坛暨经验交流会”在北京举行。

2013 年 5 月 22 日，由中央电视台、中国广播电视协会主办，中央电视台发展研究中心、云南电视台承办的第三届中国电视发展年会在云南昆明召开。

发展研究中心全年组织 10 余场大型学术研讨会及电视论坛活动，创办“听导演说节目”、“新媒体讲坛”系列讲座，创新节目观摩方式，二次放大全台节目传播力、影响力。

2013 年 11 月，以“电视的品质、品格、品位”为主题的中央电视台智库论坛在北京举办。

2013 年 8 月，《中央电视台对外传播史》出版发行，该书是第一部全面回顾总结中央电视台对外传播发展历史的力作。

发展研究中心发布《2013 中央电视台电视节目网络影响力年度分析报告》，受到业内广泛关注和好评。

❖ 2013 年 7 月 18 日，中央电视台召开党的群众路线教育实践活动动员大会。

❖ 2013 年 5 月 7 日，机关党委举办“青年心、央视人、中国梦”——中央电视台“央视精神”表述语发布会暨第二届“青年五四奖章”颁奖典礼。图为台领导为 12 位获得“青年五四奖章”称号的青年代表颁奖。

❖ 2013 年 3 月 25 日，精神文明协调处组织中央电视台 2013 年度无偿献血活动。图为台领导与部分无偿献血员工合影。

❖ 2013 年 11 月 10 日，台团委与总编室联合举办“咱们结婚吧——明星帮你牵红线”百人脱单行动。

❖ 2013 年 10 月，中央电视台侨联与新疆维吾尔自治区侨联合作开展央视侨联走基层慰问活动。

❖ 2013 年 8 月 21 日至 23 日，台工会联合会组织举办了中央电视台第四届“CCTV 杯”职工羽毛球比赛，全台有 33 支代表队、400 多名运动员参加比赛。

❖ 2013 年 9 月 9 日，台分党组成员、纪检组组长、机关党委书记、总部接管办主任张海鸽现场查看新台址 B 标段工程建设情况。

❖ 2013 年 3 月 28 日，中央电视台副台长袁正明现场查看新台址媒体公园建设情况。

❖ 2013 年 12 月 6 日，中央电视台与施工单位共同庆祝新台址主楼荣获“中国建设工程鲁班奖（国家优质工程）”。

❖ 2013 年 11 月 7 日，新台址主楼荣获“全球最佳高层建筑奖”，图为设计方向中央电视台移交奖杯。

❖ 2013 年 11 月 21 日， 新台址建设工程办公室组织召开 TVCC 结构检测评估修复设计专家评审会。

❖ 2013 年 4 月 12 日，新台址建设工程办公室组织员工在新台址媒体公园进行植树活动。

❖ 2013 年 11 月 16 日，荷兰首相到中央电视台总部参观访问。

❖ 2013 年 6 月 17 日，中央电视台举行央视总部播出启动仪式。

❖ 2013 年 1 月 16 日，中央电视台总部接收管理办公室举行社会与法频道入驻央视总部欢迎仪式。

❖ 2013 年 3 月 6 日，国家新闻出版广电总局副局长聂辰席到央视总部考察。

❖ 2013 年 1 月 15 日，央视总部大楼综合体育馆正式向员工开放。

❖ 2013 年 3 月 15 日，央视总部 7 层咖啡厅开始运营。

❖ 中央电视台召开廉政工作会议。

❖ 中央电视台台长胡占凡与各中心负责人交换微博责任书。

❖ 台分党组纪检组长张海鸽在中央电视台廉政教育展览开幕式上致辞。

❖ 中央电视台举办“模拟法庭”廉政教育活动。

❖ 中央电视台电子监察平台上线运行。

❖ 中央电视台纪检组监察室到中央电视台山西记者站开展巡视工作。

❖ 2013年5月，中视科华新闻分公司实施内控体系管理启动会召开，审计处领导出席会议并讲话。

❖ 2013年3月，审计处组织全体人员研讨新审计制度。

❖ 2013年3月，审计处工作人员在中视影视制作有限公司开展经济责任审计工作。

❖ 2013年5月，审计处工作人员在台属公司开展审计工作。

❖ 审计处组织工作人员参观党的群众路线档案展览。

❖ 审计处工作人员进行业务学习。

2013 年 11 月 18 日，中央电视台发文宣布正式开展节目资料社会化服务，图为 11 月 27 日，胡恩副台长在中央电视台节目资料社会化服务政策说明会上讲话。

2013 年 9 月 5 日，音像资料馆派驻到全运会一线的节目资料收集团队在沈阳全运村媒体之家合影。

2013 年 9 月 25 日，为培育积极向上的团队文化，音像资料馆举办党团活动——首届“才艺大比拼”。

2013 年 11 月 5 日，中央电视台在全台范围内开展磁带清理回收工作。图为音像资料馆工作人员在整理收集上来的磁带。

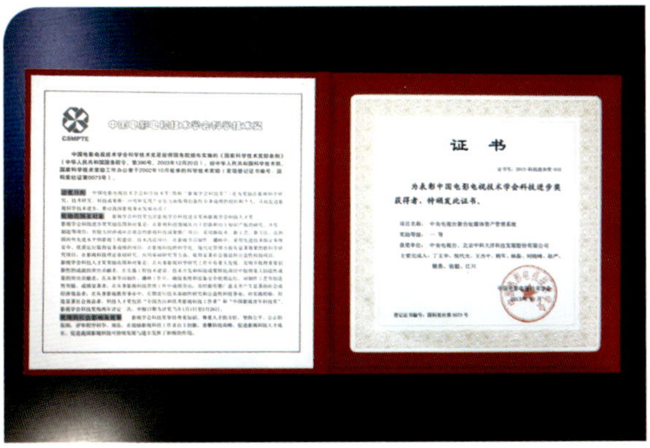

2013 年 10 月，中央电视台新台址媒体资产管理系统荣获中国电影电视技术学会科技进步奖一等奖。

2013 年，音像资料馆开展《国脉》、《延安延安》、《青歌赛》等多个重点节目资料保障工作。

❖ 2013 年 8 月 14 日，中国电视报社党支部组织举办了“社长讲党课”党的群众路线教育实践活动。

❖ 中国电视报社召开践行党的群众路线教育实践活动动员会。

❖ 2013 年 6 月 27 至 28 日，中国电视报社组织召开发展战略研讨会，邀请社科院、中国传媒大学等机构学者和专家对《中国电视报》的现状和未来发展方向把脉问诊。

❖ 2013 年 9 月，中国电视报社与台人力资源管理中心培训职称处合作开展以《重新赢得受众——全媒体时代民生新闻报道》为题的讲座。

❖ 2013 年 8 月，《中国电视报》被国家新闻出版广电总局推荐为 2013 年全国“百强报刊”。

❖ 2013 年 9 月，《中国电视报》参加中国期刊交易博览会，亮相“百强报刊精品馆”主题展览。

❖ 2013 年 4 月 22 日，国家新闻出版广电总局局长蔡赴朝等领导到中国国际电视总公司听取工作汇报。

❖ 2013 年 11 月，全球视频媒体论坛暨非洲视频传输渠道签约仪式场面。

❖ 央视动画有限公司举办《大头儿子小头爸爸》开播仪式。

❖ 2013 年 10 月 26 日，北京未来广告有限公司参加第 20 届中国国际广告节。

❖ 2013 年 1 月 28 日至 2 月 9 日，央视后勤服务发展（北京）有限公司为春节联欢晚会彩排和直播提供餐饮服务。

❖ 2013 年 9 月 23 日，北京荧屏汽车租赁有限公司售后服务部在中央电视台院内进行换季车辆检测。

❖ 中视实业发展有限责任公司形象设计部承担了中央电视台 2013 年中秋晚会舞台服装设计工作。

❖ 2013 年 3 月 28 日，中广物业管理有限公司广播电视音像资料馆项目部通过“国优”复评工作。图为考评专家在资料馆进行实地查验。

❖ 央视市场研究有限公司召开2013年工作会议后合影。

❖ 中视国际传媒有限公司举办“长城平台”上线四达时代非洲直播星平台开播仪式。

❖ 节目代理部参加四川电视节时布置的中央电视台展台。

❖ 中视电视购物有限公司节目制作机房。

中国电视剧制作中心有限责任公司召开党的群众路线教育实践活动动员大会。

中国电视剧制作中心有限责任公司与华闻传媒投资集团股份有限公司举行合作签约仪式。

电视剧《陈云》海报。

电视剧《毛泽东》剧照。

电视剧《全家福》海报。

电视剧《大掌门》剧照。

❖ 中央新闻纪录电影制片厂（集团）总裁高峰在纪录电影《考鼓记》首映式上与主创人员一起击鼓。

❖《寻访马克思》摄制组拍摄柏林老印刷厂时的工作照。

❖ 电视纪录片《湿润的文明》摄制组在广西红树林保护区进行水下拍摄时的工作照。

❖《一个人的荒漠——故乡的方向》摄制组走进中国西北十余个省区，行程数万公里，记录荒漠苍凉的风景，寻找逝去的文明，探访荒漠边缘普通百姓与沙相伴的日常生活。

❖ 10 集电视系列片《下南洋》海报。

❖《国旗护卫队》片头视频截图。

✤ 2013 年 8 月 4 日，国内首个高新技术电影教育娱乐体项目“中央新影电影公社”项目正式落户海宁。中央新影集团总裁高峰在签约暨启动仪式上致辞。

✤ 2013 年 5 月 18 日，由中央新影集团、中国网络电视台等联合打造的中国第一个专业微电影互联网平台——中国网络电视台微电影频道正式上线开播。

✤ 2013 年 10 月 9 日，由科影厂举办的首届中国（杭州）国际微电影展拉开帷幕，国内 17 家视频网站强强联合，成立了中国微电影联合协作体，合力打造中国第一品牌微电影展。

✤ 科影厂推进中国科普影视资源共建共享平台建设，主动为科普组织、传播机构等提供科普资源服务。图为科影厂科普平台界面。

✤ 8 集原创高清纪录剧情系列片《案藏玄机》视频截图。

✤《第 N 个空间》视频截图。

✣ 2013 年 4 月 22 日，全国网络公益广告制作中心揭牌仪式在北京举行。

✣ 2013 年 8 月 6 日，中国网络电视台举行“熊猫频道”上线发布会。

✣ 2013 年 10 月 25 日，中国网络电视台发起的公益广告艺术委员会成立仪式在北京举行。

✣ 2013 年，中国网络电视台全面进军移动互联网领域，打造了一系列视频客户端产品。

✣ 2013 年 12 月 28 日，由中国网络电视台、新丝路时尚机构联合主办的“中国美——2013CCTV 网络模特大赛总决赛暨颁奖盛典”在四川省彭州市举行。

✣ 2013 年 2 月 8 日至 14 日，“中国梦”2013 年 CCTV 网络春晚在中央电视台、CNTV 网络电视、手机电视、IP 电视、公交电视等终端顺利播出。

中央卫星电视传播中心组织召开中央电视台国内落地覆盖工作会议。

2013 年 5 月 23 日，中央电视台赠送西沙官兵加密频道解密卡暨西沙哨兵电视台开通仪式在西沙举行。

2013 年 7 月 19 日，卫传中心举行群众路线教育实践活动动员会。

2013 年 6 月 20 日，卫传中心开办中广影视卫星公司加密频道产业经营培训班进行业务培训。

卫传中心《中央电视台频道落地覆盖调查》报告编制完成。

❖ 2013 年 3 月 18 日，中国有线圆满完成全国“两会”信号传输保障工作。

❖ 2013 年 2 月 9 日晚，中国有线圆满完成中央电视台春节联欢晚会传送任务。图为国干网首站监控大厅场景。

❖ 2013 年 9 月 12 日，中国有线圆满完成第 12 届全运会电视信号传输保障工作。

❖ 2013 年 8 月 12 日，中国有线员工积极参加国家新闻出版广电总局 2013 年无偿献血活动。

❖ 2013 年 8 月 21 日，中国有线蝉联国家新闻出版广电总局警民共建“八一杯”篮球赛冠军后与总局纪检组长李秋芳（第二排中）合影。

❖ 由国家新闻出版广电总局主办、中央电视台承办、中国广播电视国际经济技术合作总公司执行承办的第22届北京国际广播电影电视设备展览会（BIRTV2013）于2013年8月21日至24日在北京举办。图为总局副局长田进参观展会。

❖ 国家新闻出版广电总局副局长聂辰席在BIRTV2013主题报告会上作报告。

❖ 2013年9月，中广国际总公司工作人员为CCTV－NEWS利比里亚落地项目搭建机房。

❖ 2013年11月，中广国际总公司工作人员为CCTV－NEWS利比里亚落地项目外方工作人员作培训。

❖ 2013年10月，中广国际总公司工作人员为CCTV－NEWS利比里亚落地项目架设微波天线的场景。

❖ 2013年7月，中央电视台法语节目在吉布提落地项目的铁塔架设现场。

❖ 2013年6月5日，中视传媒股份有限公司召开“我为中视发展献计策”表彰大会，台领导张海鸽、梁晓涛出席会议。

❖ 2013年4月1日，中视传媒召开2013年度经营工作会议。

❖ 2013年8月28日，中视传媒正式对外公布上半年经营业绩，上半年收入及利润创公司1997年上市15年以来最好水平。

❖ 2013年12月，中视北方为CCTV－NEWS《Culture Express》栏目制作的片头获2013年度电视节目技术质量奖（金帆奖）视频图形制作技术质量奖片头类一等奖。

❖ 2013年12月，中视传媒荣获2013中国（广州）国际纪录片节“中国纪录片十大推动者企业奖”。

❖ 中视传媒出品电视剧《抹布女也有春天》海报。

❖《开讲啦》主讲嘉宾科比作题为《如果你永无畏惧》的主题演讲。

❖《今日说法·佛山货车司机被打事件调查》节目截图。

❖《新闻调查·钱云会之死》节目截图。

❖ 2013 年 5 月，《寻找最美乡村教师》摄制组拍摄的新疆巴音布努克乡村教师阿力太家访途中的画面。

❖《新闻纪实》栏目获中国电视艺术家协会、中国视协电视纪录片学术委员会第 19 届中国电视纪录片十佳栏目称号。

❖《寻找最美乡村医生》摄制组工作照。

✣ 专题片《甘南州自焚事件与藏独势力》摄制组在甘南州合作寺拍摄僧人做法事的场景。

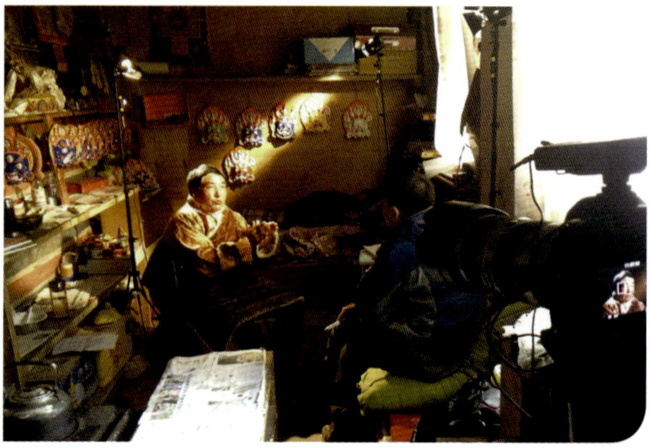

✣ 2013 年 3 月 12 日，《手艺》第三季节目《药泥面塑》摄制组在四川甘孜采访藏药面具传承人。

✣ 专题片《阿坝藏区系列自焚事件真相调查》摄制组在四川藏区采访当地群众。

✣《远方的家·百山百川行》摄制组在云南拍摄。

✣《科学发展铸辉煌》剧组在启东中远船务钻井平台现场拍摄。

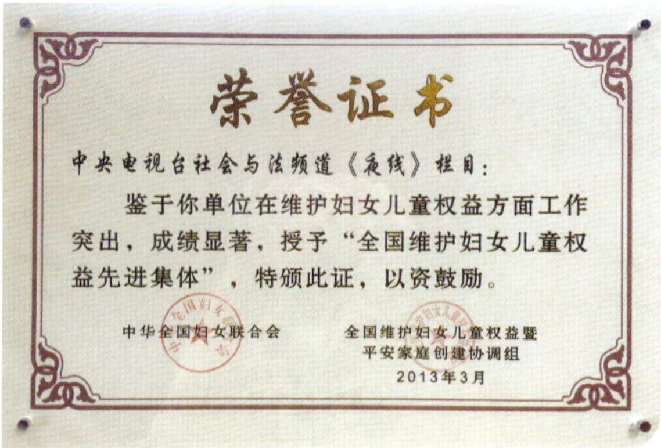

荣誉证书

中央电视台社会与法频道《夜线》栏目：

鉴于你单位在维护妇女儿童权益方面工作突出，成绩显著，授予“全国维护妇女儿童权益先进集体”，特颁此证，以资鼓励。

中华全国妇女联合会

全国维护妇女儿童权益暨平安家庭创建协调组

2013年3月

✣《夜线》栏目获奖证书。

❖ 2013年12月26日，《梦想星搭档公益盛典》节目录制现场，四位主持人共同演唱歌曲《欢乐中国年》。

❖ 2013年2月9日，《2013年春节联欢晚会》直播现场。

❖ 2013年2月25日，2012年度中国播音主持“金话筒奖”颁奖典礼在央视总部大楼演播厅举行。

❖ 2013年7月13日，《中国汉字听写大会》复赛第六场在北京科技大学天津学院体育馆演播室录制。

❖ 2013年3月29日，第15届全国青年歌手大奖赛启动仪式现场。

❖ 2013年12月，《梦想合唱团》第二季，获得第18届亚洲电视节最佳音乐节目奖。

❖ 2013 年 3 月 5 日，少儿频道纪念毛泽东“向雷锋同志学习”题词 50 周年特别节目《走在春风里》在少儿频道播出。

❖ 戏曲频道品牌活动《2013 寻找七仙女》录制现场嘉宾画面。

❖ 中央电视台中秋戏曲晚会录制现场。

❖《舞出我人生》节目录制现场。

❖ 2013 年 10 月 13 日，科教频道《地理·中国》栏目推出重阳节特别节目《情暖重阳》。

❖《天网》栏目在达玛沟佛教遗址群胡杨墩佛寺遗址进行拍摄。

❖ 2013 年 12 月 11 日，《讲述》栏目编导滕玉虹（左二）因作品《王品兰移民记》在广州国际纪录片颁奖典礼上获“金红棉”最佳中国制作人奖。

❖ 2013 年 1 月，3D 电视纪录片《国博》摄制组在国家博物馆拍摄。

❖ 《北京凹头蚁》摄制组工作照。

❖ 《乡村里的中国》海报。

❖ 《喜马拉雅大淘金》预告片截图。

❖ 《秘境中国——天坑》播出画面。

❖《军事报道》栏目 LOGO。

❖《军事纪实》栏目 LOGO。

❖ 纪录片《进城》视频截图。

❖ 纪录片《寄养村》视频截图。

❖ 纪录片《百年辛亥》视频截图。

❖ 中视传媒出品的电视剧《赵氏孤儿案》入选国家新闻出版广电总局《2013 年度中国优秀电视剧选集》。

❖ 中国诗人系列纪录电影《杜甫》视频截图。

❖ 纪录片《安溪清水岩》海报。

❖《奔腾年代》海报。

❖《熊猫故事》海报。

CCTV

目 录

图片纪事

特 载

概 况

专 辑

机　构

频道·栏目·节目

新媒体传播

获奖·表彰

受众调查

研　发

规章制度选载

电视书、报、刊及音像出版物

新技术设备

产业经营

同港、澳、台交流与合作

对外交流与合作

人 物

统 计

大事记

附录

索　引

CCTV 2013 YEARBOOK

Contents

T E Z A I

特 载

特载

党和国家领导人讲话摘编

习近平：意识形态工作是党的一项极端重要的工作

全国宣传思想工作会议2013年8月19日至20日在北京召开。中共中央总书记、国家主席、中央军委主席习近平出席会议并发表重要讲话。习近平强调，宣传思想工作一定要把围绕中心、服务大局作为基本职责，胸怀大局、把握大势、着眼大事，找准工作切入点和着力点，做到因势而谋、应势而动、顺势而为。

经济建设是党的中心工作，意识形态工作是党的一项极端重要的工作。党的十一届三中全会以来，我们党始终坚持以经济建设为中心，集中精力把经济建设搞上去、把人民生活搞上去。只要国内外大势没有发生根本变化，坚持以经济建设为中心就不能也不应该改变。这是坚持党的基本路线100年不动摇的根本要求，也是解决当代中国一切问题的根本要求。同时，只有物质文明建设和精神文明建设都搞好，国家物质力量和精神力量都增强，全国各族人民物质生活和精神生活都改善，中国特色社会主义事业才能顺利向前推进。

宣传思想工作就是要巩固马克思主义在意识形态领域的指导地位，巩固全党全国人民团结奋斗的共同思想基础。党员、干部要坚定马克思主义、共产主义信仰，脚踏实地为实现党在现阶段的基本纲领而不懈努力，扎扎实实做好每一项工作，取得“接力赛”中我们这一棒的优异成绩。领导干部特别是高级干部要把系统掌握马克思主义基本理论作为看家本领，老老实实、原原本本学习马克思列宁主义、毛泽东思想特别是邓小平理论、“三个代表”重要思想、科学发展观。党校、干部学院、社会科学院、高校、理论学习中心组等都要把马克思主义作为必修课，成为马克思主义学习、研究、宣传的重要阵地。新干部、年轻干部尤其要抓好理论学习，通过坚持不懈学习，学会运用马克思主义立场、观点、方法观察和解决问题，坚定理想信念。

要深入开展中国特色社会主义宣传教育，把全国各族人民团结和凝聚在中国特色社会主义伟大旗帜之下。要加强社会主义核心价值体系建设，积极培育和践行社会主义核心价值观，全面提高公民道德素质，培育知荣辱、讲正气、作奉献、促和谐的良好风尚。

党性和人民性从来都是一致的、统一的。坚持党性，核心就是坚持正确政治方向，站稳政治立场，坚定宣传党的理论和路线方针政策，坚定宣传中央重大工作部署，坚定宣传中央关于形势的重大分析判断，坚决同党中央保持高度一致，坚决维护中央权威。所有宣传思想部门和单位，所有宣传思想战线上的党员、干部都要旗帜鲜明坚持党性原则。坚持人民性，就是要把实现好、维护好、发展好最广大人民根本利益作为出发点和落脚点，坚持以民为本、以人为本。要树立以人民为中心的工作导向，把服务群众同教育引导群众结合起来，把满足需求同提高素养结合起来，多宣传报道人民群众的伟大奋斗和火热生活，多宣传报道人民群众中涌现出来的先进典型和感人事迹，丰富人民精神世界，增强人民精神力量，满足人民精神需求。

坚持团结稳定鼓劲、正面宣传为主，是宣传思想工作必须遵循的重要方针。我们正在进行具有许多新的历史特点的伟大斗争，面临的挑战和困难前所未有，必须坚持巩固壮大主流思想舆论，弘扬主旋律，传播正能量，激发全社会团结奋进的强大力量。关键是要提高质量和水平，把握好时、度、效，增强吸引力和感染力，让群众爱听爱看、产生共鸣，充分发挥正面宣传鼓舞人、激励人的作用。在事关大是大非和政治原则问题上，必须增强主动性、掌握主动权、打好主动仗，帮助干部群众划清是非界限、澄清模糊认识。

在长期实践中，我们党的宣传思想工作积累了十分丰富的经验。这些经验来之不易、弥足珍贵，是做好今后工作的重要遵循，一定要认真总结、长期坚持，并在实践中不断丰富和发展。“明者因时而变，知者随事而制。”宣传思想工作创新，重点要抓好理念创新、手段创新、基层工作创新，努力以思想认识新飞跃打开工作新局面，积极探索有利于破解工作难题的新举措新办法，把创新的重心放在基层一线。要继续推进文化体制改革，推动文化事业全面繁荣和文化产业快速发展、建设社会主义文化强国。

在全面对外开放的条件下做宣传思想工作，一项重要任务是引导人们更加全面客观地认识当代中国、看待外部世界。宣传阐释中国特色，要讲清楚每个国家和民族的历史传统、文化积淀、基本国情不同，其发展道路必然有着自己的特色；讲清楚中华文化积淀着中华民族最深沉的精神追求，是中华民族生生不息、发展壮大的丰厚滋养；讲清楚中华优秀传统文化是中华民族的突出优势，是我们最深厚的文化软实力；讲清楚中国特色社会主义植根于中华文化沃土、反映中国人民意愿、适应中国和时代发展进步要求，有着深厚历史渊源和广泛现实基础。中华民族创造了源远流长的中华文化，中华民族也一定能够创造出中华文化新的辉煌。独特的文化传统，独特的历史命运，独特的基本国情，注定了我们必然要走适合自己特点的发展道路。对我国传统文化，对国外的东西，要坚持古为今用、洋为中用，去粗取精、去伪存真，经过科学的扬弃后使之为我所用。

对世界形势发展变化，对世界上出现的新事物新情况，对各国出现的新思想新观点新知识，我们要加强宣传报道，以利于积极借鉴人类文明创造的有益成果。要精心做好对外宣传工作，创新对外宣传方式，着力打造融通中外的新概念新范畴新表述，讲好中国故事，传播好中国声音。

宣传思想部门承担着十分重要的职责，必须守土有责、守土负责、守土尽责。宣传思想部门工作要强起来，首先是领导干部要强起来，班子要强起来。各级宣传部门领导同志要加强学习、加强实践，真正成为让人信服的行家里手。

做好宣传思想工作必须全党动手。各级党委要负起政治责任和领导责任，加强对宣传思想领域重大问题的分析研判和重大战略性任务的统筹指导，不断提高领导宣传思想工作能力和水平。要树立大宣传的工作理念，动员各条战线各个部门一起来做，把宣传思想工作同各个领域的行政管理、行业管理、社会管理更加紧密地结合起来。

（本文是2013年8月19日习近平在全国宣传思想工作会议上的讲话，摘自新华社2013年8月20日电）

李克强：在庆祝中华人民共和国成立六十四周年招待会上的讲话

新中国成立特别是改革开放以来，中国共产党领导全国各族人民团结奋斗，沿着中国特色社会主义道路开拓前进，取得了举世瞩目的巨大成就，为全面建成小康社会打下了坚实基础。

2013年是全面贯彻落实党的十八大精神的开局之年，面对国内外复杂形势，党中央、国务院作出科学判断和决策，坚持稳中求进、稳中有为。我们以转变政府职能为突破口深化改革，正确处理政府和市场、社会的关系，努力释放改革红利，激发市场活力、发展内生动力和社会创造力，统筹稳增长、调结构、促改革，实施一系列既利当前、更惠长远的政策措施。面对经济下行压力加大的情况，我们保持定力，稳定宏观政策，创新调节方式，压缩行政开支，坚持不扩大赤字，既不放松也不收紧银根，有效引导市场预期。我们精准发力，巩固农业基础，加强中西部和社会事业等薄弱环节建设，发展养老、健康等服务业，培育新的消费热点，结构调整迈出新步伐。我们深处着力，适时有序推出财税、金融、投融资等改革措施，积极推动贸易投资便利化，促进与各国的互利合作，改革开放获得新进展。我们有序有力，科学应对芦山地震等重大自然灾害和禽流感等突发公共卫生事件，围绕群众关切，促进就业创业，加大食品安全监管和大气污染等治理，保障和改善民生取得新成效。经过各方努力，当前中国经济出现稳中向好走势。我们有信心有条件有能力实现今年经济社会发展主要预期目标。

我国正处于经济转型升级的关键期，还面临很多困难和挑战，实现现代化还有很长的路要走。人民的智慧、奉献和创造，是我们伟大祖国发展进步的根本力量。实现更加美好的生活，需要全国各族人民共同顽强奋斗。我们将敢于担当，攻坚克难，全面深化和加快改革，促进经济长期持续健康发展和社会不断进步。

发展是首要任务。我们要继续加快转变经济发展方式，加大经济结构调整力度，着力扩大内需，推动工业化、信息化、新型城镇化、农业现代化融合发展，推进东中西部地区协调发展，注重创新驱动，促进提质增效，努力打造中国经济升级版。

发展的根本目的是为了造福人民。我们要坚持把就业作为民生之本，大力发展教育、医疗卫生、文化等各项社会事业，着力“保基本、补短板、兜底线”，加大扶贫攻坚力度，提高城乡居民收入水平，让发展成果更多更好惠及全体人民。

社会公正是发展的活力之源。我们要建设廉洁政府、法治政府，推进教育公平、就业公平、创业公平，使各类市场主体都能在公平、透明、可预期的环境中竞争发展，让全体社会成员都能在公平的机会、公平的规则面前，通过自身努力获得应有的成功。

我们将坚持“一国两制”方针不动摇，严格按照基本法办事，保持香港、澳门长期繁荣稳定，持续推动两岸关系和平发展，造福两岸同胞，依法保护侨胞和归侨侨眷的正当合法权益，共同谱写中华民族繁荣发展的新篇章！

我们将始终不渝走和平发展道路，在国际合作中坚持互利共赢，愿与世界各国分享发展机遇、共同应对挑战，维护世界和平与地区稳定，携手共创人类更加美好的明天！

我们肩负的使命任重道远。让我们紧密团结在以习近平同志为总书记的党中央周围，高举中国特色社会主义伟大旗帜，以邓小平理论、“三个代表”重要思想、科学发展观为指导，开拓创新，扎实工作，为建设富强民主文明和谐的社会主义现代化国家、实现中华民族伟大复兴的中国梦而不懈奋斗！

（摘自新华社2013年9月30日电）

刘云山：推动形成实现中国梦的强大精神力量

（一）

党的十八大闭幕后不久，习近平总书记率中央政治局常委和中央书记处的同志在参观《复兴之路》展览时，第一次鲜明提出实现中华民族伟大复兴的中国梦。习近平同志在第十二届全国人大第一次会议上当选国家主席，会议闭幕时发表重要讲话系统阐释了中国梦。两个重要时间节点：一个是党的十八大刚刚结束，一个是第十二届全国人大第一次会议胜利闭幕；两个重要地点：一个是国家博物馆，相当于中华民族缅怀历史的“祖庙”和“宗祠”，一个是人民大会堂，是各族人民共商国是的庄严殿堂。在这样的时间节点，在这样的历史性场合，提出中国梦、阐释中国梦，足以说明中国梦特殊重要的意义。可以说，实现中国梦实际上就是新一届中央领导集体对全体人民的庄重承诺，是我们党和国家未来发展的政治宣言。

一段时间以来，老百姓热议中国梦，社会舆论聚焦中国梦，海外华人述说中国梦，国际社会关注中国梦，中国梦成为当今中国的高昂旋律，成为中国走向未来的鲜明指引。为什么中国梦会引起这么大的反响，其重要意义在哪里？人们都在思考、在探讨。我体会，提出实现中华民族伟大复兴的中国梦，是时代的召唤，是人民的期盼，是历史的必然。

第一，中国梦顺应了当今中国的发展大势，昭示了党和国家走向未来的宏伟图景。紧跟时代发展步伐、把握中国现实要求，提出鼓舞人心的行动纲领和奋斗目标，是我们党带领人民推进事业发展的鲜明特征。从推翻“三座大山”到建设新中国，从实现“四个现代化”到全面建成小康社会，每一次纲领目标的提出，都照亮了我们的奋斗前程，凝聚了人民的奋进力量。经过长期的历史探索和艰苦实践，我们党成功开创和发展了中国特色社会主义，中华民族正迎来伟大复兴的光明前景。现在，我国经济实力、综合国力大幅跃升，人民生活显著改善，逐步由发展中大国向现代化强国迈进，由低收入国家向中高收入国家迈进。可以说，我们已站上一个新的历史起点，进入一个新的历史时期，比以往任何时候都更加接近民族复兴的目标，实现民族复兴已是大势所趋。提出伟大中国梦，与中华民族历史传统相承接，与当今中国发展大势相契合，确立了党和国家事业发展新的历史坐标。

第二，中国梦顺应了全国各族人民创造美好未来的热切期盼，反映了全体中华儿女梦寐以求的共同心愿。中华民族是一个伟大的民族，创造了辉煌灿烂的中华文明。但进入近代以后，历经沧桑、历经磨难，每一个中国人、每一个炎黄子孙都更加懂得民族复兴的意义。实现民族伟大复兴，体现了中华民族和中国人民的整体利益，深深扎根于中国人的心底，烙印在民族记忆的深处，成为全国各族人民的共同理想。可以说，中国梦道出了中国人民的心声，道出了海内外中华儿女的渴望，最具凝聚力感召力，最具广泛性包容性，是最大公约数，成为激励中华儿女团结奋进、开辟未来的一面旗帜。

第三，中国梦顺应了世界发展进步的潮流，展示了中国为人类文明做出更大贡献的意愿。随着改革开放和社会主义现代化建设的推进，中国逐步走向世界舞台的中心，中国的发展越来越离不开世界，世界的发展也越来越离不开中国。国际社会关注中国的发展理念、发展走向，希望分享中国的发展机会、发展成果。中国梦是亿万中国人民的民族复兴之梦，也是同世界人民携手共进、同各国合作共赢之梦。中国人民素有珍爱和平、崇尚和谐、开放包容的传统，想发展、怕动荡、盼和平。复兴之梦也是和谐之梦、和平之梦。中国的发展、中国梦的实现，意味着世界和平与发展力量的增强，意味着人类文明的进步，既有利于中国赢得尊严和尊重，也有利于推动实现持久和平、共同繁荣的世界梦。

提出实现中华民族伟大复兴的中国梦，将中国的昨天、今天、明天联系起来，将国家、民族、人民联系起来，将中国、世界、人类联系起来，体现了以习近平同志为总书记的党中央继往开来、高瞻远瞩的深邃眼光，体现了当代中国共产党人天下为公、海纳百川的宽广胸襟，体现了新一届中央领导集体对中国特色社会主义的坚定自信和对国家对民族对人民的责任担当。中国梦进一步揭示了中华民族的前途命运和当代中国的发展走向，升华了我们党的执政理念，为坚持和发展中国特色社会主义注入了新的内涵，对团结动员全体人民开辟党和国家事业新境界，具有重大而深远的意义。惟其重大，就需要我们放到战略层面来认识；惟其深远，就需要我们以不懈的奋斗精神来贯彻。

（二）

中国梦的视野是宽广的，中国梦的内涵是丰富的。习近平总书记重要讲话围绕什么是中国梦、怎样实现中国梦，以富有创见的思想观点，阐明了中国梦的基本内涵、实现路径、实践要求，需要我们很好地加以领会。

第一，领会中国梦的精神实质，就要把握好国家富强、民族振兴、人民幸福的基本内涵，在建设强盛中国、文明中国、和谐中国、美丽中国中实现伟大梦想。国家好，民族好，大家才会好。中国梦是国家情怀、民族情怀、人民情怀相统一的梦，基本内涵就是国家富强、民族振兴、人民幸福。这三者相互联系、相辅相成，包含了全面建成小康社会的目标，也包含了建设社会主义现代化国家的目标，还包含了实现中华民族伟大复兴的目标。这实际上是一个新的"三步走"战略。也就是，到中国共产党成立100年时全面建成小康社会是第一步，到新中国成立100年时建成富强民主文明和谐的社会主义现代化国家是第二步，在此基础上实现中华民族伟大复兴是第三步。到第三步战略目标实现时，也就是中国梦实现之时，我们的中国到底是一个什么样的中国？我以为，应当是一个强盛的中国、文明的中国、和谐的中国、美丽的中国。强盛中国，就是经济实力和综合国力强，国际地位和国际影响力强，人民生活富裕、生活幸福；文明中国，就是具有高度的精神文明、政治文明，中华民族优秀文化和社会主义先进文化得到传承弘扬，民主法制更加健全，公民文明素质高，社会文明程度高；和谐中国，就是社会公正、安定有序，既充满活力又团结和谐，同各国人民友好相处、共同发展；美丽中国，就是尊重自然、顺应自然、保护自然，生态文明、环境良好，天蓝地绿水清。只要我们牢牢把握中国梦的基本内涵，咬定目标不放松，坚持全面发展，扎实推进各项事业，就会一步一步把梦想变为现实。

第二，领会中国梦的精神实质，就要把握好坚持中国道路、弘扬中国精神、凝聚中国力量的重要遵循，在坚定自信、增强自觉、奋力自强中实现伟大梦想。实现中国梦，是一个异常艰巨的历史过程。习近平总书记指出，实现中国梦必须走中国道路，必须弘扬中国精神，必须凝聚中国力量。这"三个必须"深刻阐明了实现中国梦的正确方向，是需要我们牢牢把握的重要遵循。方向决定道路，道路决定命运。中国特色社会主义道路，具有深厚的历史渊源和广泛的现实基础，是历史和人民的选择，是为实践证明的引领中国发展进步的正确道路，是实现中国梦的必由之路、康庄大道。以爱国主义为核心的民族精神和以改革创新为核心的时代精神，是凝心聚力的兴国之魂，是中华民族生命力、凝聚力、创造力的源头活水，是实现中国梦的精神纽带、精神依托。“兄弟同心，其利断金”。各族人民大团结的力量，13 亿人汇集起来的力量，是克服各种困难、战胜风险挑战的决定性因素。有了各族人民坚强紧密的团结，就能形成实现中国梦的强大合力。当前，国际形势风云变幻，不同思想文化交流交融交锋更加频繁。当代中国深刻变革，利益关系深刻调整，社会思想复杂多变，推进改革发展、维护社会稳定的任务更加繁重。在这样的背景下坚持中国道路、弘扬中国精神、凝聚中国力量，实现伟大中国梦，关键是要坚定自信、增强自觉、奋力自强。这就要求我们对中国特色社会主义道路、理论体系和制度充满自信，不为任何风险所惧，不为任何干扰所惑；这就要求我们对长期奋斗、创造、积累的伟大成果自觉珍惜，对来之不易的大好局面自觉维护，对党的理论和路线方针政策自觉坚持和实践；这就要求我们始终立足自己的实际，依靠自己的力量，坚定不移走自己的路，不断发展自己、壮大自己，在中国特色社会主义道路上向着中国梦的目标进发，书写更多的中国故事、中国奇迹，创造更多的中国精彩、中国震撼。

第三，领会中国梦的精神实质，就要把握好中国梦是人民的梦这一本质属性，在依靠人民、造福人民中实现伟大梦想。当今时代是放飞梦想的时代，每个人都有自己的美好梦想，亿万人民对国家和民族的憧憬、对自己未来的憧憬，汇聚起来就是中国梦。中国梦的最大特点，就是把国家、民族和个人作为一个命运共同体，把国家利益、民族利益和每个人的具体利益紧紧联系在一起。没有国家和民族的兴旺发达，个人梦想就没有实现的舞台。在推动国家和民族发展进步中，我们鼓励每个人都树立自己的梦想，并创造条件让人民共同享有人生出彩的机会，共同享有梦想成真的机会，共同享有同祖国和时代一起成长与进步的机会。归根到底，中国梦是人民的梦。实现伟大的中国梦，必须紧紧依靠全体人民的力量，必须最广泛地造福全国各族人民。中国这么大一个国家就像是在大海中航行的一艘超级巨轮，我们每个人在这艘巨轮上，都是“梦之队”的一员，都是中国梦的参与者、书写者，都应当同舟共济、齐心协力，推动“中华号”巨轮乘风破浪、奋力前行。全国 13 亿人，只要大家心往一块想、劲往一处使，就能汇聚起强大的正能量，就能托举起伟大的中国梦。

第四，领会中国梦的精神实质，就要把握好顽强奋斗、艰苦奋斗、不懈奋斗的根本要求，在求真务实、真抓实干中实现伟大梦想。梦在前方，路在脚下。从寻梦、追梦到筑梦、圆梦，是朝着光辉顶点不懈攀登的过程，是朝着胜利彼岸破浪前行的过程。奋斗是创造历史的法宝，也是成就事业的基石。我们已经取得辉煌成就，正在向着梦想一步步靠近。但越是接近目标，越要奋力拼搏，越要苦干实干。要清醒认识到，我国仍处于并将长期处于社会主义初级阶段的基本国情没有变，人民日益增长的物质文化需要同落后的社会生产之间的矛盾这一社会主要矛盾没有变，我国是世界上最大发展中国家的国际地位没有变，在前进的道路上还可能遇到许多难以预料的问题和困难，必须顽强奋斗、艰苦奋斗、不懈奋斗。唯有奋斗，才能战胜一切艰难险阻；唯有奋斗，才能踏进梦想之门。空谈误国、实干兴邦。如果只是纸上谈兵而不真抓实干，再宏伟的蓝图都会落空，再美好的梦想也不可能成真。我们每一个人既是梦想家又是实干家，既要胸怀理想又要脚踏实地，把自己的事情做扎实，把改革发展稳定的任务落实好，用我们的辛勤劳动和艰苦努力，一步一个脚印地朝着梦想奋进。

（三）

推动实现中国梦的伟大实践，离不开广泛深入的宣传教育。要深入贯彻党的十八大精神，高举中国特色社会主义伟大旗帜，以邓小平理论、“三个代表”重要思想、科学发展观为指导，进一步深化中国梦的宣传教育，在突出思想内涵、增强认知认同上下工夫，在把握实践要求、推动实际工作上下工夫，形成实现中国梦的强大精神力量。

一是把中国梦宣传教育同中国特色社会主义宣传教育结合起来，坚定人们实现中国梦的共同理想信念。中国梦的核心要义就是在中国特色社会主义道路上实现中华民族伟大复兴，推进中国特色社会主义的根本目的也是为了实现中国梦，中国梦宣传教育与中国特色社会主义宣传教育是完全统一的。要把这两个方面的宣传教育有机结合起来，在主题上贯通、基调上呼应、内容上衔接，使之相辅相成、相得益彰。要以宽广的历史视野开展宣传教育，紧密联系中国近代史，紧密联系党领导人民的奋斗史、创业史、改革开放史，深入宣传实现民族复兴的过程是探索和坚持正确发展道路的过程，深入宣传中国特色社会主义的成功实践为实现中国梦展示的光明前景，深入宣传中国特色社会主义是我们寻梦圆梦的必由之路。通过广泛深入的宣传教育，引导人们进一步坚定理想信念、明确奋斗目标，进一步增强坚持中国特色社会主义道路、理论体系、制度的自觉性坚定性，把握好总依据、总布局、总任务，贯彻好“八个必须”的基本要求，为不断夺取中国特色社会主义新胜利而奋斗。

二是把中国梦宣传教育同社会主义核心价值体系建设结合起来，构筑人们实现中国梦的精神支柱。中国梦之所以具有强大的吸引力感召力，就在于它不仅生动形象地展示了我们国家和民族的美好前景，也集中反映了社会主义核心价值体系的内在要求，体现了国家价值、社会价值和个人价值的完美融合。深化中国梦宣传教育，就要大力推进社会主义核心价值体系建设，认真贯彻党的十八大提出的“三个倡导”要求，在全社会大力倡导富强、民主、文明、和谐，倡导自由、平等、公正、法治，倡导爱国、敬业、诚信、友善，引导人们自觉践行社会主义核心价值观，自觉追求和实践中国梦所蕴含的价值理想。要大力弘扬民族精神和时代精神，广泛进行爱国主义、集体主义、社会主义教育，增强民族自尊心、自信心、自豪感，增强开拓创新、奋发进取的精神力量。要充分发挥榜样的示范引领作用，褒扬最美人物、弘扬最美精神，树立更多实践中国梦的先进典型和时代楷模，形成知荣辱、讲正气、做奉献、促和谐的社会风尚，打牢实现中国梦的思想道德基础。

三是把中国梦宣传教育同做好当前各项工作结合起来，推动人们积极投身实现中国梦的生动实践。深化中国梦宣传教育，贵在实践、重在实效，根本目的就是激发人们推动改革建设的积极性主动性创造性。要紧紧围绕党和国家工作大局，深入宣传中央关于经济社会发展的决策部署，宣传各地区各部门的具体措施和实际行动，推动干部群众深入贯彻党的十八大精神和全国两会部署，深化改革开放、坚持科学发展，着力转变经济发展方式，全面推进经济建设、政治建设、文化建设、社会建设和生态文明建设。中国梦的实现与每个人的利益密切相关，中国梦的宣传教育必须紧密联系人们的生产生活实际，融入到人们的工作学习之中，生动反映人民群众用辛勤劳动创造美好生活的精神风貌，深入发掘千千万万普通劳动者奋力拼搏、梦想成真的感人故事，做到形象化、具体化、生活化，见人、见物、见精神。要着力增强宣传教育的针对性，引导和激励人们把个人的奋斗同推动改革发展的实践联系起来，把个人价值的实现同国家的发展进步联系起来，从自身做起、从现在做起，立足本职、爱岗敬业，扎扎实实做好自己的事情，聚精会神搞建设、一心一意谋发展，更好维护改革发展稳定大局。

四是把中国梦宣传教育同促进青少年健康成长结合起来，进一步焕发广大青少年实现中国梦的青春激情。中国梦寄托着青少年的梦想，也最能点燃他们为梦想而奋斗的热情。要把面向青少年的宣传教育作为一项重点任务，加强规划、精心谋划，通过学校教育、家庭教育、社会教育等多种途径，使中国梦深深扎根于青少年心中。要把中国梦的宣传教育融入各级各类学校的教育教学之中，融入未成年人思想道德建设和大学生思想政治教育之中，融入校园文化建设之中。要广泛开展“我的中国梦”主题教育，抓住重要时间节点，利用队日、团日等活动载体，发挥红色旅游、爱国主义教育基地、优秀图书和影视作品的教育功能，引导青少年树立远大理想，发愤学习、健康成长，积聚青春正能量，同心共筑中国梦。

加强理论研究阐释，是深化宣传教育的基础工作，是提高认识、深化实践的重要前提。社科理论界要把中国梦的研究作为重要课题，深入阐释中国梦的重大意义，讲清楚实现中国梦对国家、对民族、对人民的深远影响，讲清楚实现中国梦不仅造福中国人民，也有利于世界的文明进步；深入阐释中国梦的精神实质，讲清楚中国梦的基本内涵和真谛要义，讲清楚实现“两个一百年”奋斗目标与实现中华民族伟大复兴的内在联系；深入阐释中国梦的文化底蕴，讲清楚中国梦的历史渊源和文化传承，讲清楚中国梦在构建核心价值理念上的独特贡献；深入阐释实现中国梦的基本要求，讲清楚实现中国梦必须坚持中国道路、弘扬中国精神、凝聚中国力量，讲清楚实现中国梦对推进改革发展稳定提出的新任务、新要求，为深化中国梦的宣传教育，为实现中国梦的伟大实践，提供有力的理论支撑和文化条件。

（本文是2013年4月8日刘云山在深化中国梦宣传教育座谈会上的讲话，摘自《党建》2013年第6期，发表时有删节）

刘奇葆：推动宣传思想文化工作上水平上台阶

2013 年宣传思想文化工作总的布局，就是贯穿“一条主线”，抓住“四个着力点”，营造“三个良好氛围”。“一条主线”，就是以学习宣传贯彻党的十八大精神为主线，所有工作都要围绕这条主线来部署、来展开。“四个着力点”，就是要在广泛深入、有效引导、深化改革、科学管理上着力。广泛深入，就是要推动十八大精神深入城乡基层、走进千家万户，推动社会主义核心价值体系通俗化、大众化，巩固全体人民团结奋斗的共同思想基础；有效引导，就是要始终坚持正确导向，改进创新新闻宣传，提高媒体传播力公信力影响力，增强舆论引导的及时性针对性实效性；深化改革，就是要坚定不移推进文化体制改革，激发文化创新创造活力，推动文化事业全面繁荣、文化产业发展壮大；科学管理，就是要切实加强互联网等宣传文化阵地管理，理顺管理体制，完善管理办法，确保依法规范有序运行。“三个良好氛围”，就是营造坚定道路自信、理论自信、制度自信的良好氛围，营造坚持改革开放、推动科学发展、促进社会和谐的良好氛围，营造解放思想、凝聚力量、攻坚克难、实干兴邦的良好氛围，激励人们为全面建成小康社会、实现“中国梦”而奋斗。

关键是要做好以下九项工作：

一、坚持抓好首要政治任务，不断深化党的十八大精神的学习宣传贯彻

要在学习理解上深化，努力做到全面准确、了然于胸。深刻理解十八大的鲜明主题，深刻理解坚持和发展中国特色社会主义这条主线，深刻理解科学发展观的历史地位和指导意义，进一步吃透精神、把握精髓。要围绕十八大的主题主线，围绕习近平总书记一系列重要讲话，着重深化对全面建成小康社会和实现民族复兴“中国梦”的认识，深化对坚持科学发展、加快转变经济发展方式的认识，深化对改革开放的认识，深化对走中国特色社会主义政治发展道路的认识，深化对建设社会主义文化强国的认识，深化对保障和改善民生的认识，深化对建设美丽中国的认识，深化对全面提高党的建设科学化水平的认识，推动十八大确定的各项任务落到实处。要在宣传阐释上深化，努力做到深入浅出、入脑入心。在内容上，既要全面系统、又要突出重点，既讲清“是什么”、又讲清“为什么”，引导干部群众认认真真地学、原原本本地学。在方式方法上，要进一步改进创新，开展对象化、分众化、互动化宣讲，做到生动活泼、通俗易懂。在宣传对象上，要在重点抓好党员干部的同时，注重抓好面向普通群众和青年学生的宣传普及。要在贯彻落实上深化，努力做到理论联系实际、指导推动工作。紧密结合我国改革建设的实践进程，结合各地各部门的工作实际，结合广大干部群众的思想实际，坚持学以致用、用以促学，把十八大精神转化为全面建成小康社会的实际成效。

二、坚持开展中国特色社会主义宣传教育，切实增强道路自信、理论自信、制度自信

要集中力量认真抓好中国特色社会主义宣传教育。深入开展中国特色社会主义宣传教育要同开展“中国梦”的宣传教育结合起来。坚持用历史的变化、现实的成就、国际的比较进行教育，引导干部群众深刻领会中国特色社会主义是由道路、理论体系、制度三位一体构成的，深刻领会中国特色社会主义的总依据、总布局、总任务，深刻领会“八个坚持”的基本要求，进一步坚定共同理想信念，坚信道路决定命运。要突出抓好宣传教育的重点对象，不断拓展深化理论学习。要深入进行理论研究，回答实践中的新问题。

三、坚持服务经济社会发展大局，为稳中求进、开拓创新、扎实开局提供有力舆论支持

要坚持团结稳定鼓劲、正面宣传为主，牢牢把握正确导向，充分发挥主流媒体的主渠道作用，增强各类媒体传播力公信力影响力，提高舆论引导水平，为经济持续健康发展和社会和谐稳定营造良好舆论环境。要加强中央重大决策部署的宣传，深入宣传中央经济工作会议精神，宣传中央关于稳增长、转方式、调结构的战略举措，进一步坚定人们对发展前景的信心。要加大对保障和改善民生的宣传力度，加强突发事件和热点问题引导，促进社会和谐稳定。要大力推进新闻宣传改进创新，根据工作需要、新闻价值、社

会效果决定内容的取舍，做到言之有物、言之有理、言之有情。要秉持社会责任和职业道德，及时准确传播新闻信息，以客观真实的报道、权威公正的言论、清新平实的文风赢得受众。

四、坚持以培育和践行社会主义核心价值观为着力点，全面提高公民道德素质和社会文明程度

加强社会主义核心价值体系建设，是建设文化之魂。要强化教育引导，创新方式方法，健全制度保障，推动社会主义核心价值体系融入国民教育、精神文明建设和党的建设全过程，贯穿改革开放和现代化建设各领域，体现到精神文化产品创作生产各方面。要紧紧扣住十八大提出的“三个倡导”，下力气培育和践行核心价值观，抓紧公布实施《社会主义核心价值体系建设实施纲要》。要推动学雷锋活动、学习宣传道德模范常态化和志愿服务制度化，深入开展道德领域突出问题专项教育和治理，充分发挥公益广告在传递文明、引领风尚方面的积极作用。

五、坚持以人民为中心的创作导向，把更好更多的精神文化产品奉献给人民

要加强对文化产品创作生产的引导，为人民创作、为人民书写、为人民放歌，推出更多思想性艺术性观赏性相统一的优秀作品。要全面贯彻落实“二为”方向和“双百”方针，坚持“三贴近”原则，把人民生活作为创作的主体内容，把群众喜爱的语言、样式作为表现形式，创作人民群众喜闻乐见的作品，在满足和服务群众中引领群众。要深入实施精品工程，鼓励支持原创，切实提高文化产品质量。要广泛开展群众性文化活动，精心组织文化惠民活动，发挥文艺抚慰心灵、鼓舞信心的作用。

六、坚持以增强文化整体实力和竞争力为目标，坚定不移推进文化体制改革

要以高度的文化自觉和文化自信，坚定不移地深化改革，进一步解放和发展文化生产力。要落实已经部署的各项改革任务，认真总结十六大以来的成功经验，深入研究在新的阶段深化改革的目标任务、政策措施，深入研究如何完善文化管理体制等问题。要加快提升公共文化服务能力，深入实施重点文化惠民工程，推动公共文化资源向农村、少数民族地区和欠发达地区倾斜。要推动文化产业成为国民经济支柱性产业，加大政策扶持力度，有效整合资源，推动文化与旅游、科技融合，加快文化产业结构战略性调整，转变文化发展方式，做大做强国有骨干文化企业，鼓励各地因地制宜发展文化产业，注重质量和效益。

七、坚持提高互联网建设运用管理水平，积极发展健康向上的网络文化

要认真贯彻积极利用、科学发展、依法管理、确保安全的方针，进一步研究出台更为有效的措施办法，力争在建设、运用和管理上取得新的突破。要加强网上舆论引导，有效回应网民关切，营造网上良好舆论氛围。要加强和改进网络内容建设，推动优秀文化精品上网传播，鼓励网民创作格调健康的作品，多提供好的网络文化产品服务，唱响网上思想文化主旋律。要认真贯彻中央加强互联网建设和管理的有关要求，贯彻全国人大常委会通过的《关于加强网络信息保护的决定》精神，推动有关部门依法履行职责，结合实际制定和修改配套规定，确保法律的实施。要保护网上信息安全，净化网络环境，赢得群众拥护和支持。

八、坚持大力推进国际传播能力建设，进一步加强对外宣传和文化交流

要创新对外宣传方式，更好地向世界传播中国声音，增进国际社会对我国的了解，充分展示我民主进步、文明开放的国家形象。要适应外国人的接受习惯和对中国信息的需求，讲究宣传艺术，增强亲和力说服力。要围绕关系我主权和安全的重大问题，有效开展涉藏、涉疆、涉台和人权、民族、宗教等重大对外宣传和舆论斗争，营造有利的国际舆论环境。要扩大文化领域对外开放，加大走出去力度，坚持政府主导、企业主体、市场运作、社会参与相结合，开展多形式对外文化交流和文化贸易。

九、坚持转作风正学风改文风，努力提升宣传思想文化工作科学化水平

要围绕中央政治局作出的八项规定，习近平总书记发表的一系列重要讲话，把转作风正学风改文风作

为紧迫任务，作为改进工作的重要机遇，推动工作上水平上台阶。宣传思想文化战线领导干部要从自身做起，身体力行，带动全战线转作风正学风改文风。要切实加强领导班子和队伍建设，把优秀干部选拔到领导岗位上来，建设坚强领导集体；深化“走转改”和“三项学习教育”活动，努力造就一支高素质的文化人才队伍。要深入开展调查研究，围绕建设社会主义文化强国的战略任务，研究关系工作全局的重大问题，形成一批有分量的成果，拿出提高工作科学化水平的新办法。要牢记实干兴邦、空谈误国，坚持言必责实、行必责实、功必责实，干实事、降虚火、求实效，把工作做得实一点、再实一点，扎扎实实推动各项工作展现新气象。要始终保持奋发有为、攻坚克难的精神状态，艰苦奋斗、顽强奋斗、扎实奋斗，实现宣传思想文化事业新发展。

宣传思想文化工作使命重大、责任光荣，面临极好发展机遇，可以大有作为。我们一定要坚持以邓小平理论、“三个代表”重要思想、科学发展观为指导，更加紧密地团结在以习近平同志为总书记的党中央周围，全面贯彻党的十八大精神，锐意进取、扎实工作，为全面建成小康社会作出新贡献。

（本文是2013年1月4日刘奇葆在全国宣传部长会议上的讲话，摘自《党建》2013年第2期，发表时有删节）

国家新闻出版广电总局领导讲话摘编

始终坚持正面宣传为主　巩固壮大主流思想舆论

国家新闻出版广电总局局长　蔡赴朝

习近平同志在全国宣传思想工作会议上的重要讲话站在党和国家事业发展全局的战略高度，深刻阐述了事关宣传思想工作长远发展的一系列重大理论和现实问题，为做好宣传思想工作指明了前进方向、提供了基本遵循。习近平同志指出，“坚持团结稳定鼓劲、正面宣传为主，是宣传思想工作必须遵循的重要方针”，强调要“充分发挥正面宣传鼓舞人、激励人的作用”。这一重要论述，深刻阐明了宣传思想工作的职责所在、使命所在、价值所在，具有很强的思想性、政治性、针对性和指导性。新闻出版广电系统要深入学习领会、全面贯彻落实习近平同志重要讲话精神，推动新闻出版广电事业不断迈上新台阶、开创新局面。

一、坚持正面宣传为主，就要统一思想、提高认识，不断增强做好正面宣传的坚定性自觉性

一个前进的时代总有一种向上的精神，一个发展的社会总有一种积极的主流。大力弘扬昂扬向上的社会主流和光明进步的社会本质，大力宣传党领导人民创造美好生活的伟大实践，是正面宣传的根本要义，体现了马克思主义新闻观，反映了宣传思想工作的优良传统，顺应了人民群众的愿望期盼，是宣传思想工作必须长期坚持的工作方针。

宣传思想工作是党和人民事业的重要组成部分，必须把实现最广大人民的根本利益作为目的和归宿，团结、激励、凝聚全国各族人民为社会主义事业不懈奋斗。当代中国最广大人民的根本利益，就是在中国共产党领导下坚持中国特色社会主义道路，实现中华民族伟大复兴的中国梦。这是时代的主旋律、最强音。宣传思想工作必须树立强烈的政治责任感和历史使命感，坚持正面宣传为主，大力弘扬这一时代主旋律，奏响这一时代最强音，为国家富强、民族振兴、人民幸福提供强大舆论支持。

我们党历来高度重视宣传思想工作，注重运用正面宣传推动党和人民事业发展。无论在硝烟弥漫的革命战场还是在热火朝天的社会主义建设工地，无论在攻坚克难的改革开放前沿还是在抢险救灾的第一线，正面宣传始终贯穿于全过程。每一项重大成就、每一个典型模范、每一件先进事迹的宣传，都振奋了民族精神，鼓舞人民群众去战胜困难、夺取胜利。在新的历史起点上坚持和发展中国特色社会主义，同样需要

坚持正面宣传为主，为13亿人民投身改革开放和现代化建设的伟大实践加油鼓劲。

坚持正面宣传为主也是在当前国际国内形势深刻变化、舆论格局深刻调整的新形势下统一思想、凝聚力量的必然要求。世情国情党情的深刻变化，为党和国家事业发展带来了新机遇，也带来了新挑战。面对国际形势风云变幻，维护我国政治安全和意识形态安全的任务更加繁重；面对国内经济社会变革变动，理顺情绪、化解矛盾的任务更加繁重；面对社会主义市场经济深入发展和对外开放不断扩大，提高全民族思想道德素质和全社会文明程度的任务更加繁重；面对现代传播技术的迅猛发展，提高驾驭互联网等新媒体的能力、塑造网上舆论强势的任务更加繁重。这就迫切要求坚持正面宣传为主，巩固壮大主流思想舆论，弘扬主旋律，传播正能量，激发全社会团结奋进的强大力量。

二、坚持正面宣传为主，就要履行好围绕中心、服务大局的基本职责，广泛凝聚实现“两个一百年”奋斗目标和中华民族伟大复兴中国梦的强大正能量

习近平同志强调，宣传思想工作一定要把围绕中心、服务大局作为基本职责。这一重要论断，进一步明确了新形势下宣传思想工作的职责任务。坚持正面宣传为主，必须紧紧围绕经济建设这个中心，着眼于服务党和国家工作大局，多做统一思想、凝聚力量的工作，多做鼓舞士气、提振信心的工作。

围绕坚持和发展中国特色社会主义、实现中华民族伟大复兴的中国梦开展正面宣传，筑牢理想信念之基。把坚定理想信念作为正面宣传的核心主题，深入开展中国特色社会主义宣传教育，积极宣传中国特色社会主义道路的独特创造、中国特色社会主义理论体系的独特价值、中国特色社会主义制度的独特优势，大力彰显马克思主义真理的力量，引导干部群众深刻领会党的理论创新成果，做到虔诚而执着、至信而深厚。坚持不懈开展中国梦宣传教育，深入宣传阐释中国梦的基本内涵和目标要求，深入宣传阐释实现中国梦的现实路径、价值支撑和动力源泉，推动中国梦入脑、入心、入行动。

围绕全面建成小康社会、推进改革开放和社会主义现代化建设开展正面宣传，凝聚改革发展之力。着力服务经济社会发展，大力宣传中央关于加强和改善宏观调控、加大经济结构战略性调整力度、促进经济发展方式转变的工作部署和政策措施，宣传保障和改善民生、提高人民生活水平取得的新成效，营造科学发展、实干兴邦的浓厚氛围。深入宣传全面深化改革开放的重大意义和战略部署，宣传重要领域改革取得的新进展，营造有利于深化改革开放的舆论环境。

围绕社会主义核心价值体系建设开展正面宣传，熔铸兴国强国之魂。紧紧围绕党的十八大提出的“三个倡导”，进一步宣传阐释社会主义核心价值观的深刻内涵，宣传阐释社会主义核心价值体系的实践要求，使之家喻户晓、深入人心。积极创造良好社会条件、社会环境，把社会主义核心价值体系的要求体现到经济社会发展各个方面，推动社会主义核心价值体系内化于心、外化于行，成为全体人民的价值追求和自觉行动。

三、坚持正面宣传为主，就要坚持党性和人民性相统一，把体现党的主张和反映人民心声统一起来

党性和人民性的关系，是宣传思想工作必须正确认识和准确把握的重大原则问题。习近平同志强调，党性和人民性从来都是一致的、统一的。从本质上说，坚持党性就是坚持人民性，坚持人民性就是坚持党性，党性寓于人民性之中，没有脱离人民性的党性，也没有脱离党性的人民性。这一重要论述，深刻揭示了宣传思想工作的根本属性和基本要求。坚持正面宣传为主，就要坚持党性和人民性相统一，把体现党的主张和反映人民心声统一起来，更加鲜明有力地把党和政府的声音传播好，把社会进步的主流展示好，把人民群众的心声反映好，巩固发展健康向上的主流舆论。

坚持正面宣传为主，必须讲党性，牢牢把握正确舆论导向。坚持党性，核心是坚持正确的政治方向，站稳政治立场，坚定宣传党的理论和路线方针政策，坚定宣传中央重大工作部署，坚定宣传中央关于形势的重大分析判断，坚决同党中央保持高度一致，坚决维护中央权威。要牢固树立政治意识、大局意识、责任意识，增强政治敏锐性和政治鉴别力，尽职尽责为党和人民事业服务，坚持什么、反对什么，说什么话、做什么事，都要符合党的要求。要坚持党管媒体原则不动摇，坚持政治家办报、办刊、办台、办新闻网站，加强马克思主义新闻观教育，更好地为巩固马克思主义在意识形态领域的指导地位、巩固全党全国人民团

结奋斗的共同思想基础作贡献。

坚持正面宣传为主，必须讲人民性，牢固树立以人民为中心的工作导向。树立以人民为中心的工作导向，体现了马克思主义政党的政治立场，体现了中国特色社会主义的本质要求，进一步回答了“为了谁、依靠谁、我是谁”这个根本问题。坚持正面宣传为主，必须把实现好、维护好、发展好最广大人民根本利益作为出发点和落脚点，坚持以民为本、以人为本，把服务群众同教育引导群众结合起来，把满足需求同提高素养结合起来，多宣传报道人民群众的伟大奋斗和火热生活，多宣传报道人民群众中涌现出来的先进典型和感人事迹，丰富人民精神世界，增强人民精神力量，满足人民精神需求。做好社会热点问题的舆论引导，针对人民群众关心的教育、就业、医疗、住房、生态环境、食品安全等问题，主动设置议题，及时解疑释惑，引导心理预期，增进社会共识。加大舆论监督力度，坚持准确监督、科学监督、依法监督、建设性监督，更好地维护人民利益，密切党群关系，促进社会和谐。

四、坚持正面宣传为主，就要强化社会责任、增强担当意识，提高主流媒体的传播力、公信力、影响力

当前，我们正在进行具有许多新的历史特点的伟大实践，面临的挑战和困难前所未有。历史和现实告诉我们，越是应对巨大挑战和困难，越是舆论生态错综复杂，就越要强化媒体社会责任，强化媒体担当意识，牢牢掌握新闻舆论的主动权、主导权、话语权，积极发挥正面宣传鼓舞人、激励人的作用。

强化媒体社会责任，唱响主旋律，提振精气神。新闻媒体是当代中国改革发展的见证者、记录者，也是中国特色社会主义的建设者、参与者。必须进一步强化社会责任意识，大力宣传展示改革开放的巨大成就和社会发展进步的主流，弘扬一切有利于坚定共同理想、凝聚奋进力量的思想和精神，弘扬一切有利于推动科学发展、促进社会和谐的思想和精神，弘扬一切有利于实现国家富强、增进人民幸福的思想和精神，弘扬一切有利于全面建成小康社会、实现伟大中国梦的思想和精神，在全社会唱响昂扬向上的正气歌。必须坚持以党和人民事业为重，善于从全局上把握报道选题，善于从整体上考量宣传效果，自觉遵守宣传纪律，决不给杂音噪音和错误思想提供传播渠道。

强化媒体担当意识，有理有利有节开展舆论斗争。坚持正面宣传为主，决不意味着放弃舆论斗争。面对事关大是大非和政治原则的问题，要牢记政治责任，有坚定的立场、鲜明的观点、明确的态度，能够站在风口浪尖上讲真话，着眼于团结和争取大多数，勇于开展舆论斗争，帮助干部群众划清是非界限、澄清模糊认识。面对网上舆论引导这一大难题，要有敢抓敢管、敢于亮剑的勇气，敢于碰硬、敢于较真的胆识，敢于承担、敢于负责的胸襟，改进网上舆论引导，加强网络内容建设，提高用先进技术传播先进文化的能力，始终保持正确思想舆论占据网上主导地位。

五、坚持正面宣传为主，就要坚持“三贴近”、践行“走转改”，以改革创新精神提高正面宣传的质量和水平

随着国内外形势的深刻变化，宣传思想工作的外部环境、社会条件、工作对象都在不断发生新的变化。习近平同志强调，做好宣传思想工作，比以往任何时候都更加需要创新。做大做强正面宣传，必须把改革创新作为永恒主题、强大引擎、必由之路，努力使一切改革创新的观念得到尊重、一切改革创新的举措得到支持、一切改革创新的成果得到肯定，使宣传思想工作体现时代性、把握规律性、富于创造性，不断提高质量和水平，增强吸引力和感染力。

必须大力推进宣传理念创新，始终把解放思想作为改革创新的总开关，保持思想的敏锐性和开放度，勇于突破陈旧观念的束缚，善于打破习惯思维的定势，敢于摒弃不合时宜的桎梏，进一步树立及时准确、公开透明、全面客观的舆论引导理念，真正以思想认识新飞跃开创正面宣传新局面。必须大力推进宣传内容创新，进一步改进形势宣传、成就宣传、典型宣传、主题宣传等，在真实可靠上动脑筋，在可亲可敬上做文章，在入脑入心上下工夫，使正面宣传让人爱听爱看、产生共鸣，使先进典型让人信得过、看得懂、学得到。必须大力推进宣传手段创新，适应社会信息化持续推进的新情况，加快传统媒体和新兴媒体融合发展，充分运用新技术新应用创新媒体传播方式，拓展正面宣传阵地，占领信息传播制高点，形成传统媒体和新兴媒体互融互通、此长彼长，各尽所能、各显神通，共同做好正面宣传的新格局。必须大力推进宣传方法创新，深入研究受众的心理特点和接受习惯，遵循传播规律，讲求传播艺术，注重传播效果，把握好时、度、

效，引导广大群众多看主流，不受支流支配；多看光明面，不受阴暗点影响；多看本质，不受表面现象迷惑。必须大力推进宣传话语创新，坚持不懈转作风、正学风、改文风，多讲管用的短话，多讲淳朴的实话，多讲富有活力的新话，以清新朴实、生动鲜活的文风增强正面宣传的实际效果。

（摘自《人民日报》2013年9月25日，略有删节）

建立健全现代文化市场体系

国家新闻出版广电总局副局长　蒋建国

《中共中央关于全面深化改革若干重大问题的决定》(以下简称《决定》)把建立健全现代文化市场体系，作为紧紧围绕建设社会主义核心价值体系、社会主义文化强国、深化文化体制改革的一项重要任务，作出了重大部署。

随着社会主义市场经济体制不断完善，无论是文化资源配置，还是文化产品生产、传播和消费，都越来越离不开市场。构建统一开放竞争有序的现代文化市场体系，成为在社会主义市场经济条件下文化改革发展的重要内容和决定性因素。党的十六大以来，中央高度重视现代文化市场体系建设，大力推进文化资源与市场对接，文化产业多元化投资格局开始形成，现代文化产品流通组织形式初具规模，资本、产权、版权、人才、技术、信息等文化生产要素市场加快发展，条块分割、地区封锁、城乡分离的传统文化市场格局初步打破，市场在文化资源配置中的积极作用开始凸显。但是，与社会主义文化大发展大繁荣要求相比，现代文化市场体系建设整体水平还不高，文化产品和要素市场发育还不完善，文化产品流通和服务渠道还不畅通，文化消费潜力还未充分激发出来。习近平总书记指出："改革开放永无止境，只有进行时没有完成时"，"应对当前我国发展面临的一系列矛盾和挑战，关键在于全面深化改革。"按照党的十八大部署扎实推进社会主义文化强国建设，关键在于全面深化文化体制改革，打破按部门、按行政区划、按行政级次分配文化资源的传统体制，建立健全统一开放竞争有序的现代文化市场体系。

《决定》准确把握文化改革发展新阶段新形势新要求，准确把握文化市场体系建设内在规律和客观实际，着眼于建立健全文化资本、文化企业、文化产品市场准入和退出机制，鼓励各类市场主体公平竞争、优胜劣汰，促进文化资源在全国范围内合理流动，强调从增强文化市场主体竞争力、鼓励非公有制文化企业发展、建立多层次文化产品和要素市场、创新现代文化市场体系政策环境等方面，建立健全现代文化市场体系。这充分体现了我们党站在新的历史起点上对文化体制改革的战略思考和科学谋划，体现了我国文化发展的必然趋势和时代要求。我们要按照《决定》部署，以逢山开路、遇河搭桥的精神，攻克深层次的体制机制障碍，建立健全现代文化市场体系，充分发挥市场在文化资源配置中的积极作用，以激发全民族文化创造活力，推动社会主义文化大发展大繁荣，为实现中华民族伟大复兴的中国梦提供强大文化力量。

一、增强文化市场主体竞争力

文化企业是文化市场的主体。推动国有经营性文化单位转企改制，保持和发挥国有文化企业在市场中的主体地位和主导作用，是建立健全现代文化市场体系的核心。党的十六大以来，我们按照中央部署推进文化体制改革，基本完成了出版、影视制作、发行、广电传输和一般国有文艺院团、首批非时政类报刊出版单位等国有经营性文化单位转企改制，重塑了一批新型市场主体，显著增强了国有文化企业的活力、实力和竞争力。按照《决定》关于深化文化体制改革部署，必须继续推进国有经营性文化单位转企改制，加快公司制、股份制改造，推动文化企业跨地区、跨行业、跨所有制兼并重组，提高文化产业规模化、集约化、专业化水平。

继续推进国有经营性文化单位转企改制。深化国有经营性文化单位转企改制，是培育文化市场主体的关键。要以加快建立产权清晰、权责明确、政企分开、管理科学的现代企业制度为重点，按照创新体制、转换机制、面向市场、壮大实力的要求，拓展出版、发行、影视、一般国有文艺院团改革成果，推动已转制文化企业完善法人治理结构，形成符合现代企业制度要求、体现文化企业特点的资产组织形式和经营管理模式，不断提高国有文化企业自主经营、自我创新水平，增强面向市场、参与竞争能力。把转企改制与推动报刊资源整合、报刊结构调整、治散治滥结合起来，建立健全报刊准入和退出机制，继续稳步推进非时政类报刊出版单位改革。积极推进重点新闻网站转企改制，借鉴商业网站经营方式，不断提高竞争力、增强影响力。

加快国有文化企业股份制改造。股份制是国有文化企业改革的方向和必由之路。要坚持以股份制改造为核心，加快推进国有文化企业产权制度改革。创新投融资体制，支持符合条件的国有文化企业上市融资，吸引社会资本参与股份制改造。鼓励国有文化企业进行股权创新，推进国有上市文化企业优化股权结构，对按规定转制的重要国有传媒企业探索实行特殊管理股制度，以吸引更多文化领域战略投资者。依据宪法和有关法律，制定相关规定，明确实行特殊管理股制度的适用范围、行使主体和配套机制，以确保国家文化安全和公众利益。

推动文化企业跨地区、跨行业、跨所有制兼并重组。以国有骨干文化企业为主体，主导和引领文化市场，是发展社会主义先进文化的根本要求。要把国有经营性文化单位转企改制与资源整合、结构调整结合起来，打破区域限制和行业壁垒，鼓励有实力的国有骨干文化企业以资本为纽带，实行跨地区、跨行业、跨所有制兼并重组，推动文化资源和要素向优质文化企业、优势文化产业集聚。选择大批主业突出、拥有自主知识产权和文化创新能力、核心竞争力强、成长性好的综合性文化企业集团，加大政策、资源、项目、资金等方面扶持力度，尽快做大做优做强，增强控制力和影响力，使之成为文化市场的主导力量。

二、鼓励非公有制文化企业发展

非公有制经济作为我国社会主义市场经济的重要组成部分，与公有制经济一样都是我国经济社会发展的重要基础，在文化建设中发挥着重要作用。党的十六大以来，我们鼓励和引导社会资本进入文化产业，初步形成了以公有制为主体、多种所有制共同发展的文化产业格局。但是，非公有制文化企业在投资经营中还受到许多不合理限制，难以与国有文化企业平等使用生产要素。按照《决定》关于深化文化体制改革部署，必须在充分发挥国有文化企业主导作用的同时，鼓励非公有制文化企业发展，支持各种形式小微文化企业发展，构建开放多元化的文化市场发展格局。

降低社会资本进入门槛。繁荣发展文化市场，离不开多元投资主体。吸引更多社会资本进入文化领域，才能更好地释放文化市场能量。要在已放宽社会资本准入的基础上，进一步降低门槛，减少不合理的准入限制，在国家许可范围内，引导社会资本以多种形式投资文化产业，参与国有经营性文化单位转企改制，以技术、品牌、知识产权等生产要素作价参股，或采取投资、控股、收购、兼并、承包、租赁、托管等形式参与国有文化企业重组，参与重大文化产业项目实施和文化产业园区建设，并在投资核准、信用贷款、土地使用、税收优惠、上市融资、发行债券、对外贸易和申请专项资金等方面，给予与国有资本投资同等支持，努力构建政府主导下的多元化投资格局。

扩大非公有制文化企业准入领域。非公有制文化企业在资本运作、技术运用、生产管理、市场营销等方面的独特优势，可以为文化市场注入新鲜血液。要允许非公有制文化企业参与对外出版、网络出版，允许以控股形式参与国有影视制作机构、文艺院团改制经营，进入文艺表演团体、演出场所、博物馆、展览馆、文化艺术中介、旅游文化服务、艺术品经营、互联网上网服务营业场所、动漫和网络游戏、电影院和电影院线及出版物分销等领域，并享受与国有文化企业同等待遇，切实发挥好、引导好、保护好非公有制文化企业积极性。加强和改进对非公有制文化企业服务和管理，引导投资方向，抑制无序竞争，促进其自觉履行社会责任。

支持各种形式小微文化企业发展。大力发展小微文化企业，有利于进一步解放和发展文化生产力，激发全民创业热情和文化创造活力，活跃文化市场。要采取有效措施，扶持小微文化企业充分发挥在调整产业结构、扩大内需、增加就业等方面的积极作用，多元化多渠道为广大群众提供丰富多彩的文化产品和服务。鼓励小微文化企业走“专、精、特、新”路子，重点支持有核心竞争力和发展潜力的小微文化企业进入创业板上市融资，逐步做大做强。

三、建立多层次文化产品和要素市场

多层次文化产品和要素市场，是现代文化市场体系有机组成部分。随着社会主义市场经济深入发展，文化产品和要素市场初步形成，但目前文化产品和服务的供需矛盾仍然突出，文化要素流动仍然不畅，文化产品和要素市场建设仍需进一步加强。按照《决定》关于深化文化体制改革部署，必须建立多层次文化产品和要素市场，大力推动金融资本、社会资本、文化资源相结合。

加强文化产品市场建设。不断丰富文化产品市场，是建立健全现代文化市场体系的重点。要在坚持出版权、播出权特许经营前提下，允许制作和出版、制作和播出分开，鼓励文化企业不断丰富和创新文化产品和服务。发展图书报刊、电子音像制品、演出娱乐、电影电视剧、动漫游戏等传统文化产品市场，建设以网络为载体的新兴文化产品市场，培育大众性文化消费市场，开拓农村文化市场。继续打造综合性、专项性、区域性文化产品和服务交易平台，拓展文化产品和服务消费领域。发展连锁经营、物流配送、电子商务等现代流通组织和流通形式，加快建设一批大型现代文化流通企业和若干国家级文化产品物流基地，鼓励文化企业利用电子商务等先进物流技术开展第三方物流服务，构建以大城市为中心、中小城市相配套、贯通城乡的文化产品流通网络，努力实现文化产品低成本、高效率流通和配送。

加强文化生产要素市场建设。文化生产所必需的要素交易市场，是文化市场发展的基础性条件。要有序发展文化产权、版权、人才、技术、信息等要素市场，建立健全文化资产评估体系和文化产权交易体系，发展以版权交易为核心的各类文化资产交易市场。推进文化资本市场建设，促进金融资本、社会资本与文化资源有效对接，充分利用国内外多层次资本市场解决文化企业融资难问题。推进文化产权市场建设，加快制定完善著作权、企业品牌等无形资产评估、登记、质押、投资、托管、流转、变现等管理办法，鼓励和支持文化企业依法进行股权、版权、商标、品牌等方面的交易。

加强文化行业组织和中介机构建设。文化行业组织和中介机构是政府联系市场主体的桥梁，充分发挥其提供服务、反映诉求、规范行为的作用，是建立健全现代文化市场体系的重要条件。要坚持培育发展和管理监督并重，加强各类文化行业协会等行业组织建设，健全行业规范，完善行业管理，更好地履行协调、监督、服务、维权等职能。积极发展版权代理、文化经纪、评估鉴定、技术交易、推介咨询、投资保险、担保拍卖等各类文化市场中介服务机构，制定和完善文化中介机构管理办法，引导其规范运作，为各类文化市场主体提供全方位服务。

四、创新现代文化市场体系建设的政策环境

建立健全现代文化市场体系是一项系统工程，必须坚持政府主导，尊重市场经济规律和文化发展规律，积极发挥政策在宏观调控、市场监管和制度建设等方面作用，为各类文化市场主体提供公平竞争的外部环境。近年来，我们积极推进文化行政管理部门切实履行政策调节、市场监管、社会管理、公共服务等职能，出台一系列政策措施，为繁荣发展文化市场提供了重要保障。按照《决定》关于深化文化体制改革部署，必须进一步转变政府职能，完善文化经济政策，扩大政府文化资助和文化采购，加强版权保护，健全文化产品评价体系，改革评奖制度，推出更多文化精品。

完善文化经济政策。政策的完善程度，直接关系现代文化市场体系建设的推进力度和实际成效。现代文化市场体系建设越是深入推进，越需要不断完善文化经济政策、充分发挥政策杠杆作用。要加大财政、税收、金融、社会保障、土地使用等方面对文化产业的政策扶持力度，保证公共财政对文化建设的投入，提高文化支出占财政支出比例。改进政府支持文化产业的方式，扩大有关文化基金和专项资金规模，重点扶持文化创新和精品生产、具有示范性和导向性文化产业项目研发，以财政资金引导和带动更多社会资本投入文化产业。研究和改进政府采购公共文化产品和服务办法，逐步建立公共文化服务政府采购制度，实行多种形式文化产品和服务的政府采购。继续执行和逐步完善文化体制改革的配套政策，贯彻落实和逐步完善人员分流安置、人才使用培训、技术创新应用等方面的鼓励政策，大力优化有利于文化市场发展的政策环境。

加强版权保护。建立健全现代文化市场体系，离不开有力的知识产权保护和有效的市场监管。要加快文化立法，依法加强文化市场管理，综合运用法律、行政、经济、科技等手段提高管理水平。加大知识产权保护力度，支持文化产品和服务的专利申请、商标注册、版权登记，依法惩处盗版、非法出版、非法营销等侵犯知识产权的行为，维护著作权人合法权益。严格执行文化市场准入和退出机制，建立健全质量认证体系，完善相关登记备案和年检制度，最大限度地减少不合格文化产品进入市场。深入开展“扫黄打非”，健全文化市场综合执法机构，理顺互联网管理体制，尽快形成依法经营、违法必究、公平交易、诚

实守信的文化市场秩序。

健全文化产品评价体系。优秀文化产品的大量涌现，是繁荣文化市场的根本前提。近年来，我国文化产品创作生产数量不断丰富、质量不断提升，但文化精品仍然不多。要加强对文化产品创作生产的引导，全面贯彻“二为”方向和“双百”方针，牢固树立以人民为中心的工作导向，推出更好更多精神食粮。健全文化产品评价体系，坚持把弘扬社会主义核心价值体系、坚持社会主义先进文化前进方向、人民群众满意作为评价作品最高标准，把群众评价、专家评价、市场检验统一起来，形成科学的评价标准，不断提高对文化作品评判的导向性、权威性、公信度。改革评奖制度，精简评奖种类，建立公开、公平、公正的评奖机制，充分发挥引导示范作用。科学制定文化企事业单位的考评标准，坚持把社会效益放在首位，统筹社会效益与经济效益、导向要求与利润指标，推动建立有利于出精品、出人才、出效益的体制机制，努力实现社会效益最大化和经济效益最优化。

（摘自《求是》2013年第24期）

创新驱动 融合发展 加快推进广播影视信息化

国家新闻出版广电总局副局长　聂辰席

当前，云计算、大数据等新一代信息技术发展迅猛、应用广泛，以数字化、网络化、智能化为重点的信息化，已成为国家核心竞争力的重要标志，成为推动经济社会文化等更好更快发展、重构规则的战略选择，实现结构优化升级的强大力量，推动广播影视发展战略转型的必然选择。

一、新一代信息技术对广播影视产生全方位影响

1. 深刻改变着广播影视的制作模式

电台电视台和制作公司在加快推进节目数字化制作的基础上，越来越多地采用云计算和大数据等技术，进行内容处理、存储、检索和管理，传统广播影视制作模式正在由自建系统的集中式流水线制作，转变为依靠大数据云计算平台的网络化协同制作，形成“云＋网”的制作模式，有的自建云平台，有的利用第三方云平台，还有的利用多个云平台以远程网络化协同方式制作节目。这种制作模式大幅提高节目制作效率、降低制作成本，并且能够根据用户收视行为和趋势分析，制作符合用户需求的节目。借助新的制作平台，各类企业或个人都能够以灵活参与、柔性生产的方式制作视听节目。

2. 深刻改变着广播影视的传输和服务模式

当前，广播电视传输网已不再是音视频唯一的传输通道和服务平台，电信网、互联网也成为广播影视节目和视听服务的传输载体。随着互联网与云计算、宽带和智能终端等新技术的融合，高质量、智能化、跨屏融合的互联网电视业务迅速扩展。特别是4G移动互联网接入带宽高达每秒几十兆，互联网电视、IPTV均可随时随地提供个性化、体验好的高清电视服务，满足用户“任何时候、任何地点、任何内容、任何设备”看电视的需求。新技术深刻改变着传统电影的胶片拷贝发行放映方式，实现数字拷贝的网络发行传输、卫星发行传输和数字化放映。

3. 深刻改变着广播影视设备的产品形态

新一代信息技术，正在带来广播影视设备业全产业链在产品形态、服务方式、商业模式、工作流程各方面的革命性变化。产业链上各个企业，如编码／转码、内容管理、推流服务、内容传送与分发、跨屏业务等系统设备商，开发运用大数据、云计算、社交网络等功能聚合，延伸产业链，提升价值链，向电台、电视台、电信和广电网络等用户提供相关云服务。目前，广播影视设备业产业链各环节陆续推出相应云服务，形成一个全新的广播影视云服务业。据美国MRG公司（多媒体研究集团）预测，2013年，除电视内容分发云服务外，仅推流、跨屏等电视云服务的营业收入就将达1.13亿美元，2017将达8亿美元。云服务，将成为改变广播影视传统模式、引发广播影视变革的一张“多米诺骨牌”。

4. 深刻改变着广播影视的发展格局

新一代信息技术促使传统广播影视加快数字化进程，助推广播影视新媒体新业态加速发展，使广播影

视呈现传统媒体、新媒体共同发展、融合发展的新格局。从传统广播影视发展来看，广播影视加快由模拟向数字、高清、超高清演进，由单向广播向双向交互演进，实现视听效果新的飞跃。目前，广播电视进入由模拟向数字转换的关键时期，发达国家在基本实现电视高清化基础上，开始进行 4K 超高清电视的技术测试和制定试播计划，并加快发展 4K 数字电影。我国地面数字电视信号已覆盖 323 个地级以上城市，并在全国共开播了 30 多个数字高清电视频道和一个 3D 电视试验频道；从广播影视新媒体发展来看，随着宽带网络建设和智能终端应用的日益加速和普及，广播影视新媒体新业态发展明显加速，多媒体综合集成速度明显加快，IP 电视、互联网电视、手机电视等视听新媒体业务成为新的增长点。许多系统、终端厂商和互联网企业运用社交网络、大数据、4G 和智能终端等技术，开发并提供无处不在的智能互联网电视跨屏融合业务。到 2012 年底，全球 IP 电视用户达到 8000 万，两年增长了 75%。当前，我国已批准开办 20 家网络广播电视台、608 家互联网视听节目服务机构、7 家互联网电视集成播控平台，移动多媒体广播电视覆盖全国 336 个地级以上城市和 855 个县级城市；IP 电视用户已接近 2500 万，移动多媒体广播电视终端用户超过 4700 万，网络视频用户达到 3.89 亿，手机在线收看或下载视频的网民数达到 1.6 亿，并呈现持续增长的态势。随着广播影视发展格局的变化，广播影视受众分布也呈现出新特点，年轻、高端人群更加青睐网络视频、更加喜欢便携式智能终端，传统电视收视群体显现老龄化趋势。

二、新一代信息技术给我国广播影视发展带来的挑战与机遇

1. 从节目制作看

随着新一代信息技术快速发展和日益广泛应用，一方面，新兴的节目制作公司不仅可以通过购买广播电视云服务，用较少甚至没有制作设备投入的方式，制作广播影视节目，而且可以通过采用互联网“众筹融资”模式，以较少的资本投入来制作节目，从而实现低成本、轻资产和较少资本投入的节目制作运行模式，同时还可以借助大数据技术，通过精确分析用户的收视习惯和行为模式、受欢迎的节目类型和场景等，针对不同收视群体制作个性化节目，大大提高所制作节目的成功率，降低节目制作的失败风险，从而促使新兴节目制作公司加速进入节目制作领域，进一步加大广播影视制作领域的竞争；另一方面，加快广播影视制作与新一代信息技术融合，广播电视台等广播影视制作机构不仅能够以更高的效率、更低的成本、更灵活的方式，制作出符合不同用户个性化喜好的广播电视节目，而且可以加快广播影视业态创新，促进全媒体业务不断丰富，同时还能以创新的技术手段盘活庞大的存量内容资源，建立起存量内容资源的有效价值增值机制，实现对贯通整个内容产业链的深度资源整合和协同，巩固和增强广播影视行业的节目制作优势。

2. 从网络传输来看

新一代信息技术的快速发展，一方面推动了互联网宽带、光纤到户、4G 网络等工程加快建设和普及，使电信网、互联网传输 IPTV、互联网电视的能力不断增强，从而给广电网络带来愈来愈大的竞争压力；另一方面加快广电网络与新一代信息技术融合，可以使广电网络从传统的简单、单向管道升级为智能化双向管道，既能够智能感知和适配广播电视台播发全媒体内容和业务，实现“网台”联动，又能够智能感知不同用户终端和位置，智能地选择最佳传输手段和通道向用户提供相关服务。

3. 从终端服务来看

新一代信息技术快速发展，使广播电视的终端形态和服务方式加快创新，除传统的电视机、收音机和数字电视机顶盒等外，Pad、手机、平板电脑、多媒体游戏机、数字电视一体机和家庭媒体网关等成为了越来越重要的广播电视终端形态，交互点播、跨屏收看、家庭共享、个性化推送、社交电视等新的服务方式不断涌现，一方面，既提高了对广播电视终端形态和服务方式的要求，促使广电必须加快终端和服务方式创新，另一方面，也为广电加快实现用户终端服务智能化，迅速提升用户体验，进一步巩固和发挥广电巨大的用户资源优势提供了重要的技术手段和难得的机遇。

总之，新一代信息技术既给广播影视带来巨大挑战，也给广播影视带来加快转型、实现跨越的难得机遇。加快广播影视与新一代信息技术的深度融合，不仅能够扩展广播影视传播内容，改变和延伸传播形式，而且能够丰富传播空间，改变传统的生产生活方式和消费观念，推动广播影视行业的优化升级。

三、创新发展模式，加快推动广播影视信息化

针对广播影视发展变化趋势，我们必须顺势而为，

紧抓发展机遇，聚焦数字化、网络化、智能化，深度整合开发资源，着力创新生产、传输、服务方式，推动广播影视结构优化升级、发展战略转型，加快实现由以数量规模增长为主向以质量效益提高为主的转变。

1. 创新生产方式、再造生产业务流程，增强广播影视节目生产制作能力

以多媒体全媒体为发展重点和方向，着力打造新一代广播影视制播平台。积极采用“平台即服务（PaaS)”和“基础设施即服务(IaaS)”等云计算技术，运用数据挖掘和分析等大数据技术，加快推进广播影视“采、编、播、存、用”制播流程再造和优化升级，建设广播影视节目生产制作云平台和媒资存储管理云平台，建设面向多个播出系统、多种传播渠道、多类用户终端的广播影视综合制播云平台和IPTV、互联网电视等新媒体集成播控平台，强力推进传统媒体与新媒体的全方位对接、融合式发展。同时，积极利用新一代制播平台，加快发展高清电视、4K超高清电视、3D电视、4K数字电影和3D电影，加强数字内容开发和网络视听节目生产，提供高质量、多媒体、全媒体的数字内容服务，满足用户多平台、多终端、多样化的收听收看需求。

2. 创新传输方式、再造传输业务流程，提升广播影视传输覆盖和业务承载能力

以全功能全业务作为发展重点和方向，全面推进传输覆盖网络数字化，统筹构建技术先进、传输快捷、覆盖广泛的现代传播体系。加快有线网络数字化、双向化改造和下一代广播电视网建设步伐，提高广电网络对三网融合业务和跨域型新兴业务的承载能力。加快无线网络数字化进程，建设全国各级电视节目的地面数字电视广播覆盖网络，发展移动多媒体广播电视，推动数字声音广播技术标准制订和试验播出。加快直播卫星技术应用，开发推送点播等新业务，拓展行业服务新领域。增强数字拷贝卫星传输分发技术业务能力，提升电影服务管理技术水平。积极推动有线、无线和卫星传输网络的互联互通和智能协同覆盖，为开展跨网络、跨平台、跨终端服务，满足“随时随地看电视”的用户需求提供技术支撑。

3. 创新服务方式、再造服务业务流程，提升融合服务能力、全面改善用户体验。

围绕丰富广播影视新业态，运用大数据、智能引擎、云计算等信息技术，加快构建“云化、开放、统一、扁平、可管可控”的广播影视业务平台，实现内容集成、需求组合、分析预测、即时互动、监测监管的全流程一体化运行，提供多样化、个性化服务。着眼于全面改善用户体验，积极研究用户终端消费心理和使用偏好，加快推进广播影视服务智能化。一是终端智能化。积极研究突破智能电视操作系统和智能机顶盒等核心技术，创新智能电视终端形态，建立智能电视标准体系，制订智能电视终端标准，研发并推广使用标准化智能化终端机顶盒和电视一体机，实现用一个遥控器简单、便捷地控制机顶盒、电视机等多种终端，改善用户的服务体验。二是家庭服务智能化。基于智能电视终端和广播电视业务平台，推动开展跨屏智能电视融合服务，提供远程视频采集监控、家用电器智能管理等智能家居服务。三是社会服务智能化。推进广电业务平台与政府政务信息平台和交通、医疗、教育等行业信息服务平台对接，实现家庭与社区、社会的互联互通，为智慧城市建设提供有力支撑。

4. 创新管理方式、再造管理流程，进一步提高管理水平和效率，全面增强广播影视监管能力，确保文化和信息安全。

积极运用云计算、大数据、移动互联网等新一代信息技术和手段，面向全新的广播影视生产、传输和服务方式与业务流程，加快构建安全、开放、统一、可重构的综合管理平台，实现跨业务、跨网络、跨平台、跨终端等全流程可视化智能管理；创新监管体制和机制，加快构建传统媒体和新兴媒体统筹兼顾的高效率、高性能监管平台，实现监测、监管、指挥、调度四位一体和内容、机构、运营、效果统一协调；努力掌握应用广播电视网络数字化信息化的核心关键技术，通过原始创新、集成创新、消化吸收再创新，促进广播影视信息安全体系的建设和运维系统化规范化，用新的科技手段加强国家文化和信息安全保障。

（摘自《光明日报》2013年10月24日）

转变发展方式，提高发展质量，多出精品力作，努力实现电视剧产业更大发展、更大繁荣

国家新闻出版广电总局副局长 田 进

经过三十多年的发展，电视剧产业已经成为我国文化产业中一支生机勃勃的重要力量。我国已经是世界电视剧生产和播出第一大国，电视剧在人民群众日常文化生活中扮演着十分重要的角色，在传播主流价值、丰富精神世界、促进社会和谐等方面发挥着不可替代的重要作用。可以说，我国电视剧产业发展取得了辉煌成就，这是电视剧领域全体同仁共同奋斗的结果。

众所周知，在电视剧产业链条中，电视剧制作机构至关重要。一部电视剧从题材选择到投资制作，从作品发行到播出宣传，制作机构都要全程参与、投入财力、精力和智慧。成立中国电视剧制作产业协会，就是为了更好地团结凝聚电视剧制作力量，进一步促进电视剧产业的繁荣发展。同时，这也是积极适应政府职能转变、加强电视剧产业社会化管理的一项重要举措。

当前，深入学习贯彻党的十八大精神，加快建设广播影视强国，对电视剧产业发展提出了新的更高要求。如何适应新形势新要求，百尺竿头更进一步，转变发展方式，提高发展质量，多出精品力作，努力实现电视剧产业更大发展、更大繁荣，电视剧制作产业协会肩负着重要的职责和使命。这里，我对协会的工作提几点希望。

第一，协会要充分发挥参谋助手作用。就是要围绕中心、服务大局，积极主动配合、协助政府主管部门开展工作，当好政府的参谋助手。特别是要围绕事关我国电视剧产业未来发展的战略性、前瞻性、综合性问题加强研究，针对行业发展动态开展调研，就当前的热点难点问题、倾向性问题建言献策，为政府科学制定行业规划、完善管理政策、解决现实问题等提供有力支撑。

第二，协会要充分发挥桥梁纽带作用。就是要利用协会贴近企业的特有优势，及时向会员、向行业宣传有关电视剧工作的法规、政策，及时反映会员和行业诉求，努力做到下情上达和上情下达。当前，特别是要围绕加快电视剧发展由数量规模增长向质量效益提升转变的战略任务，强化引导工作，引导制作机构增强政治责任感、社会责任感和文化担当意识，坚持以人民为中心的创作导向，大力弘扬社会主义核心价值体系，努力创作生产更多无愧于时代、无愧于人民、经得起历史检验的精品佳作。

第三，协会要充分发挥行业服务作用。就是要为会员、为企业提供优质、高效、专业的服务，切实维护好、发展好广大会员的合法权益。要深入研究企业需求，想企业之所想，急企业之所急，帮企业之所需，提供信息咨询，协调竞争关系，整合资源要素，促进交流合作，推动电视剧产业投入与产出、制作与播出的良性循环。特别要探索建立制作机构与投资者、制作机构与播出机构等的交流合作平台，帮助企业开拓国内国际市场，努力实现行业共赢发展。

第四，协会要充分发挥行业自律作用。就是要建立自律机制、规范行业行为、净化市场环境。要倾听业内呼声，顺应社会期待，抓紧制定切实可行、行之有效的行业规则，倡导依法经营、规范经营、诚信经营，鼓励创新创造、保护知识产权，营造公平公正的交易环境，维护积极健康的良好发展秩序。

协会自身建设是做好协会工作的保障。协会成立后，要立足职能定位，尽快建立完善内部组织及运行机制，抓紧研究自身发展战略和规划，抓紧谋划启动各项工作。作为政府主管部门，总局将大力支持协会开展工作，切实加强对协会的业务指导，努力保障协会职能的落实。

我国电视剧发展正进入一个新的历史时期。面向未来，让我们团结一心，群策群力，奋发有为，开拓创新，为电视剧产业的繁荣发展、为建设社会主义文化强国作出新的更大贡献。

（本文是2013年3月15日田进在中国电视剧制作产业协会成立大会上的讲话。摘自国家新闻出版广电总局政府网站）

借鉴国外公职人员道德诚信管理经验 构建具有中国特色的公职人员道德诚信管理体系

中央纪委驻国家新闻出版广电总局纪检组组长　李秋芳

自《联合国反腐败公约》陆续签署以来，世界多数国家为防治公职人员滥用权力谋取私利，以避免利益冲突为目标，把公职人员道德诚信管理上升为国家战略，强化道德伦理法律和信息公开制度建设，采取了一些公众期盼度高的具体举措，用以推动反腐败进程。

一、做法不一的公职人员财产申报制度

在很多国家，财产申报制度是提升公职人员道德诚信水平的重要举措，同时配套相关制度，一般有公民身份管理制度、金融实名制度、交易记录可疑报告制度等。目前，130 多个国家和地区实行了公职人员财产申报制度，但做法不一，效果也有差异。

1. 申报主体范围不尽相同。阿根廷、俄罗斯、菲律宾、马来西亚、印度尼西亚、乌干达等国家要求全体公职人员申报财产。日本、英国、美国不要求普通公务员申报财产。韩国申报财产的公职者占全国公职人员总数的 18.8%。法国 1988 年推行财产申报制度时，申报主体是政府成员、议会主席和市长，后扩大到国民议会和参议院议员，目前向政治生活透明委员会申报财产的是 6000 余名重点人物。多数国家要求申报本人、配偶和未成年子女的财产，也有一些国家包括直系亲属和二代血亲，或扩大到祖父母和孙子女。

2. 申报财产涵盖内容不尽相同。多数国家规定，申报财产范围是本人及配偶名下的工资收入及各类财产，包括工资及其他收入、国内外存款、保险证券、不动产、黄金、首饰宝石、家具、收藏艺术品、带动力的车船飞机、品牌、营业权和客户资源、债务等。俄罗斯《反腐败法》规定，公职人员及其家庭成员须申报收入、房产和银行存款。2012 年普京签署法令，还要求申报大额支出，如果支出超过家庭近 3 年的收入总和，须说明资金来源。2012 年底，俄罗斯国家杜马通过了禁止国家公职人员拥有海外资产的法律草案，要求公职人员 2013 年 6 月 1 日前注销账户、转让不动产和有价证券，公职人员离职 3 年后才能拥有海外资产。

3. 申报和受理方式不尽相同。有的采用任期申报方式，有的采用定期申报或情况变动后的不定期申报方式；有的采用公开申报方式，也有的用秘密登记方式。柬埔寨《反贪法》规定，申报人员在就职和卸任时，向反贪机构申报在国外的财产和债务。韩国《公职者伦理法》规定，政府、国会、司法机关的高级公职人员每年申报前 1 年的财产变动情况，应申报财产的公职者退休后还要延伸 5 年登记财产。新加坡要求财产发生变动时随时申报。各国受理申报的机构也不同，泰国由反腐败机关受理，马来西亚由公务员所属行政机关受理，美国公务员向所在单位主管道德的部门登记备案。

4. 申报信息公开与否及程度不尽相同。新加坡基本不公布申报信息。法国原来只公开当选总统的财产状况，2013 年 4 月扩大公布了 38 名政府内阁成员的银行存款和房产。越南的申报信息原作为机密保管，近期改为一般在职人员申报信息由本单位领导人决定是否宣读或张贴，当选候选人申报信息对代表会议公开，政府、社会和行业组织公职人员的申报信息在单位内部公示。巴西在互联网上公示财产申报信息。美国约有 30 万公务员申报财产，只有 2.5 万高级官员和公务员向社会公布财产。

5. 拒绝申报和申报信息不实的责任不尽相同。实行财产申报制度的国家，一般通过法律规定申报义务主体承担拒绝申报和申报信息不实的责任。墨西哥 2002 年通过《信息公开法》，约 1 万名公务员因没有及时申报财产而受到处罚。俄罗斯法律规定，故意提供虚假申报信息，将被解除公职。美国对虚假申报者处以最高 5 万美元罚款和 1 年监禁。菲律宾首席大法官科罗纳涉及隐瞒外汇存款 240 万美元，以财产申报不实遭参议院弹劾。

6. 审核申报信息的做法不尽相同。考虑到审核成本高，只有少数国家建立了审核制度。新加坡只有在接到检举投诉时才会调查申报人的财产状况。巴西由税务部门建立公民单一税号进行税务稽查，如发现财产变动较大，须出示所有账目，并对细节作出说明。西班牙利益冲突办公室通过财务税收信息系统和银行系统审核调查。保加利亚委托税务局下属的收入署、司法部下属的司法登记局审查申报信息的真实性。

不尽相同的财产申报制度，效果也有差异。在不

少国家，迫于拒绝申报财产和申报信息失真将承担法律责任的压力，公职人员道德诚信水平得到提升。但也要看到，财产申报制度在实施中也存在一些问题。由于多数国家没有专门机构进行审查，申报是否属实全凭个人意愿；配套制度不健全，法律也有漏洞可钻，如申报主体定为配偶和未成年子女的国家，公职人员会将财产转移到父母和成年子女名下；相当多国家的公职人员对财产申报有抵触回避心理；财产申报与公开也成为一些国家政客的作秀之举，没能有效减少腐败。

二、以多种手段规范管理公务用车

世界各国管理公务用车的基本做法是：无论配备固定专车，还是保证公务用车，多实行规范管理或采用电子监控手段，并日益扩大社会化租赁方式的使用。

1. 限制配备公车的级别和价格。德国联邦政府只为联邦级领导人和各部部长、国务秘书配备专车，司局长级官员只保证公务用车。芬兰只有总统、政府总理、外交部长、内务部长、国防部长、议会议长有专车，首都赫尔辛基仅市长 1 人有公务用车。加拿大副部长级以上官员配备行政用车，部长级公车价格不超过 3.24 万加元，副部长级公车不超过 2.7 万加元。

2. 大力削减特权车。俄罗斯总统普京先后两次下令整治“特权车”。2006 年整治行动使配备警灯和警报器的车辆由 7000 多辆减至 968 辆。2012 年 5 月，普京签署总统令，再将配备警灯和警报器的国家机关车辆由 968 辆削减为 569 辆。

3. 区分公车与私车的使用时间和场所。博茨瓦纳公车挂红底白字车牌，民用车挂白底或黄底黑字车牌；每逢双休日，公路上只有民用车在行驶；政府还设公车加油站，节假日休息。澳大利亚也对公车和私车发放不同的牌照，规定公车不得出入豪华娱乐场所和购物场所，一旦在超市或娱乐场所停车场发现公车，每个公民都可以举报，有关部门会调查当事人。

4. 详细记录公车的行驶信息。德国规定，公车须有行驶日志，由司机每月交主管官员审核。加拿大要求公车司机记录每次使用时间、出发及目的地、使用人与用途、行驶里程、相关花费等。联邦政府还与有关公司签约，向每部公车提供 1 张卡，车队管理系统自动生成公车加油、保养、维修等数据。公车使用部门每年向财政委员会报告信息，由审计部门审查。

5. 采用电子手段防控公车私用。瑞典设有“公务车监控系统”，任何人用车，须先按下“公务”或“私用”按钮，代码器将该车代码发往监控卫星，卫星把代码及汽车所在方位信息传给中央监控台。监控人员如发现按下“公务”按钮的汽车驶向别墅或娱乐场所等地，会用无线电话询问开车者“为何用公车办私事”。美国也在很多公车上安装全球卫星定位系统，监视车辆行驶路线和停泊地点。联邦政府官员违规使用公车，可受到停职 1 个月直至开除的处罚。

6. 提倡公务活动租赁社会车辆或使用私车。芬兰公务员外出办公，可使用政府和议会发的出租车券乘坐出租车。日本包车和租车占公务用车较大比例，政府鼓励公职人员乘坐公交并给予补贴。德国国防部和各州主管部门租赁相当数量的社会车辆办理公务，就连接待外国元首有时也从汽车公司租车。挪威鼓励用私家车为公家办事，并按实际里程给予汽油费补贴。

从总体上看，多数国家配备公车并实行规范化管理，依靠社会参与监督，有效提升了公职人员的公车公用意识；一般公务用车，通过实报实销、货币补贴或发放车券等，走社会化租赁使用之路，明显降低了行政成本。

三、限制公职人员公款宴请和送礼行为

规范公款接待和限制收受礼品，是许多国家防止利益冲突最为重视的内容，多被纳入公务员道德操守行为规范或法律制度。严格限制公款宴请和收受礼金礼品行为，长期坚持便使公职人员逐渐养成廉洁自律的习惯。

1. 限制公款招待及用餐对象。联合国规定，各级机构招待费不能用来宴请本组织的官员。大部分国家内部公务活动一般不安排宴请。韩国法律规定，公务员不准与工作对象一起用餐。

2. 制定接待或接受宴请标准。美国将宴请纳入道德管理范围，限制餐饮额度，公职人员不得接受每人每餐超过 20 美元的宴请，每人接受同一机构的宴请全年不得超过 50 美元，一些地方宴请招待费低至每餐人均 10 美元。

3. 公务接待计划提前报批。俄罗斯公务宴请报批程序复杂，一般要经过 5 道程序。美国公务接待通过预算控制，超支部分由个人自付。美国马里兰大学行为与社会科学学院院长宴请中国代表团，比接待预算超出 1 瓶啤酒，这位院长便自付了啤酒钱。

4. 制定收受礼金礼品规则。德国各地通过立法确定公职人员收受馈赠的标准，收受现金超过 10 欧元、礼品价值超过 20 欧元，便会受到处罚。美国规定，

下级不能给上级送礼。韩国规定，公职人员不许把婚丧嫁娶事宜通知亲戚和密友以外的人，结婚收取礼金不得超过 3 万韩元（不到 200 元人民币）。新加坡规定，公务员不得接受与行使职权有关的礼品礼金；虽未禁止亲朋好友间互赠礼品礼金，但反贪机关和司法机关会分析评估是否超出合理限度。

5. 建立礼品上缴登记制度。欧洲多数国家公务活动一般不送贵重礼品，只送低值纪念品或即食食品。澳大利亚规定，议员接受礼物必须登记。马来西亚规定，公务员收到礼物要报告上级主管，价格偏高的必须交公，上级认为不贵重的才允许留下。新加坡规定，收到礼品礼金须立即向所在部门负责人报告并如数上缴，或经有关机构评估价格并支付费用后方可留下。

一个时期以来，我国社会舆论对效仿国外一些反腐败治理举措呼声很高，但因对国外具体情况不甚了解，难免产生概念化的认知。在对定位和目标把握不清晰的前提下，盲目提出过于笼统的要求，难以真正有效解决中国的实际问题。借鉴国外公职人员道德诚信管理的经验教训，我国应坚持从本国国情出发，针对当前公职人员在道德领域存在的突出问题，构建具有中国特色的公职人员道德诚信管理体系，强化治理公职人员道德失信措施的可操作性，以反腐倡廉建设的实际成效取信于广大人民群众。

（摘自《求是》2013年第11期）

加强学术出版　打牢中华民族伟大复兴知识根基

国家新闻出版广电总局副局长　邬书林

学术出版，是学术研究成果的体现，是科学研究的重要环节。科研工作往往从查找前人的学术成果入手，并不断通过学术出版物跟踪研究动态，最终到发表创新成果结束，周而复始，不断推动科技创新、文化繁荣，促进经济发展、社会进步。当今世界学术出版已成为重要产业，有举足轻重的地位。我们要高度重视中国学术出版工作，把握态势，遵循规律，扎实工作，务求实效，提升我国学术出版水平，推动更多的学术成果走向世界，打牢中华民族伟大复兴的知识根基。

一、深刻认识提升中国学术出版水平、推动更多学术成果走向世界的重大战略意义

学术出版是一个国家学术成果与世界学人的对话，是推动世界学术交流的桥梁与纽带。当前，加快我国学术出版走出去具有十分重要的意义。

1. 提升学术出版水平，推动更多学术成果走向世界是实现中华民族伟大复兴中国梦的客观要求

党的十八大后，以习近平同志为总书记的党中央提出了实现中华民族伟大复兴的中国梦。当今中华民族的伟大复兴与历史上的文景之治、贞观之治等不同之处在于，这次伟大复兴是在经济全球化、世界各国综合国力激烈竞争的背景下展开的，这就要求我们的经济发展、科技创新、文化繁荣等各方面都能走在世界前列。近代世界历史一再证明，一个国家的崛起，不仅要有强大的经济和军事，还必须有思想创新、科技发展和文化繁荣作为支撑。比如英国工业革命后，随着英国世界经济地位的奠定，英国文化也随之得到极大地发展，诞生了一批享誉世界的哲学家、文学家、经济学家。二战后的美国也是如此。文化强国梦既是中国梦的有机组成部分，又是实现中国梦的重要文化支撑，在这方面，学术出版起着基础性的作用。学术出版是一个国家思想创新、科技创新、文化传承的最直接体现，学术出版的实力和水准是一个国家经济与文化发展水平的重要标志，集中反映了一个国家的文化软实力和文化影响力。因此，出版界要按照实现中国梦的要求，站在世界前沿想问题，更加自觉地服务于国家重大发展战略，做好知识传播和文化传承，积极参与世界竞争，满怀激情为中华民族伟大复兴贡献出版人的力量。没有文化的复兴，不可能实现中华民族的真正复兴；没有学术出版的强盛，也很难称得上真正的文化强国。

2. 提升学术出版水平，推动更多学术成果走向世界是建设文化强国的重要任务

党的十七届六中全会提出了建设文化强国的宏伟目标和历史任务。学术出版在文化强国建设中起着基础性作用。首先，学术出版体现的是一个国家、一个民族对世界文明的贡献，具体反映在思想创新、科学

发现、技术进步、管理经验等方面。有了这些成果，文化强国才有内容根基。其次，学术出版已成为一个重要产业，在科技文化发达的国家，学术出版占整个出版的经济份额已超过30%以上，并且成为市场最稳定、利润较高、最能实现社会效益和经济效益相统一的出版产品。建设文化强国如果没有一批有实力的学术出版集团，就很难与世界出版强国竞争。当前，我国已经成为世界第二大经济体，科研投入跃居世界第二位，科技人员每年发表的科研论文总数也位居世界第二位。但遗憾的是，国家大量科研经费投入形成的科研成果主要在国外发表，我们还要花重金买回来去支撑科研教学。这一出一进，不仅在经济上吃亏，其结果是丧失了话语权和信心。如果不能有效地建立起与世界相连、有中国特色的学术出版体系，我们就很难成为真正的文化强国，就很难扩大中华文明在世界的影响。一个国家学术出版水平的高低，只有在和其他国家的比较中才能得以体现；同样，学术出版只有走出去，才能在和其他国家学术出版的交流合作中提高水平。

3．提升学术出版水平，推动更多学术成果走向世界是实现中国出版走出去的关键

经过10年的努力，我国版权贸易逆差大为改观，从2003年的15:1缩小到2012年的1.9:1。可喜的是，在版权贸易比例结构不断完善的同时，版权输出的内容结构也发生了很大变化，过去版权输出的内容多是中医中药类、中华传统文化方面的图书，现在反映当代中国经济、科技和社会发展各个领域的图书得到世界广泛关注。但从我们自身看，居于出版业顶端的学术出版的版权输出还不尽如人意，数量很少，质量不高。科学无国界，学术出版在出版贸易中最容易贯通国际、国内两个市场。2011年出台的《新闻出版业“十二五”时期“走出去”发展规划》强调，要“优化内容结构，加强文学类、科技类、学术类等出版物的版权输出，提高版权输出的质量”。出版界要高度重视学术出版在出版走出去中的作用，扩大学术出版的版权输出数量，提高学术出版的版权输出质量，大力推动中国学术出版走出去。

二、准确把握中国学术出版发展和学术出版走向世界面临的态势

当前，中国学术出版发展和学术出版走向世界面临着很好的机遇，世界科技发展日新月异，中国经济实力不断增强，科研投入不断增加，创新成果不断涌现，学术出版认识不断提高，这一切都为我们抓好学术出版发展和学术出版走向世界提供了前提与基础。要准确把握学术出版发展和学术出版走向世界面临的态势，精心谋划未来。

1．已经取得的初步成绩为中国学术出版走出去奠定了重要基础

在政府有关部门的积极推动和学术界、出版界的共同努力下，中国学术出版发展近几年取得初步成效，学术出版走出去也做出积极探索。

一是对学术出版走出去重要性的认识逐步提升。近年来，学术出版受到越来越多有识之士的重视，学术出版走出去也开始提上重要议程。无论是学术界还是出版界，都已经认识到，再不认真抓好学术出版工作，将会拉大与发达国家学术出版水平的差距，并影响科技与经济发展。同时，广大出版单位也日益认识到闭门造车搞学术是不行的，只有推动学术出版走出去才能真正提高学术出版水平。无论是自然科学，还是社会科学方面的学术出版；无论是在学术出版的内容创新方面，还是在学术出版的基本规范方面，都要积极参与世界同行的竞争，在竞争中努力提升学术出版水平，积极推动中国学术出版走向世界。

二是涌现出一批学术出版走出去的重要单位。近年来，一些大学出版社与国外著名出版集团密切合作，成为学术出版走出去的重要力量。比如上海交通大学出版社与爱思唯尔集团，清华大学出版社、浙江大学出版社与施普林格出版集团，北京大学出版社与剑桥大学出版社等，都形成了良好的合作关系，开展各种形式的学术出版走出去。除此之外，中国科技出版传媒集团、上海世纪出版集团、人民卫生出版社、三联书店、社科文献出版社等，在学术出版走出去方面都取得了很好的成绩，做出积极探索。

三是推出了一批学术走出去的优秀出版物。比如，上海世纪出版集团“中国改革开放30年研究丛书”，已经进入世界著名大学图书馆和公共图书馆，在16个国家和地区销售，取得很好的效益。上海交通大学出版社的“大飞机出版工程”系列图书，一次性向爱思唯尔出版集团输出5种专著的英文版权，每一种都经过了世界同行的严格评议。浙江大学出版社的《中国科技进展》丛书，有力地推动了中外科技交流与合作。南京大学出版社的《中国思想家评传丛书》在200部中文版原书的海外推广取得不俗业绩的基础上，又先后输出部分图书的整体翻译版和中外文对照版。中国知网进入西方著名大学图书馆，已经成为世界上最大的学术数据库公司之一。

2. 国家支持政策为中国学术出版走出去提供了良好的经济条件

近年来，随着国家经济实力的增强，国家从财政、税收、金融等方面出台了一系列支持学术出版发展的相关政策。现在，与学术出版有关的国家三大基金资助金额不断增加。国家自然科学基金2013年度财政拨款170亿元，2013年总资助计划额度约238.47亿元，其中相当部分用于资助学术出版；国家社会科学基金2012年资助金额12亿元，"十二五"末将达到20亿元，其中约有15～20%左右的资金会进入出版领域；国家出版基金2012年资助金额3亿元，重点资助学术出版，"十二五"末将达到10亿元，其资助对象大部分是学术出版。除三大基金之外，科技部、教育部和中国科学院、中国社科院等部门都有从几千万元到几亿元不等的资助项目，绝大多数都与学术出版有关。近期，中国科协、财政部、教育部和国家新闻出版广电总局等部门联合启动"中国科技期刊国际影响力提升计划"，重点支持培育一批优秀的英文科技期刊，以提高我国科技期刊的国际影响力和竞争力。国家新闻出版广电总局"经典中国国际出版工程"，2013年资助金额大幅增加，从1500万元增加到3500万元，资助范围在以往资助学术出版和文学出版走出去的基础上增加了科技出版和对外汉语教材等类别。这些财政资助项目，为我国学术出版走出去提供了很好的资金支持，也对学术出版走出去提出了更高的要求。

3. 与发达国家相比存在的差距和不足为中国学术出版走出去提供了广阔的发展空间

要清醒地看到，中国学术走出去只是刚刚开始，取得的成绩也是初步的。与我国经济发展水平相比，与发达国家学术出版发展水平相比，我国学术出版还存在较大差距。中国学术出版占世界份额还相当小。比如，目前我国年出书40多万种，高水平的学术著作特别是真正具有创新意义的学术出版成果还不多，学术出版对经济社会发展的促进作用还不强，学术出版的整体发展水平还不高，学术出版规范还不健全，学术出版走出去的运行机制还不完善，等等。这些差距和不足，为中国学术出版发展和学术出版走向世界提供了广阔的发展空间。

三、不断提升学术出版水平，推动更多学术出版走向世界

提升学术出版水平，推动更多学术出版走向世界，是一项长期而紧迫的工作。不仅要有高远目标，坚持不懈地推动中国学术出版走向世界，更要有紧迫感，以时不我待的态度抓紧做好当前的工作。

1. 抓好学术原创出版，打牢中国学术出版走出去的内容基础

创新是一个民族进步的灵魂，是国家兴旺发达的不竭动力。学术出版是最需要创新的，创新是学术出版的永恒主题，学术出版创新的核心是内容创新。把思想创新和技术创新、管理创新的成果，通过出版传播出去，是科学技术和知识转化为现实生产力、推动社会进步不可或缺的环节。出版界要认真抓好原创出版工作，自觉地把当代中国的思想创新、科学发现、技术进步、管理经验反映好、传播好，努力使学术出版成为各种创新思想和内容的组织策划者、加工整理者，成为知识和信息传播的中枢，为中国学术出版走出去打牢坚实的内容基础。

2. 以优势学科和新兴学科为突破口，抓好中国学术出版走出去的重点领域

提升学术出版水平，推动更多的学术成果走向世界，要坚持有所为、有所不为的原则，突出重点，发挥优势。没有学科优势作基础，推动学术出版走出去是不切实际的"假大空"；相反，如果我们已经在一些领域具备学科优势，再不抓好学术出版走出去，则是出版界的失职。当前，我国科技发展已经形成了自己的学科优势，比如《国家中长期科学和技术发展规划纲要（2006–2020年）》部署了11个国民经济和社会发展的重点领域以及68项优先主题，16个具有战略意义的重大专项，8个重点技术领域的27项前沿技术，18个基础科学问题，4个重大科学研究计划，涵盖能源、材料、生物、信息、航天航空等领域。在未来5～10年间，将有大量的科研成果来自这些领域。学术出版要以优势学科和新兴学科为重点，瞄准世界最高水平，努力实现赶超和跨越，推动中国学术出版走出去。

3. 坚持学术出版的基本规范，努力开拓中国学术出版的国际市场

加强学术出版规范，是保证学术出版质量与水平的基础性工作，也是前提与条件。2012年9月，原新闻出版总署下发了《关于进一步加强学术著作出版规范的通知》。通知下发后，学术界、出版界、新闻媒体的反响都很好，切实加强学术著作出版规范已经成为全社会的广泛共识。只有抓好学术出版的基本规范，才能更好地与国外同行进行交流合作，才能从出版环节引导学术界端正学术风气，提高学术出版质量。要把学术出版规范这项基础性工作坚持不懈地做下去，

努力开拓中国学术出版走出去的国际市场。

4. 积极运用高新技术，做好大数据时代的中国学术出版走出去工作

在数字化和大数据条件下，人类知识的传播方式发生根本变化，传播速度加快，传播范围扩大，传播效能得到极大地提高。近年来，欧美国家的学术出版领域已基本完成数字化转型，中国学术出版的数字化转型还有大量工作要做。大数据时代更需要专业出版工作者的专业劳动，不管是用数字方式还是用传统技术方式，都要对知识进行鉴别和选择，为读者提供更多有分量的内容。出版界要进一步增强紧迫感，积极研究开放获取等新问题，通过数字文献数据库、整体解决方案等方式，加快学术出版的数字化转型，推动中国学术出版更好地走出去。

5. 跟踪世界科技发展前沿，制定中国学术出版走出去的长远规划

学术出版发展和学术出版走出去不是靠自发就能实现，必须抓好学术出版规划。要搞好顶层设计，从国家层面做好学术出版发展和学术出版走出去的中长期规划。与此同时，各个出版单位也要抓好本单位学术出版发展和学术出版走出去的战略规划。要紧密跟踪世界重要学术期刊、重要学术会议、重要学术著作的发展趋势，精心规划一批追踪世界科技发展前沿的精品图书和期刊，精心规划一批在世界上有重大影响的基础性科研图书和期刊，精心规划一批推动我国产业转型升级的技术创新图书和期刊，精心规划一批为工农业生产服务的实用型图书和期刊，努力实现学术出版和学术出版走出去工作的更大发展。

6. 借鉴国际学术出版的经验，形成中国学术出版走出去的良好运行机制

世界大型学术出版集团，大都具有几十年甚至几百年的发展历程，比如爱思唯尔出版集团成立于1880年，威科集团成立于1885年，剑桥大学出版社成立于1543年，牛津大学出版社始建于1478年。这些学术出版机构经过长时间发展，已经形成相对科学的学术出版观念、相对完善的学术出版运行机制。中国的学术出版机构大多只有30多年的发展，在学术出版走出去方面只是刚刚起步。要发挥中国学术出版的后发优势，学习借鉴发达国家学术出版机构的经验，认真找出差距，找准定位，努力推动中国学术出版走出去，加入世界学术出版大潮。要建立健全独立的学术出版评审机构、同行评议制度，保持学术出版的严格标准；要创新学术出版观念，深入研究学术出版的定价方式、销售方式，努力按学术出版规律办事；要剖析跨国出版企业的内部运作模式与流程，学习先进管理经验，建立良好的学术出版运行机制；要培养更多青年编辑献身学术出版事业，鼓励更多青年科研人员大胆进行学术创新,为中国学术出版走出去储备更多优秀年轻人才。

学术出版来源于科学，学术出版的繁荣发展又必将对科学的发展产生巨大的推动作用。让我们弘扬中华民族的优秀传统，登高望远，审时度势，扎实做好学术出版工作，积极推动中国学术出版走出去，打牢中华民族伟大复兴和文化强国建设的知识根基。

（本文是2013年8月13日邬书林在中国学术出版走出去高端论坛上的讲话，摘自《中国新闻出版报》2013年8月16日，刊发时略有删节）

推动全民阅读　彰显文化力量
——写在第23届全国图书交易博览会开幕之际

国家新闻出版广电总局副局长　阎晓宏

伴随着改革开放步伐应运而生的全国图书交易博览会，原为全国书市，从1980年开始到现在，历经33年、举办23届。目前，书博会已由单一的图书交易活动，发展成为出版成果展示、出版物展销、信息交流、行业研讨、服务读者和倡导全民阅读以及推动地方文化、经济等功能于一体的品牌文化盛会，是国家重点扶持的文化展会之一，凸显了这一文化盛会在全面推进小康社会建设中的重大作用。

一、书博会是展示出版改革发展成就的重要平台

本届书博会是党的十八大胜利召开之后第一次举办的全国图书交易博览会，也是集中展示党的十六大

以来出版发行业改革发展重大成果的一次重要盛会。党的十六大以来的10年，是出版发行业改革发展、跨越变化的10年。10年来，出版发行界坚决贯彻落实中央关于文化体制改革的部署，按照“三改一加强”的要求，抓住重点领域和关键环节改革攻坚，事业产业发展均开创了一个崭新的局面，出版软实力大幅提升，精品力作越来越多；出版硬实力实现跨越，产业规模不断扩大。党的十八大又全面开启了建设社会主义文化强国的新征程。站在新的历史起点上，建设文化强国赋予出版人的历史责任，就是加快向出版强国迈进。从某种意义上讲，发展出版物会展业，让丰富的出版产品更多更好地亲近广大读者，也是实现出版强国梦的一项重要抓手。当前，在国内，已经形成了包括全国图书交易博览会、北京图书订货会、北京国际图书博览会在内的三大书业品牌盛会。今年是全面深入贯彻落实党的十八大精神的开局之年，举办本届书博会意义重大，是出版发行业落实党的十八大精神的具体行动、务实之举。办好这次书博会，必将为出版发行业搭建起一个交流经验、凝聚智慧、共谋发展的重要平台，也必将对凝聚业界力量、推动出版发行业大发展大繁荣具有十分重要的意义。

二、书博会是出书人读书人的重大节日

本届书博会是大力推进全民阅读、建设“书香中国”的一项十分重要的举措。中华民族自古就有治书、出书、读书、藏书的传统，“读万卷书、行万里路”是数千年来中国读书人的传统，热爱学习、勤奋读书是中华民族生生不息的文化血脉。我们常说，读书是人生最重要的投资，读书使人智慧，读书可以使人更好地融入社会和服务社会。从一定意义上讲，一个民族的精神发育史，就是一个民族的阅读史。多年来，在党中央、国务院的统一部署下，我们在全国深入实施全民阅读活动。几年来，随着活动的逐步深入，图书阅读已日渐深入人心，全社会阅读的氛围越来越浓厚，许多地方涌现了一批“书香城市”“书香家庭”“读书之星”，全民阅读活动的成效日益显著。特别是党的十八大还第一次把“开展全民阅读活动”写进党代会的报告，必将进一步激发人们阅读的热情。为在全社会形成“多读书、读好书”的浓厚氛围，国家新闻出版广电总局不久前已下发通知，决定2013年继续在全国范围内开展更加广泛的全民阅读活动，不仅组织开展各种形式的主题阅读活动，而且重点培育、巩固一批“书香”品牌，同时还启动开展了首届全国“书香之家”推荐活动，通过推荐1000个书香家庭，提高全民阅读的参与性、互动性、积极性，发挥先进典型的示范作用。本届书博会的召开，适逢第18个世界读书日到来，书博会突出“绿色海岛·文化海南”全民阅读活动这一主题，这是深入贯彻落实党的十八大精神，推进全民阅读、建设书香中国的一项重要举措。为了大力推进全民阅读，本届书博会组委会采取了3项有力举措：一是对会前会中全面进行顶层设计，展前利用各种媒介资源营造氛围，展中精心设计了多项主题活动，并且策划了大量配套活动。二是名家大腕云集书博会与读者互动，如著名作家、诺贝尔文学奖得主莫言，著名学者阎崇年、于丹，著名诗人汪国真以及著名作家韩少功等都将亮相书博会现场，参加“读者大会”、“红沙发”系列访谈等活动，与广大读者分享各自的读书心得和创作体会，倡导大众享受阅读乐趣。同时，组委会也邀请了国外一些著名作家到书博会现场，与广大读者见面，如《邓小平时代》的作者，国际著名中国问题专家、美国哈佛大学HenryFord Ⅱ社会学教授傅高义等，将在书博会现场与读者互动交流。三是各类读书活动丰富多彩，既有精品图书展示展销，也有各种读书会；既有大量新书首发，也有著名作家进校园、图书进军营活动；既有书博大篷车环岛行系列活动，也有书博会专题电视栏目《读到之处》。尤其值得一提的是，书博会期间，组委会还举办了“惠民券献礼琼岛民众”全民阅读活动，面向广大群众、机关干部、农渔民、学生、贫困家庭发放总价值100万元的惠民券，开展文化惠民、文化关怀。

三、书博会是一次“书为媒”的特色文化盛宴

本届书博会是在国际旅游岛举办的带有浓郁地方特色的一次书业盛会。“书香椰韵、魅力海南。”海南是一个特色文化大省，省委、省政府始终坚持文化强省战略，积极推进文化体制改革，全面繁荣文化事业，大力发展文化产业，尤其是充分发挥海南绿色文化、海洋文化、黎苗文化、红色文化等地方特色文化的优势，加快向文化强省跨越的步伐。近年来，海南新闻出版业作为文化建设的主力军，已形成了涵盖图书、报纸、期刊、音像、电子、网络等出版门类和编辑出版、印刷复制、流通发行、版权贸易等相关行业的产业体系。本届书博会不仅在海口设立了主会场，还在三亚、儋州、万宁设立了3个分会场，同时将举办读者大会、

全国精品图书展、中华印刷之光展、“红沙发”系列访谈等重要活动，还将举办海南精品读物丛书首发式、“逛书博、游海南”、“情系三沙慰问赠书大行动”等一系列有浓郁海南特色的文化展示活动。这一系列活动主题突出、特色鲜明、形式多样、内容丰富、贴近群众。从一定意义上说，办好本届书博会，是推进海南国际旅游岛建设和实现绿色崛起战略的一次重要机遇，因为通过书博会的交流将产生很多合作的机遇，对全面推动海南形象和建设影响很大，有利于海南国际旅游岛开发。可以说，这届书博会将是集经济效益、社会效益、文化效益为一体的以书为媒的特色文化盛会。

最是书香能致远。我相信，本届书博会一定能发扬历届书博会的优良传统，拓展新局面、创造新辉煌，办成一届主题突出、特色鲜明、富有影响的文化盛会，为进一步推进全民阅读、建设书香中国起到积极的促进作用。

（摘自《中国新闻出版报》2013年4月17日，略有删节）

培养选拔好干部

国家新闻出版广电总局副局长　孙寿山

学习习近平总书记关于党的建设和干部选拔工作重要论述，我谈一点粗浅的认识和体会。习近平总书记高度重视干部队伍建设。他强调，要着力培养选拔党和人民需要的好干部，要把从严管理干部贯彻落实到干部队伍建设全过程。要让每一个干部都深刻懂得，当干部就必须付出更多辛苦、接受更严格的约束，没有这样的思想准备和觉悟，就不要进入干部队伍。总书记鲜明提出并系统回答了“怎样的干部是好干部，怎样才能成长为好干部，怎样把好干部用起来”这三个干部工作的根本问题。怎样的干部才是好干部？好干部要做到信念坚定、为民服务、勤政务实、敢于担当、清正廉洁。怎样成长为一个好干部？一靠自身努力，加强党性修养、加强品格陶冶，勤于学、敏于思，经风雨、见世面；二靠组织培养，为干部锻炼成长搭建平台。怎样才能把好干部用起来？要坚持党管干部原则，坚持正确用人导向，坚持德才兼备、以德为先，努力做到选贤任能、用当其时，知人善任、人尽其才。这些重要论述，指明了培养人、选拔人的主要途径和方向，深化了对干部工作规律的认识，为做好干部培养选拔工作提供了根本遵循。

学习领会总书记这一重要思想，我体会，重点是要做到“四个严格”、把握好“四个问题”。“四个严格”，就是要严格选拔、严格考核、严格培养、严格管理监督，要把考察识别干部的功夫下在平时，近距离接触干部；要进一步完善科学发展的考核指标，让选人用人经得起人民的检验；要对干部身上出现的苗头性、倾向性问题，及时“咬咬”耳朵、扯扯袖子，不能睁一只眼闭一只眼，更不能哄着、护着。把握好“四个问题”，就是要把握坚持党管干部的核心，保证党的领导，解决“为谁选人”的问题；把握坚持五湖四海、任人唯贤的实质，落实立党为公的执政理念，解决“用什么理念选人”的问题；把握坚持德才兼备、以德为先的根本，保证干部政治坚定、作风优良，解决“选什么样的人”的问题；把握坚持注重实绩、群众公认的关键，靠实践检验干部，解决“依据什么选人”的问题。

做到这“四个坚持”，要把加强党的领导和充分发扬民主统一起来，强化党委（党组）的领导和把关作用，重视在发扬民主的各种方式中，在正确分析和对待推荐测评结果上、在决定任用的关键环节把好关，不简单以票数、分数定取舍，真正把好干部及时发现出来、合理使用起来。考察和检验一位干部，主要看是否能在重大政治考验面前有政治定力，是否能树立牢固的宗旨意识，是否能对工作极端负责，是否能做到吃苦在前、享受在后，是否能在急难险重任务面前勇挑重担，是否能经得起权力、金钱、美色的诱惑。这样的检验需要一个过程，不是一下子、经历一两件事、讲几段话就能解决的，要看长期表现，甚至看一辈子。

（本文是2013年11月18日孙寿山在国家新闻出版广电总局党组理论学习中心组学习上的讲话，摘自《中国新闻出版报》2013年11月20日）

提升质量、打造品牌，推动中国动画电影的繁荣发展

国家新闻出版广电总局副局长　童　刚

一、认清形势，乘势而上，切实抓住国产动画电影发展的难得机遇

动画电影是中国电影的重要组成部分。动画电影的发展与中国电影整体的发展息息相关。中国电影自2002年底实施产业化改革以来，连续十年保持了30%以上的增长速度，实现了跨越式的发展。在一系列改革政策的推动下，中国电影的生产力得到了极大解放。到2012年，中国电影产业已经形成了年产故事片745部、票房总额170多亿元的规模水平，全国银幕数量迄今为止已达到15000块。中国已成为世界第三大电影生产国和第二大电影市场。截至2013年6月底，全国获得上映证的故事片数量达到329部，票房总额接近110亿元。

中国电影的发展并非一帆风顺。2012年上半年，中国和美国就解决WTO电影相关问题谅解备忘录达成协议，确认在每年20部进口分账影片配额的基础上再增加14部分账的高新技术格式美国电影的进口配额。这使国产电影的市场空间受到严重挤压，国产电影票房份额在2012年上半年只有34%。面对严峻形势，中国电影人在国家产业政策的大力推动下，以提升质量、稳定数量为目标，努力适应观众需求，强化市场建设和档期建设，以更加丰富的类型、风格和样式，有效应对好莱坞电影的强势挑战。2012年下半年以《一九四二》《人再囧途之泰囧》《西游·降魔篇》为代表和2013年上半年以《北京遇上西雅图》《致我们终将逝去的青春》《中国合伙人》为代表的一批优秀国产电影集中发力，成功扭转了不利局面，使国产影片的票房份额达到了61.9%。

繁荣的中国电影市场为国产动画电影的迅速发展创造了良好的条件。2012年以来，国产动画电影呈现出良好的发展态势。据统计，2012年共有33部国产动画电影获得了公映许可证，创造了4.7亿元人民币的票房，特别是寒假和春节档期，一举夺得了2.2亿元人民币的票房，涌现出一批有发展潜力的动画电影品牌，极大提振了业界对国产动画电影的信心。在2013年寒假档期，国产动画电影的表现喜人，《喜羊羊与灰太狼5》保持了票房过亿元，《洛克王国2》票房超过6800万元，《巴啦啦小魔仙》票房也超过了5100多万元。在刚刚过去的“六一”档期，一批针对少儿观众的优秀动画电影集中亮相。《潜艇总动员3——彩虹宝藏》以单日2658万元的票房居同期国产影片之首，上映以来累计票房已超过5600万元。《辛巴达历险记2013》《魁拔2》等亦取得良好的市场成绩。国产动画电影票房占“六一”当日全国总票房的50%，与之前《喜羊羊与灰太狼》系列电影一枝独秀的局面相比，众多国产动画影片的相继热映、争奇斗艳，标志着国产动画电影的创作生产实现了数量、质量的同步增长，正日益成为中国电影产业中一支不可忽视的力量。

必须承认，中国动画电影产业的发展仍处于起步阶段，较美、日等动漫发达国家，我国动画电影产业在许多方面都存在不小的差距，比如，创意不足、内容肤浅、文化内涵欠缺、精品力作不多、营销能力薄弱、品牌影响力有限、市场知名度不高、产业链不够健全，等等。面对这些问题，我们要分析原因，对症下药。中国动画电影要从中国丰富的历史文化资源和多姿多彩的社会生活中汲取营养，吸收借鉴世界先进的动画电影创作生产理念，抓住中国电影产业快速发展的良好机遇，乘势而上，知难而进，在国家产业政策的扶持下，依靠全行业的力量，发扬成绩，克服不足，坚定信心，奋发有为，不断推出动画精品，以实际行动回馈广大观众对我们的厚爱和期待。

二、把握导向，提高质量，拓展国产动画电影的市场空间

拍出思想性、艺术性、观赏性相统一的国产动画电影精品，做大国产动画电影的市场份额，是我们的共同心愿，也是我们面临的重要任务。落实好这一任务，就要求我们必须把握动画电影的艺术规律和市场规律，重视动画电影的价值呈现、教育意义和文化内涵，采取切实可行的措施来提升创作质量、实施品牌战略、加强宣传营销，不断提高中国动画电影的影响力和竞争力。对此，我讲三点意见。

1. 动画电影的创作生产要始终坚持正确的价值导向，体现美好的人文情怀，传递正能量

党的十八大对社会主义文化建设提出了引领风尚、教育人民、服务社会、推动发展的明确要求，电影作为具有广泛社会影响力的大众文化、作为传递正能量的重要工具，承担着义不容辞的使命和责任。目

前，不少国产动画电影面向低幼群体，而低幼群体缺乏成人具有的分辨能力和判断能力。因此，我们的动画电影创作者必须具有高度的社会责任感和强烈的道德担当意识。动画电影应当播撒真、善、美的种子，让孩子收获快乐、学会分享，引导孩子热爱科学、热爱自然，培养孩子团结互助、谦和礼让、勤奋好学的传统美德。而现在国内一些动画电影为追求商业利益、吸引孩子的眼球，加入了暴力、低俗、自私等不应有的负面元素，给孩子传递出不利其健康成长的价值观。

近年来，儿童因模仿动画片中的暴力情节导致的负面事件时常见诸报端。业内人士分析，制作心态急功近利是国产动画电影胡编滥造、依赖暴力的重要原因。为了盈利的需要，一些制片公司压缩制作周期、减少制片成本，置艺术规律而不顾，赶工赶时，制作粗糙，导致许多国产动画电影沦为电影市场上的匆匆过客，难以给观众留下记忆。

我们强调动画电影的社会责任，就是希望动画电影以“寓教于乐”的方式把人类的美好情感、优良的文化传统、高尚的道德情操和大众的科学知识传递给小观众们；就是希望动画电影的创作者们遵循艺术规律，真正用孩子的视角去看待世界，用孩子的语言、以孩子能够接受的方式去讲述孩子喜欢的故事，这样才能创作出既符合孩子的观赏需求，又在潜移默化中传递正能量的动画产品，实现社会效益和经济效益的协调统一。2013 年 4 月上映的美国梦工厂 3D 动画大片《疯狂原始人》受到了中国内地观众的热烈追捧，市场和口碑一路飘红，票房总收入达 3.93 亿元。《疯狂原始人》的成功不仅因为动画形象可爱、制作水准高超、3D 效果逼真、想象力丰富，更在于片中传播出的正能量令人感到温暖。这部成功的动画作品值得我们研究和借鉴。

2. 动画电影创作要坚持技术与艺术的融合，形式与内容的统一

重视内容生产，把故事讲好，是动画电影保证和提高质量的关键所在。技术是动画电影的基础，从 2D 到 3D，从手绘到电脑成像，从卡通形象到真人与卡通的互动，技术的进步使动画电影有了几乎无所不能的表现能力。不断出现的新技术为动画电影的腾飞插上了翅膀。我们不能忽视技术的重要作用，但技术对动画电影而言是形式、是载体，动画电影的核心永远是内容、是故事本身。对此，我们必须有清醒的认识。我们在重视技术、发展技术的同时，要高度重视动画电影的艺术呈现和内容表达，要克服故事乏味、叙事杂乱、人物单薄、文化内涵不足的问题，要下力气克服当前动画电影领域重技术、轻艺术，重形式、轻内容的痼疾。

加强国产动画电影的内容建设，首先就需要认真讲故事，讲好的故事。中央领导和总局领导高度重视电影的文学创作。刘云山同志指出“剧本是打造影视精品的基础”，蔡赴朝同志要求创作剧本要有“十年磨一剑”的精品意识。提升国产动画电影文学创作水平，一方面需要完善动画电影剧本产权保护机制，搭建沟通交流的平台，扭转动画剧本相较电影、电视剧剧本价格低廉的状况，充分调动编剧和创意工作者的积极性，同时，对动画电影的出品人和制片人而言，也要深刻认识动画产业“内容为王”的本质，静下心来，将注意力转移到专注内容本身。

动画电影产业是典型的创意产业。精彩的故事、流畅的叙事、独特的人物设计和影片所传递出的积极的价值导向是动画电影的核心和灵魂。动画电影的独特之处在于为创作者提供了丰富的创造和想象空间。动画电影的创作者要在遵循艺术规律的前提下使这一空间得到充分的延展。

3. 国产动画电影要把品牌建设放在重要位置

品牌建设需要时间的积累。“喜羊羊与灰太狼”系列通过长时间在电视上的播映，培养了一大批儿童观众，产生了较好的口碑。动画电影《喜羊羊与灰太狼》初登银幕就大获成功，与其在儿童观众中业已形成的品牌有很大关系。可以说，品牌就是影响力、品牌就是吸引力和信任度。要确立同一动画形象，借助连环画、舞台剧、电视剧、网游、形象授权等各种形式进行全方位表现和打造。要依托各种媒体宣传曝光，开展制作方和观众之间的真情互动，潜心培育市场，真心服务观众。通过日积月累，逐渐形成品牌、打响知名度、获取影响力。品牌是动画电影在市场上制胜的重要因素。品牌的形成，不仅有助于票房的增加，还可以对衍生产品的开发和整个产业链的打造产生十分积极的推动作用。因此，品牌的大小决定市场空间的大小。《喜羊羊与灰太狼》系列以国产动画电影第一品牌的身份，目前在衍生品市场获利颇丰。动画电影《巴啦啦小魔仙》热映后，其衍生的玩具销售达 5000 多万元，与票房基本持平。

品牌影响力具有弥漫性，可以覆盖所有人群。我们要破除中国电影市场上存在的动画电影就是儿童电影的陈旧偏见，使中国动画电影回归家庭本位，提高“合家欢”型的动画电影生产数量，使中国动画电影从主要面向少年儿童到面向所有观众的方向转变。只有坚持老少皆宜、面向家庭、面向所有观众，中国的动画电影才能够真正赢得大市场、获得大发展。我们要通过实施品牌战略，将优秀的国产动画电影知晓度渗透到每个家庭，首先要进一步扩大少儿观众群体，进而吸引孩子的家长，最后把所有潜在的成人观众吸收到我们正常的观众群中。

三、明确思路，多措并举，推动国产动画电影的繁荣发展

1. 发展动画电影是满足中国电影市场的需要，是应对进口动画电影竞争的需要，是推动中国电影产业整体繁荣发展的需要

中国现在已经拥有15000多块银幕，保证这些银幕的供给是我们的责任。动画电影在中国有着广泛的观众群体，中国观众特别是少年儿童观众对动画电影有着特殊的感情和很高的期待。如果中国优秀的动画电影长期缺位或供给不足，进口动画大片势必乘虚而入，给中国自身的动画电影的发展带来压力和制约。近年来，中国动画电影发展较快，但高票房、形成全产业链、具有话题性的动画电影还不多，中国动画电影的票房占国产电影总票房的比例还不高。我们必须在现有的基础上，拍出更多观众喜闻乐见的动画佳作，尤其要充分利用中国的题材优势，整合各类资源，积极发展面向所有观众的国产3D动画大片。大片是拳头产品、是电影市场上的“核武器”。我们只有拥有自己的“核武器”，方能应对进口大片的挑战，方能保证国产电影的市场份额，方能满足中国电影市场日益增长的观影需求，方能推动中国动画电影自身的繁荣发展。

2. 发展动画电影是推动中国电影“走出去”的需要

中国电影“走出去”是中央的要求，也是中国电影企业开拓市场、做大做强的必然选择。近年来，一批优秀的中国动画电影成功输出海外，为宣传中国和中国文化做出了贡献。据资料显示，国产电影在海外观众的认可度排序中，动画片位于功夫片之后，居第二位，是最有希望进入国际市场的中国电影片种之一。动画电影和传统电影不同，它的优势是通过虚拟的形象，不依靠过多的对白，而是借助精彩的故事、丰富的想象、夸张的表现和优美的画面来吸引观众。这一片种更具国际性和大众性、更易于被外国观众接受，是展示国家形象、宣传民族文化、促进中外交流最有效的工具之一。

中国动画电影应当成为中国电影“走出去”的排头兵。中国有着深厚的历史积淀、多元的地域文化、丰富的历史故事和流传广泛的民间传说，这些都为中国动画电影的创作生产提供了无尽的题材资源和充盈的美学滋养。以《大闹天宫》和《哪吒闹海》为代表的中国动画学派曾以独特的风姿震惊世界，引起国际电影市场的关注和海外媒体、观众的赞誉。历史文化经典是中国动画电影应当深度开掘的资源宝库。

中国动画电影人应当珍惜这一得天独厚的题材优势，进一步开拓国际视野，认真研究和借鉴美、日等动漫产业发达国家的成功经验，消化吸收，取其精华，为我所用，拍摄出既有中国内容、中国特色、中国气派，又有国际包装、国际风范、能够在国际上被认可的动画精品，为中国电影的“走出去”做出贡献。

3. 发展动画电影必须加强人才队伍建设

人才建设是中国动画电影繁荣发展的基础。我们要树立人力资源是推动包括动画产业在内的中国电影产业发展的第一资源的观念。我们要创造条件，完善措施，加强对各类动画电影人才的培养。我们要改变中国动画领域重电脑技术、轻编导艺术的培养模式，扭转国内动漫产业技术人才过剩、高端创意人才和制片管理人才、推广营销人才、特别是既懂技术又懂艺术的复合型人才严重不足的局面。我们要充分依托高等院校等相关机构，也可以通过举办培训班、研修班等方式，选拔一批有潜力的青年动画骨干进行专业培训。我们要通过积极开展动画领域的国际交流与合作，学习掌握国际先进的动画电影制作理念、流程和技术。在市场经济的条件下，中国动画电影人的组织结构发生了深刻的变化，大多数从业人员实行了聘任制，变成了社会人。这就要求属地的各级政府部门顺应时代的发展，去积极探索新的、更加人性化的服务方式和管理方式，从行业出发、从实际出发制定更为有效的措施去培养和发掘人才、去关心和爱护人才、去支持和鼓励人才，为中国动画电影营造一个人才辈出的良好局面。

4. 采取措施，创造条件，大力推动中国动画电影的繁荣发展

经过多年的积淀，中国动画电影从2012年开始呈现出喜人的发展态势。2012年国产动画电影的票房占国产电影总票房的5.8%。根据2013年以来国产动画电影良好的市场表现和已经披露的相关信息，不少业内人士认为，2013年这一比例有望进一步提高。这对中国电影的内容生产和电影市场实现多片种、多样化、多题材、多类型无疑是一个重要贡献。

自2004年国家广电总局向全国印发《关于发展我国影视动画产业的若干意见》以来，一些地方政府相继出台了一些政策措施，从税收、产业和融资等多个方面，鼓励和支持国产动画电影的创作生产。2013年，

电影局在广泛调研的基础上，制定了若干措施，准备在资金扶持、宣传推介、档期协调、咨询服务、奖项参评、人才培养、海外推广等多方面扶持国产动画电影，努力营造一个更好的国产动画电影创作环境，打造更多、更强的国产动画电影品牌，不断提高国产动画电影在国内市场的份额，使国产动画电影成为中国电影产业新的亮点和增长点、成为带动中国电影“走出去”的新引擎。

（本文是2013年7月5日童刚在“国产动画电影座谈会”上的讲话，略有删节）

中央电视台领导讲话（文章）摘编

推动科技发展创新 构建现代传播体系

中央电视台台长 胡占凡

一、技术发展与科技创新对电视媒体产生的影响和发挥的作用

1. 世界电视科技发展变化态势

由于信息技术的快速发展以及技术应用的多变趋势，媒体产业正处于一个较长时间的、推陈出新的变革时期，媒体消费者正在逐步减少通过传统媒介获取信息，并更多地转向通过新媒体、在线媒体获取内容。调研发现，近些年来，由于可获取电视内容的渠道和技术迅速增加并日益成熟，消费者观看电视的传统习惯受到很大的冲击和影响。虽然各类家庭用的屏幕终端越来越多样化，但目前消费者仍然以使用电视作为最主要的观看平台。有权威调查数据表明，不论是视频点播内容还是传统电视，媒体消费者每天平均观看视频内容时 73% 的时间还是利用大屏幕，所以目前电视仍然是家庭用于共享信息和娱乐的最佳设备。虽然传统电视的收视率正在逐步下降，但还没有迹象表明移动视频设备能够很快取代电视作为主流媒体的固有地位。

在世界范围内，各种新技术、新应用、新业态、新市场层出不穷，此起彼伏。与此同时，几乎所有著名的、国际化的电视媒体都在悄然发生着深刻变化。洞察这些变化趋势，可以归纳出以下几个特点。

一是数字技术应用日趋深入。数字化已经成为信息社会发展的一个最突出的主题，电视媒体已基本全面实现了数字转换的升级换代，网络化、数据化、文件化、制播存一体化等都已渐成主流，数字有线网络、数字地面广播、数字直播卫星等数字电视传输技术的应用发展迅猛，高清晰度电视作为数字电视的最大亮点成为人们的关注焦点，而在高清晰度电视正积极普及的基础上，超高清晰度电视和网络电视应用又成为国际电视技术的下一个研究目标，已经在国际上引起广泛关注，许多国家和地区也都制定了具体的发展规划，成立了强劲的产业联盟。显然，作为数字技术的高新应用和产业经济的增长亮点，在下一代电视的发展中，超高清晰度电视和网络电视应用将成为重大趋势之一。

二是新兴业务形态层出不穷。随着数字技术应用日趋深入，电视媒体正在充分利用高新技术改造和提升传统业务，积极发展新兴业务。在巩固传统公共电视服务的同时，开展多种付费电视和多元化的电视经营业务；在优化单向传输的广播式服务的基础上，推动双向互动交流和个性化信息服务；在完善基本节目传输的条件下，新增相应的综合信息交换和各类资讯服务等。节目内容信息不仅可以通过广播电视网络传输，还可以通过各种通信网络传播；不仅可以通过传统的电视接收界面发布，还可以通过其他电子信息媒体和综合网络媒体分发。

三是全媒体技术融合方兴未艾。全媒体技术的应用使媒体传播的内涵更为多样化和复杂化，为受众提供了丰富的信息和多元的选择，搭建起全方位、多维度的信息渠道。全媒体技术的演进，催生了其他媒体对电视媒体行业的进击和挑战，同时也为新老媒体的融合发展提供了莫大的机遇。

四是新型服务体系崭露头角。数字技术的应用在为电视媒体带来新业务形态的同时，也萌生了新型服

务体系和新型增值渠道。在新型服务体系下，各种信息资源、各种服务门类、各种发布渠道、各种传播手段、各种业务开发贯通融合，形成一个面向内容资源的服务业态，新型服务体系的建立给电视媒体带来新的市场空间，增加和优化了电视行业的经济属性及产业比重。

2. 我国电视科技发展创新策略

当前，中国的广播影视行业正在高速发展和急剧变化，由传统媒体向现代媒体转变，由专一媒体向复合媒体转变，由集中媒体向多元媒体转变，由单向媒体向交互媒体转变。但无论电视媒体的形态如何发展和变化，作为主流媒体，作为电视媒体人，我们的责任和任务没有改变，这就是最大限度地满足人民群众日益增长的精神文化和资源信息的需求，也是广播影视行业面临的一项非常紧迫又必须做好的重要任务。

随着社会主义和谐社会建设的不断推进，人民群众文化生活日趋丰富，对信息量和娱乐化的需求急剧飙升，并且更加个性化和多元化，在信息消费能力增强的同时，对于信息和娱乐的选择能力也越来越强。电视作为强势媒体仍然是当今传播力、影响力和吸引力最大的传媒，但是在受众需求变化迅速、个性化要求差异明显的多元开放的环境下，各种信息传播渠道不断增多，传统电视观众的流失也正在增加。电视行业要保持可持续发展，就必须坚持以科学发展观为统领，适应构建现代传播体系的要求，在发展思路上实现观念创新，在运行方式上实现机制创新，在管理方法上实现体制创新。应对日益紧迫的创新要求，电视科技工作应该重点围绕以下几个方面展开。

一是全面推动数字应用。数字化是世界广播电视的发展趋势，也是我国当前和今后一段时期广播电视发展的重中之重。要全面完成节目制播方式和存储交换的数字化、网络化、高清化，创新和提高利用传统终端提供节目内容服务的方式和效率，使电视媒体真正成为开放的节目内容平台。在以有线电视为切入点进行数字化转换的基础上，将在卫星、有线、地面传输系统分阶段、分步骤、分区域全面实施和开展数字电视广播。

重视发展数据业务，加快实现三网融合，还要加大力度开展网络电视、移动电视、手机电视等新业务。要统筹卫星、有线、无线、IP 等各种技术手段，确保电视信号传输的覆盖率、入户率和收视率。要积极建立下一代广播电视网技术体系，注重开发和推动下一代广播电视网相关业务发展。要按照技术、运营、内容并重并举并行的方针，使电视传播从单向单一传统业务形态向双向多元多种业务模式转变，使电视媒体从传统媒体向现代媒体转变。

二是建立巩固产业结构。我国作为电视大国，电视行业市场庞大，需求旺盛，要在确保公益服务的基础上，大力发展经营市场。进一步建立和巩固符合实际国情社情和技术发展要求的电视产业结构，促进电视产业的有力提升，电视产业必须要保增长、保民生、促发展。电视行业在装备设施、内容消费、信息服务等方面的市场潜力很大，要积极利用行业重点工程和重大技术投资的发展时机，激活产品市场，拉动产业增长。要积极促进内容消费，通过建立市场化经营体系，构建内容流通的社会化大市场，以市场为导向配置资源和组织生产。另外，还要坚持推广电视服务的有偿运营模式，在提高电视行业社会效益的同时，必须要有力地提高其经济效益，为国民经济发展培育新的增长点。

三是加快培育内容市场。数字技术使电视频道数量大大增加，从而形成巨大的节目内容空间，一个更繁荣、市场化程度更高的内容市场必然诞生。频道资源的释放和各种新媒体的涌现，对个性化的内容信息产生更大的需求。因此，一个以数字化内容为核心的新型产业链将会形成。充分利用内容需求，培育内容竞争力，通过市场化经营、品牌化运作，构建跨媒体、跨地域的内容平台，打破单一频道化的电视内容经营，开发多种业务类型，形成多层次的内容经营。探索建立良性互动、多元化经营、集约化发展的运营模式，形成内容开发、网络传输、终端接入等环节合理分工、优势互补、合作共赢的市场分布和开放体系，实现各方面力量增长的最优化和最大化。

四是积极应对竞争格局。媒体间综合实力的竞争和国际间多元文化的竞争，将会对电视媒体的发展产生更大的冲击。媒体的彼此融合和相互渗透引起传播市场的重新配置。电视行业大都在体制上进行新的改革，在结构上进行新的调整，在资源上进行新的配置，在秩序上进行新的整合，在功能上进行新的扩展，这些变化给电视行业带来的直接影响就是资源配置更加合理，服务规模更加庞大，社会参与更加广泛，但竞争程度也将更加激烈。而新媒体的勃发和国外媒体的进击，使国内电视媒体面对的不仅是占有份额的竞争，而且是多元传播、多元文化、多元意识形态的竞争，实际上也就是阵地的竞争。面对环境的变化和发展的挑战，中国的电视媒体必须积极有为，改变传统思维和旧有方式，确定适合的发展战略和积极的竞争手段，实行多向创新拓展，增强本体竞争实力。

二、实现电视科技战略创新的主要对策与现实任务

实现电视科技战略创新应该遵循明确的原则与正确的方针，要以业务为核心，以创新为重点，以服务为原则，研究和实现电视技术领域的发展创新，就必须牢牢把握并扎实立足于媒体的责任、电视的功能、传播的需要和任务的权重。要清楚地知道：我们需要什么？我们最先需要什么？分清轻重缓急，理清优劣得失，稳扎稳打，循序渐进。我认为目前需要完成的几个主要的现实任务是：强化安全播出，扩大传播能力；整合频道布局，完善制播体系；加强资源建设，实施版权管理；构建信息平台，支持科学管理；培育新兴业务，拓展服务功能；重视科技开发，促进持续发展。

三、中央电视台技术建设与科技创新的实践经验和发展思路

工欲善其事，必先利其器。中央电视台坚持做好科技创新工作，是建设技术先进的国际一流媒体非常重要的一个方面。国际一流媒体不仅要有一流的节目，更要有一流的技术。应该说，新技术产生并付诸应用，不是目的，而是手段。

如何认识高新技术的运用对于建设国际一流媒体的作用和影响，我认为，至少可以从以下三个方面来考察和评价它的前景与效能：其一，是否能够使节目制作的数量、质量和效率有所提高和改善；其二，是否能够使内容创作的手段和功能得到优化与扩充；其三，是否能够使电视服务模式获得延伸和创新。总之，任何电视新技术手段的开发和应用都必须服务于电视节目的生产和创作，以及为广大观众收看电视节目提供更好、更新的方式和途径。中央电视台近些年来在技术建设和科技创新上的一些具体实践，正是遵循这样的原则和路线来积极开展的。

中央电视台对于技术事业建设非常重视，对于技术发展工作抓得很紧，为此，我们进行了必要的投入和大量的工作。如以新台址启用为契机，正在全面构建适配国际一流媒体的运行、管理、服务体系，进一步完善、优化工艺流程，全面实现资源利用的最大化、节目制播的信息化、生产流程的科学化。坚持以“技术先进”为目标，让科技支撑发展，技术引领进步，适应新技术手段和新业务形态的产生所带来的新的竞争和新的变化。

中央电视台技术发展的总思路和总目标是：实现与新台址启用、国际传播能力建设、全媒体业务发展三个方面的衔接与适配。

第一，要打造与新台址相适配的全球领先的技术体系。全面实现节目制播的高清化、网络化和文件化，提高生产流程环节的共享性、时效性和互通性。

第二，要建设传输便捷、安全高效的信息系统和管理平台。建立适配新台址全新节目生产方式的科学管理体系，以及全流程的质量监测、资源配置、应急设备等功能要求的安全保障体系，构建播出安全、系统安全和内容安全三位一体的大安全布局。

第三，建立与国际传播能力建设相适配的现代媒体技术架构。打造覆盖全球的新闻采集、加工、发稿全流程的网络制播和交换平台，建设以扩大海外用户为目标的全球覆盖网络，构建覆盖广泛的全球网络视频内容分发平台。

第四，探索和跟踪与全媒体发展相适配的国际前沿技术。加强与新媒体、新业务的技术融合，实现节目、数据、资源的充分共享，加强新媒体核心技术、关键技术、共性技术的研发，建立适应电视传播特点及信息技术发展方向的技术研发机制，加强前沿电视技术的研究利用，提升电视媒体的自主创新能力。中央电视台科技创新的步伐还要不断地继续深入走下去，要符合国家媒体的定位，要满足国际传播的要求，要突出文化产业的特征，要具备持续发展的能力。要在深度传播、精准传播、交互传播、多维传播等高效能传播和多样化传播的未来传播发展新方向上努力探索前行，走好走稳传统媒体与新媒体融合发展的创新之路。

《2006 ~ 2020 年国家信息化发展战略》明确提出，要加快广播影视行业的信息化步伐，开发广播影视领域的信息资源，提供人民群众生产生活所需的数字化信息资源。由于电视具有新闻传播、社会教育、文化娱乐、信息服务等多种传播效能，并以其丰富的信息资源、完善的传输网络和庞大的受众群体，构成了一个具有相当规模的信息行业，是国民经济发展及信息化建设中具有深远社会影响和巨大经济价值的重要基础产业，是国家信息产业中极其重要的组成部分。电视媒体的信息化工作已经被提升到国家发展战略的高度，并已被纳入国家信息化整体工作规划。

文化的影响不仅在于内容是否具有独特魅力，还取决于是否具有先进的传播手段和强大的传播能力，传播力决定影响力。在信息技术高度发展的当今时代，谁的传播手段先进、传播能力强大，谁的思想文化和价值观念就能更广泛地流传，谁就能更有力地影响世界。电视媒体的发展对技术平台的依赖正在迅速

增强，科技前瞻的发展引擎和战略导向作用已经成为电视媒体发展与进步的直接推动力，坚持不懈地开展并坚定不移地依靠电视科技的战略创新，对于电视媒体的蓬勃发展及持续向上至关重要，也相当关键。电视作为当今最具影响力和竞争力的现代化大众传播媒体，以其在传播方式、传播速度、覆盖能力、承载能力等诸多方面的信息技术优势，已经并还将继续在信息革命的新时代有所作为，中央电视台作为国家电视台更是使命重大、责无旁贷。

（摘自《电视研究》2013年第9期，略有删节）

凝聚力量　引领市场　释放活力　振兴纪录片行业

中央电视台总编辑、副台长　　罗　明

中国广播电视协会和中央电视台纪录频道联合举办的“央视纪录频道杯”征文活动取得了圆满成功，此次征文活动受到了各界的关注和积极参与，这充分说明了全社会和全行业对纪录片的重视与期待。当前，中国纪录片产业正面临着前所未有的发展机遇。把握中国纪录片产业发展方向，总结中国纪录片创作和经营中积累的宝贵经验，梳理纪录片市场化进程中的各类问题，推动我国纪录片的国际化和市场化，是举办这次征文活动的目的，也是它的特殊意义之所在。

当前，中宣部、国家新闻出版广电总局按照中央领导指示精神，正在制定一系列扶持和推动纪录片产业发展的政策措施，明确将“纪录中国”工程确定为2013年重点推进的一项举措，以期不断形成“文化走出去”的亮点。为了不断适应纪录片“国际传播、文化引领、行业发展”的需要，2012年9月，在由中央电视台主办的首届“中国纪录片发展年会”上，中央电视台纪录频道向全国发起成立“中国纪录片播出联盟”倡议，得到了各省市电视台领导和全国纪录片创作者的强烈回应和积极支持。2013年7月，由中央电视台主办，纪录频道发起承办的“中国纪录片播出联盟”和“中国纪录片制作联盟”成立大会在河南郑州隆重举行。

两年多来，作为中国纪录片行业的引领者，中央电视台纪录频道已成为中国纪录片行业加速发展的“引擎”，也为中国纪录片带来了三个方面的显著变化。

第一个变化：中央电视台纪录频道以超常规的发展速度，做热了平台、做大了市场、做出了影响，收视份额、海外发行、广告销售等数据呈现翻番式增长，成为电视业界和传媒学界研究的课题。这些数据说明了电视观众对纪录片节目的需求，国际市场对中国题材的需求，企业客户对高端电视文化产品的需求。更为重要的是，中央电视台纪录频道的发展数据为全国纪录片行业带来了信心。

第二个变化：中央电视台纪录频道成为国际纪录片界代表亚洲的重要一极。两年来，中央电视台纪录频道连续两届高调亮相法国戛纳电视节，十余部纪录片以“集群化”方式，用国际化的品质和市场化的路径强势进军国际市场，一举进入国际主流媒体渠道播出。中国纪录片在国际上的话语权、影响力已经明显提升。中央电视台纪录频道已经和英国广播公司、国家地理频道等近10家国际电视机构建立了合作伙伴关系。经国务院批准，2014年，中央电视台纪录频道将应邀承办第22届世界科学与真实制作人大会。作为全球最具权威和影响力的盛会，这将是该会议第二次在亚洲城市举办，此次会议的举办必将进一步提升中国纪录片在国际上的影响力。

第三个变化：中央电视台和省市电视台之间的纪录片合作显著加强。一直以来，纪录片是传播地方文化品牌的重要载体，是各省市宣传部、电视台高度重视的一项工作。中央电视台纪录频道开播以后，许多省市兄弟电视台纷纷前来寻求合作。目前，频道已经和安徽、山西、天津、湖北等电视台启动了纪录片联合摄制项目。2013年，纪录频道又与河南、广东、江西、四川、福建、西藏等电视台正式签署合作项目。

对中国纪录片而言，这是一次标志性的事件，是繁荣中国纪录片产业和市场的重要举措。两大联盟的成立，充分说明了中央电视台纪录频道对中国纪录片全行业力量的凝聚效应，通过这一全新的合作平台，扩大纪录频道的有效传播地域，让中央电视台品牌不断延展得更远、更深，通过扶持更多的纪录片制作机构和团队，促进纪录片制作方与播出方的互动与共赢，不断释放中国纪录片的创作活力和市场活力，最终实现中国纪录片产业的繁荣发展。

我们应当看到，当下中国纪录片发展正在被三个现实所困扰，分别是：高水平创作人才匮乏、精品纪录片产量稀缺、纪录片市场尚不成熟，仅靠中央电视台一家的努力必然难以实现突破。目前，全国有越来越多的省市电视台纷纷开始建立纪录片创作机构，开设纪录片栏目，上海纪实频道、湖南金鹰纪实频道以及北京纪实高清频道等兄弟台纪实频道，也生产、制作、播出了大量优秀作品，发挥着越来越大的区域影响力。大量社会制作机构已经成为电视台之外的中国纪录片第二大制作主体，中国纪录片行业正在复苏，释放活力。这些都为电视纪录片产业的培育、形成和发展，创造了十分有利的条件。

中央电视台纪录频道两年多来的发展对全国纪录片行业的影响是深刻而多方面的。一方面增加了合作机会，来自中央电视台纪录频道的订单不断增加，为大家制作的节目提供了更多的销售渠道；另一方面，虽然生产投资和传播平台得到很大改善，但粗放型增长态势十分明显，由于缺乏统一、有序的策划、制作、营销、播出的完整产业链，各方面资源无法实现进一步的整合。纪录片生产周期长、投入成本高、创作难度大，一个频道仅仅依靠自己的力量是无论如何都形不成规模、满足不了频道的播出需求的。世界上没有一个电视机构敢于将纪录片当作“自留地”独自开发，都是通过社会化生产、市场化运作形成开放而完整的产业链，推动纪录片获得持续而健康的发展，世界上的纪录片大国都是这样形成的。所以，中央电视台纪录频道不但不能办成一个自产自销、制播一体化的封闭式平台，而且还要积极将其打造成一个面向全国电视台、社会制作机构和国际纪录片制作机构的开放性平台，这在开播之初就已经形成共识。

中央电视台纪录频道从开播伊始，就向市场传达出纪录片市场潜力和空间巨大的信号，大量的纪录片要通过联合制作、委托制作和购买等市场方式完成，充分调动市场的积极性，成为构建一个社会化生产大平台的重要条件。

两年多来，中央电视台纪录频道积极探索纪录片的产业化运作模式。目前中央电视台纪录频道与省市电视台、社会制作机构的合作方式主要有三种：联合摄制、委托制作和版权购买。

在联合摄制方面，2011 年，根据全国各省市宣传部门、地方电视台向频道表达的强烈合作愿望，中央电视台纪录频道与多家地方台开展了联合摄制项目的合作。2012 年，中央电视台纪录频道陆续启动了四部与地方电视台联合摄制的纪录片项目，分别是与天津台联合摄制的纪录片《五大道》、与山西台联合摄制的纪录片《云冈》、与湖北台联合摄制的纪录片《楚国 800 年》、与安徽台联合摄制的纪录片《大黄山》，这四部纪录片将于 2013 年至 2014 年播出。近期，中央电视台纪录频道又陆续启动了与四川台联合摄制纪录片《三国》、与江西台联合摄制纪录片《景德镇》、与河南台联合摄制纪录片《海外少林》、与广东台联合摄制纪录片《十三行》、与云南台联合摄制纪录片《西南联大》、与福建广播影视集团联合摄制纪录片《船政学堂》等多个项目。

在委托制作方面，中央电视台纪录频道根据自身发展特点，不断扩大以委托制作为主的创新性节目生产模式，凝聚起全国百余家地方电视台、电视制作机构，着力打造了《活力中国》和《传奇中国》两个纪录片委托制作节目制作合作平台。

当前，中国纪录片已经进入快速发展期，中央电视台纪录频道的旗舰驱动作用明确显现。对于全国局面而言，纪录片是一个整体行业，不是条块分割的地方空间。因此，资源整合与广泛合作势在必行。

一是人才上的合作。人才稀缺是困扰中国纪录片快速发展的一个瓶颈。成立联盟后，一方面是人才的培养，要依靠联合摄制、委托制作、高端培训、国际培训为各兄弟台培养人才。另一方面，联盟应当用更多的市场需求和制作项目吸纳社会优秀的制作人才加入和凝聚，大量具有国际视野和专业水平的人才，是不断推出精品纪录片的保证。

二是建立标准上的合作。当前，中国纪录片产业尚处于起步阶段，市场随意性大、缺乏统一的纪录片行业标准成为制约产业快速健康发展的一个突出问题。我们应该不断借鉴国际成熟纪录片行业经验，在选题标准、形态标准、技术标准、价格标准等方面初步确立纪录片行业标准，对国内其他纪录片制作机构和媒体起到示范和引领作用，并逐步构建起一套对接国际市场，符合影视文化产业发展规律，覆盖生产、制作、传播为一体的产业链条标准体系。

三是面向国际的合作。中国纪录片发展坚持走国际化路线，其直接目的是要推动中国纪录片作品走向世界，而最终目的是要建构和传播积极正面的中国国家形象。作为载体，中国纪录片作品的选题与艺术质量是决定其能否走向世界的关键因素。

以往，我们对国际化的理解，往往局限在让更多的中国纪录片产品打入国际市场。但是，今天我们对国际化的理解不应只限于此，真正意义上的国际化应该是实现“内容资源的国际化、传播方式的国际化、人才资源的国际化”。内容资源的国际化，是指对全球内容资源的利用。对同一内容资源，不同的媒体机构因背景、理念、视角的不同，最后制成的纪录片作品也会呈现多样的面貌。传播方式的国际化，是指纪录片表达方式、题材选择、运营模式、传播发行方式的转变。人才资源的国际化，是指对全球纪录片创作人才的优化整合。美国国家地理频道、历史频道、探索频道以及英国广播公司等纪录片制作机构，均十分善于调动全球的纪录片创作人才为他们拍摄纪录片，这种人才资源的优化利用极大程度地节约了纪录片的成本，也丰富、拓宽了纪录片产品的内容。

（摘自《中国广播影视学刊》2013年第10期）

跳出电视看电视

中央电视台副台长　魏地春

近年来，新媒体飞速发展，电视遭遇挑战，观众被分流，广告被切分。电视何去何从，备受关注。有人说新媒体将替代电视，或电视时代行将终结，这样的定论还下得为时过早。作为电视人，我们要正视当前形势，理性、客观地分析未来发展趋势，并积极求索变革之路。

一、电视处在十字路口

电视正式登上历史舞台是在1936年。上世纪60年代，电视成为主流媒体，并在一些欧美国家中取代广播与报纸，成为人们最主要的新闻来源。当时一些人曾就此预言，广播要走向灭亡，报纸将成为历史。不过，半个世纪过去了，广播和报纸依然存在。现在，历史似乎在重演，新媒体发展势头强劲，电视作为第一大媒体的地位岌岌可危。直接表现是电视观众和广告市场被分流。近年来，通过电脑和手机收看视频节目的人数持续增长，很多年轻人很少或完全不收看传统电视。据统计，美国不通过传统方式收看电视节目的家庭已经增长到了500万，英国家庭电视平均保有量下降到了1.83台，而十年前是2.3台。在中国，新媒体处于高速发展的阶段。2013年1月中国互联网络信息中心（CNNIC）发布的报告显示，截至2012年底，我国网民规模达到5.64亿，互联网普及率为42.1%。2013年中央电视台《春节联欢晚会》全国所有上星频道的收视份额是70.88%，而互联网上“春晚”视频却持续火热。观众的分流直接导致广告分流，近年来中国几家主要互联网公司赢利逐年提升就是证明。

种种迹象表明，新媒体正在步入主流媒体之列，许多人由此推断，电视将被取代。客观说，新媒体是技术发展和社会进步的必然结果，但与电视并不是必然的二元对立关系。新传媒的发展，增加了人们获取资讯的渠道，拓展了休闲娱乐的方式，扩充了文化传承的手段。对电视而言，新媒体带来挑战，但也是变革的动力和新的发展机遇。现在，许多人确实习惯于通过互联网或手机看视频，但这些视频主要是电视台的电视节目。前面提到英国人的电视保有量下降了，是因为他们买了更多的平板电脑、智能手机，而他们看电视节目的时间并没有减少。英国观众每天平均的收视时间是242分钟，在2006年的时候，日均收视时间是216分钟。也就是说，新媒体的发展刺激了人们的收视热情，电视节目以网络视频或手机视频的形式获得了新的发展空间。从广告来说，未来几年电视依然处于领先位置。一项报告显示，美国电视在广告市场的份额到2015年将保持在39%的水平上，高于美国互联网广告所占25.6%的市场份额。

纵观媒体发展历史，报纸杂志、收音机、电视机、电脑和手机等移动智能终端虽然形式和功能各异，但都有其独特之处，都有其自身优势。这些媒体以不同的方式吸引使用者的注意力，也需要人们具备不同的使用技巧。这并不是说媒体技术发展决定了人们如何使用它们，而是说这些媒体创造了不同使用方式的可能性。从媒体发展的规律可以看到：当一种“新”媒体在某些方面胜过“旧”媒体时，并不意味着“旧”媒体行将就木；“旧”媒体虽然被挤压了一定的生存空间，但其固有特质经过演变后能焕发新的生机。电视和其他所有媒体形式一样，具备不可替代性。在新媒体咄咄逼人的发展态势下，电视正处在一个历史的十字路口。如果画地为牢，新媒体将后来居上。如果积极变革，借助新媒体技术扬长避短，电视将获得新的发展动力和更大的生存空间。

二、电视的变与不变

在新媒体环境中，电视要想发展，就要有所扬弃，在变与不变之间寻求新的发展机遇。我们知道，在传统电视播出模式中，电视节目的内容转瞬即逝，相比报纸、杂志等平面媒体，这一直是电视的软肋。但在新媒体环境下，电视节目可以被反复观看、分享，实现多维传播。这就是电视要求新求变的一个简单例子。

电视要变，关键在于变理念，首当其冲的就是要革新观众理念，增强服务观众意识。传统的电视观众处于被动地位，而且是分散的群体。在新媒体环境中，观众不仅掌握了主动权，还在虚拟社交网络中形成群体，并通过发表节目评价影响节目在电视台播出的效果。美国尼尔森公司最近公布的一项调查结果显示，在美国18～34岁年龄段的观众群体中，推特(twitter)的使用与电视收视率之间存在直接关联。如果一个节目在推特上的转载量上升8.5%，其收视率会相应提升1%。可见，电视要及时更新过去的观众理念，及时根据观众的新特点改进节目内容和传播方式。另外，电视台还可以利用观众网络社交性等新特点，通过社交网络等方式进行节目推广，提升节目的传播效果。

电视需要革新媒体理念。传统的电视台是一个单向传播媒体，节目经过创意、策划、采访、制作后，在频道进行播出。在新媒体环境中，电视台要成为一种双向媒体，与观众及时进行互动。在节目制作的每一个流程中，电视台都要通过与观众互动来收集观众的意见和建议，以改进节目的内容和形式。另外，电视台还要改变单一的“频道”播出概念，要强化“碎片化”传播，借助多种新媒体终端，以便于电视节目可以被反复观看、分享。

在新媒体时代，电视要求新求变，但值得固守的地方也很多，其中最重要的就是“内容”。放弃内容追逐形式，那是舍本逐末。电视经过七十多年的发展，在节目内容的创意和制作方面积累了丰富的经验，并累积了数目巨大的节目资料，这些都是新媒体难以企及之处。2013年3月公布的一项调查结果显示，电视在美国、法国、英国、波兰等国仍是观众收看新闻节目的主要渠道，比例为42%；其次是笔记本电脑(29%)、智能手机(18%)和平板电脑(10%)。当有突发新闻发生时，42%的受访者会首先收看电视。一些人会在看完电视新闻报道后通过互联网了解更多信息，这部分受访者所占比例为66%。这份调查结果充分说明，电视的核心竞争力是内容，这也是未来应对新媒体挑战的关键所在。应对新媒体的挑战，电视要扬长避短，在节目内容上做实做强。

纵观媒体发展历程，从口语时代、文字时代、电子时代到新媒体时代，不同类型的媒体都曾“独领风骚”。新媒体之所以风头正盛，就在于它具有开放和互动的优势。现在电视台都在大力发展新媒体业务，力求通过融合新媒体来超越新媒体。“融合”观念固然重要，但“转型”观念更为关键。通过转型，电视媒体要发展成为全媒体，对节目内容生产、播出方式、传播形式进行流程再造。

三、电视人的机遇与挑战

电视处在一个发展的十字路口，有机遇，也有挑战。对于电视人也是如此。当下，电视的优势竞争力在于内容，新媒体的核心竞争力在于渠道。电视人如何固本清源，在新媒体环境中把握机遇、迎接挑战，不仅关乎个人的职业前途，也关系到整个电视行业的未来发展。

电视人要全面地进行自我剖析，有时需要“跳出”电视看电视，找准自己的方位，清醒认识当下电视业和电视人自身的优缺点。我国电视长期以来处于一种优势地位，这让我国电视人形成了一种莫名的优越感。时至今日，电视人还有一种“老大”的思想，不少人唯我独尊的意识依然浓厚。

其实，应该承认，我们的电视节目在报道深度方面和理论性方面都不如报纸，在收看的便捷性和互动性方面不如网络。整体而言，电视工作者的文字功底不如报纸的编辑记者，在技术敏感度和专业性方面又不如网站从业人士。

对此，电视人要强化学习意识，博采众长、全面发展。要全面了解新媒体的传播特点、赢利模式、用户特性等，对照电视业务进行查找，着力改进不足之处，在节目创意、策划、采访和制作等方面精益求精，确保电视在内容领域的优势竞争地位，提升整体的竞争力。与此同时，电视人要通过钻研学习，认清电视发展的现状和未来趋势，及时了解互联网、移动通信等领域的最新进展，结合电视的特点丰富节目表现形式和传播方式，在全媒体传播环境中成为复合型人才。

总之，当我们跳出电视看电视时会发现，电视并不会因为新媒体的出现而落寞，但新媒体带来的挑战不容小觑。电视要固守自己的媒体特性，坚持以高品位、高质量的电视节目赢得观众，同时要根据新媒体时代的观众特点进行变革。电视人既不要轻视、也不要惧怕新媒体的挑战，但要有应对挑战的心态、智慧和能力。

（摘自《电视研究》2013年第4期）

全国青年歌手电视大奖赛30年回顾

中央电视台副台长 胡 恩

“全国青年歌手电视大奖赛”（以下简称“青歌赛”）创办于1984年，是一项由中央电视台主办，全国各省市电视台协办的原创国家级声乐赛事，迄今已举办了15届。30年来，在上级主管部门的领导下，在社会各界的关心下，在广大观众的呵护下，在媒体同行的支持下，“青歌赛”秉承“繁荣音乐创作、推出歌坛新人、丰富电视荧屏”的宗旨，坚持“公平、公正、公开”的评比原则，在为国家选拔出大量优秀声乐人才的同时，赛事本身也不断在改革创新中发展壮大、走向成熟，成为一项全国规模最大、最具影响力的品牌声乐赛事之一。

“青歌赛”走过的30年发展史，就是一部不断改革创新，不断贴近百姓和生活，不断超越自我，赛制、赛法、赛程不断适应时代发展，适应我国音乐事业和人才选拔需求，适应广大观众欣赏音乐审美需求的创新历程。

1984年的第一届“青歌赛”不分专业组、业余组，不分唱法，用录像的方式隆重播出。当时参赛的选手均是全国最优秀的青年歌手，通过第一届“青歌赛”奠定了他们各自未来在中国歌坛的地位，加速了他们艺术生涯顶峰期的到来。从此，中国当代音乐史和中国电视文艺史也翻开了崭新的一页。

第二届大赛，根据专家和观众的建议，开始按专业和业余划分组别，同时首次划分美声、民族、通俗三种唱法，并且将录像播出改为现场直播。这三项改革确立了本项赛事的基本格局和样式，一直沿用到第11届。三种唱法的划分改变了中国声乐赛事的历史，推动了中国声乐教育的发展并带动了大众歌唱活动的繁荣。

1988年举办的第三届大赛，“西北风”在通俗唱法选手中大行其道，《我热恋的故乡》《黄土高坡》《祖国赞美诗》等参赛歌曲在比赛后迅速传唱开来。一大批优秀的青年歌唱家脱颖而出，像杭天琪、胡月、范琳琳、付笛声、屠洪刚、李杰等获奖歌手一时间引领了流行歌坛的潮流，阎维文一举夺冠。

1990年的第四届是推出歌手最多的一届，万山红、蔡国庆、刘斌、张咪、朱哲琴、吕继宏、宋祖英、解晓东等各路好手纷纷夺金摘银捧铜，由此，歌坛群雄称霸、争奇斗艳的局面初露端倪。

第五届“青歌赛”中，林萍和陈红分别以《拥抱明天》和《足球，少女的初恋》这两首专为女足世界杯写的歌曲而取得好成绩。刘斌终上冠军台，江涛、孙悦、毛宁也被广大观众喜爱。

在1994年举办的第六届“青歌赛”上，推出了日后被广泛传唱的《透过开满鲜花的月亮》《大哥，你好吗》《中华民谣》和《楼兰姑娘》等一批好歌，这届大赛也让观众认识了林依轮、陈明、甘萍、孙浩、张迈等歌手。

第七届大赛相对沉寂。名不见经传的京郊歌手满文军异军突起，他以一曲深情的《懂你》无可争议地拿到了专业组通俗唱法一等奖。“万绿丛中一点红”成了本届大赛少有的风景。

“青歌赛”酝酿已久的第二次改革终于在1998年举办的第八届大赛上迈出了步伐。这届比赛增加了团体赛和综合素质的考核。团体赛极大地催化了参赛队和所代表地区观众的集体荣誉感，而综合素质考核率先在我国艺术赛事中加入了对文化修养的考量。这两项重大改革是“青歌赛”吹响进入成熟期号角的前奏。在这届大赛上，湖北选手李琼获得了演唱特别奖。尽管她在业余组通俗唱法比赛中仅获优秀奖，但她独特的演唱风格和朴实的装扮，使现场观众把宝贵的一票投给了她。从此，观众的意愿和评价开始体现在大赛当中。

大赛持续不断的创新同新世纪结伴而来。观众惊喜地发现，从第九届开始，“青歌赛”旧貌换新颜：增设监审组使大赛在公平机制上得到了进一步完善；开辟第二现场，搭建了赛场与观众互动的平台；一批新生代音乐人和歌唱家登上评委席，标志大赛进入一个新的生命周期；最后由观众投票在获奖歌手中决出“观众最喜爱歌手”大奖，使大赛更加贴近百姓大众；高科技手段的运用大大丰富了赛事的表现形式，令人赏心悦目。这届“青歌赛”，更趋规范化的综合素质考核成了全社会的热门话题，观众收视率屡创新高。王宏伟、谭晶在这届大赛上实现了追逐歌唱的梦想。

2002年的第十届大赛在继续完善第九届大赛各项改革的基础上，增加了声乐技巧考核。这一届组合演唱大获丰收，来自西藏的牧区姑娘索朗旺姆一举夺冠，进而改变了人生。“阿里郎组合”也从此成了新世纪独具特色的朝鲜族歌手的代名词。

2004 年的第 11 届大赛也注定要记入“青歌赛”的史册。一大批来自各兄弟民族地区的歌手集体登场，大放异彩，为中国歌坛吹进了一股清新的风。“西兰卡普组合”和“太阳女组合”通过这次大赛分别成了湖北和云南的民间声乐艺术名片。另外，在这次大赛当中，首次采用个人决赛中的分轮淘汰制，增强了比赛的悬念性和观赏性。

2006 年举办的第 12 届“青歌赛”新增了原生态演唱形式，把全国各民族历代口口相传、蕴含着丰富历史文化密码的、原汁原味的民间歌唱艺术，首次大范围地展示在全国民众面前，反响热烈，赢得一片叫好声。其结果不仅为大赛增添了绚丽多彩的亮点，而且引起全国各地对传统民族民间文化的高度重视，推进了对非物质文化遗产的保护和传承工作。

接下来的第 13 届、第 14 届“青歌赛”，在美声、民族、流行、原生态四种演唱形式之外，又将合唱纳入比赛品种。歌唱艺术的各路大军，第一次在“青歌赛”的舞台上实现了大团圆。这两届赛事，顺应文化产业的发展和社会主义市场经济条件下声乐人才培养的多样化，取消了职业组和非职业组的分类，所有歌手站在同一平台，用同一标准竞技对决、一争高下。

2013 年，延期一年的第 15 届“青歌赛”是在面临各类歌唱选秀节目的巨大压力下举办的。压力越大，改革的动力就越大。通过征求社会各界专家、观众的意见，我们对本届大赛在赛制、赛程上进行了十大创新，把一个国家级、专业性的声乐赛事全新呈现在观众面前。

回顾历史，总结经验和不足是着眼于未来的创新和发展。“青歌赛”已经走过了 30 年，在当前各类选秀节目的不断冲击下，如何坚守国家级声乐赛事的品质、品位、品格，坚持权威性和大众性并举，坚持“三贴近”的创作要求；如何在全媒体传播时代强化时代特色，增强与观众的贴近性，等等，解决这些问题，唯有坚持走继续创新之路。希望“青歌赛”从而立之年再出发，创造新的辉煌。

（摘自《电视研究》2013年第9期）

地域文化类纪录片的探索及收获
——以中央新影集团为例

中央电视台副台长　高　峰

中央新影集团成立于 2010 年，其前身为中央新闻纪录电影制片厂和北京科学教育电影制片厂。从 20 世纪 90 年代中后期开始，纪录片的创作、生产重新成为其主要业务，并形成了历史文献类纪录片和科教类纪录片两大制作基地，诞生了《周恩来外交风云》《走近毛泽东》《又见梅兰芳》《决战太原》《人民至上》《中国三峡》《仰望星空》《月球探秘》《宇宙人》等一系列在社会上具有影响力的纪录电影作品。

正是基于中央新影集团的历史沿革以及部分作品在创作风格上的一脉相承，因而在许多业内人士看来，中央新影集团出品的纪录片无外乎历史文献和科教自然两大类型。然而事实上，这样的界定已经成为过去时。近 10 年来，伴随国内影视文化产业的飞速发展，中央新影集团不仅以影视创作、生产、发行、放映、电影院线经营为主业，逐步形成了完整的影视产业链条，同时凭借丰富的纪录片资料资源、实力雄厚的制作班底和先进尖端的技术设备，中央新影集团也在向中国最大的纪录片生产基地不断迈进。在此发展进程中，纪录片创作类型也得以突破原有的两大分支，呈现出百花齐放的势头。其中，地域文化类纪录片可算是较为成熟的一支。

一、题材与类型的多样性

地域文化在地理范围上是一个相对弹性的概念，小到一条街道、一座村庄，大到一个城市、一片山岳，每一种地域文化的划分和把握，既有对人文历史传统的遵循，也有自然地理元素的制约。划分的标准虽然不尽相同，但是对于纪录片创作者而言，都必须遵循一个原则，那就是考量其是否具有传播价值。遵循这一原则，我们在题材的选择把握上，才不会以地域的大小或知名度高低来衡量，而是将一种地域文化放在 5000 年中华文明史，甚至上万年人类发展史中来考量，判断它的地位与价值。这样的原则不仅使地域文化类纪录片的题材趋于丰富多彩，也为题材发掘的深度和广度奠定了良好的基础。

以中央新影集团早期制作的9集纪录片《问道武当》为例。如果仅从自然地理的角度分析，在中国诸多的名山大川中，武当山无论是海拔、体量，还是知名度，都无法与很多山系相媲美。但是如果我们从人文历史的视角回望这座山脉，一种文化的底色便凸显出来——2000余年间，这座大山与中国历史最为悠久、传播最为广泛的本土宗教——道教相生相伴，这里既诞生了道教文化的集大成者，又受到历代帝王的加持敕封，从山脚到山顶，鳞次栉比的宫观殿堂更汇集了中国古代建筑艺术的精粹。这样一座充满了历史传奇过往的山脉，虽然不高大不伟岸，却拥有了迷人的气质，势必会引发受众无尽的疑问和遐想，而回答这些疑问，满足这些遐想，进而在潜移默化中阐释和传承武当山道教文化，正是我们创作这部纪录片的理由和目标。其后的传播效果印证了我们的判断。2009年春节期间，《问道武当》在中央电视台科教频道《探索·发现》栏目播出后，立刻吸引并留住了受众的目光，无论是科教频道的反馈还是收视调查的结果，都表明这部片子收到很好的反响，挂在网络上的视频单集点击超过了2万次。2010年、2011年、2012年，武当山旅游经济特区管委会继续携手中央新影集团，共同打造了纪录片《太极武当》《太和武当》以及纪录电影《太极》。武当山旅游经济特区提供的2009年～2012年旅游接待数据显示：2009年接待旅游人数比2008年增长了29.5%，2010年比2009年增长了30.1%，2011年接待中外游客350万人次，首次实现门票过亿，达到1.6亿元，比上年增长了52.2%，2012年接待中外游客426万人次，又比上年增长了20%，实现门票收入2.08亿元。中央新影集团系列作品对这座道教名山的贡献，得到特区管委会的充分认可。应该说，地域文化类纪录片的巨大魅力和影响力，坚定了我们对于地域文化题材的判断和选择标准。

此后，中央新影集团相继制作推出了《庐山：人文圣山》《诗化镇江》《净土喀纳斯》《李白在安陆》《清水祖师》《长安街》《大足石刻》等一系列同类题材的纪录片作品，并由此形成了地域文化类纪录片的第一种类型——微观地域文化型。这些作品中的载体虽然只是一座山岳、一个小城，甚至一条街道、一所建筑，但是在它们背后，却映衬着吴越文化、赣文化、闽文化等大的地域文化，我们的纪录片关注和传播的正是微观地域文化的深入阐释以及微观与宏观之间的血脉联系。

与微观相对的自然是宏观。自古以来，因为地域与自然环境的相近，在我国长江黄河流域形成了若干具有相同文化风貌、文化认同的宏观地域文化，诸如中原文化、三秦文化、燕赵文化、中州文化、齐鲁文化、三晋文化、湖湘文化、蜀文化、巴文化、徽文化、赣文化、闽文化。这些地域文化覆盖区域广阔，历史源远流长，直接影响了中华上下5000年的发展历程，更因其异彩纷呈、独具个性魅力而成为纪录片创作者热衷的题材。但是对于创作者而言，此类纪录片的创作过程，往往是对于历史文化的深刻反思和对于环境变迁的规律探寻。这是因为题材的分量之重给创作者提供了创作的舞台与空间，但是面对浩瀚的历史、广阔的地域，如何取舍选材、谋篇布局，怎样深入浅出，以思辨的解说传递创作者的历史观和文化观，又怎样以生动的影像勾勒出地域文化的演进脉络，一道道难题也在考量着创作者的水准。

中央新影集团先后制作过两部宏观地域文化型纪录片——全景展现吴文化和吴地人文历史风貌的8集系列片《说吴》，以及立足凤凰文化策源地的古楚文化圈，阐释凤凰文化演变历史的10集系列片《凤舞神州》。两部纪录片相同之处在于各自撷取了最能体现地域文化特色的历史故事、传奇人物、重大事件，从政权更替、文化转型以及经济发展等不同的角度展示、管窥了地域文化的演进过程与内涵魅力。差异之处则是它们的诞生前后相差4年，于2009年制作播出的《说吴》初试锋芒，虽然坦诚率真，却还略显青涩粗糙。而2013年推出的《凤舞神州》，则升级为一场视听盛宴，从画面的精致、剪辑节奏的提速，到解说词的酣畅淋漓、鞭辟入里，都令受众感受到创作者游刃有余的驾驭能力。这一跨越不仅标志着一个创作团队的成熟进步，更显示出宏观地域文化类纪录片从量变到质变的飞跃发展。

此外，在电视纪录片成功运作的基础上，制作纪录电影也是拓展多样性的方式之一。最近五六年，中央新影集团相继创作出品了地域文化类纪录电影《城市之光》《太极》《庐山：人文圣山》《太和武当》《清水祖师》《品读南昌》《西安2020》等纪录电影，在业内形成了一定的知名度与影响力。下一步，随着中央新影集团院线的成立和纪录片市场的逐步成熟，纪录电影将走进影院，和观众见面，与市场接轨，形成完整的产业链条，产业化的成型也必将推动中国纪录片的繁荣与发展。

二、强化主观性，凸显独特性

纪录片在诞生之初，以客观记录为首要功能，真实与客观成为纪录片的核心及创作者恪守的准则。但是伴随纪录片类型的拓展与创作手法的丰富，创作者的主观精神与主观表达日益成为纪录片不可或缺甚至能否成功的关键。

就地域文化类纪录片而言，因为它所传播的主体并非客观存在的现象或正在发生的事件，而是某种形而上的抽象概念，它的创作手段也不仅仅是客观记录，而是影像的艺术构建和主题的深度阐释，因此创作者的主观性显得尤为重要。这种主观性从选题立项时便已经介入，并渗透到谋篇布局、画面拍摄、解说词、画面剪辑乃至音乐动效的选配等每个创作环节中。因此，即使是同样题材的作品，也会因为创作者不同或者创作思路的改变，呈现出完全不同的面貌。

鉴于创作者的主观性对于地域文化类纪录片产生的重要影响，我们在创作此类纪录片之初，便坚持在客观叙述的同时，巧妙地将创作者的立场和观点融入其中，从而对某一地域文化做出既客观又独到，既鲜活得触手可及又具有思想深度的展现和阐释。具体操作上，这种主观性和独特性可以从三个方面加以强化。

第一，命题立意。实际上，每一部纪录片在策划阶段，主创者便已经为它定下主题基调和传播诉求，最能体现这一基调和诉求的往往是片名。如《庐山：人文圣山》，这一题目显示出影片的主题绝不是围绕庐山奇岩险峰的地质构造和鬼斧神工的自然造化，而是探究这座大山为何具有浓厚的人文气质；《西安2020》，一个简单的地名和时间点，向受众传递着双重信息，首先这是一部地域文化类纪录片，但它的时态却是未来时，而并非传统的历史与现实时空；《诗话镇江》，仅以“诗话”二字便勾勒出一座江南小城的轮廓与气质；而“武当三部曲”——《问道武当》《太极武当》《太和武当》，分别讲述了道教文化、太极文化和太和思想与武当山的历史渊源，更能体现出同一地域题材不同文化命题的巨大差异。

第二，谋篇布局。地域文化涵盖的内容元素复杂多样，谋篇布局正是在深入了解掌握选题和内容的基础上，根据命题立意选取内容元素，重新排列组合，形成分集或分段提纲的过程。这是地域文化类纪录片在前期策划阶段的主要工作，这一过程可能持续数月甚至半年以上的时间。但是磨刀不误砍柴工，谋篇布局的细致程度决定着拍摄制作的顺利与否。而策划阶段的及时调整也是避免后期无效劳动的预防措施。

《净土喀纳斯》是一部完整表现喀纳斯地区自然景观、人文风俗的地域文化类纪录片，分为《净土寻踪》《谜样神湖》《林中百姓》《雪上民族》《牧魂人家》《山水情缘》6集。按照导演最初的策划，在表现图瓦人和哈萨克人的《林中百姓》《牧魂人家》两集中，民族历史追溯将占据1/3的篇幅。然而经过一个多月的前期采访之后，导演谋篇布局的思路发生了变化，因为整部纪录片表现的是现实背景下的一片人间净土，因此民族的历史只是该片的背景，更重要的应该是展示各个民族在喀纳斯的现实生活状态。这一调整大大增强了内容的鲜活性与真实性，为人间净土这一主题加上了有说服力的注脚。

第三，表达方式。文章的表达方式包括叙述、抒情、描写、议论、说明。而以往纪录片的表达方式，或者说解说词的表达方式通常仅仅包括叙述、说明和少许描写，力求叙述的客观性，但也往往削弱了作品的表现力和独特性。因此在中央新影集团近几年打造的地域文化类纪录片中，创作者有意识地在客观叙述中适当地加入了议论与抒情的成分，将主观态度客观地传递出来，给作品打上了鲜明的作者烙印，也进一步强化了纪录片的文化内涵与思想深度。

三、画面的审美性

纪录片不仅是文化产品，同时也是视觉艺术的类型之一，因而它同样具有审美价值。而这种审美价值的高低往往在很大程度上影响到受众对一部纪录片的态度。换言之，只有吸引观众的眼球，才能达到纪录片传播的目的与效果。因此近几年来，强化审美性、可视性，成为中央新影集团纪录片着力开拓的方向之一。

《西安2020》是一部以西安为样本，展望中国未来城市发展趋势的纪录片作品。该片播出后，业内业外对它最多的赞扬是对形式美的肯定。出品方以及西安市相关领导在审看片子时更由衷地感慨：《西安2020》拍出了不一样的西安，比现实更美。事实上，凡是到过西安的人，对这座城市都有着这样一种印象：耸立600余年的古老城墙、熙来攘往的老城街市、黄灰色调的城市主体建筑、淳朴厚重的民风民情，这些景观人们已经司空见惯。不一样的西安又该如何呈现呢？为此，摄影指导在前期便与导演组一起进行广泛踩点，确定了立足当下、放眼未来的拍摄理念。同样的建筑，不同的拍摄角度，加上光线的运用渲染，便勾勒出千年古城的另一种面貌。现实画面的拍摄问题解决后，又一个难题接踵而来，如何搭建2020年西安的城市图景，为未来城市打造一个摹本呢？运用三维技术建模，呈现未来城市的景观，是相对简单的办法。然而，城市生活离不开人，人类在未来城市中的生活与工作同样需要在片子中展现出来。为此，创作团队与国内顶尖的三维制作团队合作，采取了三维与实景拍摄结合的方式。偌大的绿色背景下，搭建起一个个场景，演员在其中完成角色任务，后期再将绿色背景抠去，添加环境、现代化家居、交通路网、市民卡等细节元素。这是一个浩大的工程，几分钟的内容，拍摄却需要一周的时间，后期制作更长达数十天。细节决定品质，当视觉特效技术将一个个未来的生活场景呈现在屏幕之上，一座凝聚人类智慧的明日之城就得以立体地展现出来。

透过风景看文化，是地域文化类纪录片吸引观众的必要前提。而吸引观众的风景画面除了利用价格高昂的视觉特效技术制作外，还可以来自高端的摄影设备、高超的摄影技术以及时间成本的积累。获得2010中国（青海）世界山地纪录片节“玉昆仑”杯人文类节目特别奖的《庐山：人文圣山》，前期拍摄历时326天，积累了1200小时的素材。每一幅画面又在精心拍摄的基础上精挑细选，剪辑到位，才呈现出平常无法窥见的庐山真面目。获得第十届“金熊猫”亚洲制作大奖的《问道武当》，摄制组跨越四季驻守武当山，记录了春夏秋冬四季的自然更迭，捕捉到山峦间稍纵即逝的奇观异象，才成功营造出与这座道教名山精神气质相吻合的视觉氛围。

再次回顾近10年来，中央新影集团在地域文化类纪录片领域的创作历程，每一部作品都是一个脚印，它们印证着一种类型化纪录片的孕育成熟，也串联起一个老国有企业向新型文化产业转型的发展轨迹。

（摘自《电视研究》2013年第8期）

CCTV

GAI KUANG

概　　况

概况

中央电视台2013年工作概况

2013年是党的十八大后的开局之年，是党和国家事业开新局、树新风的一年。在中共中央宣传部和国家新闻出版广电总局的正确领导下，中央电视台始终坚持正确导向，围绕中心，服务大局，加强新闻宣传和舆论引导，创新成果丰硕，转作风、改文风成效显著，传播力、公信力、影响力进一步提升，充分发挥了国家主流媒体的核心作用。2013年中央电视台的工作主要包括九个方面：

一、牢牢把握正确导向，舆论引导力和影响力进一步增强

紧紧围绕党的十八大精神的学习宣传贯彻，全力做好党的十八届二中、三中全会等中央重要会议，以及习近平总书记系列重要讲话报道，大力宣传中国特色社会主义和“中国梦”，重大活动、突发事件、社会热点报道及时充分、引导有力，圆满完成了各项宣传任务。

一是以党的十八大精神宣传为统领，重大主题宣传全面准确、效果显著。围绕党的十八届三中全会，中央电视台组织多频道展开全面报道，推出《十八大一年来》等主题专栏和《我看这一年》系列海采报道，全面、详实地展现党的十八大以来我国经济社会的稳步发展，并通过权威访谈、图说改革等系列专栏深入阐释三中全会精神，对“两会”、全国宣传思想工作会议等中央系列重要会议进行了充分报道，准确深入解读习近平总书记系列重要讲话精神，为统一思想、凝聚力量提供了强大的舆论支持。

围绕“中国梦”主题展开大规模、全方位宣传，将“中国梦”贯穿渗透到新闻、文艺、专题、大型活动、公益广告等各类节目中。先后推出《出彩人生：中国梦·我的梦》、《外国人·中国梦》等系列报道，组织开展“中国梦·我的梦”系列公益广告征集展播，以及“我们的中国梦”文化进万家活动，制作播出一批以“中国梦”为主题的文艺节目，把“中国梦”宣传与“走转改”有机结合起来，还相继策划推出了“学雷锋”、“讲文明树新风”等系列主题宣传。

二是习近平主席出访等重要活动报道及时充分、亮点频出。围绕习近平主席访问俄非四国、中亚四国、出席G20和上合组织峰会等系列出访报道，中央电视台精心部署，新闻报道及时准确，出访前预热充分，出访时播发及时，有点评、有分析、有舆论反应，有效调动了海外舆论，形成关注热点，实现报道规模、创新力度、传播效果等方面的新突破。其中，在习主席出访俄非四国报道中，圆满完成66场活动拍摄、4场重大直播，是我国领导人出访过程中直播最多的一次，生动展现了国家形象和领袖风范，被国外媒体称为“中国软实力的生动释放”。

“神十”发射、“天宫”对接、“嫦娥”落月等重大活动报道出新出彩，充分运用高新科技手段，丰富直播报道的表现手法。如“太空授课”报道中，以现场直播、背景分析、多媒体互动等手段，全国8万余所中小学的6000多万名师生通过中央电视台电视直播同步收看，共124个国家和地区的348家电视机构转播或部分使用中央电视台直播信号。在“嫦娥三号”发射报道中，中央电视台将月球探测器回传的4000多张照片合成13分钟的独家视频，完整呈现了月球车出仓及在月球上行走的过程，被各大媒体和网站广泛引用。

三是重大突发事件和热点问题报道反应迅速、引导有力。四川芦山地震、甘肃岷县地震、青岛石油管道爆炸等重大突发事件报道突出“快”字“准”字，第一时间反应、第一时间打开播出窗口、第一时间发布消息，有效抢占舆论“第一落点”。在四川芦山地震报道中，中央电视台启动突发公共事件报道应急响应机制，共调派55路记者集结到灾情一线，配备先进传输设备，实现“到得了、拍得着、传得回”，使中央电

视台成为抗震救灾的权威信息发布平台。此外，新疆暴力恐怖犯罪案件、薄熙来案审判等报道，严守宣传口径，稳妥把握报道节奏，有效引导了社会舆论。

针对打击网络大谣、中日钓鱼岛争端等国内外热点事件，坚持客观报道、强化正面引导，有效发挥澄清事实、维护社会稳定的作用。其中，打击网络大谣系列报道分阶段推进，与公安机关的专项行动紧密结合，与群众对依法打击"网络大谣"的思想认同紧密结合，以深度的调查报道形成闭合证据链，用事实说话，起到了"一锤定音"的作用。

二、深入开展群众路线教育实践活动，不断改进报道文风、转变工作作风

根据中央和国家新闻出版广电总局统一部署，中央电视台深入开展了党的群众路线教育实践活动。通过改文风、转作风，全台的精神面貌焕然一新，电视荧屏展现出朴实清新自然的新风，中央电视台的社会形象得到了明显提升。据总编室网络舆情监测数据显示，2013年网民对中央电视台的口碑评价以正面为主，"喜欢"和"非常喜欢"的比例明显提升，中性舆情显著增加，攻击、恶搞类信息持续下降。

中央电视台坚持深入基层找选题、贴近生活做节目、走近百姓看效果，扎实做好民生新闻与走基层报道，把更多版面和镜头留给普通群众。例如，《新闻联播》播发时政新闻减少，社会民生类新闻时长明显增加，包装风格更加清新亲民。《焦点访谈》每期选题由1个变为2个，更加关注社会热点和民生关切。媒体和观众普遍反映，《新闻联播》《焦点访谈》改版后，"领导人报道少了，老百姓新闻多了"、"越来越贴近民生，着重百姓诉求，回归平民视角"，堪称"民心工程"。

中央电视台按照三个环节推进群众路线教育实践活动。台领导班子率先垂范，209个处以上领导班子、434名处以上领导干部聚焦"四风"，深入查摆问题，认真开展批评和自我批评。全台270个基层党组织、8000多名党员全程参加。针对干部职工的意见和建议，中央电视台制定了整改落实方案、专项整治方案、制度建设计划，"两方案一计划"正在稳步实施。通过群众路线教育实践活动，全台的作风建设和队伍建设得到进一步加强，领导干部的宗旨观念、群众意识进一步增强，全台员工给予积极评价。

中央电视台在全国新闻媒体中率先开展马克思主义新闻观教育活动，产生了重要的示范效应，被中共中央宣传部确立为先进典型在全国新闻战线推广。中央电视台从重点人群、重点岗位开始，分层次、分期分批，采用领导授课、专家讲座、分组讨论、业务交流、社会实践等多种形式，首次实现了对播音员主持人的全员轮训，组织了对编辑记者、制片人的集中培训，采编播人员的政治意识、大局意识和责任意识明显增强，电视荧屏呈现出新气象、新活力。

三、坚持解放思想、改革创新，国家台的引领作用进一步提升

一是"最美"系列、"汉字听写大会"等一大批原创节目涌现，集中体现了中央电视台的创新活力、大台风范、文化品质和社会责任。2013年是中央电视台近年来创新节目最多的一年，全年共有32档新节目播出，较2012年的6档增加了433%，迅速提升了各频道的影响力和竞争力，全年总体收视份额达31.68%，创四年来新高，其中少儿频道首次赢得2013年全国上星频道收视第一名。"全台办一套"和"全台办联播"理念深入人心，效果初步显现。其中，《新闻联播》全年总计播发"全台办联播"报道496条，日均播发1.35条。

中央电视台的原创品牌"最美"系列社会影响进一步扩大，继寻找"最美乡村教师"、"最美乡村医生"之后，创新推出寻找"最美村官"、"最美孝心少年"、"最美消防员"等大型公益活动，用生动事例弘扬社会主义核心价值体系，用真实典型传播社会美德和主流价值观，在社会上掀起了"最美热"；《中国汉字听写大会》《谁是球王》《发明梦工场》《是真的吗》等一批新节目、新活动，形式新颖，内容贴近，风格朴实，既符合专业频道定位，又符合观众欣赏口味，传递了正能量，形成了一个又一个主流文化传播热点；此外，中央电视台还制作播出"美丽中国"等多个主题系列公益广告，全年播出公益广告时段价值超过25亿元。举办首届"全国电视公益广告大赛"，其中《关爱失智老人——打包篇》获得第60届戛纳国际创意节"影视类"铜狮大奖，实现了中国影视公益广告国际大奖零的突破。央视网精心制作平面、手机、展板、围挡、LED、道德守礼引导牌六类36种规格共3400个公益广告作品，无偿提供给全国360多个城市和300多家媒体下载使用，在全社会推动形成崇德尚礼、向上向善的时代新风。中央电视台还在2013年的"春晚"中首次插播了两条公益广告，得到了社会各界的赞扬。

二是实施以电视剧、纪录片、动画片为重点的"精品战略"，创作推出《毛泽东》《习仲勋》等一批优秀

剧目。2013年，中央电视台集中推出《习仲勋》《京剧》、《茶：一片树叶的故事》等13部原创纪录片，以及重点动画大片《新大头儿子和小头爸爸》。其中，纪录片《习仲勋》收视率位居全国同时段纪录片类节目首位，超过同时段播出的电视剧30%。电视剧的创作和播出呈现多样化，既有重大革命历史题材剧《毛泽东》《陈云》《聂荣臻》，历史剧《赵氏孤儿案》《大秦帝国之纵横》，又有现实题材剧《咱们结婚吧》《有你才幸福》，传统题材新表现形式剧目《妈祖》等，在主流价值观引领方面发挥了标杆作用。

三是开门办春晚、合作办节目呈现生机活力。加大“开门办春晚”力度，坚持“东西南北中，全民大联欢”，力求把春晚打造成“国家项目”。按照刘奇葆部长调研春晚筹备工作时提出的要求，坚持以改革创新精神办春晚，大胆改革春晚导演选聘机制，首次邀请社会人士担任总导演，动员各省区市推荐优秀节目，并通过《直通春晚》进行选拔，成为三十多年来力度最大的“开门办晚会”，做到“有特色、有创新、有提高”。据统计，全国共有207个电视频道对春晚进行同步播出，全国并机总收视份额高达70.99%，电视观众规模达7.04亿人，网络视频直播观看人数累计达1.1亿人。同时，加大与社会制作团队和国际一流创意机构的合作力度，推出了《舞出我人生》《梦想星搭档》《中国好歌曲》《开讲啦》《加油！少年派》等众多合作引进节目或原创节目，产生了积极效果。

四、加强国际传播能力建设，制播能力、触达能力和海外影响力进一步增强

一是全球采编网络的新闻到达和报道能力持续增强，播发的自采国际新闻占比大幅提升。71个海外记者站全年发稿总量2.2万多条，较2012年提高4.9%。在新华社梳理的全球123个重大事件中，中央电视台驻外记者的到达率为97%。北美分台区域制作中心每天制播的节目由1小时增至2小时，非洲分台区域制作中心由1小时增至1.5小时，使英语新闻频道播出的由中央电视台自采的国际新闻从几年前的3%提升至76%，彻底改变了频道国际新闻主要依赖西方媒体的局面。

二是改进国际传播语态，对外传播的贴近性、针对性有效增强。外语频道完善专家评论员库，强化中国声音表达，引导国际涉华舆论。依托海外分台和海外合作媒体大力加强本土化节目制作，以外国人视角制作的《我的中国梦》《车行新疆》《拉萨雪顿节特别报道》等反响积极。“在非洲报道非洲”、“让非洲人报道非洲”的理念得到非洲各界认同，中央电视台已成为在非洲的主流国际媒体。《美洲观察》节目填补了西方媒体对拉美报道的缺失。中文国际频道除实时新闻栏目、白天档电视剧外，所有节目都实现了配打双语字幕，扩大了海外观众群。《百山百川行》《客家足迹行》等系列节目和“中华之光”人物评选、全球侨胞中国梦等活动产生了广泛影响。纪录频道加强国际合拍，推出受海外市场欢迎的“魅力系列”和《隐秘王国》《中国艺术》等精品纪录片，大力传播中华文化。

三是拓展植入式落地新模式，走出去的规模和实效继续提升。2013年新增整频道落地项目84项，海外用户增加3600万户，当前累计整频道海外用户达3.5亿户。创新《非洲直播室》等重点节目的植入式落地，当前中央电视台部分节目植入式播出累计触达9700万户。突破加拿大、欧洲多国落地难点，探索冰岛IP电视项目等新媒体落地，新增海外酒店落地2230家。加强节目交流、品牌推广和国际传播舆情监测，初步搭建国际传播能力建设效果评估体系。调整了国传项目申报和评审机制，争取到更多的国家专项资金和政策支持。

四是加强自主渠道建设，积极探索商业化运营模式。国际视通各语种对外发布新闻素材4.83万条，同比2012年提升25%。累计有71个国家和地区的1653个电视台（频道）采用中央电视台新闻素材61.9万余次，比2012年增长55%。搭建自有非洲传输通道，成功签约15家非洲主流媒体用户。购买越南、加拿大主流媒体播出时段，筹备在印度开办中国节目频道，对外节目销售实现由零售模式到整合营销模式的升级。全年向海外发行中央电视台纪录片78部，影视节目出口总额超过1500万美元。长城平台新开新西兰平台，扩大非洲平台覆盖的范围和用户规模，拓展北美、欧洲合作伙伴，付费用户持续稳步增长。

五、大力推动台网融合，与新媒体良性互动进一步强化

一是加强新媒体平台和渠道建设。央视网建设加快推进，完成了国家网络视频数据库一期平台项目、多层编目生产平台建设，成功开播熊猫频道，建成了欧洲、拉美、中东三个本土化网站，推进手机海外视频业务和海外互联网电视平台建设，IP电视和互联网电视业务发展规模居全国第一。截至当前，网站日

均独立访问者约2300万人；月度独立访问用户数突破4.5亿，覆盖中国网民总数的80%；媒资库库存总量超过480万条；提供140路电视频道的网上直播、2012个电视栏目的点播。

二是积极探索新媒体人员派驻制，台网融合运行模式初见成效。首批派驻总编室、新闻中心、综合频道等5个部门的新媒体人员，积极参与重大报道选题策划，电视和网络逐步实现资源共享。春晚、“最美”系列活动、“3·15”晚会、《星光大道》等156个节目，通过网络专题、电视二维码、Web App移动互联网页面应用等方式，以及微博、微信、客户端、IP电视等新媒体手段，实现一体化宣传推介，取得良好效果。

三是“央视新闻”新媒体用户总量达到5010万，实现多元化、立体式、全覆盖传播。加强“央视新闻”新媒体建设，进一步打通电视和网络两个舆论场，实现多渠道传播。其中，“央视新闻”的微博粉丝达到2500多万，稳居媒体微博影响力排行榜前列；独立客户端突破1100万，总客户端订阅户达到2395万，并以每天新增近10万的速度迅猛增长；微信公众号订阅户达116万，是首个微信突破百万的媒体公众号，使“央视新闻”牢牢占据最有影响力的三大移动新媒体传播阵地。

六、启用新址制作播出系统，安全播出和节目制作能力进一步提升

一是新址制播系统上线运行，数字高清技术全面应用。2013年，中央电视台实现了24个公共频道全部在新址播出，综合节目制作域全线贯通投产，标志着新址已完全具备一个真正意义上的全新电视台的生产特征和播出功能。《新一代电视台网络化制播系统及重大应用》项目荣获国家科学技术进步奖一等奖，这是我国广电行业首次获此殊荣。

二是安全播出再创历史佳绩，技术保障能力持续提高。全台40套节目播出系统播出32.68万小时，总事故时间223秒，总事故率百小时0.068秒，创近十年来最好佳绩。动力保障、信息网络、基础资源、业务应用等技术支持和运行保障系统安全稳定运行。

三是全面推进“标退高进”，高清节目制作能力明显提升。大力推进高清化、网络化、文件化节目制播工作，先后启用新址12个演播室，各类后期制作岛和200套高清外拍设备陆续投入运行，高清节目入库量5.85万小时，比2012年同期提高6.36%。

四是优化技术管理，巩固提高服务创新体系。编制完成《节目制播技术规范》《技术运行管理办法》和《技术运行应急手册》，为理顺生产流程、提高生产效率提供了制度保障。技术系统有偿服务计价方式进一步细化和完善，技术运行评价体系初步建立，实现公共频道自制栏目技术质量管理的全覆盖。

七、加强制度建设，内部管理的科学化、规范化水平进一步提高

1. 落实八项规定，加强制度建设

一是缩减晚会数量，控制节目成本。2013年9～10月减少播出17项晚会类节目，约占原计划播出量的一半；把清明、端午等传统节日的晚会节目调整为新闻报道、专题节目等形式的特别报道，同时坚持节俭办节目，杜绝过度使用声光特效、舞台布景等，不搞异地分会场晚会，减少明星大腕。

二是落实八项规定，厉行勤俭节约。台领导因公出访批次比2012年下降了38.9%。压缩出国培训项目3期50人次，节约培训经费400万元，节约会议经费512万元。取消印制挂历、台历、桌历和贺年卡。

三是建章立制，规范管理运行。制定《台分党组贯彻落实八项规定实施办法》《关于台领导出席活动的管理办法》《督查督办工作办法》，修订《公文管理办法》《因公出国（境）管理规定》等一批规章制度，规范各级领导干部的公务和外事活动，取得明显成效。

2. 提升管理水平，服务事业发展

一是宣传管理方面，研究制定“全台办一套”等运行管理制度，完善版权管理、节目研发、宣传推介、音像资料服务等工作机制。

二是行政管理方面，强化统筹协调，有效提升督查督办效率和信息服务决策水平，安全保卫、外事和法律服务、后勤保障等工作得到了进一步加强。

三是人力资源管理方面，制定和完善了领导干部选拔任用、员工考核、企聘人员管理等规章制度，启动了核心重点岗位胜任力模型搭建工作，推出“成长之星”、“和谐团队”评选活动，全年培训员工超过1.3万人次。

四是财务管理方面，全面实施了公务卡改革，进一步完善了增收节支考核体系，争取到了广告收入和有线电视收视费收入免征所得税、电视制作业务全流程纳入营改增范围等两项财税优惠政策，争取国家财政资金支持近10亿元，为历年最高。

五是研发工作方面，举办了公益广告论坛暨经验交流会、智库论坛等活动，推出《中国电视新闻年度

报告》、《中国电视频道发展报告》等，并针对重大问题及时提出对策建议。

六是党风廉政建设方面，加强对贯彻群众路线、纠正四风的督导检查和巡视工作，畅通信访举报渠道，提高办案质量和效率，严肃查处违纪行为。举办了“模拟法庭”等活动，创办了“电子监察平台”，成立了联合监督办公室，将廉政风险防范工作向纵深推进。同时，建立起以财务收支审计、企业审计及政府采购审计为基础框架的审计业务管理体系，审计覆盖面进一步扩大。2013 年中央电视台继续保持“全国文明单位”、“首都精神文明单位标兵”称号。

八、广告经营收入稳中有升，事业产业发展的基础进一步巩固

一是广告经营攻坚克难，再创新高。广告经营管理部门积极顺应市场变化，加强市场研究，创新广告产品，探索新媒体营销思路，主动开发新行业新客户，推动建立节目广告联动机制，积极推进“区域代理制”。建立“直营、承包、区域代理”销售体系，大力推广专业频道资源，全面提升专业频道广告价值。举办“电视的力量”论坛，通过案例研究，提振广告客户对投放中央电视台广告的信心。全年广告创收达到 271 亿元（税后 256 亿元），再次实现稳中有增。

二是台属企业改进运营模式，积极拓展市场空间。中国国际电视总公司明确战略方向，强化集团管控，深化为台服务，全年实现营业收入 145.26 亿元，比 2012 年增长 7%，实现利润总额 9.95 亿元，连续五年获全国文化企业 30 强；中央新影集团完成了红色历史文化数字化项目前期各项工作，签署了洛阳中原影视文化产业园等 5 家影视文化产业园合作协议，推动和引领微电影创作生产，全年经营收入达 7.2 亿元；中国电视剧制作中心有限责任公司围绕“好戏出央视”，在中央电视台播出《毛泽东》《全家福》《大掌门》等 8 部 289 集作品，筹备拍摄《奇妙小镇》《湄公河大案》《生死签证》等国际合作项目；卫传中心对全国各级广电网络进行了深入调研，并积极推进中央电视台国内落地覆盖工作，全年收入突破 9 亿元；中国有线电视网络公司加强国干网维护和传输保障，全年实现收入 8.3 亿元，比 2012 年增长 7.79%；中广国际总公司实施利比里亚电视落地等 10 个海外落地项目，向多个亚非国家推广中国技术标准；《中国电视报》加强台内节目宣传推广，获得“全国百强报刊”称号。

九、坚持稳妥有序，新址建设和接管搬迁工作进一步推进

新址接管搬迁工作积极推进，总部环境部署、家具适配、餐饮绿化、动力运维、安全保卫、物业服务全面展开，全年购置 7000 余套各类办公家具，每日接待员工就餐人数达 3000 人，完成 12000 人次入驻培训。加强与搬迁部门沟通对接，顺利实施海外传播中心全部以及外语频道、总编室、综合频道、中文国际频道部分栏目和人员的搬迁入驻。探索“一站式”服务等创新管理模式，努力打造环境优美、运行有序、安全舒适、品质国际的现代化传媒总部。

新址建设完成 A 标段主楼移交后续工作，全力推进 B 标段复建施工，按计划完成进度目标，开展酒店开业前筹备工作。完成 C 标段媒体公园和地下车库现场施工及验收准备工作。

（根据胡占凡台长在中央电视台2014年工作会议上的讲话整理）

中央电视台 2013 年频道建设概况

2013 年是全面贯彻落实党的十八大精神的开局之年，中央电视台按照“十二五”期间将中央电视台基本建成国际一流媒体的奋斗目标，全面推进机制和体制创新，大力加强频道专业化建设。截至 2013 年 12 月 31 日，中央电视台共有 25 个公共频道，包括综合频道（标清、高清、香港版）、财经频道、综艺频道、中文国际频道（亚洲、欧洲、美洲版）、体育频道、体育赛事频道、电影频道、军事·农业频道、电视剧频道、纪录频道（国内版、国际版）、科教频道、戏曲频道、社会与法频道、新闻频道、少儿频道、音乐频道、英语新闻频道、法语国际频道、西班牙语国际频道、阿拉伯语国际频道、俄语国际频道、CCTV 娱乐、CCTV 戏曲、CCTV 中国电影、CCTV 中视购物频道，除北美长城平台和中视购物频道外，栏目总数达到 406 个，全年总播出量达 344341 小时，日平均播出量近 943 小时，内容涵盖新闻资讯、专题服务、综

艺益智、影视剧等社会生活各个领域。

2013 年，全台平均收视份额为 31.68%，创四年来新高。2013 年，中央电视台频道专业化建设进一步深化，频道专业化水平、品牌影响力进一步提升，形成以综合频道为核心，各频道各有所专、各有所长的集群发展宣传平台，圆满完成党的十八届三中全会、“神舟十号”载人飞行、第 12 届全国运动会、“嫦娥三号”发射等重要宣传任务，主流舆论阵地进一步巩固。此外，中央电视台积极统筹各频道元旦、春节、五一、中秋、国庆等节假日特别编排，有效延展长假收视热度。

2013 年，各频道自身强化创新效果显著，社会影响力不断扩大：

综合频道继续围绕“新闻为主的精品综合频道”定位，推进创新布局，荟萃全台精品，推出《梦想合唱团》（第二季）、《舞出我人生》《梦想星搭档》《博乐先生微逗秀》等一批全新节目；财经频道继续围绕“突出专业性，兼顾大众性”推进各项工作，成功举办“3·15”晚会、“中国经济年度人物评选颁奖盛典”等重大品牌活动，创新推出《是真的吗》《超级育儿师》等一批创新节目及《国企备忘录》《大国重器》等电视纪录片；综艺频道坚持以人民为中心的创作导向，创新打造“百姓舞台”，推出《中国好歌曲》《开门大吉》《黄金 100 秒》等栏目，其中《中国好歌曲》获得巨大成功，“心连心”艺术团加大小分队走基层的比重；中文国际频道紧紧围绕党和国家的工作大局和重心，部署频道节目和活动，推出《客家足迹行》《百山百川行》《长寿密码》《中国古树》《南海纪行》等节目以及创新栏目《外国人在中国》；体育频道从服务大众出发，积极展开创新实践，赛事转播实现从“年”到“季”的转变，推出“联赛季”、“大赛季”模式，创新推出《谁是球王》栏目，《体坛风云人物》《中华龙舟大赛》两个自主品牌影响力进一步上升；电影频道弘扬主旋律，传播中国优秀电影文化，积极推动国产电影“走出去”，频道出品电影在国内外诸多电影奖项评选中获奖；军事·农业频道发布权威军事新闻，展示部队官兵精神风貌，传播农业科技知识，反映新农村生活，出色完成各项重大主题、重大活动、重大典型宣传报道任务，台网融合进一步加强；电视剧频道围绕“好戏出央视”的战略目标，积极统筹做好全台电视剧的采购编播和运营管理，《妈祖》《咱们结婚吧》《仙女湖》《有你才幸福》等剧赢得收视、口碑双丰收；纪录频道围绕“强化国际一流媒体建设”目标，将“创新、改变、提升”作为频道运营核心思路，推出《丝路，重新开始的旅程》《习仲勋》《茶，一片树叶的故事》《京剧》等 13 部原创纪录片；科教频道坚守定位，努力创新，推出的季播节目和大型活动兼顾导向、社会效益和影响力，《中国汉字听写大会》《发明梦工场》等节目精彩不断；戏曲频道以“弘扬国粹，传播经典”为定位，汇集全国优秀戏曲种类，以现代人文眼光为立足点，在戏曲节目中注入时尚的视角和新颖的电视语汇，满足全国戏迷观众对电视戏曲文艺日益提高的审美需求；社会与法频道以宣传“依法治国”方略为宗旨，以服务“构建和谐社会”为任务，创新推出《平安中国 2013》《社区英雄》等节目，巩固提升专业频道品牌价值；新闻频道高质量完成习近平总书记系列讲话、党的十八届三中全会、党的群众路线教育实践活动、全国“两会”等一系列重大报道任务，有效彰显了主流媒体的权威性和引导力，打造“世界四大奇观直播活动”文化新品牌，制作播出《感动中国》《我的父亲母亲》等公益活动，唱响主旋律，传播正能量，“央视新闻”在中央媒体中率先实现媒体战略转型；少儿频道秉承“引领成长，塑造未来”的宗旨，精心策划了“六一”晚会、《相约北京——2013 国际青少年大联欢》等多个大型项目，创新推出了《动画剧场》《大手牵小手》《金龟子城堡》等一批质量上乘的节目和活动；音乐频道以“享受音乐，感悟人生”和“音乐无处不在”为传播理念，创新推出《一起音乐吧》《乐上巅峰》《2013 维也纳新年音乐会》《2013 寻找刘三姐》等；外语频道国际化特色更加突出，切实实现新提升，国际传播力、影响力持续加强。

此外，2013 年 8 月，中央电视台还将原高清综合频道置换为体育赛事频道（CCTV-5+），以高清体育赛事节目资源为主，与体育频道共同构成了中央电视台高清体育节目平台。

（总编室规划部提供）

CCTV
中国中央电视台
CHINA CENTRAL TELEVISION YEARBOOK
年鉴
2013
胡占凡 主编
《中国中央电视台年鉴》编辑部 编

ZHUAN JI

专辑

专辑

中央电视台多视角、全方位聚焦党的十八届三中全会主题报道

2013 年 11 月 9 日至 12 日，党的十八届三中全会在北京召开。中央电视台新闻中心、中文国际频道、英语新闻频道、军事节目中心、央视网等全面展开党的十八届三中全会主题报道。

一、新闻中心

新闻中心通过改革新政聚焦、百姓生活感受海采、社会发展变化综述等方式，详实反映党的十八大以来我国经济社会的稳步发展。

一是立足宏观视角，《新闻联播》等栏目推出《十八大一年来》专栏。以一年来新一届中央领导集体开新局、树新风、获得经济发展新成效为报道主体，反映党中央审时度势、有力统筹、科学决策的良好效果。以“11·11”网络购物狂潮的火爆交易量入手，折射中国新兴产业的惊人发展势头和发展潜力；以群众路线教育实践活动在全国的深入推进切入，反映作风转变所带来的社会发展进取、改革创新的巨大动力；以上海自贸区的改革实践入手，反映转变政府职能所激发的巨大市场活力。

二是推出海采系列报道《我看这一年》。调动中央电视台各地记者站，深入生产生活一线，以“这一年中您最高兴的事是什么”、“您感觉国家这一年最大的变化是什么”等朴实问题对话各地民众，倾听百姓感受。以民生细节为落点，真实记录中央政策的务实与利好，反映广大群众对党的十八届三中全会的期待、对中国未来改革发展的期盼，展示深化改革、追逐“中国梦”的民意基础。

三是《经济转型进行时》持续关注江苏光伏产业回暖扭亏、山西煤炭改革推进能源产业转型等转变经济增长方式的生动案例，反映各地以经济转型推动社会发展、实现社会效益和经济效益双丰收的良效举措。《焦点访谈》推出《十八大一年来》主题系列报道，聚焦全国粮食产量十连增、地方政府简政放权等，反映了党的十八大一年来我国相关领域的发展变化，有效延展了报道视角与内容深度。

二、中文国际频道

中文国际频道《中国新闻》栏目推出预热性报道《走进上海自贸区》、外国使节关注此次会议和权威专家解读改革新政等深度报道，并自制《媒体·焦点：三中全会将如何开启中国新一轮改革?》，汇编境内外多家媒体的相关报道和评论，分析三中全会对国内以及相关国际市场的影响。

三、英语新闻频道

英语新闻频道各栏目将三中全会报道作为全天的版面重点，展开持续、深入的报道。其中，《新闻一小时》《中国 24 小时》《财经亚洲》等重点栏目联动非洲、北美区域制作中心，报道党的十八大以来中国各项事业发展的新局面和新成绩。同时，紧跟会议议题，报道会议动态，突出新一届领导集体的改革新理念，并邀请中外权威专家探讨政府和市场两者之间的平衡关系，阐释中国全面深化改革的内容和方向。

四、军事节目中心

军事节目中心结合自身特点和栏目实际，全面、准确、深入做好会议精神的宣传报道，推出《身边的故事：我的这一年》《强军路上》《圆梦训练场》等重点专栏，引导全军官兵进一步坚定对中国特色社会主义制度和国家经济发展前景的信心，自觉献身强军目标实践，有效履行新世纪新阶段我军历史使命。

五、央视网

央视网全方位做好党的十八三中全会报道工作：一是原创推出《改革总布局 释放最强声音》等策划专题，全景展示国家领导人十八大以来，在各地考察以及参加国际、国内重要活动时表达的改革决心与举措；二是紧密围绕深化改革、三中全会的重要意义、民生等热点话题，推出6期系列网评；三是利用微博、微信等平台推出《我为改革献一言》网民建议征集微专题，与网友就房价、新农村建设等热点问题展开讨论。

（根据新闻中心、中文国际频道、外语频道、军事节目中心、中国网络电视台提供稿件综合整理）

中央电视台圆满完成 2013年习近平主席出席、出访等活动报道

2013年是习近平任国家主席后的首个出访年，本年度，习近平四度出席、出访活动引起举国关注、举世瞩目。对于这些重大的外事访问，中央电视台精心准备、全力以赴，以空前的报道规模和报道力度，圆满完成四次出席、出访新闻报道任务。

一、重点报道习主席首次出访及参加金砖会晤报道

2013年3月22日至30日，国家主席习近平对俄罗斯、坦桑尼亚、南非、刚果共和国进行了国事访问并出席了金砖国家领导人第五次会晤。针对习主席的首次出访，中央电视台共投入综合、新闻、中文国际以及英语、俄语、法语、西班牙语、阿拉伯语等八个频道，用六种语言向国内外进行了全程报道，在长达九天的报道中，新闻频道收视率较2012年同时段年均值提升19%，其中3月23日下午播出的《习近平在莫斯科国际关系学院发表演讲特别报道》收视增幅高达72%，《新闻联播》同时段收视率也创下2013年以来的新高。

1. 报道规模空前，报道数量创历史之最

这次出访是我国新一届中央领导集体外交开局之旅，也是“两会”后习近平以国家主席身份首次出访并参加多边大型国际会议。中央电视台组建了包括时政新闻组、地面配合组和技术保障组在内的超过110人的前方报道团队。3月22～31日，前方报道人员共拍摄了习近平及夫人活动66场，完成了4场重大现场直播，是我国领导人出访过程中直播最多的一次；后方编辑团队与前方团队密切合作，无缝衔接。综合频道、新闻频道、中文国际频道、英语新闻频道及其他外语频道播报充分及时，出访期间做到了在每个整点时段都编排播出领导人活动，相关新闻占到了各频道重点档节目播出量的1/3。其中新闻频道累计播发新闻1200条次，制作专题、评论节目10期；中文国际频道将《中国新闻》扩充至24小时播出，播发新闻450条次，时长1500分钟，还制作了3期专题节目；英语新闻频道播发新闻800条次，制作专题节目3期。《新闻联播》连续11天对习主席出访进行了不间断持续报道，共播发新闻36条，各界反响12条，总时长超过120分钟，日均11分半钟。

2. 调动多种电视手段，生动展示国家形象和领袖风范

按照中央领导塑造好我大国形象的要求，在习主席出席的66场外事活动中，中央电视台对每一个场景都进行了精准的画面构思和机位设置，通过生动丰富的镜头语言，突出了双边和多边和谐互动、亲切友好的现场氛围。尤其是首次在境外独立搭建了时政直播的音频主、备系统，并首次使用高清EFP设备进行全程高清制作、传输和播出，使整个报道画面精美、组接流畅、内容生动。

与此同时，中央电视台灵活调整发稿时间，将采制的新闻第一时间在《朝闻天下》《新闻30分》《新闻直播间》《24小时》《晚间新闻》等栏目中首播；积极使用直播连线播发重要信息，在习主席在俄罗斯演讲、发表面向全非演讲等重要节点上，及时引入了记者的现场连线，有效拓展了新闻内涵。

3. 以独特的报道视角，全新阐释“中国梦”的世界意义

在长达九天的报道中，中央电视台紧扣习主席一系列讲话内容的精髓和出访国的实际情况，主动设置

国际议题，积极引导社会舆论，通过特派记者连线报道、新闻特写、背景短片、政要专访、演播室嘉宾分析等新闻呈现方式，多角度、深层次地阐述中国的外交政策和重大主张，全面深刻地解读中俄、中非、金砖国家之间合作的中国作用和国际影响，真实反映“中国梦”为世界带来的新希望、新机遇。

《焦点访谈》《新闻1+1》《今日关注》《对话》等重点栏目，先后推出了16期深度专题节目，围绕习主席的演讲内容讲述中国与出访国之间的历史渊源和经贸文化交流，结合会谈成果展望双边和多边互利共赢的未来前景，巧妙地将“中国梦”与“非洲梦”、“世界梦”交集在一起，批驳西方“新殖民”论调，正面反映中国的声音；中文国际频道广泛荟萃国际主流媒体的相关文章和节目，通过外媒视角观察中国新领导人出访的国际影响；英语、西班牙语、俄语、法语、阿拉伯语等外语频道，充分利用语言优势和海外记者站力量，提前深入到习主席所访国进行新闻采制，反映当地媒体、普通民众、政要总统的关注程度和关切；央视网和央视新闻微博等新媒体围绕“志合者，不以山海为远”、“鞋子合不合脚，自己穿了才知道”、“中非关系发展没有完成时，只有进行时”等习主席的连珠妙语，主动开设专题区供网友展开深度讨论与话题互动，引发网民的热烈响应；国际视通对外发布平台为了扩大传播渠道，首次选择了亚洲五号卫星、欧洲七号卫星、路透社、欧广联“四路并行”的传播方式，使习主席三场重要活动的直播信号在29个国家的媒体中实现了落地，延伸了中央电视台新闻的国际覆盖面，其所发布的视频新闻和多语种稿件被包括美国有线电视新闻网（CNN）、欧洲新闻台、英国天空新闻台等在内的1065家（次）外媒用户使用了3270次，四场重要直播信号还被美国有线电视新闻网（CNN）、日本放送协会（NHK）、新加坡亚洲新闻台等29家（次）电视台/频道以全程报道、插播、重播等方式使用893次，创下2013年以来中央电视台重大新闻报道被外媒使用新高。

二、习主席美洲之行报道精心展现大国领袖形象，全面阐释中国外交主张

2013年5月31日～6月9日，习近平对特立尼达和多巴哥、哥斯达黎加、墨西哥进行国事访问并赴美国举行中美元首会晤。中央电视台投入综合、新闻、中文国际、英语、俄语、法语、西班牙语、阿拉伯语八个频道，以六种语言向国内外进行了全程同步报道。在长达十天的报道中，相关频道共播发相关新闻1520条次，制作专题和评论节目12期，现场直播了习主席在墨西哥议会的演讲，央视新闻微博、微信和客户端等新媒体平台累计发稿94条/篇，央视网共推出多语种专题6个，发布新闻稿件3883篇，图片2456张，视频近1100条，论坛帖文610篇，微博410条，微信10组，专题独立访问者逾127万人。整个报道充分展示了我国领导人的领袖风范和个性魅力，全面阐释了中国外交的战略与主张，在观众中引发热烈反响，取得了良好的社会效果。据统计，新闻频道在此期间的收视份额达到2.77%，在全国上星频道中位列第七。国际视通对外发稿平台共发布相关视频素材69条，被英国广播公司（BBC）、FOX电视网、亚洲新闻频道等174家境外电视台（频道）使用1431次。其中“习近平抵达加利福尼亚将同美国总统奥巴马举行中美元首会晤”被116家电视台（频道）使用317次，成为外媒使用量最多的单条新闻，其中欧美媒体106家，充分彰显了中央电视台不断增强的国际影响力。

1. 时政新闻及时准确，为领导人成功出访营造国际舆论氛围

习主席的美洲四国之行，是新一届领导集体构筑全方位外交、构建新型大国关系所展开的一次重大国家行动。中央电视台新闻中心抽调100多名精兵强将，组成了以国内时政记者和海外驻站记者为主的前方报道团队。

在此次出访中，习近平主席在美国与奥巴马总统的会晤是全球瞩目的焦点新闻事件。为了及时抢占国际舆论的制高点，前方记者打破以往制成标准节目再回传的报道样态，在活动现场以口播、快讯等方式即时向后方发出最新动态消息。在中美两国元首记者见面会上，记者康辉的提问巧妙切入中美会晤的重点问题，为习主席阐述我国和平发展的大国外交政策提供了非常自然的契机，成功地把众多媒体和境外舆论的关注点引向构建新型大国关系这一主题上。

在特立尼达和多巴哥，习主席在同一场所要分别会见八位加勒比地区国家领导人，现场记者针对各国不同国情和人文特点，精心设计了多变的拍摄机位和不同的景别，增强了现场新闻的感染力和镜头语言的表现力，体现了平等合作、真诚相待的中国外交理念。

后方报道团队灵活调整发稿时间和播出窗口，前方第一时间回传的新闻随时在《朝闻天下》《新闻30分》《新闻直播间》《共同关注》等栏目中首播，增强了新闻的时效性。在整个报道期间，综合、新闻、中文国际和各外语频道的每个整点档时段都有专门的播出安排，重要栏目的播出量更是占到了节目的1/3，为

习主席的成功出访营造了热烈的舆论氛围。

2. 文风清新表达鲜活，展示了习主席自信亲和的领袖风范

在此次出访中，习近平主席每到一处都深入民间，广泛接触普通民众，赢得了当地民众和舆论的一致好评。中央电视台报道团队及时准确地对此次“国交民亲之旅”进行了全面报道，以国际化视角全景式生动展示了我国新领导人的个性魅力和领袖风范，文风清新流畅、镜头细致传神。在特立尼达和多巴哥首都西班牙港机场，习近平走到钢鼓乐队前，和乐手敲起欢乐的乐曲；在哥斯达黎加，到农户家喝咖啡、唠家常；在墨西哥，参观玛雅文明遗址等精彩的新闻画面，第一时间在屏幕上播出后，引发国内观众极大的收视兴趣。与此同时，中央电视台对习主席夫人彭丽媛的各项外事活动报道也进行了精心设计。彭丽媛在特立尼达和多巴哥国家表演艺术中心观看文艺表演、到哥斯达黎加和墨西哥儿童医院看望患儿等新闻报道中，突显了她与演员们一同演奏钢鼓、给患儿赠送大熊猫玩具等细节场景。作为全新的发稿和互动平台，央视新闻新媒体及时将精彩节目和画面上线，主动设置议题，引导网友互动，拓宽了新闻的传播渠道与覆盖面，形成了又一个重要话语场。

3. 配合报道丰富多彩，深度阐释中国和平发展的外交新战略

在全面做好习主席出访美洲四国时政报道的同时，中央电视台对相关配合性报道也进行了充分准备和精心设计。各频道根据各自定位和特点，采取人物专访、新闻短片、记者连线、专家评述等多种方式，放大新闻热点，设置国际议题，使整个报道主题集中，观点鲜明，内容丰富。其中，新闻频道制作的配合性新闻55条，时长近180分钟，中文国际频道也达到了20条。中央电视台还与出访国家使领馆取得联系，特别制作了《鹰洋与红色政权的不解之缘》《新闻特写：周恩来榆树林荫道》等一大批背景新闻片向观众进行重点介绍。《焦点访谈》《新闻1+1》《环球视线》《今日关注》等专题节目则紧紧围绕“中国梦”和“新型大国关系”这两大主题，从行程安排、热点议题、出访意义等角度，阐释中国外交的新布局、新战略，深度挖掘“中国梦”的世界意义。

三、成功报道习主席访问中亚四国、出席G20和上合组织峰会

2013年9月3～13日，习近平主席出访土库曼斯坦、哈萨克斯坦、乌兹别克斯坦、吉尔吉斯斯坦中亚四国，并出席二十国集团领导人第八次峰会（以下简称“G20”）和上海合作组织成员国元首理事会第十三次会议（以下简称“上合组织峰会”）。中央电视台及时准确地完成了习主席出访的所有重大时政新闻，向国内外观众进行了全程报道，充分塑造了我负责任的大国形象，生动展示了习主席从容自信、亲和睿智的领袖风采，引起了国际社会的广泛关注。中文国际频道以及英语、西班牙语、俄语、法语、阿拉伯语等外语频道播出的相关新闻素材被外媒大量引用。截至13日24点，包括英国广播公司（BBC）国际频道、加拿大广播公司等国际知名媒体在内的236家境外电视频道使用782次。

1. 及时准确地完成习主席出访的重大时政新闻

新闻中心启动了高层出访报道工作机制，抽调国内和海外记者近百人，组成前方报道团队，各频道、各部门协调统筹，形成了前后方紧密衔接、多频道联动配合、多层次共同推进的全方位报道态势。在长达半个多月的时间里，中央电视台共投入综合、新闻、中文国际以及英语、俄语、法语、西班牙语、阿拉伯语等八个频道，以六种语言对习主席的出访进行了持续不间断的跟踪报道。据统计，截至9月13日晚，《新闻联播》共播发习主席重要活动新闻43条，总时长达到122分20秒。新闻频道采取24小时滚动播发的方式，首播、重播相关新闻489条次，累计播出时长29小时51分钟。中文国际频道新增亚洲版和欧洲版新闻窗口，确保全天档档有新闻有亮点，各外语频道也纷纷根据各自定位，及时跟进，多层次、多角度、立体化地展开报道。

由于中亚各国安全形势复杂多变，中央电视台提前派出了四个报道小组，先期介入活动现场，完善各种预案，并从北京和5个省市调运了12台（套）卫星设备，抽调了50名技术人员前往出访国，分别组建了4座小型地面卫星站，确保了各个系统、环节、岗位安全到位，顺畅运行，确保了整个工作安全有序，习主席出席的所有81场外事活动报道全部实现了及时准确，分毫不差。

2. 以精彩的节目内容和深度解读，全面阐释习主席出访的重大意义和外交成果

由于G20峰会和上合组织峰会历来对安保、时间和人员的要求极其严格，为拍摄工作带来诸多不便。中央电视台前方报道团队克服重重困难，通过创新表现方式，有效提升了会议报道的可视性。特别是创新推出的《G20泉灵观察》新节目，形式新颖，表达生动，

拉近了观众与 G20 的距离。

9 月 7 日中午 12:30，习主席在哈萨克斯坦纳扎尔巴耶夫大学发表重要演讲，综合频道、新闻频道、中文国际频道，以及英语、西班牙语、法语、阿拉伯语、俄语等外语频道推出了直播特别报道。在习主席演讲前的预热报道中，各频道不仅连线本台在现场的记者，及时回传会场环境、准备情况、习主席的行程，以及哈国各界的期待和当地媒体的关注等重要信息，而且邀请专家学者以及特约评论员就中哈在能源、经济等方面的友好合作进行评论，同时穿插配发背景短片，介绍哈国概况，整个预热报道内容丰富、画面生动。演讲结束后，各频道演播室嘉宾紧紧围绕习主席提出的“丝绸之路经济带”这一重大倡议，进行意义阐释和内容解读。

中央电视台的八个频道还在每天的重要时段和重点栏目及时推出了一系列深度报道、高端访谈、新闻背景和专家点评的节目。习主席在 G20 峰会发表讲话之后，《焦点访谈》《新闻 1+1》《环球视线》等栏目迅速围绕讲话的核心内容，通过中国进出口增长数据和中国经济增长率数据，显示中国经济良好的发展势头以及对加速世界经济回暖做出的重要贡献，有效回应了国际上唱衰中国经济的声音，坚定了国内观众实现“中国梦”的信心。

3. 以丰富的节目样态和表达手段，生动展示中国的国际形象和习主席的领袖风采

此次出访，是习近平就任国家主席后首次对中亚国家进行国事访问，首次亮相 G20 峰会和上合组织峰会，对于展示我领导人的国际风采具有重要意义。为此，前后方的记者、编辑通过生动的镜头、精美的画面，在屏幕上真实展现了习主席亲切谦和、运筹帷幄的个人魅力。在出访哈萨克斯坦期间，前方时政报道团队及时捕捉到了两国元首登机时习主席请纳扎尔巴耶夫走在前面、先进机舱的画面，以生动的细节体现了礼让谦和的中华文化传统和两国领导人亲密无间的深厚友谊，为观众奉献了一幅中哈两国人民睦邻合作、世代友好的美好画卷。

充分利用驻外记者站资源和后方精锐编辑团队，及时制作丰富多彩的配合性报道，成为时政新闻的生动补充，产生相得益彰的传播效果。而大量背景性资料短片的制作与数据视觉化技术手段的运用，则有效增强了知识性、趣味性。

在此次报道中，央视新闻的微博、微信、客户端不仅及时进行图文直播和精华摘编，以独有的表现手段引起了网民和手机用户的关注，而且创新推出了“图解系列”、“出访日志”等新样态，引导网友参与互动，引领网络舆情，与电视屏幕传播形成了良性互动。

四、聚焦习主席出访东南亚国家并出席APEC会议

10 月 2 ～ 8 日，国家主席习近平对印度尼西亚和马来西亚进行国事访问，并出席在印尼巴厘岛举行的亚太经合组织第二十一次领导人非正式会议(以下简称“APEC 会议”)。中央电视台在全球范围内调派组成近百人的前方报道团队，及时准确报道了习主席出席的 50 多场双边和多边活动，通过六种语言八个频道，以及微博、微信、客户端等国内外新媒体平台进行传播。滚动播发相关新闻千余条次，同步直播了习主席在印尼国会发表演讲，央视新闻新媒体在通过网络和客户端直播此场重大活动的同时，将直播信号推向 1500 多万手机用户，大大增强了出访报道的到达率。截至 10 月 9 日，《新闻联播》共播发相关消息 37 条，总时长 81 分 16 秒，新闻频道以 24 小时滚动播出的方式，首播、重播相关新闻 393 条次，总时长 21 小时 32 分钟。国际视通发布的 47 条相关素材被美国有线电视新闻网(CNN)、英国广播公司(BBC) 等 145 家境外电视频道使用 557 次；此外《东方时空》《24 小时》《共同关注》以及中文国际频道的《今日关注》、英语新闻频道的《今日话题》等重点栏目均对习近平主席此次出访进行全程跟进报道和及时深入解读；央视网紧紧围绕“宣示主张、突出合作、体现共识、展示形象”的方针，通过搭建大型网络专题、突出独家策划与原创亮点、做好网络视频直播、推出系列网络评论文章等，对习近平主席访问印尼、马来西亚并出席 APEC 会议开展规模报道。

1. 时政报道及时充分，生动展现习主席大国领袖风范

此次出访是习近平就任中国国家主席后首次对东南亚国家进行国事访问，也是习主席首次出席 APEC 会议。为确保报道圆满成功，出新出彩，中央电视台前后方联动，全频道、全媒体立体布局报道。10 月 3 日，中央电视台多频道成功直播了习主席在印尼国会发表演讲，整场直播镜头丰富、组接流畅，画面语言表述上注重以我为主，突出我领导人备受印尼各界欢迎的热烈场面以及习主席此行全球瞩目的特殊地位。中央电视台派出由新闻中心时政新闻部牵头，新闻中

心新闻制作部、播出传送中心、技术制作中心等部门共同组成的先导团队共赴雅加达查看现场，先后踏勘了香格里拉饭店、卡尔蒂尼宫、印尼国会三处场地，并分别制定了相应的技术方案。

2. 外围配合报道形式创新内容丰富，全面阐释了习主席出访重大意义，提振国人、世人信心

此次报道紧扣全球瞩目的经济热点，努力创新表达方式，拉近国际高端峰会与普通观众的距离。以10月7、8日两天的APEC峰会为例，前方主持人劳春燕将媒体中心正在播放会议进程的大屏幕当作信息源，边播报“习主席正携夫人出席欢迎晚宴”等最新消息，边利用“图示图板”、“当天报纸”、“现场道具”等可视元素，形象解读习主席演讲要点、APEC会议取得的重大成果，期间自然穿插大会为普京总统过生日等轻松有趣的花絮，为观众营造了“身临其境”的收视体验。整场直播连线以记者目击的进行时态展开，将最新消息、新闻背景、深度解读巧妙融为一体，可视性大幅增加。

与此同时，中央电视台调动全球报道力量，组成多支配合报道小组，采制了大量视角独特、内容独家的配合报道，有效延伸时政新闻的广度和深度，全面阐释了习主席出访的重大意义。新闻特写《印度尼西亚舒伟雅：习主席鼓励我学好中文》以百姓视角组织时政回访，通过鲜活细节体现习主席出访成果；《体验雅加达交通拥堵》等报道以中国视角提亮中国元素，通过提升新闻相关性强化传播效果；专访马来西亚总理，专访中国驻印度尼西亚、马来西亚大使等，以“高端访问”增加报道的权威性，扩大报道影响力。

3. 全媒体传播效果显著，立体占领国内国外两大舆论阵地

此次报道，中央电视台内外宣并举，常规手法与新媒体手段共同驱动，在引领国内外舆论的同时，创造了阶段性收视高点。

2013年10月2～8日，新闻频道“习近平出访”报道在《新闻联播》时段收视均值达到0.91%，其中10月4日、5日和7日收视率提升幅度在40%以上；中文国际频道特别新增亚洲版新闻窗口，确保24小时档档有新闻，及时报道习主席最新消息，收视提升明显，10月5日播出的“习近平出访马来西亚”相关内容提升幅度达到32%；外语频道策划多场特别节目，充分调度国内外记者和特约报道员资源，突出经济合作因素，淡化政治安全议题。截至10月7日，英语新闻频道累计首播新闻78条，首、重播共177条，总时长超过6小时。

“央视新闻”新媒体在此次报道中直播推送、动态新闻、图说系列背景知识等受到网友欢迎。截至10月8日16时，“央视新闻”微博共发布相关消息25条，微信公众账户9次推送，独立客户端搭建“习近平出访”及“APEC会议”专题，共发稿36条，搜狐客户端一个专题下设“出访印尼”、“出访马来西亚”、“APEC会议”等三个子栏目，发稿34条。

（新闻中心、中国网络电视台提供）

中央电视台圆满完成2013年“两会”报道任务

为了全面做好2013年“两会”宣传工作，中央电视台高度重视、精心部署、大胆创新，紧紧围绕会议议程和宣传主题展开全方位、多角度的新闻报道，“热烈而不尖锐，交锋而不对立”，不仅圆满完成了各项报道任务，为“两会”的顺利召开营造了良好的舆论氛围，而且新闻报道新风袭人、赏心悦目，受到观众和社会的广泛好评。

截至2013年3月13日，综合频道、新闻频道、中文国际频道以及各外语频道累计播发新闻6174条、总时长12765分钟，新闻专题361期、总时长8293分钟；组织大会直播4场、发布会和记者会直播15场，声势浩大，规模空前。中央电视台的宣传报道产生了良好的社会效果，截至3月11日，新闻频道收视份额为3.072%，较2012年“两会”同期提升幅度高达65%；中文国际频道收视份额2.2724%，同比提升45%，新闻类节目贡献份额为1.009%，增幅为61%，贡献率提升幅度为11%。除此之外，从2月28日～3月11日，国际视通共对外发布“两会”相关视频素材179条，多语种发稿317篇，被包括英国广播公司（BBC）、美国有线电视新闻网（CNN）在内的395家（次）境外电视台/频道累计使用或下载931次，8场“两会”直播信号被70家（次）境外电视台/频道使用达1114次，其中BBC和凤凰资讯台全程使用了中央电视台“人大开幕式及温家宝总理政府工作报告”的直播信号。

一、“两会”新闻报道浓墨重彩、新风袭人

1. 以高度负责的态度，安全准确地完成“两会”重大时政和程序报道，主流媒体的权威公信力明显增强

为确保绝对安全、高质量地完成“两会”时政报道和程序性报道，中央电视台报道团队提前调看了第十届和第十一届换届之年的会议议程和报道方式，保持与全国人大和全国政协的密切沟通，根据报道内容制订了详细的报道方案和工作流程，并多次进行认真研讨、补充完善和精细演练，保证了所有重要直播、重大时政以及新闻发布会、记者招待会等程序性报道，及时准确，万无一失。

综合频道、新闻频道、中文国际频道和各外语频道不仅并机安全直播了多场次的重要会议实况，即时提炼领导人讲话要点和重要信息，迅速转化为字幕新闻标题，强化直播的核心信息，而且根据各自定位设计了丰富多彩的特别节目，邀请权威专家对焦点话题、直播亮点、“两会”要事进行了迅速而深刻的解析与点评，积极抢占话语阵地，正面引导社会舆论，显示出国家电视台应有的新闻品质和权威公信力。

《新闻联播》《中国新闻》《新闻30分》《晚间新闻》等重要栏目，除了第一时间摘发重点热点新闻，全景呈现会议议程之外，还按照中央要求，在严格控制单条时政报道时长的同时，高度提炼报道的新闻内涵，在细节和镜头上精心设计，通过大量有现场感的同期声画面，突出领导同志和代表委员之间热烈交流的气氛，生动展示了富有中国特色的民主政治氛围。同时把更多的篇幅和版面留给基层代表、普通委员，按照新闻的价值标准展开报道，生动表现了他们参政议政、建言献策的工作状态。“两会”期间，《新闻联播》在会议内容上做加法，增加信息量，在会议时长上做减法，力求短小精练，每天始终保持30分钟的容量，首次实现了重大会议报道活动不延长播出时间。

2. 以大胆创新的意识，全面生动地反映“两会”重大议题和时代气息，节目新风袭人，内容丰富鲜活

“两会”召开之前，全国人大和政协公布了落实中央八项规定、改进会风的新举措，并具体体现在本次会议之中。中央电视台在充分报道这一新会风的同时，也以此为契机，努力改进报道文风，将宣传规律与新闻规律结合起来，将大会主题与基层实践结合起来，将场内代表委员的建言献策与场外平民百姓的真实诉求结合起来，紧跟热点深入采访，紧扣主题深度阐释，探索出了一条观众喜闻乐见的重大会议主题宣传报道的新途径和新模式。

在“两会”开幕前的预热报道中，中央电视台就精心策划推出了《中国梦·我的梦》大型主题系列报道，围绕“你的梦想是什么”这一主题，调动了台本部、国内记者站和地方台约80路记者分赴多个省市，以海采的方式随机采访了近7000位不同年龄、职业的观众。节目以清新的文风和直观的形态，生动真实地反映了普通民众期盼个人幸福、国家强盛的家国情怀和美好愿景，有效凝聚了社会各界实现“中国梦”的信心与力量，为“两会”召开营造了良好的舆论氛围。节目播出后引发观众的强烈共鸣，成为街谈巷议的重要话题。

在“两会”召开的会议报道中，中央电视台严格按照中央要求，紧扣大会主要议题展开报道，按照新闻规律遴选报道方向，以大气的视野、精良的品质赢得观众。新闻频道新推出的《数字两会》《看图知两会》《两会百科》等新闻小板块，突破了以往成就报道与会议报道高举高打的固有模式，以数据视觉化等时尚直观的表现手段，进行会议常识的科普解读，不仅增加了报道的新闻性与信息量，而且生动鲜活的表达方式和新闻语态，令人耳目一新，提升了观众深入了解中国特色的两会体制的收视兴趣。

中央电视台改进“两会”报道文风的做法，不仅得到了观众的积极评价，也引起了海外媒体的广泛关注。马来西亚《星洲日报》、新加坡《联合早报》、英国广播公司网站纷纷刊发文章，认为中央电视台等“中国官媒新风袭人”。

3. 以国际化的视角，有针对性地加大对外报道“两会”的力度和深度，国际传播产生质的飞跃

2013年“两会”不仅是中国政治生活中的一件大事，也是国际社会高度关注的重大事件。中央电视台在做好国内报道的同时，充分利用各涉外频道这一重要传播窗口，大力加强对外宣传，积极扩大中国“两会”的国际影响力。

“两会”前后，新闻频道分别推出了《外眼看两会》《中国印象》《海外看两会》等专栏，主动聚焦国际媒体、政要、企业家等对中国“两会”的关注，以全球视野彰显“两会”在海外的影响力。中文国际频道不仅重点动态关注“两会”涉藏、涉疆的内容，积极向海外观众介绍天山南北、雪域高原发生的新变化，而且联手全球50多家华文媒体，共同推出了《我有问题问总理》海外征集活动，为国内外华语受众搭建起了

与中国政府沟通互动的信息平台，在海外华人社会产生热烈回应。英语、西班牙语、法语、俄语、阿拉伯语等各外语频道除了对重要场次进行直播，还充分利用海外记者和嘉宾资源，以对象国观众易于接受的表现形式，及时传递“两会”信息，解读中国政策，报道新一届政府执政思路以及中国今后五年的发展方向和目标，充分展示中国特色的民主政治制度的世界意义。

2013年中央电视台“两会”对外报道的规模与力度超过以往，持续时间之长、报道内容之广、影响效果之大均创历史新高。据统计，仅参与新加坡联合早报网“我有问题问总理两会调查帖”的海外受众就达213861人次，美国ICN电视联播网的相关调查收到有效提问近500条，美国《侨报》还组织南加州各侨团座谈，对《我有问题问总理》的媒体互动模式开展深入探讨，这充分显示出中国“两会”的世界影响力和中央电视台的国际传播力与日俱增。

4. 以多元化的手段，积极抢占新媒体舆论场，实现“两会”报道的全媒体传播覆盖

2013年的“两会”议题重大，热点众多，尤其是大部制改革、城镇化推进、房地产市场调控等话题，因其关乎国家大政方针、涉及百姓切身利益而备受社会瞩目，也成为网络舆情格外关注、持续议论的话题。中央电视台充分利用官方微博、微信平台，积极抢占新媒体舆论阵地，以全方位传播手段报道“两会”。作为全新的发稿和互动平台，拥有超过300万粉丝的官方微博“@央视新闻”不仅紧跟电视屏幕，及时将精彩节目上线，便于网友下载观看，而且主动设置议题，根据大会议程每天推出一个热点，正面引导网友参与讨论和互动，同时还集纳网友的真知灼见和精彩评论以原生态的方式呈现在电视新闻节目之中，有效弥补了电视单向传播的缺憾，拓宽了本台新闻的覆盖面与影响力。仅“两会”期间，“@央视新闻”的相关微博信息累计被转发8万多次，网友跟帖评论36000多条，新增粉丝30多万，在新浪全媒体排行榜上排名第一，为“两会”新闻报道带来清新变化。

二、专题报道聚焦民生主张，引导社会关切

综合频道的《小撒探会》是中央电视台“两会”报道中的品牌节目，一直以来，《小撒探会》以纪实性、亲民性、生动性赢得各界好评。2013年，《小撒探会》以“民生”为切入点，以高端访谈的形式，专访9位省部级领导，总计制作播出了7期专题节目，每期30分钟，共210分钟，7期节目平均收视率比2012年同期上浮8%。专题节目以“2013，微言大义，民生主张”为主题和包装概念，征集社会各界的民生主张、民生心愿，并将征集结果带上“两会”寻求高端回应，将百姓的民生心愿上升到制度层面加以讨论和实现。同时，前期记者深入基层，以体验式报道予以展现，生动活泼，颇具戏剧性张力，播出后，赢得一致好评。

2013年《小撒探会》专题报道紧扣四个方面，为节目的理想收视奠定了基础：

1.“微言大义，民生主张”赢得社会广泛共鸣

“民生”是2013年“两会”热词，《小撒探会》主打“民生主张”，契合了当前形势，选取当下热点民生话题，节目组关注了儿童福利、平安建设、大病医保、农村养老、宽严相济刑事政策、社区矫正、山区母婴卫生健康等7个话题，赢得各界广泛响应。

2. 行走基层，贴近百姓

《小撒探会》报道组本着“走基层、接地气”的报道理念，深入到云南、河北、辽宁、广西等7省市基层，采访鲜活的民生故事，制作的节目深刻反映基层现状，感人至深，引发观众普遍的感动与共鸣，有力拉升收视。

3. 多媒体传播形成话题聚合效应

《小撒探会》节目播出制作过程中，主创人员充分利用微博、微信、门户网站、收集客户端电视等多种媒体手段传播节目内容，在换届年的大背景下，既做到了有效的二次宣传，又做到了口径安全。其中节目组连续8天8篇专访推介稿登上新浪、腾讯和网易新闻首页，同时在每天早上8点前，推送到手机网易客户端“头条”板块；“两会”期间，“@今日说法－小撒探会”官方微博共发送了包括民政部部长专访在内的70条微博，并在“两会”微博之外，每天发送约5条日常微博；栏目首次开通微信公众号，并设置了丰富的互动内容，通过二维码推广和每天群发“小撒探会”动态，截至3月12日《小撒探会》结束，微信粉丝量已达到19605名，收到粉丝发来的文字、语音和图片信息超过1.5万条。

4. 节目结构、编排大胆突破，赢得显著收视效果

2013年的《小撒探会》，单期节目的结构做出明显调整，即将节目结构从往年的“民生故事+1名高端人士+3名代表委员”变为“民生故事+1～2名高端代表委员”，将民生故事做长、做足，同时也让代表委员充分表达，这一调整有效提高了节目收视率。

三、发挥台网联动优势，提供网络助力

2013年央视网严格落实主管部门宣传精神，做好“规定动作”，确保零差错。同时，秉持“一云多屏、全球传播”原则，融合台网联动优势，着力突出视频特色，通过互联网、手机、IP电视、互联网电视、移动传媒等多终端平台，多语种、全方位报道2013年“两会”。以“共筑中国梦”为主题，做好重要会议的直播、报道和解读，结合换届、新总理亮相、大部制改革、反腐、周边外交、新会风等关注点，做好深度整合和原创报道，推出大型网络专题、系列封面报道以及《两会观察家》《我的中国梦》《我有问题问总理》等原创产品。具体体现在以下方面：

1. 全程直播人大开幕等重要场次会议，访问效果大幅提升

央视网通过网络电视、手机电视、IP电视、互联网电视等多终端，对全国人大、政协会议开、闭幕等全部重要场次会议进行同步视频、图文、互动直播，并通过英语、西班牙语、法语、阿拉伯语、俄语、蒙古语、维吾尔语和哈萨克语频道实时图文报道，使2013年“两会”期间，央视网的直播访问量较2012年有大幅提升。

2. 突出报道党和国家领导人与代表委员共商国是、政府工作报告与报告解读

央视网突出报道党和国家领导人及中共中央、全国人大常委会、国务院领导同志分别参加十二届全国人大一次会议和全国政协十二届一次会议各代表团组的审议和讨论，重点推荐领导同志在审议和讨论中发表的重要讲话内容。3月5日，央视网视频、图文实时报道十二届全国人大一次会议开幕会，温家宝总理做《政府工作报告》，并于当天下午推出系列解读性策划，第一时间推出报告解读，重点从2013年目标、环境保护、户籍改革6个角度对报告进行分解和阐述；“两会”封面报道推出《向时代报告》增刊，邀请6位专家学者就制度、民生、医保、教育、外交等角度，对政府工作报告深入展开解读；图解策划推出《数读政府工作报告》，一方面关注报告篇幅、作报告时间缩短等，另一方面关注报告中的“10个关键数字”、“391个字谈矛盾与问题”等。

3. 推出全国“两会”专题，重点报道会议程序性内容

央视网推出“两会”大型专题《共筑中国梦》，采用全新的呈现方式，蓝色基调，首屏以不同尺寸的模块组成矩阵，分别导向头条、封面、图解、央视网评、图集、网言网语、专家访谈等央视网重磅推出的原创策划。屏幕下方首次设置浮动条形窗口，滚动播报最新消息。该专题全面覆盖两会重要议程新闻报道，以及代表委员议案提案、媒体评论、网民声音、花絮等，同时紧跟领导人动态，预告会议议程和直播，开设专门板块，关注新闻发布会和报告解读，力图全景式展开2013年全国两会新闻报道和内容策划。

4. 全力打造央视网原创品牌栏目，扩大媒介影响力，积极进行舆论引导

央视网原创品牌栏目2013年全国“两会”封面报道将原创、独家的深度报道以杂志形式呈现，分别关注政府工作报告、新任总理记者会等重要议程，政务新风、反对浪费等问题；《我在现场》以高清图集的形式，讲述两会现场故事，通过跟拍不同主人公展示不同主题；《微报两会》与新浪腾讯平台同步发布以政策聚焦、领导人换届、权威解读、专家解读、图集联播、网民声音等为主要内容的微博新闻；《网络新闻联播》首次通过微信公众号向微信用户点对点推送“两会”微报道；《我有问题问总理》推出《网民100问》，通过论坛向广大网民征集2013年“两会”最想向总理提出的问题，采用网民票选形式，最终形成100问；《我的中国梦》通过央视网新媒体记者对知识分子、文体明星等多个群体近100人采访，展示各行各业不同人物的中国梦；《网言网语》特刊《两会好声音》围绕中国梦核心，以论坛帖文为素材，集中“两会”期间网民关注和热议的细节，以色彩丰富、图文结合的矩阵专题形式呈现。

5. 强化台网联动，多维度梳理整合中央电视台节目

央视网为中央电视台5个频道26档“两会”特别节目制作官网，并上线《CCTV聚焦两会》矩阵专题，全面覆盖中央电视台5个频道26档“两会”特别节目内容，方便网友查找。

截至3月18日，央视网共开设专题323个，刊发图文稿件9639篇，音视频17582段、合计77302分钟，论坛帖文14374条，微博34894条，组织直播35场，开展在线访谈18场，开展网上调查和征集活动140个，536553名网友参与。“两会”期间，央视网多终端合计独立访问用户共计3.45亿人，较2012年同期增长157%，其中海外用户占比12.8%，视频直播累计登陆1.13亿人次。英语、西班牙语、法语、阿拉伯语、俄语多语种频道合计独立访问用户135万人，其中海外用户比例36.6%。

（根据新闻中心、综合频道、中国网络电视台提供资料综合整理）

整合资源，全面展示“嫦娥三号”发射过程

2013年12月2日凌晨1:30,中国探月二期工程“嫦娥三号”探测器发射，这是中国航天器首次在地外天体实行软着陆。嫦娥工程2004年立项，分“绕落回”三个阶段。2007年10月“嫦娥一号”发射，完成任务后成功撞月；2010年10月“嫦娥二号”发射，完成绕月任务后飞向遥远深空；“嫦娥三号”探测器是嫦娥工程“绕落回”中第二阶段的任务“落月”，进行首次月球软着陆和自动巡视勘察。中央电视台多个中心、频道派出报道团队，对相关节点和细节进行新闻报道，制作专题节目，进行详细解析。

一、新闻中心:“嫦娥三号”发射新闻报道实现创新

2013年12月2日01:30,“嫦娥三号”探测器在西昌卫星发射中心成功发射，这是目前为止我国航天器进行的最为复杂的任务， 由于“嫦娥三号”是无人探测，又是在距离地球约38万公里的地方，很多画面不能实时回传，较之载人航天工程，缺乏人情味，可视性较差。为此，新闻中心经济新闻部报道团队多方探索，在完成整个“嫦娥三号”技术系统、节目系统、演播室系统搭建的同时，牵头完成了五期特别节目、多场新闻栏目内的特别编排节目和多次栏目内直播连线。

针对发射前的预热报道，经济新闻部早在2013年9月就派出主力报道力量，开始记录“嫦娥三号”发射前的动态节点,设计了包括《解密中国探月》《探月》纪实片、《解码嫦娥三号》《做客月球》《月亮之上》等诸多系列的报道内容，利用中央电视台独家资源，采访顶尖科学家，节目形式丰富、生动有趣，拉近了百姓和高科技的距离。同时充分运用新媒体互动，延展电视节目的影响力。

“嫦娥三号”发射段直播，公用信号部分设置了二级切换系统，共有机位和工业镜头达到40多路，随后的多场直播设计机位近20路，向全球提供了公用信号。此外，经济新闻部还创新报道方式，做到了多个首次：一是首次搭建400平方米实景演播室，突出了太空和月球等元素，与节目主题相得益彰；二是首次引入1:1真实月球车进到演播室，拉近观众和高科技项目的距离；三是由于“嫦娥三号”任务中最为关键的落月、两器分离、互拍等多个环节没有视频传回，因此节目采用了虚拟演播室与实景演播室相结合的方式，立体展示了“嫦娥三号”登月和月表探测全过程；四是首次使用“CCTV微视”平台,实施和观众的互动。

“嫦娥三号”发射成功后，特别是12月14日成功落入月球后，经济新闻部制作新闻报道和独家解读，对探月节点和细节进行独家报道，共发布8条相关报道在12月14～26日《新闻联播》中首播；除新闻报道外，经济新闻部还制作了系列专题报道《嫦娥访月记》，全面记录“嫦娥三号”制作、准备、发射、落月的过程；采访我国探月工程总指挥栾恩杰、资深航天专家孙家栋、探月工程首任月球应用科学首席科学家欧阳自远、航天科技集团“嫦娥一号”卫星总指挥兼总设计师叶培建院士，拍摄成系列专题报道《解密中国探月》，讲述我国近十年来的探月历程。

二、英语新闻频道全程直播“嫦娥三号”升空和探月重要节点

英语新闻频道在“嫦娥三号”探测器在西昌卫星发射中心成功发射之前一小时开窗直播“嫦娥三号”登月特别节目。此次直播以现场直传画面为主线，突出现场感和期待感，并通过演播室嘉宾访谈、前方记者视频连线、新闻背景片等多角度、多层次、多形式地介绍“嫦娥三号”探月任务。一是采用虚拟演播室，充分利用模型、三维动画、图片、图表、演示、体验等表现方式和手段，生动形象地向观众介绍发射火箭、月球车构造、飞行轨道和路径、月球表面环境和构造等科普知识；二是节目设计层层递进，以30分钟为时间节点将直播划分为两个板块，前一板块重点介绍燃料加注情况、地面系统状态、“嫦娥三号”探月任务、“嫦娥三号”新技术等，后一板块重点回顾“嫦娥一号”、“嫦娥二号”等中国航天业发展成就，梳理盘点了世界各国的探月历程；三是针对海外观众视角，特别节目结合“嫦娥”、“月兔”的命名讲述中国古老的神话传说，一方面展现古代中国人对月亮的美好遐想，另一方面也体现现代中国人为实现探月梦所作出的努力；四是演播室邀请亚太空间合作组织副部长许岩松就“嫦娥三号”探月任务进行详细通俗的讲解，并在火箭发射成功后介绍了“嫦娥三号”轨道调整、飞往月球落月等下一步任务，预告观众后续的重要时间节点和看点。

在“嫦娥三号”月面软着陆、两器分离、两器

互拍三个重要节点，英语新闻频道分别于12月14日20:00～22:00和12月15日05:00～06:00、22:30～24:00打开窗口，制播大时段的包装直播特别节目。一是在航天城、天文台、月球实验室安排了三路记者，各报道点根据“嫦娥三号”探月进展，从不同的角度高频率连线报道动态消息，并现场采访工作人员，借助月球模型详细讲解“嫦娥三号”落月位置和周围环境；二是特别节目配发嫦娥之父欧阳自远等研发人员的专访以及介绍嫦娥测控系统工作原理和任务的背景短片，全方位解读“嫦娥三号”研制过程、落月任务、技术特点等各阶段的重要内容，突出中国探月工程取得的突破；三是为突出视角和观点的国际化，邀请亚太空间合作组织外事副部长兼发言人许岩松、欧洲宇航局国际关系部管理人Karl Bergquist、北京航空航天大学空间科学教授John Zarnecki等国际权威专家共同参与节目讨论，从重力、路况、温度、电力、人工智能等多方面分析月球车的制造难点，讨论月球车巡月可能遇到的挑战和排险方式。

“嫦娥探月”报道期间，频道多媒体工作室在微博、Twitter、YouTube等多平台同步预告频道特别节目、图文直播重要节点、发布频道精彩视频，共发布相关微博、Twitter28条，总阅读量超过52万次；在国内外视频平台，共发布视频21条，视频点击总量超到16万。

三、科教频道推出《嫦娥落月》直播节目

中央电视台科教频道《走近科学》栏目根据“嫦娥三号”探测器的任务特点，设计了《嫦娥落月》三场直播节目：12月1日23:00～26:30直播《奔月》，12月14日19:45～22:00直播《落月》，12月15日21:30～24:30直播《巡月》，三场直播节目总时长525分钟，其中短片共有53个，时长200分钟。三场直播节目主要从短片设计和视觉呈现两方面进行了创新。短片内容从月球知识、探月历程、关键技术、原创实验等方面着手设计，极富特色，比如《软着陆方式猜想》《软着陆的难度》《月球恶劣环境实验》《人类探月历程》《月亮之上》《月球车的轮子》《月球上的环形山》《恐怖七分钟》《我的父亲母亲》等等，赢得了很好的收视和口碑。视觉呈现上使用了较先进的在线虚拟包装技术进行视觉系统的形象表达。演播室虚拟了大量和主题有关的关键技术与重要事件，比如“嫦娥三号”在演播室发射、“嫦娥三号”的奔月路径、日地月三球关系展示、“嫦娥三号”利用反推力发动机实施月球软着陆的过程、月球车与着陆器互拍、主持人与月球车的互动等等，和演播室嘉宾一起形象生动地解读了整个嫦娥落月的光辉时刻。

四、军事节目中心：“嫦娥三号”发射新闻报道亮点多

11月28日至12月2日，军事节目中心派出前方报道组，先后在《新闻联播》播发《“嫦娥三号”将于12月2日凌晨发射》《“嫦娥三号”发射准备就绪》等3条新闻，在新闻频道播发《“嫦娥三号”明天凌晨发射气象条件满足要求》《夜访发射场》等7条新闻；在《军事报道》栏目播发了《我国成功发射“嫦娥三号”探测器》等8条新闻和评论。发射当天，《军事报道》还配发短评《让梦想飞得更高更远》，使报道有广度、有深度、有看点，形成声势，在观众中引起了良好反响。

五、中文国际频道推出《嫦娥飞天、玉兔探月》特别节目

2013年12月2日和14日，“嫦娥三号”发射升空和落月当天，中文国际频道《嫦娥飞天、玉兔探月》特别节目及时报道了“嫦娥三号”的“落”月之旅，见证了中国首次成功实现地外天体软着陆，以及“玉兔”号月球车首次月面探测等重要时刻，圆满完成了此次近6小时的重要直播报道任务，有力提升了整个频道的收视份额。

（根据新闻中心、外语频道、科教频道、军事节目中心、中文国际频道提供资料综合整理）

中央电视台“神舟十号”飞船新闻报道引发社会各界广泛关注

2013年6月11日“神舟十号”飞船发射，6月20日中国首次太空授课成功举行，6月26日飞船返回。

航天员顺利出仓。为了圆满完成此次“神舟十号”载人飞船发射重大宣传报道任务，新闻中心经济新闻部在前往发射场前的一个半月，中央电视台就策划出了《直通酒泉》特别节目，紧紧围绕酒泉前方每日动态，每天针对一个主题进行报道；直播阶段，由经济新闻部牵头的前方直播团队提前部署，用 14 个机位和 6 路工业信号，完整、清晰地呈现火箭发射段 585 秒的各个飞行动作，特别是直播节目段落，首次将距离发射塔架 50 米处的机位换成了鱼眼镜头，精彩呈现了这一航天重大事件。

在节目设计上，记者提前两个月就在酒泉蹲守，和参加航天发射任务的航天人同吃同住，记录了他们生活工作的点点滴滴，最终经济新闻部团队推出了《“神十”飞天记》，以火箭和飞船进厂、组装、转运到发射的历程为主线，讲述飞天的故事。同时，经济新闻部还制作了专题报道《东风航天城里的故事》记录航天人的故事。这些新闻专题报道成为直播报道的有力补充和生动诠释，节目播出后收到了良好的效果，得到了各级领导的高度肯定。

“神舟十号”飞船自发射到返回的半个时间里，中文国际频道连续推出大型系列直播报道《神十飞天、筑梦太空》，直播时长达 8 小时，收视率比平时高出一倍。在特别节目中，借助“神十”的太空新旅，首次设置“虚拟演播室”，充分应用虚拟数字技术，营造虚实结合、如梦似幻的效果，将“神十”发射、天宫对接、太空授课等重要事件主体在第一时间呈现在观众面前，生动直观地展现飞船发射、运行、返回等过程；在直播过程中，邀请航天科普方面的专家，用通俗易懂的语言，解读“神十”飞天之旅；同时推出《我的太空梦》网络互动节目，主打台网联合，携手中国网络电视台、百度百科、腾讯新闻、新浪微博各大网络媒体，搭建大型网络互动平台，引发海内外网友的积极响应和参与。节目播出后，获得观众的热烈讨论和积极响应。巴基斯坦国家通讯社、新加坡新传媒集团亚洲新闻台、越南、土耳其、伊朗等亚洲媒体都引用中文国际频道特别节目直播信号对中国发射“神舟十号”进行了报道，并作出积极评价。

（根据新闻中心、中文国际频道提供资料整理）

中央电视台圆满完成第 12 届全运会转播报道任务

2013 年 8 月 31 日至 9 月 12 日，第 12 届全运会在辽宁举办，中央电视台综合频道（含香港版）、体育频道、体育赛事频道、新闻频道、中文国际频道（亚洲版、欧洲版、美洲版）、英语新闻频道对本届赛事进行了全方位转播报道。报道坚持客观、真实、准确、全面的原则，以正面报道为主，贴近百姓关注，创新多项技术应用和公用信号制作，积极发挥全媒体传播优势，充分展示了我国体育事业蓬勃发展取得的巨大成就，获得了良好的社会反响。

一、报道规模宏大，坚持主流引导，传播正能量

为保证全运会报道成功，中央电视台成立了全运会报道指挥部，对各频道的转播报道进行统一指挥、统一协调。赛事转播统一编排，均衡转播各项赛事。中央电视台共派出 530 人的报道团队，同时派出 350 人的信号制作团队，完成开、闭幕式及田径、跳水、游泳、篮球、体操等项目的信号制作。期间，中央电视台共转播赛事 331 小时，平均每天播出全运赛事超过 20 小时；播发各类新闻 1600 条，累计时长 5000 分钟。新闻报道发挥各频道专业优势，赛事报道、外围报道相互辉映、形成合力，展现全运会全貌。

本次报道在复杂的舆论环境下，始终坚持旗帜鲜明、导向正确，为全国观众展现本届赛事“节俭办赛”、“回归体育”、“全民健身”等突出特色和亮点，实现“展示我国体育成就、促进全民健身、共享全运”的报道目标。中央电视台在精心编排、大量转播全运会各项赛事的同时，还通过《全运聊起来》《全运风云会》等栏目及时表达主流媒体立场观点，对弃赛等有违体育精神的做法迅速反应，对舍“绩”救人、赛场上顽强拼搏等感人事迹展开充分报道，发掘精神内涵，赢得观众普遍的赞誉，群众关注度明显提升。全运会期间，体育频道平均收视率为 0.16%，收视份额达到 1.51%，其中乒乓球男单决赛收视份额达到 2.21%，体育赛事频道关注度也进一步提高。

二、电视、新媒体、微博、微信和平面媒体共同报道全运会，形成全媒体传播态势

赛事直播录播、访谈、新闻专题、宣传片等各类节目精彩纷呈，服务性、专业性强，报道均衡、客观，展现了一届节俭而不失精彩、竞技激情与全民健身热潮相互辉映的全运会；中国网络电视台体育台（CNTV5+）全程转播全运会赛事，广大网民可以通过直播、点播等多种途径收看比赛；“央视体育”客户端全新上线报道全运会，标志着中央电视台开始采用移动互联网应用产品对大型综合体育赛事进行报道；体育频道官方微博、微信则积极发挥社交媒体的优势，为网民和电视观众及时提供全运会收视指南和互动参与的活动，赛事期间共发布与全运有关的微博报道300篇，博文累计阅读量超过1亿人次；《中国电视报》《第5频道》杂志进行了全程跟踪报道。

三、技术应用和公用信号制作实现多项创新，亮点突出

此次全运会转播，中央电视台前方IBC系统采用A级体育赛事的标准化移动外场制播系统，以国际广电业界技术领先的高效网络制播技术搭建了前后场协同制作的制播体系，使前后场在节目包装、信息共享、协同工作上更加方便迅速。

此次转播报道实现多个“首次”。首次运用直升机、3G传输、单边机位等多种技术手段在开幕式直播中通过全方位多角度进行转播；首次在外场转播系统中将后场广告播出系统与前场制播系统实现文件化联通；首次在前场演播室系统中进行播后串联单制作并反馈后场系统；首次将在线包装模板、演播室虚拟和大屏幕图文模板等应用综合在一起，使虚拟技术与演播室制景相结合，实现了虚拟景像与实景更合理的融入。此外，还创新虚拟技术应用方式，在演播室通过虚拟植入和虚拟摇臂、4K大屏渲染等技术手段增加电视转播画面的观赏性和趣味性，给观众带来丰富多样的视听享受。

公用信号制作方面，在“节俭办全运”精简大量设备的前提下，公用信号制作团队严格按国际水平、专业标准，高质量制作全运赛事信号近400小时，全部信号均实现全高清制作、全文件化传输，充分展示了中央电视台一流的公用信号制作水平。在开幕式转播中，信号制作团队还成功运用直升机进行航拍，首次实现了空地三方实时通话和实时对接。

四、整体报道贴近普通百姓，利用全运会平台，走入辽沈各高校推广全运会、推广央视品牌

赛事转播方面，精心编排各大赛事，力图最大限度地直播、录播百姓关注的、最精彩的赛事；新闻报道方面，形式活泼、贴近百姓，如体育频道推出的“翠花上酸菜”、“家乡的年轻人”、“全运者说”等，受到观众好评。

全运会期间，体育频道还以“CCTV5就在你身边”为主题，组织频道主持人和明星运动员在工作之余先后走进沈阳建筑大学、东北大学、辽宁大学等高校，以丰富多彩的形式与大学生充分互动，宣传全民健身，推介体育频道、新近开播的体育赛事频道以及“CCTV体坛风云人物”评选活动等品牌，形成大赛报道与品牌推广联动模式。

（体育频道提供）

中央电视台圆满完成第六届东亚运动会转播报道任务

2013年10月6日至15日，第六届东亚运动会在天津举行，中央电视台以体育频道和体育赛事频道为主，对本届赛事进行了全方位转播报道。其中，新闻报道突出中国元素、展现国际视野，赛事转播坚持专业、加强原创，公用信号制作实现新突破，充分传达了“分享快乐、创造精彩”的赛会宣传口号，为广大观众献上了一场精彩纷呈的国际赛事。

一、新闻报道突出中国元素、展现国际视野

中央电视台派出80人报道团队，10个采访小组，从10月5日起每天为体育频道四档新闻提供本届赛事素材，其中《体育世界》《体坛快讯》《体育新闻》三档新闻在前方开窗口播出。整个赛会期间，前方报道

团共回传新闻素材153小时10分钟，在前方开窗口直播新闻节目420分钟。

在充分关注热点、焦点赛事和体育明星的基础上，进一步增强报道的全面性和多样性。一是突出整体情况介绍，每日围绕各代表团获金牌情况展开报道，并做好回顾和展望，形成了整体赛事报道回顾、总结、推介互相关联、整体推进的态势；二是重点关注我国选手参赛情况，兼顾其他代表团选手，有针对性地推出各国选手的报道，而团队报道除成绩突出的中、日、韩等队外，还将目光对准蒙古、中国香港等其他参赛队伍，体现报道的全面性；三是加强赛场内外花絮及举办城市体育风情和全民健身内容的报道，充分展现当地特色。

二、赛事转播坚持专业、加强核心原创

东亚运动会开赛以来，体育频道在编排中对其进行着重突出。截至10月15日闭幕，体育频道共直播赛事（含开幕式）135.5小时，录播赛事（含开、闭幕式）57场近65小时，收视成绩良好。其中，10月12日，中国队对阵日本队的女子排球决赛收视率达0.65%，日本队对阵中国队的男排半决赛的收视份额达2.017%。

赛事转播坚持“以我为主”，所有赛事通过体育频道派出的5位评论员在前方解说后，送到中央电视台新址E14演播室进行播出，天津电视台等转播的同类赛事也都直接采用了中央电视台评论员的原创解说，充分展现了其专业水平。一是充分利用现场评论席，以“我在现场”第一手资料，介绍非现场观众看不到、了解不到的信息，如场上局势、队员特点、战术打法等，让观众深入了解情况，更好地做出自己的判断；二是以局外普通观众的身份从不同角度诠释赛事，接近观众心理，提升观众热情；三是充分尊重体育道德和体育精神，体现奥林匹克重在参与、不断超越自我的精神。

三、公用信号制作展现国家台水平

中央电视台还负责制作本届赛会“体操”、“跳水”、“游泳”三个项目的国际公用信号，在精简大量设备的前提下，公用信号制作团队严格按国际水平、专业标准，通过最佳转播线路和项目间转换的时机，对赛场形势进行实时分析，对整个信号质量进行监督和把控，并尽可能对赛事关键信息进行表现，精益求精地完成每一场赛事，共制作赛事信号50多小时，全部信号均实现全高清制作、全文件化传输，充分展示了中央电视台公用信号制作的严谨性、规范性，展现了国家台水平，得到了东亚运动会电视信号监督专家和兄弟电视台的认可和好评。

四、前方技术系统实现模式创新

在技术方面，本次东亚运动会也有所创新。前方技术适配模式以满足现场新闻采访、现场评论、现场单边报道为主，将赛事信号调度到后方演播室进行包装制作，有效减少了前方技术设备及人员的投入，为今后承担中小型运动会外场转播积累了成功经验。一是采用具有中国自主知识产权的DATACAM系列摄录设备完成前方赛事收录、编辑、配音、传送、演播室播放等任务，在前方没有网络制播系统支持的中小型运动会外场转播中满足了节目制播的各种需求；二是通过租用中国有线不同传输路由的3条DS3专线光缆确保了前方新闻直播、新闻传送以及后方赛事直播、单边回传、赛事收录等任务的传输安全；三是技术系统与节目部门通力协作，与后方系统紧密配合，使整体系统运行平稳，确保了前方新闻采访报道的顺利进行，并为后方赛事的转播报道提供了完善的技术支持。

五、管理严格，行政后勤保障有力

赛会期间，前方报道团实行每日通气机制，并建立完整的前后方沟通制度，由专人负责沟通协调和信息传递，确保整体转播报道平稳、有序。同时，加强行政后勤保障工作，充分发挥组织和服务功能，制定了详细的安全预案和突发事件应对方案，并与各场馆、宾馆、服务车队、组委会、志愿者等方面建立紧密联系，为报道团队提供切实保障。

（体育频道提供）

体育赛事频道正式开播

2013年8月18日09:00，中央电视台体育赛事频道正式开播，呼号为CCTV–5+。该频道是将原有的

CCTV-高清频道置换而来，24小时高清播出。体育赛事频道是体育频道的兄弟频道，体育频道作为综合类体育频道，节目内容包括赛事、栏目、专题片等；体育赛事频道的内容则更为纯粹，以完整赛事以及赛事集锦为基本节目形态。该频道从开播至2013年底，累计制作直播节目1340小时，占到频道全部首播节目总时长的77%，实现了在第一时间向观众全景呈现赛事的目标，取得了良好效果。频道注重运用微博、微信、贴吧等新媒体平台宣传推广频道和赛事，努力扩大落地覆盖。据中国网络电视台（CNTV）2013年12月的点击率统计，CCTV-5+在线直播点击率在中央电视台各频道中位居第4。

体育赛事频道的开播是中央电视台2013年在频道建设上进行的新的战略布局，是加强核心竞争力满足观众日益增长的收视需求的重要举措。此举有利于加大对国内自主赛事的传播力度，推动中国体育事业、产业齐头并进。体育赛事频道在为中国带来更多世界级顶级赛事的同时，还致力于传播具有中国特色的运动项目，例如围棋、象棋、龙舟等，进而推动中国文化在世界的传播。作为中央电视台体育频道的生力军，体育赛事频道与体育频道形成中央电视台体育传播集群，打造具有更强大影响力和竞争力的体育传播全媒体平台，更好地服务观众，更广泛、更深入地传播积极向上、拼搏与超越的体育精神，为实现“中国梦”做出努力。

（体育频道提供）

中央电视台初步建立国际传播能力建设效果评估体系

根据中共中央宣传部统一部署，2013年由海外传播中心牵头、联合财务管理中心和国际传播能力建设各项目责任单位，在广泛借鉴业内专家和国际同行意见、做法的基础上，结合业务实际研究制定了中央电视台《国际传播能力建设效果评估实施方案》（以下简称《方案》）和《评估体系表》。

根据《方案》，每年从项目建设和效果（占70分）、组织管理（占15分）、财务状况（占15分）三个方面，对全台“十项工程”和“总体呈现效果”进行评估。其中，项目建设和效果评估设一级指标和二级指标，主要测评点分量化类测评点（含完成类、正向同比类、负向同比类）和质化类测评点，11大项共设150余个测评点，涵盖制播能力、传播广度、传播深度、态度评价等方面，各项目具体分值按加权方式计取。

为了增强评估的系统性、专业性、科学性，《方案》突出了“五个结合”：一是采取项目责任部门自身、台内第三方和社会第三方评估相结合；二是量化评估与质化评估相结合；三是基础建设评估与传播效果评估相结合；四是内部纵向对比评估与外部横向对比评估相结合；五是动态跟踪评估与定期定点评估相结合。

在制定《方案》的过程中，根据“导向明确，目标清晰；全面覆盖，突出重点；整体评估，分类指导；真实客观，专业科学”的原则，不断完善《方案》：一是尽量量化，做到可统计、可评估、可分析；二是尊重各项目责任部门的意见，逐一沟通座谈，做到可执行、有利于推动实际工作；三是充分考虑新的形势和要求，增加了新媒体传播效果测评点等。

《方案》经台领导审定通过后，海外传播中心根据中共中央宣传部的意见要求，又进一步制定了《实施细则》，并完成了2010～2012年中央电视台国际传播能力建设总结评估工作。

中央电视台国际传播能力建设效果评估体系的搭建，为中央电视台国际传播能力建设和管理运行向系统、科学的方向发展奠定了基础。

（海外传播中心提供）

中央电视台全频道落地覆盖初见成效

2013年，中央电视台在坚持做好新闻宣传和节目创新的同时，狠抓频道国内落地覆盖工作。经过近半年的调研和具体实践，中央电视台形成了有效的工作机制，使全频道落地覆盖取得初步成效。具体分三步：

一是明确专门机构，建立长效工作机制。经台分党组研究决定，由中央卫星电视传播中心承担国内落地覆盖管理工作职责。通过加强专业队伍建设，增加必要的经费投入，为落地覆盖工作提供有力条件和可靠保障。

二是全面深入开展国内落地覆盖调研，摸清家底、查找问题，以便有的放矢地开展落地工作。中央卫星电视传播中心利用近半年时间，对中央电视台16个主频道和已开播的6个高清频道，即CCTV-1、CCTV-3、CCTV-5、CCTV-6、CCTV-8高清频道和CCTV-5+体育赛事频道在全国300余个地（市）和2000多个县（市、区）的落地覆盖情况进行了全方位的深入调研。本次调研的目的是摸清中央电视台所有主频道在国内的落地覆盖情况和各频道排序情况，同时结合各频道和节目部门的需求，详细了解有关频道无法落地的原因和未来落地需要采取的措施；调研涵盖中央电视台各高清频道的落地覆盖情况和未来市场需求，以及各级广播电视网络公司的频道传输能力、网络技术指标等信息；调查的范围包括有线电视、卫星电视、无线电视以及新媒体；调研方式根据范围或对象不同，分为全面普查、抽样调查与调研走访相结合的方式。此次调研工作历时4个多月，全面准确地摸清了情况，找出了问题，确定了原因，为下一步制定有效落地覆盖解决方案打下了基础，为进一步提高传输和覆盖水平做好了前期准备。

三是召开全台落地覆盖工作会议，探索落地覆盖新模式。在全面深入调研并发现问题的基础上，中央电视台于2013年底召开了全台首次国内落地覆盖工作会议。会上提出了充分挖掘自身优势，探索“两种身份，双管齐下”的落地覆盖工作新模式，即以国家电视台的身份，自上而下通过国家政策支持与保障，强势推动频道落地覆盖；以节目制作和播出机构的身份，自下而上推动观众的普遍收视需求，依靠渠道，用好渠道，有力促进频道落地覆盖。

中央电视台落地覆盖工作的有效推进，进一步加强了中央电视台的传播力、影响力，为党和国家的新闻宣传、舆论引导提供更加有力的保障。

（中央卫星电视传播中心提供）

“东非野生动物大迁徙”强化传播价值，创新国际合作

2013年3～4月、7～8月，中央电视台派出两批次共33人的前方报道团队，推出了2013年“东非野生动物大迁徙”直播特别节目。报道成功实现两大突破：一是首次实现了与联合国环境规划署（UNEP）签署正式合作协议，扩大了直播的全球影响力和国际传播品牌；二是实现了与肯尼亚、坦桑尼亚国家电视台的三国联合直播，有效扩展了境外观众对中央电视台的认知度。该节目在中央电视台新闻频道及多个外语频道推出大型直播27场，累计时长接近30小时，共有134个国家和地区的384家电视机构转播或部分使用了中央电视台的直播信号，节目一经播出即成为国际传播热点，得到了多国首脑、联合国相关部门和国内外观众的肯定与好评。中央电视台依托这一世界自然奇观直播节目，成功开创了对“国际题材”进行“中国表达”进而产生“国际影响”的创新尝试，为中央主流媒体进一步提升国际传播能力探索了有益经验。

（新闻中心提供）

央视新闻新媒体平台形成三位一体发展格局

2012年下半年以来，中央电视台新闻中心提出并制定了新媒体发展“三步走”战略，借势新媒体打通电视和网络两个舆论场、实现多渠道传播，相继借助新浪、腾讯、搜狐的平台优势推出微博、微信和新闻客户端三个新媒体平台，并在各平台上都取得了显著的成绩：“@央视新闻”微博于2012年11月1日在新浪微博正式上线，40天粉丝过百万，截至2013年7月19日粉丝数已超过680万；2013年4月1日央视新闻微信公众号上线；5月1日，搜狐新闻客户端上线；7月23日，独立客户端上线。截至2014年1月14日，

中央电视台新媒体总用户数达5040万，其中腾讯微博听众1295万，新浪微博粉丝1220万，微信关注用户120万，搜狐客户端订阅户1160万，独立客户端订阅户1280万。

针对央视新闻新媒体平台的特性，2013年，新闻中心策划部制定并实施了《微博、微信、客户端运行管理办法》，明确规定"五大原则"，即所发内容必须以事实为基础、以法律为准绳；信源权威、可靠；热点事件不失声、敏感事件不炒作；客观评判、理性引导；有态度、不跟风。制定并推进实施了《新媒体审稿流程》，明确日常和突发情况的审稿流程，为提高发稿速度、确保发稿安全提供了制度依据。为扩大新闻来源，保证权威首发，新闻中心策划部媒体拓展组积极与中心各部门和各地记者站、各海外分台中心站沟通联络，推动形成重大新闻新媒体首发机制和记者向新媒体供稿机制。将记者供稿情况纳入评价体系，对独家、转发量大、时效强的给予奖励，建议并推动中心在各类评奖中特设新媒体报道奖项予以激励。

央视新闻新媒体平台运行一年来，受众规模已跃居国内传媒类新媒体首位，并牢牢占据当今最有影响力的三个新媒体传播阵地，形成三位一体、全方位布局、差异化呈现的发展格局：微博突出"首发"、微信用足"互动"、客户端主打"视频"。中国首艘航母舰载机起降成功、芦山地震、韩亚飞机失事、薄熙来案庭审、独家专访叙利亚总统、诺贝尔奖揭晓、青藏铁路列车相撞、天安门金水桥遭暴力恐怖袭击等许多国内国际重大新闻均为央视新闻新媒体独家首发，突出了央视新闻引领网络话语权、担当意见领袖的定位，逐渐确立了重大事件盯住央视新闻的品牌认知。

在表达风格方面，央视新闻新媒体平台坚持追求平等沟通、拒绝说教，放低身段，创新语态，敢说话、会说话、说实话，逐渐形成"清新、真诚、立体"的表达风格。同时在报道形式、语态文风、呈现角度等方面进行了持续的探索和改进。受到了广大网民的欢迎。中秋期间，微博发起"最美赏月地"征集活动；客户端在相关新闻中加入征集链接；微信进行主持人语音互动，互动人数超过6万。"最美赏月地"成了微博热门话题，共有30多万名网民参与投票；国庆期间，新闻频道推出"爱国，你会想到什么"海采，央视新闻三个新媒体平台进行重点推介，微博对海采内容进行新媒体化拆解改造，设立专区发布，总阅读量近3000万次，全部讨论达784万条。

在内部资源整合方面，新闻中心策划部努力推进台网融合，打破台网壁垒，逐步实现了微博、微信、搜狐客户端和独立客户端之间的信息共享、稿件互用和人员交流。央视网派驻团队参与新闻中心"一桌四会"，从策划前端介入新闻生产全流程，并担负了新闻中心重大项目在央视网的宣传推广。2013年年底，"网络新闻部"正式成立，成为新闻中心下设的业务办公机构，工作人员由策划部、央视网派驻新闻中心人员共同组成，从而在机构设置、人员管理、新闻生产流程上解决了"两张皮"的问题，进一步增强了台网融合效果，有效提高了新闻生产效率和新闻品质。

（新闻中心提供）

外语频道《直播西藏——拉萨雪顿节特别报道》广受好评

2013年，境外势力不断对我国涉藏问题横加指责甚至污蔑。针对舆论斗争的新形势，外语频道主动设置议程，于2013年8月5日至9日推出《直播西藏——拉萨雪顿节特别报道》（以下简称《直播西藏》）。英语、西班牙语、法语、阿拉伯语、俄语五个语种频道首次组成近50人的前方报道团队，派出12路记者深入西藏各地，全方位报道西藏的经济社会发展。

在《直播西藏》中，外语频道前方团队克服技术和环境等诸多困难，在雪域高原实现了直播报道的突破。英语新闻频道直播特别节目《Inside Tibet》全程由主持人在拉萨外景演播区进行播报和访谈，实现"在西藏报道西藏"，同时，在拉萨八角街、布达拉宫广场、哲蚌寺等地设立了记者直播报道点，直播重要活动，实时展现节日期间各地风貌。

本次特别报道规模空前。据统计，英语新闻频道特别节目直播总时长接近4小时，各语种频道直播单边连线共计28次，自采新闻45条，自采新闻成片总时长约150分钟。集中力量推出拳头产品使外语频道的西藏报道形成声势，在国际舆论场中掀起了正面报道西藏的一次高潮。

一、把握舆论节点，创新外宣思路

较之以往的涉藏宣传，本次报道创新外宣思路，具体如下：

1. 时机创新：抓住新闻节点，淡化宣传色彩

本次报道改变了西藏报道零敲碎打的状态，以藏区最为传统和盛大的宗教节日拉萨雪顿节为契机，集中推出大量报道，大大增加了节目的合理性，更符合国际传播规律和海外观众的收视习惯，也淡化了宣传的色彩。

2. 手段创新：大量采用直播报道，增强国际传播力

《直播西藏》在拉萨搭建外景演播室，让主持人深入报道现场，不仅实现了"在西藏报道西藏"，而且是"报道西藏正在发生的事"。特别是记者对哲蚌寺展佛盛况实现了直播报道，这在雪顿节的历史上是第一次。西藏问题专家廉湘民认为，达赖集团在散布自焚等负面消息时非常注重时效性，而我们的节目能把西藏发生的新闻实时展现给全球观众，时效性更强，更有传播力。

3. 内容创新：回应国际舆论关切，讲好普通人的故事

与以往不同，报道并没有回避问题。例如，针对外媒指责拉萨老城改造破坏藏族文化的报道，外语频道制作了《拉萨老城区修复折射传统保护与现代发展矛盾》等报道，通过大量采访老城区的藏族住户、僧人、八角街商贩等，对拉萨老城区改造进行了客观、平衡、深入的解读，探讨了历史文化遗产保护与现代社会经济发展之间的矛盾。摄制组还把镜头对准普通的藏族群众，展现他们生活与梦想，通过一个个鲜活的人物有力地驳斥了西方媒体对西藏的歪曲和丑化。

4. 传播方式创新：全媒体报道，多平台推广

《直播西藏》是外语频道首次大规模全媒体报道行动。专职多媒体记者第一次加入前方报道团队，在现场采集第一手图文素材。后方编辑结合报道内容，在微博、微信、Twitter、Facebook、YouTube 等十余个新媒体平台进行图文、视频同步播报，并与网友进行互动。特别报道期间，各新媒体平台的"印象西藏"深度综合报道吸引了 243,904 人次参与讨论，被美国、加拿大、印度尼西亚、波兰、法国、印度、乌克兰等国网友转发和评论。

二、外媒大量转发，节目获观众良好口碑

《直播西藏》播出后受到国际媒体关注。据国际视通统计，仅 8 月 5 日至 9 日，相关节目视频就被英国广播公司 (BBC)、福克斯新闻台 (FoxNews)、彭博社、台湾大爱电视台等 16 个国家和地区的 43 家境外电视台 / 频道使用 116 次。

中央电视台外语频道各语种频道均收到观众的积极反馈。来自西班牙马德里、黎巴嫩、俄罗斯的观众及国外网友纷纷留言，表示通过收看外语频道的报道，了解了西藏的发展，开阔了眼界，很高兴能够在电视上看到西藏传统的节日。

（外语频道提供）

"法治的力量——CCTV2013 年度法治人物评选"广受好评

2013 年是中央电视台第 13 次举办"年度法治人物"评选活动，本届"法治的力量——CCTV2013 年度法治人物评选活动"以"法治的力量、圆梦的力量"为本届法治人物评选的口号，将入选人物更多地集中在"战斗在法治第一线的基层工作者"和"热心参与法制建设的普通群众"身上，让更多普通人的"中国梦"建构在"依法治国"的法治梦想之上。本届评选活动于 11 月 11 日正式启动，引起了全社会的持续关注和热情参与，经过由政府官员、学者专家、媒介精英共同组成的"12 · 4 年度法治人物"推选委员会的投票结果，最终确定了入围候选名单。

12 月 4 日，由司法部、全国普法办和中央电视台联合推出的"12 · 4"法治宣传日特别节目《法治的力量——CCTV2013 年度法治人物颁奖盛典》在社会与法频道、综合频道播出。专题晚会现场公布了十位本年度法治人物，是对 2013 年中国法治进程的最全面的回望与注解：战斗在禁毒第一线的云南省临沧市公安局禁毒支队，硬汉船长——中国海警 2350 舰舰长黄祈泉，北京双榆树派出所便衣探长张惠领，"最美托举哥"团体，广东省高级人民法院刑三庭第四合议庭审判长陈光昶，田文昌律师，新疆石河子市检察院监所检察科原检察员张飚，《精神卫生法》的立法推动者刘协和，宁夏贺兰县司法局洪广司法所所长虎久桐，守望母亲河的民间环保志愿者等获得"CCTV2013 年度法治人物"称号。

相较往届，本届评选活动亮点如下：一是在往年

的奖项基础上设立"年度致敬媒体"、"年度致敬人物"、"年度致敬英雄"全新环节，2013年这三项称号分别被新华社《中国网事》、中国控诉侵华日军性侵第一人万爱花以及2013年在法治战线上离去的人们所获得；二是进一步拓宽法治人物选择领域，增加了中国海警、"最美托举哥"群体，更全面、更权威地反映中国法治建设成就；三是技术上采用无磁化、文件化高清品质，首次将"微电影"拍摄方式运用到人物小片中，使晚会影像风格和品质得到全面提升；四是晚会形态进行创新，录制现场首次采用开合屏幕效果，舞台效果立体化，同时现场的仪式感、时代感和节奏感强烈；五是法治人物现场采访更加活泼、生动化，多数入选的年度法治人物来自最基层和民间，更多地突出了草根特点，亲民、亲和、幽默有趣、富有生活气息；六是与往届相比，本届活动的宣传和推广有所突破，首次开设了"12·4"微信公共平台、官方微博等，与央视网和其他新媒体协同宣传，设置话题和议题进行热点炒作，共发稿数百篇，首次进行了新闻发布会的市场化探索，与专业人士合作，使活动大气、简洁、高效。

节目播出后，广受好评。来自公检法系统的反馈普遍认为颁奖礼现场简洁大气，小片制作精美，获奖人物身上散发着质朴真诚的气质，现场采访洋溢着着平凡人的人性光芒。司法部、公安部、最高人民法院、最高人民检察院对中央电视台发出感谢函，对此次活动给予高度肯定。

（社会与法频道提供）

"寻找最美"系列活动展现"走转改"成果

作为开展群众路线教育实践活动、深化"走转改"精神的生动实践，中央电视台"寻找最美"系列活动业已形成品牌。2013年在"寻找最美乡村教师"和"寻找最美乡村医生"活动的基础上，中央电视台又举办了首届"寻找最美村官"活动，这三档活动引发社会各界广泛关注，迅速成为舆论热点。

一、寻找最美乡村教师

大型公益活动"寻找最美乡村教师"是由中央电视台和光明日报社联合主办的。科教频道制作了20集纪录片和一台颁奖典礼。该节目采用"20+1"的框架结构，20集人物纪录片于2013年8月5日晚间起在科教频道《讲述》栏目连续播出，颁奖典礼于2013年9月10日晚在综合频道、高清频道、科教频道及中国网络电视台联动播出。2013年的"寻找最美乡村教师"活动自5月启动，围绕"中国梦"主题，结合中央电视台"走转改"实践，发动社会力量，寻访记录我国最偏远乡村基层教师的生活工作现状与梦想，呼唤全社会对乡村教师和乡村教育的关注与支持。颁奖典礼播出后，社会各界反响强烈，观众一致称赞该活动是弘扬主流价值、引领新风尚、传播正能量的公益之举。《人民日报》、新华社等50多家媒体及门户网站发表相关评论报道，对"寻找最美乡村教师"活动和先进乡村教师人物给予高度评价。活动专题在中国网络电视台多终端累计独立访问用户1336.3万人，页面访问量达1.37亿次。教师节当天，活动官方微博推介颁奖典礼，发起"祝老师节日快乐"活动，得到网民的积极响应，活动覆盖粉丝人数达2162万。

较之2012年，2013"寻找最美乡村教师"活动创新开展了"我眼中的最美乡村教师随手拍"征集活动，发动全国拍客寻找和分享身边乡村教师的感人事迹，共征集到800余部视频作品，从中甄选出350余部进行网络展播。活动动员各界力量对评选出的10名"2013年度最美乡村教师"及他们所在的学校进行"一对一"帮扶和资助，社会爱心企业和爱心人士为这些乡村教师和乡村学校提供了20万元人民币的物质帮助和爱心物资。

二、寻找最美乡村医生

大型公益活动2013"寻找最美乡村医生"是由中央电视台主办的，科教频道负责制作了10集纪录片和一台颁奖典礼。节目采用"10+1"的框架设计，其中，"最美乡村医生"10集人物纪录片2014年2月11日起在科教频道《讲述》栏目连续播出，大型颁奖典礼于2014年3月11日晚20:00在综合频道和科教频道联动播出，典礼播出后迅速成为舆论热点，形成强烈反响。颁奖典礼以庄重的仪式对推选出的10名"年度最美乡村医生"进行颁奖，以"梦想传递希望"为主题，挖掘每位乡村医生的基层行医梦，通过宣传乡村医生们执着坚守、无私奉献的优秀品格和崇高人生境界，感召更多的人为理想去打拼，为实现中国梦去奋斗。国家卫计委主任李斌在颁奖典礼上表示政府将不断完善医改政策，改善乡村医生的工作条件和生活待遇，建立健全城乡医院对口支援和城市医生下基层的新机制。颁奖典礼上还发布了10家省市级三甲医院与10位“最美乡村医生”的“手拉手帮扶计划”。

作为中央电视台开展群众路线教育实践活动、深化“走转改”的一次生动实践，2013“寻找最美乡村医生”活动的报道力度、影响范围、参与人数超过历年。自2013年10月16日活动启动以来，新闻中心、科教频道《讲述》栏目和中国网络电视台多路记者、编导奔赴乡村，足迹遍布19个省（市、自治区），寻访乡村医生典型人物，通过网络报名、电话报名、卫生部门推荐等多种方式，征集到全国各地推荐“最美乡村医生”线索近千条，“随手拍”网络征集的人选线索高达160余条， 其中有2人当选本次活动“特别关注乡村医生”。《新闻联播》《朝闻天下》《新闻直播间》等栏目开设“走基层·寻找最美乡村医生”专栏。截至2014年2月，共播发相关报道24篇，报道了12位乡村医生的事迹。

科教频道《讲述》栏目从2014年2月11日起在晚间黄金时间连续播出“寻找最美乡村医生”系列纪录片，采用纪实报道的手法，通过细节刻画丰富人物形象，通过动情讲述激发情感共鸣；央视网制作《新闻记者走基层》专题、《讲述》专题等，发布页面近3500个，视频200余条；活动在CNTV、新浪、腾讯、搜狐、网易5家门户网站开设官方微博，覆盖人数超过5000万。截至2014年3月11日，“寻找最美乡村医生”专题在CNTV多终端累计独立访问用户2031.03万人，页面访问量2.1亿次；百度搜索“最美乡村医生”相关结果约232万个、相关报道约21万篇。

三、寻找最美村官

2013首届“寻找最美村官”活动是由中组部、民政部和中央电视台联合主办，新闻中心承办的。“寻找最美村官”活动于2013年5月在北京正式启动，颁奖典礼于9月29日在北京市房山区云居寺广场录制完成，10月13日在综合频道黄金时间顺利播出。活动历时四个多月，从全国320多万村官队伍中选出了十个先进典型，广泛、深入发掘了基层村官的先进事迹，扎实贯彻实践了中央“走转改”精神。

在节目形式上，采取组织推荐、网络投票和媒体联盟挖掘等多种形式在全国范围内寻找最美村官；在评选标准上，活动从德、能、廉、新、绿五个维度确立了最美村官的标尺，要求政治品质过硬，工作能力突出，廉洁奉公；在宣传形式上，不仅在新闻频道做人物专题展播，也结合各大门户网站、新闻客户端与网友互动。

“寻找最美村官”颁奖典礼进行了大胆创新和精心设计，将颁奖地从演播室搬到了露天田野，典礼上没有炫丽的舞台和灯光，更没有明星大腕加盟，舞台上的主角是村民爱戴的好村官，和一心想表达对村官敬意的村民，颁奖舞台自始自终充满了浓郁的乡土气息。

（科教频道、新闻中心提供）

2013年中央电视台阿拉伯语国际频道涉疆宣传报道

作为中国唯一的阿拉伯语电视媒体，阿拉伯语国际频道始终高度重视对新疆地区的宣传报道。2013年阿拉伯语国际频道通过纪录片、新闻、专题、电视剧等多种方式，对新疆进行全方位、持续性的宣传报道，突出正面宣传，努力塑造新疆的良好形象，让世界更深入地了解中国政府的民族宗教政策和中国边远地区少数民族的生活状况。

一、2013《车行新疆》系列纪录片和新闻报道

2013年正值中央新疆工作座谈会召开三周年之际，为了扩大对新疆地区的宣传报道，积极配合第三届中国－亚欧博览会在乌鲁木齐的顺利召开，由国务院新闻办公室直接领导和策划，中央电视台阿拉伯语国际频道与新疆维吾尔自治区党委宣传部联合拍摄了《车行新疆——边境口岸城市》系列纪录片。该片选取新疆有代表性的边境口岸城市进行报道，真实记录新疆边境贸易及口岸经济的发展，深度挖掘口岸发展建设中的故事，全面展现昔日交通闭塞、经济落后的边境地区正逐步成为中国对接亚洲邻国的开放前沿的图景。该片经过半年多的策划与筹备，阿拉伯语国际频道自2013年5月始，先后派出4个摄制组，前往乌鲁木齐航空口岸、阿拉山口口岸、霍尔果斯口岸、红其

拉甫口岸进行前期拍摄，对边检人员、边境商人深入采访，到百姓家中体验民生，至6月中旬完成前期拍摄。经过后期制作，最终完成了4集、每集30分钟的《车行新疆——边境口岸城市》系列纪录片，分别是：《空中丝绸之路——乌鲁木齐航空口岸发展》《架起新亚欧大陆桥——阿拉山口口岸发展》《百年口岸的新机遇——霍尔果斯口岸发展》《高原上的边贸之门——红其拉甫口岸发展》和8个新闻深度报道，包括《玛丽娜的中国梦》《守望空中丝路的机长》《风口国门的卫士》《阿拉山口浙商邵新印》《维族商人帕丽旦的致富路》《义乌商人金兴忠和他的西部梦》《喀什噶尔的建设者》和《口岸经济的新思路》。该系列纪录片和新闻深度报道分别于2013年9月2～5日和9月6～13日，作为第三届中国－亚欧博览会特别节目在阿拉伯语国际频道《话说中国》和《综合新闻》栏目中播出。

《车行新疆——边境口岸城市》系列纪录片和新闻深度报道播出后，在海外阿拉伯国家观众中引起了普遍好评和热烈反响。约旦、埃及、沙特等阿拉伯观众均认为：这些阿拉伯语纪录片让更多的阿拉伯人了解了新疆的风土人情。

二、圆满完成在新疆举办的国际会议、论坛的直播及跟踪报道

1. 第三届中国－亚欧博览会开幕式报道

阿拉伯语国际频道出色完成了2013年9月2日在新疆召开的第三届中国－亚欧博览会开幕式直播报道，整个直播活动窗口时长120分钟，包括博览会开幕式相关新闻的报播、演播室嘉宾访谈和相关背景介绍。

2. 全程报道中阿合作论坛

阿拉伯语国际频道《对话》栏目组对2013年6月在新疆乌鲁木齐举行的中阿合作论坛“第五届中阿关系暨中阿文明对话研讨会”进行了全程深入报道。论坛期间完成了四期专访，受访嘉宾分别为“中阿合作论坛研究中心”理事会顾问、团长杨福昌，阿盟文化与文明对话司司长萨米亚·比巴尔斯，阿尔及利亚君士坦丁省文化处主任特里利·弗伽里，以及新疆伊斯兰教协会副秘书长穆合特热木。系列专访不仅是对此次大会的宣传报道，而且是在解读会议内容的基础上，更深入地探讨中阿双方以及中国各民族之间在文明、文化领域的交流与融合，系列专访在中阿双方之间的文明、文化领域的合作、民族团结繁荣发展方面，都具有重要意义。

三、制作涉疆宣传专题片《辉煌三周年》

2013年，按照中共中央宣传部新闻局指示，阿拉伯语国际频道特别拍摄制作了一期反映中央新疆工作座谈会三周年以来新疆经济社会发展成就的专题特别节目《辉煌三周年》，该节目由引论、经济发展、民生改善、文化惠民、对口援疆、综述六部分组成，全面介绍了中央新疆工作座谈会召开三年来，新疆发生的巨大变化和取得的辉煌成就，用镜头向阿拉伯语观众展现了一个客观真实的新疆。节目于7月29日在阿拉伯语国际频道《话说中国》栏目中播出。

四、首次播出配音版电视剧《永生羊》

2013年9月7日，阿拉伯语国际频道首次采用为电视剧配音的方式播出电视剧《永生羊》。该片以一位90岁高龄的哈萨克族老人的视角，讲述了新疆哈萨克族牧民的爱情故事，反映了哈萨克族年轻人对幸福美好生活的追求和向往。该片用艺术的手法，对新疆这块土地的精神内涵进行了深入挖掘，不仅展示了恢弘优美的自然风光，而且呈现了深厚凝重的人文情怀，反映了西北地区穆斯林的生活习惯和宗教信仰。《永生羊》播出后，受到了阿拉伯语观众的充分肯定和高度评价。他们希望能有更多的中国电视剧走进阿拉伯语观众的家庭。

（外语频道提供）

阿拉伯语国际频道圆满完成 2013 中国－阿拉伯国家博览会报道任务

2013中国－阿拉伯国家博览会（下文简称“中阿博览会”）于2013年9月15～19日在宁夏隆重举行。

这是中国和阿拉伯国家在这一领域的首次盛会，也是做好我国对阿拉伯世界对外宣传的重要良机。阿拉伯语频道高度注视，集中重点力量对此次盛会给予充分报道，共派出前方5路记者和摄制组共15人，后方5组编辑共60人的报道团队，制作的相关节目有：120分钟的开幕式直播，150分钟足球友谊赛直播窗口；首播新闻报道49条，首播时长150分钟；制作访谈节目7期，首播总时长210分钟；制作专题片19期，首播总时长660分钟。此次报道的新闻节目自采率高。在首播的49条新闻报道中，40条为自采，自采率高达90%。

为了做好此次报道，在新闻中心地方记者部的大力支持下，阿拉伯语国际频道在宁夏记者站搭建30平方米新闻直播演播室，9月14～18日，每日推出《中阿博览会直通车》直播特别节目。30分钟的新闻特别报道，以新闻播报、记者观察、演播室嘉宾访谈等形式为主，紧扣每日活动主题，对博览会进行全面介绍。首期《中阿博览会直通车》直播节目邀请了苏丹国家文化与新闻部部长助理阿卜杜·拉斐·哈提卜先生，与记者一起谈论博览会筹备情况和中阿广播电视合作论坛相关内容。在之后的报道中，频道邀请科威特副外长等权威嘉宾做客演播室，共同探讨中阿博览会对中阿双方的战略意义。

中阿博览会期间，阿拉伯语国际频道还首次直播了体育赛事。9月15日，中国辽宁青年队与科威特国家青年队进行了足球友谊比赛，该赛事是中阿博览会科威特主宾国系列活动之一，旨在加强中、科两国友好关系和民间文体交流。阿拉伯语国际频道直播了此项体育赛事。直播过程中，阿拉伯语国际频道特别邀请两名阿拉伯国家专业体育评论员进入演播室现场进行评论。本次足球赛事的直播，是阿拉伯语国际频道贴近阿拉伯观众的一个突破。

利用博览会召开契机，阿拉伯语国际频道播出纪录片和专题片，向阿拉伯语观众大力宣传宁夏，展现中国穆斯林的生活。9月15～17日，阿拉伯语国际频道在《话说中国》栏目中连续播出由宁夏回族自治区党委宣传部和阿拉伯语国际频道联合摄制的5集《走进神奇宁夏》系列纪录片，旨在宣传宁夏内陆开放型经济试验区建设，多角度展示塞上江南经济、社会、文化、旅游的独特优势，向阿拉伯语观众全景展现了中国穆斯林最集中区域的方方面面；按照国家新闻出版广电总局要求，阿拉伯语国际频道译制了宁夏电视台拍摄制作的14集专题片，分别为：8集《中国回族》、1集《宁夏》、2集《花儿的故乡》、1集《跨越思路》、1集《腾飞吧朋友》和1集舞剧《月上贺兰》。

博览会期间，阿拉伯语国际频道与宁夏回族自治区外宣办积极配合，实现了节目在宁夏落地，增强了频道的报道效果。无论是参加博览会的外宾还是宁夏当地观众，都可从家庭和宾馆的机顶盒中收看到阿拉伯语国际频道的节目。

此外，阿拉伯语国际频道还利用语言和针对性优势，为国家新闻出版广电总局国际合作司、中央电视台新闻频道和英语新闻频道为中阿博览会的报道提供了阿拉伯国家概况和中阿经贸往来等相关内容的文字和背景资料。

阿拉伯语国际频道的此次报道受到了多方好评。阿拉伯国家广播联盟、也门国家电视台、国家新闻出版广电总局的相关领导均给予高度评价。

（外语频道提供）

《中西建交四十周年》系列报道规模大、效果好

2013年正值中国和西班牙建交40周年，为充分宣传中国和西班牙的友谊与合作，加强两国人民之间的深入了解，西班牙语国际频道自主设置议题，策划制作《中西建交四十周年》新闻专题和专访系列报道。本次报道由频道采访组派出5人摄制组赴西班牙进行了采访拍摄，是频道“走出去”战略的一次有益尝试。摄制组在11天的赴西班牙报道中走访了马德里、巴塞罗那和毕尔巴鄂三座重要的西班牙城市，访问了西班牙政府官员及普通百姓，内容涵盖中西外交关系、双边经贸合作、体育文化交流等方面，全面展现了中西建交四十周年来的成果。

《中西建交四十周年》系列报道分新闻、专题报道两部分。新闻报道共9期，以节奏明快的新闻专题片形式向观众展示了中国记者来到西班牙亲历的人和事，内容包括中西政治、经济、文化、教育、体育、奥运、美食、旅游和华人华侨的故事；专题报道则依托频道

品牌栏目《对话》制作播出，共制作成5期访谈节目，访谈嘉宾包括萨马兰奇之子、亚洲之家主席、中欧商学院院长、毕尔巴鄂市政厅媒体发言人、西班牙塞万提斯学院院长及巴塞罗那孔子学院院长，对中西建交历程进行了回顾与展望。

此次报道从政治、经济、文化、体育等方面展示了中西建交四十周年的发展历程，形成了较大的报道规模，取得了良好的效果。节目播出后受到西班牙驻华使馆、教育处、旅游局、塞万提斯学院等机构以及众多对象国观众的重点关注和一致好评。

（外语频道提供）

《开学第一课》关注普通人的"中国梦"

2013年9月1日，由教育部和中央电视台联合举办、面向全国中小学生的大型电视活动《开学第一课——乘着梦想的翅膀》在综合频道黄金时间播出，收视率达2.158%。节目以"中国梦"为背景，采用了演讲、歌舞、魔术等寓教于乐的表现形式，将普通人作为节目主角的创新设计，引导主流价值观，获得社会各界的广泛关注和强烈反响。

一、聚焦"梦想"主题，鼓励孩子们勇于追梦

自2008年开播以来，《开学第一课》已经成为伴随中小学生成长的一堂重要始业课。2013年的《开学第一课》以"中国梦"为依托，以"乘着梦想的翅膀"为主题，通过"有梦就有动力"、"有梦就要坚持"、"有梦就能出彩"等4个篇章，以丰富的层次和有力的故事阐述、充满励志正能量的文艺表演，向孩子们展现梦想的动力、追梦的坚持、梦想的精彩。

二、节目形式新颖丰富、寓教于乐

节目注重贴近中小学生的欣赏习惯，以清新灵动、寓教于乐的方式实现主流价值的正向引导。节目采用主题演讲、文艺表演、互动游戏等多样的呈现方式及新颖的包装手段，多层次描绘和阐释"梦想"主题：节目围绕"梦想"主题，以由浅入深的层次讲述梦想之美，以嘉宾的主题演讲串联起了节目框架，让孩子们在潜移默化中习得对梦想的领悟；在人物故事选择上，节目选取了八一跳伞队小队员、加油站女工母子等普通人身上或生动或感人的多彩故事，让孩子们领悟到平凡中的伟大；在文艺表演形式上，既有励志盲人歌手及儿童团体带来的充满正能量的《我相信》，也有引发全场好奇、激发想象力的魔术《未来课堂》；节目本着节俭办晚会的原则，摒弃了华丽的舞台设计，增加了大量集知识性、趣味性和游戏性于一身的互动游戏环节，让孩子们在团结协作中学到了科学知识。

三、普通人作主角的创新设计，关注普通人的追梦故事

节目把舞台让给了普通人，不论是演讲嘉宾、故事人物还是文艺表演嘉宾，节目都着重选取来自各行各业的草根代表，力求在平凡朴实之中凸显"中国梦"的真挚与力量，实现对"梦想"质朴、生动的阐释：在主讲嘉宾方面，6位嘉宾分别是地震最美舞者廖智、加油站妈妈郑亚波、退休教师潘其华、航天员王亚平、演员章子怡、钢琴家郎朗，普通人首次占到一半，节目着力还原他们"平凡的追梦人"形象，让他们讲述自己人生道路上的追梦故事；节目选取了许多来自普通百姓的生动故事，既有个人的追梦和助梦故事，也有展现多个群体梦想的群像故事，力图体现大时代背景之下"人人都有出彩机会、人人都能追梦"的现实，让孩子们从平凡人的平凡故事中领悟到梦想的力量。

节目播出后，得到教育部、主流媒体及各界观众的高度赞扬。教育部倡议家长陪同孩子一起收看，肯定《开学第一课》为承担媒体的教育功能所作出的努力；《人民日报》发表长文认为，节目用一个个鲜活的梦想故事向孩子们阐释梦想主题，聚焦普通人的梦想，让梦想离我们每个人更近；《北京晚报》《楚天都市报》《长沙晚报》均对节目给予高度评价；节目在互联网中也引发高度关注，新浪微博转发和评论近500万条，百度相关搜索信息近200万条，节目演讲视频也进入网络热门转发之列，其中地震舞者廖智的演讲被称为"年度最美演讲"，加油站妈妈郑亚波的演讲被称为"年度最感人演讲"。

（综合频道提供）

《梦想星搭档》创新综艺节目形式，引领综艺新风尚

《梦想星搭档》是一档原创公益音乐节目。节目邀请了齐豫、齐秦、程琳等16位知名歌手，每两个歌手组成一组搭档，一共8组搭档进行歌唱比拼。每次单元赛的冠军将获得一笔公益资金用于资助需要帮助的孩子，并成为该公益项目的代言人。2013年该节目共举办了11期，节目第一至四期于2013年10月25日至11月15日每周五晚在CCTV-3 19:30首播，CCTV-1、CCTV-15和CCTV-2重播；自11月22日第五期始，节目更改播出平台，回归综合频道晚间黄金档，获得连续三期33城市收视率破2%的好成绩。其中，第五期、第六期、第七期的33城市收视率分别达2.13%、2.03%、2.32%。节目回归综合频道后，观众数量大幅提升，节目吸引力也有所增长；在提高了频道收视率的同时，拓宽了综合频道的观众容量。

一、创新公益节目形式，传递正能量

节目选取了“搭档”这一符号鲜明的概念，通过搭档之间的协作创造节目音乐性的高度，同时，在舞台视觉呈现上，独创性地以“赞”的形式代替了投票，“赞”这一符号既是对正能量传播外在的表现形式，又成为节目鲜明的舞台特色。

节目的基本形态是：选择16位公众形象好的歌手，两两组合，组成8队搭档，每期8队搭档依次进行歌唱表演，结束后由现场观众投票，以“赞”的形式计入支持率，得票结果在8队搭档表演结束后公布，两期累积，得分最低的队伍进行终极对决，决定是否被淘汰。

在赛制上，每两期为一个单元，包括一期积分赛和一期淘汰赛。每两期决出的单元赛冠军将获得一定数额的公益资金，用来资助需要帮助的孩子，获胜的明星搭档也相应成为这个公益项目的代言人，身体力行做公益。

二、实实在在做公益，将公益捐赠落实到具体受助人

《梦想星搭档》11期共收到“中国梦、梦之蓝”公益款项、中国扶贫基金会、中脉集团、加多宝集团、参赛歌手等社会各界爱心捐款945万元，募集款项用于支持6个公益项目：“爱里的心——先天性心脏病儿童救助”项目、“烙印天使”关注儿童烧烫伤公益项目、“天使妈妈”关注全国孤儿生存现状项目、“关注四叶草”——关注罕见病公益项目、“让我看见你”关注儿童交通安全项目、“给贫困地区孩子送运动鞋”项目，这些公益项目的实施使5万多孩子切实受益。

三、社会反响强烈，引领综艺节目新风尚

节目开播以来，社会反响强烈，广受业界好评。11月8日，国家新闻出版广电总局以《梦想星搭档》为样本，召开“加强推广公益娱乐节目研讨会”，与会领导专家对节目给予高度认可。《人民日报》认为，《梦想星搭档》让公益变成了实实在在的行动，治愈社会冷漠症、唤起社会爱心，起到了春风化雨的作用；《光明日报》发文称赞，《梦想星搭档》好听的音乐、新颖的节目形式、全新的公益理念不仅取得了良好的收视表现和不俗的社会反响，而且在电视综艺节目形态创新上做出了有益探索。

节目成功拓展了音乐类节目的内涵，给音乐注入了公益的灵魂，传递积极向上的正能量。在2013年中央电视台黄金资源广告招标会上，《梦想星搭档》冠名权拍出1.35亿元的成绩，溢价121.3%。

（综合频道提供）

“CCTV全球侨胞中国梦”征文活动取得良好效果

从2013年6月开始，《中国梦·中华情》“CCTV全球侨胞中国梦”征文活动启动。活动共收到来自全球68个国家的3508篇征文，共计500余万字。从9月1日开始，活动精选50篇优秀征文制作成电视短片在中文国际频道进行展播。2013年12月8日晚，《中国梦·中华情》“CCTV全球侨胞中国梦”征文活动颁奖典礼在中文国际频道播出，标志着此次征文活动画上了圆满的句号。这是中央电视台首次面向海外侨胞

进行主题征文，活动最终评选出特等奖10名、一等奖30名、二等奖50名、三等奖100名。颁奖典礼上，来自美国、澳大利亚、意大利等国家的10名特等奖作者受邀亲临现场，与大家共同分享征文背后的故事。海内外观众纷纷来信，对活动给予高度评价。为期半年的征文活动，以短片展播和颁奖典礼等多种形式，为强化中国梦的对外宣传效果发挥了积极的作用。

一、“中国梦”主题鲜明，征文活动反响热烈

“CCTV全球侨胞中国梦”征文活动紧扣中国梦的时代主题，一经推出，即在海外引起了广泛参与。来稿达3500多篇，央视网专门开设的“全球侨胞中国梦”征文页面累计访问量也高达数十万次。这些征文，涵盖中国政治、经济、文化等多个领域，既有海外华侨情系故土的读书梦、文化梦，也有为航母下海服役自豪的富国强军梦，更不乏在海外创业打拼的自强致富梦，文章饱含深情，传递出对祖籍国浓浓的中华情。通过海外侨胞的视角来解读中国梦，是中文国际频道践行“传承中华文明，服务全球华人”宗旨的一次创新性体现。此次征文，不仅生动地传递出海外侨胞心中的中国梦，同时也展示了中国梦是全体人民的梦。

二、征文与电视节目有机结合，生动展示海外侨胞中国梦

中央电视台此次开创了将海外侨胞征文和电视视听元素结合起来的全新电视征文表现形式：每部作品由中文国际频道的播音员、主持人来朗诵，在美丽的中国外景地拍摄，同时配以大量海外观众的照片及真实生活环境的视频，在两分钟内呈现给观众一个个鲜活的人物、一则则生动的故事，向海内外传递出海外侨胞心中准确、生动、真实的中国梦。活动历经200多天的拍摄，最终精心制作成50部作品，在中文国际频道展播。节目播出后，海外观众反响强烈。来自美国、新西兰的观众认为：征文生动展示了广大海外侨胞的中国梦，不仅更好地传承了中华文化，更提高了海外华人的身份认同。

12月8日播出的《中国梦·中华情》颁奖典礼，更是对获奖征文背后故事线索的挖掘，通过征文朗诵、短片、现场访谈等多种形式，为观众呈现了一台真挚感人、温暖热情的节目。颁奖典礼由“寻梦”、“追梦”、“圆梦”三个篇章组成，颁奖典礼上，来自世界各国的获奖者与嘉宾、评委、观众一道，共同分享了海外侨胞心中的中国梦。海外观众认为：整台晚会充满了正能量的感染力和凝聚力，展示了华人华侨为实现梦想在海外的奋斗经历。

从50篇优秀征文的展播，到颁奖典礼的举办，整个活动历时半年，不仅有效扩大了中国梦在海外华人华侨中的影响力、向心力和凝聚力，同时，也通过实实在在的故事，准确、生动地向国际传达什么是海外侨胞的中国梦。

三、彰显国家主流媒体责任，深化中国梦对外宣传

本次电视征文活动创新电视表达手法，通过海外侨胞的视角，全方位体现了民族的梦想、祖国的梦想与个人的梦想、家庭的梦想之间的紧密联系，展示出家与国之间不可割裂的共同梦想。此次活动，没有把中国梦“标签化”，而是将中国梦具体化、故事化，通过一个个生动故事的呈现，增强了中国梦对外传播的可读性、感染力。从此意义上说，此次征文活动彰显了中央电视台国家主流媒体的责任，深化了中国梦的对外宣传。

中国各驻外使领馆对此次活动也给予高度评价，中国驻澳大利亚墨尔本总领事馆副总领事黄凤文表示：此次征文活动用文字的力量和文学、电视的艺术形式，凝聚全球华人的梦想，大大提升了中国梦的感染力。评委会专家康震认为：这么大规模的海外华人表达自己的中国梦和中华情，这是一件很了不起的事情。

“CCTV全球侨胞中国梦”征文活动是对“中国梦”伟大构想的一次独特、生动的诠释，也为更好地对外树立中国和华侨华人的国际形象做出了积极的贡献。

（中文国际频道提供）

十集系列节目《外国人·中国梦》对外传播效果好

2013年，在外语频道的统一部署下，由节目部牵头，协同西班牙语频道、法语频道、阿拉伯语频道、

俄语频道，精心筹划拍摄了10集系列节目《外国人·中国梦》。该系列节目锁定在中国生活的外国人这一特定人群，以10位外国人在中国的真实生存故事为主体，展现他们在中国追寻梦想、实现个人价值的亲身经历和切身体会。节目主人公分别来自英国、印度、法国、刚果（金）、西班牙、委内瑞拉、巴勒斯坦、埃及、俄罗斯、乌克兰等国家。10集系列节目《外国人·中国梦》于2013年7月20日至9月21日每周六黄金时段在英语新闻频道率先播出，随后在西班牙语、法语、阿拉伯语、俄语国际频道陆续播出。节目播出后，对外传播效果良好，海内外观众盛赞这些节目在形象生动地报道外国主人公在中国的真实生活经历和情感体验的同时，还客观公正地反映出中国为世界和谐发展营造的良好氛围和为人类共同进步做出的不懈努力，充分体现了“中国梦想世界共享”。

（外语频道提供）

俄语国际频道推出特别节目“等着我”第四季《铸梦》

2013年是欧美同学会成立100周年。俄语国际频道特别制作了“等着我”第四季《铸梦》，用以讴歌“欧美同学会”的学子们为追逐伟大民族的复兴之梦所付出的不懈努力。《铸梦》外景拍摄历时半年，足迹踏遍全国12个省市区，深入探访俄罗斯13所大学、10个博物馆、研究院所等。采访对象从18、9岁的年轻人到世纪老人，有院士、部长级干部、老艺术家、会长、学长以及外籍教授、专家等大量相关人士，总数达100余人。采访对象的丰富性使得该片能够多角度进行翔实记录，构成了全息式的景观展示，在人物与故事、画面与史实的融合中升华“一切都是为了梦想实现”这一朴素而崇高的主题。

（外语频道提供）

综艺频道精心打造系列“中国梦”主题节目

2013年以来，综艺频道以“中国梦”为核心，精心策划打造系列“中国梦”主题节目，传播社会主义核心价值观，宣传贯彻落实党的十八大精神。

一是多次召开座谈会、研讨会，改革创新“心连心”慰问演出规划和实施细则，精心筹备2013年首场赴广西来宾慰问演出方案，改版升级《激情广场·爱国歌曲大家唱》节目，唱响“中国梦”的伟大实践；二是在春节、五一等各重要节庆日期间，深入各地基层，组织明星和普通百姓一起录制“七天乐”特别节目，为基层带去欢乐；三是打造“百姓舞台”，邀请在《新闻联播》“街采”中表达想见主持人的安徽杨大妈登上了《星光大道》舞台，《非常6+1》继续坚持“为百姓圆舞台梦”的宗旨打造升级版，《开门大吉》精心设计“公益基金”环节等；四是坚持“艺术源于生活”的创作理念，深入基层召开观众座谈会，听取观众意见，结合中国元素、民族特色，制作《我们的节日》“春节”、“元宵”、“清明”系列特别节目，改版升级《艺术人生》；五是通过微博等新媒体手段，广泛从网友中征集《综艺盛典》“微小品”、《我爱满堂彩》“微喜剧”节目线索，以喜闻乐见的艺术形式，再现基层鲜活状态，满足观众精神文化需求；六是聚焦具有综艺特色的非物质文化遗产，制作《舞蹈世界·非物质文化遗产》专辑系列节目，突出各民族的“中国梦”，实现中华文明的有力传承；七是全程直播第15届青歌赛，为追梦的青年歌手提供展示舞台，发挥国家台先进文化的引领作用；八是打造推出“五一”晚会、“五四”晚会，展现各阶层劳动者实践“中国梦”的动人故事，突出实现“中国梦”的青春蓬勃力量；九是规划组织《星光大道》《开门大吉》《非常6+1》《回声嘹亮》等众多品牌栏目，携知名主持人朱军、董卿、毕福剑、尼格买提、李佳明等，深入全国多个城市集中开展大规模选拔推广活动，掀起宣传贯彻党的十八大精神、全民实现“综艺梦想”的热潮。

（综艺频道提供）

畅想中国梦：中央电视台“心连心”艺术团走进来宾

2013年5月30日，由中央电视台“心连心”艺术团精心打造的本年首场慰问演出《山歌好比春江水》在广西来宾市隆重上演。演出的实况录像于6月8日在中央电视台综艺频道播出。

此次慰问演出由中央电视台主持人朱军、董卿、张泽群、朱迅和广西电视台主持人王林洁联袂主持，阎维文、刘斌、祖海、杨洪基等30位歌唱家和歌手悉数登台，为观众带来了一首首美妙动听的歌曲。演出以“畅想中国梦”为主题，分为《大地飞歌》《美丽中国》《强国之梦》三个篇章，以歌传情，以舞寄意，歌颂伟大祖国，放飞美好梦想。此次演出改变了“心连心”以往文艺演出的形式，增加了新闻故事《老乡的故事》和情景表演《我的中国梦》。在《老乡的故事》节目中，5位来宾老乡登台与现场观众分享了他们的致富经验和梦想。

除了主会场的演出外，“心连心”艺术团还派出三支小分队到祥和小学、忻城泮水村下才屯和瑶都金秀进行慰问演出，共同歌唱幸福与梦想。

（综艺频道提供）

“中国梦”2013年CCTV网络春晚深受好评

“中国梦”2013年CCTV网络春晚主题晚会于2013年2月8日至14日在中央电视台综合频道、财经频道、综艺频道、中文国际频道、高清频道，以及中国网络电视台网络电视、手机电视、IP电视、公交电视等终端顺利播出。晚会电视受众用户超过3亿，网络春晚官方网站多终端累计独立用户1458万人，官网多终端视频直点播累计播放次数2896万次。截至2月16日，网络春晚官方微博粉丝数235万，三个互动故事在中国网络电视台、土豆、酷6等网站的累计播放次数近7000万。节目播出后在海内外引起强烈反响，相关新闻转载量达125万篇次，是2012年的9倍。

一、主题紧扣时代脉搏，彰显深刻内涵

2013年CCTV网络春晚进行了大胆创新，以弘扬“中国梦”为宗旨，以“我爱中国的N个理由”为主题，由线上征集、线下活动和主题晚会组成。线上征集和线下活动为主题晚会遴选“热爱中国的理由”、“百个华人家庭”以及网络春晚的节目；主题晚会则对线上征集和线下活动进行盘点、总结和发布，三者相辅相成、互为依衬，使“中国梦”2013年CCTV网络春晚摆脱了传统综艺晚会的概念，转变为有影响、有品牌、延续性强的大型活动。

线上活动面向全球网友发起以“我爱中国的N个理由”为总主题，以“我爱家乡的N个理由”为分主题的大型征集活动，以家庭为参与对象，以家乡为切入点，邀请网友通过视频、图片、文字阐述热爱中国的理由。征集活动得到海内外网友的广泛响应，共征集热爱中国的理由近7万条，转发及跟帖总数28万多条，评选出的“热爱中国的理由”在主题晚会发布。

线下活动邀请吕思清、陈一冰、刘诗诗、刘大成等人拍摄微电影，通过他们的视角，讲述动己、动人的故事，表达真情实感，展现家乡的美好以及对祖国的热爱与祝福；走进非洲等海外主要地区和国家，遴选华人华侨家庭和国际友好人士家庭，邀请他们出席主题晚会，讲述热爱中国的理由。

主题晚会引入大量平面媒体的属性：轻灵明快的“卷首语”与气势磅礴的“卷尾语”相得益彰，强化了主题的厚重感；“中国美丽”、“中国力量”、“中国梦想”三个篇章所要表达意境的逐渐递进，使主题所要表达的内涵得以完美诠释。

二、唱响“凡人歌”，传递中国正能量

“中国梦”2013年CCTV网络春晚充分秉承“开门办春晚”的理念，坚持“三贴近”原则，以群众为参与对象，以普通人的生活为内容创作蓝本，将普通人的生活原汁原味搬上舞台，唱响荡气回肠的“凡人歌”，弘扬社会主义主流价值观。

导演组贴近百姓选节目，倾听普通网友的声音，

深入孤悬黄海之中的开山岛、内蒙古阿尔山市伊尔施镇等偏远区域，深度挖掘“守岛夫妻”王继才和王仕花、失语女孩王然、26年坚守八达岭长城捡垃圾的“长城美容师”常石头和钱二玲、7年650次隔窗相爱的“铁路夫妻”武峰和杨璞等普通人的不平凡故事，将这些真实而又寻常的人生，汇聚成动人的交响乐和感动人心的正能量，深深打动了网友和观众。晚会播出过程中，很多网友通过微博等方式向他们表示崇高的敬意，认为：这是荡气回肠的“凡人歌”，展现的是正能量，彰显的是中华民族自强、谦逊、坚守、忠贞的传统美德。

本届网络春晚从全球遴选了来自美国、俄罗斯、克罗地亚、肯尼亚等国家和地区的百个华人家庭和国际友好人士家庭参与主题晚会，共同感受这些平凡人身上的强大正能量，进而让世界各国人民了解到一个丰富、真实和发展中的中国。

三、节俭办春晚，突出思想性、艺术性、观赏性

2013年CCTV网络春晚从筹备之初就坚持节俭办春晚的原则，“不比明星，讲内涵；不比舞美，重实用”，将普通人的生活原汁原味搬上舞台，配以简约、朴素、大方的艺术风格和舞台效果，追求思想性、艺术性、观赏性的统一。

1.“不比明星，比内涵”

面向广大网友进行的线上征集“我爱中国的N个理由”使网络春晚摆脱明星的束缚，倾听百姓心声；线下活动拍摄的微电影取材于小提琴艺术家吕思清、奥运冠军陈一冰、优秀大学生村官张广秀等人的亲身经历，他们的原型出演节省了投拍经费，提升了影片的亲和力。

主题晚会在嘉宾、演艺人员的邀请和内容设计上更是突出了本届网络春晚的思想性、艺术性和观赏性：发布“我爱中国理由”的嘉宾由德高望重的老者与卓有成就的年轻人搭配，增强了主题的仪式感，充分展现出中华民族复兴、崛起和梦想实现的传承之意；中国首位女航天员刘洋通过VCR与年轻朋友畅谈中国梦想；奥运冠军谢杏芳与93岁“羽毛球”爷爷的共勉；韩红与18岁失语女孩王然共同演唱《神话》，环节设计朴素感人；“守岛夫妻”的感人故事，与歌曲《红旗飘飘》完美结合，感染了现场每一位嘉宾。嘉宾、演艺人员的表演是情绪的释放点，使社会主义价值观实现了“润物无声”的传播效果。

2.“不比舞美，重实用”

舞美设计制作科学化、节俭化，根据晚会主题、内容展现的实际需求，现场由“2013”字样构成的表演区与观赏区交错排列组成，二者融为一体，观众与嘉宾、演员同桌而坐，零距离的接触既有效利用了场地空间，节省了搭建支出，又增强了晚会互动感，蕴含了团圆之意。没有升降舞台，没有梦幻灯光，让嘉宾和演艺人员在“真实”的空间，进行“本色”讲述和表演，给观众以亲切感。朴素、实用的舞美，给了观众“家”和“聚会”的感觉。

“中国梦”2013年CCTV网络春晚引发社会各界广泛关注，《人民日报》、新华社、《光明日报》、中央电视台、中央人民广播电台等120多家媒体发稿360多篇，对CCTV网络春晚予以高度评价。《人民日报》发表时评认为，“网络春晚给过年时节的晚会开辟了另一个向度：不再是比舞美、比明星、比奖品的‘晚会模式’，而是身边事、自己讲、共分享的‘联欢思维’，是在公众参与中共享融融之乐”。网络春晚还得到国内外网友的普遍赞誉关注，来自美国、肯尼亚、德国的网友均表示，CCTV网络春晚让全球网民见到了什么是来自中国的感动，其亲切感、贴近性体现的是一种截然不同的“晚会文化”。

（中国网络电视台提供）

“中国梦，我的梦”系列公益广告展播暨公益广告征集活动影响广泛

为贯彻落实党的十八大精神，深入宣传“国家富强、民族复兴、人民幸福、社会和谐”的“中国梦”内涵，彰显全国各族人民的共同愿望和宏伟愿景，中央电视台组织专业制作团队，围绕“中国梦，我的梦”主题，制作了《家国梦》《中国梦——蓝图篇》和《中国梦——圆梦篇》3支共5个版本的公益广告。《家国

梦》展示田野、山川、瀑布等美丽中国的风光，表达“国家好，民族好，大家才会更好”的主题；《中国梦——蓝图篇》展示“知识成就梦想，拼搏成就梦想，实干成就梦想，人生因梦想而改变，祖国因梦想而美丽”的理念；《中国梦——圆梦篇》展示藏族女孩和家人通过青藏铁路来到北京天安门，实现自己的梦想。该系列公益广告在中央电视台综合频道、财经频道、综艺频道、中文国际频道、体育频道、军事·农业频道、电视剧频道、纪录频道、科教频道、戏曲频道、社会与法频道、少儿频道、音乐频道和高清频道等14个频道中滚动播出。从2013年2月25日首播开始，截至2013年12月31日，《家国梦》播出4460次，总时长4460分钟；《中国梦——蓝图篇》播出14906次，总时长8057分钟；《中国梦——圆梦篇》播出3889次，总时长3889分钟。

“中国梦”系列公益广告播出后，受到社会各界好评，引发了观众和网友的认同与反思。中国网络电视台、优酷网、土豆网、腾讯视频、新浪视频等主流视频网站第一时间进行转发，台网联动共同弘扬社会主旋律；网友在新浪微博、腾讯微博等网络平台发起热烈的讨论和评价，对“中国梦”系列公益广告传递的家国情怀、民族梦想产生了强烈的共鸣。

此外，中央电视台还开展了公益广告征集活动。2012年6月，中央电视台举行的“CCTV电视公益广告全球征集活动”发布仪式，吸引更多社会力量参与电视公益广告创作，成为在国家级媒体上倡行公益理念、引导社会风尚的有力举措。截至2013年年底，已征集到来自国内多省及港澳台、韩国、日本、荷兰、法国等国家和地区的公益广告作品近3000件。2013年6月，中央电视台举办了首届“全国电视公益广告大赛”，旨在激励更多机构和个人创作出优秀的公益广告作品，将每个人的公益心和公益理念转化为实际行动。此次大赛历时5个月，得到了社会各界的积极响应和踊跃参与，共收到参赛作品近5000件，参赛者几乎涵盖了社会各阶层人群。大赛颁奖典礼于10月10日晚在综合频道黄金时间播出。颁奖典礼上，宣传海南鹦哥岭自然保护区80后团队事迹的公益广告《青春守护美丽中国》作为独立环节向全国电视观众呈现。大赛的成功举办，促进了公益广告的推广，激发了公众参与公益的热情，增强了整个社会的公益理念。

（资产管理中心提供）

台网联手打造“出彩人生：中国梦·我的梦”征集与展播活动

为落实中央领导有关深化中国梦宣传教育的有关指示，新闻中心与央视网于2013年4月开始推出“中国梦”主题宣传“出彩人生：中国梦·我的梦”征集与展播活动。此项征集展播活动自2013年4月至11月通过央视网、复兴论坛等渠道，面向全球征集视频、音频、文字、图片，邀请网民通过拍DV和手机视频、发留言、写文章，上传视频作品，用最生动的影像语言，讲述自己心中、身边的“国家富强梦”、“民族振兴梦”、“幸福生活梦”，与全球网民分享追梦故事，畅谈圆梦历程。

本次活动中，央视网全力协助中央电视台新闻中心实现一体化策划，一体化制作，一体化呈现。征集活动中的全部优秀作品从2013年4月至11月在中央电视台与央视网同步进行原生态展播；微博、微信、论坛中有代表性的人物、有价值的报道线索，还由专业记者进行采访拍摄，在中央电视台与央视网进行同步展播。

中央电视台基于央视网开辟的“出彩人生：中国梦·我的梦”专题页面，从中挑选具有代表性的人物，由记者进行深入采访拍摄，制作成展播节目，在新闻频道和《新闻联播》中播出。活动期间，中央电视台还从央视网精心挑选主题鲜明、表达生动、故事感人的节目，推荐给人物所在地区的省市电视台进行播出。

整个活动历时7个月，共征集到网络视频3万条、图片文字梦想10万个、来信800多封；新闻频道和综合频道共播出52个中国梦人物故事，其中很多节目播出后，都引起大量反馈和好评，比如《父子两代的油菜梦》获得中央领导的批示；《给盲人一双“眼睛”》改变了很多盲人的生活；《失恋33天》编剧鲍晶晶和首位登顶珠峰的女大学生陈晨的故事激励了很多年轻人；《我的中国芯》《海归院士施一公》的故事呈现了新一代站在世界科技巅峰的中国科学家的中国富强梦。

2013年12月，中央电视台和央视网组织对优秀节目进行评选，推出“筑梦中国、出彩人生”颁奖典礼，评选出十大“中国筑梦人”，讲述中国人的筑梦故事。

通过此次活动，台网联手共同唱响时代主旋律，传递社会正能量，壮大主流舆论场，在中国梦的宣传展示中，弘扬中国精神、凝聚中国力量。通过全国民众的广泛参与，通过一个个具体的人物故事，传递社会正能量，以实干托起中国梦。

（新闻中心、中国网络电视台提供）

中央电视台2013年春节联欢晚会圆满播出

2013年2月9日晚，中央电视台2013年春节联欢晚会安全圆满播出，伴随海内外亿万中华儿女度过一个欢乐、喜庆、吉祥的除夕之夜。中央电视台综合频道、综艺频道、中文国际频道、军事·农业频道、高清综合频道，法语、阿拉伯语、俄语3个外语国际频道，以及中国网络电视台、CCTV手机电视、IP电视、中国电视长城平台向全球同步无障碍直播晚会实况。全国24家省级卫视和一大批地面频道转播晚会实况。共有133个国家和地区的363家电视机构转播或部分使用了中央电视台的节目信号。台湾天空网等2家转播机构对春晚进行转播。春节期间，中央电视台综合频道、财经频道、综艺频道、中文国际频道、军事·农业频道，法语、西班牙语、阿拉伯语、俄语4个国际频道，以及高清综合频道、中国3D电视试验频道等多个频道重播次数达33次。据统计，全国有7.5亿观众收看了2013年春节联欢晚会，全国并机总收视份额高达70.88%，比2012年提升1.01个百分点。

一、围绕“新春中国”主题，展现家国情怀

2013年春节联欢晚会以“新春中国”为主题，包含“新春到、新喜来、新意展、新篇开”四个节目群。“新春到”主要表现中国春节年俗，营造“中国年”的祥和氛围；“新喜来”展现一年来让国人振奋的家国喜事，盘点龙年的辉煌与成就；“新意展”展示创意类节目，彰显时代特色；“新篇开”意指新希望，预示蛇年中国开启新篇章、迈出新步伐。其中，《欢歌贺新春》《春暖花开》等以春为题，营造欢乐祥和的浓浓春意；《中国味道》《我爱你中国》等突出“中国范儿”，表达出中华儿女对祖国的热爱；《嫦娥》《甲板上的马头琴》等节目围绕“神九”飞天、航母起航等2012年的大事、喜事，展现中国综合国力的不断提升；《美丽中国》等描摹祖国的壮丽山河，紧扣“生态文明建设”、“美丽中国”等时代主题；《幸福》等节目照应万家幸福观，表现出老百姓对美好生活的向往，体现了“以人为本”的理念。整台晚会表达了中华儿女欢度新春佳节、共庆合家团圆的喜悦之情，展现了当代中国改革开放、科学发展的生机活力，反映了中华民族固有的家国情怀和各族人民对全面建成小康社会、实现伟大“中国梦”的美好憧憬。

二、坚持“百姓上春晚”、“开门办春晚”

本届春晚进一步强化“开门办春晚”，向社会开放选拔优质节目，努力满足观众多样化、多层次的文化需求。通过《星光大道》《我要上春晚》、第六届CCTV电视相声大赛、《梦想合唱团》等活动，一大批来自百姓中的选手、“草根达人”脱颖而出，登上春晚舞台。河南农民魔术师丁德龙，河北唐山菜农张学敏，山东德州农民孙朝阳，河北邓鸣贺、邓鸣璐兄妹，业余相声演员张攀、刘铨淼，由宁波市民组成的合唱队等各展风采，节目生活气息浓郁、富有平民特色。通过《直通春晚》，吸纳平安、许艺娜、阿普萨萨等来自各地的优秀歌手，实现“汇天下精华”，提升了晚会的观赏性。

同时，中央电视台通过多种传播手段，为全国观众观看春晚提供信息服务。新闻节目以直播连线等方式，直击六次彩排和除夕当天的春晚直播筹备现场，发布大量信息；与《人民日报》、优酷、西班牙电视五台等各方面媒体广泛合作，通过社会媒体介绍春晚情况；春晚剧组开通了官方微博“2013年央视春节联欢晚会”，粉丝量超过百万。此外，中央电视台还沿用2012年的成功做法，通过180多家媒体和春晚微博，向社会发布了春晚节目单。据统计，在百度搜索“2013年春晚节目单”，相关新闻量近130万篇，体现了观众对春晚的关注和对“开门办春晚”做法的充分认可。

三、坚持“创新办春晚”，突出新鲜亮点

本届春晚强化创新特色，在节目内容、技术手段、环节设计等方面亮点频频，以创新突出主题、烘托情感、营造氛围。

在内容上，着力“改文风”，在增强贴近性上下工夫。主持人的表达和话语形态更加口语化、更加自然、更具亲和力，使晚会衔接自然流畅，给观众以亲近感；增加了观众喜闻乐见的语言类节目的比重，细致打磨小品、相声的台词和情节，使晚会更加幽默清新、贴近群众，营造了喜庆、欢乐的氛围。同时，加强“国际化”，努力将春晚办成各国人民欢迎的文化品牌。晚会中首次邀请席琳·迪翁、雅尼乐队等国际知名艺术家参加演出，《茉莉花》《琴筝和鸣》等节目“中西合璧”，体现中国文化与国际元素的“混搭”；孔子学院学生参演京剧《迎来春色满人间》和春晚经典曲目《难忘今宵》，体现中国文化“走出去”的丰硕成果，实现中国题材的“国际表达”，取得良好效果。

在技术手段上，继承了2012年的成功做法，进一步创新虚拟技术和视频技术应用，使节目内容与电视呈现紧密契合、相得益彰。在歌曲《嫦娥》中，直播现场在高科技的妆点下虚拟成广寒宫，配合航天员漫步太空的情景，与歌曲形成巧妙互动；在《甲板上的马头琴》节目中，“辽宁号”航母的虚拟影像直接驶进演播室，气魄宏大，令人叹为观止。

在环节设计上，增加了公益广告发布环节，“回家过年”、“美丽中国”两条公益广告传达了对全国人民的新春祝福、对新时代的美好期盼，弘扬主流价值观，成为晚会的新亮点。

四、坚持“节俭办春晚”，风格简朴大气

按照中央要求，中央电视台坚持“节俭办春晚”，把“厉行节俭、反对铺张浪费”的精神全面贯彻到晚会设计和节目内容中。

在舞美方面，继续使用2012年春晚的舞台主体架构和基本设施，沿用LED电视墙，以虚拟视频手段实现舞台的丰富变化，节省了舞台建设所需的材料损耗消费；在视频方面，避免一般商业演唱会中采用的“声光电刺激”做法，追求庄重大气的艺术风格，避免形成奢华印象；在服装方面，要求主持人和演员服装尽量朴素，许多演员服装均为租用；在道具、化妆等方面，采取简约风格，不使用炫目道具和奇怪造型。

同时，在晚会内容中切实体现节俭精神。一方面，在主持人台词中加入相关内容，宣扬党中央提倡节约、反对浪费的一贯方针，以及中华民族勤俭节约的传统美德。另一方面，精心设计语言类节目，通过郭德纲的相声《败家子》、曹云金的《这事儿不赖我》等，讽刺奢华浪费、攀比摆阔及公款大吃大喝等不良现象，为在全社会形成“勤俭光荣、浪费可耻”的良好风尚发挥示范引领作用。

五、反响积极热烈，观众高度认可

除夕直播期间，除全国7.5亿观众通过电视收看春晚外，还有4603万海内外独立用户通过中国网络电视台观看了春晚，较2012年春晚上升76%。其中，来自海外的用户比例占17%，覆盖全球210多个国家和地区。中国网络电视台（CNTV）与腾讯、搜狐等8家网站组建传播联盟，视频直播累计观看达2.09亿人，较2012年春晚上升141%。最高同时在线人数达2255万人，较2012年春晚上升97%。从2月4日至除夕，微博平台相关内容达630万条，是2012年春晚的近7倍。百度贴吧直播讨论帖文达178万条，点击量超41亿页次。BBC中文网、台湾中央社、香港文汇网等境外媒体也对春晚进行了报道。

很多观众通过多种方式表达对春晚的看法，认为春晚有新意，有看头；舞台特效美轮美奂，形式新潮，内容丰富健康；公益广告温馨感人，体现人文关怀。网络调查结果和网民反映显示，蛇年春晚满意度较高。在凤凰网开设的“给央视蛇年春晚打分”调查中，平均分达74分。

本届春晚在引发社会各界热烈反响的同时，还受到许多海外观众的称赞。美国、加拿大、英国等几十个国家和地区的观众认为，本届春晚在充分展示中国传统文化的同时，融入国际时尚，形式和题材上推陈出新，贴近生活，给人耳目一新的感觉，使海外观众享受到一场视听盛宴，感受到浓浓“中国年”的气息。

（大型节目中心、台办公室提供）

综合频道包装推介工作提升频道品牌形象，引导网络舆情

一、制作30支频道人文ID，彰显综合频道的“国家责任全球视野人文情怀”

2013 年元旦，综合频道包装推介组联合国内外包装力量，将综合频道的形象包装系统成功改版，在 2012 年同心圆的基础上推出了弧形能量轴的概念，成功建立多色彩体系和多 ID 体系，使综合频道的包装进入光影时代。更时尚更国际化的频道形象受到了网友的赞誉。

为了落实台领导对频道包装提出的“要实行多 ID 体系，用碎片化的方式强化对国家气质的视觉表达”的要求，2013 年包装推介组制作了 30 多支频道人文 ID，包括《地有界心无边》系列、《水墨四季》系列、《中国制造》系列、《密切联系群众》系列等；包装推介组还首度尝试将频道的人文 ID 与时令及节假日的顺序结合起来，使综合频道的整体形象更加生动、饱满。

二、精心创作一批精品宣传片，提升综合频道的形象

2013 年上半年，包装推介组组织拍摄了《形象宣传片——主持人手语版》，该宣传片以“我看见你”为主题，通过中央电视台知名主持人手语独白的方式，展现综合频道的价值观念和媒介情怀，用手语传递温暖与希望。宣传片用最精炼的镜头语言，最真实的形象和直指内心的解说词，结合手语动作，充分展现了中央电视台知名主持人群体的社会责任感和个人情怀。宣传片播出后，得到了观众的充分认可，2013 年 8 月被中国广播电视协会评为荧屏导视奖频道形象宣传片类一等奖。

上半年，包装推介组还拍摄了《再一次》励志版宣传片，该片选取了十个不同的平凡人在生活梦想方面受到挫折后，“再一次”直面困难、勇往直前的感动瞬间，以平凡人的视角，表达“再一次”对于生命的重要意义，代表着国家媒体的责任感，体现了中央电视台鲜明的主流价值观和媒介情怀。该片被网友评为“央视史上最牛的励志公益宣传片”，同时被手机媒体大量转载。

从 2013 年下半年开始，经过认真筹备，中央电视台综合频道包装推介组采用黏土动画的形式，将频道的导视系统和马年春节主题进行了重新包装。本次包装内容包括：春节氛围的导视系统、频道春节氛围宣传片、春节倒计时 ID。其中，春节氛围宣传片让观众们熟悉的中央电视台名嘴们以栩栩如生的黏土人偶形象出现在电视屏幕上，在微缩逼真的场景里，结合中国人独有的年俗风情，为观众们送上新春的祝福。

三、推出“C先生”系列动画，使综合频道的品牌年轻化

“C 先生”系列动画是综合频道 2013 年推出的一套全新形象系统，是在 CCTV 频道标识的基础上，进行拟人化设计的 ID 演绎衍生品。该动画共推出了登场、新年两个版本。动画通过“C 先生”存在于不同场景中与简单的道具互动，丰富而人性化的表情，凸显了年轻、时尚、网络化的表达风格，为综合频道创造出新的视觉资产，注入了全新的青春气息。

四、全力加强线下推介，优化了综合频道的形象，提高了电视主动引导网络舆情的能力

2013 年，综合频道线下推广工作以“弘扬健康、积极、向上的主流价值观”为导向，着力实现“在多媒体平台再造一个 CCTV–1”的目标，主要体现在如下方面：一是注重全媒体渠道的建设与发展，在累积的传统广播、电视、纸媒及网络媒体资源基础上，进一步拓宽宣传推介平台，加强与移动客户端、互动电视产品的合作力度；二是加强频道所有新媒体官方平台的管理与维护，包括新浪微博、腾讯微博、腾讯微信、网易邮箱等；三是着重对频道重点栏目项目的宣传推广，2013 年包装推介组圆满完成“频道包装改版”、“主持人时间”、“暑期编排”、“国庆编排”等频道整体品牌推广，以及《开讲啦》《生活早参考》《舞出我人生》《谢天谢地你来啦》等精品栏目和特别节目的推广任务；四是做好频道对上宣传工作，完成与全国百余家媒体的日常沟通与拓展，365 天不间断地进行舆情监控汇报。

（综合频道提供）

特别节目《寻访时令美味》及其前置话题引发观众热议

2013年十一期间，综合频道《生活早参考》栏目推出八期特别节目《寻访时令美味》，每期节目之前加入大型原创话题——“你回家吃饭吗”海采，引起观众广泛关注，引发网友热烈讨论。

为制作“你回家吃饭吗”的海采，栏目组派出多路记者奔赴20个城市，走访大街小巷，深入到社会生活的各个阶层，采访5000余人。提出“你回家吃饭吗”这一话题，并围绕该话题，设计数个追问，希望借由这些问题，引发人们对亲情的关注，摒弃“大吃大喝”陋习，倡导“回家吃饭”新风，引导人们追求一种更加健康、节俭的生活方式。对此，国家新闻出版广电总局《监听监看》刊发专题点评文章称，“你回家吃饭吗”海采走基层，问民生，倡节俭，塑亲情，以平民化的采访视角，展现民生百态，倡导节俭生活方式。

特别节目《寻访时令美味》，重点打造“寻访”二字，每期主持人按南北方兵分两路，双方以PK战的形式突出自己所看到、尝到、体会到的奇特金秋美味。节目创新采用主持人用手机媒体进行视频通话的形式，让两位主持人在各自的阵营里进行时空连线；节目汇集了震撼的收获场面、巧妙的制作环节、过瘾的品尝时刻以及主持人自己动手、亲力亲为的有趣场景。特别节目播出首日，便以专题形式登上新浪网首页，当日视频点击量突破20万次，次日视频点击量突破50万次，节目连续九天刊登在新浪网首页，在新浪网的视频总点击量近300万，访问量总数达2500多万。腾讯网首页、移动新闻早晚报、手机视频移动基地、网易移动新闻客户端纷纷大篇幅转载节目内容。

（综合频道提供）

《中国经济年度人物评选》强化舆论引导，坚定发展信心

2013年是中央电视台《中国经济年度人物评选》的第14个年头。作为中国经济的“晴雨表”和“风向标”，本届中国经济年度人物评选系列活动的主题是“转型升级的智慧与行动”。从2013年8月28日上海启动仪式开始到12月12日中国经济年度人物评选颁奖盛典的完美谢幕，历经四个月的努力，2013年的中国经济年度人物评选在各方面取得了新突破，品牌影响力进一步提升，得到社会各界广泛好评。

一、活动、议程设置围绕“转型升级”展开，呼应十八届三中全会精神

2013年中国经济年度人物评选包括中国经济年度人物评选、颁奖盛典以及19场央视财经论坛等一系列活动，展示了企业在转型升级中所迸发出来的力量，营造了加快转变经济发展方式、加快建设创新型国家的良好氛围。

本届央视财经论坛围绕改革、金融、农业、海外并购、移动互联网等本年度热点主题，共举办主旨演讲“2013转型升级的智慧与行动”、“改革再出发”、“现代农业的破局与升级”等19场论坛。其中，“2013转型升级的智慧与行动”论坛邀请厉以宁、李扬、樊纲等学界权威细致解读了十八届三中全会公报并深度剖析了中国的改革路径；“改革再出发”论坛则从未来的改革方向、中国社会和经济的发展将经历的考验等问题出发，邀请国内政、商、学界精英，权威解读了十八届三中全会精神并描绘全面深化改革的新蓝图。央视财经论坛还举办“大使早餐会”、“托尼·布莱尔先生演讲”、“中国制造业自主品牌价值评价结果发布”等7场活动。“大使早餐会”邀请来自加拿大、西班牙、英国等9国的驻华使节与中国的企业家共同分享信息，共同商讨新的共赢机会；“托尼·布莱尔先生演讲”则围绕中国经济改革如何进一步与世界经济相融合等话题进行了阐述，从另一种角度解读了中国的经济体制改革方针。本届央视财经论坛实现了宏观、微观的全覆盖，扣住了企业在转型升级中的智慧与行动，成功把脉中国经济走势，为中国经济的发展建言献策。

12月12日，第14届中国经济年度人物评选获奖名单揭晓，厉以宁获终身成就奖，雷军、林左鸣等10人获年度人物奖，“蛟龙号”团队获创新奖，“中国技工”获特别奖。获奖者厉以宁长期致力于中国经济改革与发展的研究与实践，是中国当代最具影响力的经济学家之一。获奖者“中国技工”代表的是具有过硬技能素质的一线工人，他们是推进“中国制造”向“中

国创造”转变的中坚力量，是转型升级最基础的执行者。此外，在本届中国经济年度人物获奖名单中，有通过业态创新创造需求和市场的开拓者，有世界级企业的领跑者，有新材料新能源行业代表着未来方向的引领者，这些都构成了中国经济转型升级的画卷。

二、创新运行机制、运行模式，面向高端人群，提升品牌活动的影响力

2013 年中国经济年度人物系列活动积极更新观念，成功地实现了跳出电视做活动，实现了电视媒体、平面媒体、户外广告、网络媒体、新媒体全面推广互动的崭新格局。

一是论坛思维的转变。财经频道实现了从过去的“闭门办论坛”到“搭建平台，开放办论坛”的思维转变。中央电视台财经频道分别与国家质检总局、工信部、外交学会、中欧商学院、清华五道口金融学院、联想佳沃集团等多家单位合作，在论坛场地、嘉宾资源等方面实现资源共享，在两天时间内举办论坛总场次达 26 场。在嘉宾方面，本次活动几乎实现了政界、学界和商界的全覆盖：在政界方面，前英国首相托尼·布莱尔和前巴基斯坦总理、著名经济学家肖卡特·阿齐兹全程参加本次论坛并发表主题演讲，9 个国家大使参与早餐会；在学界方面，厉以宁、吴敬琏、樊纲、吴晓灵、李扬、李稻葵等多位权威经济学家参会并发表权威观点；在商界方面，柳传志、王健林、马云、刘永好、宋志平、马化腾等著名企业家到场，讨论企业的经营发展之路、中国企业走出去的成功经验等话题。

二是颁奖盛典活动创新。2013 年 12 月 12 日，第 14 届中国经济年度人物颁奖盛典在中央电视台总部大楼成功举办，两个半小时的直播，平均收视率达到 0.30%，创下历届中国经济年度人物颁奖盛典的收视纪录。晚会现场，公众认知度较高的两位获奖人雷军、董明珠，在 2012 年关于电商与实体店铺的争论基础上，延伸出生产营销模式虚与实的争论，两位获奖人现场辩论精彩纷呈、亮点不断，更打下 10 亿元大赌，成为各家媒体竞相报道的热点。

三是充分利用台内外资源，各频道联动、全媒体推广。活动期间，中央电视台各频道积极联动，有效地实现中国经济年度人物评选这一重要资源利用的最大化，凸显了整合传播的效应，加强了舆论引导，坚定了发展信心。截至 12 月 13 日，《新闻联播》从“论坛启动、候选人公布、颁奖盛典”等角度对中国经济年度人物评选进行全程关注，共播发 5 篇报道；《焦点访谈》对企业的转型升级进行了采访，节目在 16 日播出；《晚间新闻》持续关注中国经济年度人物评选并配发短评；新闻频道各档整点新闻以视频连线等方式对活动进行了持续关注；中文国际频道《中国新闻》、整点新闻以“新闻消息 + 视频连线”的方式对活动内容进行关注；英语新闻频道 20 点和 21 点播出窗口对活动内容予以关注。同时，中央电视台还安排综合频道、财经频道、英语新闻频道重播颁奖盛典。该系列活动还通过央视网、CNTV 手机电视、IP 电视等手机移动终端进行了同步推广播出，首次实现了微博、微信、客户端同步直播，截至 12 月 13 日，“央视财经”新媒体用户数已经达到了 2386 万，在新浪微博搜索关键词“经济年度人物”，有 842 万条相关微博。财经频道还利用手机新闻客户端第一时间推送获奖榜单，影响用户达到 4 亿人次。

实践证明，本次评选活动和颁奖典礼上的一系列创新举措取得了良好成效，为新媒体时代持续提升大型品牌活动的价值和活力，进行了卓有成效的探索。

三、节俭办活动，开放办活动，吸引各界广泛参与，聚合正能量

在注重影响力的同时，中央电视台财经频道严格按照中央“八项规定”的要求，坚持节俭办活动、务实办活动：一是本次系列活动的项目数是 2012 年的两倍，但总的资金投入反而大幅度下降，其中场地费用下降 1/2，舞美费用下降 2/3，设备费用也下降 1/2 以上；二是本次活动直切主题，取消所有酒会、宴请、鲜花、胸花，现场布置一切从简，节约投入，务求实效；三是本次活动与国家质检总局、工信部、清华五道口金融学院、联想佳沃集团等七家合作机构一起举办，在扩大影响力的同时，也节省了包括嘉宾邀请、会务开支方面的投入；四是中国经济年度人物颁奖典礼在操作执行环节上严格预算和流程管理，舞美、大屏幕等环节按照节目内容的实际需求设计、制作，费用大幅下降，总体费用不到 2012 年的 1/3；五是在前期宣传推广上，积极采用新媒体手段，降低传播成本，提高传播效率，候选人论坛全程进行网络视频直播，并利用微信、微博的新媒体工具发布微视频、微访谈，扩大活动影响力，颁奖典礼现场也设置了微信、微博直播平台，及时推出热点新闻，在新媒体上形成舆论场，传递正能量。

四、加强舆论引导，坚定发展信心，海内外高度评价

2013年的央视财经论坛和中国经济年度人物颁奖整体活动引发了社会各界的热议和好评。网民普遍认可中国经济年度人物评选作为中国经济“晴雨表和风向标”的作用，肯定企业家作为未来中国经济转型升级主体的创造性和贡献；《人民日报》、新华社、《光明日报》《经济日报》等主流媒体和网络媒体进行了报道或转载，并撰文指出评选活动总结梳理中国经济一年的发展变化，关注经济热点问题，激励和鞭策了中国企业家以及所有关注中国经济成长的人；各部委高度评价本届评选活动的主题，认为主题契合时代需求和当下任务，对落实十八届三中全会精神，全面深化改革具有深远的意义。

活动在国内引起了广泛关注的同时，还获得了海外声誉，实现了品牌的海外传播。在年度经济人物颁奖典礼现场，美国有线电视新闻网（CNN）派出报道组积极关注，并通过新媒体对现场内容进行报道；日本放送协会（NHK）则记录了从央视财经论坛到颁奖典礼的全过程，并对企业家进行了跟踪拍摄；英国前首相布莱尔、巴基斯坦前总理阿齐兹通过邮件对中国经济年度人物评选活动组织的专业性表示钦佩。

（财经频道、台办公室提供）

《大国重器》诠释实干兴邦

为给党的十八届三中全会营造良好舆论氛围，我国首部以装备制造业为题材的6集大型文献纪录片《大国重器》于2013年11月6日起在财经频道晚间黄金时间播出。节目播出首日的收视率为0.26%，6集的平均收视率达0.20%。应观众要求，财经频道在20天之内，连续安排了三轮重播，综合频道《魅力·纪录》栏目重点推出，《新闻联播》《朝闻天下》《晚间新闻》都对节目中的亮点和观众反馈进行了跟踪，播出新闻10多条。

作为建国以来首部记录中国装备制造业振兴发展历程的大型高清电视纪录片，《大国重器》将镜头对准了普通的产业工人和装备制造企业转型升级、创新中的关键人物，真实记录他们的智慧、生活和梦想，通过人物故事和改革创新的细节，鲜活地讲述了充满中国智慧的机器制造故事。该片从“国家博弈”、“国之砝码”、“赶超之路”、“智慧转型”、“创新驱动”、“制造强国”等角度，再现了中国装备制造业从小到大、赶超世界先进水平背后的艰辛历程。该片突出了艰苦创业、改革创新的精神，唱响了实业报国、实干兴邦的主旋律。

节目播出后引发了强烈社会反响，在十八届三中全会召开之际，在中国经济转型升级的历史关头，有力地提振了信心，营造了良好舆论氛围。数据显示，六期节目累计有近亿名观众收看。《光明日报》《中国日报》、新华网、人民网等主流媒体，以及新浪、网易、凤凰网等网站都对节目进行了转载、预告。截至2013年11月11日，主流媒体新闻刊发量超过670篇，视频发布量达130多条，新浪微博等新媒体网友转发、评论总量超过10万条。

（财经频道提供）

2013国际投资论坛成功举办

2013年9月8日至9日，由中华人民共和国商务部和中央电视台主办，福建省人民政府和厦门市人民政府协办的2013国际投资论坛与中国国际投资贸易洽谈会同期在福建厦门举办。本届论坛以“加强投资领域的国际合作，促进国际投资，推动世界经济的增长和共同繁荣”为宗旨，以“全球价值链重塑与创新发展”为主题。论坛共邀请了100多个国家和地区的政府高级官员、工商界权威人士和有关国际组织代表千余人出席活动。论坛期间，财经频道举办了“现代服务贸易与全球投资”、“国际投资吸引力”、“创新驱动新一轮产业革命”、“中国企业全球化机遇与挑战”四场专题论坛，邀请了世界银行前副行长兼首席经济学家林毅夫、《大数据时代》的作者维克托·迈尔·舍恩伯格等诸多高端业界人士进行现场讨论。论坛受到国务院有

关领导和各国嘉宾的高度认可，四场专题论坛均在中央电视台财经频道播出，并在“央视财经”微博平台全程微直播，累计阅读达到103万次，达到了良好的传播效果。

自2012年中央电视台财经频道与中华人民共和国商务部签署了合作协议以来，财经频道开始全面介入国际投资论坛的举办工作，精心打磨论坛的议题设置、舞美效果、LOGO设计、嘉宾邀请、论坛现场掌控及后期制作等各个环节，成功地将国际投资论坛从中国国际投资贸易洽谈会的附属活动，打造成为与之相媲美的系列重磅活动。

（财经频道提供）

中央电视台“3·15”晚会社会效益显著

2013年3月15日晚，有着23年历史的中央电视台“3·15”晚会在综合频道成功直播。晚会以“让消费者更有力量”为主题，通过现场曝光、权威发布、全程跟踪，深入揭露违规违法行为，切实推动问题解决，推动相关制度建设，彰显媒体的责任与公信力。晚会播出后，引发社会各界对消费环境、市场秩序等话题的广泛关注和强烈反响。

一、晚会以“让消费者更有力量”为主题，曝光侵害消费者权益的典型案例，以确凿的证据揭露消费黑幕

2013年“3·15”晚会的主题由中央电视台与中国消费者协会面向全社会共同征集，同时也作为中国消费者协会“2013年‘3·15’消费维权年”的主题。通过广泛征集，最终“让消费者更有力量”成为“3·15”晚会和“3·15”消费维权年的双料主题。

晚会曝光了苹果手机在中国市场实施着与国外不同的售后服务政策，逃避中国手机三包规定；大众汽车双离合自动变速器质量缺陷，给车主带来极大安全隐患等典型案例。特别是针对新的网络消费环境，晚会曝光了网易等公司追踪用户cookie、分析邮件内容、收集用户隐私信息；安卓系统手机应用软件严重窃取用户资料等黑幕。

在拍摄过程中，记者严格遵守职业操守，践行职业精神，坚持做到“三到”（即听到、看到、拍到）。有的记者通过“打工”等方式进行长达几个月的卧底拍摄，搜寻并掌握第一手的事实与证据；20多路记者在十几个省市深度追踪调查，以确凿的证据揭露消费黑幕。

二、强化政府权威发布，立足建设性监督，推出诚信经营典型，传递正能量

2013年“3·15”晚会由中央电视台联合最高人民法院、最高人民检察院、全国人大常委会法制工作委员会、工业和信息化部、公安部、司法部、农业部、商务部、卫生部、国家工商行政管理总局、国家质量监督检验检疫总局、国务院法制办公室、国家知识产权局、国务院食品安全委员会办公室、国家食品药品监督管理局、中国消费者协会等16家国家机关和部委共同主办。

晚会的四次权威发布环节与专题片紧密结合，着重突出民生范畴的内容发布。由国家质检总局、国家工商行政管理总局、国务院食品安全委员会办公室等相关部门的负责人发布打击侵犯消费者权益不法行为的重点领域、主要措施和有关消费预警、消费提示等，充分体现了党和国家对消费者权益的保护。晚会现场设置010–12315热线电话接听消费者投诉，确保件件有着落、事事有回音。

晚会立足于建设性监督，着眼于推动问题的解决。一是晚会播出后，及时对企业进行跟踪报道，对企业改正错误的表态和整改措施给予建设性的报道；二是积极报道国家有关部门和当地政府维护市场秩序、打击不法行为的积极措施和成效；三是报道中对揭露涉案企业违法行为的尺度留有余地，在报道规模和方式上注意把握好度的平衡；四是介绍了国外维护消费者权益方面的一些先进经验供国内借鉴，科学推动市场秩序完善。

晚会还特别重视通过主持人串词传递正能量，传递积极、建设性的力量。“诚信鸡蛋哥”任庆河荣获“3·15贡献奖”，引发网友热议，充分体现了普通消费者身上的高尚品德。

三、有关部门和企业反应迅速，相关问题得以较好解决

“3·15”晚会播出过程中，国家相关部委和各地监管部门就连夜行动，深入查处晚会揭露的违规违法

行为，涉案企业也纷纷向消费者致歉，提出整改措施。

大众汽车、江淮汽车、周大生珠宝等公司在节目播出的过程中就发表了道歉声明。3月16日，大众公司就DSG变速器动力中断故障问题实施召回；江淮汽车召开新闻发布会表示，已经向国家质检总局申报召回；针对晚会上报道的高德地图软件涉嫌获取用户隐私，以及由此引发的网络声讨，高德公司副总裁金俊承认软件有瑕疵，并对消费者表示诚挚歉意。3月17日，周大生珠宝公司在中央电视台财经频道深圳演播室向消费者致歉，并表示立刻召回问题产品。

深圳罗湖市场监督管理局罗湖分局在直播当晚就派出稽查人员依法查封给黄金掺杂金属铱的工坊，并暂扣涉案物品作进一步调查处理。

河南省工商局、郑州市工商局在直播当晚联合公安部门连夜调查"高老太降糖贴"，执法人员深入被曝光的河南省南阳市妙医堂药业有限公司、河南指南针文化广告有限公司展开突击排查，并依法进行查封。

四、通过媒体联动、与公众展开互动，凸显晚会主题，增强传播效果

中央电视台联合《人民日报》、新华社、中新社、《光明日报》《经济日报》《经济参考报》《中国经济周刊》、中央人民广播电台"经济之声"等50家媒体组成"3·15在行动联合采访团"，对2013年"3·15"晚会及时跟进，并进行追踪报道。

晚会还充分调动了新媒体的力量，利用互联网门户网站、微博、微信、手机短信、移动客户端等传播方式，积极与网友互动，及时收取和反馈大家的投诉信息。央视网、腾讯网、搜狐网、新浪网对晚会进行了全程视频或图文直播，观众在收看晚会的同时，还可登陆新浪微博、搜狐新闻客户端、腾讯微信，直接参与"3·15"晚会现场节目的互动、调查。晚会通过多层次立体互动全面调动了观众、特别是年轻观众的参与热情，使"3·15"晚会成为一个全民参与的大型公益活动。

五、公益品牌影响力进一步增强，社会反响强烈，社会效益显著

晚会得到了国家工商总局、国家质检总局、工业和信息化部、农业部等国家有关部委的高度评价，多个部委表示，晚会既揭露了现实问题，又体现了监管部门开展的工作，为消费者搭建了一个倾诉打假维权心声的平台，切实维护了消费者权益；"3·15"晚会引发了"两会"代表的高度关注，接受采访的30多位"两会"代表普遍认为，"3·15"晚会对侵权现象的曝光有着巨大意义，对推动行业变革有着不可替代的作用。

（财经频道提供）

2013CCTV中国上市公司峰会成功举办

2013年8月24日，2013CCTV中国上市公司峰会在北京召开，中央电视台、中国证监会、中国上市公司协会、深圳证券交易所、上海证券交易所的相关负责人参加会议，并发表了主旨演讲。本届峰会由中央电视台和中国上市公司协会联合举办，以"转型升级"为主题，100余位上市公司董事长出席会议。峰会现场发布了由中国上市公司协会撰写的《中国企业发展环境报告2013》和由中央电视台财经频道联合中国上市公司协会、大公国际、北京大学、复旦大学等共同撰写的《2013中国上市公司运行报告》；峰会正式披露了2013年度央视财经50指数样本股名单，复星医药、鲁泰纺织、伊利股份三家公司首次入围；峰会现场还举行了央视财经500指数的启动仪式，这是继央视财经50系列指数成功推出后，中央电视台财经频道在媒体指数领域的又一次创新。

（财经频道提供）

《国企备忘录》全面纪录国企改革历程

财经频道拍摄的纪录片《国企备忘录》2013年1月21日至26日在中央电视台财经频道黄金时间播出，

该片共6集，分别是《透视国企》《浴火重生》《光环之下》《血脉相连》《逐梦全球》《行思行远》，每集50分钟。

该片以“备忘录”的形式，站在历史与全球发展的交汇点，首度全面探访国有企业生存状态，系统记录国有企业改革全貌。《国企备忘录》通过关键人物的生动纪实、重大事件的细节揭秘、鲜活案例的独家剖析、人文角度的历史溯源，展现中国国有企业改革波澜壮阔的历史、现实与未来。该片主要聚焦在四个方面：一是理清国有企业形成的独特脉络；二是阐释国企改革成果的来之不易；三是解读国企对于中国的重要作用；四是展望未来国企的多元化可能。纪录片以快节奏故事化纪实为主线，在大开大合中完成高浓缩的大信息量叙事，突破了以往此类纪录片或专题片“政论化”的叙事方式，力求从微观事实和过程入手，通过寻找大量历史见证者以及各种可视化历史实证，形成生动的可视依据。

《国企备忘录》是主流财经媒体首度对国企发展历程的全面记录和梳理。节目播出后，引发了社会各界关于国有企业新一轮的思考、热议。《光明日报》《经济日报》《经济参考报》《中国日报》《中国商报》以及各地方平面媒体都发出了“改革仍在路上”的专题新闻和深度报道；央视网、新华网、人民网、新浪、搜狐、腾讯、和讯、凤凰网、中金网、21cn财经频道等也都进行了重点报道；新浪微博、CCTV看点等均有充分且有效的报道和反馈。网友反响热烈，观众积极评价，认为节目增进了大家对国企的认识和了解，达成对国企新的理解；该片的播出引起了南方电网、国家开发投资集团、中海油、中粮集团、中航工业集团等大型国企的关注，他们认为，该系列节目反映了国企与国家的历史变迁、变革发展的关系，国企员工的命运与付出，给人诸多启迪与思考。

（财经频道提供）

《CCTV中国经济生活大调查2012–2013》影响广泛

自2006年起，中央电视台财经频道联合国家统计局、中国邮政集团公司举办《中国经济生活大调查》，至2013年已举办七届，是当前中国最大规模的民生调查。《中国经济生活大调查》独创以明信片为载体的调查方式，借助中国邮政网络，全面覆盖全国31个省、直辖市和自治区、104个城市和300个县，深入到农村、牧区、海岛、边疆，每年发放10万张调查明信片，调查全国10万户家庭的民生主张。

2012年国内外经济环境复杂多变，经济下行压力大，《中国经济生活大调查》的消费、投资意向、幸福感以及经济预期等调查结果都出现明显的变化。同时，党的十八大的召开意味着中国乃至世界更大变革的新开端，小康生活、美丽中国的理念也开始深入人心。2012年12月正式启动的《CCTV经济生活大调查2012–2013》以“再小的声音，我们都听得到”为核心主题，坚持用百姓数字感知中国，用百姓声音感知中国，调查中国家庭的经济状况和民生主张，问题涵盖收入、投资、消费、保障、幸福感等多个方面，并在往年问卷的基础上，增加了三个重要问题：一是对居民获取新闻的渠道进行问卷调查，能够有效地提高新闻传播的效率，并协助实现向特定人群传递特定的新闻；二是对居民心中“美丽中国”要素的调查，显示了中国人对于生活安定和公平正义的看重，同时也反映了年轻一代越来越注重中国的历史积淀和国际形象；三是此次问卷压轴的问题“假如能够重新选择一次”直面受访者的内心，调查结果显示受访者对于专业、职业、婚姻和居住地有着不同的忠诚度，婚姻是受访者最不愿意改变的选项。此次大调查还在受访者背景信息上做出了重大改进：一方面是将受访者的年龄、受教育程度、家庭年收入进行了更精细的分组，便于研究人员更好地把握这三大因素对于受访者选择的影响；另一方面是在背景信息中首次增加了职业选项，使研究人员可以清晰地看出不同职业群体的不同关注。企业职工、进城务工人员、离退休人员等不同的职业群体通过同一份问卷表达了他们的民生诉求，为大调查增加了一个新的民生维度。大调查活动历时4个多月，投放十万张调查问卷，回收率80%。

连续七年的调查，使《中国经济生活大调查》业已成为中央电视台一档颇具影响力的年度品牌节目，并在社会上形成了广泛的影响力。

（财经频道提供）

央视财经50分维度领先指数成功上市

2013年6月6日上午，央视财经50分维度领先指数，包括央视创新领先指数、央视成长领先指数、央视回报领先指数、央视治理领先指数和央视责任领先指数，在深圳证券交易所挂牌上市。此举标志着央视财经指数向系列化方向迈出了重要一步。中央电视台、央视50系列指数高校合作方代表、深圳证券交易所、深圳证券信息公司的相关领导敲响了上市宝钟。

央视财经系列指数由中央电视台财经频道组织专家委员会编制，深圳证券交易所下属的深圳证券信息公司负责指数的运行和维护，这也是中国目前唯一由国家级媒体发布、在交易所上市的指数体系。此次上市的五只新指数是基于央视50“五大维度”评价体系的分指数，每个指数的样本股为50只，从6月6日开始，5只分维度领先指数将与央视50并肩运行，标志着以央视50为龙头的央视财经系列指数体系初步成型。

自2012年6月6日央视财经50指数挂牌以来，财经频道以“深耕50”为突破口，推进央视财经系列指数的研发工作。当前央视财经50指数运行稳定，在市场综合指数中名列前茅，5只分维度领先指数的挂牌，进一步提升了中央电视台在财经指数信息发布方面的影响力和话语权。

（财经频道提供）

第6届“汉语桥”在华留学生汉语大赛圆满落幕

2013年8月31日晚，第六届“汉语桥”在华留学生汉语大赛总决赛在中文国际频道播出。至此，历时三个多月的大赛正式圆满落幕。国家教育部、国家汉办主任、中央电视台的相关领导出席并担任颁奖嘉宾。英国、俄罗斯、乌克兰等六国使节以及各大参赛高校领导也在现场观看了比赛。

近年来，随着我国综合实力和国际影响力的提高，“汉语热”现象在世界各国持续不退。在此背景下，“汉语桥”在华留学生汉语大赛自2008年首次举办以来，每年暑期都力求给留学生选手和观众带来一场公平严谨、精彩纷呈的汉语文化盛宴，利用丰富多元的艺术形式和国际化的传媒平台，把汉语之美与中国文化之美传播到世界各地。经过六年的积淀，汉语大赛的权威性、专业性赢得了社会各界的口碑，其规模和品牌影响力、美誉度都在日益提升。作为汉语比赛的“奥林匹克”，“汉语桥”在华留学生汉语大赛不断吸引着越来越多的留学生和高校的参与，汉语大赛对推动对外汉语的发展和中华文化“走出去”发挥着越来越重要的作用。

一、传递“正能量”，讲述“外国人的中国梦”

“汉语桥”在华留学生汉语大赛举办六年来，共吸引了近3万名留学生直接参与。参赛选手们在这个舞台上用汉语讲述了自己与中国的美好故事，留下了许多中外友谊的佳话。本届大赛的选手，有些人热心参加公益事业，在中国做志愿者十余年，还有人曾参加过汶川救灾，有些人来到中国为了延续祖上的“中国梦”，还有人则因为热爱中国文化，因为汉语、中医、戏剧、甚至一首民歌而学习汉语。这些充满“正能量”的外国人与中国的故事，可以让国内外的观众更好地感受到发展变化中的中国，以及中国文化鲜活生动、积极向上的魅力，从而达到“让中国了解世界，让世界了解中国”的目的。

汉语大赛也给参赛选手们留下了许多美好深刻的回忆，甚至影响了他们未来人生的发展。本届大赛总决赛上，第五届“汉语之星”米娜激动地讲述了她获奖之后的经历：免试进入著名华企实习、获得孔子学院和北京大学奖学金、到中国继续进修硕士研究生等。因此，汉语大赛不仅仅是一个让外国人学汉语、说汉语的比赛，更成为一个有效推动对外汉语传播，建立、沟通国际友谊，培养亲华、友华、知华的国际力量的重要平台。

二、促进高校沟通，展示对外汉语教学成果

本届汉语大赛在2012年25个赛区（含港澳台）的基础上，新增桂林、合肥赛区；参赛人数进一步增

长，参赛选手国别更多，年龄跨度更大。年纪最大的选手52岁，最小的选手仅为18岁。参与高校增加到近180所，全国各大高校对大赛表现出了极大热情：山东大学、吉林大学、厦门大学等高校已经连续多年作为预赛承办高校；许多高校在培养参赛选手上付出了很多努力，如专门培训选手才艺、举办模拟赛等。

汉语大赛之所以受到高校的“热捧”，原因是汉语大赛为高校提供了一个展示对外汉语教学成果、进行学术交流的平台。许多高校更把大赛当作是一本优秀的课外汉语辅导教材，让留学生们置身于浓厚的汉语竞赛氛围下，进一步提高他们的汉语水平。

三、创新大赛，传播中国魅力

六年来，汉语大赛始终将锐意创新作为立身之本，努力创新工作方法，不断丰富工作内容，以切实增强对外汉语及中国文化推广的有效性、感染力、影响力。

第六届汉语大赛在总结过去五届大赛成功经验的基础之上，对比赛赛制和比赛环节进行了大胆的改革和创新：一是让选手们走出演播室，深入中国老百姓的日常生活，与社区居民联谊；二是新增许多原创环节，如考核选手汉语基础和中国文化常识的“汉语知多少”，营造真实招聘情境的“职场无敌手”，以及外请名家授课的“名师高徒秀”等；三是引入英国电视制作团队参与策划，从环节设置、灯光舞美等多个角度推陈出新，联袂打造国际化、高端化的大型品牌赛事。

在“泛娱乐化”席卷电视荧屏的当下，本届大赛坚持文化本位，回归比赛本身，通过紧张激烈的比赛氛围和先进新颖的视觉呈现，让古老方块字的青春和魅力得以重新焕发，激发年轻一代海外华人以及外国人学习中文、了解中国的兴趣和意愿；也将当代中国社会经济与文化的发展成果传播到世界各地，对提升我国“文化软实力”起到了积极作用。节目播出后，许多海外观众对本届大赛给予了肯定。来自德国、肯尼亚、南非的观众评价说：第六届“汉语桥”在华留学生汉语大赛与以往不太一样，节目更加精彩，选手们的表现可圈可点；汉语大赛可谓CCTV-4的名片性节目，通过世界各国在华留学生这一民间渠道，加强了各国间人民的交流，做到培养友谊从青少年一代开始。众多网友还通过新浪微博、微信、腾讯视频、大赛官网投票专区等与大赛互动。大赛设置的网络复活赛和网络人气奖，总计有效投票数超过260万。

（中文国际频道提供）

百集系列纪录片《客家足迹行》展现客家文化传承

《客家足迹行》是一档全面介绍客家人迁徙历史与生活现状的大型纪录片，由中央电视台中文国际频道与中国侨联联合推出，《华人世界》栏目组制作。该片共123集，于2013年4月1日至9月18日在中央电视台中文国际频道周一至周五13:00～13:20播出。节目从策划到播出结束历时500多天，采用“纪实+体验”的“快速纪录片”拍摄手法，摄制组横跨亚洲、澳洲、非洲、欧洲、北美洲的13个国家，行程超过8万公里。记者以行走体验的形式，沿着客家人五次迁徙的足迹，深入全世界70多个客家聚居地，记录了400多个客家人的家族迁徙历史以及在海外的奋斗故事，用镜头和话筒梳理记录客家人的迁徙历史，展现客家人千百年保留下来的古汉族文化以及五彩缤纷的客家风情，感受当下客家人生活中的发展与变化。

节目播出之后，在海内外的客家人当中引起强烈反响，栏目组收到来自中共赣州市委宣传部、梅州侨联、泰国客家联谊会、新加坡客家联谊会、洛杉矶梅州客家同乡会、旧金山人和会馆等单位的感谢信，表示《客家足迹行》详细记录了客家人迁徙的历史，为客家人书写了一部影像志。节目也获得客家人的广泛认同，不少客家人纷纷在节目的微博和微信上留言。

（中文国际频道提供）

“2013美丽中国·湿地行”大型公益活动有力推动生态文明建设

2013年11月15日，“2013美丽中国·湿地行”颁奖典礼在中央电视台综合频道及中国网络电视台播出，并于16日、17日在中文国际频道重播，标志着此次大型公益活动圆满结束。山口红树林国家级自然保护区、扎龙国家级自然保护区、双台河口国家级自然保护区、巴音布鲁克国家级自然保护区、西溪国家湿地公园、沙湖自然保护区、红河哈尼梯田国家湿地公园、闽江河口湿地国家级自然保护区、微山湖国家湿地公园、澳门湿地获评2013年“中国十大魅力湿地”。

作为中央电视台寻找“最美”系列的一项品牌活动，“美丽中国·湿地行”充分发挥国家电视台在舆论引导、凝聚共识、树立典范方面的重要作用，通过发动社会各界寻找魅力湿地，展现湿地的“自然美、生态美、人文美”；通过挖掘人与自然的情感与故事，着重表现执着守护湿地、探索湿地奥秘、与湿地建立特殊感情的人物故事，展开了一幅人与湿地和谐共生的美丽画卷，在全社会营造了保护环境、珍爱湿地的舆论氛围，是对十八届三中全会提出的“推动形成人与自然和谐发展现代化建设新格局”的有力呼应。

一、大力推进生态文明建设，彰显环保主题

当前，我国拥有的湿地面积达6600多万公顷，约占世界湿地面积的10%，位居亚洲第一位、世界第四位，是名副其实的世界湿地大国。“美丽中国·湿地行”围绕党的十八大报告中关于大力推进生态文明建设的重要论述，针对社会公众对于我国湿地生态缺乏了解的现实，首次将镜头对准被誉为“地球之肾”的湿地生态系统，全景式展示中国湿地魅力以及生态环境保护取得的丰硕成果与面临的挑战，彰显了中央主流媒体对于生态保护责任的担当。

中央电视台以“湿地，生命因你而美丽”为主题，主创人员先后赴全国的28个省、市、自治区，从41处国际重要湿地、550多处国家级自然保护区、400多处国家湿地公园中精心遴选出48处湿地，开展了持续8个多月的拍摄制作，拍摄节目素材近25000小时，并于2013年8月起在中文国际频道推出50集大型系列片《美丽中国·湿地行》。与此同时，中央电视台充分发挥电视、网络、平面等多种媒体资源优势，为活动深入推进宣传造势。综合频道、新闻频道《新闻联播》《新闻直播间》等栏目及时发布活动信息。中国网络电视台建立活动官网，推出“美丽中国·湿地行”专题视频集并上传最新视频。此外，通过开发二维码H5手机互动产品，有效地增强了节目互动效果，提升了观众与网友的关注度。

二、唤起全社会“珍爱湿地、守护湿地”意识，引发公众高度关注、广泛参与

“美丽中国·魅力湿地”大型公益活动自启动以来，以鲜明的活动主题、精彩的节目内容、全媒体联动的传播方式，受到社会各界的广泛关注与积极参与，对唤起公众的“珍爱湿地、守护湿地”意识起到了普及推动作用。其中，“美丽中国·魅力湿地”网络投票活动于2013年9月25日推出，总投票人数近2.4亿，总票数超过6亿，位居前5位的湿地票数均超过5000万票。截至2013年11月20日，“美丽中国·湿地行”专题在多终端的累计独立访问用户达到2761.2万人，页面访问量为2.9亿次，移动客户端收看96.3万次，IP电视收视429万次。相关微博覆盖人群达到200万，CBOX弹窗覆盖1.2亿用户。中国网络电视台利用微博群、微信公众号联合发布活动动态消息，页面浏览量突破2.5亿人次。

三、推动“湿地保护”成为焦点环保话题，海内外反响积极热烈

“美丽中国·湿地行”突出公益属性，在海内外引起热烈反响，推动“湿地保护”成为社会热议的焦点环保话题。

此次公益活动涉及的各地方政府将“湿地行”作为推动生态保护、建设美丽家园的重要契机，采取一系列措施加大湿地保护投入，完善湿地保护立法。其中，宁夏沙湖湿地计划借鉴西溪湿地种植水韭菜的方法，更有效地净化沙湖水质；福州闽江河口湿地组织数百名志愿者到滨海滩涂清除垃圾400多袋；辽宁盘锦市结合魅力湿地评选，以“人给自然留条路，自然给

人留生路”为主题，组织市民大讲堂，唤起市民建设湿地家园的热情。

活动的举办引起了联合国开发计划署的关注，其驻华代表何佩德表示联合国开发计划署将就有关发展项目，与国家林业局等部门加强合作。

活动也在海内外观众中引发强烈反响。许多国内观众表示，从《美丽中国 · 湿地行》中真正知道了湿地，了解了湿地的意义，希望更多的人积极行动起来，爱护环境保护湿地。美国、加拿大、乌克兰等国家的观众来信，认为此次大型公益活动既反映了国家对生态文明建设的关注，也反映了中央电视台对中国生态文明建设的责任担当。

（中文国际频道提供）

“2013 海峡两岸媒体前瞻论坛”圆满落幕

2013 年 12 月 22 日，由中央电视台主办的“2013 海峡两岸媒体前瞻论坛”在北京举行。来自两岸 70 余家主要媒体的负责人和高层管理人员，研究两岸关系和新闻传播的知名专家学者出席论坛。中共中央政治局常委、全国政协主席俞正声接见与会代表并发表讲话。中共中央台办、国务院台办、国家新闻出版广电总局、中央电视台的相关领导分别在开幕式上致辞。两岸八家主要媒体负责人在论坛上做了主题发言。在随后进行的分论坛讨论中，两岸媒体代表进行了更深入的交流，并最终达成了《“2013 海峡两岸媒体前瞻论坛”共同倡议》。论坛的举办提升了中央电视台在涉台宣传领域的号召力，打造两岸媒体交流的高端平台，为促进两岸关系和平发展贡献了力量。

一、论坛层级高、规模大，是两岸全媒体的盛会

本次论坛的层级较高，与会单位都是在两岸具有较强影响力的媒体。其中大陆参会代表包括《人民日报》、新华社、《经济日报》《光明日报》、中央人民广播电台、中国国际广播电台等单位的负责人或相关领导。台湾媒体对本次论坛的参与热情也很高。一些重量级代表如旺旺中时媒体集团、联合报系，以及台湾卫星电视商业同业公会、台湾无线卫星电视台（TVBS）、东森电视台等台湾知名媒体及社团组织均派出最高级别的代表团参加此次论坛，有力地提升了论坛的层级。

本次论坛的规模很大，从数量上来说，与会代表超过 100 人，是近年来两岸媒体类论坛人数最多的一次。从业务范围来说，此次论坛邀请单位涵盖了广播、电视、平面媒体和新媒体，是一次全媒体的盛会。从台湾媒体的政治色彩来说，包括三立电视股份有限公司、美丽岛文化事业股份有限公司等有一定“绿营”色彩的媒体也出席了论坛，增强了论坛本身的包容性和公信力。

二、论坛主题设计明确，助推两岸关系发展

本次论坛以“两岸关系和平发展：媒体的责任”为主题，另外设立“深化了解与增进认同”、“媒体传播与形象塑造”两个分论坛。论坛的主题紧扣两岸关系大势，探讨媒体在其中的责任与担当，希望为两岸关系和平发展增添新的动力。在论坛举行过程中，两岸媒体代表围绕着论坛主题及两个分议题，从推动两岸媒体互设常驻机构、加强正面客观报道等多个方面，阐述了现在两岸媒体交流存在的问题，并积极探讨相应的解决办法。通过与会代表的共同讨论，最后形成了《“2013 海峡两岸媒体前瞻论坛”共同倡议》。其中明确提出：在两岸关系和平发展的新形势下，两岸媒体当好两岸同胞增进了解、加深感情的桥梁纽带。

三、论坛反响良好，搭建两岸媒体常态化交流平台

论坛结束之后，无线卫星电视台、东森电视台、三立电视台等各大电视媒体都推出了“2013 海峡两岸媒体前瞻论坛”的专题报道；《联合报》《旺报》《中国时报》等知名平面媒体也都开辟论坛专栏乃至整版报道；一些网络媒体转发了论坛开幕式的文字实录。这些报道充分说明，原本竞争激烈的台湾媒体通过本次论坛聚在一起共同做事，有利于进一步整合两岸媒体资源，提升两岸媒体产业竞争力。

以往举办的两岸新闻和媒体交流论坛，如福建广

电集团和台湾旺旺中时集团联合主办的“海峡媒体峰会”、海峡两岸新闻与传播研究交流中心主办的“海峡两岸新闻与传媒论坛”等大都是地方性的论坛，影响力较小。本次论坛的举办，有效地改变了这一局面，并将进一步促进两岸媒体交流机制化。胡占凡台长在致辞中明确指出，希望海峡两岸媒体前瞻论坛能够成为大家探讨进一步交流合作的有效平台和桥梁，促进两岸媒体建立战略合作伙伴关系，要将论坛常态化，力争每年一次。此举也得到许多台湾媒体的充分肯定和支持。很多台湾媒体都在发言和讨论中明确表示海峡两岸媒体前瞻论坛是最适合作为两岸媒体稳定的、长期的交流平台，强烈希望中央电视台将论坛搬到台湾去办，并愿意成为中央电视台的合作伙伴。

“2013 海峡两岸媒体前瞻论坛”的成功举办，提升了中央电视台在涉台宣传领域的影响力、竞争力与号召力，将成为整合两岸媒体资源、提升华文媒体竞争力的高端平台。

（中文国际频道提供）

第 2 届“中华之光——传播中华文化年度人物评选”颁奖典礼成功举办

2013 年 12 月 20 日，由文化部、国务院新闻办公室、国务院侨务办公室、中国人民对外友好协会、孔子学院总部、国家汉办和中央电视台共同主办的第 2 届“中华之光——传播中华文化年度人物评选”颁奖典礼在中央电视台举行。中宣部、文化部、中央社会主义学院、中央电视台相关领导及各主办单位相关负责人出席典礼，并为 10 位获奖个人和 1 个获奖集体颁奖。来自哥斯达黎加、坦桑尼亚、澳大利亚、美国、加拿大的政要和汉学家作为推介嘉宾参加典礼。颁奖典礼于 2014 年 1 月 3 日在中文国际频道首播，1 月 7 日在综合频道重播。

此届颁奖典礼通过短片介绍和主持人访谈，生动展示了获奖人对中华文化的热爱和默默坚守的故事。获奖者来自世界五大洲的七个国家和地区，他们在不同的文化领域推动中华文化走向世界，其中包括享誉世界的词学大师叶嘉莹、电影明星成龙、推动澳大利亚中医立法的林子强、为世界和平与文化交流贡献卓著的星云大师等，以及让中国之声唱响世界的北京京剧院梅兰芳京剧团。

第 2 届“中华之光”评选活动历时半年，中央电视台派出多个摄制组赴全球各地采访拍摄候选人专题片，并在中央电视台综合频道和中文国际频道连续展播；其后，经过评委会多轮遴选，结合网络投票情况，获奖者最终从中央媒体、知名专家学者、驻外使领馆和各主办单位等多渠道推荐的 170 人中产生。

（中文国际频道提供）

“第 12 届海峡两岸知识大赛”成功举办

2013 年 11 月 2 日，由中央电视台和台湾中天电视台共同举办的“第 12 届海峡两岸知识大赛”总决赛在中央电视台录制完成。国务院台湾事务办公室、国家新闻出版广电总局、中央电视台、台湾中天电视台的有关领导为获奖学生颁奖。总决赛共设“有声有色”、“我的视野”、“两岸用语大不同”和“冲刺百分百”四个环节，突出考察选手的思辨能力，以及对两岸社会生活的了解程度。两岸选手以一对一搭档组合的方式，共同协作进行比赛。最终，来自清华大学的马翔宇和台北大学的林奕辰获得了本届大赛的冠军。决赛全程于 12 月 1 日至 7 日在中央电视台中文国际频道和台湾中天电视台同步播出。

本届大赛以“青春梦、梦飞扬”为主题，在对选手知识的考察中加入了“青春梦”的元素，大赛在各个细节处体现青春感。首先，整个视觉体系采用橙黄色系的暖色，包括现场舞美、灯光组合、后期包装风格等，明快的色调带来视觉上青春阳光的印象。其次，邀请了台湾青春系主持人吴依洁，她的年轻活力直接感染了赛场。再有，七场比赛录制现场的所有观众都是专门从北京各大院校邀请来的在校大学生，台上青春做主、台下韶华正好，彰显了青春主题。

较之往届，本届大赛形式与内容的创新体现在以下几个方面：一是新增复活赛制，被淘汰的选手有机会再次赢得参赛机会；二是新增评委与选手互动环节，选手们可以在与评委的互动中得到更多锻炼，使文化交流更加生动有趣；三是在确保比赛严谨性和公平性的同时，打破纯“知识比赛”的常规模式，融入了音乐、游戏、情景剧等丰富多彩的比赛形式，使节目更具趣味性和欣赏性，在吸引年轻大学生积极参与的同时，也调动了海内外观众的收视热情。

本届大赛自 2013 年 5 月中旬启动以来，历时 5 个月，共有来自两岸 130 余所高校的近 3 万名选手报名参加预选赛，最终两岸高校各有 20 名选手参加总决赛。比赛之余，选手们还参加了为期两天的文化交流活动，参观了长城、中央电视台新址等地标性建筑和景点，进一步增进了海峡两岸学子的了解与沟通。自 2002 年创办以来，大赛始终秉承“促进两岸青年文化交流”这一宗旨，业已成为两岸青年交流的重要活动。

（中文国际频道提供）

百集系列特别节目《百山百川行》广受好评

《百山百川行》是中央电视台中文国际频道《远方的家》栏目于 2013 年 4 月 22 日起推出的百集系列特别节目，该节目以中国的百座山峰为主线，以与山脉相生相伴的江河为副线，以生活在山川间的民众为主体，生动呈现了中国基层民众的生活状态和精神气质。节目在中文国际频道周一至周五 17:15 ～ 18:00 首播，23:26 ～ 24:11、06:13 ～ 06:58 重播，首播时段平均收视率超过 0.30%，平均收视份额超过 2.5%。

节目自策划之初即提出了“公益诉求”这一全新理念，将触角延伸到中国广阔山川的最基层之处，关注普通人的生活并融入其中，讲述老百姓的故事以及故事背后隐含的梦想。为了反映分布在山区、农村、边远地区亿万普通民众最为真实与质朴的“中国梦”，每期节目在结尾处专门增加了一个“我的中国梦”板块，让被采访的主要人物面对镜头说出他们的梦想，2013 年《百山百川行》共播出 186 期节目，300 多位普通民众在镜头前表达了他们的“中国梦”。

节目拍摄到许多珍贵的资料，填补了一批山川风物的影像空白：摄制组野外徒步七天，36 年来首次拍摄到天山主峰——托木尔峰；在甘肃酒泉荒漠近距离拍摄到罕见的野骆驼种群；在江西龙虎山拍摄到珍稀的中华秋沙鸭；在新疆阿尔金山腹地拍摄到野牦牛种群，并对其行为习性进行跟踪等等。这些资料不仅具有观赏价值，同时也具有科研价值。《新闻联播》《朝闻天下》《中国新闻》、新华社、《光明日报》等主流媒体均对此进行了报道。

节目播出后，中文国际频道和栏目组收到大量海内外观众来电来信，对节目予以热情关注；栏目在新浪微博有 15 万多粉丝， 百度贴吧月活跃用户逾 5 万人；在官方网站央视网的点击量排名位居全台上百个栏目的前列；在中文国际频道举办的海外观众见面会上，不少海外观众都表达了对《远方的家》栏目的由衷喜爱。

（中文国际频道提供）

“梅州月·中华情——2013 年中央电视台中秋晚会”成功直播

2013 年 9 月 19 日 20 时，“梅州月·中华情——2013 年中央电视台中秋晚会 ”（以下简称“秋晚”）在“世界客都”广东梅州举行，1.8 万梅州观众现场观看了演出。晚会通过综合频道、中文国际频道向全球同步现场直播，取得良好社会反响。根据央视 – 索福瑞收视调查统计，“秋晚”两个频道并机收视率 3.66%。其中综合频道收视率 2.54%，中文国际频道收视率 1.12%，在全国中秋特别节目排名中位列第一。《人民日报》、新华社、《光明日报》《南方日报》等 60 多家主流媒体发表文章，盛赞晚会“欢乐、亲民、接地气、传真情”。新浪微博和腾讯微博关于“央视秋晚”的话题被大量转发、评论，网络和微博评论一致认为：晚会具有客家文化特色、凝聚中华民族情感。

一、晚会呈现形式节俭而不简单

本届“秋晚”是中共中央宣传部等五部委关于“节俭办晚会”的通知发出后，全国范围内举办的第一台大型直播文艺晚会，因而成为广大观众和业内外人士关注的焦点。在“节俭办晚会”的大前提下，晚会节目组通过新颖的节目编排、内容的深层次展现和外在包装的多手法运用，将客家文化与亲情、乡情、中华情融为一体：

1. 取消现场烟花燃放

高空焰火的燃放一直是“秋晚”多年来的规定动作，本届“秋晚”则首次取消了此项目，得到新华社评论文章的肯定。

2. 明星阵容大幅减少，吸引百姓加盟

晚会仅有莫华伦、范逸臣、费玉清和林育群四位港台和境外歌手，侯佩岑、吴大维两位港台主持人，相比 2011 年、2012 年港台明星数量创新低。晚会将艺人设置在与节目内容丝丝入扣的重点环节，如尾声主题曲《海上明月》，由台湾艺人费玉清与大陆青年歌手曹芙嘉共同献唱，表现了两岸一家亲、血浓于水的主题。相应地，晚会增加了老百姓喜闻乐见的戏曲、武术、杂技等传统民族艺术元素，舞蹈团队全部由梅州当地的文艺院团担当，200 多位梅州市民通过自愿报名的方式加盟到演出队伍中来，真正体现了“全民秋晚”的欢乐气氛。

3. 舞美融入客家元素，灯光规模大幅缩小

晚会舞台比往年缩小了 1/3，舞美的主体除保留大屏幕构成的“中秋圆月”符号外，最主要的舞美布景就是客家围龙屋，利用一条可以直接延伸到月亮里的“山路”，与朴素的客家民居、竹林柚树相勾连，简洁实用、得体大方，达到虚实结合的梦幻效果；灯光数量大幅缩减，摒弃五光十色的奢华效果，使之更加简约并烘托出浓浓乡情。

4. 晚会服装全部租赁

晚会摒弃了人海战术的大型集体舞蹈，根据演唱曲目需要采用小型的演员伴舞阵容，起到画龙点睛的作用；整台晚会无一件新购服装，全部租用台内库存的旧服装，在节省开支的同时，也达到了同样效果。

二、晚会内容紧紧围绕亲民主题，让传统节日回归大众

1. 主打亲情、乡情牌

中秋佳节是源自中国民间的传统节日，节日里的很多习俗、食品以及文化理念都和千家万户的百姓生活息息相关。晚会紧紧围绕这些属于大众却又是中秋节特有的文化符号加以放大烘托，彰显“全民秋晚”的既定方针。在曲目的选择上除了唱月亮、唱思念、唱故乡，还唱亲情。《想起老妈妈》《常回家看看》等耳熟能详的歌曲引发了很多观众心底积聚已久的情愫。

2. 首次增设外景队，立体展现中华情

晚会中首次增设了外景小分队环节。外景记者分赴江西赣州、福建永定、台湾新北、印尼雅加达等四个客家族群聚居地进行采访报道。将各地的中秋民俗和客家人对故乡的思念和祝福传达给观众，拉近了晚会与电视机前观众的距离，彰显全球华人共赏一轮明月的欢乐氛围。

3. 通过客家元素，彰显民族特色

客家文化是中华文化中独具特色的一个符号。晚会将梅州特色的龙屋、杯花舞、客家山歌等众多客家文化元素植入节目中。如《问明月》中插入客家童谣《月光光》，让人不禁追忆起孩提时的美好时光；《杯花声声》取自于客家民间，全部演员来自于梅州乡镇，创下了千人共舞杯花的震撼场面。

4. 强化主持人口语化串联

2013 年“秋晚”，主持人的话语风格较之以往发生很大改变，来自两岸三地的主持人立足平民化视角与观众互动交流。晚会中多次增设了围坐茶叙的场景，以更加口语化的方式与现场嘉宾、歌手及观众畅叙乡情。

三、克服暴雨困难，安全圆满完成晚会直播

晚会直播至 20 点 51 分时，突降暴雨，转播车多路讯道信号中断，摄像机运动受阻，车上与现场对讲通讯中断。在十几分钟的狂风暴雨中，整个直播团队齐心协力，确保观众看到的直播画面平静有序，最终安全圆满完成直播任务。这场大雨也成为当晚微博上网友热议的焦点话题，大家对镜头前演员表现的淡定与敬业说“赞”，对转播团队的幕后奉献加以褒奖。

四、走访基层慰问，践行群众路线

2013 年中秋晚会的主办地梅州位于广东省东北部山区。由于地理环境和自然条件的限制，身为“世界客都”和“革命老区”的梅州经济总量并不发达。特别是 2013 年以来，梅州的部分县市连续遭遇了 2 次特大暴雨袭击和洪涝灾害，给当地居民的生产生活带来

很大影响。晚会直播前，为了践行党的群众路线方针，深入开展“走转改”活动，传递全国人民对“洪涝灾区”和“革命老区”民众的慰问与关爱，中央电视台在“秋晚”演员中邀请部分群众喜爱的演员组成“中央电视台2013中秋晚会走访梅州洪涝灾区、革命老区慰问小分队”，走访梅州市内受灾严重的贫困山区、革命老区，进行慰问演出。2013年9月18日下午，小分队集体参观红色历史博物馆，接受革命传统教育。在叶剑英元帅故居的池塘前，演员们为当地的客家乡亲表演了节目，受到许多当地乡亲们的欢迎与称赞。

（中文国际频道提供）

中文国际频道首次海外联络推介活动成效显著

2013年6月21日至7月2日，中文国际频道六人团组分别走访了澳大利亚悉尼、墨尔本和印度尼西亚万隆、雅加达四座城市，举行了中文国际频道首批四个海外观众俱乐部成立仪式及海外观众见面会。这是中文国际频道成立21年来，首次较大规模赴海外举行专项联络推介活动。此次活动是深入海外观众“基层”，扩大中央电视台海外影响力的一次创新，开辟民间外交新途径的新举措。

活动包括三个方面：一是组建中文国际频道首批海外观众俱乐部，探索“本土化”海外观众联络新方式。2013年4月，经当地较有影响的四个华人社团组织澳大利亚悉尼澳华文联、澳大利亚墨尔本新金山中文学校、印度尼西亚万隆福州同乡会、印度尼西亚雅加达吉祥山基金会的申请，中文国际频道赴海外举行首批四个观众俱乐部的授牌成立仪式。中文国际频道海外观众俱乐部的组建，得到了许多华人华侨观众的热烈欢迎和热情参与。

二是深入海外观众家庭，增进情感，开辟联结海外华人的新纽带。中文国际频道一行深入到海外观众家庭，与普通的热心观众亲密接触，用镜头记录下他们与中文国际频道之间的真实故事。

三是加强推介，扩大中央电视台海外影响力。本次活动还举办了四场海外观众见面会，吸引了500多位海外观众参加，几乎场场爆满。其间，不仅播放了中文国际频道形象宣传片、发放了中文国际频道宣传册，还赠送了中文国际频道节目光碟等，海外观众反响强烈。许多海外观众表示：中文国际频道不仅是他们了解世界风云变幻的窗口，也是感受和学习中华文化的重要平台，更是学习、巩固、提高汉语水平的良师益友。本次活动引起了当地华文媒体的广泛关注，澳大利亚《大洋日报》《墨尔本日报》《联合时报》，印度尼西亚《国际日报》《星洲日报》等几十家媒体都在第一时间进行了详细报道；新华社、中国新闻社驻当地记者也对活动给予了报道，几十家国内网络媒体进行了转载报道。

本次活动是中文国际频道深入海外观众“基层”，密切联系海外观众，贴近海外观众需求的一次探索和创新。活动的意义在于：一是通过实地走访，得知CCTV-4已成为海外华语观众的“精神家园”。实地走访中，许多海外观众表示，CCTV-4是他们了解祖籍国的窗口，是情感依托，是海外生活不可缺少的一部分。许多海外观众表示：看CCTV-4已经成为其看中文电视节目的首选，对于海外华人来说，CCTV-4是生活中、精神上的一种享受，是海外华人的“精神家园”。二是了解观众诉求和基本情况，为CCTV-4决策提供依据。通过实地走访和调查，基本摸清了CCTV-4在澳大利亚和印度尼西亚两国的观众结构情况，同时也发现了一些问题，比如海外观众群年龄老化的问题，四场观众见面会，现场观众的年龄几乎都在60岁以上。有些老年观众呼吁，多安排一些适合年轻人收看的电视节目，比如动画片以及魔术表演等，这样可以逐步培养年轻观众。这些意见和建议，呼声和需求，都是中文国际频道下一步调整和安排节目的有益参考。三是传播中华文化，为中国与世界各地国家民间交往开创新局面。近年来，中央电视台提出“建设国际一流媒体”的战略目标，其中海外传播是重中之重，海外观众是检验国际传播能力的重要试金石。此次海外观众俱乐部的组建，是中央电视台海外观众联络工作的一次创新，它打破了以往“分散联络”的方式，采取集中联系、定期活动等新模式，为中央电视台海外传播进行积极探索与尝试。此举也得到了中国驻悉尼总领事馆副总领事刘侃、澳华文联主席余俊武的积极评价。

（中文国际频道提供）

“2013CCTV 体坛风云人物”评选引领正确体育价值观

2014 年 1 月 11 日，“2013CCTV 体坛风云人物”年度评选颁奖盛典在北京举行，现场揭晓并颁发 11 个重要奖项，标志着本年度评选及相关活动圆满结束。本次评选以“职业精神”为主题，全面反映 2013 年我国体育事业发展成就，积极引导正确体育价值观，为中国体育的荣誉殿堂再铸丰碑。

一、倡导职业精神，引领正确体育价值观

“2013CCTV 体坛风云人物”年度评选和颁奖盛典始终贯穿“职业精神”这一主题，得到社会各界认可。本次评选将评委会大奖授予中国围棋队，评委会不仅肯定了他们的优异成绩，更褒奖了几代围棋人兢兢业业、坚持梦想、决不放弃的职业精神。全运会上放弃比赛、救助落水对手的马娇，年过半百仍勇夺全运会金牌的高娥，以及长期致力于群众体育发展的扎西吉，都是中国体育界“职业精神”的优秀代表。而中国游泳运动员孙杨因负面新闻过多没能入围评选名单，显示出评选工作对于“职业精神”的坚守。同时，“CCTV 体坛风云人物”已经成为树立青年人榜样、彰显体育力量、传递正能量的重要平台。从矿工到职业拳王的熊朝忠讲述着体育可以改变人生的精彩故事，四年内三次夺取“棋后”头衔的侯逸凡获得竞技成绩、学业成绩“双丰收”，他们堪称运动员的榜样，是鼓舞青年人奋发图强的力量源泉。

二、评选客观公正，全面梳理年度体育亮点

2013 年，中国体育在竞技体育和群众体育两个领域取得重大发展，通过评选结果可以清晰感受到 2013 年我国体育取得的突破性成就。其中，中国首位进入世界排名前三的网球选手李娜获得最佳女运动员；为中国足球赢得亚洲冠军联赛冠军的广州恒大队，收获了最佳团队和最佳教练两个分量极重的奖项；2013 年完成单人不间断环球航行的郭川赢得特别贡献奖。为凸显评选的权威性、公正性和专业性，评选出最重要的年度体育人物和事件，本次评选分别有 385 位初评评委和 142 位总评评委参与，评委规模创历史新高。同时，评选规则上更加完善，首次推出“增补条款”，使整个评选流程更加严谨、权威。

三、艺术表达致敬，精彩呈现典礼现场魅力

本次颁奖盛典巧妙嵌入精彩的文艺节目，并以丰富的电视手段表现现场盛况，有效提升了颁奖盛典的传播效果，让观众更震撼地感受体育的魅力。颁奖盛典中体育感十足的节目兼具时代感和艺术性，不仅提升了盛典品质，更引发人们对体育的深入思考。2013 年，跑步成为中国人重要的体育生活方式，跑步热潮也在颁奖盛典上衍化为节目，中央电视台主持人和各行各业人士走上舞台，呼吁更多人为健康奔跑。诗剧《凝固的瞬间》以艺术化手法，表达了对体育人以及体育职业精神的崇敬。尾声的打击乐表演，为进入 2014 年的中国体育壮行，并昭示出更有希望的未来。此外，体育转播特有技术的应用使颁奖盛典得以更精彩地呈现，三维飞猫摄像机充分表现出跨度长达 90 米的恢弘舞台，有助于捕捉到更多动人的细节。同时，在线包装手段进一步完善，已经揭晓的结果和即将颁发的奖项即时呈现，让观众更真切地体验颁奖进程。

2013 年是“CCTV 体坛风云人物”第十届评选活动，经过十届评选的积淀，勇于担当、领风气之先的“CCTV 体坛风云人物”已成为国内最具号召力的体育人物评选活动，成为盘点年度体育荣耀、推动中国体育进程不可或缺的重要平台。

（体育频道提供）

“谁是球王·中国乒乓球民间争霸赛”成功举办

2013 年 7 月 14 日晚 8 点，由中央电视台和中国乒乓球协会共同举办的“谁是球王·中国乒乓球民间争霸赛”总决赛实况在综合频道黄金时段现场直播，标志着这场历时 3 个半月、足迹遍及大江南北的民间乒

乓球赛事圆满收官。此次群众体育赛事共有10多万人报名参加,来自全国六大赛区的40余名大区赛“球王”经过激烈争夺产生六个组别的全国“球王”。这是中央电视台建台55年来首次在综合频道黄金时段用两个小时的时长转播群众体育活动，充分体现了中央电视台对群众体育活动的高度重视，彰显了为广大人民群众服务的国家媒体责任，赢得社会各界的高度评价。

一、立足群众，扎根群众，服务群众，积极打造属于普通百姓的民间赛事

该项赛事以“打造属于普通百姓的民间体育赛事”、“促进全民健身运动开展”、“为普通百姓圆梦提供平台”为宗旨，坚定不移地深入基层，拍摄、挖掘民间鲜活的素材，坚定不移地把民间百姓作为活动主体，在全国很多地区引发乒乓健身热潮。此次参赛的队员都是未参加过专业队的民间乒乓球高手，他们活跃在各行各业，分布在各个年龄段，是民间乒乓球运动爱好者，也是大众健身运动的积极参与者和引领者，这项赛事为他们提供了同场竞技的平台，提供了展示良好精神风貌的平台，提供了圆梦的平台，是践行党的群众路线、落实全民健身方针的具体体现。

二、赛事规模大、范围广、参与人数多，社会影响广泛

节目组赴全国22个城市拍摄，报名选手达10余万人，来自全国31个省市自治区和5个行业体协的36支队伍，共计252名选手参加了六个大区的比赛。最终有40名代表各大区的“球王”参加总决赛。

赛事受到业界和全国观众的积极评价。业内人士评论，“央视的草根球王争霸赛在一定意义上是对荧屏明星秀泛滥的拨乱反正，相信这种从群众中来的节目理念一定会让节目扎根到群众中去，开花、结果”；众多网友称赞中央电视台此举是为老百姓圆了“乒乓梦”、“健康梦”、“冠军梦”，是为百姓打造的健身平台、展示平台，“接地气”、“贴民心”。

三、深入挖掘蕴藏于普通百姓中的人生正能量

在活动宣传中，以乒乓球和民间赛事为载体，深入挖掘蕴藏于普通百姓中的人生正能量，找亮点，讲故事，充分展现广大乒乓球爱好者对国球的热爱，对人生、对生命的热爱，弘扬积极向上、健康、乐观的人生观。“谁是球王”选拔出了很多乒乓球艺高超、生活态度达观、家庭幸福和谐、工作积极上进的优秀民间乒乓球爱好者。这些草根球手的故事真实感人，是“中国梦”在亿万普通民众中最鲜明、最生动的体现。在报道草根人物时，以赛事来塑造烘托人物，不以成败论英雄，最大限度地表现这些草根人物的原生态，表达了真情实感，与现在流行的对演艺明星的炒作与人为包装形成鲜明反差，营造了积极健康的风尚。

四、赛事组织、节目策划、环节设计等创新点多

在赛事组织中，将海选比赛设在田间地头、学校、商场，充分体现了赛事的民间特色。六大总教头施之皓、孔令辉、刘国梁、王涛、许绍发、郭跃华全程参与“谁是球王”大区选拔赛，并对晋级选手“特训”，业余选手同中国体育界的顶尖精英进行“亲密接触”。

总决赛前，“球王”们走进国家乒乓球队，接受功勋教练李晓东亲自指导，并与六位奥运会冠军共聚一堂，畅谈体育与人生；在总决赛中，现役国手王励勤、刘诗雯与草根球王同台竞技，现场气氛热烈，亮点频出，中国乒乓球国家队历任六大教头悉数登场，为草根选手做场外指导，并担任比赛解说嘉宾，给人留下深刻印象。节目紧紧围绕“草根”做文章，“中国好声音”的金志文和张赫宣，“星光大道”的刘大成和呼斯楞等草根歌手，都为“球王”演唱助威。这种草根为草根助阵，相互鼓励的氛围，也为总决赛的紧张比拼增加了亮点。

五、赛事的举办有效提升了全民健身运动的高度

北京奥运会后，国家体育大战略整体提升了全民的体育水平和健康水平。此次赛事是中央电视台在体育领域打造百姓梦想舞台的首次尝试，为民间体育爱好者提供了展示平台与相互交流、同场竞技的机制，对提升全民健身层次有着积极而深远的影响。通过此次活动，中央电视台不断创新体育宣传报道，大力弘扬全民健身的理念，体现了国家电视台的责任担当，展现了体育运动带给人们的正能量。

（体育频道提供）

第12届四川电视节“金熊猫”奖国际电视剧评选活动成果丰硕

为树立业界品牌、积极扩大影响，中央电视台电视剧频道与四川电视节组委会展开深入合作，恢复中断了18年的“金熊猫”电视剧评奖。2013年11月16~18日，电视剧频道与四川“金熊猫”奖国际电视节目评选办公室共同举办2013“金熊猫”奖国际电视剧评选获奖发布会暨论坛等系列活动，获得圆满成功，取得丰硕成果。一是参与电视节开幕论坛暨国际主题日高峰论坛，中央电视台电视剧频道与来自美国、英国、澳大利亚、土耳其的嘉宾共同探讨电视剧的国际化趋势；二是举办“金熊猫”奖国际电视剧评选提名奖见面会及“金熊猫”奖国际电视剧评选获奖发布会暨论坛，并与四川电视节办公室就“金熊猫”奖国际电视剧评选签署合作协议；三是电视剧频道杂志《第8频道》出版特刊《“熊猫”变脸》在电视节期间广泛投放，《影视同期声》栏目及《第8频道》杂志针对此次颁奖及论坛等系列活动进行跟踪报道和深入采访，扩大了“金熊猫”奖国际电视剧评选活动关注度和影响力；四是频道项目部派出多个责编团队深入走访四川电视节参展公司进行项目对接和业务洽谈，取得了较好成效。

（电视剧频道提供）

中央电视台第3届科教文卫宣传工作联席会议召开

2013年4月24日，科教频道组织召开了中央电视台第3届科教文卫宣传工作联席会，推介频道平台，固化对口部委合作机制，就19个重点项目寻求对口部委的政策、渠道、资源支持。外交部、国家发改委、教育部、科技部、文化部、中科院、社科院等33家部委和单位的相关负责人与会，中央电视台副总编辑李挺出席会议。科教频道总监金越通报了科教频道近一年来与各部委合作的宣传成果，推介频道宣传平台，并就2013年频道重点项目《科技盛典》《寻找最美乡村医生》《中国汉字听写大会》《发明梦工厂》等提出合作需求。科教频道各栏目制片人与对口部委负责人分五个小组进行座谈，就2013年各具体项目进行落实对接，听取对口部委的意见建议，结合对口部委宣传计划开掘新选题。联席会议制度自2011年启动后，成效显著。以2012年为例，第2届联席会议召开后，2012年4月至2013年3月，科教频道与各部委联合制作选题70多个，制作播出271集节目，时长约10199.5分钟，其中重点合作项目《寻找最美乡村医生》《科技盛典》《进驻太空》取得了显著的宣传效果。

（科教频道提供）

《中国记忆》解读文明密码

《中国记忆》是中央电视台科教频道的品牌节目，2013年科教频道分别在国际博物馆日和中国文化遗产日再次启动该节目，于5月18日和6月8日在科教频道推出两期特别节目《2013中国记忆博物馆日特别节目》和《中国记忆——文化遗产日特别节目：守护我们的中国记忆》。

《2013中国记忆国际博物馆日特别节目》聚焦2013年国际博物馆日的主题——“记忆+创造力=社会变革”，精选各大博物馆中青铜器、瓷器、丝绸和造纸术这四大类文物藏品，以梳理历史的方式讲述人类的创新步伐，诠释社会变革的全过程。节目将中国国家博物馆作为主摄制平台，同时联动江苏南京博物院、陕西历史博物馆和山东博物馆及所在的省级电视台联合摄制，此外还设计了跨洋连线环节，由中央电视台海外记者带领观众直击俄罗斯艾尔米塔什博物馆和美国大都会艺术博物馆中难得一见的海外文物精品。

2013年4月，科教频道《中国记忆》栏目首次以国家媒体身份，用文化调查的方式，联合新华网、人民网、光明网、央视网、新浪网、优酷网、中国文化传媒网和中国文物信息网八家网络媒体开展了针对破坏文化遗产的《请你来曝光》线索征集活动和《中国记忆·随手拍》视频征集活动，发动公众共同参与文化遗产保护，引起媒体、地方和全国网友的持续关注，《中国记忆》官方微博粉丝量在20天内增至12万余人，浏览量达162万余次，共征集到《济南晚清最大的戏楼成危楼》、《千年鼓楼古迹杂草丛生》、《拯救古村落建筑文化刻不容缓》等相关视频近百条。根据征集来的线索，科教频道派出多路记者在各地展开隐秘拍摄，对古建保护、城市文化遗产保护、海外文物保护等内容做深入采访，获取了大量鲜为人知的信息和视频资料。2013年6月8日文化遗产日当天，由文化部、国家文物局和科教频道联合制作的特别节目《守护我们的中国记忆》在科教频道播出，对为时两个多月的中国文化遗产保护现状调查结果做独家公布。节目向大众普及与文化遗产相关的法律法规和概念准则，增强了民众的文化认同感与文化自觉。

（科教频道提供）

纪录片《茶叶之路》展现茶文化魅力

“茶叶之路”的出现始于17世纪末，到20世纪初叶逐渐消失。它起始于中国南方，横贯中国八个省区，经由蒙古国直达俄罗斯的圣彼得堡，全长两万多公里。这条以茶叶为主的贸易之路曾是中俄两国之间重要的国际贸易通道。《茶叶之路》（纪录片版）共七集，每集45分钟。该片以“茶叶之路”的兴衰为历史线索，以这条路上的关键地点的空间转换作为叙事依托，向观众展示三百多年前的那段鲜为人知的茶叶贸易，探寻湮没在历史中的中俄茶叶贸易盛况，展现中国茶文化的巨大魅力。《茶叶之路》于2013年年初开始启动，4月开始拍摄，拍摄地点包括我国贯穿“茶叶之路”的八个省区以及蒙古国和俄罗斯。该片12月制作完成，于2014年1月1日21点起在中央电视台科教频道播出。该片荣获2013年广州国际纪录片节“最具国际销售潜力十佳纪录片奖”。

（科教频道提供）

《2013我的一本课外书》推广全民阅读

《我的一本课外书》是中央电视台科教频道《读书》栏目于2012年暑期创办的一档青少年阅读真人秀比赛季播节目。该节目是传播知识和思想、倡导全民阅读的新尝试，与科教频道的定位高度吻合。《2013我的一本课外书》是该节目的第二季，共八集，每集时长53分钟。节目从全国十万名参与学生中遴选出20名“中国读书少年”，用演讲竞赛的方式，展开3轮共8场阅读大比拼，全面呈现20名少年妙趣横生的有关阅读的个人化体验，展现青少年群体的读书风貌，家庭、学校对青少年教育的风貌，乃至社会风貌，推动并引领青少年阅读。节目第二季立意定位准确，现场录制效果较好，于2013年8月4日至9月22日在科教频道播出后，引发了观众和网友的关注和热议。《新闻联播》《中国教育报》《监听监看》对该节目给予了关注和好评，认为该节目是电视与阅读的一次完美结合，是推广全民阅读的有效示范。

（科教频道提供）

2013“希望之星”英语风采大赛不断创新

2013年是“希望之星”英语风采大赛的第14个年头，作为科教频道暑期档坚持了14年的品牌节目，“希望之星”英语风采大赛一直不断创新：14年来，大赛由纯语言的考核发展到选手英语水平与个性风采的展现，再到直接和国际名校接轨，现场完成招生和人才选拔。2013 年，大赛在全国共设立了 30 个赛区，参与人数超过了 400 万，比往年有很大幅度提升；同时，2013 年科教频道暑期编排将大赛放在每周六 18:45 ～ 19:40 的频道黄金时段播出。雄厚的组织基础和优质的播出资源促使大赛在节目创作上全面升级。

一、首次全面引入真人秀模式

节目首次全面呈现地方海选和全国总决赛，并采用真人秀形态，以故事化结构为基本构架，融入场内、场外选手的成长经历、家长互动和参赛体会，打破实况录制的传统模式，在节目形态上面貌一新。这种创作模式对节目组提出了全新挑战，地方海选节目组出动的拍摄团队将近 40 人，每期节目拍摄的素材超过 100 小时，节目拍摄和剪辑量前所未有。

二、首次引入国际名校

为把大赛打造成影响力更广的教育品牌，同时充分利用大赛的国际化优势，本届大赛设计了“我要去哈佛”的口号和最终奖励，选拔冠军选手代表中国青少年赴哈佛大学演讲；同时，比赛现场还引入了哈佛大学、芝加哥大学、悉尼大学、白石中学等国际知名院校，现场录取优秀选手，增加节目看点。这在国内电视节目中尚属首创。

三、评委嘉宾阵容全面升级

2013 年大赛邀请了吴大维、金小鱼和刘欣担任评委，阵容全面升级，同时也进一步明确了评委的功能和角色划分，强化与选手的互动和点评的可视性。同时，节目还邀请了黄西等知名人士担任嘉宾，在“幽默演讲”环节接受选手挑战，并充分利用名人网络资源与大赛互动，造成更大的社会声势。

四、宣传推广力度加大

本届大赛与包装宣传组充分协作，按照比赛进程推出了人物篇、规模篇、评委篇、选手篇、名校篇和进程篇等六个系列近 20 支宣传片，并充分利用广告部和频道资源，加大了播放频次，起到了良好的宣传推广效果。

与社会公司全面合作，加大网络宣推力度，在暴风影音、乐视 TV、PPTV 等多家网络媒体上投放了大赛广告；在新浪微博上推出了“一句话证明你正在看大赛，赢取到央视、去哈佛机会”的活动；在多家网络论坛上全方位宣传大赛，由频道和广告经营管理中心主导，参与了三场广告和媒体推介会，进一步丰富了宣传手段。

经过多方努力和全面的宣传规划，2013“希望之星”英语风采大赛在 2013 年 7 月 6 日至 9 月 28 日共播出 13 期，大赛节目的首播平均收视率达到 0.14%，相比 2012 年大赛首播平均收视率 0.05%，提升近 300%。

（科教频道提供）

科教频道暑期、十一特别编排取得良好收视效果

为有效提升频道的收视率及品牌影响力，2013 年科教频道针对暑期、十一特殊时间段进行了特别编排，取得良好效果。

暑期三个月，科教频道在充分研究暑期观众收视特点的基础上，从 2013 年 7 月 1 日起推出历时 92 天的暑期特别编排。此次编排在设计思路、节目设置、时段规划等多个方面进行了有效尝试。一是认真研究暑期收视观众变化特点，开发暑期收视黄金时段，进行具有针对性的创新编排，突出全天节目的协调性和整周节目的均衡性，充分考虑频道常规编排与暑期编排的有机衔接，以常规架构稳定频道原有基础观众，以特色节目突出暑期特点；二是着力打造《2013“希望之星”英语风采大赛》《中国汉字听写大会》《发明梦工场》《我的一本课外书》《寻找最美乡村教师》等一批创新型的活动和节目，突出科教频道传播先进文化的特点，突出暑期编排的针对性；三是精心设计由《文明密码特别节目》和《国际合作特别节目》构筑的精品节目播出带，打造重点播出时段，以点带面，贯通整个暑期，营造宣传声势、树立品牌形象。

在 2013 年国庆期间，科教频道从 2013 年 9 月 30 日起推出了为期 14 天的十一特别编排，横跨国庆和重阳两节。此次编排采用大板块、大循环播出，完全打破了以往保持晚间黄金时段主体结构不变的编排方式，以应对激烈的市场竞争，拉动收视，扩大影响力。

一是推出新一季的《味·道》，与精选的往期《味·道》节目联合打造美食时段；二是《中国汉字听写大会》和《发明梦工场》打通播出，在扩大活动影响力的同时，也为最后的总决赛强力造势；三是《文明密码特别节目》《第N个空间》与精选的《国际合作特别节目》一起在晚间次黄金时段打通播出，强强联手合力拉动次黄金时段的收视。

（科教频道提供）

中央电视台举办科教文化类节目创意投资专场活动

为加强节目创新，科教频道节目部从2013年9月起针对2014年文化遗产月、暑假、年终及寒假等四个阶段的创新需求，面向社会公司和频道内部主创人员公开征集科教文化类大型季播节目方案。此次活动通过央视创意微博、微信等方式对方案征集活动进行公开发布。经过三个多月的征集，共收到来自全球35家社会公司的111个节目方案和频道内部的6个方案，涵盖了科教文化类纪实娱乐、互动真人秀、大型活动等节目类型，创意拓展效果明显。经过初选、复选，最终来自全球10家社会公司的13个方案入围最后的创投会。

2014年1月15日，中央电视台科教文化类节目创意投资专场活动正式举行，中央电视台总编室、广告部、综合频道、科教频道的相关领导出席并详细听取了各个公司代表对方案的陈述和演示，并与公司代表进行了深入沟通。最终经过评审组的讨论，科教频道最终选定《国家地理频道》的《XXX的苦差事》节目模式作为2014年重点合作和创新的节目。

（科教频道提供）

科教频道推出重阳节特别节目《情暖重阳》

重阳节是中华民族最重要的尊老敬老的传统节日，科教频道在2013年10月13日重阳节推出特别节目《情暖重阳》，将传统节日文化内涵整合创新，以弘扬中华民族孝老爱亲的传统美德，唤起民众对于传统节日的热忱和关注。特别节目共55分钟，通过九个人物故事展现老当益壮、老有所养、尊老敬老的时代生活图景。他们中有“花甲背包客”张广柱、王钟津夫妇，有醉心传承民族瑰宝的“跤场老小伙”刘清海老人，有长寿老顽童黄毅爷爷，有笑对病魔的冬泳勇士，以及奉养4名残疾孤寡同村老人的全国道德模范廖月娥。节目主持人深入养老院，与老人们欢聚一堂，串联起一幅欢乐祥和的重阳图景。节目播出后收到了较好的收视效果，树立了良好的媒体形象。

（科教频道提供）

2013年科教频道广泛参与国内外纪录片节（展）

鉴于科教频道在国内纪录片创作播出上的平台优势与合作需求，2013年科教频道广泛参与国内外纪录片节（展），积极开展节目预售。

2013年6月，科教频道作为第24届阳光纪录片颁奖晚会和闭幕晚宴战略合作伙伴参与了本次纪录片节，并积极开展节目预售。共有来自50多个国家的2000多名代表参加本届法国阳光纪录片节。科教频道的《东方往事——中国辛德勒》《南京大屠杀》《天河》《水脉》等4个预售提案受到国际市场关注。其中,《东方往事——中国辛德勒》入围第24届法国阳光纪录片最佳纪录片提案，是唯一入围该纪录片节历史题材环节的中国选题，受到法国、德国、阿根廷、丹麦等国家电视台和电视公司的热切关注，并与多国达成联合制作、节目销售、欧洲地区代理等合作意向。科教频道代表的主题发言《中国纪录片的新机遇》引起同行关注。

2013年11月，科教频道作为独家战略合作伙伴参与中国（广州）国际纪录片节的组织工作，面向国内外发布《中央电视台科教频道纪录片项目生产及播出合作方法》。节展期间，科教频道共与国内外业界签署了25部、涉及总预算近1.4亿元人民币的纪录片合作意向，题材涵盖自然、科技、历史、社会等各个领域。节展上，科教频道举办了“平等合作、创造未来”的主题推介活动，重点推介《天河》《水脉》《茶叶之路》《深潜》《孔子》等纪录片项目，受到巴西电视台、韩国广播公司（KBS）、日本富士电视台的关注；科教频道选送的纪录片《王品兰移民记》《北京凹头蚁》分获当届节展“金红棉奖”最佳制作人奖和最佳摄影奖；频道参与本次节展国际市场预售的纪录片提案《茶叶之路》《深潜》和《十三棍僧》冲入2013中国（广州）国际纪录片节“十大最具国际销售潜力的纪录片预售方案”，德国、法国、意大利等多国电视台对提案项目高度关注；频道选派的中青年骨干在节展“记录之路”国际培训活动中表现出色，创作的培训作品《最后的末班车》《静静的麦香》获得国际纪录片制作人的一致肯定。

（科教频道提供）

《中国汉字听写大会》体现文化担当

2013年，中央电视台科教频道大力开拓节目品种创新和生产机制创新，引入实力制作群创意团队及其本土原创版权，以“书写的文明传递、民族的未雨绸缪”对应汉字书写的文化传承责任，打造全新节目《中国汉字听写大会》，使文化题材电视节目产生重大社会影响。

在中央电视台、国家语言文字工作委员会的支持下，《中国汉字听写大会》有效地调动了全国各地中学生的参与，并在社会上掀起了广泛的汉字学习热潮。大会邀请来自全国31个省、自治区、直辖市以及在中国大陆受教育的港澳台学生160人，组成32支代表队，以独特竞赛形式构成多场紧张精彩的晋级竞赛框架，制作成时长为120分钟的13期电视节目，在中央电视台综合频道、科教频道同时首播。13期节目不重复计算的总收视人口超过6.8亿，总决赛全国平均收视率2.6%，全国排名第一，助推科教频道从上星卫视频道全国排名第33位跳升至第13位。节目播出期间，长期居于网络微博热门话题榜首，总决赛的网友热议超过293万条，搜索词条接近1千万条。

《中国汉字听写大会》创造了汉字听写竞赛电视节目化的视听解决方案，成功建立了深度文字知识传播的方式，使电视节目得以承担文化传承使命。该节目受到党和国家领导人的充分肯定和多次批示。

（科教频道提供）

“科技盛典——CCTV年度科技创新人物推选活动”传播正能量

“科技盛典——CCTV年度科技创新人物推选活动”是中央电视台和中国科学院共同发起，联合科学技术部、教育部、中国工程院、中国科学技术协会、国家自然科学基金委员会、国家国防科技工业局共同举办的年度科技媒体行动，是中央电视台继“感动中国”、“中国年度经济人物”、“体坛风云人物”后在科技宣传领域开掘的又一个国家级特色年度人物推选活动品牌。《科技盛典——CCTV年度科技创新人物颁奖典礼》由科教频道负责制作，2013年12月29日在科教频道播出。节目以“科学、创新、致敬”为主题，巧妙运用十个关键词，配合节奏明快的电视小片，串联总结百姓关注的年度重大科技事件，权威发布中国年度十大科技创新人物和团队，带领观众感受科技创新未来的巨大效益。在颁奖现场，每位获奖人以演讲的方式生动讲述自己的科学中国梦，充分展现了年度科技创新成果和科学工作者智慧、风趣、自信的风采。《科技盛典》在梳理总结国家年度科技创新成就的同时，用生动的方式告诉观众，科技创新与进步与百姓生活息息相关，与国家富强密切相联，科学家团队的实干和奉献精神，成为用科技托举中国梦的有力样本。该节目被中国科学院官方微博评价为“年底最强正能量节目。”

（科教频道提供）

《发明梦工场》助推科技创业梦

《发明梦工场》是科教频道在2013年创新推出的国内首档科技发明真人秀节目。该节目集科技创意、工程实践、商业实战和励志人生为一体，旨在推动民间发明人与投资市场对接，帮助民间发明人通过电视平台实现科技创业的梦想。2013年的《发明梦工场》共吸引到70亿元人民币的投资额，直接促成风险投资将近6亿元。2013年《发明梦工场》共13期，每期100分钟，呈现五大创新亮点：一是科技真人秀的节目形态填补了国内科技发明类电视节目的空白；二是为草根发明提供展示平台；三是兼顾创新性与实用性；四是富有教益性和启发性；五是强化选拔选手环节，保证节目真实与质量。

（科教频道提供）

《平安中国2013》宣传报道规模空前、效果显著

《平安中国2013》的宣传报道工作，是社会与法频道贯彻落实习近平总书记对政法工作重要指示、切实落实中宣部“走转改”精神的一次重要实践活动。媒体行动期间，社会与法频道紧紧围绕“放飞平安心愿、共筑平安梦想”主题，聚焦全国各地平安建设中的新思路、新举措、新典型，在报道内容和报道形式上力求创新，取得了良好的宣传效果。较之以往，此次宣传报道的创新有：

一是集电视、平面和网络媒体之合力，联合中央、地方37家电视台，宣传规模空前。此次宣传报道改变过去电视、平面媒体、网络各自为战的做法，由中央政法委、中央综治办策划，社会与法频道与中国广播电视协会法制节目委员会及全国各省、自治区、直辖市的电视媒体、平面媒体、网络媒体共同参与，宣传规模在全国政法宣传领域尚属首次；电视报道工作由中央电视台社会与法频道牵头，联合全国36家地方电视台法制专业频道和栏目，统一策划，资源共享，形成报道合力，从2013年5月26日到12月，在全国电视荧屏上形成了多层次、多批次、系列化的报道热潮。

二是报道内容丰富、形式多样，宣传效果喜人。在报道的内容和节目形态上，本次报道活动在坚持主题要鲜明的前提下，力求报道角度、报道形式的多样化、鲜活化，特别是增添了社会与法频道相对缺乏的高端访谈内容，以较为严肃的视角关注社会管理创新；在报道的具体内容方面，既有高屋建瓴的权威观点，也有温馨感人的平民故事，先后通过20集系列专题报道、系列公益宣传片展播，以及大型专题节目《平安·法治·中国梦》等多种形式，展示了平安中国、法治中国的建设历程与耀眼成绩。

（社会与法频道提供）

中央电视台“首届全国少儿京剧电视大赛”成功举办

中央电视台戏曲频道于2013年春夏季成功举办了首届“全国少儿京剧电视大赛”（以下简称“少京赛”）。该赛事受到了亿万观众的瞩目，据统计，平均每13个中国人中就有一位收看了“少京赛”，创下了戏曲频道收视之最。大赛直播期间，带动了戏曲频道暑期整体收视不断攀升，连续四周进入全国卫视前20名，其中，戏曲频道最高收视份额进入全国卫视第14名，创戏曲频道开播以来最高纪录。决赛直播最高收视份额达1.17%，平均收视份额达0.99%，比频道常规同时段提升了170%。

首届“全国少儿京剧电视大赛”于2013年4月启动报名，截至8月29日总决赛结束，历时5个月。大赛分为专业组、少年组、少儿组和团体组四个组别，参赛选手年龄为3～15岁。本届共有1000多名选手参赛，180名选手进入决赛，经过三轮22场次激烈角逐，10名选手和3个团体喜获金奖，20名选手和3个团体捧得银奖。“少京赛”在全国暑期掀起了一轮“少儿京剧热”，吸引了众多青少年关注京剧艺术。据统计，

CHINA CENTRAL TELEVISION YEARBOOK

全国收看大赛的观众累计超过 4 亿人。

一、内容为王，京剧在节目中占绝对比重

本届“少京赛”坚守“弘扬民族文化、传播国粹艺术”的主旋律，对所有参赛选手的晋级评价都以其现场京剧表演为主，由京剧专家进行现场专业点评、指导，比赛中，“规范细致”的少年专业组、“萌意十足”的少儿组、“异彩纷呈”的少年业余组，均呈现出了各自的独特风格。选手的参赛曲目不仅涵盖生、旦、净、丑的经典文武戏的各主要流派，而且还演绎了一些不常见的流派和剧目。这些都使得“少京赛”在暑期众多节目中独树一帜，赢得了戏曲界、新闻媒体和电视观众的广泛赞誉。

二、剧组尊重“童真童趣”，对小票友的投入专业周到

本次“少京赛”最大的特点就是童真童趣。这种童真童趣与京剧的魅力结合在一起，就产生了收视的能量。承办此次大赛的戏曲频道特别节目组请来了来自专业剧团的京剧乐队、化妆及为小朋友配戏的“龙套”。在专业的艺术氛围下，画上油彩、扮起戏装的儿童们俨然一个个京剧小精灵。3 岁小朋友念着丑行的《报灯名》，观众直呼“萌得心都融化了”；5 岁儿童展现韵味十足的铜锤花脸，令人惊叹。有观众把“少京赛”和其它选秀对比，“呼吁大家在追看好声音、梦之声、快男等选秀时，也能关注一下‘少京赛’，这里没有虚假没有炒作，学戏的孩子不容易，一招一式都是真功夫，他们是今后京剧戏迷基础的生力军”。

三、全媒体宣传，提升大赛影响力

《人民日报》、新华社、《光明日报》、中央电视台等主流媒体和新浪、搜狐、网易、腾讯四大门户网站在内的 100 多家媒体对首届“少京赛”进行了报道。《中国京剧》、中国戏曲网等专业媒体还对大赛进行了深度解读。《人民日报》政治文化部主编两度在直播现场发言，赞誉中央电视台对传统、对儿童的关注。

戏曲频道官方微博和中国网络电视台直播了所有海选和比赛实况，扩展了频道直播资源。大赛微直播期间，每天有 700 多条微博留言。22 场直播中，每场都安排了主持人和监审组对网络声音进行回应。决赛期间，活动官网专题独立访问人数达到 34.23 万，页面浏览量 361.68 万次。

首届“少京赛”的成功举办不仅弘扬了京剧艺术，还打消了人们对于京剧这一传统艺术不能吸引新一代的成见和担忧。“少京赛”将每四年举办一次，和已有的“全国青年京剧演员电视大赛”、“全国京剧戏迷票友电视大赛”、“全国戏曲院校京剧学生电视大赛”形成戏曲频道每四年一轮回的固定年度品牌赛事，承担国家媒体的社会责任，弘扬国粹，传播正能量。

（戏曲和音乐频道提供）

2013 年中央电视台首次举办西班牙语、法语大赛

2013 年，中央电视台举办了两项全国性的小语种比赛，分别是首届中央电视台西班牙语大赛和首届中央电视台法语大赛。两项赛事创造了多项第一：中央电视台首次举办全国性小语种比赛；西班牙语国际频道、法语国际频道创办以来首次组织如此规模巨大、人数众多的重点项目；中国西语界、法语界人才首次在国际电视舞台上集中展现他们的智慧和才华。两项赛事获得了媒体高度关注，引发评论热议。

一、首届中央电视台西班牙语大赛

首届中央电视台西班牙语大赛从 2013 年 3 月开始筹备，6 月在北京举行启动仪式。大赛分别在北京、上海和网络设有三场海选活动，最终选拔出 20 位选手晋级 10 月在中央电视台新址录制的总决赛。11 月 15 日至 12 月 6 日，决赛的四场比赛陆续在西班牙语国际频道和央视网播出。大赛自筹备伊始就获得了海内外媒体的高度关注。西班牙国家电视台、电视五台、电视三台、埃菲社、秘鲁《商报》、哥伦比亚《观察者报》等众多国外媒体争相报道此次大赛，中央电视台新闻频道和《新闻联播》栏目也相继播出大赛海选和决赛新闻。许多西班牙语国家的观众都能在电视、网络媒体上看到比赛的精彩画面和比赛新闻。

大赛为频道拓展自身资源，扩大在海内外西语界影响力发挥了重要作用。通过大赛，西班牙语频道与全

国70余所西班牙语院校建立了直接联系，既保证了优秀选手的供应，又为未来的深入合作和人才交流打下基础。央视网、智联招聘、秘鲁使馆、西班牙塞万提斯学院以及知名外语学习网站“沪江网”积极与频道合作，为大赛的推广和奖项设置提供了有力支持。

通过此次大赛的社会化实践，西班牙语频道从中汲取了大量的宝贵经验，在碎片化视频信息、网站建设、微博宣传、商业机构合作等方面做出了有益尝试。

二、首届中央电视台法语大赛

2013年6月20日，中央电视台首届法语大赛启动仪式在梅地亚中心举行。大赛旨在激发中国人学外语的热情，推动对外交往，服务于国家的改革发展和经济建设，同时也力图丰富外语频道节目，扩大法语频道的影响。大赛将消息发布至全国90多所开设法语专业的院校、数十所培训机构以及国内主要的法语用人单位。大赛还特别开通法语大赛官网和网上报名系统，通过微博等媒体对赛事进行推广宣传。经过武汉、广州、上海、北京以及线上赛区的选拔赛，数百名报名选手经过语言水平、舞台表现等多方面考核，展示了全面的才艺，并与评委进行现场互动，最终决出30名法语高手入围总决赛。2013年12月初，在中央电视台新址经过4场激烈争夺，产生最后的冠军。法语国际频道新媒体平台对比赛进行全程图文直播，期间网民点击阅读累计数十万次，热心粉丝积极参与互动、转发并评论。

（外语频道提供）

特别节目《大界河》在中俄电视台同步播出引发强烈反响

在2013中俄旅游年框架下，中央电视台俄语国际频道联合俄罗斯五家电视台——伊尔库茨克AIST电视台、阿穆尔州电视一台、全俄国家广电阿穆尔州分台、哈巴洛夫斯克Gubernia电视台、全俄国家广电符拉迪沃斯托克分台，共同策划、联合拍摄、同步播出8集系列报道《大界河》，讲述普通中俄百姓的真实故事，展现黑龙江两岸壮美风光和多彩民俗，表达“国家有界、友谊无界”的主题，将中俄两国在经济、社会、文化等方面的发展状况和交流成果客观真实地展现给俄语地区观众。节目于2013年10月在俄语国际频道以及俄罗斯五家合作电视台播出后引起了强烈反响，得到俄罗斯媒体同行和观众的高度赞扬和一致肯定，片中体现的中国视角和观点引人注目。俄罗斯五家电视台均表示，希望能以《大界河》为契机和开端，与俄语国际频道开展更加广泛和长期的合作。

（外语频道提供）

2013年庆祝五一国际劳动节专题文艺晚会圆满成功

2013年4月26日晚，由全国总工会主办、中央电视台承办的《“中国梦·劳动美”——2013年庆祝五一国际劳动节专题文艺晚会》在北京工人体育馆圆满录制，并于5月1日晚在中央电视台综合频道播出，收视率为1.77%，收视份额为4.96%。来自全国各地的劳动模范、先进工作者现场观看了演出。首都社会各界人士和3000多位职工代表在庄重恢宏、荡气回肠的歌声中，共同演绎了一曲劳动者的豪迈乐章。

一、晚会紧扣“中国梦·劳动美”的鲜明主题，气势恢宏，唱响主旋律

晚会以“中国梦”为关键词，以“寻梦中国”、“筑梦中国”、“圆梦中国”作为篇章架构，讴歌了中国劳动大军践行中国梦的伟大实践，艺术地再现了中国道路、中国精神、中国力量的核心价值。晚会中劳动模范、普通职工真正成为舞台的主角，在全国劳模代表徐虎、李素丽、孔祥瑞、许振超、胡志强、李刚、朱雪芹领唱的歌曲组合《咱们工人有力量》中拉开帷幕，廖昌永、殷秀梅、阎维文、谭晶、孙楠、胡彦斌等歌手分别深情演唱了展现当代工人风采的歌曲，歌颂了“劳动光荣、创造伟大”的精神。晚会以令人耳目一新的节目内容和表演风格，唱响了劳动光荣的时代主旋律，传递了接力奋斗的正能量。晚会演出现场通过台上演员的激情演绎与台下职工方阵的演出互动，营造出激昂、大气的热烈氛围，引起了全场观众的强烈共鸣。

二、以创新精神为指导，编排新颖、亮点纷呈

2013 年的五一晚会在节目样式、串联方式、节目编排等方面与往年相比均有所突破。晚会重点打造了三个情景表演节目，通过对当代罗阳、孙波、阿拉善拐子湖气象站 6 位工作人员鲜活典型事例的提炼，采用虚实结合及无缝衔接的方式，以角色扮演、情景讲述、话剧表演等方式立体呈现，形成篇章的主要精神架构，充分讴歌了各行各业劳动者践行“中国梦”、解读“中国梦”、拥抱“中国梦”的感人壮举，升华了“咱们工人有力量”这一恒久主题。以艺术的手段再现了中国道路、中国精神、中国力量的核心价值。演出现场 3D 视频与节目内容有机结合，场景转换营造多维空间，与舞台美术形成有力的视觉互补。

三、社会反响积极热烈，获各级领导和观众广泛好评

晚会的成功举办，得到了中共中央政治局、全国人大常委会、中华全国总工会等各级领导同志的高度赞扬和充分肯定。晚会播出后，获得了各大媒体和社会各界的广泛好评。观众普遍反映，晚会气势恢宏、形式新颖、节目精彩、制作细腻感人，是近年来水平最高的一场五一晚会。

2013 年全国大学生校园文艺会演成功举行

2013 年 5 月 4 日晚，由中宣部、教育部、共青团中央主办，中央电视台承办的《五月的鲜花——我们的中国梦》2013 年全国大学生校园文艺会演在中央电视台成功举办，共有来自清华大学、中国人民大学等 58 所高校的 1500 多名学生参加晚会演出。中央电视台综合频道和中国网络电视台对晚会进行现场直播，综艺频道当晚重播，并引发社会各界的广泛关注和积极评价。截至 5 月 5 日，晚会专题多终端累计页面访问量（PV）达到 2683.5 万页次，累计独立用户（UV）达 241.7 万人，晚会当晚视频直播最高同时在线 16 万人，晚会微博“粉丝”数达 21648 人，相关话题 20 万条。

一、主题明确、立意深刻、内容丰富、亮点频出

《五月的鲜花》作为“五四”青年节的一大品牌节目，已经在中央电视台成功举办两届，受到广大电视观众尤其是学生群体的喜爱和赞扬。2013 年的晚会以“中国梦”为主题，由序曲《五月的鲜花》、第一篇章《传承中国梦》、第二篇章《美丽中国梦》、第三篇章《青春中国梦》、第四篇章《奋斗中国梦》、尾声《我们的中国梦》六部分组成，通过舞蹈、音诗画、合唱、多媒体创意表演等多种舞台呈现形式，集中展现了青年学子在党的十八大精神指引下，遵循中国道路，秉承中国精神，凝聚中国力量，为实现国家富强、民族振兴、人民幸福的“中国梦”而贡献生机勃勃的青春力量。其中，遵义师范学院表演的节目《红色记忆》以当代大学生的视角追忆革命故事，突出“传承中国梦”主题；北京理工大学的《梦的引擎》和中南财经政法大学的《遨游太空》尽情抒发大学生的科技强国之梦，强调了“奋斗中国梦”的主题。

晚会在创作中充分考虑了思想性与艺术性兼具、地域性与民族性兼顾的原则，实现了节目资源覆盖全国各省、市、自治区。同时，还力图在前两届晚会的基础上推陈出新，在彰显主题的基础上展示高超的民族文化技艺，弘扬民族文化瑰宝，促进中外文化交流。另外，晚会首次安排了八位外国留学生登台表演，展现了中国文化的吸引力。

二、贯彻中央“八项规定”，简约而不失国家台风范

中央电视台全面贯彻落实中央“八项规定”要求，积极响应“勤俭办晚会”的号召。一是在高校组织方面，参演的大学生人数较上年减少了近 1000 人，大大降低了组织方面所需的人力、物力及财力；二是在排练期间，充分利用有限的时间和排练场地，大大压缩了排练周期；三是直接使用正在举行的第 15 届全国青年歌手电视大奖赛的舞台美术设计，并结合晚会主题进行微调，充分营造了青春活力的整体氛围；四是号召各参演高校积极倡导节俭之风，短片、视频、服装、道具也采用简单新颖的形式。其中，很多高校突出地区

特色自制道具，不仅节约了成本，而且尽显地域特色，表现了年轻人的创造力和灵动机智。

三、强化宣传推介意识，提升宣传推介效果，增强品牌影响力

在晚会的宣传推介方面，中央电视台认真总结往届的成功经验，在实现传统媒体全面覆盖的同时，充分发挥新媒体平台的优势，宣传推介效果较2012年上了一个新台阶。首先，组织中央电视台内相关部门与搜狐网、人民网建立全面联系，制订出详细的新闻报道计划，搭建网络专题页，增加宣传片户外移动屏的投放频次；同时，启动晚会新浪微博和腾讯微博、微信，全面报道晚会动态消息，并分别策划出“晚会亮点”、“招募大学生主持人”、“新增抗震节目”、“直击一号厅”、“节目单先睹为快”、“五月的鲜花明年见”等主题在互动平台发起话题讨论；除新浪网、搜狐网、人民网、央视网等合作平台参与报道外，百度搜索风云榜、凤凰网、酷6视频、土豆网、《今晚报》《北京晨报》《中国日报》等多家媒体也均给予了报道宣传，取得了很好的预热效果。

(大型节目中心提供)

“心连心”艺术团赴阿坝演出
践行群众路线，获得社会各界肯定

2013年7月13日晚，由中央电视台大型节目中心承办的“心连心”艺术团赴阿坝藏族羌族慰问演出在四川省阿坝州茂县成功录制。四川省委、阿坝州委等相关领导出席晚会，灾后对口支援省市代表、少数民族中小学生及阿坝州各界群众等3000余名观众观看了演出。

一、演出主题突出，政治性、艺术性相结合

此次演出以“天地大爱”为主题，通过“爱在路上——家乡之爱”、“爱在身边——民族友爱”、“爱在心里——祖国大爱”三个篇章展示当地群众热爱祖国、感恩全国各族人民灾后支援、不懈追逐“中国梦”。演出氛围热烈、鼓舞人心，展现了阿坝各族人民在党的民族政策指引下取得的发展成就和多民族团结互助的和谐状态。

整台演出节目类型丰富，涵盖歌曲、舞蹈、杂技、朗诵等多种文艺形态，充分展示了阿坝州丰富多彩的艺术风貌和风土人情。主持人穿上当地特色服饰，改变传统主持风格，加强互动与体验，带领观众一同领略阿坝州独特的人文历史和民族风俗。

二、节俭办演出，节目有创新

此次慰问演出严格按照中央“八项规定”要求，坚决贯彻中宣部等五部委提出的关于“节俭办晚会”的通知精神，采取多项举措降低制作成本：一是取消直播形态，改为录制播出，制作精品文艺节目；二是压缩节目经费，简化美术设计和灯光方案，舞台搭建以演出场地实体建筑为背景，展示当地自然风貌；三是杜绝使用气氛道具、减少使用舞台道具，以节目和联欢互动烘托气氛；四是缩减演员阵容、主要演员均表演两个节目，充分表达对观众的慰问和祝福；五是加大当地特色节目和群众表演所占比例，突出“心连心”慰问演出“三贴近”的宗旨。

此次演出的最大亮点在于民族地域色彩突出。阿坝州作为全国唯一的藏族羌族自治州，民族文艺资源丰富。此次慰问集中展示了当地多项非物质文化遗产，藏羌风情浓郁，体现了少数民族艺术风采，为观众呈现了一场民族文化盛宴。其中，首次在电视上播出的杂技舞蹈《羌绣女》以阿坝羌绣为舞蹈语汇，融合了民族舞蹈和杂技空竹，赢得了观众的阵阵掌声。

三、践行群众路线，强化小分队慰问

节目录制前期，中央电视台副总编辑彭健明和大型节目中心副主任周涛落实群众教育路线，先后奔赴坪头羌寨和牟托村，深入基层了解灾后重建过程和少数民族同胞生活现状，通过座谈、走访等方式掌握观众的收看需求和特色文艺资源。慰问演出强化了“小分队”概念，强调“心连心”送欢乐下基层的慰问和

联欢属性，增加了4支探亲小分队，以5位阿坝籍演员“慰问手记“的方式讲述自己回乡探亲的感想和对家乡的祝福。

四、演出获得成功，各界反响强烈

演出结束后，阿坝州州长吴泽刚对晚会给予了高度评价，他认为，此次“心连心”慰问演出主题鲜明、民族特色浓郁、演出氛围热烈，极大地鼓舞了人民群众的信心，是中央电视台落实群众路线的切实体现，演出制作水平展示了国家电视台的标准和风范；在场的观众纷纷表示，演员演唱的歌曲都很“接地气”、“有耳音”，主持风格不同以往，互动性强，颇具趣味。

（大型节目中心提供）

第15届全国青年歌手电视大奖赛圆满落幕

2013年5月22日晚，由中央电视台主办的第15届全国青年歌手电视大奖赛（以下简称“青歌赛”）颁奖盛典在北京举行，标志着持续近两个月的青歌赛圆满落幕。本届大赛共有32场决赛，来自全国40支参赛队伍的120组选手经过激烈角逐，最终评出美声、民族、流行唱法的前五名获胜者以及10个优秀组织单位奖。较之往届，本届大赛决赛代表队数量最多、歌手整体水平高、创新亮点突出、赛制设计合理。

一、发挥主流媒体作用，坚守专业权威定位

中央电视台肩负着引领先进文化的媒体责任，在娱乐选秀节目日趋同质化的今天，青歌赛坚守专业、权威的国家级声乐比赛，倡导积极向上之风，担当大众文化引导责任。

本届青歌赛杜绝“煽情”、“造假”手段，着力展现选手的专业素养以及阳光健康的形象，80%以上的参赛选手均毕业于专业院校。评委集中了老中青三代歌唱家、音乐专家、电视专家和其他媒体专家，一致抵制“毒舌”与“搞怪”形象，只从专业角度点评，有时还亲自示范演唱。为确保评选机制的公平、公正，组委会结合赛制特点，设计了评委轮换、小组抽签及选手得分复议等一系列措施。对此，评委及大赛监审均表示：这种评选机制的革新能够防止不正之风对青歌赛肌体的侵蚀，最大程度地保证大赛的公平公正。

二、赛程赛制创新创优，专业性与趣味性并举

作为一档本土原创的电视声乐赛事，青歌赛始终坚持原创和改革创新，本届大赛在赛程赛制上取得重大突破，实现了电视大赛的创新创优。

在组队方式上，首次加入6支网络队，真正实现参赛“零门槛”，从报名阶段保证机会均等、公平公正。首次组队的网络队与其他省市代表队相比实力毫不逊色，多位网络队选手均获得较好名次。

在赛程设计上，大赛采用“赛期”概念，将32场比赛分为四个赛期，主赛项为演唱，辅助赛项根据赛期不同有所调整。其中，第一赛期综合文化素质考核，较往届手段更灵活、考察面更广泛、娱乐性和趣味性兼具、可看性强；第三赛期的“视唱练耳”考察选手对节奏和音准等声乐基础的掌握，组委会与相关音乐教育部门联合开发设计了一套节奏打击的电子感应设备。比赛进行时，现场的评委和观众们都会自发地和选手一同打拍子，网友称赞此环节富有新意。此外，与往届复赛阶段“整队淘汰”的方式不同，本届大赛复赛中仅在队内淘汰，从而使所有参赛队都有进入决赛的机会，这一举措鼓励了地方团队和选手的参赛积极性，推动全国各地在声乐方面的均衡发展。

“规定曲目”成为本届青歌赛一大关键词，要求美声唱法选手掌握中国歌曲、外国歌曲、经典歌剧片段；民族唱法选手掌握传统经典曲目、各地方传统民歌及经典民族歌剧选段；流行唱法选手有较高的理解作品和二度创作能力。“规定曲目”比赛经受住了舆论考验，不仅选拔出各方面能力出众的优秀选手，更获得业界专家及观众一致认可。

三、深层推进台网融合，拓展“第二屏”影响力

开赛以来，大赛官方网站全程深度参与新媒体宣传推广，取得良好传播效果：利用“一云多屏”多终

端全程同步直播，分发传播1260多条点播视频；深入前方跟踪采访报道，推出"青歌重磅"、"青歌锐观察"等深度专题，原创栏目《单妍访谈录》挖掘120位选手和多位评委的幕后故事，推出5期特别视频策划《青歌"赛"风格》；拓展大型综艺赛事客户端、游戏和彩铃服务等"第二屏互动"渠道。

同时，大赛通过微博、微信和短信平台等新媒体进一步强化与观众互动，有效提升赛事品牌影响力。决赛直播阶段，每天从观众评论中挑选具有代表性的话题，在电视节目中以监审组提问的方式发问，逐一回复后将其做成图文报道发布在微博、微信上，形成电视屏幕和新媒体平台有效互动的良好局面；先后发布"参赛选手跑调情况调查"、"原生态是否取消大辩论"、"评委打分过程图解"、"评委口误订正"等多篇专题，就网民针对赛事过程中的疑虑，一一作出严谨负责的答复，赢得一致好评。

四、媒体和观众反响热烈，对大赛寄予厚望

第15届青歌赛经过一年的改革后全新登场，不仅吸引了大批优秀青年歌手报名参与，也引起广大电视观众关注热情。开赛以来，各类媒体刊发大赛相关新闻、评论超过300余篇，相关文章网络转载近万次。大赛官网访问量7715万页次，微博话题搜索量达672万。《人民日报》《光明日报》、中国人民广播电台、新华网、人民网等媒体全程跟踪报道，刊发评论文章介绍大赛的改革与创新。多家网站为青歌赛设立专题页面，第一时间发布比赛结果。

观众通过各种途径关注比赛。组委会收到观众来信300余封，短信10余万条；有的观众专门为本届大赛写诗、作曲，更有不少观众对青歌赛未来的发展寄予厚望，希望大赛能结合时代发展，多推出新歌，越办越好。

（大型节目中心提供）

中央电视台电视小品和舞蹈大赛凸显高品质、高品位、高品格

2013年9月30日至10月20日，中央电视台相继成功举办第九届全国电视小品大赛、第七届全国电视舞蹈大赛，共吸引了全国五亿观众收看。两大赛事深入践行群众路线，坚持开门办、创新办、节俭办，凸显高品质、高品位、高品格，彰显了国家电视台的权威性和引领性，为繁荣文艺创作、发掘新人、弘扬先进文化做出了重要贡献，赢得了社会各界一致好评。

一、践行群众路线"开门办"，进一步展现百姓舞台艺术魅力

"开门办"是中央电视台电视文艺践行群众路线的具体举措，有效提升了小品、舞蹈两大赛事的社会关注度和影响力。

小品大赛从筹备开始，先后经历了初评、复评两轮评审，邀请了话剧导演、表演艺术家、剧作家、艺术高校教授等30多位业界专家，从来自全国各地的400多部作品中评选出24部作品入围决赛。决赛作品类型多样，题材丰富，包含了曲艺小品、木偶小品、哑剧小品、歌舞小品等多种形式，选题涉及留守儿童、反腐倡廉、邻里关系等内容。深圳参赛队表示，大赛走群众路线，让基层文化工作者得以入围决赛；网友表示，小品大赛节目精彩，演得真实，接近生活，小事件反映大问题大智慧。

舞蹈大赛共吸引了全国32个省市自治区（包括台湾地区）的2100余名演员参加，参赛作品954部，有近三分之一来自基层群众，涵盖艺术院校、文化馆及中小学校、企业、社区、农民舞蹈队和残疾人艺术团，包括藏、蒙、维、朝、回、壮等多个少数民族。同时，舞种齐全，题材丰富，包括群文·少儿、群文·群舞、中国民族民间舞、中国古典舞、芭蕾舞、现/当代舞等六个舞种。观众表示，与以往的舞蹈大赛相比，本届有更多非专业的草根演员，这是真正的百花齐放、百姓的文化大餐。

二、品牌赛事"创新办"，有效强化公平公正专业性

创新是文艺品牌赛事活动得以延续持久魅力的关键所在。两大赛事秉承"专业、权威、国家级"的

定位，在赛程赛制、比赛环节、作品内容、观众多屏互动等方面均实现了创新突破。

小品大赛在原有基础上推陈出新，绽放光彩。一方面，增设个人赛比赛环节成为最大亮点。个人赛包括个人入围赛和个人总决赛。其中，个人入围赛采用淘汰制，通过“角色互换”，要求参赛的两位选手在3分钟内演绎两种对立角色并迅速与对方互换身份，全面考核选手临场应变和角色塑造能力；在个人总决赛中，12名选手通过“画面联想”角逐“五佳选手”称号，要求参赛者在3分钟内表现考题画面中的情景，重在考察选手的表现力、想象力。另一方面，首次设立分组评委，更加专业、科学地对参赛作品和选手进行考量。其中，表演组评委负责对选手舞台表现力、台词基本功以及团队配合等方面做出评判；创作组评委侧重考察参赛作品的立意主题、结构逻辑等元素。

舞蹈大赛在划分6个组别的同时，在评选机制上结合国内外专业舞蹈赛事经验，严格把控评选环节，根据各舞种的不同特点制定了一系列适合不同组别的比赛项目，如少儿舞蹈和群文·群舞设置“舞蹈才艺展示”环节，而其他组别则会有“命题舞蹈小品”、“技巧表演”和“即兴表演”环节。中国舞蹈家协会副主席黄豆豆表示，大赛赛制创新对选手和编舞的考验更加全面，增加了观众的关注点。

此外，大赛创新互动方式调动观众参与热情。其中，10月1日当天，小品大赛二维码页面访客数近3万人，半小时内最高浏览量达8.5万次。大赛直播期间，网络媒体和平面媒体相关报道稿件达200余篇，网络检索量突破400万次。

三、大型活动“节俭办”，充分彰显主流媒体社会责任

本届小品、舞蹈大赛，秉承主流媒体的社会责任，坚持“节俭办”原则，在确保播出安全的前提下，通过巧创意和新技术来实现内容呈现的高品质、画面切换的多变化，取得良好的播出效果。其中，小品大赛不再单独设置直播第二现场，将嘉宾评论席设置在演播室现场，丰富了节目内容，减少了经费支出。同时提高节目资源利用率，通过视频套拍等方式，加大节目和演员的宣传推介，也为观众呈现了台前幕后花絮。舞蹈大赛压缩赛期、减少场次，将往届的10场压缩到6场，集中展示了作品的精华，并压缩奖项，减少名额，将往届的78个压缩到36个，提高了奖项的含金量。

四、不懈追求“三性统一”，赢得社会广泛好评

两大赛事坚持弘扬先进文化，繁荣群众文艺，实现了思想性、艺术性、观赏性统一，获得社会各界一致好评。

围绕小品大赛，演员蔡明表示，近几年小品界面临人才流失和创作萎靡的窘境，本届大赛的举办无疑给新人和基层文艺工作者提供了一个展示和交流的平台，对小品界来说是巨大的鼓舞；网易刊文称，通过大赛设立的原创作品奖，让那些认真搞小品创作的人能够名利双收，能够安下心来写小品，这对于拯救日渐式微的小品无疑是关键中的关键。

围绕舞蹈大赛，中国舞蹈家协会副主席、解放军艺术学院教授左青表示，本届大赛不受当前各种文艺选秀节目的影响，坚持舞蹈艺术的高品位与群众舞蹈健康、向上的娱乐性，体现了中央电视台坚持正确导向、传播先进文化、引领文艺方向的使命感和责任感；中国舞蹈家协会党组副书记、秘书长罗斌评价道，大赛依然延续着参赛者的高端性，评审者的权威性，观赏者的广泛性，参赛作品是近年的精品力作，选手是舞林翘楚，领衔于当今；网友表示，本届大赛体现了一种精神，无论年龄大小，无论身体是否健全，都有舞动的权利，艺术家们展示了他们在实现舞蹈梦的道路上坚实而美丽的脚步，释放了属于青年人的青春正能量。

（大型节目中心、台办公室提供）

“2013年度践行当代革命军人核心价值观新闻人物颁奖活动”成功举办

“践行当代革命军人核心价值观新闻人物颁奖活动”从2009年始至2013年已连续举办5届，共评选

出72个英模人物和先进群体。“2013年度践行当代革命军人核心价值观新闻人物和特别奖”最终评选出11位年度新闻人物和3个先进群体特别奖。颁奖活动在军事·农业频道黄金时段播出。此次当选的践行当代革命军人核心价值观新闻人物是从《军事报道》栏目“当代军人”专栏播出的50多个全军各条战线的先进典型中，经过网上投票和专家评选等环节评选出来的。乐焰辉、刘铁桥、朱德荣、降巴克珠、拉巴次仁等获此殊荣。空军试飞员群体、海军某潜艇基地官兵群体、国防科技大学北斗卫星导航青年创新团体荣获2013年度践行当代革命军人核心价值观先进群体特别奖。

（军事节目中心提供）

大型历史文献纪录片《苦难辉煌》提升军事节目品牌价值

2013年5月8日，由中共中央党史研究室、国防大学、军事节目中心联合摄制的大型历史文献纪录片《苦难辉煌》首映式在人民大会堂举行，出品单位领导、中央电视台领导、投资方代表，以及党史、出版、文化界的专家学者及首都新闻界代表200多人出席了首映式。12集历史文献纪录片《苦难辉煌》成功再现了中国革命的艰辛历程。该片根据国防大学金一南教授同名著作改编而成，重点刻画了中国现代史上，从大革命失败到土地革命战争兴起，从第五次反“围剿”失败到抗日战争兴起的两次历史性转变，多维度、宽视野、全景式地再现了中国共产党团结和带领人民英勇奋斗的壮丽征程和革命精神。该片自5月13日起在综合频道晚间《魅力·纪录》栏目首播，军事·农业频道、纪录频道分别从5月20日、5月27日起重播。《苦难辉煌》获得多项国内大奖，使军事节目品牌价值进一步提升。

（军事节目中心提供）

“八一”晚会《我是一个兵》播出受赞誉

为庆祝建军86周年，军事节目中心“八一”特别节目《我是一个兵》晚会于2013年8月1日在军事·农业频道黄金时段播出，并首次在综合频道晚间时段同步播出，节目收视率达0.51%，创军事电视文艺节目收视历史新高。中央电视台先后在CCTV–1、CCTV–3、CCTV–7、CCTV–8、CCTV–13对晚会进行跨频道宣传，《人民日报》、新华社、《解放军报》等媒体对《我是一个兵》给予了充分报道。节目播出后，受到社会各界的普遍赞誉。观众认为晚会以绚丽的舞台、昂扬的情绪、战斗的气氛，生动诠释了“听党指挥、能打胜仗、作风优良”这一强军目标，给人们留下了极为深刻的观赏印象，唱响了“强军梦”；官兵们普遍反映，晚会在军人的节日里，在属于自己的舞台上，向全军战友和全国观众展现了“召之即来、来之能战、战之必胜”的战斗精神。

（军事节目中心提供）

军事节目中心节目联席制度稳步推进、成效显著

为加强节目整体策划能力，实现栏目之间的整体联动，军事节目中心从2013年8月开始推行晚间节目联席制度。《军事报道》《军事纪实》和《军旅人生》3个栏目按照联席会议确定的主题，先后围绕“全民国防教育日”、“使命行动——2013”跨区机动演习、党的群众路线教育实践活动等选题开展节目制作和联动，形成了《军事报道》关注新闻动态、《军事纪实》挖掘背后故事、《军旅人生》关注人物命运的良好格局，三个栏目既相互区分又相互补充，实现了节目制作编辑的整体联动。

（军事节目中心提供）

中央电视台2013《直通春晚》完美收官

为更好地贯彻落实"开门办春晚"的要求，根据国家新闻出版广电总局的部署和要求，自2013年11月16日至2014年1月18日，中央电视台综艺频道创新筹办2013年《直通春晚》特别节目，包括新疆生产建设兵团在内的全国32个省市自治区广电总局代表队参赛，在全社会强化了中央电视台的自主原创品牌，为2014春节联欢晚会选拔了节目，并做到提前预热，一举多得，全面多赢。

一、十场直播安全精彩，创"开门办春晚"历史之最

2013《直通春晚》在2012年九场直播的基础上增加到了十场直播，参赛队伍也由去年的12支代表队增加到了32支代表队，涵盖了全国各地最具特色、最有代表性的节目，多个非物质文化遗产节目被搬上了舞台。网友表示：看《直通春晚》就好比是经历了一次"文化之旅"，足不出户便将祖国的优秀文化尽收眼底，甚是壮哉。

2013《直通春晚》的十场直播分"综艺节目展演"和"歌唱类选拔"两个板块。前一板块由包括新疆生产建设兵团在内的26支省级参赛队伍参与，带来了舞蹈、小品、相声、杂技、歌曲、陕北说唱等众多形式的综艺节目，最终广东代表队选送的杂技《春花烂漫》、青海代表队选送的藏族伊舞《雪域欢歌》、宁夏代表队选送的舞蹈《花儿与少年随想》、新疆代表队选送的节目舞蹈《打起手鼓唱起歌》四个节目顺利获得了"2014马年春晚彩排邀请函"。"歌唱类选拔"板块则由来自浙江代表队的李琦、湖南代表队的华晨宇、北京代表队的肖懿航、广西代表队的汪小敏四位歌手夺得了"春晚入场券"。

2013《直通春晚》共向春晚剧组输送了优秀节目、人员8组，加上《我要上春晚》年终总决选获得春晚彩排邀请函的7组选手，2013年《我要上春晚》栏目组共向马年春晚输送了15组优秀人才，刷新了《我要上春晚》开播以来的单年输送优秀节目数量。

二、深入落实"节俭办晚会"要求，创新呈现高品质

本次《直通春晚》深入落实"节俭办晚会"要求，舞台继续沿用上年的老舞台，并从服、化、道等各个方面进行节俭，但是丝毫没有降低节目的呈现品质。在已有的条件下，栏目组着重从舞台灯光、大屏幕视频、在线虚拟等方面入手，为每个节目量身定做了完全不一样的舞台呈现效果。十场直播共制作了100多个视频背景图案、30多个在线虚拟包装场景，使整档节目在节俭的基础上呈现出了一流的舞台呈现效果。同时，栏目组积极创新节目的选拔赛制，确保精彩呈现。其中，综艺节目采取"分场次分数排位"的方法选拔，歌唱类选拔方面则采取"排位赛"和"挑战赛"相结合的方式，使整档节目节奏紧凑，环环相扣，与舞台呈现相得益彰，达到了1+1>2的效果。

三、全媒体宣传，刷新多项新高

本次《直通春晚》联合台内总编室、新闻频道《新闻联播》及《朝闻天下》、2014春晚宣传组、CNTV、《人民日报》《光明日报》、新浪、腾讯、搜狐、人民网、网易等诸多台内外资源，实现了一云多屏、全媒体联合发力的宣传态势。从节目开播到结束，中央电视台新闻频道每周不间断对节目进程进行采访报道，形成了"新闻联播预告、朝闻天下总结"的良性互动循环模式，同时总编室协调了地铁、移动传媒、公交站牌等宣传资源配合补充，起到了很好的宣传效果。

本次直播节目网络活跃度显著提高。截至2014年1月18日24时，CNTV官网的点击率就超过了5亿次，二维码扫描超过300万人次，参与网络投票互动的人数超过千万次，刷新了中央电视台同类型节目网络参与数据的多项纪录。腾讯网（腾讯娱乐、腾讯视频、腾讯新闻客户端）每周至少3次焦点图、首页新闻推荐，网络点击率合计1500万次，共发稿30余篇，AIO弹窗到达人数每期过亿。新浪微博每周直通春晚话题都会进入"热门话题排行榜"，歌手选拔板块启动以后，每晚微博直播参与互动的人数都接近10万次，单条微博转发率多次突破5000条。

四、落实十八届三中全会精神，推进文化体制机制创新

十八届三中全会明确了把"推进文化体制机制创新"作为一项重要任务，为进一步深化文化体制改革指明了方向。本次《直通春晚》切实响应"开门办春晚"的号召，积极创新呈现形式，对春晚节目选拔

模式进行了前所未有的“改革突破”，实现了从电视台之间各自关门较劲，到打开大门互通有无；从争抢有限的优质资源，到分享、共享这些资源；从组织全台精英办春晚，到调动各台精华进春晚，再到汇聚全社会最优质资源一起来办春晚。

首期节目播出后，《人民日报》刊载评论员文章，对节目的创新性意义进行了高度赞扬，指出：《直通春晚》很好地实现了优质文化资源的全国流动，营造了一个充满积极含义的文化发展新局面。它的受益者，不仅是参与其中的中央电视台及各省电视台，也是那些优秀的职业艺术家和带着梦想的普通人，更是电视机前来分享年夜大餐的亿万观众。

（综艺频道、台办公室提供）

《舞蹈世界》栏目深入老年公寓开展送文化活动

2013 年 12 月 28 日，综艺频道《舞蹈世界》栏目组织社会各界力量，一起走进北京市朝阳区康梦圆国际老年公寓，开展舞蹈家与敬老院老人、北京义工联盟志愿者、大学生“手拉手”结对子、下基层送文化活动。期间，来自中国舞蹈家协会、中央戏剧学院、北京舞蹈学院等专业机构院校的专家、教师和舞蹈家等，为老年公寓的老人带去精彩的演出及节日的问候；舞蹈学院的大学生与老年舞蹈爱好者、少儿舞蹈演员，把对生活的热爱传递给现场每位老人；平日帮助老年公寓老人的北京义工联盟的志愿者们也奉献了精彩的歌曲；中国舞蹈家协会“百姓健康”金牌教师把简单易学、强身健体的舞蹈动作现场教授给老人们。老人们也向栏目组赠送了“我们的中国梦”书法作品，并感谢社会各界对他们的热切关心。该活动作为中央宣传文化部门元旦春节期间“我们的中国梦”文化进万家活动的一部分，旨在动员和组织广大艺术家和文艺工作者，走近基层，为基层群众奉献更多喜闻乐见的文化作品，帮助艺术家与群众结成“手拉手”对子，以丰富基层群众的文化生活，营造团结奋进、欢乐祥和的节日氛围，汇聚实现“中国梦”的强大合力。

（综艺频道提供）

中国网络电视台建设全国网络公益广告制作中心，开拓公益宣传新阵地

2013 年初，中共中央宣传部、中央文明办、外宣办等六部委联合下发《关于深入开展“讲文明树新风”公益广告宣传的意见》，依托中国网络电视台设立“讲文明树新风”全国网络公益广告制作中心。中国网络电视台高度重视，迅速行动，举全网之力办好公益广告。

1. 拓展创作思路，创新工作方法

以“中国精神、中国形象、中国文化、中国表达”作为创作之魂，将中国优秀民间艺术形式运用到公益广告创作。截至 2013 年底，中国网络电视台已收集 36 个地区的 8 种民间艺术素材 9000 多个，创作了平面、手机、展板、围挡、LED、遵德守礼提示牌、户外广告灯箱七类 36 种规格共近 3400 多个公益广告作品。此类公益广告作品既有传统文化特色，又富有时代气息，受到社会公众的欢迎。

2. 发挥媒体优势，创造传播纪录

当前，“讲文明树新风”公益广告作品已在中国网络电视台首页长期以同名网上栏目进行发布，并在《人民日报》《光明日报》等千余家期刊报纸刊发；在人民网、新华网等 100 多家网站刊登；在天安门广场、首都国际机场等地标性、枢纽性地点刊播；以建筑围挡等形式，在全国城市形成户外立体覆盖。2013 年 6 月 18 日，中国网络电视台开通全国网络公益广告作品通稿库，无偿提供给全国 300 多个城市和 300 家媒体下载使用。此外，向武汉交通系统提供 6 种规格的视频短片 15 个，总时长计 45 分钟，供武汉地区的公交播放终端来播出。

3. 成立创作组织，建设发布平台

2013 年 10 月 25 日，中国网络电视台在北京举行

全国首个公益广告组织——公益广告艺术委员会成立仪式，汇聚了一大批知名艺术家、非物质文化遗产传承人、优秀民间艺人和广告业界专家参与公益广告精品创作；为打造全国性的公益广告发布平台，中国网络电视台发动全网力量，推进浙江嘉兴试点城市建设工作，为嘉兴设计1200幅路路通公益广告作品，11月16日，“讲文明树新风”公益广告发布平台在嘉兴试点初步建立成功，意味着该系列广告有了自己的发布终端。

4. 做好公益报道，组织相关评论

2013年4月初启动网络视频公益广告大赛，征集到130部作品后，组织专家对入围公益广告进行评审，最终评出12支优秀的公益广告作品，并在成都举行了颁奖仪式；自8月30日起开设网上栏目《公益广告艺术讲堂》，邀请天津泥人张彩塑、天津杨柳青年画等12个艺术门类的13位民间艺术家做客CNTV；利用公益广告微博平台，发布推荐公益广告作品的微评论，组织公益广告评论员队伍，发布40余篇评论文章。

5. 探索视频创作，丰富作品形式

通过视频再创作，尝试运用二维、三维动画技术，让平面公益广告作品动起来，使展现形式更加生动，达到传播效果最大化；与制作公司合作，开展公益视频广告主题创作，制作《勤俭》《诚信》《敬业》等公益广告视频。

（中国网络电视台提供）

“熊猫频道”打造对外宣传和国际传播新品牌

2013年8月6日，中国网络电视台“熊猫频道”上线。该频道通过在成都大熊猫繁育研究基地内架设的32路高清摄像头，向用户提供大熊猫日常起居等情况的视频直播，并为每只大熊猫建设互动社区和粉丝圈，开发移动客户端，进行多终端、多语种的传播，通过直观展示和充分互动让全球观众感受人与自然和谐共处的美丽中国，用文化的内涵传播中国声音。

“熊猫频道”创建以来，已覆盖2000万受众，社区注册用户2万名，直播评论40万条，其中，来自海外的访问量占40%。“熊猫频道”推出以后，引起海外主流媒体普遍关注，频道在Facebook等海外社交平台上发布的内容也获得数万网友的称赞。在2013年11月“首届中国网络视听大会”上，“熊猫频道”荣获“2013网络视听行业年度创新典范”、“网络视频十佳品牌栏目”等奖项，在媒体创新方面成为国内业界的亮点，主要体现在市场定位、载体形式、传播手段、资源整合、舆论引导诸方面。

一、“熊猫频道”创新资源整合方式，有效提升中国传播舆论影响力

在平台构建上，“熊猫频道”由中国网络电视台与成都大熊猫繁育研究基地合作，以国宝大熊猫为主要视频资源，以互动直播、点播、纪录片、图片等节目为特色内容，成为集网站、社区、社交媒体等多种传播手段于一体的主题新媒体集群，包含中、英双语，以全球唯一大熊猫主题社区网络频道为载体，肩负了传播中央电视台新闻、发展中央电视台在新媒体领域国际形象的历史使命。

2013年7月29日，在试播期间直播页面的访问量超过了17万人次，上万名网友在“熊猫频道”同时观看直播，当日累计网络留言超过2万条。“熊猫频道”通过协调央视网与新浪、腾讯微博账号转发频道，实现与受众的实时互动以及观众之间的社交沟通，被美国有线电视新闻网(CNN)、《华尔街日报》《印度时报》等境外主流媒体所热评。

“熊猫频道”上线伊始就定位于新媒体直播，这是一种全新的电视全媒体展现形式。该频道整合中、英文网站、社区和手机客户端等产品的主要功能和特点，以“熊猫频道”为原点，利用高清直播技术和全球分发能力，打造更多新媒体原创精品，开发具中国特色和吸引力的产品，打造“直播中国”平台。

二、“熊猫频道”实现了媒体内涵、技术的整一性，有力提升中国传播媒体品牌创新力

在中国传媒建设历史上，“熊猫频道”首次实现了视觉形象传达、内容载体构建、传播技术手段整一性的创新。

1. 视觉形象传达更集中

“熊猫频道”采用特有的中国符号——大熊猫作为CI视觉识别，在其所表达的文化内涵中强化了中国的精神要素、语言和象征符号，使自身以形象、简约、

极具中国特色的方式从形式多样的传播平台中突显出来，有利于世界各国人民对这一新媒体的认识和记忆。

2. 媒体内容突出中国元素

“熊猫频道”以创新媒体内容为其传播竞争力的主要体现形式。在媒体内容定位上，它以中央电视台贯彻落实党的十八大关于推进生态文明建设的战略部署和中央外宣办关于加强野生动物保护宣传精神为指导，以发挥新媒体技术和平台优势为特色，以联结全球熊猫爱好者和中华文化建设者为途径，以展示中央电视台新的国际舆论影响力为使命，使电视与网络产生互联、电视受众与网民产生互动，以期实现全媒体时代新闻传播和舆论引导的新形式。“熊猫频道”自2013年8月初推出以来，引起海外主流媒体普遍关注。美国全国广播公司（ABC）《今日》（《TodayShow》）栏目、美国有线电视新闻网（CNN）、彭博社等近百家国外主流媒体都对该频道进行了大量的正面报道，称此举提升了国家整体的“软实力”，向全世界传递“和平、友爱、更多公众利益”的理念。

3. 传播技术手段强化现场感

强调现场和直播是当前电视节目探寻突破的主要手段。“熊猫频道”通过28路高清摄像头，面向全球互联网用户提供全天候、多终端的以大熊猫为主要内容的直播服务，多机位向全球互联网用户提供大熊猫日常起居、繁育、娱乐等情况的近距离视频直播，展现真实、可爱的大熊猫及其保护情况，使“熊猫频道”的传播更加立体、更接地气。网站在重点位置通过图文、视频的方式，积极推广“熊猫频道”的独家视频资料，持续运用网络联盟等平台进行推介，并通过新华网、人民网、中国网、江苏卫视等多家国内媒体进行传播合作。更重要的是，“熊猫频道”为中国媒体探索新媒介模式下的价值传播提供了很好的范本，以大熊猫为原点，以熊猫频道发展模式为方向，在传播中国珍稀野生动物、中国旅游、中国文物和中国精品教育等极具中国特色和吸引力的内容方面开辟了更加广阔的空间。

三、“熊猫频道”积极提升中国国家传播媒体架构力

频道上线之前，中国网络电视台于2013年6月6日至8日在2013财富全球论坛新闻中心举办“熊猫频道‘爱熊猫’展示活动”，现场搭设两块高清大屏，通过“熊猫频道”在线直播服务，向500多位国内外驻会记者展示成都大熊猫基地全天候的生活场景和精彩视频轮播，并馈赠主题纪念品，反响热烈，效果良好。

“熊猫频道”的发展过程中，在美熊猫回国、大熊猫栖息地科考、大熊猫张想野化放归等新闻事件有效配合了中央电视台的报道；频道上线以来，发布官方资讯500余条，除及时报道国内外大熊猫受孕、产仔的消息外，还对引起热议的大熊猫不实新闻进行辟谣、对网友关心的问题进行解答；推出了《精彩一刻》《熊猫看今天》《熊猫物语》《熊猫百科》等优质原创视频点播栏目；在访谈类栏目《熊猫人物志》中，发布夏勒等大熊猫研究和保护领域专家学者的人物专访；策划并在频道社区发起了“熊猫七十二变”和“熊猫四格漫画”等活动，吸引广大网友参与；在直播页新增直播解说功能，根据精选高清画面进行实时讲解并解答网友提问，与网友积极互动；制作了3个大型专题，包括“大熊猫野化放归之路”、“辞旧迎新年终盘点”以及“悼念大熊猫锦意”。

总之，“熊猫频道”以新颖独特的制作方式和形式内容给世界提供了惊喜：该频道采用制播分离，实现新媒体时代新闻采访的高效运行和传播手段灵活多样的运用；频道完整实现了传统媒体与市场媒体、主流媒体与新媒体的结合；频道以生态、人文、人与世界和谐共生为关注焦点，有利于展示中国在构建和谐世界进程中的大国形象。

（中国网络电视台提供）

中国网络电视台抢占移动互联网阵地，强化客户端整合建设运营

2013年中国网络电视台以“一云多屏、全球传播”为发展战略，以移动终端为发展重点，将原有PC端业务全面向移动端延伸，以“CBox央视影音”为龙头，打造了一系列优秀的视频客户端产品，包括“央视新闻”、“央视体育”和“央视悦动”、“熊猫频道”等核心客户端。

一、"CBox央视影音"客户端全球用户数突破2.1亿

中国网络电视台将原有"CBox"PC客户端和"CNTV旗舰版"移动客户端进行整合，正式上线推出"CBox央视影音"客户端，以全新的品牌形象投入市场。截至2013年底，该客户端累计安装量已超过2.1亿次（其中PC端1.7亿次，移动端4130万次），并以每周超过200万次的新增下载量增长，借助中国网络电视台的全球分发能力，用户覆盖亚洲、欧洲、北美、非洲等190多个国家和地区，成为海外用户收看国内电视的首选客户端产品。

"CBox央视影音"客户端特别采用中国网络电视台自主知识产权技术，实现直播"时移"功能，用户在观看视频直播时可随心所欲点击收看播放过的任何一帧画面；同时，客户端提供视频回看、预订、智能EPG、搜索、动态码率等功能；此外，该客户端采取扁平化设计，增加播放入口，减少层级页面，用户可快捷进入播放页面。

"CBox央视影音"客户端覆盖PC端和手机端（包括iOS版和安卓版），适配40余款主流智能终端，依托中国网络电视台的视频数据库，支持多路电视直播和海量点播内容，集纳中央电视台频道、全国卫视、城市频道等130多路电视频道的直播、预约、回看，以及2700多个栏目和7300多部影视剧、纪录片等版权节目点播，涵盖电影、电视剧、动画片、纪录片等类目。

二、"央视新闻"客户端第一时间独家、权威发布海量视频新闻

"央视新闻"客户端是中国网络电视台与中央电视台新闻中心于2013年7月23日合作推出的新闻客户端产品。该客户端以中央电视台权威、独家、海量的新闻报道资源为基础，特别发挥视频优势，为用户提供"看得见的新闻"。经过半年的探索与运营，"央视新闻"客户端不断优化升级，探索时政报道新模式，提升信息更新速度和封面质量，并对重大事件报道实现客户端首发，每天更新资讯达120条；不断完善功能，新增"听新闻"、微博入口、图片下载等功能，优化订阅、搜索、评论等互动功能；不断开发适配各类操作系统的版本，当前已覆盖苹果、安卓手机以及iPad等主流操作平台；不断拓展推广渠道，与苹果应用商店、安卓市场、百度手机助手等近50家线上渠道，以及三星、小米等终端厂商合作，稳步提升产品用户覆盖率。

截至2013年底，"央视新闻"客户端下载安装量已超过1341万次，每天登录用户超100万，市场占有率排名稳居各大新闻类客户端排行榜五强。

三、"央视体育"客户端打造体育内容权威首选平台

2013年8月30日，中国网络电视台以第12届全运会为契机，上线推出"央视体育"客户端。该客户端是中国网络电视台在原有"5+体育"客户端基础上，围绕"视频、新闻、数据、互动"等用户需求，旨在为用户提供最丰富的体育资讯、赛事视频直播点播、互动娱乐等精彩内容的移动客户端产品。

该客户端第一时间发布赛事直播、点播、中央电视台独家点评、幕后故事解密等特色内容，并按照运动类型和赛事活动，将内容精心编排为足球、篮球、网球、中超、综合等类别，通过"图说体育"、"5+体娱"、"图集"等板块，提供视频、图片、评论、特别报道等，满足不同体育迷的需求；同时，不断完善核心互动功能，提供赛事直播、观赛导航、赛事信息推送、微博微信分享、互动留言等功能；并借助台网资源进行有效推广，通过《新闻联播》等栏目对客户端优势功能进行报道，吸引大量网友通过手机、pad等终端下载观看。截至2013年底，"央视体育"客户端累计下载量已超过355万次。

四、"央视悦动"客户端成为连接电视与手机、平板电脑等屏幕，以及观众与电视节目的互动平台

作为中央电视台新媒体，中国网络电视台于2013年12月31日全新上线推出服务于中央电视台节目和电视观众的产品——"央视悦动"客户端。该产品主打中央电视台节目推介和多屏互动等特色实用功能，成为连接电视屏与手机屏、电视节目与观众的载体和平台。为中央电视台电视节目和主持人打造新型社交电视互动平台，使用户和主持人形成关系圈进行深度交流；同时，用户可通过PC、手机、平板电脑等终端，参与电视节目投票、抽奖、竞猜、答题等互动活动，成为观众看电视时的"直播伴侣"；此外，该客户端还拥有国内领先的听音识台等功能，观众将移动终端对

准电视屏幕后，客户端会自动识别当前播出的节目，并进入栏目页面，提供电视内容的扩展阅读，并可参与一系列互动活动。

（中国网络电视台提供）

中央电视台积极拍摄海南鹦哥岭《青春守护美丽中国》公益广告

2013年海南鹦哥岭自然保护区青年团队坚守理想、扎根基层、奉献青春的感人事迹被各大中央新闻媒体报道后，在全国引起强烈反响，激励全国各族青年在奉献青春中实现自己的人生价值。中央电视台把海南鹦哥岭团队事迹的宣传工作作为重要项目来抓，通过多种形式进行宣传。

中央电视台资产管理中心第一时间组织数家优秀制作公司策划方案，就公益广告的叙事手法、表现形式、故事结构等方面组织专项讨论；6月初，资产管理中心公益广告工作人员与广告制作公司赴鹦哥岭进行勘景，实地考察了鹦哥岭保护区及工作站，与几位主要工作人员访谈，为接下来的拍摄方案做准备；勘景结束后，经过一周多的创意策划，资产管理中心6月26日报中央文明办审批，并最终选定拍摄方案；经过与海南省文明办的沟通、筹备工作，全体摄制人员在8月6日凌晨4点到达保护区工作站后立刻投入拍摄工作。

在拍摄过程中，摄制团队通过从广东借调先进摄影器材设备、从北京携带航拍直升机保证了成片质量；克服保护站地处深山大型拍摄车辆进入不便和当地时常受降雨影响等不利条件，保证了拍摄进度；针对拍摄过程中的突发情况，如航拍直升机坠落损坏，参演人员非专业演员等情况，摄制团队经过多方协调、反复拍摄，确保了拍摄效果。一周的紧张拍摄后，摄制组进行了后期剪辑制作，成片在9月11日首播，并于10月10日晚综合频道黄金时间播出的“全国电视公益广告大赛”颁奖典礼上作为独立环节向全国观众呈现。该公益广告有5秒、10秒、15秒、30秒、60秒、90秒、105秒等七个版本，在中央电视台全频道播出。从2013年9月11日至2014年1月7日，鹦哥岭公益广告总播出频次为6974次，总播出时长342250秒（约5704分钟），折合商业广告价值约为6.9138亿元。

（资产管理中心提供）

海外传播中心举办“@China–看中国”宣传推广活动

为切实提高中央电视台国际频道在美国的知名度，树立中央电视台品牌形象，2013年3月13日至4月25日，海外传播中心联合美国《国际日报》、美国加州大学长滩分校，以中央电视台热播节目《舌尖上的中国》为抓手，在长滩分校举办了“@China–看中国”宣传推广活动。活动秉承“结交未来主流社会精英，影响有影响力的人”的理念，以组织长滩分校学生对《舌尖上的中国》进行营销策划竞赛、在校园展映中央电视台节目、展示中国厨艺、发放中央电视台国际频道宣传材料等方式，借助当地主流媒体和FaceBook、Twitter及手机APP等新媒体，宣传推广中央电视台英语新闻频道、纪录频道和中文国际频道。

活动在当地主流社会引发热烈反响，取得显著效果。美国联邦众议员赵美心、加州大学长滩分校校长金·亚历山大（Dr.King Alexander）、前加州众议员伍国庆等认为活动增进了美国民众和学生对中华文化的了解；中国驻洛杉矶总领事邱绍芳高度赞扬“@China–看中国”活动，认为活动提供了一个让美国主流社会和更多美国人真正了解中国文化，特别是中国人生活方式的平台，意义非凡；活动受到当地主流媒体广泛关注，包括《洛杉矶时报》《电讯日报》（《PressTelegram》）等在内的17家报纸刊登了活动举办信息；新华社、《人民日报》、中央电视台美洲分台、中国新闻社等国内媒体也在第一时间报道了此次活动，同时，国内有近40家媒体网站，转载此次“@China–看中国”活动报道；活动还有效促成了加州大学长滩分校公共电视台在黄金时段长期播放中央电视台纪录片，覆盖用户约50万。

“@China- 看中国”活动的成功举办，有效提升了中央电视台在海外的品牌认知度，为今后举办类似活动奠定了良好基础。

（海外传播中心提供）

2013CCTV 国际频道品牌推广研讨会成功举办

2013 年 10 月 16 日，中央电视台在北京举办 2013CCTV 国际频道品牌推广研讨会，国家新闻出版广电总局领导以及来自十个国家和地区的嘉宾和中央电视台相关领导、部门负责人共 200 余人参加。华特迪士尼公司、法国电信环球广播公司、英国威讯 247 公司、意大利哲意公司、纽约中播控股公司、CCTV 大富公司以及四达时代集团公司 7 家国际媒体公司、运营商、服务提供商或代理商的代表分别做主题发言，围绕国际频道本土化宣传推广、商业化运营模式、针对主流受众构筑传播内容以及新媒体发展趋势和挑战等议题进行阐述，并提出有益建议。

（海外传播中心提供）

俄语国际频道与白俄罗斯电视媒体形成合作伙伴关系

自 2012 年起，俄语国际频道与白俄罗斯电视媒体建立了业务合作，2013 年 6 月，俄语国际频道与白俄罗斯国家电视台达成正式合作意向，建立起了长效合作机制，双方形成合作伙伴关系，在节目素材交换、双方相关活动报道、媒体代表团互访等方面，广泛合作、实现共赢。

首先，双方进行广泛的节目素材交换。自 2011 年 11 月起，俄语频道应白俄罗斯国家电视台需求，向其提供有关党的十八大、“两会”以及白俄罗斯国防部长访华等报道的新闻成片；2013 年 6 月起，频道又和白俄罗斯国家电视台达成正式合作意向，建立长效合作机制，每周互相提供两条新闻成片用于播出，内容涵盖我国重大时政报道、经济发展、中白交往、文化繁荣等内容，专门为对外传播量身打造，具有极强的针对性和贴近性。

其次，俄语国际频道积极报道与白俄罗斯相关的各种活动。2012 年 12 月，白俄罗斯国防部长扎多宾一行访华，频道派出记者进行自采报道，精心制作了国防部长梁光烈与扎多宾会见的新闻成片；2013 年 1 月，俄语国际频道谈话类节目《对话》独家专访白俄罗斯国家银行行长弗拉基米尔·诺维克，制作了一期 30 分钟的访谈节目；2013 年 6 月，白俄罗斯总统办公厅主任卡比科夫访华，频道积极报道其新闻发布会。

另外，俄语频道还多次接待白俄罗斯媒体代表团访华。自 2010 年成立至今，俄语频道已经接待了多批白俄罗斯媒体代表团、摄制组。在面对面的交流中，俄语频道全方位、多角度地向来宾展示俄语国际频道自开播了来所取得的成绩及发展情况。通过座谈与交流，使白俄罗斯媒体同行对俄语频道产生了全面、直观的了解及强烈的合作意愿。

（外语频道提供）

中央电视台“中国电视周”在苏丹举行

2013 年 12 月 10 日，中央电视台“中国电视周”在苏丹举行。中国电视周为期 7 天，每晚 17:30（阿拉伯地区收视高峰时段）在苏丹东方台播出 30 分钟介绍中国的阿拉伯语电视节目，节目由中央电视台阿拉伯语国际频道拍摄、翻译和制作，内容既有对我国新疆、宁夏、西安等穆斯林聚居省区的介绍，也有对中国文化、历史及各地旅游的推广普及节目。

中国电视周期间，阿拉伯语国际频道与苏丹东方卫视还举行了一系列推介活动，其中包括在东方电视台的开播仪式、座谈会见以及阿拉伯语国际频道副总监和制片人做客该台的直播对话节目《朝阳树荫》。

苏丹东方卫视频道开播于2008年1月1日，总部位于苏丹首都喀士穆，是苏丹唯一一家卫视频道，通过阿拉伯卫星，向西亚、北非22个国家播出阿拉伯语节目，其播出平台位于阿联酋迪拜，凭借其丰富的节目内容、现代化的节目包装和贴近观众的选题策划吸引观众，在整个阿拉伯地区拥有稳定和日益增长的受众群体。通过东方电视台，让苏丹乃至阿拉伯世界的观众看到来自中国的电视节目，让他们更直观地看到中国的文化、旅游与文艺节目，了解中国穆斯林的生活，这为中苏媒体合作提供了更广阔的合作机会，也为中苏两国的文化友好关系走入一个新的时代起到了积极的作用。

（外语频道提供）

央视动画实施改革创新，以原创精品品牌化发展战略布局产业发展

2013年在中央电视台、中国国际电视总公司（以下简称“总公司”）和少儿频道的整体工作部署与领导下，央视动画有限公司（以下简称“央视动画”）盘整资源，制定并实施了新时期的公司发展战略，创新改革，在管理运营、创作生产与市场运营上取得了进步。

一、确立公司发展战略

央视动画根据中央电视台、总公司对于中央电视台动画内容和动画产业发展的要求，立足原创，以财务分析为先导，对公司的创作机制、经营模式、版权动画片及市场客户资源等进行了分析和盘整，明确了央视动画的近期发展战略，即：以精品战略为核心、以品牌化、产业化、国际化发展为途径，以中央电视台自制大片和国际合作大片为驱动，通过实施“制片人、导演、项目经理”制、加强对前期策划与高端人才的投入以及与社会优质资源多种方式合作等举措，全力打造具有中国文化风格、产业开发潜质和兼具国际视野的优质作品和央视动画品牌。

二、制订核心创作理念

作为中央电视台和总公司的原创动画支柱型企业，央视动画在发展产业的同时，必须体现台属企业的社会导向，2013年央视动画确立了“三个坚持”的创作理念，即：坚持社会价值导向，坚持精品，坚持原创与创新精神。

三、创新管理机制

2013年，央视动画以改革创新举措带动公司发展，为开创央视动画转型升级新局面而努力：在财务管理方面，央视动画全面实施了全成本核算制，推行成本意识；在薪资管理方面，央视动画逐步实施了绩效考核与薪酬激励机制，提高整体工作效能；在人才管理方面，央视动画加强创作前期人才建设，公司投入资金设立策划案奖励基金，建立创作人员考核、培养和晋升机制，与迪士尼美术总设计张振益合作建立“央视动画·张振益工作室”，并与中国传媒大学、北京电影学院及浙江传媒学院三大院校分别建立“央视动画·前期策划人才工作室”，通过优势互补，培养自己的创作和市场团队。

四、改革初见成效

2013年，央视动画以动画片《新大头儿子和小头爸爸》为抓手，通过实施以上战略规划和创新机制，团队整体焕发活力，公司在原创作品、业界口碑、收视表现和市场运营方面取得了初步成效。

《新大头儿子和小头爸爸》自2013年11月28日在中央电视台少儿频道《银河剧场》栏目首播以来，最高收视率2.165%，平均收视率1.437%。该品牌的电视动画贺岁片《马年新愿》首播收视率达2.41%。业界专家、观众和国内主要主流媒体，如新华网、人民网、《光明日报》《人民日报》《中国文化报》等均对该片的文化导向和社会意义给予了高度评价。该电视动画片已发行至全国30多家电视台，图书音像市场销售额达到800万元。该片在百度、爱奇艺上的网络播映权价格每集高达18200元，创中国国产动画片网络点播销售价格历史之最，成为央视动画采用“原创内容+播出宣传+衍生产品营销推广”一体化运作模式的范例。

（中国国际电视总公司提供）

人力资源管理中心创新地方记者站考评与激励机制

2011年底，中央电视台31个驻各地方记者站全面建成。这些记者站均由原来的地方应急报道点升级而来，转变为地方记者站后，其职责也相应地由突发事件的应急报道，扩大至辖区重大主题、基层一线新闻、突发事件的宣传报道及与地方党政部门、社会各界的沟通联络等方面。地方记者站的站长大多出自应急报道点的首席记者和新闻节目部门的业务骨干，面对任务量更大、要求更高的地方记者站任务，部分站长因任职时间短、年纪轻，又是首次驻外单独作业，缺乏管理经验。

为了让这31名站长更好地履职尽责，帮助他们提高综合管理水平，人事部门与节目部门合作，创新拟定了驻各地方记者站站长的考核方案。由人力资源管理中心分年中和年底两次，采用实际业绩、民意测评、综合考评三个维度对31位站长进行考核，并依据考核成绩确定考核等次、反馈考核结果、提出整改警示要求、明确退出机制等，进一步完善管理链条。具言之：

一是首次采用“工作实绩”这一量化指标，与本部综合考评及站内职工民主测评一起，分别按45%、30%、25%的权重计入总成绩，客观体现被考核人的工作业绩。

二是优化考核方式，通过人事部门直接网上测评与到实地考核相结合的方式开展民意测评。实地考核由新闻中心、人力资源管理中心组成联合考核组，到记者站听取站长述职、组织站内工作人员进行民意测评；异地测评则通过站内工作人员将“背靠背”的量化打分通过个人邮件直接发给人力资源管理中心，确保驻站记者能够对全站工作发表意见。

三是强化考核结果的分析运用，针对不同考核结果等次有针对性地提出解决方案并明确奖罚。如年中考核为优秀等次的，在中心范围内通报表扬，在年末推荐“最佳站长”、“先进个人”等荣誉称号时可予以优先考虑；考核为不称职等次的，由人力资源管理中心、新闻中心组织与其进行诫勉谈话，要求限期改正等。

同时，人力资源管理中心还加大对各地方记者站核心骨干力量的培养力度，2013年共举办了三期定向组织站长培训班，围绕“建立高效和谐团队”、“提升危机管理水平”、“培养激励和沟通技巧”等内容对站长进行专业化辅导授课，全力提升其管理理念和现代管理水平。

（人力资源管理中心提供）

人力资源管理中心推出两大评选活动，激发新老员工活力

随着事业的快速发展，中央电视台对新闻、管理、技术等各类人才的需求数量迅速增加。2009至2012年，中央电视台通过社会招聘和校园招聘两种方式累计引进人才1078人。这些新员工年龄均在35岁以下，一入职即投入到国内外采编网络建设、“走转改”活动报道、新址播出等重要工作岗位经受考验，工作过程中因年纪轻、来台时间短，出现了一些问题，需要出台新的管理机制，加以规范和引导。同时，中央电视台原有的八千余人的员工队伍，长期肩负着节目生产和创新的艰巨任务，不少老员工进入了事业的平台期，缺少活力和动力，需要创新激励机制，以发挥其更大的潜能。鉴于此，2013年上半年，人力资源管理中心以“新老员工合力创新，依靠团队的力量推动事业发展”作为切入点，以外语频道为典型，先后推出了“成长之星”与“和谐团队”两大评选活动，力求在全台营造“有共同理想、重协作配合、讲团结奉献”的良好工作氛围。

一、“成长之星”评选活动

该活动以2009年以后入台的新员工为目标对象，由外语频道及下属科组综合个人历年考核结果推荐产生候选人。终评阶段，外语频道和人力资源管理中心组成终评评委对候选人以现场问答形式进行综合测评，结合之前候选人自我展示、制片人推荐等环节的成绩，最终产生10名频道“成长之星”，并举行了隆重的颁奖仪式。活动的举办为新员工的工作业绩和精神状态提供了展示的平台，挖掘了一批业务强、肯作为、有潜力的新人，树立了一心干事业的榜样。

二、“和谐团队”评比活动

在鼓励新人创先、培养未来骨干的同时，中央电视台还积极利用绩效监督、考核评奖、挂职交流、定制培训等管理工具，不断激发老员工的工作积极性，努力盘活人才存量，发挥他们在文化传承、团队支撑和环境维护中的核心作用。为此，在举办“成长之星”活动的同时，人力资源管理中心还设计启动了“和谐团队”评比活动。此次评比同样以外语频道为试点，让其下属六个科组以宣传短片和“我的团队我骄傲”主题演讲的形式参加初赛，六个科组全面介绍了各自在团队贡献、人才培养、内部建设等方面的成绩和经验；决赛阶段，六个科组的选手们围绕劳动合同法、台内劳动用工制度、频道运营等内容，在必答题、抢答题、案例分析三个环节展开激烈争夺。活动邀请法律专家及劳动管理部门领导作为评委，对选手的答题作现场点评，并通过闭路电视向全台直播，传递了“公平、规范、尊重、合作”的理念，进一步解析了建立和谐团队的重要性和现实意义。

（人力资源管理中心提供）

中央电视台大力推动人才培训工作的转型升级

围绕打造“精兵团队”的目标，中央电视台人力资源管理中心大力推动培训工作的转型和管理升级，由跟随型培训逐渐转变为主导型和引领型培训。2013 年，全台共举办各类培训 357 期，参加人数 12669 人次。

针对核心骨干人才的培训，建立了“结合实际、分层展开、突出重点”的培训体系。面向全台处级以上领导干部，分批次在长江商学院专门开设进修课程，着力提升中高层管理者的管理水平和领导能力；面向新任处级干部，首次与国家行政学院合作，围绕舆情引导和提升综合素质能力进行有针对性的强化，帮助学员以观念转变带动创新变革；面向制片人队伍，连续两年与北京大学联合举办“开拓创新能力提升培训班”，从创新能力、管理能力、竞争能力三方面入手，不断开阔制片人的发展思路，提高他们对行业发展趋势的分析和预判能力。

面向优秀节目团队，将定制化培训作为奖励措施之一，为全台各类评优人才量身设计培训项目。近两年，人力资源管理中心先后为“节目创意大赛”优秀策划团队、“台长特别奖”获得者、“年度品牌栏目”、“年度优秀新闻奖”获得者、结束交流任职的挂职干部等群体，在南开大学、南京大学、复旦大学、浦东干部学院等重点高校举办专题高级研修班，聘请著名教授学者从媒介环境研判、创新思维与技巧、危机管理、传统文化等方面进行授课，为团队进一步发挥自己的智慧输入更多营养。

在培训载体建设上，人力资源管理中心紧紧围绕“培训品牌建设”主题，推出了面向全台员工的“央视讲堂”项目。“央视讲堂”以传播先进思想文化、发布前沿权威信息、对话高端学者专家、分享专业知识智慧为宗旨，题材选取更加贴合中央电视台事业发展和员工的个性化需要，更加注重内容和形式的创新，2013 年连续推出了“三网融合”系列、“国际形势”系列、“重大科技成果”系列、“大数据时代与电视发展”系列等专题，为全员培训提供一个新的支点。

在人才培训工作上，人力资源管理中心立足当前，着眼长远，不断加强台校合作。自 2012 年起，中心陆续与清华大学、南开大学、复旦大学、南京大学等签订了“金伙伴”双向人才培养协议，建立起双向人才培养实验基地，拓展了双方在实习生选派、员工培训、专业人才交流、课题研究等多种方式上的合作机制。实验基地的建立打开了实习生输送的“快通道”。其中，中央电视台与中国传媒大学、外国语学院就各外语专业学生系统地到外语频道实习展开了有益探索，为专业人才预选和短期人力资源引进搭建起理想的平台。

（人力资源管理中心提供）

夯实基础 完善升级 前瞻思维 创新管理
——总部接管搬迁工作有序推进

2013年，总部接管办以保障全台主体搬迁顺利实施为总体目标，扎实推进总部软环境及各项功能设施的升级和完善，使新址的办公环境朝着集约智能、环境优美、服务人性、品质国际的发展目标不断迈进；以党的群众路线教育实践活动精神作为思想指引，着力发挥统筹协调和管理服务两个作用，积极做好宏观规划和运营管理两篇文章，平稳、有序地完成了台分党组交给的各项任务。

一、总部大楼及园区各类运行基础保障不断完善，接管搬迁工作取得突出成果

一年来，接管办全体干部职工恪尽职守、兢兢业业，勇挑重担、攻坚克难，圆满完成了一系列急难险重的工作任务，取得了许多实实在在的成绩。2013年，完成了外语频道、海外传播中心、总编室、中文国际频道、综合频道5个中心575人的搬迁入驻，为2014年全台大规模搬迁打下了基础，积累了经验。

综合业务各项工作平稳开展，文字信息、公文处理有条不紊，一站式办公服务平台充分发挥运行中枢功能，全年接待业务办理2万人次，总业务办理量达到15.19万件，及时报告、协调、处理多起总部各类突发事件。VI系统设计取得重要进展，参观接待工作实现服务升级、品质升级，防汛工作组织得力，施工管理落实到位。

大楼房屋管理工作积极适配总部搬迁过渡阶段的特殊需求，做了大量基础摸底工作，全面掌握主楼房屋数据，推进总部施工改造，积极调整完善总部房屋分配方案，加强与各搬迁单位的沟通对接，各项工作逐步走入正轨。

后勤餐饮服务与管理推进有序，先后启动了9层、38层餐厅，6层、7层水吧、咖啡厅，每日接待员工就餐人数达3000人，绿植租摆标准规范，在满足员工多元化需求的同时，营造出了温馨的办公环境。

安全保卫全年无重大事故发生，安保消防综治工作到位。先后完成了停车场车位划线1490个，完成停车空位探测系统安装，完善了安防消防设施和总部安全保卫工作制度体系，建立了联动机制，增强了总部安全保障力度。

法律事务工作坚持依法办事，以相关法律、制度规范各个重点项目实施，对VI系统设计、物业管理、施工改造、货物和服务采购等重点项目，《工程项目管理办法》拟定等工作提供了准确的法律意见，确保了接管办各项工作的合法合规。

办公系统积极推进无纸化办公，实现了接管办各部门之间以及上报台领导的公文流转无纸化办理，系统整体运行稳定。完成临时收发室搭建和两址邮件往来收发处理，同时全面了解总部园区基础设施和系统情况，为智慧园区项目立项做好了准备。

风水电暖气等动力运维与保障工作平稳，先后完成大楼及园区全部化粪池、废水井、卫生间的清理，主楼照明系统隐患整改，餐厅改造电力增容和演播室区域电茶炉增设，完成总部97部电梯的安全年检工作，燃气系统老化报警探头的更换等工作。

信息通讯及服务工作取得较大进展。完成大楼办公区综合布线5372条，"一卡通"系统功能逐步完善，武警验证，速通门通行，门禁和独立电子门锁开门等授权已经投入应用，先后完成主楼西北侧移动基站，东南侧永久基站的架设开通，改善了主楼及园区移动网络信号。

项目管理工作充分与国际媒体办公环境理念接轨，整合需求、统筹汇总，通过以公开招标为主的多样化的采购形式，完成共计36批次7000套功能性家具的采购，构建了个性与共性相结合、整体与局部相衔接，开放融通的全新办公空间。

搬迁协调工作平稳有序，与各搬迁单位积极沟通，对消杀灭、打包搬运、操作空间、电梯运力、货物出入口、货车停车场等情况掌握清楚，同时加强对搬迁公司和搬迁工作人员的环境培训工作，为大规模搬迁做好充分准备。

物业管理工作在摸索中逐渐形成了符合大楼特点的工作模式。在大楼综合维修、成品保护、环境保洁、综合体育馆运行管理、健身房接收、主楼园林移交及管理、擦窗机验收接收等工作中，通过制度完善和流程规范，积极打造一支专业、成熟的物业管理队伍。

二、总部大楼及园区管理秉承前瞻性思维和创新性理念，接管搬迁工作收获宝贵经验

接管办强化统筹协调职能、确定前瞻性思维是确保接管搬迁工作保持主动态势的重要手段。一方面，接管搬迁工作不是接管办一家的事情，涉及行政系统、节目系统、技术系统，尤其是台办公室和技术管理中心，头绪多，难度大，时间紧，任务重。另一方面，接管搬迁工作是一个动态过程，同时兼具长期性和阶段性双重特点。

在此过程中，接管办始终致力于强化统筹协调的职能，以前瞻性思维推动工作开展：一是针对各类基础性保障工作和项目进行科学预判，在上年既有经验的基础上，提前制定了《接管办各部门重点项目倒计时计划表》，按照时间计划推动项目落地，给可能出现问题的地方留出了解决的空间和余地；二是主动加强与各搬迁单位的沟通对接，提前制定并发布搬迁申请原则，组织实施各类搬迁协调会，深入了解需求，充分准备，协同作业，按照统一的流程和有序的分工，形成了流畅完整的工作链条和闭合通道，做到了思路清晰、有条不紊。

2013 年 6 月 1 日至 9 月 18 日近三个月的汛期内，接管办充分借鉴了 2012 年防汛工作的经验，统筹制定了四项措施。一是提前制定《央视总部 2013 年防汛应急预案》，成立“央视总部 2013 防汛应急小组”，落实领导 24 小时带班、各部门 24 小时值班巡查制度，确保责任到人；二是设立“一站式”办公平台呼叫中心 24 小时值班热线，“以雨为令”，通过短信、一站式防汛信息提示、专报等形式及时沟通、上报汛情；三是划分出总控播出、制作机房、电信间、动力机房、一层大堂、地下车库、贵宾间、园区出入口等重点防汛区域，降雨期间重点巡查；四是配备防汛专用沙袋、吸水机等防汛物资，最大限度地预防和减少雷暴、暴雨、冰雹等极端灾害天气造成的损失和影响。整个汛期内，总部大楼及园区共排查漏点等汛情 243 处，发布一站式防汛信息专报、提示 255 条，上报防汛日报 68 份，确保了总部安全度汛，平稳运行，得到了台领导充分肯定。

（总部接收管理办公室提供）

CCTV
中国中央电视台
CHINA CENTRAL TELEVISION YEARBOOK
年 鉴
2013
胡占凡 主编
《中国中央电视台年鉴》编辑部 编

J I G O U

机构

机构

2013 年中央电视台机构设置

中央电视台分党组书记胡占凡，分党组副书记罗明、魏地春。分党组成员：胡恩、何宗就、高峰、孙玉胜、张海鸽、袁正明、薛继军、梁晓涛。

中央电视台台长胡占凡，总编辑罗明，副台长罗明、魏地春、胡恩、何宗就、高峰、孙玉胜、袁正明，分党组纪检组组长张海鸽，总会计师董为民，总工程师丁文华。副总编辑程宏、李挺、朱彤、黄传芳、张宁、彭健明。

罗明主持台编辑委员会。

何宗就主持台技术委员会。

张海鸽主持台行政管理委员会、经营管理委员会。

中央电视台机关党委书记张海鸽。

中央电视台下设：

1.台办公室

下设：秘书处、综合处、机要档案处、保卫处、外事处、法规处、行政处、房管处（物业管理处）。

2.总编室

下设：规划部、节目播出部、节目研发部、版权管理部、市场评估部、受众服务部、节目推介部、综合部、审片部。

3.新闻中心

下设：综合部、策划部、时政新闻部、经济新闻部、社会新闻部、地方记者部、海外记者部、国际新闻部、军事节目部、新闻评论部、新闻频道编辑部、综合频道新闻编辑部、新闻播音部、新闻视觉艺术编辑部。

4.综合频道

下设：综合部、节目部、节目统筹部。

5.财经频道

下设：综合部、节目部。

6.综艺频道

下设：综合部、节目部。

7.中文国际频道

下设：综合部、节目部、新闻部。

8.体育频道

下设：综合部、节目部、竞赛部、新闻部、赛事频道编辑部。

9.电视剧频道

下设：综合部、节目部、项目部。

10.科教频道

下设：综合部、节目部。

11.社会与法频道

下设：综合部、节目部。

12.戏曲和音乐频道

下设：综合部、节目部。

13.少儿频道

下设：综合部、节目部。

14.外语频道

下设：综合部、节目部、英语新闻频道、西班牙语频道、法语频道、阿拉伯语频道、俄语频道。

15.纪录频道

下设：节目管理部、项目运营部。

16.大型节目中心

下设：综合部、第一导演工作室、第二导演工作室。

17.军事节目中心（解放军电视宣传中心）

18.海外传播中心

下设：综合部、项目部、联络部、统筹规划部。

中央电视台台本部2013年机构设置图

- 分党组
  - 分党组纪检组
  - 办公室
    - 秘书处
    - 综合处
    - 机要档案处
    - 保卫处
    - 外事处
    - 法规处
    - 行政处
    - 房管处
  - 总编室
    - 规划部
    - 节目播出部
    - 节目研发部
    - 版权管理部
    - 市场评估部
    - 受众服务部
    - 节目推介部
    - 综合部
    - 审片部
  - 新闻中心
    - 综合部
    - 策划部
    - 时政新闻部
    - 经济新闻部
    - 社会新闻部
    - 地方记者部
    - 海外记者部
    - 国际新闻部
    - 军事节目部
    - 新闻评论部
    - 新闻频道编辑部
    - 综合频道新闻编辑部
    - 新闻播音部
    - 新闻视觉艺术编辑部
    - 国内记者站
    - 海外分台、中心记者站
  - 外语频道
    - 综合部
    - 节目部
    - 英语新闻频道
    - 西班牙语频道
    - 法语频道
    - 阿拉伯语频道
    - 俄语频道
  - 综合频道
    - 综合部
    - 节目部
    - 节目统筹部
  - 财经频道
    - 综合部
    - 节目部
  - 综艺频道
    - 综合部
    - 节目部
  - 中文国际频道
    - 综合部
    - 节目部
    - 新闻部
  - 体育频道
    - 综合部
    - 节目部
    - 竞赛部
    - 新闻部
    - 赛事频道编辑部
  - 电视剧频道
    - 综合部
    - 节目部
    - 项目部
  - 科教频道
    - 综合部
    - 节目部
  - 社会与法频道
    - 综合部
    - 节目部
  - 戏曲和音乐频道
    - 综合部
    - 节目部
  - 少儿频道
    - 综合部
    - 节目部
  - 纪录频道
    - 节目管理部
    - 项目运营部
  - 大型节目中心
    - 综合部
    - 第一导演工作室
    - 第二导演工作室
  - 军事节目中心（解放军电视宣传中心）
  - 海外传播中心
    - 综合部
    - 项目部
    - 联络部
    - 统筹规划部
  - 人力资源管理中心
    - 干部管理处
    - 劳动工资处
    - 培训职称处
    - 人才交流处
    - 劳动关系管理处
    - 离退休人员管理处
  - 财务管理中心
    - 综合业务处
    - 计划统计处
    - 财务管理处
    - 会计核算处
    - 财产物资处
    - 产业管理处
  - 技术管理中心
    - 技术业务部
    - 质量管理部
    - 工程管理部
    - 基础资源部
    - 制播应用部
    - 业务应用部
    - 信息安全部
    - 动力管理部
  - 技术制作中心
    - 综合部
    - 录制一部
    - 录制二部
    - 录制三部
    - 录制四部
    - 制作部
    - 音频部
  - 播出传送中心
    - 综合部
    - 播出一部
    - 播出二部
    - 转播部
    - 总控部
    - 新闻制播一部
    - 新闻制播二部
    - 新闻制播三部
  - 资产管理中心
    - 综合部
    - 市场部
    - 客户部
    - 监审部
    - 公益广告部
    - 频道经营部
  - 发展研究中心
    - 发展战略研究部
    - 电视传播研究部
    - 产业与新媒体研究部
    - 综合部
  - 机关党委
    - 团委
    - 党委办公室
    - 工会
    - 精神文明协调处
  - 新台址建设工程办公室
    - 综合业务处
    - 工程处
    - 合同造价处
    - 财务处
    - 基建物资处
  - 央视总部接收管理办公室
    - 物业管理部
    - 搬迁协调部
    - 项目管理部
    - 办公系统部
    - 法律事务部
    - 后勤事务部
    - 房屋管理部
    - 综合业务部
  - 台直属部门
    - 审计处
    - 中国电视报社
    - 音像资料馆
    - 监察室

19.人力资源管理中心

下设：干部管理处、劳动工资处、培训职称处、人才交流处、劳动关系管理处、离退休人员管理处。

20.财务管理中心

下设：综合业务处、计划统计处、财务管理处、会计核算处、财产物资处、产业管理处。

21.技术管理中心

下设：技术业务部、质量管理部、工程管理部、基础资源部、制播应用部、业务应用部、信息安全部、动力管理部。

22.技术制作中心

下设：综合部、录制一部、录制二部、录制三部、录制四部、制作部、音频部。

23.播出传送中心

下设：综合部、播出一部、播出二部、转播部、总控部、新闻制播一部、新闻制播二部、新闻制播三部。

24.资产管理中心

下设：综合部、市场部、客户部、监审部、公益广告部、频道经营部。

25.发展研究中心

下设：发展战略研究部、电视传播研究部、产业与新媒体研究部、综合部。

26.机关党委

下设：党委办公室、团委、工会、精神文明协调处。

27.新台址建设工程办公室（临时机构）

下设：综合业务处、工程处、合同造价处、财务处、基建物资处。

28.总部接收管理办公室（临时机构）

下设：综合业务部、房屋管理部、后勤事务部、法律事务部、办公系统部、项目管理部、搬迁协调部、物业管理部。

台直属机构：监察室、审计处、中国电视报社、音像资料馆。

台直属单位：中国国际电视总公司、中国电视剧制作中心有限责任公司、中央新闻纪录电影制片厂（集团）、央视国际网络有限公司。

总局直属、中央电视台代管的单位：中央卫星电视传播中心、中国有线电视网络有限公司、中国广播电视国际经济技术合作总公司。

台副总工程师宋宜纯、黄平刚。

各中心（室）、频道领导分别是：台办公室主任李欣雁，总编室主任张宁（兼），新闻中心主任孙玉胜（兼）、常务主任黄传芳（兼），综合频道总监钱蔚，综艺频道总监张晓海，中文国际频道总监杨刚毅，体育频道总监江和平，电视剧频道总监张子扬，科教频道总监金越，社会与法频道总监魏斌，戏曲和音乐频道总监郎昆，外语频道总监范昀，少儿频道总监庄殿君，大型节目中心主任张晓海（兼），海外传播中心主任景春寒，人力资源管理中心主任王晓真，财务管理中心主任董为民（兼），技术管理中心主任徐进，技术制作中心主任徐进（兼），播出传送中心主任张宝安，资产管理中心主任何海明，发展研究中心主任李舒东，机关党委专职副书记王全杰，新台址建设工程办公室主任黄平刚（兼），总部接收管理办公室主任张海鸽（兼）。

中国国际电视总公司董事长梁晓涛，中国电视剧制作中心有限责任公司总裁薛继军，中央新闻纪录电影制片厂（集团）总裁高峰（兼），中央卫星电视传播中心主任李琼，中国广播电视国际经济技术合作总公司总经理李金荣。

中央电视台编辑委员会

中央电视台编辑委员会（简称编委会）是全台宣传工作的决策机构，编委会在台分党组和台长、总编辑的领导下，按照中央的宣传方针、政策和国家新闻出版广电总局的部署，策划和组织各项宣传报道工作，负责传达中央领导批示精神及通报各项宣传口径；部署重大活动宣传报道；协调跨频道（中心）宣传工作；审议涉及全台的重大宣传事项；审议重要宣传管理规定；审议重点选题立项及实施方案；审议频道发展建设规划；审议频道考核激励政策；确认频道及栏目综合评价结果；审议新栏目研发及研发基金的使用；审议电视剧生产、采购、播出；评审优秀栏目、节目、主持人等。总编室为编委会具体办事机构。

中央电视台技术委员会

中央电视台技术委员会（简称技委会）是中央电视台最高技术决策机构，其成员由主管技术的台领导及技术系统的部分负责人和专家组成。技委会的主要职责是：研究把握中央电视台未来电视技术的发展方向；对新技术、新设备的引进做出规划和决策；审查批准电视技术工程项目；审定系统配备计划和关键设备购置计划；审定电视技术标准；审定大型活动的技术方案；审定科研项目立项。技委会为台领导重大决策和全台管理工作提供技术依据，发挥参谋作用。

中央电视台行政管理委员会

中央电视台行政管理委员会是在台分党组领导下，负责全台重大行政管理工作的议事机构，是台分党组在行政管理方面的参谋、助手。行政管理委员会重点负责审议职能部门提交的全台性重大事项，协调宣传、技术系统与职能部门之间的工作，研究人、财、物等资源配置，制定职能部门的中长期规划和年度重点任务等。台办公室是行政管理委员会的日常办事机构。

分党组纪检组/监察室/机关纪委

中央电视台监察室成立于1988年8月。1994年10月，经中央纪委同意，原广播电影电视部党组批准，设立中央电视台分党组纪检组并同监察室合署办公。2000年9月，根据中央纪委及中央纪委驻国家广电总局纪检组、监察局、总局机关纪委的工作部署，中央电视台纪检组/监察室与机关纪委合署办公。

分党组纪检组/监察室/机关纪委主要职责和任务是：在中央纪委监察部驻国家新闻出版广电总局纪检组、监察局的管理及台分党组的领导下，检查本台各部门和所属单位的党组织与党员领导干部执行党的路线、方针、政策和决议的情况，对台分党组及其成员和其他党员领导干部实行党章规定范围内的监督；检查本台党员领导干部违反党纪的案件以及所属单位的重要违纪案件，并根据有关规定提出处理意见，按照《中国共产党纪律处分条例》对所查案件中的党员做出处理决定；配合有关部门对党员和党员领导干部进行党风党纪教育；指导本台和所属单位党的纪律检查工作；监督检查本台各部门和所属单位工作人员贯彻执行国家法律、法规和政策、决定、命令的情况；调查处理本台各部门和所属各单位工作人员违反政治纪律、宣传纪律、组织纪律、财经纪律的检举、控告；受理本台各部门的所属各单位党员领导干部及其他工作人员不服党纪处分、行政处分的申诉。

台分党组成员、纪检组组长张海鸽，纪检组副组长、监察室主任、机关纪委书记黄瑞刚，机关纪委专职副书记兼监察室副主任范浩，正处级纪检员兼监察室副主任安育华。本届机关纪委于2010年12月15日在中央电视台第八次党代会上换届选举产生，为中央电视台第七届纪委会，由13名委员组成。

台办公室

台办公室是台分党组、台领导集体和台行政管理委员会的日常办事机构，是全台承上启下、综合协调、信息总汇的枢纽机关，是全台内部事务的主管部门，是中央电视台对外联络的主要窗口。台办公室负责为台领导决策提供辅助，并处理日常事务，组织协调全台宣传、技术、行政、经营工作的重大活动；负责全台管理规章制度建设；管理全台信息舆情、行政办公业务、机要保密、法律事务、安全保卫、涉外事务、公共关系、房屋管理、后勤保障等工作；督促检查台分党组、台领导交办工作的完成情况，提出全台行政管理工作改进意见和建议。下设秘书处、综合处、机要档案处、保卫处、外事处、法规处、行政处、房管处及中央电视台书画院。台办公室主任李欣雁，副主任刘民朝、柏杨、何新宇、高进印，党总支专职副书记毛劲松。

秘书处

秘书处是台办公室的综合职能部门。负责台分党组和台领导交办的日常事务。参与台办公室承担的有关全台性宣传、技术、行政、经营等方面重大活动的协调工作，以及全台文秘、信息、舆情、印信管理等承上启下的工作；负责信函报刊收发等服务工作；负责涉及中央电视台的人大建议和政协提案办复工作；主办全台《工作日报》《中央电视台简报》《电视决策参考》等内部刊物，保证全台政令畅通，运转有序。下设公文科、信息科、舆情科、行政信息化科、收发科。秘书处处长何新宇（兼），副处长江流、赵晓博。

综合处

综合处成立于2009年，是隶属台办公室的综合职能部门。承办台分党组和台领导交办的日常事务，负责台办公室承担的全台性宣传、技术、行政、经营等方面重大活动的协调工作。工作内容包括：台领导日常事务安排及服务，参与协助台内重大活动、会议的组织和实施，统筹协调全台值班，台内重大活动及台领导活动摄影、书画管理和艺术品征集、组织笔会等工作。下设总值班室、综合业务科、摄影科、书画管理科（台书画院挂靠管理）。综合处处长冯雪松，副处长朱焰焰，书画院秘书长曹志明。

机要档案处

机要档案处成立于2013年4月16日，隶属于台办公室，是负责全台的机要、保密及档案管理的职能部门。其主要职责是：负责全台机要文件、电报的登记、传阅、保管、清退、归档；负责全台保密工作的具体落实、指导、培训和监督管理；承担全台的文书、照片、实物、资料档案的归档、整理，并对全台的档案工作实行统筹规划，组织协调、培训、监督和指导。下设机要科、保密科、档案科。机要档案处处长武金鑫，副处长吴军红。

保卫处

保卫处成立于1981年8月，其主要任务是负责中央电视台的安全保卫工作，包括治安、内保、警卫、消防、交通管理、综合治理等项任务。配备消防监控系统及治安电视监控系统。下设综合科、治安一科、治安二科、警卫一科、警卫二科、消防一科、消防二科、技防消防监控科、交通科、安检科。保卫处处长高进印，副处长崔国辉、邓海京。

外事处

外事处成立于1984年，主要职责是规划、组织台领导的外事活动；审核、指导并协助全台各部门的外事活动；组织、协调国（境）外嘉宾来台参观、访问；宣讲外事政策、纪律并监督执行；统筹与国（境）外机构合作协议的签署、督办和归档；负责全台外籍员工的行政管理工作；统筹全台的因公出国（境）计划；审核全台因公出国（境）任务；办理出国（境）手续及保管护照及其他相关的外事管理工作。下设外事接待科、国际交流科、护照管理科、外籍专家科、综合科。外事处副处长花凯、李庆庆。

法规处

法规处成立于1998年6月，是隶属于台办公室的职能部门，负责全台的法律事务工作。其主要职责是：负责审核和管理本台与外单位签署的合同、协议等法律文件；负责代理本台进行诉讼和仲裁；参与起草、制订、修改全台的各项规章制度；参与本台的投资、租赁、资产转让、拍卖、招投标及下属企业改制等涉及本台重要权益的经济活动；负责本台品牌栏目的商标注册及管理等。法规处处长仇刚，副处长达红。

行政处

行政处是中央电视台职能管理部门之一，隶属于台办公室。承担着全台行政办公、后勤保障、服务接待、医疗保健、文字印刷、车辆管理、绿化美化等工作。同时，承担着中央电视台交通安全委员会办公室、绿化委员会办公室、防汛工作办公室、爱国卫生委员会办公室的日常管理工作。行政处下设综合科、管理科、行政科、接待科、交通科、文印科、医疗保健科、影视之家管理科，监管央视后勤服务发展（北京）有限责任公司，确保全台职工餐饮和食品卫生安全。行政处处长吴雪民，副处长胡志发、韩峰。

房管处

房管处成立于1998年6月，负责全台房产管理工作。主要职责是：根据国家及国家新闻出版广电总局的有关规定逐步落实房改政策。负责全台房屋及其产权资料的积累、立卷、归档工作；负责全台办公用房的调整管理和维修改造；负责全台职工宿舍的物业监督管理和大、中修及改造工程；负责台新址房屋接收及管理工作。下设维修科、物业管理科、房管科、综合科、工程管理科。房管处处长杨怀文，副处长隋金辉。

中央电视台书画院

中央电视台书画院是中央电视台联系中国书画界的窗口。以“弘扬中国书画艺术、繁荣电视屏幕”为使命，团结中国书画艺术界的朋友，举办系列全国性书画展和书画理论与创作研讨会，收藏当代名人、大师、大家书画作品上千幅，以及油画、雕塑作品。中央电视台秉承“传承文明、开拓创新”宗旨，弘扬中华民族文化，促进中外文化交流，推进中国书画艺术走向新的繁荣。中央电视台书画院院长张海鸽，副院长李欣雁，秘书长曹志明。

总编室

中央电视台总编室是全台节目宣传管理的中枢和台编委会的办事机构。总编室的日常工作是根据中央宣传精神和台编委会的要求，负责全台节目宣传业务的组织、协调、监督、管理和服务。具体业务包括：组织编委会会议并督办落实会议决议；统筹规划全台重大报道活动、管理全台重点选题、宏观调控全台战略性节目资源配置、监测各频道定位及栏目设置；传达节目宣传口径；代台审看各频道送审的电视剧、专题片、动画片；向上级机关报送宣传信息、活动选题立项、剧目预排计划；管理全台节目代码和节目预算；管理协调全台内参片制作和节目引进；统筹协调全台重大活动、特别节目的播出；管理协调各频道日常节目的编排和播出运行；负责军事·农业频道的日常节目编播和运营管理；整合全台宣传推介渠道、制定全媒体宣传推介方案、制作全台形象宣传片和公益宣传片，统筹协调全台重大报道、重点节目、优秀栏目的跨频道、跨媒体的宣传推介；统筹全台新栏目研发、管理监督研发资金的使用；负责制定全台各类与版权有关的合同和法律文书、负责大型版权交易的谈判工作、对全台各类节目进行版权定级，提出版权开发方案、为版权的合理使用提供有效的信息平台，为全台各频道提供专业的版权维护咨询服务；负责节目内容的监看以及屏幕语言文字的差错管理；负责全台节目数据的播后统计分析、全媒体收视数据分析、收视市场研究及栏目的综合评价；组织各类节目评优评奖；负责全媒体环境下全台的品牌策略研究；统筹全台大型观众调查项目；负责筹建观众呼叫中心、收集观众意见、组织区域性观众培育活动；负责对中央电视台机构及个人互联网信息发布行为进行管理；对播音员与主持人参加社会活动进行管理；承担涉及中央电视台舆情的监测与协调应对工作，负责中央电视台的品牌形象维护与推广工作。总编室配合台编委会定期召开会议，每周召开全台节目宣传例会，每天出版《监看日报》《新闻早读》等内部刊物，不定期出版《舆情专报》。下设规划部、节目播出部、节目研发部、版权管理部、市场评估部、受众服务部、节目推介部、审片部、综合部。2013 年 8 月，总编室高清频道编辑部撤销，在体育频道设立赛事频道编辑部。总编室主任张宁（兼），常务副主任王建宏，副主任赵文江、石村、秦明新，党总支专职副书记张景卫。

规划部

规划部是中央电视台总编室贯彻落实台编委会各项决议，行使宣传规划、节目经费管理、节目流程管理、宣传协调管理等职能的重要部门。规划部负责编委会会议组织并督办会议决议；统筹规划全台重大报道活动；监测各频道定位及栏目设置；统筹重点选题全流程管理。负责编制和管理全台年度总体节目预算；协调各单位制定年度节目预算分配计划；规划和管理重点选题、重大报道活动节目预算；实施节目预算调整。负责全台节目生产流程管理、栏目及节目代码发放与管理、节目播出数据的维护与开发等。负责各类宣传报道信息的收集、整理、发布；负责全台宣传信息平台的建设与维护。负责全台内参节目管理；承担部分内参片制作任务。负责全台引进节目管理与服务，负责引进节目指标管理与引进节目报关。同时，规划部还承担重大理论文献片、大赛及评选类节目等特殊节目立项工作；承担全台电视剧、国产电视动画片拍摄制作备案公示，国产电视剧、引进电视剧、国产电视动画片发行许可证发放管理，重大革命和历史题材电视剧立项等管理工作；承担电视节目电话及短信互动审批工作。下设宣传规划组、预算管理组、流程管理组、宣传协调组。规划部主任杨明，副主任才婉茹。

节目播出部

节目播出部成立于 2010 年，前身是节目播出管理处。是总编室负责节目编排、节目宣传、频道包装和节目检审、备播等播出管理的职能部门，负责统筹协调全台重大活动、特别节目的播出；宏观调控全台战略性节目资源配置；统筹管理每周各频道节目的报播、编排及播出；协调管理各频道每周的节目标准样；负责节目的更改、直播、直送、节目内容修改等播出流程的管理协调；建立并维护中央电视台形象识别系统，负责制定台标和频道标识的制作及使用标准并监督执行；完成《收视指南》《请您欣赏》的拍摄和编辑工作；负责外送专题片的内容审查管理；对台外制作的所有拟用节目进行技术质量审查，对全台入库待播节目进行数据信息录入、审核和传输；负责全台所有频道准备播出的节目磁带和文件的入库备播管理，负责全台高清节目磁带和蓝光盘节目文件的上载备播业务。下设节目管理组、特别节目组、节目检审组、备播组。节目播出部主任史冠翔，副主任周人杰、王冬玲。

节目研发部

节目研发部成立于 2010 年 8 月，负责中央电视台新节目研发的统筹、协调、管理以及研发资金的使用管理和监督工作。主要职能是对新节目研发进行全流程管理；对各频道报送的新节目创意方案开展评估论证；对新节目样片制作进行动态管理；组织新节目样片专家评议会对创新节目进行把控、提升，并为编委会提供决策参考；对各频道引进的海内外节目模式进行内容审核；对研发资金的使用进行管理和监督；组织节目创意投资活动和全台新节目创意大赛；开展海内外新节目模式搜集；开展新节目合作研发与国际交流活动；向各频道提供新节目研发咨询服务；负责全台研发创新与宣传管理对策性研究工作。下设新闻类与专题类节目研发组、演播室访谈类节目研发组、综艺娱乐类节目研发组、海内外新节目模式监测搜集组。节目研发部主任吴克宇，副主任吴晓斌。

版权管理部

版权管理部成立于2010年，前身是节目版权管理处。是中央电视台版权事务的归口管理部门，是全台宣传管理链条中规范对外节目版权授权、维护节目及衍生产品版权利益的专业机构，是总编室实现节目版权价值最大化的重要平台。版权管理部负责制定全台各类与版权有关的合同和法律文书，对全台版权协议进行审核、管理、备案和归档；负责对全台各类节目进行版权定级，并基于版权级别制定版权开发方案；负责对全台各类节目所产生的版权和节目版式提供保护，对侵犯中央电视台版权的行为采取维权措施；负责组织或参与中央电视台大型版权交易的谈判工作，并制定有关法律文书；负责全台成品节目、节目素材、音像制品业务、图书出版业务、音乐增值开发业务等衍生产品的版权开发规划，并统筹全台版权的对外使用授权；负责中央电视台与音乐、文字、摄影、音像、电影等各类著作权集体管理组织的谈判工作和付酬工作；收集、管理全台版权信息，为版权的合理使用提供有效的信息平台；负责对知识产权政策法规、国际知识产权保护有关协定进行研究，为各频道和中心提供知识产权管理专业意见。下设信息管理组、合同管理组、权利管理组、付酬管理组。版权管理部主任郑直，副主任严波。

市场评估部

市场评估部成立于2010年7月，是随着2010年全台频道制改革和总编室架构调整而诞生的。市场评估部的主要职能是：为全台所有频道和中心提供日常收视率查询分析等基础服务和收视竞争市场分析，如《每周收视要情》《收视调查报告》《每周收视热点分析》；组织栏目综合评价体系的运行，每季度发布全台栏目排名前30和各频道内栏目综合评价排名结果，并实施年度全台品牌栏目评选；通过社会效益、收视表现、专业品质等多维指标，组织专家评议和市场调查，监测评估各频道传播效果；负责设计和组织统筹全台大型专项观众收视调查活动；如例行的栏目综合评估调查、全国电视观众生活形态调查、全国电视观众抽样调查等，以及“春晚”等特别项目的专项调查活动。负责实施年度全台优秀节目评选；组织全台上报外送各类节目奖项的参评工作。2013年组织报送的全台每年参评的国内外节目奖项约65项。其中，常规的国内奖项43项、国际奖项15项，不定期、临时性奖项5～8项。负责为台、各频道提供全台频道及节目新媒体传播效果分析，提出应对策略的咨询建议；整合各频道（中心）的官方微博、微信、客户端、屏幕二维码等新媒体产品的各种数据资产，逐步建立新媒体端观众收看中央电视台节目的数据分析体系；研究制定新媒体传播效果考核办法；对全台重点项目、节目进行全媒体收视效果的测量与评估，为全台电视节目内容在新媒体传播的价值和效益的数据提供支撑。下设数据维护组、分析服务组、综合评估组、节目评奖组。市场评估部主任徐立军，副主任赵霞。

受众服务部

受众服务部成立于2010年，是总编室负责《监看日报》编辑、屏幕差错管理、观众培育工作开展、观众信息管理和呼叫中心业务管理的职能部门。除负责受理观众来电、来信等日常工作外，负责每天编辑出版《监看日报》；全台屏幕语言文字差错的监督和管理；不定期开展观众培育活动（如青年影响力系列活动等）；受台领导和总编室领导委派，负责全台观众呼叫中心的业务管理工作。下设呼叫中心管理组、观众维护组、节目监看组、信息管理组。受众服务部主任刘建鸣，副主任张传玲。

节目推介部

节目推介部成立于2012年7月，是中央电视台为提升由影响力转化而来的收视率、加强先期观念导入和品牌附着力而组建的专属职能部门。主要职责包括：针对台内精品节目资源，制定全媒体宣传推介方案；整合全台宣传推介渠道，组织开展新闻、导视、栏目互动等宣传推介；联络各部委及社会资源，结合台内各频道的需求及特点，共同制作特别节目或开展主题活动，创建营销推介活动品牌；构建媒体合作联盟，通过平面、广播电视、移动媒体、户外媒体等渠道，运用多种形式推介中央电视台精品节目、栏目和大型活动；负责统筹协调台网融合中新媒体推广的相关业务；制作各类形象宣传片、节目宣传片和公益宣传片；评估全台宣传推介成效，创新宣传推介方式，拓宽宣传推介及活动营销渠道等。下设宣传统筹组、媒体合作组、活动营销组、宣传制作组、运营协调组。节目推介部主任陈忠，副主任于淼。

综合部

综合部成立于2010年，主要承担总编室内部行政保障以及全台的品牌管理、品牌推广、舆情监测和公共关系维护等职能。具体业务包括日常宣传口径传达、公文合同流转、日常行政保障、人力资源管理、经费统筹管理、培训与团队文化建设、全媒体环境下中央电视台品牌策略研究与品牌推广、台属机构及个人互联网信息发布管理、播音员与主持人参加社会活动管理、舆情监测、公共关系维护以及应对，每天出版《新闻早读》并向台领导、各部门(中心)领导发送《新闻早读》手机报，不定期出版普发与专报相结合的舆情报告。下设秘书组、运营策略组、品牌管理组和公共关系组。综合部主任刘志忠，副主任俞玮。

审片部

审片部成立于1986年，前身是中央电视台审片组。2011年1月调整为审片部，属中央电视台电视剧评审领导小组办事机构，挂靠总编室。审片部主要职能是贯彻中共中央宣传部、国家新闻出版广电总局的部署要求，严格按照《中央电视台电视剧评审工作领导小组工作管理规程》和独立审片原则，组织台内专家、台外专家和观众代表，从思想性、艺术性、观赏性等方面，综合审查送审的电视剧剧目，确保国家电视台播出电视剧的高标准和高品质，反映民族精神和主流社会价值观。审片部审查的电视剧包括：拟在综合频道黄金时段、次黄金时段播出的国产电视剧和拟在少儿频道播出的动画片。上级部门领导和台领导批转的部分其它电视剧。2013年4月，台分党组批准审片部增设审片四组，动画片审看环节纳入审片部工作流程。下设审片一组、审片二组、审片三组、审片四组。审片部主任肖文俊，副主任陈真。

新闻中心

中央电视台新闻中心成立于1998年。为强化国际报道能力建设，以北京总部为中心，在国内31个省会及直辖市设立记者站，在全球多个国家和地区设立63个海外记者站、5个区域中心站、2个分台，形成覆盖全球的新闻采访网络，播出语种涵盖联合国6种官方语言。播出平台覆盖综合频道、新闻频道、英语新闻频道及西班牙语、法语、阿拉伯语、俄语国际频道7个频道。拥有《新闻联播》《焦点访谈》《朝闻天下》《新闻30分》《东方时空》等栏目。下设综合部、策划部、时政新闻部、经济新闻部、社会新闻部、地方记者部、海外记者部、国际新闻部、军事节目部、新闻评论部、新闻频道编辑部、综合频道新闻编辑部、新闻播音部、新闻视觉艺术编辑部，并管理国内记者站。新闻中心主任孙玉胜(兼)，常务主任黄传芳(兼)，副主任盖晨光、范昀、梁建增、许强、杨华、李毅，党总支专职副书记冷建军。

综合部

综合部成立于1998年，担负着新闻中心行政办公、文秘、人力资源管理和后勤制片等系统运行的保障任务，具体负责上级指令与口径传达、信息组织报送、机要保密、绩效考核、团队培训、经费管理、中心重大项目后勤保障等工作，并协助新闻中心党总支、工会等工作。下设秘书组、经费管理组、综合管理组。综合部主任谷云龙，副主任付雪松。

策划部

策划部成立于2009年7月，是中心领导的业务助手和决策参谋，是服务于全中心、为中心前后期各个节目系统提供信息支持的统筹与管理部门。策划部居于多个前期采访和多个后期编辑系统之间，起到统筹、协调、沟通、调度的作用，承担着新闻中心指挥系统的日常运营、收视报告分析及节目监看分析、新闻节目考核、中长期选题策划、评论员队伍运行管理、咨询专家维护、资料库管理和新闻共享平台管理、中心战略规划、节目研发、制度设计、品牌维护和推广、营造组织文化等主要工作职能。策划部向新闻中心具体提供战略发展规划的依据与建议；向中心领导提供决策参考和管理资讯；向新闻指挥系统提供节目建议、重点选题建议与特别节目方案，提供媒体监测与收视评价报告等。策划部以电视理论和新闻业务为基础，在日常节目运行、重点节目设计、中长期发展规划、业务研发和监督服务等方面发挥作用，供中心和相关系统决策参考。下设综合资料组、新闻统筹组、评价调研组、评论员组。策划部主任杨继红，副主任余伟利。

时政新闻部

时政新闻部是中央电视台新闻中心下属的前期采编部门，成立于2001年11月，专门负责报道党和国家的重大政治活动、事件，负责报道党和国家领导人出席、参加的国内外各类时事政治活动。电视时政新闻资源是中央电视台拥有的最重要的新闻资源。及时、准确、权威、创新是时政新闻部的工作标准。下设编辑一组、编辑二组、摄影记者一组、摄影记者二组、统筹策划组。时政新闻部主任关海鹰，副主任林键、冯卓。

经济新闻部

经济新闻部成立于2009年7月14日，负责国家发改委、工信部、财政部、交通部、农业部、国土部、住房和城乡建设部等30个部委行署局办的政策发布、权威解读及全台所有经济新闻的前期采制，负责《身边的感动》等专栏节目的采访制作，供应综合频道、新闻频道、财经频道、中文国际频道、英语新闻频道、法语国际频道、西班牙语国际频道、阿拉伯语国际频道、俄语国际频道的财经资讯。经济新闻部以原新闻采访部为主体，融合了原广告经济信息中心、原社会专题部、原新闻专题部等多部门力量，共同形成了新闻中心经济新闻部，负责经济、金融、农业、交通、科技等关乎国计民生的报道工作，忠实记录了国民经济和社会发展。下设策划组、机动组、宏观经济组、产业经济组、财经组、农业经济组、交通组、综合报道组、主题报道组。经济新闻部主任肖振生，副主任肖璞、姜秋镝。

社会新闻部

社会新闻部是2009年7月新闻中心组建的前期采访部门，是重大社会发展举措和成就，特别是民生成就、主题报道和社会事件报道的主力军。社会新闻部涵盖社会文化、社会民生、社会法治三大报道领域，重点打造社会瞭望、社会调查、社会记录三大报道品类。2013年以来，社会新闻部推出了“依法打击网络大谣系列报道”、“薄熙来案庭审及宣判报道”、“土增税黑洞”、“3·15”特别行动《豪车里的怪味》及《“美素”奶粉疑云》”、“寻找最美消防员”、“东非野生动物大迁徙”、“国庆海采：爱国让你想起什么”、“头号难题”、“北京儿童医院蹲点日记”、“新安江污染调查”等优秀节目。下设策划统筹组、社会教育组、文体组、外宣组、医药卫生组、科技组、民生新闻组、政法新闻组、直播特别节目组、《法治在线》栏目组、《每周质量报告》栏目组、摄像组。社会新闻部主任陈杰，副主任任永蔚、项飞。

地方记者部

地方记者部前身是成立于1998年5月21日的地方新闻部，2009年7月调整为地方记者部。部门主要职责是：建设、管理中央电视台国内记者站，整合全国电视新闻资源，面向全台发稿。2011年10月19日，中央电视台31家国内记者站成立，形成覆盖全国的网络化布局。地方记者部整合国内记者站、中国电视新闻协作网等电视新闻资源，开发公众、社会系统以及新媒体等信息采集新平台，形成电视新闻报道网络，是中央电视台各地突发事件快速反应的第一责任人，也是一个集海量发稿、主题宣传、大型直播项目、特别节目的主力发稿部门。2013年，31家国内记者站播发新闻超过2.2万条，同比增长20%以上，发稿量稳定在国内新闻总量的一半以上，保证新闻频道24小时的信息更新。地方记者部走基层报道条数占新闻频道走基层发稿总量的一半。国内记者站新媒体平台发稿量占全台总发稿量的一半以上。“一快一慢”成为国内记者站的日常功能。地方记者部把记录态、基层体引入到多项重大宣传任务中。大型特别节目保持和提升电视直播节目的制作能力，追求精品品牌的国际传播力和品质传播力，塑造中国国际文化形象，形成中国人文视角的文化输出。配合新址搬迁，实现卫星、光缆传输的直播信号以及视频素材，全部在新台收录编目。保障日常和重大新闻事件的全台通联。地方记者部下设新闻联播编辑组、新闻频道编辑组、直播组、记者站编辑组、在线供稿组、记者站管理组、记者站运营组、通联组。地方记者部主任申勇，副主任王平、张文华、谢子猛。

海外记者部

海外记者部成立于2009年7月，前身为人事办公室驻外记者站管理处，2009年整建制划入重新组建的新闻中心，成立海外记者部。部门主要职能为：海外记者站国际传播能力建设相关项目的监督、推进和落实；海外记者站调整建设、升级改造以及长远发展规划；台驻外队伍和储备人才建设、人员轮换调整；发展管理特约报道员、当地雇员等外籍报道队伍；搭建、管理、完善海外报道服务网络，推进服务、保障本土化进程；研究境外相关法律法规及舆情研判，提供法律安全保障；研究各国劳务制度，提供劳务法律咨询；调研国际媒体最新运行、管理、发展趋势和新技术应用，为中央电视台发展提供建议；与境内外政府主管部门、外交机构、媒体进行联系和公关，为中央电视台海外拓展提供帮助；建设和落实相关规章制度；强化海外记者安全保障机制，全方位保护记者工作和人身安全；协调海外记者站技术设备配备以及生产生活物资、安防装备的供给和管理；监督海外记者站预算及经费使用，加强境外资产管理；为记者及随任家属办理外事手续；设计适合不同区域、融合中外员工的培训方案，为海外报道团队提供培训服务；统筹协调海外报道人员福利保障，加强对驻外人员和家属的人文关怀。下设海外记者管理组、记者站法律事务组、建站规划组、境外服务网络发展组、记者站经费管理组。海外记者站包含2个海外分台（非洲分台、北美分台）、5个区域中心记者站（欧洲中心记者站、俄罗斯中心记者站、亚太中心记者站、拉美中心记者站、中东中心记者站），以及63个海外记者站。海外记者部主任张欣，副主任张雄飞、陈占升。

国际新闻部

国际新闻部成立于2008年1月23日，主要职责是组织、策划、编发国际新闻报道供本台新闻频道和其它频道使用，对国际重大事件和突发性事件进行直播和连线报道；负责统筹全台对海外记者站的中文报道需求并对海外记者的中文报道业务实施管理，负责编辑播发驻外记者拍摄的新闻节目；负责全台在亚广联的新闻交换工作；负责全台对外新闻合作事务。国际新闻部全天24小时向《朝闻天下》《新闻30分》《新闻联播》《晚间新闻》等新闻频道重点新闻栏目和新闻频道各档整点新闻，以及中央电视台其它频道新闻节目供稿，独立完成《国际时讯》和《环球记者连线》栏目的策划、编辑和播出。下设新闻一组、新闻二组、新闻三组、国际时讯栏目组、驻外记者业务协调组、外联组、特别报道组、国际新闻综合频道编辑组。国际新闻部主任曹日，副主任潘林华、解立婕。

军事节目部

军事节目部是中央电视台专门从事军事宣传报道的采访和编辑部门，由中央电视台和解放军总政治部双重领导，由中央电视台新闻中心直接管理。其前身是1966年4月成立的军事组。主要任务以军事新闻采编为主，包括军委领导时政活动报道；全国、全军重大典型报道；军队中心工作报道；重大军事行动、突发事件报道及军事外交活动的报道；国际军事新闻的背景分析和深度评论等。负责CCTV-1、CCTV-4、CCTV-7、新闻频道及其它外语频道的军事新闻的提供；承担中央电视台与军队相关事宜的协调工作，负责管理中央电视台驻全军18家单位记者站的新闻业务等相关事宜。军事节目部主任张伟，副主任冀惠彦、徐少兵。

新闻评论部

新闻评论部成立于1993年12月21日，负责制作新闻评论类节目、新闻深度报道节目以及各种类型的特别节目。新闻评论部有8个栏目，集中在晚间时段播出。其中4个日播栏目分别为《焦点访谈》《东方时空》《新闻1+1》《24小时》，有《新闻调查》《面对面》《新闻周刊》《世界周刊》4个周播栏目，另有《新闻纪实》《真相调查》两档不定期播出的栏目。新闻评论部承担《感动中国》《一年又一年》《寻找最美村官》《德耀中华》等大型特别节目的制作。下设主题报道组、调查报道组、应急报道组、焦点访谈策划组、《东方时空》栏目组、《24小时》栏目组、《新闻1+1》栏目组、《新闻调查》栏目组、《世界周刊》栏目组、《新闻周刊》栏目组、《面对面》栏目组、《新闻纪实》栏目组、特别报道组、统筹组。新闻评论部主任赵微，副主任孙杰、任涛、耿志民。

新闻频道编辑部

新闻频道编辑部成立于2009年7月。负责新闻频道00:00～19:00全天18小时的新闻时段和综合频道06:00～08:30《朝闻天下》（并机）、12:00～12:30《新闻30分》（并机）栏目的编辑、编排，以及新闻频道全天24小时的播出任务，新闻频道编辑部以最快的速度滚动、递进、更新的报道方式，向观众提供第一手国内国际新闻资讯，突显时效性和海量信息。新闻频道编辑部还承担由新闻中心负责的大型直播节目的策划编辑播出工作。其主要职能是通稿新闻精编处理，各档新闻节目的编辑组版，各档新闻提要，新闻快报以及题图的编辑制作，逐条新闻的审看和改编，外中心节目源的二次编辑，重大直播节目的专题和背景片制作，新闻频道所有节目的线上播出，大型特别节目后期演播室直播，每日对频道播出进行监看比较和分析，统计频道全天播出量，新闻频道节目整体编排等。新闻频道编辑部负责编辑播出的重点新闻栏目有《朝闻天下》《新闻直播间》上午时段、《新闻直播间》下午时段、《新闻30分》《共同关注》《午夜新闻》和《新闻直播间》夜间时段的滚动新闻。新闻频道编辑部主任李昕，副主任张巍、穆莉、栾博、徐榕。

综合频道新闻编辑部

综合频道新闻编辑部前身是新闻联播编辑部，成立于2008年1月，是中央电视台唯一以栏目名称命名的节目部门。2013年4月18日，根据工作需要，经台分党组研究并上报国家新闻出版广电总局备案：新闻联播编辑部更名为综合频道新闻编辑部。负责《新闻联播》《晚间新闻》栏目的编播任务，负责《新闻联播》后《天气预报》栏目的接传、后期编辑、检查和监播等职责。新闻频道各时段滚动播出的"时政要闻"由综合频道新闻编辑部编辑、制作。业务职责涉及策划、组织、编辑、制作、编排、言论、播出、播后评价、流程监督等多个领域。综合频道新闻编辑部下设《新闻联播》栏目组、《晚间新闻》栏目组、评论组、统筹策划组、编辑制作组。综合频道新闻编辑部主任李风，副主任刘东华。

新闻播音部

新闻播音部成立于2009年7月24日，是中央电视台新闻中心新闻播音员、主持人的管理部门。负责新闻频道、综合频道全天播出的消息类新闻栏目与新闻事件直播报道的播音、主持工作。参与播出栏目主要包括《新闻联播》《新闻30分》《晚间新闻》《朝闻天下》《新闻直播间》《国际时讯》《午夜新闻》《世界周刊》《每周质量报告》等。同时担负所有新闻配音、党和国家领导人出访报道、重大新闻事件现场采访及党政机关重大会议的现场播音、中心其他部门专题片解说等任务。下设新闻播音一组、新闻播音二组。新闻播音部主任李瑞英，副主任康辉。

新闻视觉艺术编辑部

新闻视觉艺术编辑部成立于2013年6月，主要承担新闻频道及综合频道新闻的整体视觉艺术包装工作，业务领域涵盖在线包装、离线包装、演播室设计及运维、公益广告、资讯短片、形象片的拍摄、设计和制作。新闻视觉艺术编辑部的核心理念是"艺术地示意"，共负责6类产品的制作，在线包装追求"字里图中、有意思、有意味"，宣传片力求"发现精妙、谱写华彩乐章"，《新闻地图》努力做到"瞬间知天下、片段出文章"，《真诚·沟通》努力"寻找变动时代的真善美"，《生活提示》追求"营养加口味、体现亲人般关怀"，《点滴·文明》力求"春风化雨汇聚力量"。下设统筹运营组、在线包装组、离线包装组、《生活提示》组、公益服务组、综合频道包装组及演播室运维组。新闻视觉艺术编辑部主任何绍伟，副主任孙竹。

综合频道

中央电视台综合频道负责CCTV–1的节目制作播出任务。CCTV–1于1958年9月2日正式播出，是中国开办最早、覆盖面最广、受众人群最多、品牌效应最高、影响力最大的综合频道，通过卫星覆盖全国，全天24小时播出。综合频道承担着宣传党的方针政策、引导舆论、传播社会主义先进文化的重要使命，是中国最优秀的电视剧播出平台和最佳传播平台。下设综合部、节目部、节目统筹部。综合频道总监钱蔚。

综合部

综合部成立于2010年8月，是协助频道领导管理日常行政事务的办公与协调部门，综合部在适应各项规章制度的同时，发挥服务和管理职能，配合推进频道制建设：搭建频道行政办公运行管理平台，制定《综合频道运行管理规范》(试行)，明确值班、保密、消防、公章使用、合同审批、经费运行监控等一系列规章制度；制定《综合频道行政办公管理考核体系》，以科学的量化考核规范行政办公业务；协助频道领导完成栏目人员划转、组织架构完善、参加全台运动会、制片人公开竞争上岗、建立基层党组织、落实党务工作、完善绩效考核体系；组织公文信息、保密、外事、消防等业务培训，提升全频道行政办公业务水平；组织多项主题党日活动，凝聚思想，提升频道文化；协调频道与台内其它部门、外部单位公共关系，为频道各项基础工作的有序推进提供强有力的服务保障。下设秘书组、综合管理组、运营管理组。综合部副主任何淑文、李伦。

节目部

节目部成立于2010年8月，是协助频道领导管理节目制作播出的办公与协调部门。节目部根据台内有关规章制度，建立一整套适合于综合频道实际情况的节目管理相关规定，通过综合频道节目运行公共服务平台搭建，发挥节目部管理服务职能：制定日常节目编播管理规范，构建随市场而动的节目编排体系；制定栏目的收视管理和评价考核办法，通过奖优惩劣推动节目的升级创新；制定频道特别节目的考核管理办法，确保特别节目的效益提升；制定大型活动及新闻的直播管理办法，协调全台优秀资源的有效统筹；建立综合频道播出安全应急机制，确保安全播出万无一失；落实综合频道香港版的落地工作，完善香港版节目的日常管理；建立频道的竞争监控体系，有效把握竞争趋势，提升频道整体竞争力；建立频道的节目创新机制，通过创新提高节目传播力与影响力；制定完善节目重播重审管理办法，严把节目重审关。下设节目统筹组、评价研发组、重播重审组。节目部主任许文广，副主任过彤。

节目统筹部

节目统筹部成立于2011年9月29日，是贯彻落实频道决策、对综合频道节目进行统筹管理的部门。节目统筹部对综合频道标清版、高清版和香港版三套节目进行三位一体的编播管理，主要职能是负责频道三个版本的各项播出、协调工作；负责频道整体的包装推介、频道所有栏目宣传、特别节目宣传、线上线下宣传等；根据市场变化和不同节目的表现，对频道编排实施动态管理；根据综合频道特点和不同节目的目标观众，制定并执行节假日特别编排；协调、落实频道新栏目开播、栏目改版的各项相关事宜；根据香港地区相关法律规定，协调落实香港版各类节目版权事宜；圆满完成各项重大直播任务。同时，节目统筹部还负责综合频道的数据分析、各类选题统筹、重要节目资源统筹等工作，为频道领导层提供决策参考，包括每周提供收视数据；每周统计重点节目选题；定期对电影、电视剧、纪录片等重要节目资源进行分析统计；每周整理频道编前会纪要，对频道节目管理重要决策的执行情况进行跟踪管理等工作。节目统筹部主任张国飞，副主任谭义勇。

财经频道

中央电视台财经频道负责CCTV–2的节目制作播出工作。CCTV–2财经频道于2009年8月24日正式开播。财经频道坚守“为国家经济建设服务，为大众经济生活服务，为企业发展服务”的频道理念，致力于为观众提供最权威的政策解读、最新鲜的市场资讯、最有价值的分析和观点。财经频道以覆盖全球的采编网络和强大的编辑能力，覆盖全球主要资本市场，实现了与全球经济运行同步，成为人们观察和解读世界财经问题的重要窗口。按照“突出专业性、兼顾大众性”的定位要求，财经频道拥有《经济信息联播》《经济半小时》《第一时间》《对话》《交易时间》《中国财经报道》《央视财经评论》等品牌栏目。在专业频道的长期运营实践中，财经频道搭建了全流程、全体系、全链条的专业化系统。全流程专业化以选题为核心，以选题的全流程运行为主线；全体系专业化涵盖财经资讯采集体系、智力支撑体系、一体化运作体系、专业人才体系等；全链条专业化是构建全链条财经信息服务平台。财经频道副总监韩青、郑蔚，党总支专职副书记董春虎。

综合部

综合部是财经频道综合组织协调的职能管理部门。主要负责频道的行政管理、运营统筹、品牌管理、制片协调、主持人管理等工作。职能包括：全频道的公文流转、信息报送、事务协调、党政工团等各项活动的组织实施；全频道的预算管理、合同管理、人力资源管理、员工培训、绩效考核、薪酬发放；全频道的设备整备和费用使用管理，演播室协调、技术支持及维护，台内、外部网络及FTP传输网和P2网的管理及维护，固定资产管理，办公用房、办公用品、办公用车管理，治安保卫及消防安全管理；负责财经频道的整合传播和形象宣传推广、节目版权管理；负责全频道主持人屏幕形象管理、主持人的协调使用、业务交流与培训、开展公益活动等工作。下设秘书组、运营管理组、品牌管理组、摄像组、主持人管理组。综合部主任赵赫。

节目部

节目部成立于2010年7月22日，是财经频道的大编辑部，是财经频道节目规划与协同运行、编排报播与形象包装、节目评估与创新研发的节目管理职能部门。节目部是频道领导指挥、管理频道节目运行的平台，旨在推动频道更好地发挥整体协同效应，是频道一体化大生产的维护者和管理者。节目部工作重点在于建立、维护频道协同运行及工作机制，在实现频道信息、资源共享的基础上，推动频道大编前会制度、栏目联动机制、应急响应机制的形成和正常运转。同时服务全频道，以具体工作项目为抓手，建章立制，从机制和流程上推动频道的一体化运行；动态调整节目编排，规范管理节目报播，完善收视分析管理工具；

推进屏幕品牌形象一体化，统一频道形象风格定位，制作频道宣传片和包装元素；统筹国内外专家资源，签约财经评论员，为频道专业节目提供智力支持；整合县域经济平台和特色专业市场，为县域经济科学发展提供交流平台和舆论支持。节目部还承担宣传、贯彻、落实中央精神，组织参加各类政治学习，开展与其它各部门的联谊活动等职责。下设节目统筹组、智库事务组、包装导视组和县域经济组。节目部副主任余敬中。

综艺频道

综艺频道是由原文艺节目中心配合中央电视台频道制改革于2010年建立的专业频道，负责CCTV-3每天24小时节目的制播，承担着中央电视台文艺宣传、满足人民群众丰富多彩的精神需求、传播先进文化、提高人民审美欣赏水平、引领构建社会主义核心价值体系的重要职责。负责特别节目组和《星光大道》《开门大吉》《我要上春晚》《非常6+1》《向幸福出发》《回声嘹亮》《黄金100秒》《幸福账单》《综艺盛典》《越战越勇》《我爱满堂彩》《艺术人生》《文化正午》《文化视点》《文化大百科》《文化讲坛》《舞蹈世界》《天天把歌唱》《艺览天下》《动物传奇》《综艺喜乐汇》《激情广场》等22个栏目组。综艺频道下设综合部、节目部。综艺频道总监张晓海，副总监王进、刘真，党总支专职副书记刘光蕊，总监助理吕逸涛、丛澍。

综合部

综合部成立于1998年5月，是综艺频道综合组织协调部门和处理日常事务的办事机构，主要负责综艺频道的行政管理、公文管理、节目经费管理、节目版权管理、内部人事管理等工作。下设秘书组、运营管理组。综合部主任万钢。

节目部

节目部成立于2010年7月，负责CCTV-3综艺频道的节目编排、串播、包装、预告、宣传包装性栏目的制作以及频道内栏目和大型文艺节目的摄像工作。节目部负责《剧场》栏目。下设策划评估组、节目统筹组、导视组、视觉设计组、宣传推广组、摄像组。节目部主任哈文，副主任王峥。

中文国际频道

中文国际频道成立于2010年7月，是中央电视台实施频道制改革新设机构，由原海外节目中心综合部、海外专题部、海外编辑部、对台节目编辑部等部分机构重新组合而成。其主要任务是：在“传承中华文明，服务全球华人”的宗旨下，强化中央电视台在海外尤其是海外华侨华人中的传播力和影响力。中文国际频道负责CCTV-4(亚洲版、欧洲版、美洲版)新闻、涉台、文化专题、文艺、体育等节目的制作和编排播出，办有《中国新闻》《今日关注》《海峡两岸》《走遍中国》《中国文艺》《国宝档案》《中华医药》《天涯共此时》《中华情》《深度国际》《华人世界》《体育在线》《今日亚洲》《快乐汉语》《远方的家》《城市1对1》《文明之旅》《流行无限》等栏目，承办海峡两岸知识大赛、“汉语桥”在华留学生汉语大赛、中央电视台中秋晚会、中文国际频道海外观众颁奖晚会、中华之光——传播中华文化年度人物评选、海峡两岸媒体前瞻论坛等大型赛事晚会活动，负责组织全国电视联合采访活动、台内节目荟萃和影视剧选播等。下设新闻部、综合部、节目部。中文国际频道总监杨刚毅，副总监王广令、马勇、王文昌、田忠卿，党总支专职副书记张利中，总监助理王峰、周晓岚、张恒。

综合部

综合部是中文国际频道行政办公业务管理服务机构。主要承担频道公文、合同及资料起草、收发、归档及保密工作，协调安排频道领导工作日程等工作，组织落实会议及活动，负责本频道人员管理、培训与绩效考核、经费预算及薪酬管理等工作。下设秘书组、综合管理组和运营管理组。综合部主任王有才，副主任王东民。

节目部

节目部是中文国际频道节目编播业务管理服务机构。主要承担频道整体节目编排和统筹播出、传播效果评估与节目研发、海外观众联络与反馈、频道形象包装与推广、频道荟萃节目制作以及电视剧的选播等工作。下设节目统筹组、评价研发组、观众联络组、包装推介组、地方编辑组、影视剧组。节目部主任吴晟炜，副主任杨奉涛。

新闻部

新闻部(原新闻中心国际频道新闻编辑部)成立于1992年。2013年5月，新闻中心国际频道新闻编辑部整建制划归中文国际频道，并更名为中文国际频道新闻部。新闻部负责中文国际频道全天24小时对外新闻的编辑、播出工作。承担中文国际频道对重大新闻事件直播的报道任务和中央领导人出访等重要时政新闻在中文国际频道的播出任务以及各类不定期特别宣传报道，并为全台和境外媒体提供全年120多场国新办、国台办新闻发布会直播信号。负责调整部门内各栏目形态，提出增减栏目和节目改版方案。下设统筹策划组、编辑一组、编辑二组、编辑三组、播出组、包装组、港澳台组、国际新闻组、特别报道组、《今日关注》栏目组、《今日亚洲》栏目组、《深度国际》栏目组、播音组。新闻部主任马勇，副主任王未来、王世林、包军昊、李永健。

体育频道

体育频道前身是体育节目中心， 成立于1998年5月，2010年7月，中央电视台实行频道制机构改革后改为现名。2013年8月18日，体育赛事频道(CCTV–5+)正式开播，加上已纳入体育频道制作播出体系的风云足球频道和高尔夫·网球频道，体育频道成为全台拥有频道最多的部门之一。体育频道是国内创办最早、规模最大、拥有世界众多顶级赛事国内独家报道权、大量国内赛事自主知识产权、覆盖全国的国家级专业体育频道，内容包括国内外重大赛事的现场直播、体育热点问题追踪报道、全民健身及娱乐、体育知识普及教育等。体育频道利用赛事独家版权、原创节目资源以及国际化的信号制作队伍，以顶级赛事为核心，以新闻栏目为架构，通过稳定的传播平台，传播专业的体育资讯，倡导全民健身活动，创办和主办拥有自主知识产权的赛事和活动，打造国内领先、国际一流的体育文化传播平台，成为全媒体的内容制造商和供应商。体育频道有《体育新闻》《体育世界》《足球之夜》《天下足球》《赛车时代》《篮球公园》《体育人间》《健身舞起来》等栏目。体育频道国际赛事公用信号制作任务，确立“央视制造”品牌；拥有自主知识产权的“谁是球王”、“中华龙舟大赛”、“CCTV贺岁杯”和“体坛风云人物”等系列赛事和活动。下设综合部、节目部、竞赛部、新闻部、赛事频道编辑部。体育频道总监江和平，副总监张兴、方钢、李岳，党总支专职副书记宋丹。

综合部

综合部于2010年7月成立，是体育频道的行政综合管理业务部门，承担着体育频道行政、经费和人力资源等公共管理、公共服务职能。日常工作主要有公文运行、机要保密、综合信息采编及管理、舆情信息报送、人力资源管理、团队培训、出国任务报批、经费预算及薪酬管理，党政工团工作等，在重大宣传报道中承担行政后勤保障以及综合组织协调任务。下设秘书组、综合管理组、制片组。综合部主任栗斌。

节目部

节目部成立于2010年7月25日，主要承担体育频道日常及大赛期间的赛事直播、录播、CCTV–5及CCTV–5+两个频道的录像类节目的制作工作；日常具体职能还包括频道重大节目和特别节目的策划及制作、频道收视统计分析、赛事版权及合同管理、频道节目编排、频道形象及节目的宣传预告和包装、赛会信息的收集与归纳、赛事素材的收录和编目、播音员主持人评论员管理、CCTV–5及CCTV–5+官方微博(新浪)“@cctv5”及官方微信(腾讯)的平台创建和日常维护等；负责体坛风云人物年度评选及颁奖盛典、精品纪录片创作、新节目研发等工作；负责国内足球赛事的转播、《足球之夜》栏目、CCTV风云足球频道的节目编排、制作和播出，以及体育频道《冠军欧洲》栏目的制作等。下设策划组、资源管理组、编排组、包装组、媒资信息组、播出组、《实况录像》栏目组、播音组、特别节目组、足球编辑组、新媒体组、《足球之夜》栏目组。节目部主任郁洁，总监助理余步，副主任张朝夕。

竞赛部

竞赛部成立于1998年5月，以项目制形式负责频道的赛事制作及播出工作。2010年7月体育频道实行频道制改革，新闻及栏目系统并入竞赛部。竞赛部下设新闻节目制作、信号制作和栏目制作系统。2013年8月，新闻及栏目系统成立体育新闻部，恢复原竞赛部。竞赛部主要负责国内外重大体育赛事节目制作和国内体育赛事节目制作协调工作。承担制作体育频道、体育赛事频道全部自制赛事信号以及中视体育娱乐有限公司承办赛事的制作；承担大型综合体育赛事的主播机构工作，负责主播机构的赛事制作、转播服务等前后期工作；负责大型综合性体育赛事的开、闭幕式制作工作。竞赛部常设栏目《顶级赛事》，在体育频道每周一播出180分钟高尔夫节目、每周二播出70分钟棋牌类综合节目、每周五播出90分钟象棋节目，并在体育赛事频道每周播出两期围棋、象棋节目。下设导演一组、导演二组、导演三组、摄像组。竞赛部主任孙伟。

新闻部

新闻部成立于1998年，负责体育频道的新闻和专题节目，部门成立后完善了新闻采编播队伍的管理，实现了新闻采编分离、建立专项记者制度。新闻部成功报道了悉尼奥运会、雅典奥运会、北京奥运会和2002年韩日世界杯、2006年德国世界杯、2010年南非世界杯以及亚运会和全运会等大型活动。2010年新闻部取消，与体育竞赛部合并，2013年8月重新恢复新闻部编制。新闻部管辖体育新闻和栏目制作系统，新闻制作系统包括《体育晨报》《体坛快讯》《体育新闻》《体育世界》《午夜体育报道》5个栏目，全天节目时长250分钟。节目由编辑一组、编辑二组、采访组、摄像组和联通策划组共同制作完成。2012年7月3日，《午夜体育报道》节目成为中央电视台新址直播的第一个节目。栏目制作系统包括《天下足球》《武林大会》《赛车时代》和《篮球公园》《体育人间》等栏目。其中《天下足球》栏目多次在台内获奖、《体育人间》栏目多次在国际电影节上获奖。新闻部主任张伟，总监助理许伟。

赛事频道编辑部

赛事频道编辑部成立于2013年8月18日，主要承担体育赛事频道(CCTV-5+)的日常运转和制作播出工作，每天24小时以高清方式播出赛事直播、录像和集锦节目。赛事频道编辑部负责频道节目资源的确认；协同体育频道编排组完成频道节目单的编排；完成赛事直播、录像、集锦的制作播出工作；策划频道阶段性的报道重点和报道方案；完成行政、人员管理、预算、宣传推广、培训等工作；开展体育赛事频道的新媒体相关业务。下设播出一组、播出二组、播出三组、综合推广组和策划编排组。赛事频道编辑部主任张斌，副主任马政、唐春雷。

电视剧频道

电视剧频道负责CCTV-8电视剧频道的编播工作及CCTV-1综合频道的电视剧选购、排播工作。2010年8月1日，中央电视台实施频道制改革后，电视剧频道独立运营，播出频道CCTV-8，全天24小时不间断播出。依托中央电视台专业频道的资源优势，电视剧频道在剧目选择上采取本土与海外结合、自制与采购并举的方式，在剧目播放中力求多类型、多风格、多层次，为广大观众提供多元化的电视剧节目。频道播出节目涵盖国产电视剧、引进境外影视剧、影视资讯专题节目及宣传推介节目等。2012年8月，根据中央电视台电视剧管理机构调整部署和要求，综合频道项目部划归电视剧频道。下设综合部、节目部、项目部。电视剧频道总监张子扬，副总监韩建群、汪恒、申积军。

综合部

综合部成立于2010年8月，是中央电视台机构改革后电视剧频道下设的全新综合管理部门，为频道日常组织协调和处理各类行政事务的办事机构。综合部主要负责电视剧频道的行政管理、节目经费管理、内部人事管理、物资管理及党团工会精神文明建设等工作。下设秘书组、综合管理组、运营管理组。综合部主任傅思，副主任董红言。

节目部

节目部成立于2010年8月1日，负责频道形象包装推介、电视剧开播新闻发布、研讨、统筹协调CCTV-1、CCTV-8电视剧的排播、线上线下宣传、收视数据分析、影视资讯栏目制作以及内部刊物编辑等工作。下设节目统筹组、《第八频道》杂志编辑组及《影视同期声》《影视俱乐部》栏目。节目部主任秦振贵，副主任张雪梅。

项目部

项目部成立于2011年1月12日，是中央电视台机构改革后电视剧频道下设的全新项目管理部门，是为频道策划、采购、自制或定制优秀国产电视剧，采购、编译优秀境外影视剧和组织运行各种影视剧合作项目的办事机构。项目部建设了以责任编辑、编辑组、部门和频道逐级审看，综合专家评议和观众测评各项指标，全面均衡地评判剧目的综合剧目评判体系和采购流程，坚持“三”性统一的政治艺术标准，力保采购剧目的整体水平，保证剧目的安全正常播出。2012年8月，电视剧频道综合部和综合频道综合部合并，成立电视剧管理中心项目部。为实现“好剧出央视”、“月月有好剧、季季有大剧”的目标，项目部采取“网框化管理”，四个国内编辑组对应四个业务片区，明确目标任务，确保大剧好剧。新成立的版权组“扎口管理”议价谈判和价格版权事宜，权力分散、相互牵制的制度设计降低“权力寻租”的可能，保障项目安全运营，人员廉洁高效，实现中央电视台电视剧效益最大化。下设综合组、版权组、编辑一组、编辑二组、编辑三组、编辑四组、海外组、评审组。项目部主任周亚平，副主任张洁、王浩。

科教频道

科教频道成立于2010年7月，负责CCTV–10的节目制作和播出工作。CCTV–10科教频道是中央电视台以教育、科技、文化、卫生宣传为主要内容的开路专业频道，以“打造国家电视台高品质的标识型频道”为目标，以“教育品格、科学品质、文化品位”为追求，以“记录时代变化、塑造民族精神、传扬文化传统、服务大众生活”为使命，节目形态以纪录片为主，以演播室为辅，栏目化播出，每天播出约21小时。科教频道有《探索·发现》《百家讲坛》《走近科学》《人物》《地理·中国》《自然传奇》《健康之路》《讲述》《读书》《科技之光》《我爱发明》《第10放映室》《原来如此》和《大家》等14个栏目。下设综合部和节目部。科教频道总监金越，副总监阚兆江、梁红、王晓斌，总监助理李福成、万卫、王新建，党总支专职副书记李福成。

综合部

综合部成立于2010年8月，是科教频道的行政运营枢纽，承担治安消防、公文信息、保密管理、人员管理、经费协调、资产维护、行政后勤等职能。下设秘书组、信息组、运营管理组、综合管理组。综合部主任王玉清，副主任李亚玮。

节目部

节目部成立于2010年7月，是科教频道负责频道节目编排、宣传管理、形象维护、评估策划、特别项目、研发创新等工作的宣传管理部门，具有协助频道总监对节目选题进行实时调配、全程监督的职能。根据宣传工作要求和频道运行实际对节目选题提出近期调整建议；根据选题重要性、时新性、均衡性的基本原则，向频道领导提出中期选题规划建议，实现频道选题资源共享；编制并向总编室呈报本频道节目播出单标准样与频道节目签发单；组织专家对重点选题和特别项目进行评估、预判，向频道领导提出长期选题规划建议，使频道总监了解和把握频道整体节目生产状况，并进行合理调配；根据宣传需要，向频道领导提出栏目重点选题方向和特别项目计划，并落实频道总监决策。下设节目统筹组、包装推介组、特别项目组、策划组。节目部主任张广义。

社会与法频道

2004年12月28日，经中央批准，中央电视台开办“社会与法”频道。社会与法频道以宣传“依法治国”方略为宗旨，以服务“构建和谐社会”为任务，坚持“好看、有用”的传播策略，始终坚持“围绕中心、服务大局”，打造了一批品牌栏目，推出了一系列大型活动。社会与法频道以专业、权威、贴近的普法特色，引领了社会舆论，体现出国家电视台的品质和追求，深受百姓喜爱。2011年4月，社会与法频道改版，目的在于进一步加强电视普法宣传，为社会管理创新提供强大的舆论支撑。社会与法频道开办有《热线12》《小区大事》《心理访谈》《夜线》《天网》《见证》《平安365》《法律讲堂》《夕阳红》《道德观察》《班长对班长》《一线》《忏悔录》《庭审现场》和《普法栏目剧》等15个栏目。下设综合部和节目部。社会与法频道总监魏斌，副总监童宁、王晶，党总支专职副书记魏淑青，总监助理肖同庆、庞克。

综合部

综合部成立于2010年，负责会议的协调与组织、公文的起草与报送管理、文字信息报送、人事管理、经费管理、宣传提示传达、值班管理、机要保密工作、公章管理、介绍信管理、治安消防管理、固定资产管理、协助党团工会工作、参与频道大型活动和特别节目的组织与协调工作，负责频道领导交办的其它任务等。下设秘书组、综合管理组、运营管理组。综合部主任段晓超。

节目部

节目部成立于2010年8月，是社会与法频道节目、宣传与播出管理的职能部门。节目部受频道领导委托对本频道日常及重大宣传行为实施管理与协调。下设节目统筹组、包装推介组、评价研发组、特别节目组。节目部主任杜守仁。

戏曲和音乐频道

戏曲和音乐频道成立于2010年8月，是中央电视台频道制改革后，在原文艺节目中心戏曲音乐部的基础上新组建的节目宣传机构，其主要职责是制作、传播、普及严肃音乐和传统文化，对各类重大音乐、戏曲活动进行宣传报道，组织、策划并制作“钢琴小提琴电视大赛”、“全国京剧戏迷票友电视大赛”等各类大型赛事。戏曲和音乐频道制作的节目在CCTV–11(戏曲)及CCTV–15(音乐)频道中播出。戏曲频道主要负责戏曲节目的制作与播出，戏曲频道设有《CCTV空中剧院》《九州大戏台》《戏曲采风》《中国京剧音配像精萃》《过把瘾》《跟我学》《名段欣赏》《青春戏苑》《锦绣梨园》《戏苑百家》《一鸣惊人》《梨园闯关我挂帅》《主持人全天伴视》《快乐戏园》14个栏目；音乐频道主要负责严肃音乐的制作与播出，音乐频道设有《CCTV音乐厅》《风华国乐》《音乐传奇》《经典》《民歌中国》《中国音乐电视》《影视留声机》《百年歌声》《歌声与微笑》《音乐人生》《星光舞台》《音乐告诉你》《乐游天下》《一起音乐吧》《精彩音乐汇》《快乐琴童》16个栏目。下设综合部、节目部。戏曲和音乐频道总监郎昆，副总监齐宪役、曹毅，党总支专职副书记李真。

综合部

综合部成立于2010年8月，是中央电视台频道制改革后新组建的频道行政管理机构。其主要职责是对频道的人事、经费、行政办公、综合治理、精神文明等工作进行宏观管理与协调。负责频道各类公文、档案及人员等项工作的管理与协调，负责管理和协调频道各栏目的经费及合同，负责接听和收看观众来电来信，分析汇总观众意见，为频道领导决策及节目制作提供参考依据。下设文秘组、综合组、观众服务组。综合部主任李守进。

节目部

节目部于2010年8月成立，是中央电视台频道制改革后新组建的节目管理部门。其主要职责是：在频道统一领导下，全面负责戏曲频道和音乐频道的节目统筹、协调、编排、导视、创新节目研发及宣传推介工作。负责频道的节目包装、宣传等项工作的统筹与协调，大型节目的策划、制作等工作。2013年，节目部承担戏曲和音乐频道日常栏目及特别节目的摄像、音乐频道《节目导视》及戏曲频道《主持人全天伴视》的制作与播出、重大节假日特别节目编排以及频道各项重大活动、赛事的策划与组织实施等工作。下设节目统筹组、特别节目组、摄像组。节目部副主任李纯博、张小妹、滕海涛、葛小红。

少儿频道

少儿频道前身是青少节目中心，成立于1998年6月，是中央电视台少年儿童节目的主创部门。2010年5月实施频道制改革后，机构定名为“少儿频道”。2003年12月28日开播少儿频道。少儿频道拥有《大风车》《智慧树》《新闻袋袋裤》等一批原创力、竞争力强的品牌栏目。坚守“选优、买优、播优”原则，通过《动画梦工场》《银河剧场》等品牌栏目窗口播出精品动画节目。少儿频道打造了“六一”晚会《快乐的节日》《寻找最美孝心少年》大型公益活动、“走进春风里”学雷锋特别节目等一批主题突出、风格各异的大型活动和晚会。近两年来，少儿频道倡导优秀少儿精神文化产品生产，突出儿童视角与儿童特点弘扬主流价值观，频道品牌竞争力和社会影响力持续提升，观众规模超过8亿人，在全国少儿电视收视市场所占比重超过60%，被社会各界誉为“绿色”频道。下设综合部、节目部。少儿频道总监庄殿君，副总监张小军、徐彬、阎建光，党总支专职副书记许唐生。

综合部

综合部是少儿频道综合组织协调和日常行政办事机构。主要负责频道的经费预算管理、行政办公管理和人员管理，协助频道领导完成频道的宣传规划、运营协调、经费审批、宣传推广、版权管理、重大活动的组织协调以及党务、精神文明等工作。下设秘书组、综合管理组、运营管理组、银河艺术团。综合部副主任兰芳。

节目部

节目部是少儿频道节目生产、频道包装、统筹协调的办事机构。主要负责频道的整体包装、节目宣传、策划研发、摄像协调、主持人管理，协助频道领导完成频道的宣传规划、节假日特殊编排、宣传推广、特别节目策划、重大活动的组织协调等工作。下设节目统筹组、策划研发组、摄像组、主持人组。节目部主任李央，副主任马知渊。

外语频道

外语频道成立于2010年7月21日，是中央电视台国际传播节目的编辑制作部门。外语频道以“让中国走向世界、让世界聆听中国”为己任，5个语种的国际频道每天24小时向全球播出新闻、专题和文艺节目。截至2012年底，英语、西班牙语、法语、俄语、阿拉伯语5个外语频道共计与99个国家和地区的电视机构达成落地合作，累计用户2.3亿户。其中，英语新闻频道用户1.77亿户，俄语国际频道162.6万户，法语国际频道2130万户，阿拉伯语国际频道808万户，西班牙语国际频道2146万户。下设综合部、节目部、英语新闻频道、西班牙语频道、法语频道、阿拉伯语频道、俄语频道。外语频道总监范昀，副总监王宇、李仲扬、丁勇，党总支专职副书记徐瑛。

综合部

综合部负责外语频道的新闻报道统筹协调、策划、评价工作和外语频道的行政办公和人事、经费、物资管理工作。负责外语频道中长期策划机制的运转和维护工作及评价调研工作。承担外语频道党总支、团总支、工会联合会的日常工作。下设综合管理组、统筹组、策划组、评价调研组。综合部主任吴方。

节目部

节目部于2010年8月成立，负责外语频道专题节目资源的采集、统筹和共享，制作旅游、综艺、访谈和深度专题报道等专题片，并为其它语种频道提供片源信息和母带，增加节目的分享率。节目部制作的专题片用于销售、交换和参展。下设节目运营组、节目规划组、编译组、旅游节目组、谈话综艺节目组、专题报道组。节目部主任汪飞舟，副主任王晰。

英语新闻频道

英语新闻频道负责CCTV–NEWS的节目制播工作。其前身英语国际频道开播于2000年9月25日，2010年4月26日改版后，成为24小时英语新闻频道。英语新闻频道以大信息量的新闻报道为主，辅以深度报道和评论节目，并播出部分纪实类的专题节目。英语新闻频道在报道中国的同时，也报道整个亚洲地区和发展中国家的新闻事件。下设播音组、对话栏目组、世界观察栏目组、财经亚洲栏目组、文化新闻栏目组、策划组、统筹组、播出组、共享组、通联组、外国专家组、包装组、采访组、评论员组、时事专题组、中国24小时栏目组、夜间新闻组、体育新闻栏目组、日间新闻组。英语新闻频道总监范昀（兼），副总监李宾、杨福庆、刘聪。

西班牙语频道

西班牙语频道负责西班牙语国际频道的制播工作。西班牙语国际频道于2007年10月1日开播，是以全球西班牙语国家和地区观众为服务对象的24小时播出的新闻综合频道。西班牙语国际频道制播节目内容以新闻为主，专题、教学、访谈、文艺娱乐等综合节目为辅。下设策划统筹组、新闻一组、新闻二组、新闻三组、采访组、专题一组、专题二组、专题编播组、访谈组。西班牙语频道总监王宇，副总监曾巍。

法语频道

法语频道负责法语国际频道的制播工作。法语国际频道于2004年10月1日开播，以全球法语国家和地区的观众为主要服务对象，传达中国声音，彰显中华魅力，是全天24小时播出的综合频道。法语频道制播节目内容以新闻为主，辅以文化、服务和娱乐节目，展示中国的历史文化、政治和经济发展、社会进步、民风民俗、自然风光和当代生活。下设策划统筹组、新闻一组、新闻二组、新闻三组、专题一组、专题二组、专题编播组、采访组、访谈组。法语国际频道总监陆金龙，副总监俞江。

阿拉伯语频道

阿拉伯语频道负责阿拉伯语国际频道的制播工作。阿拉伯语国际频道于2009年7月25日开播，是通过卫星覆盖中国及亚太地区，同时向中东和北非地区全天24小时播出的新闻综合频道。阿拉伯语频道制播节目内容涉及新闻、社会、历史、文化、科技、教育和娱乐等方面，共设《综合新闻》《每周财经》《对话》《中国之旅》《话说中国》《中国文艺》《纪录片》《电视剧》《跟我学》9个栏目，下设策划统筹组、采访组、新闻一组、新闻二组、新闻三组、专题一组、专题二组、专题编播组、访谈节目组。阿拉伯语频道总监李仲扬，副总监贾鹏。

俄语频道

俄语频道负责俄语国际频道的制播工作。俄语国际频道于 2009 年 9 月 10 日开播，是全天 24 小时播出的新闻综合频道。俄语国际频道开设新闻资讯类、访谈评论类、文化艺术类和教学类共 13 个栏目，新闻资讯类节目整点直播，每天共 8 档，文化艺术及教学类专题节目每天首播 6 小时。下设策划统筹组、新闻一组、新闻二组、新闻三组、采访组、访谈组、专题一组、专题二组、专题编播组。俄语频道总监丁勇，副总监黄轶男。

纪录频道

纪录频道于 2010 年 9 月 30 日成立，是中国唯一的全国播出、全球覆盖的专业纪录片电视频道。2011 年 1 月 1 日正式以中文播出的纪录频道（CCTV–9 纪录）、以英文播出的纪录国际频道（CCTV–9 Documentary）全天 24 小时面向海内外播出，是中国最大的纪录片传播、制作、合作、营销平台。2013 年，纪录频道全国观众规模 9 亿人，纪录国际频道已在全球 66 个国家和地区落地，拥有超过 5000 万国际用户。已累计向国际电视市场发行原创精品纪录片 21 部，销售额 43 万美元，累计签约节目销售额 100 万美元，多部纪录片成功进入国际主流电视渠道黄金时段播出。纪录频道下设节目管理部、项目运营部。纪录频道副总监周艳、史岩。

节目管理部

节目管理部的主要职责是负责频道节目宣传管理，频道播出和日常运营工作；负责频道节目的主题规划、课题研发、播出编排；承担频道的品牌形象设计、整体包装与节目包装以及频道的国内外宣传推广评估等相关工作。节目管理部下设综合运营组、规划编辑组、节目管理组、英文编辑组、频道包装组、宣传推介组。节目管理部主任石世仑。

项目运营部

项目运营部的主要职能是涵盖原创自制、联合摄制、委托制作、节目购买、机构合作等多种模式的节目生产和项目管理；负责调研全国纪录片制作机构的生产和调查市场状况；负责联络国际纪录片制作机构，协调组织国际项目合作；负责承担国家重大纪录片选题项目的摄制和频道特别活动的策划组织等工作。项目运营部下设项目管理一组、项目管理二组、国际项目组、特别节目组。项目运营部主任陈晓卿。

大型节目中心

大型节目中心成立于 2010 年 8 月，是中央电视台承担党中央交办任务的大型文艺节目制作机构，是推进和实现中国文艺大发展和大繁荣战略任务的重要载体，是传播社会主义主流价值观、引领先进文化发展方向的主要渠道。负责制作和转播中央交办的配合国家重大宣传主题的大型活动和节目；负责策划制作包括春节联欢晚会的大型节庆文艺晚会；负责策划、组织、制作大型文艺赛事；负责转播国际和国内体育和艺术活动的开闭幕式；负责录制中国对外文化交流项目的文艺演出；负责组织和录制配合国家外交活动的文艺演出。下设综合部、第一导演工作室、第二导演工作室。大型节目中心主任张晓海(兼)，副主任周涛、陈临春。

综合部

综合部成立于 2010 年 8 月，是大型节目中心的综合组织协调部门和处理日常事务的办事机构。主要负责中心的行政管理、公文文秘、节目经费管理、中心内部人事管理等工作。下设秘书组、运营组、研发组、摄像组。综合部主任俞勤。

第一导演工作室

第一导演工作室成立于 2010 年 8 月，主要承担制作和转播中央交办的配合国家重大宣传主题的大型活动和节目、转播国际和国内体育和艺术活动的开闭幕式、录制中国对外文化交流项目的文艺演出活动、组织和录制配合国家外交活动的文艺演出等工作。下设第一创作组、第二创作组。第一导演工作室主任吕大庆。

第二导演工作室

第二导演工作室成立于 2010 年 8 月，主要承担策划制作大型节庆文艺晚会、策划组织制作大型文艺赛事等工作和特别节目等工作。下设第一创作组、第二创作组、第三创作组。第二导演工作室副主任林远。

军事节目中心（解放军电视宣传中心）

军事节目中心是 1996 年 4 月经中央军委批准，由中央电视台军事部、八一电影制片厂新闻纪录片部和总政电教中心合并组成，由中国人民解放军总政治部和国家新闻出版广电总局双重领导，是中央电视台唯一的军事节目制作单位，也是中国人民解放军最高层次电视宣传机构，节目通过卫星覆盖全国，在中央电视台军事·农业频道全天播出5小时40分钟。中心承担军队和武警部队军事宣传报道任务。下设军事新闻部、军事专题部、军事教育部、军事文体部、解放军音像出版社、总编室、政治部、管理处、技术部，开办《军事报道》《防务新观察》《军事纪实》等12个军事栏目。军事节目中心主任孙继炼（副军职），政治委员季桂金（副军职）。

海外传播中心

海外传播中心成立于2010年5月12日，是中央电视台国际传播工作的统筹协调部门，是国际频道海外落地推广工作的主要责任部门，是中央电视台联系海外机构和海外观众的主要职能部门。具体职责包括：负责中央电视台国际传播能力建设总体战略规划的研究制定，各个重点项目的年度规划、预算申报和效果评估，并通过牵头召集中央电视台国际传播能力建设联席会议，协调外宣、外销、外事、外援等部门推进实施项目，协调解决相关事项；负责中央电视台各语种国际频道海外落地推广工作的规划、统筹，以及所有海外落地项目的开发和维护；负责中央电视台所有与海外传播业务相关的对外交流合作，以及对海外媒体与相关合作机构的公关联络；负责海外电视市场与受众的调查研究，以及对海外观众的联络和服务；负责中央电视台国际频道在海外的宣传推广和品牌塑造维护。下设综合部、项目部、联络部、统筹规划部。海外传播中心主任景春寒，副主任崔屹平、王雄先。

综合部

综合部是海外传播中心行政办公业务管理和服务机构，围绕人、财、物、事、文开展各项业务，是中心内部运转的枢纽，负责与台内相关职能部门进行沟通协调。综合部的日常工作包括：负责中心内部的制度建设，起草各类总结和公文；负责中心的文化建设，营造具有海传特色企业文化；负责中心预算制定和管理，定期对中心和各部门预算执行情况进行监控；负责中心人力资源管理，开展内部人力资源培训和业务考核；负责中心内部行政办公业务，包括工作督办检查、公文运转、信息报送、行政办公、印章管理、档案管理等业务；负责中心会议组织和活动开展；负责中心党政工团等相关工作。下设综合协调组、文秘组。综合部由中心副主任崔屹平主管（临时）。

项目部

项目部是中央电视台各语种国际频道海外落地的具体责任部门，通过多种途径深入调研、了解对象国家和地区的电视市场及准入政策等情况；负责对新增落地项目（包括各类平台落地和酒店落地项目）的前期调研、开发、洽谈和协议起草、立项报批等；负责对原有落地项目的日常维护（包括对外付款、续签协议和更新用户数等）事宜。下设欧洲业务组、美洲业务组、亚太业务组、非洲业务组。项目部主任陈永庆。

联络部

联络部是中央电视台对外联络的窗口、服务海外受众的平台，负责对海外机构与合作伙伴的日常联络和服务；负责联系各语种国际频道的海外观众并开展收视调查；负责中央电视台国际频道在海外的宣传推广和品牌塑造、维护（包括策划、组织各类宣传推广活动等）；负责全台对外节目交流，译制并向台湾媒体提供闽南话节目，为中央电视台驻外使馆及海外合作媒体复制、寄送外宣节目，以及在重大活动直播报道时收集统计外媒转播情况等；承担公费接待境外摄制组的任务等。下设外联组、策划推广组、节目交流组。联络部主任王宇航，副主任程欣欣。

统筹规划部

统筹规划部成立于2012年12月13日，是专门负责中央电视台国际传播能力建设规划评估和统筹协调的部门。其主要职责包括：负责调研、制定中央电视台国际传播能力建设总体规划和年度项目计划；负责牵头召集中央电视台国际传播能力建设联席会议，依托联席会议具体统筹协调全台国际传播能力建设相关工作；负责对中央电视台国际传播能力建设项目进行效果评估；负责牵头对接中宣部等上级主管部门，进行项目计划、预算资金的申报和动态跟进反映；负责中央电视台“走出去”的海外市场调研和国际传播舆情监测。下设传播规划组、效果评估组。统筹规划部副主任陈礼东。

人力资源管理中心

人力资源管理中心成立于2011年4月（前身为中央电视台人事办公室），是全台负责人力资源管理和服务工作的行政职能部门。在台分党组的领导下，负责全台机构设置、事业编制管理；干部考察、任免；职工考核、奖惩；职工出国（境）政审；研究制定奖金管理规定和发放办法，核定工资、核发奖金、督导检查各部门绩效工资发放以及福利保险管理；播音员、主持人管理；员工教育培训、专业技术职务评聘；人才引进和调配；企聘员工综合管理，劳动关系的规范与管理，用工情况检查，协调解决劳动纠纷；离退休人员服务与管理。下设干部管理处、劳动工资处、培训职称处、人才交流处、劳动关系管理处和离退休人员管理处。人力资源管理中心主任王晓真，副主任麻宁、杜书星，党总支专职副书记王峥。

干部管理处

干部管理处成立于1998年5月，负责全台机构和干部管理工作。其主要职责为：负责全台机构设置、优化干部资源配置与规划；根据分党组决议对处级干部进行考察任免；组织领导干部竞争上岗工作；协助国家新闻出版广电总局人事司考察司局级领导干部；负责职工的考核奖惩工作；负责科级干部及栏目制片人的竞聘考评工作；负责干部挂职交流工作；选派中青年干部参加党校学习，推选参评各类全国性奖项人员；负责组织处级以上干部报告个人事项工作；负责京外调干、解决职工两地分居人员的进京报批工作；负责接收转业军人工作；负责因公出国（境）人员政审、国家备案人员因私出国（境）的审批工作；负责全台事业编制人员的档案管理工作；管理台属单位领导班子成员；指导台属企事业单位人事管理工作。干部管理处处长冯庆一，副处长段磊。

劳动工资处

劳动工资处成立于1998年5月，是中央电视台人力资源管理中心下设的处级机构，负责中央电视台劳动工资管理工作。其职责主要包括：依照国家和行业的政策，研究、制定劳动工资管理政策，拟定工资福利改革方案并组织实施；管理、核定工资总额；负责全台事业编制职工和企聘员工工资核定、晋升、发放、转移等事项；核定和调整驻外人员工资标准和福利待遇；研究、制定奖金管理规定和发放办法，审核奖金发放；负责职工社会保险、商业保险管理工作；办理职工退休手续，核定退休工资；负责职工福利和考勤管理工作，制定职工休假、休疗规定以及残疾人安置等工作；负责组织工人技术等级培训、考核和工人技师聘任管理工作；负责人力成本核算，研究、制定人力成本核算办法；负责统计、报送劳动人事统计报表，提供人事数据；负责台属企事业单位工资总额审批；负责审核台属事业单位副局级以上干部档案工资，核定台派企业人员档案工资；负责审核临时外请人员协议及劳务费等工作。劳动工资处处长杨一龙，副处长王德利。

培训职称处

培训职称处成立于1998年5月，其主要职能是负责全台职工的培训组织、职称推荐与评聘、高端人才推选、播音员主持人管理及职业资格证书管理等工作。负责制定职工中长期和年度培训计划；管理培训经费、培训设备及培训场地；负责在职学历教育和公派留学工作；负责组织专业技术人员的推荐与评聘工作；负责享受“政府特殊津贴”人员、“四个一批”、“百千万人才工程”、“文化名家”、“影视名家”等高端人才的推选工作；负责播音员、主持人的选拔、培养工作；负责职业资格证书的审核、办理及日常管理工作。培训职称处处长聂红江，副处长吴毅。

人才交流处

人才交流处成立于2007年9月，其主要职能是负责优化全台人员的使用结构，制订全台人员配置和使用方案；负责选拔接收应届大学毕业生；负责企聘人员的社会招聘工作；负责企聘人员入职手续的办理和证件的审批，以及企聘人员资格审核工作；负责与高校签订人才合作协议，推动发展“台校合作”关系；负责“金伙伴”合作院校、“国际传播硕士”的实习工作；负责“成长之星”的评选工作。人才交流处处长乔维平，副处长张伟。

劳动关系管理处

劳动关系管理处成立于2012年4月，其主要职能是负责加强全台劳动关系管理工作。负责制定各种类型劳动用工管理的规章制度、依法依规调整劳动关系；负责全体员工签约、续约、解约管理；负责企聘人员岗位管理；负责科组以下员工调配；负责全台借用、返聘、实习等临时用工管理；负责建立中央电视台与员工的平等协商机制，预防、协调和解决中央电视台与员工在劳动关系方面的问题，维护双方合法权益；负责协调中央电视台与劳动主管部门的关系，促进中央电视台劳动关系健康发展。劳动关系管理处处长关湄，副处长刘倩。

离退休人员管理处

离退休人员管理处于1998年成立，是在人力资源管理中心直接领导下负责管理全台离、退休干部工作的职能部门。其主要职责是：贯彻落实中央和国务院有关离退休人员的方针政策；根据有关规定和中央电视台的实际情况，落实离退休人员的政治待遇和生活待遇。中央电视台有离退休人员1348人，其中离休人员70人，退休人员1278人(另有委托代管街道8人，军事部5人)，离退休人员管理处建立老干部活动站13个；建立了离退休人员党总支和离退休人员党支部26个。离退休人员管理处处长吴卫勇，副处长刘淑萍、具春秋，离退休人员党总支专职副书记理效峰。

财务管理中心

财务管理中心于1998年6月组建，是中央电视台计划、财务、物资的主管部门。为全台宣传任务的完成和事业的健康发展提供保障。其主要任务是：根据国家财经法规、方针政策和总局的有关规章制度，负责经费预算的收支管理、国有资产的监督管理、财务规定的研究制定等工作。下设综合业务处、计划统计处、财务管理处、会计核算处、财产物资处、产业管理处。财务管理中心主任董为民，副主任米绍行、高华中，党总支专职副书记王霞。

综合业务处

综合业务处成立于2001年，其主要职责是：负责财务管理中心公文处理工作、信息工作和档案工作；统筹、协调日常行政事务；负责财务管理中心内部考核与业务交流、精神文明与综合治理以及领导交办事项等。下设综合科、业务管理科。综合业务处处长赵万一，副处长梁喆。

计划统计处

计划统计处于1998年5月15日成立，其主要职责是：负责台事业经费预算分配和调整方案的编报、监督检查工作；负责编制、上报、下达电视事业的年度基本建设计划，指导和监督计划的实施；负责办理固定资产投资项目立项的手续；履行政府采购领导小组办公室职能，起草政府采购管理规定及业务文件，汇总、编制政府采购实施计划，检查、统计、汇报政府采购执行情况；负责收集、审核、汇编并分析电视事业统计资料；负责中央电视台的合同审批管理工作并进行分析汇总。下设计划科、统计科、综合科、政府采购管理科。计划统计处处长佟宝山，副处长贾丽。

财务管理处

财务管理处成立于2010年10月。其主要职责是：牵头研究制定中央电视台预算、财务、统计、资产等管理规章制度，并组织实施；对全台经费使用情况进行财务分析，提出加强财务管理的建议；对中央电视台事业发展资金的调配和安排提出建议；负责全台增收节支考核工作；负责全台所属单位财务负责人的委派工作；对中央电视台从事财务工作的相关人员进行培训；组织对财务管理中心内部相关业务的稽核工作；负责财经管理信息系统的运行和维护。下设综合科、管理科、稽核科、增收节支奖管理科。财务管理处副处长张志友、赵辉。

会计核算处

会计核算处成立于2010年10月，其主要职责和任务是：负责中央电视台财务收支和管理；组织经费供应的保障和财务成本核算；负责预算开支的审批和财务报表的编制；配合全台财务规章制度的建立；负责中央电视台驻外记者站会计委派等。下设综合核算科、薪酬核算科、成本核算科、固定资产核算科、医疗费用核算科、广告收入核算科、外汇核算科、基建财务核算科。会计核算处处长张平平，副处长赵宇卓。

财产物资处

财产物资处成立于1987年，负责工程、服务、货物的政府采购工作，代表本台对外签订政府采购合同；负责材料采购、验收、发放及保管工作；负责本台固定资产的入库、出库、转移、退库、处置等管理工作；负责固定资产的日常管理工作，并定期组织盘点；负责起草物资管理等规章制度，根据台年度计划的安排编报年度资产购置计划并组织实施。下设设备科、管理科、供应科、综合科。财产物资处处长涂昌波，副处长赵建华。

产业管理处

产业管理处成立于2011年5月，是财务管理中心负责台属企业管理的职能部门。按照台分党组授权，代表本台对所属企业行使出资人职责。负责台属企业“三重一大”事项的备案；企业绩效考核；企业报表汇总及上报；企业资产评估、产权登记、产权变更的初审及上报；企业关、停、并、转及对外投资等事项的协调申报。下设企业管理科。产业管理处处长王建华，副处长胡竞霜。

技术管理中心

技术管理中心成立于1991年4月，1994年6月至2011年4月更名为技术管理办公室。技术管理中心是中央电视台技术主管台领导和技术委员会的办事机构，是技术系统的管理、监督、运行、检查归口部门。负责处理技术系统运行及管理工作，协助台领导做好技术系统各项协调工作。根据技委会的要求，负责制定技术事业发展规划，承办和落实台领导、技委会下达的任务，为台领导提供重大技术问题的决策依据。技术管理中心负责制定大型宣传报道的技术方案，编制技术事业发展经费预算方案，负责专业技术设备修购计划以及技术工程项目的立项、论证、报批等组织管理工作；统计汇总各类技术运行数据，协调管理全台节目生产能力和电视节目技术质量，组织研究论证和解决有关技术业务问题；负责技术质量管理及计算机信息网络系统、通信系统、节目生产管理系统、媒体资产管理系统、信息安全系统等业务应用系统的开发建设、管理、运行维护和安全监控；负责全台有线电视系统、供配电等动力系统的管理、运行维护；负责拟定全台科研规划并协调落实和监督实施；负责全台专利、技术交流、专业培训、技术会展的组织和管理。下设技术业务部、质量管理部、工程管理部、基础资源部、制播应用部、业务应用部、信息安全部、动力管理部。技术管理中心主任徐进，副主任季小军、程星，党总支专职副书记丁亚建。

技术业务部

技术业务部(原名技术业务处)成立于1998年5月，是技术管理中心的办事机构。负责落实和承办技术管理中心交办的各项工作。拟定全台技术事业发展规划；拟定全台技术工作的各种规章制度与规范；组织并参与重大宣传报道活动技术方案的编制和协调工作；组织和安排技术系统职工业务培训，承办高新技术交流、业务研讨和新设备应用等交流活动；负责全台技术运行数据统计，各类技术性刊物和专著的编印出版，以及全台技术图书和电子阅览室的管理工作；承担全台专利管理职责；负责承办全台科技人员出国、对外技术交流以及其它学术交流活动的汇总与报批；负责经费预算的管理；负责本中心台聘及企聘职工的业务考核和职称评聘工作的组织与实施；负责中心所辖办公和行政事务的管理，信息收集、公文运转、保密及技术系统内部业务协调与联络；协调安排主管台领导的业务活动，协助领导组织和召集技术系统的各类会议，编写技术系统的各类文件。下设综合科、业务管理科、科技信息应用科、技术期刊编辑科。技术业务部主任韩强，副主任陈红。

质量管理部

质量管理部(原名质量管理处)主要职责是对全台电视节目制作、播出、传送全部流程进行技术质量监测和评估。负责全台电视节目技术质量的监督管理与评奖工作；负责全台电视系统设备的技术指标监测校验和重大宣传活动直播系统的技术指标测试；承担台内有线电视管理和安全播出，电视设备、设施的定期检修和保养，特种系统设备的委托维护、运行项目的管理业务。下设质量管理科、外包管理科、检测科、维修科、有线电视科。质量管理部主任刘军，副主任李岩。

工程管理部

工程管理部(原名工程管理处)组建于2001年3月，主要负责全台技术项目的立项申报和审核、项目资金的年度预算编制和立项报批的组织工作；设备选型论证的组织实施;技术项目方案的征集、初审、报批;协助财务管理中心进行设备及系统集成的政府采购工作；大型宣传活动技术协调；技术项目系统集成合同的草拟、审核；系统集成管理及实施，系统集成资金结算；系统测试、竣工验收的组织；优质项目奖的评比；国家新闻出版广电总局下达的广播电视行业标准制定的牵头和组织协调工作，新技术研发的组织工作;对外协作技术项目及地方台援建项目管理；项目与设备资料的保管、查询。下设综合管理科、项目管理科、研发管理科、技术资料科。工程管理部主任梅剑平，副主任谢继红。

基础资源部

基础资源部成立于2012年12月，是隶属于技术管理中心的中央电视台基础网络、数据中心、通讯等信息通讯基础资源的建设、运行与业务管理部门，直接支撑新闻制播、综合制作、业务管理等相关系统的运行，为全台用户提供基础性的信息通讯服务，保障安全播出及其相关制播及业务管理系统的安全稳定。负责全台局域网络系统和广域网络系统的建设、运行、管理和维护；负责新、现址数据中心硬件支撑平台、数据服务平台和基础信息服务平台的建设、运行、管理和维护；负责管理和协调电信运营商对新址程控电话交换机系统、无线网络系统的运行、管理和维护；负责现址通讯中心系统技术设备、配套设施设备和相关各机房的运行、维护和管理；负责IT基础资源统一监控系统的运行、管理和维护；负责全台IT服务管理能力的提升，协调组织相关IT服务部门为用户提供标准化的、快速高效的IT服务；负责向全台通用计算机和通讯终端用户提供快捷和高效的信息终端支持服务；组织、设计、实施与IT基础资源相关的技术项目；负责大型宣传报道的IT基础资源相关技术支持和服务；负责IT基础资源系统相关技术规范、运行管理规定和流程等规章制度的制定与完善；负责中央电视台电话查号台业务运行管理。下设网络科、数据中心科、终端服务科、服务台与系统资源监控科、通讯科和话务科。基础资源部主任顾军，副主任刘玓。

制播应用部

制播应用部成立于2012年，是隶属于技术管理中心下的全台网络化节目制播业务应用开发、运行和服务的技术支撑部门。依托于IT基础资源提供的系统环境，支撑在网络化制播环境下的节目制作、播出、内容存储、媒资管理和对外服务业务。其主要职责是按照信息技术基础架构库(ITIL)流程，负责运行、管理和维护全台媒体资产管理系统、媒体数据交换平台、综合节目内容审片系统等制播业务系统。制播应用部通过了解业务部门需求，梳理业务流程，调整、完善和补充应用模块，为全台提供节目制播应用技术支持和服务；负责组织和实施制播应用系统的开发和建设，并负责大型宣传报道活动的相关技术支持和服务；跟踪IT新技术发展，开展相关研究和测试，为领导决策提供必要的参考资料和数据；负责中央电视台企业门户网站、综合信息网等相关网站的系统建设、技术支持和新技术引进。下设制播运行科、制播开发科、制播应用管理科。制播应用部主任何瑾，副主任聂自非。

业务应用部

业务应用部成立于2012年12月，主要职能是联系台内的总编室、资产管理中心等业务部门，以节目生产管理系统、广告管理系统等业务应用系统为依托，支撑中央电视台节目制播业务的日常运行、变革与发展。联系台办公室、人力资源管理中心、财务管理中心和机关党委等部门，以办公管理系统、涉密办公系统、人力资源管理系统和财务管理系统等应用系统为依托，支撑中央电视台行政办公业务的日常运行、变革与发展；联系技术管理中心、播出传送中心和技术制作中心，以技术资源管理系统、工程管理系统等应用系统为依托，支撑中央电视台技术管理与运行工作的正常开展；负责台内新建业务应用系统的规划、设计、实施和交付；负责台内各业务应用系统的运行、维护和保障，为全台各项业务的开展提供IT支撑和技术保障。下设运行一科、运行二科、应用实现科。业务应用部主任袁辉。

信息安全部

信息安全部成立于2012年12月，是中央电视台信息安全技术的运行管理部门。负责全台信息安全管理、监督、建设、执行等相关工作，保障全台信息系统的安全和稳定运行。负责组织制定和建立全台信息技术安全管理规章制度、操作规程和等级保护防护技术规范；负责按照国家和总局的标准和规范，协助信息系统建设部门进行信息系统安全等级定级评审、审批、报批；负责与政府相关信息网络安全部门和专业信息网络安全单位建立长效沟通机制；协调台内各部门开展病毒预防等保护性工作；负责推广宣传信息安全管理规章制度、操作规程和技术规范，并协助相关部门做好培训工作；负责监督检查全台各个部门在建设、运行、维护和使用信息应用系统时遵守信息网络安全规章制度和规范的情况；负责全台办公终端设备的网络准入、设备合规及病毒防护工作；负责信息安全管理平台的运行监控；负责信息安全审计工作。下设信息安全管理科、信息安全监控科、信息安全技术科。信息安全部主任琚宏伟。

动力管理部

动力管理部(原名动力处)成立于1985年1月19日，负责新、现址供配电、空调、给排水、电梯等动力系统的运行维护及代运行公司的监督与管理工作，为全台用户提供安全可靠的动力技术服务与保障。负责新、现址动力系统的固定资产管理；负责新、现址动力系统各类基础设施设备的大中型维护和检修；负责提供全台各频道节目所需的应急发电车 / 设备及其它动力技术保障。下设供电管理一科、供电管理二科、空调管理一科、空调管理二科、电梯管理科、技术科。动力管理部主任张晓强，副主任孟维、刘文生。

技术制作中心

技术制作中心成立于 1991 年 3 月，是中央电视台最主要的电视节目技术制作单位之一，配合节目部门完成和落实全台节目生产任务；负责管控节目制作技术质量，确保全台节目安全制作和播出；为全台节目制作提供各类技术资源、专业技术服务和专业技术人员；跟踪和掌握世界最前沿技术，负责组织完成各类技术资源的建设和改造；负责全中心事业发展规划、工程项目审批和新技术开发，设备设施的运行和维护管理；负责对参与全台节目制作的代运行公司、外包技术服务公司、外租技术资源公司进行技术质量管控等项工作。提供各类技术资源包括：前期视音频采录设备、后期制作、综合类节目制作演播室、虚拟演播室各类音乐和音效制作机房、节目包装制作、三维动画及图形制作机房、各类灯光设备等；提供各类专业技术服务和专业技术人员，包括:演播室、视音频技术，后期技术制作，音频信号制作，节目包装、三维动画及图形制作，舞美、灯光、服装、化妆、道具设计等。技术制作中心已形成中央电视台总部、现址两个节目制作域，拥有一批相当规模的技术设施和一支较高水平的专业队伍。承担着综合频道、财经频道、综艺频道、体育频道、电视剧频道、纪录频道、科教频道、戏曲频道、社会与法频道、少儿频道、音乐频道及外语频道群的综合类节目制作。根据 2013 年 7 月 26 日台发人字 [2013] 205 号《关于处级机构调整的通知》以及技术资源和部门职责的重新划分，下设综合部、录制一部、录制二部、录制三部、录制四部、制作部、音频部。技术制作中心主任徐进（兼），副主任李树声、车临、崔建伟，党总支专职副书记张军农。

综合部

综合部成立于 1998 年 7 月，是技术制作中心日常办事机构，负责全中心行政管理、节目制作管理和技术管理。负责中心的文秘、信息、档案、保密和日常行政工作及协调管理；负责统一调度中心内各类技术资源，统筹和协调、落实各节目中心、频道使用演播室直播和录像及各类节目制作；协调台外实况转播和录像的制作任务，以及节目制作使用技术资源有偿服务的数据统计、内部有偿服务收费；负责中心固定资产统计、设备大修、系统测试、技术质量监控和技术人员培训等工作，负责对参与全台节目制作的代运行公司、外包技术服务公司、外租技术资源公司的技审人员进行岗位培训、技术系统年检、技审资质备案以及核发技审资质证书、技审章、对技审人员资格进行复审、对节目技术质量进行管控等工作。下设综合业务科、节目制作管理科、技术管理科。综合部主任栗小斌，副主任朱真铁。

录制一部

录制一部成立于 2004 年，其前身为采录部，是以演播室制作为主的部门。2013 年 7 月，技术系统机构调整，对录制一部任务进行重新划分，录制一部主要负责中央电视台总部综合制作域演播室的视频系统运行管理工作；其管辖的中央电视台总部综合制作域演播区共有 7 个演播室群包含 17 个大、中型演播室（含 3D 演播室，为兼容 2D/3D 信号制作的演播室系统），主要承担台内大型及综合类节目的直播和录制工作，提供虚拟节目的直播和录制工作，承担 CCTV-5、CCTV-5+ 及风云足球频道的日常直播及节目录制任务。录制一部还管理两套外场演播室制作系统，主要承担大型活动及大型体育赛事的现场演播室节目制作任务。2013 年录制一部主要录制的节目有：《法治的力量——CCTV2013 年度法治人物颁奖礼》《第 15 届电影华表奖及第 29 届电视剧飞天奖颁奖典礼》《第 14 届中国经济年度人物颁奖盛典》《纪录片颁奖盛典》《中国记忆——2013 国际博物馆日》《2013 国际情歌大会》《2013 中秋民族音乐会》《中国十大最美湿地评选发布晚会》《首届 CCTV 西班牙语大赛》《首届 CCTV 法语大赛》《中国谜语大赛》、法制频道常规节目录制及《热线 12》《夜线》栏目的日常直播。CCTV-5、CCTV-5+ 频道及风云足球频道的所有演播室制作及直播任务，包括体育频道外场大型节目的制作任务。下设录制一科、录制二科、录制三科、录制四科、录制五科。录制一部副主任张力云。

录制二部

录制二部成立于1998年，是全台最大的电视节目后期视频制作部门，主要承担台内文艺、社教、青少、军事、体育、经济、英语、海外新闻、付费频道等各类节目的制作任务。制作功能有：网络制播系统、非线编等工种的后期编辑制作；前期高清ENG拍摄；全台频道和各类栏目、节目的整体包装及平面宣传的设计与制作；三维电脑动画和虚拟演播室场景的设计制作与合成。中央电视台总部制作系统有高端制作岛2个，常规制作岛3个，新线编辑制作岛、新介质制作岛、包装制作岛、混合制作岛各1个。拥有高清精编工作站297套、高清草编工作站177套、三维动画制作设备95套、高清ENG282套。下设后期制作一科、后期制作二科、后期制作三科、后期制作四科、后期制作五科、后期制作六科、视频编辑一科、视频编辑二科、视频编辑三科、包装科、ENG管理科。录制二部副主任黄建新、赵贵华。

录制三部

录制三部前身为1991年成立的海外制作部，2003年12月划入技术制作中心，更名为录制三部。2013年7月调整后的录制三部以现址的园楼、方楼演播室机房为依托，承担现址演播室节目生产、技术运行和行政管理工作。录制三部管辖的演播室机房共18个，承担的节目有：春节联欢晚会、“3·15”晚会、全国青年歌手电视大奖赛、小品大赛、舞蹈大赛以及其它各类综艺节目、专题类节目的直播或录制工作。下设录制六科、录制七科、录制八科、录制九科、录制十科。录制三部主任刘畅，副主任崔建。

录制四部

录制四部成立于2013年7月，是现址电视节目后期视频制作部门，主要承担台内综艺、电视剧、科教、纪录、音乐、戏曲频道的节目制作任务。现址后期全部实现文件化、高清化制作，有4个制作岛，3D、4K新技术制作区，共有包括草编、精编和高端制作编辑站点122个，4K摄像机10套，所有制作岛都纳入了全台制播网络，具有前端连接演播室、后端直送媒资和播出文件库的准在线功能。下设后期制作七科、后期制作八科、后期制作九科、后期制作十科、新技术科。录制四部主任姚平，副主任陈玉良。

制作部

制作部成立于1983年，承担全台各节目部门的舞美、灯光、服装、化妆、道具设计及经费核算管理，根据台和中心下达的节目制作计划合理安排协调科组人员及设备，为节目部门提供制作服务，全年累计制作节目1000余台，确保节目质量和播出安全。制作部负责现址第6～14、18、33、一号厅等共12个演播室和新址E区所有演播室灯光系统设备维护维修和日常节目录制与直播运行工作。下设业务管理科、美术设计科、灯光一科、灯光二科、灯光技术科、灯光管理科、服装化妆科、道具装置科。制作部主任李建成，副主任张冲。

音频部

音频部成立于1991年3月，是中央电视台电视节目声音方面的专业制作部门。主要负责电视台除CCTV-1、西班牙、法语、俄语、阿拉伯语新闻外的所有电视节目的声音制作。承担台内分管区域的音频制作任务，包括现址11个大、中、小型演播室，1个音频上下载机房、2个音乐录音棚、10个音频后期网络制作机房的节目制作任务；新址17个大、中、小综合制作演播室及音频制作岛节目制作；承担外出节目音频制作任务。新址和现址可同时提供33套音频ENG设备、5套完整的EFP音频系统及两辆录音车。业务范围包括：以上各系统的电视节目声音制作，电视音乐策划、创作编辑及固定场所建声、电声、工程需求设计等。下设业务管理科、技术设备管理科、音频制作一科、音频制作二科、音频制作三科、音频制作四科、音乐录制科、音乐编辑科、音频网络与媒资管理科。音频部副主任荆甫礼、关朝洋、陈晨。

播出传送中心

播出传送中心是中央电视台节目播出、转播、传输以及新闻制播业务的主管部门。负责全台常规频道（含高清频道）、收费频道以及3D电视频道的安全播出工作；负责新闻频道全部节目、综合频道、中文国际频道和财经频道新闻类节目直播和制作工作；负责英语、西班牙语、法语、俄语、阿拉伯语频道的整点新闻播出、节目在线包装、新闻共享系统的运行；负责新闻网络制播后台系统、交换平台和海外记者站技术管理工作；负责全台节目播出信号的安全传输、监测、监看和相关对外解释工作；负责全台国内外新闻、体育、文艺以及重大宣传报道活动的电视实况转播和录制工作；负责全台固定和移动卫星地球站上下行业务、卫星电话业务、微波、光缆传输业务、技术系统及设备的运行管理工作；负责全台外来电视节目信号的处理、分配调度等技术运行和管理工作；为全台提供同步基准信号，并利用电视信号向全台、全国提供标准时间和标准频率；负责中央电视台国内外卫星线路、国内光缆传输线路的租用、线路安排及技术协调工作；按规定受理境外电视媒体在华的卫星传送业务，提供相关电视技术服务；负责本中心所属各部门技术系统及设备的测试和维护管理，确保设备的技术质量和安全运行；负责制定全中心事业发展规划，组织中心工程和新技术项目引进的立项论证、设计施工、测试验收和技术培训工作。2013 年 10 月，根据台发人字[2013]266 号文件，经台分党组研究并报国家新闻出版广电总局备案同意：撤销新闻中心新闻制作部、播出传送中心传送部；增设播出传送中心新闻制播一部、新闻制播二部和新闻制播三部。下设综合部、播出一部、播出二部、转播部、总控部、新闻制播一部、新闻制播二部、 新闻制播三部。播出传送中心主任张宝安，副主任陈泽时、智卫、李跃山、刘万铭，党总支专职副书记肖建生。

综合部

综合部是播出传送中心的日常办事机构，协助中心领导进行办公业务、技术业务的协调和管理，为中心所属各业务部门提供服务。负责中心日常办公业务工作，包括：公文运转及文件资料汇总、归档、保密等管理工作；负责中心内部办公程序和行政事务管理，协助中心领导对各部门行政办公业务进行监督和指导；作为中心信息业务的主管部门，负责各类信息组织及报送工作；负责全台电视节目安全播出传输的数据统计汇总工作和中心技术运行数据统计；负责中心各部门所承担的大型电视宣传报道活动中节目播出、转播、传输、制作等技术方案的汇总整理、技术协调和后勤保障等工作；承办中心工程建设、技术开发等项目的计划汇总及报批，协助中心领导组织工程项目实施、进度跟踪管理和验收；负责技术质量监督管理及技术质量奖的申报工作；协助中心领导负责中心各部门技术设备及系统测试和维护的管理工作；在节目生产管理系统中，负责中心技术设备有偿服务和生产能力等管理工作；协助中心领导负责对外技术服务的管理工作；负责中心固定资产、设备和物资的管理工作，设备维护、维修的管理工作；协助中心领导负责中心事业经费预算编制以及经费的使用和管理等工作；协助中心领导进行中心内部人员的管理，建立人员资料档案、职称评定、职工考核、人员出国报批；协助中心领导组织人员技术业务培训；负责总编室下发的直播节目通知单和节目更换、修改通知单等传递工作；协助中心领导负责中心各类业务会议及活动的组织与安排；协助中心领导负责中心的治安、消防、保卫、保密、综合治理、精神文明建设等管理工作。下设技术业务科。综合部主任王丹，副主任程昕。

播出一部

播出一部是负责全台在新址 24 套公共频道节目播出、包装及资讯播出的运行和管理工作的技术部门。新址共有 50 套播出系统，其中 10 套系统作为统一备份组支持系统升级改造及维护，40 套系统用于公共频道高标清节目的播出，在播系统为 24 套。播出一部负责公共频道节目的播出及运行管理工作；负责频道包装及资讯节目的播出及运行管理工作；负责电视节目安全播出数据的统计工作。下设播出运行一科、播出运行二科、播出运行三科、播出运行四科、播出运行五科、技术保障科、频道包装播出科。播出一部主任许钢鸣，副主任李键、蔡贺。

播出二部

播出二部是负责全台现址 13 套付费频道、3 套北美长城平台常规频道及 1 套 3D 频道的电视节目播出运行和管理的技术部门。拥有 20 套硬盘自动播出系统及 1 套 3D 电视播出系统。播出二部承担全台在现址播出的各频道电视节目安全播出运行工作；负责相关频道播出线上的播出流程运行管理；负责标清磁带文件化、紧急标清磁带等适配新址播出的运行工作。下设播出运行一科、播出运行二科、播出运行三科和技术保障科。播出二部副主任宋蔚。

转播部

转播部是中央电视台承担台外综合类电视节目实况转播、录像任务的技术部门。主要业务范围：承担各节目部门台外日常的电视节目转播制作，含直播、实况录像、专场录像（类别有：新闻、文艺、体育、经济、专题等）；参与台内大型重大转播活动技术方案的设计，并根据方案完成大型活动中的转播部分方案实施工作；承担中央电视台对外交流节目的外场转播制作（含直播、实况录像、专场录像）；为台内各节目部门提供前期特种设备和技术支持。下设转播一科、转播二科、转播三科、转播四科、转播五科、特种设备科、声音技术科、设备管理科、航拍技术管理科。转播部主任颜枫，副主任陈明、陈江疆、周磊。

总控部

总控部成立于1998年6月，是中央电视台电视节目信号交换的枢纽。其主要任务是：负责全台进、出节目信号的分配、调度和运行管理；负责全台28套播出前端压缩系统的编码压缩和传输的运行维护，提供全台同步、时钟等各种标准信号，按需要对信号进行格式、幅型、信号制式等变换处理；承担台内外信号交换的收录和监测；按规定受理涉外的技术申请和安排；负责节目播出和传送当中对外事务处理和解释工作；负责通过卫星、光缆及微波干线转播、传送及收录节目，负责管理中央电视台外围的光缆线路和固定卫星地球站收发系统；对外办理公共传输网络和卫星传送及相关的线路安排；负责国内外卫星公共传输网费用的预算、结算的管理工作。下设运行一科、运行二科、运行三科、技术保障科、传输运行科、管理科。总控部主任陈光，副主任刘韵音、杨小勇、葛涛。

新闻制播一部

新闻制播一部成立于2013年10月，前身为成立于1989年的新闻制作部，负责新闻频道24小时新闻节目及综合频道、香港平台并机新闻节目的播出和技术保障工作，并承担新闻频道播出的绝大多数专题节目的录制和后期制作合成。负责新闻频道所有技术设备的运行和维护，同时负责演播室在线包装和后期制作、新闻共享网络制播系统的升级、维护和运行管理等工作，并承担所有大型新闻现场直播的前期系统搭建、技术操作与保障任务。新闻制播一部支持海外频道《中国新闻》和财经频道所有新闻的直播及节目制作工作。新闻制播一部有7个新闻直播演播室系统和1套新闻硬盘编播系统。229演播室承担综合频道及香港平台并机新闻节目的播出；250演播室承担新闻频道19小时的新闻及《朝闻天下》《新闻联播》《晚间新闻》《新闻30分》与综合频道并机的直播和特别节目播出；150平方米演播室是具有虚实结合功能的演播室，用于新闻频道夜间5小时的新闻直播和新闻专题及特别节目的制作；第12演播室负责财经新闻节目直播和制作；上海分演播室和深圳分演播室由12演播室负责管理；第13演播室负责《中国新闻》节目直播与制作。下设演播室一科、演播室二科、音频一科、音频二科、包装播出一科、包装播出二科、网络制播一科、网络制播二科、灯光科。新闻制播一部主任李志平，副主任孔征、薛小妹。

新闻制播二部

新闻制播二部前身为2003年12月成立的录制三部，2013年10月划入播出传送中心，更名为新闻制播二部。主要承担英语、西班牙语、法语、俄语、阿拉伯语频道的整点新闻播出、节目在线包装、新闻共享系统的运行。新闻制播二部拥有7个直播演播室，具有全年24小时不间断的节目制作播出和技术支持能力。2012年底为适配中央电视台总部节目制作工艺流程，实现4个频道网络化制播。下设演播室三科、演播室四科、演播室五科、网络制播三科、网络制播四科、音频三科、包装播出三科、灯光三科。新闻制播二部副主任刘昭明。

新闻制播三部

新闻制播三部成立于2013年10日，其前身为传送部。负责新闻包装系统的维护以及新闻节目的图文包装设计和制作；负责通稿制作域、新闻收录和业务管理；负责新闻网络制播后台系统、交换平台和海外记者站技术管理；负责新闻专题节目的制作；负责新闻外采设备管理和外采技术保障；负责DSNG外出技术保障；负责微波传输。下设图文制作科、应用管理科、系统维护科、专题制作科、ENG科、DSNG科和微波科。新闻制播三部主任刘万铭（兼），副主任刘开平、韩东光。

资产管理中心

资产管理中心成立于2010年7月，是中央电视台所属开路频道广告的统一经营与管理部门，资产管理中心主要职责是：研究中央电视台广告的发展战略与经营策略，策划实施公关传播与市场推广活动，建立中央电视台广告的产品体系、价格体系、客户体系和渠道体系，负责各开路频道广告的营销和安全播出，并制作播出公益广告。下设综合部、市场部、客户部、监审部、公益广告部、频道经营部。资产管理中心主任何海明，副主任李弋，党总支专职副书记陈荣勇。

综合部

综合部成立于2010年7月，是资产管理中心的综合组织协调和后勤保障部门。负责中心对外联络、对内协调等综合管理工作，承办中心领导交办的日常事务，保证中心信息畅通、运转有序、保障有力，并致力于中心办公自动化的推进。主要工作内容包括：负责中心行政管理、公文流转、文秘计划，参与组织、策划、实施中心重大活动及党政工团活动；负责人力资源管理、财务经费管理和物资设备管理；负责中心所有合同协议的收集、审核、归档、查询以及合同文本的制定；从行业和地区等维度，策划实施市场推广活动，加强与广告客户及社会各界的面对面交流，推广全台资源，促进广告销售；负责中心技术系统的管控和开发，组织完成流程管理、技术支持和运营维护。下设秘书科、运营科、合同管理科、推广科、流程管控科。综合部主任刘丽华。

市场部

市场部成立于2010年7月，是资产管理中心负责市场研究、公关传播、新媒体互动营销的部门。其主要职责包括：密切关注广告经营的国内外趋势、国内宏观环境和媒体竞争格局，研究全台广告经营的发展战略和经营策略；发布全台节目、广告信息，及时监测广告舆情，采取应急预案措施，组织实施公关传播活动，引导大众舆论，维护、提高全台广告经营的品牌形象，为广告销售营造良好的舆论氛围；研究新媒体发展趋势和竞争格局，完成新媒体广告资源的策划、销售和执行，为全台广告经营创收提供增值新思路。下设策略研究科、公共关系传播科、新媒体营销科。市场部副主任佘贤君。

客户部

客户部成立于2013年7月，从资产管理中心原营销部独立划分出来，是负责中央电视台广告创收的部门。客户部主要职责包括：以实现中央电视台广告收益最大化为目标，深入了解、全面把握媒体资源和客户需求，从企业和代理公司两个维度，全面负责中央电视台广告客户的开发与维护以及各频道广告产品的营销；负责渠道体系的建立与完善，制定渠道经营政策以及对广告公司的服务和管理；负责中央电视台广告招标预售的整体策划、客户推广开发及项目执行；负责完成奥运会、世界杯、亚运会等重大事件的广告营销和创收任务。下设客户服务一科、客户服务二科、渠道服务管理科、合同执行科。客户部主任张宇鹏。

监审部

监审部成立于2010年7月，是资产管理中心负责广告业务审查、财务复核、监播、播出运行及业务流程设计优化的部门。其主要职责包括：对内负责广告产品复核、广告销售合同复核、广告播出执行复核、广告播后监测和广告播出版本签订等工作，确保从产品价格设计到广告实际播出的广告销售播出流程全程控制。对外负责全台所属开路频道广告素材审查、广告主资质审查、广告产品相关资料审查、广告素材编辑、广告编播传送等工作，确保广告在新、现址播出安全。下设审查科、编播科、监播科。监审部主任尹学东。

公益广告部

公益广告部成立于2013年7月，是资产管理中心负责公益广告策划、制作、播出、评奖、推广的职能部门。其主要职责包括：对全台公益广告进行整体规划；组织创作主题多样、形态各异、直抵人心的公益广告作品；组织国家级公益广告大赛等赛事评奖、宣传推广活动；对在中央电视台播出的公益广告进行审核与报播；对在全台播出的日常公益广告进行监测与统计；分阶段整理公益广告播出数据，进行盘点与分析并形成总结报告；为广告产品、客户营销活动进行视频包装；承担全国影视公益广告制作中心的日常工作，建立国家级的公益广告创意、制作、传播基地。下设公益广告一科、公益广告二科。公益广告部副主任王佐元。

频道经营部

频道经营部成立于2013年7月，从资产管理中心原营销部独立划分出来，是负责中央电视台广告创收的部门。频道经营部主要职责包括：对接节目部门开发广告资源，系统盘点规划，创新设计广告产品，科学拟订广告价格，建立并优化全台广告产品体系和价格体系；根据市场需求组织研究各频道广告经营方向、策略，动态掌握频道销售情况，动态调配频道广告资源，对频道广告销售最大化及广告编排最优化负责，合理定义频道资源、产品的销售渠道，负责制定各频道产品设计与销售策略，审核把关产品质量。下设频道经营一科、频道经营二科。频道经营部主任张宇鹏（兼），副主任吴坚。

发展研究中心

发展研究中心成立于2010年8月，作为提供专业智力支持的智囊、参谋、咨询机构，主要服务于中央电视台分党组决策，围绕中央电视台事业产业改革发展的实际和国内外电视发展变化，组织开展前瞻性、战略性和实战型研究。主要研究领域包括决策参考研究、战略研究、电视传播研究、监测效果研究、节目动态研究、产业研究、新媒体研究、网媒监测研究等。下设发展战略研究部、电视传播研究部、产业与新媒体研究部、综合部。发展研究中心主任李舒东，副主任任学安、张利生、刘连喜。

发展战略研究部

发展战略研究部成立于2010年8月，其主要职责是：负责全台事业产业发展的中、长期战略规划，为全台事业产业全面、协调、可持续发展提供战略研究与整体发展态势监测等决策支持；负责开展海外传播力调查、舆情监测，承担《中央电视台年度发展报告》(蓝皮书发展战略篇)、《CCTV与国际一流媒体对比研究》(白皮书)的组织运作与《信息快报》刊发等工作；负责中国广播电视协会和中国电视艺术家协会中央电视台分会的相关通联工作；开展国内外电视学术合作、交流活动；负责专家智库的管理与维护。下设发展规划组、战略研究组、交流组。发展战略研究部主任李向东，副主任贾健。

电视传播研究部

电视传播研究部成立于2010年8月，其主要职责是：承担全台管理创新、频道栏目竞争力研究、节目创新研发等任务；针对新闻类节目、综艺类节目、电视剧等进行专项研究；负责国家核心期刊《电视研究》和《中国中央电视台年鉴》的编辑、出版工作；负责全台图书出版的统一规划和出版合同审核、书稿审阅等工作；定期举行“电视论坛”研讨会，用专业的视角研讨电视节目，为全台节目一线搭建探讨、研发平台；定期举办“国内外热播节目观摩”活动，向全台节目一线推荐最新节目模式，为节目创新提供动力。下设传播研究组、书刊编辑组、观摩与论坛组。电视传播研究部主任杜宝风。

产业与新媒体研究部

产业与新媒体研究部成立于2010年8月，其主要职责是：负责全台电视产业与新媒体发展战略规划与对策研究，为全台事业与产业统筹发展、传统媒体与新媒体融合以及全媒体传播策略等方面提供决策参考；就中央电视台电视产业经营管理改革、产业资源配置及市场竞争策略等开展实战型、对策性研究；跟踪、监测网络媒体舆情变化，为中央电视台全媒体传播策略、台网节目联动及网络形象建设和品牌公关提供决策支持；负责“视听新媒体网”的运营和管理。下设产业分析组、新媒体研究组、网媒监测组。产业与新媒体研究部主任黎斌。

综合部

综合部成立于2010年8月，其主要职责是：负责做好中心与台内有关职能部门、台外合作单位的沟通协调、公关接待；负责制定并完善中心各项管理规章制度，起草各类公文；负责制定中心预算和对各部门预算使用情况进行定期汇总；负责组织中心内部全员绩效考核，开展人员培训；负责中心内部工作督办检查、公文运转、印章管理、档案管理、信息传递、会议组织、后勤服务等事务性工作；负责做好党工团妇工作等。下设综合组。综合部主任苏晓春。

机关党委

中央电视台机关党委在国家新闻出版广电总局机关党委的直接领导和台分党组的指导下进行工作。是中央电视台思想政治工作和党务工作的主管部门。领导党委办公室、台工会联合会、台共青团委员会、台精神文明协调处、台侨联的工作。截至2013年底，台机关党委下属14个基层党委、31个党总支、315个党支部，全台共有党员8261人。本届党委于2010年12月15日在中央电视台第八次党员代表大会换届选举产生，为中央电视台第八届党委会，由29名委员组成，设常委13人。机关党委书记张海鸽，机关党委专职副书记王全杰，机关党委常委安为民、李欣雁、王建宏、陆伟昌、张宁、王晓真、董为民、张宝安、黄瑞刚、赵刚、宿晓光。

党委办公室

党委办公室是台机关党委主要的办事和工作机构，着眼于服务全台党员干部职工，致力于建设学习型、服务型、创新型党组织。负责全台党员干部、职工政治理论教育；党的方针政策教育；经常性思想政治工作；

基层党组织建设；党的组织发展，党员管理、统战及社区党建工作，文化建设工作。具体承办机关党委宣传载体《电视生活》《CCTV党建》、台职工闭路电视、宣传橱窗、圆楼展廊的编辑、出版、制作、发行、播出等工作。党委办公室主任宿晓光，副主任刘斌、狄希兰。

团委

台团委在台机关党委的直接领导和国家新闻出版广电总局机关团委的指导下，负责全台团员和青年工作。截至2013年底，中央电视台共有32个基层团组织，其中基层团委4个、中心（频道）团总支17个、直属团支部11个，共青团员2209人。本届团委于2010年11月10日在中央电视台第十一次团员代表大会上换届选举产生，为第十一届团委，由27名委员组成，设常委13人。团委书记郑漠，团委专职副书记王强强。

工会联合会

中央电视台工会联合会在台机关党委和国家新闻出版广电总局工会的领导下，按照《中华人民共和国工会法》和《中国工会章程》，履行工会"维护、参与、教育、建设"四项职能。坚持"一个中心、两个服务、三个建设"（围绕宣传中心开展工作，全心全意为繁荣荧屏服务、为全台职工服务，不断加强自身的组织建设、制度建设和廉政建设）的工作定位。2013年，台工会"爱心工程"慰问范围由最初的"三个一"扩展到"十个一"；实现了全体会员享受中直、总局、台工会的三重大病补助金，形成完善的大病帮扶机制；继续开展"团结模范之家"评选表彰活动，推动职工之家的建设；为劳模先进、驻站记者、芦山抗震归来人员在北戴河组织两期休疗活动，休疗范围首次从劳模拓展到驻站记者等一线人员；成立了中央电视台摄影家协会；举办第四届"CCTV杯"职工羽毛球赛，全台33支代表队、400多名运动员参加，创历届参赛单位及人数之最；首次在全台范围内组织开展女职工劳动保护特别规定学习宣传和知识竞赛活动，营造关心关爱女职工的良好氛围。经台工会推荐的全国级先进个人4人，先进集体5个，省部级先进个人11人，先进集体5个，台工会联合会荣获"全国模范职工之家"荣誉称号，至此，台工会联合会已获得国家新闻出版广电总局、中共中央直属机关、中华全国总工会授予的"模范职工之家"荣誉称号。截至2013年12月，工会联合会下设中心工会30个，台属单位工会6个。专兼职工会干部300多人，职工会员增至2.13万人。本届工会联合会于2010年11月在第三届一次会员代表大会换届选举产生，为中央电视台第三届工会联合会，由43名委员组成，在职常委17人，2人已退休。工会联合会由王全杰主持全面工作，副主席南敏。常委（以姓氏笔画为序）王峥、闫丽萍、许唐生、李真、杨凌华、宋丹、张平平、张军农、张威、张景卫、冷建军、王浩、南敏、徐瑛、高甡、高菊莲、董春虎。

精神文明协调处

精神文明协调处成立于2002年7月30日，负责全台的精神文明建设工作，是台精神文明建设委员会的日常办事机构。其主要职责是：按照台分党组的要求，在台机关党委的直接领导下，在首都精神文明建设委、中直机关精神文明建设委、国家新闻出版广电总局精神文明建设委的指导下，负责协调精神文明范畴的全台职工的思想道德建设、党风廉政建设、环境秩序建设、文化建设、大型公益活动和"扶贫济困送温暖"等一系列精神文明创建活动；承办全台计划生育、无偿献血、校外教育、文明共建等工作，并根据上级有关精神，对全台卫生绿化、交通安全、综合治理工作进行协调监督。台精神文明协调处处长李彦吉，副处长王亚珍。

（中央电视台归国华侨联合会）

中央电视台归国华侨联合会是2011年7月根据中央电视台统战工作的需求和《中华全国归国华侨联合会章程》的规定，经报台分党组研究决定，国家广电总局直属机关党委批准成立的人民团体，是中央电视台联系广大归侨、侨眷和海外侨胞的桥梁和纽带，受中国侨联和中直机关侨联指导，在台分党组领导下，在台机关党委的支持下独立自主开展工作。截至2013年底，全台登记在册的侨联会员总计381人，其中归侨12人。中央电视台归国华侨联合会第一届委员会由25名委员组成，设常委9人。侨联主席为台分党组成员、纪检组组长、机关党委书记张海鸽，常务副主席吕涛，副主席刘迎春，秘书长狄希兰，常委（以姓氏笔画为准）王颖、吕涛、米绍行、刘迎春、张海鸽、张军农、狄希兰、林俏、周瑞志。

新台址建设工程办公室

新台址建设工程办公室（简称新址办）成立于

2001年11月，是中央电视台新台址建设工程项目的建设管理部门，其主要任务是：根据国家建设工程法律法规以及有关政策规定，全面负责新台址建设工程前期市政协调、工地现场管理、工程招标管理、工程合同管理、工程造价管理、工程财务管理、工程物资管理、电视工艺设计与系统建设配合等工作。下设综合业务处、工程处、合同造价处、财务处、基建物资处。新址办主任黄平刚，副主任赵频、曹建新。

综合业务处

综合业务处主要负责新台址工程市政协调、周边拆迁、工程档案管理，以及新址办日常办公业务管理协调、行政后勤保障工作。其主要任务是：负责与国家政府部门、北京市市政部门、建设工程项目主管部门、审批部门之间的沟通与协调工作；协调周边拆迁工作；负责工程相关项目的报批和验收协调工作；负责新址办日常办公业务，协助新址办做好全台各项管理规定的落实工作；负责新址办行政后勤保障工作，对新址办办公区域的治安安全、消防安全以及新址办日常服务接待、图像资料留存、信息汇总报送、办公环境治理等工作进行综合管理协调。下设综合科、秘书科、建管科、业务科。综合业务处处长刘宁，副处长关杨。

工程处

工程处负责新台址工程项目建安实施管理工作。其主要任务是：负责与设计单位、施工单位、监理单位以及其它相关单位之间的技术、业务协调工作，解决各方合作中的技术问题；全面参与施工现场指挥、协调和管理等相关工作，并对造价控制提供技术支持；参与制定工程实施的技术方案和进度计划，协助监理公司审核技术洽商、进行工程验收和技术文件整理工作；研究和解决有关工程管理、施工组织的问题，提供工程管理实施情况的分析报告、可靠数据和决策性建议；相关现场设计变更、洽商、支付管理工作。下设结构科、机电科、强电科、弱电科、物资材料科、通讯科、装修科、电梯科。工程处处长曹建新（兼），副处长赵磊。

合同造价处

合同造价处负责新台址建设工程招投标管理、合同管理和造价管理工作。其主要任务是：根据工程的整体进度，组织、实施工程项目招标；组织合同谈判及合同签订；督促合同履行；控制工程造价，管理以合同价为基础的建安工程变更、洽商和索赔；组织阶段性结算，审核竣工结算，完成结算手续。下设合同管理科、招投标管理科、造价控制科。合同造价处处长贺萍，副处长付力明。

财务处

财务处主要负责新台址工程的财务管理工作。其主要任务是：按照国家相关制度并结合新台址工程的实际情况建立工程会计核算体系，加强财务内部控制，进行会计核算和编制财务报告；制定资金筹集与使用计划，依法合理及时筹集项目建设资金；对项目建设活动中的经济业务及时做好原始记录、及时记账，定期盘点、对账，确保资金安全；按照国家相关法律法规的要求组织相关部门编制项目竣工财务决算。下设综合科、财务科。财务处处长王朝晖。

基建物资处

基建物资处主要负责新台址工程的基建物资管理工作。其主要任务是：根据国家有关规定，制定新台址建设项目的工程物资管理制度；负责办理工程物资的到货验收入库、仓储管理、调拨、物资台账登记等日常管理工作；组织定期工程物资盘点工作并及时与财务管理部门进行账目核对，做到账实相符、账账相符；负责新址办日常行政办公所需要的办公设备和消耗材料的采购、入库、出库、发放和退库工作等。基建物资处副处长周少华、叶秋实。

总部接收管理办公室

2012年2月22日，中央电视台新址接收管理工作办公室成立。2012年8月16日，根据中央电视台总部接管搬迁工作的需要，中央电视台新址接收管理工作办公室与中央电视台新址搬迁工作办公室合并，成立中央电视台总部接收管理办公室（简称总部接管办）。

总部接收管理办公室根据台分党组和台搬迁工作领导小组的指示精神和有关要求，负责中央电视台总部接管和搬迁相关工作。主要任务是：全面负责中央电视台总部接收管理和搬迁工作的组织实施，协调相关部门开展新址接收管理和搬迁的各项工作，实现中央电视台总部全方位管理、全覆盖运行和整体搬迁。2013年12月26日，经台分党组研究决定，总部接收管理办公室下设部门由11个调整为8个，分别为综合业务部、房屋管理部、后勤事务部、法律事务部、办公系统部、项目管理部、搬迁协调部、物业管理部。总部接收管理办公室主任张海鸽（兼），副主任田应坪、刘民朝、柏杨（常务）、孙玲娣。

综合业务部

综合业务部是总部接管办的日常办事机构，主要负责协助领导处理日常工作，统筹、协调各部职能，传达、督办、汇总、反馈信息，为领导决策提供科学依据。主管会议、公文、信息、行政事务及有关项目。综合业务部负责人武金鑫、林辰。

房屋管理部

房屋管理部主要负责对已接管的房屋进行数据核实和存档，对房间及区域进行分配及管理，对建筑、结构等进行日常维修，对办公及专业房间、区域进行装修和改造。房屋管理部负责人杨怀文、隋金辉。

后勤事务部

后勤事务部主要负责总部的餐饮服务管理、会议服务管理、医疗服务管理、办公用品管理、公共设施管理、活动设施管理等工作。后勤事务部负责人韩峰。

法律事务部

法律事务部主要负责对总部接管相关事项提供法律意见；协调法律顾问、派发意见征询单，并对法律意见进行审核；对与其他机构和个人签订的合同进行法律上的事先审查；对已发现的法律风险及时进行提示和处理；处理与接管办有关的所有诉讼、仲裁及其它法律纠纷。法律事务部负责人仇刚。

办公系统部

办公系统部主要负责央视总部行政办公、职能管理、办公资源业务的信息化规划、需求调研、系统设计、测试评估、上线部署等工作，负责台外网、内网环境建设及应用系统开发，对行政办公系统的用户权限、管理权限、审批权限进行审核、分配及调整，集成本台其它信息系统，为业务模块提供信息窗口和应用平台，制定本台行政信息化系统的相关规章制度及安全标准。办公系统部负责人何新宇、赵晓博。

项目管理部

项目管理部主要负责中央电视台总部功能完善项目，总部办公家具采购管理，总部园区市场拓展及经营项目管理等。项目管理部负责人苏畅、马蒴、刘宏伟。

搬迁协调部

搬迁协调部主要负责科学制定物资搬迁实施计划、制作搬迁培训手册、组织实施搬迁过程及协调管理搬迁事务。搬迁协调部负责人韩峰。

物业管理部

物业管理部主要负责楼宇及园区巡视、综合维修、装饰工程保养维护、环境保洁、园区园林绿化、综合体育馆管理等工作。物业管理部负责人夏晓辉。

审计处

审计处成立于1989年8月，是中央电视台内部审计监督部门，在台领导的直接领导下负责全台的内部审计工作。其主要任务和职责是依照国家法律、法规、政策及本台有关制度规定，对本台及所属单位财务收支、财务预决算、财务信息系统、经济效益的真实、合法性的审计监督和评价；对国有资产的安全、完整、效益性的审计监督和评价；对内控制度的健全、有效性进行审计监督和评价。审计处独立行使内部审计职权，对台领导负责并报告工作。审计处处长孙玲娣。

中国电视报社

中国电视报社负责《中国电视报》的编辑出版工作。《中国电视报》于1981年正式创刊，原名为《电视周报》；1986年1月易名为《中国电视报》；1992年1月创办《中国电视报》(外语节目版)，2002年更名为《中国电视报》(国际节目版)；1994年1月创办《中国电视报》(北京版)。《中国电视报》的主要任务是：通过宣传中央电视台节目，整合节目资源，增加自采稿件，提供延伸服务，报道影视动态，达到扩大节目宣传、提高节目收视率、增加中央电视台广告创收、服务广大观众的目的。中国电视报社是台直属部门，下设记者组、专题组、影视组、节目组、国际组、美摄组、技术科、排版科、广告科、发行科、综合科。中国电视报社社长郭卫翔，常务副社长赵宝安，副社长赵成璧、苑文刚。

音像资料馆

音像资料馆作为中央电视台内容资源（包括视频资料、音频资料、附属图文资料、图书报刊）的归口管理部门，负责对围绕全台节目创作而形成的馆藏内容资源以及开发利用进行全流程统筹管理。主要职能：一是支持中央电视台节目制播，把音像资料馆打造成节目创作的资源平台，以更好地满足中央电视台节目制播需求，具体业务包括：根据全台编导的制播需要统筹管理和发放用于节目制作的各种空白介质；负责节目资料各种介质和数据的收集、鉴定、保管；负责节目资料的数字化加工存储和编目；为台内编导提供节目资料的查询、检索、使用服务；对节目资料视频画面进行修复；负责提供馆存节目支持中央电视台节目备播；负责全台图文资料及图书报刊的收集、采购、提供利用和保管等。二是直接服务于党和国家工作大局，把音像资料馆创建成为中央领导及国家机关提供所需各类资料的可靠基地，以更好地满足国家台履行其所应承担的政治使命的需要，包括定期常态化的为中央领导机关提供特藏资料，完成领导交办的临时性重大政治任务等。三是服务社会，把音像资料馆建设成为电视产业内容供应商，以更好地满足社会各界对人类视听文化遗产的需求。音像资料馆开启节目资料社会化有偿服务和中央电视台媒资品牌立体化宣传推广工作。在自主研发、具有中央电视台自主知识产权的节目资料TSCU定价体系支撑下，馆藏内容资源的经营开发为中央电视台创造经济效益，同时创作的中央电视台内容资源形象片在全台多个频道和新媒体播出，使中央电视台媒资品牌的知名度和美誉度大幅度提升。对文化产业资源的现代化管理和增值服务已逐渐成为中央电视台事业产业发展新的增长点。截至2013年12月31日，音像资料馆馆藏各类节目资料磁带及其它新型介质总量超过220万盘、165万小时，经过10年的大规模数字化生产，库存节目资料数据总量100万小时，其中高清资料数据超过9万小时，是世界上最大的视音频资料数据库。音像资料馆还保存着中央电视台几十年积累的珍贵胶片1.73万盒（标准盒），各类图文资料总量11.78万册。音像资料馆下设秘书科、综合管理科、统筹规划科、节目资料收集科、版权确认科、库房管理科、图文资料管理科、生产管理科、质量审核科、重点宣传资料保障科、特藏资料管理科、资源研发科、计费管理科、用户服务科、资料编辑开发科、数据中心管理科、视音频处理科、分发平台管理科、应用管理科、图像检验科。音像资料馆主任倪代光，副主任强西京、童瑛、陈铭、刘珊，党总支专职副书记周大勇。

中国国际电视总公司

中国国际电视总公司（简称总公司）是中央电视台全额投资的大型国有企业。其前身中国电视国际服务公司成立于1984年，1997年公司重组后持续高速增长，发展新业态、布局新媒体，形成以传媒产业为核心的多元化经营体系，年均营业收入增长率近20%，总资产、年营业额双超百亿元，集团公司规模与实力快速增长。截至2013年底，中国国际电视总公司下属全资、控股、参股、代管企业114家，在美国、日本、香港、非洲等地区拥有多家海外全资子公司，全球员工超过1.9万人，业务涵盖制作与发行、新媒体、集成播出、广告营销、技术服务、市场调查、旅游实业、国际业务、对台服务九大板块，是中国文化出口重点企业、中国文化产业30强企业、北京市首届文化企业30强、30佳入围企业，是中国最具实力的传媒集团之一。

中国国际电视总公司围绕中央电视台建设国际一流媒体战略，探索制播分离改革，配合国内记者站、海外分台等新闻传播能力建设，推进人力资源改革和后勤服务改革，为中央电视台提供栏目后期制作、IT技术、动力运维、灯光舞美、后勤保障等服务。布局传播领域，拥有付费电视平台、境外卫星电视节目播控平台、中国电视长城平台以及中国网络电视台四大集控平台，形成独一无二的多元传播优势。总公司已形成全媒体运营、跨地域发展的多元化传媒产业经营体系，构建完整的媒体产业链条，在内容产业、媒体技术、市场调查、旅游实业、国际传播等领域，打造一批国内领先的旗舰企业，培育了众多业界知名品牌。总公司总部下设办公室、人力资源管理部、财务部、预算部、合规部、战略与投资管理部、资产经营部、法律事务部、党群工作部、纪检监察室、审计部，下辖中视影视事业部、中视发行事业部、中视广告事业部、中视旅游实业事业部、中视科华有限公司、中视动画事业部，以及中央数字电视传媒有限公司、中视体育娱乐有限公司、中视电视购物有限公司、中视国际传媒有限公司等直管公司。总公司董事长、总裁梁晓涛，副总裁唐世鼎、汪文斌、赵刚、潘超、张海潮、魏平、滕云平、王浩，总裁助理马润生、黄艳荣、曹青、石宪法。地址：北京市羊坊店路9号京门大厦。

通讯地址：北京市 3831 信箱。邮编：100038。电话：010-63950016。传真：010-63957106。网址：www.citvc.com。

中视影视事业部

中视影视制作有限公司

中视影视制作有限公司系中央电视台与中国国际电视总公司共同投资成立的影视制作机构，注册资本 5000 万元。公司主要负责各类影视节目的策划、投资、拍摄和制作，通过市场运作方式向中央电视台、地方电视台以及海外影视媒体提供精品电视剧、纪录片等节目。公司运营理念是向专业化、精品化发展。公司自成立以来拍摄制作精品电视剧 200 余部 5000 余集，年生产能力 300 余集。公司投资制作的较有影响力的剧目有《李小龙传奇》《大宋提刑官》《感动生命》《西圣地》《炊事班的故事 2》《钢铁是怎样炼成的》《张小五的春天》《中国远征军》《卧薪尝胆》《野鸭子》《延安爱情》《林师傅在首尔》等。2013 年，公司参与制作完成《打狗棍》《当青春期遇上更年期 2》《捍卫者》《愤怒的摄影师》《青春燃烧的岁月》《地火》等优秀作品。公司下设 8 个制片工作室，以及策划研发部、营销管理部、特别项目部、综合业务部、行政管理部、财务部。公司法定代表人兼总经理潘超。地址：北京市海淀区羊坊店路 9 号京门大厦二段 8 层。电话：010-51862779。邮编：100038。电子信箱：cftcd@office.citvc.com。网站：www.zsys.org。

央视(北京)娱乐传媒有限公司

央视（北京）娱乐传媒有限公司隶属于中国中央电视台下属中国国际电视总公司。公司成立于 2008 年 8 月，是由中央电视台品牌栏目《同一首歌》转型而来。公司以发展文化产业、打造文化娱乐品牌为方向，以传播和沟通国内外优秀文化为宗旨，以整合中国最优质的媒体资源、内容资源、实体资源为模式，形成一个产业链条广泛、经营模式独特、节目制作精良、能够引领时代潮流的创新型娱乐传媒企业，是集策划、组织、制作、传播于一体的娱乐传媒公司。公司业务以大型活动策划制作为龙头，承办、制作大型文艺演出以及节庆活动的策划组织，承制企业以及城市宣传片、广告片、纪录片等项目，还有电视栏目企划制作、影视剧制作、演艺经纪、品牌再授权等业务。近年来，公司制作、播出“第 12 届全国冬运会开幕式文艺演出”、“第二届国际那达慕大会开幕式晚会”、“第 12 届亚洲艺术节文艺演出 ”、“《中国之声》2014 新年音乐会”、“重阳节诗歌音乐会”、“魅力舞台剧《古剑奇谭》”、“儿童魔幻剧《魔法旅行团》” 等。为中央电视台和地方电视台制作“CCTV-1 世界大力士中国选拔赛”、《谢天谢地你来了》栏目、CCTV-2《时尚中国》系列栏目、CCTV-8 春节特别节目《八仙过海闹新春》、CCTV-9《活力中国——幕后》《历史中国——海盐传奇》、CCTV-15 相关栏目、安徽卫视纪实栏目《揭秘》、2012 河北卫视春节晚会、北京电视台财经频道《财富故事》、大型文献纪录片《开国纪事》等。公司下设大型活动部、剧场演出部、演艺经纪部、品牌经营部、孟欣工作室、办公室、财务部、人力资源部。总经理刘智强。地址：北京市海淀区羊坊店路 6 号天洋商厦 A 座 3 层。邮编：100038。电话：010-51899090、51899070。传真：010-51899072。电子信箱：cctvem@cctvem.com。网址：www.cctvem.com。

中视发行事业部

中国广播电影电视节目交易中心/中国国际电视总公司节目代理部

中国广播电影电视节目交易中心成立于 2002 年 5 月，由中央电视台全额投资的原中国电视节目代理公司依法变更组建而成。2004 年 7 月公司通过 ISO9001:2000 国际质量管理体系认证。公司负责中央电视台版权节目及其它中国优秀影视作品的全球营销工作，开展与国内外媒体、机构的影视节目合作、广告代理及其它国际交流活动；拥有电视节目营销网络和电视节目资源储备，每年向中国及海外媒体机构提供超过 1 万小时的精品电视剧、纪录片、卡通片和综艺、专题类节目，每年从海外引进大量的优秀电影、电视剧提供给国内媒体播出，出版数千小时的音像制品发行到国内外市场；营销网络遍及全国 34 个省级行政区，以及海外各大洲共 60 多个国家和地区。“中国国际影视节目展”由中国广播电影电视节目交易中心 / 中国国际电视总公司节目代理部承办。公司下设国际部、国内部、音像部、节目运营版权管理部、技术制作部、计划财务部、人力资源部、办公室。公司负责人马润生。地址：北京市海淀区羊坊店路 9 号京门大厦二段 6 层。邮编：100038。电话：010-63957153。传真：010-63955916。网址：www.chnpec.com。

深圳中视国际电视公司

深圳中视国际电视公司成立于1993年6月，是中国国际电视总公司在深圳设立的全资公司，具有独立法人资格。公司主营音像制品(国内版权)的购销、租赁与连锁经营；设计、制作国内外电视广告，代理自制广告的发布，电视节目及音像制品的版权代理，房屋租赁。公司注册资本3138.96万元。公司负责在全国范围内实施媒体广告的策划、创意、设计制作和代理发布；影音制品的制作、发行和版权代理等。公司独家代理中国铁路第一屏——北京西客站信息屏的广告，是铁路媒体中的最强势媒体。公司还独家代理中央电视台和香港亚洲电视国际台联手推出的《中国新闻报道》栏目贴片广告，收视覆盖香港、澳门及广东地区。2005年至2007年公司连续3年被深圳市委、深圳市人民政府评为“精神文明建设先进集体”。公司下设广州经营部、音像连锁门店、制作部、广告部、办公室、财务部。法定代表人冯宝良。地址：深圳市福田区深南中路1002号新闻大厦16楼1603。邮编：518027。电话：0755-82090088。

中视广告事业部

北京未来广告有限公司

北京未来广告有限公司(简称未来广告)是中国国际电视总公司所属的全资广告公司，成立于1992年。1998年，未来广告开始电视体育营销，独家代理经营CCTV-5体育频道，是以经营CCTV-5赛事资源为核心的体育产业专业运营商。未来广告先后代理经营CCTV-5体育频道、CCTV-8电视剧频道、CCTV-12社会与法频道、CCTV.com以及《东方时空》《今日说法》等栏目，未来广告从单一栏目的广告代理到中央电视台多个频道栏目的整合经营，再到体育频道的专业营销，未来广告被誉为“中国电视体育营销传播领军者”，“未来”成为公司在中国传媒和广告行业树立的品牌。近年来，未来广告整合新媒体资源(互联网、手机媒体、户外新媒体)，围绕CCTV-5平台开发的GO体育手机APP、CCTV-5官方微博、官方微信等自主型新媒体资源，为客户提供整合、创新、有效的体育互动营销解决方案；同时，未来广告深入体育产业经营，与NBA、CBA、意大利超级杯等多家赛事组委会建立合作伙伴关系。未来广告下设销售中心、策划中心、媒介执行中心、新媒体拓展部、行政中心、财务中心、公关推广中心。总经理张勇。地址：北京市朝阳区建国路甲92号世茂大厦B座19层。邮编：100022。电话：010-59573288、59572075。传真：010-59573111。网址：www.future-ad.com。

中视旅游实业事业部

中视实业发展有限责任公司

中视实业发展有限责任公司成立于1997年6月27日，注册资金1300万元人民币。公司资产近6000万元，营业收入超亿元。公司主营影视文化、技术交流；场景道具、服装、化妆造型的设计、制作；影视咨询；电视技术咨询及设备的安装、维修、销售；广播电视通讯网络安全防范工程的设计、安装、维修；与上述业务相关的设备、机械设备、电子设备、交电、办公设备、针纺织品、毛纺织品、服装、工艺美术品(金银饰品除外)、旅游纪念品、文化用品、日用百货、家用电器、建筑材料、化工材料、汽车及零件销售、技术开发、转让和服务；办公设备维修；室内外装饰、装修；经济信息咨询；图书报刊；高楼清洗；搬家、搬运；人才培训；汽车租赁；定型包装食品、烟、酒的销售。公司承担中央电视台常规编目业务，承担非汉语编目、“特藏”编目及大型赛事场记任务。公司承担《直通春晚》栏目的直播任务。提供中央电视台中文国际频道完整制片服务，与中国侨联合作拍摄特别节目《客家足迹行》100期并在欧美120多个国家播出。公司承接中央电视台日常栏目的化妆、服装业务，负责“2012年春节联欢晚会”的相关业务。公司下设办公室、财务部、媒资开发部、制片服务中心、形象设计部、技术维修中心。董事长滕云平，总经理陈维立。地址：北京市羊坊店路9号京门大厦二段809室。电话：010-63957035、63957041。电子信箱：liuguangran@ly.citvc.com。

梅地亚电视中心有限公司

梅地亚电视中心有限公司成立于1988年8月16日，1990年9月13日正式开业，是一家涵盖星级旅游饭店、写字楼、公寓、酒店委托管理和物业管理、劳务派遣、会议服务、电视节目制作以及卫星传送业务的综合性企业。公司连续5年跻身“北京著名商业品牌”100强。2007年，公司被认定为“中国驰名商标”。公司下设电视业务部、市场营销部、餐饮部、前厅部、客房部、计划财务部、工程部、保卫部、项目管理部、总经理办公室、人力资源部、工会。董事长滕云平，总经理赵玉东。地址：北京市海淀区复兴路乙11号。邮编：100038。电话：010–68514422。传真：010–68550326。网址：www.mediacenter.com.cn。

北京荧屏汽车租赁有限公司

北京荧屏汽车租赁有限公司成立于1993年2月。公司主营业务为汽车租赁。公司是中央电视台租用公务车唯一指定服务商，秉承“安全第一、服务至上，以客户为焦点，以主动服务为核心”的企业宗旨，为全台和总公司系统提供安全放心的公务用车以及周到优质的用车服务保障。公司经营租赁车辆种类齐全，拥有奥迪、帕萨特、雅阁、桑塔纳、金龙、考斯特等多种品牌型号的租赁车辆，截至2013年12月，公司拥有大、中、小型客车总计686辆。公司提供维修救援、保险理赔、汽车检测等配套服务。客户资料、车辆档案、维修数据以及售后服务等档案、数据管理已实现系统标准化。公司下设综合办公室、财务部、业务部、售后服务部。总经理韩春来。地址：北京市海淀区复兴路11号。邮编：100859。电话：010–68500675。电子信箱：qichezulin@ly.citvc.com。

北京中广物业管理有限公司

北京中广物业管理有限公司成立于2002年8月，注册资本500万元，具有国家物业管理二级资质。公司管理包括资料馆、博物馆、学院等办公楼项目，以及国家新闻出版广电总局、中央电视台住宅小区项目，中央电视台现址、新址的环境管理项目，为媒体、文化行业提供物业服务。2013年，公司调整组织架构，建立科学的绩效考核体系，搭建网上OA管理平台；完成新标识设计，企业宣传画册设计；中标安徽博物院物业管理项目，承接中国有线电视有限公司物业服务项目；中国广播音像资料馆通过国优复评。公司获得国家新闻出版广电总局授予的“先进集体”、“最值得信赖物业管理企业”、“治安先进集体”称号，获得西城区交通安全先进单位、月坛区消防工作先进集体、月坛区综治工作先进单位称号。公司负责人黄建伟。地址：北京市西城区真武庙二条9号。邮编：100045。电话：010–86094020。网址：www.bjzgwy.com。

北京央视瑞安技术服务有限公司

北京央视瑞安技术服务有限公司（原北京中视物业管理有限责任公司）成立于1998年4月，是中国国际电视总公司直属独立法人企业，主要为中央电视台现址及新址提供动力系统运维服务，为中国网络电视台及京门大厦提供物业服务，总服务面积72万平方米。2013年5月，公司更名为北京央视瑞安技术服务有限公司。公司于2005年通过ISO9001国际质量管理体系认证。公司形成广播电视行业技术服务、动力设备运行维护管理、办公写字楼物业服务三大业务。公司为电视台提供动力系统设备设施运维服务。公司连续多年获得产权单位、股东单位、社会主管部门好评和荣誉，2013年公司被中央电视台及中国国际电视总公司授予“先进集体”荣誉称号。公司下设办公室、人力资源管理部、计划财务部、品质管理部、技术管理部，下辖中央电视台项目管理处、中央电视台新址项目管理处、中国网络电视台项目管理处、京门大厦项目管理处。总经理荆京。地址：北京海淀区羊坊店路9号京门大厦二段。邮编：100038。电子信箱：yangshiruian@126.com。

中塔有限责任公司

中塔有限责任公司是由中央电视台、无线电台管理局、中国国际电视总公司出资创办，中央电视台控股的有限责任公司。公司成立于1995年，由中国国际电视总公司管理。公司发展成为集旅游观光、物业租赁、餐饮、商品销售为一体的资源密集型旅游服务企业。2010年中央电视塔空中观景旋转餐厅荣膺“五叶国家级绿色餐饮企业”称号，成为全国首批获此殊荣的餐饮企业。2011年国家4A级旅游景区中央电视塔荣获由北京市旅游委等部门主办的第二届“十大新京味旅游名片”活动的“新京味旅游创意名片”称号。2012年中塔旋转餐厅通过国家商务部“全国酒家酒店等级评定委员会”的评审，获得“五钻级国家特级酒家”。2013年公司被中国旅游景区协会纳为中国旅游景区协会会员单位。公司下设观光部、市场营销部、餐饮部、商品部、办公室、人力资源部、计划财务部、工程部、安保部。董事长赵刚，总经理赵恩颖，副总经理郭伟跃。地址：北京市海淀区西三环中路11号。邮编：100142。电话：010–88416210。传真：010–86093373。网址：www.zydst.cn。电子信箱：zhongta@ly.citvc.com。

央视后勤服务发展（北京）有限责任公司

央视后勤服务发展（北京）有限责任公司成立于2005年10月11日，注册资本3253.96万元。主营中餐服务，零售卷烟、雪茄烟，销售饮料、酒。公司供餐范围涉及中央电视台现址和央视总部。为全台宣传报道和职工提供盒饭、自助餐、份餐和零点餐等中餐服务，提供咖啡、饮料和小食品等。2009 年公司通过北京市卫生局的评定，被评为北京市餐饮服务食品卫生量化分级“A”级单位。2010 年公司通过中国质量认证中心的审核，取得质量管理体系和食品安全管理体系认证证书。公司连续多年通过卫生部门和质量认证部门的复审，保持“A”级单位资质和质量认证证书。公司严格遵守《中华人民共和国食品安全法》，公司设有独立的食品检验室，对食品中蔬果农药残留、食物微生物等有害因素进行检测，确保为全台电视宣传事业发展和台职工提供优质、安全、可靠的餐饮保障。公司下设总经理办公室、行政部、人力资源部、财务部、采购部、质检部，现址餐厅设有 5 个餐饮部，新址设有餐厅等 8 个生产销售部门。负责人崔立新。地址：北京市海淀区复兴路 11 号。邮编：100859。电话：010－68507420。传真：010－68507420。电子信箱：yangshihouqin@ly.citvc.com。

北京中视汉威航空服务有限公司

北京中视汉威航空服务有限公司成立于 1996 年 1 月，是经过中国航空运输协会和北京市工商行政管理局批准注册登记的一类民航客运销售代理企业，是中国国际电视总公司的控股公司。公司主营国际航线或香港、澳门、台湾航线的航空客运销售代理业务（含国内航线）。公司下设办公室、财务部、国际客运部、国内客运部、第一机票代理处、第二机票代理处、第三机票代理处。董事长滕云平，经理李宪伟。地址：北京市海淀区复兴路 11 号 3 号楼 1 层。电话：010－68539694。传真：010－68509818。电子信箱：zhongshihanwei@sohu.com。

中广国际旅行社有限公司

中广国际旅行社有限公司自 1996 年成立以来，一直以专业化、高效率、满足顾客个性化需求为服务宗旨，以为顾客提供优质和便捷旅游服务、多元化的旅游产品为目标，致力于打造一个具有旅游服务专业化、旅游产品多元化的高品质旅行社。公司依托传媒业股东的特殊背景，开发传统旅游项目和产品，如：中国公民的出境旅游和国内旅游、专项旅游、会展、奖励旅游、商务旅行等旅游业务。承接中央电视台众多知名栏目的制作保障工作，获得客户一致好评。法人代表兼总经理滕云平。地址：北京市海淀区羊坊店路 9 号京门大厦二段。电话：010－63957034。传真：010－63957040。电子信箱：zhongguangguolv@ly.citvc.com。

北京中视华业电视工程有限公司

北京中视华业电视工程有限公司前身为中央广播事业局电视服务部，成立于 1949 年 12 月 30 日，注册资金 460 万元。公司在歌华有线双向有线电视网络的设计、施工及维护，智慧社区及其楼宇对讲系统、综合布线系统、视频监控和报警系统、灯光音响系统、智能停车场管理系统、会议系统和公共广播系统、境外卫星电视接收系统以及建筑防火检测、电气检测等方面有精湛的专业技术、严格的质量管理制度、良好的资源优势以及较强的核心竞争力。公司拥有有线电视设计安装、维护一级资质；卫星地面站的设计、安装一级资质；安全防范工程设计施工的二级资质；建筑消防设施检测、电气防火检测资质；GB/T19001:2000R 质量管理体系认证。公司是北京歌华有线电视网络股份公司委托的 6 家有线电视双向网络设计的单位之一；北京歌华有线电视网络股份公司委托的有线电视管道需求两家设计单位之一。公司下设办公室、财务部、有线网络部、安防部、技术部。总经理芦燕生。地址：北京市海淀区花园北路 14 号环星大厦 A 座 615 室。邮编：100191。电话：010－62371190。传真：010－62371190。网址：www.zhongshihuaye.com。

荧屏（北京）电视技术有限公司

荧屏（北京）电视技术有限公司成立于 1993 年，原名为北京荧屏技术公司，2009 年 10 月更名为荧屏（北京）电视技术有限公司，公司为有限责任公司（国有控股），是北京市高新技术企业。公司主营业务包括：卫星电视接收、有线电视、电视监控、宽带网络等系统工程施工、技术咨询、设备供应、演播室集成、代理发布广告、会议服务和承办展览展示活动等经营项目。公司负责建设、维护、运行的中央电视台有线电视网是国内最早实现数字传输、“三网合一”的网络，2005 年 8 月电视节目实现高清信号播出，达到专业级有线电视播出和传输系统标准。公司自 2002 年数字化升级改造至今，数字电视节目从 80 套增加到 179 套（包含高清节目 20 套、3D 节目 1 套、广播 10 套）。公司是国内较早从事有线电视、卫星接收系统工程的专业公司，公司执有《北京市有线电视站、共用天线设计、安装许可证》《北京市卫星地面接收设施安装服务许可证》和ISO9001质量管理体系证书。近年来，公司承担中央电视台有线电视数字、高清、IP电话网、宽带网络的运营及维护和升级改造；为中央电视台新址提供IP电视整体运营方案设计；常年为国家领导人提供电视信号传送服务。2012年承接中央电视台消防、安防系统代维业务。对外承接IP电视业务，CATV全光网，HFC网，EPON技术和数字电视增值业务。2013年公司被国家新闻出版广电总局评选为治安先进集体。公司下设行政人事、财务、后勤保障、资产管理、有线电视代维中心和消防安防系统监控中心。负责人孟昭元。地址：北京市海淀区复兴路乙15号。邮编：100038。电话：010-68507251、68573153。传真：010-68511625。网址：www.ying-ping.com。

北京央视国金工程管理有限公司

北京央视国金工程管理有限公司成立于2003年11月12日，公司主要职能是服务于中央电视台新台址建设工程。公司成立后，受中央电视台委托承担中央电视台新台址建设工程项目的全过程管理工作，至2011年1月起转变为就该项目向中央电视台提供相关专业技术服务。依据中央电视台新台址建设工程办公室的工作要求，公司选派涉及建筑、工程管理、经济、造价、法律、工程档案管理、行政管理等专业人员，服从于中央电视台新台址建设工程办公室的管理及工作安排。公司员工为中央电视台新台址建设工程提供了高质量的工程管理服务。公司下设办公室、财务部、工程部、合同造价部。董事长滕云平，总经理曹建新。注册地址：北京市朝阳区东环北路32号。通信地址：北京市朝阳区呼家楼新苑甲1号。邮编：100020。电话：010-58692345。传真：010-68507144。

北京金视缘纯水制造有限责任公司

北京金视缘纯水制造有限责任公司成立于1997年5月5日，注册资金50万元。公司生产桶装纯净水及少量的相关商品（如饮水机、瓶装水和一次性纸杯等）；为国家新闻出版广电总局、中央电视台、中国国际电视总公司及家属区送桶装纯净水、矿泉水的服务。年送水量8万余桶。公司下设办公室、财务部、业务部。总经理张敬勇。地址：北京市海淀区复兴路11号。邮编：100859。电话（传真）：010-68506382。电子信箱：jinshouzhang@ly.citvc.com。

北京金视光盘有限公司

北京金视光盘有限公司成立于1998年7月28日，是中央电视台、中国国际电视总公司下属的生产型企业，注册资金1000万元。公司主营项目：激光数码储存片子盘复制、印刷；CD、DVD类母盘制作及其它技术服务。2006年初，公司与隶属于保利集团的北京保利星数据光盘有限公司进行合作至2011年年底。法人代表李小健，负责人蔡少杰。地址：北京市海淀区杏石口路32号。邮编：100195。电话（传真）：010-88442558。电子信箱：gvod@office.citvc.com。

中视科华有限公司

中视科华有限公司成立于2005年11月14日。是中国国际电视总公司旗下的技术管理公司。公司秉承中央电视台“建设国际一流媒体”的战略宗旨，依托中国国际电视总公司在影视文化产业的雄厚实力，立足电视媒体，已发展成为国内最大的综合性媒体技术管理公司，为中央电视台、北京电视台等多家电视台及政府机构、海外机构提供电视媒体领域多元化的技术服务与支持。公司产业链完整，拥有国际一流的创意策划团队，行业顶级的灯光、电视特种设备公司及舞美设计制作公司，已逐步形成以创意策划为龙头，涵盖大型演艺、各类活动策划实施、体育赛事转播、卫星信号传输、电视节目前后期制作、影视教育培训等各个电视领域的经营格局。公司下设综合管理部、人力资源部、计划财务部、运营管理部、党群工作部、风险控制部、事业发展部、文化产业发展中心。下辖北京新闻技术服务分公司、北京技术培训分公司、北京技术服务分公司、中视电视技术开发公司、北京中视远图影视传媒有限公司、北京中视创新文化发展有限公司、北京中视节点文化发展有限公司、北京中视环亚卫星传输有限公司。总经理郑艺。地址：北京市海淀区乙15号1号楼C段。邮编：100038。电话：010-68510108。传真：010-63985722。电子信箱：zskh@mediacctv.com。网址：www.mediacctv.com。

北京新闻技术服务分公司

北京新闻技术服务分公司成立于2010年11月8日，公司为中央电视台国内31个新闻记者站提供技术支持和运营保障服务。公司秉承“第一时间、第一现场”的服务理念，在技术服务中练就了一支精湛的采编及传送队伍，“一专多能”的复合型技术支持人员坚守岗位，以过硬的政治素质及专业技术配合中央电视台新闻中心、播出传送中心完成所属区域新闻突发事件、新闻重大事件的直播报道及常态工作。公司拥有多种特种技术设备，包括水下摄像机、EVS、长焦镜头、航拍飞行器等。公司下设行政办公室、人力资源部、计划财务部、业务保障部、资产管理部、技术管理部及网络信息部。总经理刘香菊。地址：北京市朝阳区高碑店乡半壁店村惠河南街1117号。邮编：100023。电话:010-67043293。传真:010-67043290。电子信箱:xinwenjishu@126.com。

北京技术培训分公司

北京技术培训分公司成立于2010年11月30日，是中央电视台、中国国际电视总公司下属唯一一家培训专业机构，公司专职进行在职员工继续教育、社会传媒人才的培养。公司秉承“立足中国国际电视总公司、服务中央电视台、面向全社会”的发展宗旨，为中国国际电视总公司、中视科华有限公司提供和输送人才，为电视行业在职人员进行技术更新与提高，了解世界高尖端技术发展轨迹，为梦想在传媒领域发展的院校生提供带有实践性的专业学习机会。公司可进行涉及计算机技能实操和各种管理课程等培训。教学设备可实现多教室同步教学、视频化教学同步，满足不同培训需求。公司下设综合管理部、计划财务部、战略合作部、教学部、市场部、教务部、运营服务部。负责人邵勇。地址：北京市海淀区羊坊店路9号京门大厦C段8层。邮编：100038。电话：010-63961663。传真：010-63963135。电子信箱：px@mediacctv.com。

北京技术服务分公司

北京技术服务分公司成立于2012年7月17日，是以中央电视台为唯一服务对象的技术服务分公司。公司所辖制作区为中央电视台财经频道、综艺频道、中文国际频道、科教频道、社会与法频道、戏曲频道、音乐频道、少儿频道和《走近科学》《百家讲坛》《探索·发现》等栏目提供专业的后期制作服务。公司与中央电视台技术系统开展项目合作，为中央电视台技术系统多类技术岗位，如演播室视频制作、音频制作、灯光制作、3D转播等提供现场技术支持。公司拥有先进的后期制作设备和优秀的管理团队，坚持以品质取胜，提高品牌竞争力，为中央电视台技术系统提供高效率、高质量、高水平的服务。公司下设行政办公室、人力资源部、计划财务部及4个业务管理部门。总经理李越。地址：北京市海淀区复兴路12号恩菲大厦A座6层。邮编：100038。电话：010-63963166。传真：010-63963166。电子信箱：jsfw@mediacctv.com。

中视电视技术开发公司

中视电视技术开发公司成立于1993年2月27日。是中国演艺设备技术协会常务理事单位、中国电影电视技术学会照明专业委员会常务理事单位、中国广播电视协会制作艺术工作委员会常务理事单位，中国电影电视技术学会声音专业委员会常务理事单位。公司主营舞台灯光、特种设备音频和视频、高清显示系统的租赁以及演播室舞美、灯光、视频系统集成制作工程。公司拥有世界先进舞台电脑灯具千余台，世界顶级巴可、三菱LED视频显示大屏幕300余平方米，巴可70寸DLP显示屏30个单元，巴可高清投影机和V3高清服务器近20台，专业体育音频转播车10辆，以及包括音、视频特种设备在内的演出设备。公司先后中标2008年奥运会、2009年国庆60周年庆典及2010年上海世界博览会等大型活动的灯光制作项目，近年来，公司中标中央电视台、安徽、陕西等十余个电视台演播室的舞美、灯光及声学装饰项目、演播室灯光高清改造项目，开拓新的演播室舞美、灯光、视频系统集成制作市场，实现可持续性发展。公司下设综合管理部、人力资源管理部、财务部、审计部、灯光业务部、特种设备部、大型项目部、设计部和市场部。总经理邓朴琪。地址：北京市海淀区复兴路戊12号恩菲科技大厦A座310室。邮编：100038。电话：010-63955802。传真：010-63955859。电子信箱：dj@js.citvc.com。

北京中视远图影视传媒有限公司

北京中视远图影视传媒有限公司成立于2000年11月30日，是中国电影制片人协会会员，中国电影版权保护协会会员。公司主要从事电视剧、电影、纪录片、广告片等节目的视、音频前期拍摄及后期制作，艺术创作力与技术实现力兼备。公司完成近千部影视作品，如《李小龙传奇》《51号兵站》等电视剧作品;制作《伟大的历程》《旗帜》等多部重大题材的文献纪录片；制作《超级工程》《丝路》等精品栏目;出品并制作《墨香天使》及建党90周年献礼影片《吴运铎》等多部电影。公司为中央电视台财经、综艺、体育、音乐、外语、少儿等频道长期提供后期制作服务。公司为客户提供节目包装创意、大屏幕创意制作、三维特效制作、品牌形象包装、品牌营销互动、节目研发、节目制作、大型活动策划等文化创意领域的多方面专业化优质服务。公司的广告传媒业务涵盖市场调研、策略传播、全案策划、广告推广、媒体代理及公共关系行销。公司常年从事广播电视设备、多媒体编辑设备的维修维护，为各电视台及影视公司提供技术支持和保障。公司还从事专业影视设备销售业务，为客户提供影视制作的整体解决方案；在电视系统工程的设计与施工方面，完成了奥运会羽毛球馆、世界博览会浦东演播室系统、中央电视台非洲分台系统集成搭建等工程项目。公司下设党团工会、综合管理部、人力资源部、计划财务部、影视前期部、影视策划部、影视后期部、工程部、松下维修部、镜头维修部、广告部、创意策划部、创意制作部、项目统筹部、监播部、前期制作部、业务部。总经理刘茹。地址：北京市朝阳区东三环劲松三区甲 302 号华腾大厦裙楼 3 层。邮编：100021。电话：010–68513461。传真：010–68575516。电子信箱：zsyt_manage@163.com。网址：www.zsyt.cn。

北京中视创新文化发展有限公司

北京中视创新文化发展有限公司成立于 1998 年，业务涵盖电视栏目制作、纪录片、专题片、电视剧、动画片、电视综艺节目的策划及制作、电视专业设备租赁、电视节目发行、广告代理等，公司具备广播电视节目制作经营资质，拥有优秀的电视节目策划及制作团队，参与中央电视台多部大型系列纪录片的制作，如:《普法栏目剧》《平安 365》《天网》《今日说法》《讲述》《一线》《探索·发现》《精彩音乐汇》《小区大事》《热线 12》《人物》《地理 · 中国》《心理访谈》《道德观察》《百家讲坛》等，节目播出后均获得好评。公司下设行政管理部、人力资源部、财务部、资产经营部、节目部、影视部、策划部。总经理张玉志。地址：北京市朝阳区光华路 15 号泰达时代中心 1 号楼 5118 室。邮编：100026。电话：010–85718120。传真：010–85885082。电子信箱:cctv_zscx@163.com。网址：www.cctvcx.com。

北京中视节点文化发展有限公司

北京中视节点文化发展有限公司成立于 1998 年 12 月 22 日，是中国舞台美术学会会员、国际舞美组织中国中心理事单位。公司专业从事舞台场景设计制作；各类大型文化、演出的策划、组织与实施；影视节目策划与制作；数字多媒体艺术；展览展示；电影、电视、赛事、大型演出等拍摄领域应用的三维索道拍摄系统(万向鹰眼 Eagle Vision)的租赁及销售。公司先后完成中央电视台历年总书记新年讲话场景、外交部新闻发言厅、历年春节联欢晚会等现场舞美场景设计与制作；中央电视台《星光大道》《3·15 晚会》及 CSPN600 平方米全显像大型演播室等栏目的舞美设计与制作；中华人民共和国第十届运动会开幕式、第 29 届北京奥林匹克运动会开幕式等大型活动现场空间设计与制作等；连续 3 届北京国际广播电影电视设备展览会 BIRTV 中央电视台展区等展会的设计制作；《新疆江格尔宫》陈展展品制作；《龙门香火》演艺策划全案；《龙门石窟》专题片的拍摄与播出；三维索道拍摄系统全程跟拍“2013 年公益广告颁奖晚会”、“首届中国冰壶公开赛”、《星光大道》、“温暖中国”等。2007 年公司率先在业内荣获“ISO9001:2000 质量管理体系”和“OHSAS18001:1999 职业健康安全管理体系”的认证，独立编制“舞美企业行业标准”，保证创意产品的设计与制作服务品质，赢得了客户的尊敬。公司下设总经理办公室、行政部、财务部、项目部、驻台业务部、技术部、物资部、制作部。总经理张旭。地址：北京市丰台区小井 808 号。邮编：100073。电话：010–63827621。传真：010–63827627。电子信箱：cctv–vision@sina.com。网址:www.cctv–vision.com。

北京中视环亚卫星传输有限公司

北京中视环亚卫星传输有限公司成立于 2003 年 12 月 17 日。公司成立之初即获得国家广电总局授权批准的“开展广播电视卫星传输业务”资质。公司拥有固定的卫星传送机房，承接境内外大型转播技术服务项目的转播。公司有 EFP 数字高清转播系统、卫星车、转播车、工具车及各种制式格式的传送设备。公司自 2008 年开展转播技术服务项目以来，稳步拓展中央电视台以外的转播技术市场，已成为中国唯一一家具备转播技术服务整体支援能力、形成垄断竞争能力的公司，服务项目已由高尔夫转播项目辐射至大型运动会、赛车、足球、篮球等项目。多年来，公司参与完成中国共产党第十八次全国代表大会、“两会”、香港回归 15 周年、博鳌亚洲论坛、北京第 29 届奥林匹克运动会、伦敦第 30 届夏季奥林匹克运动会、韩国百龄坛高尔夫冠军赛、沃尔沃中国公开赛、中国网球公开赛、斯诺克中国公开赛等大型活动及赛事的转播技术服务工作。公司下设管理部、财务部、租赁部、传送部、保障部。总经理王晖。地址：北京市朝阳区建国门外大街甲 24 号东海中心 1606–9 室。邮编：100004。电话：010–59271828。传真：010–59271833。电子信箱：hy@cctv–hy.com。网址：www.cctv–hy.com。

中视动画事业部

央视动画有限公司

央视动画有限公司由中央电视台原动画部于 2007 年整建制转制后重组而成，是中央电视台全额投资的大型动画企业。公司有着 30 年的电视动画片创作、制片和运营经验，拥有国内一流的动画片创作人员、制作人员与市场开发人员，和精良的动画制作设备及科学有序的管理体系，研发和制作不同题材（如童话、教育、科幻、历险等）和应用技术（如 2D、3D、定格动画、动态捕捉等）的各类动画片。公司主营业务包括：原创动画生产、动画版权管理与开发、衍生品市场开发与授权、新型媒体业务的合作与开发、动画产业项目与品牌运营合作，以及大型活动和舞台剧举办和国际性动漫交流活动组织等。公司推出 200 余部电视动画片，原创动画年产分钟数逾 6000 分钟，打造《西游记》《哪吒传奇》《小鲤鱼历险记》《美猴王》等诸多具有高质量和高美誉度的动画佳作，多部动画片登陆尼克儿童频道和迪士尼亚洲频道等国际主流媒体播映平台，数十部动画片荣获金鹰奖、星光奖、美猴奖、金熊猫奖等国家级和专业大奖。2012 年，《美猴王》与合拍片《小牛向前冲》荣获中宣部“五个一工程”奖。公司下设创作管理办公室、创作一部、创作二部、制作部、市场营销部、办公室、人力资源部、财务部。负责人蔡志军。地址：北京市复兴路 11 号中央电视台、北京市东城区青龙胡同 1 号歌华大厦 B 座 10 层。邮编：100007。电话（传真）：010–84187587。

北京辉煌动画有限公司

北京辉煌动画有限公司成立于 1989 年 10 月，是中央电视台、中国国际电视总公司所属的专业动画公司，具有国家广电总局批准的动画节目制作经营资质。以创造国产原创动画精品为宗旨、以市场需求为导向、以产业化发展为目标，是集节目策划、创作、制作、开发为一体的文化创意企业。近年来，公司创作并完成的动画精品节目包括：111 集大型电视动画系列片《三毛》（共五部，分别为《三毛流浪记》《三毛从军记》《三毛奇遇记》《三毛历险记》《三毛旅行记》），22 集动画电视连续剧《少年诸葛亮》，中国首部亲子类 365 集大型电视动画系列片《智慧森林》（第一部）。北京辉煌动画有限公司曾荣获“五个一工程”奖、国家广电总局优秀国产电视动画片特等奖、华表奖、星光奖、金鹰奖、“金熊猫”奖、美猴奖、金童奖、铜牛奖等动画大奖；公司曾荣获国家十部委组成的国家文化产业发展领导小组联合授予“中国文化艺术政府奖首届动漫奖·最佳团队”荣誉称号。2010 ～ 2011 年，公司被国家文化部评选为首批“全国重点动漫企业”；2011 年公司荣获由商务部、中宣部、财政部、文化部等六大部委联合授予的 2011 ～ 2012 年度“国家文化出口重点企业”的荣誉称号。公司下设策划部、制片部、开发部、绘制部、技术部、财务部。总经理周凤英。地址：北京市西城区虎坊路 15 号。邮编：100052。电话：010–51253831、51253829。传真：010–51253831。

中央电视台威海影视城

中央电视台威海影视城是中央电视台所属的四个影视基地之一，首期工程大风车景区于 1997 年 5 月 31 日建成开放。威海影视城拥有主题公园旅游、少儿艺术培训和特色幼儿教育、动画创作生产和动画衍生产品开发、大型少儿艺术活动等主体业务。威海影视城是国内以少儿影视为主题的旅游景区，具有文化娱乐、观光旅游、休闲度假等功能。2011 年，威海影视城开展以少儿文艺、科技等为核心的活动。景区服务连续多年保持“零投诉”。威海影视城所属的大风车艺术团取得良好的社会和经济收益，成为国内少儿艺术培训和活动基地。威海影视城创办的金螺号幼儿园与央视动画等合作完成 52 集动画片《金螺号》，在中央电视台播出后收视率较高，荣获第七届中国国际动漫节组委会特别奖。自 2000 年以来，威海影视城举办了十届“CCTV 少儿艺术电视大赛”及“首届 CCTV 校园文化周”。威海影视城下设行政人事部、财务部、影视部、景区管理部、保卫部，下辖威海中视经贸总公司、大风车艺术团、金螺号幼儿园、影视之家、旅行社、影视广告中心。威海影视城主任詹俊飞。地址：山东省威海市中央电视台威海影视城。邮编：264200。电话：0631–5757770、5757838–2068/2011。传真：0631–5757771。

直管公司

中央数字电视传媒有限公司

中央数字电视传媒有限公司成立于 2003 年 10

月，是经国家新闻出版广电总局（原国家广播电影电视总局）批准，由中央电视台和中国国际电视总公司投资组建的国内第一家数字付费电视运营平台，是中国第一家覆盖全国范围、从事数字付费电视集成、技术支持及代理销售业务的运营机构，中数平台共集成付费频道超过 40 个，频道落地覆盖全国。受中央电视台委托，公司负责管理央视风云传播有限公司。公司下设办公室、法律事务部、计财中心、频道销售中心、频道管理中心、技术播出中心。总经理刘保平。地址：北京市海淀区羊坊店路 9 号京门大厦 C 座。邮编：100038。电话：010–51925188。传真：010–88243373。网址：www.tv.cn。

央视风云传播有限公司成立于 2004 年 5 月，是经国家新闻出版广电总局批准，由中央电视台和中国国际电视总公司投资组建的付费电视节目制作公司，是中国付费频道最大的节目生产商。公司制作和播出的中央电视台数字付费频道有：第一剧场、风云剧场、怀旧剧场、世界地理、国防军事、风云音乐、女性时尚、央视文化精品、风云足球、高尔夫·网球、央视台球、卫生健康以及付费电视节目推介频道电视指南和国内首个立体电视频道中国 3D 电视试验频道，并有戏曲频道和娱乐频道通过长城平台覆盖美洲、欧洲、澳大利亚和东南亚地区。公司下设办公室、计划财务部、法律事务部、商务合作中心、频道节目协调中心、编播中心、综合频道节目中心、海外影视剧节目中心、影视剧节目中心、技术制作中心、新媒体节目中心。下辖君之天影视文化传媒（北京）有限公司和央视体坛传媒文化（北京）有限公司。董事长兼总经理刘保平。地址：北京市海淀区羊坊店路 9 号京门大厦 C 座。邮编：100038。电话：010–51925188。传真：010–51925013。网址：www.tv.cn。

央视国际网络有限公司

央视国际网络有限公司成立于 2006 年 4 月 25 日，2009 年 12 月 28 日，央视国际网络有限公司作为运营主体开通国家网络电视台——中国网络电视台，李长春点击开通并指出“中国网络电视台是以视听互动为核心，融网络特色与电视特色于一体的全球化、多语种、多终端的网络视听公共服务平台。目标是要建成多语种、多平台、多终端、信息量大、影响力强、覆盖全球的综合多媒体门户网站，努力建设成中国最权威、世界有影响的网络广播电视播出机构。”2012 年 6 月 30 日，习近平出席中国网络电视台承建的“共产党员网”开通仪式。中国网络电视台以“台网融合、创新发展、一云多屏、全球传播”为战略核心，形成综合门户、网络电视、IP 电视、手机电视、互联网电视、移动电视等全业务发展格局，打造网络春晚、中国公开课、公益广告、熊猫频道等一批网络原创产品等网络文化品牌。

截至 2013 年底，中国网络电视台日均独立访问用户 4152 万人，月度独立用户 5.6 亿户，用户覆盖 210 多个国家和地区，并提供英语、西班牙语、法语、俄语、阿拉伯语、韩语 6 种外语和朝鲜族、蒙古族、藏族、维吾尔族、哈萨克族 5 种少数民族语言传播。同时，中国网络电视台承建了中国政协网、中国打击侵权假冒工作网、中国纪录片网、中国电视艺术网、中国红色旅游网络传播平台、中国林业展览馆、乡村教师网、国家大剧院古典音乐频道等政务平台和机构网站。中国网络电视台下设党群工作部、综合部、财务部、人力资源部、企划部、法律事务部、战略投资部、项目办公室、海棠学院、总编室、网络媒体事业部、国际传播事业部、共产党员网事业部、网络营销事业部、媒体合作事业部、网络视频事业部、台网联动中心/舆情信息中心、“直播中国”运营中心、体育中心、用户体验与设计中心、产品创新中心、客服中心、C–Box 运营中心、公益广告中心、综艺社区部、大型活动部、品牌部、旅游拓展部、技术中心、网管中心、互动开发中心、移动开发中心、视频技术中心、多媒体制作部、技术研发中心/迁址办。成立了央视国际网络无锡有限公司、北京易橙天下科技有限公司、未来电视有限公司、央视国际移动传媒有限公司、爱上电视传媒有限公司、云南爱上网络有限责任公司、浙江爱上网络科技有限公司等 9 家子公司。总经理汪文斌，副总经理罗琴、问永刚、晋延林、高小平、刘平、夏晓晖。地址：北京市海淀区西三环中路 10 号望海楼 D 座。邮编：100142。电话：010–88428800。传真：010–88428600。

北京央视公众资讯有限公司（中央电视台公众资讯中心）

北京央视公众资讯有限公司成立于 2002 年 10 月 8 日，是由中央电视台正式授权中国国际电视总公司组建的从事电信增值业务的专业公司，负责运营和管理中央电视台公众资讯中心。公司拥有经营电信增值业务的各种资质，包括：因特网信息服务经营许可和移动网增值服务经营许可，《中华人民共和国电信与信息服务业务经营许可证》《中华人民共和国增值电信业务经营许可证》《经营性网站备案登记证书》《网上传播广播电影电视类节目许可证》《广告经营许可证》及《网络经营许可证》等多项营业资质，2003年7月获得《ISO9001质量管理体系认证证书》。公司成立十年来，一直致力于与中央电视台各栏目和大型直播节目进行卓有成效的合作，包括为历年春节晚会、各种大型晚会、体育直播赛事以及众多知名栏目提供节目互动服务。公司研发的数字电视增值服务系统在广电有线网络行业获得较高市场占有率。公司成功研发并运营央视互动手机客户端。中央电视台公众资讯中心是中央电视台对外开展观众服务的统一窗口，也是中央电视台挖掘媒体自身资源、借助现代通讯技术手段实现节目信息资源增值的重要途径。中心集呼叫中心服务、电话信息服务和移动网信息服务、互联网信息服务于一体，旨在为观众提供专业化的、长期和稳定的咨询、投诉、热线、信息查询和节目互动等相关服务。法人代表汪文斌，总经理关磊。地址：北京市海淀区羊坊店路9号京门大厦三段8层。邮编：100038。电话：010–68509898。传真：010–88244077。网址：www.myccty.com。电子信箱：mycctv@mycctv.com。

央视市场研究股份有限公司

央视市场研究股份有限公司是国家外经贸部批准设立、在国家工商管理局注册的外商投资企业。2001年12月被北京市认定为高新技术企业并于2009年3月重新被认定；2002年12月通过ISO9001–2000版国际质量标准认证，2009年通过国际调查行业SGS组织认定的20252，为国内调查行业唯一被认定的企业。公司在吸取外资集团的资金、技术软件、研究能力、国际市场的基础上，发挥本土员工、本土经验的优势，整体实力得到提高，增强与国际大型市场调查公司竞争的能力。公司主要进行商业市场调查研究及日用商品消费者调查、报纸阅读率调查、电视收视率调查、广告知晓率调查和互联网使用率调查，数据采集和分析软件研究与销售。2013年公司营业总额超过8.2亿元人民币。成为行业标准的项目有电视收视率、广告监测、消费者固定样组、全国读者调查和电视观众满意度调查等。主要客户有：宝洁、联合利华等20余家国际性企业；海尔集团、光明乳业等100余家国内企业；实力媒体、中央电视台等100余家电视媒体；Zenith、Media等所有4A广告公司；北京未来广告公司等300余家国内广告公司；《光明日报》《工人日报》等30家平面媒体。董事长、法人唐世鼎，中方董事陈若愚、李怡、徐立军，总经理陈若愚。地址：中国北京西城区德外大街5号。邮编：100088。电话：010–62363677。传真：010–62363655 网址：www.ctrchina.cn。

央视－索福瑞媒介研究有限公司（CSM）：1997年12月4日经国家广电总局批准，国家工商管理局注册的外商合作企业。主营业务为电视收视率调查与研究。1999年6月被北京市新技术产业开发实验区认定为高新技术企业；2000年3月，公司通过ISO9001–2002版国际质量标准认证。董事长、法人唐世鼎，中方董事陈若愚、李怡、徐立军，总经理陈若愚。电话：010–85086666。网址：www.csm.com.cn。

中视体育娱乐有限公司

中视体育娱乐有限公司是中央电视台唯一体育赛事商业运营机构，是中国国际电视总公司全资子公司，其前身为中国国际电视总公司体育推广分公司，1996年8月由中国国际电视总公司注册成立，2005年正式改制为中视（北京）体育推广有限公司，2009年4月28日更名为中视体育娱乐有限公司。公司对体育频道进行全方位体育营销业务，也是体育赛事频道的独家运营商。业务领域涵盖体育赛事的组织管理、体育赛事的商务运营、电视节目研发与制作、转播与电视信号制作、活动策划与品牌推广、赛事及节目版权交易、体育产业研究与咨询、职业运动员经纪开发、体育类综合杂志经营、网络新媒体业务拓展等。公司参与运营、管理和播出的赛事及节目达数千场，既有奥运会、世界杯足球赛、欧洲足球锦标赛等国际性大赛，又有世界斯诺克国际锦标赛、中国网球公开赛、中国越野拉力赛等单项赛事，还有乒乓球、羽毛球超级联赛，有中华龙舟大赛，“谁是球王”系列赛事，以及CCTV体坛风云人物评选。2008年5月，公司全额出资100万元成立中央电视台《第5频道》杂志社有限公司，推出中国第一本体育综合类时尚杂志——《第5频道》；2008年7月，公司投资200万美元与国际管理集团签约成立央视IMG（北京）体育赛事管理有限责任公司，整合CCTV体育赛事与电视资源，实施国际市场发展战略。公司下设市场·节目运营管理中心、版权和节目研发中心、品牌管理中心、节目制作中心、技术管理中心、战略资源中心、综合管理中心、计划财务中心。负责人郑梦晖。地址：北京市朝阳区光华路15号院泰达时代中心1号楼16层。邮编：100026。电话：010–52813333。传真：010–52813377。网址：www.cctvse.net。

北京中视广经文化发展有限公司

北京中视广经文化发展有限公司成立于2006年，是中国国际电视总公司旗下的独立法人单位。公司的主要业务包括广告代理、节目制作、影视投资，为中央电视台相关部门提供各类技术支持和服务保障等。中央电视台广告资源代理是公司最主要的业务，公司独家代理财经频道多个栏目和少儿频道的全频道广告资源，并且是电视剧频道广告总代理。公司利用自身的机制优势和技术优势为中央电视台相关部门提供技术支持与服务保障，包括大型电视活动的策划与承办、影视节目策划制作、金融行情数据传输、机房设备管理、节目后期制作等。2013年，公司年经营收入17.35亿元。公司下设行政部、人力资源部、财务部、广告事业部、影视节目制作事业部、品牌推广中心、商务接待中心。负责人陈超英。地址：北京市朝阳区光华路4号东方梅地亚A座26层；北京市朝阳区光华路2号阳光100写字楼F座3层、5层。电话：010–85889829。传真：010–85597576–870。

中视卫星电视节目有限责任公司

中视卫星电视节目有限责任公司成立于2010年4月29日，是中国国际电视总公司全资公司，是国家新闻出版广电总局指定的中央境外卫星电视平台的独立运行公司，负责申报及独家代理境外卫星电视频道在中国境内落地的所有相关事宜。公司代理频道35个，分别来自美国、英国、法国、日本、韩国、俄罗斯、古巴、印度、新加坡、香港、澳门等13个国家和中国特别行政区，涉及8个语种，涵盖新闻、电影、财经、体育、音乐、综合、娱乐和戏剧等，年播出量超过30万小时。公司通过亚太6号卫星将获得批准落地的境外卫星电视频道节目向全国31个省、市和自治区的特定用户统一定向传送，并通过授权合作方式在各省、自治区、直辖市设立地方服务机构向用户提供服务。公司签约收视单位超过5500家，收视终端近700万人。公司下设总经理办公室、频道管理部、内容管理部、用户管理部、统筹编辑部、技术管理部、技术运行部、人力资源部、计划财务部和法律事务部。董事、总经理杜浩。地址：北京市海淀区羊坊店路9号京门大厦C座711～721室。邮编：100038。电话：010–51925021、51925323。传真：010–51925036。电子信箱：master@stvp.com.cn。网址：www.stvp.com.cn。

中视国际传媒有限公司

中视国际传媒有限公司(CICC)是经国家广播电影电视总局批准，由中央电视台所属的中国国际电视总公司全资投入的新型企业，公司成立于2006年5月。公司主要业务是集成中国内地、香港和境外的优秀电视频道组成长城平台，向世界各地推广及传播，同时负责中央电视台国际频道在境外的推广、落地，为海外广大华人华侨和当地主流社会提供优质的电视频道服务，CICC采用最先进的电视传播技术，通过国际通信卫星、光缆等传输渠道，将频道信号输送到世界各个业务地区，合作伙伴包括当地主流卫星直播平台、有线电视网络和宽频电视(IPTV)等运营商，对海外电视观众形成全方位覆盖。CICC开通了中国电视长城（美国）平台、长城（亚洲）平台、长城（欧洲）平台、长城（加拿大）平台、长城（拉美）平台、长城（东南亚）平台、长城（澳大利亚）平台、长城（非洲）平台以及长城（新西兰）平台。公司还负责接待境外摄影队业务，为来华拍摄电视片的境外媒体提供服务，平均每年接待境外摄影队10支，公司负责管理中国国际电视总公司海外子公司业务（美国、日本、香港、非洲）。公司是商务部、文化部、国家新闻出版广电总局认定的文化出口重点企业，年出口额在全国广电系统名列前茅。总经理吕春光。地址：中国北京海淀区羊坊店路9号3段京门大厦933室。邮编：100038。电话：010–51862870。传真：010–51925140。电子信箱：greatwall@citvc.com。

中国电视有限公司(美国)

中国电视有限公司(China Television Corp.,简称(CTC)1990年成立于美国加利福尼亚州，是中国国际电视总公司在北美的独资子公司。CTC主要业务包括协助中国的电视频道和节目内容在北美的付费和免费电视市场进行推广和发行；提供市场调研、项目管理、电视新闻与制作总体服务和演出支持服务等；协助中国的电视频道搭建播出和传输链路。公司下设两家有限责任公司，分别为世纪传媒控股有限公司和传媒在线电视有限公司。总经理吕春光。地址：234 E. Colorado Blvd., Ste520, Pasadena, CA91101。电话：001–626–7958866。传真：001–626–7951188。

株式会社中国电视（日本）

1989 年 4 月，中国国际电视总公司和株式会社旭通信社在日本东京注册成立了合资企业——株式会社中国电视。1996 年中国国际电视总公司购回株式会社中国电视的全部股份，株式会社中国电视成为中国国际电视总公司的全资子公司。主要业务有：中央电视台各频道在日本、韩国报道的技术支持，包括提供卫星车、转播车、演播室及安排传送线路等；负责运营中央电视台财经频道东京演播室、首尔演播室，为《第一时间》《环球财经连线》和《交易时间》等栏目提供演播室连线、深度报道和特别报道等节目；同日本各主流电视台外事部门、国际新闻部门的日常交往与合作；负责为日本各电视台在中国国内进行体育、文化项目电视制作提供必要的协助；策划中日、中韩联合节目制作，为中央电视台及中国国际电视总公司各部门涉日、涉韩业务提供相关协助和服务；在韩国开展本土商务合作，与韩国电视机构联合制作面向中国国内市场的影视作品。株式会社中国电视日本总部下设社长室、制作部、影像技术部。韩国分公司下设社长室、节目部、国际部、报道部。总经理张兢克。电话：0081–80–6713–8886（日本）；0082–10–5172–6666（韩国）。电子信箱：china–television@hotmail.com。日本总部地址：150–0002 日本国东京都涉谷区涉谷 1–8–7 27SY ビル 6F。电话：0081–3–5464–1925。传真 0081–3–5464–1924。韩国分公司：9Level, Dong–Sung Bld. Yeoduido–dong 17–8, Yeoungdeungpo–gu, Seoul, 150–874 Korea。电话:0082–2–783–6886。传真:0082–2–783–6969。

中视亚太传媒投资管理有限公司（香港）

中视亚太传媒投资管理有限公司（原名耀龙国际投资有限公司）成立于 1996 年，是中国国际电视总公司在香港的独资子公司，注册资本 7801 万港币。公司的主要业务是受中央电视台新闻中心委托，在香港制作电视新闻节目。同时经营管理中国国际电视总公司在香港投资的房产物业。公司下设账务部、记者管理部。总经理王燕。地址：香港跑马地成和道 18 号。电话：00852–35496111。传真：00852–35496111。

耀视传媒有限公司（非洲）

耀视传媒有限公司成立于 2011 年，是中国国际电视总公司在肯尼亚的子公司，注册资本 100 万美元。公司的业务是为中央电视台非洲分台在肯尼亚招聘外籍雇员、培训当地员工、与当地大学合作举办实习生培养计划等人力资源服务工作；与非洲媒体机构合作进行电视节目制作。公司紧跟非洲电视产业的数字化浪潮，参与到非洲从模拟电视向数字电视转换的过程中，同时利用新媒体手段开展人力资源服务，并协助中央电视台国际频道在非洲的落地和宣传推广、长城平台非洲业务的开展等。公司下设财务部和人力资源部。总经理梁大为。地址：肯尼亚内罗毕市山顶区林荫道苹果中心202室。电话（传真）：00254–719059114。

央视国际视频通讯有限公司

央视国际视频通讯有限公司（简称国际视通）成立于 2010 年 12 月，由中国国际电视总公司投资组建。国际视通坚持“品质传播、用户至上”理念，借助国际合作渠道和国际视通“全球发布系统”，将中央电视台新闻素材、重大事件直播信号直接传递到境外电视等各类媒体手中，并提供视频定制服务，助力央视向全媒体转型，成为中央电视台多渠道传播的一个内容提供者。国际视通主营的视频发稿业务以英语、法语、阿拉伯语、俄语、西班牙语 5 个语种发稿，涵盖国内外政治、经济、社会、文化、科技、体育、民生等领域。2013 年，国际视通各语种对外发稿 4.82 万条，其中视频素材发布量 3.01 万条，同比均增长 25%。2013 年国际视通对外发布的新闻素材累计被 71 个国家和地区的 1653 家电视台 / 频道使用近 62 万次，日均使用 1697 次，境外媒体总使用量和日均使用量同比增长 55%，包括 BBC、CNN 等境外知名电视机构都在采用中央电视台新闻素材。国际视通“全球发布系统”全年有 89 家注册用户下载 1.07 万条素材、1.41 万次，同比增长 85%。全年国际视通对外发布中央电视台重大新闻直播信号 39 场，据不完全统计，有 533 家（次）海外媒体以全程报道、插播、重播等方式累计使用 7500 多次，收到良好的传播效果。11 月，国际视通启动“非洲视频传输渠道”项目。国际视通的目标是“向世界传播中国、向世界报道世界”，建设具有中国特色、全球影响力的国际视频通讯社机构。总经理高伟。地址：北京市海淀区复兴路戊 12 号恩菲科技大厦 A 座 9 层。电话：010–6398498。传真：010–63978447。邮编：100038。电子信箱：newscontent@cctv.com。网址：newscontent.cctv.com。

中视电视购物有限公司

中视电视购物有限公司（简称中视购物）成立于1998年。经原国家广播电影电视总局批准，CCTV中视购物数字频道于2006年12月28日正式播出。中视购物数字频道节目信号通过中央数字电视节目集成平台上星，经中星6B卫星传输，覆盖全国280个县级以上城市、7500万家庭用户、2.5亿的电视观众。形成以数字电视为主，网络、目录手册、手机客户端等多渠道的立体营销平台。中视购物数字频道24小时播出，日均直播10小时以上。2013年在中国广播电视协会付费频道的节目评优中，中视购物的《神舟十号套装》《马到成功》节目分别获得一等奖和二等奖。中视购物以文化收藏、珠宝饰品、服装服饰等高附加值的商品品类作为公司的核心品类。开展《品牌营销－名牌战略》《中国零售业“突围与蜕变”》《赢利营销模式》《赢利执行模式》等一系列营销策略与经营管理专业培训。此外，中视购物注重新媒体业务的整合创新，与台内栏目《远方的家》在新媒体方面（微信平台）开展合作。形成“一体两翼”（电视销售＋会员专营＋网络／新媒体销售）的经营体系，销售规模、区域覆盖、品牌影响力等全面提升，2013年中视购物实现销售额10.5亿元，比上年增长19%。中视购物公司始终把贯彻国家级媒体公信力、权威性和社会责任作为第一要务，兼顾经济效益和社会效益，为消费者提供经典、品质、简便、高性价比的商品与服务。中视购物下设商品中心、节目制作、商务拓展、质检中心、呼叫中心、物流中心、运营企划、人力资源、综合管理部等17个部门。董事长唐世鼎， 总经理黄艳蓉。地址：北京市海淀区西三环中路11号。邮编100142。电话:400–682–5678。传真:010–59801000。网址：www.igocctv.com。

北京中电高科技电视发展公司

北京中电高科技电视发展公司成立于1992年11月，是中国国际电视总公司下属具有独立法人资格的电视高科技企业，公司注册资金7000万元，公司性质为全民所有制。公司已成为数字电视及数字媒体技术应用及研发的专业公司。近年来，公司先后承担了国家科技部中国互动新媒体网络及新业务科技工程项目；国家广播电影电视总局直播卫星“村村通”二期加密平台建设任务；中央电视台北美分台制播系统集成工作等多项国家和广电总局数字电视及数字媒体的重大项目；2012年中央电视台选定北京中电高科技电视发展公司作为中央电视台观众呼叫中心运行公司；2013年11月1日，公司研发的中央电视台新媒体社交电视“CCTV微视”应用客户端正式上线运行。公司下设综合部、人力资源部、财务部、业务一部、业务二部、业务三部、市场部、技术部、呼叫中心运行部。公司总经理曹青。地址：北京市海淀区西三环莲花桥华宝大厦14层。邮编:100036。电话:010–63961776。传真:010–63961762。电子信箱：TV_TECH@126.com。

北京中视汇才文化发展有限公司

北京中视汇才文化发展有限公司（原北京中视劳务派遣中心有限公司）成立于2003年8月，是中国国际电视总公司为适应中国影视业发展而成立的新型人员派遣公司。公司业务范围涵盖劳务派遣、招聘、培训、调研服务、主持人整体包装服务等，劳务派遣是公司主要经营项目。公司致力于“引入人力资源管理全新理念，提供电视人才优质派遣服务，为中央电视台的人事制度改革搭建高效运作的服务平台”。2013年公司实现营业收入27.18亿元，创历史新高。公司下设办公室、财务部、派遣业务部、综合业务部、员工权益保障部、数据信息管理部、屏幕形象设计工作室。法人代表滕云平，总经理周加雪。地址：北京市海淀区北蜂窝路21号4层。邮编100038。电话：010–63972511。电子信箱：zspq@fz.citvc.com。网址：www.zhongshihuicai.com。

中央电视台无锡太湖影视城

中央电视台无锡太湖影视城原名为中央电视台无锡外景基地，成立于1987年，由中央电视台和无锡广电局共同组成管理委员会，无锡广电负责日常管理。1994年经广电部批准设立中央电视台无锡太湖影视城，机构职级为正处级单位，直属中央电视台管理。下设唐城管理处、三国城管理处、水浒城管理处。1996年底，太湖影视城作为五家发起单位之一，对唐城、三国城的优质资产进行包装评估，筹建中视影视基地股份有限公司。1997年经中国证监会批准，于同年6月在上海证券交易所正式挂牌上市（股票代码600088)。同年10月中视影视基地股份有限公司完成对“水浒城”的收购。2001年更名中视传媒股份有限公司。2004年完成转制后，太湖影视城实行“三不变”，即：机构不变，注册资本不变，职责不变。作为中央电视台派出机构，履行大股东职责、负责资产管理和股权管理，由中国国际电视总公司代管。太湖影视城清理资产，夯实基础管理；精简机构，分流人员；压缩成本，开源节流；化解矛盾，妥善处理遗留问题，打造精干高效的管理团队。公司下设财务资产管理部、综合管理部。太湖影视城法人代表陆海亮。地址：江苏省无锡市山水西路水浒城景区大门外办公区内。邮编：214081。电话：0510–85556793、85557951。传真：0510–85104714。电子信箱：thysc815@vip.sina.com。

北京中视广信科技有限公司

北京中视广信科技有限公司(CTVIT)成立于2007年8月，长期致力于中国传媒行业的信息化建设，公司业务覆盖电视、广播、新闻、互联网等多个传媒领域，是中央电视台和北京电视台最大的IT合作伙伴之一，也是中国网络电视台(CNTV)的主要承建商。作为业内一流的软件开发商和IT服务提供商，公司专注于提供媒体行业信息化的整体解决方案和专业化产品，包括咨询规划服务、信息基础架构解决方案、生产与运营管理解决方案、制播产品解决方案、互联网内容生产和运营解决方案，以及系统集成和系统运维服务。公司下设总经理办公室、财务部、行政部、人力资源部、商务部、市场部、销售部、项目管理部、平面设计部、基础平台业务部、创新工作室。总经理徐建新。地址：北京市西城区复兴门外大街A2号中化大厦202室。邮编：100045。电话：010–68068888。传真：010–68058080。电子信箱：web@ctvit.com.cn。

中国电视剧制作中心有限责任公司

中国电视剧制作中心有限责任公司成立于1983年，前身为中国电视剧制作中心。中国电视剧制作中心有限责任公司是由中央电视台独家投资设立，具有国家级规格，拥有行业内专业高级人才，策划、创作、拍摄、制作体系完备的专业电视剧生产机构，也是国家广电总局授予的国家重大革命和历史题材影视剧制作基地。中国电视剧制作中心有限责任公司秉承“国家叙事、时代叙事、平民叙事”的文艺创作理念，努力实践“好戏出央视”、“央视好戏出剧中心”的创作经营目标，全面落实台分党组的工作部署，以“贴近生活、贴近实际、贴近群众”为出发点，以“三”性统一为追求，坚持正确舆论导向与创作方向，向中央电视台提供思想性、艺术性、观赏性俱佳的优秀电视剧目，弘扬主旋律，体现多样化，努力推动中国电视剧精品化创作，被誉为电视剧制作行业的“国家队”。公司每年有多部作品获得国家级的“五个一工程”奖、“飞天奖”、“金鹰奖”等，体现了“思想精深、艺术精湛、制作精良”的业界高水准。公司下设制片分公司、市场部、技术制作分公司、演艺经纪部、综合事务部、财务部、人力资源部、法务部，下辖中视剧城文化传媒（北京）有限责任公司。公司总裁薛继军，副总裁李汀、苟鹏、侯向强。地址：北京西城区广安门外大街2号。邮编：100055。电话：010–63319293。传真：010–63319193。网址：www.cctvctpc.com。

中视剧城文化传媒(北京)有限责任公司

中视剧城文化传媒（北京）有限责任公司成立于2010年9月29日，是由中国电视剧制作中心有限责任公司全额投资成立的子公司，主要提供摄制组接待和景区服务，经营制作发行动画片、电视综艺、专题片，经营组织文化艺术交流活动,承办展览展示，是集设计、制作、代理、发布广告等于一体的专业文化传媒公司。公司拥有完善的条件，体现唐代、汉代、明清风格的景区和反映唐代、明代、清代风格的梅园、桃园、竹园、梨园、菊园5处民居群体及5座设施完备的专业化摄影棚，并有大型道具制作车间等附属配套设施。为影视拍摄提供场景和各种配套服务设施，可接待旅游参观、会议服务等。公司依托先进的经营理念和优秀的专业团队、良好的品牌意识及优质的服务，赢得了社会各界的认可和赞誉。公司下设综合事务部、财务部、市场拓展运营部、公关推广部、动力物业部、保卫部。总经理成功。地址：北京市西城区广安门南滨河路25号B座5088室。邮编:100055。河北省涿州市码头镇。电话：0312–3879001。传真：0312–3872230。

中央新闻纪录电影制片厂（集团）

中央新闻纪录电影制片厂（集团）于2010年经国家广播电影电视总局批准成立，集团由中央新闻纪录电影制片厂和北京科学教育电影制片厂作为骨干企业组建而成。2012年，集团人力资源中心研究了集团的机构设置、岗位要求、人员情况之后，提出了组织机构调整方案，根据相关部门所辖的业务范围，整合调整企业主要组织机构。中央新闻纪录电影制片厂（集团）董事长兼总裁高峰，党委书记杨晓民，集团副总裁安为民、郭本敏、马维民，总裁助理谢九如、赵捷、张力、赵平洋、张跃、王丽、高欣月、赵建国、时间。

中央新闻纪录电影制片厂

中央新闻纪录电影制片厂（简称新影厂）是中国唯一生产新闻纪录影片的专业机构，其前身是成立于1938年的延安电影团。新影厂成立于1953年，该厂以纪录影片的方式记录着中国共产党和中华人民共和国的发展历程。1947年以来该厂共拍摄4000多部纪录影片，先后有370部（次）获得国内外各类主流电影节奖项，其中有32部影片获得中国电影“华表奖”优秀纪录片奖，13部影片获得中国电影“金鸡奖”优秀纪录片奖，9部影片获得中国电影“百花奖”，66部影片在各类国际影视节上获奖。1993年该厂整建制划归中央电视台，主要业务由生产新闻纪录片为主转为经营付费电视频道、为网络电视频道制作电视节目、译制片、影视剧等。开办有CCTV老故事、CCTV证券资讯和新科动漫3个数字付费频道以及新影时光、新影儿童、新影戏曲3个网络电视频道。新影厂建厂60年来，摄制了大量共和国历史上最重要、最具文献价值的电影纪录片，是国家珍贵的历史档案库。新影厂还承担着党和国家重大时政活动资料的胶片拍摄及保存任务。地址：北京市海淀区北三环中路67号。邮编：100088。电话：010–62010932、82077500。传真：010–62011573。网址：www.cndfilm.com.cn。

北京科学教育电影制片厂

北京科学教育电影制片厂（简称科影厂）成立于1960年3月12日。1995年，科影厂整建制划归中央电视台，成为中央电视台科教节目制作中心。2010年根据国家新闻出版广电总局要求，与中央新闻纪录电影制片厂合并，组建了中央新影集团。秉承严谨、求实、开拓、创新的企业文化，经过50多年的艰苦创业，科影厂已成为中国最大的科教、纪录影视节目制作基地。累计制作超过1450部科教、纪录影片，3500多小时科教、纪录、少儿等节目，内容涉及农业、工业、科技、文化教育等诸多领域，为普及科学知识、推动文化进步做出了突出的贡献。有360余部（次）作品获得国内外各类主流影视节奖项，其中77部影片获得中国电影“华表奖”优秀科教片奖，21部影片获得中国电影“金鸡奖”优秀科教片奖，100多部影片获得各类国际影视节奖项。科影厂发挥创作人员稳定、制作经验丰富、整体艺术能力较强的特点，成为影视业独具特色并具有专业影响力的文化企业。2013年科影厂共创作节目865期，纪录片150余部（集），获得国际国内大奖34部次，其中，《变暖的地球》荣获第15届中国电影“华表奖”优秀科教片奖，《乡村里的中国》荣获优秀纪录片奖，《自然密码》获优秀科教片提名影片《奔腾年代》荣获第29届电影“金鸡奖”优秀纪录片提名，《自然密码》获优秀科教片提名；《熊猫故事》获得年度中国科教协会“科蕾奖”特等奖，《自然密码》荣获一等奖；在第12届四川电视节“金熊猫”奖国际纪录片节上，科影厂拍摄的纪录片《环球同此凉热》获得自然及环境类评委特别奖,《从教一年》《野性的呼唤》获得社会类亚洲制作奖。科影厂制作的重点节目《环球同此凉热》《案藏玄机》《瓷路》《楚国八百年》在中央电视台综合频道播出。11月4日综合频道播出的8集原创高清纪录剧情系列片《案藏玄机》受到观众和网友的热议。《第N个空间》以“视觉错觉”为主，打造科普节目新模式。3D动画电影《熊猫故事》开启了特效制作的新时代。科影厂自办栏目有《大家》，合办栏目有《芝麻开门》《文明密码》《文化大百科》《热线12》等,参与台内《走近科学》《原来如此》《地理·中国》《走遍中国》等栏目的制作，分别在科教频道、综艺频道、社会与法频道、少儿频道、纪录频道等播出。地址：北京市西城区新街口北大街74号。邮编：100035。电话：010–63194449。传真：010–63194025。

中央卫星电视传播中心
（中广影视卫星有限责任公司）

中央卫星电视传播中心（简称卫传中心）是国家广播电影电视总局直属、由中央电视台管理的事业单位。卫传中心于1995年经中央机构编制委员会办公室批准成立。2003年，卫传中心与中广影视卫星有限责任公司完成整合。卫传中心主要负责中央电视台CCTV–3综艺频道、CCTV–5体育频道、CCTV–6电影频道、CCTV–8电视剧高标清频道的落地覆盖、用户发展和收费管理工作以及CCTV–9纪录频道、CCTV–5+高清体育赛事频道的落地覆盖工作。2013年在全台国内落地覆盖工作会议上确定由卫传中心负责中央电视台各频道在国内的落地覆盖职责。卫传中心自创立以来，从无到有、从小到大，节目内容不断丰富，管理模式不断创新，覆盖受众日益广泛，经营收入持续增长。用户市场已发展到全国合作接收前端6000余家，收视观众超过10亿人，频道覆盖全国22个省、5个自治区、4个直辖市、330多个地级市、2800多个县和数千个乡镇、企事业单位、部队、海岛、驻外大使馆等各级台、网、站。卫传中心为中央电视台卫星加密频道的推广、落地和覆盖起到了重要作用。卫传中心与全国各省、市、县广电部门密切合作，创立与地方广电网络互惠、合作、共赢的有线电视发展新模式，建立一批为中央电视台频道落地覆盖、发展用户、经营市场的机构和队伍，在实践中培养和锻炼了一批广电产业经营的优秀人才。卫传中心拥有中央电视台节目内容资源，拥有国内最早建立的多 CA 同密播出平台，拥有国内最大的广电网络运营商服务平台，拥有国内覆盖最为广泛的收视用户群体，拥有十余年来与全国各级广电系统建立起来的稳固的合作关系，中央卫星电视传播中心未来将有更大的市场前景和更为广阔的发展空间。卫传中心下设办公室、党委办公室、人力资源部、财务部、监察审计室、用户管理一部、用户管理二部、用户管理三部、工程技术部、市场部。卫传中心主任、卫星公司董事长、总经理李琼，卫传中心副主任、卫星公司副董事长、副总经理魏东未，卫传中心副主任、卫星公司董事、副总经理刘建中。地址：北京市海淀区北蜂窝路甲 26 号。邮编：100038。电话：010–63448866。传真：010–63274355。

中国有线电视网络有限公司

中国有线电视网络有限公司（简称中国有线）成立于 2001 年 12 月，由中央电视台、中央人民广播电台、中国国际广播电台及中国电子信息产业集团公司等股东共同投资组建，是国家广电总局直属单位，由中央电视台代为管理。

中国有线负责运营管理国家广电光缆干线网（简称国干网）。国干网由覆盖全国超过 4 万公里光缆线路及传输系统、节目传送系统、数据系统组成，连通全国 30 个省、区、市广播电视台和有线电视网络，连接超过 2 亿有线电视用户，是面向三网融合和下一代广播电视网建设的广电骨干支撑网络。

中国有线主要开展广播电视节目传送、高标清节目素材传送与交换、虚拟专网、通道租用、高速互联网访问、节目内容的分发、数据中心托管等业务，是全国唯一的专业级跨区域广播电视光缆传输运营商，为广播电视节目进入千家万户发挥着广电网络传输主渠道的作用。

中国有线为中央电视台及全国各级广播电视播出机构传送近 300 套广播电视节目，每年为重大活动和各类赛事现场直播传送超过 4000 小时，为国家新闻出版广电总局的电视会议、办公、指挥调度、监管等网络提供传输保障服务，为中国网络电视台、中国广播网等提供主机托管服务。

中国有线下设办公室、党委办公室（监察室）、法务部（董监事工作部）、业务发展部、技术规划部（调度室）、人力资源部、财务部、投融资部、工程管理部、资产管理部、行政保卫部、审计部、市场部、业务宣传部、安全运行中心、工程维护部及海南分公司。董事长梁晓涛。地址：北京市海淀区翠微路甲 2 号。邮编：100036。电话：010–88223000。传真：010–88223001。

中国有线海南分公司

中国有线海南分公司成立于 2007 年 12 月，改组自中国有线电视网络有限公司在海南全资并购的海南广电有线网络有限公司，是海南省唯一具有有线电视经营权、收费权、建设权和管理权的企业。

中国有线海南分公司根据海南有线电视业务发展和网络改造的需要，投资建设海南有线电视干线光缆和支干线光缆，实施用户分配网的数字化改造。完成海南“3 纵 3 横”主干线和支干线光缆的建设，连接全省 18 个市县，连通 346 个乡镇农场，覆盖有限电视用户超过 170 万户，光缆干线上建设完成 10G 光传输系统，实现了与国家广电光缆干线网的互联互通。截至 2013 年底，中国有线海南分公司在海南全省拥有有线电视用户超过 176 万个，其中数字用户终端超过 107 万个，模拟用户终端超过 58 万个，微波用户终端超过 10 万个。分公司下设海口、三亚等 18 家市县分公司。总经理朱卫平。地址：海南省海口市丘海大道 78 号中国有线海南基地。邮政编码：570311。电话：0898–36610000。传真：0898–36620000。

中国广播电视国际经济技术合作总公司

中国广播电视国际经济技术合作总公司（简称中广国际总公司）成立于 1991 年，由中国广播电影电视对外工程公司、原广播电影电视部工业管理局、原广播电影电视部物资供应站和原中央电视台国际服务公司进口部合并组成，是广播电视系统内集工程技术、展览贸易、设计咨询、仓储物流、广告传媒、影视服务等业务于一体的综合型国有企业。中广国际总公司的前身可追溯到原中央广播事业局器材处，自1954年起承担广播电视援外工程任务。60年来，中广国际总公司承接大批国家对外援助、广电节目海外落地及国际承包工程，在世界50多个国家和地区承建近千项工程项目,在海外具有良好的信誉和影响,为国家的外交、外援和外宣事业做出了重要贡献。中广国际总公司秉承以“中、广、人、和”为核心的企业文化理念，坚持“团结、奋进、务实、守信”的企业精神，致力于通过优质服务满足国内外用户的需求，通过加强交流扩大合作，携手各界朋友创造新的业绩，为促进中国广播影视事业产业的繁荣发展做出新的贡献。中广国际总公司下设工程技术分公司、展览贸易服务分公司、设计院、仓储中心、广告公司，在北京、深圳设有分公司，在阿尔巴尼亚设有中广(阿)有限责任公司,在科摩罗、中非、几内亚、刚果(布)、赤道几内亚、马里等国设有项目技术组，与古巴、老挝、肯尼亚、柬埔寨、萨摩亚、瓦努阿图等国广电机构建立了合作机制，业务遍及世界五大洲及国内各省区。总经理李金荣，副总经理王景福、田应坪、孙柯林。地址：北京市朝阳区广渠东路1号中广国际综合楼。邮编：100124。电话：010–52055111、52055296。传真:010–52055207。网址：www.crtv.com.cn。

中视传媒股份有限公司

中视传媒股份有限公司注册于上海浦东，1997年在上海证券交易所挂牌上市(证券代码600088)，在北京、江苏无锡、广东南海、浙江杭州设有分支机构。作为中央电视台控股的传媒类A股上市公司，中视传媒主营影视拍摄、电视节目制作与销售、影视拍摄基地开发和经营、影视设备租赁和技术服务、媒体广告代理等业务。公司创作的多部作品先后获得“五个一工程”奖、华表奖、飞天奖、金鸡奖、金鹰奖、金星奖、金熊猫奖、艾美奖(美国)、金片盘奖(美国)、金雀奖(印度)等30多个国内外奖项。公司形成“影视、旅游、广告”三大主营业务齐头并进、协调发展的局面。2013年,由公司投资或发行的电视剧《赵氏孤儿案》《抹布女也有春天》《渗透》《三十岁你好》《警界英豪》分别在中央电视台及地方电视台播出。《赵氏孤儿案》在综合频道黄金档首播后，在社会上引起强烈反响，在入围第19届上海电视节“白玉兰”奖最佳电视剧、最佳导演、最佳编剧、最佳男演员四项大奖提名后，荣获最佳电视剧金奖和最佳编剧奖，并入选国家新闻出版广电总局《2013年度中国优秀电视剧选集》，2014年2月独揽“第二届中国电视剧导演工作委员会年度表彰盛典”10项大奖；《抹布女也有春天》取得相当的社会效益，《人民日报》以《物质女到抹布女：“底层珍珠”闪闪发光》为题，对该剧进行了高度评价；《中国地》荣获2013年第29届“飞天奖”长篇电视剧一等奖。公司与中央电视台开展了《茶叶之路》《云与梦之间》《东方帝王谷》《东盟十国》《国家大剧院》《大黄山》《牦牛》《仰望太白》等纪录片项目,以及《平安警示录》《慈善之路》《央视财经论坛》《生活提示》《真诚·沟通》《一线》等多个栏目的制作业务，承办3期《中华长歌行》节目、制作完成专题片《美丽中国》并在中央电视台科教频道播出，均取得良好的业绩。2013年公司荣获中国(广州)国际纪录片节“中国纪录片十大推动者企业奖”。公司拥有雄厚的技术力量、全套先进的影视制作设备和专业的制作团队，全面支持影视制作全流程业务。公司是国内最早进入高清晰度电视制作领域的企业，成功配合中央电视台完成频道改版制作任务，并为中央电视台重大题材和报道任务提供了设备支持和技术服务，全力保障播出安全。公司在江苏无锡、广东南海拥有3000多亩影视拍摄基地。公司是科教频道全频道广告资源的总代理，先后获得“中央电视台优秀广告代理公司”、“中国最具影响力本土广告公司100强称号”、“中央电视台年度广告承包公司特别贡献奖”等荣誉称号。董事长梁晓涛，总经理王焰。公司地址：上海市浦东新区福山路450号新天国际大厦17层A座。邮编：200122。电话：021–68763888。北京市朝阳区西大望路1号温特莱中心B座22层。邮编：100026。电话：010–65999000。网址：www.ctv–media.com.cn。

无锡影视基地分公司

无锡影视基地分公司位于无锡太湖之滨，景区有三国城、水浒城、唐城，占地1000余亩，可使用水域3000亩，是国内建成最早的影视拍摄基地和文化旅游胜地，也是首家获评5A级旅游景区的影视文化旅游景区、首批国家影视指定拍摄基地和首批全国低碳旅游实验区。无锡影视基地分公司拥有吴王宫、甘露寺、皇宫、紫石街、清明上河街、水泊梁山、御花园、唐宫等体现秦汉、唐宋建筑风貌的大量建筑群体，还拥有老北京四合院、旧上海一条街、民国码头等明清、民国时期的建筑景观。景区每天向游客展示十多场次精彩的表演节目，其中《华夏古韵》《三英战吕布》《影视特技探索》等歌舞、马战、影视特技类演出更是经久不衰，景区利用古战船开展的“太湖黄金水上游”活动深受游客喜爱。分公司还举办“狮王争霸”、“泼水节”、“叼羊盛会”等季节性特色文化活动，丰富景区游览内容。景区已接待《三国演义》《水浒传》《杨贵妃》《大宅门》《神探狄仁杰》《笑傲江湖》《射雕英雄传》《天下粮仓》《刺陵》《历史的进程》《大浴堂》《武则天》《欢天喜地俏冤家》等400多个剧组，年接待游客超过200万人。总经理许一鸣。地址：江苏省无锡市滨湖区山水西路128号。邮编：214081。电话：0510–85555527。网址：www.ctvwx.com。

南海分公司

南海分公司（南海影视城）是集影视拍摄和休闲旅游为一体的影视拍摄基地，位于广东省佛山市南海区南国桃园旅游度假区，地处珠江三角洲腹地，距广州、佛山均12公里，往返香港、澳门等地区的水陆空交通十分便利。南海影视城由天朝宫殿、江南水乡、旧香港街和表演区组成，天朝宫殿包括真神圣天门、荣光大殿、藏珍阁等。自1997年以来，《太平天国》《香港的故事》《澳门的故事》等200多部影视作品，以及中央电视台《城市之间》《同一首歌——走进南海》和《宋祖英暨群星演唱会》等大型活动在南海影视城成功拍摄或举办。2013年，中视传媒南海分公司贯彻落实“文化统领旅游”的经营理念，主动融入到地方文化旅游产业发展中，先后举办“桃园之春”散文诗朗诵会暨《桃园恋歌》首发式、“狮兄狮妹大型交友活动”等系列活动。在原有“靖港水战”、“三英战吕布”经典节目的基础上，引进“咏春”功夫影视特技秀、汽车特技秀表演，深受游客喜爱。总经理许一鸣。地址：广东省佛山市南海区狮山镇松岗影城大道南海影视城办公室。邮编：528234。电话：0757–85233238。网址：www.cctvnh.com。

北京中视北方影视制作有限公司

北京中视北方影视制作有限公司（简称中视北方）成立于2000年，是由中视传媒股份有限公司与中国国际电视总公司共同组建的集策划、拍摄、制作、包装于一体的高端专业影视制作公司，是中国电影电视技术学会的常务理事单位。中视北方拥有国际一流的全套先进的影视前后期制作设备、雄厚的技术力量和专业的制作团队，可承接各种类型的影视作品全流程制作。中视北方成功制作中国首部高清晰度电视剧《大宅门》。近两年中视北方制作完成《中国地》《山楂树之恋》《三国》，以及大型高清纪录片《敦煌》、上海世博会官方纪录片《2010世博记忆》等。中视北方持续做好中央电视台综合频道、电视剧频道日常宣传维护及各类节目的宣传制作工作。中视北方曾为联合国开发计划署、国家新闻出版广电总局、中国联通、大众汽车等多个国内外政府、组织机构及知名大型企业摄制宣传片，得到业界同行的高度评价，先后多次获得包括PROMAX&BDA ASIA最佳频道整体包装奖、纽约国际电影电视节最佳频道宣传片奖、电视节目技术质量奖（金帆奖）、中国电影电视技术学会“图形制作优秀作品奖”等荣誉称号。2013年，中视北方为中央电视台英语新闻频道《Culture Express》栏目制作的片头获得年度电视节目技术质量奖（金帆奖）视频图形制作技术质量奖片头类一等奖，这是中视北方第二次获此殊荣。董事长王焰，总经理周利明。地址：北京市朝阳区西大望路1号温特莱中心B座20层。邮编：100026。电话：010–65999666。地址：北京市海淀区复兴路戊12号恩菲科技大厦A座7层。邮编：100038。电话：010–68589488。网址：www.cctvbeifang.com。

上海中视国际广告有限公司

上海中视国际广告有限公司（简称中视广告）成立于2002年6月，是中视传媒股份有限公司子公司之一，注册资本2500万元。作为中央电视台在上海注册成立的唯一一家综合性广告公司，中视广告是中央电视台科教频道全频道广告资源总代理。中视广告以“专业化、职业化、提供优质服务、创最大价值”为企业宗旨。中视广告自成立以来，协助众多行业的品牌企业完成了其在全国市场品牌提升的营销目标，合作伙伴包括沱牌舍得、泸州老窖、汾酒、酒鬼酒、刘伶醉酒、无限极、天佑德、白云边、三井、红塔、北京现代、奔驰–梅赛德斯、全友家私、剑南春、狼爪、哈士奇、长寿花、斯巴鲁、新东方学校、三星、南孚、巴马活泉、家家乐购、红星、中国联通、诺亚舟等，赢得业内、业外的一致认同与好评，成为行业内最具创新开拓精神和上升潜力的企业。董事长王焰，总经理任达清。地址：上海市浦东新区福山路450号新天国际大厦17楼。邮编：200122。电话：021–68763888。北京市朝阳区西大望路1号温特莱中心B座21层。邮编：100026。电话：010–65999888。网址：cta.ctv–media.com.cn。

CCTV
中国中央电视台
CHINA CENTRAL TELEVISION YEARBOOK
年鉴
2013
胡占凡 主编
《中国中央电视台年鉴》编辑部 编

CCTV

PINDAO LANMU JIEMU

频道·栏目·节目

频道·栏目·节目

2013 年中央电视台频道设置

CCTV-1 综合频道（标清、高清、香港）

中央电视台综合频道于 1958 年 9 月 2 日正式播出，是中国开办最早、覆盖面最广、受众人群最多、品牌效应最高、影响力最大的综合频道，通过卫星覆盖全国，全天 24 小时播出。2009 年 9 月 28 日，综合频道开始标清和高清节目同步播出。2011 年 3 月 1 日，CCTV-1 综合频道（香港）正式开播。综合频道承担着宣传党的方针政策、引导舆论、传播社会主义先进文化的重要使命，同时是中国最优秀的电视剧播出平台和最佳传播平台。

2013 年，综合频道继续围绕“新闻为主的精品综合频道”定位，推进创新布局，荟萃全台精品，稳步提升队伍建设，各项工作平稳有序。认真贯彻落实党的十八大精神，圆满完成全国“两会”、“神舟十号”载人飞行、第十二届全国运动会、嫦娥三号发射等重大宣传报道任务；从原创模式打造、社会合作、传统品牌栏目升级入手，推出《梦想合唱团》第二季、《舞出我人生》《梦想星搭档》节目和活动；《正大综艺·宝宝来啦》《博乐先生微逗秀》等改版升级；深化“全台办一套”机制，全力开创“开门办一套”新格局，荟萃《星光大道》《中国汉字听写大会》《启航 2013》元旦晚会、春节联欢晚会、元宵晚会等精品节目，提升频道品牌形象和社会影响力；探索联动播出机制，与财经频道联合播出 7 档节目，获得节目传播效益和广告创收效益。2013 年 5 月，第三届中国电视发展年会发布《中国电视发展年度创新榜 (2013)》，综合频道位列“最具创新力十大上星频道”之首。《梦想合唱团》第二季获第 18 届亚洲电视节“亚洲电视大奖”最佳音乐节目奖；《开讲啦》被国家新闻出版广电总局评为“2013 年广播电视创新创优栏目”、获得亚洲广播电影电视协会“2013 两岸四地创新电视社教栏目四小龙”、中国广播电影电视报刊协会 2013 年度优秀广播电视栏目“电视社教品牌栏目”；《看见》获中国大学生电视节“2013 最受大学生瞩目社会人文类节目奖”。

CCTV-2 财经频道

中央电视台财经频道于 2009 年 8 月 24 日正式开播，占全国财经节目市场份额始终稳定在 80% 以上。财经频道坚守“为国家经济建设服务，为大众经济生活服务，为企业发展服务”的频道理念，致力于为观众提供最权威的政策解读、最新鲜的市场资讯、最有价值的分析和观点。财经频道以覆盖全球的采编网络、强大的编辑能力覆盖全球主要资本市场，实现了与全球经济运行同步，成为人们观察和解读世界财经问题的重要窗口。

2013 年，财经频道继续围绕“突出专业性、兼顾大众性”的定位要求推进各项工作，政策解读能力、舆论引导能力、服务民生能力、国际传播能力、专业运行能力全面提升。2013 年频道圆满完成党的十八届三中全会宣传报道，推出《改革再出发》《中国经济转型一线报告》《理性看、齐心办——理论热点面对面·2013》等，成功举办“3·15”晚会、中国经济年度人物评选颁奖盛典活动，实现由“做项目”到“做平台”的转变，社会效果显著；频道推出“5+2”编排，推出《是真的吗》《超级减肥王》《味觉大战》《超级育儿师》《升级到家》等一批创新节目；上海中心站实现《交易时间》（下午版）两小时的独立制作和播出，深圳、大连、天津、浙江等各分演播室已经成为支撑频道专业内容生产的重要平台；《国企备忘录》《大国重器》等电视纪录片受到社会各界广泛关注和普遍好评；央视财经 50 分维度领先指数、艺术品指数、人民币指数、贵金属指数等陆续上市，央视财经 500 指数处在研发中；推进媒体融合、拓展新媒体通路，央视财经新媒体衍生出微博、微信、新闻客户端、博友会、边看边聊等产品；专访包括法国总统奥朗德、韩国总统朴槿惠在内的国家总统、总理、首相共计20位，连续4年举办进入世界经济论坛官方议程的央视辩论会（CCTV Debate），提高了国际传播能力。

CCTV-3 综艺频道

中央电视台综艺频道是开播于2000年12月18日的一个专业频道，每天24小时播出，承担着中央电视台文艺宣传、满足人民群众丰富多彩的精神需求、传播先进文化、提高人民审美欣赏水平、引领构建社会主义核心价值体系的重要职责。2013年，综艺频道全年收视份额3.25%，超额完成台里下达的2.92%的收视任务。在每周全国上星卫视综艺节目排名前20位中，频道始终占据半壁江山，晚间黄金时段栏目带全都榜上有名。

2013年，综艺频道推出《开门大吉》《黄金100秒》《综艺盛典》《我爱满堂彩》《越战越勇》等新栏目，《星光大道》升级进入一套播出，青歌赛、小品大赛、舞蹈大赛连续直播，七夕、中秋、重阳等传统节日十小时大型直播，2014年春节联欢晚会邀聘社会团队制作，《直通春晚》继续举办，品牌栏目联合赴全国选拔推广，“心连心”艺术团加大小分队走基层的比重。2013年底，《中国好歌曲》开始筹备，综艺频道联合社会优秀制作公司，力推中国原创音乐，适应改革发展需求尝试创新做法，吸引更多层次观众，力求从一个高成本、大投入的节目制作过程中得到启示，为中央电视台和综艺频道的广告创收做出贡献。

CCTV-4 中文国际频道（亚洲、欧洲、美洲版）

中央电视台中文国际频道开播于1992年10月1日，以海外华侨华人、港澳台同胞和懂中文的外国观众为主要服务对象，通过亚洲、欧洲、美洲版三个频道覆盖全球，全天24小时播出。中文国际频道不仅是全球华人、华侨了解祖国的重要窗口，更是中国走向国际舞台、提升国际传播力、推动中华文化走向世界的重要平台。

2013年，中文国际频道从注重单一节目、活动的品牌化和影响力，向全面重视整个频道品牌化、提升频道影响力的方向转变。国内收视份额全国排名第九位，比上年提高一位，在长城（美国）平台的市场份额位居所有华语频道首位。

2013年，中文国际频道先后举办“美丽中国·魅力湿地”大型公益活动和“CCTV全球侨胞中国梦”征文活动，践行生态文明建设，弘扬“中国梦”。频道圆满完成党的十八届三中全会、“神十”飞天、“嫦娥”飞天“玉兔”探月等一系列重大事件的报道；精心打造百集大型系列节目《客家足迹行》《百山百川行》，深化“走转改”活动；重点推出《长寿密码》《中国古树》《镇馆之宝》《台海记忆》《南海纪行》等特别节目；组建首批4个海外观众俱乐部，开创与海外观众互动的新模式，创办新栏目《外国人在中国》；同时，第六届“汉语桥”在华留学生汉语大赛、第12届海峡两岸知识大赛、《梅州月·中华情》中央电视台中秋晚会、CCTV-4海外忠实观众颁奖晚会、第二届“中华之光——传播中华文化年度人物”评选等传统品牌活动都进行了创新。专题片《达赖集团与自焚暴力事件》获得第23届中国新闻奖国际传播一等奖；《阿坝藏区系列自焚事件真相调查》获得2011～2012年度广播影视大奖国际传播类一等奖；《今日关注》《中国新闻》《海峡两岸》《远方的家》《国宝档案》入选2013年度中央电视台品牌栏目；系列报道《走进中国海军》获得中央电视台优秀节目新闻类一等奖；《天涯共此时——揭秘开罗会议》第二集获得中央电视台优秀节目一等奖；《梅州月·中华情——2013年中央电视台中秋晚会》获得中央电视台特别节目一等奖。

CCTV-5 体育频道

中央电视台体育频道于1995年1月1日正式开播，覆盖全国，每天24小时播出。是国内创办最早、规模最大、拥有世界众多顶级赛事国内独家报道权的专业体育频道，内容包括国内外重大赛事的现场直播、体育热点新闻追踪报道、全民健身及娱乐运动推广、体育知识普及教育等。

2013年，体育频道从服务大众出发，赛事转播实现从“年”到“季”的转变，推出“联赛季”与“大赛季”的操作模式，在传承大赛报道强势传播的前提下，依托常规联赛创造了稳定、持续的增长点；在南京亚青会、辽宁全运会、天津东亚运动会等大型综合赛事的转播报道中，始终坚持主流引导，弘扬主旋律、宣传正能量，在复杂的舆论环境下，旗帜鲜明、导向正确，为全国观众展现了在新形势下“节俭办赛”、“回归体育”、“全民健身”等突出特点和亮点；创新推出的《谁是球王》系列节目推动各地全民健身运动的开展，受到中央领导和人民群众的一致好评；《体育世界》《爆笑体育》等节目进行主动探索和调整，进一步贴近群众；《体坛风云人物》和《中华龙舟大赛》等自主品牌项目影响力上升；多项大赛报道采用项目导演竞聘制，激发员工在制作播出工作中的创作活力；公用信号制作团队累计制作100余项赛事、300余场比赛，提供公用信号近2000小时，实现了高清转播车使用的常态化和高新技术设备的创新定制，确立了多项赛事信号制作的标准模式。巴西国家队对赞比亚国家队国际足球友谊赛是中央电视台第一次承接无中国队参加的国际足球赛事双向制作任务，共向246家境外机构提供电视公用信号。频道党总支开创性地结合频道主办的"跟5一起跑"、"留动中国"等活动，向全社会倡导全民健身和科学运动的理念。在"创先争优"、学雷锋以及贯彻落实党的群众路线教育实践活动等各项活动中，频道党团工会组织自觉践行群众路线，严格贯彻八项规定，体现了频道各项工作的传承与超越。

CCTV–5+ 体育赛事频道

体育赛事频道(CCTV–5+)于2013年8月18日09:00开播，是中央电视台原有的CCTV–高清频道置换而成的崭新体育赛事传播平台(原CCTV–高清频道停播)，是中央电视台的第二个开路体育频道。频道24小时以高清方式播出，赛事直播、录像和集锦节目构成频道的主干内容。体育赛事频道开播以后，已先后直播美国网球公开赛、中国网球公开赛、ATP上海大师赛、欧洲篮球锦标赛、环北京自行车赛等赛事。还与北美冰球职业联赛(NHL)签约，从2013年10月新赛季开始，对NHL进行直播。频道进一步加大对足球、高尔夫、网球等各类赛事的直播力度，制作赛事的集锦节目，满足不同类型观众的收视需求，把更成熟、更中国化的赛事呈现给观众，促进中超、中国男子篮球职业联赛等国内自主赛事的传播，带动赛事运营水平的提升，进而推动中国体育事业、产业齐头并进。体育赛事频道还传播具有中国特色的运动项目，例如围棋、象棋、龙舟等，进而推动中国文化在世界的传播。

截至2013年底，体育赛事频道累计制作直播节目1340小时，占频道全部首播节目总时长的77%，实现在第一时间向观众全景呈现赛事目标，取得良好效果。体育赛事频道运用微博、微信、贴吧等新媒体平台宣传推广频道和赛事，扩大落地覆盖面。通过先后走访北京、上海、重庆、四川、新疆等10余个省区市的地网，与重点地网建立收视数据及营销推广等合作关系。据CNTV2013年12月的点击率统计，体育赛事频道在线直播点击率在中央电视台各频道中位居第4位。

CCTV–6 电影频道

中央电视台电影频道(CCTV–6)于1996年1月1日正式开播，是中国开办最早且唯一覆盖全国的电影专业频道。电影频道每天播出11部中外影片(包括9部国产片和2部境外影片)和各类动画片、纪录片、专题片等。

2013年，电影频道继续坚持党的宣传方针和政策，贯彻落实中央精神，自觉践行社会主义核心价值观，坚持社会主义先进文化前进方向，坚持正确的舆论导向。2月，配合春节贺岁组织"陪父母看电影"展播，播出《搞定岳父大人》《冠军宝贝之无价之宝》等"合家欢"电影20余部；7月～8月，推出"反腐倡廉主题影片"展播，播出《第一书记》《生死抉择》《雨中的树》等共10部反腐倡廉题材优秀影片，宣传党的执政理念，展现中国共产党密切联系群众的优良传统；7月15日～8月31日，电影频道开展"向青少年推荐优秀影片"展播，播出优秀故事片、动画电影、纪录电影等共45部影片；电影频道还推出"纪念毛泽东诞辰120周年"影片展播、"超级电影季"展播等。系列影片展播为弘扬主旋律、传播优秀的电影文化做出积极的贡献。

2013年，电影频道"电视电影部"更名"电影创作部"。继续实行控制产量、提高质量的制片方针，年产影片92部，与上年持平。其中，现实题材影片47部，占比52%。2013年的电影创作中，人物传记片占较大比例，塑造了19个古今人物的艺术形象；娱乐类型片创作数量和质量都有提高；现实题材作品以正剧为主，多部作品触及社会热点、焦点；电影频道出品的《万箭穿心》先后获得第3届北京国际电影节最佳女主角奖、第13届电影频道电影百合奖优秀故事片一等奖、第20届北京大学生电影节最佳女演员奖、第29届中国电影金鸡奖最佳中小成本故事片奖等；《胡巧英告状》《逆袭》分别获得第16届上海国际电影节中国新片电影频道传媒大奖最佳编剧、最佳女演员、最佳男配角以及第12届四川电视节金熊猫奖提名等奖项；《孙子从美国来》《天津闲人》《深呼吸》等影片分获第13届电影频道电影百合奖、第29届中国电影金鸡奖等诸多奖项。《万箭穿心》入围第13届韩国光州国际电影节人道视线单元，《孙子从美国来》入围国际艾美奖儿童类电视电影。

2013年，电影频道继续主办或承办2013新春电影音乐会、第三届北京国际电影节颁奖典礼、第13届电影频道电影百合奖颁奖典礼、第20届北京大学生电影节颁奖典礼、第29届中国电影金鸡奖颁奖典礼、第16届上海国际电影节电影频道传媒大奖，以及首届电影类型短片创投季等。完成第70届美国金球奖颁奖礼、第85届奥斯卡颁奖典礼、第66届戛纳电影节、第65届艾美奖、第32届香港金像奖颁奖典礼、第50届台湾金马奖颁奖典礼、第16届上海国际电影节开幕式和闭幕式的转播。5月、8月和11月，电影频道分别在法国戛纳、加拿大蒙特利尔、美国纽约举办中国电影展映推广活动。中国中央电视台电影频道与柬埔寨国家电视台签约，于每周六晚黄金时间推出“中国电影之夜”剧场，播放一部由电影频道提供的中国电影。与斐济国家电视台、保加利亚电视台、斯里兰卡国家电视台签署时段落地协议。2013年底，中国中央电视台电影频道落地新西兰。至此，电影频道全球收费电视总用户18万户。

CCTV–7 军事·农业频道

中央电视台军事·农业频道节目创办于1995年11月30日。开办之初，是以播出少儿、军事、农业节目为主的频道。随着中央电视台频道专业化改革，2011年1月3日，第七套节目改为军事·农业频道，成为以播出军事、农业节目为主，展播中央电视台优秀专题片、纪录片及优秀综艺、法制、社会生活类栏目为辅的专业频道。

2013年，军事节目坚持稳中求进的总基调、服务军队建设大局的总目标、打造精品彰显特色的总要求，全年累计播出新闻1.2万条，专题1001部，播出特别节目22部共82集。圆满完成学习贯彻党的十八大精神、“和平使命——2013”中俄联合军演、“4·20”四川芦山地震抗震救灾、空军试飞员群体等重大主题、重大军事活动、重大典型的宣传报道任务，舆论引导能力不断提高；修订完善业务管理制度，推行节目联席制度，把晚间节目打造成为一个整体，促进了军事节目资源的整合，《军事报道》栏目被评为中央电视台品牌栏目；加大节目研发创新力度，推出新栏目《军迷淘天下》，《和平年代》更名改版为《军旅人生》，研发储备《我的英雄我的梦》等节目创意，为军事节目的持续发展奠定基础；持续开展“走转改”活动，累计派出50多批近600人次深入基层部队，《走基层——重走光荣路》《走边关——内蒙古段》《走边关——云南段》等系列节目影响广泛，军事节目文风更加清新；坚持打造精品节目，推出《超级女兵》《特战英雄》《我爱国防》《寻找最美军嫂》《我是一个兵》等特别节目，军事节目知名度和美誉度进一步提升；《苦难辉煌》《毛泽东的科学预见》《铁在烧》《台儿庄1938》等多部重大题材纪录片获得多项国内大奖，军事节目品牌价值进一步提升；推进网络建设，央视网军事频道完成全部栏目官网改版，常态宣传推介和跨频道宣传推介力度加大，军事节目传播力明显增强；完成与中央电视台搬迁新台址技术对接，搭建高清新闻制播网络，除新闻节目外所有节目实现文件化网络化播出，完成演播室和技术设备升级改造，利用重大突发事件、重大演训活动和舆论战推演锤炼队伍，技术保障和应急应战能力大幅提升。

CCTV–7的农业节目于1996年1月1日正式播出，开播以来，始终秉承“服务三农、沟通城乡”的节目宗旨，形成以宣传解析国家“三农”政策、关注农村建设、农业科技进步、农民增收致富为己任，以“三农”宣传的专业、权威、贴近为特色的对农电视栏目集群。农业节目开设栏目11个，每天播出时长近8小时，观众覆盖率91.5%，推及11.95亿观众。2013年，《中央电视台栏目综合评价季度报告》显示，前三季度，农业节目有6个栏目进入CCTV–7综合排名前10位，在全国上星卫视频道排名中长期稳居前20位。农业节目放大“农”字特色，形成差异化编排。2013年农业节目利用春节、清明、端午、暑期及中秋等大小长假进行特别编排：在18：00时段推出适应学生收看特点的《乡村夏令营》；06：00时段和23：00时段推出《精彩一夏》汇编节目。特别节目《麦收故事会》2期、《乡村大集合》6期和《乡村大世界》9期汇编节目，农业节目收视份额远高于频道收视目标。2013年，农业节目完成栏目改版3个：《生活567》栏目更名为《美丽中国乡村行》，定位为乡村旅游推介节目；《乡约》栏目改版为乡村婚恋交友节目；《阳光大道》全新推出明星回故乡感恩主题特别节目《咱们老家》。利用“农视网”和中国网络电视台开展互动传播。二维码、移动客户端、官方微博、微信、易信等平台成为农业节目扩大影响力的重要途径。《科技苑》《致富经》等栏目在中国网络电视台的点击量稳居前10位。多部作品获得国内外大奖，其中《气候变化与粮食安全》获第29届中国电影金鸡奖最佳科教片奖。农业节目播出由磁带送播模式转变到文件化送播模式，实现全部节目的高清化播出。

CCTV-8 电视剧频道

中央电视台电视剧频道是以播出国内外优秀电视剧为主导、荟萃相关节目精华的专业频道，也是中国唯一的国家级电视剧专业频道。频道前身为1996年1月7日开播的“文艺频道”(CCTV-3)，当时只覆盖北京地区。1999年5月3日更名为电视剧频道，并通过亚太1A卫星覆盖全国。2010年8月1日，中央电视台实施频道制后，正式定名为“电视剧频道”，播出频道为CCTV-8，全天24小时滚动播出。频道播出节目涵盖国产电视剧、引进境外影视剧及影视资讯专题节目、宣传推介节目和特别节目等。

2013年，电视剧频道科学配置全天“八大剧场”，主打优质剧目类型，保障全天电视剧收视的无缝衔接。CCTV-8开年剧《妈祖》以平均收视率3.19%、平均收视份额9.14%夺得全国开年剧收视冠军。春节前后播出的《西藏秘密》《仙女湖》等获得收视与口碑的双丰收；4月～6月，频道先后播出《决战江南》《桐柏英雄》《猎杀》《马永贞》《零炮楼》《我的故乡晋察冀》《战火大金脉》等剧目，频道第二季度收视份额大幅度提升，一度高居全国榜首。《唐顿庄园》等优质获奖海外剧的译制播出，以及配合中央电视台海外落地计划得以恢复的《原声影视》栏目，提升了国际化品牌形象。由中央电视台与四川电视节联合主办的“金熊猫”电视剧国际评选在18年后首度重启，打造出较大的海外影响力和知名度。

CCTV-9 纪录频道

中央电视台纪录频道于2011年1月1日播出，是中国唯一全国播出、全球覆盖的国家级专业纪录片频道，以纪录频道(CCTV-9纪录)、纪录国际频道(CCTV-9 Documentary)两个频道，全天24小时面向海内外播出，是中国最大的纪录片传播、制作、合作、营销平台。纪录频道以其原创力和创新力赢得良好的口碑和持续的影响力，纪录频道成为向世界传播中华文化、传递中国声音的一个有效载体。

2013年，纪录频道围绕“强化国际一流媒体建设”目标，以“创新、改变、提升”作为频道运营核心思路，推出《丝路，重新开始的旅程》《习仲勋》《茶，一片树叶的故事》《京剧》《发现肯尼亚》《丹顶鹤》《扎溪卡的微笑》《青歌赛》《中国皇帝在卢浮》《魅力印度尼西亚》《魅力希腊》等13部原创纪录片作品，与十余家省级电视台启动联合摄制项目，专责管理CCTV-1综合频道《魅力·纪录》栏目。2013年，纪录频道实现了时段编排的整体优化升级，考虑观众的收视兴趣和习惯，晚间首播时段由18：00～24：00变为17：30～23：30；强化频道视觉包装体系的品牌化，纪录频道已经形成一套极具特色的国际化视觉包装系统；成功举办《美丽中国》大型纪录片交响音乐会、“一城一味”大型整合传播活动等频道品牌主题活动；倡建并运营涵盖100余家省市级电视台和150余家社会制作机构的中国纪录片联盟。2013年，纪录频道第二次蝉联中国广播电视协会“2012十大最具创新力上星频道”荣誉，并分别荣获中国电视艺术家协会、中国高等院校影视学会、《中国国家地理》等多个专业机构授予的“年度电视频道大奖”、“中国电视纪录片年度频道”、“年度思想力大奖”等12项荣誉。频道作品分别在中国电视金鹰奖、中国纪录片学院奖、四川电视节金熊猫奖、上海电视节白玉兰奖、国家新闻出版广电总局“优秀国产纪录片作品”等评选中获奖90余项。

CCTV-10 科教频道

中央电视台科教频道是以教育、科技、文化、卫生宣传为主要内容的专业频道，于2001年7月9日开播，每天播出时间约21小时，有《探索·发现》《百家讲坛》《走近科学》《人物》《地理·中国》《自然传奇》《健康之路》《讲述》《读书》《科技之光》《我爱发明》《第10放映室》《原来如此》和《大家》等14个日常栏目。

2013年，科教频道坚守定位、努力创新，频道收视份额比上年提升14%，超额完成台里下达的任务指标，进入全国上星频道排名第20位，比上年提升9位，成为年度排名上升最快的电视频道。科教频道推出的季播节目和大型活动获得中央领导多次肯定批示；《中国汉字听写大会》共吸引6亿人次观众收看，创造了文化节目的收视奇迹，获全台唯一的CCTV年度大奖；全国首档科技发明真人秀《发明梦工场》获得投资额70亿元人民币，直接促成风险投资近6亿元；《2013寻找最美乡村教师》《2013寻找最美乡村医生》《科技盛典》《我的一本课外书》《希望英语大赛》创新升级。科教频道作为独家战略合作伙伴参与组织中国（广州）国际纪录片节，并代表中央电视台将纪录片提案推送到法国阳光纪录片大会上，实现中央电视台在节目投融资国际市场的第一次预售。

2013年，科教频道初步搭建起“日常栏目+季播节目+大型活动+重点纪录片”的播出格局，形成以“全员绩效考核制度”、“竞争力架构研究制度”和“纪录片生产播出合作方法”为支撑的管理运行架构。科教频道坚持开展“业务沙龙”在职培训，提升员工的业务能力。2013年，科教频道创作的中国首部3D纪录片《国脉》获得国际卢米埃奖，《进城》获得第12届四川电视节金熊猫奖国际纪录片评选活动社会类评委特别奖，《北京凹头蚁》《王品兰移民记》分获第11届中国广州（国际）纪录片节金红棉奖最佳纪录片摄影奖和最佳中国制作人奖。《手艺》《苍狼》《寄养村》等节目分获国内、业内和台内优秀奖项。

CCTV-11 戏曲频道

中央电视台戏曲频道于2001年7月9日开播，通过中星6A和6B，中星9号覆盖亚洲和太平洋地区，全天播出20小时，是中国覆盖面最广、影响力最大的专业化戏曲频道。频道以“弘扬国粹、传播经典”为定位，是国内推动戏曲事业前进的龙头。频道设《CCTV空中剧院》《中国京剧音配像精粹》《九州大戏台》《过把瘾》《青春戏苑》《梨园闯关我挂帅》《跟我学》《戏曲采风》《名段欣赏》《戏苑百家》《快乐戏园》《锦绣梨园》《戏曲影视剧场》《主持人全天陪伴收视》等14个原创栏目，2013年创新开办《一鸣惊人》栏目。戏曲频道汇集全国优秀戏曲种类，在播出理念上强调戏曲艺术与传统文化深厚的渊源关系，完整播出全国各地的优秀剧目。节目内容选择上，坚持以京剧为主、兼顾地方戏的原则，为戏曲事业的人才培养、薪火相传做出重要的贡献。

2013年，频道在戏曲节目中注入时尚的视角和新颖的电视语汇，强调互动，传统与现代结合、经典与时尚结合、名家与新人结合，以此满足全国戏迷观众对电视戏曲节目日益提高的审美需求。2013年，戏曲频道完成春节、全国“两会”、党的十八大等重大活动，实现了年初制定的创新规划，即：创新一个大赛——2013首届全国少儿京剧大赛；创新一个栏目——《一鸣惊人》；创新三个活动——《美猴王争霸赛》《2013越女争锋》《2013寻找七仙女》；完成2013年春节戏曲晚会、CCTV空中剧院开播十周年庆典等大型活动和重要赛事的直录播工作，全年现场直播78场；特别编排节目收视份额达0.93%，比台里下达的目标值提升0.51个百分点，是全台收视增长幅度最高的频道之一，全国排名由第40位升至第21位，上升19位。戏曲频道开通官方微博、微信，在搜狐新闻客户端开办“戏曲频道”端口，微博内容增加剧评、观后感、媒体声音、“影像志”戏曲纪录片整理、24节气的内容等，扩大戏曲频道影响。

CCTV-12 社会与法频道

2004年12月28日，经中央批准，中央电视台开办社会与法频道。社会与法频道以宣传“依法治国”方略为宗旨，以服务“构建和谐社会”为任务，坚持“好看、有用”的传播策略，始终坚持“围绕中心、服务大局”，打造了一批品牌栏目，推出了一系列大型活动。社会与法频道以专业、权威、贴近的普法特色，引领了社会舆论，体现出国家电视台的品质和追求，深受百姓喜爱。2011年4月，社会与法频道推出新版，目的在于加强电视普法教育，为社会管理创新提供舆论支撑。通过开拓社会建设、社会服务、社会进步内容资源，实现频道“社会”与“法治”两大主题内容的平衡，构建“援助、帮助、救助”三位一体的社会服务网络，关注青少年，打造青少年喜爱的普法基地。社会与法频道开办的栏目有《热线12》《小区大事》《心理访谈》《夜线》《天网》《见证》《平安365》《法律讲堂》《夕阳红》《道德观察》《班长对班长》《一线》《忏悔录》《庭审现场》《普法栏目剧》等。

2013年，社会与法频道迁入新址办公，制订《社会与法频道新台址备播管理规范》以及《社会与法频道直播栏目新址播出应急预案》，实现频道节目生产播出整体进驻新址目标。社会与法频道深入宣传贯彻党的十八大精神，实践“走转改”活动，打造有专业特色、有情感温度、能够接地气的宣传报道；创新推出《平安中国2013》《时光播台》《大案终结者》《社区英雄》《戏法大过年》《CCTV慈善之夜》等一批特别节目；推出“6·26”禁毒日、“12·2”交通安全日等多个特别编排和特别节目；推出新版《夕阳红》，调整周播栏目编排策略，巩固提升栏目品牌价值。

CCTV-13 新闻频道

中央电视台新闻频道于2003年5月1日试播，7月1日正式播出，2009年7月全面改版，实现全天24小时不间断直播，以早中晚时段和全天分布的整点新闻为频道基本骨架，以强化动态、深化评论、优化标志性栏目为频道特色。

2013年新闻频道围绕党的十八大精神和“中国梦”这一主线，高质量完成习近平总书记系列讲话、党的十八届三中全会、党的群众路线教育实践活动、全国“两会”等一系列重大报道任务，时政报道和主题宣传取得显著突破，有效彰显了主流媒体的权威性和引导力。中央领导人重大外事活动报道及时准确，塑造中国负责任的大国形象。自主策划亚马孙大潮、东非野生动物迁徙、钱塘江大潮和藏羚羊产仔大型特别报道，成功打造“世界四大奇观直播活动”文化新品牌。制作播出的《感动中国》《道德楷模颁奖典礼》《寻找最美系列》《我的父亲母亲》《就业有“位”来——2013大学生就业公益行动》等一大批具有广泛影响的公益节目，唱响了时代主旋律，传播了社会正能量。突发事件的报道能力不断增强，实现国内重大突发事件“15分钟核实首发、半小时实现连线并发回图像”的要求，海外记者站继续保持对重大国际事件的报道覆盖，2013年新华社梳理的123件全球重大事件中，中央电视台驻外记者参与报道119件，到达率97%。“央视新闻”三大传播渠道和发稿平台——电视、国际视通、新媒体全面发力、跨越发展。“央视新闻”新媒体由年初总用户量100万户升至年底4953万户。新闻中心与央视网合作，联袂推出拥有自主品牌的“央视新闻”独立客户端，短短6个月用户达到1300万户，率先实现媒体战略转型。

2013年，新闻频道着力改进报道内容和节目文风，收视份额2.76%，比上年提升7%，实现“四连增”。在全国卫视综合排名中居第7位，创下频道创办十年来的最好成绩。到达率为92.51%，即全国约11.82亿人收看过新闻频道，比上年度增加9930万人。《习近平参观复兴之路展览并发表讲话》等三部作品荣获第23届中国新闻奖。《我的父亲母亲》新闻公益行动获得国际阿尔茨海默协会(ADI)颁发的2013年全球贡献奖。

CCTV-14 少儿频道

中央电视台少儿频道于2003年12月28日开播，是中国第一个面向全国3.67亿少年儿童播出的专业电视频道。十年来，少儿频道秉承“引领成长、塑造未来”的宗旨，坚持把握正确舆论导向，稳步提升团队建设水平。围绕少年儿童成长与收视需求，强化频道品质化、专业化与品牌化建设，制作播出一大批有益于少年儿童健康成长的精神文化产品，在业内和社会各界产生了深远的影响，频道品牌性与竞争力得到了持续、稳步的提升。

2013年，少儿频道累计收视份额5.07%，位居全国上星频道排名第一位，高于年度收视目标值2.42个百分点，创造开播十年来最高收视成绩。其中，单日收视份额位居全国第一的天数为156天。频道成立十周年当天单日收视份额为8.11%，创下频道开播以来的单日收视最高纪录。

2013年，少儿频道精心策划实施“六一”晚会、“寻找最美孝心少年”大型公益活动、《相约北京——2013国际青少年大联欢》、少儿春晚《盛世少儿春节大联欢》《走在春风里》“学雷锋”特别节目等多个大型项目；创新推出《动画剧场》《看我72变》《大手牵小手》《金龟子城堡》《周末满天星》等一批质量上乘的节目和活动；完成《智慧树》《新闻袋袋裤》《大风车》《音乐快递》《异想天开》《芝麻开门》《快乐大巴》《动感特区》《快乐体验》等传统品牌栏目的改进升级。拓展国际合作范围，与澳大利亚国家广播电视公司(ABC)合作录制完成无台词真人表演儿童剧《奇妙小镇》；坚持“选优、买优、播优”原则，与国内外动漫企业进行深入沟通交流，确保优秀片目在中央电视台首播，形成“优秀片目聚集央视少儿”的良好局面。少儿频道整合优势资源，在传统节日、重点假日中大胆创新编排思路、突出整体特色，提升了假日编排收视水平，形成了延续全年的收视高峰。在社会各界和各年龄段少年儿童中产生了良好反响。频道国际知名度和影响力得到强化。2013年，少儿频道“寻找最美孝心少年”大型公益活动获得中央领导的肯定，并在各地各界引发强烈反响。原创儿童情景喜剧《驴友阿凡提》在由中国广播电视协会栏目剧工作委员会举办的中国栏目剧第八届评优年会上获得二等奖。儿童电视剧《马头琴》获得第30届芝加哥国际儿童电视节“儿童评委奖”之真人电视节目类二等奖。

CCTV-15 音乐频道

中央电视台音乐频道于2004年3月开播，是中央电视台专业化的开路频道。频道以播出中外古典音乐和世界各地优秀民族音乐为主要内容，以“享受音乐、感悟人生”和“音乐无处不在”为传播理念，承担着国家电视台提高国民音乐素质和大众审美的社会责任，是专业团体和音乐爱好者展示才华的平台，是广大电视观众尤其是青少年观众了解、欣赏、学习音乐的首选媒体。

2013年，音乐频道创新推出《一起音乐吧》和《乐上巅峰》栏目。音乐频道所设18个栏目内容涵盖西方古典音乐、中国传统音乐、中外民歌、当代歌曲、影视音乐、MTV等多个音乐门类和表现形式，实现音乐频道的传播理念。

2013年，音乐频道利用多媒体手段搭建与观众充分互动的崭新平台，吸引更多的青年受众关注音乐频道，从中吸取正能量。音乐频道完成全国“两会”、党的十八大等重大活动的宣传报道任务，完成10场《光荣绽放》十大演奏家歌唱家系列音乐会、创新直播《2013维也纳新年音乐会》，延时转播《2013维也纳美泉宫音乐会》，自主研发、创新推出《争奇斗艳——蒙藏维回朝彝壮冠军歌手争霸赛》和《2013寻找刘三姐》等5项中央电视台年度重点选题，直播《元旦新年音乐会》，录制播出《更上一层楼——2013中秋民族音乐会》《2013国际情歌大汇》等节目。音乐频道强化在线包装工作，加强节目预告的推介力度和预告的灵活性与实效性，节目收视率大幅度提高。全年频道平均收视份额0.62%，比台里下达的目标值提升0.34个百分点，成为中央电视台收视增长额最多的频道之一，创2004年频道开播以来的历史新高。截至2013年12月31日，音乐频道在中央电视台17个频道中排名第14位，在全国79家上星频道中排名第34位，达到历史最佳水平。音乐频道通过官方网站、频道微博、微信、栏目微博等平台，实时与观众开展互动交流，频道官方微博粉丝量在中央电视台排名居第一位。

CCTV–NEWS英语新闻频道

中央电视台英语新闻频道是全英文24小时播出的新闻频道，其前身为2000年9月25日开播的英语国际频道。英语新闻频道以大信息量的新闻报道为主，辅以深度报道和评论节目，并播出部分纪实类的专题节目。作为中央电视台提升国际传播能力的重要外宣平台，英语新闻频道在报道中国的同时，注重报道整个亚洲地区和发展中国家的新闻事件，通过国际化的表达强调新闻的及时、准确、客观、平衡，反映中国、亚洲和发展中国家的声音。2012年初，非洲和北美两个分台英语新闻频道区域制作中心相继建成开播，经过两年的发展，两分台频道成功建立以外籍团队为主体的节目生产体系。在非洲，中央电视台已经成为国际媒体中唯一能够在非洲本土每天制作并直播新闻的电视媒体机构"在非洲报道非洲"、"让非洲人报道非洲"、"客观、正面报道非洲"，这样的报道方针使非洲区域制作中心的节目在非洲没有任何文化和政治障碍，受到非洲观众欢迎。在北美区域的《财经亚洲（美洲版）》每天向美国观众提供两小时介绍中国和亚洲的财经新闻，帮助美国人了解中国和中国的贸易机会。该栏目和美国其它知名栏目一起出现在《华盛顿邮报》媒体版"收视指南"中，这是中国电视节目首次固定出现在美国主流媒体的收视指南中。

2013年，英语新闻频道充实并扩大了海外报道网络、国内报道网络和评论员网络，新闻采集能力增强；增加报道形态，改进包装，节目更加国际化；优化了基于全球平台的DESK机制，并实现专业化分工，完善业务管理体系。全年完成全国"两会"、党的十八届三中全会、中国新一届领导人出访、"中国梦"等重大题材的报道，突出节目的对外针对性，联动北京总部和非洲、北美区域制作中心及遍布全球的海外报道员和嘉宾体系，反映国际舆论对中国经济发展、国际影响力提升的赞赏，并从外国人的视角观察中国的社会变化及未来发展。英语新闻频道回应国际社会对西藏、新疆的关注焦点。自主策划制作《直播西藏——拉萨雪顿节》系列报道，以藏区的宗教节日雪顿节为契机，生动鲜活地报道西藏在宗教、文化、环保等领域取得的成绩，通过"西藏人讲述西藏"的原生态表述手法，回应海外关切。多媒体工作室在国内微博、微信和海外推特、脸书等十余个新媒体平台进行图文、视频同步播报，受到国际媒体关注，据国际视通统计，相关视频素材被BBC、Fox News、彭博社、台湾大爱电视台等16个国家和地区的43家境外电视台、频道使用116次。

CCTV–Français法语国际频道

中央电视台于2004年10月1日开播西班牙语法语频道，西班牙语和法语节目每天各播出12小时。2007年10月1日，西班牙语和法语频道分频播出。法语国际频道成为全天24小时完整独立对外播出的频道，呼号为CCTV–Français。其卫星信号覆盖全球，以全球法语观众以及在华的法语国家人士为主要服务对象。法语国际频道是以新闻为主的综合频道。节目分为新闻类和文化类，通过客观平衡的报道，表达中国立场，全面展示中国的历史文化、政经发展、社会进步、自然风光和当代生活，让世界更好地了解中国。

2013年，法语国际频道响应落实党的宣传方针，加强国际传播能力建设，争夺国际话语权，坚持向建设国际一流媒体的目标不懈努力。法语国际频道学习并落实党的群众路线教育实践活动的精神，发挥外宣频道特色和语言优势，推进机制创新和资源整合，推进传统媒体与新媒体的融合发展，加强频道品牌形象建设，强化对外传播的针对性和有效性，在节目质量、工作机制、团队建设、新媒体拓展等诸多方面加大工作力度，加强对突发事件新闻资讯的及时发布、重大事件直播和现场报道，完成了党的十八届三中全会、"中国梦"、"走转改"、全国"两会"、"神十"发射、法国总统访华、西藏雪顿节、东非野生动物迁徙等大型报道。法语国际频道成功举办首届中央电视台法语大赛，比赛共设武汉、广州、上海、北京和线上赛区5个分赛区，历时4个月，400多名选手报名，于12月8日在中央电视台新址决出全国冠亚季军。2013年，法语国际频道实现节目高清化制作，完成对官方微博、微信与境外社交网络等新媒体平台的差异化运营，实现电视屏幕、央视网、微博、微信和境外主流网络（YouTube、Twitter、Facebook）传播平台联动，实现资源共享、优势互补和产品差异化传播。

CCTV–Español西班牙语国际频道

中央电视台于2004年1月1日首次对外播出西班牙语节目。2007年10月1日中央电视台创办西班牙语国际频道作为全天24小时完整独立对外播出的频道，呼号为CCTV–Español。西班牙语国际频道节目播出信号通过4颗卫星覆盖全球98%的地区。西班牙语国际频道以外国人感兴趣的问题和内容为基础，为中国及以西班牙语为母语的国家的近4亿观众提供来自中国、亚洲和世界各国生动、及时、客观的新闻报道及全面介绍中国的电视专题、教学和娱乐节目，让世界各国人民认识和了解一个真实的中国。

2013年，西班牙语国际频道围绕党和国家的中心工作，配合国家总体外交战略，更新理念、创新思路、丰富手段，扎实推进外宣工作，完成全国“两会”、博鳌论坛、G20峰会、中国–东盟博览会、党的十八届三中全会、西藏雪顿节、东非野生动物大迁徙、亚马孙涌潮、“神舟”–“天宫”对接、“嫦娥三号”发射等重大宣传任务，向世界传播中国文化与理念；频道派摄制组赴西班牙，从两国政治、经济、文化、教育、体育、奥运、美食、旅游和华人华侨等方面展示两国建交40年来的发展历程，受到西班牙驻华使馆、教育处、旅游局、塞万提斯学院等机构以及众多对象国观众的重点关注和好评；结合频道受众的需求与特点，推出多个“中国梦”系列节目。举办首届中央电视台西班牙语大赛，是频道建立以来规模最大、参与人数最多的项目。比赛在西班牙国家电视台、电视五台、电视三台、埃菲社、秘鲁商报、哥伦比亚发行量最大报纸——《观察者报》等众多西班牙语国家媒体进行报道。中央电视台新闻频道和《新闻联播》对比赛做了专门报道。西班牙语比赛是频道自开播以来，自主设置议题成功的尝试与创新。

CCTV–العربية阿拉伯语国际频道

阿拉伯语国际频道于2009年7月25日正式开播，通过卫星覆盖中国及亚太地区，同时通过Arab sat和Nile sat向中东和北非地区播出。阿拉伯语国际频道全天24小时播出，节目主要分为新闻类节目、访谈类节目、专题节目、娱乐和教学节目。

2013年，阿拉伯语国际频道完成的重点工作包括：在苏丹举行“中国电视周”；由国务院新闻办公室组织、策划，与新疆维吾尔自治区党委宣传部联合拍摄《车行新疆——边境口岸城市》系列纪录片；完成2013中国–阿拉伯国家博览会和中阿广播电视合作论坛的报道任务；开外语频道先河，首次完整直播体育赛事——中国–科威特青年足球友谊赛；拍摄20集汉语教学情景剧——《我们的编辑部》等。央视网调查显示，高达95%的观众经常收看阿拉伯语国际频道的新闻节目，每天收看1小时以上的观众超过40%，满意和比较满意的观众达72%。2013年有来自18个阿拉伯国家的代表团12次访问阿拉伯语国际频道。在埃及、沙特、卡塔尔和阿联酋四国代表团访问中国期间，阿拉伯语国际频道派出采访组在北京、上海全程报道了访问行程，并接待代表团来中央电视台参观，组织座谈会，就加强新闻合作和扩大智库力量展开交流讨论。外交部西亚北非司专门向台里发出感谢信，肯定了阿拉伯语国际频道的全程报道和接待工作并表示诚挚感谢。

2013年12月10日～16日，中央电视台和苏丹东方卫视合作在苏丹举办为期7天的“中国电视周”。阿拉伯语国际频道拍摄、翻译、制作的节目在苏丹东方卫视的黄金时间每天播放30分钟。阿拉伯语国际频道应科摩罗广播电视局国际合作司邀请，选出部分优秀纪录片和专题节目，制作成DVD寄送给科摩罗广播电视局，科摩罗国家电视台多次播出，节目受众约80万人。阿拉伯语国际频道提供反映中国传统文化的优秀节目，给国家新闻出版广电总局赴突尼斯、也门访问团进行节目交流。黎巴嫩国家电视台摄制组应国家新闻出版广电总局邀请赴中国拍摄制作的关于中国的纪录片，提供给阿拉伯语国际频道播出。

CCTV–Русский 俄语国际频道

中央电视台俄语国际频道于2009年9月10日正式开播，旨在加强中国与独联体国家以及其它使用俄语的国家和地区之间的相互了解、交流与合作，向全球俄语观众介绍中国，传递中国声音，展示中国形象。

2013 年，俄语国际频道有新闻资讯、专题服务、综艺益智、影视剧等栏目 14 个，即《综合新闻》《财经新闻》《观点》《对话》《北京时间》《旅游指南》《跟我学》《中国厨艺》《纪录片》《故事汇》《胜者为王》《综艺大观》《流行乐坛》《放映厅》。《综合新闻》和《财经新闻》栏目每天有 8 档整点直播，及时阐述中国对国际事务的立场和观点，文化艺术及教学类专题节目每天首播 6.5 小时。俄语国际频道先后同远东西伯利亚 7 个州、边疆区和共和国的电视台建立伙伴关系，同白俄罗斯国家电视台和独联体政府间电视台保持良好合作关系，同吉尔吉斯斯坦电视台、哈萨克斯坦国家电视台开展业务互动。

2013 年，俄语国际频道制作播出 333 条自采新闻，总时长 3427 分钟 25 秒，其中自采新闻占新闻总量 31.3%。频道植入式对外传送的报道成片超过 370 条。"两会"期间推出《民生中国》《大使看两会》《外媒看两会》等一系列特别节目，并完成国家主席习近平访问俄罗斯、"神十"发射等 31 场重大直播任务的安全播出。俄语国际频道成功主办"首届上合组织国家广电媒体研讨会"和"首次上合国家电视媒体新疆联合采访活动"，同 5 家俄罗斯远东地区的电视台合作拍摄了电视系列片《大界河》，将黑龙江两岸的中国和俄罗斯在经济、社会、文化等方面的发展状况和交流成果客观真实地展现给俄语地区观众。频道以欧美同学会 100 周年为契机，制作《等着我》特别节目 5 集纪录片《铸梦》。其中《大界河》《铸梦》分别获得中央电视台 2013 年度优秀节目二等奖。

中国 3D 电视试验频道

中国 3D 电视试验频道由中央电视台、北京广播电视台、上海广播电视台、天津广播电视台、江苏电视台、深圳市电视台六家电视台联办，六家电视台分栏目制作 3D 电视节目，统一在中央电视台播出。这是中国首个立体电视节目的综合性试验频道，节目内容涵盖动漫、体育、专题片、影视剧、综艺等，以及重大活动现场转播。电视节目信号通过全国各地的有线电视网络传送，拥有有线高清电视机顶盒、3D 电视机的用户可以收看到立体效果的电视节目。节目选择与编排重在展现 3D 画面的优势。

2013 年，3D 试验频道有《宇宙》《南北战争》等科教、纪录片，《红河谷》《天鹅湖》《胡桃夹子》等歌舞剧，综艺、专题片等。元旦、春节期间，对节目单进行打破时段的特殊编排。"五一"、"十一"期间，挑选符合节日内涵和氛围的节目。暑期，对 CCTV 立体观天下时段的节目进行暑假主题编排。3D 频道自制一批优秀节目。其中，专题片《留住传统：空竹》《乡土滋味：北京》、2013 春节联欢晚会 3D 纪录片《春晚是怎样炼成的》得到观众的好评，获得多个奖项。

（总编室规划部提供）

2013年中央电视台栏目目录

第一部分　常规频道

CCTV-1综合频道

正大综艺
请您欣赏
国际艺苑
状元360
分秒必争
我们有1套
精彩一刻
人口
天气预报
公共宣传推介时段
寻宝
生活早参考
新闻联播
晚间新闻
新闻30分
人与自然
动物世界
中华民族
今日说法
看见
谢天谢地你来啦
环球科技视野
首席夜话
第一动画乐园
开讲啦
撒贝宁时间
小崔说事
生活提示
天天饮食
为了你
魅力·纪录

CCTV-1综合频道(高清)

我们有1套
状元360
精彩一刻
人口
请您欣赏(总)
天气预报
天天饮食
生活早参考
第一动画乐园
新闻30分
朝闻天下
晚间新闻
新闻联播
今日说法
开讲啦
撒贝宁时间
动物世界
寻宝
看见
远方的家
小崔说事
首席夜话
分秒必争
人与自然
环球科技视野
国际艺苑
中华民族

CCTV-1综合频道(香港)

正大综艺
谢天谢地你来啦
生活早参考
寻宝
粤语剧场
看见

CCTV-2财经频道

经济与法
交换空间
消费主张
商道
生财有道

第一时间
中国财经报道
经济信息联播
经济半小时
环球财经连线
交易时间
对话
市场分析室
财富好计划
购时尚
一槌定音
央视财经评论

CCTV–3综艺频道

舞蹈世界
剧场
艺术人生
星光大道
激情广场
非常 6+1
我要上春晚
综艺喜乐汇
向幸福出发
艺览天下
欢乐一家亲
文化正午
文化视点
天天把歌唱
回声嘹亮
动物传奇
文化讲坛
文化大百科
开门大吉
我爱满堂彩
综艺盛典
越战越勇

CCTV–4中文国际频道（亚洲、欧洲、美洲版）

中国文艺
中华情
快乐驿站（海外版）
精彩回放（海外版）
精彩一刻（海外版）
国宝档案
百家讲坛（海外版）
快乐汉语
天天饮食（海外版）
华人世界
城市 1 对 1
动画城（四套）
周末影院（海外版）
深度国际
中国新闻
今日关注
今日亚洲
天涯共此时
中华医药
海峡两岸
体育在线
走遍中国
探索·发现（海外版）
文明之旅
远方的家
寻宝（海外版）
流行无限
外国人在中国
双语剧场
智慧树（海外版）
大家（海外版）

CCTV–5体育频道

城市之间
体坛快讯
体育新闻
体育世界
赛车时代
体育晨报
午夜体育报道
现场直播（体育）
实况录像
足球之夜
天下足球
体育欣赏
精彩 F1
顶级赛事
实况足球
运动空间
篮球公园

体育人间
武林大会
健身舞起来
体育星探
冠军欧洲
欧冠开场哨
巅峰时刻
体育直播间

CCTV–5+体育赛事频道(高清)

赛事集锦
经典回顾
实况录像
现场直播
5+ 典藏
体育直播间
赛事纪录

CCTV–6电影频道

译制片
中国电影报道
世界电影之旅之资讯快车
佳片有约
世界电影之旅
频道出品
儿童片
纪录片
爱上电影网
美术片
动画片
我的电影梦
电影频道梦工厂
故事片

CCTV–7军事 · 农业频道

乡村大世界
阳光大道
科技苑
致富经
军事科技
农广天地
军旅文化·大视野
军事报道
聚焦三农
中国武警
每日农经
法制编辑部
乡约
防务新观察
军事纪实
百战经典
乡土
军迷淘天下
讲武堂
军营大舞台
谁是终极英雄
军旅人生
美丽中国乡村行

CCTV–8电视剧频道

影视同期声
海外剧场
影视俱乐部
周日影院
环球影院
大剧场
佳艺剧场
电视剧（高清版）
电视剧
好剧连台
第 8 频道
本集提要
电视剧（高清文件）
海外剧场（高清）
原声影视

CCTV–9纪录频道

纪录电影
寰宇视野
人文地理
特别呈现
时代
发现
真相
自然
万象

CCTV–9Documentary

历史传奇
人文地理
时代写真
特别呈现
发现之路
精彩放送

CCTV–10科教频道

科技之光
走近科学
百家讲坛
我爱发明
原来如此
地理·中国
自然传奇
健康之路
讲述
人物
探索·发现
欣赏
大家
第10放映室
科技人生
读书
欢聚夕阳红

CCTV–11戏曲频道

戏曲采风
跟我学
过把瘾
名段欣赏
九州大戏台
CCTV空中剧院
青春戏苑
影视剧场
戏苑百家
中国京剧音配像精粹
一鸣惊人
快乐戏园
梨园闯关我挂帅
主持人全天伴视
锦绣梨园

CCTV–12社会与法频道

见证
天网
忏悔录
庭审现场
道德观察（日播版）
心理访谈
班长对班长
法律讲堂
一线
法律讲堂（文史版）
小区大事
热线12
夜线
平安365
普法栏目剧
从我做起
夕阳红

CCTV–13新闻频道

国际时讯
环球视线
24小时
新闻直播间
新闻调查
新闻1+1
新闻周刊
世界周刊
东方时空
焦点访谈
每周质量报告
法治在线
共同关注
午夜新闻
面对面
朝闻天下
环球记者连线

CCTV–14少儿频道

音乐快递
英雄出少年
智力快车
银河剧场

动漫世界
动画乐翻天
文学宝库
动画梦工场
快乐大巴
动画剧场
动漫星空
新闻袋袋裤
大风车
七巧板
异想天开
快乐体验
智慧树
动感特区
童心回放
大仓库
绿野寻踪
看我 72 变
成长在线
芝麻开门

CCTV–15音乐频道

中国音乐电视
音乐告诉你
CCTV 音乐厅
经典
影视留声机
星光舞台
风华国乐
民歌 · 中国
百年歌声
精彩音乐汇
音乐人生
一起音乐吧
魔法奇迹
音乐传奇
乐游天下
快乐琴童
歌声与微笑
今乐坛

CCTV–NEWS英语新闻频道

中心舞台
自然
发现
旅游指南
文化报道
体育报道
今日亚洲
新闻一小时
新财富
财经亚洲
财经高峰会
中国 24 小时
世界观察
整点新闻
今日话题
看中国
海客谈
东方
财经亚洲（美洲版）
美洲观察
对话非洲
非洲人物
热点
非洲直播室

CCTV–Français法语国际频道

文艺舞台
学汉语
新探索
外国人看中国
旅游指南
电视剧
综合新闻
纪录片
缤纷生活
对话
自然
学功夫
财经新闻
非洲时间

CCTV–Español西班牙语国际频道

中华艺苑
学做中国菜
学汉语
神州行

影视看台
财经新闻
综合新闻
这就是中国
纪录片
对话
百科天地
拉美视点

CCTV–العربية 阿拉伯语国际频道

中国文艺
中国之旅
跟我学
电视剧
综合新闻
纪录片
对话
话说中国
中国·中东
每周财经

CCTV–Русский 俄语国际频道

中国厨艺
放映厅
财经新闻
综合新闻
旅游指南
纪录片
胜者为王
综艺大观
流行乐坛
跟我学
故事汇
观点
北京时间
对话

CCTV–3D

舞蹈世界
CCTV 立体观天下
健身舞起来

（总编室提供）

第二部分　付费电视及长城平台频道

电视指南频道

整点冲击播
数字飙榜
精选黄金档
指南 100
精品点击

第一剧场频道

热门影院
环球影院
微影天地
电影精选

风云剧场频道

海外剧风
假日大放送

怀旧剧场频道

露天电影院
汇剧经典
经典重温

女性时尚频道

尚峰汇
Fashion 精选
时尚秀场
生活早参考
宝贝一家亲
远方的家
中华医药
人物
讲述
见证
流行无限
时尚中国
半边天
交换空间
购时尚
向幸福出发

央视文化精品频道

生财有道
天天饮食
中华医药
我要上春晚
探索·发现
见证
快乐驿站
智慧树
百家讲坛
我爱满堂彩
星光大道
文化大百科
艺术人生
综艺盛典
向幸福出发
天天把歌唱
寻宝
回声嘹亮

风云音乐频道

风云现场
榜上风云
乐乐欲试
流水 MV

世界地理频道

世界地理 30 分
世界地理 50 分
经典记录
探索

央视台球频道

赛事集锦
精彩一杆
赛场直击
台球学堂
人物专访
台球快讯
第一现场

风云足球频道

国际足球赛场
欧战快报
足球实况
绝妙好球
足球华彩
足球亚洲
欧冠开场哨
世界杯殿堂
欧陆烽火
足球记忆
关于足球
足球之美
经典无限
天天足球

国防军事频道

装备时空
战争谜中谜
精品典播
大家谈
军周刊
影视背景
军事全记录
军事播客

高尔夫·网球频道

高尔夫时间
网球时间

CCTV–娱乐频道

精彩看长城
一锤定音
非常 6+1
健康之路
百家讲坛
我爱满堂彩
星光大道
文化大百科
天天饮食
艺术人生
综艺盛典
向幸福出发
天天把歌唱
精彩看长城
寻宝

回声嘹亮
电视剧

CCTV–戏曲频道

跟我学
名段欣赏
锦绣梨园
CCTV 空中剧院
九州大戏台
地方戏之窗
一鸣惊人
过把瘾
青春戏苑
中国京剧音配像
戏曲电视剧

中国3D试验频道

立体观天下

（中国国际电视总公司提供）

第三部分　网络电视频道

互联网业务平台

新闻台

现场派
城视新闻
图解
煊一会客厅
复兴论坛
复兴民调
网言网语
是真的吗

经济台

资讯
股票
观点
专题
3·15 调查
3·15 投诉平台
公司调查
财经热点调查

时政频道

领导人视频集

历史频道

365 历史影像志

评论频道

央视网评

军事频道

军事大视野

视频频道

记者调查

图片频道

图说中国人的生活

视频

直播电视
节目时间表
电视频道
电视栏目
中国电视先锋榜
网络视听联盟

纪实台

人文历史
军事
人物
时政
探索
社会
CCTV–9 官网
专题
纪录片名人工作坊
获奖纪录片专场
央视纪录片专场
美国国家地理纪录片专场
BBC 纪录片专场
微纪实

顶级首播
魅力·纪录官网
走近真相
纪录片库

中国纪录片网

政策信息
产业聚焦
评优展示
精品推荐
微纪录·征集活动
行业资源库
纪录片园地

播客台

原创频道
拍客视频
达人视频
幽默视频
影视视频
宠物视频
新闻视频
娱乐视频
体育视频
时尚视频
生活视频
音乐视频
汽车视频
科教视频
母婴视频
校园视频
纪实视频
动漫视频
财富视频
游戏视频
其他视频
原创专辑
拍客专辑
达人专辑
幽默专辑
影视专辑
宠物专辑
新闻专辑
娱乐专辑
体育专辑
时尚专辑
生活专辑
音乐专辑
汽车专辑
科教专辑
母婴专辑
校园专辑
纪实专辑
动漫专辑
财富专辑
游戏专辑
其他专辑
名人电视台
高校电视台
达人电视台
机构电视台
西柚大锋报
牛人榜中榜
萌宝逗趣秀
宠物欢乐汇
一周爆笑视频

电视剧台

电视剧库
首播剧场
黄金档剧场
精选剧场
情感剧场
明星剧场
影视片花
影视时间表
CCTV–8 官网
策划
戏中人
影视快报
娱乐新发现
影视风向标

电影台

电影目录
老电影院
微电影
电影片库

片花剧场
明星影院
电影节连展
电影栏目
北美票房榜
内地票房榜
观影指南
大片点评
策划
CCTV–6 官网

动画台

动画片库
高清动画
央视热播动画
动画播出时间表
口袋动画影院
动画电影
预告片
动画歌曲
资讯
动漫节连展
中国梦·动画梦乐园
策划

高清台

电影
电视剧
纪录片

3D视听中国

3D 大片
3D 娱乐
3D 探奇
风向标
实验室
小贴士

科教台

分类点播
科教名栏
科教资讯
科教专题
探索图库
检索地图
排行榜

青少台

宝贝来了
成长课堂
青少剧场
百科探秘
亲子教育

体育台

直播
篮球
足球
NBA
CBA
国际足球
中国足球
欧冠
西甲
意甲
德甲
中超
亚冠
网球
台球
赛车
排球
乒乓球
羽毛球
拳击
田径
北美职业冰球
水上运动
冰雪运动
综合体育
高尔夫
绿茵奥斯卡
图说体育
封面人物
体娱
体汇
体育评论

5+ 俱乐部
中华龙舟大赛
体坛风云人物

综艺台

明星
电影报道
电视报道
音乐报道
戏剧演出
图库
滚动新闻

戏曲台

聚焦梨园
粉墨登场
听戏学戏
名家名段
戏曲影视

音乐台

MTV
娱乐星闻

爱公益

公益资讯
讲文明·树新风公益广告
公益时评
视频公益广告
公益专题

央视博客

主播
记者
娱乐
体育
草根

央视微博

微访谈
微直播
央视网政务微博

游戏台

新闻中心
游戏视频
网页游戏
电子竞技
美图欣赏
新游戏
儿童游戏
游戏大厅
易橙平台

红色旅游网

红色资讯
红色记忆
红色旅游
中国·红色景区大全
青海原子城景区数字展馆
红旅大展台
红色档案
红色文化
红色图片
红色视频
红色旅游网上行
红色大讲堂

三农台

致富殿堂
农产品交易
CCTV–7 栏目
三农新闻
市场信息
科技致富
视说三农
精彩专题
三农微博
特产
7+ 农业

汽车台

国内新车
进口新车
行业新闻
汽车行情

厂商新闻
新车谍照
对比选车
精彩图说
国内试驾
原创试驾
养车经验
装饰改装
召回
汽车文化视频
汽车运动视频
试驾
汽车电影
汽车博物馆
中国汽车舆情
视频说明书

商城

爱购物
电商媒体
反假联盟

健康台

健康有约
央视网肿瘤频道

时尚台

时装
美容
品味
女性

中国公开课

大学
高中
初中
小学
央视精品
专业课堂
休闲生活
个人中心
CNTV 原创精品课

专题策划

书画频道

看展
艺术资讯
设计
插画
艺术品投资
艺术家
摄影
艺术公开课
艺术名人堂
书写大会
翰墨音缘官网

英语频道

新闻
中国新闻
世界新闻
经济新闻
文化新闻
体育新闻
生活新闻
旅游
学汉语
纪录片
视频页面
图集
直播页面
CCTV 美洲
CCTV 非洲
专题页面

阿拉伯语频道

新闻
中国新闻
世界新闻
中东新闻
视频新闻
图片新闻
专题
经济新闻
文化新闻

西班牙语频道

新闻
中国新闻
世界新闻
拉美新闻
文化新闻
体育新闻
经济新闻
视频
中国视频
世界视频
拉美视频
文化视频
体育视频
经济视频
直播页面
专题

法语频道

中国新闻
世界新闻
经济新闻
文化新闻
体育新闻
电视剧频道
视频页面
直播页面

俄语频道

新闻
俄罗斯新闻
文化新闻
多媒体
学汉语
体育新闻
科技新闻
旅游新闻
电视剧频道
直播页面
独家报道

维吾尔语频道

新闻
科教
综艺
文化
电视直播

哈萨克语频道

新闻
科教
综艺
文化
电视直播

蒙古语频道

新闻
视频
生活
综艺
图片

韩语台

新闻
图片
体育
文化
旅游
生活
电影电视
纪录片

北美本土网

新闻
文化
旅游
生活
财经

亚太本土网

时事新闻
娱乐新闻
体育新闻
经济新闻
社会生活新闻

拉美本土网

拉美新闻
体育新闻
文化新闻
娱乐休闲新闻
经济新闻
社会新闻
拉美人物专访
学汉语
中国饮食文化
中国旅游
中国剧场

欧洲本土网

时事新闻
体育新闻
经济新闻
社会生活新闻

中东本土网

中国·中东
中东时政
中东文娱
中东经济
中东体育

俄罗斯本土网

新闻
俄罗斯新闻
中国新闻
世界新闻
文化新闻
多媒体
学汉语
经济新闻
体育新闻
科技新闻
旅游新闻
电视剧频道
直播页面
独家报道
专题

熊猫频道

精彩一刻
熊猫看今天
熊猫人物志
熊猫百科
熊猫物语

朝鲜语频道(地方合作)

新闻
体育
音乐
文学
朝鲜族
朝鲜语规范
TV
广播

粤语台(地方合作)

粤地频道
社会频道
娱乐频道
体育频道
财经频道
女性时尚
快乐旅游
房产家居
汽车
健康医疗
文化教育
科技数码
动漫网游
粤文化
学粤语
粤原创
粤综艺
广饮广食

潮州台(地方合作)

潮州新闻

CCTV中学生频道(合作)

新闻中心

电视直播
课程视频
频道栏目
师资团队
产品服务

台海宽频(地方合作)

i 新闻
看台湾
i 厦门
i 广电
i 上直播间
i 生活
i 娱乐
i 军事纪实
i 影视

广西宽频(地方合作)

广西新闻
广西综艺
南宁
博览会
广西交通频道
新闻
晚会
专题
直播栏目
搞笑
活动

珠澳宽频(地方合作)

新闻
澳门快报
珠海零距离
TV
广播

长株潭台(地方合作)

新闻
直播
点播
两型社会
广播

访谈
专题
纪实
图集

中国电视报(合作)

百姓关注
收视指南
环球影视
京城导视
节目时间表

移动互联网平台

CCTV手机电视

直播
资讯
体育
娱乐
电影
电视剧
央视名栏

手机央视网

新闻
财经
科技
体育
娱乐
生活
央视名栏
直播
品牌大活动
实用信息

IP电视平台

电影天地

最新上线
动作警匪
科幻惊悚

爱情文艺
喜剧搞笑
动画电影
战争历史
欧美大片
华数大片
故事剧情
档期预告
精彩专题

电视剧场

同步首播
韩剧专场
古装历史
谍战动作
港台剧场
海外剧场
军旅革命
家庭伦理
都市爱情
月度 TOP 榜
华数热剧
精彩专题

少儿动画

动画 TOP20
幽默搞笑
动作冒险
古代武侠
神话经典
喜羊羊
少儿栏目
益智课堂
精彩专题

健康生活

精彩专题
金牌栏目
时尚前沿
美容减肥
玩转地球
心路历程
生活窍门
最风尚

综艺娱乐

光线专区
精彩专题
栏目 TOP 榜
娱乐八卦
选秀 PK
音乐 MV
明星访谈
晚会盛典
搞笑幽默
曲艺荟萃

第一体育

NBA
体坛资讯
CBA
搏击格斗
电子游戏
劲爆足球
综合体育
体育名栏

法治空间

名牌栏目
法律服务
社会万象
案发现场
法治新闻

新闻频道

名栏
国内
国际
军事
财经
社会
体育
娱乐
新闻专题

财经视界

财经名栏
精品车尚

农广经济
收藏鉴宝
消费指南
理财专区

纪实频道

精彩专题
金牌栏目
战争风云
寰宇地理
人与自然
人间百态
探索·发现

CCTV移动传媒平台

公交频道

轻松驿站
商界视点
天天饮食
巴士大人物
华语巴士音乐榜
家有妙招
画说理财
养生坊
影视赞着看
娱乐站站停

广场频道

全纪录
杂技英豪
星球大战
世界在眼前
时尚秀场
食在中国
文化中国
最美中国

民航频道

赏游天下
时尚空间
美食天下
发现探索
欢笑时分

列车频道

游历中国
赛事加油站
开心时刻
生活提示
世界在眼前
杂技英豪
时尚快车
动画乐翻天

快客频道

美音美秀
快客探秘
快客驿站
快客剧场

（中国网络电视台提供）

2013年中央电视台新增及改版栏目选介

为了你

《为了你》节目由综合频道制作。节目宗旨是弘扬给予比得到更快乐的价值观念，重树好人有人帮的传统道德信仰，此档节目改变了益智节目一直以来以个人赢取奖励为目标的宗旨，改变了以往益智节目不涉及道德价值取向的局面，赋予了传统的益智节目以助人、利他的道德价值观，充满了亲情、友情等美好情感的真诚互动。每期节目有几名爱心同盟抱着帮助别人摆脱困境、改变命运的目的而来，为身处困境的“好人”提供公益资助，帮助他们摆脱困境，实现人生的转折。

节目于2013年1月20日～2014年3月22日每周六22：30在综合频道播出，时长50分钟。电话：010－85063281。电子信箱：wnezhcctvl@l63.com。网址：www.cctv.cntv.cn/lm/weinierzhan/。

正大综艺 · 宝宝来啦

《正大综艺 · 宝宝来啦》是综合频道《正大综艺》栏目制作的一档大型家庭亲子类游戏节目。这是一档全新的、由父母预测孩子行为的大型亲子互动节目，参与家庭的孩子年龄2岁至4岁。节目中孩子做游戏，家长竞猜，能否收获“成长基金”奖励取决于宝宝同父母的“默契”程度。节目中的参赛家庭互不构成竞争关系，所有参赛家庭在节目最后角逐“宝宝成长基金大奖”，符合《正大综艺》开心快乐全民参与的精神传承。节目于2013年9月初第一次录制，同年11月10日向全国推出节目。节目采取双演播室录制，有两位主持人，每期节目共有5个家庭参与，内容包括家庭介绍和故事访谈、宝宝游戏竞猜、宝宝家庭滑稽录像、宝宝有话说、宝宝真人秀、牙牙学语赢大奖等多个环节。

节目于2013年11月10日起每周日18：00在综合频道首播，2014年1月13日起每周一12：30在财经频道重播，播出时长50分钟。电话：010－68506580。电子信箱：baobaocctv@126.com。网址：www.cctvl.cntv.cn/special/baobaolaila/shouye/index.shtml。

撒贝宁时间

《撒贝宁时间——证据在说话》是中央电视台综合频道于2013年3月29日推出的一档全新的周播法制栏目，节目以普通观众为目标受众，由主持人撒贝宁独立主持。这是综合频道2013年系列创新项目之一。

2012年5月起，中央电视台综合频道在每周五23：37推出该节目的试播版《小撒说法》，播出4期收视率比之前同时段播出的节目高70%到100%。

《撒贝宁时间》属于探案推理类法制节目。节目共有三大特色，即可以穿越时空的演播室、变身侦探的主持人、影视化的刑侦逻辑分析。

栏目于2013年3月29日起每周五23：37在综合频道播出，时长50分钟。2013年9月11日后调整为每周四23：37播出。2014年1月栏目播出时间每周四22：35在综合频道首播，每周日12：35重播。网址：www.cctv.cntv.cn/lm/sabeiningshijinan/index.shtml。

是真的吗

《是真的吗》栏目是由中央电视台财经频道倾力打造的一档大型互动求证栏目，本栏目首创网台联动的全新方式，携手电视观众与广大网友，通过各大新媒体共同互动征集线索，同时经过专业团队全方位调查取证，打造负责任、有思考、敢直言的权威节目形象。为观众直击真相。每期节目由脱口秀、真相调查视频、现场真假实验、嘉宾猜真假等游戏环节构成，新闻调查与综艺娱乐、脱口秀元素相结合，用最幽默的语言讲述最严肃的事件。

栏目于每周六19：30在财经频道播出，每周日14：30在财经频道重播，每周一24：40在综合频道重播，栏目总时长59分钟30秒。电话：010－68550848。网址：www.jingji.cntv.cn/program/shizhendema/。电子信箱：cctvshizhendema@126.com。新浪微博：weibo.com/cctv2shizhendema。

黄金100秒

《黄金100秒》是中央电视台综艺频道2013年推

出的一档全新的综艺游戏节目。是一档原版引进海外节目模式，加以本土改造的节目。节目引进自世界最大的电视节目创意制作公司 Fremantlemedia 公司。自 2013 年 6 月 2 日在中央电视台综艺频道开播以来，取得优异的收视成绩和良好的口碑。《黄金 100 秒》的基础形态是一档综艺节目，以丰富的文艺节目为主体，加上游戏节目的投票惩罚环节。《黄金 100 秒》节目每期有 10 位表演者进行角逐。主持人李佳明和杨帆组成黄金搭档。《黄金 100 秒》节目在全国各大城市进行海选推广活动，走过全国七个省十多个城市，到基层到百姓身边选拔人才，深受广大百姓的喜爱和支持。

节目于每周日 21：00 在综艺频道首播，节目时长 90 分钟。电话：010-68550873。电子信箱：huangjin100s@qq.com。节目微博：@CCTV 黄金 100 秒。

外国人在中国

《外国人在中国》是中央电视台首个以外国人为拍摄对象的纪实性专题节目，由中文国际频道创办。节目旨在通过记录外国人在中国的生活状态和人生故事，以个性化的视角展示中国博大精深的传统文化，折射当代中国的发展变化以及开放包容，是一个“在中国的外国人”喜闻乐道的个性化展示平台。节目中外国人不一样的个体故事和人生态度，以及生活方式和价值观，成为观众的互动对象与对比坐标，展现了日益宽容、多元、开放、自信的当代中国社会图景。

节目于 2013 年 2 月 23 日起在中文国际频道播出，亚洲版每周六 13：00 首播，周六 02：30、周日 05：30 重播；欧洲版周六 1：00 首播；美洲版周一 05：00 首播，周一 15：30 重播。每期节目时长 30 分钟。电话：010-85068384。电子信箱：wgrzzg@vip.cntv.cn。

首届 CCTV 贺岁杯系列赛

首届 CCTV 贺岁杯系列赛于 2013 年 2 月 1 日～ 6 日在体育频道播出，共有象棋、围棋、羽毛球、乒乓球、搏击、九球（台球）6 项顶级赛事。该栏目由体育频道自主创办，一是主打“电视贺岁”概念，选择中国观众喜爱的项目，对比赛环境、比赛方法进行电视化包装；二是体现顶级水平，其中包括中国围甲联赛超霸赛“最有价值棋手”古力九段和“联赛最佳主将”时越五段进行巅峰对决等；三是贴近基层群众，邀请“最美乡村医生”、“最美乡村教师”等基层代表人物为赛事颁奖，增加观众互动及运动员才艺展示环节，拉近专业体育与群众之间的距离。本次系列赛从比赛形式设置到赛事制作播出，均由体育频道联合中视体育完成。

《谁是球王》第二季

《谁是球王》第二季——中国羽毛球民间争霸赛于 2013 年 10 月 17 日在北京启动，这是继中国乒乓球民间争霸赛之后，中央电视台推出的又一大型民间体育赛事，为普通百姓搭建一个大众参与的圆梦平台，旨在展现体育运动带给人们的正能量，推动全民健身运动。本次比赛设置东北、华北、西北、西南、华南、华东和两个行业体协共八大赛区、六大组别。大赛规程均采用三局两胜制。各省市海选的冠军进行大区赛，大区冠军在北京进行全国总决赛，争夺“球王”头衔。

节目由体育赛事频道播出海选赛事，体育频道直播大区赛决赛和总决赛，每周末播出“谁是球王”专题节目。网址：www.qiuwang.sports.cntv.cn/news/。

NBA 最前线

《NBA 最前线》节目是由体育频道与 NBA（美职篮）联合打造的周播栏目，于 2013 年 2 月 21 日开播，内容包括精彩比赛缩编、球星故事、球队动态、历史传奇、历史经典比赛、突发新闻等，每期节目分为最前线扫描、最前线速递、最前线闪回、最前线球星 4 个板块。自 11 月张卫平指导受聘担任前方观察员之后，节目新增了张指导美国前方专访内容，节目每期围绕相应的重点制作，抓住了最热最新的 NBA 动态。

《NBA 最前线》节目特点清晰，主持人凸显节目的青春活力，获得好评。节目组推出吉祥物篮球帽熊猫，可爱、讨喜，力求带给观众更多青春活力。

节目每周四 19：30 ～ 21：25 在体育频道直播，节目播出时长 115 分钟。

第 2 届亚洲青年运动会

第二届亚洲青年运动会于 2013 年 8 月 16 日～ 24 日在南京举行。体育频道派出 180 人的团队对亚青会 16 个大项、122 个小项进行全面报道。期间，每天制作新闻近 50 条，回传新闻 130 分钟，在体育频道两档新闻栏目中滚动播出。日均十几个摄制组前往各赛场采集制作，为近 40 家国内外媒体提供 350 分钟的赛事集锦。同时，还出色完成开闭幕式公用信号制作及直播工作。此外，频道通过前方访谈节目制作、现场微博报道等形式，平均每天在中国网络电视台体育台播发图文报道 5 篇，通过频道微博、微信等平台平均每天发布4条亚青会独家报道，突出表现“亚洲青年人的节日盛会”这一主题。

自行车系列赛事制作

2013年9月～11月，体育频道首次完成自行车赛事的全程自制直播，包括：“环中国国际公路自行车赛”、“环海南国际公路自行车赛”、“环太湖国际公路自行车赛”、“环福州国际公路自行车赛”，共6场直播、3场录像的制作。

自行车项目的转播及技术支持团队先后转战陕西、天津、海南以及江苏等省市，对上述的几大自行车赛事的部分赛段完成了公共信号的制作及体育频道节目的现场直播。转播赛段涵盖了城市公路、乡村道路、山地等多种路况以及城市多圈绕圈、城镇单圈绕圈、多城市间单线公路赛等多种比赛形态。共出动2架直升机、4辆摩托车、3套转播系统、2套无线微波传输接收系统、2套无线通讯系统以及多地的有线光缆网络传输系统来共同完成国内转播难度最高的单项体育赛事。

爆笑体育

《爆笑体育》由体育频道《天下足球》栏目组制作，这是一档融合体育赛事中的搞笑趣味镜头、幽默夸张的配音、酷感现代的包装等多种元素的节目，旨在体现体育赛事的娱乐性。节目包括足球、篮球、排球、乒乓球等各种项目中的难得一见的搞笑画面，这些搞笑画面来自于国际大赛、国内外全民健身等节目。节目力争将“笑果”最大化，搞笑只是节目形式，宣传体育文化、宣扬奥林匹克精神才是节目的精髓所在。

第一期播出内容包括体育赛场上幽默滑稽的失误镜头集合。

《爆笑体育》栏目于2013年3月18日～2014年1月27日在体育频道每周一21：00～21：25首播，播出时长25分钟，重播时间不固定。电话：010-85065379。电子信箱：totalsoccer@vip.sina.com。网址：www. sports.cntv.cn/zonghe/special/funny/。

军迷淘天下

《军迷淘天下》是军事节目中心研发的一档军事探秘类节目，节目旨在以军事爱好者的视角行走天下。节目外景主持人带领观众访寻战争遗址、现场直击军事行动、零距离接触武器装备，内景主持人在演播室里直观绘图，解密事件背景和热门装备。节目发挥互动式推进的风格，外景与演播室互动，外景节目与电视观众互动，军事节目以一种轻松的面貌展现在观众面前。节目还引入网络参与和评级体系，定期举办线下活动，最大限度地调动广大军迷的参与热情，增强与观众的交流与联系，栏目成为全国军迷交流的大本营、国防教育的大课堂。

节目于7月28日正式播出，每周日17：30在军事·农业频道播出，次周六09：40重播，节目播出时长24分钟。电话：010-66792452。电子信箱：junmittx@126.com。

军旅人生

《军旅人生》栏目的前身是《和平年代》，自2013年10月1日起改版，更名为《军旅人生》。《军旅人生》是军事节目中心制作的一档人物专题类军事节目，着眼于“讲述军旅故事、分享励志人生”。节目内容既包括现实中的先进典型、热点军旅人物，也包括热爱国防、献身国防的普通官兵。通过“我的自画像”、“我的励志故事”、“我的另一面”讲述并解读人物拼搏进取的励志故事，凝炼军人精神，铸就人格魅力，传递正能量，集中反映新时期我们共同的梦想——“中国梦·强军梦”。

栏目每周一至周五22：40分在军事·农业频道首播，17：30重播，播出时长24分钟。电话：010-66793484。电子信箱：jlrs2013@Sina.com。

影视名堂

《影视名堂》是中央电视台科教频道2013年10月由原《第10放映室》改版的影视文化评论栏目，以“演播室谈话＋影视作品片断”为表现方式。栏目宗旨是以社会学、文化学、电影美学的三重视角，深度解析影视文化的丰富内涵，建构国内影视文化大众化的评论高地，帮助观众更好地欣赏电视作品。主要内容包括对相关的影视作品、影视文化现象、影史文艺思潮等进行客观、有趣的评论和思考。栏目主要特点是专业精神、业余态度，精英视角、大众情怀。其建构的影视评论风格为客观、公正、犀利、有趣。

栏目于每周六22：45在科教频道首播，次日06：45重播。播出时长为52分钟。电话：010-88243051。电子信箱：ymcf001@sina.com。

跟我学

《跟我学》栏目是中央电视台戏曲频道自主创办的一档老牌教学类节目，以教授戏曲和弘扬、普及民族文化为主旨，多年来受到广大戏迷票友和观众的喜爱，具有多年的群众基础，且在海外华人观众和票房方面有一定影响力。所谓“跟名师、学好戏”，《跟我学》栏目的师资均邀请全国各地戏曲界名家、当红名角，及献身于教学第一线且培养出多位知名演员的教师，所教剧目均为大众熟知、便于流传的经典之作。《跟我学》于2013年9月全新改版后新增答疑解惑、戏曲知识问答、制作学员或老师介绍小片、登台经验介绍、在学员的成分上进行区分等5个板块。

栏目于每日09：30在中央电视台戏曲频道播出，节目时长30分钟。电子信箱：cctvgwx@vip.163.com。

梨园闯关我挂帅

《梨园闯关我挂帅》是2011年1月1日在戏曲频道开播的一档戏曲综艺益智游戏闯关类节目，该节目于2013年6月2日改版。该节目的宗旨是以轻松愉快的趣味答题、幽默爆笑的模仿表演、紧张新颖的闯关游戏以及各路明星的加盟等方式传播推广国粹艺术。节目从音乐设计、包装设计、游戏设计、出场、发奖等各方面都突出轻松、愉快、时尚的特点，又不失戏曲的形式感。让更多的观众尤其是年轻人全方位接触、了解中国戏曲和戏曲文化，以扩大戏曲节目的收视人群。该节目改版后的亮点是每期一个主题、每期100人参加答题闯关，规则简单刺激，发挥主持人的优势。

节目于周五21：26在戏曲频道首播，周一、周三16：36重播，节目时长60分钟。电话：010-63982105。电子信箱：cctvwoguashuai@126.com。

一鸣惊人

《一鸣惊人》是戏曲频道2013年全新打造的一档不分剧种、不分年龄、不分地域的票房团体竞技节目。它在传统与时尚之间寻觅平衡点，让达人与戏迷、专家与观众同场合作。旨在努力打造成全国票房的大舞台，推动票房整体实力的提升，弘扬、传播国粹艺术。这档节目6月7日正式开播，内容以两个戏曲票房团体打擂竞争为呈现主线，现场经过自报家门、粉墨登场、洗耳恭听、戏外有戏几个逐步递进的竞赛环节决出优胜票房。专家评委现场进行深入点评，由现场100位来自各行各业的观众评审投票打分决定胜负。同时，节目大比例采用场内场外、场上场下外拍的形式，深入票房延伸展示票房背后不为人知的感人故事，以点及面，用各具特色的纪录短片诠释热爱国粹艺术的平凡百姓的别样风采。

节目于每周五19：20在戏曲频道首播，周六08：28、周二21：36重播，节目时长60分钟。电话：010-88241425、88241726。电子信箱：1638912909@qq.com。

越女争锋

《越女争锋》由戏曲频道播出的一档越剧专业演员及戏迷越剧表演比赛。为喜爱越剧的优秀青年演员及戏迷提供一个展示平台。节目于2013年12月16日在戏曲频道首播，时长150分钟；2014年1月19日重播，时长120分钟。电话：010-68509838。电子信箱：cctvynzf2013@126.com。

法官解案

《法官解案》是中央电视台社会与法频道的《法律讲堂》重点推出的一档特色栏目；以知识性、权威性、服务性为栏目特色，下设生活版和文史版两个板块。生活版以名家讲座与短片穿插的形式，讲述百姓所遇到的法制故事，寓法理和个性思考于案例中。自2004年正式开播以来，《法律讲堂》生活版形成自己的收视人群，收视率攀升，影响力扩大，栏目连续3年获得中央电视台“品牌栏目”荣誉称号。2012年起《法律讲堂》生活版联合最高法推出《法官解案》系列特别节目，选拔全国各地方的优秀法官，首次作为《法律讲堂》栏目的主讲人，从法官的视角解读案件、解析法律、解决老百姓身边的难题，通过法官的判断、平衡，让普通百姓了解法官眼中案件的事实和真相。

栏目于2012年11月10日18：52在社会与法频道首播，次日10：08、14：15重播，播出时长27分钟。以不定期形式播出。栏目电话：010-65515511。网址：www.cctv.cntv.cn/lm/falvjiangtang/shenghuobanguanwang/index.shtml。电子信箱：cctvfljt@sina.com。

检察官说案

2013年，《法律讲堂》生活版联合最高检推出《检察官说案》系列特别节目。该节目选拔“全国十佳公诉人”检察官作为《法律讲堂》的主讲人，围绕检察官特别是公诉人的主要工作——如何追诉犯罪嫌疑人、追究其刑事责任这个主题而展开，公诉人以其丰富的知识领域、扎实的法律功底，如何依据现有证据查明案情、严密推理还原出案件的真相，又如何对犯罪嫌疑人进行定罪、量刑，在此过程中的法律难点和情感冲突又是什么，构成节目的主线。节目力图通过证据和细节的展示、公诉人对事实真相的追溯，还原一个公诉人亲历的刑事案件。

栏目于2013年12月18日～20日在社会与法频道以不定期的形式播出，时长27分钟。生活版18:52首播，10:08、14:15重播。文史版22:40首播，01:22、07:22、16:08重播。电子信箱：cctvfljt@sina.com。

钓鱼岛为什么是中国的

《钓鱼岛为什么是中国的》是由社会与法频道的《法律讲堂》文史版推出的系列节目。钓鱼岛及其附属岛屿自古以来就是中国的固有领土，中国对此拥有充分的历史和法律依据。但是，个别国家却无视历史事实，与中国屡有争端。2013年国务院总理李克强参观位于德国的波茨坦会议旧址，重申钓鱼岛是中国固有领土。节目搜集了大量珍贵历史影像，全面系统地介绍《开罗宣言》《波茨坦公告》《旧金山合约》等重要国际法律文书的签订过程及其确立的二战后东亚国际秩序框架，观众可以通过节目清晰地从法律的层面了解到钓鱼岛为什么是中国的，而个别国家声称对钓鱼岛拥有主权的理由在法律上又为何不成立。节目主讲人是长期致力于亚太地区国际问题研究的中国国际问题研究所研究员杨希雨，他对复杂的国际问题进行深入浅出的分析，视角敏锐，善于挖掘事件本质。选择与该领域最前沿的专家合作，使节目更具权威性。节目播出后，受到观众的一致好评，并吸引了网民的高度关注。

节目于2013年9月17日～21日23:00在社会与法频道首播，01:22、07:22重播，共5集。

大手牵小手

《大手牵小手》是少儿频道推出的一档大型少儿综艺节目。节目宗旨是为全国亿万少年儿童提供展示才艺的平台，助推偏远贫困地区孩子成才的梦想，以文化惠民的方式为孩子成长的天地播撒欢乐的种子，用爱心链接的实际行动引导孩子们树立正确的人生观。国内许多知名的艺术家们通过“大手牵小手”与孩子同台表演，践行“走转改”活动的既定目标，奔赴全国各地与孩子们“牵手”。该栏目根据少儿频道优秀主持人众多的特点，采用主持群的方式串联节目。不同年代的思维视角，带来不同的快乐分享。主持人每一期都有精彩表演，与孩子们互动。栏目口号是“大手牵小手，向着快乐走”。两首栏目主题歌《大手牵小手》《最好的朋友》，在每期节目的开场和结尾演唱。该栏目由少儿频道名牌栏目《大风车》周末版《风车大舞台》改版而来。

栏目于2012年6月1日起每周六07:30在少儿频道播出，节目时长25分钟。

儿童剧场

《儿童剧场》栏目由中央电视台少儿频道主办，中国儿童艺术剧院协办，双方合作录制。该节目旨在通过演绎中外名著剧作片段，为孩子从小播下戏剧艺术的种子，用优秀的儿童戏剧作品引导孩子们树立正确的人生价值观。《儿童剧场》于2013年制作完成五期样片，并于2014年继续录制新节目。该节目在内容上以戏剧表演为主体，但不拘泥于戏剧，兼容综艺、戏曲、魔术、滑稽等多种形式节目，风格轻松幽默、互动性强，凡孩子们喜爱的节目表现手段均可在《儿童剧场》亮相。

栏目在少儿频道播出，每期51分钟。电子信箱：ertongjuchang@126.com。

看我72变

《看我72变》是中央电视台少儿频道于2013年9月推出的一档综艺类节目，是中国第一档儿童创意表演类节目。它以创意为内容、以想象力为核心、以肢体和道具为创意手段，用诙谐幽默的造型语言讲述儿童对世界的理解。该节目可以激发儿童的创意思维、提高动手能力、培养合作意识，促进良好的亲子关系和师生互动。该节目每期邀请8组小选手进行“创意秀”表演，邀请3名创意观察员，与孩子们亲密互动。评出各个单项奖后，现场50位儿童评委将投票产生本期的周冠军。

节目每周五17:15在少儿频道首播，节目时长45分钟。电话：010–85065928、85065902。电子信箱：cctv72bian@163.com。网址：www.shaoer.cntv.cn/2013/06/25/VIDA1372125802186504.shtml。

星光璀璨——2013新民歌演唱会

《星光璀璨——2013新民歌演唱会》是由中央电视台音乐频道推出的首档以民歌为主要内容的演唱会。该演唱会主打民歌品牌，立足于民族文化的同时，

CHINA CENTRAL TELEVISION YEARBOOK

不拘泥于民歌的传统概念。栏目组力争通过现代化的舞美、灯光、编曲、包装等手段，展现民歌的传承和发展，使观众了解中国民歌、中国民族文化的全景风貌。2013年，《星光璀璨——2013新民歌演唱会》共录制4场演出，导演组在邀请著名民族歌手演唱本民族歌曲的基础上，邀请了中国著名的美声或通俗歌手跨界演绎传统民歌；邀请著名音乐人改编了部分经典民歌；邀请一部分少数民族歌手演绎通俗歌曲或艺术歌曲。据统计,2013年该演唱会在音乐频道播出43次，4场演唱会最高收视份额均达到1%以上。

演唱会的4场演出均在音乐频道周末黄金时间首播,每场时长120分钟。电话:010-68506630。电子信箱:yycw2013@163.com。

寻找刘三姐

《寻找刘三姐》是由中央电视台主办、中央电视台音乐频道承办的国家重点大型歌唱类电视文化活动。该节目寻找全国各民族具有“刘三姐”优秀品质的新时代歌手。《寻找刘三姐》从2013年5月开始实施，历时半年，节目形式全部由音乐频道自主研发。评委分成四组，每组由一位阿牛哥和一位专家组成。阿牛哥由国内著名的青年男歌手担任，专家由中国著名歌唱家、表演艺术家担任。《寻找刘三姐》吸引了李谷一、黄婉秋、刘世龙等老一代艺术家以及2013年青歌赛通俗组金奖获得者王晰、台湾青年歌手辰亦儒以及青年歌手平安等人的加盟。栏目组组织优秀选手与黄婉秋等艺术家两次深入广西，进行“走基层”活动。得到中宣部的肯定及表扬，被列为中宣部重点项目。中央电视台新闻联播等节目也对《寻找刘三姐》走基层进行了多次报道，引起了巨大的社会反响。节目荣获2013年度中央电视台特别节目三等奖。

节目于2013年11月30日起在音乐频道周末黄金时间播出，每集时长90分钟。电话：010-68506630，网址：www.music.cntv.cn/special/xzlsj/。电子信箱：yycw2013@163.com。

快乐琴童

《快乐琴童》是音乐频道唯一一档以少年儿童为受众目标的栏目，2013年，栏目将原来周播形态改为季播形态，推出《超级童声》特别节目。节目以“小孩评小孩，不带大人玩！”为宣传口号，作为一档大型儿童歌唱类节目，面向全国征集4岁以上至12岁以下的参赛选手。该节目对中国经典儿童歌曲进行时尚改编，倡导孩子们以正能量、真声音表达音乐梦想。节目以季播的形式依次播出5场初赛和1场决赛，最终决出本场“人气王”夺得“梦想之麦”。点评嘉宾由孩子们担当，现场有88位大众评审。该节目挖掘孩子的歌唱才华，寻找最具时代感、最真实的超级童声。

节目第一季于2013年5月5日～6月16日在音乐频道首播，6月1日～7月28日重播，节目时长50分钟。节目第二季于8月4日～9月8日首播，9月15日～11月3日重播，节目时长60分钟。电子信箱：cctv15cjts@163.com。

歌声与微笑

2013年《歌声与微笑》栏目全新改版。栏目推出的《歌声与微笑——合唱先锋》节目参赛团体是来自于全国各地的7支优秀大学生合唱团，以淘汰制的方式决出季冠军。该节目打破传统舞美设计，采用三百六十度全景式舞台，使观众近距离感受合唱的魅力。节目增设了第二现场。合唱打破了传统的“一面墙”的表现形式，加入表演、舞蹈等多种艺术元素，合唱曲目表现力丰富，编曲力度加大，合唱音乐更具表现力。拍摄机位从10个增设到27个,镜头节奏更加明快，节目更富吸引力。节目包装采取视觉和听觉双重包装方式，加入特殊光效、加大声效的使用和频率，节目整体趋于年轻观众的欣赏口味，为音乐频道扩大受众群做出尝试。

改版后的《歌声与微笑》栏目于2013年5月5日20：40起在音乐频道播出。播出时长60分钟。重播时间不固定，全年播出日常节目50期，并播出春节特别节目《歌声与微笑·合唱春晚》。电话：010-88243638。电子信箱：cctvgsywx@163.com。

2013年首届CCTV法语大赛

2013年6月20日，中央电视台首届法语大赛启动仪式在梅地亚中心举行。大赛旨在激发中国人学外语的热情，推动对外交往，服务于国家的改革发展和经济建设，同时也希望丰富外语频道节目，扩大法语国际频道的影响。大赛消息发布至全国90多所开设法语专业的院校、数十所培训机构以及国内主要的法语用人单位。特别开通法语大赛官网和网上报名系统，频道通过微博等媒体对赛事进行推广宣传。经过武汉、广州、上海、北京以及线上赛区的选拔赛，数百名报名选手经过语言水平、舞台表现等考核，展示才艺，并与评委进行现场互动，决出30名法语高手入围总决赛，12月初在中央电视台新址经过4场激烈争夺产生最后的冠军。法语频道新媒体平台对比赛进行全程图文直播，期间网民点击阅读累计数十万次，热心粉丝参与互动、转发并评论。

大界河

《大界河》由中央电视台俄语国际频道联合俄罗斯5家电视台——伊尔库茨克AIST电视台、阿穆尔州电视一台、全俄国家广电阿穆尔州分台、哈巴洛夫斯克Gubernia电视台和全俄国家广电符拉迪沃斯托克分台，共同策划、联合拍摄、同步播出8集系列报道节目。讲述普通中俄百姓的真实故事，展现黑龙江两岸壮美风光和多彩民俗，表达“国家有界、友谊无界”的主题，把中俄两国在经济、社会、文化等方面的发展状况和交流成果客观真实地展现给俄语地区观众。节目播出后引起强烈反响，得到俄罗斯媒体同行和普通观众的高度赞扬和一致肯定，片中体现的中国视角和观点更是引人注目。5家电视台均表示，希望能以《大界河》为契机和开端，与俄语国际频道开展更加广泛和长期的合作。

节目于2013年10月在俄语国际频道以及俄罗斯5家合作电视台播出。

我们的编辑部

《我们的编辑部》是阿拉伯语国际频道首次拍摄制作的汉语教学情景剧，该汉语教学节目以情景剧的形式，将最新流行词语介绍给汉语爱好者。在剧中，编辑部里几位年轻人性格各异——美丽善良的酷姐郑晓琪，帅气的摄像师孙亮，时尚达人柳图，刚毕业的可爱大学生李雪儿，还有搞笑的快递员胖陈，以及两位资深领导：看似老派却也紧跟时尚潮流的主编齐国栋和女强人副主编曾莉莉。他们精彩纷呈的工作生活和激烈的性格碰撞，引发了许多让人啼笑皆非的故事。《我们的编辑部》每集介绍一个汉语潮词，如“达人”、“正能量”、“驴友”、“浮云”、“裸婚”等，让观众在收看有趣剧情的同时，结合主持人在演播室的进一步讲解，加深对流行语的学习和理解。

本部情景剧是由阿拉伯语国际频道自己创意、策划、编剧、拍摄、制作的作品，情景剧中的部分角色由频道工作人员出演。频道员工参与并担任剧组中的制片、剧务、表演、摄像和后期剪辑制作。情景剧从2013年6月～7月拍摄，历时23天。剧组工作人员30人，演员超过40人。

情景剧由阿拉伯语国际频道播出，每集15分钟，共20集。

夕阳红

《夕阳红》是中央电视台唯一一档老年类专题节目，该栏目于2013年9月30日全新改版后在社会与法频道播出。《夕阳红》栏目运行20多年，定位于聚焦老龄社会、关爱老年生活、维护老年权益、守望金色人生。节目以真诚的视角关注老年人的生活，以真挚的情感讲述老年人的故事，以真心的关爱温暖老年人的心灵。《夕阳红》选取具有典型社会意义的老年人物或社会现象，从社会生活与法律知识等不同层面展示老年人生活、解析人物性格、帮助老年人解决问题、号召不同年龄层次观众关注老龄问题，体现以人为本的节目价值追求，对于老年人的晚年生活给出科学的、正确的指导和服务。

《夕阳红》在社会与法频道播出，周一至周四为专题类节目，周五至周日为演播室话题脱口秀类节目，栏目时长20分钟，每日15：48首播，次日08：35重播。电话：010–85066393。电子信箱：cctv12xiyanghong@126.com。网址：cctv.cntv.cn/lm/xiyanghong/。

2013年中央电视台优秀栏目、优秀节目

开讲啦

《开讲啦》是综合频道制作的中国首档青年电视公开课，节目由撒贝宁担任主持，邀请“中国青年心中的榜样”作为演讲嘉宾，分享他们对于生活和生命的感悟，给予中国青年现实的讨论和心灵的滋养。节目以平等和分享为理念，邀请青年榜样以有灵魂的主题演讲来分享自己的人生感悟，与青年平等交流传递主

流价值。语态的高度创新和平等的分享精神是节目最大的创新之处。

栏目在2013年度荣获国家新闻出版广电总局颁发的广播电视创新创优栏目称号；荣获年度优秀广播电视栏目“电视社教品牌栏目”称号；荣获2013年中央电视台年度特别节目一等奖；《开讲啦之李昌钰》荣获中央电视台优秀节目一等奖；荣获2013两岸四地创新电视社教栏目四小龙称号；《综艺报》主办的第七届《综艺》年度节目评选盛典暨节目创新论坛《开讲啦》作为“文化与原创”的代表获得“年度节目”的殊荣；栏目官方微博荣获由《广告主》杂志颁发的第二届社交网络营销金蜜蜂奖“2013年度十佳电视节目官方微博”称号；荣获中国观众研究院颁发的“2013最受观众欢迎的正能量奖”。

栏目于每周六23：30在综合频道播出，每周五12：30在财经频道重播。节目时长45分钟。

经济信息联播

《经济信息联播》于2002年7月30日开播，是中央电视台财经频道的龙头资讯栏目，栏目坚持“综合财经”的定位，以高端权威为依托，以民生视角为切入，以服务大众为方向，力求真实、客观、前瞻地报道国内外重大财经新闻，成为中国经济成长的见证者、观察者和推动者。栏目有头条新闻、国内要闻和国际要闻几个板块。几年来，栏目的《两会锐观察》《中国经济年报》《改革再出发》《楼市新观察》《资本风向标》《破解农周期》等已经成为业界熟知的品牌节目；栏目的《中美关系之夜》《直击华尔街风暴》《直击达沃斯》等节目在社会上产生重大影响。栏目自2002年复播以来，平均每年广告收入增幅均超过30%，2008年~2010年，广告收入从2亿元到突破6亿元，该栏目已成为中央电视台广告收入最高的栏目之一。

2013年，《经济信息联播》经中央电视台栏目综合评价体系考核，以优秀的引导力、影响力、传播性和专业性位列综合排名第17位，荣获中央电视台品牌栏目称号。

栏目每日20：30、21：20在财经频道播出，23：30、24：20重播，播出时长50分钟。

开门大吉

《开门大吉》是中央电视台综艺频道2013年推出的游戏益智类栏目。节目鼓励普通人通过游戏闯关的方式实现自己或浪漫、或勇敢、或疯狂的家庭梦想，通过多种艺术手段挖掘、展现普通人自信、勇敢、进取、友爱的人性光辉，和观众进行情感共鸣。节目的形态呈现出独特性、多元化、杂糅性特点。《开门大吉》让真人秀、脱口秀、模仿秀、益智秀、游戏秀、音乐秀、明星秀等多种节目元素进行碎片化组合和情感化呈现，营造出炫目的舞台效果，有效地和观众进行情感沟通。节目于2013年元旦开播，首播收视率1.86%，之后收视率持续稳居高位，全年最高收视率2.36%；截至年底，节目平均收视率1.8%，为综艺频道收视冠军，稳居全国卫视综艺节目一周收视排名前列。

该栏目先后荣获2013年第六届《综艺》评选年度十大节目之益智游戏节目，入选2013两岸四地最具创新活力电视综艺栏目十强，被中国广播电影电视报刊协会、中国电视艺委会推选为综艺品牌栏目之十大电视栏目。

节目于每周一19：30在综艺频道首播，播出时长90分钟。

我要上春晚

《我要上春晚》是综艺频道的一档充分发挥中央电视台品牌效应的大型跨界互动综艺栏目，以“开门办春晚”为指导精神，旨在为本台春节联欢晚会选拔优秀的节目和演员。栏目于2010年9月开播，是集综艺演出、娱乐谈话、资讯传播等多种电视形态于一身，集演播室录制、外景录制、专题拍摄等多种形式于一体的大型综艺互动节目。

栏目2013年第4期节目荣获中央电视台2013年度优秀节目一等奖。

栏目于2013年1月17日在综艺频道播出，每期节目时长90分钟。

国宝档案

《国宝档案》栏目创办于2004年10月4日，是中央电视台第一次以电视栏目的形式，为国宝级文物重器进行揭秘建档。节目形态以主持人演播室实物举证或故事讲述为主，穿插器物展示、情景再现、专家点评，讲述巍巍中华灿烂文明，成为中文国际频道集权威性、故事性、观赏性于一体的特色栏目，让遥不可及的国之瑰宝不再陌生。

《国宝档案》荣获2013年度中央电视台品牌栏目称号。

栏目于北京时间周一至周六18：45由中文国际频

道亚洲版首播，次日00：41和11：10重播；欧洲版首播时间周一至周六22：00，次日05：55重播；美洲版首播时间周二至周六09：00，当天16：43重播。2010年12月1日起节目时长由10分钟调整为15分钟。

海峡两岸

《海峡两岸》是中文国际频道制作的对台宣传栏目，也是中央电视台唯一一档涉台评论类节目，开办于1996年10月，节目宗旨是“跟踪海峡热点、反映两岸民意”。节目分为新闻资讯与深度访谈两个部分，在新闻资讯部分，系统全面报道两岸交流交往当中的重大事件、台湾政治动态以及社会民生等新闻；在深度访谈部分，采用与台湾媒体卫星连线的演播室访谈方式，邀请两岸嘉宾就两岸民众关心的国际、两岸、社会、民生等话题进行深入探讨。

《海峡两岸》荣获2013年度中央电视台品牌栏目称号。

栏目于北京时间每日20：30由中文国际频道亚洲版首播，次日07：30、11：30重播；欧洲版首播时间07：28、15：10重播；美洲版首播时间13：30、20：30重播。每期节目30分钟。

今日关注

《今日关注》是中文国际频道的一档新闻评论节目，2003年5月13日正式开播。作为中央电视台一档权威的新闻评论节目，《今日关注》密切跟踪世界大事发展、地区局势变化，及时深入分析，前瞻性研判局势变化。以速度、锐度和深度赢得了越来越多观众的认可，为高层研判国际局势提供了资源和信息。2013年，《今日关注》密切跟踪日本炒作中国火炮雷达、菲律宾枪杀台湾渔民、安倍悍然参拜靖国神社、叙利亚危机、中国划设东海防空识别区、辽宁舰海试等热点事件，多角度、由表及里地剖析了事件的前因后果和发展趋势。此外，《今日关注》还重点关注国家主席习近平出访俄罗斯和美国等重大外交行动，阐述了中国外交的大战略。节目对中国“两会”和党的十八届三中全会进行重点解读和分析。2013年《今日关注》平均收视率1.26%，1月份收视率1.72%，其中1月15日的节目《日确定“警告射击”中国不惧战争》收视率2.12%，为全年之最。该节目实现连续三年收视率持续增长。在中央电视台综合排名中，2013年前3个季度《今日关注》位列前十位。

栏目荣获2013年度中央电视台品牌栏目称号。

《今日关注》每天21：30在中文国际频道首播，次日04：30重播，每期节目时长30分钟。

远方的家

《远方的家》是中文国际频道制作的一档大型日播旅游专题栏目，开办于2010年12月1日。节目宗旨是行走、体验、发现——记者带领观众行走四方，关注百姓民生、社会发展，同时赏美景、品美食、探寻人文奥秘、体验旅行的乐趣，提供实用的旅游信息，引领公众选择旅游目的地和出行方式，展示中国的自然人文之美和中国人眼中的世界之美，弘扬深厚的中华文化。栏目曾先后推出《边疆行》《沿海行》《北纬30°中国行》《百山百川行》等百集大型系列节目，在海内外引起热烈反响和广泛好评。

《远方的家》栏目荣获2013年度中央电视台品牌栏目称号。

栏目于周一至周五北京时间17：15在中文国际频道亚洲版首播，周一至周五06：15和23：26重播；周一至周五北京时间02：15在中文国际频道欧洲版首播，周二至周六13：00、16：12重播；周一至周五19：45北京时间在中文国际频道美洲版首播，周二至周六06：15重播。每期节目时长45分钟。

中国新闻

《中国新闻》由中文国际频道新闻部制作播出，是涵盖中文国际频道全天24小时各个时段的统一新闻节目品牌，包括每天四档重点节目以及十几档整点《中国新闻》，也是中央电视台中文国际频道最重要的新闻节目品牌。栏目创办于1992年10月1日，宗旨是向全球华人传递最新、最快、最权威的新闻资讯。

栏目荣获2013年度中央电视台品牌栏目，并曾多次获得中央电视台年度十大名牌节目称号。2013年《中国新闻》栏目收视率和影响力进一步提升，实现日播栏目年平均收视过1%的历史性突破，21：00《中国新闻》2013年平均收视率1.07%，比上年提升11%。

该栏目在中文国际频道亚洲、欧洲、美洲版并机播出，每天各档新闻均为直播，每天01：00～01：10，03：00～03：10，04：00～05：00，06：00～06：10，07：00～07：25，08：00～09：00，10：00～10：10，11：00～11：10，12：00～13：00，14：00～14：10，16：00～16：10，17：00～17：10，18：00～18：15，19：00～19：15，21：00～21：30播出。此外每逢重大新闻事件发生，《中国新闻》栏目随时

打破播出时段限制，及时进行直播特别报道。

体育世界

《体育世界》栏目于2001年开播，2012年伦敦奥运会之后，栏目组改版，提出“改语态、加背景、提观点”的九字方针，力求更加贴近观众，以轻松的语态表达深度的内容，并且扩大选题范围，寻找更新的创作主题。2013年是《体育世界》改版后第一年，在收视和节目创新方面都取得了突破。

栏目荣获中国广播电视协会体育传播工作委员会2013年度体育电视节目栏目类一等创优节目。

栏目于每周一至周五 21：30 在体育频道首播，播出时长45分钟。

军事纪实

《军事纪实》是由军事节目中心制作的一档故事化纪录片栏目，于2006年6月26日开播。栏目内容注重呈现军事第一现场，探索新闻背后的故事。确立“直击军事现场、披露精彩内幕、展现魅力人物”的选题方向，同时把目光穿越人民军队的历史深层，把视野扩展到国际军事舞台，力图实现“揭秘历史、记录今天、关注未来”的创作追求。

栏目获得第19届中国电视纪录片“十佳栏目”称号，《塔山阻击战》获“年度收藏作品”、2013年度中央电视台优秀节目一等奖，《烽火1937——从日本档案解密卢沟桥事变》获2013四川电视节“金熊猫”奖国际纪录片评选活动社会类评委特别奖。

栏目于周一至周五20：00在军事·农业频道播出，并于次日09：40和15：57重播，播出时长30分钟。

军事报道

《军事报道》是由军事节目中心制作的一档军事新闻资讯类栏目，于1998年1月1日开播。栏目以“发布权威军事新闻、展示全军将士风采、传播国际科技知识、追踪世界军事风云”为宗旨，立足军队，面向社会，及时播发党中央、中央军委和四总部关于军队和国防建设的重大方针政策、重要指示；及时报道领导重视、官兵关心、群众爱看、社会关注的军事动态；报道在军队和国防建设上做出突出成绩的先进典型，展现军队和国防建设的新成就；追踪报道我军参与的非战争军事行动，以及外军动态、军事活动、局部战争等。

栏目被评为2013年度中央电视台品牌栏目。

栏目于每日19：30在军事·农业节目播出，次日09：10重播，播出时长30分钟。

今日说法

诞生于1999年1月2日的《今日说法》是中央电视台第一档日播法制栏目，秉持“点滴记录中国法治进程”的理念，以“重在普法、监督执法、促进立法、服务百姓”为宗旨，采用以案说法、大众参与、专家点评的节目样式，进行普法宣传。栏目自开播以来，收视率保持在中央台收视率排行榜前十位，2005年收视率排名两次居第三位，在中央电视台各栏目综合评比中多次名列第二位。

2013年，《今日说法》连续第三年获得中央电视台品牌栏目称号，荣获中央电视台先进集体称号。栏目收视创下近几年来的新高。节目《佛山货车司机被打事件调查》荣获2013年全台优秀节目一等奖；节目《十年冤狱谁之罪》荣获中国广播电视协会创优专题节目和纪录片一等奖。

栏目每天12：35在综合频道首播，周一至周五节目时长30分钟，周六、周日节目时长50分钟。

普法栏目剧

《普法栏目剧》栏目于2011年4月18日在社会与法频道开播。栏目定位以普及法律知识为核心内容，采用观众喜闻乐见的栏目剧形态，每集以一个故事为主线，相关法律融入其中或进行解读。使受众在得到艺术欣赏的同时，宣传普及相关法律。

2013年，《普法栏目剧》开辟《微影集》《迷你剧集》《AB剧集》等单元，运用单本剧、系列剧、短篇连续剧、微电影等手法体裁，在公、检、法、司等各大部委充分合作的前提下搜集素材进行再创作，演绎案情，解读法律，以期达到生动普法、弘扬正气、震慑犯罪的目的。

栏目荣获“金熊猫”奖国际电视剧评选活动电视短剧及电视电影类入围奖，获奖节目为《卧底》系列；《卧底前传》系列荣获2013年度中央电视台优秀节目一等奖。

栏目于每日20：49在社会与法频道首播，次日09：16、12：42、18：01重播。每期节目时长45分钟。

天 网

《天网》是中央电视台社会与法频道一档纪录片形态的栏目，栏目宗旨是塑造智勇双全的公安、武警人物形象，侧重于记录刑事、经济和反腐领域中有较大反响和较强故事情节的案件，同时融入对人性和社会意义的思考，弘扬正义必将战胜邪恶的主题。《天网》栏目于2004年12月29日在社会与法频道开播。节目内容以精彩的故事展现世间奇案，以独特的视角探求层层悬疑，以高度的责任纪录法制进程。节目表现方式以纪录片和系列片为主。

《天网》荣获2013年度中央电视台品牌栏目称号。

节目于2004年12月29日在社会与法频道周一至周五20∶07首播，节目时长40分钟；周二至周六10∶38、13∶35、17∶21，周一至周三23∶54重播。

焦点访谈

《焦点访谈》是中央电视台新闻中心新闻评论部的一档栏目，创办于1994年4月1日，栏目定位为：时事追踪报道、新闻背景分析、社会热点透视、大众话题评说。栏目以"用事实说话"为创作理念，以舆论监督为特色，制作播出了众多优秀的节目，成为中国社会生活中"下情上达"和"上情下达"的重要窗口，被新闻界公认为是中国"舆论监督的领军旗帜"。2013年1月1日起，《焦点访谈》进行了开播十多年来的首次改版，节目内容由每期一个改为每期一个或两个。在表达手段上，节目由单一的演播室头尾包装形式，改为演播室增加最新动态、报道反馈、新闻解读、背景解释等元素，强化评论分量；通过现场连线、大屏幕解析、背景短片、网络互动等多元表达手段，提高节目的时效性和贴近性。

栏目荣获2013年度中央电视台品牌栏目称号。

栏目于每日19∶38在综合频道和新闻频道并机首播，次日03∶45、05∶45在新闻频道重播。2013年1月1日起，栏目时长由12.5分钟延长到17分钟。

东方时空

《东方时空》栏目由新闻中心新闻评论部制作，是每晚黄金时段在新闻频道直播的一档综合新闻节目。栏目开办于1993年，多年来栏目历经多次改版，目前样态确定于2009年。栏目以题材重大和社会热度作为新闻的主要筛选标准，节目全面覆盖当天重要资讯，并重点处理放大其中4～5个新闻选题。除了第一落点事实外，节目注重挖掘新闻事件背后的事实脉络、逻辑因果。解释说明性报道为节目新闻呈现的主要方式和特色。栏目重点追求的是表达方式和报道内容的独到。

栏目荣获2013年度中央电视台品牌栏目称号。

栏目每天20∶00在新闻频道播出，时长1小时。

新闻调查

《新闻调查》栏目于1996年5月17日开播，栏目时长45分钟。栏目以出镜记者的调查行为为表现手段，以客观、理性、平衡、深入为行为准则，以实现舆论监督功能的调查性报道为目标，通过对关系国计民生的重大新闻事件和社会问题展开层层剥笋式的调查和多角度分析，探寻事实真相，力求使每一期节目都成为"正在发生的历史、新闻背后的新闻"。《新闻调查》栏目2008年以来多次获奖，2013年1月，《哈尔滨倒桥事故调查》获得中广协第八届中国纪录片国际选片会最佳编导奖；5月，《睡在桥下的兄弟》获得中广协第七届"纪录·中国"纪录片新闻（社会）类一等奖。

栏目于每周六21∶30在新闻频道首播，每周日14∶10重播。

新闻纪实

《新闻纪实》(News Documentary)是新闻中心评论部创办的栏目，是一档具有表现力的人物纪实节目。该栏目从正在发生的新闻事件或时代背景下寻找具有一定典型意义的人物故事，通过对事件中人物的关注，用细节来延伸新闻的宽度和广度，用对现场的全景纪录来完成新闻深度的挖掘，做有质量的深度报道。《新闻纪实》栏目于2011年4月10日开播，第一期节目《猫耳山、灵山——陆空大救援》在新闻频道播出。此后节目每周六、周日各一期在新闻频道首播，每期节目时长15分钟。当日下午重播，播出时间不固定。由于新闻频道播出内容的调整，该栏目于2012年4月在新闻频道改为不定期播出。

栏目于2013年荣获第19届中国电视纪录片十佳栏目称号。

科学发展铸辉煌

《科学发展铸辉煌》由中央电视台综合频道制作

CHINA CENTRAL TELEVISION YEARBOOK

播出的大型文献纪录片。该片各集分领域分别反映党的十六大以来，中国共产党带领人民在理论建设、经济建设、政治建设、文化建设、社会建设以及生态文明建设、党的建设和国防建设、祖国统一、对外交往等方面取得的重要成就和成功经验。

该片由中央宣传部、中央文献研究室、中央党史研究室、国家发展改革委、国家新闻出版广电总局、解放军总政治部、中央电视台联合摄制，平均收视率0.87%，最高收视率1.08%。

该片荣获第七届“纪录·中国”创优评析活动文献类特别奖，2013年中央电视台优秀节目评选年度特别节目一等奖。

该片于2012年10月31日～11月6日在综合频道晚间黄金时间播出。

2013年中央电视台春节联欢晚会

2013年中央电视台春节联欢晚会由大型节目中心制作，旨在落实中央“开门办春晚”、“东西南北中、全民大联欢”的指示，于2012年7月建组制作，2013年2月9日直播。春晚的主题“新春中国”囊括三个层面的含义：“新”——全新的时代、全新的春晚，“春”——春节的传统、除夕的氛围，“中国”——中国的春晚、世界的看点。具体来说，整台晚会塑造了一种“向新”、“向上”、“向未来”的气质，满怀朝气和希望地展现整个奋进中的中国蓬勃发展的活力。

节目获得中央电视台年度特别节目一等奖，在2013年全国春节文艺晚会及春节特别节目评选中被评为特别奖。

节目于2013年2月9日首播后在中央电视台各频道、各地方卫视多次重播。总时长240分钟左右。

《梦想合唱团》第二季

《梦想合唱团》第二季是综合频道推出的大型公益音乐节目。节目汇聚任贤齐、杨千嬅、周笔畅、谭维维、吴克群、常石磊、李炜、吴莫愁8位明星，分别回到他们的家乡，组建成一支城市梦想合唱团。《梦想合唱团》巧用明星效应激励年轻观众，强调“有梦想的歌声更动人”。贯穿节目始终的有歌曲演唱的技巧与水平，更有感人至深的感情线索和清晰有力的叙事线索。明星和队员是发自内心真实的需求和情感，有着深刻的情感支撑。公益活动通过每一个普通人的歌声展现出来，也使得公益活动更加接地气，更贴近基层百姓的需求。

节目荣获中央电视台2012年度优秀节目一等奖；荣获2013年第18届亚洲电视节最佳音乐节目奖。

节目于2012年11月30日～2013年2月9日每周五20：00在综合频道首播，次日10：00重播，播出时长103分钟。

梦想星搭档

《梦想星搭档》是综合频道的一档原创公益音乐节目。节目邀请齐豫、齐秦、程琳、古巨基、沙宝亮、黄绮珊、李泉等16位知名歌手，每两个歌手组成一组搭档，共8组搭档进行歌唱比拼。每次单元赛冠军获得一笔公益资金，成为这个公益项目代言人，帮助需要帮助的孩子。

节目荣获2013年度中央电视台优秀节目一等奖。

节目从2013年10月25日起，每周五晚在综合频道和综艺频道播出。11月22日起在综合频道晚间黄金档首播。节目共11集，前10期播出时长100分钟，第11期时长150分钟，公益梦想盛典于2014年1月30日12：35在综合频道首播，播出时长240分钟。

金砖之国

大型电视纪录片《金砖之国》是财经频道继《大国崛起》《公司的力量》《华尔街》之后的又一重大选题。该片由中央电视台耗时15个月打造完成。纪录片以每个国家两集的篇幅，对俄罗斯、印度、巴西、南非4个金砖国家，从经济发展、民生民情、文化习俗等方面作了全面系统的介绍。阐述金砖国家在全球化背景下把握机遇、经济腾飞的过程，揭示以“金砖国家”为代表的新兴市场国家力量步入上升期的客观现实，给中国民众提供一个了解“金砖国家”的窗口。

该片荣获第23届“星光奖”电视纪录片大奖。

该片于2012年3月29日～4月6日21：05在财经频道播出，共9集，每集播出时长45分钟。

国企备忘录

《国企备忘录》由中央电视台财经频道制作并播出的纪录片。该纪录片以“备忘录”的形式，站在历史与全球发展的交汇点，为中国国有企业的成长现状、为国企的改革历程、为中国现代企业精神的发展“备忘”。该片通过关键人物的生动纪实、重大事件的细节揭秘、鲜活案例的独家剖析、人文角度的历史溯源，展现中国国有企业改革波澜壮阔的历史、现实与未来。该纪录片以快节奏故事化纪实为主线，突破以往此类纪录片或专题片“政论化”的叙事方式，从微观事实和过程入手，通过寻找大量历史见证者、以及各种可视化历史实证，形成生动的可视依据。

节目荣获2013年度中央电视台优秀节目一等奖。

节目于1月21日～26日在财经频道播出。

中国经济年度人物评选

《中国经济年度人物评选》由中央电视台财经频道制作并播出。节目内容是在全国范围内评选本年度最能代表中国经济年度骄傲的人物和团队，每年根据当年情况设置年度人物奖、年度大奖、创新奖、公益奖、终身成就奖等奖项。该节目自2000年开办，以“论坛+颁奖典礼”为表现方式。

《中国经济年度人物评选》于2011、2012、2013连续3年获得中央电视台特别节目一等奖。

2013年颁奖盛典于12月12日19：30在财经频道首播，2013年12月16日～2014年2月6日分别在财经频道、综合频道、中文国际频道重播，节目播出时长120分钟和100分钟。

阿坝藏区系列自焚事件真相调查

《阿坝藏区系列自焚事件真相调查》由中文国际频道新闻部与新闻中心社会新闻部四组联合制作。该片是涉藏外宣专题片，通过记者的实地调查和采访，以大量确凿的事实，揭露2012年8月四川省阿坝县发生的多起自焚暴力事件真相，是一部争取国际舆论话语权的力作。

《阿坝藏区系列自焚事件真相调查》于2013年12月获得2011～2012年度广播影视大奖国际传播类一等奖。

专题片于2012年12月23日21：30在中文国际频道播出，专题片时长31分40秒。

达赖集团与自焚暴力事件

《达赖集团与自焚暴力事件》是由中文国际频道新闻部与新闻中心社会新闻部四组联合制作的涉藏外宣专题片，这是自2011年3月四川等藏区发生系列自焚事件以来，中国首次以外宣专题片的形式反击达赖集团的诬蔑和攻击，揭示藏区自焚事件的真相。该片以新闻调查的方式和国际上通行的表现手法突出揭批主题，强化外宣效果，在语态、提法上多有创新。该片通过具体的案例和实地调查采访的方式，以事实、证据和诸多当事人的现身说法，围绕达赖集团与自焚事件的因果关系，对达赖集团的面目进行深刻的揭露，该片还如实反映自焚给生命、家庭和社会带来的伤害。说服力和冲击力都非常强。专题片播出后，在境外引起强烈反响。全球知名视频网站YouTube对该视频的转载3550条。美国之音、美国多维网、美国《侨报》、法国《欧洲时报》、马来西亚《南洋商报》、新加坡《联合早报》、台湾“自由新闻社”、香港《文汇报》《太阳报》《东方日报》《明报》《星岛日报》《世界日报》《香港商报》《新报》报道了专题片的主要内容。

专题片荣获第23届中国新闻奖对外传播类一等奖。

专题片于2012年5月7日02：20在中文国际频道播出，专题片时长41分40秒。

《揭秘开罗会议》第二集

《揭秘开罗会议》第二集由中文国际频道《天涯共此时》栏目制作播出。该栏目宗旨是展现“中华文化在两岸的传承”和“两岸民众共同的历史记忆”。2013年7月底推出的系列节目《台海记忆》通过对台海历史事件、历史人物的回顾，展现两岸关系发展的风雨历程，凸显浓厚的人情故事。节目形式是演播室访谈加短片。

《揭秘开罗会议》第二集邀请两岸三地著名历史学家共同回顾1943年底第二次世界大战的局势，分析开罗会议召开的背景和大国之间围绕战后世界格局开展的博弈，客观呈现了中国第一次以四强之一的身份站在国际舞台，互商战后对日本的处置与世界格局的历史事实，并从史实角度出发，指出《开罗宣言》具有国际法效力，明确规定日本是把台湾“归还”给中国，而不是仅仅“放弃”对台湾的占领。

节目荣获2013年度中央电视台优秀节目一等奖。

节目于2013年12月3日22：00在中文国际频道亚洲版首播，当天22：37重播。节目时长45分钟。

梅州月·中华情——2013年中央电视台中秋晚会

《梅州月·中华情——2013年中央电视台中秋晚

会》是由中文国际频道《中国文艺》栏目组筹办。晚会由序篇《又见月圆》、上篇《月照客都》、下篇《亲情中华》、尾声《海上明月》4个部分构成，通过新颖的节目编排，节目内容的深层次展现、节目外在包装的多手法的运用，将客家文化与亲情、乡情、中华情融为一体。晚会现场除了保留作为中秋符号的“超级大月亮”，还营造出“客家围龙屋”的氛围，彰显了“全民春晚”的理念。晚会播出后，海外观众纷纷来信，称赞晚会朴实、简洁，紧紧围绕“家”的主题，给人以清新的美感，激起了浓浓的思乡情。

该晚会荣获2013年度中央电视台特别节目一等奖。

该晚会于2013年9月19日20:00通过综合频道、中文国际频道向全球同步现场直播。

走进中国海军

《走进中国海军》为中文国际频道《中国新闻》栏目在“十一”期间推出的8集国庆特别报道。报道中，中文国际频道记者兵分四路，深入到中国人民海军北海、东海、南海三大舰队，探访了水面舰艇、潜艇、海军航空兵、海军陆战队及岸防部队五大兵种，报道中国海军部队官兵训练、生活中鲜为人知的一面。《走进中国海军》是中央电视台记者首次全面深入中国人民海军各部队进行采访，新闻报道内容具体，采访镜头生动形象。系列节目中的中国海军驱护舰、潜艇、海军陆战队等，许多作训镜头都是首次在公众面前展示。

《走进中国海军》系列报道在中文国际频道播出的同时，也在央视网、腾讯网、新浪网等主流网络媒体同步推出。节目播出后，获得海军政治部宣传部长沈礼清的肯定。

节目获2013年度中央电视台优秀节目新闻类一等奖。

节目于2013年10月1日～8日在中文国际频道《中国新闻》栏目播出，每日12:00《中国新闻》首播，21:00、翌日08:00重播。

海之川

《海之川》是2013年在《体育晨报》栏目播出的专题报道，主要讲述一个48岁中国人实现航海梦想的故事。郭川驾驶无动力帆船历经138天完成单人不间断环球航行，成为完成40英尺帆船环球航行的全球第一人。从沃尔沃环球帆船赛，到单人横跨大西洋帆船赛，郭川完成了精神上的蜕变和技术的积累，最终走到环球航行的起点，并顺利来到终点，这其中有痛苦有孤独，最终靠着自己坚定的信念完成了极限挑战。

节目获得2013年米兰国际体育电影电视节“Special Award 2013”提名奖；在第19届中国电视纪录片十佳十优作品及纪录片优秀栏目、年度频道、年度人物推选活动中，获得“长片好作品奖”；获得中央电视台2013年度优秀节目新闻类一等奖。

节目于2013年5月28日、6月4日在体育频道播出，节目时长35分钟。

他们的九年

《他们的九年》由体育频道《体育人间》栏目以纪录片的形式、以人文精神展现竞技体育、大众体育、民族体育的故事与事件。挖掘体育在人们生活与社会活动之间的深层内涵，探索现代体育的发展和传统体育的衍生过程。该栏目浓缩百姓体育故事，展现体育明星的独家内幕；漫卷体育画卷，纵览体育人生。该片讲述4个少年九年间经历了对于未来的憧憬、梦想、恐惧、迷惘不断成长的故事。该片编导以小人物的悲欢离合，表达出了普罗大众对于成长、对于梦想的特别关怀，整部影片感人至深，有几个段落颇具亮点，能戳中人内心最柔软的部分。

该片获得2013第31届米兰国际体育电影电视节体育与社会竞赛单元金花环奖。

该片于2013年6月24日18:35在体育频道播出，纪录片时长43分钟。

扬纳基斯离京·是否续约不可知

《扬纳基斯离京·是否续约不可知》是2013年在体育频道各档新闻中播出的一篇新闻报道。讲述的是中国男篮兵败亚锦赛后，篮管中心与时任主教练扬纳基斯之间的矛盾越发强烈。2013年8月16日晚上，扬纳基斯离京回国休假，篮管中心副主任胡加时前往送行，并向媒体表示篮管中心与扬纳基斯之间不存在任何矛盾。但是惊人的一幕发生在扬纳基斯出现后拒绝与胡加时握手，先前的采访与后发事件形成了极为鲜明的对比。该新闻和后续报道在各档新闻播出后都产生极为强烈的反响。

栏目获得中国广播电视协会体育传播工作委员会2013年度体育电视节目新闻类一等创优节目。

栏目于2013年8月17日06:30在体育频道《体育晨报》栏目中首播，时长2分钟。

一段特殊的采访

《一段特殊的采访》是中央电视台体育频道在报道辽宁全运会过程中，为日播的大型专题节目《全景全运会》制作的人物特写。该片主要讲述参加全运会铁人三项比赛的澳门聋哑人运动员徐朗的故事。着力刻画了这位残疾人运动员在与健全人比赛过程中，特立独行的状态和乐观积极的精神。由于被采访对象的特殊性，创作者也采取了特立独行的采访方式，用“笔谈”的手段，完成了一次心灵的对话，也成为本片最大的亮点。

节目荣获中国广播电视协会体育传播工作委员会2013年度体育电视节目专题类一等创优节目。

节目于2013年9月3日21:30在体育频道播出，时长4分钟40秒。

第12届全运会开幕式

2013年8月31日下午，第12届全国运动会在沈阳奥林匹克体育中心举行，体育频道负责开幕式信号制作工作。在这个自1987年以来首次在白天举办的全运会开幕式上，没有明星大腕，没有华丽舞台，没有烟火表演，取而代之的是大型秧歌表演、太极和广播体操表演，舞台全部留给全民健身爱好者，取舍之间突显的是节俭办赛的理念。这些都映照出回归体育本质、贴近民众需求的赛事本质，彰显出节俭办赛会的新风。

制作团队在奥体中心场内外架设18台摄像机，使用斯坦尼康摄像机，三维飞猫摄像机，还第一次在国内使用伸缩摇臂摄像机，全面、多角度展示全国体育盛会。第12届全运会开幕式的转播简约不简单，精简更精彩。

该片荣获中国广播电视协会体育传播工作委员会2013年度体育电视节目公共信号类一等创优节目。

该片于2013年8月31日15：00～17：46在综合频道、体育频道、体育赛事频道播出，本片时长2小时46分钟。

北京凹头蚁

《北京凹头蚁》由中央电视台科教频道《走近科学》播出。《走近科学》栏目于1998年6月1日开播，栏目在节目叙事方式上转型为科学纪录片，在节目制作上更注重采用现代电视技术的使用。以“弘扬科学精神、宣传科学思想、提倡科学方法、传播科学知识”为栏目宗旨，制作具有时代感的电视科普节目。

《北京凹头蚁》荣获2013年度“科蕾杯”科普短片类一等奖；获第11届中国广州（国际）纪录片节获最佳纪录片摄影奖。

该片于5月24日、25日20:30由科教频道《走近科学》栏目播出，次日09:15、15:15重播。

《波茨坦公告》始末

《〈波茨坦公告〉始末》（上、下）是由科教频道《探索·发现》栏目制作播出的历史题材片。该片讲述的是在中日两国发生钓鱼岛争端的背景下，追根溯源，深刻解读二战期间同盟国为结束二战所召开的一系列国际会议及签署的相关国际文件。特别是从《开罗宣言》到《波茨坦公告》，再到签订《日本投降书》，这些重要的国际法律文书见证了前后50年间，日本走完其对外侵略从疯狂到投降的全过程，同时也记录了中国人民从被侵略到战胜日本帝国主义，收复台湾、澎湖列岛等神圣领土的全部历史过程，生动而确凿地印证了钓鱼岛是中国不可分割的领土这一事实。另外，本片使用了大量珍贵的古籍、古地图，采访了中国最权威的地图专家和军事评论员。发挥了纪录片深刻性和文献性的特质。

该片获得“云南电视杯”第三届全国历史题材广播电视节目创新创优评选电视专题类一等奖。

该片于2012年10月30日～31日在科教频道《探索·发现》栏目中播出。

苍 狼

《苍狼》是由科教频道《探索·发现》栏目制作并播出的5集手绘高清动画纪录片。该片刻画了公元1211年成吉思汗统帅的十万蒙古军队在野狐岭激战五十万金朝士兵的撼天一战。这是中国历史上一个重要的节点，从野狐岭开始，蒙古军队将在23年之后彻底灭亡金朝，而中国也将随之进入一个全新的历史时期。

《苍狼》荣获第八届“中国纪录片国际选片会”人文类纪录片一等奖；2013年中央电视台年度优秀纪录片中长纪录片；第19届上海电视节白玉兰奖“最佳动画片”提名；第2届“光影纪年——中国纪录片学院奖”获最佳创意奖提名；首届嘉峪关国际短片电影展“最佳短纪录片”奖。

纪录片于2012年4月20日～24日在科教频道《探索·发现》栏目播出，每集时长42分钟，共5集。

国脉——中国国家博物馆100年

《国脉——中国国家博物馆 100 年》由中央电视台与中国国家博物馆联合摄制，作为中央电视台科教频道开年大片播出。该片反映了中国国家博物馆的百年变迁，折射出中华民族在 100 年间从衰败走向自强的过程，具有极高的史学价值、审美价值，且有深远意义。全片分为《殿堂》《陈列》《聚宝》《扛鼎》《大美》《公器》6 集，每集 50 分钟。该片拍摄地遍布全球，摄制组不仅在北京、安徽、西沙等国内的 28 个地区进行了采访，还前往欧洲对 16 个国家和地区进行取景，并对 127 位中外知名专家、学者和历任国博工作人员进行了深度采访。

该片荣获第七届“纪录·中国”创优评析活动人文(自然)类一等作品。

该片于 2013 年 1 月 1 日～ 6 日在科教频道播出，每天一集。

寄养村

《寄养村》是由中央电视台科教频道《讲述》栏目组制作播出的纪录片。该片真实纪录山西太原福利院附近几个普通农村家庭“寄养”福利院孤残儿童的故事，日常相处的点点滴滴，分别时的依依不舍，一切为了让孩子在有家有爱的环境下长大，让人看到普通中国人在真实生活中对亲情和善良的思考与诠释，同时也探讨这种中国孤残儿童福利制度新尝试的得与失，引发社会各界更深层次的思考。

该片荣获 2013 年中国广播电视协会纪录片委员会第七届“纪录·中国”社会类纪录片一等奖。

该片于 2013 年 2 月 26 日～ 3 月 1 日由科教频道播出。每集时长 25 分钟，共 4 集。

进 城

《进城》由中央电视台科教频道《讲述》栏目组制作播出。该片讲述 2013 年春节前夕，在北京打工 20 年的杨仕举面临人生中最艰难的选择——打工的市场即将拆迁，生计面临危机；由于长期分隔两地，四川老家的两个孩子和他的感情日渐淡漠，加上年底生计惨淡，在一场冲突中杨仕举也意外受伤，这一切让他和妻子心灰意冷，萌生去意。在踏上列车返回四川之后，没想到侄女却在除夕离家出走，杨仕举向姐夫求助出路又被傲慢拒绝，种种困局，让一个打工大家族三代人之间积聚多年的矛盾在春节彻底爆发，生存与尊严、进城或留下，他们必须做出选择。

在城市化和人口流动加剧、人口红利下降、劳动力价值缩水以及移动互联技术革命的大背景下，中国农民面临着深刻而现实的困境，杨仕举以及他的孩子们心中的梦想与未来，就是 2.4 亿务工农民的未来。

该片获得 2013 四川国际电视节“金熊猫奖”评委特别奖；入选国家新闻出版广电总局 2013 第一季度优秀国产纪录片；获得 2014 中国电视艺术家协会十优作品(系列片)；入选国家新闻出版广电总局“真实与梦想”2013 年优秀国产纪录片集锦光盘(20 部)；入围 2013“光影纪年”中国纪录片学院奖。

该片于 3 月 28 日～ 31 日在科教频道播出。每集时长 25 分钟，共 5 集；该片时长 125 分钟。

情暖重阳

《情暖重阳》是科教频道在重阳节推出的特别节目，以弘扬中华民族孝老爱亲的传统美德，将传统节日文化内涵整合创新，唤起民众对于传统节日的热忱和关注。节目通过 9 个人物故事展现老当益壮、老有所养、尊老敬老的时代生活图景。同时主持人深入养老院，与老人们欢聚一堂，串联起一幅欢乐祥和的重阳图景。节目播出后收到了较好的收视效果，树立了良好的媒体形象。

节目获得 2013 年全国老龄新闻宣传好作品评选活动一等奖。

节目于 10 月 13 日在科教频道播出，每集 55 分钟，共 1 集。

《手艺》第三季

《手艺》第三季由科教频道《探索·发现》栏目制作播出。随着现代工业的急速发展，当代商品物流全球化进程的推进，传统手艺的生存与发展受到愈加强烈的冲击，它们的存在或者已成往事，或者举步维艰。《探索·发现》栏目结合已播出的《手艺》第一季、第二季的经验，再次推出记录中国传统手艺流程、关注传统手艺人生活及生存环境、思辨传统手艺发展之路的 25 集大型系列片《手艺》第三季。

节目获得 2013 年中央电视台年度优秀节目一等奖，2013 年第二季度国家新闻出版广电总局国产优秀纪录片推荐、中视协十佳系列片。《手艺》第三季之《御窑金砖》获得中广协文化教育节目类一等创优节目。

节目于 5 月 19 日～ 6 月 13 日在科教频道《探索·

发现》栏目中播出，每集时长42分钟，共25集。

王品兰移民记

《王品兰移民记》是由中央电视台科教频道《讲述》栏目组制作播出的纪录片。该片以淅川县仓房镇胡坡村的乡村教师王品兰和她的家族为库区移民中典型的家庭样本，讲述的是南水北调跨世纪的工程。2011年是中国南水北调中线工程湖北河南移民的最后一年，两省数年间共有34.5万移民离开家园迁往异地，他们的生产生活方式发生了巨大改变。

该片荣获2013年广州国际纪录片节金红棉最佳制作人奖。

该片于2012年7月10日在科教频道播出，纪录片时长55分钟。

寻找最美乡村教师

《寻找最美乡村教师》由中央电视台科教频道《讲述》栏目组制作播出。2013年，由中央电视台与光明日报社联合发起的大型公益活动“寻找最美乡村教师”围绕“中国梦”主题，旨在展示优秀乡村教师无私奉献、甘为人梯的精神品格。组委会继续把此活动打造成一个持续、长期的文化帮扶平台和家喻户晓的社会公益品牌，让广大乡村教师、让乡村孩子、让民族的未来因我们共同的努力而多一份希望。

组委会向社会征集爱心企业、爱心人士、爱心学校，与乡村老师、乡村学校、乡村孩子建立起联系，对10名“最美乡村教师”及所在学校进行“一对一”扶持和相应资助。

节目荣获2013中央电视台优秀节目评选年度重大报道。

节目由科教频道和综合频道于2013年8月5日～9月9日播出，节目时长25分钟，共20集，颁奖晚会100分钟。

寻找最美乡村医生

《寻找最美乡村医生》大型公益活动节目包括中央电视台科教频道《讲述》栏目制作的10集纪录片及一台颁奖典礼，整体设计采用“10+1”的节目框架，其中颁奖典礼播出后成为舆论热点，形成强烈反响。“寻找最美乡村医生”大型公益活动旨在赞颂广大乡村医生无私奉献、医者仁心的精神品格，通过讲述乡村医生的感人事迹，勾勒“白衣天使”的高大形象，诠释“仁心仁术”的生动内涵，呼吁全社会关注、支持农村卫生医疗事业，倡导社会公益，解决乡村医生的实际困难。真实反映中国农村地区医疗卫生发展现状。展现基层乡村医生常年扎根农村、服务农民的默默奉献精神。

节目荣获2013中央电视台优秀节目评选年度重大报道。

节目于2014年2月11日～20日在科教频道《讲述》栏目播出；3月11日在科教频道和综合频道播出，节目时长25分钟，共10集，颁奖晚会100分钟。

中国汉字听写大会

《中国汉字听写大会》由中央电视台、国家语言文字工作委员会联合主办、科教频道承办、北京实力电传广告有限公司制作。《中国汉字听写大会》是中央电视台2013年推出的大型国家级汉字听写推广活动，也是全国第一档原创形态的汉字听写竞赛电视节目。该节目为大型季播类节目，共13期。节目邀请来自全国31个省、市、自治区和直辖市以及在内地受教育的港澳台及外籍学生组成32支代表队参加，形成多场次晋级比赛，共13期电视节目，节目时长96分钟和106分钟。

节目获得2013年度中央电视台特别节目一等奖。

节目于2013年8月2日～10月18日每周五20：00在科教频道首播，于9月30日～10月12日每天09：00在科教频道重播，9月30日～10月13日每天22：00在科教频道重播，节目时长106分钟。8月23日～10月18日每周五20：00在综合频道首播，节目时长96分钟。

《寻找七仙女》第二季

《2013寻找七仙女》是戏曲频道品牌活动“寻找七仙女”的第二季，第一季活动于2006年举办，在戏曲界尤其是黄梅戏界引起强烈反响。为了更好地弘扬戏曲文化，促进黄梅戏事业发展，打造新世纪黄梅戏之星，《青春戏苑》栏目承担了《寻找七仙女》第二季活动“2013寻找七仙女”。节目分启动仪式、初赛、复赛、决赛、颁奖晚会和演出等。节目收视效果和社会影响不俗。多次重播仍然有较高的收视。

节目荣获2013年度中央电视台优秀节目一等奖。

节目于2013年10月10日在戏曲频道播出，共26期。其中25期时长60分钟，1期时长90分钟。

社区英雄

《社区英雄》是2012年由社会与法频道推出的一档大型纪实类公益节目，目的是支持全国各地为社区服务的公益项目。项目的发起人作为“社区英雄”接受挑战，10天邀请上千名志愿者，共同进行一场千人舞蹈表演，用各具创意的造型表达梦想，以此赢得公益金的支持，帮助社区公益项目的实施。《社区英雄》源于“全国文明社区评选”项目，旨在推动全国基层社区建设，反映社区文化成果。该节目是社会与法频道按照中央电视台的立项要求，在引进海外节目模式基础上研发的一档创新节目。

节目荣获2013年“亚洲电视大奖”最佳真人秀节目奖，全国法制类节目评选故事和益智类一等奖。

《社区英雄》第二季于2014年1月31日～2月7日每天17:01在社会与法频道首播；次日07:55重播。播出时长60分钟。

钱云会之死

《钱云会之死》由新闻调查栏目制作播出。节目对发生于2010年12月25日的一起全国性公共热点事件“钱云会事件”展开调查。在浙江乐清市的寨桥村，53岁的寨桥村前任村委会主任钱云会被一辆工程车碾压死亡，是交通事故？还是蓄意谋杀？此事迅速发酵成为全国舆论关注的焦点事件。面对重重悬疑与多方质疑，记者深入采访了此事的诸多关键当事人，以扎实有力、相互印证的证据链澄清了诸多疑点。节目播出后在网上产生巨大的社会反响，媒体专业人士和网友对调查的客观、扎实、全面给予高度评价，认为该节目是对“钱云会案”最完整和深入的调查，中宣部、中央电视台相关领导对节目给予肯定，认为节目通过扎实的调查还原了事情真相，澄清了诸多谣传。

《钱云会之死》节目在2011～2012年度广播影视大奖广播电视节目奖评选中荣获电视专题大奖。

节目于2011年1月26日21:30在新闻频道播出，节目时长45分钟。

血燕的神话与真相

《血燕的神话与真相》（上、下集）由中央电视台新闻评论部焦点访谈栏目组与本台驻吉隆坡记者站联合制作，目的在于揭露血燕制作与销售的真相。拍摄于2011年7月～9月，同年10月10日、11日在《焦点访谈》栏目播出。

2011年3月，有关部门抽查市场上销售的血燕时，发现其中亚硝酸盐等有害物质严重超标，有业内人士爆料称血燕根本不存在，它是被某些人炮制出来的。同年6月，两名自称马来西亚政府官员的人在杭州举行新闻发布会为血燕“正名”。记者分别在中国内地、香港、马来西亚吉隆坡、槟城、印尼泗水等地展开调查，结果显示，两名所谓马政府官员实为马来西亚一家燕窝公司的职员，而马来西亚燕窝商联合会秘书长骆翠莲向记者表示，“血燕是一种高级营养品”的传说根本就是子虚乌有，销往中国市场的血燕实际上是以劣质白燕为原料，使用燕粪熏制而成。在马来西亚沙捞越，燕窝进出口商会前任主席黄裕仁证实了这种说法。在印度尼西亚的泗水市，当地的一位燕窝商把记者带到他的家里，展示血燕制作的场所，详细讲解怎样使用燕粪来制作血燕，当地居民根本没有人食用这样的血燕。记者调查发现，血燕的主要渠道是通过邮寄到香港，香港通过水客带入内地，再由专人从内地的“集散地”发往全国各地。在原产地每克6～10元的血燕以惊人的价格出售给消费者。

节目在2011～2012年度广播影视大奖广播电视节目奖评选中，荣获电视评论大奖。

节目于2011年10月10日（上集）、11日（下集）在综合频道播出，节目时长11分钟27秒和12分钟26秒。

伊战十年

五集纪录片《伊战十年》是新闻频道在伊拉克战争爆发十周年推出的特别节目。节目由新闻频道新闻评论部、国际新闻部及北美分台、中东中心站等联合制作，《世界周刊》栏目主导策划及后期编辑，由水均益、冀惠彦、何润锋等著名记者组成的前方报道队前往伊拉克进行拍摄采访，并由北美分台和中东分台完成外围配合采访。节目旨在对十年前爆发的伊拉克战争进行深度揭秘，反思战争起源，解读战争进程，剖析战争给伊拉克带来的剧变。

五集纪录片分别为《战争的理由》、《枭雄末路》、《难愈的创伤》、《战争之乱》和《战争之问》。

该片获得2013年度中央电视台优秀节目一等奖。

该片于2013年3月20日～24日在新闻频道播出，共5集，每集时长约30分钟。

走在春风里

纪念毛泽东同志“向雷锋同志学习”题词50周年

特别节目《走在春风里》由中央电视台少儿频道制作。该节目宗旨是：寻访英雄城市，践行雷锋精神；实施公益行动，传递正面能量。以“开一次主题班会、搞一场公益演出、做一件爱心实事、走一回边防基层”为主线，以专题的形式表现。主题班会从“最美女教师”张丽莉所在的“丽莉班”展开，采用特殊的网络视频方式请出正在北京接受治疗的张丽莉老师亲自主持。通过展示雷锋的“一段录音”、“一张照片”……结合丽莉老师的故事，引领同学们共同探讨我们身边的雷锋精神。同时，少儿频道的主持人在严寒和大雪中走进素有“东方第一哨”之称的边防哨所，随战士们一同到边境线上巡逻，亲自感受为祖国站岗的光荣和使命感，寻找那里的雷锋精神。主持人们还来到佳木斯市街津口赫哲族乡小学，寻访这里的孝心好少年，并给孩子们上一堂活泼生动的汉语朗诵课。

节目荣获2013年度中央电视台优秀节目一等奖。

节目于2013年3月5日21：00在少儿频道播出，节目时长50分钟。

油砂的黑色魅力

《油砂的黑色魅力》于2013年10月28日～11月2日在英语新闻频道播出。近两年来，世界能源格局发生变化。随着美国、加拿大等国家页岩油、油砂等非常规石油能源的开发，能源供应的格局向西部移动。加拿大的黑色淘金热正在展开。阿尔伯塔省石油资源储藏量居世界第二位，这些石油藏在黑泥巴一般的油砂里。开采这种原油的成本远高于常规钻探，并需要消耗大量水资源，这引发了各种环保隐忧。北美分台区域制作中心策划的“油砂的黑色魅力”系列，从备受争议的加拿大——美国输油管道入手，带领观众了解在北美大陆发生的能源生产方式的变化。

栏目荣获2013年度中央电视台优秀节目新闻类一等奖。

栏目于10月28日～11月2日09：00～10：00在英语新闻频道播出。

国脉3D人文纪录片

由中央电视台在3D试验频道播出的首部3D人文纪录片（电影、电视版）《国脉》介绍了中国国家博物馆（简称国博）的文化价值和社会功能，重点展示国之重器、艺术经典、复兴之路以及建筑特色，让观众了解国博“历史与艺术”并重的建馆特色，表现出国博作为世界大馆的品位和风采。该片运用固定和移动镜头完成百年国博镜像语言的再现，语言简洁、洗练，叙事节奏舒缓、亲切，细节刻画精准入微，宏观立意大气内敛，追求唯美风格和史诗效果。

该片荣获国际3D与高级影像协会颁发的国际3D电视纪录片类杰出成就奖——国际卢米埃奖。

该片于2013年5月18日20：00在3D试验频道首播，节目时长28分钟30秒。

祖国至上

纪录片《祖国至上》由中央新闻纪录电影制片厂（简称新影厂）制作。影片以开国大典为起点坐标，梳理共和国60多年来为祖国繁荣富强而奉献牺牲的感人至深的故事，展现了新中国不同时期独特的历史背景和社会风貌。在不同的历史背景下，影片选取了以王进喜为代表的新中国工业创业者，以任羊成为代表的自力更生开拓者，以邓稼先、钱学森为代表的高科技研究领军者，以小岗村沈浩、焦裕禄为代表的共产党基层干部，以及香港志愿者黄福荣和优秀乡村教师李桂林夫妇，用他们默默无闻无私奉献的传奇故事彰显不同时代的精神追求和对祖国的深厚感情。

该片荣获国家新闻出版广电总局2011～2012年度优秀国产纪录片及机构奖优秀短片奖。

该片于2011年5月2日在电影频道播出，影片时长90分钟。

安溪清水岩

纪录片《安溪清水岩》由新影厂制作。讲述的是每年农历新年的正月初六，福建省安溪县境内的蓬莱镇——这个中国版图上的小角落就会变成整个闽南人精神世界里的焦点。无论在本土还是在异邦，大约有几千万闽南人都沉浸在同一场盛大的集体狂欢中。相隔千里或者万里的人们能够在此刻心意相通，是源自他们对同一位先人的群体追忆。从一千年前有血有肉的人，到今天万人瞩目的神。清水祖师作为一枚民间信仰的符号，之所以能够长盛不衰，并不在于他由人到神的飞升。关键是他云淡风轻的一生为后世留下了一个大写的“人”字。这是衡量理想道德的标尺，也是中华民族精神世界里共有的财富。而清水岩，一座并不高大的山峦，也注定因为清水祖师的缘故，成为人们心中的圣山。

该片荣获中美电影节“金天使”奖最佳中国纪录片奖。

仰望星空

大型文献纪录电影《仰望星空》由新影厂制作，是纪念著名科学家钱学森百年诞辰之作，讲述的是人民科学家钱学森的人生故事。钱学森是享誉世界的科学家，中国爱国知识分子的典范，中国航天事业的奠基人。《仰望星空》是钱学森的人生故事，更是中国高科技事业，尤其是航天事业的发展史；也是爱国科学家的心灵史。

该片荣获第15届中国电影“华表奖”优秀纪录片奖，第29届中国电影“金鸡奖”最佳纪录片提名奖。

该片于2011年12月11日在中国教育电视台播出，影片时长96分钟。

探寻癌症之谜

《探寻癌症之谜》是由新影厂制作的科教片。中国每年有超过150万人死于癌症，每死亡的5人中，就有一人是因为癌症，癌症成为夺去人类生命的第一死因。该片用三维动画的手段解释癌症的发生及发展过程，并提供了中国癌症预防的基本方针与手段。

该片荣获第15届中国电影“华表奖”优秀科教片奖。

该片于9月在纪录频道播出，影片时长30分钟。

寻访马克思

《寻访马克思》是由新影厂制作的纪录片，是世界上第一部系统介绍马克思生平的传记类电影作品。该片沿着马克思生活、学习、工作过的足迹，在德国、法国、比利时、荷兰、英国等地摄制。寻找、访问的风格贯穿全片。该片在事实基础上，创造性地运用了独特的艺术表现形式，“雕塑”、“绘画”、“演员独白”形成了该片的又一风格。

该片荣获第15届中国电影“华表奖”优秀纪录片提名奖，第29届中国电影“金鸡奖”最佳纪录片提名奖。

情系人民

文献纪录电影《情系人民》由新影厂制作，该片用故事解读中国共产党执政为民的理念。在影片中，毛泽东在长江游泳后披着睡衣与乡亲们交谈；邓小平与一位同庚的老婆婆在峨眉山上交谈对未来生活的向往；江泽民和内蒙下岗职工在家里拉家常；胡锦涛给堂兄胡锦江的信中对人民生活的忧虑与思考；习近平刚一上任到阜平革命老区在农民炕头上嘱咐老乡说“一定要把教育搞好，希望在下一代”。丰富的史料、鲜活的画面，以及感性的语言诠释了人民是中国共产党立于不败之地的根本，人民更是一个开启伟大时代的政党的真情所系。

该片荣获第15届中国电影“华表奖”优秀纪录片提名奖。

该片于2013年6月29日在电影频道播出，影片时长89分钟。

杜 甫

纪录电影《杜甫》由新影厂制作，该传记型纪录片采用情景再现的方式回放历史瞬间，真实地反映了安史之乱前后一个历史时代政治时事和广阔的社会生活画面。影片运用大量自然空镜作为杜甫诗作的背景镜头，给观众以沉思遐想的空间，并恰如其分地体现了其作品的“沉郁顿挫”。

该片荣获第15届中国电影“华表奖”优秀纪录片提名奖，第29届“金鸡奖”最佳纪录片提名奖。

该片于4月7日在纪录频道播出，时长90分钟。

考鼓记

动人心弦的铿锵之声带我们回到久远而辉煌的青铜时代。由新影厂制作的纪录片《考鼓记》找寻的正是那个时代亚洲南部众多古国的“国之重器”——铜鼓。两千年前，谁创造了铜鼓？两千年后，又是谁用鼓声穿越壁立万仞的大山群落，重新奏响先人传向天际的音符？纪录电影《考鼓记》摄制组深入铜鼓文化最后的栖息地——广西东兰，在科技考古专家的引领下，解读铜鼓前世今生的一个个迷题。

该片荣获第29届“金鸡奖”最佳纪录片提名奖。

该片于2013年6月公映，影片时长73分钟。

百年辛亥

电视纪录片《百年辛亥》由新影厂制作。从1840年鸦片战争开始，中华民族遭遇了空前的生存危机。无数仁人志士不断探索，希望找到一条挽救危亡、富国强兵之路。1894年兴中会成立，孙中山和他所代表的革命党人以推翻帝制、建立共和为政治主张，表明即将到来的革命为中国历史所未有；1904年中国同盟会成立，形成革命力量的联合，标志着革命成为二十世纪中国的主旋律。

该片荣获第23届“星光奖”电视纪录片大奖。

该片于2011年10月4日在综合频道播出，共10集，每集45分钟。

一个人的荒漠——故乡的方向

电视纪录片《一个人的荒漠——故乡的方向》由新影厂制作。该片讲述的是甘肃东荣村，魏光财与妻子孤零零地守护着曾经喧闹无比的村庄，故土难离的坚守持续近30年，如今沙漠一点点吞噬着他的生活……在荒凉中坚守，在孤独中与风沙对抗。荒漠，是他们必须面对的宿命般的课题，这是微小个体与苍凉大漠的相互雕刻，这也是坚持与意志的故事。

该片荣获2013德国NaturVision国际自然电影节评委会特别奖；第12届四川电视节“金熊猫”奖自然及环境类最佳短纪录片提名奖。

该片于2011年11月8日在社会与法频道播出，影片时长25分钟。

熊猫频道

中国网络电视台“熊猫频道”于2013年8月6日上线，在成都大熊猫繁育研究基地内五大区域架设32路高清摄像头，多机位向用户提供大熊猫日常起居、繁育、娱乐等情况的全天24小时、近距离视频直播，为每位大熊猫建设互动社区和粉丝圈，开发移动客户端等，进行多终端、多语种的传播，通过直观展示和互动让全球观众感受人与自然和谐共处的美丽中国，用文化的内涵来展示中国的价值观，传播中国声音。频道上线当周，被BBC著名新闻栏目《Webscape》评为当周最佳网站之一。截至年底，频道独立访问用户数累计突破300万人次，覆盖五大洲204个国家和地区，频道社区注册用户超过1.3万人。

熊猫频道荣获国际“大熊猫动物园奖”年度精彩瞬间银奖。

熊猫频道自8月6日起全天24小时直播。

讲文明树新风

中国网络电视台以“中国精神、中国形象、中国文化、中国表达”为原则，依托公益广告艺术委员会创作力量，将中国优秀民间艺术形式运用到公益广告创作中。截至2013年底，已收集36个地区的8种民间艺术素材9000多个，创作平面、手机、展板、围挡、LED、遵德守礼引导牌6类36种规格共3400多个“讲文明树新风”公益广告作品。作品在《人民日报》《光明日报》等千余家期刊报纸刊发；在人民网、新华网等100多家网站刊登；在天安门广场、首都国际机场等地标性、枢纽性地点刊播；以建筑围挡等形式在全国城市形成户外立体覆盖。此外，建立全国网络公益广告作品通稿库，无偿提供给全国360多个城市和300家媒体下载使用。“讲文明树新风”公益广告作品得到刘云山、刘奇葆等领导人的高度肯定，获得社会大众的喜爱。

“讲文明树新风”公益广告荣获中国公益广告突出贡献奖。

CCTV
中国中央电视台
CHINA CENTRAL TELEVISION YEARBOOK
年 鉴
2013
胡占凡 主编
《中国中央电视台年鉴》编辑部 编

CCTV

XIN MEI TI CHUAN BO

新媒体传播

新媒体传播

中国网络电视台综述

2013年，中国网络电视台以“台网融合、创新发展”，“一云多屏、全球传播”为核心战略，以提高社会效益和经济效益为核心目标，建平台、打品牌、创机制，全面推进产品建设，不断提高市场份额，超额完成全年各项工作任务。

一、发挥新媒体特色，圆满完成重大新闻宣传报道任务

中国网络电视台把坚持正确舆论导向放在首位，着力建设“中国网络视听第一媒体”。截至2013年底，央视网日均独立访问用户4152万户，较2012年底的1880万户增长121%，月度独立访问用户总数5.6亿户，较2012年底的4.1亿户增长37%；用户覆盖210多个国家和地区，提供英语、西班牙语、法语、俄语、阿拉伯语、韩语6种外语和朝鲜语、蒙古语、藏语、维吾尔语、哈萨克语5种少数民族语言传播。

2013年，中国网络电视台先后完成领导人出访、“两会”报道、党的群众路线教育实践活动、十八届三中全会等重大专题报道，四川雅安地震、“神舟十号”发射、斯诺登事件等重大事件报道。全新改版的《给总书记捎句心里话》板块，就总书记的重要讲话精神和重大活动进行话题引导，树立总书记“亲民、爱民”的形象；在“两会”期间推出的《领导人两会日志》以视频方式记录领导人活动，以时间为线索梳理领导人相关报道；《我有问题问总理》，通过论坛向网民征集最想向总理提出的问题，采取网民票选方式，最终形成100问，其新颖的形式受到广大网民关注和欢迎。

12月24日，中国网络电视台与《文明》杂志合作，独家网络刊发十八届中央政治局常委习近平、李克强、张德江、俞正声、刘云山、王岐山、张高丽“文明人物特稿”，这是党和国家领导人的形象首次以生动、时尚、精致的新媒体传播方式，图文并茂地展现在国内外读者面前。

二、积极推进“一云多屏、全球传播”新型传播体系建设

经过一年的努力，中国网络电视台在“一云多屏、全球传播”新媒体传播平台迈上一个新的台阶。各终端用户规模均有大幅增长。截至2013年底，在电脑端，网站日均独立访问用户4152万户，较2012年底的1880万户增长121%，月度独立访问用户总数5.6亿户，较2012年底的4.1亿户增长37%；在移动端，整合推出的“央视影音”客户端Cbox下载用户数突破2.1亿户，较2012年底的1.2亿户增长75%，从零开始的“央视新闻”客户端和“央视体育”客户端半年内用户数量分别达到1341万户和355万户；在智能电视端，IP电视业务总体用户数较2012年底增长28%，互联网电视业务总体用户数较2012年底增长279%。

三、举全网之力，打造具有竞争力的网络特色产品

中国网络电视台突出视频特色和技术优势，全面布局移动互联网，以“CBox央视影音”为龙头，打造了一系列优秀的视频客户端产品，包括“央视新闻”、“央视体育”、“央视悦动”、“熊猫频道”等核心客户端，以及网络春晚、熊猫频道、中国公开课等优秀内容品牌。截至2013年底，客户端累计安装量已超过2.1亿次，并以每周超过200万次的新增下载量增长，用户覆盖亚洲、欧洲、北美洲、非洲等190多个国家和地区，是海外用户收看国内电视的首选客户端产品，在苹果、安卓等应用商店里的用户评价均为5A；CCTV网络春晚已成功举办三届，受到广大网民

一致好评，被称为“网络第一文艺品牌”，2013 年网络春晚多终端视频直播、点播累计观看人次、电视观众超过 3 亿人；上线推出的“熊猫频道”，被英国广播公司 BBC 著名新闻栏目《Webscape》评为当周最佳网站之一，截至 2013 年底，频道独立访问用户数已累计突破 300 万人次，覆盖五大洲 204 个国家和地区，频道社区注册用户数达 13000 多人。

四、台网融合一体化，推动传统媒体与新兴媒体融合发展

2013 年，中国网络电视台首批新媒体人员已派驻中央电视台总编室、新闻中心、综合频道等五个部门，台网联动工作从物理融合逐渐走向体制机制的融合，做到一体化策划、一体化运行、一体化实现。2013 年，中国网络电视台完成对中央电视台 156 个重点选题的一体化宣介，包括中央电视台春节联欢晚会、感动中国、“最美”系列活动、《星光大道》、第 15 届青歌赛、《梦想星搭档》等项目，扩大了节目影响力。其中，通过全平台、多终端、多语种对 2013 年“春晚”进行的视频、图文、互动传播创历年最大宣传规模。截至 2 月 9 日 24:30，共有 4603 万个海内外独立用户通过中国网络电视台观看“春晚”，较 2012 年“春晚”上升 76%。12 月 31 日，中国网络电视台推出服务于中央电视台节目和电视观众的“央视悦动”客户端，主打中央电视台节目推介和多屏互动等特色实用功能，成为连接电视屏幕与手机屏幕、电视节目与观众的载体和平台。

五、加强技术研发力度，保障各项工作顺利进行

2013 年，中国网络电视台在加强内容和产品建设的同时，加大技术研发力度，为“一云多屏、全球传播”核心战略的实施提供强有力的支撑。建设完善网络电视播控平台、IP 电视播控平台、手机移动互联网播控平台、互联网电视播控平台、移动车载播控平台，为中央电视台全媒体业务战略打造自有新媒体播出体系；自主研发完成全终端内容分发控制平台，对电脑端、移动客户端、互联网电视等终端提供统一内容发布和控制，实现了全球多 CDN 资源的可调度分发，处于行业领先水平；开始规划视频云平台建设和大数据应用，初步拟定私有云和公有云相结合的混合云模式；成立“院士专家工作站”，推动技术成果向实际应用的转化，并与科技部、中科院、国家新闻出版广电总局科技司、北京大学、清华大学等机构，就视频压缩技术、视频解码技术和分布式存储等进行多项技术研究合作，完成多项 863 技术项目的申请和建设工作；大规模上线 P2P2.0 直播技术，直播加载缓冲时间大大缩短，并逐步实现跨终端多屏发布和 H5 自适配功能。

六、积极开展群众路线教育实践活动，加强管理

根据党中央要求，中国网络电视台积极开展党的群众路线教育实践活动，成立教育实践活动领导小组，组织党员深入开展学习，并通过制定“两方案一计划”整改落实“四风”问题。通过贯彻组织群众路线教育实践活动，围绕新媒体党建规范化和综合管理科学化建设工作，凸显人性化服务，强化“诚信、创新、执行”的企业文化核心价值观。

2013 年，中国网络电视台将解决员工面临的实际困难作为一项长期的重点工作，推出一系列员工关怀计划，解决和满足员工在工作和生活中遇到的困难和需求。在行政办公管理制度和流程方面，不断优化，减少中间环节所带来的资源浪费；进一步优化人才结构和员工价值评价体系，完善绩效考核挂钩机制；加大相关部门预算管理权限及审核力度，及时开展专项审计工作；加强对子公司运营管理工作，落实集团化运营管理。

2013 年，中国网络电视台获得中纪委、外宣办颁发的“2013 年度全国反腐倡廉网络舆情信息工作先进集体”，中宣部授予的“2012 年度舆情信息工作先进单位”，以及中国广告协会授予的“中国公益广告突出贡献奖”等，同时“熊猫频道：24 小时多路高清直播大熊猫”、“央视新闻”客户端等项目获 2013 年度 CCTV 新媒体奖。

一云多屏　全球传播

一、逐步完成“一云多屏”总体架构部署

1. 完成“一云多屏”优化升级总体架构设计

经过反复研究、论证，中国网络电视台已完成“一云多屏”总体架构的设计方案，主要包括“一云多屏”总体架构、业务规划、技术规划、品牌规划、网络营销规划、组织架构以及减增方案的规划工作，初步形成了业务统合、减增方案规划文稿。同时，组织编制总体架构实施方案，落实总体架构实施项目的部署。

2. 完成国家网络视频数据库一期平台项目建设

国家网络视频数据库一期平台第一阶段项目于3月31日完成技术平台建设。经过业务过渡、功能与性能优化和试运行，于9月正式交付使用。项目建成卫星、有线信号、网络传输相结合的多路径信源调度中心，具备为CNTV多屏视频直点播业务提供标准化IP信源的能力；通过集群调度式高性能转码能力池，统一编码发布视频节目，实现多终端格式、多码率、高效率、自适应输出；构建以分布式全在线云存储系统框架为支撑的全局媒资系统雏形，快速响应各种线上视频业务需求。同时，CNTV视频生产业务于5月1日完成了北京到无锡的迁移，实现专业化运作和管理，标志着国家网络视频数据库工作迈上新台阶。

3. 完成多层编目生产平台建设，顺利投产

多层编目生产平台建设项目于8月30日完成平台研发和部署，从视频数据源头上解决了编目体系缺乏统一规范，视频管理困难等问题，为CNTV“一云多屏”视频业务规划实现了“云”端的统一编目管理。经过近两个月的试运行，多层编目生产平台实现与网站、IP电视、OTT等下游各平台的全流程数据对接，完成了一系列系统优化和操作培训，提升了劳动效率，于10月28日正式在中央电视台10个频道投产，并逐步在19路中央电视台中文标清频道和部分地方卫视频道实现多层编目升级。

4. IP电视和互联网电视业务规模实现全国第一

2013年5月，中国网络电视台与百视通正式成立爱上电视传媒有限公司，负责全国唯一的IP电视中央集成播控总平台的可经营性业务的运营。截至2013年底，共签署30份IP电视两方协议、17份三方协议，实现全国12个地区IP电视业务的开通运营，覆盖北京、上海、广东等重点IP电视试点城市，总体用户数较2012年底增长28%；互联网电视方面，中国网络电视台先后与小米科技等互联网企业，以及海信、TCL等一线电视厂商达成合作，总体用户数大幅增长，规模居行业前列。

二、着力加强移动互联网产品建设

2013年，互联网全面迈向移动化，传统互联网用户习惯的访问内容、使用服务的交互方式，正在被智能手机、平板电脑等迅速改变，移动终端成为各大互联网企业争夺的战略高地。作为国家级新媒体机构，中国网络电视台以“一云多屏、全球传播”为发展战略，以移动终端为发展重点，将原有PC端业务全面向移动端延伸，以“CBox央视影音”为龙头，打造了一系列优秀的视频客户端产品，包括“央视新闻”、“央视体育”、“央视悦动”、“熊猫频道”等核心客户端。

1．“CBox央视影音”客户端——全球用户数突破2.1亿户

2013年，中国网络电视台将原有“CBox”PC客户端和“CNTV旗舰版”移动客户端进行统一整合，正式上线推出“CBox央视影音”客户端，以全新的品牌形象投入市场。截至2013年底，该客户端累计安装量已超过2.1亿次，其中PC端达1.7亿次，移动端4130万次，并以每周超过200万次的新增下载量增长，借助中国网络电视台强大的全球分发能力，用户覆盖亚洲、欧洲、北美、非洲的190多个国家和地区，是海外用户收看国内电视的首选客户端产品，在苹果、安卓等应用商店里的用户评价均为5A。

“CBox央视影音”客户端采用中国网络电视台自主知识产权技术，实现直播“时移”功能，用户在观看视频直播时可点击收看播放过的任何一帧画面，不错过每一个精彩镜头。同时，“CBox央视影音”客户端提供视频回看、预订、智能EPG、搜索、动态码率等强大功能。此外，该客户端采取扁平化设计，增加播放入口，减少层级页面，用户可快捷进入播放页面。

“CBox央视影音”客户端覆盖PC端和手机端（包括iOS版和安卓版），适配40余款主流智能终端，实现统一内容、统一风格、统一分发。依托中国网络电视台全球最大的视频数据库，支持多路电视直播和海量点播内容，集纳中央电视台、全国卫视、城市频道等130多路电视频道的直播、预约、回看，以及2700多个栏目和7300多部影视剧、纪录片等版权节

目点播，涵盖电影、电视剧、动画片、纪录片、体育赛事、公开课、科教、青少、综艺等类目。

2．“央视新闻”客户端——第一时间独家、权威发布海量视频新闻

2013年7月23日，中国网络电视台与中央电视台新闻中心合作推出“央视新闻”客户端。该客户端以中央电视台权威、独家、海量的新闻报道资源为基础，以中国网络电视台视频特色为优势，为用户提供“看得见的新闻”。经过半年的探索与运营，“央视新闻”客户端不断优化升级，探索时政报道新模式，提升信息更新速度和封面质量，并对重大事件报道实现客户端首发，每天更新资讯达120条。

2013年，“央视新闻”客户端已覆盖苹果、安卓手机以及iPad等主要操作平台；并不断拓展推广渠道，与苹果应用商店、安卓市场、百度手机助手等近50家线上渠道，以及三星、小米等终端厂商合作，稳步提升产品用户覆盖率。截至2013年底，“央视新闻”客户端下载安装量已突破1300万次，每天登录用户超100万户，市场占有率排名稳居各大新闻类应用排行榜五强。

3．“央视体育”客户端——打造体育内容权威首选平台

2013年8月30日，中国网络电视台以第12届全运会举行为契机，上线推出“央视体育”客户端。该客户端是中国网络电视台在原有“5+体育”客户端基础上，围绕“视频、新闻、数据、互动”等用户需求，旨在为用户提供最丰富的体育资讯、赛事视频直播点播、互动娱乐等精彩内容，力争打造成为网民关注体育内容的权威首选平台。

该客户端第一时间发布赛事直播、点播、独家点评、幕后故事解密等特色内容，并按照运动类型和赛事活动，将内容精心编排为足球、篮球、网球、中超、综合等类别，通过“图说体育”、“5+体娱”、“图集”等板块，提供视频、图片、评论、特别报道等，满足不同体育迷的需求。同时，不断完善核心互动功能，提供赛事直播、观赛导航、赛事信息推送、观赛签到、微博微信分享、互动留言等功能；并借助台网资源进行有效推广，通过《新闻联播》等栏目对客户端优势功能进行报道，吸引大量网友通过手机、平板电脑等终端下载观看。截至2013年底，“央视体育”客户端累计下载量已超过350万次。

三、借助多媒体、多终端及海外本土化网站平台，大力加大外宣力度

继开办亚太、北美、俄罗斯本土化网站和非洲手机电视之后，中国网络电视台于2013年推出欧洲（英语）、拉美（西班牙语）、中东（阿拉伯语）三个本土化网站，完成硬件支撑平台、数据分析平台、C－Mall系统平台，以及“直播中国”和“我爱非洲”扩容等海外手机视频项目开发建设和验收；完成海外互联网电视项目的平台搭建工作，并实现内容存储、视频质量监测、业务运营支撑、播控等系统的全面上线。

1．加强整体业务规划，完善多语种传播渠道，推进国际传播能力建设

2013年，中国网络电视台继续积极稳妥地推进国际传播能力建设工作，不断完善海外本土网项目和少数民族频道项目运营模式、业务类型等方面的规划以及项目建设工作。其中，英语频道与新华网、中国日报、国际在线等五家重点外宣媒体网站建立要闻互推机制，各网站每周头条位置相互推荐重点新闻，并和新华网建立了更为紧密的合作方式，在页面互相嵌套推荐位。自机制建立以来首页访问量上涨500%，日均UV访问量最高达到29万人次。

相继推出欧洲（英语）、拉美（西班牙语）、中东（阿拉伯语）三个本土化网站，并根据中宣部国际传播能力建设工作的具体要求，继续推进亚太、俄罗斯本土网、蒙古语、哈萨克语、维吾尔语频道的升级、推广工作和藏语频道的建设工作。其中，北美本土化网站于2013年12月完成改版升级，将原有频道进行整合，升级后的网站设有新闻、财经、生活、文化、娱乐、旅游六大频道。其中旅游频道通过与北美地区知名旅游商务网站合作，提供给用户全方位的旅游相关服务。该频道还重点介绍中国游景点、产品、新闻资讯，使北美地区受众通过旅游这扇窗口更加深入了解中国文化，喜爱中国文化。北美本土化网站在2013年开展了多手段、多渠道的推广工作以及大型线上活动，包括主办首届“金熊猫杯”国际微电影大赛，独家网络协办2013ITM北美新丝路模特大赛和携程全球酒店体验员加拿大旅行报道。经过一年的建设和推广，北美本土网已经在北美地区逐步树立品牌，影响力逐步扩大，举办和参与报道了多次中加文化交流活动。截至2013年12月，北美本土网的日均UV稳定在13万人次。

2. 稳妥把握重大事件外宣报道，加大原创报道力度

围绕国家领导人出访、出席重要国际会议和舆论关注的热点话题，发挥多语种优势，精心策划组织对外报道和舆论引导。先后对外报道了全国“两会”、四川雅安芦山地震、“神舟十号”载人航天任务、党的群众路线教育实践活动、十八届三种全会等多个重大事件、重要活动，组织策划100余个大型报道专题。针对海外受众需求和关注的热点话题，组织策划了一批有亮点、有特色、有深度的原创专题策划。

多语种全程报道2013年全国“两会”。采用英语、西班牙语、法语、阿拉伯语、俄语、蒙古语、哈萨克语、维吾尔语等多种语言，对“两会”重要议程及新闻发布会提供全程视频直播、点播回放、图文实时报道。总计进行了16场次直播，其中英语16场，西班牙语、法语、阿拉伯语、俄语10场，蒙古语、维吾尔语和哈萨克语4场。“两会”期间，各频道访问量较平日增长约7%。

多语种报道“神舟十号”载人航天任务。英语、西班牙语、法语、阿拉伯语、俄语频道通过专题全程报道“神舟十号”载人航天任务，对发射过程、宇航员王亚平进行首次太空授课、“神舟十号”成功返回地球并成功着陆及新闻发布会进行了直播。蒙古语频道自采报道《二连牧民准时收看神十返航直播节目》。报道期间，共收到来自12个国家网友的超过200条留言。

英语频道推出特别策划驳斥中国经济下滑论。2013年11月，针对西方鼓吹的中国经济“崩盘论”制作推出原创专题“驳斥中国经济下滑论”，分别采访商务部、中国人民大学等机构的经济专家、学者从产能过剩、经济体制改革、经济增长、内需四个方面客观科学分析中国经济总体运行状况和潜在优势，驳斥国外对中国经济未来耸人听闻的预测。

多语种、多平台开展“中国梦”主题报道。各外语频道陆续推出《中国梦》微访谈、《图解中国梦》《图说中国人的生活》等特别策划，受到网友广泛关注。同时，利用多平台优势，在国内外社交平台和移动客户端进行推广，积极引导外宣舆论，扩大外宣影响。英语频道《我爱非洲》客户端全年吸引超过6.5万个粉丝关注，法语、阿拉伯语《我爱非洲》客户端推送视频约1万条，视频专题42个。

利用社交平台提升传播效果。英语频道通过Facebook、YouTube、Twitter、微博等国内外社交媒体拓宽外宣触及范围，配合各重大突发事件迅速对外传播相关新闻、视频报道。境外互动平台全年网友触及量约40万人次，留言超过两千条，粉丝涨幅超过100%。

少数民族语言频道加强与地方媒体合作，推出系列原创栏目。蒙古语频道与《民族画报》（蒙文版）开展合作，推出“蒙古族艺人”等原创系列内容，日均UV同比上年增长16%。哈萨克语频道于5月策划并推出原创系列人物专访《哈萨克封面人物》，用图、文、视频等多媒体形式展示哈萨克族人物风采。维吾尔语、哈萨克语频道积极报道新疆的发展成就和文化活动。其中，维吾尔语频道与天山网合作举办《天山之音》2013播音主持网络评选大赛，网络投票平台正式上线第一天投票数超过两万人次，频道当日UV突破1.08万人次。

此外，中国网络电视台严格遵守上级部门宣传提示，做好涉疆涉藏报道。各语种通过大量图文、视频、专题等全年持续对藏区各方面的发展进行了正面宣传，还原真实西藏。报道主要涉及藏区民生、医疗、教育、宗教、藏区经济发展、旅游等方面。西班牙语、法语、阿拉伯语、俄语频道重点推荐四部系列自焚事件专题片，并在国外社交平台和手机客户端广泛推广，还原事件真相，引导舆论。积极转载评论文章揭露达赖制造“西藏孤儿”内幕。此外各语种还重点报道了西藏雪顿节，先后推出《西藏百万农奴解放54周年》《藏历新年》等专题。

与青海广播电视台开展战略合作，搭建青海网络电视台，整合其海量的、优质的藏语视听资源在新媒体上进行直播、点播等形式的展示，夯实涉藏外宣成果。另一方面，制作一些反映真实、美丽藏区和民族团结的节目，通过策划多样化的推广活动进行推介。

在涉疆报道方面，各语种及时重点转发推荐涉及新疆民生、经济发展等发面的报道。重点报道了《新疆工作座谈会三周年》《亚欧博览会》《塔克拉玛干沙漠考古新发现》等。在新疆暴力恐怖事件报道上，突出对外报道好中国政府打击暴力恐怖事件的决心。

3. 积极配合中央电视台外语频道，强化台网联动

2013年，完成超过100场英语、西班牙语、法语、阿拉伯语、俄语直播，配合各外语频道栏目宣介，共整合推出100余个专题页面，完成了东非野生动物大迁徙、探潮亚马孙、钱塘江大潮等台网联动报道。

2013年中央电视台西班牙语、法语风采大赛官网于5月正式上线，此次风采大赛由中央电视台主办，西班牙语频道、法语频道和央视网共同承办。央视网负责承建大赛的两个官方网站。作为西班牙语、法语大赛的唯一报名渠道，官网还承担了赛事的网络报名、视频上传、新闻发布等核心功能。

此外，英语新闻频道、西班牙语频道、法语频道、阿拉伯语频道、俄语频道积极配合海外传播中心及各外语频道的观众调查需求，开设各语种海外用户调查页面，用户参与度高，为中央电视台提供有价值的调查数据。

台网融合　创新发展

作为中央电视台的新媒体平台，中国网络电视台在制作、推广和呈现的一体化上积极推动台网融合，实现CNTV与CCTV一体化策划、一体化运行、一体化实现，从台网联动、台网捆绑到台网融合，为电视媒体与新媒体融合发展之路探索经验。

一、新媒体人员派驻

2013年，中国网络电视台与中央电视台建立联合策划推广实施机制，向中央电视台总编室、新闻中心、综合频道等派驻新媒体团队，在节目创意策划、制播、推广等环节进行深度融合和协作，台网联动工作从物理融合逐渐走向体制机制的融合。首批新媒体人员派驻中央电视台新闻中心后，参与重大报道策划，及时开展台网联动宣传报道。

中央电视台新闻中心与中国网络电视台共同推出“出彩人生：中国梦·我的梦”大型视频征集与展播活动。四川芦山地震发生后，台网共同推出《寻亲·我们在一起》专题，搭建寻人信息平台，寻亲成功率高达50%以上。“就业有‘位’来——2013大学生就业公益行动”在42天内共有7902家企业提供17.8万个岗位。

二、重点节目探索台网融合模式，新媒体宣传初显成效

中国网络电视台不断探索台网融合模式，运用新媒体手段加强对中央电视台重点项目的宣传推广，取得了良好的效果。2013年完成对台内156个重点选题的一体化宣介，包括中央电视台春节联欢晚会、感动中国、“最美”系列活动、“3·15”晚会、《星光大道》、第15届青歌赛、《梦想星搭档》《阿娜尔罕》《舌尖上的中国2》《我要上春晚》等项目，通过搭建网络专题、引入电视二维码、推出Web App移动互联网页面应用等方式，并利用微博和微信，以及网络、手机客户端、IP电视等新媒体手段扩大节目影响力。

《星光大道》：建设网络赛区，为海内外选手提供快速报名、视频上传的参与平台；引入二维码、开发Web App，打通电视、网络、手机多屏互动渠道；举办文艺走基层活动，开展“百名老人上星光大道”、“百名新人上星光大道”、“带父母上星光大道”系列活动，活学活用党的群众路线，弘扬孝老爱亲的优良传统；加强选手动人故事的传播，帮助4位选手得到社会力量资助，走出困境；集纳“星光大道观众群”，授予未来活动的优先获邀权，激励对节目的持续关注；联合协调《新闻联播》等栏目，对专场节目进行10次以上报道，栏目的媒体关注度在一周内上涨118%；联合电影院线、高端商场、中央人民广播电台“文艺之声”、唱吧和中国移动飞信平台宣传节目，拓展对外合作资源，搭建多条跨平台合作渠道，提升高端收视人群比重；将有奖互动活动常态化，延长关注度。这些举措拉动平均收视率达1.95%，平均份额达5.46%；官网点击率超过5亿人次，月均网络收视时长超过128万小时，位列中央电视台节目网络点播中获取收视时间首位；栏目被第三届中国电视发展年会评为“最具创新力十大上星栏目”。

第15届青歌赛：与栏目组建立联合办公机制，实现从策划到营销等环节的全程一体化合作；联合新华网等6家网站，组建“网络联盟”，以网络代表队的形式参加青歌赛比赛；搭建官网，打造独家产品，制作“青歌点播台”等点播产品，推出碎片视频601条；策划“青歌赛上的钉子户”等话题，在微博和微信平台进行广泛营销；打造官方互动游戏“乐动指尖”和专属定制客户端，通过移动终端获取电视节目正在播出内容相关信息，还可参加竞猜、投票等活动；与中国移动合作推出青歌赛无线音乐服务业务，为广大手机用户定制赛事彩铃、铃音、热门歌曲收听、下载等服务，并制作“青歌FM”（随身听）。截至5月26日，共有5.97亿电视观众收看，整体收视率与上届相比上涨48.80%。在本网多终端累计独立访问用户3174万人，页面访问量3.63亿次，微博平台相关话题量

达725万个，覆盖手机端微信用户1.5亿户。

中央电视台春节联欢晚会：2013年2月9日晚，中国网络电视台对2013年中央电视台春节联欢晚会进行全平台、多终端、多语种视频、图文、互动传播，真正形成“中华情怀、全球传播、一云多屏、视频呈现”的全媒体报道格局，创最好宣传效果和最大宣传规模。除夕直播期间，4603万海内外独立用户通过中国网络电视台观看晚会，较2012年上升76%。其中，海外用户比例占17%，覆盖全球210多个国家和地区。中国网络电视台与腾讯、搜狐等8家网站组建传播联盟，视频直播累计观看达2.09亿人次，较2012年上升141%。最高同时在线人数达2255万人，较2012年上升97%。从2月4日至除夕，微博平台相关内容达630万条，是上年的近7倍。

“最美”系列活动：统筹“寻找最美乡村教师”、“寻找最美消防员”、“寻找最美村官”、“寻找最美乡村医生”等活动的新媒体宣传推广工作，营造持续全年的公益关注热潮，深化公益活动传播模式。

三、积极探索电视节目网络影响力综合评价体系

中国网络电视台与中央电视台总编室等部门共同探索，以CNTV多终端平台运行数据为基础，逐步建立电视节目网络影响力综合评价体系。从2013年起，总编室与中国网络电视台合作对中央电视台节目网络收视展开监测，并每周向中央电视台提供《我台节目在CNTV平台的收视报告》。

四、优化官网首页，以更加清晰、直观的界面展现和推介中央电视台节目

2013年12月29日，历经四个月的调研和准备，经过优化的中央电视台官网首页上线发布，新官网首页突出四大特性：一是对中央电视台的功能服务更为突出，查找更人性化。新增的“央视频道”板块直观呈现中央电视台所有在播频道的标识以及频道官网、频道直播便捷入口。首屏突出位置提供“央视悦动”等中央电视台四大客户端下载地址，一站式解决网民下载需求。二是重点节目推介的力度更大，图片展示更具感染力。首屏焦点区以高清轮播大图动态呈现中央电视台重要活动、重点栏目、大赛、特别节目内容。新开设“央视看点”板块，向网民推荐当日及近期中央电视台重点节目预告及精彩片段。三是强化电视互动，主推“我要上电视”和“约会主持人”等互动产品。“我要上电视”集纳全台所有节目选手招募、观众报名和新闻线索、话题征集入口，提供登上中央电视台的便捷网络通道。整合推荐投票、抽奖、竞猜、随手拍等网络互动活动。“约会主持人”集中了中央电视台主持人的博客、微博、专栏和主持人俱乐部等互动产品，立体化展示主持人风采。四是关注网络收视，探索大数据的分析和应用。“排行榜”板块提供基于用户访问记录有效分析，形成的节目、频道、栏目三个维度的热点排行，为中央电视台栏目和节目的网络收视统计和分析打好基础。

五、推出“央视悦动”客户端

2013年12月31日，中国网络电视台推出服务于央视节目和电视观众的“央视悦动”客户端，主打央视节目推介和多屏互动等特色实用功能，打造中央电视台电视节目和主持人新型的社交电视互动平台，使用户和主持人形成关系圈进行深度交流；用户可通过PC、手机、平板电脑等终端，参与电视节目投票、抽奖、竞猜、答题等互动活动，成为观众看电视时的“直播伴侣”。同时，客户端还拥有国内领先的听音识台等功能，观众将移动终端对准电视屏幕后，客户端会自动识别当前播出的节目，并进入栏目页面，提供电视内容的扩展阅读，并可参与一系列互动活动，成为连接电视屏与手机屏、电视节目与观众的载体和平台。

积极打造原创内容品牌

依托中央电视台丰富的优势资源，中国网络电视台积极推动内容建设尤其是原创内容的建设，打造了公益广告发布平台、网络春晚、中国公开课、熊猫频道等一批具有网络特色的原创名牌产品。

一、“中国梦”2013年CCTV网络春晚深受好评，被称为“网络第一文艺品牌”

2013年CCTV网络春晚于2月8日至2月14日

在中央电视台综合频道、财经频道、综艺频道、中文国际频道、高清频道，以及中国网络电视台网络电视、手机电视、IP 电视、公交电视等终端顺利播出。电视受众用户超过 3 亿人，网络春晚官方网站多终端累计独立用户 1458 万人，是 2012 年的 2 倍；官网多终端视频直点播累计播放次数 2896 万次，是 2012 年的 3.9 倍。截至 2 月 16 日，网络春晚官方微博粉丝数 235 万人，互动故事“守岛夫妇”守护孤岛 27 年、微电影《微笑的樱桃》、歌曲“走你版《江南 STYLE》”三个节目在中国网络电视台、土豆网、酷 6 网等网站的累计播放次数近 7000 万次。节目播出后在海内外引起强烈反响，相关新闻转载量达 125 万篇次，是 2012 年 13.3 万篇次的 9 倍。

人民日报发表时评《在“合唱”中寻回渐淡的年味》认为：“网络春晚给过年时节的晚会开辟了另一个向度：不再是比舞美、比明星、比奖品的‘晚会模式’，而是身边事、自己讲、共分享的‘联欢思维’，是在公众参与中共享融融之乐。”旅居德国的网友“风清月明”说：“‘你的根，就是你的中国；你所站立和眺望的地方，就是你的中国；你怎么样，中国便怎么样！’铿锵有力的话语！ CCTV 网络春晚，新形式、新内容，凝人心、聚人气。”

1. 主题紧扣时代脉搏，彰显深刻内涵

2013 年 CCTV 网络春晚进行了大胆创新，以弘扬“中国梦”为宗旨，以紧扣时代脉搏、与爱国主义思潮高度吻合的“我爱中国的 N 个理由”为主题。网络春晚由线上征集、线下活动和主题晚会组成，三者环环相扣，线上征集和线下活动为主题晚会遴选“热爱中国的理由”、“百个华人家庭”及节目，主题晚会则对线上征集和线下活动进行盘点、总结和发布，三者相辅相成、互为依衬，进而使“中国梦”2013 年 CCTV 网络春晚抛离了传统综艺晚会的概念，成为有影响、有品牌、延续性强的大型活动。

线上面向全球网友发起以“我爱中国的 N 个理由”为总主题，以“我爱家乡的 N 个理由”为分主题的大型征集活动，以家庭为参与对象，以家乡为切入点，邀请网友通过视频、图片、文字阐述热爱中国的理由。征集结束后，通过网友投票、专家评审等选出“热爱中国的理由”，并在主题晚会发布。征集活动得到海内外网友的广泛响应，共征集热爱中国的理由近 7 万条，转发及跟帖总数 28 万多条。

线下活动邀请吕思清、陈一冰、刘诗诗、刘大成等人拍摄微电影，通过他们的视角，讲述、记录动己、动人的故事，表达真情实感，展现家乡的美好以及对国家的热爱与祝福。同时走进非洲等海外主要地区和国家，遴选华人华侨家庭和国际友好人士家庭，邀请他们出席主题晚会，讲述热爱中国的理由，感受 2013 年 CCTV 网络春晚诠释的主题和彰显的内涵。

主题晚会由“中国美丽”、“中国力量”、“中国梦想”三个篇章组成，通过富有创意的节目和丰富多彩的表现形式，对网络春晚主题予以阐释。为充分阐释主题，并彰显其深刻内涵，网络春晚引入大量平面媒体所独具的属性：轻灵明快的“卷首语”与气势磅礴的“卷尾语”相得益彰，突出、强化了主题的厚重感；“中国美丽”、“中国力量”、“中国梦想”三个篇章表达意境的逐渐递进，使主题内涵得以完美诠释；发布“我爱中国理由”的嘉宾由德高望重的老者与卓有成就的年轻人搭配，增强了主题的仪式感，充分展现出中华民族复兴、崛起和梦想实现的传承之意。

2. 唱响“凡人歌”，传递中国正能量

“中国梦”2013 年 CCTV 网络春晚充分秉承“开门办春晚”的理念，坚持“三贴近”原则，以群众为参与对象，以普通人的生活为内容创作蓝本，将普通人的生活原汁原味搬上舞台，唱响荡气回肠的“凡人歌”，弘扬社会主义主流价值观。

导演组贴近百姓选节目，倾听普通网友的声音，深入孤悬黄海之中的开山岛、内蒙古阿尔山市伊尔施镇等偏远区域，深度挖掘“守岛夫妻”王继才和王仕花、失语女孩王然、“长城美容师”常石头和钱二玲、“铁路夫妻”武峰和杨璞等普通人的不平凡故事，将这些真实而又寻常的人生汇聚成动人的交响和感动人心的正能量，深深打动了网友和观众。晚会播出过程中，很多网友通过边看边聊、微博等方式对他们表示出崇高的敬意。

本届网络春晚的目的就是要通过展示平凡人身上的强大正能量，向世界人民彰显中华民族伟大复兴的必然。为实现这一强大正能量的“走出去”，网络春晚坚持“请进来”，从全球遴选了来自美国、俄罗斯、克罗地亚、肯尼亚、马来西亚、中国台湾等国家和地区的百个华人家庭和国际友好人士家庭参与主题晚会，共同感受这些荡气回肠的“凡人歌”所展示的力量，进而让世界各国人民了解到一个丰富、真实和发展中的中国。

3. 节俭办春晚，突出思想性、艺术性、观赏性

2013 年 CCTV 网络春晚坚持节俭办春晚的原则，“不比明星，讲内涵；不比舞美，重实用”，将普通人的生活原汁原味搬上舞台，配以简约、朴素、大方的艺术风格和舞台效果，追求思想性、艺术性、观赏性的统一。

“不比明星，比内涵。”面向广大网友进行的线上征集“我爱中国的N个理由”就是要使网络春晚抛离明星的束缚，倾听百姓心声；线下活动拍摄的微电影取材于小提琴艺术家吕思清、奥运冠军陈一冰、优秀大学生村官张广秀等人的亲身经历，展现的是他们坚持理想、甘于奉献、创业创新的品质，吕思清、陈一冰的原型出演既节省了投拍经费，又提升了影片的纪实性、亲和力；主题晚会在嘉宾、演艺人员的邀请和内容设计上更是突出了本届网络春晚的思想性、艺术性和观赏性：“热爱中国理由”的发布嘉宾由著名书法家欧阳中石、中国工程院院士刘先林、茅盾文学奖得主周大新、表演艺术家杨立新、奥运冠军滕海滨和航母工作者沈意担任；中国第一位女航天员刘洋通过VCR与年轻朋友畅谈中国梦想；奥运冠军谢杏芳与93岁“羽毛球”爷爷的共勉；韩红与18岁失语女孩王然共同演唱《神话》，帮助她用歌声找回希望，环节设计朴素感人；“守岛夫妻”王继才、王仕花的感人故事与歌曲《红旗飘飘》完美结合，感染了现场嘉宾。嘉宾、演艺人员的表演是情绪的释放点，使社会主义价值观在传播效果上实现“润物无声”。

“不比舞美，重实用。”舞美设计制作科学化、节俭化，根据晚会主题、内容展现的实际需求，现场由“2013”字样构成的表演区与观赏区交错排列组成，二者融为一体，观众与嘉宾、演员同桌而坐，零距离的接触既有效利用了场地空间，节省了搭建支出，又增强了晚会互动感，蕴含了团圆之意。没有升降舞台，没有梦幻灯光，让嘉宾和演艺人员在“真实”的空间进行“本色”讲述和表演，给观众以亲切感。同时，将晚会常用的LED进行巧妙搭建，以环绕现场的方式增强视觉感官效果。朴素、实用的舞美，给了观众“家”和“聚会”的感觉。

“中国梦”2013年CCTV网络春晚引发社会各界广泛关注，人民日报、新华社、光明日报、中央电视台、中央人民广播电台等120多家媒体发稿360多篇，对CCTV网络春晚予以高度评价。新华社报道：“2013年CCTV网络春晚以鲜明的主题、深刻的内涵，为观众奉上了一道与众不同的春节文化盛宴。”《光明日报》刊文认为，“没有升降舞台，没有梦幻灯光，没有华衣锦服，没有明星大腕，在电视进入所谓大片化的时代，央视网络春晚尤显朴实而隽永。”

网络春晚得到国内外网友的普遍关注，美国华侨“MAC辉”说：“2013年CCTV网络春晚体现的亲切感、贴近性是一种截然不同‘晚会文化’的开始。”肯尼亚网友“大牛”说：“CCTV网络春晚让全球网民见到了什么是来自中国的感动。”“家乡的小丑鱼”说：“CCTV网络春晚讲凡人事、唱凡人歌、讴凡人情，这是网民最喜欢的。”

二、建设全国网络公益广告制作中心，开展形式多样的公益广告宣传活动，开拓公益宣传新阵地

根据中共中央宣传部、中央文明办、外宣办等七部委的《关于深入开展“讲文明树新风”公益广告宣传的意见》精神，中国网络电视台于2013年4月22日组建“讲文明树新风”全国网络公益广告制作中心，以“中国精神、中国形象、中国文化、中国表达”为创作原则，汇聚民间创作力量，创新将中国优秀民间艺术形式运用到公益广告创作中，受到了社会各界的喜爱。

1. 拓展创作思路，创新工作方法

截至2013年底，已收集36个地区的8种民间艺术素材9000多个，精心创作了平面、手机、展板、围挡、LED、遵德守礼提示牌、户外广告灯箱七类36种规格共3400多个公益广告作品，既有传统文化特色，又富有时代气息，受到社会公众的欢迎。

2. 发挥媒体优势，创造传播纪录

“讲文明树新风”公益广告作品已在中国网络电视台首页长期以同名网上栏目进行发布，并在《人民日报》《光明日报》等千余家期刊报纸刊发；在人民网、新华网等100多家网站刊登；在天安门广场、首都国际机场等地标性、枢纽性地点刊播；并以建筑围挡等形式，在全国城市形成户外立体覆盖。2013年6月18日，中国网络电视台开通全国网络公益广告作品通稿库，无偿提供给全国300多个城市和300家媒体下载使用，并建立总数近1000人的QQ群2个，为需要公益广告内容的城市、媒体、机构提供内容服务和问题解答，接电话咨询及消息回复千余次。此外，向武汉交通系统提供6种规格的视频15个，总时长计45分钟，供武汉地区的公交播放终端播出。

3. 成立创作组织，建设发布平台

2013年10月25日，中国网络电视台在北京举行艺委会公益广告艺术委员会成立仪式，这是全国首

个公益广告组织，汇聚了一大批知名艺术家、非遗传承人、优秀民间艺人和广告业界专家参与公益广告精品创作。

为打造全国性的公益广告发布平台，中国网络电视台发动全网力量，推进浙江嘉兴试点城市建设工作，为嘉兴设计1200幅路路通公益广告作品。11月16日，在中央文明办协调下，“讲文明树新风”公益广告发布平台嘉兴试点初步建立成功，意味着“讲文明树新风”公益广告有了自己的发布终端，这一经验将逐步扩展到全国城市，形成全国联网。

4. 做好公益报道，组织相关评论

2013年4月初启动网络视频公益广告大赛，征集到130部作品后，组织专家对入围公益广告进行评审，最终评出12支优秀的公益广告作品，并在成都举行了颁奖仪式；此外，还组织实施了“圆我中国梦、传播正能量”公益广告网上传递活动的启动仪式。

开设网上栏目《公益广告艺术讲堂》，邀请中国非物质文化遗产传承人、参与制作的民间艺人等参与网络演播室访谈。自8月30日开播以来，节目分别邀请了天津泥人张彩塑、天津杨柳青年画等12个艺术门类的13位民间艺术家做客CNTV，以“一人一幅代表作”形式，为大家讲述一幅幅生动的公益广告背后的感人创作故事，全面介绍了各艺术门类的发展历史、艺术特点、工艺特点、传承现状及未来规划。

利用公益广告微博平台，发布推荐公益广告作品的微评论，并组织公益广告评论员队伍，发布40余篇评论文章。

5. 探索视频创作，丰富作品形式

通过视频再创作，尝试运用二维、三维动画技术，让平面公益广告作品动起来，使展现形式更加生动，进一步加强公益广告的互动功能。同时，与制作公司合作，开展公益视频广告主题创作，制作《勤俭》《诚信》《敬业》等15支公益广告视频。

三、上线熊猫频道，打造对外宣传和国际传播的新品牌

2013年8月6日，中国网络电视台上线“熊猫频道”，通过在全世界最大的熊猫繁育科研场所——成都大熊猫繁育研究基地内五大区域架设32路高清摄像头，多机位向用户提供大熊猫日常起居、繁育、娱乐等情况的全天候24小时、近距离视频直播，并为每个大熊猫建设互动社区和粉丝圈，开发移动客户端等，进行多终端、多语种的传播，通过直观展示和充分互动让全球观众感受人与自然和谐共处的美丽中国，用文化的内涵来展示价值观念，传播中国声音。

熊猫频道创建不到一年，其新闻传播的国际效能迅速增强，已覆盖2000万户受众，社区注册用户2万个，直播评论40万条，其中来自海外的访问量有40%。美国全国广播公司《今日》栏目、美国有线电视新闻网、彭博社等国外主流媒体都对熊猫频道进行了大量的正面报道，英国广播公司在节目中介绍频道并在其官网首页重点推荐，熊猫频道在海外社交平台上发布的内容也获得数万网友的“点赞”，对大熊猫张想放归大自然的直播式事件报道获得比利时“大熊猫动物园”2013年度“熊猫瞬间”第一名等多个奖项。在2013年11月“首届中国网络视听大会”上，熊猫频道获“2013网络视听行业年度创新典范”、“网络视频十佳品牌栏目”等奖项，在媒体创新方面成为业界近年的一个崭新亮点，在市场定位、载体形式、传播手段、资源整合、舆论引导诸方面均有创新经验可取。

1. 熊猫频道创新资源整合方式，有效提升中国传播舆论影响力

在平台构建上，熊猫频道由中国网络电视台与成都大熊猫繁育研究基地合作，以国宝大熊猫为主要视频资源，以互动直播、点播、纪录片、图片等节目为特色内容，成为集网站、社区、社交媒体等多种传播手段的主题新媒体集群，包含中、英双语，以全球唯一大熊猫主题社区网络频道为载体，肩负了传播中央电视台新闻、发展中央电视台在新媒体领域国际形象的历史使命。

2013年7月29日，在试播期间直播页的访问量超过了17万人次，上万名网友在“熊猫频道”同时观看直播，有网友甚至盯着摸爬滚打的熊猫看了一天。视频直播中，成都大熊猫的一举一动牵动着网友们的心：“他们要去哪？”“为什么趴着睡，会不会对心脏不好？”“躺着吃竹子，会不会影响消化？”等等评论如雪片飞来，当日累计网络留言超过2万条。“熊猫频道”通过协调央视网与新浪、腾讯微博帐号转发频道，相关信息微博、微信推广力度，实现与受众的实时互动以及观众之间的社交沟通，该频道为美国有线电视新闻网、《华尔街日报》《印度时报》等境外主流媒体所热评。

2. 熊猫频道实现了媒体内涵、技术的整一性，有力提升中国传播媒体品牌创新力

视觉形象传达更集中。熊猫频道采用特有的中国符号——大熊猫作为CI视觉识别，在其所表达的文

化内涵中强化了中国的精神要素、语言和象征符号，使自身以形象、简约、极具中国特色方式从形式多样的传播平台中突显出来，有利于世界各国人民对这一新媒体的认识和记忆。

媒体内容突出中国元素。熊猫频道以创新媒体内容体现传播竞争力。在媒体内容定位上，以中央电视台贯彻落实党的十八大关于推进生态文明建设的战略部署和中央外宣办关于加强野生动物保护宣传精神为指导，以发挥新媒体技术和平台优势为特色，以联结全球熊猫爱好者和中华文化建设者为途径，使电视与网络产生互联、电视受众与网民产生互动，以期实现全媒体时代新闻传播和舆论引导的新形式。

频道自2013年8月初推出以来，引起海外主流媒体普遍关注。英国广播公司新闻栏目《Webscape》将熊猫频道评为当周最佳网站之一，并在官方网站首页重要位置推荐，称直播中的熊猫“难以置信的可爱”。美国全国广播公司著名晨间新闻和脱口秀栏目《Today Show》大篇幅报道熊猫频道上线，并对网站内容和功能做了重点介绍，栏目博客还挂出了ipanda.com的网站链接，并说它是“史上最可爱的事”。其官网对熊猫频道上线也进行了报道，并推荐了熊猫频道的官方网址。美国有线电视新闻网通过转播中央电视台的画面，对熊猫频道进行了重点推荐，称28路高清摄像头让熊猫爱好者可以在任何时间、任何地点通过网络近距离观看大熊猫，其官方网站也关注了熊猫频道，写道“熊猫的生活太快乐了”。彭博社更是针对熊猫频道引起的舆论热潮专门发表评论文章《这只懒熊猫就是中国的扎克伯格吗》，称“还有什么比24小时不间断的熊猫在绿竹叶里打盹的照片更能改变中国这个被污染的工业化国家的海外形象呢？”。《时代》周刊关注了熊猫频道的24小时在线直播，称该频道能够给网友带来喜悦，“这里不会有一刻让你感到无聊”。法国《世界报》报道了熊猫频道上线的情况，称“租借到海外动物园的大熊猫作为中国外交大使，提升了国家整体的软实力”。法国国际广播电台也大篇幅地报道了熊猫频道，称熊猫24小时直播是“一场欢乐的吃货聚会”。《印度时报》官方网站报道了熊猫频道上线，对网站提供的各项服务进行了介绍，尤其突出了直播与多终端的功能。英国Silobreaker网认为，熊猫频道有助于扩展中国形象，美国全国广播公司NBC News、《国际商业时报》报道称，该频道展示了人们正在为保护濒临灭绝物种和更加亲近动物所做的努力，希望该频道可以为保护濒危物种贡献力量。美国有线电视新闻网、《印度斯坦时报》等国际媒体称赞熊猫频道向全世界传递“和平、友爱、更多公众利益”的理念。此外，美国《华尔街日报》《今日美国》《国际财经时报》《综艺》杂志，法国欧洲电视一台、俄罗斯今日俄罗斯频道、俄罗斯之声，西班牙《国家报》，韩国SBS电视台等其他境外近百家主流媒体也纷纷报道中国推出熊猫频道。

传播技术手段强化现场感。强调现场和直播是当前电视节目探寻突破的主要手段。熊猫频道通过28路高清摄像头，面向全球互联网用户提供全天候、多终端的涉及大熊猫内容的直播服务，多机位向全球互联网用户提供大熊猫日常起居、繁育、娱乐等情况的全天候、近距离视频直播，展现真实、可爱的大熊猫及其保护情况，使熊猫频道的传播更加立体。网站重点位置通过图文、视频的方式，积极推广熊猫频道的独家视频资料，持续运用网络联盟等平台进行推介，并与新华网、人民网、中国网、江苏卫视等多家国内媒体进行合作。更重要的是，熊猫频道是一个起点，它为中国媒体探索新媒介模式下的价值传播提供了很好的范本。以大熊猫为原点，以熊猫频道发展模式为方向，在传播中国珍稀野生动物、中国旅游、中国文物和中国精品教育等极具中国特色和吸引力的内容方面开辟了更加广阔的空间，让世界亲近美丽可爱的熊猫，感知真实美丽又可爱的中国。

3. 熊猫频道跨出“走出去”战略重要一步，积极提升中国国家传播媒体架构力

2013年6月6日至8日，中国网络电视台在2013财富全球论坛新闻中心举办熊猫频道“爱熊猫”展示活动，现场搭设两块高清大屏，通过熊猫频道在线直播服务，向500多位国内外驻会记者展示成都基地大熊猫全天候的生活场景和精彩视频轮播，并馈赠主题纪念品，反响热烈，效果良好。熊猫频道在发展过程中，在美熊猫回国、大熊猫栖息地科考、大熊猫张想野化放归等新闻事件中有效配合了中央电视台的报道。另外，频道上线以来共发布官方资讯500余条，除及时报道国内外大熊猫受孕、产仔的消息外，还对引起热议的大熊猫不实新闻进行了辟谣、对网友关心的问题进行了解答。推出了优质的原创视频点播栏目，包括精彩短视频回看栏目《精彩一刻》、每日导视《熊猫看今天》、熊猫搞笑拟人栏目《熊猫物语》、熊猫知识普及栏目《熊猫百科》、每周2期的《熊猫冷笑话》和熊猫幽默集锦栏目《熊勒个猫》；在访谈类栏目《熊猫人物志》中，发布夏勒等大熊猫研究和保护领域的专家学者的人物专访。共计发布中、英文点播视频超过1500条。上线以来，策划并在频道社区发起了“熊猫七十二变”和“熊猫四格漫画”等活动，得到广大网友的热情响应；在直播页新增直播解说功能，根据精选高清画面进行实时讲解并解答网友提问，与网友积极互动。上线以来，熊猫频道制作了 3 个大型专题，包括“大熊猫野化放归之路”、“辞旧迎新年终盘点”以及“悼念大熊猫锦意”。2013 年 11 月的“大熊猫野化放归之路”专题，熊猫频道提前一个月开始策划筹备，全程直播大熊猫张想进行野化放归的活动，第一时间传回现场图片视频，获得了广泛好评，树立了频道的专业形象。

熊猫频道采用制播分离，实现新媒体时代新闻采访的高效运行和传播手段灵活多样的运用；熊猫频道完整实现了传统媒体与市场媒体、主流媒体与新媒体的结合；熊猫频道以生态、人文、人与世界和谐共生为关注焦点，有利于展示中国在构建和谐世界进程中的大国形象。

中国网络电视台核心产品及品牌栏目

核心产品

直播电视

直播电视依托中国网络电视台“一云多屏、全球传播”优势，拥有中国最全的网络直播信源、最先进的直播技术和庞大的用户群。通过中国网络电视台多终端直播产品，面向多终端用户实时推送116个电视频道的视频直播节目，涵盖新闻资讯、体育赛事、大型活动、综艺晚会等，并提供多码率自适应、时移、回看、多屏互动等直播功能，同时提供新型的直播与台网联动模式，拉近电视台与观众的距离，发掘用户的制作视频潜力，增强直播电视的新媒体价值。栏目自2009年开办以来，秉持“全面、精准”的内容整合传播特色，在全国“两会”、党的十八大、春晚、世界杯、伦敦奥运会等重大报道活动中发挥重要作用，成为用户活跃度高、深受网民喜爱的网络电视直播品牌。上线五年来，栏目月均访问用户量达4500万人次，单日最高独立访问用户量近700万人次，居业界领先地位。

网址：http://tv.cntv.cn/live/

中国公开课

秉持“做中国自己的公开课”的品牌理念，中国公开课持续打造集“授课、学习、交流、互动”于一体的在线教育平台，初步确立在同行业中的领军地位，成为中国第一网络教育品牌。截至 2013 年底，已实现 PC、PC 客户端、手机、PAD、IP 电视、户外传媒等全媒体覆盖，率先填补网络公开课行业跨终端传播空白，累计用户访问量逾 2 亿人次，日均 UV 达 35 万人次，单日 UV 峰值超 105 万人次，访问量遥居行业领先地位，课程总量稳居业内第一位。4 月，国内首推母子婴幼儿防灾减灾课程《亲子防灾手册：八分钟拯救你的孩子》，累计独立访问用户数超过 100 万人，单日 UV 峰值达到 20 万人次。6 月，全球首创院士主讲公开课程，录制由中国工程院院士主讲的电信技术、文化大数据等领域 4000 分钟的顶级课程。是国家重点新闻网站中唯一搭建的网络公开课平台，2013 年 11 月获北京市海淀区文化发展专项资金奖励资金。

网址：http://opencla.cntv.cn/

共产党员网

共产党员网是由中央组织部主管、中组部党员教育中心主办、中国网络电视台承办的全国党员网络教育培训学习平台。自 2012 年 6 月 30 日上线以来，共产党员网在完善信息发布系统的同时，完成了在线学习系统、在线交流系统建设，启动了移动客户端建设；组织开展了学习党的十八大精神、党的群众路线教育实践活动、共筑中国梦等面向基层党组织和广大党员的主题教育活动，其中“学习十八大报告和党章知识竞赛活动”有近千万人参加。在 2013 年中国优秀党建政务平台推荐及综合影响力评估中，共产党员网获得“2013 年度中国最具动员力党建网站”奖。

网址：http://www.12371.cn/

中国纪录片网

中国纪录片网是由国家新闻出版广电总局指导、中国网络电视台承建的推动中国纪录片产业发展的国家级新媒体综合性产业运营平台。向用户提供纪录片国家政策发布、行业动态、题材集纳、创作生产、推介展示、传播推广、融资交易、人才培养、学术研究

CHINA CENTRAL TELEVISION YEARBOOK

等多项服务。上线一年多来，主办了“首届发现美丽中国微纪录作品及提案征集展播活动”，征集到提案120多个，作品700多部；推出了“纪录片选片库”，提供5000多部版权纪录片的查询点播服务；建成了“中国梦纪录片下载平台”，为全国上百家电视台提供中国梦题材纪录片的下载服务。

网址：http://www.docuchina.cn/

魔镜

魔镜作为中国网络电视台自主研发的首个社交电视轻应用，是中央电视台台网融合发展的创新尝试，也是中国网络电视台“一云多屏、全球传播”战略的落实成果。它基于最新的移动互联网技术架起了电视观众和互联网用户的桥梁，用户通过PC、手机、平板电脑等终端，即可参与投票、抽奖、竞猜、答题等电视互动，实现了电视播出中的跨屏互动。魔镜自2013年10月上线以来，已为中央电视台19个栏目量身定制互动服务，注册用户量高达530万人，其中《直通春晚》播出期间创造了单日UV52万人次的历史新高。看电视、玩互动、赢大奖、寻找最美电视节目，魔镜实现了电视与移动终端、节目与观众的深度跨屏互动。

网址：http://qr.cntv.cn/

CCTV手机电视

CCTV手机电视拥有国家行业主管部门颁发的全国手机电视集成播控运营牌照和内容服务牌照，于2006年12月正式开播，覆盖移动、联通、电信三大运营商手机用户，基于移动通信网络向所有移动终端提供直播、轮播、点播、下载等各类有偿视频服务，向广大手机观众提供新闻、体育、影视、娱乐等多方内容，随时、随地、随身为广大移动终端用户提供视频服务。它不仅是中央电视台作为国家级新闻舆论机构在移动互联网领域的直接表现，更是中央电视台近年来把握时代特征、紧扣科技发展、搭建多元化跨媒体经营格局的重要实践。

网址：移动用户发送CCTV到106580279，联通3G用户发送CCTV到10655107，电信用户发送DCCTV到118010

手机央视网

手机央视网整合中央电视台及其他机构优质资源，借助移动互联网先进技术，向移动智能终端用户提供图、文、视频等全景阅览的移动互联网门户产品。它将中央电视台权威信息有效传播，是“一云多屏”战略中重要的移动端传播载体，承担台网联动战略以及大型活动移动终端的互动任务，目前日均访问量超1000万人次。

2013年初手机央视网进行了全面的升级和改版，打造全新的移动互联网业务门户，升级后全面支持PAD和高端智能手机用户。此次改造打通了手机央视网后台与CNTV CMS和VMS的接口，实现与CNTV内容的共享，将CNTV丰富的视频内容引入到移动互联网门户。

网址：http://m.cctv.com

游戏平台

中国网络电视台游戏平台致力于打造精品网页游戏与移动游戏的综合运营平台，拥有良好的管理团队和经验丰富的运营团队。自建成以来，已运营游戏产品30余款，成功上线上百组服务器。游戏平台集成了丰富的产品运营与用户互动功能，具备安全完善的用户系统、充值体系以及客服保障制度。

网址：http://yc.cntv.cn/

民族语频道

中国网络电视台于2011年着手少数民族语言频道建设，分别于2011年1月、2011年12月和2012年8月推出维吾尔语频道、哈萨克语频道和蒙古语频道。蒙古语频道是国内首个支持高清视听内容的国家级蒙古语网站，向全球蒙古语受众提供国内外政治、经济、社会、文化等各类新闻报道与民族特色视听节目服务。该频道不仅通过与基层媒体的密切联系为受众提供最新的热点内容，更相继推出了《蒙元历史文化》《艺术之星》《科尔沁文化遗产》（特约专栏）等原创专栏以及《2013年春节》等原创专题内容，从不同的角度为受众展现了少数民族的瑰丽文化。

中国网络电视台维吾尔语和哈萨克语频道分别包括新闻、科教、文化、综艺、电视等板块，面向全球维吾尔语和哈萨克语用户提供网络视频节目和新闻报道。此外，维吾尔语频道与天山网合作举办的《天山之音》播音主持网络评选活动，受到了网民的好评。为进一步加强中国网络电视台少数民族语言频道的国际传播能力，促进中国文化的对外传播，增进中外网民的相互了解和认知，哈萨克语频道于2013年与哈萨克斯坦KZCONTETN股份公司旗下Baq.kz、Kaztube.kz网站合作，双方通过互链的形式在各自网站推荐和分享对方的最新新闻和栏目。

网址：蒙古语频道：http://mongol.cntv.cn

维吾尔语频道：http://uyghur.cntv.cn

哈萨克语频道：http://kazakh.cntv.cn

北美本土化网站

中国网络电视台北美本土化网站于2012年11月30日正式上线运行。该本土化网站开设新闻、中国文化、电视、电影、音乐五大频道，面向北美地区用户提供影视节目和新闻报道。网站二期于2013年12月经过改版升级全新推出，更新为新闻、文化、旅游、生活、财经六个频道，其中旅游频道通过与北美地区知名旅游商务网站合作，提供给用户全方位的旅游相关服务。作为一个设计时尚、技术先进、内容丰富的双语平台，北美本土化网站将中国全面展示给北美主流社会的受众，提供给他们一个全面、准确、客观认识和了解中国文化、经济、社会和民众生活的途径，提高了对外传播的针对性和影响力。

由北美本土网主办的首届"金熊猫杯"北美国际微电影节于2013年12月20日在加拿大列治文河石剧院圆满落幕。近700位业内外人士、嘉宾、媒体以及观众齐聚颁奖典礼现场，共同见证了北美地区首个微电影"金熊猫"奖的诞生。本届电影节共收到来自全世界5个国家的参赛作品37部，最终来自中国、美国、加拿大和俄罗斯的6部影片分获最佳影片奖、最佳人文奖、最佳动画短片奖、最佳导演奖、最佳剧本奖，以及根据网络投票评选出的"网络人气大奖"。中国驻温哥华总领馆总领事刘菲、文化领事韩宁、加拿大不列颠哥伦比亚议员理查德·李以及多位好莱坞导演出席了盛典并颁奖。

网址：http://www.cntvna.com（英语）

http://www.cn.cntvna.com（中文）

亚太本土化网站

2012年12月，中国网络电视台面向亚太地区用户推出亚太本土化网站。在内容上，更加贴近本土用户的需求和习惯，开辟新闻、娱乐、体育、经济和生活五大板块。以视频、图片、文字多种形式集中报道亚太地区的重大新闻事件，以及该地区各国的特色文化、生活方式、旅游风景等，为亚太地区受众打造多方位信息平台。同时，针对亚太地区热点事件，特别开辟"热点解读"专区，重大事件及时跟踪报道，结合专家解读，以独特的新闻视角和新闻见解树立中国网络电视台亚太地区新闻品牌形象，为全面拓展国际传播范围奠定坚实基础。

为进一步提升亚太本土化网站在亚太地区的影响力，中国网络电视台与黑龙江合作推出了亚太本土化网站韩语版，旨在为全球范围内的韩语用户提供快捷、准确的资讯服务。韩语版亚太本土化网站主要设置新闻、图片、体育、文化、旅游、生活、电影电视及纪录片八大板块。每日除日常新闻报道外，对韩语用户较为感兴趣的中国传统文化、旅游等内容进行重点推荐。

网址：http://asiapacific.cntv.cn/（英语）

http://kr.cntv.cn/home/（韩语）

俄罗斯本土化网站

2012年1月底，中国网络电视台面向俄罗斯用户，推出俄罗斯本土化网站。通过与塔斯社等俄罗斯本土媒体的合作报道俄罗斯本土新闻、传播俄罗斯及独联体国家的政治、经济、社会文化等各方面信息，贴近本土用户的需求和习惯，强化本土化传播效果。此外，根据俄罗斯受众的民意调查，开设如中国书法、中国功夫、中国旅游、中国美食等板块，使俄罗斯受众有更多机会领略中国文化。本土网上线以来，先后报道俄罗斯国内的新闻事件及重大活动，如习近平上任首访俄罗斯；俄罗斯纪念卫国战争胜利68周年阅兵；"和平使命－2013"中俄联合反恐军事演习等；俄罗斯本土网还借中俄旅游年活动季，策划推出原创专题"国际友谊列车（北京－莫斯科）"。同时，俄罗斯本土网不断拓展与俄罗斯主流媒体间的交流活动，加强在俄主要社交平台VK的推广力度。

网址：http://www.cntv.ru/（俄语）

CNTV我爱非洲

基于iPhone和iPad客户端的手机电视"CNTV我爱非洲"，使用中文、英语、法语、阿拉伯语四种语言免费向非洲用户提供视频点播服务。通过解读中国的发展与影响，推动中非交流，扩大对非传播的影响力，加深中国网络电视台在非洲受众中的品牌形象。

网址：http://africa.cntv.cn/

直播华夏

直播华夏是中国网络电视台独家推出的中国第一互联网直播平台，它依托中国网络电视台强大的媒体品牌和资源优势，致力于与中国各大城市、景区、景点联手共同打造全新概念的媒体平台。

在该地区最具代表性的地点架设数字高清智能网络摄像机进行24小时不间断实时拍摄，信号同步传回CNTV旅游台上载至直播华夏专享页面。网友通过每日浏览相应页面体味该地一年四季、日月星辰的变化，享受真实的旅游体验。

网址：http://zhibohuaxia.cntv.cn/

智能EPG

智能EPG是国内最权威、最精准、覆盖面最广的节目时间表查询服务平台，集纳了中央电视台24个频道、卫视34个频道、城市31个频道、数字46个频道，以及原创熊猫频道等共计142个频道的电视节目数据。依托中国网络电视台"一云多屏、全球传播"发展战略，智能EPG实现在PC端、手机移动端、IP电视、OTT等多终端的覆盖，以及英语、俄语、法语等多语种传播。同时大力开发优质便捷的应用功能，向用户提供实时直播、回看、时移等特色服务，并将全面打通与视频节目库、人物库、官网及各互动应用功能，打造一键进入多功能关联的服务平台。智能EPG开辟"私人订制"个性化业务，满足不同观看需求，用户可根据个人喜好订制节目数据，如欧锦赛时间表、全国"两会"时间表等，为用户提供覆盖全终端的复合型EPG数据和跨屏收视服务。

网址：http://tv.cntv.cn/epg

品牌栏目

中国领导人

《中国领导人》是中国网络电视台近年重点打造的时政类新闻产品。针对电视媒体"不易存留、不易查阅"等劣势，充分发挥中央电视台时政视频资源独家优势，使用《新闻联播》等品牌新闻栏目和音像资料馆权威来源视频，系统梳理中共中央领导人、国家领导人、地方领导人的动态新闻，为每位领导人建立单独视频库，起到日常新闻集纳作用，同时也发挥出历史资料影像库功能，充分展现中国领导人的风采。

网址：http://politics.cntv.cn/leaders/zgzyldr/

是真的吗

《是真的吗》栏目是中国网络电视台推出的完全原创的调查辟谣类新闻栏目。栏目定位为"热点新闻的真相调查"，坚持全国联动、多维度采访、深度化解读，打击网络谣言、净化网络环境，给网民真相。

2013年中旬开办以来，累计制作近千期节目。每期文稿都会得到新华网、人民网等中央重点新闻网站及《北京青年报》、北京卫视等转载。百度、360等平台为本栏目专设《真相问答机》等附属子产品。《是真的吗》已成为国内新闻辟谣类影响力最大、排名最高的新媒体栏目。

网址：http://truth.cntv.cn/xinbanjihe/

图解

《图解》是中国网络电视台推出的原创数字解读与图像说明类品牌栏目，始终坚持"力争比拼四大商业门户网站同类栏目"的目标，力求"用数字与图像说话"，紧跟党的十八大、全国"两会"、领导人出访等重大新闻，以及"MH370黑匣子解密"、"舌尖上的吃货"等各种热点新闻与突发事件，用通俗易懂、深入浅出、契合碎片化自媒体时代传播特点的图文、数字元素，做好常识解读、释疑解惑、溯本清源、消解谣言，坚持为广大网友在网页端、微博微信等移动终端，提供新闻可视化的便捷阅读体验，并在有效传播中完成观点表达，进行主动、积极地舆论引导。

《图解》栏目形成了时新敏锐、角度新颖、观点犀利、风格清新等鲜明特点，在网友中赢得广泛好评。

网址：http://news.cntv.cn/illustration/

图说中国人的生活

《图说中国人的生活》是中国网络电视台创办的中国梦线上宣传专栏，"从网民中来、到网民中去"，透过网民的镜头讲述当下中国人的故事，致力于以普通人的励志故事激励网民，在影响和改变网民认知中，以正能量净化网络环境。专栏同时开辟英文版和阿拉伯文版，密切了中国网友与外海网友的关系，增进了国际社会对真实中国的了解，打造国家与国民形象的外宣窗口。

网址：http://people.cntv.cn/special/tszgrdsh/

榜样拍客

2012年11月，中国网络电视台推出大型网络专栏《榜样拍客》。该栏目面向民生，以平等、客观、宽容和人文为立场，以传递社会正能量为宗旨，以"民众DV"的方式，从百姓视角记录社会百态、挖掘凡人善举、反映百姓心声、弘扬社会正气。栏目包含征集展播、人物推荐等互动环节，推出"DV·凡人善事"、"走基层·发现最美"、"电视直通车"等内容板块，并于2013年陆续开展"寻找13亿人感动"、"文明随手拍”等拍客互动活动，同时开发“CNTV拍客”移动客户端，覆盖PC、移动、Pad等多个终端，实现各地拍客的多屏互动，全面、真实、鲜活地反映全国各地基层社会各职业、各年龄层百姓的民生百态。此外，与各级地方政府有效联动，在福建、江西、贵州、内蒙等10余地组织1000余名拍客进行“走基层”活动，实地挖掘凡人善举鲜活素材，反映当地建设发展成就，以“接地气”的方式，用新媒体手段宣传各地党的十八大以来全国人民共同开创的新局面、新风气、新进展。超过10000个普通人的正能量故事通过拍客镜头得到放大。各类“凡人善举”、“中国梦”主题的拍客作品陆续在《新闻联播》《焦点访谈》等栏目播出，通过拍客所挖掘的典型人物在中央电视台2013年“十大感动中国人物评选”、“寻找最美乡村教师”、“寻找最美乡村医生”等大型活动评选中获奖，成为道德模范。而穆向东、李寿威等知名拍客通过栏目平台的宣传放大，得到《晚间新闻》等栏目专访播出，被誉为“百姓代言人”。

网址：http://events.xiyou.cntv.cn/special/bypk/

宝贝来了

《宝贝来了》是中国网络电视台打造的原创大型网络视频秀节目。全景式展现0～12岁年龄孩子的多元风采，旨在为中国宝贝提供展示个性、分享成长、挥洒快乐的网络大舞台，栏目以发现宝贝、塑造宝贝和成就宝贝为宗旨，打造中国宝贝第一网络社区。栏目内容为孩子的“视、图、文”的个性化展示，广泛吸纳跳舞、儿歌、讲童话、诗歌朗诵、话剧表演、脱口秀、模仿秀、器乐表演、情景剧等多种表演形式，为中国宝贝提供展示才华的广阔舞台。从2011年9月18日开播起，《宝贝来了》栏目共有来自全国各地1000余名孩子参与现场录制，共计录制2200余个视频节目。先后合作幼儿园、小学、教育机构32家，成功举行城市宝贝秀、六一进校园、台历宝贝秀、宝贝送祝福、亲子手工大赛、大手牵小手视频征集等大型系列活动。

网址：http://baobei.cntv.cn/

明星来了

《明星来了》是以面向年轻人传播积极、健康的流行文化为宗旨，以“视频＋互动”为基本形态的一档具有新媒体特色的网络原创节目。节目自创办以来采访明星近千位。除夕夜“明星来了”在春晚直播现场搭建“春晚明星墙”，邀请春晚明星给全球网友拜年。这种融电视、网络于一体的原创节目已成为汇聚人气、传递社会主流价值观的重要平台。

网址：http://ent.cntv.cn/star/

健康有约

《健康有约》是集电视优势与网络优势为一体的健康专家互动访谈栏目，自2010年开播以来，一直秉承认真严谨的态度，邀请业内名医做客，打造科学权威的网络健康视频节目，为网友打造实用高效的健康科普新媒体平台。栏目以“医院科室采访＋嘉宾访谈录播”为主要节目形态，关注最新健康热点，为网民提供权威的健康指导。作为健康运营部的核心栏目，每期30分钟，每周至少播出1次。

网址：http://jiankang.cntv.cn/jkyy/

CNTV原创精品课

《CNTV原创精品课》是中国网络电视台整合优质专家资源，自主策划推出的涵盖时政、科学、社会、生活、文化等紧扣热点、贴近生活、实用性强的原创精品课程，累计128集1320分钟。4月，在“4·20”芦山地震发生之际，推出国内首个母子婴幼儿防灾减灾课程，填补市场空白，累计独立访问用户数超过100万人，单日UV峰值达到20万人次。5月，与北京市网信办、北京团市委联合推出原创系列课程《走进青年汇》，让中国公开课走近基层青年干部和群众，深入宣传“中国梦”，传递正能量。6月，推出中国工程院院士主讲的电信技术、文化大数据、建筑的多元性等领域的课程，建立顶级知识分享平台，留存顶尖智慧，树立文化自信。

网址：http://opencla.cntv.cn/gkkSearchList-list/v-VODPRO08/p1-/u-/p2-/s-/l-/p3-.shtml

艺术公开课

为了更好地弘扬中国传统文化，中国网络电视台推出原创节目《艺术公开课》，邀请最有代表性的书画名家、鉴赏家、教育家、成为中国网络电视台的客座讲师，开设了包含书法零起点、教你学画画、名画深读、名帖品评、书画收藏鉴定、琴棋书画、诗词楹联、金石篆刻、书画与养生等，融知识性、趣味性、实用性为一体的课程，吸引更多的人通过网络来聆听“艺术公开课”，通过网络观看到难得一见的大师书写绘画过程。将书画艺术传递给广大书画爱好者们，为弘扬中国书画艺术作出应有的贡献。

教学课程视频精切后“一云多发”，在央视网、中国网络电视台、手机电视、IP 电视、CCTV 移动传媒、IPAD 等多个媒体平台提供点播服务。

网址：http://arts.cntv.cn/special/ysgkkshouye/index.shtml

央视画廊

《央视画廊》是中国网络电视台推出的艺术名人数据库专栏。自 2009 年 8 月创建以来，已为 500 余位艺术家制作了个人主页。通过与艺术家建立起的长期密切联系，用第一手个人资料、评论文章、传奇故事、高清作品影集展示、视频访谈、展览动态等，权威地展示了业界知名艺术家们的生平事迹、作品、最新相关动态。并开设艺术家部落论坛进行网友粉丝互动，得到了广大艺术家、艺术爱好者的关注。力求打造国内一流、规模最大、最权威，有世界影响的艺术名人数据库。

网址：http://arts.cntv.cn/hualang/index.shtml

一网打尽

《一网打尽》是一档汇聚全球网球顶级赛事制作播出，具有编辑策划思路，依托赛事热点、融合社交体验，为客户量身定制的体育新媒体视频品牌栏目。节目特邀中国体育界名嘴、解说员，在每个比赛日进行长达 7 小时的赛事直播评论，满足网友专业化观赛体验的需求，彰显“一网打尽”对网球比赛权威专业化解读。节目设完整回放、集锦点播、微博趣闻、有奖竞猜互动环节，同时还推出聚焦网坛名将的《封面人物》等，就赛事热点进行评论。

网址：http://sports.cntv.cn/special/yiwangdajin/

封面人物

《封面人物》每周一期，以人物的热点事件为切入点，沿着时间轴慢慢展开，向网友呈现出该人物的职业生涯、荣耀和遗憾、重大事件、生活轶事、未来猜想、独家点评等等。内容丰富而有深度，主题新颖而又贴近事实，语言诙谐而不缺条理性。2013 年，《封面人物》共制作 53 期，通过对这 53 个体坛代表性人物的报道和解读，清晰勾勒出 2013 年的重点赛事和热点事件。

网址：http://sports.cntv.cn/zonghe/special/people/

热播动画 TOP 榜

《热播动画 TOP 榜》于每两周的周五更新，总结两周以来点播率较高的热播动画和最新动画。每期产品以六部动画片为主，并有两部动画片作为专题重点。页面设计简洁可爱、色彩柔和，特别方便小朋友的点播。专题题材幽默搞笑、健康向上，并有一定的教育意义，深受广大家长和小朋友们的喜爱。

NBA 风云汇

《NBA 风云汇》是第一体育频道的系列专题，根据每周 NBA 赛事而制作。专题对 NBA 一周的赛事结果盘点，让观众第一时间直观了解 NBA 各队胜负情况，主要体现超级豪门以及热门球队的赛况，还播出精彩的十大进球。集锦都出自 CCTV－5，内容优质权威。

粉爱粉爱 TA

《粉爱粉爱 TA》根据时下热播电视剧挑选出当红演员、导演或编剧，盘点其出演的热播电视剧。更新视电视剧热播程度而定，时效性强。《粉爱粉爱 TA》挑选粉丝最钟爱的演员，设计页面简洁明亮，涵盖粉丝所有想了解的基本资料和剧集内容，深受欢迎。

影视周末 TOP 秀

《影视周末 TOP 秀》固定在每周五推出，集中推荐本周收视情况最好的六部热映电影及三部热播电视剧，页面设计简洁时尚，操作方便，可以让用户在周末对本周精彩影视节目进行回顾，在家里享受影视盛宴。其中，电影推荐优秀院线电影，题材涵盖科幻、动作、喜剧、爱情、动画电影等多个类型，热播剧则集中了 CCTV－1、CCTV－8 黄金档及国内主流卫视最受欢迎的电视剧。该专题一直点播数据较高，受到用户广泛欢迎。

星·影

《星·影》是电影天地推出的电影人物类期刊，每期都会选取一位中外知名度较高且有一定艺术成就的演员、导演等电影工作者，集中展示他们的电影作品，解读他们的艺术道路，帮助观众深入、立体地感知电影人。专题页面简洁大方，点播的电影作品也经过精挑细选，力求做到美观与功能性的有机结合。推出的作品有《小眼型男——黄渤》《调皮女神——安妮·海瑟薇》等。

月度观影攻略

《月度观影攻略》由电影天地在每个自然月末推出，重点推介下一月院线上映的关注度最高的中外影片，每期由八个电影预告片构成，观众可以对即将上映的电影大片有一个整体的把握，避免错过感兴趣的影片，让观众的观影行为变得更加有的放矢。专题制作过程注重功能性和实用性，简单明了，内容详实。

MUSIC 热播榜

《MUSIC 热播榜》每月一期，盘点近一个月上线的最新音乐电视 MV，通过榜单的形式发布近期点播的热门 MV 作品，既引导观众收视，同时也是 IP 电视频道的一个音乐发布榜，最新最热的 MV 都会在榜中呈现。本专题产品每个月的月初与观众见面。

综艺五花大榜

《综艺五花大榜》盘点前一个月的综艺节目，用汇总的方式呈现近期最火爆、优秀的节目。通过榜单的方式，对上月的综艺节目进行盘点整合，同时也是对下月优秀栏目的推荐。如热点节目《我是歌手》《快乐大本营》《非诚勿扰》等均通过小标题形式，总结出每一期的重点内容，给观众直观而深刻的印象。

重要活动

2013 年 CCTV 网络模特大赛

2013 年，中国网络电视台继续携手新丝路时尚机构，共同举办 2013 年 CCTV 网络模特大赛。在充分借鉴 2012 年首届大赛成功经验的基础上，创新大赛的模式，拉低门槛，将模特选拔身高标准降为女性 163cm、男性 170cm 以上，凸显了网络的开放性与包容性，吸引了更多有志于从事模特行业的草根选手报名参赛。活动期间，来自全国各地数千名网友通过官网报名，并在历经网络海选、网络复赛后，30 名选手晋级总决赛，并在四川彭州举办“中国美——2013CCTV 网络模特大赛总决赛暨颁奖盛典”。此外，总决赛还特设网络人气大奖，以网络投票的方式由网友决出，参与人数近 5000 万人次。

网址：http://emodel.cntv.cn/

“中国梦”系列微电影

“中国梦”原创系列微电影旨在诠释对国家富强、民族振兴、人民幸福的“中国梦”的本质，以及中华儿女勇于追求梦想、实现自我价值的理想和信念，共12 部。涵盖剧情、纪实、动画三大类，既有取材自爱国小提琴音乐家吕思清、奥运冠军陈一冰的《琴梦》《逐梦》，又有彰显人间真爱、共同实现梦想的《戏梦》《归乡》；既有反映汶川大地震受灾者廖智勇于实现人生价值，追求梦想的《鼓舞》，又有根据优秀大学生村官张广秀事迹改编的《微笑的樱桃》。影片先后在北美、欧洲、日本等全球 190 多个国家和地区进行传播。人民日报、新华社、中央电视台、中央人民广播电台、中国国际广播电台、中国日报等国内权威媒体均予以广泛关注。《战马》《月亮的草原》《梦空间》《瓷偶》《缘·点》等 5 部“中国梦”原创系列微电影获得“首届中国国际微电影大赛”组委会特别大奖;《战地日记》获中国电影金鸡电影节首届北京电影学院短片学院奖金奖;《战马》《战地日记》获首届亚洲微电影金海棠奖。

网址：http://imovie.cntv.cn/

2013 中国国际微电影大典

“2013 中国国际微电影大典”是由中国网络电视台与中国国际广播电台、中国电影家协会等 30 余家单位联合举办的国家级权威微电影盛典。专题以新颖的展示界面、丰富的图片和视频极大地提升了用户体验。并通过众多正能量主题的微电影展示，树立行业标准、弘扬先进文化、体现主流网络文化价值观，进而推动微电影行业健康发展。

网址：http://wdy.cntv.cn/2013/

《星光大道》网络赛区

为了让更多有才艺、有梦想的普通人登上星光大道的舞台，践行“百姓舞台”的栏目宗旨，中国网络电视台推出“星光大道网络赛区”，为普通百姓与节目组之间搭建桥梁，为《星光大道》输送更多优秀人才。《星光大道》网络赛区每周优选优秀选手在网上开展投票，票数高的选手可以登上星光大道舞台进行才艺展示，并通过网络面向全国网友直播，现场观众也将对选手进行现场打分，分数高的选手可以获得《星光大道》节目参赛资格。

网址：http://cctv.cntv.cn/lm/xingguangdadao/wangluosaiqu/

2013 体坛风云人物年度评选

“CCTV 体坛风云人物年度评选”是由中央电视台主办、国家新闻出版广电总局大力支持的一项年度体育人物评选活动。该活动是中国体育界年度规格最高，程序最严谨、结果最权威、社会影响力最大的评选活动，是中国体育的荣誉殿堂。

作为该活动的唯一官网，本专题突出直播优势，全面、立体、生动地在 PC、IP 电视、iPad、手机等平台对活动进行报道：视频直播和微博直播让网友体验如临现场；推出线上线下有奖互动“捐出你的运动时间”，以运动传递正能量，当天即吸引几千名网友参加；独家发起新媒体行动“寻访身边的未名体育人士”，让网友自己发掘身边的平凡运动家，影响力大，参与度高，深得网友好评。

网址：http://sports.cntv.cn/special/sportshero/2013

中国网络电视台访问量统计

一、中国网络电视台“一云多屏”业务发展情况

截至 2013 年 12 月，中国网络电视台在中国网站排名网（Chinarank.org.cn）的互联网综合排名达到第 10 位，在重点新闻门户网站中排名首位。

2013年12月Chinarank互联网综合排名情况

网站名称	综合排名	年度变化
凤凰网	7	↓ 2
中国网络电视台	10	↑ 2
新华网	14	↑ 7
优酷	23	↓ 15
人民网	24	↑ 8
土豆网	55	↓ 22

数据来源：chinarank.org.cn

2013 年中国网络电视台互联网日均独立用户（UV）超过 2000 万人，最高达到 4000 万人，月度独立用户（UV）达 4 亿人以上，较 2012 年增长 30%，单月覆盖用户超过中国网民总数的 70%（中国网民总数 6.18 亿人，来源于《CNNIC 报告》）。

2011年、2013年网站总体月度独立访问者（UV）趋势

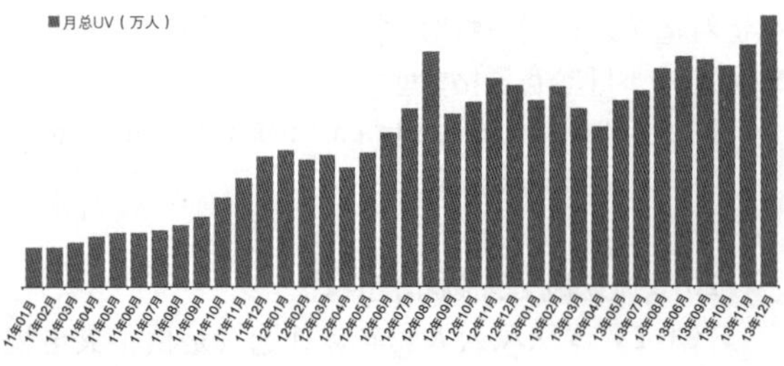

截至 2013 年 12 月，CNTV 客户端（PC 端及移动端）累计下载用户量达 2.4 亿次，其中移动客户端累计下载用户量近 7000 万次，年度净增 4400 余万次，较 2012 年增幅达 195%。

CNTV 手机电视全年累计用户达 1.3 亿人，较 2012 年增长 55%。其中，中国移动平台 1.1 亿人；联通 WAP 平台 200 万人；电信平台 1800 万人。

2013年CNTV客户端（PC端与移动端）累计下载量趋势

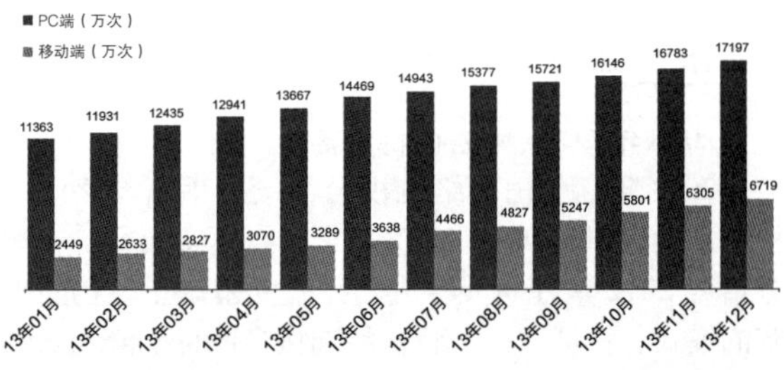

中国网络电视台 IP 电视及互联网电视业务总体用户数近 4000 万户，是 2012 年的 2.2 倍水平；其中 IP 电视业务用户数为 1500 万户，互联网电视业务用户数为 2500 万户，发展潜力巨大。IP 电视业务已与北京、山东、湖北、四川等 26 个地区签署两方或三方协议，并已在云南、四川、湖南等 12 个地区开通。

中国网络电视台移动传媒视频已开通公交、民航、快客、香港港中旅办证大厅电视、澳航机舱电视频道；广场（上海、广州、北京）、列车、国航机舱电视频道测试播出；总体日均覆盖用户数为 5480 万人。

二、中国网络电视台重大报道访问量情况

2013 年中央电视台春节联欢晚会，中国网络电视台通过网络电视、CBox 客户端、手机电视、移动客户端、IP 电视、互联网电视、移动传媒、微博等终端和平台，以中文、英语、西班牙语、法语、阿拉伯语、俄语等多语种和蒙古语、维吾尔语、哈萨克语等少数民族语言，对 2013 年“春晚”开展全平台、多终端、多语种视频、图文、互动传播，形成“中华情怀、全球传播、一云多屏、视频呈现”的全媒体报道格局，创历年最大宣传规模。截至 2 月 9 日 24：30，共有 4603 万个海内外独立用户通过中国网络电视台观看春晚，较 2012 年春晚上升 76%。其中，来自海外的用户占 17%，覆盖全球 210 多个国家和地区；CNTV 与腾讯、搜狐等 8 家网站组建传播联盟，视频直播累计观看达 2.09 亿人，较 2012 年上涨 141%。最高同时在线人数达 2255 万人，较 2012 年上涨 97%；全面超越 2012 年网络直播水平。此外，还与中国残联网站共同推出第三年无障碍网上直播，共有超过 20 万个聋人朋友及家庭收看了春晚。

2013 年春节期间，中央电视台坚持“开门办春晚、创新办春晚、节俭办春晚”，精心推出“中国梦”2013 年 CCTV 网络春晚主题晚会，向世界传递中国力量和进步的声音。晚会于 2 月 8 日至 14 日在中央电视台综合频道、财经频道、综艺频道、中文国际频道、高清频道，以及中国网络电视台网络电视、手机电视、IP 电视、公交电视等终端顺利播出。电视受众用户超过 3 亿户，网络春晚官方网站多终端累计独立用户 1458 万人，是 2012 年的 2 倍；官网多终端视频直点播累计播放次数 2896 万次，是 2012 年的 3.9 倍。截至 2 月 16 日，网络春晚官方微博粉丝数 235 万个，互动故事“守岛夫妇”守护孤岛 27 年、微电影《微笑的樱桃》、歌曲“走你版《江南 STYLE》”等三个节目在土豆网、酷 6 网、凤凰网的累计播放次数近 7000 万次。节目播出后在海内外引起强烈反响，相关新闻转载量达 125 万篇次，是 2012 年 13.3 万篇次的 9 倍。

2013 年“两会”适逢换届，选举新一届国家机构和全国政协领导人。中国网络电视台严格落实主管部门宣传精神，做好“规定动作”，确保零差错。同时，秉持“一云多屏、全球传播”原则，融合台网联动优势，着力突出视频特色，通过互联网、手机、IP 电视、互联网电视、移动传媒等多终端平台，多语种、全方位报道 2013 年“两会”。以“共筑中国梦”为主题，做好重要会议的直播、报道和解读，结合换届、新总理亮相、大部制改革、反腐、周边外交、新会风等关注点，做好深度整合和原创报道，推出大型网络专题、系列封面报道以及煊一会客厅、“两会”观察家、我的中国梦、我有问题问总理等原创产品。截至 3 月 12 日 12:00，中国网络电视台共发布视频 11526 条，时长 47963 分钟，图文报道近 7209 篇，专题页面 223 个，直播 127 场、帖文 830 篇、微博 30976 条。3 月 3 日至 12 日，CNTV 网站总体独立访问者达 1.92 亿人。2013 年“两会”中国网络电视台直播访问量较 2012 年有大幅提升，在 3 月 5 日的人大会议开幕直播和 3 月 11 日的政协十二届一次会议闭幕会直播中，中国网络电视台多终端合计独立用户分别为 788 万人和 717 万人，分别比 2012 年同期增长 137% 和 221%。

三、中国网络电视台客户端发展情况

截至 2013 年 12 月 31 日，CNTV 客户端（PC 端及移动端）累计下载用户为 2.4 亿人，其中移动客户端累计下载用户突破 6700 万人，年度净增 4400 余万人，较 2012 年增幅 195%。截至 2013 年底，CNTV 移动客户端合计数量为 52 个，累计下载用户排名前三位的客户端分别为：央视影音客户端、央视新闻客户端、央视体育客户端。

2013年中国网络电视台客户端下载情况

重点客户端名称	移动端下载量（万次）	PC 端下载量（万次）	合计下载量（万次）
央视影音	4000	17000	21000
央视新闻	1300	/	1300
央视体育	200	150	350

2013 年年底，在台网联动大方针指引下，为把中央电视台优质资源共享到中国网络电视台，“CBox 央视影音”客户端在中央电视台新媒体统一战略部署下，和中国网络电视台“一云多屏”战略指导下，顺利完成了品牌重塑与转型，将原 CNTV 旗舰版移动客户端与 CBox 客户端整合统一。该产品定位于服务电视受众，为用户打造清晰、流畅、便捷的直播观看体验；在直播时移、回看技术上的突破和创新，改变了传统电视线性传播的方式，处于业界领军位置。截至 2013 年 12 月 31 日，“CBox 央视影音”客户端已覆盖 PC、iPhone、安卓等多个系统平台，累计下载用户量已达到 2.1 亿人。其中，CBox PC 客户端于 2009 年上线以来，累计覆盖用户数突破 1.7 亿人；CNTV 旗舰版移动客户端于 2009 年发布上线，截至 2013 年

底，全球范围内、全平台（iOS、安卓、WP）覆盖用户数突破 4000 万人；2013 年年底，两个品牌整合统一为“CBox 央视影音”客户端。

2013 年 7 月正式上线的“央视新闻”客户端，以视频内容为核心，品牌定位在“看得见的新闻”，在提供 7×24 小时不间断的图文资讯、视频资讯的基础上，积极探索新闻移动端产品的各种新特性，陆续推出了“听电视”、“时间链”、“边看边聊”等特色功能。以中央电视台在新闻上的独家品牌和内容优势为基础，结合 CNTV 新闻中心强大的新媒体新闻传播团队的丰富经验，力求领导新闻媒体发展的潮流，持续巩固中央电视台作为新闻和党政宣传的权威地位，打造一个在新闻业变革中承先启后、继往开来的产品，为广大用户持续传递客观、公正、及时、全面的声音。截至 2013 年 12 月 31 日，已有超过 1300 万用户安装使用《央视新闻》客户端，每天登录用户超过 100 万个，市场占有率排名稳居各大渠道新闻类排行榜五强，屡次冲进三甲。

四、中国网络电视台台网联动情况

2013 年以来，中国网络电视台与《星光大道》栏目组继续深化合作，围绕群众路线共同实施“台网一体化”深度融合工作，充分发挥电视媒体和新媒体优势，用情、用心、用功深耕百姓舞台，通过各种形式激发基层群众参与《星光大道》的热情，提升《星光大道》品牌影响力和社会关注度，深度推进《星光大道》台网融合工作。截至第三季度，《星光大道》在 CCTV－1 播出的平均收视率 1.95%，平均收视份额 5.46%。《星光大道》栏目的 CNTV 官网页面点击率超过 5 亿人次，月均网络收视时长超过 128 万小时，在中央电视台节目网络点播中获取收视时间（网络收视指标 VD）排名中位居第一位，在中央电视台电视节目满意度调查中排名第三位，并被第三届中国电视发展年会评为“最具创新力十大上星栏目”。

2013 年，中国网络电视台全媒体覆盖报道第 15 届全国青年歌手电视大奖赛，1 月 20 日开始到 5 月 20 日青歌赛总决赛结束，CNTV 网络电视台、CBox 客户端、CCTV 手机电视、IP 电视、互联网电视、智能客户端、车载电视、北京西客站广场大屏多个终端全程密集播放青歌赛宣传片。青歌赛决赛期间，CNTV 网络电视台、CBox 客户端等平台每天在重要位置预告青歌赛直播信息，同步直播青歌赛 32 场比赛，并第一时间推荐点播精切视频。期间，中国网络电视台多终端累计独立访问用户 3174 万人，页面访问量 3.63 亿次，微博平台相关话题量达 725 万个，覆盖手机端微信用户 1.5 亿。

五、中国网络电视台站外合作推广情况

2013 年，中国网络电视台加强与百度、360 及网址导航入口渠道合作，开发资源接口优先展示中央电视台节目最新视频，通过专题合作及资源置换推荐网站重点项目；与各大商业网站及视频网站展开多种类型合作，使网站重点项目的流量及用户关注度较 2012 年底提升十余倍；完善官方微博、微信、贴吧等渠道运营机制，与政府、媒体、公益机构等 500 家官方微博建立深度合作，共同推广大型活动及重点项目，同时增强网站品牌影响力。

（中国网络电视台提供）

HUO JIANG BIAO ZHANG

获奖·表彰

获奖·表彰

第23届中国新闻奖
中央电视台获奖名录

特别奖

电视消息：习近平在参观《复兴之路》展览时强调 承前启后 继往开来 继续朝着中华民族伟大复兴目标奋勇前进（新闻中心）

一等奖

电视专题：胶囊里的秘密（新闻中心）

网页设计："科学发展　成就辉煌"大型图片展览网上展馆（中国网络电视台）

国际传播：达赖集团与自焚暴力事件（中文国际频道）

三等奖

电视访谈：莫言：中国的"诺贝尔文学奖"（新闻中心）

电视直播：东非野生动物大迁徙（新闻中心）

网络专题：2012 伦敦奥运会（中国网络电视台）

新闻论文：央视《走基层》报道的创新实践与思考（新闻中心 龚雪辉）

第23届全国人大新闻奖
中央电视台获奖名录

一等奖

消息：新闻特写：发言人傅莹今天上岗（新闻中心）

消息：香港回归十五周年特别报道——范徐丽泰眼中的"一国两制"（外语频道）

系列报道和连续报道：夏丹追新闻·系列报道 1."草根"代表的民意价值 2. 人大代表关注食品安全 3. 大学生村官白玛曲珍的牵挂（新闻中心）

二等奖

消息：聚焦两会新代表新委员·出发之前忙调研 带着民意上两会（新闻中心）

评论：问计"两会"：让人大监督更扎实（新闻中心）

访谈：王峰：解析"大部制"（新闻中心）

三等奖

现场直播：见证履职·"大病保障"让新农合更贴心（新闻中心）

十一届全国人大常委会第三十次会议专题（中国网络电视台）

改文风优秀新闻作品征集活动
中央电视台获奖名录

入围作品

曹家巷拆迁记：十年拆不动的曹家巷（新闻中心）

老曹的三颗"定心丸"（新闻中心）

习近平在参观《复兴之路》展览时强调 承前启后 继往开来 继续朝着中华民族伟大复兴目标奋勇前进（新闻中心）

胶囊里的秘密（新闻中心）

2011-2012年度中国广播影视大奖
广播电视节目奖中央电视台获奖名录

电视节目大奖

消息

走基层·塔县皮里村蹲点日记（新闻中心）

习近平在广州战区考察（军事节目中心）

评论

犯罪：别披着爱国的"外衣"！（新闻中心）

血燕的神话与真相（新闻中心）

专题

钱云会之死（新闻中心）

舌尖上的中国（纪录频道）

揭秘金三角大毒枭糯康（新闻中心）

现场直播

神九飞天再探天宫（新闻中心）

栏目

新闻直播间（新闻中心）

对外电视新闻

陕西农民眼中的习近平（外语频道）

阿坝藏区系列自焚事件真相调查（新闻中心）

中国航空母舰顺利进行舰载机起降训练（新闻中心）

电视节目提名奖

消息

记者直击·四川：国道213映秀至汶川段塌方中断（新闻中心）

超级稻蹲点日记：种出超级稻世界纪录（中央电视台）

空军歼10战机空中加油与作战课目首次连续展开（军事节目中心）

药用胶囊使用工业明胶·公安部门介入调查企业蹊跷起火（新闻中心）

文氏兄弟寻母连续报道（中央电视台）

安徽产业升级：小项目引来大投资（中央电视台）

达利亚脆弱的停火（新闻中心）

专题

聚焦物流顽症之一：物流堵在最后一公里（财经频道）

现场直播

震后一月——东日本大地震特别报道（新闻中心）

栏目

海峡两岸（中文国际频道）

对外电视新闻

日“购岛”今日签约　玩火必将自焚！（新闻中心）

行走川藏线（外语频道）

中国广播影视大奖·广播电视节目奖（第23届“星光奖”）中央电视台获奖名录

特别奖

2012年中央电视台春节联欢晚会（综艺频道）

2013年中央电视台春节联欢晚会（综艺频道）

领航中国——喜迎党的十八大胜利召开大型文艺晚会（大型节目中心）

亿万农民的笑声——2013全国农民春节晚会（中国农业电影电视中心）

2013中央电视台春节戏曲晚会（戏曲和音乐频道）

功业千秋——庆祝“京剧音配像”播出15周年电视晚会（戏曲和音乐频道）

优秀栏目成就奖

CCTV空中剧院（戏曲和音乐频道）

艺术人生（综艺频道）

正大综艺（综合频道）

大奖

电视综艺节目大奖

为人民放歌——纪念《在延安文艺座谈会上的讲话》发表70周年大型文艺晚会（大型节目中心）

为祖国放歌——第12届精神文明建设“五个一工程”颁奖晚会（大型节目中心）

电视歌舞节目大奖

美好的一天——第四届中国－新加坡大型歌会（大型节目中心）

电视音乐节目大奖

梦想合唱团（综合频道）

2012CCTV民族器乐电视大赛（戏曲和音乐频道）

光荣绽放·十大青年钢琴演奏家音乐会（戏曲和音乐频道）

电视戏曲节目大奖

万紫千红——戏曲演唱会（戏曲和音乐频道）

今夜戏满天——2013全国十五省市电视台元宵戏曲晚会（戏曲和音乐频道）

电视文艺专题片大奖

为时代放歌（大型节目中心）

电视纪录片大奖

舌尖上的中国（纪录频道）

大鲁艺（科教频道）

百年辛亥（中央新闻纪录电影制片厂）

农民工的局长（新闻中心）

超级工程（纪录频道）

中国之路（中国国际电视总公司　中国广播电影电视节目交易中心）

金砖之国（财经频道）

体育的力量（体育频道）

春晚（纪录频道）

少儿电视节目大奖

幸福像花儿一样——2012年六一晚会（少儿频道）

小小智慧树（少儿频道）

电视动画片大奖

秦汉英雄传（北京辉煌动画公司　央视动画有限公司）

开心小镇（央视动画有限公司）

电视科普节目大奖

逃出落水车（科教频道）

电视文艺栏目大奖

星光大道（综艺频道）

国宝档案（中文国际频道）

向幸福出发（综艺频道）

状元 360（综合频道）

百家讲坛（科教频道）

提名荣誉奖

电视综艺节目提名荣誉奖

2013 年春节、藏历水蛇新年电视联欢晚会（中央电视台）

2012 年度中国播音主持“金话筒奖”颁奖晚会（大型节目中心）

电视文艺专题片提名荣誉奖

远方的家——北纬 30°·中国行（中文国际频道）

电视纪录片提名荣誉奖

龙之江（中央新影集团）

苍狼（科教频道）

电视文艺评论提名荣誉奖

文化视点——“五个一工程”奖电视剧（综艺频道）

电视动画片提名荣誉奖

三毛历险记（北京辉煌动画公司 央视动画有限公司）

电视科普节目提名荣誉奖

添加剂与食品安全（中央新影集团）

电视文艺栏目提名荣誉奖

我要上春晚（综艺频道）

乡村大世界（中国农业电影电视中心）

中国广播影视大奖·第29届电视剧“飞天奖”中央电视台获奖名录

长篇电视剧

一等奖

国家命运（中国电视剧制作中心有限责任公司）

温州一家人（电视剧频道）

我的土地我的家（电视剧频道）

中国地（中视传媒股份有限公司）

国门英雄（中国电视剧制作中心有限责任公司）

营盘镇警事（中国电视剧制作中心有限责任公司）

木府风云（电视剧频道）

二等奖

刘伯承元帅（电视剧频道）

火蓝刀锋（电视剧频道）

杨善洲（电视剧频道）

妈祖（电视剧频道）

三等奖

全家福（电视剧频道　中国电视剧制作中心有限责任公司）

长白山下我的家（中国电视剧制作中心有限责任公司）

延安爱情（中国国际电视总公司）

孤军英雄（电视剧频道）

感动生命（中国国际电视总公司　中视影视制作有限公司）

少儿电视剧

二等奖

聪明小空空（电视剧频道）

系列电视剧

二等奖

大学生士兵的故事（第二部）（电视剧频道）

单项奖

优秀编剧奖

石零：永远的忠诚

王朝柱：辛亥革命

高满堂：温州一家人

优秀导演奖

赵宝刚：北京青年

张绍林：永远的忠诚　杨善洲

优秀男演员奖

张嘉译：营盘镇警事　浮沉　心术　悬崖

孙维民：五星红旗迎风飘扬（二）

优秀女演员奖

殷桃：温州一家人　延安爱情

马苏：北京青年　厂花

提名荣誉奖

山楂树之恋（中视传媒股份有限公司）

第3届星光电视文艺论文评选中央电视台获奖名录

理论类

二等奖

国际少儿节目现状考察报告（少儿频道 王可）

三等奖

积跬步成千里：中央电视台少儿频道把“儿戏”做大做强（少儿频道 张楠）

评论类

二等奖

“农民春晚”如何紧贴时代——评央视《全国农民春节晚会——亿万农民的笑声》(中文国际频道 安冉)

第3届飞天论文评选中央电视台获奖名录

评论类

三等奖

从电视剧《延安爱情》谈红色题材创作（中国国际电视总公司 武丹丹）

理论类

一等奖

探索思考又十年（电视剧频道 张子扬）

第9届全国安全生产新闻奖中央电视台获奖名录

广播电视类

特等奖

抢救肖家湾（新闻中心）

甘肃庆阳：校车来了（新闻中心）

一等奖

陕西延安包茂高速特大交通事故：国务院事故调查组召开全体会议（新闻中心）

国家安全生产监管总局：要求中央企业加强安全生产工作（新闻中心）

如此灭火器危害猛于火（财经频道）

小疏忽大隐患（社会与法频道）

2013年“扫黄打非”评优表彰中央电视台获奖名录

先进集体

中央电视台新闻中心社会新闻部政法组

2013年度“文化好新闻”中央电视台获奖名录

优秀消息

回归艺术创作　节俭办出好晚会（新闻中心）

优秀电视专题节目

权威访谈——专访文化部部长蔡武（新闻中心）

聚焦第十届中国艺术节（新闻中心）

文化新闻宣传优秀集体

中央电视台文体组

文化部优秀跑口记者

曹岩

第7届“党风廉政建设好新闻奖”中央电视台获奖名录

一等奖

消息：潜逃十二年，赖昌星被遣返回国（新闻中心）

二等奖

专题：黑哨内幕（新闻中心）

中央电视台2013年度优秀节目评审结果

2013年CCTV年度大奖

中国汉字听写大会（科教频道）

2013年度CCTV优秀新闻获奖名单

一等奖（11名）

习近平春节前夕赴甘肃看望各族干部群众　向全国各族人民表达美好的新春祝福（新闻中心）

头号难题（新闻中心）

叙利亚：本台记者探访大马士革南郊战区（新闻中心）

走进中国海军（中文国际频道）

完成不间断单人帆船环球航行郭川回家（体育频道）

上海自贸区观察（财经频道）

一张图引发的改革（新闻中心）
佛山货车司机被打事件调查（综合频道）
快餐店冰块细菌含量比马桶水还多，是真的吗？（财经频道）
变了味的“第一口奶”（新闻中心）
油砂的黑色魅力新闻系列美洲版（外语频道）

二等奖（15名）

孙扬世锦赛400米夺冠（体育频道）
证难办　脸难看（新闻中心）
日确定“警告射击”中国不惧战争（中文国际频道）
杨纳基斯离京　是否续任不可知（体育频道）
土增税黑洞二（新闻中心）
走基层 · 为人民服务新观察——曹家巷拆迁记（新闻中心）
三星：绕不过去的字库门（财经频道）
光大乌龙指惊魂记（财经频道）
走基层 · 百姓心声：爱国让你想起什么？（新闻中心）
瑞士纪录片揭露达赖制造“藏族孤儿”黑幕（中文国际频道）
薄熙来公审（外语频道）
记者调查：谁动了我们的小字典系列（新闻中心）
打击网络有组织制造传播谣言违法犯罪（新闻中心）
3 · 15在行动——砂之殇系列报道（财经频道）
假军人自投罗网（新闻中心）

三等奖（22名）

“太空新旅　天宫授课”直播（新闻中心）
日本外交的“三国杀”游戏（中文国际频道）
生死行程六昼夜（军事节目中心）
“老外撞大妈”真相调查（新闻中心）
本台记者专访叙利亚总统巴沙尔 · 阿萨德（新闻中心）
埃及纳达广场清场引发冲突非洲版（外语频道）
批评和自我批评是一剂良药（新闻中心）
“夺命”的快递追踪报道（新闻中心）
50年50人 · 中法建交五十周年特别系列报道（外语频道）
郎平的中国梦（体育频道）
全运赛场惊现“消极比赛”（体育频道）
中日专家对谈 · 三问日本参院选举（中文国际频道）
台当局向菲律宾下72小时最后通牒（中文国际频道）
走基层 · 华西医院蹲点日记（新闻中心）
焦点访谈 · 讨薪的遭遇：讨薪再陷困局（新闻中心）
西洛卓玛夺全运首金创西藏摔跤历史（体育频道）
大城市生活成本有多高（财经频道）
走基层 · 为人民服务新观察：县委书记青理东系列报道（新闻中心）
四川暴雨：挺进汶川草坡乡（新闻中心）
大水之痛（财经频道）
中国穆斯林的幸福生活和他们的中国梦（外语频道）

2013年度CCTV优秀节目获奖名单

一等奖（20名）

开门大吉（2013–41）（综艺频道）
毛泽东（电视剧）（电视剧制作中心）
揭秘开罗会议系列节目（第二集）（中文国际频道）
伊战十年（五集纪录片）（新闻中心）
梦想星搭档（第9期）（综合频道）
咱们结婚吧（电视剧）（电视剧频道）
习仲勋（纪录频道）
体坛风云会 · 重新认识李娜（体育频道）
我要上春晚（2013–4）（综艺频道）
星光大道2012年度总决赛（综艺频道）
普法栏目剧 · 卧底前传系列（社会与法频道）
手艺（第三季）（科教频道）
国企备忘录（财经频道）
走在春风里（少儿频道）
塔山阻击战（军事节目中心）
开讲啦 · 李昌钰：不可能的可能（综合频道）
京剧（纪录频道）
赵氏孤儿案（电视剧）（中国国际电视总公司）
青春戏苑 · 2013寻找七仙女（戏曲和音乐频道）
新大头儿子和小头爸爸（动画片）（中国国际电视总公司）

二等奖（30名）

长寿密码（大型电视纪录片）（中文国际频道）
茶，一片树叶的故事（纪录频道）
心结（上、中、下）（社会与法频道）
金蛇狂舞——2013年中央电视台春节戏曲晚会（戏曲和音乐频道）
舞出我人生第二集（综合频道）
妈祖（电视剧）（电视剧频道）
钱文忠解读百家姓 · 我从哪里来（第一集）（科教频道）
超级减肥王（总决赛）（财经频道）
体育世界（2013–4–2）（体育频道）
大掌门（电视剧）（电视剧制作中心）

智慧树（2013—12—12）（少儿频道）
远方的家·百山百川行（中文国际频道）
天下足球·华彩2013（体育频道）
等着我·铸梦（第四季）（外语频道）
文科状元回乡种菜隐瞒的真相（中国农业电影电视中心）
不能忘却的伟大胜利（纪录片）（中央新影集团）
核问（三集纪录片）（新闻中心）
综艺盛典（第34期）（综艺频道）
中国国家博物馆（3D版）（科教频道）
撒贝宁时间·铁证（综合频道）
丝路，重新开始的旅程（纪录频道）
谁是终极英雄·为梦想而战（军事节目中心）
癌症早知道1（系列节目）（科教频道）
理性看　齐心办——理论热点面对面2013（财经频道）
非常6+1（第50期）（综艺频道）
回声嘹亮（2013—26）（综艺频道）
大界河（外语频道）
有你才幸福（电视剧）（电视剧频道）
歌声与微笑——合唱先锋（第一季）（戏曲和音乐频道）
湿润的文明（纪录片）（中央新影集团）

三等奖（40名）

老年公寓（科教频道）
平安行2013（社会与法频道）
记者手记：追寻西行拾花客的脚步（上、下）（农影中心）
美猴王争霸赛（戏曲和音乐频道）
大手牵小手（2013—42、2013—43、2013—44、2013—45）（少儿频道）
军旅人生·刘元飞：男子汉的勋章（军事节目中心）
向幸福出发（2013—50）（综艺频道）
花木兰传奇（电视剧）（电视剧频道）
发现肯尼亚（纪录频道）
看我72变（少儿频道）
中美关系之夜（财经频道）
寻宝·走进天津杨柳青（综合频道）
爱体育（五集系列片）（体育频道）
训练故事——你不知道的田径（体育频道）
一起音乐吧（2013—6—22）（戏曲和音乐频道）
外国人中国梦之TomPattinson（外语频道）
生活早参考·微信色情调查（综合频道）
透视春晚：中国最大的庆典（纪录频道）
国旗护卫队（纪录片）（中央新影集团）
全家福（电视剧）（中国电视剧制作中心有限责任公司）
闫帅和他的养老院（新闻中心）
改革再出发（财经频道）
南海纪行（八集电视系列片）（中文国际频道）
闯关东前传（电视剧）（电视剧频道）
寻路（电视剧）（电视剧频道）
常书鸿（科教频道）
我爱满堂彩（2013—8）（综艺频道）
捡来的女人要回家（社会与法频道）
寻找最美村官：女村官白一彤（新闻中心）
舞蹈世界（2013—33）（综艺频道）
下南洋（纪录片）（中央新影集团）
六月的麦客（财经频道）
朱良玉从农民工到“保安状元”（中文国际频道）
丹顶鹤（纪录频道）
当地震来临时（科教频道）
新闻袋袋裤（2013—7—31）（少儿频道）
Ncoloso的航天梦（非洲版）（外语频道）
春晚是怎样炼成的（纪录片）（中国国际电视总公司）
中国梦·湖南长沙岳麓书院之行（外语频道）
大秦帝国之纵横（电视剧）（中国国际电视总公司）

2013年度CCTV特别节目获奖名单

一等奖（8名）

中国汉字听写大会（科教频道）
2013年全国两会报道（新闻中心）
第十四届中国经济年度人物颁奖盛典（财经频道）
“谁是球王”中国乒乓球民间争霸赛（体育频道）
中央电视台2013年春节联欢晚会（大型节目中心）
2013开讲啦之新年开讲系列：成龙、黄怒波（综合频道）
“嫦娥三号登月之旅”特别节目（新闻中心）
“梅州月·中华情”2013年中央电视台中秋晚会（中文国际频道）

二等奖（12名）

2013年“3·15晚会”（财经频道）
菲律宾风灾一个月特别节目（新闻中心）
“2012CCTV体坛风云人物”年度评选颁奖盛典（体育频道）
快乐的节目——2013年“六一”晚会（少儿频道）

苦难辉煌（军事节目中心）
吉尼斯中国之夜之十一特别节目（综合频道）
大国重器（财经频道）
“寻找最美乡村教师”大型公益活动（科教频道）
四川雅安芦山县7.0级地震救援进行时直播节目（新闻中心）
开学第一课（综合频道）
中央电视台首届全国少儿京剧电视大赛（戏曲和音乐频道）
第15届全国青年歌手电视大奖赛、启动仪式及颁奖盛典（大型节目制作中心）

三等奖（20名）

争奇斗艳——少数民族冠军歌手争霸赛（第1季）（戏曲和音乐频道）
中华之光——传播中华文化年度人物颁奖典礼（中文国际频道）
法治的力量——CCTV2013年度法治人物颁奖礼（社会与法频道）
舞出我人生总决赛（综合频道）
麦收故事会·“三夏”特别节目（中国农业电影电视中心）
2013年第12届全国运动会赛事直播报道（体育频道）
众里寻你——2013“寻找最美孝心少年”颁奖典礼（少儿频道）
探潮亚马孙特别节目（新闻中心）
收获2012（综艺频道）
2013年度“心连心”慰问演出（综艺频道）
CCTV慈善之夜——2013CCTV年度慈善人物颁奖典礼（社会与法频道）
2013CCTV中国上市公司峰会（财经频道）
嫦娥落月大型系列直播节目（科教频道）
“寻找最美村官”颁奖典礼（新闻中心）
寻找刘三姐（戏曲和音乐频道）
50集美丽中国·湿地行暨中国十大魅力湿地颁奖典礼（中文国际频道）
首届中央电视台全国西班牙语、法语大赛（外语频道）
2013年我要上春晚特别节目——直通春晚（综艺频道）
2013我的一本课外书（科教频道）
2012年度中国播音主持金话筒奖颁奖典礼（大型节目中心）

2013年度CCTV新媒体获奖名单

熊猫频道：24小时多路高清直播大熊猫（中国网络电视台）
央视新闻客户端（中国网络电视台）
2013CCTV网络春晚（中国网络电视台）
“4·20芦山地震”央视新闻新媒体系列报道（新闻中心）
“内罗毕袭击事件”独家网络视频（外语频道）
2013年中国梦原创系列微电影（中国网络电视台）
综艺频道二维码互动平台（综艺频道）
央视体育客户端（中国网络电视台）
星光大道台网融合一体化项目（中国网络电视台）
第12届全运会网络报道（体育频道）

2012—2013年度优秀国产纪录片及创作人才扶持项目评选中央电视台获奖名录

优秀中片

国脉——中国国家博物馆100年（科教频道）
对照记·犹在镜中（纪录频道）

优秀长片

习仲勋（纪录频道）
丝路——重新开始的旅程（纪录频道）
手艺第三季（科教频道 中国国际电视总公司 中国广播电影电视交易中心）
京剧（纪录频道）

优秀导演

杨晓飞：进城（科教频道）

优秀撰稿

夏蒙：习仲勋（纪录频道）

优秀栏目

魅力·纪录（纪录频道）
军事纪实（军事节目中心）
国宝档案（中文国际频道）

优秀制作机构

科教频道
纪录频道

优秀播出机构

纪录频道
科教频道

2013年度少儿精品及国产动画发展专项资金项目评审中央电视台获奖名录

优秀少儿电视栏目

一等奖

大手牵小手（少儿频道）

智慧树（少儿频道）

二等奖

新闻袋袋裤（少儿频道）

优秀少儿频道、动画频道

一等奖

少儿频道

优秀国产动画片

新大头儿子和小头爸爸（央视动画有限公司）

三毛历险记（北京辉煌动画公司 央视动画有限公司）

优秀动画创作人才

最佳奖

朱敏（北京辉煌动画公司）

优秀奖

张忆翔（央视动画有限公司）

2014中国广播电视协会“荧屏导视奖”中央电视台获奖名录

频道 ID

一等奖

纪录频道 ID · 时间系列篇（纪录频道）

三等奖

戏曲频道 ID · 一马当先（戏曲频道）

频道（台）形象宣传片

二等奖

龙凤呈祥（戏曲频道）

二等奖

纪录频道宣传片 · 片刻永恒（纪录频道）

栏目（节目）形象宣传片

一等奖

第 15 届全国青年歌手大奖赛 · 形象宣传片（总编室）

三等奖

向幸福出发 · 栏目主持人形象片（综艺频道）

栏目（节目）收视宣传片

二等奖

爱的证言 ·《咱们结婚吧》收视宣传片（总编室）

三等奖

赵氏孤儿案 · 宣传片系列（电视剧频道）

频道整体包装

一等奖

CCTV 综艺频道整体包装（综艺频道）

二等奖

“晶”品荟萃 · CCTV 公共宣传时段总体包装（总编室推介部）

跨媒体宣介作品

优秀奖

爱的吐槽（上、下）·《咱们结婚吧》网络投放宣传片（总编室推介部）

优秀奖

光荣绽放系列音乐会（音乐频道）

优秀奖

就业有“位”来——2013 大学生就业公益行动（新闻频道）

第19届上海电视节“白玉兰”奖中央电视台获奖名录

评委会特别奖

超级工程——上海中心建筑（纪录频道）

2013“金熊猫”奖国际纪录片评选活动中央电视台获奖名录

人文类

亚洲制作奖

发现肯尼亚（纪录频道）

社会类

纪录片大奖

舌尖上的中国（纪录频道）

评委特别奖

烽火 1937——从日本档案解密卢沟桥事变（军事节目中心）

进城（科教频道）

亚洲制作奖

扎溪卡的微笑（纪录频道）

从教一年（中央新影集团）

最佳导演奖

喜马拉雅大淘金（纪录频道）

自然及环境类

纪录片大奖

非洲（纪录频道）

最佳长纪录片

非洲（纪录频道）

评委特别奖

秘境中国——天坑（纪录频道）

环球同此凉热（中央新影集团）

亚洲制作奖

丹顶鹤（纪录频道）

野性的呼唤（中央新影集团）

2013年德国NaturVision国际自然电影节 中央电视台获奖名录

评委会特别奖

一个人的荒漠——故乡的方向（中央新影集团）

中美电影节“金天使”奖 中央电视台获奖名录

最佳中国纪录片奖

安溪清水岩（中央新影集团）

入围奖

考鼓记（中央新影集团）

第15届中国电影“华表奖” 中央电视台获奖名录

优秀纪录片奖

仰望星空（中央新影集团）

优秀科教片奖

探寻癌症之谜（中央新影集团）

优秀纪录片提名奖

寻访马克思（中央新影集团）

情系人民（中央新影集团）

杜甫（中央新影集团）

第29届中国电影“金鸡奖” 中央电视台获奖名录

最佳纪录片提名奖

仰望星空（中央新影集团）

杜甫（中央新影集团）

寻访马克思（中央新影集团）

考鼓记（中央新影集团）

全国省级广电报第23届新闻作品评选 中央电视台获奖名录

消息类

二等奖

冯小刚执导2014年央视春晚（中国电视报社 顾婷婷）

评论类

二等奖

“砖家”，请闭嘴（中国电视报社 张维）

三等奖

“汉字热”不能只靠媒体（中国电视报社 李冰）

通讯类

一等奖

歌唱类选秀之怪现状（中国电视报社 王茂华）

三等奖

抗战剧之怪现状（中国电视报社 韩平）

专访类

一等奖

史航：我是疯狂的荐书控（中国电视报社 马媛媛）

对话郭敬明（中国电视报社 邵楠）

论文类

三等奖

科教类纪实性娱乐节目的问题和对策（中国电视报社 赵晖）

2013年度中央电视台品牌栏目评选结果

新闻联播（CCTV-1综合　新闻中心）

星光大道（CCTV-1综合　综艺频道）

焦点访谈（CCTV-1综合　新闻中心）

新闻直播间（CCTV-13新闻　新闻中心）

今日说法（CCTV-1综合　综合频道）

海峡两岸（CCTV-4 中文国际　中文国际频道）
共同关注（CCTV-13 新闻　新闻中心）
今日关注（CCTV-4 中文国际　中文国际频道）
东方时空（CCTV-13 新闻　新闻中心）
中国新闻（CCTV-4 中文国际　中文国际频道）
我要上春晚（CCTV-3 综艺　综艺频道）
回声嘹亮（CCTV-3 综艺　综艺频道）
晚间新闻（CCTV-1 综合　新闻中心）
朝闻天下（CCTV-1 综合　新闻中心）
新闻 30 分（CCTV-1 综合　新闻中心）
智慧树（CCTV-14 少儿　少儿频道）
经济信息联播（CCTV-2 财经　财经频道）
开门大吉（CCTV-3 综艺　综艺频道）
天网（CCTV-12 社会与法　社会与法频道）
远方的家（CCTV-4 中文国际　中文国际频道）
法律讲堂（生活版）（CCTV-12 社会与法　社会与法频道）
新闻调查（CCTV-13 新闻　新闻中心）
一线（CCTV-12 社会与法　社会与法频道）
道德观察（CCTV-12 社会与法　社会与法频道）
军事报道（CCTV-7 军事·农业　军事节目中心）
向幸福出发（CCTV-3 综艺　综艺频道）
第一时间（CCTV-2 财经　财经频道）
法治在线（CCTV-13 新闻　新闻中心）
国宝档案（CCTV-4 中文国际　中文国际频道）
新闻 1+1（CCTV-13 新闻　新闻中心）

2013年度中国电影电视技术学会电视节目技术质量（金帆奖）中央电视台获奖名录

标准清晰度电视录制技术质量奖

新闻类
一等奖
新闻联播（2013.5.14）
二等奖
新闻联播（2012.10.26）
专题类
一等奖
环球同此凉热（第二部黄色·回忆）
百年巨匠
综合文体类
一等奖
启航·2013 元旦晚会
我要上春晚特别节目·直通春晚总决赛

高清晰度电视录制技术质量奖

专题类
二等奖
国脉（第五集）
三等奖
热贡唐卡
综艺类
一等奖
2013 年春节晚会歌舞精编
二等奖
领航中国·喜迎十八大胜利召开大型文艺晚会
体育类
一等奖
2012 年伦敦奥运体操男子决赛
2012 年 NBA 中国赛
电视剧类
一等奖
谍战深海
三等奖
鹰巢之预备警官

音频制作技术质量奖

高清专题类
一等奖
3D国博
三等奖
科学发展铸辉煌
高清综艺类
一等奖
2013 年青歌赛美声唱法
2013 年青歌赛通俗唱法
高清体育类
一等奖
2012 年伦敦奥运体操男子团体决赛

三等奖

2012 年 NBA 中国赛

视频图形制作技术质量奖

片头类

一等奖

手艺

Culture Express

动画片类

二等奖

新年钟声

播出技术质量奖

一等奖

中央电视台

金帆综合奖

中央电视台

2013年科技进步奖

一等奖

中央电视台新台址媒体资产管理系统

中央电视台综合节目演播室群制作系统

基于文件的网络化声音创作与音频媒资管理系统

《电视节目音频制作的响度规范》与应用策略的研究实践

三等奖

中央电视台新址广告业务系统

2013年中国立体（3D）影视作品奖

电视专题类最佳奖

国脉

电视综艺类最佳奖

中央电视台 2013 年春节联欢晚会

电视体育类优秀奖

CBA 季后赛半决赛 · 北京队 / 山东队

2013年电视美术灯光设计工程奖

演播室类一等奖及最佳创新奖

2012 年第四届中新歌会

2013年大型电视转播综合技术奖

一等奖

2012 伦敦奥运会体操男子团体决赛

启航 2013 元旦晚会（精编版）

二等奖

我要上春晚特别节目 · 直通春晚总决赛

2012 伦敦奥运会羽毛球男子单打决赛

三等奖

2012 年 NBA 中国赛

福州月 · 中华情——2012 年中央电视台中秋晚会

2013 年两会新总理记者见面会

2013年声音制作优秀作品奖

专题类

二等奖

国博（3D）

三等奖

科学发展铸辉煌

综艺类

一等奖

2013 年青歌赛美声唱法

2013 年青歌赛通俗唱法

译制片类

一等奖

自然发现　美丽中国——和谐共生

二等奖

美国女警

体育实况类

一等奖

2012 伦敦奥运会体操公共信号制作

三等奖

2012 年 NBA 中国赛

2013年图形制作优秀作品奖

片头包装类

一等奖

手艺

二等奖

当代中国

体育人间
秘境追踪 7 宝藏拼图
C 先生系列
苍狼
三等奖
铁血二战
阿拉伯语国际频道呼号

2013年全国杰出影视科技工作者

技术管理中心：路晓俐

2013年影视科技优秀论文奖

一等奖
电视制播业务未来技术发展的考虑（丁文华）
广播——宽带融合型交互电视技术（宋宜纯、王振中）
从 AV 到 IT 从技术到服务（徐进）
高可靠性在播出系统设计中的体现（宋蔚）
中央电视台春节联欢晚会舞台返送系统设计（荆甫礼）
电视节目的环绕声识别校准信号研究（关朝洋）
二等奖
中央电视台非洲分台总控系统设计及应用（宋庆峰、赵蕾）
桌面虚拟化技术在中央电视台新址新闻域的应用（赵震）
三等奖
中央电视台 RTMS 技术实现与应用（陈欣）
数字证书认证在播出系统中的应用（马坤）
3D 现场转播系统的几个技术环节探讨（陈江疆）
伦敦奥运会电视转播中的前方移动主控系统（陈明）
拥抱社交电视（宋庆峰、胡益申）
立体电视自动转换技术在体育赛事直播中的研究与实践（祥祖军、蔡贺）
量化性能——私有云搭建的关键（王雪京）
新一代媒体资产管理系统中的“保险柜”——浅淡媒资系统中节目资料柜子系统的服务模式（樊华）
电视照明设计的艺术性——从舞台灯光看电视照明设计的发展变化（曲国军）
集群演播室视频系统设计及应用（沙崧）
中央电视台新址 E01 演播室群视频系统设计（姜斌）
演播室群的设计思路及其实现（冯成虎）
3D 试验频道播出前端压缩传输系统介绍（许春蕾）

2013年第6届“王选奖”项目奖 中央电视台获奖名录

一等奖
高可靠网络化大规模电视台播出系统与应用

第15届中国专利优秀奖 中央电视台获奖名录

分级存储管理系统

国际3D和先进图像协会 2013年电视纪录片类3D创意艺术大奖 中央电视台获奖名录

3D 人文纪录片《国脉》(National Museum of China 100 Years)

国家广播电影电视总局2012年度部级优秀工程设计中央电视台获奖名录

一等奖
吉林广电中心工艺设计（中国广播电视国际经济技术合作总公司）

2013年度中央电视台优秀技术奖

高清晰度电视节目录制技术质量奖

专题类
一等奖
大鲁艺 1（技术制作中心）
二等奖
国脉（北京中视远图影视传媒有限公司）
书法五千年（第四集）（技术制作中心）
综艺类
一等奖
启航 2013 · 中央电视台元旦晚会（技术制作中心）
二等奖
福州月·中华情——2012 年中央电视台中秋晚会（播出传送中心）
中国梦 · 劳动美——2013 年庆祝五一国际劳动节专题文艺晚会（技术制作中心）

体育类

一等奖

2012 伦敦奥运羽毛球男子单打决赛（公共信号制作）（播出传送中心）

二等奖

2012 沸雪北京世界单板滑雪赛（播出传送中心）

2013 年法国网球公开赛女单决赛（技术制作中心）

综艺灯光类

一等奖

福州月·中华情——2012 年中央电视台中秋晚会（技术制作中心）

音频制作技术质量奖

综艺类

一等奖

2013 年青歌赛民族唱法（技术制作中心）

二等奖

2012 我要上春晚特别节目·直通春晚（技术制作中心）

2013 年中央电视台春节联欢晚会（技术制作中心）

体育类

一等奖

2012 年伦敦奥运会羽毛球公共信号制作（技术制作中心）

标准清晰度电视节目录制技术质量奖

新闻类

一等奖

新闻联播（2012.9.4）（新闻中心新闻制作部）

二等奖

新闻联播（2012.8.14）（新闻中心新闻制作部）

新闻联播（2012.12.12）（新闻中心新闻制作部）

专题类

一等奖

人文地理·行走西藏之滇藏线（新闻中心新闻制作部）

二等奖

魅力·纪录 2012–159（中国瓷）（技术制作中心）

佛祖故乡行（技术制作中心）

综合文体类

一等奖

我要上春晚特别节目·直通春晚（技术制作中心）

二等奖

福州月·中华情——2012 年中央电视台中秋晚会（技术制作中心）

2012 年伦敦奥运乒乓球男子单打决赛（播出传送中心）

综艺美术类

二等奖

中华侨联春节晚会（技术制作中心）

中国文艺周末版（技术制作中心）

综艺灯光类

一等奖

回声嘹亮（技术制作中心）

二等奖

2013 年春节戏曲晚会（技术制作中心）

社区英雄（技术制作中心）

视频图形制作技术质量奖

片头类

一等奖

体育人间（技术制作中心）

二等奖

当代中国（技术制作中心）

对话（北京中视北方影视制作有限公司）

短片类

二等奖

CCTV 戏曲频道宣传片（北京中视北方影视制作有限公司）

青歌赛总形象宣传片（北京中视北方影视制作有限公司）

在线包装类

二等奖

2012 年伦敦奥运会　（技术制作中心）

虚拟制作类

一等奖

我要上春晚特别节目·直通春晚（技术制作中心）

二等奖

2013 年春节联欢晚会（播出传送中心）

我要上春晚特别节目·直通春晚（播出传送中心）

电视节目安全播出奖

技术管理中心动力管理部：

供电运行科 1、4、8 号电站

技术制作中心录制一部：
录制二科第 13 演播室 1、2、3、4、5、6 班
录制七科第 12 演播室 1、2、3、4 班
录制九科第 33 演播室 1、2、3、4、5、6 班
技术制作中心录制二部：
录制五科新址 E14 群机房 1、2、3、4、5、6 班
技术制作中心录制三部：
播出一科第 16 演播室 1、2、3、4、5 班
播出二科第 15 演播室 1、2、3、4、5 班
播出三科第 17 演播室 1、2、3、4、5 班
播出四科第 19 演播室 1、2、3、4、5 班
播出传送中心播出一部：
播控运行一科、二科、四科、五科
播出传送中心播出二部：
1、3、4、5、6 班
播出传送中心总控部：
运行一科／总控机房 1、2、3 班
运行二科／现址总控机房 1、2、3 班
运行三科／总控机房：1、2 班
技术保障科 1、2 班
新闻制作部：
新闻频道播出科 1、2、3 班
新闻频道中心科 2、3 班
新闻频道录制科 1、2、3 班
新闻频道制作科 3 班

优质工程奖

音像资料馆工艺系统改造（技术管理中心）
圆楼 J 段制作机房高清网络化改造（技术制作中心）
新建 B4 高清转播车（播出传送中心）
新址总控系统（工艺办项目一组）
新址常规制作岛 1（工艺办项目三组）
新址 E 区演播室项目群（工艺办项目四组）
新址全台 IT 合署监管系统（工艺办项目五组）
新址数据中心系统（工艺办项目六组）

系统维护优秀奖

全台动力系统（技术管理中心动力管理部）
全台通讯系统（技术管理中心基础资源部）
第十八演播室虚拟系统（技术制作中心录制一部）
第九演播室、一号厅音频系统（技术制作中心音频部）
新址播出系统（播出传送中心播出一部）
转播系统（播出传送中心转播部）

2013年中央电视台获全国级奖励的单位和个人

集体
全国文明单位
中央电视台
全国五一劳动奖状
综艺频道
全国模范职工之家
台工会联合会
全国工人先锋号
财经频道上海中心站
全国巾帼文明岗
新闻中心地方记者部在线供稿组
全国维护妇女儿童权益先进集体
社会与法频道《夜线》栏目组
全国“六五”普法中期先进单位、先进普法依法治理办公室
机关党委办公室
个人
全国五一劳动奖章
综艺频道：董　卿
综艺频道：朱　军
全国巾帼建功标兵
新闻中心地方记者部浙江记者站：何　盈
全国维护妇女儿童权益先进个人
少儿频道：鞠　萍
全国广电系统青年岗位能手
新闻中心地方记者部驻四川记者站：朱兴建

2013年中央电视台获中直级奖励的单位和个人

集体
中直机关青年文明号
中文国际频道《远方的家》栏目组

个人

中直机关青年岗位能手

新闻中心地方记者部驻四川记者站：朱兴建

2013年中央电视台获首都级奖励的单位和个人

集体

2011年度“首都文明单位标兵”

中央电视台

2012年度“北京市无偿献血先进单位”

中央电视台

个人

2012年度北京市无偿献血先进工作者

机关党委精神文明协调处：李彦吉

2013年中央电视台获省部级奖励的单位和个人

集体

国家广电总局2011-2012年度五一劳动奖状

台工会联合会

国家广电总局2011-2012年度模范职工小家

技术制作中心工会

中国国际电视总公司工会

国家广电总局2012年度工会（女工）工作标兵单位

中央电视台

国家广电总局2011-2012年度巾帼文明岗

新闻中心地方记者部在线供稿组

国家广电总局2012年度精神文明建设标兵单位

中央电视台

2012年度“国家广电总局人口和计划生育标兵单位”

中央电视台

2012年度“国家广电总局无偿献血工作标兵单位”

中央电视台

个人

国家广电总局2011-2012年度优秀工会之友

中央电视台：张海鸽

中央卫星电视传播中心：李　琼

中国广播电视国际经济技术合作总公司：李金荣

国家广电总局2011-2012年度巾帼建功标兵

新闻中心地方记者部浙江记者站：何　盈

综艺频道：哈　文

国家广电总局关心支持人口和计划生育工作、无偿献血工作的领导

张海鸽

国家广电总局2011-2012年度“五一劳动奖章”个人

新闻中心播音部：李修平

国家广电总局2011-2012年度“工会(女工)先进工作者（专职）

台工会：王　娟

国家广电总局2011-2012年度“工会(女工)先进工作者（兼职）

新闻中心：黄美玉

中国有线电视网络有限公司：赵李扬

央视动画有限公司：何　宁

2012年人口和计划生育先进工作者

机关党委：李彦吉　于　莹

2012年无偿献血先进工作者

机关党委：王　轶

国家广电总局2012年无偿献血先进个人

新闻中心：熊玉辉　王立明　商大鹏　屠志娟

科教频道：徐耀武　田　巍　吴　敬　张新响　胡东霞

财经频道：刘　蓉

戏曲和音乐频道：王玉荣

少儿频道：崔　玲　荆晓群

社会与法频道：胡　涛　陈　咏

中国国际电视总公司：

杜瑞霞　崔　琪　魏　郢　赵　霏　霍杰影　薄艳红
贾　玉　周利峰　孙力京　庞旭斌　王于妹　丁世博
萧雪源　侯丽珍　罗　杰　吴松荣　曾海基　吴春锦
凌中辉　黄延通　傅华茂　王　华　刘爱国　程　威
何　蕾　王成美　张云青　齐丹丹　徐　倩　杨　柳
李　元　李春鹤　邢一平　孙　龙　赵雪莲　史亚蓉
刘海波　潘鲁妮　李　静　陈　卓　张梦燕　王　金
李　茜　向天道连　郭本盛　马小卫　李艳波
徐　丁　单爱玲　张贵海　丁建保　吕志强　李文岩
石天亮　庞爱其　路宗师　李宝玉　孙　玥　丁晓春
刘凯宁　宋　凯　肖　凯　鲁本本　刘毅明　张小亮

刘　涛　孙奎琪　田　涛　赵　梅　龚国强　张德强
贾雅静　温　响　谭思瑶　白　洋　宋开宇　郭建秋
杨雪飞　赵　俣　任　璐　刘　冬　蒲红新　杨　琳
成可儿　姚　均　王义淮　龚　丽　张　柯　潘　佳
王　焱　陈志强　沈　洁　马　丽　袁一鸣　郭二岗
刘锡宏　殷　波　马彦凯　徐光祥　庞　帅　郭灿明
王　京　仝媛媛　傅睿坤　王　鹏　朱亚楠

2013年中央电视台获城区级奖励的单位和个人

集体

2012年度“西城区无偿献血先进单位”

中央电视台

个人

2012年度西城区无偿献血先进个人

机关党委：王　轶

2013年中央电视台获台级奖励的单位和个人

集体

2012-2013年度中央电视台国内记者站团结模范之家（台工会联合会及新闻中心工会联合表彰）

河北记者站　吉林记者站　四川记者站
浙江记者站　黑龙江记者站　河南记者站
湖北记者站　上海记者站　北京记者站　新疆记者站

中央电视台2013年度精神文明先进集体

台办公室外事处国际交流科
台办公室房管处综合科
总编室综合部公共关系科
总编室节目研发部海内外新节目模式监测搜集组
新闻中心综合部
新闻中心新闻频道编辑部编排统筹组
新闻中心播音部新闻播音一组
新闻中心新闻评论部《焦点访谈》栏目组
新闻中心经济新闻部主题报道组
综合频道《谢天谢地你来啦》栏目组
综合频道《第一动画乐园》栏目组
财经频道综合部运营管理组
财经频道节目部节目统筹组
综艺频道节目部摄像组
综艺频道《向幸福出发》栏目组
中文国际频道新闻部《今日亚洲》栏目组
中文国际频道《流行无限》栏目组
体育频道节目部实况录像组
体育频道体育竞赛部导演二组
电视剧频道综合部运营管理组
科教频道《健康之路》栏目组
社会与法频道节目部统筹组
戏曲和音乐频道《百年歌声》栏目组
少儿频道《音乐快递》栏目组
外语频道综合部统筹组
外语频道英语新闻频道播出组
外语频道阿拉伯语频道新闻三组
纪录频道项目运营部项目管理组
大型节目中心综合部运营组
海外传播中心项目部欧洲业务组
人力资源管理中心干部管理处
财务管理中心会计核算处综合科
技术管理中心技术业务部综合科
技术管理中心动力管理部空调管理一科
技术制作中心综合部节目制作管理科
技术制作中心录制二部后期制作三科
技术制作中心录制三部播出一科
播出传送中心总控部运行三科
资产管理中心公益广告部公益广告科
发展研究中心电视传播研究部传播研究组
机关党委
新台址建设工程办公室工程处弱电科
央视总部接收管理办公室
审计处
音像资料馆质量审核科
中国电视报社排版组
中国国际电视总公司中视科华有限公司北京新闻技术服务分公司
中国国际电视总公司央视后勤服务发展（北京）有限责任公司
中国国际电视总公司中视传媒媒资市场管理部
中国国际电视总公司中视传媒无锡影视基地分公司
中国电视剧制作中心有限责任公司人力资源部
中央新影集团物业部
中央新影集团科影社会纪实节目部《热线12》栏目组

个人

中央电视台2013年度精神文明先进个人

台办公室：赵　伟　李环英　贾凯歌

总编室：闫天颖　刘　斌　刘　倩

新闻中心：崔　宁　曲长缨　徐少兵　杨　春　高　昳　王　潇　许　蓬　张　淳　马　徽　武文多　郭生彦　张雨棣　古　铭　崔晓阳　陈　琴　李　强　绽晓棠　汪曙光　刘世军

综合频道：王　炜　朴　晶　卢小波

财经频道：龚　冰　张地维　王志亮　葛　亚　王月伟　齐文星

综艺频道：李　玲　姜　滨　王金萍

中文国际频道：王贵亮　贾博伟　常　治　贺亚莉

体育频道：杨　影　程　艳　田　华　魏　星

电视剧频道：谭　洁　刘兆虎

科教频道：李　潘　侯　洁　张　兵　张　敏　柴义昆

社会与法频道：张　越　刘宇航　陈德鸿　李炳林

戏曲和音乐频道：王　兰　李　彬

少儿频道：李　斌　朱　健　塔　娜

外语频道：吴海霞　王逢治　石雅萍　韩　鹏　孙　蕾　董　桥　费媛媛　袁晓燕

纪录频道：李　苒　王冲霄

大型节目中心：张　骥　廖　祺

海外传播中心：徐兰梅　姚道磊

人力资源管理中心：王　歆　刁怀杰

财务管理中心：赵江涛　黄　华

技术管理中心：王尔丹　安　颖　李文翠

技术制作中心：林　魁　谭　阳　陈海卿　伍　旸　梁　超　毛　茂　康小力　陈　晨　曲　乐

播出传送中心：高　忠　刘　捷　刘海琳　郭　瑾　张　宇　郭晓洁

资产管理中心：孙苗青　王晓丹

发展研究中心：杜宝凤　王　莹

机关党委：闫晓文　罗令辉

新台址建设工程办公室：周卫红

新台址工艺技术办公室：琚宏伟

纪检组／监察室／机关纪委：刘桂玉　单　良

音像资料馆：赵秋蝉　张萍萍

中国电视报社：石　炜　顾婷婷

中国国际电视总公司：温京丽　俞　翔　鹿　新　马　檬　董久超　王秋丽　戴红新　杨勇明　徐　亮　崔　琪　董　航　王寒英　邱　纯　刘　棣　李　洋　洪　艳　若　春　宋　雯　张毛毛　唐　晔　方　譞　相永强　董菁华　梁宏伟　王　鹏　李艳惠　杨晓梅　张　琳　郝　萌　冯　振　陶　恺　张时群　刘　虹　黄江红　赵　梁　周　霞

中国电视剧制作中心有限责任公司：杨　阳　宋　炜　韩　天

中央新影集团：卢喜英　施　乐　张西义　周海平　张　旗　贾晓凤　谢庆斌　马　駇　朱瑞丽　李书珍

中央卫星电视传播中心：金　红

CCTV

SHOU ZHONG DIAO CHA

受众调查

受众调查

2013 年中央电视台收视分析

一、全国电视市场收视概况

2013 年全国电视市场日均收视总量为每人 159 分钟，比 2012 年减少 5 分钟。

全年分周收视量走势显示，2013 年各周的收视水平与 2012 年同期走势相似，年初和年尾收视低于 2012 年同期（见图 1）。

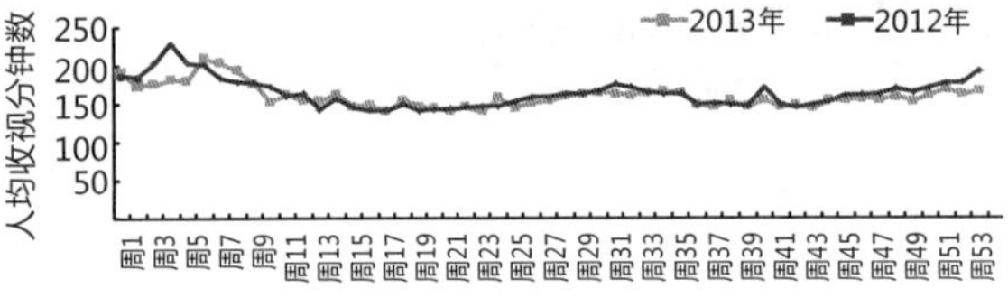

图1 2013年和2012年全国市场分周收视走势

2013 年全天分时段收视走势与 2012 年相似，且多个时段较 2012 年收视水平普遍略有下滑。(见图 2)

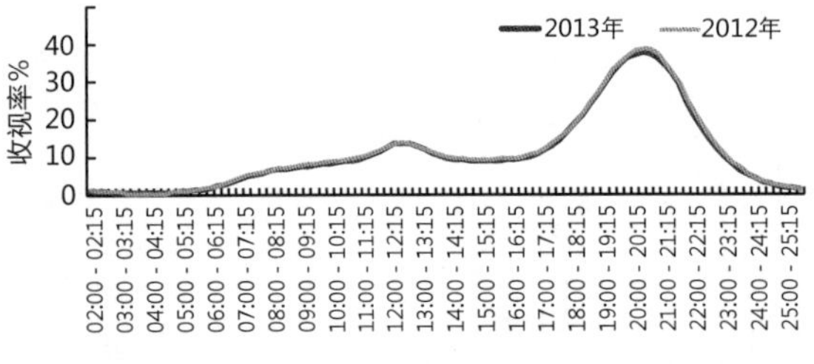

图2 2013年和2012年全国市场收视时段走势

与 2012 年相比，2013 年观众收视量有所下滑。其中 4~14 岁和 65 岁及以上观众收视量有所增长，其他年龄段观众收视量有所下滑，15~24 岁下降最为明显，10 年来首次跌至 100 分钟以内（见图 3）。

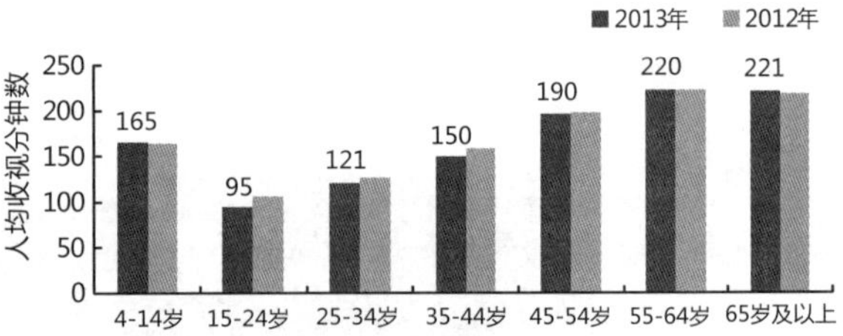

图3 2013年和2012年全国市场各年龄段观众收视量

与 2012 年相比，2013 年中央电视台频道组和其他频道组市场份额有所提升，省级上星频道组市场份额有所降低（见图 4）。

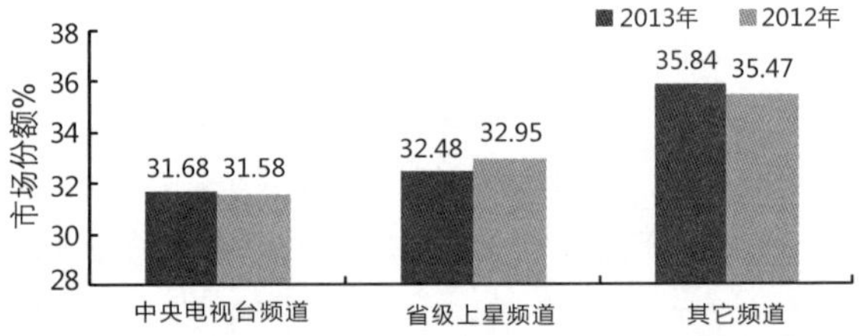

图4 2013年和2012年全国市场各级频道竞争态势

城市观众更多收看中央电视台，乡村观众更多收看省级上星频道，其他频道二者差异不大（见图 5）。

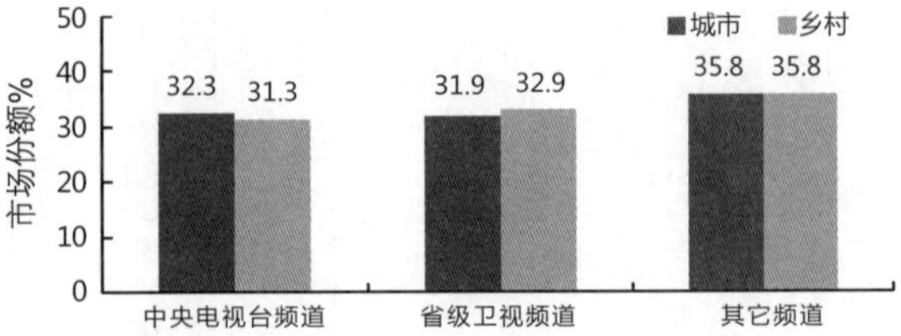

图5 2013年和2012年全国市场各级频道城乡竞争态势

2013 年，中央电视台频道组和省级上星频道组周五至周日的市场份额略高于工作日，这一特征在全天和晚间时段都有体现（见图 6、图 7）。

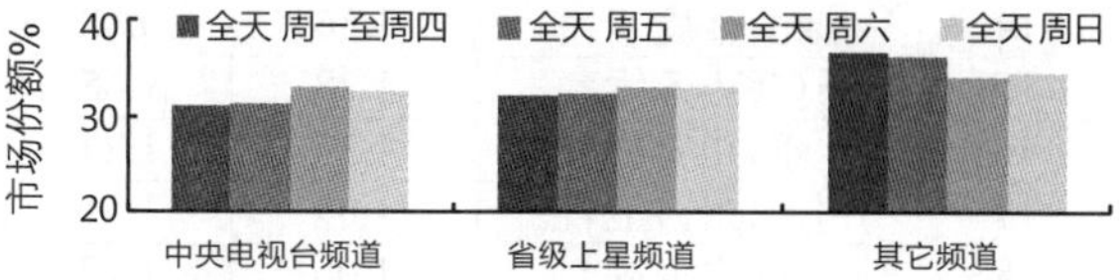

图6 2013年和2012年全国市场各级频道周天竞争态势（全天）

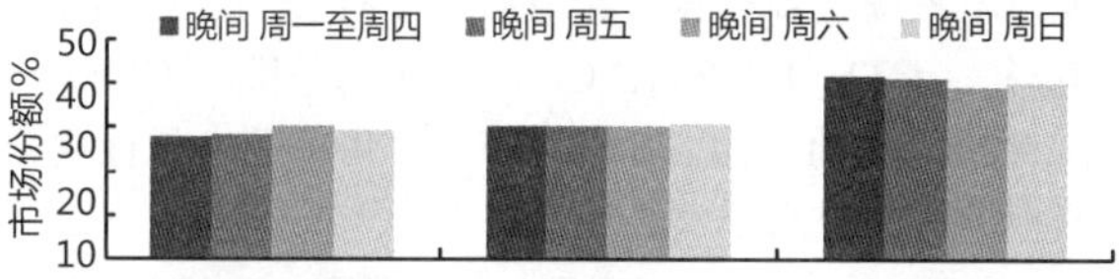

图7 2013年和2012年全国市场各级频道周天竞争态势（晚间18:00~24:00）

中央电视台在 4~14 岁、55 岁及以上观众中份额较高，在 15~24 岁观众中市场份额较低。省级上星频道组与之相反，在青少年观众、尤其是 15~24 岁观众中竞争力较强，在 55 岁及以上观众中竞争力较弱。其他频道组除 4~14 岁观众外的各年龄段观众中市场份额差异不明显（见图 8）。

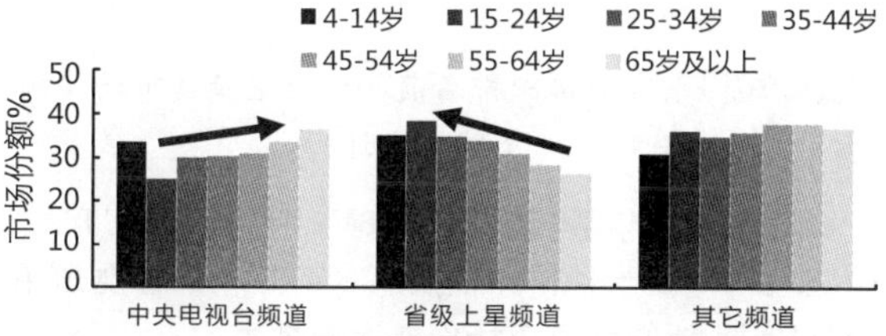

图8 2013年和2012年全国各级频道在目标观众中的竞争态势：年龄

未受过正规教育和高中及以上教育程度的观众收看中央电视台的比例更多。中等学历观众收看省级上星频道和其它频道的比例更多。（见图 9）

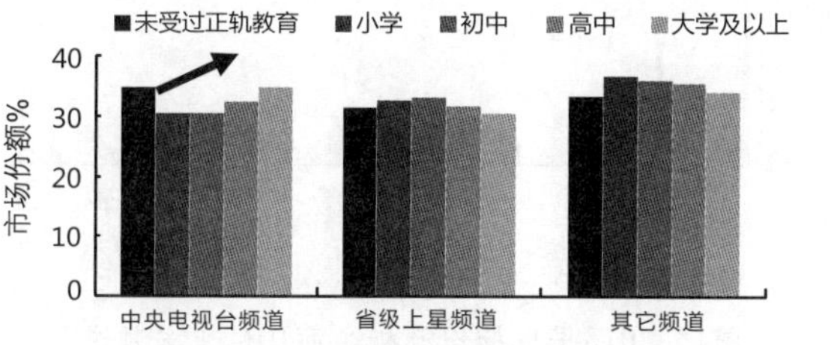

图9 2013年和2012年全国各级频道在目标观众中的竞争态势：教育程度

三大频道组中，中央电视台在早间 06:45~8:45、午间 11:30~13:45 收视占据明显优势。省级上星频道在 19:30 之后开始进入收视上升期，在 20:30~22:00 之间达到全天收视的最高水平（见图 10）。

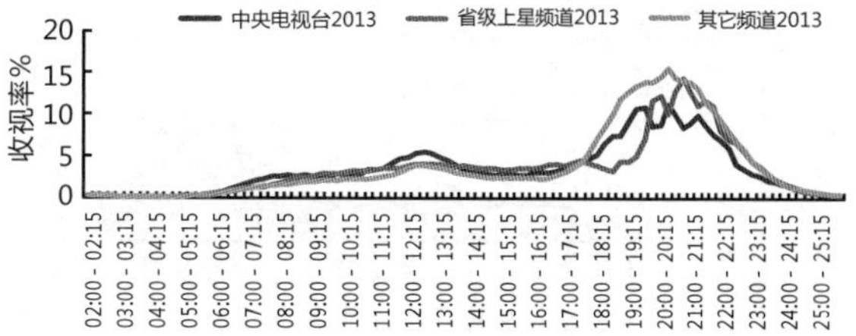

图10 2013年全国市场各级频道收视：全天时段走势

2013 年各级频道的全天收视趋势与 2012 年一致，中央电视台频道和地面频道都在 18:30~21:30 时段收视率水平较高。中央电视台和省级上星频道的晚间收视变化分为两段，17:45~19:45 中央电视台收视率领先优势较大，之后省级上星频道组的收视反超中央电视台（见图 11）。

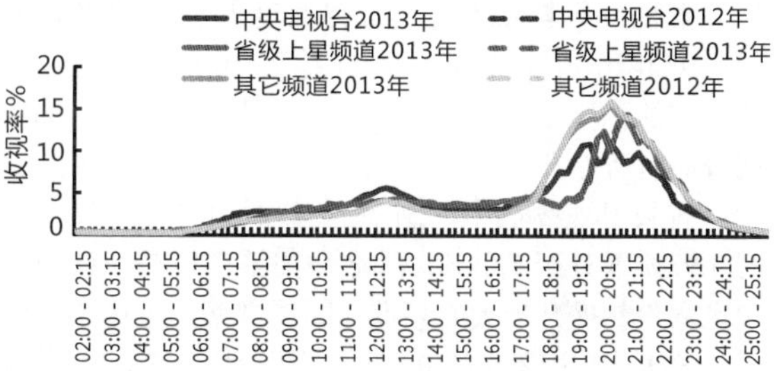

图11 2013年和2012年全国市场各级频道收视：全天时段走势

2013 年相比 2012 年，排名前三位的频道中 CCTV-14 少儿频道市场份额有所提升，CCTV-1 综合频道则有所下滑。湖南卫视与 2012 年相比，份额有所提升。其他市场份额超过 2% 的频道中，CCTV-3 综艺、CCTV-13 新闻和 CCTV-4 中文国际的份额有所提升。其他频道的份额则较 2012 年水平有所下滑（见图 12）。

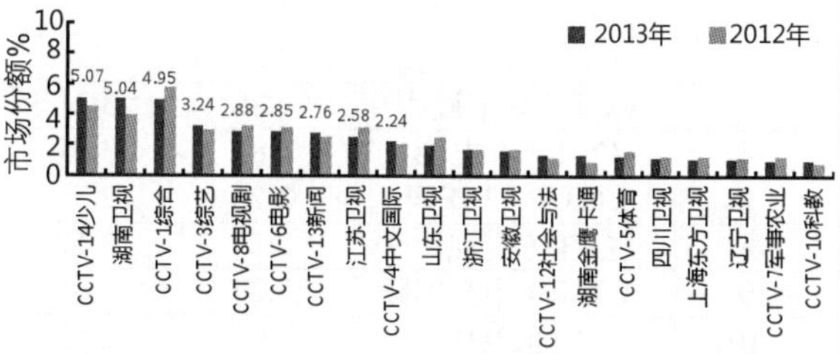

图12 2013年和2012年全国市场上星频道市场份额

CCTV-14 少儿频道在日间时段收视率优势明显，CCTV-1 综合频道在午间和晚间 19:00~20:00 时段收视率较为突出，湖南卫视在晚间 20:00~24:00 时段竞争力较强，其他频道收视竞争激烈（见图 13）。

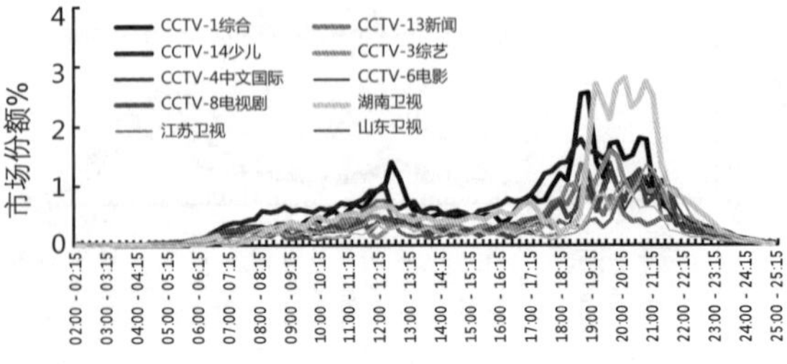

图13 2013年市场份额排名前10位上星频道时段收视走势

中央电视台少儿、综合、综艺、电视剧、电影、新闻、中文国际、社会与法、体育、军事·农业、科教等 11 个频道进入全国上星频道前 20。中央电视台少儿频道以 5.07% 的份额排名全国第一，排名第 20 位的中央电视台科教频道三年来首次进入全国前 20。与 2012 年相比，中央电视台少儿、综艺、新闻、中文国际、社会与法、科教、戏曲、音乐、纪录等 9 个频道的收视份额有所提升。

省级卫视频道中，湖南卫视收视份额从 2012 年的 3.93% 跃升至 5.04%，排名全国第二，是全国上星频道中份额提升最大的频道。同属湖南的金鹰卡通频道份额也从 2012 年的 0.84% 跃升至 1.36%，排名从 2012 年的第 26 位提升至第 14 位，是全国上星频道中排名提升最大的频道。而江苏、山东、浙江、安徽、上海东方、四川、辽宁等频道的份额均较 2012 年有不同程度的下降，其中山东和江苏两家卫视降幅较大。黑龙江卫视、广东卫视则跌出前 20（见表 1）。

表1 2013年全国上星频道收视份额前20排名（%）

排名	频道	2013 年	2012 年
1	CCTV-14 少儿	5.07	4.47
2	湖南卫视	5.04	3.93
3	CCTV-1 综合	4.95	5.79
4	CCTV-3 综艺	3.24	3
5	CCTV-8 电视剧	2.88	3.21
6	CCTV-6 电影	2.85	3.17
7	CCTV-13 新闻	2.76	2.57
8	江苏卫视	2.58	3.17
9	CCTV-4 中文国际	2.24	2.07
10	山东卫视	1.95	2.52
11	浙江卫视	1.69	1.75

续表

排名	频道	2013 年	2012 年
12	安徽卫视	1.63	1.73
13	CCTV-12 社会与法	1.37	1.22
14	湖南金鹰卡通	1.36	0.88
15	CCTV-5 体育	1.28	1.65
16	四川卫视	1.15	1.24
17	上海东方卫视	1.09	1.31
18	辽宁卫视	1.06	1.17
19	CCTV-7 军事·农业	1.05	1.26
20	CCTV-10 科教	0.98	0.86

收视领先频道中的多数中央电视台频道在男性观众中市场份额更高，其中 CCTV-1 综合、CCTV-6 电影、CCTV-13 新闻、CCTV-4 中文国际、CCTV-5 体育频道较为突出。CCTV-14 少儿频道中男性观众的市场份额也高于女性观众。

CCTV-3 综艺、CCTV-8 电视剧、CCTV-12 社会与法和省级上星频道多在女性观众中赢得更高份额（见图 14）。

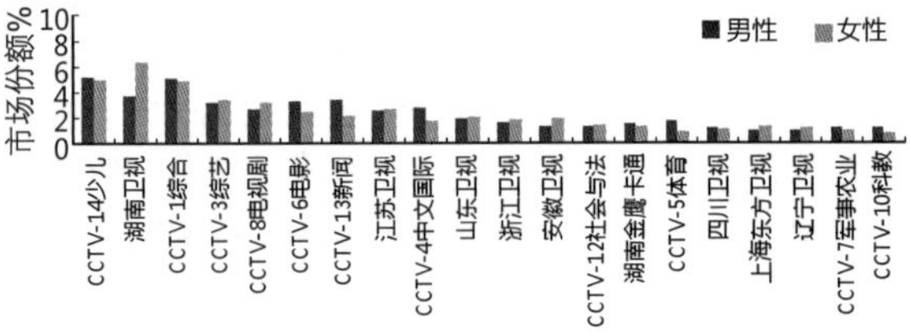

图14 2013年市场份额排名前20位上星频道市场份额分布：性别

随着观众年龄增大，CCTV-1 综合、CCTV-3 综艺、CCTV-4 中文国际、CCTV-8 电视剧和 CCTV-13 新闻频道市场份额逐渐增高。

湖南卫视和江苏卫视则更多为年轻观众选择，其中湖南卫视更受 15~24 岁年轻观众欢迎（见图 15）。

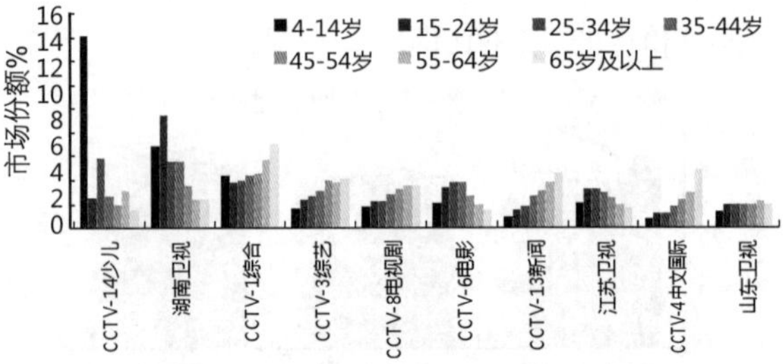

图15 2013年市场份额排名前10位上星频道市场份额分布：年龄

上星频道的节目收视中电视剧收视贡献比例最大为34.11%；其次是综艺和新闻/时事节目，分别占12.38%和10.10%，青少节目也占据近10%。专题、电影和生活服务节目收视贡献比例相近，在5%～6%之间（见图16）。

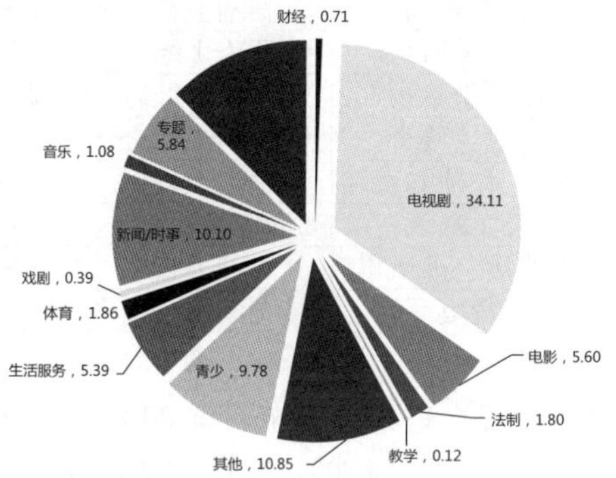

图16 2013年上星频道节目类型收视分布（%）

在电视剧、新闻和综艺三大节目类型收视量竞争中，中央电视台和省级上星频道在综艺节目中的收视量均略有提升；电视剧则均有下滑。其他主要节目类型中，除电影和专题类节目外，中央电视台收视份额都有不同程度提升（见图17、图18）。

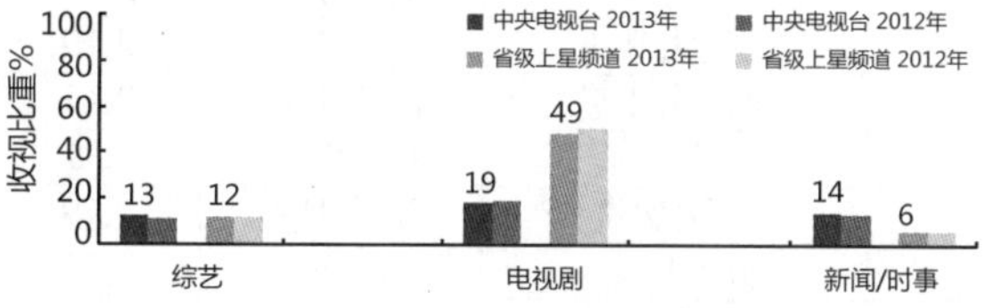

图17 2013年和2012年上星频道在电视剧、新闻/时事和综艺节目市场的收视份额对比

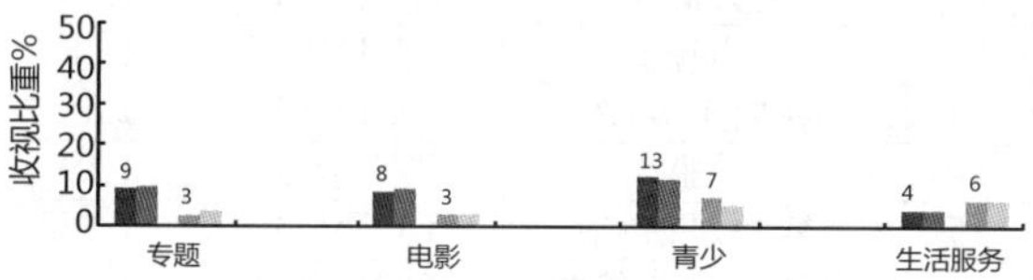

图18 2013年和2012年上星频道在电影、青少、生活服务和专题节目市场的收视份额对比

2013年中央电视台和省级上星频道各自的节目构成整体相对稳定，具体变化体现在：中央电视台综艺、电视剧、体育、外语、电影、生活服务、法制类节目播出有所增多，其中电视剧、体育类增幅明显。省级上星频道体育、电影、戏剧、财经、生活服务、法制类节目播出有所增多，其中生活服务类增幅明显（见图19）。

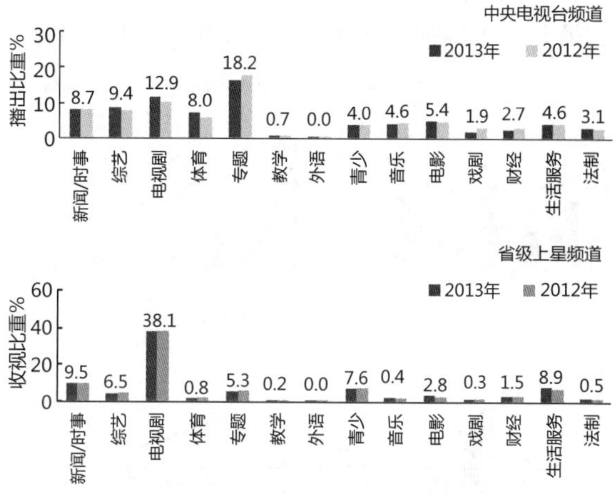

图19 2013年和2012年中央电视台和省级上星频道各类节目播出比重

电视剧、综艺对于中央电视台和省级上星频道都是最大的收视来源。除电视剧以外，多个节目类型对中央电视台的收视贡献相当（专题、综艺、电影、青少和新闻等）；省级上星频道收视来源相对单一，高度依赖电视剧和综艺。

相比2012年，2013年中央电视台来自新闻/时事、综艺、青少、音乐、生活服务、法制类节目的收视比重增大；省级上星频道新闻/时事、综艺、青少、生活服务、法制收视贡献有所提升（见图20）。

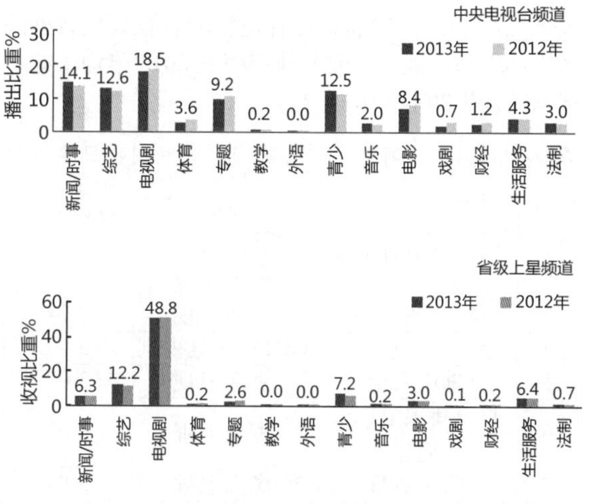

图20 2013年和2012年中央电视台和上星频道各类节目收视比重

中央电视台和省级上星频道的综艺、电视剧都获得低播出量高收视量的高效回报。中央电视台的青少节目是资源使用效率最高的节目类型，综艺节目则是省级上星频道使用效率最高的节目类型（见图 21）。

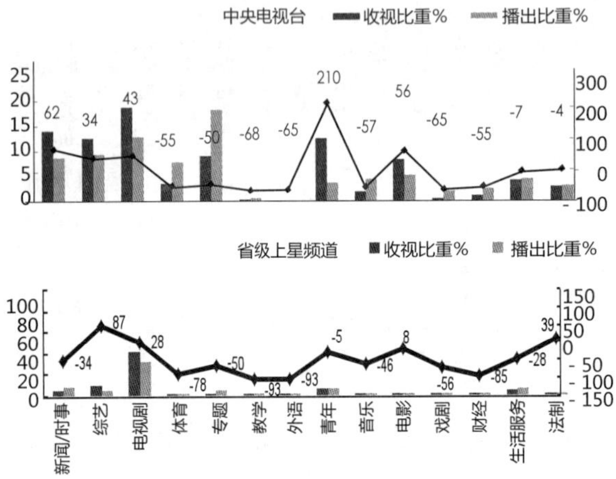

图21 2013年中央电视台省级和上星频道各类节目使用效率

2013 年全国上星频道电视剧收视排名前 20 位中，中央电视台仅有 4 部，与 2012 年相比减少 7 部。前 10 位中中央电视台仅有 1 部，较 2012 年减少 4 部。CCTV-8 电视剧频道的《妈祖》以 3.19% 的平均收视率排名最靠前，排名第四位。中央电视台 CCTV-1 的《咱们结婚吧》《有你才幸福》《花木兰传奇》3 部剧进入前 20 位，位列第 14 至 16 位。

省级上星频道中，前 20 名中有 15 部来自湖南卫视，且前 10 名中占据 9 位，江苏卫视的《特种兵之火凤凰》排名第 19 位，以往电视剧收视表现较好的频道如山东卫视、安徽卫视等频道 2013 年均未有电视剧进入前 20 位（见表 2）。

表2 2013年全国电视市场前20位电视剧收视率排名

排名	名称	频道	收视率 %
1	因为爱情有晴天	湖南卫视	3.91
2	天天有喜	湖南卫视	3.67
3	花非花雾非雾	湖南卫视	3.24
4	妈祖	CCTV-8 电视剧	3.19
5	璀璨人生	湖南卫视	3.07
6	百万新娘第二部之爱无悔	湖南卫视	3.01
7	隋唐英雄	湖南卫视	2.98
8	咱们结婚吧	湖南卫视	2.98

续表

排名	名称	频道	收视率 %
9	因为爱情有多美	湖南卫视	2.93
10	陆贞传奇	湖南卫视	2.78
11	笑傲江湖	湖南卫视	2.73
12	最美的时光	湖南卫视	2.63
13	爱在春天	湖南卫视	2.33
14	咱们结婚吧	CCTV-1 综合	2.27
15	有你才幸福	CCTV-1 综合	2.25
16	花木兰传奇	CCTV-1 综合	2.24
17	那金花和她的女婿	湖南卫视	2.14
18	天龙八部	湖南卫视	2.08
19	特种兵之火凤凰	江苏卫视	1.98
20	贤妻	湖南卫视	1.92

中央电视台进入综艺节目前 20 位的数量（14 个）较 2012 年减少 1 个，CCTV-1 综合频道 6 个、CCTV-3 综艺频道 8 个；省级卫视中，湖南卫视 4 个，浙江、江苏各 1 个。其中浙江卫视的《中国好声音》、湖南卫视的《爸爸去哪儿》和《快乐大本营》占据前三名，且平均收视率均超过 2%（见表 3）。

表3 2013年全国电视市场前20位综艺节目收视率排名

排名	名称	频道	收视率 %
1	中国好声音	浙江卫视	2.35
2	爸爸去哪儿	湖南卫视	2.19
3	快乐大本营	湖南卫视	2.12
4	星光大道	CCTV-1	1.91
5	非诚勿扰	江苏卫视	1.79
6	舞出我人生	CCTV-1	1.73
7	开门大吉	CCTV-3	1.71
8	梦想合唱团	CCTV-1	1.70
9	梦想星搭档	CCTV-1	1.58
10	星光大道	CCTV-3	1.43
11	天天向上	湖南卫视	1.41
12	回声嘹亮	CCTV-3	1.28
13	我要上春晚	CCTV-3	1.25
14	我是歌手	湖南卫视	1.19
15	梦想星搭档	CCTV-3	1.16
16	CCTV 综艺盛典	CCTV-3	1.14
17	正大综艺·宝宝来啦	CCTV-1	1.11
18	非常 6+1	CCTV-3	1.11
19	吉尼斯中国之夜	CCTV-1	1.08
20	向幸福出发	CCTV-3	1.05

注：常规栏目排名，不包含单天或短期播出的晚会、特别节目等。

二、中央电视台整体收视表现

中央电视台频道组 2013 年在城市的市场竞争力低于 2012 年，在乡村的竞争力则有所上升。

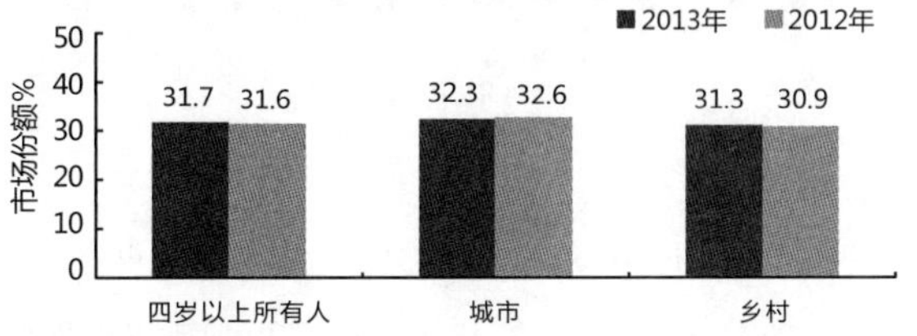

图22　2013年和2012年中央电视台频道组在城乡市场的竞争力

2013 年中央电视台频道组全天分钟收视率走势与 2012 年基本相同（见图 23）。

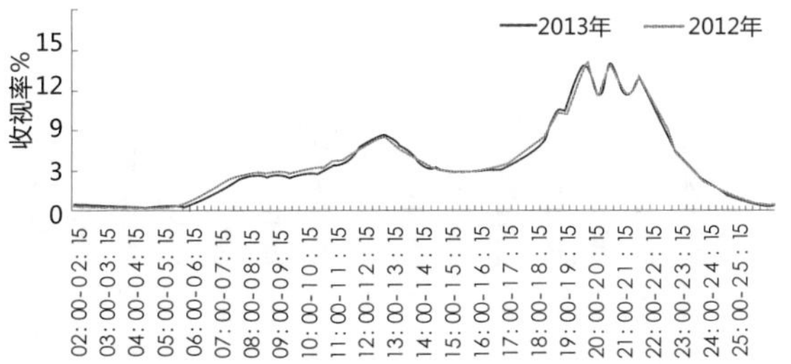

图23　2013年和2012年中央电视台频道组全天收视率走势

与 2012 年相比，2013 年上半年收视提升，下半年收视出现下降，第 1 ~ 30 周收视普遍高于上年同期，第 30 周后收视普遍低于上年同期（见图 24）

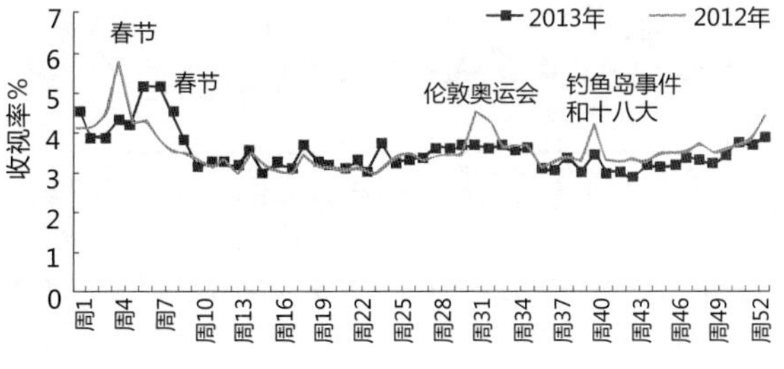

图24 2013年和2012年中央电视台频道组全年收视时期趋势

与 2012 年相比，2013 年中央电视台频道组整体在 4~14 岁观众、65 岁及以上观众、小学教育程度及以下观众中的收视率出现提升，其余各类观众中的收视率有不同程度下降（见图 25）。

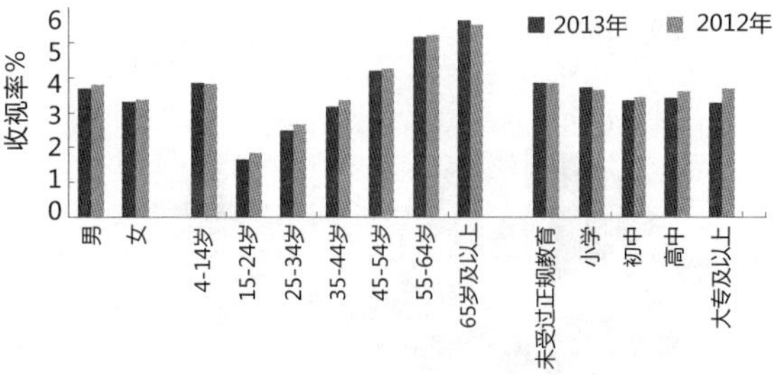

图25　2013年和2012年中央电视台频道组各类目标观众收视率对比

与 2012 年相比，2013 年女性观众、4~14 岁观众、45 岁及以上观众和初中及以下教育程度观众对中央电视台频道组整体的收视投入出现提升（见图 26）。

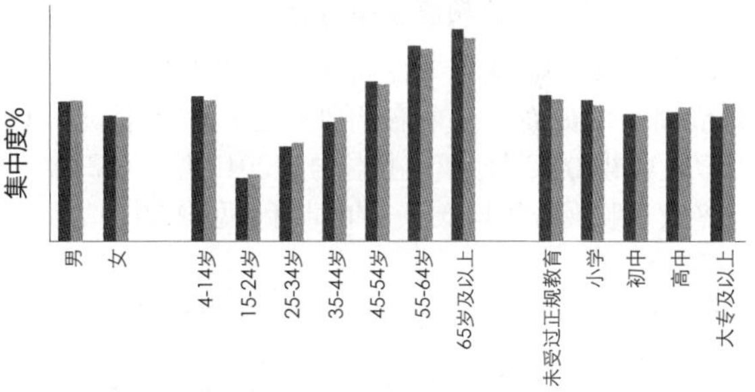

图26　2013年和2012年中央电视台频道组各类目标观众收视集中度对比

三、中央电视台分频道收视表现

与 2012 年相比，CCTV-1 综合频道收视下降较为明显，市场份额减少 0.84 个百分点；CCTV-2 财经、CCTV-5 体育、CCTV-6 电影、CCTV-7 军事·农业、CCTV-8 电视剧频道也有一定幅度的下滑。

CCTV-3 综艺、CCTV-4 中文国际、CCTV-9 纪录、CCTV-10 科教、CCTV-11 戏曲、CCTV-12 社会与法、CCTV-13 新闻、CCTV-14 少儿和 CCTV-15 音乐频道的收视份额有所提升，其中 CCTV-14 少儿频道份额增幅较明显（见图 27、图 28）。

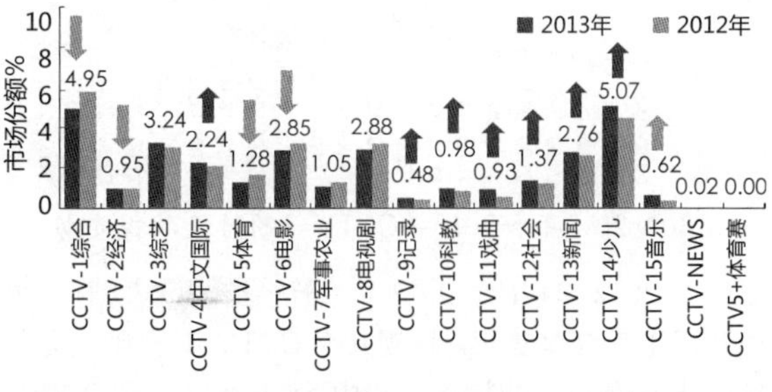

图27　2013年和2012年中央电视台分频道市场份额年度变化对比

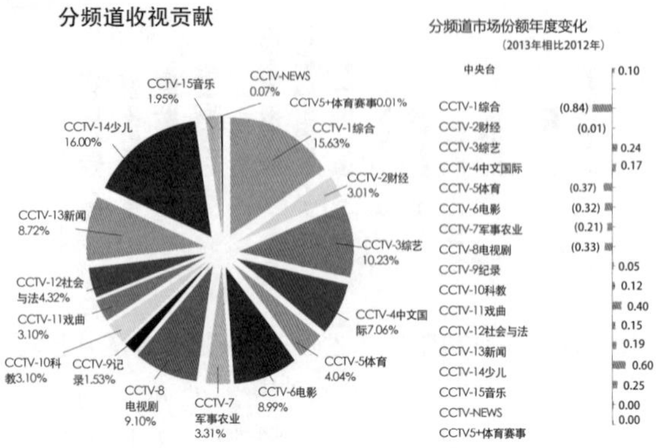

图28　2013年中央电视台分频道收视贡献率

1.CCTV-1 综合频道收视情况

2013 年，CCTV-1 各周收视份额走势基本呈现春节周收视最高，其余各周收视份额基本稳定，11 月以后收视份额呈小幅上扬趋势。2013 年，CCTV-1 在多数周收视份额均低于上年同期（见图 29）。

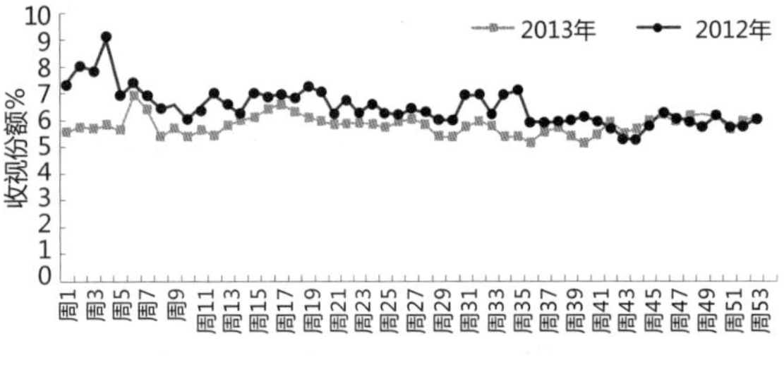

图29　2013年和2012年CCTV-1的分周收视走势

2013 年，CCTV-1 午间 13:00 左右时段收视率较 2012 年略有提升，全天其他多个时段收视低于 2012 年同期水平（见图 30）。

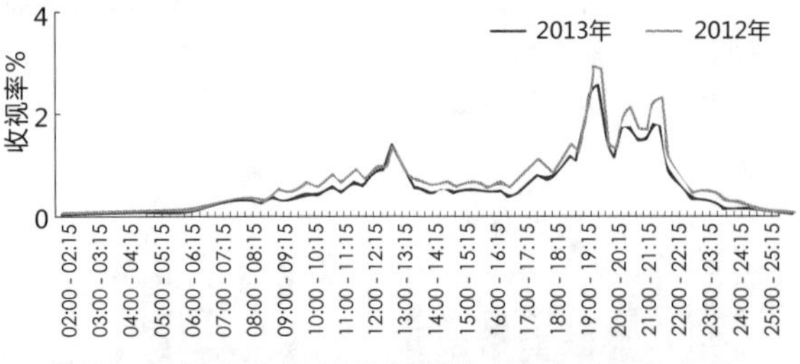

图30　2013年和2012年CCTV-1的时段收视走势

与 2012 年相比，2013 年女性、45 岁及以上、初中及以上教育程度的目标观众对 CCTV-1 的观众集中度比上年有一定的增长。其中 55 岁及以上观众集中度提升最为明显（见图 31)。

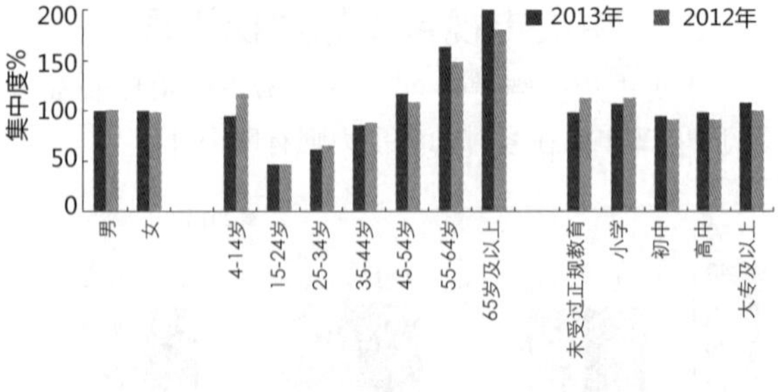

图31　2013年和2012年CCTV-1的观众集中度

CCTV-1 在 2013 年上映的 15 部电视剧平均收视率为 1.58%，低于 2012 年同期 2.04%。其中，《刘伯承元帅》《有你才幸福》《阿娜尔罕》《闯关东前传》《寻路》《花木兰传奇》《咱们结婚吧》7 部剧收视率超过 1.58%，其他剧目收视未达到 2013 年平均收视率水平（见图 32、图 33）。

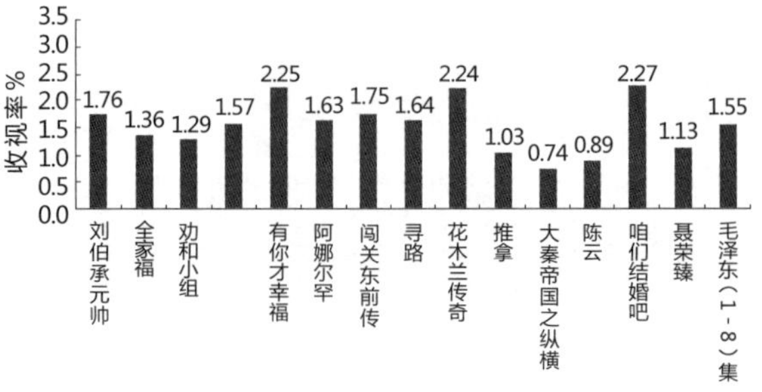

图32 2013年CCTV-1晚间黄金档电视剧收视表现

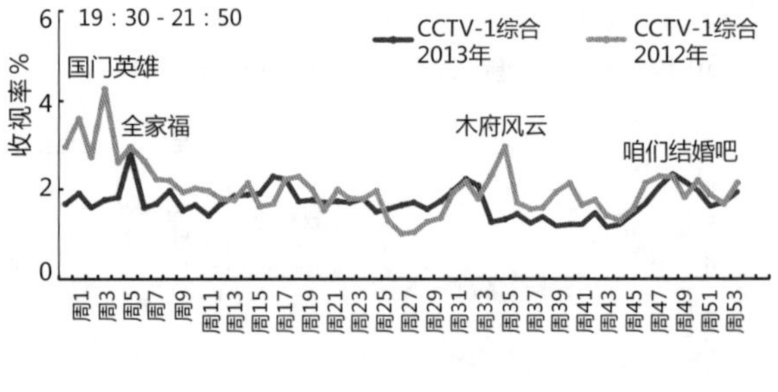

图33 2013年和2012年CCTV-1晚间电视剧时段收视率

2.CCTV-2 财经频道收视情况

CCTV-2 在 2013 年的各周收视水平与 2012 年同期基本相近，上半年略低于 2012 年，自下半年的 37 周开始出现赶超（见图 34）。

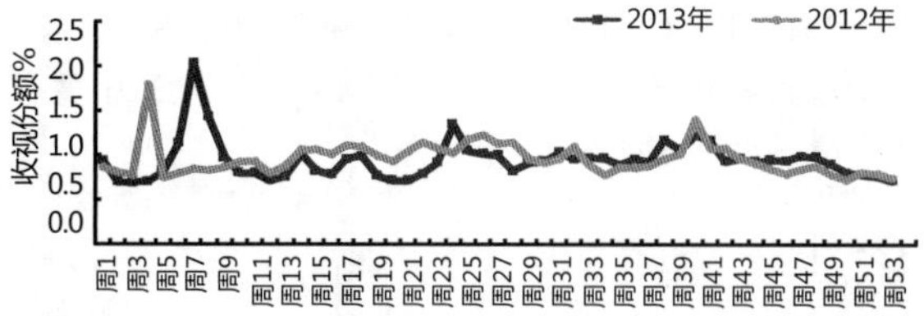

图34 2013年和2012年CCTV-2的分周收视走势

CCTV-2 在午间 12:30~14:00 时段和晚间的 18:30~20:45 时段收视较 2012 年同期均有所下滑，下午 14:30~ 傍晚 18:00 时段收视率提升较为明显（见图 35）。

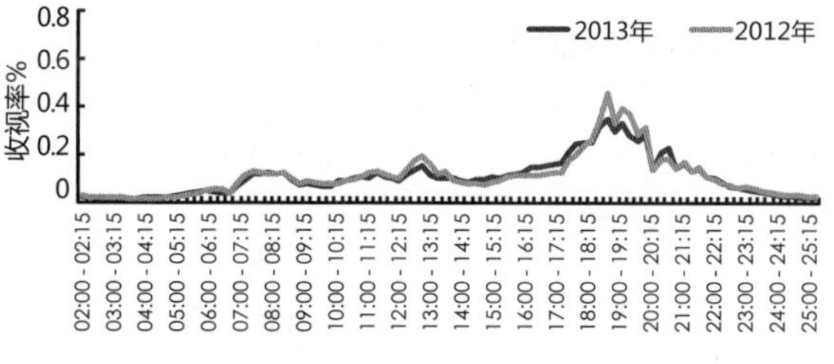

图35 2013年和2012年CCTV-2的时段收视走势

2013 年，CCTV-2 在女性、4~14 岁、45~54 岁、小学、高中教育程度观众集中度较 2012 年有所提升（见图 36）。

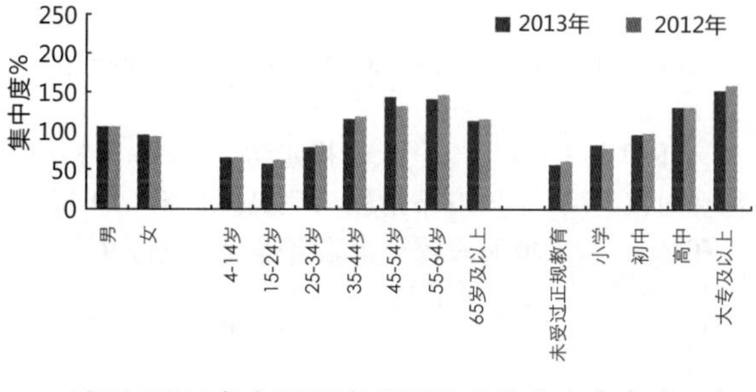

图36 2013年和2012年CCTV-2的观众集中度

3. CCTV-3 综艺频道

2013 年，CCTV-3 从分周收视份额走势来看，各周收视份额水平较为稳定，春节期间除夕收视份额高峰低于 2012 年春节同期（见图 37）。

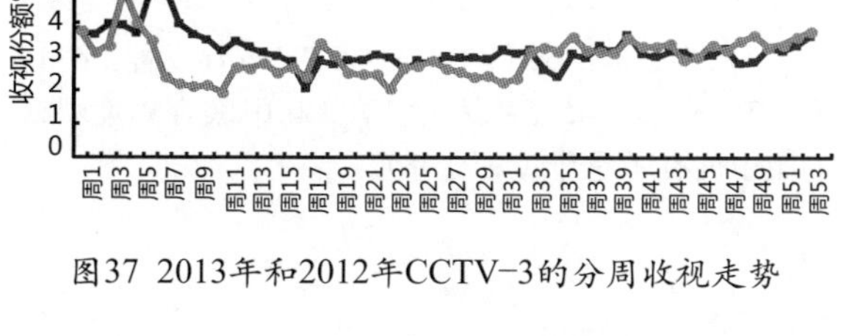

图37 2013年和2012年CCTV-3的分周收视走势

与 2012 年相比，CCTV-3 2013 年在 11:00~24:00 时段收视互有起伏。晚间 18:00~21:00 时段和 21:45~23:45 时段收视率提升较明显（见图 38）。

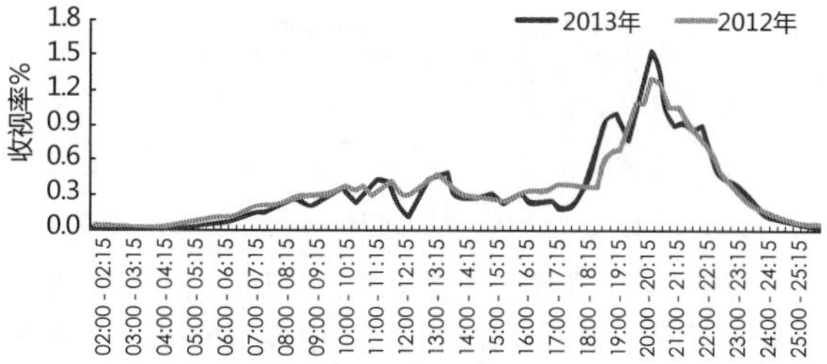

图38 2013年和2012年CCTV-3的时段收视走势

2013 年，CCTV-3 在女性、4~14 岁、45~54 岁、65 岁及以上、初中及以下教育程度的观众集中度有所提升（见图 39）。

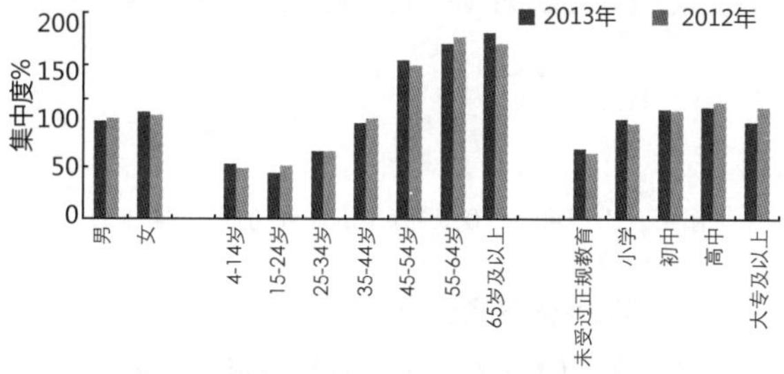

图39 2013年和2012年CCTV-3的观众集中度

4. CCTV-4 中文国际频道收视情况

2013 年，CCTV-4 各周收视份额走势非常平稳，春节期间收视份额水平低于 2012 年同期，上半年收视份额高于 2012 年同期（见图 40）。

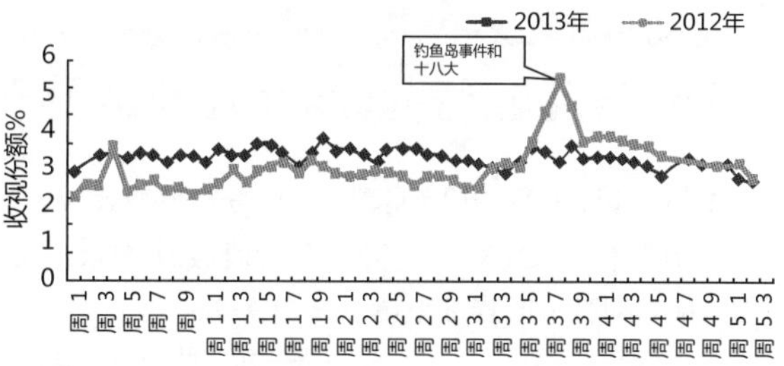

图40 2013年和2012年CCTV-4的分周收视走势

与 2012 年相比，2013 年 CCTV-4 全天收视走势趋势相近。7:00~8:30 时段、11:45~18:00 时段和 20:45~22:00 时段收视有所提升（见图 41）。

CHINA CENTRAL TELEVISION YEARBOOK

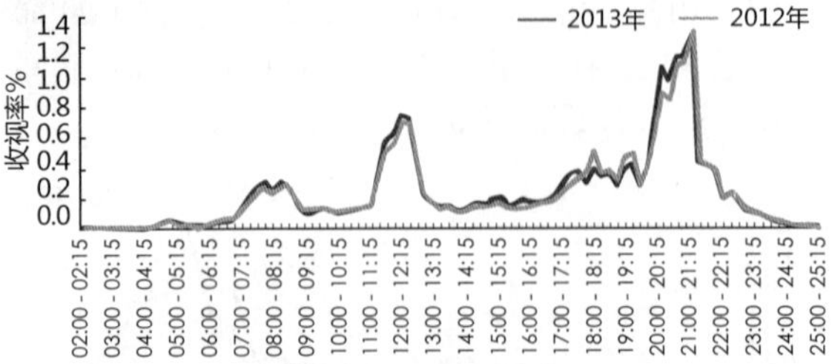

图41 2013年和2012年CCTV-4的时段收视走势

2013 年，CCTV-4 在男性、4~14 岁、45 岁及以上和小学至初中教育程度观众集中度有所提升（见图 42）。

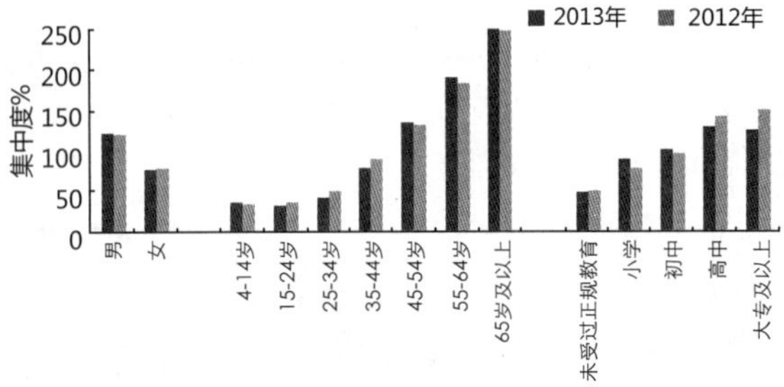

图42 2013年和2012年CCTV-4的观众集中度

5. CCTV-5 体育频道收视情况

2013 年，CCTV-5 分周收视份额走势整体较为平稳，第 34 周～第 47 周收视份额略高于 2012 年同期（见图 43）。

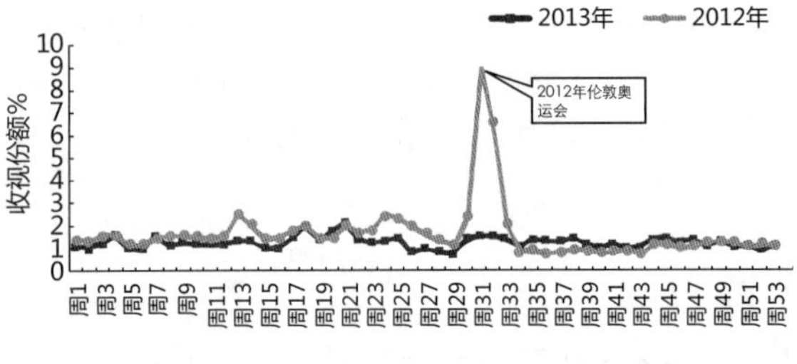

图43 2013年和2012年CCTV-5的分周收视走势

2013 年，CCTV-5 全天多个时段收视率水平较 2012 年同期有不同程度下滑（见图 44）。

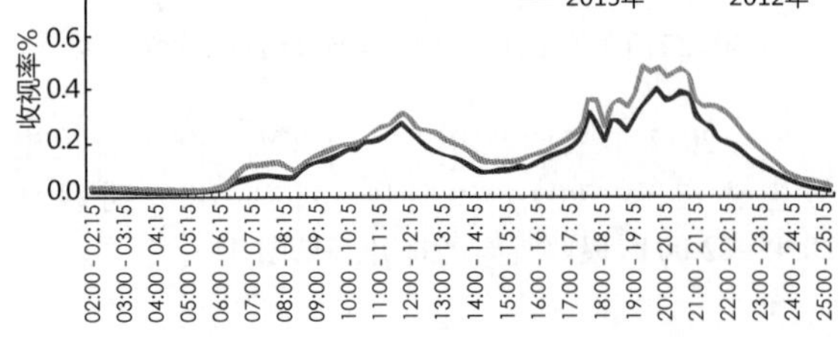

图44 2013年和2012年CCTV-5的时段收视走势

2013 年，CCTV-5 在女性、4~24 岁、35~44 岁、未受过正规教育、初中及以上教育程度观众集中度有所下滑（见图 45）。

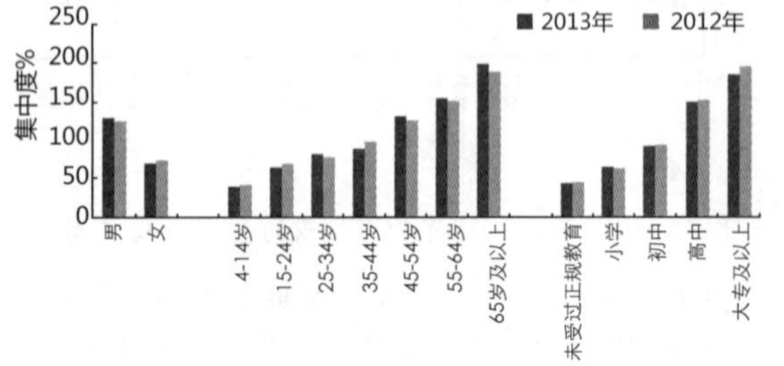

图45 2013年和2012年CCTV-5的观众集中度

6. CCTV-6 电影频道收视情况

从 2013 年分周收视份额走势来看，CCTV-6 份额走势相对平稳，前三季度收视份额水平略低于 2012 年同期（见图 46）。

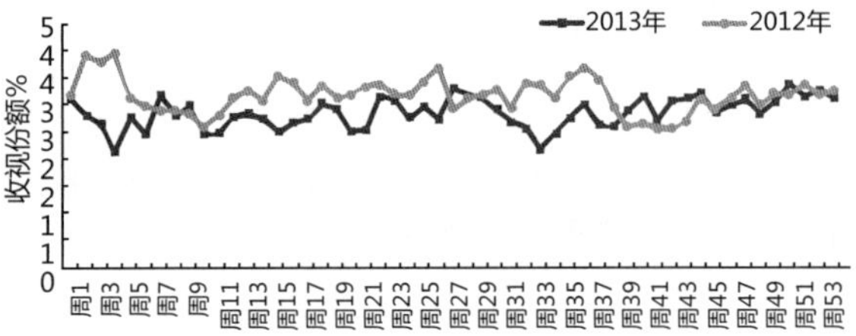

图46 2013年和2012年CCTV-6的分周收视走势

2013 年 CCTV-6 全天收视走势与 2012 年相似，傍晚时段 17:00~19:00 下滑较为明显。19:15~19:45 时段和 21:15~22:30 时段收视率略有提升（见图 47）。

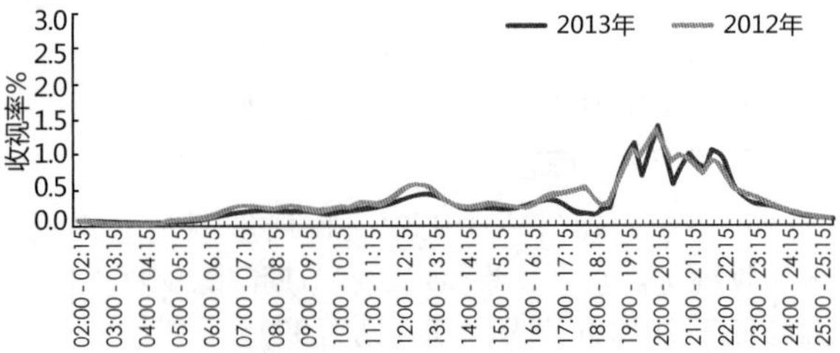

图47 2013年和2012年CCTV-6的时段收视走势

与 2012 年相比，2013 年 CCTV-6 在女性、4~14 岁、25~34 岁、45~54 岁、小学、高中教育程度观众的集中度有所提升（见图 48）。

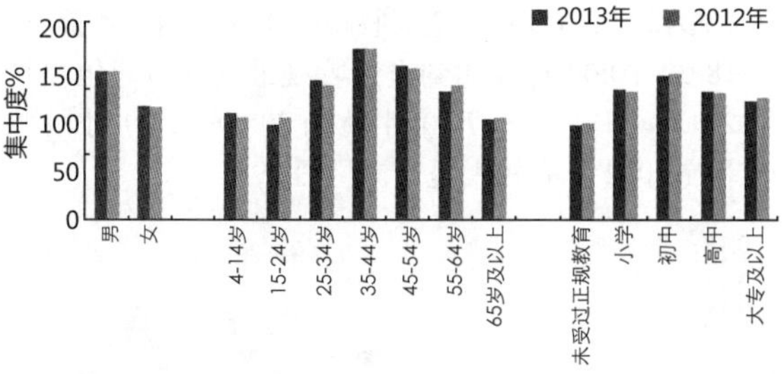

图48 2013年和2012年CCTV-6的观众集中度

7. CCTV-7 军事·农业频道收视情况

从2013年分周收视份额走势来看，CCTV-7各周收视份额较为平稳，低于2012年同期(见图49)。

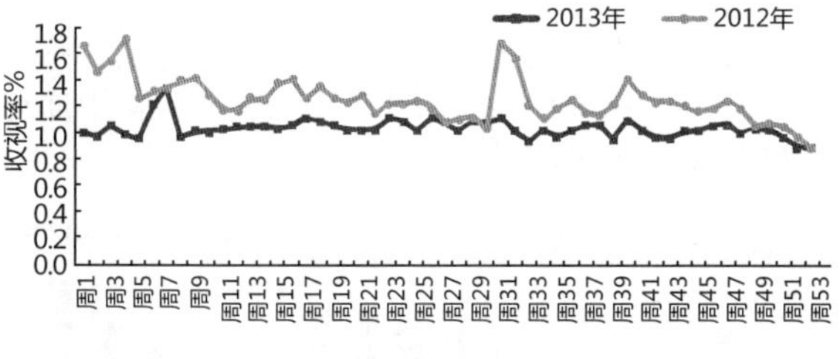

图49 2013年和2012年CCTV-7的分周收视走势

CCTV-7 2013年全天收视走势与2012年同期相似，且普遍收视水平略有下滑（见图50)。

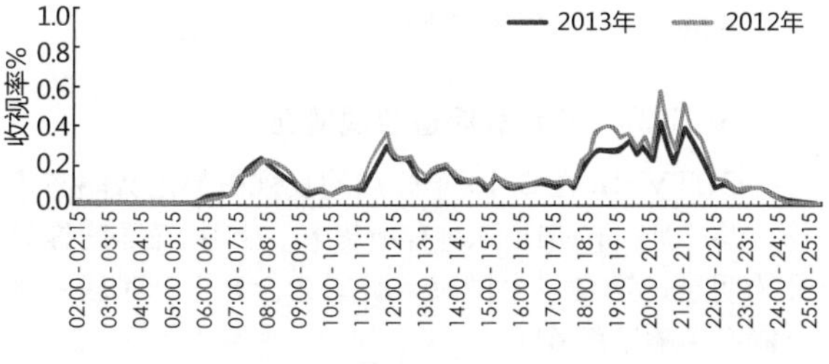

图50 2013年和2012年CCTV-7的时段收视走势

相比2012年，2013年CCTV-7在男性、15-54岁、初中及以上学历的观众集中度有不同程度下滑(见图51)。

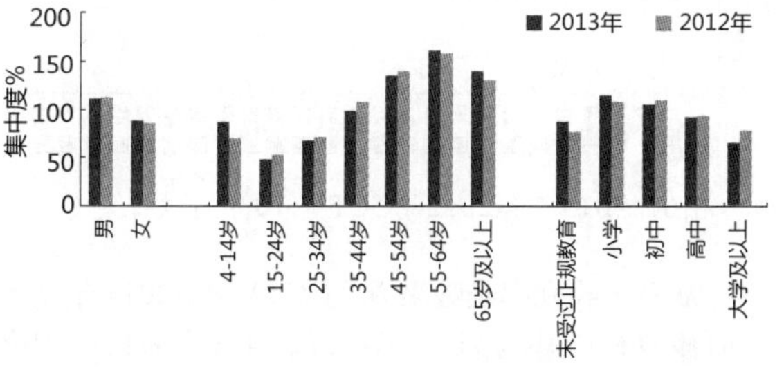

图51 2013年和2012年CCTV-7的观众集中度

8. CCTV-8 电视剧频道收视情况

从全年分周收视份额走势来看，CCTV-8在2013年第一、四季度的收视份额低于2012年同期，第二、三季度则互有起伏(见图52)。

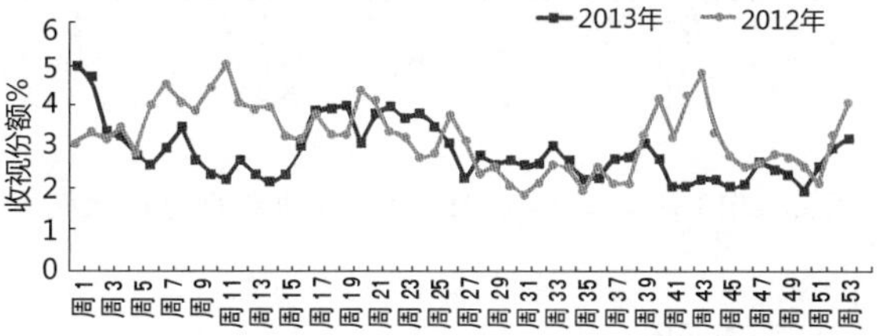

图52 2013年和2012年CCTV-8的分周收视走势

相比2012年，CCTV-8在17:00以前的白天时段收视走势互有起伏，17:00~23:30时段则较2012年同期有所下滑（见图53)。

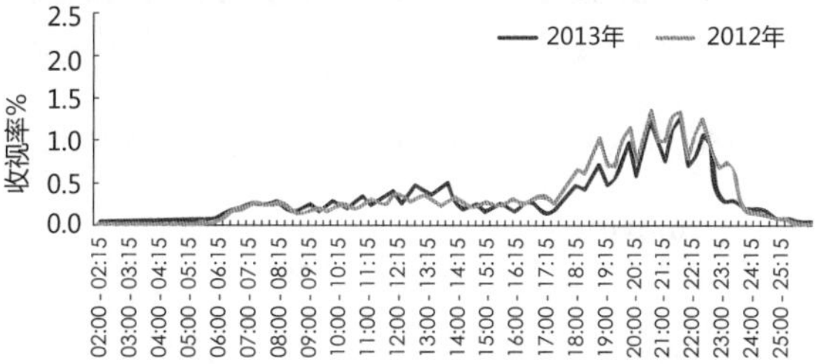

图53 2013年和2012年CCTV-8的时段收视走势

2013年，CCTV-8在男性、4~14岁、55岁及以上、初中及以下教育程度观众集中度有不同程度提升；而大学及以上教育程度观众则出现相对明显的下滑（见图54)。

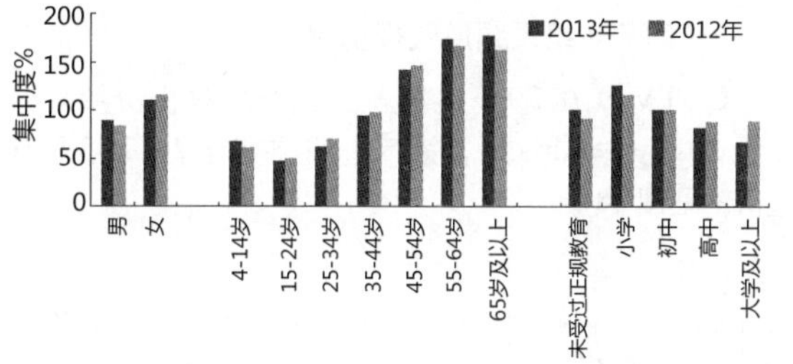

图54 2013年和2012年CCTV-8的观众集中度

CCTV-8 2013年黄金档电视剧收视略低于2012年水平，2013年CCTV-8晚间黄金档电视剧平均收视率为1%，2012年CCTV-8同时段黄金档电视剧平均收视率1.13%（见图55、图56、图57)。

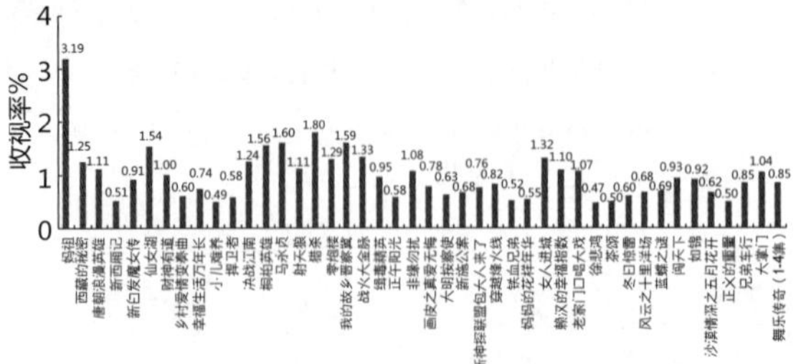

图55 2013年和2012年CCTV-8晚间电视剧时段收视率

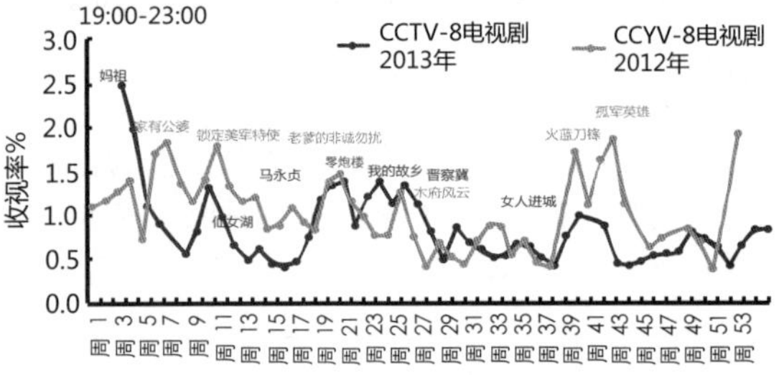

图56 2013年和2012年CCTV-8黄金时段收视率

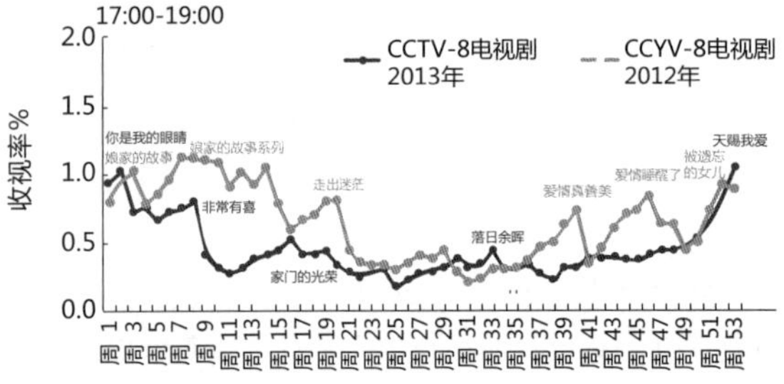

图57 2013年和2012年CCTV-8傍晚时段收视率

9. CCTV-9 纪录频道收视情况

CCTV-9 在 2013 年第一、三季度收视份额普遍高于 2012 年同期水平，第二、四季度与 2012 年互有起伏(见图 58)。

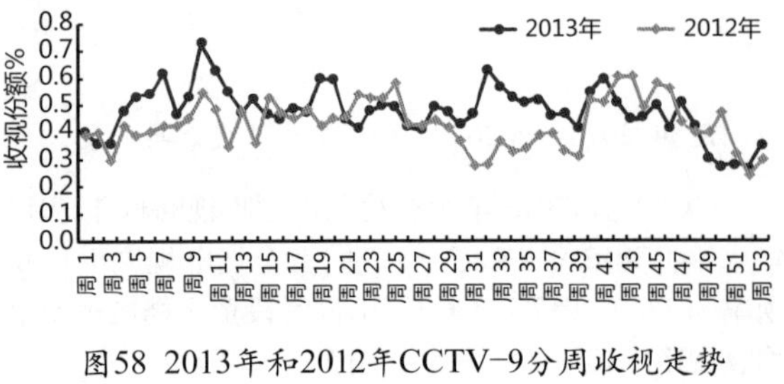

图58 2013年和2012年CCTV-9分周收视走势

2013 年，CCTV-9 全天收视率水平普遍有所提升，在 18:00~20:00 时段达到全天收视最高峰值，但略低于 2012 年。11:45~17:30 时段和 20:00~23:00 时段收视率较 2012 年有较大提升（见图 59）。

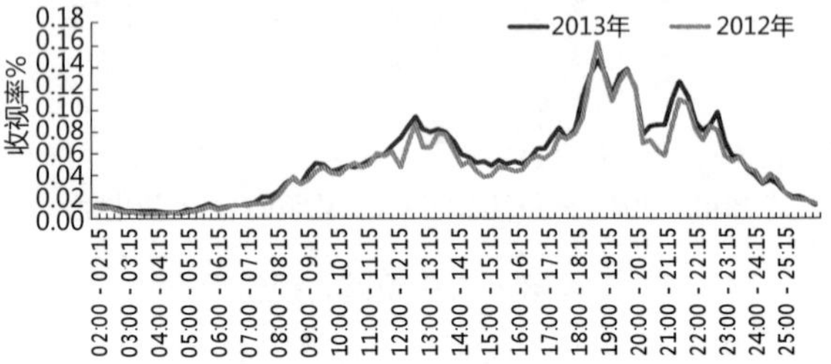

图59 2013年和2012年CCTV-9收视时段走势

与 2012 年相比，2013 年 CCTV-9 在男性、4~14 岁、35~54 岁、初中及以下教育程度的观众集中度有所提升（见图 60）。

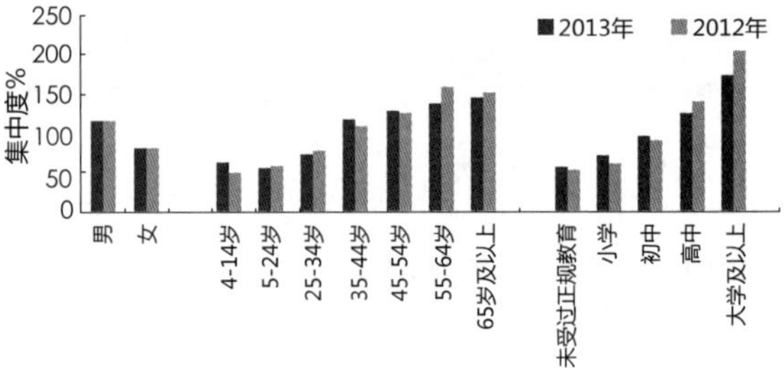

图60 2013年和2012年CCTV-9的观众集中度

10. CCTV-10 科教频道收视情况

CCTV-10 在 2013 年分周的收视份额走势略有上扬，与 2012 年相比普遍有所提升。其中三季度提升最为明显，这与《中国汉字听写大会》提升时段收视份额有关(见图 61)。

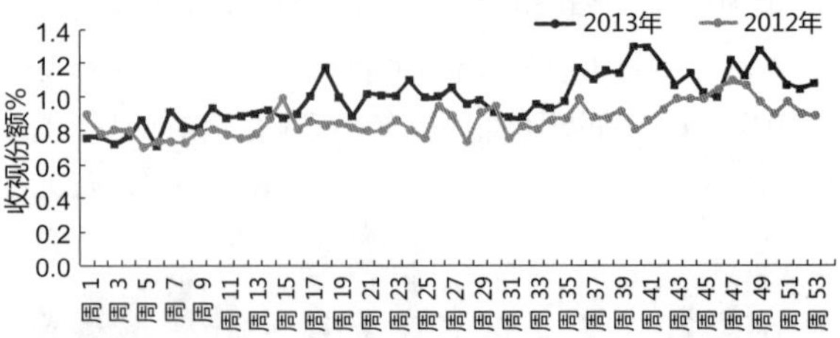

图61 2013年和2012年CCTV-10分周收视走势

从全天收视率走势来看，CCTV-10 2013 年全天分时段收视走势与 2012 年相似，且多个时段收视率有所提升（见图 62）。

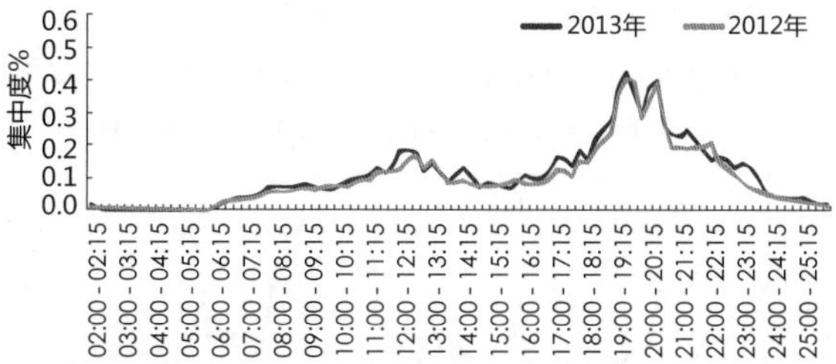

图62 2013年和2012年CCTV-10时段收视走势

2013 年，CCTV-10 在各类目标观众中男性、4~14 岁、35~54 岁、65 岁及以上、小学及以下教育程度的观众集中度有提升（见图 63）。

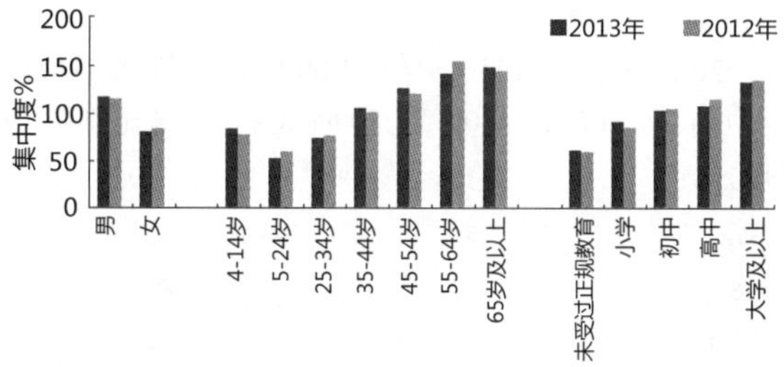

图63 2013年和2012年CCTV-10的观众集中度

11. CCTV-11 戏曲频道收视情况

2013 年前三季度，CCTV-11 的收视份额明显高于 2012 年同期，四季度则互有起伏，差别不大（见图 64）。

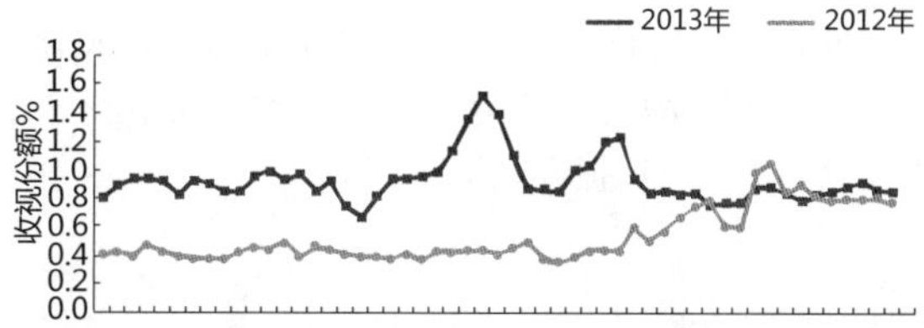

图64 2013年和2012年CCTV-11分周收视走势

CCTV-11 全天各时段收视走势普遍较 2012 年有所提升，其中 11:45~13:45、18:15~19:15 以及 22:45 以后的后晚间时段收视大幅提升（见图 65）。

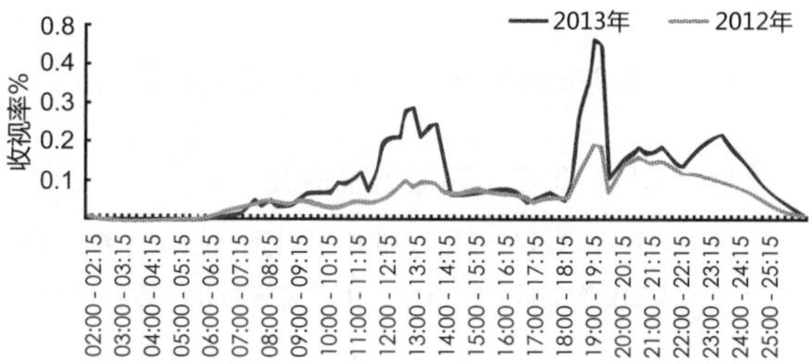

图65 2013年和2012年CCTV-11时段收视走势

2013 年，CCTV-11 在男性、4~54 岁、初高中教育程度观众集中度有所提升，而 65 岁及以上观众集中度则较 2012 年出现较为明显的下滑（见图 66）。

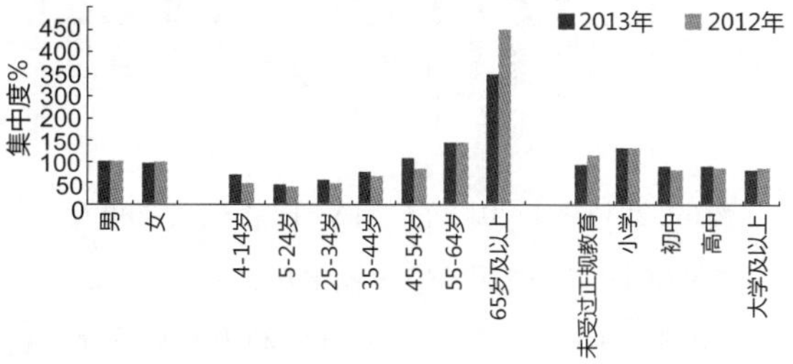

图66 2013年和2012年CCTV-11的观众集中度

12. CCTV-12 社会与法频道收视情况

2013 年 CCTV-12 一季度前半期收视份额及二、四季度有所提升，三季度大多低于 2012 年同期（见图 67）。

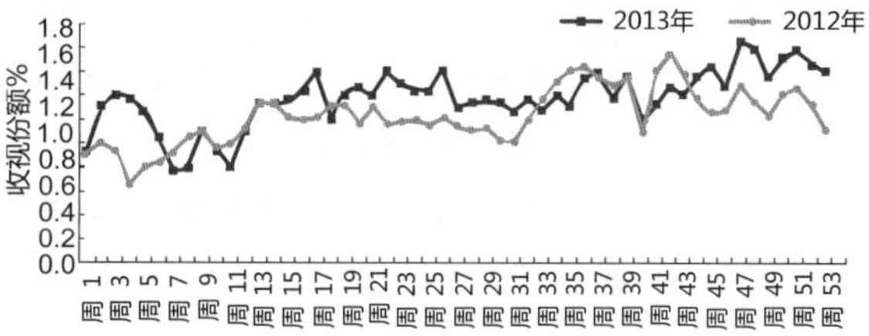

图67 2013年和2012年CCTV-12分周收视走势

2013 年，CCTV-12 与 2012 年收视走势趋同，且 10:00–19:00 时段和 20:45–21:45 时段收视水平较 2012 年同期有所提升（见图 68）。

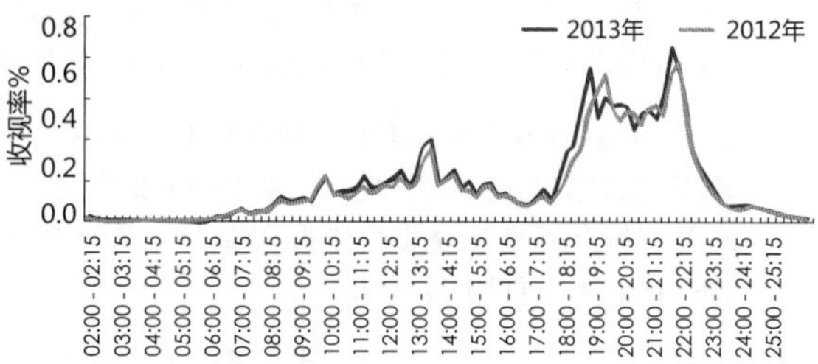

图68 2013年和2012年CCTV-12时段收视走势

相比 2012 年，2013 年女性、4~14 岁、25~54 岁、65 岁及以上、小学、初中教育程度观众集中度有所上升（见图 69）。

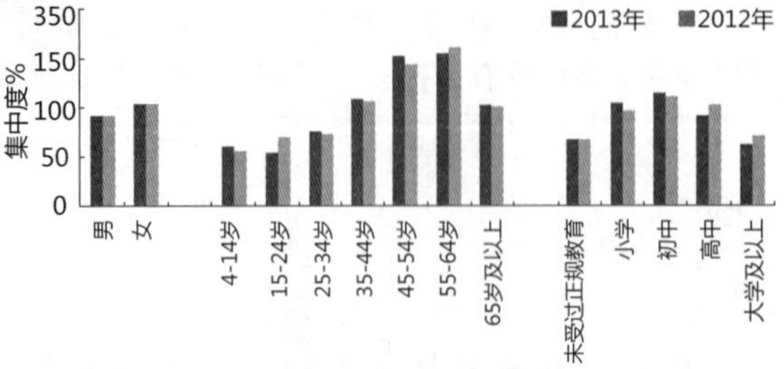

图69 2013年和2012年CCTV-12的观众集中度

13.CCTV-13 新闻频道收视情况

2013 年 CCTV-13 各周收视份额水平整体保持稳定，上半年收视份额水平较 2012 年同期明显提升，下半年普遍低于 2012 年同期(见图 70)

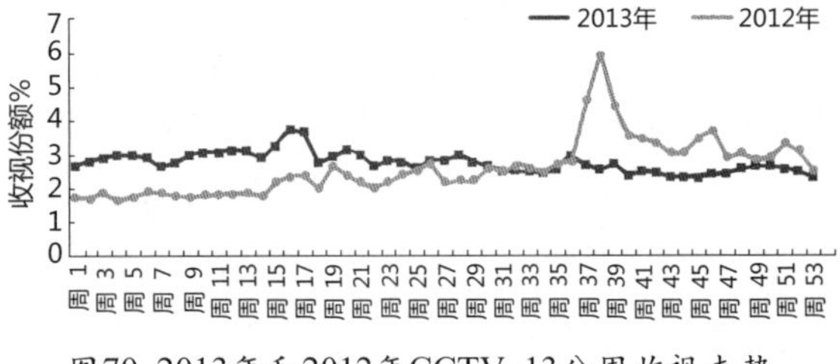

图70 2013年和2012年CCTV-13分周收视走势

2013 年，CCTV-13 全天各时段的收视水平与 2012 年同期走势相似，全天 19:15~19:45 时段最高收视较 2012 年有所提升（见图 71)。

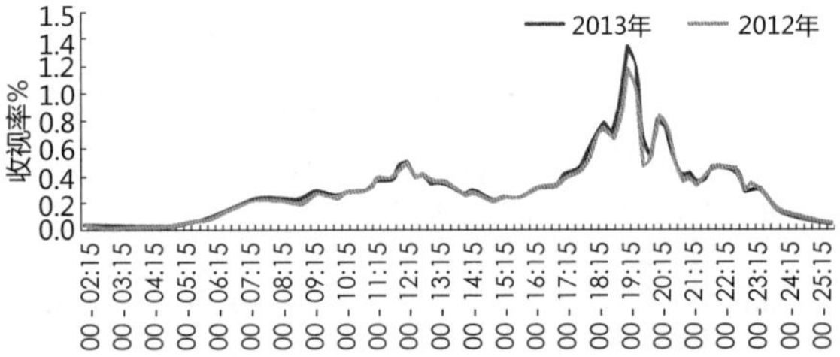

图71 2013年和2012年CCTV-13时段收视走势

2013 年,CCTV-13 在女性、4~14 岁、55 岁及以上、小学及以下教育程度观众集中度有所提升，其余观众集中度略有下滑（见图 72)。

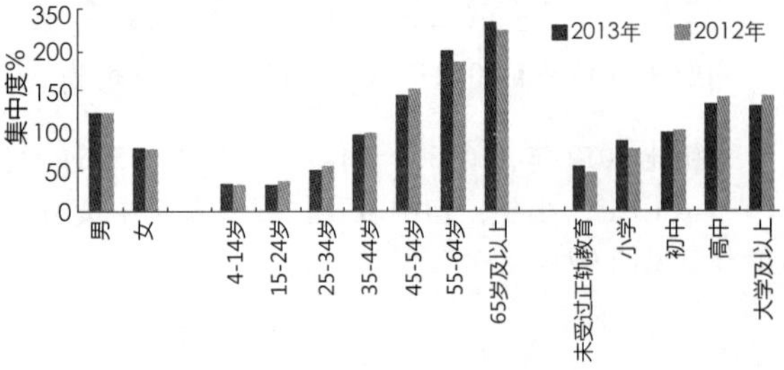

图72 2013年和2012年CCTV-13的观众集中度

14.CCTV-14 少儿频道收视情况

从全年分周收视份额走势来看，CCTV-14 在 2013 年寒假收视份额水平明显高于 2012 年同期，其他时段起伏不大(见图 73)。

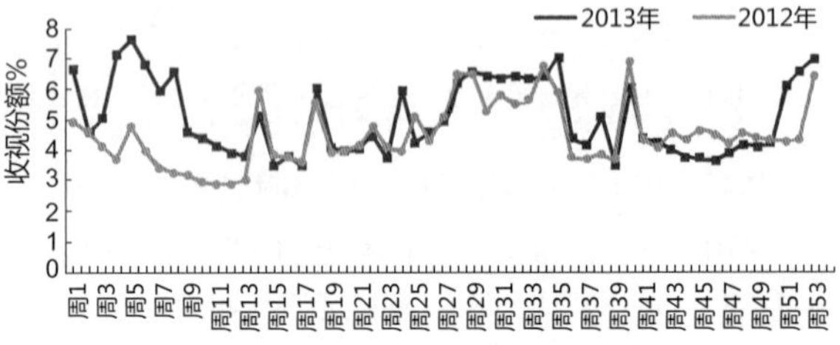

图73 2013年和2012年CCTV-14分周收视走势

2013 年，CCTV-14 在 14:00 以后收视水平整体稳中有升，晚间 19:00~21:30 时段提升明显（见图 74)。

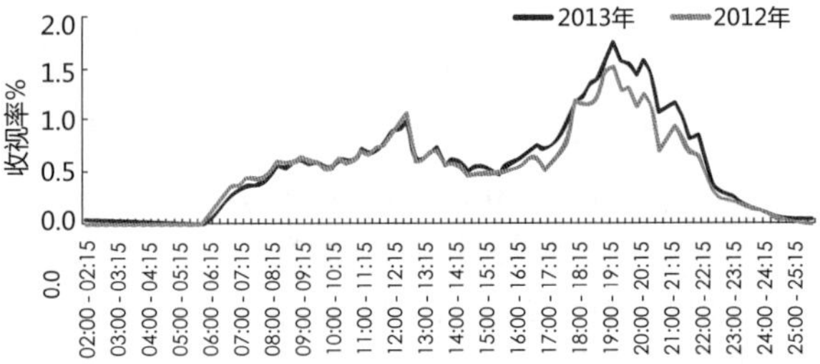

图74 2013年和2012年CCTV-14时段收视走势

2013 年 CCTV-14 在女性、4~14 儿童观众、35~44 岁、55~64 岁、未受过正规教育、初中教育程度观众集中度有所提升（见图 75)。

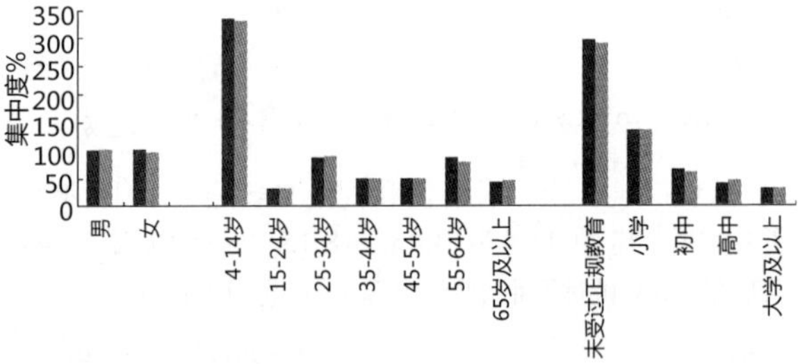

图75 2013年和2012年CCTV-14的观众集中度

15.CCTV-15 音乐频道收视情况

2013 年，CCTV-15 收视份额走势整体较为平稳，前三季度收视份额普遍高于 2012 年同期(见图 76)。

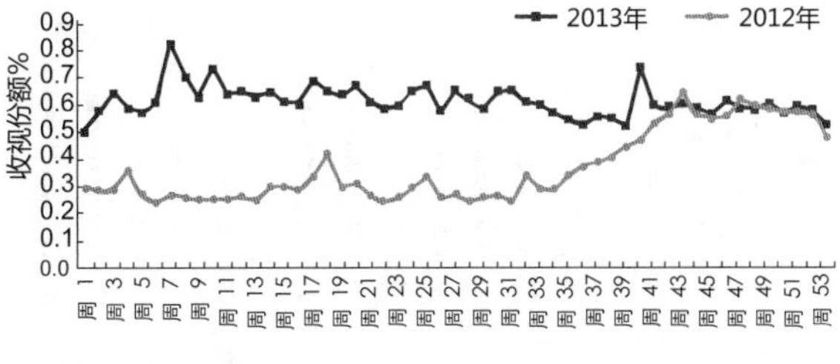

图76 2013年和2012年CCTV-15分周收视走势

2013 年，CCTV-15 整体收视水平有所提高。除 13:30~14:00 时段收视率低于 2012 年同期外，全天多个时段收视率水平有所提升（见图 77）。

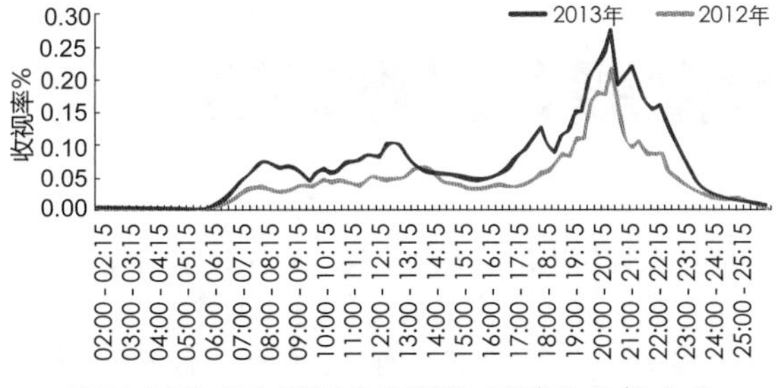

图77 2013年和2012年CCTV-15时段收视走势

2013 年，CCTV-15 在女性、4~24 岁、35~54 岁、小学、高中教育程度观众集中度有所提升，而 55 岁及以上观众集中度下滑相对明显（见图 78）。

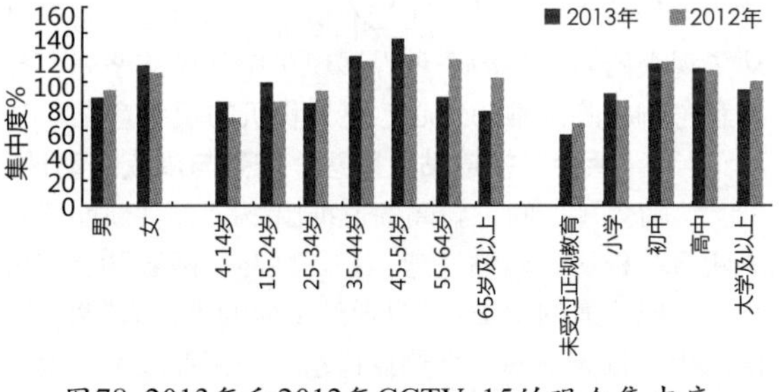

图78 2013年和2012年CCTV-15的观众集中度

16.CCTV-NEWS 英语新闻频道收视情况

CCTV-NEWS 在 2013 年收视份额走势整体较为平稳，下半年收视份额普遍高于 2012 年同期（见图 79）。

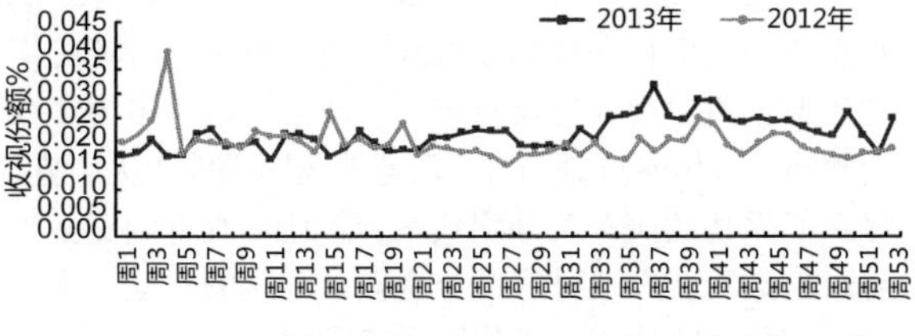

图79 2013年和2012年CCTV-NEWS分周收视走势

CCTV-NEWS 在 2013 年全天收视走势中与 2012 年趋同，19:00~20:30 时段收视率增长明显（见图 80）。

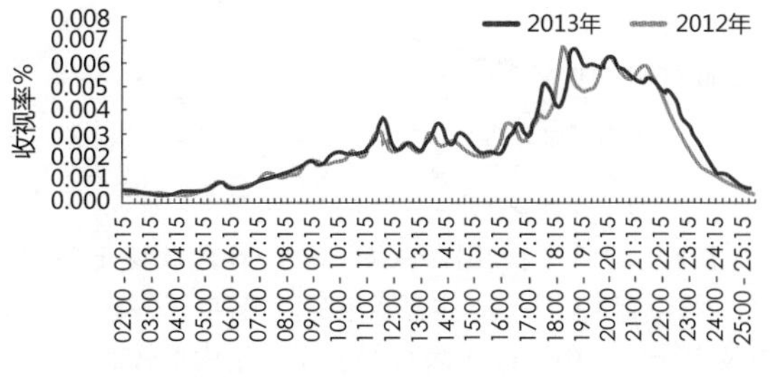

图80 2013年和2012年CCTV-NEWS时段收视走势

2013 年，CCTV-NEWS 频道在男性、4~14 岁、55 岁及以上、小学及以下教育程度观众集中度有所提升（见 81）。

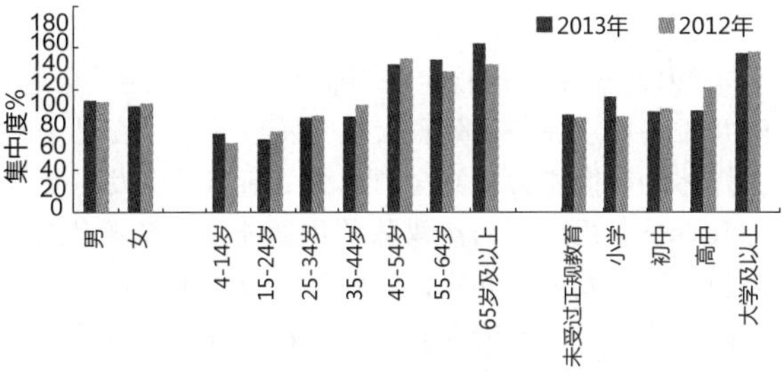

图81 2013年和2012年CCTV-NEWS的观众集中度

17.CCTV-5+ 体育赛事频道收视情况

CCTV-5+ 开播后收视份额迅速攀升至全年最高值，后趋于平稳(见图 82)。

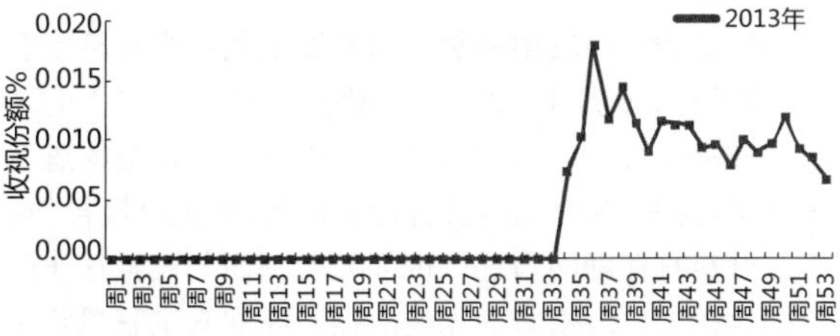

图82 2013年和2012年CCTV5+分周收视走势

2013 年 CCTV-5+ 以晚间收视为主，全天收视高峰出现在 18:45~21:30 时段（见图 83）。

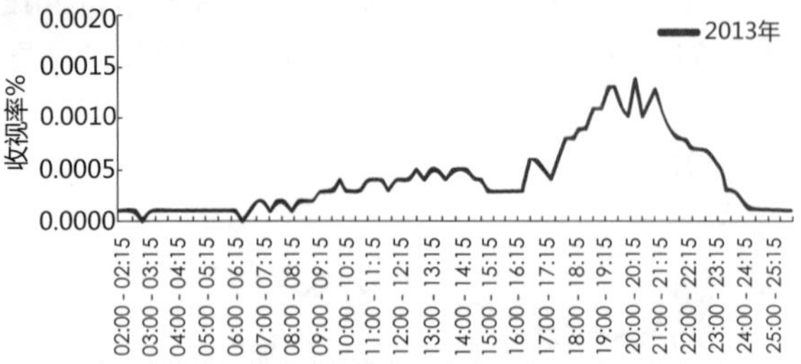

图83 2013年和2012年CCTV-5+时段收视走势

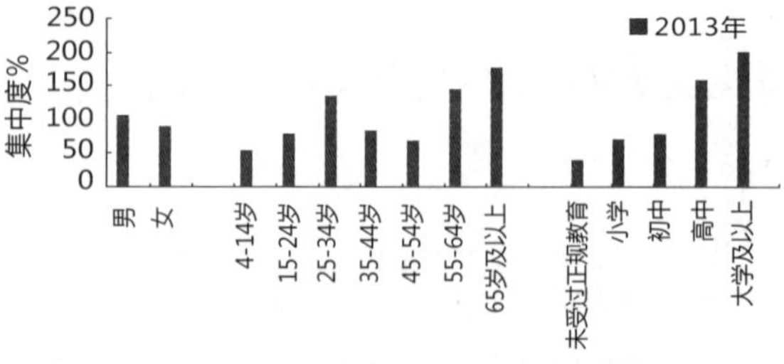

图84 2013年和2012年CCTV-5+的观众集中度

2013 年 CCTV-5+ 体育赛事频道男性、25~34 岁、55 岁及以上、高中及以上教育程度观众集中度较高，且随着教育程度提升，观众集中度提升明显（见图 84）。

（总编室市场评估部供稿）

2013 年中央电视台受众服务工作综述

2013 年，中央电视台在“神十”飞天、“两会”报道、四川雅安地震等一系列重大及突发事件中，彰显了国家媒体的直播能力及社会引导力；新节目研发广受好评和期待，展现了传统媒体的创新能力和资源优势；公益宣传引发观众共鸣，体现了主流媒体的责任担当和品牌力量。全台受众服务工作始终坚持关注受众诉求，强化受众服务意识，打造优质沟通平台。广大观众通过多种信息反馈渠道对中央电视台节目给予肯定及好评。

一、重大及突发事件报道获得观众高度赞许

1．“神十”发射特别报道激发了观众民族自豪感

2013 年 6 月 11 日，我国第五艘搭载太空人的飞船“神舟十号”成功发射升空，中央电视台全程进行了现场直播。观众通过各种途径反映，中央电视台“神十”升空直播画面震撼，地面拍摄画面与设置在飞船外侧的摄像机所摄画面无缝对接，使观众亲眼目睹了逃逸塔分离、整流罩分离、船箭分离、太阳帆板打开等一系列罕见的镜头。展示给国人我国日臻成熟的航天技术的同时，也大大提升了观众的民族自信心和自豪感。

2．抗震救灾全程追踪报道提升了民族凝聚力

2013 年 4 月 20 日，四川省雅安市芦山县发生里氏 7.0 级强烈地震。中央电视台迅速反应，组织有序，全程追踪报道抗震救灾最新情况，使全国观众及时准确地获悉最新进展。有观众反映此次抗震救灾报道突出了“政府高效、人民成熟、技术先进、手段有效”的主旨，展现了“有力、有序、科学、有效”的抗震救灾工作，彰显了国家的实力、政府的能力、人民的团结和灾区民众的坚强。

观众认为中央电视台节目中并没有渲染地震所带来的苦难，而是用典型人物在大灾大难面前的积极表现为人们传递正能量。通过看似平凡的举动，着实打动了观众的心，也向全世界展现了中华民族坚强不屈的意志和战胜困难的信心，更具积极的现实意义。

3．“两会”报道贴近民意，增强与观众互动性

“两会”期间，新闻频道推出“@ 央视新闻微博看两会”板块，紧贴民意，在百姓与“两会”之间搭起了一座沟通的桥梁。节目通过微博的平台看“两会”、议民生，每天选择一个热点议题，如医疗改革、房价调控等，都是涉及百姓切身利益的问题。观众表示终于可以了解自己想说的有没有反映到“两会”上去，并且还可以为解决问题出谋划策。

中央电视台的“两会”报道在政策宣传、舆论监督、信息传递等多方面发挥了积极的作用，在政府与百姓之间架起了沟通的桥梁，获得了观众的广泛好评。同时也使中央电视台成为政府观天下、察民情、听民声的重要渠道。观众建议每年的“两会”报道多关注社会热点，多传递百姓声音，凡是涉及民生的重大事宜，尽可能采访政府有关部门负责人，让百姓听到更多来自政府的声音。通过客观、全面、公正的报道，推动政府与民众的沟通，多为民众答疑解惑。

二、节目创新获观众好评，新节目受观众期待

1. 搭建梦想平台，使观众感受到新节目传递的正能量

综合频道推出原创性舞蹈励志栏目《舞出我人生》，节目将明星、舞蹈、歌唱、娱乐、公益、励志等各种元素有机糅合在一起，作为助梦人的明星与草根舞者搭档，为实现梦想而共同奋斗。观众称赞《舞出我人生》不仅是一场舞蹈盛宴，更为明星与舞者提供了追梦的平台，充满温暖和积极向上的力量。

综艺频道全新推出的大型益智游戏节目《开门大吉》，鼓励普通人通过参与游戏、挑战自我，实现家庭梦想，健康向上充满温情。节目还特别采用二维码方式，诚邀观众通过手机同步答题赢得奖品，以新的参与互动方式，为节目增添了时尚元素和青春气息。观众通过发送邮件或微博的方式，表达了对节目的喜爱，并希望报名参加。

2. 弘扬民族文化，观众认可新节目对传统文化的传承与推广

科教频道暑期推出了《中国汉字听写大会》，节目展现出汉字的无穷魅力，广受社会的关注与好评。观众普遍反映，针对当今频繁使用电脑造成人们书写能力下降、提笔忘字的现状，听写大会的播出无疑是一剂良药，并称赞中央电视台在普及汉字知识的同时，发挥了传承民族文化的引领作用，展现出国家台的责任和担当，并期待更多创新型文化节目的播出。

戏曲频道于春夏之际重磅推出《首届全国少儿京剧电视大赛》，为广大观众和京剧爱好者送上了一场又一场精彩纷呈的京剧盛会。大赛既保持了弘扬国粹的主导精神，又展现出少儿节目的特点。观众普遍表示，这些年随着物质生活的提高，文化生活也出现了多元趋向，京剧的传承发展面临挑战，中央电视台主办的首届少儿京剧大赛正好为全国学唱京剧的小朋友提供了一个展示学习成果的舞台，推动了京剧艺术在少年儿童中的普及和传承。还有观众来信形容，如果参赛小朋友是天使的话，那么中央电视台则为他们插上了展翅高飞的翅膀。

三、公益宣传承载民众诉求，中央电视台公益品牌获观众高度认可

1. 公益广告感动网友，系列公益短片获观众好评

2013年中央电视台播出的一系列公益广告在倡导文明、弘扬美德、社会服务、反腐倡廉等方面起到引领作用，向社会传递着积极的正能量，在社会各阶层产生了热烈反响。收获观众好评较为集中的包括《关爱老人——爸爸的谎言篇》《关爱老人——妈妈的等待篇》《关爱失智老人——打包篇》《关爱老人——红包篇》《春节回家篇》等多部“回家”系列公益广告，一经播出便引起观众的强烈共鸣，在各大视频网站和微博上得到迅速传播，不少网友直呼“被戳中了泪点”、“被深深地感动了”，并纷纷表示“趁着现在都还来得及，多回家看看，多陪陪父母”。同时，观众也期待中央电视台能够播出更多有爱、有影响力、接地气的公益作品，积极推动公益广告发展。

2. 公益性节目引起观众共鸣，使观众重树道德信心

综合频道推出的大型公益益智类栏目《为你而战》，弘扬社会主义道德观，以公益救助为目的，为身处困境的“好人”提供公益资助，帮助他们摆脱困境，实现人生转折。有观众反映，作为益智类节目，答题闯关、赢取丰厚奖金的模式并不新鲜，但该节目跳出了靠智慧为自己赢取财富的窠臼，赋予益智节目“助人”、“利他”、“温暖”等全新内容，是对传统益智类节目的一大突破和创新。在亲情、友情等美好情感的真诚互动中，弘扬了给予比得到更快乐的价值观念，重树了好人有人帮的道德信心。

社会与法频道于春节期间播出特别节目《社区英雄》，这是国内第一档以志愿互助为主题的大型社区公益节目。通过“我为人人、人人为我”理念的传达，推行有前景、有价值的社区志愿服务项目。观众认为志愿者由以往的被动接受者，转变成主动表演者，这是公益节目的一个创新，为公益宣传起到了引领作用。

四、凝聚受众力量，提升节目品质

1.《监看日报》有效发挥参谋及服务作用

《监看日报》“以发现问题为主”的办刊原则得到进一步落实，台领导高度重视其中反映的问题，2013年批示数量达到183次。批示内容涉及栏目定位、内容导向、新闻用语、节目风格、屏幕差错、主持人表现、嘉宾水准等，指示相关频道和节目部门认真研究并改进工作，不断提高节目质量。

2013年受众服务部先后走访了财经频道、社会与法频道、综艺频道、中文国际频道，与频道总监、部门领导、制片人进行了深入的交流和沟通。节目部

门对《监看日报》的指导性、实践性、可操作性等给予充分肯定，调研工作起到了相互了解、相互促进的实际效果。

2013 年《监看日报》遵循编辑“四项”原则，即监看问题的精准性、专栏板块的独特性、新闻语言的专业性、采稿数量的平衡性，不仅丰富了《监看日报》的版面，而且实现了反映问题的平衡性，确保刊物质量的提升。

《监看日报》已组建了一支既熟谙新闻业务，又具备专科知识的专家队伍，并坚持专家编务会制度，传达台领导、总编室领导的最新要求以及台内的各项业务动态，使专家的监看意见更为有的放矢，确保了稿件多角度、高水平。

2. 文字差错管理提升节目与服务质量

为了更好地适应观众对中央电视台电视节目的收视需求，进一步提高电视节目质量，受众服务部于 2012 年 9 月新修订了《屏幕语言文字差错管理办法》。自《办法》执行以来，2013 年全台文字差错数量增长的势头得到遏制，差错量整体呈下降趋势，相比 2012 年降幅达到 9.3%，管理效果显著。反馈的内容直接作用于节目生产和监督，保障了管理与服务的双向兼顾。

2013 年，受众服务部建立《屏幕语言文字差错专项分析报告》工作机制，对全台纳入监看范围的频道出现的文字差错情况进行专项分析，提炼各频道文字差错的规律性问题，同时提出管理建议，协助频道有的放矢地采取管理措施，减少文字差错数量，进一步提升全台文字差错管理的水平。

受众服务部抓紧落实“口袋书”的修订，将日常出现的差错进行分类整理，并与日常出现的差错实例相结合，相较第一版，内容更加丰富，解释更加科学，结构更加合理，实用性也更强。

屏幕文字的精良是辅助电视节目实现视、听、读三位一体信息力度的保证，有观众建议中央电视台应该充分重视字幕的重要性，真正像对待镜头语言那样对待字幕。相关审核部门应该切实负起责任，做好把关人，高度重视字幕纠错问题，提高电视节目制作方对正确使用汉语言文字的认识，加强编辑人员的文字水平。在配字幕时，应本着精益求精的态度，认真斟酌，减少和避免字幕中错误的发生，确保节目的水平和质量。

也有不少观众反映中央电视台字幕质量明显提高，低级文字差错相较过去明显减少，更加注重文字使用的正确性和规范性。同时，字幕规范的重要性也得到了观众的充分肯定，主要体现在以下四个方面：第一，从长远来看，字幕的规范对于继承和弘扬民族优秀传统文化，起着重要的作用，避免了谬误流传、以讹传讹的危害；第二，收看电视节目是观众接收信息和娱乐的重要方式，字幕的使用和准确，可以帮助观众对于节目信息的理解，满足观众的收视需求，辅助电视准确传达信息内容；第三，字幕能够使得中小学生从中完整地认识汉字、养成自觉尊重和正确使用汉字的习惯，使之成为正规语文教育的辅助手段；第四，字幕为听障人士提供了方便，中央电视台率先作出示范，充分体现以人为本、服务特殊群体的宗旨，带动全国电视台营造“信息无障碍”的和谐社会氛围，让全国的聋哑人观众和普通观众同享电视新闻和娱乐节目，及时了解党和政府的方针政策及更多的社会资讯。

五、强化客户服务意识，打造优质沟通平台

1. 携手《开讲啦》栏目，深入中学校园开展“CCTV 青年影响力活动”

2013 年 9 月，受众服务部联合综合频道《开讲啦》栏目深入江西抚州、上海、长沙等地中学校园开展“CCTV 青年影响力活动”，并录制三期节目作为国庆特别献礼，在社会上引起强烈反响。在活动宣传上，做到了主流媒体全覆盖，地方媒体积极跟进，网络媒体延伸影响，形成了多层次的宣传态势。人民日报社、新华社、中央电视台新闻中心、新浪网等 70 多家中央和地方主流媒体对活动进行了充分报道，同时在“央视微 C”微博平台、总编室“CCTV 看点”及新浪微博“开讲啦”上实时讨论逾 200 万条。媒体和网友纷纷给予高度评价，认为中央电视台做出了最接地气的青年公益节目，高频率、集中式的全媒体宣传有效提升了中央电视台综合频道及《开讲啦》栏目的品牌影响力。

2. 探索并实现活动创新，不断扩大品牌影响

受众服务部通过开门办节目的形式，不仅拉近了与青年受众的距离，同时实现了三个创新：一是创新了活动模式和内容，使观众维护活动和节目播出相结合；二是精确锁定观众维护目标，寻求对等品牌合作伙伴，扩大了栏目在当地青年观众中的影响力，在地域上对中央电视台的南方受众具有品牌辐射力；三是因地制宜设置话题和活动安排，发挥节目部门创造力。

3. 深入开展与受众的交流，广泛收集有代表性的观众意见

受众服务部在开展三场创新性互动活动的同时，还将“观众座谈会”这个传统业务贯穿其中，组织三地观众代表共100多人参加了座谈。观众对中央电视台节目制播、大型活动等10多项工作提出了宝贵意见和建议。涉及节目制播、节目创新、播出渠道、播出时间、资源整合等方面，包括建议中央电视台多关注基层群众，关注百姓的文化生活；建议中央电视台在资源整合上，进一步优化频道和节目资源，面对地方卫视的竞争，可以考虑与优秀的地方卫视合作，进行优势资源的互补等。同时，观众也表达了对“CCTV青年影响力活动”的喜爱，希望活动能够走进更多地区，与更广泛的观众群体进行沟通，并对中央电视台在坚持舆论导向、引领社会风尚、坚持改革创新等方面给予支持和赞扬。

4. 观众呼叫中心实现与观众无障碍、全方位沟通

2013年，中央电视台观众呼叫中心共受理观众来电252179个，收集有效观众信息241483条，占总来电量的96%，服务满意度始终保持95%以上的高位。其中，总共为观众查询播出信息48297条；受理观众活动报名需求14489条；为观众提供中奖信息核实、记者核实类服务17230次；处理观众提供的新闻线索125572条；收集有效观众意见建议16904条。同时，受众服务部建立了涉及中央电视台13个频道、中心96个栏目的对接机制，并每天通过电话、短信、电子邮件等方式及时传递有价值的观众信息，以期助力节目生产。

2013年观众呼叫中心积累有效观众资源175970个，其中来自北京、山东、河北、广东等30余省份的忠实观众2425个。建立了以观众联系方式为主干，以收看需求、信息查询、节目线索、意见建议为内容的数据仓库，为充分利用观众资源提供了丰富的数据基础。

观众呼叫中心以观众满意为诉求，提高为观众服务的水平和能力，进一步扩大观众呼叫中心的公众知晓程度，同时加强观众呼叫中心新媒体渠道的建设，拓展为观众服务的方式和手段，为广大电视观众提供优质服务。

（总编室受众服务部提供）

2013 年中央电视台各频道节目最高收视率排名

CCTV–1

排名	节目名称	日期	开始时间（时：分）	结束时间（时：分）	收视率 %	市场份额 %
1	特别节目 2013 春节联欢晚会	2013–02–09	20:00	0:40	9.37	21.30
2	特别节目 一年又一年 2013	2013–02–09	19:40	19:49	6.42	16.01
3	特别节目 2013 元宵晚会	2013–02–24	20:06	22:15	5.24	13.73
4	新闻联播	2013–02–09	19:00	19:30	4.74	13.63
5	电视剧 花木兰传奇	2013–08–14	21:03	21:49	3.65	10.72
6	电视剧 有你才幸福	2013–04–29	21:03	21:49	3.13	9.07
7	电视剧 咱们结婚吧	2013–12–10	21:02	21:47	3.02	9.24
8	第 1 动画乐园	2013–11–08	18:38	18:50	2.88	9.68
9	星光大道	2013–02–02	20:07	21:50	2.66	6.77
10	启航 2014 新年特别节目	2013–12–31	20:00	21:53	2.60	6.75
11	特别节目 2013 年中秋晚会	2013–09–19	20:00	21:57	2.54	7.06
12	焦点访谈	2013–04–22	19:41	19:57	2.47	7.15
13	电视剧 阿娜尔罕	2013–05–17	21:03	21:48	2.41	7.00
14	特别节目 吉尼斯中国之夜	2013–02–10	17:52	18:53	2.28	8.66
15	电视剧 赵氏孤儿案	2013–04–10	21:04	21:49	2.16	6.44
16	梦想合唱团	2013–01–25	20:05	21:52	2.16	5.64
17	电视剧 闯关东前传	2013–06–14	21:00	21:46	2.13	6.04
18	特别节目 开学第一课	2013–09–01	20:05	21:45	2.11	6.00
19	东方时空	2013–04–20	19:52	20:59	2.10	5.58
20	特别节目 CCTV2013 年 3·15 晚会	2013–03–15	20:11	22:11	2.09	5.51

CCTV–2

排名	节目名称	日期	开始时间（时：分）	结束时间（时：分）	收视率 %	市场份额 %
1	特别节目 2013 春节联欢晚会	2013–02–10	19:31	0:23	0.84	3.06
2	消费主张	2013–11–22	18:48	19:26	0.71	2.07
3	超级减肥王总决赛	2013–11–24	18:59	20:29	0.68	1.79
4	解码文化财富	2013–02–11	11:50	17:27	0.68	4.21
5	祝福 2013	2013–02–16	20:34	22:54	0.67	2.11
6	经济与法特别制作 举案说法	2013–02–02	19:30	20:27	0.66	1.71
7	是真的吗	2013–10–07	19:30	20:29	0.60	1.60
8	一槌定音	2013–11–17	18:30	19:29	0.60	1.82
9	舌尖上的中国	2013–04–20	19:38	20:28	0.59	1.64
10	生财有道	2013–11–19	18:44	19:12	0.59	1.85
11	厨王争霸	2013–02–21	18:30	19:30	0.59	1.99
12	CCTV 网络春晚	2013–02–08	19:30	21:28	0.55	1.40
13	财智动漫馆	2013–02–10	9:12	9:19	0.55	2.75
14	电视剧 闯关东	2013–06–12	15:48	16:32	0.48	3.98
15	变形计	2013–07–04	17:12	18:42	0.47	3.70
16	第 11 届中央电视台模特电视大赛	2013–01–30	17:45	18:43	0.47	2.23
17	电视剧 大宅门	2013–09–19	16:48	17:27	0.44	3.94

续表

排名	节目名称	日期	开始时间（时：分）	结束时间（时：分）	收视率 %	市场份额 %
18	电视剧 走西口	2013-10-07	14:54	15:36	0.43	4.51
19	经济半小时	2013-10-25	21:13	21:39	0.42	1.39
20	加油少年派	2013-09-19	10:58	11:48	0.42	3.19

CCTV–3

排名	节目名称	日期	开始时间（时：分）	结束时间（时：分）	收视率 %	市场份额 %
1	特别节目 2013 春节联欢晚会	2013-02-09	20:00	0:40	6.14	13.97
2	星光大道	2013-02-07	19:30	21:18	2.87	7.16
3	特别节目 2013 元宵晚会	2013-02-24	20:06	22:16	2.82	7.39
4	开门大吉	2013-01-28	19:30	20:53	2.36	5.95
5	我要上春晚	2013-01-18	19:30	21:24	2.29	5.69
6	过年七天乐	2013-02-10	17:56	19:21	2.17	7.52
7	非常 6+1	2013-02-01	19:30	20:53	2.13	5.37
8	回声嘹亮	2013-03-30	19:30	20:53	2.12	5.59
9	中国文学艺术界 2013 春节大联欢	2013-02-14	19:29	21:30	2.01	5.45
10	CCTV 综艺盛典	2013-01-23	19:30	20:53	2.00	5.00
11	CCTV 网络春晚	2013-02-10	19:29	21:40	1.78	4.68
12	向幸福出发	2013-01-22	19:30	20:53	1.53	3.80
13	中央电视台心连心艺术团赴四川巴中慰问演出	2013-11-07	19:55	21:32	1.51	4.09
14	第 15 届全国青年歌手电视大奖赛启动仪式	2013-03-29	19:31	21:25	1.51	3.97
15	综艺喜乐汇	2013-01-31	21:27	22:20	1.50	4.83
16	节目预告	2013-01-20	19:23	19:25	1.45	3.87
17	中国播音主持金话筒奖颁奖典礼	2013-03-17	19:29	21:36	1.35	3.57
18	身边好人温暖中国	2013-01-02	19:30	21:30	1.33	3.36
19	启航 2014 新年特别节目	2013-12-31	20:00	0:14	1.31	4.85
20	黄金 100 秒	2013-08-18	21:05	22:23	1.28	4.26

CCTV–4

排名	节目名称	日期	开始时间（时：分）	结束时间（时：分）	收视率 %	市场份额 %
1	今日关注	2013-01-15	21:28	21:57	2.12	6.71
2	中国新闻	2013-01-15	21:00	21:28	1.72	4.71
3	境外藏独势力与甘南自焚事件	2013-02-04	21:30	21:55	1.71	4.83
4	特别节目 2013 春节联欢晚会	2013-02-09	20:00	0:40	1.53	3.47
5	海峡两岸	2013-01-14	20:30	20:58	1.49	3.70
6	深度国际	2013-01-25	22:00	22:45	1.12	4.82
7	梅州月 中华情——2013 年中央电视台中秋晚会	2013-09-19	20:00	21:57	1.12	3.11
8	中国文艺周末版	2013-12-01	18:15	18:57	0.89	3.15
9	特别报道嫦娥飞天玉兔探月	2013-12-14	20:30	22:29	0.86	2.62
10	电视剧 火蓝刀锋	2013-12-21	19:15	20:00	0.82	2.18

续表

排名	节目名称	日期	开始时间（时：分）	结束时间（时：分）	收视率 %	市场份额 %
11	流行无限	2013–02–03	22:00	22:53	0.81	3.11
12	电视剧 欢天喜地七仙女	2013–04–04	19:15	20:00	0.81	2.36
13	电视剧 光荣大地	2013–11–29	19:15	20:00	0.80	2.13
14	中国文艺	2013–12–16	18:15	18:45	0.75	2.61
15	电视剧 便衣支队	2013–02–28	19:15	20:00	0.73	2.06
16	天涯共此时	2013–02–05	22:01	22:45	0.73	2.96
17	走遍中国	2013–09–25	20:00	20:25	0.72	1.92
18	经典歌曲	2013–02–13	20:39	20:55	0.72	1.92
19	2013 年中国侨联春节晚会	2013–02–14	19:15	20:55	0.71	1.98
20	文化中国·四海同春 2013 年全球华侨华人新春晚会	2013–02–13	19:15	20:39	0.69	2.00

CCTV–5

排名	节目名称	日期	开始时间（时：分）	结束时间（时：分）	收视率 %	市场份额 %
1	2013 年亚洲冠军联赛决赛第二回合	2013–11–09	19:56	21:55	1.85	4.91
2	2015 年亚洲杯预选赛	2013–11–19	19:27	21:32	1.52	4.16
3	2013 年澳大利亚网球公开赛女单决赛	2013–01–26	16:30	19:24	1.52	7.20
4	直播周末	2013–01–26	19:24	19:44	1.35	3.65
5	2013 年世乒赛男单决赛	2013–05–20	21:33	22:33	1.18	4.80
6	2013 年世界羽毛球锦标赛男单决赛	2013–08–11	18:35	20:27	1.14	4.68
7	2013 年世乒赛女单半决赛	2013–05–19	21:07	22:31	1.12	3.99
8	2013 年世界女排大奖赛总决赛	2013–08–31	18:07	20:35	1.06	4.04
9	2012/2013 赛季 NBA 总决赛第三场	2013–06–12	9:07	11:31	1.05	8.30
10	2013 年东亚杯足球赛	2013–07–24	18:53	20:53	0.95	3.47
11	现场直播	2013–06–21	11:49	12:17	0.94	7.32
12	第 15 届世界游泳锦标赛跳水男子十米台决赛	2013–07–28	19:59	21:23	0.93	2.73
13	2013 年 CBA 全明星赛扣篮大赛	2013–02–24	20:33	20:50	0.83	2.02
14	2013 年世乒赛女双决赛	2013–05–20	20:03	20:47	0.80	2.39
15	第 27 届亚洲男篮锦标赛	2013–08–03	17:45	19:24	0.80	5.05
16	第 12 届全运会女子 100 米栏决赛	2013–09–08	19:37	19:40	0.76	2.26
17	2013 年亚洲女排锦标赛复赛	2013–09–17	20:01	21:25	0.71	2.01
18	第 12 届全运会女子 400 米决赛	2013–09–08	20:19	20:23	0.71	1.88
19	2013 年世界斯诺克锦标赛第二轮	2013–04–29	20:11	23:14	0.70	2.44
20	2013 年第 15 届世界游泳锦标赛女子三米板半决赛	2013–07–26	19:59	21:26	0.70	2.05

CCTV–6

排名	节目名称	日期	开始时间（时：分）	结束时间（时：分）	收视率 %	市场份额 %
1	少林寺	2013–12–07	18:59	20:43	2.56	6.85
2	笑功震武林	2013–11–22	18:59	20:37	2.47	6.46
3	太极张三丰	2013–12–14	18:59	20:38	2.47	6.37

续表

排名	节目名称	日期	开始时间（时：分）	结束时间（时：分）	收视率 %	市场份额 %
4	百万巨鳄	2013–02–10	20:57	22:34	2.36	7.29
5	小醉拳	2013–12–13	18:59	20:37	2.14	5.66
6	功夫之王	2013–12–29	18:59	20:42	2.12	5.59
7	不二神探	2013–10–05	18:59	20:40	2.07	6.09
8	神勇投弹手	2013–12–25	19:00	20:43	2.07	5.68
9	举起手来之二追击阿多丸号	2013–07–10	20:47	22:25	2.06	6.51
10	危情营救	2013–07–05	20:50	22:25	2.05	6.64
11	唐伯虎点秋香二之四大才子	2013–11–02	18:59	20:43	1.90	5.07
12	白蛇传说	2013–12–28	18:59	20:42	1.90	5.01
13	捕蛇少年	2013–03–18	20:43	22:17	1.88	6.04
14	山林喋血	2013–12–08	20:39	22:17	1.87	6.09
15	精武英雄	2013–11–26	19:00	20:44	1.86	5.07
16	新碧血剑	2013–11–23	18:59	20:45	1.84	4.80
17	无敌铁砂掌	2013–12–20	18:59	20:33	1.82	4.77
18	血性山谷	2013–12–08	18:59	20:27	1.82	4.77
19	举起手来	2013–07–10	19:00	20:34	1.81	6.98
20	人再囧途之泰囧	2013–07–16	20:45	22:33	1.80	5.88

CCTV–7

排名	节目名称	日期	开始时间（时：分）	结束时间（时：分）	收视率 %	市场份额 %
1	特别节目 2013 春节联欢晚会	2013–02–09	19:59:59	24:40:13	1.66	3.77
2	乡村大世界	2013–01–19	18:05:21	19:29:36	0.97	3.25
3	乡约	2013–05–04	21:17:22	22:06:28	0.87	2.72
4	2013 亿万农民的笑声 全国农民春节晚会	2013–02–09	18:07:01	19:28:24	0.69	2.30
5	牛人大拜年 春节特别节目	2013–02–19	21:17:18	22:31:41	0.68	2.13
6	动物世界	2013–02–12	20:35:01	21:05:00	0.67	1.83
7	新农民才艺风采大赛	2013–11–09	18:05:22	19:29:38	0.67	2.21
8	第 1 动画乐园：大耳朵图图第三季	2013–07–12	12:02:01	12:10:01	0.66	4.52
9	防务新观察	2013–02–10	20:01:30	20:25:45	0.62	1.55
10	军事报道	2013–01–12	19:32:10	19:54:34	0.61	1.54
11	致富经	2013–08–15	21:17:27	21:46:14	0.60	1.80
12	每日农经	2013–07–31	21:47:17	22:06:54	0.57	1.91
13	乡村大集合国庆长假特别节目	2013–10–05	21:20:22	22:32:00	0.57	2.12
14	普法栏目剧精编季	2013–07–27	12:06:01	12:51:01	0.55	3.36
15	快乐转转转端午特别节目	2013–06–09	18:05:32	19:29:38	0.52	2.58
16	麦收故事会	2013–06–27	21:23:13	22:06:29	0.52	1.65
17	我是一个兵	2013–08–01	20:05:05	21:35:06	0.51	1.52
18	2013 网络农民闹元宵	2013–02–24	18:08:05	19:29:18	0.51	2.04
19	农村题材曲艺小品展演	2013–11–02	18:05:27	19:29:38	0.50	1.72
20	军事纪实	2013–01–01	20:02:12	20:25:15	0.50	1.23

CCTV–8

排名	节目名称	日期	开始时间（时：分）	结束时间（时：分）	收视率 %	市场份额 %
1	妈祖	2013–01–09	19:55:00	20:40:00	4.44	10.93
2	猎杀	2013–05–28	20:48:01	21:32:31	2.85	8.33
3	桐柏英雄	2013–05–01	21:42:31	22:27:00	2.69	10.70
4	我的故乡晋察冀	2013–06–12	20:46:58	21:30:58	2.48	7.13
5	马永贞	2013–05–11	20:47:00	21:31:00	2.33	6.28
6	决战江南	2013–04–21	20:48:02	21:32:31	2.18	6.43
7	战火大金脉	2013–06–22	20:48:00	21:32:30	2.08	5.85
8	女人进城	2013–09–17	20:54:31	21:38:31	2.06	6.14
9	仙女湖	2013–02–21	19:54:01	20:38:01	1.99	4.94
10	射天狼	2013–05–21	20:48:02	21:32:31	1.87	5.31
11	零炮楼	2013–05–29	20:49:01	21:34:01	1.76	5.19
12	你是我的眼睛	2013–01–09	18:04:20	18:49:56	1.75	6.95
13	闯天下	2013–11–23	21:51:01	22:35:01	1.72	6.98
14	西藏秘密	2013–01–20	20:47:01	21:31:01	1.67	4.28
15	赖汉的幸福指数	2013–09–26	19:59:01	20:43:01	1.67	4.40
16	非缘勿扰	2013–07–12	20:48:00	21:32:31	1.62	4.76
17	画皮之真爱无悔	2013–07–23	21:51:02	22:35:02	1.61	6.32
18	新白发魔女传	2013–02–16	20:47:01	21:31:01	1.59	4.20
19	唐朝浪漫英雄	2013–01–28	20:47:01	21:31:01	1.57	4.12
20	大掌门	2013–12–30	19:59:02	20:43:02	1.57	4.02

CCTV–9

排名	节目名称	日期	开始时间（时：分）	结束时间（时：分）	收视率 %	市场份额 %
1	巨型食人鱼	2013–02–13	19:00:00	19:54:00	0.36	1.14
2	断刀——朝鲜战场大逆转	2013–03–06	20:30:00	20:56:00	0.34	0.89
3	人类星球	2013–03–07	19:00:00	19:53:00	0.34	1.12
4	奇形怪物	2013–11–24	18:00:00	18:52:23	0.32	1.14
5	舌尖上的中国	2013–03–17	17:00:01	17:54:01	0.31	2.16
6	猎豹生死兄弟	2013–09–12	19:00:07	19:54:08	0.30	1.02
7	超级武器	2013–10–04	20:30:00	20:56:00	0.29	0.79
8	萌宠成长记	2013–02–11	20:59:59	21:47:00	0.28	0.81
9	中苏外交档案解密	2013–02–13	20:30:00	20:53:00	0.28	0.74
10	上甘岭 战地土行孙	2013–03–10	20:30:00	20:56:00	0.28	0.68
11	马拉生命之河	2013–02–10	19:00:01	19:54:01	0.27	0.74
12	人体奥秘	2013–10–14	19:00:07	19:54:07	0.27	0.77
13	漓江渔火	2013–01–12	22:00:00	22:54:00	0.26	1.14
14	生命的力量	2013–02–10	18:00:01	18:54:01	0.26	0.98
15	狮子大战猎豹	2013–09–16	21:00:01	21:53:00	0.26	0.83
16	惊险瞬间全纪录	2013–12–01	18:00:01	18:49:48	0.26	0.99
17	上甘岭 你好喀秋莎	2013–03–11	19:59:59	20:25:59	0.25	0.64
18	野性俄罗斯	2013–02–01	18:00:00	18:53:01	0.25	1.10
19	超人	2013–02–06	19:00:01	19:51:14	0.25	0.75
20	大猫传奇	2013–08–07	21:00:01	21:54:00	0.25	0.74

CCTV–10

排名	节目名称	日期	开始时间（时：分）	结束时间（时：分）	收视率 %	市场份额 %
1	我爱发明	2013–11–21	18:44	19:40	0.84	2.49
2	中国汉字听写大会 2013	2013–10–12	19:59	21:47	0.75	2.06
3	文明密码	2013–01–28	18:44	19:40	0.74	2.27
4	自然传奇	2013–02–14	19:57	20:53	0.72	1.92
5	原来如此	2013–12–08	18:44	19:40	0.70	1.96
6	大真探	2013–12–13	20:59	21:55	0.67	1.95
7	魔力发明秀	2013–02–17	18:44	19:55	0.53	1.60
8	发明梦工场	2013–09–05	18:44	20:25	0.52	1.65
9	走近科学	2013–09–18	20:29	21:25	0.51	1.39
10	真相	2013–11–19	20:59	21:55	0.50	1.62
11	无限极健康之路	2013–11–19	17:59	18:42	0.47	1.95
12	讲述	2013–06–24	20:59	21:27	0.45	1.29
13	探索·发现	2013–02–25	21:59	22:42	0.41	1.81
14	嫦娥落月之落月大型系列直播节目	2013–12–14	19:44	22:00	0.38	1.01
15	断刀朝鲜战场大逆转	2013–01–26	21:14	22:39	0.37	1.24
16	地理·中国	2013–11–10	17:29	17:57	0.36	1.97
17	第 N 个空间	2013–07–29	21:59	22:42	0.32	1.43
18	味道	2013–02–13	21:44	22:30	0.32	1.14
19	2013 科教频道暑期特别节目	2013–08–21	11:44	12:40	0.30	1.92
20	人物	2013–03–14	21:29	21:57	0.28	0.85

CCTV–11

排名	节目名称	日期	开始时间（时：分）	结束时间（时：分）	收视率 %	市场份额 %
1	西游记	2013–06–29	12:17	13:04	0.86	5.51
2	一路欢笑——优秀曲艺作品展播	2013–12–08	18:07	19:09	0.75	2.52
3	刘三姐	2013–04–19	20:27	22:00	0.63	1.80
4	宝莲灯	2013–07–06	12:17	13:03	0.59	3.73
5	薛平贵与王宝钏	2013–10–01	13:03	13:46	0.54	4.15
6	家有儿女第二部	2013–02–05	12:40	13:06	0.51	3.38
7	牛郎织女	2013–08–13	13:09	13:55	0.48	3.49
8	天仙配	2013–08–11	12:18	13:04	0.48	2.79
9	家有儿女第一部	2013–02–16	12:54	13:20	0.45	3.13
10	大宅门	2013–07–28	12:18	13:05	0.44	2.51
11	康熙王朝	2013–03–09	21:51	22:38	0.44	1.73
12	神医喜来乐	2013–02–20	21:58	22:44	0.44	1.77
13	欢天喜地七仙女	2013–08–29	13:02	13:48	0.43	2.98
14	活佛济公	2013–12–15	12:57	13:43	0.43	2.78
15	首届全国少儿京剧电视大赛	2013–08–29	19:20	21:54	0.41	1.17
16	京剧脸谱赏析	2013–06–25	13:51	13:56	0.38	3.71
17	神探狄仁杰第三部	2013–06–03	23:13	23:57	0.37	5.04
18	卷席筒	2013–10–27	19:20	21:25	0.36	1.02
19	雍正王朝	2013–04–05	22:54	23:39	0.35	3.00
20	三国演义	2013–10–27	12:56	13:42	0.35	2.91

CCTV–12

排名	节目名称	日期	开始时间（时：分）	结束时间（时：分）	收视率 %	市场份额 %
1	普法栏目剧	2013–02–24	20:22	21:09	1.22	2.96
2	法律讲堂（生活版）	2013–11–24	18:55	19:22	1.17	3.28
3	一线	2013–12–12	19:24	20:04	0.93	2.52
4	道德观察	2013–10–18	18:53	19:11	0.89	2.90
5	庭审现场	2013–09–28	20:27	21:07	0.82	2.25
6	天网	2013–01–23	20:07	20:47	0.80	1.97
7	忏悔录	2013–06–09	20:27	21:07	0.67	1.79
8	平安行全国交通安全宣传日 2013	2013–12–02	17:53	18:51	0.44	1.84
9	大案终结者	2013–02–24	21:10	22:00	0.39	1.04
10	心理访谈	2013–01–17	22:04	22:40	0.38	1.77
11	夜线	2013–11–05	22:00	22:40	0.38	1.95
12	见证	2013–05–25	22:00	22:40	0.37	1.59
13	热线 12	2013–07–09	11:59	12:39	0.37	2.46
14	小区大事	2013–07–06	22:20	23:00	0.33	1.68
15	法治的力量——CCTV2013 年度法治人物颁奖礼	2013–12–04	20:07	21:37	0.30	0.86
16	戏法大过年	2013–02–21	18:34	19:24	0.28	0.97
17	时光擂台	2013–02–10	20:19	21:49	0.26	0.70
18	夕阳红	2013–12–17	15:48	16:05	0.23	2.65
19	CCTV 慈善之夜 CCTV 年度慈善人物	2013–12–14	20:07	21:37	0.20	0.53
20	走向法治国家	2013–12–06	20:06	20:36	0.17	0.44

CCTV–13

排名	节目名称	日期	开始时间（时：分）	结束时间（时：分）	收视率 %	市场份额 %
1	新闻联播	2013–02–09	19:00	19:30	1.83	5.25
2	新闻 30 分	2013–04–20	12:00	13:01	1.51	9.91
3	焦点访谈	2013–04–20	19:35	19:52	1.46	4.31
4	东方时空	2013–04–20	19:52	21:00	1.43	3.80
5	共同关注	2013–04–20	18:08	18:58	1.34	6.76
6	新闻直播间	2013–04–20	13:01	13:58	1.34	9.85
7	太空新旅 再探天宫 天宫一号与神舟十号载人飞行任务特别报道	2013–06–11	16:29	18:58	1.21	8.31
8	嫦娥三号登月之旅	2013–12–14	20:01	21:59	0.95	2.58
9	环球视线	2013–02–07	22:30	22:57	0.95	4.34
10	四川雅安强地震	2013–04–20	13:58	18:08	0.95	7.86
11	国际时讯	2013–02–07	22:00	22:25	0.93	3.23
12	李克强总理会见中外记者并回答提问	2013–03–17	19:52	20:45	0.89	2.26
13	新闻调查	2013–05–18	21:30	22:31	0.86	3.04
14	世界周刊	2013–02–24	22:15	23:00	0.84	3.55
15	特别节目 一年又一年 2013	2013–02–09	19:40	20:58	0.73	1.58
16	军情时间到	2013–02–13	22:30	22:57	0.72	3.58
17	法治在线	2013–07–10	12:35	12:55	0.69	4.21
18	新闻周刊	2013–07–13	22:15	23:00	0.66	3.26

续表

排名	节目名称	日期	开始时间（时：分）	结束时间（时：分）	收视率 %	市场份额 %
19	新闻 1+1	2013–02–08	21:32	21:54	0.66	1.79
20	特别节目 梦想从历史深处走来	2013–09–28	19:40	20:10	0.64	1.75

CCTV–14

排名	节目名称	日期	开始时间（时：分）	结束时间（时：分）	收视率 %	市场份额 %
1	动画片 熊出没过年	2013–02–08	19:00	19:54	3.85	10.95
2	动画片 喜羊羊与灰太狼开心日记	2013–01–25	19:13	19:25	3.62	10.72
3	动画大放映	2013–12–31	19:22	19:32	3.55	9.59
4	动画片 葫芦兄弟	2013–12–27	19:25	19:33	3.40	9.27
5	动画片 电击小子	2013–01–12	19:11	19:32	3.14	8.48
6	动画片 生肖传奇之十二生肖闯江湖	2013–02–07	19:21	19:32	3.09	8.56
7	动画片 神兵小将	2013–03–10	19:19	19:38	2.93	8.44
8	动画片 黑猫警长	2013–12–20	19:18	19:34	2.91	7.88
9	动画片 果宝特攻二	2013–08–16	20:18	20:29	2.82	8.22
10	动画片 蓝猫龙骑团之炫迪传奇	2013–04–05	19:14	19:28	2.59	7.89
11	动画梦工场	2013–10–18	19:14	19:24	2.50	7.44
12	动画片 大耳朵图图	2013–06–09	19:21	19:31	2.30	8.77
13	动漫世界	2013–06–30	12:04	12:15	2.26	14.51
14	动画片 神兽金刚二天神地兽	2013–07–09	20:09	20:20	2.12	6.77
15	动画片 甜心格格	2013–02–21	19:00	20:52	2.10	5.58
16	动画片 水漫金山	2013–02–14	19:06	19:17	2.05	6.69
17	星际精灵蓝多多	2013–01–11	19:35	19:54	1.93	4.78
18	银河剧场	2013–09–06	20:14	20:28	1.92	5.13
19	动画片 中华小子	2013–08–22	19:29	19:52	1.92	6.39
20	动画乐翻天	2013–01–11	18:13	18:24	1.91	7.67

CCTV–15

排名	节目名称	日期	开始时间（时：分）	结束时间（时：分）	收视率 %	市场份额 %
1	凤凰浴火　我是传奇	2013–05–17	20:40	22:14	0.50	1.52
2	刘三姐	2013–04–21	20:40	22:13	0.47	1.57
3	精彩音乐汇	2013–04–21	19:30	20:35	0.44	1.23
4	CCTV 音乐厅	2013–01–26	20:40	21:30	0.42	1.07
5	追梦巨星耀北京——邓丽君 60 周年纪念演唱会	2013–10–03	20:42	22:18	0.35	1.15
6	CCTV–MTV 音乐盛典	2013–02–08	18:54	21:00	0.31	0.83
7	电视剧 情深深雨濛濛	2013–02–14	17:14	17:59	0.31	1.73
8	中国音乐电视	2013–10–23	18:55	19:25	0.30	0.98
9	寻找刘三姐	2013–12–22	19:30	20:54	0.30	0.78
10	民歌·中国	2013–10–18	20:42	21:11	0.29	0.79
11	纵情歌唱	2013–03–17	20:30	21:18	0.29	0.75
12	音乐传奇	2013–02–22	21:21	22:09	0.28	0.82

续表

排名	节目名称	日期	开始时间（时：分）	结束时间（时：分）	收视率 %	市场份额 %
13	电视剧 家有儿女第二部	2013–06–16	11:32	11:56	0.28	1.95
14	又见邓丽君跟唱吧	2013–04–11	20:40	21:29	0.28	0.74
15	光荣绽放 2012 十大新锐歌手演唱会	2013–01–11	20:39	21:45	0.27	0.70
16	2013 星光璀璨新民歌演唱会	2013–07–30	20:42	22:18	0.26	0.80
17	一起音乐吧	2013–02–13	20:40	21:46	0.26	0.73
18	CCTV 音乐盛典	2013–06–10	20:40	22:15	0.25	0.76
19	舞 + 舞 历届春晚舞蹈精粹	2013–02–10	10:00	10:30	0.25	1.14
20	魔法奇迹	2013–01–02	18:30	18:50	0.25	0.80

YAN FA

研　　发

研 发

2013 年中央电视台研发成果选介

《中央电视台战略转型和发展路径分析》摘要

近年来，随着国际国内舆论环境的快速发展和媒介技术的高速变革，以中央电视台为代表的中国主流媒体正处于机遇挑战并存的重要历史关头。尤其是2009年以来，中国国内舆论环境发生“分水岭”式的变革，这种变革对国家主流媒体的公信力、凝聚力、创新力以及人才培养和管理的机制和模式等都带来了深刻的影响。在这样的时代背景和舆论环境下，中央电视台进行战略转型，不仅是客观环境使然，也是它作为国家级媒体发展的必然需求。报告立足于中央电视台实际，提出面向新世纪第二个十年的战略转型与发展路径分析。报告分为发展环境分析、战略转型目标与定位和战略发展路径三大部分。从近年来国际国内舆论环境的快速发展，媒介技术的高速变革等方面分析中央电视台发展环境变化；利用PEST模型对中央电视台发展战略转型定位进行详尽分析；并从重大新闻事件报道能力、突发事件舆论引导能力、“全球、全民、全媒”战略发展转型、发展新媒体、利用新媒体技术占据发展主动、“走转改”节目战略发展、“名记者、名主持人”队伍建设与培养、发展公益频道等问题进行专题分析，最后提出中央电视台战略转型的六个总体建议。

（发展研究中心发展战略研究部供稿）

《西方媒体管理体制分析》摘要

课题从西方国家如何管理媒体入手，对美国、英国、日本、俄罗斯等西方主要国家的媒体管理体制进行了深入解析。在总结西方国家对媒体的管理体制基础上，提出对媒体管理的第一要义是战略上的指导。而从发展趋势上看，西方对媒体的管理不是削弱而是加强。在管理体制上，则是多管齐下、相互补充，一方面通过立法、行政管理、监管等手段，直接或间接干预媒体行为；另一方面还通过传媒业的自律与行业管理对媒体行为进行干预，近年来还强力推进对网络媒体和社交媒体等新媒体的监管。课题还对西方媒体行业自律的具体做法进行了详尽分析，并提出西方媒体管理体制对中央电视台带来的启示。

（发展研究中心发展战略研究部供稿）

《2012年度中央电视台与国际一流媒体对比分析报告（央视白皮书）》摘要

《2012年度中央电视台与国际一流媒体对比分析报告（央视白皮书）》定位于服务中央电视台的国际传播能力建设，围绕中央电视台如何建设国际一流媒体这一核心内容，全面勾勒中央电视台国际传播的全球发展布局及建设进程，为中央电视台的国际传播提供直接的借鉴和参考。本报告采取自身纵向发展对比、与其他国际一流媒体横向对比等相结合的方式，由全球传播布局、国际采编网络、国际播出渠道、国际传播效果、海外运营、国际传播专题研究等六部分构成，全面展现中央电视台的国际一流媒体建设进程。报告通过系统盘点中央电视台的国际传播现状及成就，同时与国际一流媒体的发展指标进行针对性对比，根据对比情况，提出针对性的国际传播发展建议，为中央电视台的国际一流媒体建设提供有用的参考与借鉴。

（发展研究中心发展战略研究部供稿）

《打造世界级精品频道系列专题研究》摘要

围绕中央电视台传播能力建设，在广泛收集国际一流媒体年报及相关资料的基础上，从战略、节目、频道运营、节目编排等方面与国际主要媒体精品频道进行对比研究。相继完成针对中央电视台综合频道的《BBC综合频道与中央电视台综合频道节目编排比较》《CCTV-1与国际主要综合频道节目对比分析》《国际主流综合频道黄金时段节目策略分析》《BBC十点新闻收视第一对中央电视台综合频道的启示》，针对中央电视台新闻频道的《中央电视台新闻频道与欧美主要新闻频道对比分析》，针对整体发展战略的《CCTV与国际一流媒体的全球传播战略对比分析》等针对性对比分析报告。系列对比报告涉及中央电视台及国际主要电视媒体的个案分析、数据对比，提供详实、客观的对比结果，并针对这些对比结果，提出相应的对策建议。

（发展研究中心发展战略研究部供稿）

《创新战略对策分析》摘要

2013年台工作会议提出“以建设国际一流媒体为总目标，以创新战略为重点”，大力推进节目创新工作。为全面了解国际节目创新的前沿动态，国内节目创新的趋势特点，供台内参考借鉴，发展研究中心特通过全球电视收视调查机构EURODATA TV对全球2011～2012年优秀新节目进行跟踪分析，了解国际节目创新的现状和特点；同时分析国内创新节目收视效果；提出中央电视台节目创新的思路与建议。课题推出了《全球电视节目创新概况（2012年度）》研究报告、《国际电视媒体发展趋势》《上半年中央电视台新节目初显成效》《荷兰〈节目实验室（TV LAB）〉模式激发创新力对中央电视台的启示》《新型视频服务公司——“话题新闻公司”兴起带来的启示》《英国综艺节目创新对中央电视台的启示》等系列研究报告。

（发展研究中心发展战略研究部供稿）

《2013年度海外舆情监测》摘要

发展研究中心借助环球舆情外媒数据库，连续五年对中央电视台及竞争媒体的境外舆情进行跟踪监测，覆盖全球100多个国家和地区主要国际语种的上万个信息源，涵盖了95%以上的境外主流媒体（包含港澳台地区)。主要围绕中央电视台的海外舆论影响力进行监测，包括中央电视台及国际竞争媒体的被关注度、被转载量、转载媒体等方面的内容，分析出中央电视台在国际舆论中的引导能力及变化情况，衡量中央电视台在国际舆论市场中的地位和影响能力。2013 年相继完成中央电视台海外舆情年度监测报告、“两会”报道海外舆情监测报告、“3·15”晚会海外舆情监测、上半年海外舆情监测报告等，并以大简报的形式上报《上半年中央电视台海外舆论影响力提升显著，同比增长 70%》。

(发展研究中心发展战略研究部供稿)

《2012 年中国纪录片竞争力年度报告》简介

2012 年是国家级纪录片传播平台 CCTV-9 纪录频道开播的第二年，《2012 年中国纪录片竞争力年度报告》对该年度全国纪录片的发展状况提出了细致的分析和深入的思考。报告共分为五大部分，从频道竞争力、栏目竞争力、节目竞争力、新媒体传播竞争力和纪录片的发行制作几个层面全景分析了 2012 年中国纪录片的现状与趋势，在每一层面中又从产业链的角度具体阐述了播出、收视与经营情况。从产业链上游方面，报告探讨了在电视产业化和市场化发展以及电视节目制播分离的大背景下，纪录片的生产和制作情况；从产业链下游方面，探讨了相对小众的纪录片如何通过小众渠道进行传播并从事衍生产品的开发以寻找更大空间的状况。报告还针对一些特定的频道、栏目以及节目进行了深入的案例分析，尤其关注了纪录片在新媒体网站上的播出情况。

(发展研究中心发展战略研究部供稿)

《2012 年中国电视剧年度发展报告》简介

伴随着市场经济的进一步深化，中国的电视剧也经历了从萌芽起步到逐步迈向市场化的成熟阶段。《2012 年中国电视剧年度发展报告》从传媒产业发展的产业链视角出发，以 2012 年全年电视剧市场为研究对象，研究了中央电视台、省级卫视、其他各级电视台等各类电视剧的播出、收视以及市场竞争状况。依据 CSM 媒介研究相关数据、行业深访等一手资料，及行业报告等二手资料整理等方式，通过收视分析、市场研究、案例剖析，对 2012 年中国电视剧市场发展做出判断，为中央电视台提升电视剧市场竞争力提供参考依据。报告还特别关注了视频网站电视剧的播出，通过分析几大视频网站的电视剧点播情况，对比视频网站与传统电视平台播出差异，探索电视剧在传统平台和新媒体平台上播出的各自发展前景。

(发展研究中心发展战略研究部供稿)

《中国电视新闻年度报告 (2012 年～ 2013 年)》摘要

本报告以国内外新闻频道及栏目的收视数据、新媒体播放数据为依托，在对数据深度挖掘的基础上，结合定性资料的深入分析，对中国电视新闻市场竞争现状、中国电视新闻创新特点以及国外电视新闻年度发展状况进行概括总结。报告在内容布局上，进一步强化服务理念，在系统展示中国电视新闻发展全貌的同时，重点突出中国电视新闻创新的特点，高度概括国外新闻频道和典型新闻节目特点，为各电视台准确把脉电视新闻发展趋势，正确定位新闻频道和栏目的改版创新策略提供有益的参考。本报告共包括三个章节和一个附录，第一章主要对中国电视新闻节目和以新闻节目见长的电视频道的播出和收视特点进行总结；第二章主要对各级频道新闻栏目以及不同类型电视新闻栏目的收视表现及特点进行分析；第三章主要从新媒体融合、报道议题和内容、报道方式和语态等方面对2012～2013年度电视新闻的创新进行了分析；附录部分在对国外电视新闻年度发展现状进行概括的基础上，对国外重点新闻频道以及国外典型新闻栏目进行了分析。

（发展研究中心电视传播研究部供稿）

《中国电视频道发展报告2012》摘要

2012年，我国的电视媒体进行了全方位调整，中国电视市场革新不断，实现了全面、平稳、健康发展。日趋激烈的电视市场竞争促使各电视频道依托节目创新吸引观众眼球、抢夺市场份额。而受国家宏观经济形势、政策监管的多重限令、新媒体迅速发展等因素的影响，电视广告市场的发展出现一定的滞缓。与此同时，新媒体的蓬勃发展促进了台网融合的演进，“付费电视”的增长，将进一步推动频道向专业化发展，电视技术持续革新也将给电视媒体带来发展机遇。本报告通过多维度多角度分析、结合新媒体深度研究、前瞻判断未来趋势的研究方法，对国内电视频道整体收视竞争格局、频道覆盖情况、品牌影响力等的分析，系统展示中国电视频道发展全貌；通过对频道定位和内容配置分析、编排特点分析、台网融合案例的分析，为各频道改版创新提供了参考；通过对电视频道发展面临的挑战、发展趋势的前瞻性分析，有利于理清中国电视频道未来发展路径。最终，报告在频道定位与内容配置、频道覆盖与渠道多元化延伸、频道收视竞争格局、频道广告投放和经营创新、频道品牌影响力、频道管理创新和资源整合、频道未来发展趋势等七个方面，取得了一些重要的研究成果。

（发展研究中心电视传播研究部供稿）

《全媒体时代电视市场三大趋势战略前瞻》摘要

报告从全媒体时代电视行业的竞争环境出发，立足当前电视市场的三大趋势——全媒体化、移动化和社交化分析提出当前电视市场三大战略方向：内容适配全媒体、新闻资讯由移动终端主导、娱乐回归大屏幕，与移动第二屏互动。本报告使用了大量数据、案例和市场事件，分析了大量国内外一流电视媒体和新媒体针对这三大战略方向进行的探索和努力，提出大量的创新性观点和操作建议。最后，本报告在对全媒体时代电视市场三大趋势战略分析的基础上，前瞻性的提出了中央电视台全媒体发展转型的三大建议：（一）战略转型——打造全媒体传播新格局；（二）移动制胜——抢占第二新闻舆论场；（三）多屏融合——加强娱乐的社交化互动。

（发展研究中心产业与新媒体部供稿）

《2012中央电视台电视节目网络影响力年度分析报告》摘要

为深入了解中央电视台电视节目在互联网上的传播影响力，发展研究中心产业与新媒体部长期关注电视节目网络影响力，2012年在深入研究广泛论证的基础上，确定了中国电视节目网络传播影响力指标体系，从网媒关注度、网民评议度、网民美誉度、视频点击量、微博提及度五个维度对2012年全国上星频道及播出的新闻、综艺类电视栏目及上星频道首播电视剧进行监测分析。研究发现，作为传统电视媒体的核心力量，中央电视台的整体形象、发展动态、品牌建设等受到网络媒体及网民的高度关注，影响力已经由传统的电视终端扩大至网络。全国 60 个上星频道中，中央电视台共有 5 个频道入围各项指标排行榜。在全国上星频道旗下的 214 档新闻栏目中，中央电视台包揽上星新闻栏目网媒关注度前十名，在视频点击量前十榜单中占据七席，在网民评议度和微博提及量榜单上榜六个。

（发展研究中心产业与新媒体部供稿）

《2013 年上半年中央电视台电视节目网络影响力分析报告》摘要

报告从五个维度对全国电视节目的网络影响力进行了对比排行，同时，对 2013 年上半年表现突出的频道、新闻栏目、综艺栏目及首播电视剧的内容特色、网络传播策略等相关方面进行深度挖掘，为节目提升网络传播影响力提供参考借鉴。数据监测结果显示，2013 年上半年，中央电视台节目网络影响力呈现明显提升。在全国 60 个上星频道的监测对比中，中央电视台共有 9 个频道在五项指标前十榜单中入围。在全国上星频道旗下的 274 档新闻栏目中，中央电视台新闻栏目传播影响力在互联网平台保持优势地位，各大榜单中均占据七席以上。《新闻联播》《焦点访谈》等栏目的改版、“接地气”备受关注和好评。《梦想合唱团》《舞出我人生》《星光大道》等五档入围综艺栏目网络影响力相关指标前十榜单，充分展示了中央电视台开放的心态和创新的成效。

（发展研究中心产业与新媒体部供稿）

《2013 年国内电视市场十大发展趋势》摘要

发展研究中心组织业内资深专家深入研讨，梳理出 2013 年国内电视市场十大发展趋势。一、有线电视、网络视频是电视节目的主传播渠道；IP 电视用户规模将进一步扩大；手机电视和互联网电视将成为增长最快的渠道；二、电视市场马太效应继续扩大，两极分化更加明显；三、电视剧仍为电视台支柱，强势媒体进一步把控资源，第二方阵第三方阵媒体寻求多元化战略联盟；四、借王牌节目打响频道品牌，借系列活动与全媒体营销实现优质节目影响最大化；五、电视广告将更侧重于品牌传播，强势全国性频道将表现出更强吸金能力；六、三网融合进展缓慢，三屏融合已经到来，互动特性有助提升电视收视；七、制播分离将进一步创新和深化发展；八、电视媒体将更多借助资本发展；九、版权问题将成为电视行业关注的核心；十、全媒体收视率体系呼之欲出，跨媒体的立体化广告运营成为趋势。

（发展研究中心发展战略研究部供稿）

《2013年世界电视十大发展趋势》摘要

发展研究中心组织业内资深专家深入研讨，梳理出2013年世界电视十大发展趋势。一、电视在全球范围内消费总量提升；二、电视观众更多终端自由选择，智能电视将有较大发展；三、数字化与电视节目多终端发布推动电视媒体角色转变；四、电视台将把“第二屏”作为节目的标准配置；五、模式引进与原版改编将成为全球节目创新的主流趋势；六、电视剧与选秀节目仍是拉动收视的主力；七、将出现更多的个性化服务以及自媒体；八、电视节目将出现或先网络播出、或先电视播出的探索；九、时移与网络收视将推动全媒体收视测量进一步发展；十、超高清电视将成为传统电视与网络视频竞争的重要手段。

（发展研究中心发展战略研究部供稿）

《BBC委托社会制作公司节目制作的管理机制》摘要

在全球，英国电视产业的发展最为成熟，各种制度、政策和运作流程成为业界的风向标。发展研究中心调研了BBC委托社会独立制作公司节目制作的具体管理运作机制，包括实施组织运作机构设置、运作流程、购买价格、风险控制、播出发行管理等方面，为中央电视台与社会制作公司合作方面的管理创新提供参考。

（发展研究中心发展战略研究部供稿）

《组织融合——BBC案例分析》摘要

媒体融合是国际各媒体都在推进的战略之一，这一过程中组织融合是难点之最。报告针对组织融合这一媒体转型共同面临的课题，详细调研了BBC在组织融合中的系列关键举措：半年时间制定了详尽的融合计划，包括制订“全台一盘棋”的战略方针、确定战略实施分步目标及责任人、每个目标均由传统部门和未来媒体部共同负责、整合资源重新设计组织结构等。推进中的关键步骤包括全台一致行动、由指定部门负责融合的整体规划和实施、传统业务部门承担新媒体发展的责任、每个新媒体产品均有相应的预算支持、形成新的组织文化等。报告从BBC的经验引申到中央电视台传统业务与新媒体业务融合的策略，提出可以吸取经验，成立新媒体融合主导部门、详尽规划、落实责任、自上而下地实施融合战略，进而有力推动中央电视台创新战略的实施。

（发展研究中心发展战略研究部供稿）

《BBC 旗舰频道高收视的原因及对中央电视台启示》摘要

BBC1 作为英国电视的旗舰频道享有盛誉，从1992 年至今，一直保持着高达 20% 左右的收视，高居全英榜首，遥遥领先于排名第二的 BBC2（收视 6% 左右）。发展研究中心对 BBC1 旗舰频道高收视背后的原因进行了调研，主要原因在于：1. 高度集中的节目组织生产架构，便于节目资源的统筹调配；2. 科学合理的频道设置和搭配；3.BBC1 旗舰频道获得了资金、编辑优先权等支持。对中央电视台综合频道提升收视提供了参考和借鉴。

（发展研究中心发展战略研究部供稿）

《2012 年媒体微博使用情况报告》摘要

在微博运用方面，媒体微博已经与政务微博和企业微博并列成为三大组织化微博群之一，并在新媒体舆论场发挥着极为重要的作用。在传统媒体的全媒体转型和媒介融合之路上，媒体微博发挥了重要的“试验田”的价值，弥补了传统媒体在应对网络新媒体冲击下时效性、互动性不足的先天缺陷。很多媒体依靠新老媒体的互动配合赢得了舆论主导，媒体微博也越来越受到传统媒体的重视。为此，《2012 年媒体微博使用情况报告》结合社会相关研究来展现媒体微博的特点并对中央电视台“央视新闻微博”的发展提出一些参考建议。

（发展研究中心电视传播研究部供稿）

《2012 年度“感动中国”创新及社会反响》摘要

2013 年 2 月 19 日晚，“感动中国”2012 年度人物颁奖典礼在中央电视台综合频道播出。作为延续了 11 年的公益品牌，2013 年的“感动中国”继承赞美道德楷模、推动社会进步、传播正能量的精神，并在节目内容和节目形式上进行了几项创新，赢得了积极的社会反响。该报告结合往期“感动中国”评选活动和颁奖典礼的设计，梳理了“感动中国”2012 年度人物颁奖典礼及相关活动的创新亮点。同时，对节目播出之后的社会反响进行了梳理，节目本身收到大量正面评价，是一台从内容到形式方面都堪称优秀的电视节目。

（发展研究中心电视传播研究部供稿）

《重要创新现象：国内真人秀节目呈“剧情化”趋势》摘要

随着湖南卫视《我是歌手》的热播，国内娱乐节目出现了一种前所未有的新现象，引发业界高度关注。这种现象是：真人秀节目在制作上越来越向悬念和故事性靠拢，像拍电视剧一样将比赛进度层层推进，勾起观众的“追剧”心理，节目制作团队中同时派生出一个全新的职业——“编剧”导演，专门负责设计“节目剧情”。这种节目“剧情化”的编排方式，标志着国内电视真人秀节目开始出现重大创新，并很可能成为国内其他电视台今后竞相效仿的趋势性做法。该报告试图阐释这种重要创新现象，为中央电视台真人秀节目的发展提供新的参考思路。

（发展研究中心电视传播研究部供稿）

《ESPN、BBC 年底暂停 3D 频道对中央电视台 3D 频道未来的影响》摘要

电影业 3D 技术的快速发展带动了各国 3D 电视频道的高速发展。但 2013 年接连有电视播出机构宣布中止 3D 电视业务，这些消息将看似兴盛的 3D 电视带入了“瓶颈期”：2013 年的 6 月 7 月，3D 电视领域的先行者 BBC、ESPN 先后宣布将在 2013 年年底暂停 3D 电视频道的播出。与此同时，海外业界出现不少唱衰 3D 电视发展的言论，对当前的 3D 电视频道发展持悲观态度。海外 3D 电视频道遭遇的普遍困境，也将对中央电视台 3D 电视频道产生不小的影响。该报告聚焦当前电视频道发展存在的用户体验不佳、缺少盈利模式等问题，结合中央电视台 3D 频道的发展状况，对未来 3D 电视的发展成长空间进行了前瞻性的研究。

（发展研究中心电视传播研究部供稿）

《观众数据分析改变美国电视剧制播模式》摘要

2013 年全球电视剧领域的最大动静莫过于美剧《纸牌屋》。这部不是由传统电视台或影视公司制作、而是由美国最大的付费订阅视频网站 Netflix 制作播出的电视剧，一度成为了 2013 年 40 多个国家最热播的美剧。然而，热播并不是这部美剧最吸引眼球的地方。最引人关注的是，该剧开创性的制作和播出模式不仅收获了良好的收视效果和口碑，而且很可能对美国甚至全球的电视剧制作方式产生具有颠覆性意义的影响。为此，该报告通过分析《纸牌屋》的制作播出模式，尝试为中央电视台在电视剧制作和播出方面提供一些值得借鉴的思考。

（发展研究中心电视传播研究部供稿）

《风行欧美的"节目制作宝典"是鸡肋还是节目灵魂？——关于中央电视台在引进国外节目模式时如何规范操作的分析》摘要

近年来，随着国外节目模式引进的增多，"节目制作宝典"的概念开始被国内电视人所熟知，"节目制作宝典"是欧美电视节目生产精细化、规范化、系统化的产物，代表着全球最先进的电视生产方式。该报告通过详细介绍"节目制作宝典"的定义、内容、作用等，为中央电视台能够本土化使用和规范操作做出分析。

俗话说："没有规矩不能成方圆。"节目制作宝典就是为节目立下方圆、勾勒出愿景，使一个栏目组的运转更加科学化、规范化、精细化。电视产业的工业化生产方式已经是大势所趋，纵观国内优秀的电视节目，比如《东方时空》《快乐大本营》《法制进行时》等等，虽然节目类型不同，但它们也都有自己的一套节目制作流程、规范和管理机制，从而树立起自己独树一帜的风格。而且，随着电视产业深化发展，对于节目数量和质量要求的不断提高，节目制作宝典应该是每个栏目组都应该建立的必需品。中央电视台现有的优秀自办节目应该吸取以往制作成功经验，洞察同类型节目的优缺点，制作出属于自己的节目制作宝典，像一盏明灯指引全组工作人员统一思想、统一行动。

（发展研究中心电视传播研究部供稿）

《重点打造〈发明梦工场〉中央电视台或将引领中国的"发明热"》摘要

2013年9月，中央电视台科教频道推出了一档全新自主研发的科技类真人秀节目《发明梦工厂》，节目一经播出便展现出了强大传播力，节目第5期收视率达到了0.42%，位列科教频道全天所有节目第1名，全国同时段前10名。同时，节目在各新媒体平台引起广泛讨论，第4期节目播出当天进入新浪微话题电视节目排行榜前5名。该报告在深入栏目组调研后提出很多建设性意见，很多建议在后面决赛阶段的节目录制中得到了实现。

在娱乐节目充斥荧屏的当下，《发明梦工场》的定位显得与众不同，它定位于通过重重考验和层层淘汰，实现发明人与投资人对接，最终使发明人通过节目平台实现其发明梦想，具有极高的科技含量和创新意识。节目采用真人秀形态，但与其他歌唱类的真人秀、职场类真人秀以及择偶类真人秀差异很大，节目的核心内容是展示智慧的发明创造，通过真人秀的形式去达到节目预期的呈现效果。

（发展研究中心电视传播研究部供稿）

《影视制作拥抱“大数据”“精准化”渐成趋势——华策影视收购克顿传媒背后的电视剧新动向》摘要

在现今的影视市场上，如果你不做内容，你就不可能成为一家好公司，但是如果你只做内容，那么市场对你只能是二线公司的估值。因此，当前国内许多影视公司开始注重内容与渠道环节的深度融合，寻求新型的影视剧产业模式。而2013年7月29日华策影视收购克顿传媒，试水“大数据”平台与传统影视业务相结合的新型产业模式或将是一个突破性的创举。这种新型产业模式利用“大数据”技术，将受众群体细分化，实现影视剧制作的“精准化”，可以更好地满足受众需求，降低影视剧制作风险。面对影视剧行业出现的这种新动向，该报告进行了深入细致的分析，为中央电视台电视剧的发展提供参考和借鉴。

（发展研究中心电视传播研究部供稿）

《湖南卫视短期内提振收视率秘诀何在？》摘要

2013年，CCTV-1正在经历一场收视危机，所有人都在找原因想对策，其实，被视为CCTV-1最大竞争者的湖南卫视2012年也经历过类似的危机。虽然在2012年上半年湖南卫视收视率依然位列省级卫视第一，但在4、5月份的收视排名竟一度跌出前十。收视陷入波动后，湖南卫视快速出招调整，6、7月份进行了大刀阔斧的改版，而这一系列动作也是出奇奏效，6月20日全天收视已重回全国省级卫视第一，此后一直保持收视领先的势头。该报告是发展研究中心在对湖南卫视进行了实地调研后撰写完成的，报告从湖南卫视全台上下高度重视收视下滑现象，高效的节目运营管理机制确保第一时间对市场做出反应，奖励考核机制调动全台员工提高收视、创新节目积极性，具体改版措施及效果等四个方面，对湖南卫视的这轮调整进行了全面、深入的分析。

（发展研究中心电视传播研究部供稿）

《公益广告渐成中央电视台扩大影响力的重要品牌》摘要

近年来，中央电视台多个频道制作播出了许多优秀的公益广告，如：《保护江豚》系列公益广告、《回家》系列公益广告、“弘扬勤廉风尚、心系人民群众”主题公益广告等，获得了广泛的好评和认可。尤其是“回家”系列公益广告，包括《老爸的谎言》《妈妈的等待》《打包》等播出后，短短数分钟的简单情节，直触观众们的泪点，其视频迅速在网络上传播，收到无数好评。片中的一些广告语如：“别爱得太迟，多回家看看”、“老爸的谎言，你听得出来吗”、“他忘记了很多事情，但从未忘记爱你”等，已经成为当下网上的流行语。这些发自肺腑、触及心灵的精品公益广告不仅传递了正能量收到了预期的宣传效果，也为中央电视台赢得了广泛的赞誉，树立并维护了良好的口碑和品牌。该报告以《回家》系列的部分公益广告为例，先是对“回家”系列公益广告的特点进行分析，其次梳理了对公益广告对提升中央电视台形象、影响力和收入的作用，最后提出了中央电视台公益广告推广中尚待改进的几点建议。

（发展研究中心电视传播研究部供稿）

《适应全媒体的广告创新 品牌营销出现更隐蔽的植入方式——东芝和英特尔联手推出〈奇幻心旅〉对中央电视台广告营销的启示》摘要

不仅仅是电视制作和播出领域，广告营销因新媒体也在悄然发生着变革。为适应全媒体传播方式，品牌营销已经不局限于在媒体上做直白的广告，刻意营销正在被隐蔽性更好的广告营销方式所取代。由于传统的电视广告互动性差、传播平台单一、受时长限制难以充分展示品牌内涵、播出成本高的弊端逐渐显现，许多企业正在缩减电视广告的投放，寻求新的品牌营销途径。此前，世界500强东芝和英特尔联手推出了一部广告片《奇幻心旅》，这部以社交互动系列剧形式出现、以微电影的手法拍摄出来的广告片，无论在品牌植入方面，还是在内容制作和播出形式上，都呈现出适应社交媒体的特性和优势，成为一种全新的品牌营销方式，引起全球关注。本报告共分两个部分，第一部分从植入营销更隐蔽、互动性更强、到达范围更广、时长更长、情节更吸引人、播出成本更低等五个方面，分析梳理了“社交互动＋微电影”在品牌营销方面的明显优势；第二部分在第一部分的基础上提出了如何更好地借力“微电影”广告实现品牌营销的相关建议。

（发展研究中心电视传播研究部供稿）

《关于扩大中央电视台微博影响力的若干建议》摘要

本期《台情研究》通过分析“央视新闻微博”发展的现状，为中央电视台微博扩大影响力建言献策。文章认为，“央视新闻微博”起步晚但发展快，不过与一些省级卫视微博相比，还不具有明显的比较优势，要想短时间内迅速扩大影响力，还需要更专业的运作。文章结合中国媒体微博特点以及《财经》《新周刊》《创业家》、凤凰卫视等媒体微博的优秀运作经验，从中央电视台全台微博管理和微博操作运营两个方面提出一些建议，有助于扩大中央电视台“央视新闻微博”的影响力。

（发展研究中心电视传播研究部供稿）

《中央电视台如何防止优秀人才跳槽和被挖角》摘要

2013年初，高端电视制作人才纷纷跳槽网络媒体再次成为行业热点事件。有人说，这是网络媒体在挖电视台的墙角，也有人说，这种人才流向是一种必然趋势，而且似乎不可逆。如果在三五年前，财大气粗的电视台还是很多人梦寐以求的好单位的话，那么现在网络公司对电视人才的吸引力绝不比电视台差。电视台原本是一个强势平台+内容制造的综合体，但是当强势平台优势被更快的互联网和更便捷的移动屏幕夺取后，内容制造方面的人才流失后，基本上一个电视台的优势就所剩无几了。该报告分析了这种跳槽现象背后的原因，为电视台如何留住优秀人才提出了一些建议。

（发展研究中心电视传播研究部供稿）

《文化产业改革大潮汹涌 中央电视台要不要涉足电影产业》摘要

2013年，《泰囧》《西游降魔篇》等国产电影的票房均超过12亿元，《致青春》《中国合伙人》等电影的票房也动辄高达5、6亿，导致人们纷纷议论中国电影票房已经走出“儿童期”，进入迅速发育成长的“青春期”。面对越来越火爆的电影市场，浙江、江苏、湖南、上海、北京等地方广电集团，以及乐视网等网络新媒体早已纷纷试水电影产业，摸索经营模式，其中不少已经尝到了甜头。作为中国第一大媒体、一个致力于成为国际一流媒体的媒体，中央电视台要不要系统地涉足电影产业？建设国际一流媒体与中央电视台和电影之间到底有什么样的关系？为了回答这些问题，发展研究中心走访了大量电影从业人员和电影专家，以及台领导、台属公司高管等人，完成了这份关于中央电视台是否需要介入电影产业的调研报告，为台领导在文化产业经营、电影战略方面做出正确决策提供了一些有益的参考。

（发展研究中心电视传播研究部供稿）

《从CNN收视率雪崩式下滑来看中央电视台新闻频道的未来建设》摘要

近年来，CNN收视率不断出现下滑。据尼尔森收视率调查结果显示，2013年第二季度CNN整体收视率已经降至21年来的最低水平，平均观众数量仅有31.9万，与2012年同期相比下降了35%；其中，年龄在25～54岁之间的观众数量更是只有12.9万，同比下降41%。CNN黄金时段收视率也同样遭受了巨大损失，整体收视率和25～54岁观众收视率分别下降了35%和45%。该报告分析了CNN收视率快速下滑的六大因素，并针对中央电视台新闻频道的未来建设提出了四点建议。

（发展研究中心电视传播研究部供稿）

《〈中国汉字听写大会〉：节目自主研发让传统文化落地与传承》摘要

中央电视台科教频道在暑期推出《中国汉字听写大会》节目。在娱乐选秀节目充斥电视荧屏的当下，这样一档以“弘扬汉字之美，传承中华文化”为诉求的文化类节目，有必要就节目在文化传承、电视传播和新媒体推广等方面的成功之处和未来发展进行调研并撰写课题报告。

经过深入栏目组的调研并交流，课题中很多观点和建议得到节目分管主任、制片人和编导的认可和采纳。课题总结了节目在创新方面的突破,并在总结《中国汉字听写大会》社会反响和舆情汇总的基础上指出了节目的成功给中央电视台节目研发带来的若干启示。

（发展研究中心电视传播研究部供稿）

《“央视新闻”微信帐号运营状况分析》摘要

“央视新闻”微信帐号是中央电视台新媒体战略实施的重要平台。本次调研通过帐号后台收集了大量一手数据，第一次对前五个月推送的776条新闻内容以及用户增长等千条数据进行了具体梳理，报告中首次对“央视新闻”微信账号的打开率、用户增长速度、内容分布以及用户构成做了一次整体性的量化分析，对“央视新闻”微信帐号乃至中央电视台新媒体平台的整体运营状况和未来走势做出清晰评估。报告中分析并指出了当前“央视微信”帐号在运营时存在的若干问题，如内容较为传统、传播手段单一、缺少互动和功能体验等，提出了有效的运用数据的手段帮助运营团队查摆问题。

（发展研究中心电视传播研究部供稿）

《新闻联播“亲民style”，筑CCTV网络新形象》摘要

该报告对2013年《新闻联播》被网络热议的新闻话题及网民心中的中央电视台新形象进行了分析梳理，报告依托网络舆情监测数据，对媒体报道和网民评论进行了观点汇总，梳理出CCTV在网民心中的三大新形象：(一）宏大叙事变亲民话题，（二）严肃正统中融入百姓话语,(三)“大格局”加入“民生视角”。报告从策略层面给出构建CCTV网络舆论新形象的几点建议:(一）更新话语体系,让新闻更“有意思”;(二)多些“草根”视角、“基层的声音”，更能引起网民共鸣；(三）积极介入网络热点事件，用“正能量”引导网络舆论；(四）利用CNTV扩展线上活动，提升中央电视台网络影响力。

（发展研究中心产业与新媒体部供稿）

《全媒体时代中国电视市场三大趋势战略前瞻》摘要

该报告依托于国际著名咨询公司麦肯锡的预测——未来高质量的内容制作是在激烈竞争中脱颖而出的关键，分析出全媒体时代的中国电视市场将呈现三大趋势：一是从单一的视频节目到完整的数据包，内容需适配全媒体；二是新闻资讯由移动终端主导，满足“随时随地”的需求；三是娱乐回归大屏幕，并与移动第二屏互动。报告为中央电视台应对电视市场的新特点，及时做出战略调整提供建议：明确定位和谋略布局、建立适配全媒体的传播模式、储备全媒体复合型人才、构建全媒体传播效果评估体系等。

（发展研究中心产业与新媒体部供稿）

《CCTV-NEWS 国际传播影响力报告》简介

随着外宣平台从广播转向电视和网络，一个以电视为主、其他多平台（包括网络、公共外交、公关等）并进的外宣国际传播新格局正在浮出水面。具体到英语电视新闻，中央电视台 CCTV-NEWS 发展迅速，正与半岛英语频道、RT 英语频道共同组成“第二梯队”，对 BBC、CNN 形成赶超压力。为看清国际同行的发展趋势，进一步提高中央电视台外宣的国际传播影响力，外语频道综合部评价调研组于 2013 年底，对 CCTV-NEWS、半岛英语频道、RT 英语频道进行了全面调研。

调研广泛搜集最新信息，首先梳理了三台的创办宗旨、覆盖情况、经费投入、人员构成、站点分布等基本情况，关注了国际新闻界对 CCTV-NEWS 的评价，并通过网络问卷，对 CCTV-NEWS 的品牌认知度、受众满意度进行了调查。在此基础上，调研重点以三频道的一周节目为分析对象，深入分析了三频道在节目设置、新闻制作、言论立场（特别是涉华报道立场）等方面的特点。

调研发现，CCTV-NEWS 栏目设置多元，专题独具特色，对播出资源利用充分，始终坚守东方文化价值的传播，传播指向清晰。在新闻报道上，CCTV-NEWS 关注到达范围广，重视“第一解释”和内容更新，无论是在内容制作、传播策略，还是言论策略方面，都走了一条区别于另两家媒体的特色道路。可以说，CCTV-NEWS 虽然起步较晚，人财物方面不具备与另两家频道竞争的优势，但通过努力，已经在新闻自采、节目设置、发展战略等方面都有了极大提高，成绩斐然。

调研也指出，CCTV-NEWS 比起其它两频道存在一些力所不及的地方，如政策、资金方面，此外在强化新闻分析、善于打破时段框框、提高记者信息搜集能力、加强“品牌”建设、拓展新媒体发展等方面，也都大有提升空间。

（外语频道综合部供稿）

《2013 年中央电视台节目创新报告》简介

2013 年是中央电视台近年来创新节目最多的一年，全年共有 32 档新节目播出，较 2012 年的 6 档增加了 433%，迅速提升了各频道的影响力和竞争力。作为节目研发管理链条的重要环节，《2013 年中央电视台节目创新报告》旨在总结频道创新工作，梳理分析创新经验，评价创新效果，对创新节目起到总结、指导和提升的作用，从而进一步推动中央电视台未来节目创新工作。

《报告》以 2013 年中央电视台 12 个频道播出的 32 档具有固定节目形态的全新节目为主要研究对象，采用定量分析与定性分析、总体分析与个案分析相结合的研究方法。《报告》共分为三部分：第一部分为 2013 年中央电视台节目创新综述，认为多数创新节目收视表现较好，整体表现出“低研发投入、高广告回报”的良性特征，其中原创自制节目是绝对主流，社会合作项目也有近三成。全台创新节目整体上能够代表国家媒体的气质，既重视专业定位，又强调大众表达。社会化制作走向深入，台网融合也实现了新突破。针对中央电视台仍然存在的缺乏高收视现象级新节目、自制新节目投入不足等问题，《报告》提出推进体制机制改革，强化节目创新顶层设计等对策意见。第二部分为 2013 年节目创新专项报告，包括节目创意大赛总结报告、节目创意投资会总结报告与新节目样片专家评议会总结报告。第三部分对全台节目创新数量、节目类型、投入产出、制作方式、全媒体收视、网络影响力等各项数据进行了整理汇总，供台领导及全台各频道参考借鉴。

（总编室节目研发部提供）

《2013 年全国电视市场模式引进情况研究报告》简介

根据国家新闻出版广电总局关于进一步规范歌唱类选拔节目，对境外模式引进进行严格管理和调控，鼓励本土原创节目的政策精神及中央电视台创新工作实际，总编室节目研发部完成《2013 年全国电视市场模式引进工作报告》，重点分析成功节目的必备要素，探索模式引进与节目原创的基本规律。

报告首先梳理了中央电视台节目模式引进工作的基本情况。中央电视台自 2010 年 8 月正式启动节目模式引进工作以来，共有 6 个频道参与，涉及 19 个引进项目。总体来看，引进类节目如《梦想合唱团》《开门大吉》等对于中央电视台相关频道的收视提升和广告招商的贡献率较大，社会影响力也较高。除收视贡献之外，引进类节目附加的海外专家培训等，在更大程度上带动了全台整体节目制作能力的提升。

报告第二部分对 2013 年地方卫视模式引进工作的基本特点进行了分析。2013 年，各大卫视节目模式引进工作全面发力，全年共有 20 家地方卫视引进、播出了 51 档海外节目模式，为历年之最。引进节目类型同质化程度较高，广告招商能力进一步凸显，节目制作日臻国际化、精致化和大片化等方面成为 2013 年地方卫视模式引进工作的基本特点。

报告第三部分对《中国好声音》第二季、《爸爸去哪儿》《我是歌手》《中国梦之声》等全年重点模式引进类节目进行了对比分析，总结品牌节目引进的成功经验，并为如何调整中央电视台节目创新策略，实现原创能力的提升提出完善节目模式引进管理机制，加强本土化改造及节目团队建设，强化国际合作等方面的对策建议。

（总编室节目研发部提供）

《中央电视台首届节目创意大赛总结报告》简介

2013年，中央电视台首届节目创意大赛顺利收官。经过初评、复评，大赛共优选出30个创意方案，投入260万人民币购买获奖方案版权。同时，大赛组委会共举办13期创意训练营，进行灵感启迪、方案提升、制作培训。当前相关频道已孵化出1个常规栏目、3个试播节目。总编室节目研发部完成《首届节目创意大赛总结报告》，系统总结了创意大赛在以下七个方面创新经验。

一是开启个人报送的绿色通道，挖掘全台员工创新潜力。大赛共收到全台26个频道、中心和台属公司的463份参赛方案，参与人员超过600人，最大范围地网罗创新人才和创意方案。二是提出明确的征集要求，保障方案的实用性与有效性。参赛方案要求模式具有可复制性，内容具有创新性，符合中央电视台实际情况并具有一定优势。三是开展切实有效的创新训练，提升全台员工创新水平。大赛相继组织了13场创意创新训练营活动，邀请近四十位国内外业界、学界专家围绕创新授业解惑。四是制定严格规范的初评流程，保证初选结果的权威公正，最终从463个方案中选取50个创意方案进入复评。五是构建灵活高效的复评平台，充分展示交流创新精髓，最终评选出10份金奖方案和20份银奖方案。六是购买全部优选方案版权，鼓舞全台员工创新热情，一次性投入260万元购买30份获奖作品版权。七是紧密依托频道进行样片孵化，率先尝试应用前沿技术。大赛作品《家庭梦想》首创的二维码互动方式，应用在综艺频道2013年创新节目《开门大吉》中，取得良好效果。

（总编室节目研发部提供）

《中央电视台节目创意投资活动总结报告》简介

为了强化全球顶级节目引进和采购机制，总编室节目研发部于2013年4月正式启动“中央电视台节目创意投资系列活动”。当前已经成功举办综合频道专场、科教文化类节目专场、海外节目模式专场、国际创意人专场、国际合作专场等8期活动。来自英美等国的29家国际传媒集团和组织机构，以及光线传媒、天娱传媒等40家国内社会公司，通过创意投资系列活动向全台各频道提供了200余档节目创意方案。

《报告》归纳了节目创投系列活动的三大特点。一是视野开阔、形式多样，在国内外电视市场的影响力和吸引力逐步提升。参会公司中，既有ITV、Shine、Endemol等国际传媒巨头，也有以Armoza为代表的近年活跃于各大电视节的新生力量，也有光线、天娱等40家本土制作公司。二是覆盖广泛、定位精准，征集的节目创意方案极富差异化和引领性。创投会针对不同频道、同一频道不同时段的特点，在节目导向、节目类型、受众定位等方面提出精确、细化的要求，充分保证了征集方案的多样性、针对性、契合度。三是机制有效、实施有力，多个创意方案已转化为电视节目播出。《宝贝看你的》《升级到家》《真爱我做主》等节目已在综合频道、财经频道制作播出，《逃离危机》《最艰难的工作》等节目已进入项目筹备阶段。

节目创意投资系列活动搭建起社会制作力量和海外顶级团队与中央电视台各频道进行研发合作的沟通平台，整合了一大批本土及海外优秀创新资源，有力推动了全台节目研发创新工作。

（总编室节目研发部提供）

《中央电视台新节目样片专家评议工作总结报告》简介

针对新节目样片编委会审议议程，总编室建立了编委会会前新节目样片专家评议制度，组建新节目样片专家评议组。总编室共组织9次新节目专家评议会，审议了8个频道及首届节目创意大赛的新节目样片共17个，其中15个上报编委会，13个通过编委会审议，12个节目正式播出。《报告》从四个方面总结归纳了新节目样片专家评议工作的创新经验。

一是提升效率、优化流程，形成编委会会前新节目样片专家评议制度。该制度的实施有效提升了编委会的议题质量和审议效率，优化了编委会审议流程，已成为编委会审议新节目样片的重要环节。二是科学设计、全面覆盖，组建高水平新节目样片专家评议组。评议专家专业领域覆盖全面，结构多元，保障了评议结果的权威性和专业性。三是流程规范、操作严谨，保证评议结果权威、准确，具有指导作用。专家评议组从节目导向、定位、市场竞争力、可持续性、可操作性、收视预期、广告收益、样片实现策划方案预期效果等维度对新节目进行评议。四是及时反馈、督促改进，为频道提升节目品质提供智力支持，为编委会决策提供参考意见。共有11档新栏目经过专家评议后进行了不同程度修改提升，取得良好的创新效果。

（总编室节目研发部提供）

《关于进一步加强中央电视台节目研发创新工作的建议》简介

为落实胡占凡台长提出的关于“创新工作要结合频道定位和栏目、节目特色，加强创新制度设计，理顺体制机制，认真查找问题，梳理分析节目创新中还存在哪些体制机制障碍”的指示，总编室节目研发部在广泛调研的基础上，针对中央电视台在创新工作中面临的实际问题和障碍，完成《关于进一步加强中央电视台研发创新工作的建议》，主要从五个方面提出改进和优化建议：

一是强化创新目标管理，优化创新管理流程。实行从创新目标设定、创新过程监控到创新效果评价的三阶段目标管理，强化总编室对全台创新项目的统筹管理作用。二是明确创新管理范畴，实行分类分级管理。将老栏目改版、扩版，海外节目模式引进，节目创新中使用新媒体技术等项目的研发创新都纳入研发管理范畴，鼓励节目持续创新。三是进一步夯实全台研发工作的基础，形成覆盖全台的研发网络。重点打造以总编室节目研发部为龙头、频道节目研发组为主体、栏目为基础的覆盖全台、职能清晰的三级研发体系。四是建立节目创新测评体系，解决“创新不新”的问题。建立包括新节目样片测试、新节目播后评价两个阶段的创新测评体系，为节目改进提供依据。五是健全新节目孵化机制，拓展创新试播平台。通过为新节目提供试播平台，把观众反馈由网络渠道进行数据收集，为创新节目提供自我修正的实践机会。

（总编室节目研发部提供）

《鼓励节目创新中应用二维码等新媒体传播技术的实施方案》简介

为进一步增强全台在节目研发中应用新媒体传播技术的创新意识，推广新媒体传播相关技术，建立新媒体传播技术在节目研发工作中的管理规范，总编室制定完成《鼓励节目创新中应用二维码等新媒体传播技术的实施方案》。

该实施方案对中央电视台节目中使用二维码的基本情况进行总体梳理，对新闻类、游戏竞技类、生活服务类、文体赛事等类型节目中如何应用新媒体传播技术提出了具体建议，并从中央电视台节目创新管理的实际情况入手，按照《中央电视台新栏目研发管理暂行办法》的相关规定，围绕新媒体应用草拟了七项具体建议举措，将节目创新中应用新媒体传播技术产生的相关事务纳入节目研发管理范畴：一是明确应用新媒体传播技术的总体要求；二是鼓励各频道积极上报新媒体传播技术应用方案；三是在节目研发工作过程中应按照创新性、互动性、专业性、可执行性确保研发质量；四是总编室对通过评估审核的新节目方案，增拨新媒体应用专项研发资金；五是自主研发具有行业引领性的台网融合节目模式；六是动态跟踪台网融合最新应用技术信息，做好发布和推广工作；七是开展新节目台网融合应用产品测试。

同时，方案还结合"全台办一套"工作部署，提出重点保障综合频道及重点节目资源对新媒体传播技术应用的建议。总编室统筹协调台内相关部门以及台内外相关公司，整合台内外新媒体传播资源，利用招标、合作等多种方式，推动项目实施，对重点项目在经费划拨上将重点倾斜。

（总编室节目研发部提供）

《海外法制频道研究及中央电视台社会与法频道应对策略》简介

为了打开视野，放眼全球，吸收和借鉴国际先进媒体的运作机制，根据中央电视台社会与法频道的专业定位和创新需求，总编室节目研发部对海外两家主要法制类专业频道 Tru TV（法庭电视频道）和 Investigation & Discovery（侦查与探索频道）的发展进行了梳理总结，综合研究其频道定位、历史沿革、品牌特征、节目制作与编排以及运营策略等情况，借以勾勒海外法制频道的发展现状，总结其发展特点。

法庭电视频道是美国有线电视网系统中收视率最高的频道之一，具有很强的社会影响力。侦查与探索频道在美国被誉为发展最迅速的法制频道，其收视率、广告额在美国首屈一指。两频道具有很强的代表性，对法制类专业频道的发展有较大的借鉴意义。

研究发现，海外法制类专业频道的发展呈现出与时俱进、不断根据市场形势调整频道定位与布局，坚持内容为王、不断创新法制节目类型的发展策略，采取新老节目互为补充的节目编排，强调法制类频道纪实属性的同时注重电视表现手法多样化等普遍特点。

针对国内外法制频道在专业发展方面的异同，本研究还为中央电视台社会与法频道的节目创新与频道发展提出相应的对策建议。一是加入名人与明星元素，打造鲜明的节目标识。二是丰富节目内容和类型，有条件地增加法制资讯类节目和栏目剧、涉案剧。三是拓展节目表现手法，丰富电视语言的表达形态。四是引入娱乐元素和新媒体技术，增加节目趣味性。五是重视社会服务，开展公益活动，体现人文关怀。

（总编室节目研发部提供）

《二维码技术在〈开门大吉〉中的应用研究》简介

《开门大吉》是中央电视台成功引进的一档海外节目模式。通过对游戏规则、奖励设置、内容编排、互动方式等多个方面的本土化创新，《开门大吉》在播出后收视反馈良好，获得了观众的极大认可与喜爱，同时作为国内最早引入二维码互动且获得成功的案例，极具研究价值。为了更好地推广品牌节目创新经验，节目研发部对《开门大吉》栏目进行了创新测评研究。

研究由两部分组成。第一部分对栏目中引入的二维码互动环节进行了调研与分析。在对 500 位参与节

CHINA CENTRAL TELEVISION YEARBOOK

目互动观众的问卷结果进行对比分析的基础上发现，二维码互动的人群主要为大学专科以上中青年男性；整体互动满意度较高，带给观众新鲜时尚的感受；愿意继续参与互动的人数占绝大多数。同时提出进一步提升平台运行稳定性，开发更多趣味内容避免单一化，增设奖励方式，开发自主应用平台等改进建议。

第二部分“栏目创新测评”指出，栏目开播以来保持收视高位运行，观众构成以 35 ～ 54 岁女性为主，栏目播放过程中的放弃观看率低。通过观众分析发现，栏目的总体喜好度评价较高，绝大部分观众对于下期节目会有期待，主持人和选手获得肯定。同时指出，《开门大吉》对二维码的创新应用将会引起中国内地电视栏目对观众新一轮的争夺战，只有持续对节目内容进行拓展与创新，继续加强对新媒体技术的开发与应用，才能保持栏目品牌的长久不衰。

（总编室节目研发部提供）

《中央电视台 2013 年度在海外十国传播效果调查》简介

为了解中央电视台在全球各大洲的国际传播效果，海外传播中心与第三方调查机构合作，于 2013 年 11 月至 12 月，在美国、英国、日本、韩国、俄罗斯、哈萨克斯坦、印度、澳大利亚、肯尼亚、南非等 10 个国家，以在线抽样调查的方式，开展境外普通观众问卷调查，调查内容包括品牌认知度、媒介接触率、观众满意度和态度倾向等，最终成功回收 10,090 份问卷。

调查结果显示：10 个国家的受访者中，超过四成国外受访者听说过 CCTV，13.9% 收看过 CCTV，近半年内 CCTV（包括 CNTV）在国外受访者中的收看比例高于大多数中国国家级媒体。CCTV-News 是国外受访者收看最多的 CCTV 频道，国际新闻是国外受访者最希望看到的内容，卫星电视和有线电视是国外受访者收看 CCTV 的最常用方式。CCTV 的品牌形象方面，国外受访者比较认同“CCTV 是最权威的中国媒体”以及“CCTV 是中国政府的代表”。国外观众最期待 CCTV 保持新闻报道的客观性和中立性。在调查对象的地区、性别、年龄差异方面，肯尼亚受访者对 CCTV 的满意度最高，日本受访者满意度最低；男性受访者听说过和收看过 CCTV 的比例均高于女性；青年受访者听说过和收看过 CCTV 的比例均高于中年和老年受访者，同时青年受访者对 CCTV 的满意度也最高。

（海外传播中心供稿）

《中央电视台 2013 年“两会”报道海外传播效果调查》简介

为了深入、全面地了解海外公众对“两会”的看法以及“两会”召开对塑造中国海外形象的作用，同时精确把握 CCTV 以及 CNTV 在报道“两会”方面的收视情况与观众评价，海外传播中心与第三方调查机构对 CCTV 在 2013 年“两会”召开期间的收视情况、受众满意度以及观众对中国的态度变化进行调查研究。本次调查在美国和非洲五国（包括南非、尼日利亚、肯尼亚、加纳、乌干达）进行，调查对象为居住于美国和非洲五国的居民（包括海外华人），对调查对象的配额要求是关注 2013 年的“两会”或关注过往年的“两会”，最终共成功回收 415 份有效问卷。

调查结果显示：CCTV 和 CNTV 是海外观众获取“两会”相关信息的重要媒体渠道。媒体对“两会”的报道对于塑造中国海外形象起到了积极、正面的作用，多数海外观众收看过“两会”报道后，认为中国“变得更强大了”，新一届领导人“更有国际视野”。“两会”报道对于拉动CCTV的海外收视起到了正面的作用。新闻快讯类节目是海外受访者最常收看的“两会”节目类型；CCTV-News是海外受访者收看“两会”报道最经常选择的频道。海外受访者对CCTV以及CNTV的“两会”报道表示总体满意，尤其在CCTV的报道信息量与及时性、CNTV的视频直播和点播速度方面，给予了较高评价。非洲受访者收看CCTV电视频道的比例更高；美国受访者收看CNTV的比例更高。美国受访者对CCTV及CNTV“两会”报道的整体满意度高于非洲受访者。

（海外传播中心供稿）

《2013年CCTV国际（媒体）传播效果监测研究报告》简介

报告分别从视频传播、媒体二次传播和新媒体传播三个角度，监测分析了2013年CCTV在国际（媒体）传播方面的趋势特征和传播效果。

报告第一部分“央视视频发稿的传播分析”，以央视国际视频发稿平台2013年度全年的发稿与外媒采用情况等传播数据为基础，评估了中央电视台视频的海外传播效果。

第二部分“外媒报道央视的传播分析”，通过对9个语种（英、中、法、德、俄、日、阿、韩、西）、1000多家主要海外媒体提及中央电视台（包括针对中央电视台自身以及转引中央电视台报道）的报道稿件进行监测与分析，从传播广度和传播内容两个方面评估中央电视台在海外媒体中的二次传播效果。

第三部分“新媒体国际传播分析”，主要从网络新闻传播、网络视频传播和社交媒体传播三个层面分析2013年中央电视台在国际新媒体传播中的表现。

第四部分对前三部分的研究内容进行了综合比较分析后得出结论：一是中央电视台2013年整体海外传播效果比往年有显著提升。二是外媒使用中央电视台素材或转引中央电视台报道存在着差异性。三是中央电视台获得越来越多的国际关切。报告最后建议：一是在加强对国际传播环境与受众进行科学实证研究的基础之上，制定针对传播对象差异性的精细化对外传播策略与方案，从而稳扎稳打地逐步提升并巩固中央电视台的国际传播效果。二是中央电视台在2013年大力进军海外新媒体平台取得一定成绩的基础之上优化国际新媒体传播布局，采取多点占位、重点突破的策略，大幅提升新媒体传播效果。三是在国际传播战略中继续强化采取国际合作这类“曲径通幽”的方式，以务实合作和经济利益为切入口争取国际市场空间，避开质疑和避免树敌；与此同时继续在文化深度上做文章，凭借纪录片、优秀节目出口等方式以提升媒体形象。

（海外传播中心供稿）

《西班牙语国际频道海外传播效果调查》简介

为了解西班牙语国际频道在海外的收视情况和观众对频道的意见和建议，进一步改进和提高节目质量，提升频道影响力，中央电视台海外传播中心2013年联合专业调查公司首次对西班牙语国际频道进行了海外收视调查。此次调查主要通过央视网发布问卷，共收回有效答卷217份。受调查成本和发放途径的局限，参与此次调查的观众均为央视网用户，受访观众主要为拉美国籍，科教文卫专业人员与学生占比较高，观众群体以中青年为主。

调查数据显示：1. 受访观众对西班牙语国际频道忠诚度较高，在一周内，有79.7%的观众经常收看或每天都收看西班牙语国际频道；高学历观众对频道最为关注，其中有63.2%的观众几乎每天都收看西班牙语国际频道；电脑是参加此次调查观众的重要收视终端，使用电脑收看的观众占总数的66.8%。电视在收视终端的选择上仍占有一定的比重，达到28.6%。2. 频道节目内容编排符合观众收视需求，新闻报道得到观众肯定，有 78.3% 的观众表示喜欢观看《综合新闻》。在节目编排和主持人影响力方面，《综合新闻》相比其它节目也都具有比较优势，位列所有栏目评价的第一位，受到观众群体的较高认可。《影视看台》《这就是中国》等反映当代中国风貌和中国文化的栏目获得了较高的节目关注度。其中，《影视看台》名列观众喜爱栏目第二位，有 57.1% 的观众喜欢收看，位列第三的是《这就是中国》，喜欢的观众为 55.8%，《神州行》栏目排名第四，喜欢的观众为 52.1%。调查还发现，频道的外籍主持人更受海外观众喜爱，外籍主持人哈罗德和罗迪斯，两人的支持率分别为 43.8% 和 39.2%。观众在选择其喜爱的主持人时，最关注主持人的沟通能力，占比为 63.1%；有 61.8% 的观众看重主持人的敬业精神。3. 受访观众期待更多中国内容，希望提升播出质量和加强交流互动。有不少观众提出具体建议希望增加和改进中国艺术、中华饮食和汉语教学方面的节目。此外，受访观众还希望能加强与频道的沟通与交流。

（海外传播中心供稿）

《英语新闻频道海外传播效果调查》简介

为了解英语新闻频道在海外的实际收视情况和观众满意度，进一步改进和提高节目质量，提升频道影响力，中央电视台海外传播中心 2013 年联合专业调查公司首次对英语新闻频道进行海外收视调查，共收回来自 21 个国家和地区的 1403 份有效问卷。

调查数据显示：1. 英语新闻频道知晓度高，英语新闻频道在非洲地区受访观众中的知晓率为 82.7%，在美国受访观众中的知晓率达到 92.5%；新媒体技术的发展使观众收看方式趋于多元；有 59.6% 的观众经常使用电视机收看节目，经常使用电脑收看节目的观众比例为 10.9%。大屏智能手机和无线网络的快速普及在一定程度上影响了观众的收看方式，有 10.6% 的观众表示经常通过手机收看电视节目，这类人群以男性、年轻、高等学历观众为主。此外还有 11.1% 的观众经常通过公共场合的视频设备和移动电视收看电视节目。2. 受访观众主要来自美国和非洲，男女比例约为 6:4。公司雇员和工人、商人和企业管理者居多，达 34.9%；其中，非洲地区观众中有 42.9% 是公司雇员和工人；而美国观众中，有 31.5% 是商人和企业管理者。调查还发现，具有年轻化和高学历特点，其中 19 ～ 49 岁的观众占比达 74.5%。3. 电视节目是观众了解中国的最主要方式，有 55.3% 的观众因希望“了解中国发生的事情”而收看中央电视台英语新闻频道；有 41.3% 的观众希望通过中央电视台英语新闻频道“了解中国对本国和全球问题的看法”；还有 34.1% 的观众是因为对中国文化的喜爱而收看央视英语新闻频道。新闻资讯类节目最受欢迎，77.4% 的观众最常收看央视英语新闻频道的新闻资讯类节目，《非洲直播室》和《新闻一小时》获得了较高的节目满意度评价；中国文化和中国发展现状最受关注，被海外观众认为是传播中华文化的重要窗口。外籍主持人埃德温 · 马尔以 18.6% 的知晓度和 29.2% 的支持率成为最受观众欢迎的主持人。4. 观众期待更多样的节目类型以及与频道新媒体官方发布平台进行更多互动；40.2% 的观众希望频道在未来提供更多的国际新闻内容；31.1% 的观众希望频道播放更多的体育节目，20.5% 的观众希望频道可以提供更多综艺性节目。中央电视台英语新闻频道开设的新媒体社交平台页面和帐户开始受到观众注意，成为海外观众了解频道内容、获悉频道动态的重要渠道。其中，41.70% 的受访观众知晓中央电视台英语新闻频道在脸谱网（Facebook）开设的官方页面，21.2% 的受访观众知晓英语新闻频道在优图比网（YouTube）的官方账号 CCTVNEWS，知晓频道推特官方微博的观众占比 19.3%。在调查中，观众反映出了较强的新媒体互动倾向性，有 43.4% 的观众表示肯定会参与微博对于重大事件的分享和讨论，40.3% 的观众表示可能会参与对于重大事件的分享和讨论，两者占比之和达 83.7%。

（海外传播中心供稿）

GUI ZHANG ZHI DU XUAN ZAI

规章制度选载

规章制度选载

中央电视台聘用制暂行办法

第一章　总则

第一条　为深化干部人事制度改革，规范中央电视台聘用制度，维护中央电视台及其职工的合法权益，依据中共中央办公厅《深化干部人事制度改革纲要》、中组部和原人事部《关于加快推进事业单位人事制度改革的意见》、原人事部《事业单位试行人员聘用制度的意见》、《事业单位试行人员聘用制度有关问题的解释》、人力资源和社会保障部、监察部《事业单位工作人员处分暂行规定》等文件的有关精神，特制定本办法。

第二条　中央电视台实行事业编制人员聘用制度。本办法所称聘用制是中央电视台与职工以聘用合同方式确立单位与职工个人之间的聘用关系，明确双方的责任、权利和义务的人事制度。单位与职工聘用关系的建立或延续，以职工与岗位的双方需求关系为基础，以履行岗位职责、业绩考核结果为依据。

第三条　除上级任命的台领导之外的中央电视台事业编制人员，均按本办法之规定，通过签订聘用合同，确定中央电视台与职工之间的聘用关系。

第二章　聘用合同的订立和履行

第四条　中央电视台按照岗位的职责、条件，通过考试、考核和本单位议事决策程序聘用人员。

第五条　中央电视台成立聘用组织，对人员的聘用、年度考核、解聘等事项进行集体讨论并提出意见，报台领导审批。个人不得擅自聘用、解聘人员。聘用组织由中央电视台人事部门负责人、监督部门代表、工会代表组成。

第六条　拟聘用的人员应当具备下列条件：

（一）符合聘用岗位职责要求的条件；

（二）具有与履行岗位职责相适应的能力，拟从事国家实行执业资格制度或持证上岗制度工作的，应当取得相应的资格证书；

（三）身体健康，能坚持正常工作。

第七条　拟聘用的人员应与中央电视台签订书面聘用合同，首次签订聘用合同的基本程序是：

（一）公布空缺岗位及其职责、岗位待遇、聘用条件等事项；

（二）应聘人员申请应聘相应的岗位；

（三）聘用组织对应聘人员的资格、条件进行初审；

（四）聘用组织对通过初审的应聘人员进行考试、考核，提出拟聘人员名单，出具评聘意见；

（五）中央电视台负责人员讨论决定受聘人员名单；

（六）由中央电视台法定代表人或其委托的人员与职工签订聘用合同。

第八条　与中央电视台负责人员有夫妻关系、直系血亲关系、三代以内旁系血亲以及近姻亲关系的，不得被聘用从事该负责人员的秘书或台人事、财务、纪律检查岗位的工作，也不得在有直接上下级领导关系的岗位工作。

聘用工作组织成员在办理人员聘用事项时，遇有与自己有上述亲属关系的，也应当回避。

第九条　订立聘用合同采用书面形式，经中央电视台有关负责人签字、加盖单位印章并且职工签字后成立。聘用合同当事人双方各执一份。

第十条　聘用合同载明中央电视台名称、地址、法定代表人姓名、职工姓名、身份证号码或者其他有效证件号码，并具备下列条款：

（一）聘用合同期限；

（二）岗位及其职责要求；

（三）岗位纪律；

（四）岗位工作条件；

（五）工资待遇；

（六）聘用合同变更和终止的条件；

（七）违反聘用合同的责任。

经双方当事人协商一致，可以在聘用合同中约定试用期、培训和继续教育、知识产权保护、解聘提前通知时限等条款。

第十一条 聘用合同按照期限，分为3年以下期限的合同、聘用至职工退休的合同。

在中央电视台连续工作已满10年以上，且年龄距离国家规定的退休年龄已不足10年的人员，或在中央电视台及其他国有单位工作的工龄合计已满25年以上的人员，以及全国劳动模范、先进工作者、“五一”劳动奖章获得者，提出订立聘用至退休的合同，中央电视台应当与其订立聘用至退休的合同。

第十二条 聘用合同可以约定试用期，试用期一般不超过3个月，情况特殊的可以延长，但最长不得超过6个月。国家另有规定的除外。

试用期包括在聘用合同期限内。

续订聘用合同不得约定试用期。

第十三条 聘用合同期满前30天，职工提出续聘申请，与中央电视台协商一致，可以续订聘用合同。续订聘用合同的，中央电视台应在聘用合同期满前与职工办理续聘手续。

第十四条 职工在中央电视台工作期间，因完成中央电视台工作任务，或利用中央电视台设备，或以中央电视台名义形成的作品，除依法可由职工署名以外，著作权的其他权利由中央电视台享有。

第十五条 出现下列情形期间，可以中止或者部分中止履行聘用合同：

（一）职工应征入伍或者为履行国家规定的其他义务脱产3个月以上的；

（二）遭遇不可抗力的；

（三）法律、行政法规规定的其他暂不能依法履行聘用合同情形的。

第十六条 职工应当遵守职业道德和中央电视台的规章制度，全面履行聘用合同，认真负责地完成岗位工作任务。职工业余兼职的，应事先书面征得中央电视台同意，并不得影响履行本岗位的工作职责。

第十七条 中央电视台和职工应当按照国家法律、法规有关规定参加社会保险，职工享受国家规定的各项社会保险和福利待遇。

第十八条 中央电视台对职工的工作实行考核制度。考核方式实行领导考核与群众评议相结合，平时考核与年度考核相结合。

年度考核结果分为优秀、称职、基本称职、不称职4个等次。年度考核结果作为续聘、解聘或者调整岗位的重要依据。

第三章　聘用合同的变更、终止和解除

第十九条 聘用合同依法订立后，任何一方不得擅自变更合同。需要变更的，双方应当协商一致，采用书面形式。变更后的聘用合同文本由中央电视台和职工各执一份。

职工年度考核不称职的，中央电视台可以降低职工的岗位待遇、调整其岗位或者安排其接受必要的脱产培训。发生以上待遇、岗位的变化，职工的聘用合同应当相应变更。职工不同意变更的，可以要求解除聘用合同。

第二十条 有下列情形之一的，聘用合同终止：

（一）聘用合同期满的，或约定终止聘用合同条件出现的；

（二）因工负伤，治疗终结后经鉴定丧失或大部分丧失劳动能力按规定退休或退养的；

（三）职工死亡或者被人民法院宣布死亡的；

（四）职工达到法定退休条件的；

（五）职工受到开除处分的。

第二十一条 除具有本办法第二十二条、第二十三条规定的情形外，中央电视台不得单方面解聘人员。

第二十二条 职工有下列情形之一的，中央电视台可以解除聘用合同：

（一）连续旷工超过10个工作日，或者一年内累计旷工超过20个工作日的；

（二）未经中央电视台同意，擅自出国或者出国逾期不归的；

（三）违反工作规定或者操作规程，发生责任事故，或者失职、渎职、营私舞弊给单位造成严重后果的；

（四）严重扰乱工作秩序，致使中央电视台或其他单位工作不能正常进行的；

（五）被判处有期徒刑以上刑罚收监执行的，或被劳动教养的；

（六）试用期内被证明不符合本岗位要求，又不同意调整至其他工作岗位的。

第二十三条 有下列情况之一的，经职工所在的聘用部门出具意见，报台人力资源部门审核通过，中央电视台可以解除聘用合同，但应提前30天以书面形式通知职工：

（一）职工患病或非因工负伤，国家规定的医疗期满后不能从事原工作，也不服从中央电视台另行安排工作的；

（二）职工年度考核或者聘期考核不合格，又不

同意单位调整其工作岗位的，或者虽然同意调整工作岗位，但到新岗位后考核仍不合格的；

（三）聘用合同订立时所依据的客观情况发生重大变化，致使原聘用合同无法履行，经双方协商不能就变更聘用合同达成协议的。

第二十四条 有下列情形之一的，中央电视台不得终止或者解除聘用合同：

（一）职工患病或者负伤，在国家规定的医疗期内的；

（二）因工负伤，治疗终结后经劳动能力鉴定机构鉴定为1至4级丧失劳动能力的；

（三）患职业病以及在现有医疗条件下难以治愈的严重疾病或者精神病的；

（四）女职工在国家规定的孕期、产假和哺乳期内的；

（五）职工正在接受纪律审查尚未作出结论的；

（六）国家规定的其他不得终止或者解除聘用合同的情况。

第二十五条 有下列情形之一的，职工可以与中央电视台解除聘用合同，但应通过书面方式提前通知中央电视台：

（一）在试用期内的；

（二）考入普通高等院校的；

（三）被招考或者选调到国家机关工作的；

（四）依法服兵役的。

除上述情形外，职工提出解除聘用合同未能与中央电视台协商一致的，职工应当坚持正常工作，继续履行聘用合同；6个月后再次提出解除聘用合同仍未能与中央电视台协商一致的，可以单方面解除合同。

第二十六条 职工因本办法第二十五条规定情形以外的原因向中央电视台提出解除聘用合同的，应当提前30天书面通知中央电视台；在实行执业资格或持证上岗制度岗位工作的人员，应当提前60天书面通知中央电视台。

属于前款规定的情形，中央电视台如无特殊理由，不得拒绝解除聘用合同；中央电视台尚未同意解除聘用合同时，职工不得擅离岗位。

第二十七条 职工经中央电视台出资培训后解除聘用合同，对培训费用的补偿在聘用合同中有约定的，按照合同的约定补偿。

第二十八条 下列情况之一，职工不得申请解除合同：

（一）职工承担国家重大电视节目制作工作及重大委托任务期间；

（二）职工承担中央电视台重要节目编辑制作及其它重要工作，尚未完成的；

（三）职工在中央电视台经营、销售、管理等重要岗位工作，未脱离该岗位的或脱离该岗位不满3个月的；

（四）职工正在受到纪检监察部门立案调查的。

第二十九条 变更、终止和解除聘用合同采取书面形式，经中央电视台有关负责人签字、加盖中央电视台印章并且职工签字后，双方各执一份。

第三十条 聘用合同期满终止合同或者解除聘用合同的，中央电视台应当按照规定移交职工的人事档案，及时为职工办理社会保险关系调转手续，做好各项社会保险的衔接工作。

第三十一条 涉密岗位受聘人员的解聘或者工作调动，应当遵守国家有关涉密人员管理的规定。从事或者曾经从事国家机密工作的人员，在规定的保密期内申请解除聘用合同的，按照国家有关规定执行。

第三十二条 因职工原因违反国家有关规定，或泄露中央电视台的技术和商业秘密，侵害中央电视台的知识产权，给中央电视台造成重大经济损失的，应当依法承担赔偿责任。

第三十三条 有下列解除聘用合同情形之一的，聘用单位应当根据被解聘人员在本单位的实际工作年限向其支付经济补偿：

（一）中央电视台提出解除聘用合同，职工同意解除的；

（二）职工患病或者非因工负伤，医疗期满后，不能从事原工作也不能从事由聘用单位安排的其他工作，聘用单位单方面解除聘用合同的；

（三）职工年度考核不合格或者聘期考核不合格，又不同意聘用单位调整其工作岗位的，或者虽同意调整工作岗位，但到新岗位后考核仍不合格，聘用单位单方面解除聘用合同的。

经济补偿以被解聘人员在该聘用单位每工作1年，支付其本人1个月的上年月平均工资为标准；月平均工资高于当地月平均工资3倍以上的，按当地月平均工资的3倍计算。

第四章 法律责任与争议的处理

第三十四条 任何一方当事人违反聘用规定、聘用合同约定，都应当依法承担责任。

第三十五条 解决聘用争议，应当根据合法、公正、及时处理的原则，依法维护当事人的合法权益。

第三十六条 聘用争议发生后，中央电视台和职工首先协商解决，不能协商一致的，职工可以向中央电视台聘用监督组织申请调解；调解不成，当事人一方可以依法申请仲裁或提起诉讼。

第五章 附则

第三十七条 台属各单位中的中央电视台事业编制人员，按照本办法执行。

第三十八条 本办法由中央电视台人力资源管理中心负责解释。

中央电视台
2013年2月25日
（人力资源管理中心提供）

关于全面推进中央电视台综合类节目高清制作的通知

各中心（室）、频道、部（处）、台属各单位：

根据国家新闻出版广电总局“十二五”规划和中央电视台技术发展计划，按照“尽早做好高清节目储备、高清素材的收集和留存”的工作要求，结合我台实际情况，现将综合类节目高清制作的具体安排通知如下：

一、时间安排

1.2013年12月31日，中央电视台制作综合类节目的所有标清设备全部退出制作序列。

2.2014年1月1日，中央电视台不再对标清综合类节目进行内容审查和技术审查。

二、标清设备退出计划

技术制作中心在2013年第三季度将分期分批停止提供现址ENG和后期制作机房的标清制作设备，具体安排如下：

1.中电制作区13套标清电编机房、华宝制作区12套标清电编机房和27套标清非线编、台圆楼制作区11套标清电编机房以及所有标清ENG设备在第三季度相继停止使用。

2.自本通知发布之日起一个月后，各制作区将停止标清节目技审，停止下载标清节目磁带送播，播出节目必须以高清文件方式推送至新址媒资系统入库备播。现址各制作岛保留标清素材上载功能。

3.自2013年12月1日起，所有委托制作的节目必须以蓝光盘或高清磁带的方式提供高清节目，具体技术要求将书面通知各委托制作单位，并作为今后签署委托制作协议的附件纳入合同。

三、高清制作安排

1.目前已经安排新址和现址高清制作的栏目，尽量不变动其制作区域。

2.以上分批次停止使用标清设备的节目，根据节目实际使用情况安排在新址或现址制作；对于财经频道、中文国际频道、纪录频道、少儿频道、戏曲频道、音乐频道和外语频道群（西、法、俄、阿、英）综合类节目的高清制作，将按照新址和现址技术资源统筹安排的三个原则，即节目制作与播出可以分离的原则，节目制作与办公可以分离的原则，同一节目不能在新址、现址同时制作的原则，做出以下整体安排：

（1）后期制作安排

频道	安排使用资源	频道	安排使用计划
综合频道	新址常规岛1	综艺频道	现址高端岛4
财经频道	新址制作岛	电视剧频道	现址高端岛4
中文国际频道	新址常规岛3	纪录频道	现址准制作岛
体育频道	新址混合岛	科教频道	现址常规岛4
社会与法频道	新址常规岛2	戏曲频道	现址中电制作岛
少儿频道	新址高端岛1	音乐频道	现址准制作岛
外语频道群	新址制作岛	大型节目中心	根据演播室使用情况进行安排
体育赛事频道	新址常规岛1		

（2）演播室安排

频道	演播室	频道	演播室
综合频道	新址E11（250㎡虚拟）	综艺频道	现址第9演播室（1000㎡）
财经频道	根据新址E区演播室使用情况进行调配	电视剧频道	暂无需求
中文国际频道	新址E12(250㎡)	纪录频道	暂无需求

续表

频道	演播室	频道	演播室
体育频道	新址E14(250㎡) 新址E15(250㎡) 新址E17(80㎡)	科教频道	现址第6演播室(400㎡) 现址第18演播室(250㎡虚拟)
社会与法频道	新址E05(400㎡) 新址E13(250㎡)	戏曲频道	现址第11演播室(250㎡)
少儿频道	新址(400㎡)	音乐频道	根据需求进行安排
外语频道群	根据新址E区演播室使用情况进行调配	大型节目中心	根据需求进行安排

3.具体机房安排，将根据技术制作中心与各相关频道沟通后的实际情况确定。

四、高清制作要求

1.前期录制和后期制作按照16:9方式构图。

2.声音必须采用立体声制作，有条件的节目采用环绕声制作；单声道节目将视为技术不合格，不予技审通过。

3.对确需使用的存储在音像资料馆的标清素材，将按照流程推送到指定的制作岛，由制作岛上变换后进行高清制作。

4.2013年12月31日前，各频道各栏目将手中的标清素材提交给音像资料馆统一存储；在此期间各栏目可视节目制作情况，在制作当期节目时到制作岛进行上载和上变换。

5.各栏目须提前两周预约后期技术资源，提前八周预约大中型演播室。在网上预约的同时，需与技术制作中心提前做好沟通工作，避免关键资源使用冲突。

6.在每天上、下、晚三个单元的使用上，要求尽可能使用满三个单元。

五、高清播出要求

1.现址制作的节目，在完成内容审查、技术审查后，高清文件将入库到现址SATA再推送至新址媒资系统入库备播。

2.总编室负责CCTV–1综合频道的高清节目磁带或蓝光盘上载备播工作。

3.台属公司准制作岛制作的节目，在完成内容审查、技术审查后，将通过单独建立的文件传送渠道，将高清文件推送至新址媒资系统进行备播。

4.委托制作的节目，应以符合我台高清节目制作规范的方式制作高清节目，并以蓝光盘或高清节目磁带的方式提供给我台，经相关栏目组在指定制作岛上载成高清节目文件并完成内容审查和技术审查后，由相关制作岛推送至新址媒资系统备播。

5.经台领导批准安排播出的标清磁带节目，仍可按照目前流程在现址上载并送新址播出。

六、高清制作准备

1.进入新址制作的频道应尽早参加总部接管办组织的培训，办理相关证件。

2.为实现高清播出，节目部门至少提前三周申请高清文件代码。

3.技术制作中心将根据实际情况和时间节点，在与各频道、各栏目充分沟通的基础上，拟定具体“标退高进”实施计划，协调各类技术资源，推进高清化全流程制作工作。

4.凡是外单位送我台播出的节目，均参照此通知执行。

5.为更好地落实本《通知》相关规定，另附立体声与环绕声节目制作声道排布表、高清晰度数字电视节目录制规范，请参照执行。

6.新闻频道的“标退高进”实施方案另行商议。

7.本通知由总编室和技术管理中心负责解释，自下发之日起执行。

中央电视台

2013年9月12日

（技术管理中心提供）

中央电视台音像资料馆节目资料社会化服务管理暂行办法

第一章 总则

第一条 为适配我台“建设国际一流媒体”和加强品牌建设、形象建设、国际传播能力建设的发展战略，充分发挥我台内容资源优势，使其成为我台新的增长点，促进我台事业产业可持续发展，根据财政部《中央级事业单位国有资产管理暂行办法》（财教[2008]13

号)、财政部令第68号《事业单位财务规则》、财政部《广播电视事业单位财务制度》(财教[2012]504号)及国家其他相关法规，结合我台实际，特制定本办法。

第二条 音像资料馆馆藏节目资料是我台重要的国有资产，是保障我台事业可持续发展的核心要素之一。本办法所指的节目资料是纳入音像资料馆统一管理的各类节目资料。

第三条 本办法适用于音像资料馆节目资料社会化服务管理的全流程。

第二章 基本原则

第四条 统一归口管理的原则。为规范中央电视台节目资料的社会化使用，避免价格混乱和恶性竞争，我台节目资料的社会化服务按照统一的管理体系，实行归口管理，统一标准、统一定价、统一出口、统一收费。

第五条 节目资料安全开发的原则。为保障社会化服务所提供节目资料的真实性、客观性和权威性，避免因社会化使用产生法律诉讼、版权纠纷和不良社会影响，同时确保我台节目资料这一重要的国有资产不流失、不失控，在节目资料社会化服务过程中必须按职责分工和责任主体规范操作、严格管理、安全开发。

第六条 社会化使用与支持节目制播统筹兼顾的原则。在开展馆藏节目资料社会化服务的同时，须妥善处理和支持我台节目制播的关系，优先保障我台节目制播对节目资源的需求，确保支持制播和服务社会互为支撑，协调发展。

第七条 依版权权限开发使用的原则。在节目资料社会化使用过程中，须重视知识产权的保护，加强节目资源源头版权信息的管理，确保各类节目资料版权状况明晰，为节目资料的版权交易和开发提供保障，并严格在版权权限范围内使用和授权。

第八条 合理定价、规范使用的原则。音像资料馆节目资料的社会化服务须严格按照《中央电视台音像资料馆节目资料社会化服务定价标准》(以下简称《定价标准》)执行，规范使用行为。节目资料社会化服务的价格依据《定价标准》中的“节目资料TSCU定价体系”合理制定；其他社会化服务项目的价格，由音像资料馆依据《定价标准》确定的原则和市场行情，按程序报批后执行。

第九条 多元化开发、实现价值最大化的原则。针对市场和用户需求，合理开发音像资料馆内容资源价值产业链，充分盘活我台内容资源和技术资源，采取多种开发方式，实现我台效益的最大化。

第十条 社会化服务收益规范管理的原则。根据财政部相关规定，音像资料馆节目资料社会化服务采取有偿方式，所得收入统一纳入台事业收入，统一核算、统一管理，确保社会化服务和资金管理合法合规。

第三章 主体责任

第十一条 台办公室负责为节目资料社会化服务提供相关法律指导；处理节目资料社会化服务过程中出现的法律纠纷。

第十二条 总编室是我台节目版权的归口管理部门，负责制定节目资料版权管理规则；对音像资料馆拟提供社会化服务的节目资料进行版权状况核查，并提供节目资料服务的协议范本；对版权不明晰的节目资料进行相关清算工作。

第十三条 音像资料馆是我台节目资料的归口管理部门，统一负责馆藏节目资料社会化服务过程中节目资料的收集加工、价格监管、版权状况核准、媒资产品设计、营销策划、品牌推介，以及内容分发平台运营管理等；具体办理节目资料社会化服务的业务洽谈、内容筛选及审查、价格制定及核准、对外服务签约等工作，并定期向总编室和财务管理中心反馈相关情况；配合相关部门处理在社会化服务过程中发生的法律纠纷。

第十四条 财务管理中心负责根据国家相关财务制度的要求，确定音像资料馆的服务收入和相关核算科目；按照财务工作流程，开具发票，进行收入核算。

第十五条 各频道(中心)负责节目的生产，及时完成节目和资料的上缴入库，并按照我台相关规定，认真填写节目的原始信息和版权信息。

第十六条 技术管理中心负责依据节目资料社会化服务的实际需求，提供技术支持。

第十七条 纪检组监察室、机关纪委负责依据《中央电视台工作人员纪律处分规定》，对节目资料社会化使用过程中的违规违纪行为进行查处。

第四章 服务方式和范围

第十八条 我台的节目资料社会化服务在统一管理标准、统一定价体系和统一资源出口的前提下，采取音像资料馆直接销售为主，代理销售、承包销售等为辅的方式开展。代理公司必须遵循统一的定价标准，并严格按照授权进行经营，可优先选择中国国际电视总公司、央视网等台属公司，所得收入统一入台财务账户，双方各司其职、相辅相成，实现我台利益的最大化。

第十九条 节目资料使用

(一) 凡经我台播出的、拥有版权的节目资料，原则上均可对外提供有偿使用。我台尚未拥有版权或版权不明晰的节目资料，须经版权清算后，方可对外提供有偿使用。

(二) 不可提供社会化服务的节目资料包括：

1.未经我台播出的成品节目资料及其素材；

2.我台特藏级和限用级节目资料（参见《中央电视台节目资料分级管理实施细则》中的详细规定）；

3.未经防盗版处理的完整节目资料（含节目中的完整片段）；

4.我台播出未满12个月的重要时政节目内容；

5.其他不宜向社会提供使用的节目资料。

第二十条 节目资料数字化转储及编目

可以利用音像资料馆的技术资源和专业团队，为用户提供数字化转储、编目加工等服务。

第二十一条 视频资料修复

可以利用音像资料馆的技术资源和专业团队，为用户提供专业化的视频资料修复服务。

第二十二条 节目资料托管

可以利用音像资料馆的技术资源、专业团队和存储空间，为用户提供专业化的节目资料托管服务。

第二十三条 资料产品的生产与服务

可以利用我台馆藏资源，策划、编辑、制作相关的资料产品，满足市场需求；根据用户需求，定制相关的专题片、汇报片、宣传片、展示片等资料产品。

第二十四条 其他服务项目

可以根据节目资料社会化使用状况和市场需求，适时开发相关的节目资料衍生产品或其他服务项目。

第五章 服务价格

第二十五条 我台馆藏节目资料社会化服务的价格，严格按照《定价标准》进行管理，实行全成本核算。

第二十六条 音像资料馆按照《定价标准》，确定馆藏节目资料社会化使用的价格。其他服务方式的价格，根据实际情况和市场需求适时制定。

第二十七条 中共中央办公厅、国务院办公厅、中共中央宣传部、国家新闻出版广电总局、外交部礼宾司等单位，服务于党和国家工作大局，所需节目资料经分管台领导审核，并报台长审批通过后，实行减免。

第六章 奖励

第二十八条 为鼓励原创，提高我台核心竞争力，确保节目资料社会化服务工作的良性开展，建立节目资料社会化服务工作的激励机制。

第二十九条 我台将馆藏节目资料社会化服务收入与资料贡献部门、相关管理部门挂钩进行奖励。奖励办法按照财政部批准的《中央电视台财务管理改革方案》的规定，增加提取奖励资金，具体办法另行制定。

第七章 处罚

第三十条 凡我台工作人员因公拍摄、制作的节目及素材均属于我台资产，必须及时、完整提交入库保存。台内任何部门、单位和个人无权自行以馈赠、交易或者其他方式处置我台的节目资料。

第三十一条 对于违反我台相关规定，给节目资料社会化服务工作带来损害、造成国有资产流失的，由纪检组监察室、机关纪委依据《中央电视台工作人员纪律处分规定》，对相关责任者进行处罚。

第八章 附则

第三十二条 本办法自颁布之日起执行。

第三十三条 本办法由音像资料馆负责解释。

中央电视台

2013年11月18日

（音像资料馆提供）

CCTV

DIAN SHI SHU BAO KAN JI YIN XIANG CHU BAN WU

电视书、报、刊及音像出版物

电视书、报、刊及音像出版物

中央电视台 2013 年编辑出版新书选介

法援集结号——法律援助在行动

编著者：魏斌、孙剑英。主编：童宁、王军益、高贞。副主编：李雪莲、权勇。中国民主法制出版社 2013 年 4 月出版。21.3 万字，照片 26 幅，附光盘。

为了加强法制宣传、扩大法律援助的社会影响力，司法部法律援助工作司和中央电视台《法律讲堂》栏目组对 2013 年已播出的法律援助案例进行整理，编辑出版了《法援集结号——法律援助在行动》系列丛书。本书收录了中央电视台《法律讲堂》栏目播出的 26 个真实的法律援助案例，涉及残疾人、老年人、未成年人、农民工、妇女等多个群体，包括交通事故、工伤、赡养、家庭暴力、刑事案件等不同类型。本书是法律援助的精品案例集锦，也是法律援助工作者在中央电视台荧屏展示风采、讲解法律知识的一个历史见证。

本书为彩色印刷，并附有一些作者的照片和节目光盘。

黑白曹操

编著者：秦涛。主编：权勇、苏大为。副主编：陈德鸿、张振华等。中国民主法制出版社 2013 年 10 月出版。16.2 万字。

本书是以秦涛在《法律讲堂》栏目（文史版）所作同名讲座为基础，经过精心整理润色而成。在中国历史文化中，曹操是一个被脸谱化的人物，历史上对他的评价和争议都很大，或曰能臣，或曰奸雄。他既是抢劫新娘的乱世顽童，也是暗杀奸臣的愤世青年，他制造灭门惨案残忍冷酷，同时他又棒杀权贵、执法严明。对于这样一个多面的曹操，作者以法律的视角对其饱受非议的一生进行了全面解读，同时让读者对当时的政治背景和法律制度有了更加深入直观的了解。

蕙说蕙道——洁蕙与您知性聊法

编著者：洁蕙。主编：权勇、苏大为。副主编：陈德鸿、杨晖等。中国民主法制出版社 2013 年 11 月出版。15.6 万字。

《蕙说蕙道——洁蕙与您知性聊法》一书是《法律讲堂》栏目在 2013 年推出的一本以栏目同名讲座为基础的法律书刊。该书所选取的 20 个案例都是生活中真实发生的故事，选题范围广泛，涉及婚姻、家庭、伦理、两性、财产、离异、情变等社会问题和法律问题。全书以生动鲜活的法律事件作载体，通过洁蕙的专业分析达到普及法律知识、提高观众法律意识的目的。

潘悦律师谈情说法

编著者：潘悦。主编：权勇、苏大为。副主编：陈德鸿。中国民主法制出版社 2013 年 11 月出版。17.3 万字，附光盘。

作者潘悦是黑龙江省德治律师事务所高级合伙人、黑龙江省律师协会劳动关系与社会保障专业委员会主任。本书以作者在《法律讲堂》（生活版）所作同名讲座为基础整理润色而成，选取了该栏目播出过的 20 个生活中的真实案例，当中的每一个案例都是一个情感故事。潘悦律师以情为扣，以法为据，融法理于情节，为观众娓娓讲来。

对话 4：文化大碰撞

编著者：范昀、陆金龙。主编：宋嘉宁。副主编：董强（特邀）。外语教学与研究出版社 2013 年 12 月出版。23 万字，照片 149 幅。

《对话》系列图书为中央电视台法语国际频道《对

话》栏目的名人专访精选，全书共四册，附 DVD 光盘。本册图书是该系列的第四册。

《对话》系列图书内文中法对照，每篇访谈附有精彩点评、背景介绍、采访后记等内容，帮助热爱法国文化以及学习法语的读者理解书中内容。本书的主题为中法文化，嘉宾是来自中法各界的文化人士，如北京品酒骑士团协会总管帕特里克马里赫伯特、瑞士籍演员文森特佩雷斯、北京大学教授董强等。

传媒安全研究

主编：李舒东。人民出版社 2013 年 7 月出版。22 万字。

随着国际社会开放程度的提高，传媒的作用高度发达，由传媒引发的安全问题也日渐凸显。在域外文化入侵、信息安全危机、社会转型所带来的利益群体冲突频繁的时代，如何利用大众传媒确保国家安全、公共安全和群体安全，成为亟须探讨的课题。本书站在国家战略的高度，以跨学科的方法从宏观和微观双角度对传媒领域安全问题进行研究和探讨。

中国中央电视台对外传播史（1958 – 2012）

编委会主任：胡占凡。编委会副主任：罗明、魏地春。主编：李舒东。副主编：张利生。人民出版社 2013 年 8 月出版。24 万字。

2012 年初，为迎接党的十八大召开，中央电视台发展研究中心提议并经台分党组批准编写《中国中央电视台对外传播史》（1958 – 2012）一书。旨在回顾半个世纪以来中央电视台对外传播的历史，探索电视对外传播独特的新闻规律、传播规律和文化规律。本书是忠实记录中央电视台对外传播的开山之作，为建设国际一流媒体、加强中央电视台的国际传播能力提供了强有力的理论支持和历史借鉴。

我们的足迹（1953 – 2013）

主编：刘静。新华出版社 2013 年 6 月出版。70 万字，照片约 700 幅。

2013 年 6 月，作为中央新闻纪录电影制片厂建厂 60 周年系列庆祝活动之一的纪念图书《我们的足迹》第四辑，由新华出版社正式出版。这是继 1963 年、1998 年、2003 年相继出版三辑《我们的足迹》后，新影厂隆重推出的又一部文集。

《我们的足迹》第四辑分为上下两册，共收录 96 篇文章，总计 70 多万字。全书以回忆新影近十年来的创作为主线，兼顾几代新影人不同阶段的记忆；以纪录片创作为主体，兼顾其他片种及不同工种的工作回顾。根据稿件内容分为纪录电影创作、故事片和电视剧创作、频道和栏目及重大事件回顾、电视特别节目创作、电视栏目节目创作、体会与回忆、其他部门工作回忆共七部分。同时，全书收录了近 700 张图片，内容包括作者照片、创作工作照和剧照三大类，配合文章以求图文并茂，取得良好的宣传效果。在附录中还收入了新影 2003 ~ 2013 年星花奖获奖情况、社会获奖情况以及获奖节目海报与简介。

该书不仅是近年来对新影厂创作与发展历程一次较为详细的梳理与总结，也是新影十年足迹的一次形象记录。

中央电视台2013年音像出版物选介

国脉——中国国家博物馆100年

中央电视台科教频道、中视传媒股份有限公司制作，中国中央电视台、中国国家博物馆联合出品，中国国际电视总公司2013年1月出版。DVD，6集，3盘。时长300分钟。

高清人文纪录片《国脉——中国国家博物馆100年》每集50分钟，共6集，集中反映了中国国家博物馆的百年变迁。本片从博物馆的收藏、研究和展陈入手，重新梳理了中国历史文化的脉络，为观众生动地呈现出百年历史中博物馆人对文化遗产保护和文化传承的责任及担当，彰显出博物馆人在当下世界多元文化潮流中，为中华民族屹立于世界文化之林作出贡献的勇气和决心。本片展现了丰富的历史内容，具有较高的史学价值和审美价值。

清明·记忆

中央电视台科教频道《地理·中国》栏目制作，中国国际电视总公司2013年5月出版。DVD，1集，3盘。时长240分钟。

本片是2013年中央电视台科教频道大型直播特别节目《清明·记忆》的影像版，旨在弘扬中国传统节日清明节的文化内涵和精神力量，表达中华民族感恩祖先、缅怀先烈、自强不息的精神追求。

全片由“清明文化”、“信仰”、“奉献”、“传承”四个篇章组成，通过对李大钊、赵一曼、王进喜、钱学森等英雄事迹的回顾，以及对“美丽夫妻”龚大锬夫妇、“美丽民警”王江等人无私义举的讲述，展现了近百年来中华民族仁人志士为实现中国梦前仆后继、自强不息的英雄壮举和百折不挠的民族精神。此外还邀请了著名作家王树增、文化学者张颐武等嘉宾参与访谈，并现场直播陕西省黄帝陵公祭活动。

钱三强

中央电视台科教节目制作中心（北京科学教育电影制片厂）制作，北京科影音像出版社2013年12月出版。DVD，1集，1盘。时长100分钟。

钱三强（1913－1992），核物理学家，中国科学院院士，“两弹一星”功勋科学家。钱三强1913年10月16日出生于浙江绍兴，父亲是我国著名语言文字学家钱玄同。1936年毕业于清华大学物理系，1940年获得法国国家博士学位，1947年在法国巴黎居里实验室发现铀核三分裂四分裂现象，1948年回国。钱三强先生是我国核科学事业的重要奠基人，为我国原子能事业的创立和发展，以及我国第一颗原子弹、氢弹的研制做出了重大的、不可替代的贡献。

本片广泛收集资料，真实、客观地记述了这位享誉世界的杰出核物理学家、中国原子能科学事业的开拓者和奠基者光辉的一生。

奥地利冰雪之旅

中央电视台制作，北京科影音像出版社2013年12月出版。DVD，6集，2盘。时长150分钟。

中国，全球最活跃的新兴滑雪热点；奥地利，冰雪运动的发源地之一，超过70%的国民掌握滑雪技能，无论是竞技水平还是大众滑雪普及程度，都代表着当今世界的最顶尖水平。2013年，三位中国滑雪者：前全国高山滑雪冠军郝世花、单板大玩家李彬和双板自由式发烧友闫硕来到奥地利北部戈绍地区，展开了一次奇妙的冰雪之旅。

他们不但领教了奥地利滑雪教练高超的专业技能，也系统了解了这里老人、儿童、成人等不同年龄层次的科学化滑雪教程。片中他们在野雪里驰骋，在雪橇道上领略自然风光，甚至为了获得雪崩救援的真实体验，把自己埋进雪堆。他们在哈尔施塔特小镇里徜徉，在神秘盐矿中探索，在夏宫回忆茜茜公主的倩影。他们到老冠军家做客，在山顶领略风筝滑雪和雪地自行车的疯狂。充实而又精彩的冰雪之旅让三人大开眼界，也更深刻的理解了冰雪对奥地利人的意义。全片共六集，第一集《乾坤大挪移》、第二集《哈尔施塔特》、第三集《雪孩子》、第四集《老冠军》、第五集《把李彬埋掉再挖出来》、第六集《扔掉滑雪板》。

警·犬

中央电视台社会与法频道《天网》栏目制作，中国国际电视总公司2013年5月出版。DVD，8集，4盘。时长288分钟。

八集纪录片《警·犬》由中央电视台《天网》栏目特别制作，以一种全新的视角、清新的风格、平实的叙述方式，首次、全面、真实地记录了中国警方带犬民警的工作和生活。本片讲述了特殊警察的传奇故事，走进了警犬的世界，通过一个个感人的故事，着重反映出警犬的忠诚、可爱，记录了坚守在刑侦一线默默奉献，有爱心、有激情、有责任的带犬民警这样一个鲜为人知的群体，挖掘出警察与警犬之间的动人情感。

第一集《出师之地（上）》、第二集《出师之地（下）》、第三集《刑侦犬——利昂》、第四集《搜爆犬——普桑》、第五集《治安犬——卡拉》、第六集《功勋犬——尼塔》、第七集《比武执勤（上）》、第八集《比武执勤（下）》。

达玛沟

中央电视台社会与法频道《天网》栏目制作，中国国际电视总公司2013年5月出版。DVD，2集，1盘。时长72分钟。

塔克拉玛干沙漠的南缘、昆仑山的北麓有一块非同寻常的区域——达玛沟。这片南北长120多公里，东西宽20多公里的广袤沙海里埋藏着消失了千年的于阗文明。一百年前外国探险家闯入这片区域，大肆掠夺文物。一百年后我国的考古工作者开始在这片区域履行考古发现的使命。然而，2011年3月，达玛沟佛教遗址群遭遇不法分子前所未有的盗掘。

本片以百年来中外学者的考古发现为基础，以一起文物盗掘案件为线索，通过多侧面的叙述，介绍了古代于阗国家繁华文明的历史，将达玛沟的文化价值初步呈现，呼吁更多的社会关注和保护那片曾经的佛教圣地。

警官们的多彩人生

中央电视台社会与法频道《天网》栏目制作，中国国际电视总公司2013年5月出版。DVD，5集，3盘。时长180分钟。

警官群体中，同样的面孔，有着不一样的神采；同样的情感，也有不一样的表达；有些既是业余兴趣，也关乎职业素养；是一个人的爱好，也是一群人的时尚。本片旨在从文化的视角观察蓝色警营，聚焦警官们的业余生活，展现出他们别具一格的精彩。片中精心选取了全国公安文化建设中涌现出来的多位先进人物，用纪实手法讲述他们如何发挥个人特长，带动和影响身边的同事，从而形成浓郁的文化氛围。同时也以故事化的方式生动地呈现了警官群体中多彩多姿、刚健有力的文化生态和全国各级公安机关在文化育警、文化强警方面取得的丰硕成果。第一集《心之曲》、第二集《武之风》、第三集《警之魂》、第四集《墨之香》、第五集《文之道》。

警营中的女队长

中央电视台社会与法频道《天网》栏目制作，中国国际电视总公司2013年5月出版。DVD，5集，3盘。时长180分钟。

《警营中的女队长》是一部集中反映中国警方女队长的系列片，撷取刑侦、痕检、缉毒、文检等五个不同警种的女队长，作为众多女民警的一个缩影，从不同的侧面，展示出新时代女警的职业精神和个人情怀。第一集《川中刑警——陈国淑》、第二集《火眼金睛——郑淑林》、第三集《神探猛姐——蒙新生》、第四集《侠义女警——陈侠》、第五集《文检生涯——黄琳绣》。

心结

中央电视台社会与法频道《天网》栏目制作，中国国际电视总公司2013年5月出版。DVD，3集，2盘。时长108分钟。

20世纪80年代初，上海、江苏接连发生三起旅馆电击抢劫杀人案件。警方对案发现场进行了仔细勘查后发现狡猾的凶手只留下半枚残缺的指纹。上海警方对这起案件开展了大范围、长时间的侦破，但由于技术条件的限制，这起案件一直没有破获，它因此也成为了几代上海刑警的一个心结。

31年后的2012年，公安部对全国的指纹库进行了联网，海量的罪犯信息在各地公安局得以共享。上海警方通过指纹比对系统，终于找到了指纹的主人——63岁的江西男子艾红光。

当案件重新摆在上海警方面前的时候，问题出现了：在证据面前，嫌疑人百般抵赖。30多年前的案件，审讯如何开展？77岁的退休侦查员王学仁凭借自己对这起未破案件的清晰记忆，击破了嫌疑人拒不认罪的阴谋。此外，在审讯过程中，侦查员发现此人身上竟然还隐藏着更多不为人知的罪行。

一场迟来的审讯，牵出一位老刑警跨越31年的执着缉凶故事。随着案件的破获，牵绊上海几代刑警多年的心结也终于画上了句号。

本片分上、中、下三集，生动展现了破案的全过程，全方位、多侧面地展现了公安战警不折不挠侦破案件的精神。

感动中国2012年度颁奖典礼

中央电视台制作，中国国际电视总公司2013年3月出版。DVD，1集，1盘。时长147分钟。

2012年，是“感动中国”年度人物评选活动新十年的开启之年，更是值得我们深思的一年。

《感动中国2012年度人物颁奖典礼》将这一年中人们耳熟能详的英模人物以及编导深入基层挖掘出来的平凡楷模们汇聚一堂，记录了罗阳、林俊德、李文波、张丽莉、陈家顺、陈斌强、周月华、艾起、何玥、高秉涵、高淑珍、公安部湄公河“105案”专案组等闪光的名字背后的英雄故事，这些故事或沉重，或激动，或喜悦，或心酸，却都引人深思。这些故事，已经不是仅仅感动两个字所能全部涵盖的，当个人的遭遇和选择被放在社会和国家的背景下时，他们的举动带给我们每个人前进的力量。

北纬30°·中国行

中央电视台制作，中国国际电视总公司2013年6月出版。DVD，189集，24盘。时长8505分钟。

北纬30°线横穿中国腹地，从舟山群岛到长江中下游平原，从四川盆地到青藏高原，地形跨越三大阶梯，从零海拔一直上升到世界屋脊。在这条纬度线上，山奇水秀、人口众多、物产丰富、文化深厚，无论是自然还是人文，都具有丰富性、多样性和独特性。因此这里也成为最能反映当今中国人生存状态的横截面。

《北纬30°·中国行》以“自然、家园、文化”为主题，摄制组从浙江舟山群岛出发，沿北纬30°线，自东向西一路行进，横跨浙江、江西、安徽、湖北、湖南、重庆、贵州、四川、西藏九个省、市、自治区和直辖市，最后抵达西藏阿里地区，沿途到访300多个市县，总行程超过2万公里。该片向全球观众全景式地展示了中国北纬30°沿线的自然风光、历史文化、民俗风情和社会发展等状况。

2013年春节联欢晚会

中央电视台制作，中国国际电视总公司2013年2月出版。DVD，1集，1盘。时长240分钟。

2013年中央电视台春节联欢晚会于2013年2月9日晚20:00播出，朱军、李咏、董卿，毕福剑、撒贝宁、李思思担任主持。本届春晚延续了2012年春晚无广告的风格，恢复了零点报时与结束曲《难忘今宵》。张杰、林宥嘉、张靓颖、那英、S.H.E等众多明星均应邀参加演出。本片忠实记录了2013年春节联欢晚会的全貌，为观众回味晚会精彩演出提供了便利。

京剧

中央电视台制作，中国国际电视总公司2013年8月出版。DVD，8集，8盘。时长400分钟。

2010年11月16日，京剧被成功地列入了联合国教科文组织“人类非物质文化遗产代表作名录”。当“艺术”被宣告为“遗产”，我们喜忧参半，无从回答。回溯京剧历史，1840年前后，京剧的艺术结构已趋于成型，巧合的是，也正是在这个历史节点，中国开始了“三千年未有之变局”，在内忧外患中开始书写一部不断走向半封建半殖民地的悲壮历史。“京剧”这台小戏，其实仅仅是中国时代转型这台无情大戏中一段相对有情的“折子戏”而已。

纪录片《京剧》秉持一种基于历史的冷峻和理性，并以这样的情感基调叙述京剧发展的历史，力图帮助观众更加真切地看到时代带给京剧的呵护或伤害，感知京剧作为“国粹”的高贵与不凡，从而让更多的人找回久违的认同感，甚至多少领悟出一条关于“振兴”的路。全片8集，第一集《定军山·溯源》、第二集《宇宙锋·呐喊》、第三集《借东风·传承》、第四集《大登殿·绽放》、第五集《生死恨·抗争》、第六集《凤还巢·坤伶》、第七集《荒山泪·江湖》、第八集《群英会·新生》。

中国古镇

中央电视台制作，中国国际电视总公司2013年3月出版。DVD，102集，18盘。时长3060分钟。

《中国古镇》以住房和城乡建设部及国家文物局共同组织评选的181个“中国历史文化名镇”为基础，以“一镇一传奇、一镇一风情”为主题，力图通过讲述古镇传奇故事吸引观众，通过展示古镇独特风情感染观众。摄制组行程涉及全国28个省、市、自治区的102座古镇，拍摄了总时长3万多分钟的高清影像素材。

本片从古镇历史传承的真实性、空间环境的完整性、生活状态的延续性等方面勾连古今，从中解读古镇特有的社会结构与文化智慧，同时着力挖掘每一个古镇别具一格的特色所在。系列片中有的古镇名人辈出，影响着历史走向，有的古镇美食荟萃，吸引着八方来客，有的以建筑著称，有的则以风俗见长……

习仲勋

中央电视台制作，中国国际电视总公司 2013 年 2 月出版。DVD，1 集，1 盘。时长 240 分钟。

习仲勋是中国共产党的优秀党员，伟大的共产主义战士，杰出的无产阶级革命家，我党、我军卓越的政治工作领导人，陕甘边区革命根据地的主要创建者和领导者之一，曾担任国务院副总理，中共十一届中央委员会书记处书记，十二届中央政治局委员、书记处书记，第五、第七届全国人大常委会副委员长。

6 集文献纪录片《习仲勋》全面回顾了习仲勋的光辉革命生涯和不朽功勋。片中既展现了习仲勋早年参加革命、出生入死、转战陕甘、创建革命根据地的英勇事迹，也反映了他长期主持西北局工作，为夺取西北地区革命胜利、建立和巩固新生的人民政权作出的杰出贡献。他在国务院协助周恩来总理工作长达 10 年，被大家誉为国务院的“大管家”，为新中国建设和发展作出了重要贡献；他主政广东，为贯彻党的十一届三中全会路线、推动广东在全国率先改革开放作出了重大贡献；他主持中央书记处日常工作期间，为拨乱反正、加强新时期党的建设、开创统一战线工作新局面作出了卓越贡献；他在全国人大工作期间，为坚持和完善人民代表大会制度、加强社会主义民主法制建设作出了极大努力。

习仲勋同志的一生，是革命的一生，光辉战斗的一生，全心全意为人民服务的一生。他为中国人民解放事业和新中国诞生，为社会主义革命、建设、改革事业，为中国特色社会主义事业，顽强奋斗，建立了不可磨灭的历史功勋。

近代中国强军梦

解放军电视宣传中心制作，解放军音像出版社 2013 年 9 月出版。DVD，4 集，4 盘。时长 180 分钟。

富国强军是中国人历朝历代的梦想，近代自明清以来的五百年里，中国更是历经了不少强军梦。落后就要挨打，最可怕的落后是战略思维落后。大明朝昏昧不“明”、大清朝方向不“清”，中国近代连续失去了多次军事变革机遇，导致中华民族受到了巨大创伤，财富被掠夺、人民被杀戮、灿烂文明被摧残。本片由军事专家戴旭深度解读中国五百年来追求强军梦想的艰难历程，诠释了中国明清以来战略思想落后的原因，以及军事战略变革的渊源、流变与成败得失。本片既从政治、经济、军事领域进行全视角的观察，从历史、现实、未来各层面进行大纵深对比，亦从国防教育和爱国主义教育的角度，启发人们对社会主义核心价值观的深刻认识，坚定人们对实现中华民族伟大复兴的信心和决心。

全片共四集，第一集《明清两朝的“双误”》、第二集《晚晴的过失与错失》、第三集《民国的双重落伍》、第四集《核武器革命的成功者》。

塔山阻击战

解放军电视宣传中心制作，解放军音像出版社 2013 年 3 月出版。DVD，5 集，2 盘。时长 125 分钟。

塔山阻击战堪称中国人民解放军历史上作战时间最长也最为残酷的阵地防御战。1948 年 10 月，人民解放军为攻占连通东北与华北的门户——锦州，将国民党 50 余万精锐部队封锁在东北，中国共产党领导的东北野战军第四纵队与国民党增援锦州的东进兵团在塔山展开了一场历时六昼夜的阻击之战。《塔山阻击战》忠实于历史，记录了那个令人震撼的历史时刻，弘扬了我军“顾全大局、严守纪律、勇于牺牲、敢打必胜”的塔山精神。

全片共五集，第一集《狂飙在即》、第二集《战火初燃》、第三集《危机四伏》、第四集《狭路相逢》、第五集《记忆永恒》。

毛泽东的科学预见

解放军电视宣传中心制作，解放军音像出版社 2013 年 12 月出版。DVD，8 集，4 盘。时长 240 分钟。

为纪念毛泽东诞辰 120 周年，解放军电视宣传中心根据中央文献出版社出版的同名传记文学拍摄了本片。作为伟大的革命家、战略家和理论家的毛泽东，在他的一生中对于许多国际国内的重大事件做出过准确的预见。毛泽东的预见并非巧合、臆测，而是建立在他丰富的阅历、渊博的学识以及他超凡的洞察力、深入的调查研究和缜密的分析判断基础之上的。本片通过独特的视角，从八个具体事例切入，讲述了毛泽东的科学预见及其历史验证。

野战军虎将传奇

解放军电视宣传中心制作，解放军音像出版社 2013 年 6 月出版。DVD，20 集，4 盘。时长 800 分钟。

中国人民解放军第一、第二、第三、第四野战军是解放战争时期四支威震八方、名冠九州的部队。在这四支英雄的部队里，涌现出成千上万个智勇双全、能征善战的指挥员，他们成长的故事、战斗的历程无不动人心魄，感人至深。本片真实地反映了每支野战部队中十位具有强烈个性、超人胆识和独特指挥才能的将军，他们身上所折射出来的人性光辉在今天依然闪耀，这种光辉对当下社会的精神文明建设起到了引领风气和弘扬正气的作用。

传奇红一师

解放军电视宣传中心制作，解放军音像出版社 2013 年 9 月出版。DVD，3 集，1 盘。时长 72 分钟。

红一师是由毛泽东亲手缔造的从秋收起义走来的一支老红军部队，其前身是中国工农红军第一方面军第一军团第一师。在战争年代里，红一师曾孕育了“大渡河十七勇士”、“狼牙山五壮士”等英雄人物。本片共分三集，分别反映了红一师在红军长征、抗日战争和解放战争三个不同时期的传奇历史，以全新的视角诠释了红一师“听党指挥、敢打必胜”的革命精神和大无畏气概。

中国航母诞生记

解放军电视宣传中心制作，解放军音像出版社 2013 年 6 月出版。DVD，3 集，1 盘。时长 70 分钟。

从 2011 年 8 月 10 日我国第一艘航母拉开海试大幕到该航母的正式命名入列；从入列后首次科研训练到 2012 年 11 月 25 日歼 15 舰载机着舰并起飞成功，中国终于实现了自己的航母梦。中国航母事业的快速推进，凝聚了共和国第一代航母舰员对祖国的忠诚和奉献，同时也展现了这个特殊群体的勇敢和智慧，本片通过丰富的画面和详实的资料，记录了“辽宁号”航母诞生前后的精彩故事。

军服与军衔

解放军电视宣传中心制作，解放军音像出版社 2013 年 6 月出版。DVD，3 集，1 盘。时长 80 分钟。

军服是一种特殊服饰，它关乎着一个国家军队的形象。军衔是军人身份的标志，是军人荣誉的体现。

本片详细介绍了中国人民解放军军服的变革与发展，讲述了我军从建军初期到最大的一次换装经历了哪些风风雨雨；介绍军衔具有什么样的功能和作用；世界各国军队的军衔有什么样的特点；我军的军衔制度与它们有什么不同；介绍如何辨认和识别形形色色军衔标志及其它的特定内涵。

电影先锋

中央新闻纪录电影制片厂（集团）制作，新影音像出版社 2013 年 7 月出版。DVD，1 集，1 盘。时长 90 分钟。

1938 年 9 月，八路军总政治部电影团即“延安电影团”正式成立，它是中国共产党领导下的第一个电影和图片摄影的专业机构。文献纪录电影《电影先锋》聚焦延安电影团的组建与创作历程，展现其作为“人民电影先锋队”记录时代的创新精神，以此向开创新中国纪录电影事业的前辈们致敬。本片入选了 2013 年第二批国产优秀纪录片。

杜甫

中央新闻纪录电影制片厂（集团）制作，新影音像出版社 2013 年 1 月出版。DVD 及 CD，1 集，2 盘。时长 90 分钟。

公元 712 年，杜甫诞生于河南巩县瑶湾村。年轻的时候，杜甫来到洛阳，和著名诗人李白结下亲密的友谊。杜甫 35 岁时来到长安，但他没有得到展现抱负的机会。不幸的遭遇，使他思想上走向人民，艺术上走向现实主义。公元 755 年，安史之乱爆发，杜甫逃难到了四川。在成都郊外，他营建了朴素的草堂。河南、河北收复以后，杜甫沿江而下，到了夔府，在那里，他耕种田地，与劳动者为友。杜甫一生热爱祖国和人民，用血泪写下了许多传诵千古的诗篇。他用这些诗歌忠实地记录了时代的艰辛和人民的苦难。新中国成立之后，政府修复了成都的杜甫草堂，毛泽东、刘少奇、朱德、陈毅、郭沫若都参观过草堂。杜甫的诗在全世界许多国家广泛流传。本片用新颖的手法试图还原杜甫伟大的一生，从而纪念这位卓越的人民诗人。

缙云黄帝文化探源

中央新闻纪录电影制片厂（集团）制作，新影音像出版社 2013 年 9 月出版。DVD，3 集，1 盘。时长 90 分钟。

缙云是地处浙江省中南部山区的一个小城，翻开这里的历史，我们却惊讶地发现，缙云祭祀黄帝的传统竟然由来已久，至今还有一座宏大的黄帝祠宇矗立在缙云仙都山的山谷之中。黄帝是华夏民族的人文始祖，与黄帝的生卒和主要事迹有关的地标沿着黄河的走向密集地分布在大河两岸，历史上黄帝文化的辐射范围也集中在这一区域。那么，远在浙江偏僻一隅的缙云为何有着悠久的黄帝祭祀文化呢？该节目沿着黄帝文化南来的线索，追寻黄帝祠宇的前世过往、沧桑变迁。

情系人民

中央新闻纪录电影制片厂（集团）制作，新影音像出版社 2013 年 7 月出版。DVD，1 集，1 盘。时长 90 分钟。

文献纪录电影《情系人民》避免了以往同类题材宏大、全面的叙述方式，用故事来解读中国共产党执政为民的理念。观众们可以在影片中看到毛泽东在长江游泳后披着睡衣与乡亲们亲切地交谈；邓小平与一位同庚的老婆婆在峨眉山上畅谈对未来生活的向往；江泽民和内蒙的下岗职工在家里拉家常；担任贵州省委书记时的胡锦涛在给堂兄胡锦江的信中对人民生活的忧虑与思考；习近平刚一上任就赶到阜平革命老区在农民炕头上嘱咐老乡说“一定要把教育搞好，希望在下一代”的珍贵历史画面。该片用丰富的史料、鲜活的画面以及感性的语言生动地诠释了人民是中国共产党立于不败之地的根本，人民更是一个开启伟大时代的政党的真情所系。

太和武当

中央新闻纪录电影制片厂（集团）制作，新影音像出版社 2013 年 8 月出版。DVD，3 集，2 盘。时长 120 分钟。

高清人文电视纪录片《太和武当》由武当山特区和中央新闻纪录电影制片厂联合摄制，该片是继中央电视台拍摄的纪录片《问道武当》《太极武当》之后，以武当山（又名太和山）之山、水、道为主题，向世人展示 600 年后的今天武当大兴、辉煌重现的又一力作。

该片不仅集中展现了现代社会对武当山古建筑群中金顶的维护，对玉虚宫、遇真宫、五龙宫、八仙观的修缮；还充分展示了太极湖新区已投入使用的体育中心、展览馆、旅游发展中心和建设中的太极剧场、老子公园等；更有豪华游艇、帆船、快艇等水上游乐项目与画家写生、山地自行车、南岩攀岩、紫霄宫跑酷等现代元素巧妙融合在武当这大山大水大人文中。

乡村都市情

中央新闻纪录电影制片厂（集团）制作，新影音像出版社 2013 年 7 月出版。DVD，30 集，10 盘。时长 1350 分钟。

30 集电视剧《乡村都市情》改编自曾获得茅盾文学奖的报告文学《苍山三农》，由曾经执导过《篱笆女人和狗》等剧的著名导演陈雨田执导，主要演员在开拍前深入基层到沂蒙山区最贫困的农村体验生活，并要求演员不能串戏。这种情况下，在拍戏的过程中，演员表演真实自如，与农民群众演员融为一体，深得当地政府和农民的赞许。

故事讲述的是，以刘玉光兄弟、曲一贵、萧霄、赵半瓶、赵月、彩云为代表的山东农民兄弟姐妹，从下江南贩卖蔬菜开辟市场，到成为上海菜篮子工程不可缺少的一部分，以及最终形成集约化、产业化、规模化的经济链条为主背景，以地方政府服务农民、在处理“三农”问题上取得的典型经验和时政业绩为主旋律。该剧表现沂蒙老区苍山人民艰苦奋斗、改变命运、勤劳致富的经历，反映改革开放三十年农民兄弟发生的思想、生活、命运的巨变，勾勒出由菜农涅槃成商人的过程和群像，同时也谱写了一篇新农村和谐发展的新篇章。

中央电视台 2013 年出版报刊一览表

类别	名称	主管单位	主办单位	公开 / 内刊
报纸	中国电视报	国家新闻出版广电总局	中央电视台	公开
月刊	电视研究	国家新闻出版广电总局	中央电视台	公开
月刊	现代电视技术	国家新闻出版广电总局	中央电视台	公开
月刊	第 5 频道	国家新闻出版广电总局	中视体育娱乐有限公司	公开
简报	中央电视台简报	中央电视台	台办公室	内刊
日刊	工作日报	中央电视台	台办公室	内刊
期刊	电视决策参考	中央电视台	台办公室	内刊
半月刊	电视生活	中央电视台	机关党委	内刊
双月刊	CCTV 党建	中央电视台	机关党委	内刊
日刊	新闻早读	中央电视台	总编室	内刊
专刊	舆情专报	中央电视台	总编室	内刊
月刊	第 8 频道	中央电视台	电视剧频道	内刊
简报	台情研究	中央电视台	发展研究中心	内刊
简报	调研信息	中央电视台	发展研究中心	内刊
简报	信息快报	中央电视台	发展研究中心	内刊
期刊	同赢	中央电视台	资产管理中心	内刊
期刊	离退休生活	中央电视台	人力资源管理中心	内刊
报纸	中央新影集团通讯	中央电视台	中央新闻纪录电影制片厂（集团）	内刊
报纸	中国国际电视总公司月报	中央电视台	中国国际电视总公司	内刊

中央电视台 2013 年公开出版发行报刊简介

中国电视报（周报）

1981 年 1 月 1 日创刊，国家新闻出版广电总局主管，中央电视台主办，中国电视报社承办。

法人代表：胡占凡。总编辑：彭健明。社长：郭卫翔。

办刊宗旨：为宣传推广电视节目服务，通过宣传中央电视台节目，整合节目资源，增加自采稿件，提供延伸服务，报道影视动态，达到扩大节目宣传、提高节目收视率、增加中央电视台广告创收、服务广大观众的目的，真正做到“第一时间报道中央电视台热点，为读者提供最需要的电视资讯”。

全国刊号：CN11-0040，邮发代号：1-21；北京刊号：CN11-0238，邮发代号：1-15。发行数量：50万份。价格：1元。地址：北京市复兴路11号。电话：010-68500284。电子邮箱：zgdsb@cctv.com。

《中国电视报》自创刊以来，与时俱进，不断改革进取，打造报纸品牌，被中国广播影视报刊协会授予“全国著名品牌和改革创新示范单位”荣誉称号，被国家邮政集团评为“全国邮政发行畅销报刊”。

《中国电视报》靠正确的舆论导向，健康的文化品位，贴近读者、服务读者；以知识性、服务性、趣味性、可读性于一体的特色，赢得了广大读者的喜爱。

电视研究（月刊）

1985年3月创刊。国家新闻出版广电总局主管，中央电视台主办，中央电视台发展研究中心电视传播研究部《电视研究》编辑部承办。

主编：罗明。副主编：李舒东、任学安、张利生、杜宝风。

办刊宗旨：电视实践的理性思考，突出权威性、指导性、前瞻性、实用性，服务于电视专业工作者、研究人员、大专院校师生及广大电视爱好者。

刊号：ISSN1007-3930（国际标准）,CN11-3068/G2（国内统一）。发行数量：7500册。价格：7.50元。地址：北京市复兴路11号。电话：010-68500653/68539643/68506356。电子邮箱：dshyjiu@163.com。

《电视研究》自1997年实施改版、创新以来，致力于实践经验的提升与电视应用理论的研究与传播，先后荣获了中国期刊方阵·双效期刊，第二届、第三届国家期刊奖·百种重点期刊，中文核心期刊，新闻核心期刊，CSSCI来源期刊等政府奖及行业奖项，以其专业品质在电视业界、学界有较高影响力。

现代电视技术（月刊）

1989年3月创办，2001年7月全面改版并更改为现刊名，2002年7月正式公开发行。国家新闻出版广电总局主管，中央电视台主办，技术管理中心技术业务处承办。

主编：何宗就。编辑部主任：韩强。

办刊宗旨：关注电视技术的探索与实践，关注高新理论的形成与发展，为广大读者提供大量实用信息，为技术创新提供重要实践经验。

刊号：ISSN 1671-8658（国际标准），CN11-4864/TN（国内统一）。发行数量：15000册。价格：10元/期，100元/年。地址：北京市复兴路11号。电话：010-63987586/63985910。网址：www.cctvpro.com.cn。电子邮箱：tvtech@cctv.com。

《现代电视技术》围绕重大行业活动和重要报道事件进行选题，关注电视技术最新发展趋势和应用实际，着力报道技术实施情况以及技术成果应用。所刊登的内容主要涉及国内外高新技术与数字化、网络化技术；电视中心系统设计、设备选型与维护；电视节目制作与播出；多媒体技术与计算机网络；新媒体与三网融合；电视发射、接收设备的改造与维护；卫星电视与有线电视；科技管理、市场动态与业内活动报道等。

第5频道（月刊）

《第5频道》2008年8月创刊，国家新闻出版广电总局主管，中视体育娱乐有限公司主办。

第5频道杂志社有限公司法人代表/总编辑郑梦晖。社长：中央电视台体育频道总监江和平。

办刊宗旨：以独特的视角再现体育，以时尚的思维传递体育美感，以鲜明的态度彰显体育精神，为中国体育产业的发展和繁荣提供助力。

杂志刊号：国际统一刊号：ISSN 1674-3628、国内统一刊号：CN11-5711/G8。历经几年发展《第5频道》杂志已吸引了一批忠实体育爱好者，杂志定价：10元，发行数量：30000册。地址：朝阳区光华路15号院1号楼14层。联系方式：010-52813333-6101。电子邮箱：diwupindao@cctvse.net。

《第5频道》作为中央电视台跨媒体发展的重要组成部分，立足于中央电视台体育频道的优质赛事资源，将电视同步性与现场感延展至荧屏之外，杂志聚焦当红体育明星、捕捉体坛热点事件，专注体育大事件的深度报道、开设贴近大众的热榜、酷玩专栏，解读潮流运动方式，引领健康的体育文化。杂志在与读者分享体育的力量与激情的同时，引领读者领略动感、健康、优质的体育人生，现已成为国内有影响力的体育杂志之一，为推动中国体育文化，丰富群众体育娱乐生活做出了努力。

CCTV
中国中央电视台
CHINA CENTRAL TELEVISION YEARBOOK
年 鉴
2013
胡占凡 主编
《中国中央电视台年鉴》编辑部 编

XIN JI SHU SHE BEI

新技术设备

新技术设备

中央电视台媒体数据交换 EMB 平台系统

一、项目介绍

在中央电视台数字化、网络化节目生产体系中，业务系统之间有大量的媒体数据需要交换。建立媒体数据交换平台，采用传统的集成方法比较复杂、昂贵，而且不灵活，难以快速适应电视台现代业务不断变化的需求。

1.EMB 概念的提出

在项目规划设计阶段，中央电视台总结理论和实践成果，借鉴 SOA 面向服务架构理念，创造性地提出 EMB（Enterprise Media BUS）企业媒体总线的概念，把 EMB 作为支持 SOA 的数据处理系统，由此确认了 EMB 对广电行业媒体数据交换的系统级基础功能，对新台网设计建设起了重要作用。

2. 媒体文件交换规范

实现数据交换的前提是制定规范。《媒体文件交换服务规范》包括对各种媒体对象实体的定义、对控制信息的定义，需要对全台媒体数据交换业务进行分析，得到每个业务场景的流程模型和交互数据，得到各系统服务接口的参数。

中央电视台在相关厂商配合下，基于 SOA 面向服务架构的理念，制定具有通用性、可扩展性、跨平台性的《媒体文件交换服务规范》，为全台网各系统间的互联互通奠定了基础，为台网项目的设计建设提供了理论指导和实践范例。

二、系统架构与功能

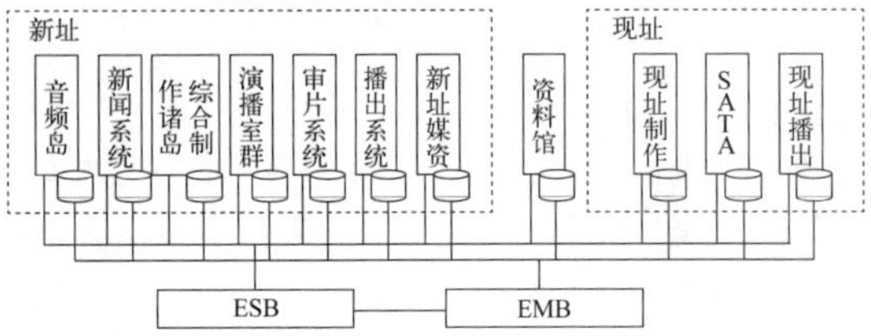

从系统架构看，新台址综合节目制作系统、新闻系统、演播室系统、音频系统、审片系统、播出系统（通过媒资）、媒资管理系统、音像资料馆以及现址制作系统、播出系统（通过 SATA）的媒体数据交换，都需要通过 EMB 媒体数据交换平台来完成。

从功能定位看，EMB 媒体数据交换平台的特点是：

1. 具有传输、转码、校验功能

EMB 系统基于 Linux 平台的文件转码和传输功能，可以完成全台应用系统的媒体数据交换。

2. 支持不同业务、厂家、结构的接入

EMB 平台支持大洋、索贝、新奥特、捷成、IBM、Apple、AVID、EVS 等异构系统间的互联互通，实现了跨操作系统平台、跨编程语言的业务流程间互联互通。

3. 支持多种接入方式

该平台支持 UNC、FTP 传输协议，支持 SNFS、XSAN、MediaGrid、NAS、Isilon、Isis 等文件系统和存储设备；除支持标准 FTP 传输外，还支持 Profile、Apple 等特殊标准或结构 FTP 的传输，兼具通用性和高可用性。

4. 可扩展，新增系统平滑接入

EMB 系统由中枢 Manager、执行者 Actor 和基于 SOA 的接口软件 embws 组成。新增系统按照《媒体文件交换服务规范》申请 ESB 添加交换时，Actor 可方便快捷地完成平台节点数量的水平扩展。

5. 安全稳定传输

EMB 系统在业内首次推出了基于 Linux 平台的传输、转码、校验技术，具有稳定、高效、安全、防病毒等特点，保证了数据交换的安全性和稳定性。

6. 集中管理、调度和监控

EMB 平台对所有交换处理的资源集中管理、集中调度、集中监控，具有系统内设备集中监控、相关系统资源使用情况监测、自动检测和报警、智能路径路由分配等功能。

7. 动态调节

EMB 平台具有任务优先级功能，可对节目备播、普通节目制作等不同时效级别的任务进行区别处理，提供“紧急送播”、“紧急送审”通道，便于处理突发情况。

三、系统运行

从 2012 年初开始，中央电视台先后完成 EMB 平台设备安装调试、功能测试、多系统联调、全流程测试，6 月 18 日 EMB 平台投入运行。30 个 EMB 执行服务器节点，日均业务承载量 1500 小时，日均吞吐量约 100TB。

EMB 平台已运行的业务有：新现址各制作岛的节目、素材入库业务，新现址各制作岛的媒资下载业务，新现址各制作岛与音频制作系统之间的素材交互业务，新现址各制作岛的审片传输业务，新现址各制作岛与频道包装系统之间的交互业务，新现址各制作岛的广告素材获取业务，新现址各制作岛与演播室网关之间的交互业务，新现址各制作岛之间的交互业务，新现址各制作岛的节目资料柜业务，新闻制播系统节目、素材入库业务，新闻制播系统的媒资下载业务，新闻制播系统与混合岛、新闻包装等系统的交互业务，新闻制播系统广告素材获取业务，音频媒资系统素材转码到媒资系统入库业务，现址 SATA 系统节目入库新址媒资系统业务，新址媒资系统面向现址 SATA 系统节目备播业务，新址媒资系统面向现址制作系统节目资料下载业务（已结束），媒资系统向资料馆系统提供下载服务业务（已结束），媒资系统包壳入库节目审片业务等。

EMB 平台累计完成节目制作、传输、转码 100 余万条，支撑中央电视台 30 多个业务系统 90 多个流程节目生产、素材入库、媒资下载、系统交换、节目备播、审片等业务，月均业务量约 5 万条 6000 小时，保障了 2013 年春节等节日、伦敦奥运会等事件、中共十八大及全国“两会”等活动报道的及时性、准确性，提升了中央电视台数字化、网络化节目生产技术水平。

（技术管理中心提供）

中央电视台数据中心云平台系统

一、系统介绍

数据中心云平台系统是中央电视台最重要的 IT 基础支撑平台和技术运行维护中心，为全台业务提供网络、服务器、存储、数据库、中间件应用等核心 IT 资源。

1. 确保安全

按照国家信息安全保护等级要求，云平台系统分为二级、三级、DMZ 区，不同区域的服务器资源完全独立。

2. 结构优化

云平台系统由存储、服务器、通用软件等资源池组成，应用了刀片式服务器、虚拟化技术、企业私有云平台服务模型。

3. 刀片式服务器

刀片式服务器比机架式服务器更加紧凑、高效、集成化，具有高密度、低功耗、简化电源线和网线、支持混插、维护简便等特点。

4. 虚拟化技术

部署 20 台全高 X86、90 台半高 X86 刀片服务器，

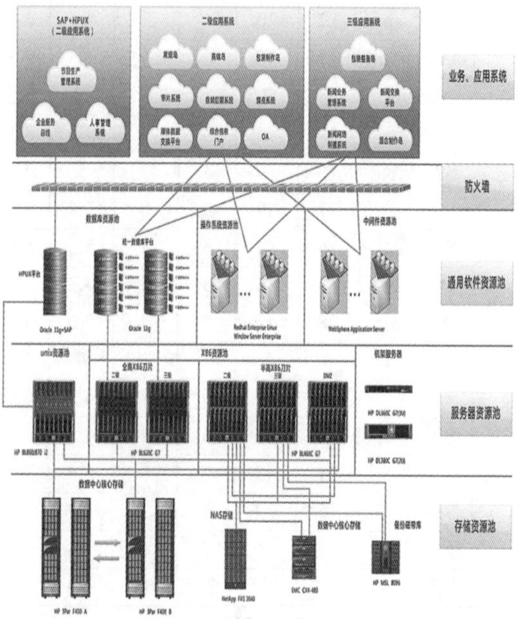

系统架构示意图

以虚拟化技术获取高效率和灵活性，为新台址50个应用系统提供近500台服务器、中间件等资源服务，为32个应用系统提供统一数据库服务。

5. 企业私有云平台服务模型

企业私有云平台以标准规范、安全可靠、资源共享、流程优化、技术先进、节能环保、效率优先、可长远发展的央视科技体系作为支撑，建立IaaS基础架构、PaaS平台应用服务模型，具有快速灵活、服务可计量、内网广泛访问、多用户共享池化软硬件资源、按需要申请并获得服务等特点。

二、系统完善

1. 虚拟化资源池整合

2013年初，虚拟化资源池虚机数量329台，虚拟化宿主机CPU平均使用率低于10%，以太网、SAN网I/O负载均很低，二级、三级、DMZ资源池虚拟化宿主机的内存使用率分别为70%、60%、50%，表明内存资源是整体资源池的“短板”。

数据中心整合服务器资源，将刀片服务器的内存容量扩充1倍，既充分使用CPU、I/O资源，又解决了二级、三级虚拟化宿主机内存使用率过高的问题，还腾出了部分刀片服务器和刀箱槽位。

站点	集群	虚拟机数量（台）		宿主机数量（台）		虚拟化比率（%）	
		年初	年末	年初	年末	年初	年末
Site1	DMZ-app	17	20	4	3	4.3	6.7
	DMZ-Web	27	38	6	4	4.5	9.5
	MGMT	6	7	1	2	6	3.5
	S2	59	73	12	9	4.9	8.1
	S2-WAS	15	29	3	4	5	7.3
	S3	27	39	8	6	3.4	6.5
	S3-WAS	16	24	3	3	5.3	8.0
Site2	DMZ-app	13	16	3	3	4.3	5.3
	DMZ-Web	28	43	5	4	5.6	10.8
	MGMT	4	7	1	2	4	3.5
	S2	42	62	9	9	4.7	6.9
	S2-WAS	14	27	3	4	4.7	6.8
	S3	31	45	7	6	4.4	7.5
	S3-WAS	15	22	3	3	5	7.3
合署监管		15	19	5	6	3	3.2
合计数量		329	471	73	68	4.6	6.9

2013年初年末资源池整合比

随着新台址系统上线和原有系统的扩展，2013年底虚拟机数量增加到471台。数据中心在不增加物理服务器情况下，通过宿主机内存扩充，充分利用服务器资源，使虚拟化整合比从年初的4.6:1提高到年末的6.9:1，大幅提升了资源使用率。

2. 虚拟化资源池软件版本升级

2013年6月，虚拟化平台66台宿主机软件版本由4.1U2升级为5.1U1，342台虚拟机完成了Hardware、VMTools版本升级。经测试，软件升级提高了系统稳定性，修复了原版本应急切换时产生的缺陷，实现了存储设备站点、服务器资源池站点容灾，保证即使在可靠性超过99.999%的存储设备发生故障情况下，仍有至少一半的系统应用不受任何影响，而受影响的一半应用也能确保数据安全可靠并快速切换到另一站点，从而根本解决了虚拟化资源池所有单点故障问题，实现了操作系统、服务器、网络、存储等各个层面的全冗余。

3. 统一数据库平台加固

新址应用系统要求在7天×24小时节目制播过程

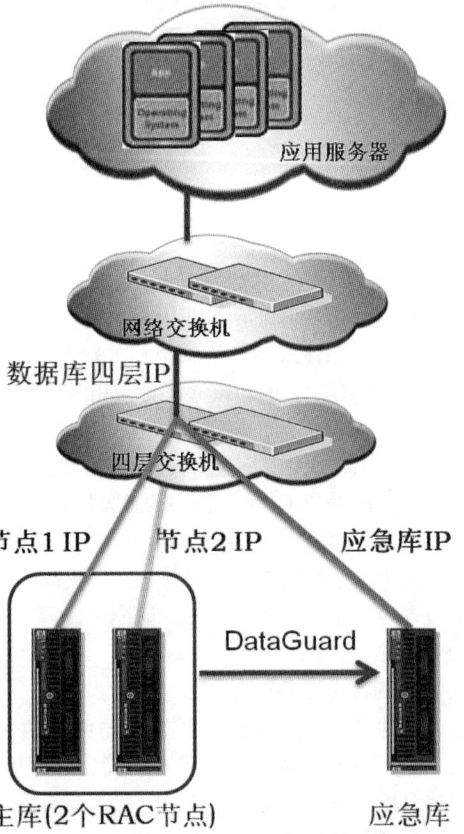

数据库加固措施1和措施2示意图

中数据库服务分秒不停，故障在最短时间内排除。为确保数据服务连续性，数据中心综合多种技术，对统一数据库平台实施加固。

加固方向1：缩短应急切换时间，降低切换成本

措施1：将应用前端改为通过四层交换机转换的IP连接数据库，使应急系统切换不再需要前端改应用，大大加快了切换速度。

措施2：用DG软件替代OGG，作为应急数据库软件，降低主库与应急库数据同步出错率，加快切换速度，降低维护成本。

加固方向2：进一步提高系统可靠性

措施3：将主库的2个节点同时工作改为主/备工作模式，避免2节点间数据交互，降低节点间干扰引起的系统出错风险，防止系统自动切换失败。

措施4：主库操作系统改用本地磁盘，数据盘同时使用2台核心存储，避免主库存储发生单点故障。

加固后数据库版本由oracle 11.2.0.3升级为11.2.0.3 PSU4，修复单节点故障VIP不生效等缺陷；实现了RAC节点间的秒级切换；将严重故障应急切换时间缩短至5分钟以内；有效治愈了原数据库系统应急切换时间长、切换成本高的"硬伤"，提升了系统安全性和可靠性。

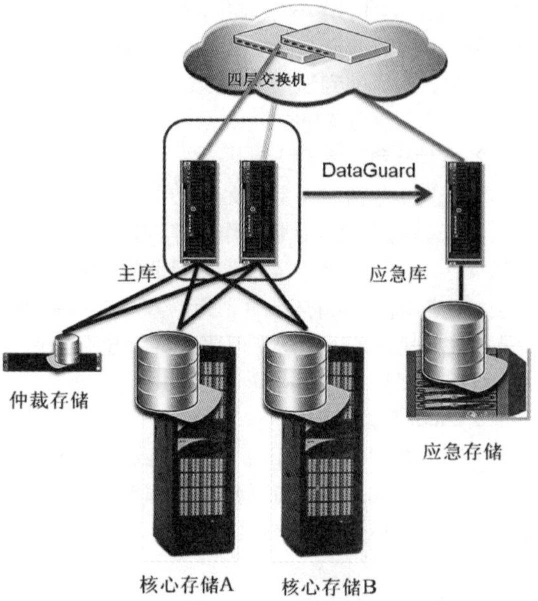

数据库加固措施3和措施4示意图

（技术管理中心提供）

中央电视台新址E06演播室群

一、系统介绍

E06演播室群由E06、E07两个各400平方米的演播室及导控室、音控室、立柜机房、OCP控制室组成，主要承担专题类、资讯娱乐类节目的直播和录制任务。

2013年8月，E06演播室群深化设计启动。参照E04演播室群使用情况，完善设计方案。11月1日，开始安装施工。12月31日，完成系统测试，E06、E07演播室投入节目制作试运行。

二、深化设计

中央电视台按照"群组化设计、网络化制作、智能化管理"理念，将功能相近、规模相当的演播室结为群组，建设新型综合制作演播室系统，其要点是：

1. 群组化：设备统一放置；技术资源共享；扩充迅道

群组化演播室是可以进行综合调度管理的演播室系统。群组内的各演播室通过系统矩阵，灵活地调用各种资源；群组设备统一放置在立柜机房，演播室调用设备资源非常方便；E06演播室标配5个讯道，E07演播室标配4个讯道，可扩充到5个讯道。

2. 网络化：一体化网络架构；演播室网关；多通道录制和重放；多屏播放系统；B类字幕工程文件

网络化制作，通过演播室网关管理信息入出方式；应用多屏播放系统、多通道录播服务器、B类字幕机等，完成关键技术操作和产品制作。

3. 智能化：智能TALLY；二级串联单；智能监控

智能化管理，通过智能TALLY，实现了源名随动、讯道自动调度；通过二级串联单系统，完成播出时间统计上报；通过智能监控系统，对设备、信号、播出情况等进行全方位、多角度的监控。

三、技术功能

1. 摄像机和切换台系统

9个CCU摄像机控制柜由群组共享；9个COP集中放置。两个演播室均配有独立的高清视频切换台，

48 路高清输入，12 路 AUX 输出，制播节目互不干扰。群组配有 64×32 矩阵，导控室通过矩阵面板，将外来、群内信号统一调配到演播室切换台，信号共享。矩阵具有演播室应急切换功能。

2. 文件化和网络系统

系统设备包括演播室的文件记录、播放、在线包装、字幕等系统，与后期制作岛等外部系统的接口，群组文件化、TALLY、监控等联网设备、网络端口和交换机。各演播室均有 2 台 4 通道的 EVS XT3 服务器，2 录 2 放；配有 3 台 IPD 管理服务器，方便记录、播放工位等管理。

3.TALLY 智能系统

TALLY 采用串行通讯协议，具有正常切换、应急切换和副切时的三色动态源名跟随功能；可设置摄像机应用场景；摄像机部署的位置改变时，能够快速切换 TALLY 的显示状态。

4. 直播串联单系统

直播需要提供播前、播后串联单，两者为统一的数据结构，播后串联单在播前串联单基础上填写。直播前从 TALLY 服务器提取切换台 PGM 切换点信息，输入直播串联单服务器。该服务器与外部标准时间锁定，通过视频回看对定位点进行校正。节目直播过程中，可以根据需要对条目进行调整。

5. 监控系统

具有设备监控、信号监视、信息上报功能，全面监控所用设备的初始设置、运行状态，提供声光报警，图示故障点，检查该故障可能影响的信号链路，帮助技术人员快速处理问题，保证节目正常播出；分级处理故障，不同级别的故障信息采用不同级别的报警方式；支持全台质量监控系统运行，并提供相关数据。

6. 监看系统

监看方式包括视频监视墙、音频监视墙、演播厅监看、技术监看、立柜监看、摄像机调整监看，监看内容包括信号源、播出数据、节目输出、CATV 播出返送信号。监看大屏两两备份，一块大屏出现故障时，信号可全部显示在另一块大屏上。

7. 音频系统

E06、E07 演播室有各自独立、完整的主 / 备音频系统，以及共用的环绕声设备；扩录一体，由同一调音台完成播出、扩声制作；系统配置安全、灵活、简洁；音频专用设备配置齐全。

8. 时钟系统

与总控的时钟信号锁定；演播室、导控室、立柜机房均有显示屏，显示标准时间、倒计时、区间时间，并为播出服务器、在线包装系统、字幕机等提供校时数据。

9. 通话系统

群组共用 1 台 64×64 通话矩阵；通过软件设置，支持群组各点位、演播室各功能区、全台通话系统互联互通。

10. 配电系统

包括 2 个工艺Ⅱ级配电柜、1 个 OCP 控制室配电盘，以及为演播室大屏供电的工艺Ⅳ级配电盘。统一供电，充分考虑安全、应急要求。

四、系统总结

E06 演播室群可有效组织各类资源，优化制作流程；文件化系统与全台网络架构适配；设备种类繁多，管理体系得到优化；探索制播新理念、新架构、新技术，网络化、文件化技术优势转变为节目优势；通过“群组化设计、网络化制作、智能化管理”丰富录制的技术手段和管理手段，全面提升了节目质量和生产效率。

（技术制作中心提供）

中央电视台新址 E08 演播室群

一、系统介绍

E08 演播室群位于新台址 E 区，包括 E08、E09、E10 三个面积各 250 平方米的演播室，以及导控室、音控室、立柜机房、OCP 控制室、灯光设备间。演播室高 10.8 米，为 B2 ~ F1 三层楼的高度。

群组配有 12 讯道全高清系统，设备资源共享。演播室配有高清切换台。外来信号及摄像机、包装、蓝光、播放服务器、VGA、群内共享外来信号进入切换台，演播室信号进入矩阵，资源共享可调配。矩阵作为群组信号调度中心，支持应急切换、信号记录、大屏监看信号调度、大屏/摄像机返送信号调度、信号检测等功能。

二、技术特点

1. 摄像机

12台松下AK–HC3500MC多格式摄像机，采用预埋光缆跳接方式，实现摄像机的灵活部署和应用。

2. 切换台与矩阵

2M/E高清切换台配置40路输入、24路输出信号。64×32矩阵8块8路HD SDI输入板卡、4块8路HD SDI输出板卡，支持演播室应急、演播室信号监看、信号调度等功能。

3.TALLY与串联单系统

TALLY系统快速完成信息处理和显示，自动跟随源名。2台控制服务器同时接受来自切换设备的控制信息，独自处理，完成对显示设备的控制。对控制器采用心跳线，保证主/备切换信号同步。

直播串联单系统对演播室网关收到的节目单、广告等进行内容解析，编辑播前单信息，发送给演播室网关。节目开播，通过读取TALLY发送的PGM交叉点信息，实时读入节目开始时间、结束时间和广告播出时间，精确统计节目和广告时长。直播后整理节目、广告播出时间和时长，发送给演播室网关。

4. 监控系统

演播室监控包括系统参数设置、设备信号巡检、获取报警信息、与台监控系统URM互连互通。设备出现故障时，智能监控系统迅速判断故障危害程度，按级别报警，图示故障位置，对故障情况进行分类和分析。

5. 监看系统

演播室主要信号，包括摄像机、外来、包装、字幕、VGA、视频播放、大屏播放、记录等信号，直接传到导监墙监看。摄像机操作工位调控4台摄像机，监看系统50吋等离子屏+17吋监视器+四画面分割显示器，监看各演播室4个CAM画面、摄像机OCP遥控画面等。导控室、音控室监看，使用50吋等离子屏+多画面分割显示器。

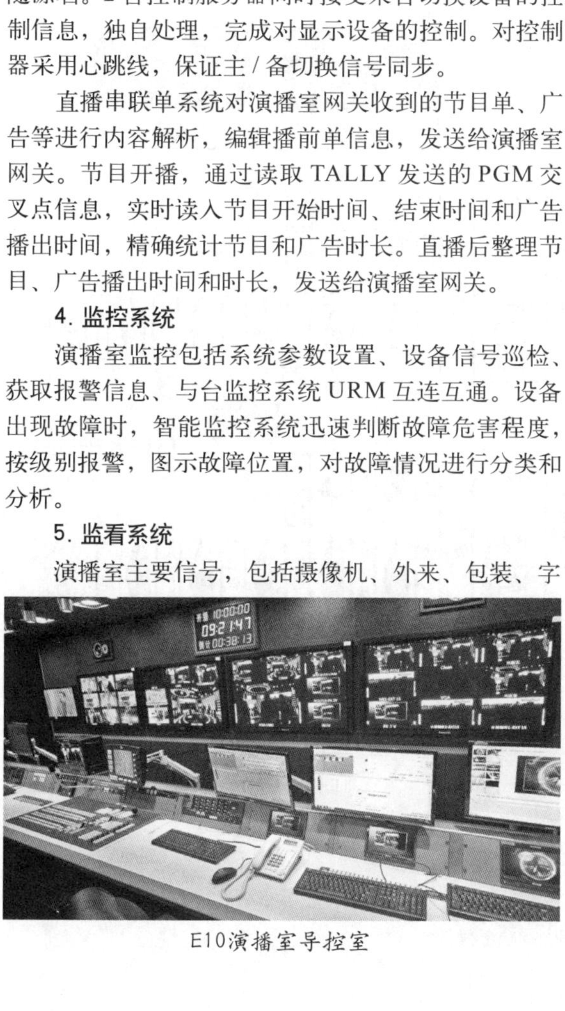

E10演播室导控室

6. 同步系统

以总控传来的BB信号作为外来同步，经过信号发生器产生BB、测试信号、音频同步信号，经同步倒换器、模拟分配器传给演播室设备。

7. 时钟系统

以总控传来的EBU信号为基准，群组共用1台时钟信号发生器。3个演播室及导控室、音控室可显示各自的倒计时。

8. 通话系统

群组共用1台64路通话矩阵，每台摄像机有接口。导演、音频、技术、灯光、摄像机调整、立柜机房、控制室OCP工位有通话面板。主持人、嘉宾、话筒员等工作人员，配备有线腰包通话系统。系统具有安全稳定性和应急能力，与全台通话系统互联互通。

9. 配电系统

立柜机房工艺Ⅱ级配电柜向群组所有视频、音频、IT设备供电。导控室使用机房配电箱电源，演播室配有工艺Ⅳ级配电盘。

10. 音频系统

主/备调音台从分配器接受前端信号，扩录一体制作。音频周边设备有CD机、电话耦合器、延时器、无线纽扣话筒、无线手持话筒、短杆桌架话筒、有线纽扣话筒、鹅颈话筒等。

E08演播室录制现场

11. 灯光系统

灯光网络为DMX512，预留以太网。演播室设置了33道多功能水平吊杆，1路DMX信号回路；配置聚光灯、柔光灯等。

（技术制作中心提供）

中央电视台新址 E16 演播室 2D/3D 兼容改造

一、项目介绍

E16 演播室是 3D 演播室，2012 年完成了伦敦奥运会 3D 直播及录制任务。2013 年下半年配合体育部门需求，把原系统改为 2D/3D 兼容，丰富演播室功能，提高利用率。

原有 3 讯道全 3D 高清系统，进出信号为 Single Side by Side 的 1.5G 编码 3D 高清信号，在演播室解码成 Dual Link 方式 3D 信号，节目制成后再编码输出 3D 信号。

技术人员为保留 3D、增加 2D 功能做了大量工作，归纳体育部门的需求，确定设计原则：尽量保留原系统硬件结构，使 2D/3D 兼容改动最小；适应 2D/3D 变换，提升系统灵活性；充分考虑兼容状态的应急要求，确保播出安全。改造内容包括：新增 2D 设备硬件改造；周边子系统调改；布局整改；原系统硬件连接改动及软件设置。

二、新增2D设备硬件改造

1. 摄像机改造

原双头 3D 摄像系统由 2 台 SONY P1 摄像机组成 3D 讯道，2 台 3D 摄录机 SONY TD–300 组成另外两个讯道，改造时增加 3D RIG 支架和 3D 图像处理

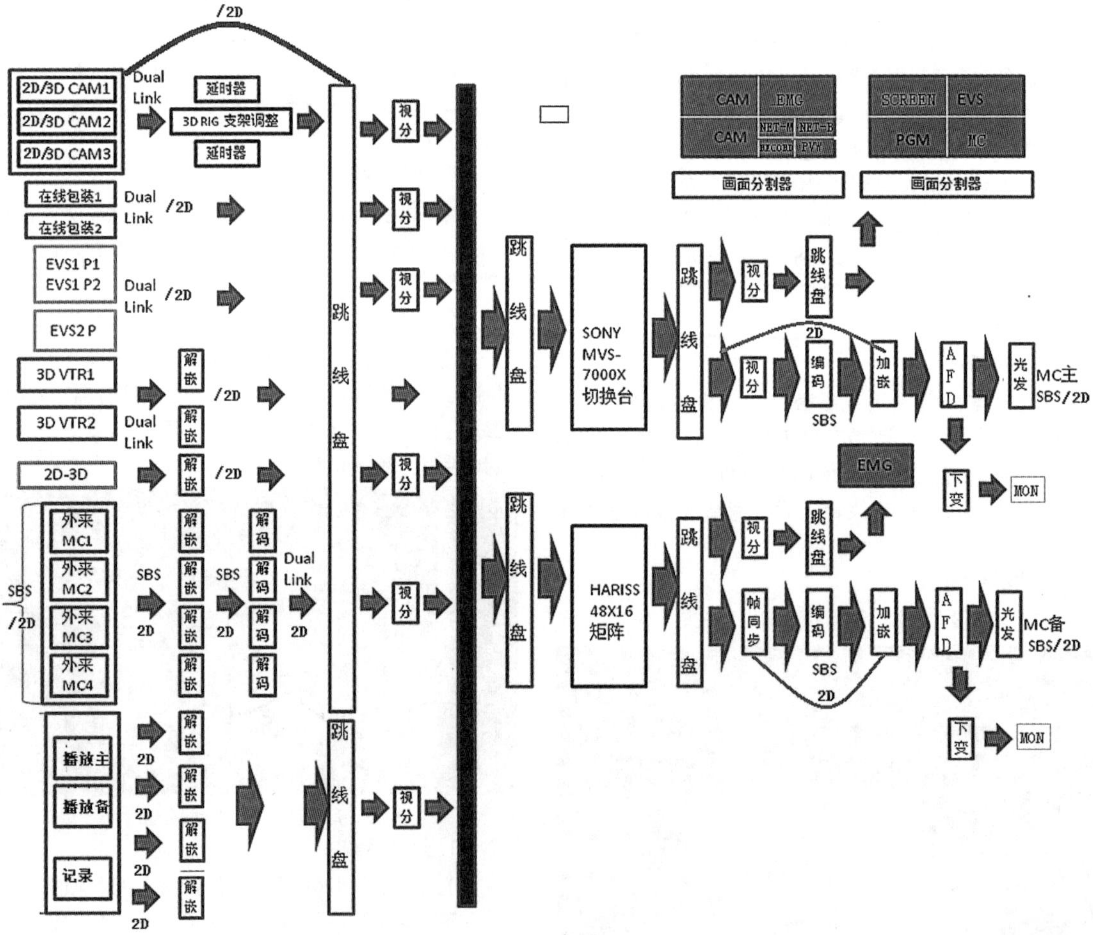

E16　2D/3D视频系统流程图

器，配加3台SONY HDFA–200光纤适配器。将摄像机视频信号、同步信号、控制信号、机头返回信息接入HDFA–200光纤适配器，通过光缆输出到CCU，实现RCP对摄像机的控制。

SONY P1配合HDFA–200作为2D摄像机使用。新增1台SONY P1，与原有2台SONY P1、新增3台HDFA–200组成3讯道2D摄像机系统，达到了使用要求。

2. 文件化改造

新增与混合岛连接的索贝系统，包括索贝MSV–4211播放器2台、MSV–D5记录器1台、播出调整工作站1台，以及相应的视分、矩阵、解嵌器、监听监看设备等。

3. 包装系统改造

引入3D ORAD包装系统，设为2D工作状态。ORAD与原有VIZRT包装系统的信号需求基本一致，不需要调整连线。

4. 幅型比变换

增设AFD板卡、下变换板卡各2块，在主/备路信号输入主控前添加AFD值，使信号返回矩阵送达示波器后，下变换板卡将画面的宽高比由高清电视的16:9调整为标清电视的4:3。

三、周边子系统调改

增加1块模拟视分板卡，向索贝播出服务器、2个视分机箱输出同步信号；调改同步系统，使主/备路设备从不同接口接收同步信号；同步机板卡BL设为输出三电平信号，以满足索贝记录器D5的需求；索贝播出工作站、播放器、记录器、播出调整工作站与交换机连接，与混合岛互联互通；新增周边设备通过交换机接入系统，统一调试。

调改TALLY系统，从串并转换器接出四路GPI信号输入显示器，设红、绿TALLY灯；导控间索贝工位增加16键通话面板；核算新增用电量，配装电气柜和主/备电源接线端子。

四、布局整改

调整导监墙大屏信号布局及部分设备，PVW屏改为四分屏显示，留出空间显示新增的信号，提高屏幕利用率。调改导控间监看布局，增加2D监看系统。

五、原系统硬件连接改动及软件设置

对3D设备线路跳接处理，将3D线挂接在立柜后的BNC板上，以备恢复3D功能时使用。3D是左右眼信号绑对输出，2D只用左眼信号，据此调整软件。

在3D摄录机的两个讯道设帧同步板卡及延时量，保证与支架式3D摄像机的输出信号同步。图像处理器、帧同步板卡进行跳接处理，使CCU信号直接进入系统。

调整文件化收录服务器信号，为EVS和D5记录器接入矩阵输出信号。替换原有3D QC和2D–3D的信号选择路由，以免对矩阵软件重新设置。在输出到主控的路由上跳接原3D解码板卡，使左眼信号经过加嵌器输入光端板卡。调改软件，用新信号替换分割器部分3D右眼信号，输出到监视墙大屏。

软件设置涉及监看、切换台、摄像机、解码器、EVS、周边系统六部分。将显示器菜单的3D功能关闭。视频墙主监保留画面分割器的大部分3D信号，调改软件使其只显示左眼画面。关闭切换台、EVS、摄像机3D功能；关闭解码板3D解码功能，保留外来信号的帧同步功能。调整TALLY，识别新的路由并显示在分割器上。

修改监控系统，同时监测左右眼信号。经手工切换，监控系统在2D/3D兼容系统下应用。

E16演播室在2D/3D兼容改造后得到充分利用，系统高灵活性、可扩展性成为央视新址演播室的亮点之一。

（技术制作中心提供）

中央电视台现址3D后期制作系统扩充

一、项目介绍

2013年，中央电视台适配3D素材无压缩采编的需要，新建1套3D后期高端制作系统。项目现场在现址圆楼G段302机房，4台核心存储阵列、1台Quantel IQ高端工作站组成新系统。机房改造、设备选型、技术方案、系统设计通过审批后，完成设备招标、软硬件集成、安装调试工作，形成了3D精品节目制作能力。

二、技术特点

不使用代理画面，首次建立“所见即所得”的全分辨度立体3D画面在线制作流程。

系统支持RED ONE/ARRAY/SONYF65/CANON EOS 500C数字摄影机立体3D RAW格式文件的直接导入。

支持RAW格式文件在原始介质浏览和入出点选择上载，以及对RAW文件属性的调整。

创建立体几何误差自动矫正、左右眼颜色自动匹配、出屏率及汇聚调整、立体瑕疵矢量修复等高级制作功能。

专业调色台支持不使用代理画面、高达完全分辨度的多级实时调色。

高品质视频采集与输出，以16bit动态边缘润饰功能保证画面边缘线的质量，以16bit色彩宽容度显示和调整色彩细节。

该项目基于原有的3D系统，采用无压缩高数据量，最大限度保存图像细节，完善技术手段和工具，形成了3D精品制作条件。

三、精品制作

中央电视台与国家博物馆合作，拍摄3D纪录片《国脉》。与英国3D技术专家、台湾3D编导合作，对摄影技术、画面空间关系控制等深入进行研讨交流；结合3D素材的特点，精心修正双眼图像误差，调整色彩和汇聚参数，与特效制作公司配合，获得精准、精美的图像。

《国脉》制作团队与国际3D资深专家合作，是中央电视台3D创作与世界一流技术接轨的起点。世界领先3D拍摄制作技术的创新应用，从4K 3D拍摄，应用2D转3D技术丰富素材资源，到双眼立体画面抠像、实拍与虚拟背景空间合成，经过多方面实践，深化对3D立体制作工艺的解读和诠释，形成圆满的技术操作规范。

中央电视台第一部3D纪录片《国脉》获得卢米埃奖（卢米埃奖由国际3D与高级影像协会评选，也被称为国际3D电视纪录片杰出成就奖）。

（技术制作中心提供）

中央电视台4K高端制作岛系统

一、系统介绍

中央电视台4K高端制作岛是国内首个4K电视前后期制作系统。前期拍摄采用10台SONY 4K F55超高清数字摄影机，后期制作采用电视电影结合工艺，以低码粗剪、4K套片、高清版本成片转换、4K版本成片输出、成片打包发布等技术，打通了4K电视制播全流程和电影院线发布流程，为电视行业转向4K播出创造了条件。通过工具软件，实现了1080/50i格式到4K 50P时间线的自动转换、高低码文件的自动匹配和复制。定制开发4K转码软件，具有4K 50P格式到高清播出格式的转码功能，可完成色彩空间转换、帧场转换、对画幅的Letterbox与Crop处理。管理软件打通4K制作岛与中央电视台的业务接口，实现了生产流程节点管控。

二、4K ENG系统

4K ENG系统的SONY F55 4K数字摄影机具有全画幅、高宽容度、原数据存储、轻便等优点。中央电视台专为4K ENG开发的设备管理软件具有接单、反馈、岛内资源调度管理等功能。

三、4K后期制作系统

中央电视台4K后期制作系统由10台单机后期工作站组成，包括5台用于HD蓝光和4K XAVC制作的MAC Pro工作站，3台AutodeskSmoke工作站、1台Autodesk Flame工作站、1台AutodeskLustre工作站。工作站与1台万兆以太网交换机、1台千兆以太网交换机连接，实现工作站间的数据交互。岛内配备网管、文本杀毒工作站和2台转播输出编码的Actor服务器，与中央电视台节目生产管理系统连接。

4K后期制作系统与4K前期ENG系统的制作流程完全匹配，可以根据节目需求选择制作工艺。高质量的4K节目可采用原数据记录的RAW格式制作工艺；高效制作的4K节目可采用高码流的XAVC格式制作工艺。

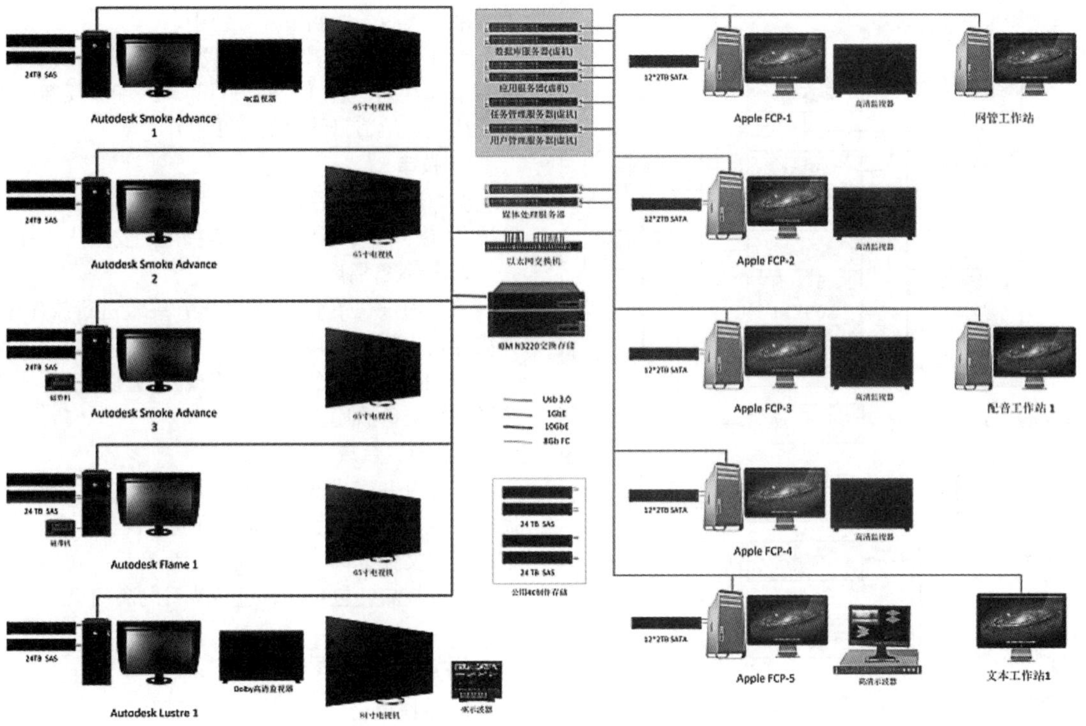

中央电视台新址4K制作系统

四、精品制作

4K高端制作岛多个精品纪录片的拍摄，包括《舌尖上的中国2》《园林》《牦牛》《自然的力量》《东方帝王谷》等，得到了普遍好评；吸引大量节目素材，希望与中央电视台合作应用4K精品拍摄技术。

制作2014年春节联欢晚会4K纪录片时，素材在春节联欢晚会直播现场拍摄，大年初三开始播出，检验了4K高端制作岛的制作效率。中央电视台4K高端制作岛系统完成了一批精品制作。其中，4K MV《我们的中国梦》获得第一届全国SONY 4K杯MV、短片类节目一等奖。

（技术制作中心提供）

中央电视台非线性高端制作岛2系统

一、系统介绍

非线性高端制作岛2系统是中央电视台全高清、全文件化、网络化的后期制作系统，由10套喜马拉雅Cutter草编、36套喜马拉雅精编、4套敦煌合成工作站、4个配音间及中央存储、网络交换等后台设备组成，具有多层实时编辑、特技制作等功能，主要制作综艺类节目、特别节目、专题节目以及演播室、OBVAN实况转播车需要精编和特技制作的节目。

二、制作流程

1. 下发节目任务

编导通过生产管理系统，向高端制作岛2下发节目任务，包括节目代码、脚本信息、适配的资源模板等。

2. 节目创建

网管创建节目标题，系统将节目信息自动保存在IMP数据库中，在Interplay中创建节目资源文件夹、空序列文件，保存脚本信息。

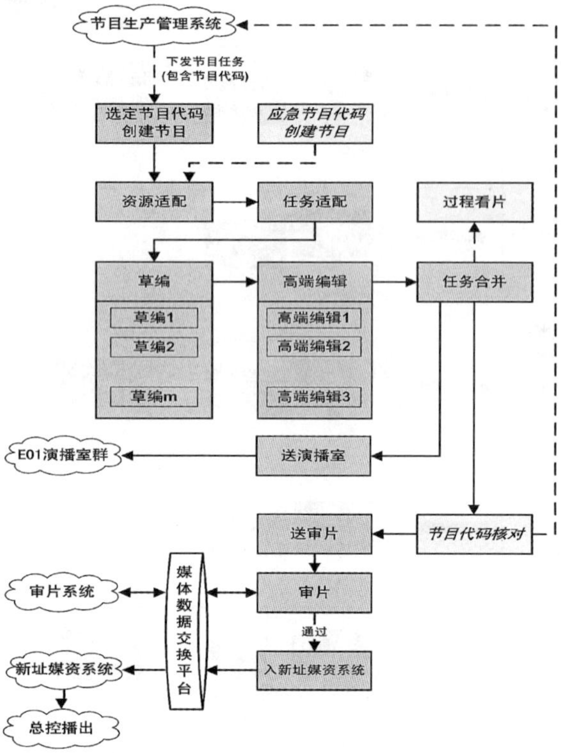

高端制作岛2系统流程图

3. 资源适配

系统将资源模板信息保存到IMP数据库，根据配置的设备资源，在Interplay中自动创建节目的子任务资源文件夹，便于同一节目在不同设备上的协同。

4. 任务适配

编导对节目配置的不同设备资源指定具体的责任人，明确分工，便于协同。

5. 草编

编导在分配的草编工作站上完成非线性介质快速上载和节目简单编辑。

6. 精编

技术员利用精编工作站，在草编基础上进行节目多层实时编辑和复杂特效制作，以及网络配音和分离字幕制作。

7. 送内审

编导指导技术员利用精编工作站，完成成品节目的素材转码和特效渲染，通过客户终端提交流程送审片，后台自动完成成品节目的视音频素材合成、字幕工程文件分离、节目元数据生产等，通过对外媒体交换适配器与媒体数据交换平台交互，将成品节目的高清字幕分离版传送到审片系统中。

节目领导在审片系统完成节目内容和质量审查，填写审查意见，通过对外节目管理适配器反馈审查结果，待编导做节目流程的下步操作。

8. 技审

节目通过内审后，技术员对转完高码率成片文件进行技术审核，确保节目质量符合播出的安全技术指标。

9. 转入备播库

节目通过技审后，编导在客户终端进行流程提交，将成片转入新台址媒资备播库。对外媒体交换适配器与媒体数据交换平台交互，将成片的高清字幕分离版传送到媒资备播库。

10. 节目合成

任务合并完成的节目，编导通过客户终端，流程提交给演播室。由后台完成节目成品视音频素材合成、字幕工程文件分离、节目元数据生产后，传输到演播室群、音频岛、包装岛，进行节目的岛间交互。

三、运行完善

1. 系统磨合

高端制作岛2系统于2013年12月1日上线运行。

在系统投入运行后经历了3个月的磨合期，运行团队克服了多种困难，主要包括：工作量大；承制的节目类型新；首次合作的编导人员不熟悉；急需掌握的技术新且复杂；技术人员缺口大；对组织协调的要求高。

在不利条件下，运行团队与设计团队、集成商团队协同，不断完善系统功能、业务流程和管理规范，从人员、技术、管理等多个层面，保障设备系统正常运行、节目制作稳定顺畅，没有发生系统层面的故障。

2. 节目制作

高端制作岛2系统为中文国际频道、综艺频道、音乐频道、外语频道群等近30个栏目制作高端节目，周完成制作量2200机时，周播出节目40小时，包括《国宝档案》《华人世界》《体育在线》《健康进行式》等栏目，中文国际频道导视，《中国好歌曲》等音乐节目，综艺节目，包括英语、阿拉伯语、西班牙语、俄语、法语等多种语言的外语节目，为上述频道单位从现址向新台址搬迁提供了可靠保障。

（技术制作中心提供）

中央电视台新介质编辑制作岛系统

一、系统介绍

新介质编辑制作岛位于中央电视台新台址 E 区 5 层，一期主要设备有：22 套 HDDE–1980 精编设备，4 套 AVID MC 合成设备，2 套配音机房，4 套 E 盘箱。制作的节目形态相对简洁，特技要求相对单一，以合成段落性节目为主。

新介质编辑制作岛以“E 盘卡”作为记录载体，构建科学、高效、成片可移动的高清节目制作流程，在节目拍摄、制作、生产过程中不需要进行介质转换，由此提高了生产效率。

二、系统构成

该系统由新介质编辑机、新介质共享盘箱、文件交互工作站、文本介质导入工作站、网络交换机、网管工作站、服务器等组成，实现了高效快捷的高清节目制作。E 盘箱是编辑系统唯一的 IP 存储设备，作

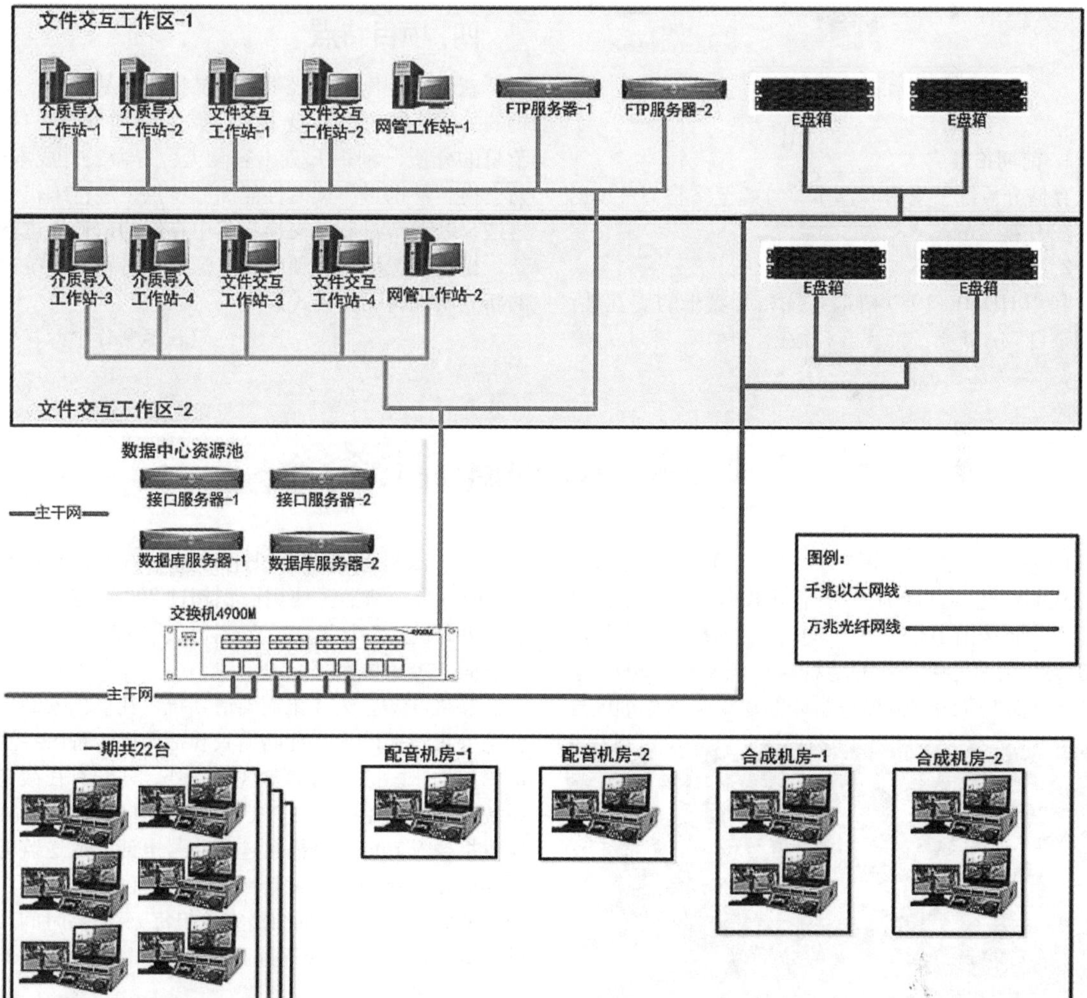

新介质编辑制作岛系统构成

为新介质存储体，承载着整个系统对内对外进行文件交换的核心功能。文件交互工作站对节目代码和节目起绑定作用，并能发起符合新台址技术标准的制播流程应用。

三、流程再造

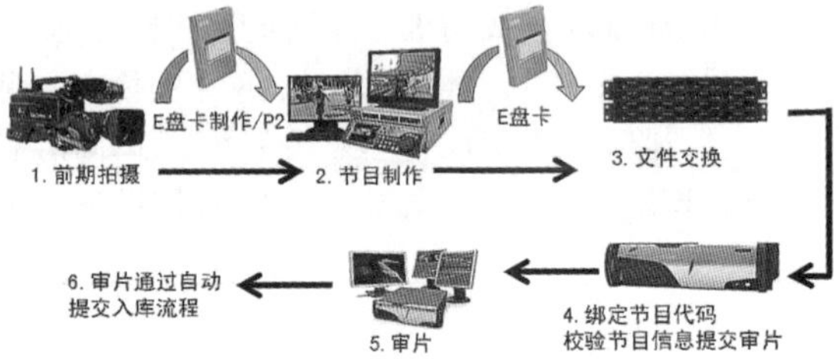

新介质编辑制作岛流程示意图

1. 前期拍摄

存储介质统一使用E盘卡，自始至终将节目数据保存在E盘卡中。

2. 节目制作

利用HDDE–1980精编系统和E盘卡的交互性，编制来自MAM系统的视音频数据。

3. 文件交换

E盘卡是承载数字化文件的核心介质。包括岛间交换、节目提交，视音频数据存储、交换、管理均使用E盘卡。

4. 绑定节目代码

文件交互工作站对节目代码和节目起绑定作用，校验节目信息并提交审片。

5. 审片

包括技术审核、内容审核。

6. 提交入库

审片通过后，以网络共享或直接提交E盘卡的方式，将节目提交入库。

四、项目特点

新介质制作岛是轻量级、易组建、易部署、易维护的编辑系统，以E盘卡为记录、制作、交换、提交节目的介质，利用E盘卡容量大、寿命长、成本低、易交换、易携带、读写性能高等特点，进行编辑流程再造，针对节目制播交换、集中存储的依赖性进行创新，提高其灵活性和便利性，形成了有别于传统制播的新介质编辑制作模式。

（技术制作中心提供）

中央电视台深圳演播室系统

中央电视台深圳演播室2013年1月开工建设，8月完成系统测试，11月11日正式投入使用。演播室位于深圳市福田中心区大中华国际交易广场写字楼西区九层，北侧是深圳新的地标建筑群福田CBD、莲花山、市政府大楼，演播室窗外的建筑是新深圳证券交易所。演播室建设面积近1000平方米，使用面积700平方米。演播区使用面积超过200平方米，设开放式办公区、5个背景区及导播间、配音间、化妆间、审看间、编辑机房等。

深圳演播室为4讯道高清系统，在楼顶安装了一台室外可遥控的360度高清景观摄像机，可俯拍深圳最繁华地带。除了直播常规设备外，还配有在线包装系统，可以实现多地、多视窗视音频连线及嘉宾访谈、实景抠像等功能；直播可连线小号电话，返送监听监看功能；配有103吋背景大屏，可提供室外和室内多用途的背景功能。深圳演播室承担每天《交易时间》《市场分析室》《环球财经连线》等直播栏目的编播工作。

系统构成

4讯道高清设备，包括1套室外景观摄像机；

切换台，16路输入，4路输出，应急备份采用16×8切换矩阵，带2路净输出；系统同步信号由切换台提供；

4 路外来信号通路；

1 套在线包装系统，1 套字幕系统；

18 路数字主调音台，16 路数字备调音台；

由 4 台 50 吋等离子屏、4 台 24 吋平板液晶设备组成的监视墙；

1 台索贝 555 视频服务器，1 台高标清多格式线性编辑录像机；

双色主 / 备 TALLY 系统；

2 套 18 倍便携式镜头，1 套 14 倍广角镜头；

32 路通话矩阵，2 套面板，1 个双通道 4 线转换器及周边设备；

GPS 时钟及倒计时系统；

电脑提词器。

（技术制作中心提供）

中央电视台 2013 年春节联欢晚会舞台设计

一、舞台结构

2013 春节联欢晚会舞台是机械化数字化舞台，保留了 2012 年春晚的地面升降舞台，增加总重 40 吨的 LED 云梯；两侧环幕区增加可伸缩移动车台；观众席上方增加 52 根可自由组合线阵箱；观众席背景屏前部增加数控水幕舞台；整个舞台以 LED 屏幕为主，总面积 5600 平方米，分为 11 个显示区，产生千变万化的空间效果，分辨率达上千万像素；其中，B 区 33 排 17 列可升降柱、云梯、移动车台、线阵箱 LED 屏等，显著提升了舞台的空间感和表现力。

二、舞台设计

中央电视台与北京理工大学开发“数字舞台呈现系统”，提取动画模型数据，用计算机控制舞台运动，改善控制精度和可靠性，以数字化舞台呈现创意，检测台型的可操作性，显著提高了编排效率。

增加虚拟摇臂，邀请制作“阿凡达”、“星球大战”的美国特效影业视觉总监克里斯参与视觉设计，邀请以色列虚拟设计师拉斯利参与 AR 虚拟舞台设计。制作团队运用“前视觉理念”，挖掘舞台与 LED 的表现空间，重点解决虚拟摇臂运行轨迹跟踪问题，以 3D 仿真、虚拟技术进行电脑合成，建立舞台模型和视频背景，在虚拟环境中预演创意效果；反复调试摄像机的虚拟机位，对创意效果进行评估、智能校正和取舍，为导演的前期创意提供帮助，为制作人员提供了仿真舞台，为现场录制提供了可视化依据；真实舞台表演、LED 视觉空间与虚拟机位的结合，形成了以假乱真的多维舞台，使台上演员、台下观众更有融入感，扩大了舞台的表现空间，呈现出亦真亦幻的电视效果。

三、舞台制作

升降台立面 LED 大量使用 P3 彩晶屏；单个区域的视频文件超过 10G，1 个节目的视频文件高达 200G，清晰度提高 7 倍，显著提升了视频分辨率。

严格按照技术手册规定的程序开展工作。将屏幕分成 11 个区域，其中 B 区按照不同节目的升降方式分别编号制作，完成了海量文件的制作处理。

制作团队夜以继日，按照设计分区分屏制作。保证播放服务器上传畅通，使用 usb3.0 数据传输端口，缩短传输时间，提高了传输效率。

四、视频场景

根据节目的演绎，舞台制作团队不断变换台型，加入虚拟元素，强化视频融合，突出舞台效果，营造梦幻世界般的立体场景。

1. 开场联唱《欢歌贺新春》

舞台所有区域的 LED 屏红光闪耀，衬托着祥云、灯笼、窗花等民俗元素；观众席上方线阵箱伴随着音乐按阵型下降；32 位主持人唱着歌出现在移动车台；虚拟的红灯笼、立体福字螺旋飞舞，悬挂在舞台上方；6 位主持人从舞台上方虚拟的灯笼中缓缓走出，乘云梯从天而降；镜头语言缔造喜庆热闹的视觉空间，电视效果精彩纷呈，给观众带来了身临其境的感受。

2. 歌曲《嫦娥》

用虚拟和 3D 技术，勾勒广寒宫、九天仙境的朦胧美；LED 大屏幻化太空背景，真实演员模拟太空漫步的航天员，引出太空飞行的虚拟航天器；云梯从天而降，三位航天英雄在虚拟太空舱中向观众挥手致意，仿佛嫦娥下凡人间；视频、演员、虚拟摄像真假结合的效果，抓人眼球，难辨真伪。

3. 歌曲《我心永恒》

植入虚拟海洋元素，再现泰坦尼克号沉船的深海环境；伴随着“海洋之心”间奏，光芒乍现，瞬间覆盖整个屏幕，将全场幻化成浩瀚星河；歌手置身于银河系中，电视画面极具立体感；音乐渐入高潮，水幕踏着音乐节奏，变换造型；灯光的配合，增强了画面感；令人震撼的舞台感染力，将观众引入深远、神秘的梦境。

4. 歌曲《风吹麦浪》

虚拟技术配合视频展现出金色的麦浪，亦真亦幻的金色花瓣在舞台周围飞舞；虚拟技术与机械升降台把演员合成在一个热气球里，翱翔在空中，赋予画面丰富的空间变化和意向环境；计算舞台尺寸，以“数字舞台呈现系统”作为解决方案，使地面升降舞台随着音乐节奏产生波浪运动，呈现出视频升降的视觉效果，奇特的创意变为数字影像，完美展现在电视画面上。

五、设计总结

2013 春晚舞台视频规模更大，舞台更复杂，制作团队克服视频不能在现场实时配合机械舞台演示、彩排表演位置对台型设定和视频设计造成的不可控性等因素，经过了无数次测试、沟通，通过舞台数据输出和计算机还原数字舞台，为机械控制、编导制作、视频修改提供依据，在双向数据的输入输出中深化了艺术创意。

中央电视台 2013 年的春晚舞台是一个运动的舞台，3D 的舞台，观演融合的舞台。大胆创意，创新应用，高端合作，把舞台设计推向了新高度。

（技术制作中心提供）

中央电视台 2013 年春节联欢晚会 5.1 环绕声声音制作

环绕声是球面立体声，听众在多个声道发声点包围中，有一种被不同方向的声音环绕的感觉。由 5 个全音域声道、1 个超低频声道（0.1 声道）组成的立体声，被称为“5.1 环绕声”。中央电视台 2013 年春晚 5.1 电视环绕声声音制作，重点解决听感自然、对人声“中”的处理、下变换兼容度三个问题。

一、听感自然

“听感自然”源于合理的环绕声场塑造。

1. 调整自然声场

中央电视台一号演播大厅环形加拱形结构的厅堂、LED 屏的大量使用，置自然声场于死地。录音师团队尽最大的可能改善声扩散和声吸收，除了厅堂本身的人工扩散体，在 LED 屏背后增加了吸声材料，减少反射的声能量。

2. 环境话筒设置

环境话筒用于拾取观众反应，以现场 5.1 主话筒拾音制式结合多点辅助拾音方式。自然声场条件差，故主话筒拾音量控制得较小，辅助补点话筒的布置尽量离声源远一些，以保证较好的音色。

用 DPA5100 作为 5.1 环境主话筒，10 只辅助的心形话筒安放在观众席不同位置。尽量使辅助补点话筒具有相关性，形成有连续性、统一性、均匀度的环绕声场。点话筒近距离拾音尤其是掌声响起时，音色不自然，近感强烈，制作时对 2kHz ～ 4kHz 及 7kHz 以上的高频声音进行温柔的压缩和均衡衰减处理。

3. 人工混响器的介入

一号演播厅空间大，较干的环境声听起来不舒服，因此在歌手、主持人、观众的声音中适当加入人工混响信息，细致调整混响参数，使听感更加自然。

二、对人声“中”的处理

5.1 环绕声人声被定位为“中”。由于音箱放置方式不同，叠加干涉造成的声音相位不同，人对环绕声“中”的感觉包括“纯实中”、“纯虚中”、“虚实结合的中”、“混乱的中”等情况。

1. 纯实中

5.1 电影环绕声通常被定位为“实中”，是目前较成熟的环绕声制作技术。“实中”的前方定位感极好，但声音略显瘦，体量较小。5.1 电视环绕声与 5.1 电影环绕声声场的区别：电视屏幕较小；重放听音环境较小；在特定环境下的听众较少。

2. 纯虚中

当左前方、右前方的音箱声音叠加，4 kHz ～ 8kHz 的高频声衰减，“中”会有些虚化，声音具有某种“灵性”，亲切感、温暖感加强了。在 5.1 环绕声特别是音乐类节目环绕声的制作中，"虚中"得到部分录音师的青睐。

3. 虚实结合的"中"

当干涉信息来自 L–R、L–C、C–R 三组音箱及他们的相互作用时，会使声音的频率响应在高频部分有更加复杂的衰减，也使声音面积变得更大，定位感会差一些。但在非皇帝位，比"虚中"有稍好的中央定位感。

4. 混乱的"中"

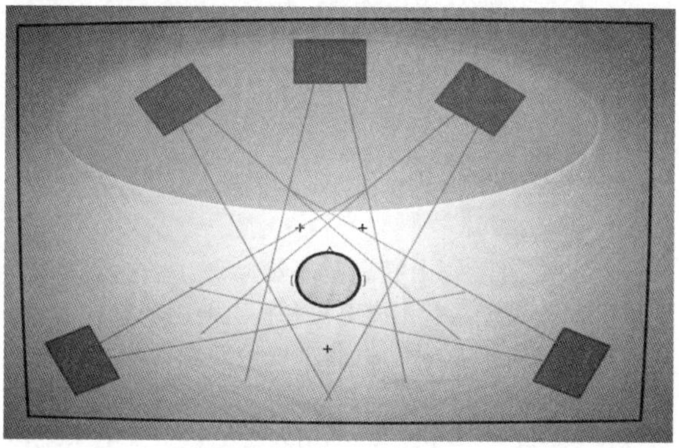

混乱的"中"示意图

当几只音箱同时发声时，会在更大区域产生更复杂的相位问题，使听者迷失方向，感觉声音扭曲奇怪。录音师通常会避免采用这种处理方式。

三、下变换兼容度

对"中"的处理，直接影响到下变换兼容度。

上述第 3 种和第 4 种情况，在实际制作时会干扰下变换的处理，除了对音色、定位有影响，还会使音量有一定的衰减，使被干涉的声音在下变换后相对变强，从而影响到整体比例。所以，在第 3 种情况下，以何种比例分配"中"和"虚中"，要格外小心处理。当然，也可以通过调整 Metadata 元数据，改变下混的比例。

四、项目总结

大型综艺直播节目 5.1 电视环绕声制作的特点，一是音频直播系统相对复杂，二是节目形式相对复杂多样，三是对声音制作水平要求较高。把握好这三个特点，是成功制作春晚 5.1 电视环绕声的关键。

（技术制作中心提供）

中央电视台 2013 年春节戏曲晚会舞美设计

中央电视台 2013 年春节戏曲晚会舞美设计把传统戏曲表演与运用电视高新技术手段结合起来，成功地举办了勤俭、喜庆的戏曲联欢晚会。

一、晚会主旨

晚会方案设计之初，中央电视台考虑党中央关于勤俭节约、杜绝铺张浪费的要求，明确提出了晚会舞美设计主旨：在场地面积相对较小、高度较低的 1000 平方米演播厅，勤俭节约，使晚会现场体现出传统与时尚相结合，喜庆祥和与勤俭节约相结合，通过戏迷观众与演员嘉宾同坐一处，同唱一曲，演员、嘉宾、观众共同营造出全民同乐的大联欢气氛。

二、设计制作

从舞台设计入手，避免使用一次性物料，主要使用租赁的 LED 大屏幕设备；对材料的运用，做到节约、简单、精致、巧妙；舞台制作整体丰满大气，局部晶莹剔透，使人与舞台相互衬托、相互融合；把传统文化元素灯笼设计成舞台的主体造型，与 LED 屏结合，按照节目需求，以多样化、抽象化的方法，在灯笼造型内增加视频元素；加大灯笼框架和 LED 屏面积，LED 视频的背景画面时而山水，时而大殿，时而鲜花，时而瑞雪，观众随着戏曲节目的变化，获得身临其境的感觉；观众席圆桌的主体结构是由彩色琉璃亮片拼接而成的圆形灯笼，每组桌子都可以旋转，可以自发光，散发出五彩斑斓的光线；LED 从主舞台两侧开始无接缝地向观众席延伸合拢，将全场观众包裹起来，使观众和嘉宾更感受到春节团圆的节日气氛；观众席地面的 LED 屏使主舞台视频设计画面向观众席延伸，舞台与观众席形成了有机互动的整体。

三、舞美特点

2013 春节戏曲晚会与以往的不同之处是：舞台主体由 LED 屏幕构成，舞台其他部分使用自发光材料，避免了以往录像时 LED 大屏与其他不发光材料反差大，摄像机镜头画面不干净、不透亮的问题。舞台美术设计充分体现了晚会主旨，以浓厚的节目气氛感染现场和电视观众，办成了一台喜庆祥和、全民同乐大联欢的春节戏曲晚会。

（技术制作中心提供）

中央电视台 6+2 讯道高清转播车

2013 年，中央电视台建造 6+2 讯道 C 类高清转播车 2 辆，用于外场中型活动的高清晰度电视转播制作。该车的特点是：车体轻便灵活，通过能力强；系统安全播出级别高，具备一定的可扩展能力。

一、车体结构

选用奔驰 Vario–816D 型箱式货车，全长 7.21 米，宽 2.2 米，高 3.2 米；内空间长 4.93 米，宽 1.9 米，高 1.93 米；载重 3.9 吨，最大总重 7.49 吨；发动机尾气符合国Ⅳ排放标准；采用越野底盘，车辆具有较强的通过性。

车体后轴采用空气悬架系统，针对转播设备使用和维护要求，以非线性悬挂提高行驶的平顺性，延长设备使用寿命。

配置 4 点电动支腿稳定支撑系统，可一键式自动调整支撑腿及车体水平，保证驻车工作状态的车体稳定性。

通过以上设计，转播车具备了灵活机动、行驶平稳的特点。

车体内部照片

二、车体布局

采用开放式的车体布局，从车头到车尾依次为导演区、音频区、技术区，总工位数 8 个，可满足中型节目制作需求。

三、系统配置

1. 电力系统

车载交流系统由隔离变压器、取力发电机、UPS 组成；车载直流系统由充电机和蓄电池组成。

取力发电机从发动机曲轴皮带轮取力，可以满足技术用电需求，通过了海拔 7200 米可靠性测试。发电机保险具有自恢复机能，不用人工更换。发电系统体积小，免维护，可靠性极高。

隔离变压器将 380V 外电变压为 220V，与取力发电机电源备份。220V 交流电经配电盘、UPS 送到机柜空气开关。机柜空气开关提供空调、照明等非技术用电。

完全失去外电时，UPS 可提供技术用电 10 分钟。取力发电机与 UPS“双保险”，电力系统具有高安全性。

2. 空调系统

车顶装有 2 台 4000W 军品级车用空调，具备良好的减震抗冲击性能。车内浸淋式出风，机柜上方设有强制出风孔。车顶另装 1 台 8000W 行车空调，压缩机位于发动机舱内。取力发电机供电时，带动行车空调工作，保证技术用电设备不会过热。

3. 视频系统

基础配置为 6 个普通讯道 +2 路外来信号，具备扩展到 8+4 讯道的能力，即同时承担 8 个有线讯道和 4 路外来信号的制作。

采用 Snell 公司的 KAHUNA FLARE 2M/E 高清切换台，48 路输入，8 路固定输出，16 路辅助输出；每级 4 个功能键，含 2 个全功能键，有宏命令编辑、二维 DVE、48 秒高清视频帧存等功能；2M/E 主切换面板和 AUX 面板，能够满足中型节目制作需求。

采用 Harris 公司的 PANACEA 紧凑型多码流数字矩阵，信号调度规模 32×32，配有主 / 备电源。

传输通道 TX1 是由切换台提供的节目信号主路，TX2 是视频矩阵提供的节目信号备路；主调音台输出数字音频信号到主/备嵌入器，备调音台处于热备状态。

采用华创 DATACAM HDDE–980C 文件化高清线性编录机，使外场录制素材具备与新台址文件化、网络化制播流程后期制作系统无缝衔接的能力。

4. 音频系统

主 / 备调音台均采用 STUDER 公司的 OnAir3000，使用 MADI 光纤实现信号完全共享，以双重备份提高运行可靠性。备用调音台不会降低制作水平，实现了播出系统无缝备份。

5. 控制系统

TM1 读取切换台和视频矩阵交叉点信息，输出 TALLY、源名信息到摄像机 CCU、画面分割器和 UMD 灯。TALLY 应急倒换开关在切换台崩溃的应急状态，接受视频矩阵的 TALLY 信息，确保直播继续进行。TM1 发生故障时，TM1 旁路开关将切换台输出的 TALLY 信息直接并到摄像机 CCU，保证直播继续进行。两套应急方案大大降低了控制系统的风险。

6. 通话系统

以 Clearcom32×32 矩阵为核心，配备通话面板、电话耦合器等，接口丰富，通话灵活。增加通话跳线，实现三种功能：一是矩阵上的通话点可以呼叫到摄像机、2 线接口；二是如果通话矩阵有故障，可将 2 线、4 线转换设备的跳线跳至摄像机通话单元，在导演区预留 2 线通话点，实现导演与摄像应急通话；三是与大型转播车级联时，将区外接口板的线缆跳接至摄像机通话单元，1 条线缆即可实现车内全部摄像机的通话共享。

（播出传送中心提供）

中央电视台 3+2 新闻卫星直播车

一、项目介绍

2013 年，中央电视台建造了全高清制播、功能全面的卫星直播车。选用 8 吨底盘沃尔沃，结构紧凑，通过性好。视音频系统高清 / 标清兼容，有 3 个有线、2 个无线讯道及 4 路输入，并有扩展能力。配有复用器，支持公用信号现场与多路单边主持人同时出镜。卫星射频 2.4 米 Ku 车载天线，400W TWTA 高功放，可基本满足国内任何地点的上行需求。卫星网络支持综合通话、电话、互联网应用、INMARSAT BGAN 通话及信号传输。通过网络进行设备功能设置和监控。在传统卫星直播车全部功能基础上，该车新增了网络通讯、IP 电话、数据传输等新功能。

二、视音频系统

1. 视频系统

视频结构为切换台 + 调度矩阵双通道输出模式。

卫星直播车可输入多种视频信号：3 讯道摄像机信号，2 路无线微波信号，2 台多格式转换器支持的 4 路信号输入，高清 / 标清变换，2 路卫星下行视频信号。全部信号源的高清信号同时进入视频切换台及视频切换矩阵，主通道为切换台输出。当切换台通路出现问题时使用备通道，通过静 / 净切换矩阵进行应急切换。

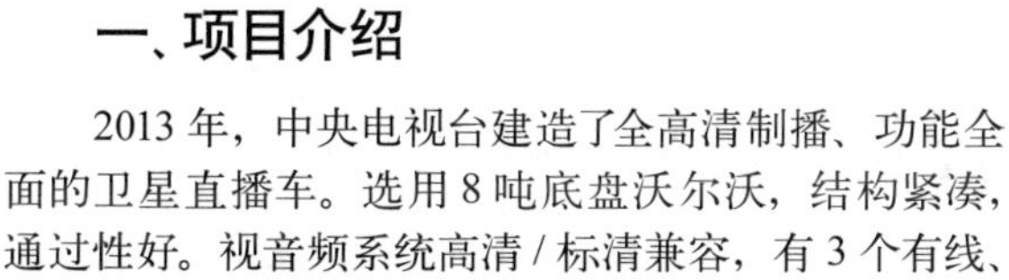

视频制作完成后，视频信号 / 音频信号通过加嵌器形成 SDI 信号，输入编码器，进入编码上行系统。

导演监看系统有 2 个 42 吋监视器，配有主 / 备 12 画面分割器；技术监看系统对 CCU 摄像机视频信号、PGM 视频信号进行实时监控，其他视频信号通过静 / 净切换矩阵选择监看。

2. 音频系统

调音台输入音源有 CCU 摄像机 MIC 音频信号，无线微波接收机音频信号，多格式转换器音频信号，外接口板音频信号。主调音台输入 MIC 声音、LINE 声音、AES 声音，备份调音台输入 LINE 声音。主调音台进行信号调配、音频处理、音频输出，音频信号分别进入主 / 备音频嵌入器，同时送至备调音台，由其

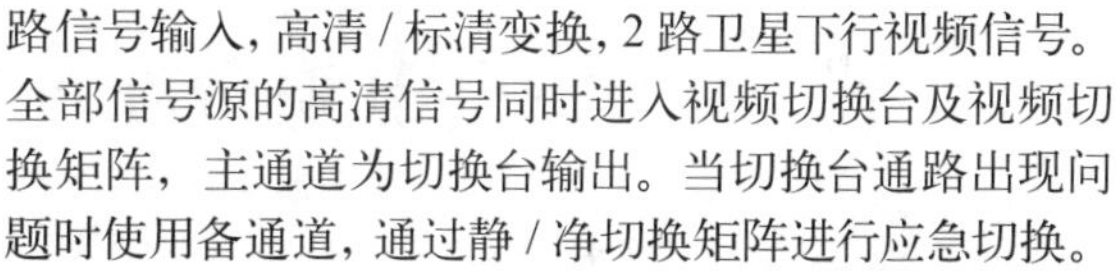

CHINA CENTRAL TELEVISION YEARBOOK

直接输出到备份嵌入及输出接口板。

三、编码射频系统

配备 4 台编码器。ERICSSON AVP2000 编码器支持 MPEG–2/H.264 编码，10bit 编码技术具有极高的编码效率和图像效果，可以 1Mbps ~ 80Mbps 视频码流输出。

主 / 备复用器以 MCPC 多路单载波技术支持公用信号现场与多路单边主持人同时出镜，可同时传输 4 路节目。

卫星信号上行系统选用 2.4 米超轻型碳纤单片反射面车载天线，2 台调制器、2 台上变频器、2 台 400W 高功放器，组成双备份系统。下行系统为双极化接收，有 4 台 ERICSSON RX8200 数字卫星接收机。

四、其他配置

1. 通话系统

卫星直播车有 4 通道基站、2 通道基站各 1 台，汇接导演、技术工位、无线对讲、车内台内节目声返送。VOIP 通话复用器联通卫星 / 台内通话系统，节目人员、技术人员可独立与台内联络。

2 台车载对讲基站支持无线通话。摄像员、主持人可用手持式对讲机通话。

2. 通信系统

COMTECH EF DATA CDM–625 MODEM 卫星信号调制解调器通过卫星线路和中央电视台新址 4.9 米 Ku 波段上 / 下行天线，实现 2M 的语音和数据传输通讯。可通过车内无线路由器，联网进行节目文件编辑和交换，并有内外部通话、节目声返送等功能。

3. 配电系统

卫星直播车有市电、车载发电机两种供电方式。市电的接口为三相五线制；车载 20KW 静音发电机配有隔离变压器、稳压器等。

（播出传送中心提供）

中央电视台新址广告业务管理系统

一、项目介绍

中央电视台新址广告业务管理系统是 2012 年根据本台广告业务发展需要而开发，贯穿市场管理、业务管理、播出管理、监督稽核管理四大功能域，实现了 CRM 客户关系管理的业务流程闭环系统。

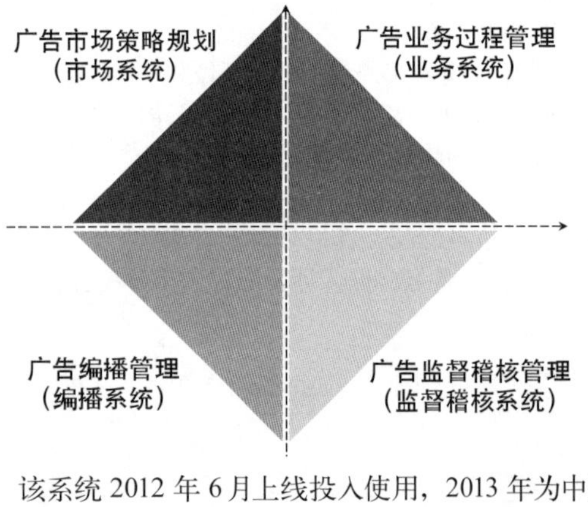

该系统 2012 年 6 月上线投入使用，2013 年为中央电视台搬迁至新址各频道的广告业务提供支撑，加强广告资源、广告产品、广告销售、广告投放管理，实现了各管理层面与业务规则相匹配的统计分析。

二、系统设计

1. 业务优化

业务优化是 IT 系统设计的重要环节。

业务优化以流程为牵引，应用业务优化方法，对中央电视台广告业务的管理内容、管理流程进行优化，深化设计服务。

通过业务优化，新址系统解决了中央电视台现址广告系统存在的问题，例如频道 / 栏目 / 时间 / 资源的

灵活定义和管理能力问题，价格 / 优惠 / 推广的操作和管理能力问题，签约 / 栏目 / 编播 / 履约的能力问题等。

中央电视台广告业务销售管理“360° 广告主视图与广告代理商视图”、“产品管理”、“合同管理”、“商机管理”，是设计服务关注的重点。

2. 业务分析

新址系统将广告业务的统计分析分为 8 个主题，即广告主分析、代理公司分析、产品分析、商机分析、合同及交付分析、营销活动分析、销售人员分析、财务分析。

使管理层具有与业务规则相匹配的统计分析能力，是新址系统的优势所在。

3. 设计原则

新址系统的设计遵循四项原则：数据集中性；应用功能的高扩展性；集成衔接，实现业务流程的串接；应用架构能够持续演进。

4. 业务特点

新址系统对广告业务的管理特点是：规划、整合内外部广告资源，实现了统一产品管理；提高对广告客户的洞察和细分能力，实现了统一客户管理；完善产品交付闭环管理，提高了广告产品交付能力；通过商机管理，规范销售过程，为决策提供支持，并运用新址系统落实决策方案。

三、系统搭建

基于在国内外已成熟应用的 Siebel CRM 客户关系管理软件包，搭建新址广告业务管理系统。

1. 功能定位

集成型的广告销售管理系统，包括广告部门的各个岗位及职责；与广告代理商协同的工作平台，支持远程客户端等多渠道办公；整合广告业务销售管理相关功能，集成与客户接触的所有渠道。

2. 功能架构

Siebel 软件包的架构，能够满足广告销售业务功能及未来业务功能的扩展。

基于 Siebel 软件包与中央电视台业务的映射，融合业务优化方案与软件方案：以软件方案固化业务优化的成果，降低项目实施风险。

3. 功能模块

新址广告业务管理系统具有多个业务功能模块。各个模块相互配合，完成流程的执行和检查，体现了对业务流程整合的支持。

4. 流程再造

新址广告业务管理系统划分为市场系统、业务系统、编播系统、监督稽核系统。

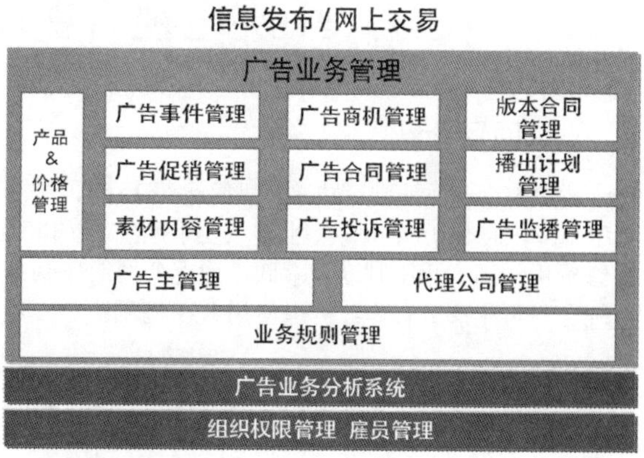

市场系统管理包括广告资源管理、广告产品规划与管理、广告产品价格管理、招商方案管理、信息发布管理、市场营销活动管理。

业务系统管理包括广告代理公司管理、广告主管理、承包管理、商机管理、网上招标、协议合同管理、财务收退款管理、合同分账管理。

编播系统管理包括广告素材管理、广告版本合同管理、播出编排管理。

监督稽核系统管理包括监播管理、播出稽查管理、合同稽查管理、投诉管理。

5. 业务提升

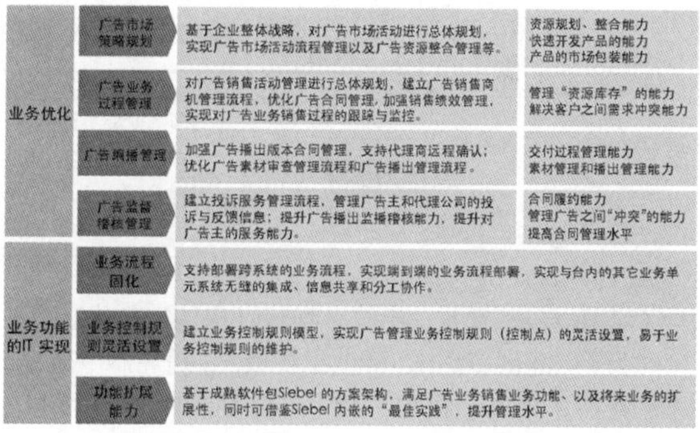

新址系统的业务提升点，主要体现在以下功能模块：广告市场策略规划，广告业务过程管理，广告编播管理，广告监督稽核管理。

四、项目总结

该项目以业务优化与 IT 实现的方式开展，配合广告业务模式和管理流程的完善，整合广告资源，对广告营销活动进行总体规划和过程监控，对广告业务进行统计分析，为新址各频道广告业务运营提供了支撑。

（技术管理中心提供）

中央电视台现址制冷站更新改造

一、项目介绍

中央电视台现址制冷站4套机组运行16年，制冷效率下降，能耗增加，故障率上升，已到设备大修年限，大修费用较高；低压制冷效率低，约克公司低压制冷系统已不再生产；有3套机组使用R11型制冷剂，对大气臭氧层破坏严重，不符合现行环保国家标准。

为了保证供冷需求，降低维护成本，提高制冷效率，决定更换4套制冷机组，将1号机制冷能力由250冷吨扩容为350冷吨，2号机由370冷吨扩容为500冷吨，满足高层办公区及方楼数据中心的需要；同时，更换冷却塔和冷却水、冷冻水循环泵、管道阀门等。

二、项目实施

该项目2013年上半年进行设备选型、招投标及订货，11月至2014年1月设备到货、安装，3月31日按期完工。经过设备调试和试运行，在2014年供冷季到来前，具备了开机条件。

该项目主要难点是：工期跨度长，涉及专业多，大型设备装运、存放难度大。动力管理部周密部署，从立项、招投标到施工改造，全过程严格监督管理；落实协调会制度，对可能发生的问题早掌握、早协商、早处理，防患未然。通过细致调研、合理规划、组织落实，该项目跨越春晚、"两会"安全保障期，克服不利条件，顺利完成了更新改造，没有对电视节目播出造成任何影响。

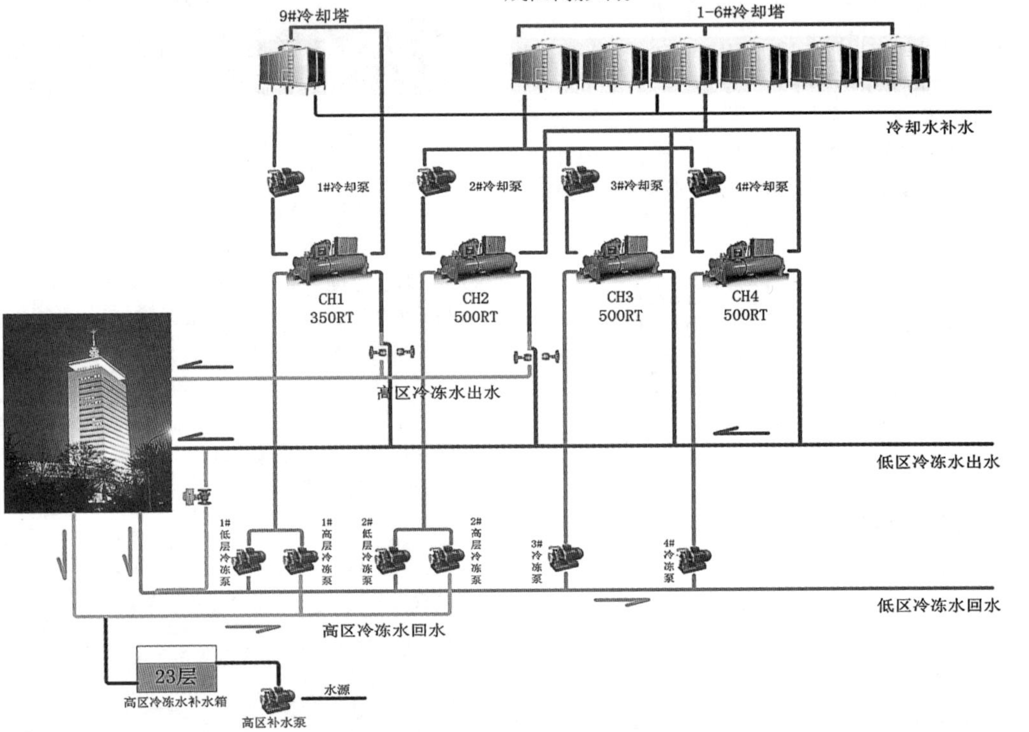

现址供冷系统示意图

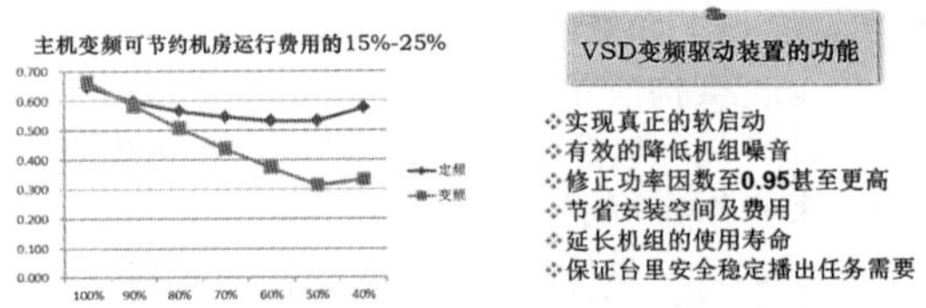

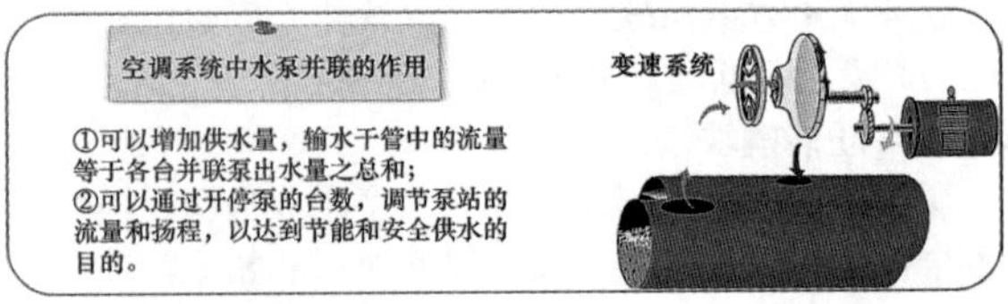

三、创新成果

该项目根据现址制冷负荷大、峰谷明显的特点，采用水泵并联、开式传动等新技术和新模式，通过变频离心机组与固态启动离心机组配套使用，新机组使用R134a制冷剂，达到了节能、减排的更高要求，形成了更加安全清洁、运行可靠的空调制冷系统。

四、项目总结

中央电视台现址制冷站更新改造项目认真贯彻“注重安全，注重质量，注重服务”的要求，相关单位通过合理规划、细致调研、严密组织、有效协同，克服了大型制冷设备系统选型、装运、存放、施工遇到的困难，按期完成更新改造，确保了项目质量和安全稳定性，圆满实现了项目预期目标。

（技术管理中心提供）

北京中视广信科技有限公司荣获国家发明专利

2013年，北京中视广信科技有限公司（以下简称“中视广信”）凝聚力量、攻坚克难，充分发挥自身技术优势，在数字证书下载及视频数字水印领域取得了创新性的进展，突破了两大领域的技术难题，首度获得国家知识产权局的专利初审，并获得了发明专利申请公布。

一、数字证书在线下载方法及系统、数字证书发放平台

随着互联网和新媒体技术的发展，越来越多的终端设备，例如电脑、移动终端、电视机（包括电视机机顶盒）等均涉及终端身份鉴权的问题。通过对终端设备进行身份鉴权，可有效确保运营商或业务提供商为合法的终端设备提供相关业务。但是，在现有利用网络下载方式进行数字证书下载过程中，通常是由终端直接发起请求，且通常是基于注册的账户名和密码方式来进行数字证书的下载认证，这样在数字证书下发时，CA平台极易遭受恶意下载，导致数字证书下发的安全性和可靠性降低；同时，现有通过获得下载码的方式来进行数字证书下载的方式同样存在安全性较差的问题。

基于该领域的操作缺陷和通信隐患，中视广信进行了相关方法、技术的研发，旨在提供一种数字证书在线下载方法及系统、数字证书发放平台。设备管理平台接收数字证书发放平台返回的令牌，将令牌转发给终端设备，以便终端设备根据设备的身份标识对令牌进行令牌验证，并在令牌验证通过后，基于令牌中的数字证书请求接口的地址向数字证书发放平台发送令牌，以请求下载终端设备的数字证书。该发明技术方案可基于设备管理平台获取令牌，并基于令牌从数字证书发放平台获取数字证书，可提高数字证书在线下载的安全性和可靠性。

该发明于2013年3月3日进行相关专利申请，2013年6月12日获得了国家知识产权局专利初步审核批准并进行了相关公布，专利号为201310049494.8，是公司乃至整个通信技术领域的一项重大突破。

二、大容量视频数字水印的嵌入和检测方法及其系统

视频数字水印是指在数字视频载体中嵌入和检测数字标记的技术，视频水印不仅需要抵抗空间域的图像失真攻击，还需要抵抗时间轴的失真攻击。水印容量、不可见性、鲁棒性是视频水印领域的三个重要指标，现有视频数字水印技术主要存在下列四方面的问题：一是单帧图像中能够嵌入的水印容量较小，难以满足应用的需求；二是一般的水印技术仅仅在I帧中嵌入水印，不在P帧和B帧嵌入水印，导致相邻帧之间画面失真度差异巨大，容易出现视频播放闪烁现象；三是帧删除、帧平均、帧率变换、镜头裁剪等视频时间轴失真会导致相邻帧之间相互干扰，并破坏视频帧之间的先后次序，容易引起视频水印检测错误；四是平移、剪切、缩放、旋转等空间域几何攻击，容易破坏水印的空间同步，导致水印不能正常检测。

针对现有技术存在的缺陷，该发明提供一种大容量视频数字水印的嵌入和检测方法及其系统，用于在视频中嵌入大容量视频数字水印，并且能够有效抵抗空间域几何攻击、有损压缩、视频帧删除、视频帧插入、视频帧平均和视频裁剪等攻击。本发明可大幅度提高视频水印的容量；校正几何形变，实现对空间域平移、剪切、缩放、旋转等攻击；有效防止视频水印引起的闪烁；有效抵抗时间同步失真。

该发明于2013年4月3日提出国家级专利申请，于2014年1月1日获得国家知识产权局专利初步审核批准并进行了相关公布，专利号为201310113228.7，发明能有效解决视频数字水印领域存在的技术难题，推动了视频数字水印领域的创新和进步。

（中国国际电视总公司提供）

CCTV
中国中央电视台
CHINA CENTRAL TELEVISION YEARBOOK
年鉴
2013
胡占凡 主编
《中国中央电视台年鉴》编辑部 编

CHAN YE JING YING

产业经营

产业经营

中央电视台2013年广告经营情况综述

2013年，国内外经济环境发生了深刻变化，媒体经营面临严峻挑战。中央电视台在媒体大变革的窗口期，攻坚克难，顺应市场需求，研究企业案例，丰富传播形式，创新广告产品，加强节目推广，提升客户服务，革新渠道模式，实行区域代理，优化业务流程，加强公益传播，确保了招标预售和全年创收稳中有增。

一、搭建面向市场的流程型组织

2013年，资产管理中心按照IBM咨询公司建议，经过上级批准，调整组织架构，设立综合、市场、客户、频道经营、监审、公益广告6个部门19个科组，优化业务流程，初步搭建了面向市场的流程型组织。

二、革新经营模式，建立直营、承包、区域代理渠道体系

中央电视台在过去30年广告经营中，广告代理处于自发的状态，承包经营模式粗放，且缺乏系统规划。2013年，资产管理中心革新渠道模式，在第3、8、9、10、11等频道推进区域代理，实行由承包代理向区域代理经营模式的转变，规范代理公司管理，释放频道广告资源价值，形成5个频道、31个代理区域、30家区域代理公司经营格局，建立了直营、承包、区域代理渠道体系。

三、积极建言献策，推动节目变革

资产管理中心在市场第一线，根据市场变化，向台领导提出战略布局和策略编排建议。例如，加强中央电视台晚间和周末节目竞争力的建议；第1、3频道联动播出《梦想星搭档》的建议；各频道面向新年度创新节目的建议；年末根据市场竞争情况，安排少儿频道争夺全国收视第一的建议；全台统筹安排分兵把守的建议；统筹考虑版权分售与广告经营的建议。

资产管理中心与各频道密切沟通，推动节目创新变革，促进节目、广告联动。参与策划《舞出我人生》《中国好歌曲》《出彩中国人》《博乐先生微逗秀》《梦想合唱团》《梦想星搭档》《星推荐》《星剧汇》《全球中文音乐榜上榜》等创新节目的设计和运行机制建议，推动电视剧频道明确全天剧场定位，引入在线包装技术播出剧场冠名角标等。2013年资产管理中心对节目编排创新做出的贡献得到了台领导和各频道的充分肯定。

四、整合全台资源，创新CCTV广告产品体系

2013年，资产管理中心从两个方面整合全台资源。一是跨频道整合资源。优化招标段广告产品，将CCTV-1节目招标时间与其他频道、时段的资源组合，提升招标段的广告价值和竞争力；整合全台电视剧资源，设计跨频道电视剧组合广告产品，提高性价比，稳住电视剧的广告收入。二是跨媒体整合资源，整合传统电视媒体二维码、央视网等新媒体资源。建立跨频道、跨媒体CCTV广告产品体系，央视广告产品超市的雏形基本形成。

五、稳定传统客户，开发新兴行业，夯实客户梯队

资产管理中心借助政府机构、行业协会、科研院所、代理公司等社会力量，以行业论坛、资源推介、专程走访等多种形式，深入沟通全国各地客户近千家，稳住了食品、白酒、家电、旅游、金融、日化、家居建材等行业客户，开发了汽车、化肥、珠宝、IT等新行业客户，夯实了中央电视台的客户梯队。

六、16个频道在新台址播出，广告审查无违规，确保安全播出，树立良好形象

资产管理中心主动配合新台址系统切换，组织200人规模的新址系统使用培训；规范编播流程，严把广告审查关，没有出现违规现象；16个频道在新台址播出节目和广告，确保了播出安全，树立了央视良好的屏幕形象。

七、运用新媒体手段引导舆论，推广活动有声有色

针对唱衰电视价值的言论，资产管理中心联合湖南、江苏、浙江、东方、安徽、云南等卫视举办“电视的力量”论坛，提振客户对电视广告价值的信心。举办30多场推广活动，推介黄金资源广告和专业频道广告的商业价值，创新应用微博、微信、客户端等新媒体，加强市场沟通和引导。

八、公益广告首次亮相春晚，获得国内外大奖21项，成功举办首届公益广告大赛

2013年，资产管理中心制作播出一系列精品公益广告，是公益广告的突破之年、丰收之年。春晚首次插播公益广告，引发社会各界广泛好评；6月获得戛纳广告节铜狮大奖，实现了中国影视公益广告国际大奖零的突破；9月，成功举办首届全国电视公益广告大赛颁奖盛典，感动了无数国人。年内，央视公益广告共获国内外大奖21次，得到中宣部、国家新闻出版广电总局领导的多次表扬。

九、深入开展群众路线教育实践活动，丰富团队文化，拓展员工成长路径

资产管理中心按照上级统一部署，结合实际，深入开展党的群众路线教育实践活动。以座谈、走访等多种形式，认真听取企业、广告公司、员工的意见建议，深入查找问题，丰富团队文化，规范了工作流程，促进了业务发展；增设2个部、3个科，通过公开、公平竞聘和民主测评，选拔一批员工进入部、科管理岗位；通过不定期的轮岗交流，支持员工掌握多种技能，促进业务上下游环节的理解和衔接，提升了个人价值和团队战斗力。

（资产管理中心提供）

中央电视台2014年黄金资源广告招标综述

中央电视台2014年黄金资源广告招标面对节目收视和外部环境的双重挑战，加强节目栏目创新和机制体制改革，推动综艺、文化、音乐等多类型节目的内容创新和广告创新，积极调整经营格局和渠道体系。资产管理中心顺应市场变化，调整黄金资源广告的招标和签约认购比例，设计具有竞争力的广告产品组合；提前布局，研判市场，有针对性地制定营销计划；以专程走访、行业论坛、资源推介等形式，借助政府机构、行业协会、科研院所等社会力量，深入全国各地拓展客户；革新渠道模式，建立直营、承包、区域代理的销售体系；拓展传播平台，放大传播优势，多种传播策略结合，抢占传播高地。

2013年11月18日，2014年中央电视台黄金资源广告招标现场竞购大会在京举办，216家国内外知名企业参与竞争。招标预售收入稳中有增，与中国经济的增速基本一致。

一、节目广告创新为广告招标预售奠定成功基础

央视2014年从节目创新、广告产品创新、新媒体创新三方面发力，为客户创造更具价值的传播平台。从招标结果看，2014年计划推出的创新节目及世界杯资源受到客户追捧，成为广告招标的增量。对传统招标资源进行创新设计，与新媒体和新技术纵向整合，跨平台提升传播价值，得到了客户的肯定，在招标中发挥了主力作用。

1. 创新节目成为招标亮点

中央电视台顺应党的十八大确定的文化体制改革方向，探索市场化的运作模式，推进制播分离，根据市场需求，联合社会力量，创新节目研发，获得了市场认可。2014年拟推出的《梦想星搭档》《家庭幽默大赛》《嗨！2014》《星剧汇》《星员工》《全球中文

音乐榜上榜》等创新节目，涵盖综艺、文化、音乐等多个类型，成为本届广告招标的新亮点。《中国汉字听写大会》《开讲啦》等根据市场需求研发的新节目，也获得市场认可，得以高价中标。

2. 创新产品设计的传统广告资源依然是招标主力

新闻是中央电视台保持竞争优势的核心产品，《新闻联播》《焦点访谈》仍是广告创收的最主要来源。继 CCTV-1 之后，第 2、3、4、5、8、9、10 频道及新闻、音乐等专业频道都纳入招标签约范围，市场对专业频道创新十分关注。中央电视台广告创收的来源从单一频道向多频道过渡，顺应了观众市场变化趋势。一方面，这是新闻节目改革取得的成效，核心栏目市场竞争力进一步增强；另一方面，根据内容特色量身定制的广告产品组合，使传播优势更加突出。

3. 新媒体创新效果显现

传统媒体与新媒体、新技术进行跨界整合成为大势所趋。本届招标顺应市场需求，为客户进行跨媒体、跨平台的产品设计，扩充了电视覆盖面，强化了传播精准度，将互联网媒体的互动性、社交性、体验性嫁接到传统媒体上，形成了收视率－流量－销量的良性循环。在传统招标产品的设计上融入 APP、二维码等新技术，受到投标客户的欢迎。

2014 年是体育赛事大年，从巴西世界杯到索契冬奥会，从仁川亚运会到南京夏季青奥会，顶级赛事为亿万观众所期待，给广告创收带来溢价。本届招标争夺的焦点，一是世界杯《射手榜》，二是《巴西行动》，三是直播赛事广告，四是与世界杯、春晚相关的节目。

二、招标印证了中国市场热点演变

“中国消费”正深刻影响着世界与中国经济格局。中央电视台广告招标预售是观察中国内需，尤其是消费趋势的重要窗口。从 2014 年招标预售的行业分布看，食品饮料、家用电器、汽车及相关产品居前三位；旅游、医药保健等行业表现抢眼，增长显著；央视资源性价比的提升，使更多行业、企业进入了央视平台，一展风采。

1. 消费结构升级带动消费品市场持续增长

大众刚性需求与产品结构升级，使食品饮料行业持续平稳增长。娃哈哈、双汇、加多宝、金龙鱼、农夫山泉、露露等龙头企业广告投放均显著增长；青岛、雪花、燕京、百威四大啤酒巨头齐聚央视，抢夺黄金资源；南方黑芝麻、完达山、十三香等老品牌登陆央视平台；高端燕麦米三主粮等新的品类和品牌不断涌现。

随着社会消费能力的提升，护肤、彩妆等日化子行业成为未来消费的增长点。国际化妆品巨头欧莱雅首次亮相央视招标，纳爱斯、立白等本土日化领军企业持续投放，蓝月亮、自然堂等新客户加入了招标预售行列。此外，本土洗发水企业集体发力，拉芳、雨洁、凯捷科技等纷纷亮相。

汽车行业依然强势，产销量大幅提升，央视黄金资源广告的投放格外抢眼。东风日产、一汽大众、神龙、广州本田等企业投放稳中有升，招标段车企的“全家福”基本形成。上海通用、克莱斯勒首次参加招标。汽车配件、轮胎和润滑油行业表现抢眼，中策轮胎、嘉实多润滑油聚焦央视。

高端节能环保产品带动家电业不断掀起销售热潮，参与本届招标预售的家电企业全系列登场。千亿级企业海尔、美的、格力投放稳中有升；百亿级企业海信、创维、合肥三洋、TCL 各有斩获；家电细分领域的方太、老板、华帝、日出东方等领军企业竞相追赶。

此外，央视文化类节目的创新吸引了以诺亚舟为首的教育电子企业集群式亮相。

2. 服务类行业发展前景看好，引发激烈竞争

电子商务市场进入巨头竞争时代。各大互联网巨头充分利用央视平台，提升网络信任度。阿里巴巴、腾讯、京东纷纷发力，抢占央视黄金资源。

金融行业不仅内部竞争激烈，还面临着互联网企业的跨界竞争，金融品牌意识进一步增强。工行、建行、农行等国有银行集体亮相；快速成长的兴业银行、浦发银行、广发银行等股份制银行投放稳中有升；中国平安、太平洋保险等保险界巨头持续发力，中国保险协会连续第二年参加招标，表现不俗。

旅游业发展持续升温，引发旅游品牌竞争的新一轮高潮。以生态文明建设为支点，山东、山西、江西等旅游强省持续提升品牌形象的宣传。赤峰、苏州、张家口、昆山等城市旅游局或风景区继往开来，成为旅游行业的新亮点。

3. 提升生活品质的品类快速成长

随着大众对健康的日益重视，健康类产品销售火爆；高端滋补类产品极草、江中的投放稳中有升。

生活水平提高，使珠宝的销售不断攀升。梦金园黄金成为该行业第一家投放过亿的企业；深圳水贝珠宝片区集群式发力，真牌珠宝、老庙黄金、金叶珠宝等竞相亮相。

农业作为国家重点扶植的朝阳产业，潜力巨大。

第二次参加招标的史丹利化肥持续给力，新客户金正大强势入场。

三、央视广告助推中国品牌崛起

中央电视台作为国家电视台，不仅承担着舆论引导、新闻传播的国家责任，还具有助推经济发展的社会责任。从1994年首次招标到2013年的第20届招标，央视广告招标推动了无数企业、行业和地区品牌崛起，促进了中国经济的持续发展。

1. 助力家电行业夺回失地

20年前，中国家电行业基础薄弱，外资品牌一统天下。20年后的今天，家电行业的本土品牌全面崛起，占领市场高地，海尔、美的、格力相继迈入“千亿俱乐部”。美的20年携手央视，从1994年参加央视首届招标以来，持续投放央视黄金广告资源，其市场规模和品牌影响力与日俱增，从最初5000元的小厂发展成为千亿级家电巨头。

2. 推动食品饮料行业创造奇迹

20年前，中国食品市场全国性的品牌屈指可数。20年后的今天，通过央视屏幕，众多品牌家喻户晓，深入人心。近年来食品饮料行业实现了跨越式增长，娃哈哈、农夫山泉、加多宝等带领中国成为世界饮料第二大国，双汇、雨润是中国肉制品销量居世界第一的领跑者，伊利、蒙牛成长为民族乳业巨头。

娃哈哈1994年参加央视首届招标，至今连续20年。央视助推了娃哈哈20年的高速发展。双汇携手央视招标18年，从河南漯河走向全国，从小型肉联厂发展成中国最大的肉类加工基地。

3. 助推本土日化成就品牌传奇

20年前，国际日化巨头在中国市场占据绝对统治地位。20年后，本土日化品牌与外资品牌同台竞技，平分秋色。在众多细分品类中，洗衣粉第一名是立白，肥皂第一名是纳爱斯，洗衣液第一名是蓝月亮。纳爱斯从1996年开始，持续投放央视黄金广告资源，借助央视平台坚定消费者对民族日化产品的信心，最终赢得了市场，成为本土日化的领军企业。

央视广告招标20年来，助推一大批本土企业成长为全国性乃至世界性企业。在十八届三中全会全面深化改革重大利好政策下，中国企业品牌的群体性崛起时代即将来临。中央电视台将助推更多的本土企业实现品牌梦想，助力中国从“制造大国”迈向“品牌强国”。

（资产管理中心提供）

中央电视台音像资料馆2013年经营情况综述

中央电视台音像资料馆自2012年9月26日开始进行节目资料的社会化服务尝试，经过一系列探索实践、调研论证、经验总结，初步摸索出一套打造内容资源产业链的经营模式，2013年经营开发工作取得了创建性成果。

根据中央电视台决定和台发宣字[2013]293号文件，音像资料馆正式启动节目资料的社会化服务和规模化经营。几个月时间里，馆藏内容资源销售总额超过100万元，数字化转储置换版权获得台外珍贵节目资料近200小时，版权价值预估超过2000万元。在盘活几十年积累的大量节目资料和丰富文化产业资源方面，社会化服务向规模化经营方向迈出了坚实的第一步。

一、产业经营概况

2013年1月1日至12月31日，音像资料馆接收社会用户节目资料需求函77件，对其中的63件1000余条进行审核、定价，成交14单，共计时长292分钟(4.87小时)，创收87.6万元，平均单价24325元/分钟。

安排专业人员利用馆内技术设备，对外承接音像资料数字化转储服务，探索制定技术管理规范和操作流程，创建了产业经营模式。

二、建立社会化服务定价标准和运营模式

研究社会化有偿服务工作经验，音像资料馆对荷兰视听研究所、国新办五洲传播中心等多家国内外有节目资料销售经验的机构进行调研。以中央电视台成本数据为蓝本，结合中央电视台内部使用节目资料的数据、中国网络电视台的电视节目网络点击浏览数据，以及现有社会化需求的节目数据，进行统计分析，形成具有自主知识产权的节目资料价格评估体系，制定《中央电视

台音像资料馆社会化有偿服务实施方案》，建立了社会化有偿服务工作流程、定价标准和配套的规章制度。

2013 年 9 月 18 日，台领导班子听取音像资料馆关于社会化有偿服务的专项汇报，审定《中央电视台音像资料馆节目资料社会化服务定价标准》和《中央电视台音像资料馆节目资料社会化服务管理暂行办法》。音像资料馆会同总编室、财务管理中心等部门对《管理办法》进行了多次修改完善。11 月 18 日，经台领导班子研究决定，下发了台发宣字 [2013]293 号文件“关于印发《中央电视台音像资料馆节目资料社会化服务管理暂行办法》的通知”，音像资料馆正式开展节目资料社会化服务规模化经营工作。

《暂行办法》明确了中央电视台各部门在节目资料社会化服务管理中的职责、音像资料馆进行媒体内容资源产业经营的运作模式、节目资料定价标准，为音像资料馆开展产业经营、打造媒资产业链提供了制度保障。

三、社会化服务经营范围

中央电视台节目资料社会化服务在统一管理标准、统一定价体系、统一资源出口的前提下，采取音像资料馆直接销售为主、代理销售和承包销售为辅的运营方式。代理公司必须遵循统一的定价标准并严格按照授权进行经营，优先选择中国国际电视总公司、央视网等台属公司，所得收入统一入台财务账户，双方各司其职、相辅相成，以实现中央电视台利益的最大化。

经营范围主要包括：

1. 节目资料使用

凡经中央电视台播出、拥有版权的节目资料，原则上均可对外提供有偿使用。中央电视台尚未拥有版权或版权不明晰的节目资料，版权清算后方可对外提供有偿使用。

不可提供社会化服务的节目资料包括：未经中央电视台播出的成品节目资料及其素材；中央电视台特藏级、限用级节目资料；未经过防盗版处理的完整节目资料及节目的完整片段；中央电视台播出未满 12 个月的重要时政节目内容；其他不宜向社会提供使用的节目资料。

2. 节目资料数字化转储及编目

音像资料馆有多种型号的录像设备，可为社会用户完成多种类型介质的数字化转储工作；有十年工作经验的专业队伍，可以为转储的数据编制资料编目。

3. 视音频资料修复

音像资料馆有先进的数字化转储设备和国内唯一最先进的视频标清修复设备，有节目数字化生产和视频修复的丰富经验，有规范化操作的标准化数字化生产流程，有技术娴熟的团队和视频修复人才，可以为用户完成标准化视音频资料的数字化上载、编目制作等服务，具有每年向社会单位提供修复 2000 ~ 2500 分钟视频素材的能力。

4. 节目资料托管

利用稳定的技术资源、专业团队、存储空间、库房环境，为用户提供专业化的节目资料托管服务，包括介质长期保存服务、转储后的数据保存和检索服务。

5. 资料产品生产服务

利用馆藏资源，满足用户的需求，策划、编辑、制作资料产品，包括定制专题片、汇报片、宣传片、展示片等。

6. 其他服务项目

根据节目资料社会化使用状况和市场需求，开发节目资料的衍生产品及其他服务项目。

四、社会化服务的经营策略

音像资料馆通过对已成交用户的综合分析和市场调研，针对市场需求，确定了以大客户为主的经营开发策略，力争实现从突破到产生规模效益的转变。完善以音像资料馆直接销售为主，代理销售、承包销售为辅的销售方式，重点研究代理制和会员制，拟制订相关的管理办法。

（音像资料馆提供）

中国国际电视总公司 2013 年经营情况综述

2013 年，中国国际电视总公司围绕建设“央视市场主体”目标，加大内容创新和技术研发力度，加强集团管控，深化对中央电视台的服务，经营管理取得新成绩。总公司连续第五届入选“全国文化企业 30 强”，并入围北京市“首届文化企业 30 强和 30 佳”评选。

一、深入开展党的群众路线教育实践活动

总公司各级党组织按照上级党委的部署，深入开展党的群众路线教育实践活动。督导组织学习文件；下发总公司《党的群众路线教育实践活动方案》；召开动员大会、管理干部座谈会、退休干部座谈会；设置意见箱，征求群众意见和建议；总公司班子成员开展谈心活动，征求意见和建议；召开专题民主生活会，领导班子成员进行对照检查。随着教育实践活动步步深入，做到了查摆问题准、原因分析透、整改措施实。

二、上报规划，明确总公司战略方向

年初，总公司就产业发展和集团管理的基本情况、总公司定位与作用的思考等，向台领导做了专题汇报。按照台领导的要求，总公司进一步梳理细化，5月正式上报《关于总公司未来发展思路与近期工作规划的报告》，提出“清晰战略定位，明确核心业务，完善支撑体系，构建市场主体”的发展思路，以及通过改制设立央视控股集团、构建内容产业集群、加强技术研发、加大投融资力度等近期工作规划，得到了台领导的充分肯定和支持。台领导提出：要尽快把总公司建成中央电视台的产业经营中心和真正的市场主体。规划的各项工作，正在稳步推进中。

三、实施全面预算管理，编制集团合并报表

2013年，总公司正式实施全面预算管理。按照股权关系和管理权限，建立三级预算管理架构，制定统一的预算报表体系。将集团的预算目标分解下达到各预算单位，落实经营责任。建立定期预算执行分析制度，及时掌握预算执行进度和效果。四季度正式启动2014年预算编制工作，召开预算编制会议，细化和调整预算科目设置，加大成本控制和现金流管理。

总公司编制完成2012年度集团合并报表，整体财务状况和经营成果得到真实反映，提高了会计信息准确性和企业间的可比性。

四、开展集团内外薪酬调查，研究制定分类考核方案

总公司对上年度各单位的考核成绩进行核定、反馈、解读，在此基础上，研究制定2014年分类考核方案。开展内外部薪酬制度调查，摸底并借鉴经验。调研小组历时2个月，走访了中视科华、央视市场研究等13家有代表性的内部企业；到上海SMG、首钢总公司、凤凰出版等4家外部优秀企业进行实地调研交流。结合内外部调研成果，制定符合下属公司经营特点的分类考核方案，为建立不同业务类型、不同发展阶段的分类考核机制打下基础。

五、启动总公司更名改制，打造控股集团架构

总公司正式启动更名改制工作。拟更名为“中国央视控股公司”（暂定名，简称央视控股），同时，积极推进全民所有制向有限责任公司的改制。变更后的名称更易传播，也为搭建控股集团架构创造了条件。

总公司将逐步建立“央视控股－集团公司－下属公司”三级管理架构，通过“战略管控＋资产管控”，实现总部对下属公司的分类管控，把相应的权利下放到下属集团公司，使各层级产权清晰、责权明确、各负其责。

在理顺产权的基础上，中视科华的集团化改造已基本完成，待其下属的中视技术公司改制完成后，即可挂牌成立集团公司。下一步，总公司将根据业务类别和服务对象，研究组建多家集团型公司（例如中视旅游事业部）的实施办法。

六、加大事企联动力度，助推内容创新与全产业链开发

总公司与中央电视台综合频道、纪录频道合作，以市场模式、公司体制探索节目创新。总公司投入1亿元，注册成立央视创造传媒有限公司、央视纪录国际传媒有限公司。成立这两家新的内容公司，标志着中央电视台和总公司在加大事企联动、深化核心资源的优化配置、打造市场主体的道路上迈出了新步伐。

《新大头儿子和小头爸爸》作为央视动画实施精品战略、品牌化发展、全产业链开发的首批项目之一，甫一亮相，就在电视收视率、网络销售、图书出版、电影创制等方面收获了惊喜。一是在少儿频道播出，引起业界专家、观众和市场的强烈反响，收视率同比提高20%；二是新华网、人民网等国内主流媒体多次报道，对其文化导向和社会意义给予高度评价；三是与百度爱奇艺独家合作，网络点播售价创出国产动画片的新高，达到每集18200元；四是与安徽少年

儿童出版社签订图书音像等后延产品开发协议；五是同名电影已启动创制工作，由曾经参与制作发行“喜羊羊”系列的卡通骑士公司负责该片的推广发行，预计2015年“六一”即可上映。

拓展国际合作。央视动画与美国“孩之宝”公司合作拍摄的动画片《哪吒和变形金刚》正在积极推进。计划利用“孩之宝”公司成熟的销售渠道，将该片发行至全球170个国家和地区，双方共享该片的国内外发行及衍生品开发等版权和收益。

吸纳储备创意人才。央视动画与迪士尼动画片《花木兰》的美术总设计张振益签约成立“央视动画张振益工作室”；与中国传媒大学、北京电影学院、浙江传媒学院签约成立前期策划工作室；以多种措施吸纳国内外优秀的创意人才。

中视影视“双百工程”——百集《大时代传奇》和百集《皮皮鲁与鲁西西》正在抓紧筹备，与公安部合作的重点剧目《清网行动》即将完成，与最高法院合作的剧目《中国式法庭》预计在春节后开机。

中视体育的品牌赛事“中华龙舟大赛”成功举办7站比赛，收视节节攀升，实现了赛事、地域、媒体、赞助商四方互惠共赢。与国际龙舟联合会IDBF达成共识，准备2014年端午节在中国举办龙舟世界杯赛，推动品牌赛事与国际接轨。

七、助力国家战略，完成跨国收购，扩大国际传播能力

总公司联合中非发展基金、国家开发银行，完成南非最大英语类报纸出版商“南非独立传媒集团”的收购，积累了经验，锻炼了队伍，是以商业模式加快国际传播能力建设的有益探索。

美国子公司配合中央电视台北美分台播出时间的扩充计划，做好人力资源和制播系统资源整合储备工作；非洲子公司在为中央电视台非洲分台提供优质服务的基础上，探索进入肯尼亚数字电视市场；长城平台已实现全球覆盖，初步建成了北美、欧洲两大信号分发中心。

截至2013年11月28日，国际视通各语种对外共发布新闻素材4.39万条，较2012年全年发布量增长约15%。这些素材被71个国家和地区的1637个电视台累计采用50.4万次，同比增幅26%，扩大了海外影响力。

八、加大研发投入，技术创新取得突破

中视广信加强技术研发，年研发投入约1000万元。在承接中国国际广播电台、北京电视台、浙江广电的业务之后，继续向社会市场延伸，获得新疆生产建设兵团电视台的重要项目。中视科华组建研发团队，打造技术研发基地。中视节点的自主研发项目“三维索道摄像系统”（万向鹰眼）研发成功，多项功能领先于国外同类应用系统，填补了国内特拍行业的技术和市场空白。该系统亮相2013年度的BIRTV，引起各方极大关注。在9月14日电视公益广告颁奖典礼上，“万向鹰眼”首次实战，全程录播，获得成功。9月19日，“万向鹰眼”参加首届中国冰壶公开赛实况转播，再次给观众带来前所未有的视觉感受。

九、选择总部办公新址，抓紧进行设计装修

为了密切与中央电视台的联系，总公司抓紧推进东迁事宜。选定新台址北侧的锐创大厦，作为总公司新的办公场所，已签订租赁协议。装修设计已经完成，进入施工招标程序。

（中国国际电视总公司提供）

中央卫星电视传播中心2013年经营情况综述

2013年，中央卫星电视传播中心紧紧围绕中央电视台工作大局，完成央视主频道落地覆盖调研和经营创收任务，加强市场管理，规范加密频道版权，业务管理更加规范有序，产业经营得到稳步发展。

一、开拓创新，不懈努力，用户市场开发取得新发展

卫传中心积极应对日益复杂的有线电视加密收费

经营市场环境，加强调研，积极沟通，突破难点。采取有针对性的解决办法，协调和处理“友好网联盟”抵制、超范围传输等难点问题，确保市场的稳定发展。2013年，卫传中心与国内有线电视网络公司签约收视额同比有所增长。

5月，卫传中心召开CCTV–3、CCTV–5、CCTV–6、CCTV–8的频道落地覆盖和经营创收全国用户工作会议，19个省区的代理单位、16家省市广电网络公司代表110人出席。会议研究部署落地覆盖及经营工作，在日益复杂的市场环境下，提出与网络公司加强合作、扩大频道覆盖、增加经营创收的工作思路，取得了“共同用好政策、共同维护好市场、共同发展壮大”的共识。

二、发挥优势，全力以赴，完成中央电视台主频道落地覆盖调研

落地覆盖工作直接关系到中央电视台各频道的传播力和影响力，是建设国际一流媒体的关键环节，也是中央电视台2013年度重点工作之一。6月17日，台长办公会要求卫传中心对全台各频道国内落地覆盖的情况进行调研。卫传中心以此为年度工作头等大事，利用多年来负责中央电视台加密频道覆盖管理的优势，以摸清中央电视台主频道国内落地覆盖情况和频道排序情况为主要目的，结合各频道和节目部门的需求，高效、有序地开展调研工作，了解了频道无法落地的原因，提出了促进频道落地的措施。

此次调研历时3个月，调研内容深入具体、专业性强、覆盖面广，全面准确地摸清了情况，找出了问题，确定了原因，提出了措施建议，为制定频道落地覆盖解决方案打下基础，为中央电视台进一步提高传输覆盖水平做了前期准备。调研工作及结果得到台长的充分肯定。全台会议已明确，由卫传中心承担中央电视台主频道落地覆盖管理职能。这次调研，在卫传中心和中央电视台发展史上具有里程碑意义。

三、掌握资源，规范市场，不断增强市场竞争力

卫传中心以频道版权的授权管理为切入点，不断增加频道资源，扩大业务范围，规范市场收视秩序。在最短时间内完成了与中数平台的管理交接工作；积极配合，主动服务，做好CCTV–5+体育赛事频道的宣传、推广和落地工作。卫传中心授予版权并实际管控信号的频道已达到10个，扩大了频道资源和业务范围，市场竞争力进一步增强。同时，进一步增强版权管理意识，维护好已经掌握的版权资源。

四、积极争取，稳定政策，努力寻求上级支持

卫传中心经过3年多的努力，通过调研、走访、会议等形式，配合国家有关部门，加深对中央电视台加密频道事业的了解。2013年10月，国家发改委价格司和国家新闻出版广电总局财务司召开“三网融合价格管理及经营服务性收费政策工作会”，统一思想，形成了CCTV–3、CCTV–5、CCTV–6、CCTV–8应当保持现有收费政策的共识，为今后完善收费政策奠定了基础。

五、完善制度，注重实效，继续规范内部管理

加强安全播出管理。完善安全播出管理制度，严格执行安全播出的各项规定，确保安全播出无事故。

加强财务制度管理。经中央电视台和税务机关批准，公司参加了“营改增”试点。制定《增值税发票管理规定》。公司获得国家新闻出版广电总局评选的2012年度广播影视基层统计工作先进集体称号。

加强制度检查监督。卫传中心落实中央八项规定，建立风险防控机制，抓好制度化、程序化管理；加强预算管理，对中心和部门经费使用进行监督；完善绩效考评，重新整理各部门工作职责和部门内部的岗位职责，落实责任制；建立健全各类专业制度，明确审批权限和程序，规范并优化管理流程；提高管理效率，增收节支取得明显效果。

六、创新党建工作，加强培训，建设高素质队伍

卫传中心围绕中央电视台工作大局，学习党的十八大、十八届三中全会精神，深入开展党的群众路线教育实践活动。开展党日、团日活动和工会活动，组织“送温暖”，党组织建设和精神文明建设取得新成绩。

围绕主营业务组织有针对性的培训。结合中央电视台主频道落地覆盖，举办加密频道产业经营培训。与业务工作紧密联系，组织多种学习和培训，使干部职工更加全面深入地了解掌握产业经营的知识和技能，为做好业务工作、人尽其才打下基础。

经过十几年发展，中央卫星电视传播中心依托中

央电视台的优秀节目和品牌资源，开发有线电视市场，创新经营思路，提升经营水平，为中央电视台产业事业发展提供保障，取得了经济效益和社会效益双丰收。

（中央卫星电视传播中心提供）

中视传媒股份有限公司2013年经营情况综述

2013年，中视传媒股份有限公司贯彻落实“服务大局、锐意创新、务实进取”的方针，战略转型、业务经营、内部管理取得了新成绩。

一、影视业务

1. 坚持精品、特色战略，影视剧亮点纷呈

2013年，中视传媒完成了《赵氏孤儿案》《抹布女也有春天》《渗透》《三十岁你好》《警界英豪》首播发行，取得了良好业绩。

公司“启程计划”的开篇之作《赵氏孤儿案》在综合频道黄金档首播后引起强烈反响。该剧入围第19届上海电视节“白玉兰”奖的最佳电视剧、最佳导演、最佳编剧、最佳男演员四项提名，获得了最佳电视剧金奖和最佳编剧奖；入选国家新闻出版广电总局《2013年度中国优秀电视剧选集》，2014年2月获得“第二届中国电视剧导演工作委员会年度表彰盛典”10项大奖。

《抹布女也有春天》取得良好社会效益。人民日报以《物质女到抹布女:“底层珍珠”闪闪发光》为题，对该剧给予了高度评价。

《中国地》获得第29届“飞天奖”长篇电视剧一等奖。

公司签约投资的影视剧项目进展顺利，其中《冲天炮》《绝爱》《李向阳下乡记》等项目均按计划稳步推进。

2010年以来，中视传媒改进影视剧决策流程，设定利润率标准，终止以固定回报的方式投资影视剧，拓展营销渠道，影视剧业务水平得到大幅提升，项目均按计划制作销售，没有形成一部积压剧。消化2010年以前的积压剧，采取台内消化、总公司协助消化、公司自主消化、加强营销和回款工作等措施。

2. 纪录片和栏目、包装业务成绩显著

2013年新制播纪录片《茶叶之路》《云与梦之间》《东方帝王谷》《东盟十国》《国家大剧院》《大黄山》《牦牛》《仰望太白》等，其中《茶叶之路》在纪录频道首播效果良好，获得“中国纪录片国际选片会”十佳纪录片大奖。

继续完成台内已签约栏目的制作；新制播《平安警示录》《慈善之路》《央视财经论坛》《生活提示》《真诚沟通》《一线》等栏目；承办3期《中华长歌行》；制作专题片《美丽中国》在科教频道播出。

在2013中国（广州）国际纪录片节组委会组织的评选中，中视传媒获得“中国纪录片十大推动者企业奖”。

3. 租赁和服务业务加快发展

影视设备租赁、技术服务业务通过发挥优势克服困难，加快技术升级，拓展市场。多次配合中央电视台，完成重大事件、重大活动直播报道的大屏幕制作业务，为综合频道、电视剧频道、音乐频道、戏曲频道、CCTV-NEWS及总编室等部门提供了高质量的包装、设备、制作服务。

4. 大力拓展影视外部市场

影视业务以“面向市场、背靠央视”的思路，大力拓展外部市场。制作《幸福在哪里》《精忠岳飞》《江山风雨几多情》等电视剧片头、片尾和片花；完成了山西皇城村宣传片创意和制作。

二、旅游业务

旅游业务坚持“文化统领旅游”的理念，克服困难，取得了业绩的新突破，无锡、南海分公司均提前完成年度经营收入和利润计划。

1. 无锡分公司化解压力

受H7N9疫情影响，无锡分公司游客量一度出现明显下降。公司通过挖掘景区文化内涵，拓展文化外延，开发新项目，丰富游览场景，开发参与性项目，打造景区品质，加快实施软硬件建设，加大宣传和推广力度，化解了经营压力，保持了旅游业务平稳发展。

2. 南海分公司业绩创新高

南海分公司实施“稳固散客、攻克团体”策略，经营业绩创出2011年以来的新高。积极争取，获得景区门票市场调节价管理资质，改善了经营条件。

三、广告业务

广告业务以调整销售和薪酬激励政策、策划新产品、开拓新业务等措施稳定提升经营业绩。科教频道经营模式由承包制改为代理制，广告业务利润同比获得较大幅度的提升。

拓展外部市场。实施新疆兵团卫视2013年广告代理和经营工作，在频道广告经营、电视剧制作、栏目制作、频道包装、大型活动方面开展深度合作，取得了初步成果。拓展地方台广告代理业务，与多个省级卫视、地面频道洽谈代理广告经营。

四、企业管理

1. 公司领导班子换届

上半年，公司董事会、监事会、经营班子任期届满后，严格按照相关法规和大股东批示精神组织换届工作。顺利完成董事会、监事会、经营班子换届，为公司持续稳定发展奠定基础。

2. 积极稳妥实施资产重组

按照中央电视台对中视传媒再融资工作要求，公司结合业务发展需要，启动重大资产重组工作。由于市场风险增加、监管力度加大及被收购方自身存在的问题，经董事会批准，公司2013年11月终止了这项资产重组。公司按照董事会要求，积极稳妥地进行终止资产重组后续工作，依法向投资者作出说明；加强舆论管理，公司的股价未出现大幅波动；通过总结经验，积极稳妥实施资产重组，公司对资本市场有了更深刻的了解，为今后做好融资工作创造了条件。

3. 加强组织建设和廉政建设

按照上级部署，中视传媒深入开展党的群众路线教育实践活动。党委和经营班子成员以“照镜子、正衣冠、洗洗澡、治治病”的方式，重点查找“四风”方面存在的突出问题；认真贯彻落实中央八项规定，全力转变工作作风。通过开展批评和自我批评，提高认识、找出问题，落实了整改措施。

加强廉政建设。以落实党的十八大精神为主线，组织理论学习、专题培训和实践活动。结合公司实际，把中央精神融入工作实践中。通过内外兼修，惩防并举，进一步完善廉政机制。

4. 改进完善内控工作

公司结合2012年内控审计结果，深入查找问题，落实改进措施。按照董事会要求，进一步完善公司影视剧业务管理体系，降低风险；做好各单位日常的内控自评工作；落实内控制度，在各单位开展内控审计监督工作；明确内控工作重点，对内控审计发现的问题持续进行跟踪和改进。

5. 实行目标考核和动态考核

中视传媒实行目标考核和动态考核。将年度指标逐月分解，明确绩效指标的各级责任人，对项目绩效进行目标考核；通过目标考核，对工作进展持续跟进，动态调整考核指标，从而对工作进展进行动态考核。通过目标考核和动态考核，规范责任人在工作过程中的行为，加强对责任人的管理，使奖惩机制进一步细化。

6. 推进企业文化建设

公司成功举办了“我为中视发展献计策”第一期活动，依靠员工的积极性和主动性，集思广益，为公司发展提出建设性的意见建议。

（中视传媒股份有限公司提供）

中国有线电视网络有限公司2013年经营情况综述

2013年，中国有线电视网络有限公司贯彻落实党的十八大精神，深入开展党的群众路线教育实践活动，切实转变作风，加强企业管理，努力开拓创新，各项工作取得了新进展。

一、安全播出成效突出

中国有线克服多地自然灾害频发、施工受损扰等困难，采取有效措施，完善安全播出保障机制，圆满完成了全国“两会”、博鳌论坛、春晚、第十二届全运会、东亚运动会、亚青赛、党的十八大节目安全播出保障任务，没有发生任何责任事故，各项节目源的传输可用度指标达到或超过99.99%，创国干网建成以来最好成绩。其中，第十二届全运会2.5G的传送任务是国干网首次以浅压缩方式传输高清直播信号，是继广州亚运会长距离传输基带高清信号后的又一次成功尝试。

安全播出创佳绩，是中国有线落实国家新闻出版广电总局、中央电视台要求，实施规范化、标准化管理，提高运行水平取得的成效，也是新建、改造光缆线路和设备系统，加强重点路段线路整治取得的成效。

二、产业经营稳健发展

2013 年，中国有线营业收入 8.28 亿元，比上年增长 6.2%，实现利润 2153 万元。其中，总部、海南分公司营业收入分别为 4.34 亿元、3.94 亿元，全面完成了中央电视台和公司董事会下达的指标任务。

这一年，市场形势非常严峻——竞争激烈，成本上升，地方广电支持力度减弱，业务大规模流失。在不利条件下，公司充分调动员工的主人翁意识和主观能动性，克服困难，锐意进取，按照“努力提高传统业务挖潜能力，进一步拓展高附加值节传业务、行业专网新领域”的工作思路，业务发展以“保存和拓新”为主线，人员管理以“目标和考核”为核心，推进创新走“自主和合作”之路，极为努力地进行市场开拓。

三、重点项目取得新进展

中国有线坚持“集中力量办大事”的发展模式，一批对产业发展具有重大影响的工程和业务项目抓紧实施，取得了新进展。

1. 国干网扩容改造项目

完成了西部 OTN（西南环、西环、西北环）、京沪穗 OTN、武合 DWDM、石太 DWDM、浙赣湘 DWDM、粤桂 / 湛海 DWDM、绥中—沈阳 OLP 改造等工程，增强了国干网的保障能力。

2. 三网融合试点和 NGB 示范工程

项目建设全面展开。其中，互动电视系统现场部署，形成时移、点播、回看等功能；BOSS 系统完成 SMS 原有业务（模拟、数字电视、付费频道）的割接和上线；双向网改，完成 20 个示范点安装，海口、三亚进行规模部署，覆盖用户 10 万户，500 多个友好用户开通测试；完成数字前端 IP 化改造；高清机顶盒，完成软硬件选型，进行集成定制开发；海南省干 OTN 系统，完成招标准备工作。

推进三网融合试点和 NGB 示范工程，进一步确立了国干网在广电科技领域的重要地位。

3.100G OTN 系统项目

2013 年 3 月启动，完成配置规模、资源使用、运行维护界面等技术谈判，组织北环 SDH 系统迁移等前期工作。该项目将缓解国干带宽资源紧张的情况，拓宽公司经营范围，巩固公司在三网融合领域核心承载、互联互通的骨干地位。

4. 量子保密通信项目

服务国家信息安全重大需求，依托国干网，打造联通北京、上海，贯穿济南、合肥等区域的广域量子通信网络“京沪干线”，开展广电、金融、政务、科研等领域的应用研究。干线全长 2025 公里，是国家科技创新的重点扶持项目。2013 年 2 月，公司与中国科技大学签署合作协议，由公司承担“京沪干线”的工程建设、广电业务应用研究工作。

在工程建设方面，公司对京沪干线资源情况进行全面梳理统计，结合量子保密通信的技术指标要求，制定线路新建、设备扩容、机房改造的初步方案。在业务研究方面，公司就业务承载需求、网络适应能力进行多次探讨，制定流媒体加密点播系统、高清视频会议系统的网络承载方案。

承建量子保密通信项目，标志着中国有线已跳出传统业务范围，直接参与国家重点项目，整合原有资源，提高了行业地位和影响力。

5. 广电视联网项目

根据中央综治办拟建省、市、县、街道四级综治监控、信息交换网络的需求，公司会同有关部门，探讨实施方案，完成了重庆、四川、青海、浙江、广东等 12 个省级节点的一期试点工作，承办四川遂宁全国综治信息化建设管理会议等综治跨域远程电视会议，效果良好。中央综治办拟依托国干网，实现全国 31 个省区综治系统的互联互通，公司积极协调线路资源，制定试点推广方案，全力完成此项工作。

中国有线通过广电视联网项目，探索基础视频通信与增值应用的新业务运营模式，为公司向用户网业务转型，打造端到端的视频综合服务能力，奠定了坚实的网络基础。

6. 广播电视节目专用传输交换网暨光缆高清化改造项目

该项目将把国干网打造成调度灵活、保护多样、可靠性高的广播电视专用传输交换网络，年内完成了全国 21 个节点的 DTM 网络建设和 24 个省级电视台信号接入的工勘工作。

四、深入开展党的群众路线教育实践活动

7 月，中国有线严格按照国家新闻出版广电总局、中央电视台领导小组明确的要求、方法和步骤，深入开展党的群众路线教育实践活动。公司党委高度重视，

全面部署，抓住重点，深入推进，将教育实践活动与公司中心工作紧密结合，相继完成了“学习教育、听取意见”、“查摆问题、开展批评”、“整改落实、建章立制”三个环节的工作，取得明显成效。一是党员特别是党员干部的党性修养、理论水平得到提高；二是宗旨意识、群众观念进一步树立；三是认真落实中央八项规定，成效初显；四是制度建设、科学管理水平明显提升。精简压缩会议，做到少开会、开套会、开短会，公司会议费年度预算93.8万，实际支出50.8万元；精简文件简报，能不发文件的坚决不发，周报、会议纪要全面电子化；厉行节约，反对浪费，开展用餐“光盘行动”，加强招待用餐费管理，取消印制台历贺卡，清理调整领导办公用房，遏制节日公款礼赠活动，严禁用公款购买赠送礼品，全年压缩“三公”经费196.22万元。

在教育实践活动第三环节，征集各部门、全体员工的意见建议，正式印发“两方案一计划”，其中，《公司领导班子党的群众路线教育实践活动整改落实方案》确定了27项整改任务，《开展“四风”突出问题专项整治工作实施方案》确定了5项突出问题的专项整治措施，《反“四风”制度建设计划》确定了9项反“四风”长效机制、6项新建制度和23项修订制度。

五、全面加强内部管理

中国有线以“为民、务实、清廉”为总要求，全面加强内部管理，促进各项工作上台阶。

法务工作方面，积极探索合同管理新办法，保障企业安全经营；防范化解企业经营的法律风险，积极应对诉讼案件，维护企业合法权益。

财务工作方面，加强财务风险管理，推进“营改增”税务政策研究和落实，加强涉税风险管理；配合业务部门，开展往来核对工作，降低坏账损失。

人力资源工作方面，完成机构调整，进一步明确职责；加强干部选拔聘用管理；着力解决群众意见比较集中的薪酬体系、人事档案管理等问题。

安全保卫工作方面，推行“全员、全域、全程、全息”安全管理模式，促进员工的自觉管理、有效管理、和谐管理，确保内部安全稳定。

资产管理工作方面，进一步完善资产管理制度体系；完成国干网资产、资源清理和汇总分析，招标工作更加科学、规范、有序，及时有效地完成大量采购任务。

审计稽核工作方面，制定《建设工程竣工验收流程》，完成多项工程的单项结算、单项验收和竣工决算；积极配合审计署开展工作，圆满完成了审计署对网络中心的政府性债务确认审计，对公司的预算执行情况审计和财务收支审计。

投资融资工作方面，妥善处理到期贷款；有计划地使用国家开发银行固定资产贷款；完成西柏坡公司股权转让交易；积极争取，获得中央文化产业发展专项资金；有序开展部级社科项目研究；编研、出版了《三网融合行业产业动态》。

群团工会工作方面，围绕中心，服务大局，坚持眼睛向下、重心下移，充分发挥组织和联系员工、服务员工的职能作用，探索新形势下做好群团工会工作的新途径、新方法。

业务宣传工作方面，深化体系建设，导视频道改版，演播室节目上线，《看电视》杂志和《中国有线》内刊加强品牌建设和经营工作。

廉政建设方面，加强廉政教育，落实廉政责任，完善廉政制度，强化约束机制，实行领导干部问责和新任职干部廉政谈话制度，促进廉洁自律。

（中国有线电视网络有限公司提供）

中国广播电视国际经济技术合作总公司 2013年经营情况综述

2013年，中国广播电视国际经济技术合作总公司以“立足主业，拓展外延；内合外联，促进发展”为工作思路，实现了年度经营目标。营业收入4.35亿元，实施国产广播影视节目和技术设备“走出去”及国内外技术合作项目，市场开发、业务创新取得了新进展。

一、广播影视节目“走出去”工程

完成圭亚那中国广播电视节目落地项目，正式办理交接。

完成利比里亚中国电视节目落地项目。已按照

DTMB 中国地面数字电视国际标准，在利比里亚启动试播。

实施科摩罗 DTMB 标准试点项目，顺利收尾。

中国广电节目在吉布提落地项目，签署了 DTMB 标准在吉布提全国覆盖实施协议。

中国国际广播电台节目在阿尔巴尼亚调频落地项目完成台站建设并启播，由中广国际总公司自行建设，自主经营。

完成金边“中柬友谊台”迁址项目。

完成多个中国驻外使馆的中央电视台综艺、体育、电影、电视剧、新闻频道的解码器续约及广电设备销售工作，保证使馆人员正常收看国内电视节目。

二、中国政府对外援助项目

完成中国援助老挝国家电视台三频道技术合作项目考察。

实施中国援助科摩罗广播电视中心技术合作项目。

实施中国援助赤道几内亚巴塔电台技术合作项目。

实施中国援助刚果（布）朱埃电台技术合作项目。

实施中国援助几内亚四电台技术合作项目。

实施中国援助桑给巴尔广播电视技术合作项目。

三、对外培训

受国家新闻出版广电总局和商务部委托，中广国际总公司年承办发展中国家广播电视官员、技术人员、管理人员培训班 5 个，学员共 123 人。培训班重视对方需求，立足实际应用，深受学员好评。

四、设计项目获部优一等奖

中广国际建筑设计研究院设计的“吉林广电中心工艺设计”项目，获得国家新闻出版广电总局 2012 年度优秀工程设计一等奖。

五、国内工程项目

中广国际总公司稳步拓展国内项目。在施项目赢得了用户信任和好评；新承接了中国记协会议系统改造项目。

六、BIRTV2013展览会取得圆满成功

第 22 届北京国际广播电影电视设备展览会（BIRTV2013）主题为“媒体的期待、我们的行动”。512 家中外厂商参展，观众 5.7 万人参观。

“BIRTV2013”展示了广播影视科技最新成果，是引领发展趋势、汇聚行业力量、传播先进理念、促进创新发展的平台。参展规模逐年递增，年年都有新亮点。

国家新闻出版广电总局领导聂辰席作了主题报告，田进莅临参观。台领导何宗就、梁晓涛、丁文华等考察参观。国家发改委、中科院、中国文联、国家新闻出版广电总局及直属单位、东盟广电产业代表团、越南电视台（VTV）代表团等境内外机构组团到场参观。

七、BIRTV展团“走出去”

中广国际总公司组织 BIRTV 展团赴境外参展，推动国产广电技术设备“走出去”。

BIRTV 展团参加肯尼亚第六届非洲广播电影音乐展，是中国以 BIRTV 联合展团形式，首次组织民族品牌赴非洲参展。

BIRTV 展团参展越南国家电视节，形成双方每年互访参展交流合作机制。

中广国际总公司率 BIRTV 展团参加 2013 中国阿拉伯国家广播电视合作论坛、中阿广播电视节目技术设备交流展，获得圆满成功，提升了中国广电品牌的国际竞争力和影响力。

八、直播卫星“户户通”工程智能卡进口项目

中广国际总公司实施的直播卫星“户户通”工程智能卡进口项目，得到国家新闻出版广电总局直播卫星管理中心高度评价，标志着公司从进出口代理向经销商转型迈出了新步伐。

九、其他业务

中广国际总公司开展了录像带销售、组团赴境外考察培训、东郊库区规划改造经营转型、仓储、工程设计、广告、安装维修等业务，市场开发、业务创新取得了新进展。

（中国广播电视国际经济技术合作总公司提供）

2013 年中央电视台付费电视业务新进展

2013 年，中央数字电视传媒有限公司、央视风云落实中国国际电视总公司和中央电视台的部署，以加强内容建设、提升技术水平、探索营销创收模式为重点，推进业务创新，为完成经营指标和规划目标奠定基础，视频点播、3D 和高清技术产品、加密传输、营销服务取得了新进展。

一、推出CCTV视频点播

中数传媒、央视风云在市场竞争中，紧跟需求，依托中央电视台内容和品牌的优势，推出新产品 CCTV 视频点播。整合中央电视台优秀节目和国际一流品牌，首批开发"养生包"、"军事包"、"少儿包"、"经典影视包"等 6 个主题产品。

在三网融合背景下，中数传媒和央视风云通过跨媒体服务营销 CCTV 视频点播，向依托 VOD 视频点播技术的全媒体内容提供商发展。梳理新媒体战略方向，把 VOD 作为业务创新重点，有计划、有目标地稳步推进，初步确立了 VOD 业务内容、营销方式和经营思路。

二、承制3D产品

1. 3D 纪录片《春晚是怎样炼成的》

2013 年 1 月 10 日至 13 日（农历初一至初四），3D 纪录片《春晚是怎样炼成的》在中国 3D 电视试验频道播出。该片有 4 集，每集 30 分钟，由央视风云对 2013 年春晚的幕后创作过程进行 3 个月全程跟踪拍摄，创作而成。

2. 3D 人文纪录片《国脉——中国国家博物馆 100 年》

5 月 5 日，中央电视台与中国国家博物馆联合摄制的中国首部 3D 人文纪录片《国脉——中国国家博物馆 100 年》制作完成。该片由央视风云承制，以航空拍摄、微距拍摄、升降拍摄、逐格拍摄等手段，首次采用了 4K 分辨率 3D 记录、无压缩后期制作技术，扩展影像动态和画面细节，达到影院、电视多重版本的放映要求。5 月 16 日，该片在中国国家博物馆数码影院正式上映。5 月 18 日"国家博物馆日"，该片在中国 3D 电视试验频道播出。

三、高清流程设计

2013 年上半年，根据中央电视台标清转高清、文件化播出取得的进展，央视风云规划设计高清网络文件化制播流程和高清付费节目制作岛系统方案。12 月，该系统完成终验，进入试运行阶段。

四、销售数据管理软件

中数传媒全面了解付费电视市场情况，通过科学分析，深化数据工作，形成相对量化的指标，开发了销售数据管理软件 COMMIS 系统。

五、加密传输管理

中数传媒认真做好中央电视台 17 套加密公共频道、中央数字电视 43 套数字付费频道安全播出工作，规范加密传输管理，严把播出关。加密传输频道总计达到百余个，实现了全年和重要保障期的安全播出。节目停播率 0.43 秒 / 百小时，同比下降 51%，创出近 5 年的最好水平。

配合新台址搬迁，中数传媒完成中央电视台第二批开播 6 个高清频道和 CCTV5+ 体育赛事频道加密传输工作。

央视风云频道群全年安全播出 111142 小时（其中，3D 试验频道安全播出 4927 小时），累计安全播出 889297 小时。

六、营销服务

中数传媒举办培训会、交流会、新业务推介会、落地仪式、主题促销等多种活动，加强营销服务。

举办 2013 中央数字电视高峰论坛暨付费频道及新业务推介会活动。

中数传媒与广东汕尾市政府合作，举办 CCTV 数字电视红海湾沙滩音乐节活动。

（中央数字电视传媒有限公司提供）

CCTV
中国中央电视台
CHINA CENTRAL TELEVISION YEARBOOK
年鉴
2013
胡占凡 主编
《中国中央电视台年鉴》编辑部 编

TONG GANG AO TAI JIAO LIU YU HE ZUO

同港、澳、台交流与合作

同港、澳、台交流与合作

2013年中央电视台同港、澳、台交流与合作纪事

1月30日 中央电视台台长胡占凡会见香港无线电视TVB董事会行政主席梁乃鹏、总经理李宝安一行。中央电视台副台长魏地春陪同会见。胡占凡表示，中央电视台愿意在新闻、纪录片、电视剧、动画片、音乐戏曲等领域与香港无线电视开展更为多样、更有成效的合作。近年来中央电视台纪录片和电视剧的质量显著提升，这些节目格调高，且跨越文化差异，符合香港观众兴趣，可以在香港无线电视的频道中播出。中央电视台也可以借助香港无线电视平台，扩大节目在欧洲、北美和澳洲地区的落地。魏地春说，中央电视台有非常丰富的节目资源，为确保优质资源在香港落地的效果，可以通过加强与香港无线电视节目的混合编排和包装衔接，实现双方互利共赢。

6月21日 中央电视台副总编辑朱彤会见台湾霹雳台副台长邱正生。朱彤对霹雳台坚持传承中华传统文化表示赞赏，对双方开展合作表示满意。他说，开展节目交流与合作，要做好岛内受众市场调研工作，按照规律办事，拓展外延，充实内容，创新样态。

8月12日 中央电视台副台长魏地春会见台湾TVBS执行副总经理杨盛昱，双方就进一步深化合作交换意见。魏地春感谢TVBS长期以来对中央电视台驻台湾记者及其采访报道给予的帮助。他说，中文国际频道与TVBS建立了良好、顺畅的合作机制。TVBS综合频道计划加大财经新闻报道力度，中央电视台财经频道愿意在节目资源、电视形态、大型活动、人员交流方面与TVBS开展机制化、常态化的合作，以进一步丰富TVBS的节目内容，增进岛内受众对大陆乃至全球经济动态的了解，推进两岸经贸关系的发展。

8月13日 中央电视台副台长魏地春会见由海基会董事长林中森率领的台湾媒体高层参访团。他表示，中央电视台与台湾的多家电视媒体保持着长期友好的合作关系。海峡两岸同文同种，同属一个中华民族，两岸关系和平发展符合两岸人民的共同心愿。两岸媒体在传承弘扬中华文化、增进人民相互了解、推动两岸大交流大合作中扮演着重要角色。中央电视台作为国家电视台，愿意与更多岛内媒体开展全方位、互利共赢的沟通和合作，也希望得到海基会和海协会的支持指导。

9月24日 中央电视台副总编辑黄传芳与台湾TVBS董事长张孝威、总经理杨鸣会谈。双方签署新闻频道合作备忘录。黄传芳代表中央电视台祝贺台湾TVBS成立20周年，介绍了中央电视台及新闻频道、新媒体发展情况，感谢TVBS长期以来为中央电视台台湾报道提供资讯、技术和信息支持，以及对中央电视台驻台记者采访报道给予的帮助。他说，希望双方按照合作备忘录的约定，进一步拓宽新闻合作领域，丰富合作形式，在突发事件报道合作、新闻线索和资源共享、重大报道直播信号引入、新闻素材应用等方面深化合作关系。

10月22日 中央电视台副台长魏地春会见台湾佛光山住持星云法师，对星云法师来中央电视台录制节目表示欢迎。他说，星云法师不顾年高体迈常年奔波在两岸和世界各地，不仅促进了两岸宗教和文化交流，更为中华文化在海外传播推广做出了重要贡献。中央电视台正在进行第二届“中华之光——传播中华文化人物评选”，希望星云法师能够关注和参与这项活动，为传播中华文化尽一份力。

11月5日 中央电视台副台长魏地春会见台湾东森电视台副总经理陈立元，双方就合拍纪录片《寻找两岸文化传承人》交换意见。魏地春表示，推动两岸交流，传承中华文化，是两岸媒体的共同责任。中文国际频道与东森电视台合作拍摄《寻找两岸文化传承人》是非常好的创意。可以借鉴《寻找最美湿地》的成功经验，以专题报道、纪录片、评选活动等方式调动各方力量，形成良性循环，产生更大效益和社会影响力。东森电视台在台湾具有很强的报道和节目制作能力，双方可以就节目合拍、信息共享和突发事件直播信号引入等签订合作协议。

11月21日 中央电视台分党组成员、总部接管

办主任张海鸽会见香港青年领袖高级访问团，代表胡占凡台长欢迎访问团，介绍了中央电视台总部大楼管理运行情况。她表示，希望双方发挥青年团体的优势，进一步深化青年领域的交流，为助推中央电视台国际传播能力建设，促进双方青年事业共同发展做出贡献。

（台办公室外事处提供）

2013年中文国际频道对台宣传工作综述

2013年，中文国际频道加强对台宣传，密切与台湾媒体的交流合作；派遣驻台记者6批次30人，出色完成了两岸重大选题的报道；打造两岸媒体高端交流平台、青少年交流平台，关注两岸动向，引导舆论；促进两岸文化艺术交流，以共同的记忆和共同的文化增强民族认同感；《远方的家》系列节目入岛播出，获得台湾观众好评；积极扩大中文国际频道在台湾的影响力，取得了良好的宣传效果。

一、成功举办“2013海峡两岸媒体前瞻论坛”，打造两岸媒体高端交流平台

2013年12月，由中央电视台主办、中文国际频道承办的“2013海峡两岸媒体前瞻论坛”在京举行。这是近年来两岸举办的规模最大、层级最高的媒体类论坛。中共中央政治局常委、全国政协主席俞正声接见与会代表并讲话。中共中央台办、国务院台办主任张志军在论坛开幕式上致辞，对两岸媒体的交流合作提出希望。国家新闻出版广电总局党组副书记、副局长聂辰席，中央电视台台长胡占凡分别在论坛开幕式上致辞。两岸8家主要媒体的负责人在论坛上做了主题发言。在随后进行的分论坛讨论中，两岸媒体代表进行深入交流，达成了《“2013海峡两岸媒体前瞻论坛”共同倡议》。

“2013海峡两岸媒体前瞻论坛”是推动两岸媒体交流制度化的一次探索，对于进一步凝聚两岸媒体共识、促进两岸媒体相互了解、调动两岸媒体积极性具有重要意义，为两岸关系和平发展注入了新的动力。参加这次论坛的，有两岸70余家主要媒体负责人，以及研究两岸关系和新闻传播的专家学者等100多人。很多台湾媒体的负责人表示，这个论坛举办得非常及时，也很有针对性。国台办对首次举办“海峡两岸媒体前瞻论坛”也给予了高度评价。

二、日常宣传以新闻为“龙头”，及时关注两岸动向，引导舆论

中文国际频道新闻类栏目《中国新闻·直通台湾》和《海峡两岸》在涉台报道上准确、稳妥地把握要点，加强中央对台方针政策的解读。实时新闻报道关注党和国家领导人关于两岸关系的重要讲话和活动、台湾政坛和民生重大事件、两岸间各界各类交流活动等。有台湾观众表示，中文国际频道对两岸交流活动的报道，让人感受到两岸交流的“热度”，也让他们对两岸关系抱有更多的期待。

中文国际频道通过专题、访谈等节目，重申在台湾问题上应坚持“一个中国”原则，有理有据地反驳各种“台独”言论和行径。例如2013年7月，针对岛内一些“台独”分子歪曲日本侵略台湾的历史事实，《海峡两岸》播出《台湾为何有人要美化日本殖民统治》，通过驻台记者采访台湾学者和民众，正面表达台湾民众反对“台独史观”的立场，多角度展示了岛内对此次事件的关注及进展。节目播出后，得到国台办充分肯定，认为相关报道把握对台宣传正确的政治方向，有力地打击了“台独”分子的嚣张气焰。

三、首次入岛举办两岸共庆端午联欢活动，进一步促进两岸文化艺术交流

2013年6月12日，由全国台联、中央电视台和台湾新竹市文化基金会共同主办的《万粽飘香·新竹传情》——2013两岸共庆端午联欢活动在台湾新竹市成功举行。这是中央电视台大型文艺晚会首次正式入岛演出，得到了中央统战部、国台办、国家新闻出版广电总局的大力支持，同时，引发了台湾岛内外民众、媒体及海外华人的广泛关注。

晚会汇集了来自大陆的代表中华文明和传统文化的京剧等节目，展现“新竹特色”、“客家文化”的原生态节目，体现了两岸之间文化的交流和融合。全国台联副会长杨毅周、台湾新竹市市长许明财以及2000多名观众观看了演出。许明财表示，本次端午晚会可与中央电视台春节联欢晚会媲美。晚会结束当晚，台湾各大主流媒体和网络媒体、香港凤凰卫视对晚会做了大量正面报道。第二天，许多平面媒体用显著位置刊载了晚会的新闻和图片。晚会录像分别在中文国际频道、台湾东森电视台播出。

四、推出《台海记忆》等系列节目，通过两岸共同的记忆、共同的文化增强民族认同感

“历史是民族的记忆”。2013 年 7 月，《天涯共此时》栏目推出历史纪录类系列节目《台海记忆》，邀请两岸历史学家和在近代中国台海关系历史上颇有影响的人物，讲述一段段不为人知的台海历史。电视观众穿越历史风云，走近历史岁月中的传奇人物，感受两岸关系的风雨历程和两岸民众的家国情怀。《台海记忆》系列节目先后推出《张学良软禁岁月求问自由》《张学良终未成行的大陆行》《蒋介石失去人心败退台湾》《揭密开罗会议》《星云大师》和《跨越海峡的大师》等一批有影响的节目。台湾 TVBS 董事长张孝威在“海峡两岸媒体前瞻论坛”讲话时，特别提到了他在岛内看到《台海记忆》节目的感动。不少海内外的观众认为，《台海记忆》选题、内容把握精准，解读权威，真实地还原历史，彰显了中央电视台作为国家大台具有的公信力、品格和气度。

《天涯共此时》推出展现“中华文化、两岸传承”的 12 集系列节目《功夫中国》，在两岸民众中引发良好反响。两岸不少武术传人希望继续推出《功夫中国》第二季。

五、发挥海峡两岸知识大赛品牌效应，打造两岸青少年交流平台

2013 年 11 月 2 日，中文国际频道与台湾中天电视台联合举办的第十二届海峡两岸知识大赛决赛画上了圆满的句号。这次大赛历时 5 个多月，以“青春梦 · 梦飞扬”为主题，在对选手知识的考察中，加入了“青春梦”的元素。与往届大赛相比，这次大赛参与人数最多，共有两岸 130 多所高校的近 3 万名学生参赛，仅大陆就有上万名学生参加海选；在比赛环节上，也有创新：一是新增复活赛制；二是两岸选手一对一搭档组合，共同协作进行比赛；三是新增评委与选手互动环节；四是总决赛突出考察选手的思辨能力，以及对两岸社会生活的了解程度。此外，比赛题目涉及范围广，贴近生活实际，富有趣味性和时代特色。中文国际频道、台湾中天电视台同步播出决赛全程。

自 2002 年首次举办海峡两岸知识大赛以来，迄今为止大赛成功举办十二届，吸引两岸 210 所高校近千名学生走进演播室，参加节目录制。参加过海选的学生达到数万人，成为两岸学生交流交往和展示自己的重要平台。

六、《远方的家》系列节目入岛播出，获得台湾观众一致好评

从 2013 年 4 月 6 日开始，中文国际频道《远方的家》系列节目《边疆行》《沿海行》《北纬 30° 中国行》等，经过本土化包装后，以主声道为普通话、副声道为闽南话方式，在台湾中视、台湾霹雳台、台湾中天电视台等有线电视台播出，得到岛内观众好评。《边疆行》《沿海行》先后创下了台湾中视同时段收视新高。台湾中视来函表示，《远方的家》系列节目深入浅出，有丰富的知识性和历史人文厚度；《边疆行》节目中，许多塞外的珍贵画面是一般节目无法比拟的。

（中文国际频道提供）

CCTV

DUI WAI JIAO LIU YU HE ZUO

对外交流与合作

对外交流与合作

2013年中央电视台对外交流与合作纪事

1月18日 中央电视台举办“2013年国际伙伴新春联谊会”。国家广电总局副局长李伟、中联部副部长艾平、人社部副部长张建国、中央电视台台长胡占凡及国内主流媒体负责人，50多个国家的驻华使节，部分国际组织、34家海外媒体和国际运营商代表，中央电视台资深外籍专家等250余人出席联谊会。台领导罗明、魏地春、张海鸽、梁晓涛、朱彤、黄传芳、张宁及相关部门负责人以东道主身份与各界朋友畅谈友谊、共谋合作。胡占凡致辞说，随着中国的发展进步和中央电视台国际传播力的提升，国际交流与合作已深入到中央电视台的事业和产业各领域，成为增强世界影响力的重要源动力。在新的一年里，中央电视台将一如既往地加强与国际伙伴的合作，推出大型国际报道，提高多语种国际频道的国际化水平，让节目进一步在海外落地，通过多种媒介和渠道，使境外观众更直接、全面、客观地认识和了解中国。同时，发挥桥梁和纽带作用，为合作伙伴在中国工作提供帮助，为增进中国人民与世界各国人民的相互理解和友谊做出贡献。

1月30日 中央电视台总编辑、副台长罗明会见意大利新任驻华大使白达宁。罗明表示，在全媒体时代，中央电视台有责任、有义务让世人更加全面充分地了解真实的中国和意大利。中央电视台在新闻、纪录片等领域有长足的进步，还要通过国际合作把优秀节目推向世界，利用国际合作提升节目制作水平。希望意方能够提供相应的支持。他还就双方合拍纪录片《利玛窦》的播出安排、2015年米兰世博会新闻报道等合作项目提出了建议。

3月1日 中央电视台副总编辑程宏会见美国野生救援协会理事长奈彼得。程宏表示，双方在倡导濒危野生动物保护，提高社会的野生动物保护意识方面存有共识，在安排相关公益广告方面保持着良好合作，对提高公众的濒危野生动物保护意识发挥了重要作用。中国政府积极倡导生态文明。在营造“美丽中国”的大背景下，中央电视台愿与美国野生救援协会加强交流，推动合作关系进一步深化。

3月14日 中央电视台副台长孙玉胜会见路透社全球董事总经理史蒂文·施瓦茨。孙玉胜表示，中央电视台加强国际传播能力建设，与路透社的合作关系更加紧密，从过去单一的接收路透社视频发稿，扩展到特约报道员服务、技术支持等。希望路透社能够以中央电视台建设欧洲区域节目制作中心为契机，进一步拓宽双方的合作领域。

3月19日 中央电视台副总编辑李挺会见NBA联盟主席亚当·萧华。李挺充分肯定中央电视台与NBA长期的良好合作，对NBA高层的战略眼光及传播篮球运动的热情表示赞赏。他说，中央电视台近年来加大与NBA的合作力度，在转播数量和节目形态方面都有较大改进。本赛季，体育频道与NBA联合制作新栏目《NBA最前线》，相信会更好地传递NBA篮球文化和理念。希望双方在集中赛事资源等方面开展更加有效的合作，进一步提高中国观众对NBA的关注度，创造更大的品牌影响力和商业价值。

3月20日 中央电视台副总编辑朱彤会见澳大利亚广播公司ABC国际事务首席执行官琳丽·马歇尔。朱彤说，中央电视台与ABC有过成功的合作，应进一步深化合作，特别是在儿童节目制作方面建立有效合作机制，集纳优秀的创意和制作方式，共同创作深受儿童喜爱的节目。他还就双方合拍儿童系列片《奇妙小镇》提出了建议。

3月21日 中央电视台副总编辑李挺会见中国青少年足球发展及中超联赛推广大使、英国球星贝克汉姆，著名国际体育、娱乐和媒体集团IMG董事长迈克·杜兰，英国知名电视制作人西蒙·福勒一行。李挺表示，由贝克汉姆出任推广大使，将为重塑中国足球形象和推动青少年足球事业的发展带来积极效应。中央电视台对贝克汉姆出任推广大使的新闻发布会进行现场直播，取得良好收视效果，被BBC、CNN、ESPN等多家国际媒体转播，充分表明贝克汉姆具有国际影响力，并且有助于中央电视台的国际传播能力建设。

4月3日 中央电视台副总编辑张宁会见佛得角驻华大使德莫赖斯一行，双方就“非洲日”五十周年庆祝活动的宣传报道进行沟通。张宁回顾中央电视台与佛得角及其他非洲国家近年来的合作成果后表示，中央电视台重视以中国观点向世界客观公正地报道非洲。“非洲日”五十周年庆祝活动是重要新闻事件，中央电视台相关频道将给予关注。

4月16日 中央电视台副总编辑朱彤会见美国弗吉尼亚州州长鲍勃·麦克唐纳，并一同观看双方合拍的纪录片《来自弗吉尼亚的故事》片花。朱彤表示，《来自弗吉尼亚的故事》是双方加强合作的成果，播出该片将使更多的中国观众了解弗吉尼亚，对增进两国人民的友谊产生积极影响。

4月17日 中央电视台副台长孙玉胜会见美联社高级副总裁黛丝·维拉辛汉姆。孙玉胜回顾双方长期良好的合作关系后表示，中央电视台播出的伊拉克战争十周年特别节目，美联社提供了新闻服务和技术支持，这是合作双赢的成功案例。希望美联社在国际新闻策划、视频发稿、突发新闻报道、中央电视台海外记者站建设、海外报道平台搭建等方面继续提供支持。

4月20日（当地时间） 中央电视台台长胡占凡在里约热内卢会见巴西环球电视台总裁卡洛斯·施耐德。双方签署合作备忘录，在信息交流、新闻制播、节目相互授权等方面深化交流合作。胡占凡说，中央电视台非常重视与国际重要媒体的合作。中央电视台、巴西环球电视台都是全球影响力很大的媒体，节目覆盖率、人员规模、经营收入有相似之处。双方的合作历史悠久，上世纪80年代中央电视台将环球电视台的电视剧《女奴》引进中国，引起很大反响。近期推出的《探潮亚马孙》直播，是中巴媒体又一次成功的合作。巴西多元文化和自然景观，即将承办联合会杯、世界杯、奥运会都是极佳的节目资源，中国观众对此高度期待。中国、巴西同为新兴国家的代表，应当深化合作。中国驻里约热内卢总领事陈小玲出席签约仪式。

4月23日 中央电视台与ABC合拍的儿童剧《奇妙小镇》开机。台领导罗明、薛继军、朱彤，涿州市委书记王舟，澳大利亚驻中国新闻文化代理参赞梅珍妮，ABC董事局主席詹姆斯·斯皮格尔曼，比扬国际执行董事、CEO迈克·博里隆德，澳大利亚儿童电视基金会主席珍妮特·霍姆斯·阿·科特出席开机仪式。《人民日报》等40余家媒体记者作现场报道。罗明表示，《奇妙小镇》内容丰富有趣，表现形式新颖，设计创新别致，是一部非常有趣的童话剧。双方17年前成功制作了人偶剧《神奇山谷》，再次合作是友谊的延续，具有重要意义。

4月23日 中央电视台副台长魏地春会见ABC董事会主席詹姆斯·斯皮格尔曼一行。魏地春表示，中央电视台与澳大利亚广播公司一直保持着良好合作关系。合拍儿童系列片《奇妙小镇》已开机，这是双方合作拍摄的第三部儿童剧。儿童剧的成功合作，是两台集纳各自的经验和创意，利用各自优势实现共赢的范例。他建议双方在合拍纪录片、中央电视台国际频道在澳落地等方面，进一步挖掘合作项目，拓展合作领域。

4月23日 中央电视台副总编辑张宁会见印度尼西亚媒体代表团，成员包括安塔拉国家通讯社社长、美都电视台总编辑等。双方就节目交流、新闻合作、频道落地交换意见。张宁感谢印尼政府、媒体对中央电视台建立记者站给予的支持和帮助，介绍了中央电视台频道设置、新闻采集、节目落地等情况。

4月25日 中央电视台总编辑、副台长罗明会见英国广播公司研究发展部总监马修·波斯盖特、新媒体及网站首席运营官安迪·康罗伊。罗明表示，新媒体的迅速发展给传统媒体带来机遇和挑战。作为国家电视台，中央电视台在品牌影响力、报道反应能力、视频制作方面有优势，正在努力适应多媒体融合的趋势，利用新媒体平台和传统优势，寻求更大的发展空间。

4月25日 中央电视台台长胡占凡率中央电视台代表团访问尼泊尔，拜访尼泊尔总统、信息通讯部部长，双方签署了《中央电视台与尼泊尔国家电视台合作备忘录》。亚达夫总统表示，尼泊尔高度重视两国国家电视台的合作；代表团来访，增进了两国的友好合作关系。胡占凡表示，中央电视台加强对尼泊尔的宣传，推进中尼友好，与尼泊尔电视界有很好的合作基础。今后将积极落实合作备忘录，促进两国人民的友好交流。会见尼泊尔信息通讯部部长鲍德尔时，胡占凡说，希望中央电视台有更多节目在尼泊尔落地，包括整频道落地、节目进入当地网络、翻译成尼泊尔语后播出。与尼泊尔国家电视台总经理拉克斯曼·胡马会谈时，胡占凡说，双方同为国家电视台，有责任和义务促进两国人民加深了解和友谊。签订节目交换、联合制作、新闻报道授权、培训等合作备忘录，使双方的友好合作关系进入了新阶段。

4月26日 中央电视台副总编辑黄传芳会见乌克兰记者并回答了问题。他说，中央电视台作为国家媒体，既承担宣传党和国家政策的责任，也肩负客观报道社会民生以及舆论监督的义务。加强国际频道和驻外记者站建设，提高国际传播能力，中央电视台的业务已扩展到互联网、社交媒体等新媒体领域；希望中乌两国媒体加强合作，促进文化交流。

5月7日 中央电视台分党组成员、总部接管办主任张海鸽会见新址物业顾问服务商仲量联行亚太区CEO阿拉斯特尔·休斯，就总部物业管理交换意见。张海鸽表示，今年是中央电视台建台55周年，也是全面搬迁至关重要的一年。总部大楼体量巨大、造型独特，物业管理鲜有先例可循。仲量联行顾问团队对总部管理发挥了建设性的作用，希望今后继续给予帮助和支持，通过"传帮带"为中央电视台培养物业管理人才，使总部物业服务更加规范和人性化，让员工感受到新家的温暖。

5月16日（当地时间） 中央电视台副台长魏地春到西班牙国家广播电视集团访问，与集团主席利奥博得·冈萨雷斯·埃切尼克会谈。魏地春表示，双方同为国家媒体，肩负着增进两国人民相互理解和友谊的使命。希望在中西建交四十周年之际，通过新闻交换、合作拍摄、培训交流、互办电视周等方式，推动合作关系进一步发展。双方签订了合作协议。

5月22日（当地时间） 中央电视台副台长魏地春与葡萄牙广播电视公司董事会主席、CEO阿尔伯特·达庞特举行会谈，就加强合作达成共识。魏地春表示，媒体合作是增进两国人民相互了解、深化友谊的有效手段。建议双方签署合作协议，在新闻交换、节目合拍、技术培训、人员交流等方面务实合作。明年是中葡建交35周年，希望通过互办电视周系列活动，充分发挥媒体的作用。

5月31日 中央电视台副台长胡恩会见国际电视资料联合会（FIAT）主席简·穆勒。胡恩感谢国际电视资料联合会对中央电视台音像资料管理的支持，表示将全力承办FIAT亚洲地区研讨会，围绕"媒体内容资产管理的新思路——聚焦知识管理，拓展文化产业增值空间"的主题进行交流，与各国专家探讨在全媒体时代，如何加强音像资料现代化、科学化、规范化管理。

6月3日 中央电视台台长胡占凡与美国梦工厂动画公司CEO杰弗瑞·卡森伯格、东方梦工厂董事长黎瑞刚举行会谈。他表示，中央电视台可以与美国梦工厂在动画、电视节目领域开展合作。中国有很多家喻户晓的动画题材，双方可以以中国元素为基础，创作出通晓度高、传播力强的动画精品；可以在开发动画创意方面加强合作，根据创意选择不同的合作模式、制作方式和投资成本；可以合作开展大型活动或栏目，利用中央电视台平台播出对方的动画产品，以品牌优势实现互利共赢。副总编辑朱彤参加会见，就合拍节目和美方业务在华代理问题提出了建议。

6月13日 中央电视台分党组成员、总部接管办主任张海鸽与捷克文化部副部长桑科特、捷克驻华大使塞奇卡、捷中友协监事会主席德沃吉克、捷克电视台副台长费德里贺会谈，代表胡占凡台长欢迎捷克朋友来访。她说，中央电视台重视国际合作，与国际媒体构建良好关系，增进了解和友谊，促进共赢发展。《鼹鼠的故事》曾在中国成功播出，说明两国电视台可以利用各自的优势，为加深两国人民的友谊发挥重要作用。中央电视台继续发挥文化使者作用，愿与捷克电视台在多领域加强务实合作。

6月19日 中央电视台副台长孙玉胜会见非洲国家广播电视台长级研修班学员。他表示，中国与非洲各国同属发展中国家，应当加强合作交流，共同发声，改变世界舆论格局，更加客观公正地报道发展中国家。研修班学员们表示，希望进一步加强合作，巩固中非友好关系。

6月19日 中央电视台副总编辑黄传芳会见泰国外交部新闻司司长马那斯威·西梭达蓬，感谢泰方对中央电视台曼谷记者站的支持和帮助。他说，中央电视台重视对周边国家尤其是对泰国的报道，希望能与泰国电视媒体在新闻报道、专题和纪录片合拍、人员交流等方面继续加强合作，密切两国关系，加深两国人民的友谊。

6月20日 中央电视台副总编辑黄传芳与韩国YTN常务理事金伯会谈，签署《中国中央电视台与韩国联合电视新闻台新闻合作协议》。黄传芳说，随着中韩关系发展和中央电视台国际新闻报道力度的加大，双方在新闻交流方面有广阔的合作空间。此次签署协议，为双方开展更紧密、直接并具有操作性的合作提供了保证。希望YTN一如既往，为中央电视台驻首尔记者站提供支持和帮助。

6月27日 中央电视台总编辑、副台长罗明会见载文媒体管理有限公司CEO苏德明，双方签署电视剧供片协议。罗明阐述中央电视台引进国外电视剧的标准和要求，希望载文公司本着"高品质、高收视、高影响力"的原则，提供中国观众喜闻乐见的电视剧；为了实现节目的高清化制播，希望载文公司提供满足中央电视台技术标准和规格的电视剧。

7月2日 中央电视台总编辑、副台长罗明会见塞舌尔驻华大使菲利普·勒加尔，就中央电视台的节目在塞落地和双方合拍纪录片交换意见。罗明表示，中央电视台英语新闻频道、法语国际频道、纪录频道通过卫星直播平台覆盖塞舌尔全境；越来越多的中国游客赴塞旅游。希望塞方能积极协助中央电视台，在塞舌尔星级酒店落地播出节目。中央电视台本着“全球视野、人文情怀”的精神，传播世界各地的自然、历史、文化，与多国合作制播“魅力系列”纪录片。塞舌尔有独特的自然和人文景观，中央电视台将认真研究塞方提出的合拍《魅力塞舌尔》的建议。

7月15日 中央电视台副总编辑朱彤会见BBC Worldwide大中华区节目销售与发行副总裁张国礼，就少儿节目的合作交换意见。朱彤表示，中央电视台与英国广播公司长期保持友好合作关系，《天线宝宝》《花园宝宝》等儿童节目在中央电视台播出获得较高的收视率，深受学龄前儿童喜爱。希望双方进一步创新拓展合作的形式，比如在少儿频道的大型活动中，可以将BBC推出的特定卡通形象植入其中，以增强节目的趣味性、互动性和视觉效果。

8月23日 中央电视台副台长魏地春会见新加坡媒体发展管理局局长许琳聂一行。魏地春说，中新友好源远流长，中央电视台与新加坡媒体的交流频繁、合作广泛，举办过“中新歌会”等大型活动，并将《阿娣》等新加坡优秀电视剧引进中国。中央电视台将针对两国人民心理距离较近、审美情趣趋同的特点，通过节目合拍、人员交流、共办活动，加强与新加坡媒体的合作。中国网民达到6亿人，网络成为获取信息和娱乐的主要方式。中央电视台正在加大台网融合的力度，努力向全媒体转型。

8月27日 中央电视台副总编辑张宁与埃塞俄比亚广电总局局长泽莱·阿斯杰德姆会谈。张宁说，中央电视台非常重视与非洲媒体的交流，已在非洲设立分台和13个记者站，包括埃塞俄比亚记者站。非洲分台和记者站向中国观众客观报道非洲新闻，向世界传播非洲的声音。希望与埃塞俄比亚广电总局签署新闻合作协议。泽莱表示将积极推动，尽快签署协议。他希望中央电视台进一步加强对非洲，尤其是对埃塞俄比亚的正面报道。

8月29日 中央电视台副台长魏地春会见巴基斯坦政党穆盟秘书长、参院国防委主席穆沙希德·赛义德。他说，中国与巴基斯坦是全天候的友好邻邦，在政治、经济、社会、文化领域有广泛深入的交流合作，为深化两国媒体的合作开辟了广阔空间。中巴媒体加强合作，加深南亚地区民众对中国社会、经济、文化的了解，将进一步巩固两国人民之间的友谊。中央电视台希望与巴基斯坦媒体加强联系，拓展新闻交换、节目落地等方面的合作。

9月6日 中央电视台副总编辑黄传芳会见古巴广电委员会副主席艾米里奥·波罗多，签署《中国中央电视台与古巴广电委员会新闻合作协议》。黄传芳说，感谢古巴广电委对中央电视台国际频道落地、摄制组赴古拍摄、记者站工作给予的大力支持。中国观众非常关注古巴的经济社会发展。双方签署协议，在互派摄制组、重大事件报道、聘请特约报道员方面加强合作，开启了两国主要电视媒体新闻合作的新局面。

9月14日 “中国–阿拉伯广播电视论坛”在银川举行。中央电视台副总编辑黄传芳发表《共话发展、携手合作、实现共赢》的演讲。他表示，中阿在政治、经济方面的紧密联系，促进了广播电视合作的深化。中央电视台中东中心站和驻11个阿拉伯国家的记者站高效运转，采集大量新闻报道，充分展现了阿拉伯国家的经济社会发展成就和自然人文风貌，为中国观众了解阿拉伯世界打开了窗口。阿拉伯语国际频道覆盖中东、北非24个国家和地区，受到了越来越多观众的欢迎。希望中阿媒体加强合作，进一步提升国际竞争力和影响力。论坛期间，中央电视台与突尼斯国家电视台签署《新闻合作协议》，双方在新闻交换、共同采访等方面深化合作。

9月13日 中央电视台台长胡占凡会见巴西驻华大使瓦尔德玛·雷昂。他表示，中央电视台非常重视对巴西的报道，亚马孙大潮直播、联合会杯赛转播后，正在筹备世界杯报道，为2016年里约热内卢奥运会报道作前期准备。希望巴西驻华使馆为中央电视台记者赴巴西进行世界杯、奥运会的采访提供帮助和便利，简化常驻记者签证手续，推动中央电视台英语新闻频道、纪录频道在巴西落地，引进中央电视台更多的优秀电视剧，让更多的巴西人了解中国。

9月16日 中央电视台台分党组成员、中国国际电视总公司董事长梁晓涛会见南非独立传媒集团董事长苏威一行，转达了胡占凡台长的问候。双方就收购项目后续管理和发展战略交换意见并达成共识，以该项目为起点开展更广泛的合作。梁晓涛表示，收购工作完成后，希望双方深化交流，共同提出集团发展规划，推动独立传媒集团尽快做大做强。苏威表示，独立传媒集团作为南非最有影响力的报业集团，为能够和总公司合作感到骄傲。希望双方围绕集团战略发展方向，深入研究，建立长期合作关系。他还就加强南非独立传媒集团与中央电视台非洲分台的合作提出了建议。

9月23日 中央电视台台长胡占凡会见越南国家电视台台长陈平明及越南公使，双方签订新闻素材交换协议。胡占凡说，中央电视台与越南国家电视台长期保持合作关系，中文国际频道《今日亚洲》栏目对越南进行充分报道，在今年中国–东盟博览会期间专访了越南总理阮晋勇。希望继续深化联合采访模式，全方位拓展合作深度和广度，加强新闻报道、电视剧、专题片交流合作，并希望越方能够对中央电视台节目在越南落地给予支持，为文化交流和节目合作创造良好环境。

9月23日 中央电视台副台长袁正明与伦敦市副市长爱德华·李斯特会谈，就建设中央电视台欧洲分台交换意见。袁正明感谢伦敦市政府和伦敦发展促进署为欧洲分台建设提供支持和帮助。他说，欧洲分台将全面负责中央电视台在欧洲地区新闻报道的指挥调度和采集工作，加大对欧洲的报道力度，由中、英文演播室为节目制作提供支撑。希望伦敦市政府、伦敦发展促进署在欧洲分台选址、办公室装修、设备通关、项目运营等方面，提供建设性的意见和政策支持。

9月23日 中央电视台分党组成员、总部接管办主任张海鸽与荷兰大都会建筑事务所首席设计师雷姆·库哈斯会谈。张海鸽表示，中央电视台总部大楼获得“2013年亚洲及大洋洲最佳超高层建筑奖”。入围“2013年全球最佳超高层建筑奖”的评选，这是对库哈斯先生的设计理念和总部大楼设计效果的充分认可。总部大楼融魅力、活力、想象力于一体，凭借独特的造型和巨大的体量，成为北京地标性建筑，目前新址搬迁正在进行，电视文化中心的复建顺利推进。希望库哈斯先生及团队与中央电视台、承建单位密切协作，圆满完成后续工作。库哈斯表示，大都会建筑事务所将全力配合中央电视台做好后续工作。中央电视台副总工程师黄平刚陪同会见。

9月24日 中央电视台副台长胡恩与肯尼亚纳库鲁郡郡长基努希亚·穆布古会谈，代表胡占凡台长对代表团来访表示欢迎。他说，中央电视台高度重视对非洲的报道，在内罗毕建立了非洲分台，通过节目的本地化制播，向中国和世界展现了真实的、充满希望的非洲。今年中央电视台全面报道了肯尼亚大选，推出《非洲野生动物大迁徙》直播报道，及时播发肯尼亚民生和社会资讯，推动两国的合作交流。希望纳库鲁郡为非洲分台的采访报道和日常运营，提供更多便利。

9月25日 中央电视台副台长胡恩会见韩国广播公司（KBS）副社长全洪九，就双方合办大型活动和影视产品交流交换意见。胡恩表示，中央电视台与韩国广播公司有悠久的友好合作关系，感谢KBS为中央电视台首尔记者站运转、国际频道在韩落地提供帮助。在国家新闻出版广电总局与KBS合作20周年之际，希望双方继往开来、扩大交流，推动电视剧、纪录片、综艺节目等合作，为增进两国人民的友谊继续努力。

9月27日 中央电视台总编辑、副台长罗明会见美国微笑列车基金会董事长王嘉廉。罗明表示，《扎溪卡的微笑》是双方共同制作的唇腭裂免费修复的纪录片，是中央电视台纪录频道开播以来与世界级慈善组织的首次合作。帮助唇腭裂的儿童康复是一项善举。该片故事感人、寓意重大，中央电视台作为国家电视台，有责任、有义务弘扬这项善举。中央电视台纪录频道的节目已在60多个国家和地区落地，有优秀的创作人才和播出平台。欢迎微笑列车基金会进一步与中央电视台合作，制作出更多慈善公益类的节目。

10月11日 中央电视台副总编辑黄传芳会见BBC世界新闻总裁彼得·霍尔洛克斯。他说，面对新媒体的挑战，传统电视媒体要变革和创新。中央电视台努力将新媒体元素融入原有报道系统，更新技术设备，完善多元报道网络。希望双方在新闻素材交换、技术设备支持、人员培训、互派摄制组及新媒体业务方面继续加强合作。会见后，霍尔洛克斯作了“BBC新闻制作与新媒体挑战”讲座。

10月15日 中央电视台副总编辑李挺会见NBA联盟主席大卫·斯特恩一行。李挺说，中央电视台与NBA长达27年的合作不仅使篮球运动在中国得到广泛推广，还促进了两国人民的相互理解和文化交流。姚明等中国球员进入美国赛场、NBA电视直播的场次和观众人数持续增加，都反映了NBA高层的战略眼光和对中国市场的重视。希望NBA与中央电视台加大合作的力度，发掘更多的赛事资源，甚至可以邀请欧洲篮球联赛冠军队来华与NBA球队比赛，中央电视台可提供传播平台，以实现双方品牌价值提升和影响力扩大的互利共赢。

10月21日 中央电视台台长胡占凡会见美国库恩传媒集团董事长罗伯特·库恩。胡占凡表示，本着“讲好中国故事，传播好中国声音”的思想，打造一档国际化的高端访谈节目。在定位上，秉持“解读中国观点，报道全球热点，打造国际传播团队”的原则；在人员上，以中央电视台海外报道力量和库恩团队为主，培养一批有思想、有影响、善表达、“可以对世界说话”的专业人士，包括中央电视台的主持人、评论员；在合作方式上，可以采用商业模式，保持节目的可持续发展。目前双方已在制作思路、运营模式方面基本达成一致，制作这档节目具备“天时、地利、人和”的条件，下一步要抓紧做好细化工作。中央电视台副总编辑黄传芳介绍了双方在节目设计、商业运营方面的考虑。

10月23日　中央电视台副台长魏地春会见朝鲜广播电视委员会副委员长朴成日。魏地春说，中朝两国是一衣带水的友好邻邦，中国中央电视台与朝鲜中央电视台一直保持着高层交往和良好的合作关系。长期以来，根据朝鲜广电委的请求，中国中央电视台多次向朝鲜中央电视台提供了技术、设备、培训等援助，朝鲜广电委也对中央电视台在平壤设记者站及记者站运营提供了大力支持和帮助。为了客观、真实、及时地报道朝鲜的对外政策和经济、社会发展成就，希望朝方为中央电视台记者站提供更多的报道便利，并继续签署《新闻合作协议》。

10月23日　中央电视台副总编辑黄传芳会见发展中国家新闻部长研讨班学员。他说，中国与广大发展中国家有深厚的传统友谊，中央电视台与发展中国家的媒体保持良好合作关系。随着国际传播能力不断提升，中央电视台不仅要使中国观众更好地了解其他发展中国家所取得的成就，也希望中央电视台的频道和节目在各国落地，让更多的海外观众了解中国。

10月30日　中央电视台副台长魏地春会见ABC董事会主席詹姆斯·斯皮格尔曼，双方签署《中央电视台与澳大利亚广播公司合作备忘录》。澳大利亚驻华大使孙芳安出席签约仪式。魏地春说，多年来，中央电视台与ABC一直保持良好的合作关系，在节目合拍等方面取得丰硕成果，为增进两国人民的了解和友谊发挥了积极作用。双方联合制作少儿剧《神奇山谷》和《找朋友》，得到两国少年儿童的普遍欢迎，取得较好的收视效果。目前，双方合拍的52集系列儿童剧《奇妙小镇》正在顺利推进。希望双方以签署合作备忘录为契机，在新闻交换、联合制作及新媒体领域加强合作。

11月13日至15日　中央电视台承办的亚广联“改变亚洲，拯救地球”（CARE）纪录片合拍制片人会议在京举行。中央电视台副总编辑彭健明致辞表示，“改变亚洲、拯救地球”的主旨，充分体现了亚太地区各国媒体共同面对的挑战和承担的责任。本届合拍主题是“我有一个梦想”，既充满想象又直面现实。希望与会代表就如何用纪录片来诠释这一主题展开深入交流，并通过此次合拍加深亚广联成员之间的友谊，加强沟通，巩固合作。

11月16日　正在中国访问的荷兰首相马克·吕特一行参观了中央电视台总部大楼，并接受财经频道专访。台领导胡占凡、魏地春、张海鸽和中国驻荷兰大使陈旭等陪同参观。台长胡占凡介绍说，中央电视台总部大楼已成为北京地标性建筑，众多国际政要和媒体人士都希望前来参观。大楼还获得世界高层建筑学会颁发的“2013年度全球最佳高层建筑奖”等三项大奖，表明了这座大楼设计的独特与出色。

11月20日　中央电视台副总编辑李挺会见缅甸宣传部新闻期刊公司总裁吴耶念一行。李挺说，第27届东南亚运动会将在缅甸举行，缅甸国家广播电视台将对这次运动会进行转播。中央电视台在体育转播技术方面全球领先，获得各国媒体的高度认可，我们愿与缅甸同行分享经验。感谢缅甸宣传部为中央电视台驻缅记者站工作提供的支持，希望双方在此基础上，加大新闻合作力度，并签署相关协议。

12月2日　中央电视台副总编辑朱彤会见英国上议院成员、英国银色之门媒体公司副主席威廉·阿斯特。他说，中央电视台与英国媒体公司的合作形式，包括节目引进、联合制作等。希望双方拓展少儿节目领域的合作，在举办大型联欢活动、儿童赛事、少儿节目论坛等方面进行深入探讨，促进两国少年儿童的文化交流。

12月12日　中央电视台总编辑、副台长罗明会见新西兰广播部部长克雷格·福斯和新西兰驻华大使伍开文。罗明说，中央电视台重视并加强与国际媒体的合作，已与160多个境外媒体签订了合作协议，与新西兰媒体的合作需要进一步加强。希望与新西兰国家电视台建立正式的合作关系，在新闻交换、互派摄制组、共同制作节目，互为对方高官访问提供报道便利等方面，建立常态化合作机制，增进两国人民的相互了解。近年来，中央电视台面对新媒体迅猛发展带来的巨大挑战，通过创新节目，用大制作、高质量的节目吸引观众、留住观众，同时拓展新媒体业务，加快实现由传统媒体向全媒体的转变。

12月13日　中央电视台副台长魏地春应新西兰驻华大使伍开文邀请，参加为克雷格·福斯部长举行的工作晚宴。魏地春表示，随着中新两国交往的不断扩大和深入，两国媒体的合作前景非常广阔。希望加强与新西兰电视媒体、机构在节目交换、联合制作等方面的合作，增进两国人民的相互了解。关于传统媒体与新媒体的关系问题，魏地春表示，传统媒体与新媒体不是“零和”关系，应该是互补共赢关系。无论何种介质传播，总是“内容为王”。中央电视台重视与新媒体的融合发展，更着重在内容上创新。在这方面，可以与新西兰的媒体相互借鉴。

12月17日　中央电视台副台长魏地春会见埃塞俄比亚广播电视管理局局长格布鲁和埃塞俄比亚议会旅游文化与媒体事务主席菲特哈。魏地春说，中埃两国有深厚的传统友谊，双边关系不断发展，为中央电视台与埃媒体的合作提供了广阔发展空间。面对国际舆论的“数字鸿沟”和“信息不对称”，作为最大发展中国家的国家电视台，中央电视台加强国际传播能力的建设，搭建了包括非洲分台在内的国际新闻报道网络，以客观、公正、平衡的视角，报道非洲和世界，逐步改变西方媒体对国际舆论的主导权。网络时代，传统媒体面临巨大挑战。中央电视台正在加强全媒体建设，充分发挥国家电视台权威性强、公信力高的优势，通过开发自己的网络，并利用微博、微信和客户端等多种介质，把电视节目的影响力延伸到新媒体。中央电视台希望与埃塞俄比亚广电总台签署合作协议，在新闻交换、联合采访、人员交流等方面建立常态化合作机制。

12月18日　中央电视台副总编辑黄传芳会见美国华盛顿市政府常务副市长刘亚伦、副市长维克多·霍斯金斯，感谢华盛顿市政府为中央电视台北美分台建设和运营提供的帮助，希望美方继续给予支持。他表示，2014年是北京与华盛顿建立“友好城市”关系30周年，中央电视台将充分报道庆祝活动并制作特别节目，展示中美两国经济、文化、科技、媒体等合作取得的重要成就。

（台办公室外事处提供）

2013年中文国际频道对外宣传情况综述

2013年，CCTV–4中文国际频道围绕党和国家的工作大局，及时、充分地报道重大事件，创新传统品牌活动，深化与海内外媒体的交流合作，通过整体优化提升，扩大全球传播力，优质高效地完成了全年外宣任务。

一、紧紧围绕党和国家工作大局，部署频道活动和节目制播

2012年底，习近平主席论述“中国梦”，2013年3月进一步明确“中国梦”的内涵。4月，中文国际频道策划推出“全球侨胞中国梦”大型征文活动，首次面向海外侨胞进行主题征文。活动收到海外来稿3508篇。选取其中的优秀征文50篇，以主持人在外景地朗诵的形式，拍摄成电视短片，在频道展播；邀请10位获特等奖的征文作者来京，出席《中国梦中华情》颁奖典礼。这次活动，开辟了“中国梦”对外宣传的新形式。

《中国新闻》栏目推出《最美中国人》《温暖中国心》系列报道，《流行无限》栏目推出“我的中国梦”人物专题系列，《远方的家》开设“我的中国梦”板块等，扩充和配合对“中国梦”的海内外互动宣传。

党的十八大报告提出：大力推进生态文明建设。5月，中文国际频道推出了“美丽中国·魅力湿地”大型公益活动，包括“魅力湿地”的征集推选、50集系列片《美丽中国·湿地行》、10集纪录片《魅力湿地》展播，以及颁奖典礼等，集中展示了湿地的自然美、生态美、人文美。国家林业局湿地保护管理中心主任马广仁评价说“这是一次传播力强、影响力大的公益活动，形成了全社会关注湿地的一股热潮，激发了公众珍爱湿地、保护湿地的意识。”

二、及时充分报道重大事件，引导舆论展示大国形象

2013年，中文国际频道紧跟国内外热点事件，围绕全国“两会”、党和国家新一届领导人出访、党的十八届三中全会等重大事件，策划推出直播或特别节目，以新闻背景、记者连线、专家访谈、媒体链接、系列报道等形式，多角度对相关话题进行深入分析解读。党的十八届三中全会召开前推出了五集系列报道《走进上海自贸区》，进行预热；会议结束后，推出系列节目《中国改革再进发》，对十八届三中全会“决定”进行解读。配合国家领导人出访，增加新闻频次，全年调整亚欧美三大板块的节目编排1045次。

除了时政报道，中文国际频道对芦山地震救援、神十飞天、嫦娥飞天、玉兔探月等重大事件进行直

播，创新了表现手段。大型系列直播报道《神十飞天、筑梦太空》首次设置“虚拟演播室”，生动直观地展现飞船发射、运行、返回等全过程，巴基斯坦、新加坡、土耳其等亚洲媒体纷纷引用中文国际频道的直播信号。

中文国际频道稳妥把握涉台、涉藏、涉疆选题，以新闻、专题等多种形式进行客观报道，全面展现当地的真实情况。10月，专题片《达赖集团与自焚暴力事件》获得第二十三届中国新闻奖的对外传播一等奖。

三、创新传统品牌活动，进一步提升效果和影响力

12月23日，中文国际频道举办第二届“中华之光——传播中华文化年度人物评选”活动，邀请获奖人在北京大学百年讲堂举办首期《中华之光·讲堂》。这一创新之举，进一步发挥《中华之光》获奖人物的作用，延展放大了活动的社会效果。

频道的其他传统品牌活动——在华留学生汉语大赛、中秋晚会、海峡两岸知识大赛等，进行内容或形式创新。第六届“汉语桥”在华留学生汉语大赛首次引入导师制，创新比赛内容；《梅州月·中华情》中秋晚会增设外景小分队、走基层慰问演出，被主流媒体赞为“欢乐、亲民、接地气、传真情”；第十二届海峡两岸知识大赛创新比赛形式，融入了音乐、游戏、情景剧等。传统品牌活动的创新，进一步提升了中文国际频道的传播效果和影响力。

四、深化与海内外媒体的交流合作，扩大全球传播力

12月22日，由CCTV–4创办的“2013海峡两岸媒体前瞻论坛”在北京成功举行。中共中央政治局常委、全国政协主席俞正声会见与会代表并发表了重要讲话。国务院台办主任张志军，国家新闻出版广电总局副局长聂辰席，中央电视台台长胡占凡在开幕式上致辞。副台长魏地春主持论坛，在闭幕式上致辞。本次论坛的主题为《两岸关系和平发展：媒体的责任》。在主论坛之外，举行“深化了解增进认同”和“媒体传播与形式塑造”分论坛。两岸70余家主要媒体的负责人、高层管理人员及知名专家学者出席论坛；作为首届论坛，发表了《共同倡议》。这次论坛是两岸媒体迄今为止规格最高、规模最大、影响最广泛的盛会，也是中央电视台推进两岸媒体交流制度化建设的一次成功探索。

中文国际频道承办以《加强创新、合作发展》为主题的中广协会对外宣传委员会工作会议。中广协会对外宣传委员会会长魏地春作了主题报告，强调电视外宣工作需要加强对全国宣传思想工作会议精神的学习领会，明确当前对外宣传面临的形势、主要任务、工作重点和原则要求，不断深化认识，把中央精神和习近平总书记的要求体现到电视外宣的各个方面。通过这次主题工作会议，中文国际频道与地方媒体就进一步合作的设想进行了深入交流，共同壮大了外宣声势。

中文国际频道的外宣工作得到中央领导、中国驻外使领馆、海外电视观众的肯定。驻纽约总领馆文化参赞王燕生认为，CCTV–4播出的节目，对在海外传播中国核心价值观和文化传统具有积极的推动作用，对凝聚海外华人华侨对祖国的向心力具有潜移默化的重要影响。海外电视观众对中文国际频道赞誉有加。加拿大观众王燕云说：CCTV–4在海外华人的心里，就是家，就是亲人。

中文国际频道2013年外宣工作的主要做法和经验是：

1.坚守定位，凸显“新闻·文化”标签

5档新闻栏目紧跟热点事件，强化舆论引导。成立了深度报道组，在新闻发布会后引入“主播观察”板块，对热点新闻事件和政策进行深度解读，个性风格更加鲜明。

13档文化类栏目得到优化提升。新栏目《外国人在中国》健康成长；推出了《长寿密码》《中国古树》《镇馆之宝》等含金量高的特别节目。其中，《长寿密码》是中央电视台第一次全方位、多层次、多视角揭示中国乃至世界长寿文化的纪录片。

2.继续走系列化、规模化之路

CCTV–4推出百集系列节目《百山百川行》《客家足迹行》。其中，《百山百川行》发扬“走转改”精神，聚焦山区河谷基层民众，反映他们真实的生活状态，进一步提升了主流媒体“服务群众”的功能。《客家足迹行》记录全球400多个客家人的家族迁徙史，以及在海外的奋斗故事，被誉为客家人的影像志。

制播《亚媒逛京城》《一方收藏》《功夫中国》《寻找真功夫》《中国极限运动高手》等节目，提升了CCTV–4系列化和规模化水平。

3.改进话语方式，讲求实效

杜绝假大空、淡化宣传味、追求客观平实，这是CCTV–4研究外宣规律后总结的话语方式，所有节目都遵循运用这一规律和话语方式。例如，《天涯共此

时》栏目推出的《台海记忆》，用大量珍贵的照片和影像资料，从小切口进入，为观众讲述台海历史风云人物背后的传奇故事，取得了良好效果。

4. 了解海外需求，听取观众意见

6月，CCTV-4一行6人“走出去”了解观众需求，赴印度尼西亚、澳大利亚走访观众家庭，进行座谈；在悉尼、墨尔本、万隆、雅加达组建海外观众俱乐部，形成中文国际频道与海外观众集中联系、定期互动的新模式。

5. 致力于国际化，扩大海外影响力

CCTV-4提升活动和节目的国际性，在国际比较中体现中国特色。例如第二届“中华之光”颁奖典礼，请哥斯达黎加前总统等国际知名人士做推介嘉宾；2013海外忠实观众特等奖获得者中，有一位土生土长的埃及人；《外国人在中国》栏目采访了泰国公主诗琳通；直播成都财富全球论坛等多场国际性活动；推行中英文双语字幕，在所有文化类栏目双语播出基础上，新闻栏目《深度国际》《今日关注》的重播叠加了双语字幕，这一努力也得到中央领导的肯定。

2013年，中文国际频道在长城（美国）平台上以19.53%的收视份额继续稳居第一，超过2012年2.73个百分点，为4年来最高。截至2013年底，CCTV-4的信号覆盖全球171个国家和地区，在海外拥有整频道落地用户4790万户，进一步提升了海外影响力。

（中文国际频道提供）

2013年外语频道对外宣传情况综述

2013年，中央电视台外语频道落实全国宣传思想工作会议精神，坚持正确的舆论导向，在安全播出的基础上，扎实推进国际传播能力建设，圆满完成重大报道任务，缩小与国际主流媒体的差距，提升了对外宣传影响力，在国家全方位、多层次、宽领域的对外宣传格局中发挥了重要作用。

一、发挥外语优势，凸显外宣特点，重大报道精彩纷呈

1. 综合运用多种形式，阐释“中国梦”内涵

外语频道把“中国梦”主题渗透到节目整体的创意和编排之中，并开设专栏，通过新闻、访谈等多种形式，阐释、解读、展现“国家富强、民族振兴、人民幸福”这个“中国梦”的内涵。

各语种频道与节目部联合制作“外国人在中国”系列节目《我的中国梦》，英、法、德、西、印、俄罗斯、喀麦隆、秘鲁、巴勒斯坦、埃及的国际友人现身荧屏，用第一人称述说自己与中国的不解之缘。

各语种频道推出特别策划，讲述农业、工业、国防、法制、环保、教育等领域具有代表性的人物故事；把“中国梦”报道与“走转改”结合，与外语频道的特点结合，推出特色栏目“外国记者走基层”，以外国记者的独特视角，展现中国百姓的生活和梦想，展示了中国的发展变化。

阿拉伯语频道特别推出20集系列报道《中国普通穆斯林的中国梦》。派出20多路记者走基层，策划推出“新春走基层”、“两会走基层”、“外国人走基层”、“国庆走基层”四个系列报道。在“外国人走基层”系列，叙利亚、伊拉克记者以独特的视角，发掘中国百姓生活的变化，做出了颇有特色的报道。

法语频道拓展传播途径，利用微博、微信新媒体平台，策划推出“筑梦行动”，把征集的好故事制作成片，通过新媒体宣传，产生了良好的社会效果，得到新媒体受众的积极评价。

英语新闻频道以全球互动的访谈形式，讨论“中国梦”的内涵。《今日话题》栏目在岳麓书院录制“中国梦”专题，追寻湖湘语境下“中国梦”的历史轨迹，探讨梦想与现实的碰撞，诠释了“中国梦”在当今时代的内涵。

外语频道新媒体平台推出“真诚沟通”板块，整合频道已播视频，每期固定时长1分钟，在新媒体平台循环播出，7～10天更换一期，突出中央电视台的公益性，弘扬社会正能量，促进了频道与社会的共鸣。

2. 同步报道重大事件，努力放大中国声音

外语频道细化选题，强化时效，在全国“两会”、“神舟十号”等选题和新闻报道中，精心设计、锐意创新，占据国际舆论传播制高点，勇夺先声。

在全国“两会”报道中，外语频道多次直播重要活动，英语新闻频道直播13场，全程直播7场；西、法、阿、俄语频道直播11场，全程直播5场。5个

语种频道累计播出“两会”相关报道14761分钟，新闻4695条，总时长9793分钟；有专题211个，总时长4968分钟；设栏目25个，板块28个；上会记者42人次，600多人参与“两会”报道，创出历史新高；请中外嘉宾200多人次进行演播室或连线访谈，突出热点问题的全球关切和共鸣，呈现了多元化的视角。

英语新闻频道推出四期特别策划《草根一席谈》（Focus Group）,首次在该频道的“两会”报道中选取外景地进行集体访谈直播报道，由记者担任主持人，根据话题选取有代表性的群体，以自然纪录形式展现基层民众对于热点议题的关注。

首次利用新媒体平台扩展传播渠道。《中国梦》微电影上线当天，新浪视频点击量超过7000页次。通过网络社交平台征集网友关心的话题和建议，为节目编排和记者报道注入新鲜想法，提供了“接地气”的真实声音。截至3月12日，网友共留言1485条。

外语频道通过主动设置议程，充分发挥频道“自采联合舰队”的作用，从外国人的视角观察中国社会的变化及未来发展走向，制播了一系列有深度有特色的节目，达到了深入贯彻党的十八大和中央宣传思想工作会议精神、抢占国际话语权的目的。

3.主动出击敏感事件，抢占舆论斗争先机

针对国际社会关注的敏感事件，外语频道把握口径，发挥优势，向世界响亮地发出中国声音。

“10·28”天安门恐怖袭击事件发生后，外语频道把握好口径，及时播发消息，跟进报道。10月30日，英语新闻频道在新浪微博、腾讯微博、Twitter全球首发“吉普车冲撞天安门金水桥事件被定性为恐怖袭击”的新闻，立即得到路透社、法新社、美联社等各大媒体关注，凤凰新闻、腾讯新闻APP客户端第一时间推送英语新闻频道的微博内容；半岛电视台、美联社、美国国家公共电台、悉尼先驱晨报等转发了CCTV–NEWS的相关Twitter；法新社、路透中文、新浪头条、财经网、中国周刊、京华时报等引用、转发英语新闻频道官方微博的内容。截至11月2日，英语新闻频道新媒体平台共发布相关报道28条（Twitter 8条，微博 12条，微信4条，YouTube 4条），评论点击10000余次，部分微博进入了新浪热门微博排行榜。

在薄熙来贪污受贿、滥用职权案一审和二审期间，外语频道按照中宣部的部署，回应国际社会的关切，做好舆论引导工作。英语新闻频道在YouTube、新浪、腾讯视频平台发布庭审、媒体发布会等视频，点击量超过320万页次。新疆接连发生暴恐案后，英语新闻频道第一时间派出两路记者前往新疆，展开客观的现场报道，完成了现场单边直播，采编制作了多个成片。

4.主动设置议程，回应国际关切，展现少数民族发展风貌

针对境外势力对涉藏问题的指责甚至污蔑，外语频道中长期策划机制组织专家研讨策划，主动设置议程，英、西、法、阿、俄语频道推出《直播西藏——拉萨雪顿节大型特别报道》。与西藏电视台合作，在拉萨设前方演播室，在西藏多地设直播报道点，在西藏播报西藏，让西藏人讲述西藏，掀起西藏外宣热潮。8月5日至9日，国际视通发布“雪顿节”视频素材28条，涉及节日庆祝活动、西藏民风民俗、旅游业等。10日，相关素材被英、美、法、瑞典、土耳其、沙特及中国台湾等16个国家和地区43家电视台或频道使用116次。国际视通“全球发布系统”3家用户下载相关素材4条5次，其中两条为俄语稿件。

二、加强国际传播能力建设，进一步提升外宣影响力

1.整合全球外宣资源，深度解析中国政策

“两会”期间，英语新闻频道创新报道形式和节目编排，全方位、多角度、立体化呈现中国政治、经济、社会发生的巨大变化及未来的发展方向。已有5年历史的“两会”品牌节目《民声与民意》，首次以北京、华盛顿、内罗毕“2+1+1”四位主持人联合播报提要的方式，进行三地联合直播，突出热点问题的全球关切与共鸣，呈现了多元化的视角；特别策划《草根一席谈》首次在“两会”报道中选取外景地和代表性群体，进行集体访谈直播报道，展现基层民众对热点议题的切身体会和关注；《财经看两会》特别板块引入“圆桌讨论”的方式，采取了双主持、大屏站播、海外报道员多视窗联动等方式，密切追踪“两会”的热点议题。

英语新闻频道针对海外舆论关注点，对党的十八届三中全会进行全面深入的报道。预热阶段，频道《财经亚洲》栏目与央视网、频道多媒体工作室联动，征集全球观众的关切点，以新闻故事短片、人物小专访、新媒体观点、演播室嘉宾点评等方式，连续五天展示中国的发展成就和各界对会议的期待。会议期间，频道各栏目及北美、非洲区域制作中心联动，每天围绕会议议程，以政府职能转换、金融改革提速、国有企业改革、民营经济发展、城镇化进程、收入分配改革等为主题，做好政策信息的对外解读，增进国际社会对中国改革发展的信心。

2.深化非洲、北美本土制作，增强节目的针对性

英语新闻频道的非洲、北美区域制作中心深化本土化制作，增强节目的贴近性和针对性。在非洲，英语新闻频道是国际媒体唯一能在本地每天制作节目并直播的电视频道。在北美，英语新闻频道的节目制作已经达到美国主流电视节目的水平。

2013年1月，非洲区域制作中心制播的新闻节目由每天1小时增加到1.5小时。旗舰节目《非洲直播室》以报道非洲新闻为主，实现了节目制播的本土化、专业化，新闻自采率、更新率均超过95%，非洲新闻量同比增加50%，包括肯尼亚大选、金砖峰会、习近平主席访问非洲三国、非盟峰会、曼德拉健康状况、野生动物大迁徙、埃及动乱、津巴布韦大选、南非罢工季、肯尼亚西门商场恐怖袭击等报道。

非洲区域制作中心的新闻报道，立足于中非关系，强调中非在政治、经济、文化等各领域深化合作，展示中国负责任大国形象，促进国际社会客观、理性看待中非关系的发展，为中非友谊与合作营造有利的国际舆论氛围。

在2013年3月习主席访非并参加金砖峰会期间，非洲区域制作中心的本土报道优势得到充分体现。围绕习主席出访，非洲分台采制大量配合性报道，展现非洲政府、民众对中非关系发展的期待；分别采访坦桑尼亚、刚果（布）总统和南非贸易部长，评价习主席访问对深化中非合作的意义；中央电视台非洲分台是唯一获准在金砖峰会德班国际会议中心搭建演播室的国际媒体，其直播报道被其他国际媒体争相采用；峰会官方下榻酒店的电视只能收看两个频道：中央电视台英语新闻频道和美国CNN。

2013年2月，北美区域制作中心将每天新闻节目制作规模从1小时增加到2小时。旗舰栏目《亚洲财经》（美洲版）介绍中国和亚洲的财经新闻，帮助美国人了解中国和中国的贸易机会。新闻响应速度和准确度逐渐提升，嘉宾阵容趋向高端化、国际化，报道突出了人文性、故事性，栏目自设议程能力显著提高，特别策划和系列报道成为常态。周播杂志类节目《美洲观察》针对美国媒体对拉美关注的缺失，主要服务于全美大量的拉丁裔人群，独树一帜的拉美报道引起了美国媒体和学者的关注。

全国“两会”期间，北美区域制作中心单独设置板块，每天跟进报道“两会”新闻；请20多位嘉宾参与节目，针对中国外交、中国企业海外发展、中国军事、中国经济、中国城市化等重要议题进行客观分析，解析中国政治体系、外交政策及改善民生的办法和途径。

2013年4月，美国副国务卿罗伯特·霍马茨在中美互联网高层论坛上说，他每天都看中央电视台英语新闻频道，以了解中国。“英语频道正用一种非常棒的方式向世界介绍中国。美国应该学习这种方式，来介绍自己的国家。”

3.拓展国际传播外延，开启多元化传播新阶段

英语新闻频道制播东非野生动物大迁徙节目时，首次与肯尼亚、坦桑尼亚国家电视台联合制作、同步直播。塞伦盖蒂、马赛马拉国家公园2个直播点，北京、内罗毕、达累斯萨拉姆3个演播室，形成了五地联动的交互报道，角度更多元、形式更多样、看点更丰富。三国联合制作、同步直播成功，为该频道与非洲乃至全球各地电视机构的合作做出示范。一位非洲网友留言：“BBC纪录片中的非洲总是充满动荡与危机，而CCTV–NEWS的东非野生动物大迁徙节目则让人看到了充满活力与希望的非洲。”联合制作、合作播出，开启了“植入式”传播的新思路和新阶段。

西班牙语、法语频道借助大型合作项目，提升频道知名度。分别举办首届西班牙语、法语大赛，在各自对象国引起很大反响。西班牙国家电视台、电视五台、电视三台、埃菲社、秘鲁商报、哥伦比亚发行量最大报纸观察者报等，众多西语国家媒体报道这次比赛的精彩内容。法语频道新媒体平台对比赛进行全程图文直播，网民点击数十万次，粉丝积极参与互动、转发并发表评论。通过大赛，西班牙语、法语频道与国内设有相关专业的多所院校建立了直接联系，与央视网、智联招聘、秘鲁大使馆、西班牙塞万提斯学院及外语学习网站“沪江网”等进行合作，拓展了西班牙语、法语频道在国内外的关注度和影响力。

俄语频道借助大型项目与国外媒体交流合作。启动中俄合作项目《大界河》，与哈巴罗夫斯克、布拉戈维申斯克、符拉迪沃斯托克等城市的电视台策划联合拍摄，俄语频道主导的新闻专题片在其电视台植入播出，提升了中央电视台在俄罗斯远东地区的知名度和影响力。

由中央外宣办、中央电视台外语频道主办，俄语频道与中共新疆维吾尔自治区外宣办联合承办了“新疆是个好地方——上合组织国家媒体新疆联合采访”活动。俄语频道与上合组织国家媒体建立沟通交流机制，以中亚为突破口扩大国际影响力，维护西北边疆的安全稳定。节目在“十·一”期间播出，并提供给吉、哈、俄电视台。

俄语频道与白俄罗斯国家电视台建立了长效合作机制，每周互供2条新闻片。俄语频道向白方提供了党的十八大、“两会”和白俄罗斯国防部长访华等新闻成片。《对话》节目专访白俄罗斯国家银行行长弗拉基米尔·诺维克，节目时长30分钟。制播白俄罗斯总统办公厅主任卡比科夫访华及新闻发布会、白俄罗斯国庆日活动等节目，多次接待白俄罗斯媒体代表团、摄制组来访。

4.小语种频道影响力取得突破

小语种频道改变了以编译为主的做法，主动出击，多项重大报道取得突破，得到对象国主流媒体的肯定。

西班牙语频道借中西建交40周年首次赴西班牙拍摄，“走出去”提高影响力。制播5期访谈节目，嘉宾有萨马兰奇之子、亚洲之家主席、中欧商学院院长等。系列特别节目播出后，得到了西班牙驻华使馆、教育处、旅游局、塞万提斯学院及众多对象国观众的好评。

法语频道负责人接受欧洲主流文化电视台ARTE采访。ARTE配合法国总统奥朗德首次中国之行，关注中央电视台近年来在全球的迅速扩张和国际传播影响力的增强。法国前国防部长在接受专访时表示：法语频道开播以来，在法国政界引起广泛关注，成为法国民众尤其是高端人士了解中国的重要渠道，使法国民众对中国历史、现阶段国情以及中国在诸多国际问题上的立场有了全面的了解。

阿拉伯语频道策划《边境口岸城市》系列纪录片，在国新办支持下，与新疆维吾尔自治区党委宣传部联合拍摄，选取新疆7个有代表性的边境口岸城市进行报道。该系列片在中国–亚欧博览会举办期间播出。

阿拉伯语频道与宁夏自治区党委宣传部合作，摄制6集纪录片《走进神奇宁夏》，宣传宁夏内陆开放型经济试验区建设，多角度展示塞上江南经济、社会、文化、旅游的独特优势，展现了少数民族地区特有的自然风貌和民族风情。

阿拉伯语频道在苏丹东方电视台举办“中国电视周”，连续7天通过卫星向西亚、北非22个国家播出30分钟节目，介绍中国历史文化和穆斯林的生活。苏丹东方电视台台长穆罕默德哈利说，苏丹人民热爱中国，对中国文化很感兴趣。为此，我们专门把播出时间定在每晚17：30，因为苏丹的下班时间是15：00，17：30是阿拉伯地区的收视高峰。

央视网调查结果显示，阿拉伯语频道受众不仅来自22个阿拉伯国家，还包括欧洲、美国、泰国、伊朗、巴基斯坦、塞内加尔等非阿拉伯语国家和地区。这些观众对阿拉伯语频道的节目反应良好，每天收看超过1小时的人数占54.55%；64.29%的观众对节目表示满意，20.78%表示比较满意，两项合计占86.07%，比上年同期的72.68%显著增加；88.31%的观众收看阿拉伯语频道新闻节目，对频道举办重大活动和突发事件报道的关注度从上年的1.29%上升到11.39%。

俄语频道制作大型跨国寻亲节目《等着我》，帮助一对母子跨越半个世纪重逢。习主席在哈萨克斯坦纳扎尔巴耶夫大学演讲时引用了这个案例。这个案例不仅反映了中哈两国人民的友好情谊，还体现了俄语频道以情感人的节目创意和提升国际影响力的执着精神。

（外语频道提供）

2013年中央电视台新增整频道和部分节目海外落地情况

2013年，中央电视台与37个国家和地区的61家广播电视机构合作，开展中文国际频道、英语新闻频道、法语频道、西班牙语频道、阿拉伯语频道、俄语频道、纪录频道（国际版）7个国际频道的新增落地项目。这些项目分别是：

一月

英语新闻频道、纪录频道的部分节目进入美国TOTAL CABLE USA公司的有线电视和IP电视系统播出，可覆盖用户2.5万户。

法语频道、纪录频道进入德国Martens Antennen公司有线电视平台播出，可覆盖用户3.37万户。

法语频道进入四达时代公司的刚果（金）地面电视播出，可覆盖用户0.22万户。

西班牙语频道进入西班牙AIRE NETWORKS公司的有线电视平台播出，可覆盖用户110万户。

西班牙语频道进入西班牙PROCONO公司的有线电视播出，可覆盖用户6万户。

俄语频道进入乌克兰Volia公司的IP电视平台播出，可覆盖用户1.05万户。

纪录频道进入四达时代公司的乌干达地面电视平台播出，可覆盖用户18.08万户。

CHINA CENTRAL TELEVISION YEARBOOK

纪录频道进入四达时代公司坦桑尼亚地面电视平台播出，可覆盖用户56万户。

中文国际频道、纪录频道、英语新闻频道进入香港ITV媒体有限公司的泰国IP电视平台播出，可覆盖用户0.2万户。

英语新闻频道部分节目进入纳米比亚广播公司的电视平台播出，可覆盖用户28.2万户。

西班牙语频道进入秘鲁APTC有线电视联盟的平台播出，可覆盖用户11.47万户。

中文国际频道进入四达时代公司的卢旺达地面电视播出，可覆盖用户8.2万户。

英语新闻频道进入罗马尼亚S.C.DIGINET S.A公司有线电视平台播出。

二月

英语新闻频道《看中国》《世界观察》《旅游指南》《中国24》《财经高峰会》《新财富》等节目，进入美国圣地亚哥公共教育频道播出，可覆盖用户80万户。

英语新闻频道进入罗马尼亚DELP PROD COM S.R.L公司有线电视平台播出，可覆盖用户0.05万户。

纪录频道进入德国UnitymediaKabel BW有线平台播出，可覆盖用户680万户。

三月

中文国际频道、纪录频道进入菲律宾SKY Cable有线平台播出，可覆盖用户35万户。

西班牙语频道进入危地马拉Tigo公司的有线平台播出，可覆盖用户0.03万户。

英语新闻频道、法语频道、纪录频道进入加拿大CCSA公司有线平台播出，可覆盖用户75万户。

英语新闻频道进入罗马尼亚SPEEDNET INTER SOLUTIONS S.R.L公司有线平台播出，可覆盖用户0.05万户。

英语新闻频道进入罗马尼亚S.C. SATCOMAR S.R.L公司有线平台播出，可覆盖用户0.1万户。

英语新闻频道进入希腊MULTICHOICE HELLAS S.A.公司的NOVA卫星平台播出，可覆盖用户45万户。该平台可覆盖塞浦路斯。

四月

中文国际频道、法语频道进入尼日尔电信星公司地面平台播出，可覆盖用户1万户。

五月

中文国际频道、纪录频道进入印度尼西亚PT.INDONUSA TELEMEDIA公司的Telkom Vision IP电视平台播出，可覆盖用户1.09万户。

纪录频道进入印度尼西亚PT.INDONUSA TELEMEDIA公司的Telkom Vision卫星平台播出，可覆盖用户24.6万户。

中文国际频道、英语新闻频道、纪录频道进入柬埔寨PPCTV公司的有线平台播出，可覆盖用户0.28万户。

英语新闻频道进入罗马尼亚S.C.IDEOVET SERV S.R.L.公司有线平台播出，可覆盖用户0.13万户。

西班牙语频道进入哥斯达黎加Cable Sur有线平台播出，可覆盖用户0.06万户。

六月

英语新闻频道的部分节目进入澳大利亚澳华国际集团布里斯班31台地面平台播出。

英语新闻频道进入罗马尼亚METROPOLITAN HQ NET S.R.L公司的有线平台播出，可覆盖用户0.05万户。

英语新闻频道的《今日话题》《财经高峰会》《新财富》《旅游指南》《看中国》《中国24》等栏目进入美国ICN联播网播出，可覆盖用户1465万户。

七月

英语新闻频道、法语频道、纪录频道进入加拿大BELL公司卫星平台、IP电视平台播出，可覆盖用户216.9万户。

英语新闻频道进入罗马尼亚PLATINIUM STAR TV S.R.L.公司的有线平台播出，可覆盖用户0.15万户。

英语新闻频道进入罗马尼亚S.C. MEDIA SAT S.R.L.公司的有线平台播出，可覆盖用户0.05万户。

英语新闻频道进入罗马尼亚S.C.TELE CABLU S.R.L.公司的有线平台播出，可覆盖用户0.12万户。

中文国际频道、英语新闻频道、法语频道、西班牙语频道、阿拉伯语频道、俄语频道、纪录频道7个国际频道进入印度尼西亚PT第一媒体公司LINK NET CABLE有线平台播出，可覆盖用户26万户。

中文国际频道、英语新闻频道、法语频道、西班牙语频道、阿拉伯语频道、俄语频道、纪录频道7个国际频道进入印度尼西亚PT第一媒体公司LINK NET Media Television卫星平台播出，可覆盖用户20万户。

八月

英语新闻频道、西班牙语频道进入西班牙Miratv公司OTT平台播出。

中文国际频道、英语新闻频道进入保加利亚Viora interactive公司的IPTV平台播出，可覆盖用户0.1万户。

英语新闻频道进入冰岛电信IP电视平台播出，可覆盖用户4.9万户。

中文国际频道、英语新闻频道进入德国电信公司有线平台播出，可覆盖用户4.7万户。

英语新闻频道进入孟加拉国DIGI 21 SYSTEM Ltd.有线平台播出，可覆盖用户150万户。

英语新闻频道进入列支敦士登电信的有线平台播出，可覆盖用户0.94万户。

英语新闻频道进入列支敦士登的TV–com有线平台播出，可覆盖用户0.22万户。

英语新闻频道进入巴巴多斯CBC公司（Caribbean Broadcasting Corporation）有线平台播出，可覆盖用户2.9万户。

九月

英语新闻频道《中国24》《看中国》等12个栏目进入美国中文电视台的英文频道播出，可覆盖用户100万户。

英语新闻频道进入立陶宛KAVA公司的IP电视平台播出，可覆盖用户0.05万户。

十月

中文国际频道、西班牙语频道进入哥斯达黎加国家电力电信公司的IP电视平台播出，可覆盖用户0.18万户。

中文国际频道、英语新闻频道、法语频道、西班牙语频道、阿拉伯语频道、俄语频道部分节目进入越南广宁省广播电视台QTV3、QTV1频道播出，可覆盖用户100万户。

中文国际频道进入秘鲁Radio Cable E.L.R.L公司有线电视平台播出，可覆盖用户0.07万户。

十一月

英语新闻频道进入利比里亚国家电视台的地面平台播出，可覆盖用户30万户。

中文国际频道、纪录频道进入毛里求斯电信公司OTT平台播出，可覆盖用户6.2万户。

法语频道进入法国Canalsat的西非卫星平台播出，可覆盖用户70万户。

十二月

中文国际频道、俄语频道进入吉尔吉斯斯坦的ALA TV有线平台播出，可覆盖用户0.1万户。

英语新闻频道进入莱索托国家电视台地面平台播出，可覆盖用户90万户。

2013年，中央电视台海外传播中心落实“非洲进主流、周边扩影响、欧美求实效”的工作思路，以节目整频道落地扩大国际覆盖，以部分节目植入式落地增强影响力，以酒店落地提升高端群体的品牌认知。新增整频道用户3600万户，植入式播出用户2163万户，酒店2230家。

2013年末，中央电视台国际频道海外用户累计，有整频道用户3.5亿户，植入式播出用户9700万户，酒店4103家834123间客房。

（海外传播中心提供）

2013年中央电视台接待境外摄制组一览表

序号	时间	摄制组名称	拍摄片名	拍摄地点
1	3月3日～16日	日本广播协会NHK	聚焦现代	辽宁
2	3月23日～4月5日	日本广播协会NHK	关西人物志 梦想在亚洲	北京、山东
3	4月14日～28日	斯洛文尼亚国家广播电视台	中国梦	北京、上海、浙江

续表

序号	时间	摄制组名称	拍摄片名	拍摄地点
4	8月26日～9月16日	日本广播协会NHK	Biz周日	山东、江苏
5	10月15日～24日	巴巴多斯加勒比广播公司	中国风光和文化	北京、上海、浙江
6	11月8日～21日	日本广播协会NHK	聚焦北海道	上海

（台办公室外事处提供）

2013年中视国际传媒有限公司接待境外摄制组一览表

序号	时间	摄制组名称	拍摄片名	拍摄地点
1	2月28日～3月16日	美国LMNO制片公司	小夫妻	北京、内蒙、广州
2	4月2日～4月26日	美国Snake Oil制片公司	寻找大脚印	湖北神农架
3	4月17日～5月9日	马来西亚TV3电视台	香料之路	新疆吐鲁番
4	5月2日～6月9日	澳大利亚CJZ制片公司	好汉中国行	北京、上海、成都、重庆
5	6月8日～15日	美国国家地理频道	野外中国	四川、湖北神农架
6	8月1日～13日	美国Part2 Pictures制片公司	信仰	河南登封少林寺
7	11月14日～20日	美国WRP制片公司	极速竞赛2013	广州

（中视国际传媒有限公司提供）

2013年中央电视台与国外电视机构签署的合作协议

一、2013年4月8日，中央电视台与黎巴嫩国家电视台节目合作协议。

二、2013年4月26日，中央电视台与尼泊尔电视台合作协议。

三、2013年5月16日，中央电视台与西班牙国家电视台合作协议。

四、2013年6月27日，中央电视台与载文媒体管理有限公司合作协议。

五、2013年7月2日，中央电视台与克罗地亚广播电视台合作协议。

六、2013年9月4日，中央电视台与白俄罗斯国家电视广播公司合作协议。

七、2013年9月6日，中央电视台与乌克兰国家电视公司合作协议。

八、2013年10月30日，中央电视台与澳大利亚广播公司合作备忘录。

R E N W U

人 物

人物

2013年中央电视台任命的县处级以上干部名录

姓　名	职　务	职务级别	任职时间
董为民	中央电视台总会计师	司局级	2013年1月
杨　华	新闻中心副主任	副司局级	2013年9月
李　毅	新闻中心副主任	副司局级	2013年9月
何海明	资产管理中心主任	副司局级	2013年9月
王全杰	机关党委专职副书记	副司局级	2013年9月
刘连喜	发展研究中心副主任	县处级	2013年8月
毛劲松	台办公室党总支专职副书记	县处级	2013年1月
王铁刚	中东中心记者站站长	县处级	2013年1月
王　斌	俄罗斯中心记者站站长	县处级	2013年1月
哈　文	综艺频道节目部主任	县处级	2013年1月
李福成	科教频道党总支专职副书记	县处级	2013年1月
袁　辉	技术管理中心业务应用部主任	县处级	2013年2月
琚宏伟	技术管理中心信息安全部主任	县处级	2013年2月
张晓强	技术管理中心动力管理部主任	县处级	2013年2月
武金鑫	台办公室机要档案处处长兼接管办综合业务部主任	县处级	2013年4月
何绍伟	新闻中心新闻视觉艺术编辑部主任	县处级	2013年5月
万　钢	综艺频道综合部主任	县处级	2013年5月
吴　方	外语频道综合部主任	县处级	2013年5月
孟　维	技术管理中心动力管理部副主任	县处级	2013年5月
刘丽华	资产管理中心综合部主任	县处级	2013年8月
尹学东	资产管理中心监审部主任	县处级	2013年8月
赵宝安	中国电视报社常务副社长	县处级	2013年8月
栗　斌	体育频道综合部主任	县处级	2013年9月
张宇鹏	资产管理中心客户部主任兼频道经营部主任	县处级	2013年9月
张广义	科教频道节目部主任	县处级	2013年10月
李　宾	非洲中心记者站站长	县处级	2013年12月

续表

姓　名	职　务	职务级别	任职时间
张　斌	体育频道赛事频道编辑部主任	县处级	2013年12月
孙　伟	体育频道竞赛部主任	县处级	2013年12月
段晓超	社会与法频道综合部主任	县处级	2013年12月
姚　平	技术制作中心录制四部主任	县处级	2013年12月

（人力资源管理中心提供）

2013 年中央电视台聘任正高级专业技术职务人员名录

高级编辑（19人）：
姜秋镝　肖午铭　王同业　陈　真　董　岩
史志刚　阚兆江　亓克君　何绍伟　尹学东
张艳秋　张利生　王益平　徐　磊　张小英
刘　静　褚朔纯　洪丽娟

高级记者（4人）：
王尔泉　张小宁　石志远　修月川

教授级高级工程师（5人）：
刘　畅　刘　霞　米绍行　闫　芬　刘韵音

播音指导（3人）：
朱　军　周　涛　朱　虹

一级美术师（1人）：
陈存瑞

一级录音师（1人）：
李　枫

资深翻译（1人）：
宋嘉宁

（人力资源管理中心提供）

2013 年中央电视台聘任副高级专业技术职务人员名录

主任编辑（41人）：
王　倩　贾建京　王韵权　李　东　孙海石
李　莉　梅　龙　张施磊　任　华　程欣欣
朱元亮　郑　直　丁采瑛　陶　郎　赵海燕
何淑文　张小弛　陈　曦　纪朝阳　傅新原
任速雁　韩　雯　刘　蕾　王　锋　黄建国
申整齐　刘若欠　郑昭红　李　铭　乔东光
商世伟　余仁山　王冬妮　徐　彤　王　悦
寒　冰　张德宏　周　艳　周冠宇　曹绪中
冯依民

主任记者（8人）：
孔　河　刘普亮　钟　锋　王芙蓉　陈文江
郑秀国　唐　泽　殷　红

高级工程师（13人）：
连天红　关朝洋　励　敏　孟　涛　宋智军
吴晓风　鲁璟琪　王云岚　郁　建　李　战
李　健　王振中　刘　昕

主任播音员（2人）：
李　潘　沙玛阿果

二级美术师（1人）：
路　琳

副研究馆员（3人）：
周　滢　柏淑兰　张　爽

一级翻译（1人）：
麻　静

主任技师（2人）：
陈晓秋　汪连营

高级经济师（1人）：
韩立新

二级导演（1人）：
吕逸涛

二级摄影师（1人）：
樊建恩

（人力资源管理中心提供）

2013年中央电视台所属单位聘任正高级专业技术职务人员名录

中央新影集团（5人）：
一级导演：赵建国　王一岩　郝蕴红
一级录音师：瞿卫军
一级剪辑师：李　青

中国国际电视总公司（1人）：
一级文学编辑：孟昭元

（台所属单位提供）

2013年中央电视台所属单位聘任副高级专业技术职务人员名录

中国广播电视国际经济技术合作总公司（1人）：
高级工程师：张红慧
中视传媒股份有限公司（2人）：
高级会计师：刘宏伟
高级工程师：杨秉刚
中央新影集团（7人）：
主任记者：易晓斌　张　玮
主任编辑：崔博远
二级导演：沈　芳　孙建伟
二级录音师：陆　黎
二级音乐编辑：鲍佳音
北京科学教育电影制片厂（6人）：
二级导演：杨才旺　李　峭　魏　平　林毓佳　刘　宁
二级录音师：张雨湉
中国国际电视总公司（1人）：
二级文学编辑：李　京

（台所属单位提供）

2013年中央电视台中国工程院入选院士及国家百千万人才工程入选人员名录

入选中国工程院2013年院士（1人）：
丁文华

人力资源和社会保障部2013年国家百千万人才工程入选人员（1人）：
陈　岩

（人力资源管理中心提供）

2013年中央电视台竞聘上岗栏目制片人名录

中心、频道	栏目名称	姓　名	职　务	聘任时间
新闻中心	《东方时空》	吴　宁	制片人	2013年1月
新闻中心	《24小时》	王立明	制片人	2013年1月
中文国际频道	《今日亚洲》	叶志洲	副制片人	2013年1月

续表

中心、频道	栏目名称	姓　名	职　务	聘任时间
科教频道	《人物》	王　林	制片人	2013年2月
科教频道	《原来如此》	薛建峰	制片人	2013年2月
中文国际频道	《文明之旅》	贾博伟	制片人	2013年3月
中文国际频道	《流行无限》	王海涛	制片人	2013年3月
中文国际频道	《周末影院（海外版）》	汪朝晖	制片人	2013年4月
外语频道	《中国24小时》	袁晓园	副制片人	2013年5月
财经频道	《生财有道》	张金林	制片人	2013年6月
财经频道	《央视财经评论》	杨　真	制片人	2013年6月
科教频道	《探索·发现》	李浩洋	副制片人	2013年6月
科教频道	《第10放映室》	李　贺	制片人	2013年6月
中文国际频道	《走遍中国》	袁兴旺	副制片人	2013年7月
中文国际频道	《快乐汉语》	张志伟	副制片人	2013年7月
中文国际频道	《快乐汉语》	钟清玲	副制片人	2013年7月
中文国际频道	《华人世界》	孙宏峰	副制片人	2013年7月
中文国际频道	《华人世界》	张立勇	副制片人	2013年7月
中文国际频道	《远方的家》	杨　雰	副制片人	2013年7月
中文国际频道	《远方的家》	周朝永	副制片人	2013年7月
综合频道	《首席夜话》	孙　岭	制片人	2013年8月
综合频道	《生活早参考》	沈　伟	制片人	2013年8月
综合频道	《状元360》	杨新刚	副制片人	2013年8月
科教频道	《人物》	潘丰生	副制片人	2013年8月
新闻中心	《东方时空》	孙兆峰	副制片人	2013年9月
新闻中心	《面对面》	张士峰	副制片人	2013年9月
新闻中心	《世界周刊》	杨　晋	副制片人	2013年9月
财经频道	《消费主张》	史亚东	副制片人	2013年9月
财经频道	《市场分析室》	赵　悦	副制片人	2013年9月
财经频道	《中国财经报道》	李　洋	副制片人	2013年9月
财经频道	《一槌定音》	陈衡庭	副制片人	2013年9月
中文国际频道	《中国文艺》	景　欣	副制片人	2013年9月
综合频道	《正大综艺》	左　兴	副制片人	2013年12月
综合频道	《今日说法》	王宝卿	副制片人	2013年12月
综合频道	《今日说法》	吕　莹	副制片人	2013年12月
综合频道	《谢天谢地你来啦》	王　宁	副制片人	2013年12月
戏曲和音乐频道	《影视留声机》	蒋　菡	副制片人	2013年12月
戏曲和音乐频道	《经典》	徐谛思	副制片人	2013年12月
戏曲和音乐频道	《戏曲采风》	徐　宁	副制片人	2013年12月

（人力资源管理中心提供）

CCTV
中国中央电视台
CHINA CENTRAL TELEVISION YEARBOOK
年 鉴
2013
胡占凡 主编
《中国中央电视台年鉴》编辑部 编

T O N G J I

统 计

统计

2013年中央电视台队伍构成概况

2013年中央电视台各系统在职人员人数统计

	名称	人数
台聘人员	行政系统	307
	节目系统	1251
	技术系统	513
	合　计	2071
企聘人员	行政系统	310
	节目系统	5420
	技术系统	1359
	合　计	7089
总　计		9160

（人力资源管理中心提供）

2013年中央电视台在职各类专业技术职务人员统计

续表

级别	专业技术职务	人数
正高级	高级编辑	189
	高级记者	24
	播音指导	19
	教授级高级工程师	40
	译　审	5
	一级导演	3
	一级录音师	3
	一级文学编辑	1
	一级美术师	1
	主任医师	1
	合　计	286

级别	专业技术职务	人数
副高级	主任编辑	326
	主任记者	36
	主任播音员	22
	高级工程师	219
	高级会计师	15
	高级经济师	11
	高级统计师	2
	高级审计师	1
	副译审	11
	副研究馆员	13
	二级导演	6
	二级录音师	11

续表

级别	专业技术职务	人数
副高级	二级美术师	6
	主任技师(艺术专业人员系列)	6
	合　计	685
中级	编　辑	404
	记　者	61
	一级播音员	48
	工程师	225
	会计师	10
	经济师	13
	审计师	1
	翻　译	15
	馆　员	8
	三级导演	4
	三级灯光师	3
	三级录音师	18
	三级美术师	24
	三级摄影师	7

续表

级别	专业技术职务	人数
中级	三级摄像师	1
	技师(艺术专业人员系列)	26
	主管药师	1
	主治医师	2
	合　计	871
初级	二级播音员	5
	助理编辑	42
	助理工程师	20
	助理会计师	14
	助理经济师	13
	助理馆员	2
	美术员（助理）	2
	技术员（助理）	1
	合　计	99
员级	工程技术员	2
	合　计	2
总　计		1943

注：截至2014年4月（人力资源管理中心提供）

2013年中国电视剧制作中心有限责任公司在职各类专业技术职务人员统计

级别	专业技术职务	人数
正高级	一级文学编辑	7
	一级编剧	1
	一级导演	3
	一级演员	2
	一级录音师	1
	教授级高级工程师	1
	一级美术师	1
	合　计	16
副高级	二级文学编辑	2
	二级导演	6
	二级剪辑师	1
	二级摄影师	3
	二级美术设计师	1

续表

级别	专业技术职务	人数
副高级	二级录音师	1
	高级政工师	3
	高级工程师	6
	高级会计师	1
	主任化妆技师	1
	主任播音员	1
	合　计	26
中级	三级文学编辑	13
	三级导演	6
	三级剪辑师	1
	三级摄影师	1
	三级美术师	3
	三级录音师	4

续表

级别	专业技术职务	人数
中级	灯光技师	1
	化妆技师	1
	经济师	3
	工程师	8

续表

级别	专业技术职务	人数
中　级	会计师	6
	合　计	47
初　级	各类初级专业技术职务	15
总　计		104

（中国电视剧制作中心有限责任公司提供）

2013年中央新闻纪录电影制片厂（集团）在职各类专业技术职务人员统计

中央新闻纪录电影制片厂

续表

级别	专业技术职务	人数
正高级	一级导演	4
	高级编辑	4
	高级记者	4
	一级美术师	2
	一级剪辑师	1
	一级录音师	1
	一级摄影师	1
	合　计	17
副高级	主任记者	33
	主任编辑	8
	二级导演	7
	二级摄影师	2
	二级美术师	1
	二级录音师	2
	二级剪辑师	2
	高级工程师	3
	高级政工师	12
	二级音乐编辑	1
	高级会计师	1

级别	专业技术职务	人数
副高级	副研究馆员	2
	合　计	74
中级	三级摄影师	6
	三级美术师	1
	三级录音师	6
	三级音乐编辑	2
	编　辑	9
	三级剪辑师	3
	记　者	94
	工程师	17
	经济师	3
	会计师	4
	政工师	14
	主管护师	1
	技师(艺术专业人员系列)	7
	馆　员	8
	合　计	175
初　级	各类初级专业技术职务	100
总　计		366

北京科学教育电影制片厂

续表

级别	专业技术职务	人数
正高级	一级导演	5
	一级摄影师	1
	一级美术师	1
	一级录音师	1
	合　计	8
副高级	二级导演	22
	二级摄影师	9
	二级美术师	5
	二级录音师	2
	高级政工师	2
	高级会计师	1
	主任技师（艺术专业人员系列）	2
	副编审	1
	合　计	44
中级	三级导演	88
	三级摄影师	29
	三级美术师	27
	三级录音师	3
	三级编辑	2
	三级剪辑师	2
	三级作家	1
	记　者	1
	编　辑	4
	工程师	5
	经济师	1
	会计师	4
	政工师	2
	技师(艺术专业人员系列)	4
	馆　员	2
	一级播音员	3
	三级解说	1
	合　计	179
初　级	各类初级专业技术职务	63
总　计		294

（中央新闻纪录电影制片厂（集团）提供）

2013年中国国际电视总公司在职各类专业技术职务人员统计

续表

级别	专业技术职务	人数
正高级	高级编辑	13
	高级记者	1
	一级编剧	1
	一级导演	1
	一级演员	1
	教授级高级工程师	3
	合　计	20
副高级	主任编辑	14
	主任记者	4
	二级编剧	1
	二级导演	7
	二级美术师	4
	二级文学编辑	1
	副编审	1
	副教授	2
	副译审	3
	高级工程师	35
	高级会计师	12
	高级经济师	11
	高级审计师	2
	高级政工师	10
	其　他	11
	合　计	118
中级	编　辑	174
	记　者	7
	一级播音员	2
	三级编剧	1

续表

级别	专业技术职务	人数
中级	三级导演	16
	三级美术师	45
	三级摄影师	17
	三级演员	1
	三级文学编辑	7
	三级录音师	6
	翻　译	8
	工程师	140
	馆　员	2
	会计师	101

续表

级别	专业技术职务	人数
中级	经济师	46
	审计师	1
	统计师	5
	政工师	5
	技　师 (艺术专业人员系列)	60
	其　他	13
	合　计	657
初　级	各类初级专业技术职务	1512
总　计		2307

（中国国际电视总公司提供）

2013年中央卫星电视传播中心各类在职专业技术职务人员统计

级别	专业技术职务	人数
副高级	高级工程师	6
	高级会计师	2
	高级经济师	3
	主任编辑	3
	合　计	14
中　级	工程师	11

续表

级别	专业技术职务	人数
中级	会计师	3
	经济师	4
	助理研究员	1
	合　计	19
初　级	各类初级专业技术职务	7
总　计		40

（中央卫星电视传播中心提供）

2013年中国广播电视国际经济技术合作总公司在职各类专业技术职务人员统计

级别	专业技术职务	人数
正高级	教授级高级工程师	1
	合　计	1
副高级	高级工程师	23
	副译审	3
	高级经济师	5
	高级会计师	2
	高级政工师	3
	合　计	36
中级	工程师	15
	经济师	4
	政工师	3

续表

级别	专业技术职务	人数
中级	会计师	8
	商务师	4
	编　辑	2
	合　计	36
初级	助理工程师	5
	助理经济师	5
	助理政工师	2
	助理会计师	5
	合　计	17
总　计		90

（中国广播电视国际经济技术合作总公司提供）

2013年中视传媒股份有限公司在职各类专业技术职务人员统计

续表

级别	专业技术职务	人数
正高级	高级编辑	2
	合　计	2
副高级	高级会计师	3
	高级工程师	3
	二级导演	1
	二级演员	1
	合　计	8
中级	工程师	9
	经济师	15
	馆　员	2
	会计师	18
	三级文学编辑	1
	摄影师	1
	美术师	1

级别	专业技术职务	人数
中级	编　辑	7
	合　计	54
初级	助理编辑	14
	助理工程师	20
	助理会计师	9
	助理记者	1
	初级翻译	1
	四级文学编辑	3
	四级录音师	2
	助理美术师	10
	助　教	2
	四级导演	1
	其　他	8
	合　计	71
总　计		135

（中视传媒股份有限公司提供）

2013年中国有线电视网络有限公司在职各类专业技术职务人员统计

续表

级别	专业技术职务	人数
正高级	教授级高级工程师	9
	高级记者	1
	编　审	1
	合　计	11
副高级	高级工程师	17
	高级会计师	1
	主任编辑	1
	高级政工师	3
	合　计	22
中级	工程师	37
	会计师	7
	经济师	9

级别	专业技术职务	人数
中级	审计师	1
	馆　员	1
	三级文学编辑	3
	编　辑	2
	政工师	3
	讲　师	1
	三级导演	1
	合　计	65
初级	助理工程师	39
	助理会计师	1
	助理馆员	2
	四级导演	7

续表

级别	专业技术职务	人数
初级	初级政工师	2
	助理经济师	2
	四级文学编辑	1
	二级播音员	1
	四级美术师	2
	中教二级	1
初级	助理编辑	5
	合　计	63
员级	技术员	3
	合　计	3
总　计		164

（中国有线电视网络有限公司提供）

2013年中央电视台事业发展概况

2013年中央电视台各类节目播出量及比例（常规频道）

分类名称	首播（小时：分：秒）	首播占台％	重播（小时：分：秒）	重播占台％	总播出量（小时：分：秒）	占全台％
新闻资讯类	54,368:00:46	16.63	40,883:23:44	12.51	95,251:24:30	29.14
专题服务类	18,627:10:17	5.7	75,657:28:27	23.15	94,284:38:44	28.85
综艺益智类	6,988:12:33	2.14	38,964:33:20	11.92	45,952:45:53	14.06
影视剧类	11,746:38:18	3.59	54,733:50:51	16.75	66,480:29:09	20.34
广告类	6,534:39:35	2	11:48:25	0.004	6,546:28:00	2
导视类	2,734:14:33	0.84	160:19:48	0.05	2,894:34:21	0.89
其他类	6,795:11:21	2.08	8,615:26:27	2.64	15,410:37:48	4.72
合　计	107,794:07:23	32.98	219,026:51:02	67.02	326,820:58:25	100

（总编室提供）

2013年中央电视台常规频道节目播出量统计

频道名称	首播（小时：分：秒）	首播占频道％	首播占台％	重播（小时：分：秒）	重播占频道％	重播占台％	小计（小时：分：秒）	占全台％
CCTV －1	6,346:00:38	72.45	3.11	2,413:23:42	27.55	1.18	8,759:24:20	4.29
CCTV －2	5,458:10:02	62.30	2.68	3,302:14:58	37.70	1.62	8,760:25:00	4.30
CCTV －3	2,452:28:41	28.00	1.20	6,307:31:19	72.00	3.09	8,760:00:00	4.29
CCTV －4（亚洲）	4,228:54:31	48.28	2.07	4,531:05:29	51.72	2.22	8,760:00:00	4.29
CCTV －4（欧洲）	2,982:36:09	34.05	1.46	5,777:23:51	65.95	2.83	8,760:00:00	4.29
CCTV －4（美洲）	2,815:02:58	32.14	1.38	5,944:57:02	67.86	2.92	8,760:00:00	4.30
CCTV －5	7,465:03:00	85.22	3.66	1,294:57:00	14.78	0.64	8,760:00:00	4.30

续表

频道名称	首播（小时:分:秒）	首播占频道%	首播占台%	重播（小时:分:秒）	重播占频道%	重播占台%	小计（小时:分:秒）	占全台%
CCTV －7	2,867:00:49	41.45	1.41	4,049:22:45	58.55	1.99	6,916:23:34	3.40
CCTV －8	3,751:09:24	42.82	1.84	5,008:59:58	57.18	2.46	8,760:09:22	4.29
CCTV －9	2,900:32:00	33.11	1.42	5,859:28:00	66.89	2.87	8,760:00:00	4.30
CCTV －9 Documentary	2,008:47:00	22.93	0.99	6,751:13:00	77.07	3.31	8,760:00:00	4.30
CCTV －10	3,211:26:14	43.09	1.58	4,240:34:10	56.91	2.08	7,452:00:24	3.66
CCTV －11	2,391:21:26	32.86	1.17	4,886:53:44	67.14	2.40	7,278:15:10	3.57
CCTV －12	2,320:50:00	31.01	1.14	5,163:10:00	68.99	2.53	7,484:00:00	3.67
CCTV －13	7,230:20:12	82.53	3.55	1,530:09:48	17.47	0.75	8,760:30:00	4.30
CCTV －14	4,678:40:10	59.65	2.29	3,165:11:18	40.35	1.55	7,843:51:28	3.84
CCTV －15	4,140:32:27	55.89	2.03	3,268:04:52	44.11	1.60	7,408:37:19	3.63
CCTV －NEWS	6,719:45:00	76.71	3.30	2,040:15:00	23.29	1.00	8,760:00:00	4.30
CCTV －Français	2,233:50:00	25.50	1.10	6,526:10:00	74.50	3.20	8,760:00:00	4.30
CCTV －Español	2,066:20:00	23.59	1.01	6,693:40:00	76.41	3.28	8,760:00:00	4.29
CCTV －العربية	1,709:54:25	19.52	0.84	7,050:05:35	80.48	3.46	8,760:00:00	4.30
CCTV －Русский	1,730:30:00	19.75	0.85	7,029:30:00	80.25	3.45	8,760:00:00	4.30
CCTV －1(香港)	5,518:01:00	63.00	2.71	3,241:23:00	37.00	1.59	8,759:24:00	4.30
CCTV －1(高清)	1,319:40:10	72.39	0.65	503:15:42	27.61	0.25	1,822:55:52	0.90
CCTV －(高清)	737:16:40	13.41	0.36	4,758:43:20	86.59	2.33	5,496:00:00	2.69
CCTV －5+	1,844:33:55	56.51	0.90	1,419:26:05	43.49	0.70	3,264:00:00	1.60
合 计	91,128:46:51	44.70	44.70	112,757:09:38	55.30	55.30	203,885:56:29	100.00

（总编室提供）

中央电视台2013年付费频道各套节目播出量统计

（单位:小时）

频道名称	第一季度	第二季度	第三季度	第四季度	全 年	平均每天
高尔夫·网球	2160.00	2184.00	2208.00	2208.00	8760.00	24.00
风云足球	2160.00	2184.00	2208.00	2208.00	8760.00	24.00
风云音乐	1642.82	1661.33	1673.13	1658.03	6635.31	18.18
第一剧场	1835.50	1853.97	1872.52	1865.82	7427.81	20.35
风云剧场	1580.95	1594.97	1611.55	1606.13	6393.60	17.52
世界地理	1649.35	1658.50	1676.92	1682.55	6667.32	18.27
电视指南	2160.00	2184.00	2208.00	2208.00	8760.00	24.00
央视精品	1610.88	1627.63	1643.28	1646.10	6527.89	17.88
怀旧剧场	1611.10	1631.30	1648.95	1638.75	6530.10	17.89
女性时尚	1475.97	1522.05	1537.67	1549.57	6085.26	16.67

频道名称	第一季度	第二季度	第三季度	第四季度	全　年	平均每天
中视购物	2160.00	2184.00	2208.00	2208.00	8760.00	24.00
国防军事	1620.00	1638.00	1656.00	1656.00	6570.00	18.00
央视台球	2160.00	2184.00	2208.00	2208.00	8760.00	24.00
合　计	23826.57	24107.75	24360.02	24342.95	96637.29	264.76

（播出传送中心提供）

2009～2013年中央电视台技术制作中心节目录制情况对照表

（单位：小时）

类别＼年份	2009年	2010年	2011年	2012年	2013年
直　播	44283.5	56873.5	56724.5	57594	56273.5
录　像	24620.5	22550.5	21926	17519.5	29042
排　练	3712.5	4799	4999.5	7080.5	5749.5
搭景布光	7543.5	7152.5	5575.5	6115.5	11989
ENG采录	326043.5	357990.5	330441.5	584708.5	744713
电　编	216575.5	232446	238248	239246	134099.5
非线性编辑	334361	370533	391190	446431	832705.5
自编及草编	451518.5	403955.5	402632	453274	371646.5
带　转	9128	4170.5	5928	6417	6634
录　音	863.5	1100	1375.5	1023.5	1449.5
音频制作	81901	100853	103125	341184	318500
译　配	81808.5	107688	108989	109903	108586
灯　光	75079	89173	87374	99285.5	103611
新闻共享	724029	991845	983133	1239427.5	1263196
收录服务器	/	/	/	/	19114.5
三维动画（秒）	9869	12524	12961	14577.4	18997.7
合　计	2381468	2751130	2741661.5	3677385.5	4007309.5

注：2013年工作量为新、现址合计工作量。

（技术制作中心提供）

中央电视台2004～2013年常规频道电视节目播出时间比较

电视节目播出总时长　　（单位：小时）

年份	播出时长	平均每天播出时长
2004	120376	329
2005	152642	418
2006	155235	425
2007	175347	480
2008	189684	518
2009	200713	550
2010	218411	598
2011	243260	666
2012	244796	671
2013	230188	674

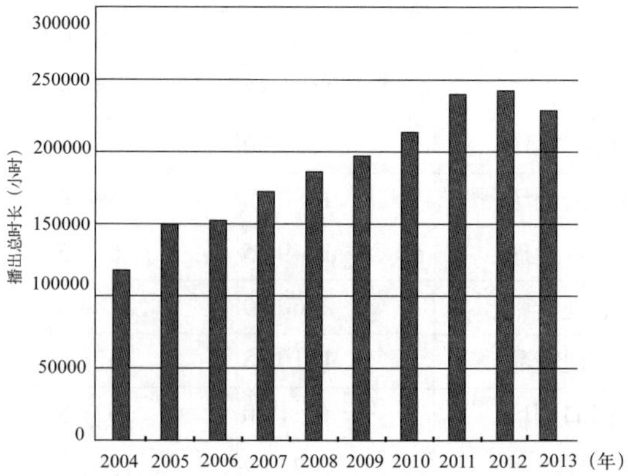

（播出传送中心提供）

中央电视台2009～2013年付费频道电视节目播出时间比较

电视节目播出总时长　　（单位：小时）

年份	播出时长	平均每天播出时长
2009	83059	228
2010	91430	250
2011	96597	265
2012	97139	265
2013	96637	265

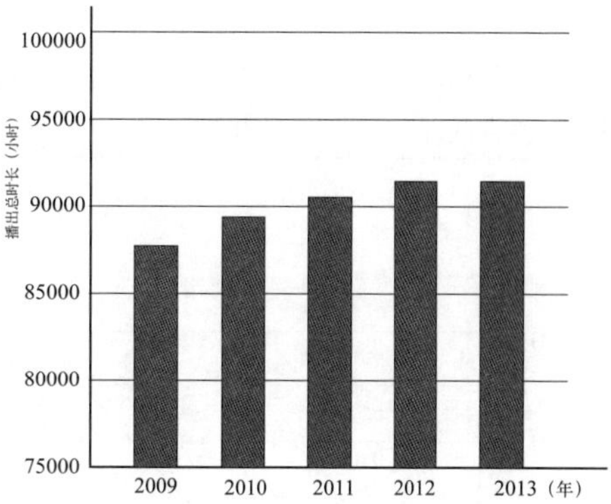

（播出传送中心提供）

中央电视台2004～2013年常规频道播出事故率比较

（单位：秒/百小时）

年份	2004	2005	2006	2007	2008	2009	2010	2011	2012	2013
总事故率	2.52	1.49	1.91	0.99	1.16	0.34	0.56	0.66	0.26	0.092

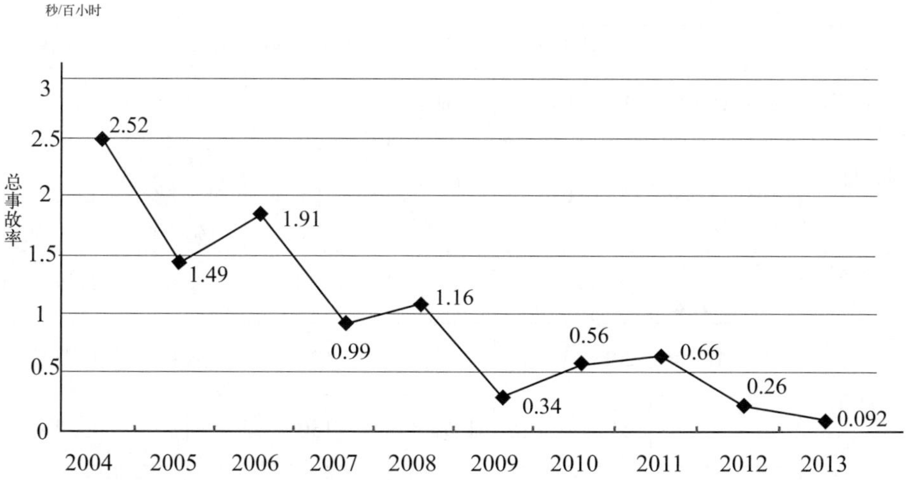

2013年总事故率：

0.092秒/百小时

安全播出率：

>99.9999%

注：

安全播出率换算：

99%=1小时/百小时

99.9%=6分钟/百小时

99.99%=36秒/百小时

99.999%=3.6秒/百小时

99.9999%=0.36秒/百小时

（播出传送中心提供）

中央电视台2009～2013年付费频道播出事故率比较

（单位:秒/百小时）

年份	2009	2010	2011	2012	2013
总事故率	0.34	0.25	0.42	0.1	0.012

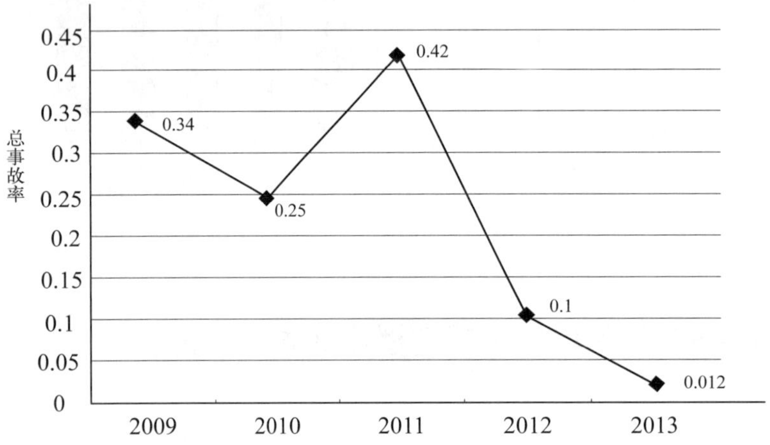

2013年总事故率:
0.012秒/百小时
安全播出率:
>99.9999%

注:
安全播出率换算:
99%=1小时/百小时
99.9%=6分钟/百小时
99.99%=36秒/百小时
99.999%=3.6秒/百小时

（播出传送中心提供）

2013年中央电视台“心连心”艺术团慰问演出活动一览表

节目名称	录制时间	播出时间	导演	时长（分钟）	播出方式	播出频道
山歌好比春江水——心连心艺术团赴广西来宾慰问演出	2013－05－30	2013－06－12	王炳森	173	录播	CCTV－3
情暖玉树——心连心艺术团赴青海玉树慰问演出	2013－08－24	2013－08－31	屠　茵 孙　滨	153	演播室直播+主会场录播	CCTV－3
望巴山红遍——心连心艺术团赴四川巴中慰问演出	2013－10－13 ~2013－10－22	2013－11－07	王炳森	97.5	录播	CCTV－3
潮涌东方——心连心艺术团赴广东汕头慰问演出	2013－11－08	2013－11－14	柳　刚	120	录播	CCTV－3
盛开的格桑花——心连心艺术团赴甘肃甘南慰问演出		2013－07－16	周晓冬	150	直播	CCTV－3
天地大爱——心连心艺术团赴四川阿坝慰问演出	2013－09－13	2013－09－22	邹　为	107	录播	CCTV－3

（综艺频道、大型节目中心提供）

2013年戏曲和音乐频道大型文艺晚会播出（直播、录播）一览表

播出日期	晚会名称	录制地点	撰稿人	策划人	导演	主持人
2013－01－01	2013年新年京剧晚会	国家大剧院	/	/	李纯博	李扬等
2013－01－01	2013维也纳新年音乐会（直播）	维也纳金色大厅 华彬（国内现场）	陈家全	郎　昆 齐宪役 徐沛东 王黎光等	葛小红 刘　军	赵忠祥 任鲁豫 张　宇
2013－01－11	《空中剧院》开播十周年庆典晚会	中央电视台1000平方米演播室	何颖哲	曹　毅 陈　洵	吴月佳	张　喆 董　艺 任鲁豫
2013－02－09	2013年春节戏曲晚会——金蛇狂舞	中央电视台1000平方米演播室	李　晶 栾　波	曹　毅 国　浩 钱　皓 孙桂元 李　静	钱　皓	张　喆 董　艺 任鲁豫 付玉龙 杨利新 方　琼
2013－02－10	星光璀璨：2013新民歌演唱会（第一季）	北京展览馆剧场	邵思音	郎　昆	刘　军	任鲁豫 张　宇 谢　娜
2013－02－24	星光璀璨：正月正特别节目	1919艺术中心	赵益场	郎　昆	夏　雨	任鲁豫 月　亮 杜　悦 麦小龙
2013－04－14	光荣绽放——十大青年民族唱法歌唱家音乐会	北京展览馆剧场	刘欣然	郎　昆	葛小红	任鲁豫 刘芳菲
2013－04－19	星光璀璨：2013新民歌演唱会（第二季）	北京展览馆剧场	邵思音	郎　昆	刘　军	任鲁豫 张　宇 谢　娜
2013－04－21	光荣绽放——十大男低音歌唱家音乐会	北京展览馆剧场	苑小梅	郎　昆	葛小红 郑滨生	任鲁豫 刘芳菲
2013－04－30~ 2013－05－05	争奇斗艳——蒙藏维回朝彝壮歌王争霸赛（复赛）	北京星光演播室	/	郎　昆 齐宪役	陆海宁	刘芳菲 任鲁豫等
2013－05－19	第24届澳门艺术节	澳门	/	曹　毅	闫德威	/
2013－05－31 2013－06－02	“美猴王争霸赛”（海选）	北京中家鑫园温泉度假酒店	颜全毅 陈余敏	郎　昆 曹　毅 王　玥 刘连伦等	滕海涛	张　宇 付玉龙
2013－05－31 2013－06－02	争奇斗艳——蒙藏维回朝彝壮歌王争霸赛（决赛）	北京星光演播室	刘　伟	郎　昆 齐宪役	陆海宁	刘芳菲 任鲁豫等
2013－06－02	2013维也纳美泉宫夏季音乐会	奥地利维也纳	杨紫微	郎　昆	顾　蕾	任鲁豫 陈佐湟

续表

播出日期	晚会名称	录制地点	撰稿人	策划人	导演	主持人
2013－06－07	争奇斗艳——蒙藏维回朝彝壮歌王争霸赛颁奖盛典	北京星光演播室	刘　伟	郎　昆 齐宪役	陆海宁	刘芳菲 任鲁豫等
2013－06－07 2013－06－09 2013－06－14	“美猴王争霸赛”（复赛）	北京中家鑫园温泉度假酒店	颜全毅 陈余敏	郎　昆 曹　毅 王　玥 刘连伦等	滕海涛	张　宇 付玉龙
2013－06－16 2013－06－21 2013－06－23 2013－06－28 2013－06－30	“美猴王争霸赛”（决赛）	北京世纪汉唐1919演播厅	颜全毅 陈余敏	郎　昆 曹　毅 王　玥 刘连伦等	滕海涛	张　宇 付玉龙
2013－06－23	光荣绽放——第15届青歌赛获奖歌手演唱会	中国剧院	李蒙利	郎　昆	葛小红	任鲁豫 刘芳菲
2013－06－29~ 2013－07－11	首届全国少儿京剧电视大赛（复赛）（直播）	中央电视台800平方米演播室	李　晶	曹　毅 阎德威 国　浩 钱　皓 李　静	钱　皓	任鲁豫 董　艺 何子然
2013－06－30	光荣绽放——十大青年管乐演奏家音乐会	中国剧院	李蒙利	郎　昆	葛小红 顾　蕾	任鲁豫 刘芳菲
2013－06－30	唱支山歌给党听——庆祝中国共产党成立92周年主题歌会	北京展览馆剧场	邵思音	郎　昆 齐宪役	刘　军	任鲁豫 张　宇
2013－07－05	星光璀璨：2013新民歌演唱会（第三季）	北京展览馆剧场	邵思音	郎　昆	刘　军	任鲁豫 张　宇 辰亦儒
2013－07－12	“美猴王争霸赛”巅峰决战暨封神大典	北京世纪汉唐1919演播厅	颜全毅 陈余敏	曹　毅	滕海涛	张　宇 付玉龙
2013－07－14	光荣绽放——十大大提琴演奏家音乐会	中国剧院	李蒙利	郎　昆	葛小红	任鲁豫 刘芳菲
2013－08－13	星光璀璨：2013世界情歌大汇	中央电视台	田　浩	郎　昆	刘　军	任鲁豫 张　宇 辰亦儒
2013－08－17~ 2013－08－29	首届全国少儿京剧电视大赛（决赛）（直播）	北京新星光1200平方米演播室	李　晶	曹　毅 阎德威 国　浩 钱　皓 李　静	钱　皓	任鲁豫 董　艺 何子然

续表

播出日期	晚会名称	录制地点	撰稿人	策划人	导演	主持人
2013－08－23	星光璀璨：2013 亚洲音乐嘉年华	中央电视台总部2000平方米演演播室	田 浩	郎 昆	刘 军	任鲁豫 张 宇 辰亦儒
2013－08－31（直播）	首届全国少儿京剧电视大赛联欢会	北京新星光1200平方米演播室	李 晶	曹 毅 阎德威 国 浩 钱 皓 李 静	钱 皓	任鲁豫 董 艺 何子然
2013－09－15	光荣绽放——十大青年女中音歌唱家演唱会	清华大学 新清华学堂	苑小梅	郎 昆	郑滨生	任鲁豫 张 宇 关牧村
2013－09－19	更上一层楼——2013 中秋民族音乐会	中央电视台总部2000平方米演播室	赵益玚	郎 昆 齐宪役	夏 雨	任鲁豫 汪 聪 杜 悦 辰亦儒
2013－09－19	花好月圆——2013 中秋戏曲晚会	中央电视台800平方米演播室	钰红亚	曹 毅 孙桂元 张永和 何颖哲	陈 洵 吴月佳	张 喆 董 艺 付玉龙
2013－10－01	江山如画——国庆特别节目	北京展览馆剧场	谭 琛	郎 昆	葛小红	任鲁豫 张 宇
2013－10－01～2013－10－09	寻找刘三姐（复选）（直播）	中央电视台总部2000平方米演播室	邵思音	郎 昆 齐宪役	刘 军	任鲁豫 张 宇
2013－10－10	寻找七仙女启动仪式	中央电视台总部800平方米演播室	陈云升	郎 昆 曹 毅 李纯博 张建珍 颜全义等	李 谱 祝 莹	董 艺 张 宇 朱 轶 周 群 阿 进
2013－10－14～2013－10－24	寻找七仙女初赛	安徽卫视1000平方米演播室	陈云升	郎 昆 曹 毅 李纯博 张建珍 颜全义等	李 谱 祝 莹	董 艺 张 宇 朱 轶 周 群 阿 进

续表

播出日期	晚会名称	录制地点	撰稿人	策划人	导演	主持人
2013－10－25～2013－11－01	寻找七仙女复赛	安徽卫视1000平方米演播室	陈云升	郎　昆 曹　毅 李纯博 张建珍 颜全义等	李　谱 祝　莹	董　艺 张　宇 朱　轶 周　群 阿　进
2013－11－01	星光璀璨：2013新民歌演唱会（第四季）	北京展览馆剧场	田　浩	郎　昆	刘　军	任鲁豫 张　宇 辰亦儒
2013－11－03 2013－11－07 2013－11－08 2013－11－14 2013－11－17 2013－11－21	寻找七仙女决赛	星光1200平方米演播室	陈云升	郎　昆 曹　毅 李纯博 张建珍 颜全义等	李　谱 祝　莹	董　艺 张　宇 朱　轶 周　群 阿　进
2013－11－22	寻找七仙女颁奖晚会	星光1200平方米演播室	陈云升	郎　昆 曹　毅 李纯博 张建珍 颜全义等	李　谱 祝　莹	董　艺 张　宇 朱　轶 周　群 阿　进
2013－11－22 2013－12－01 2013－12－07 2013－12－08 2013－12－15	寻找刘三姐（决选）（直播）	中央电视台总部2000平方米演播室	邵思音	郎　昆 齐宪役	刘　军	任鲁豫 张　宇
2013－12－06 2013－12－13	光荣绽放——十大作曲家声乐作品音乐会（二场）	21世纪剧院	苑小梅	郎　昆	郑滨生	任鲁豫 董　卿 赵忠祥 张　宇
2013－12－06 2013－12－13	光荣绽放——十大金曲演唱会	北京展览馆剧场	以　玄	郎　昆	陈　月	任鲁豫 汪　聪
2013－12－16～2013－12－29	越女争峰	中央电视台第8演播室	李　晶	曹　毅	钱　皓	董　艺
2013－12－20	2013年第二届亚洲电视歌会	越南河内	/	齐宪役	顾　蕾	/
2013－12－22	寻找刘三姐（颁奖）	中央电视台总部2000平方米演播室	邵思音	郎　昆 齐宪役	刘　军	任鲁豫 张　宇
2013－12－30	光荣绽放——十大新锐歌手演唱会	北京展览馆剧场	邢琪书	郎　昆	顾　蕾	任鲁豫 张　宇

续表

播出日期	晚会名称	录制地点	撰稿人	策划人	导演	主持人
2013－12－30	2014中央电视台新年音乐会暨光荣绽放——十大中国优秀交响作品音乐会（直播）	清华大学 新清华学堂	谭　琛	郎　昆 齐宪役	葛小红	任鲁豫 张　宇

（戏曲和音乐频道提供）

2013年综艺频道文艺晚会（直播、录播）一览表

节目名称	日期	播出时间	收视率（%）	收视份额（%）	导演	地点	播出方式	时长（分钟）
2013新年七天乐	2013－01－01	18:00	1.45	4.99	张　凯	中央电视台	首播	90
温暖2012	2013－01－01	21:00	0.99	3.53	朱　军	星光影视园	首播	120
向幸福出发——身边好人、温暖中国	2013－01－02	19:30	1.33	3.36	张　钊	中央电视台新址	首播	110
2012世界文娱之旅	2013－02－01	22:30	0.19	1.08	/	引进编辑	首播	60
2013年中央电视台春节联欢晚会	2013－02－09	20:00	6.14	13.97	冯小刚	中央电视台	直播	280
我们的节日系列节目：春节	2013－02－09	07:09	0.36	5.63	胡　双	中央电视台	首播	45
喜到、福到、好运到——2013年春晚倒计时	2013－02－09	08:00	1.16	6.21	魏党生	中央电视台	直播	710
2013过年七天乐	2013－02－10	17:55	2.17	7.52	张　凯	中央电视台	首播	90
中央军委慰问驻京部队老干部文艺演出	2013－02－10	16:33	0.81	4.17	孙　滨	北京	首播	76
中国梦——2013年CCTV网络春晚	2013－02－10	19:30	1.78	4.68	/	/	重播	120
透视春晚	2013－02－11	16:01	0.62	3.90	/	/	重播	50
你好·春天——2013年文化部春节电视晚会	2013－02－12	00:00	0.06	1.13	/	北京	重播	100
2013年藏历水蛇年新年晚会	2013－02－13	22:30	0.27	2.05	/	/	首播	105
百花迎春——2013中国文学艺术界春节大联欢	2013－02－14	19:30	2.01	5.45	/	/	重播	110
2013元宵晚会	2013－02－24	20:06	2.82	7.39	吕逸涛	中央电视台	首播	130
我们的节日系列节目：元宵	2013－02－24	11:03	0.67	4.59	胡　双	中央电视台	首播	50
春之声——2012年度全国播音主持“金话筒奖”颁奖典礼	2013－02－25	21:00	1.03	3.89	林　远	中央电视台新址	首播	120
感动中国2012年度人物颁奖盛典	2013－02－27	12:30	0.35	3.48	/	/	重播	136
与美丽同行——“三八”国际妇女节文艺晚会	2013－03－10	19:30	1.07	2.71	张　骥	中央电视台新址	首播	90

节目名称	日期	播出时间	收视率（%）	收视份额（%）	导演	地点	播出方式	时长（分钟）
我们的节日系列节目：清明	2013－04－04	21:43	0.40	2.17	胡　双	星光影视园	首播	50
2013 年五一七天乐	2013－05－01	18:00	0.58	3.16	张　凯	中央电视台	首播	90
我们的节日系列节目：端午	2013－06－12	18:00	0.16	1.11	胡　双	苏州	首播	50
向着梦想飞行——中央电视台心连心艺术团赴广西来宾慰问演出	2013－06－12	19:00	0.66	2.26	王炳森	广西来宾	直播	174
2013 年暑假七天乐	2013－07－01	21:00	1.31	4.33	张　凯	中央电视台	首播	90
2013 年消夏歌会	2013－07－05	21:00	1.14	3.73	赵大治	星光影视园	首播	90
盛开的格桑花——中央电视台心连心艺术团赴甘南藏族自治州慰问演出	2013－07－16	19:00	1.14	3.42	周晓冬	甘南藏族自治州	直播	152
天下有情人——爱要大声唱出来	2013－08－13	12:00	0.78	4.23	张　钊	中央电视台	直播	605
我们的节日系列节目：七夕	2013－08－13	10:30	0.27	2.15	胡　双	厦门	首播	50
情暖玉树——中央电视台心连心艺术团赴玉树慰问演出	2013－08－31	19:00	0.81	2.39	屠　茵 孙　滨	玉树	直播	154
万家邀明月、一起过中秋	2013－09－19	14:00	0.84	4.30	郭　艳	中央电视台	直播	604
我们的节日系列节目：中秋	2013－09－19	12:30	0.24	1.82	胡　双	四川	首播	50
天地大爱——中央电视台心连心艺术团赴四川阿坝慰问演出	2013－09－22	18:00	0.60	2.49	邹　为	阿坝	首播	107
2013 年国庆七天乐	2013－10－01	18:00	1.32	6.07	张　凯	中央电视台	首播	90
九九艳阳天	2013－10－13	12:00	0.70	3.70	吕逸涛	中央电视台	直播	633
我们的节日系列节目：重阳	2013－10－13	11:03	0.24	2.15	胡　双	清华大学	首播	50
望巴山红遍——中央电视台心连心艺术团赴四川巴中慰问演出	2013－11－07	19:30	1.51	4.09	王炳森	四川巴中	首播	97
潮涌东方——中央电视台心连心艺术团赴广东汕头慰问演出	2013－11－14	19:30	0.66	1.90	柳　刚	广东汕头	首播	130
2013 年直通春晚	2013－11－16	21:00	0.67	2.40	魏党生	星光影视园	直播	100
中央军委慰问驻京部队老干部文艺演出	2013－12－10	21:00	1.01	3.09	孙　滨	北京	首播	76
第 15 届中韩歌会	2013－12－24	21:00	0.56	2.29	张　骥	星光影视园	首播	100
星光大道 2013 年度总决赛	2013－12－26	19:30	1.81	4.81	毕福剑	星光影视园	首播	100
第 8 届全国残疾人艺术汇演汇报演出	2013－12－29	14:00	0.21	1.95	邹　为	北京	首播	90
启航——2014 新年特别节目	2013－12－31	20:00	1.35	4.81	邹　为	五棵松	直播	255

（综艺频道提供）

2013年中国电视剧制作中心有限责任公司剧目
中央电视台黄金时段首播统计表

电视剧目	播出日期	导演	制片人	播出频道	时段	收视率(%)			收视份额(%)		
						最高	最低	平均	最高	最低	平均
全家福	01月14日～02月21日	付 宁	李功达 周亚平	CCTV－1	20:00	1.61	1.06	1.36	4.20	3.08	3.56
正午阳光	06月30日～07月07日	马 进	周亚平 刘向群 刘燕军	CCTV－8	20:00	0.82	0.36	0.58	2.64	1.51	2.10
陈 云	10月20日～11月05日	金 韬	茍 鹏 周亚平	CCTV－1	20:00	1.10	0.65	0.89	3.88	2.06	2.57
兄弟车行	12月15日～12月23日	付 宁	王 芸	CCTV－8	20:00	1.21	0.28	0.85	5.03	1.28	2.71
大掌门	12月23日～12月30日	郭 林 孙铁军	周亚平 高夕华 潘小扬	CCTV－8	20:00	1.57	0.62	1.04	4.85	2.29	3.24
毛泽东	2013年12月25日～2014年1月27日	高希希	张华立 周亚平 罗 浩	CCTV－1	20:00	2.76	1.24	1.97	7.57	3.80	5.36

注：共计6部216集，每集长度45分钟（其中CCTV－1黄金时间播出3部127集，CCTV－8黄金时间播出3部89集）

（中国电视剧制作中心有限责任公司提供）

CCTV
中国中央电视台
CHINA CENTRAL TELEVISION YEARBOOK
年鉴
2013
胡占凡 主编
《中国中央电视台年鉴》编辑部 编

DA SHI JI

大事记

大事记

2013年中央电视台大事记

一月

1月1日 《焦点访谈》开播19年来首次大幅度改版，时长拓展至17分钟，每期设置两个主题并以小片头隔断。

1月1日 财经频道联合路透社、美国消费者新闻与商业频道网站CNBC推出跨年直播。这是财经频道首次尝试覆盖全球时区的新年直播节目，节目自2012年12月31日18：00起播出。

1月1日 音乐频道通过卫星连线国内、国外两个现场，直播2013年维也纳新年音乐会。

1月1日 俄语国际频道进入黑龙江省绥芬河市所有涉外酒店播出，每年有100多万俄罗斯人到当地旅游经商。

1月1日 CCTV移动传媒在澳门航空机舱内电视终端测试播出，这是中国网络电视台继2012年在中国国际航空公司机舱内电视系统试播之后的新拓展。

1月1日至10日 《CCTV空中剧院》开播十周年庆典演出在京津沪三地举行，戏曲频道全程直播，并在新浪微博“CCTV戏曲频道”和“CCTV空中剧院”同步直播。演出由《CCTV空中剧院》栏目与国家京剧院、北京京剧院等5家京剧院联合举办。1月12日，戏曲频道现场直播《CCTV空中剧院》开播十周年庆典晚会。

1月7日至9日 央视网在中国游戏产业年会上获由国家新闻出版总署和中国出版协会颁发的2012年度中国十佳游戏媒体大奖。

1月8日 纪录频道在《中国国家地理》杂志社举办的年度颁奖典礼上获“2012年度思想力”频道大奖。

1月10日 纪录片《舌尖上的中国2》启动仪式在北京举行，国家广电总局副局长李伟、台长胡占凡等出席启动仪式。

1月11日 财经频道、深圳证券信息公司与北京天首投资管理有限公司签署“央视财经50指数产品开发授权协议书”，标志着央视财经50指数的产品线延伸至私募投资领域。

1月13日 “寻找最美乡村医生”颁奖典礼在综合频道、科教频道和中文国际频道联动播出。活动自2012年10月22日启动，引起强烈反响。

1月15日 中国网络电视台在世界乒乓球锦标赛选拔赛中，首次全程独立完成公共直播信号的制作、自主解说包装、独家网络直播等工作，并将直播信号以嵌套形式分发给搜狐、网易、爱奇艺等网站。

1月16日 中国网络电视台与河北广电无线传媒有限公司、中国联通河北省分公司合作推出的IP电视业务在石家庄测试开通。

1月17日 《2012年感动中国人物评选》节目主持人版广告宣传片在北京21家影城、160个放映厅循环放映，持续半个月时间。通过院线渠道投放节目形象宣传片在中央电视台历史上尚属首次。

1月18日 由中央电视台牵头组织完成的《新一代电视台网络化制播系统及重大应用》项目获2012年度国家科学技术进步奖一等奖。

1月18日 中央电视台举办“2013年国际伙伴新春联谊会”。国家广电总局副局长李伟、中共中央对外联络部副部长艾平、人力资源和社会保障部副部长张建国、中央电视台台长胡占凡，以及国内各主流媒体负责人，50多国驻华使节，部分国际组织、34家海外媒体和国际媒体运营商驻华代表，中央电视台资深外籍专家等250余人参加联谊会。

1月19日 “2012CCTV体坛风云人物”年度评选颁奖盛典在国家体育馆举行，现场揭晓并颁发11个奖项。

1月21日 央视网与资产管理中心联合主办“跨界

融合、开放共赢”移动互联网营销峰会，北京大学、互联网数据中心DCCI等研究机构负责人，新浪、现代广告等20余家门户和营销媒体，以及汇源等10余家企业代表和广告行业负责人参会。

1月22日 由国家广电总局指导、中国网络电视台主办的国家级纪录片新媒体综合性产业运营平台“中国纪录片网”正式开播上线。国家广电总局副局长李伟，国家广电总局副总编辑、宣传管理司司长金德龙，中国国际电视总公司董事长、总经理梁晓涛，及网络传播中心负责人等出席开播上线仪式。

1月23日 《新闻联播》首次引入直播连线评论员机制，围绕“节约光荣、浪费可耻”展开评论。

1月23日 中国网络电视台CBox客户端推出全新P2P极速直播功能，采用CNTV自主研发的P2P2.0全新架构与直播播放器模块，并新增直播数据实时监测系统，将直播加载时间从平均14秒减少到6秒，提升用户视频观看体验。

1月23日至27日 以“为持久发展注入活力”为主题的第43届世界经济论坛年会“达沃斯论坛”在瑞士举行，新闻频道、财经频道以不同视角展开报道。1月23日，由财经频道主办的第五届“中国之夜”在年会期间举行。

1月28日 中国网络电视台与北京小米科技公司签约，将小米科技推出的高清互联网电视机顶盒小米盒子绑定在中国互联网电视集成播控平台。

1月29日 由财经频道主办的第三届中国县域经济发展高层论坛在北京举行，论坛以“新型城镇化的目标与路径”为主题。

1月30日 新闻中心正式挂标启动大型主题报道《新春走基层》，此次报道共投入记者600多名，是该主题报道第三年播出。

1月30日 中央电视台台长胡占凡会见了香港无线电视(TVB)董事会行政主席梁乃鹏和集团总经理李宝安一行。

1月31日 央视财经50指数第三只指数产品“招商央视财经50指数基金”发行工作结束，共发行13.26亿元。

1月31日至2月1日 人力资源管理中心组织全台事业编制人员进行第六次聘用合同集中续签，共有962人完成签约。

1月 中国网络电视台首次在IP电视中使用二维码扫描技术，实现手机、网络、电视互联互通。

1月 海外传播中心积极推动与凯悦酒店集团的合作，其旗下转播中央电视台国际频道的四星级以上酒店新增22家，分布在美国、日本、印度、法国等19个国家，转播频道包括英语新闻频道、纪录频道、中文国际频道和法语国际频道。至此，国际频道在凯悦酒店集团旗下39家海外酒店落地播出。

1月 中央电视台分别与西班牙艾尔网络公司和普罗卡洛公司正式签约，达成西班牙语国际频道转播协议。该频道覆盖西班牙的307万用户。

1月 技术管理中心动力处获人力资源和社会保障部等四部委授予的“十一五”时期“全国节能减排先进集体”荣誉称号。

1月 在中国广播电视协会组织的“全国春节电视文艺晚会评选”终评活动中，中央电视台送评的多台文艺晚会、多部文艺作品获奖。其中少儿频道《2012中央电视台少儿频道春节大联欢》获特别节目奖和最佳形象设计奖，戏曲和音乐频道《2012年中央电视台春节戏曲晚会》获优秀节目一等奖。

1月 国家知识产权局公布首批81名“全国知识产权领军人才”，中央电视台石村成为思想文化宣传领域唯一获此荣誉的个人。

二月

2月1日至6日 体育频道播出自主创办的“首届CCTV贺岁杯”系列赛，包含象棋、围棋、羽毛球、乒乓球、搏击、九球台球等6项赛事，拉近专业体育与群众之间的距离。

2月4日 中国网络电视台完成对视频生产系统的高码率升级和系统对接测试，升级后可支持两种规格的高清点播节目，包括业界领先的2.5M高清晰度格式和行业主流的1.5M播放格式。

2月4日 北美分台英语节目扩版，为英语新闻频道提供的财经节目和综合新闻由日播1小时增至2小时。

2月7日 《科技盛典——中央电视台2012年度科技创新人物颁奖典礼》主题晚会在科教频道播出，发布了首次推选出的年度科技创新人物。

2月8日 少儿频道首次推出定制动画贺岁片《熊出没之过年》，创造频道开播以来收视率新高。

2月8日至14日 “中国梦”2013年CCTV网络春晚相继在中央电视台综合频道、财经频道、综艺频道、中文国际频道、高清频道，以及中国网络电视台网络电视、手机电视、IP电视、公交电视等终端播出。

2月9日 2013年春节联欢晚会圆满播出。中央电视台综合频道、综艺频道、中文国际频道、军事·农业频道、法语国际频道、阿拉伯语国际频道、俄语国际频道、高清频道以及中国网络电视台、CCTV手机电视、IP电视，中国电视长城平台向全球同步无障碍直播晚会实况。全球133个国家和地区的363家电视机构转播或部分使用了中央电视台的节目信号。台湾天空网等2家转播机构对春晚进行转播。此次春晚首次插播了《回家——迟来的新衣篇》《美丽中国篇》等公益广告。

2月9日 2013年春节戏曲晚会《金蛇狂舞》在戏曲频道播出。

2月9日至12日 音乐频道连续推出“星光璀璨——亚洲音乐嘉年华”、“星光璀璨——新民歌演唱会”、“星光璀璨——国际巨星演唱会”，央视网同步视频直播。

2月10日 由纪录频道、美国国家地理频道、中国国际电视总公司联合制作的纪录片《透视春晚：中国最大的盛典》（《春晚》国际版）于大年初一在美国国家地理频道所属亚洲26个国家和地区的电视频道播出。

2月12日 朝鲜进行第三次核试验，新闻频道及时客观适度报道。

2月13日 《星光大道》2012年度总决赛在综合频道首播。

2月16日 新闻中心报道团队随行采访中国社科院、新疆维吾尔自治区联合考古队展开的塔克拉玛干沙漠考古行动，并在新闻频道多栏目推出《寻找沙埋的古城》特别报道。

2月19日 2012“感动中国”年度人物颁奖典礼在综合频道播出。

2月22日 央视网成为中国移动手机报《新闻早晚报》视频合作伙伴，每日以嵌套链接形式集中发布6条中央电视台重点新闻视频。

2月22日 中央电视台召开2013年海外记者站工作会议。

2月24日 2013年元宵晚会在综合频道和综艺频道并机播出，戏曲频道播出2013年元宵戏曲晚会。

2月25日 中华全国总工会副主席倪健民到中央电视台向综艺频道颁发“全国五一劳动奖状”，向综艺频道主持人朱军、董卿颁发“全国五一劳动奖章”。

2月26日 中央电视台召开2013年工作会议。国家广电总局副局长李伟出席会议并讲话。台长胡占凡代表台分党组作工作报告，总编辑、副台长罗明，副台长魏地春分别主持会议。全体台领导、全台副处级以上干部、国内外记者站负责人、台属各单位领导班子成员共472人参加会议。

2月26日至28日 中国共产党第十八届中央委员会第二次全体会议在北京举行。新一届中共中央领导集体出席，中央委员会总书记习近平作重要讲话。中央电视台圆满完成中共十八届二中全会公报新闻报道。

2月28日 由中央新闻纪录电影制片厂（集团）、学习出版社、新华网等百余家单位发起的中国电视艺术家协会微视频（微电影）专业委员会成立，中国电视艺术家协会主席赵化勇担任名誉会长，副台长、中央新闻纪录电影制片厂（集团）董事长兼总裁高峰担任会长。

2月 中国网络电视台手机电视集成播控平台与中国移动商用平台对接，成为国内首个与运营商对接商用系统的手机电视集成播控牌照方。升级后的手机央视网全面支持平板电脑和高端智能手机用户。

2月 中视传媒股份有限公司在起诉日本小学馆侵犯知识产权案中胜诉，日本最高法院维持二审判决，判决小学馆支付赔偿金1065万日元（约合人民币83万元）。

2月 财务管理中心会计核算处、中国国际电视总公司规划财务部获国家广电总局规划财务先进集体称号，审计处许萌、中国国际电视总公司石育林获规划财务先进个人称号。

2月 军事节目中心所属的解放军音像出版社出版的《护航正在进行》在第四届中华优秀出版物奖评奖中获优秀出版物音像奖，这是解放军音像出版社连续四年获此奖项。

三月

3月3日 全国政协十二届一次会议开幕。中央电视台综合频道（标清、高清、香港）、新闻频道、中文国际频道（亚、欧、美）、英语新闻频道，以及西班牙语国际频道、法语国际频道、阿拉伯语国际频道、俄语国际频道等全程直播。期间，综合频道和新闻频道设置手语同步播报，外语频道对会议报告进行同声传译。截至当日16：00，共有133个国家和地区的378家电视机构转播或部分使用中央电视台节目信号，国际视通通过美联社等向全球发布直播信号。3月12日，全国政协十二届一次会议举行闭幕会，全国政协主席俞正声发表讲话。综合频道、新闻频道、中文国际频道及各外语频道并机直播。

3月5日 第十二届全国人民代表大会第一次会议开幕。中央电视台综合频道（标清、高清、香港）、新闻频道、中文国际频道（亚、欧、美），以及各外语频道全程直播。期间，综合频道、新闻频道还设置手语同步播报，外语频道进行高质量的同声传译。共有133个国家和地区的384家电视机构转播或部分使用中央电视台节目信号。国际视通经由美联社、路透社发布直播信号。3月8日、10日、14日、15日、16日，十二届全国人大一次会议举行第二、三、四、五、六次全体会议，综合频道、新闻频道、中文国际频道及各外语频道并机，以直播、新闻等方式及时报道会议情况。央视网同步进行文字、视频直播。3月17日，十二届全国人大一次会议举行闭幕会，国家主席习近平、全国人大常委会委员长张德江发表讲话，国务院总理李克强会见中外记者。综合频道（标清、高清、香港）、新闻频道、中文国际频道（亚洲、欧洲、美洲）、英语新闻频道以及西班牙语国际频道、法语国际频道、阿拉伯语国际频道、俄语国际频道并机全程直播。“两会”期间，中央电视台共派出前方一线记者576人次，投入11个频道，共播发两会新闻8600条、专题460期，对外发稿508篇，并积极运用新媒体，创下报道规模、报道成效、对外传播、新媒体传播等多项历史之最。

3月5日 由总编室和中国网络电视台联合建设的新媒体互动平台“央视创意频道”正式向员工开放内部专属页面“培训课堂”和“海外节目视频库”。

3月7日 总编室牵头召开台网一体化新媒体派驻工作第一次会议，正式启动相关工作。

3月7日 财经频道独家发布经济生活大调查（2012–2013）结果。

3月8日 综合频道播出《与美丽同行》——2013年“三八”国际妇女节专题文艺晚会。

3月13日 由中央电视台和国家大剧院联合举办，纪录频道承办的《美丽中国》大型纪录片交响音乐会在国家大剧院首演。音乐会精选近30年中央电视台创作的《话说长江》《故宫》等14部经典纪录片作品，分《文明》《天地》《家国》三个乐章，将纪录片影像与音乐融合。

3月15日 财经频道与《人民日报》、新华社、中新社、《经济日报》等50余家媒体组建的“3·15”联合采访团举行出发仪式。当晚，2013年“3·15晚会”成功举办，综合频道、中国网络电视台进行全程直播，腾讯网、新浪网、搜狐网进行图文直播，财经频道重播。2013年是中央电视台连续第23年举办“3·15晚会”，共有16个部委和部门共同参与，数量为历年之最。本届晚会以“让消费者更有力量”为主题。

3月15日 资产管理中心举行2012年度十佳优秀广告代理公司颁奖盛典。颁发了2012年度十佳广告代理公司、优秀广告代理公司、承包公司杰出贡献奖等奖项，以及中央电视台2012年度公益广告优秀制作奖、公益广告创意大奖、公益广告导演大奖等公益广告奖项。

3月18日 凌晨4时，综合频道（高清、标清、香港）、财经频道、军事·农业频道、科教频道、戏曲频道、社会与法频道、音乐频道、高清频道实现在新址独立播出、现址完全停播，标志着第二阶段新址播出工作取得圆满成功。

3月18日 综合频道试播23:40“主持人时间带”。该节目带汇集台内外知名主持人和社会公众人物，包括《柴静时间·看见》《王刚时间·收藏传奇》等七档节目。

3月19日 由中国国际电视总公司创建的中国国际影视节目译制交易平台在香港国际影视展举行发布会，标志着该平台正式亮相国际舞台。

3月19日 中国网络电视台移动终端适配门户m.cntv.cn正式改版上线。

3月19日 中央新闻纪录电影制片厂（集团）举行2012年度“星花奖”颁奖典礼。共颁发78个优秀节目奖、19个优秀节目单项奖和21个集团单项奖，并对年度大奖纪录片《环球同此凉热》剧组进行表彰。

3月21日 中央电视台召开2013年廉政工作会议。中纪委驻国家广电总局纪检组长李秋芳，中央电视台分党组书记、台长胡占凡出席并讲话。

3月22日至31日 中央电视台圆满完成国家主席习近平出访俄罗斯、坦桑尼亚、南非、刚果（布）四国，并出席第五次金砖国家领导人会晤的新闻报道。期间共完成三场直播，拍摄习近平主席及夫人活动总计66场。

3月23日 由中国有线电视网络有限公司、国家广电总局广播科学研究院联合承办的第21届中国国际广播电视信息网络展览会（CCBN2013）闭幕。

3月25日 凌晨4时，新闻频道、中文国际频道（亚、欧、美）、纪录频道、各外语频道在新址开始播出，标志着中央电视台第三批常规频道实现新现址并行播出。

3月28日 《每周质量报告》等栏目播发系列报道，披露荷兰“美素丽儿”使用过期奶粉、非法更改保质期与外包装的造假内幕，引发强烈反响。

3月29日 中国网络电视台与广东南方广播影视传媒集团、中国电信股份有限公司广东分公司签订三网融合IP电视业务合作三方协议。根据协议，CNTV作为三网融合国家集成播控总平台的运营方，负责运营IP电视集成播控总平台内容和服务，并与广东南方广播影视传媒集团联合建设广东省集成播控分平台。

3月29日 综艺频道直播第15届全国青年歌手电视大奖赛启动仪式晚会，中国网络电视台多终端同步直播。

3月29日 历时5个月的2012/2013赛季中国男子篮球职业联赛（CBA）落幕。体育频道共直播比赛62场、录像播出69场。

3月31日 国家卫生和计划生育委员会通报上海、安徽发现三起人感染H7N9禽流感病例，新闻中心第一时间展开报道。

3月31日 《2012中国电视剧年度明星盛典》在中央电视台综合频道、综艺频道播出，评选出最受观众欢迎的男女演员各十位，并揭晓年度最佳演员、新锐演员奖、表演突破奖、荧屏表现力奖、国际合作奖等多个奖项。

3月 新闻频道、中文国际频道、英语新闻频道围绕伊拉克战争十周年，持续关注伊拉克政局，并强化与热点事件的关联性。

3月 国家广电总局2012年度电视节目技术质量奖（金帆奖）揭晓，中央电视台获得金帆综合奖和播出技术质量奖一等奖。《新闻联播》《神农架（一、二）》《为人民放歌——纪念毛泽东同志〈在延安文艺座谈会上的讲话〉发表70周年文艺晚会》《幸福像花儿一样——2012年“六一”晚会》分获标清录制技术质量奖一等奖，《舌尖上的中国》《故宫100》《2012年春节联欢晚会（精编版）》《2012年国际田联钻石联赛——上海站》《2012年汤姆斯杯世界羽毛球男子团体锦标赛决赛》分获高清录制技术质量奖一等奖，《庆祝香港回归祖国十五周年大型文艺晚会》获音频制作技术质量奖一等奖，《赛车时代》获视频图形制作技术质量奖一等奖。此外，10件作品获得二、三等奖。

3月 在第六届《综艺》年度节目暨电视人评选活动中，综艺频道新节目《开门大吉》获年度十大节目之“年度游戏益智节目”。

四月

4月1日 新闻中心正式开通“央视新闻”微信平台，主打“突发新闻”、“视频新闻”、“主播语音互动”三大特色，每天08：30发布主持人语音，就当天热点话题邀请微信用户参与互动，17：00推送4~5条由头条新闻、本台独家报道、社会热点和互动话题反馈组成的新闻。

4月1日 第15届全国青年歌手电视大奖赛决赛第一场直播圆满完成。

4月1日 苹果公司CEO库克发表道歉信，针对中央电视台“3·15晚会”曝光的问题，决定实施四项重大调整。

4月3日 中央电视台综合频道、新闻频道、中文国际频道及英语新闻频道持续推出“东非野生动物大迁徙直播特别节目”，第一阶段直播报道于4月10日结束。直播分春季和夏季两阶段实施，春季直播是整个报道的启动和预热阶段，第二阶段报道于8月正式启动。

4月4日 由中宣部、中央文明办、文化部与中央电视台联合主办的大型节目《中华长歌行——我们的节日·清明》在科教频道播出。

4月4日 中文国际频道全程直播在陕西黄帝陵举行的“癸巳年清明公祭轩辕黄帝典礼”。

4月4日至12日 综合频道、新闻频道、中文国际频道及各外语频道推出《探潮亚马孙》大型直播报道，并同步向全球媒体提供直播信号，这是全球电视媒体首次以新闻直播的方式呈现亚马孙大潮的壮观场景。

4月6日至11日 纪录频道和总编室、中国国际电视总公司相关部门联合组团，赴法国戛纳参加国际纪录片交易大会和第50届春季戛纳电视节。纪录频道选送《京剧》《茶》《园林》《瓷路》《发现肯尼亚》《丝路》《对照记》《丹顶鹤》《舌尖上的中国》等九部原创纪录片参展，并发布与日本放送协会、新西兰自然历史公司联合摄制的《生命的力量》第二季，与国家地理频道（亚洲）联合摄制的《透视春晚：中国最大的庆典》等国际合作项目；同时再度设立纪录频道专属展台，并举行国际纪录片交易大会午餐会、“纪录频道主题推介会”等活动。纪录频道与奥地利国家电视台签署合作备忘录。

4月7日 博鳌亚洲论坛2013年年会开幕，国家主席习近平出席开幕式并发表主旨演讲。中央电视台综合频道、新闻频道、中文国际频道及各外语频道围绕演讲全程直播；央视新闻微博与微信展开同步报道；央视网在首页头条视频直播，并第一时间推出讲话全文和视频回放。

4月9日 中共中央总书记、国家主席、中央军委主席习近平视察海军驻三亚部队。新闻中心报道团队首次展现了习近平主席第一次检阅部队官兵的生动阅兵场景。

4月12日 “癸巳年黄帝故里拜祖大典”在河南省新郑市举行，中央电视台综艺频道全程直播。

4月12日 总编室联合人力资源管理中心举办“4·26”知识产权普法培训。

4月13日 新闻中心以新闻、专题等方式，围绕中央“八项规定”出台后一些私人会所、秘密餐厅出现的隐秘“公款吃喝”风展开集中报道，深入揭露腐败现象新的滋生平台。

4月15日 “新址非线性高端制作岛I”全面开放使用，岛内有34套草编工作站、34套AVIDMC精编工作站及2套特效合成工作站，每天能够提供357小时的高清节目制作任务。是一个全高清、全网络、全文件化的电视节目后期制作系统，以制作专题以及演播室录制大型特别节目为主，能够实现节目的采集、编辑、审看及文件化送播的一体化流程，完成高、标清的多频道、多版本同播的制作任务，以及复杂编辑和特效制作。

4月15日 由中央电视台主办的全国电视公益广告大赛举行新闻发布会并正式启动。会上，中央电视台、中国网络电视台、25家省级电视台和城市台，人民网、新华网、光明网、新浪、腾讯等网站，以及航美传媒、华视传媒等共同成立“全媒体公益广告展播联盟”。

4月16日 人力资源管理中心在“金伙伴”合作院校南开大学举办2013年第一期全台品牌栏目创新高级研修班，中央电视台21名“2012年度品牌栏目”制片人参加培训。

4月16日 中央电视台与中国传媒大学外国语学院签订合作协议，建立“双向人才培养（实验）基地”，为强化国际传播人才的发掘、培养及使用建立长效机制。

4月16日 美国波士顿马拉松比赛现场发生连环爆炸，造成至少3人死亡，近200人受伤。中央电视台新闻频道、英语新闻频道、央视网等第一时间展开多角度报道。

4月16日 中国第八部国防白皮书《中国武装力量的多样化运用》发布，新闻中心展开及时深入报道。

4月18日 中国第四个核电基地——福建宁德核电1号机组正式投入商业运行。中央电视台多档新闻节目稳妥把握福岛核事故后全球首个宣布商运的核电基地的建设背景，积极引导舆论。

4月19日 中央电视台、中国网络电视台共同主办的“出彩人生：中国梦·我的梦”征集与展播活动新闻发布会暨活动启动仪式举行。

4月20日 8：02分，四川雅安芦山县发生7.0级地震，中央电视台及时、全面报道，CNN、法新社、美联社、英国《每日电讯报》、印度报业托拉斯、日本共同社、德国之声、南非《星期日独立报》等境外媒体广泛关注和转引。

4月20日 中央电视台台长胡占凡在巴西里约热内卢会见环球电视台总裁卡洛斯·施耐德，并签署两台合作备忘录，承诺双方在信息交流、新闻合作、节目互相授权等领域展开更加广泛深入的交流与合作。中国驻里约热内卢总领事陈小玲出席签署仪式。

4月22日 中央电视台台长胡占凡在巴西首都巴西利亚会见巴西政府新闻部长沙加斯，就两国国家电视台的合作深入交换了意见。

4月22日 海外传播中心在位于洛杉矶的加州大学长滩分校举办“@China–看中国”国际频道宣传推广活动。

4月23日 中央电视台与澳大利亚广播公司（ABC）联合制作的儿童剧《奇妙小镇》举行开机仪式。该剧采取双方共同投资、版权共享、利润分成的国际通行做法，由少儿频道委托中国电视剧制作中心有限责任公司制作。

4月25日 大型节目中心在人民大会堂金色大厅成功举办“习近平主席和夫人为法国总统奥朗德和特里维勒女士举行欢迎宴会文艺演出”。

4月25日至28日 中央电视台台长胡占凡率中央电视台代表团访问尼泊尔，与尼泊尔国家电视台签署了《中央电视台与尼泊尔国家电视台合作备忘录》，并会见尼泊尔总统、信息通讯部长等政要。

4月26日 中国首颗高分系统卫星成功发射。新闻中心顺利完成宣传报道工作。

4月27日 资产管理中心联合中欧国际工商学院、上海市静安区政府举办2013第五届顶级品牌高峰论坛。

4月 中央电视台与纳米比亚广播公司正式签署协议，纳米比亚国家台将通过其数字地面电视平台每日转播中央电视台英语新闻频道节目15小时（国会日期间为8小时），其中包括非洲分台制作的《非洲直播室》节目。转播信号覆盖纳米比亚全境，现有用户28.2万户。这是中央电视台国际频道节目首次进入纳米比亚国家电视台落地播出。

4月 新闻中心圆满完成长达5个多月的第29次南极科考系列报道。

4月 中央电视台有计划、分阶段开展以“信念、理想、责任”为主题的马克思主义新闻观教育活动，活动覆盖全台播音员、主持人、编辑、记者，采用领导授课、专家讲座、分组讨论、业务交流、回答试题、撰写体会、社会实践、公益活动等形式，进一步坚定播音员、主持人、编辑、记者的政治立场，形成正确的新闻理念，牢固树立遵守宣传纪律的意识和把握导向的意识。

五月

5月1日 配合新闻频道开播十周年，作为新闻中心新媒体发展战略第三步的“央视新闻”客户端在搜狐新闻客户端订阅平台正式上线。

5月1日 中央电视台综合频道播出《“中国梦·劳动美”——2013年五一国际劳动节专题文艺晚会》。

5月1日至4日 在第52届亚广联体育工作组大会上，体育频道总监江和平全票当选体育组主席，这是中央电视台员工首次担任这一职务。

5月4日 由中宣部、教育部、共青团中央主办，中

CHINA CENTRAL TELEVISION YEARBOOK

央电视台承办的《五月的鲜花——我们的中国梦》2013年全国大学生校园文艺会演在综合频道直播。

5月5日至6日 巴勒斯坦总统阿巴斯、以色列总理内塔尼亚胡相继到中国访问，外语频道平衡客观报道，体现中国负责任的大国形象。

5月7日 机关党委举办“青年心·央视人·中国梦”——中央电视台“央视精神”表述语发布会暨第二届“青年五四奖章”颁奖典礼，正式发布“央视精神”表述语：“国家责任，全球视野，人文情怀”。

5月8日至9日 中央电视台举办播音员主持人马克思主义新闻观教育活动培训班。中宣部副部长吴恒权出席并授课，中央电视台台长胡占凡作开班动员，中国记协党组书记、常务副主席、书记处书记翟惠生，总编辑、副台长罗明，副台长魏地春分别讲课。台分党组成员、纪检组组长、机关党委书记张海鸽主持培训班。台领导胡恩、何宗就、高峰、孙玉胜、袁正明、丁文华、朱彤、彭健明、董为民等参加开班讲座。全台共有228位播音员主持人参加培训班。

5月10日 中央电视台主办的2013年“美丽中国·湿地行”大型公益活动在北京正式启动。中央电视台台长胡占凡、国家林业局局长赵树丛出席启动仪式并致辞。

5月13日 2013世界乒乓球锦标赛在法国巴黎开赛，体育频道展开全面报道。

5月14日 在第七届“纪录·中国”纪录片创优评析表彰活动上，军事节目中心选送的《塔山阻击战》获文献类一等奖，《狐狸山上的青春》获社会（新闻）类二等奖，金丽娜获最佳导演奖。

5月15日 全球领先的搜索引擎营销服务商耐特康赛（Netconcepts）发布2013年“中国SEO（搜索引擎优化）排行榜”，中国网络电视台等5家网站获得特别奖。

5月15日 由中央文明办、中央电视台共同主办的“讲文明、树新风、心系公益、共圆中国梦——中央电视台公益广告论坛暨经验交流会”在北京举行。

5月15日、22日 财经频道与资产管理中心在北京、杭州举行“您所不了解的财经频道”2013年度推介会，与来自企业界、广告界、媒体界的嘉宾分享财经频道的发展成绩、平台资源、广告创新思路及新节目广告资源等。

5月16日 由中央电视台主办的“2013北京国际电视技术研讨会”在北京举行。

5月17日 由国家林业局主办、中国网络电视台承建的“中国林业展览馆”测试上线。

5月17日 由中宣部、中央外宣办、国家互联网信息办、中央党史研究室、教育部、团中央主办，中国网络电视台承办的“我的中国梦”2013全国视频征集大赛正式启动。

5月18日 3D频道播出中央电视台和中国国家博物馆联合摄制的首部3D版人文纪录片《国脉》电视版，并在中国国家博物馆播映电影版。

5月18日至6月8日 科教频道组织大型媒体活动《中国记忆》。活动以国际博物馆日当天播出特别节目《解秘文明密码》为发端，以中国文化遗产日当天播出特别节目《守护我们的中国记忆》收官，横贯百集人文系列纪录片《手艺》第三季。

5月21日 “名博@社区青年汇”启动仪式暨CNTV中国公开课“追梦与坚守”主题演讲在京举行。该活动由共青团北京市委员会、北京市互联网宣传管理办公室发起，联合中国网络电视台共同主办，邀请知名博主和社会知名人士，深入社区与青少年面对面交流，打造积极向上的网络文化氛围。

5月21日至23日 中共中央总书记、国家主席、中央军委主席习近平在四川芦山地震灾区看望慰问受灾群众，对抗震救灾工作提出明确要求。新闻中心派出记者展开随行报道。

5月22日 综艺频道直播第15届全国青年歌手电视大奖赛颁奖盛典。本届大赛共有32场决赛，历时近2个月，分四个赛期进行，从美声、民族、流行唱法各40组选手中，评出每种唱法的前五名获胜者以及10个优秀组织单位奖，中国网络电视台全程深度参与新媒体宣传推广。

5月22日 由中央电视台、中国广播电视协会主办，发展研究中心、云南电视台承办的第三届中国电视发展年会在云南昆明举行，本届年会主题为“新融合、新发展、新机遇——全媒体背景下的中国电视发展”。

5月22日 中央电视台副台长高峰率中央电视台赴西沙慰问团来到位于永兴岛的三沙市，向西沙守岛部队官兵赠送中央电视台CCTV-3、CCTV-5、CCTV-6、CCTV-8、CCTV-9加密节目接收机和解密卡并颁发免费收视证书。南海舰队副司令张兆垠全程陪同并参加赠送仪式。

5月22日 2013“争奇斗艳——蒙藏维回朝彝壮冠军歌手争霸赛”颁奖盛典举行，此次大赛自2月1日报名开始，吸引了1500名来自全国各地及海外的蒙古族、藏族、维吾尔族、回族、朝鲜族、彝族和壮族的专业或民间歌手报名参赛。阿拉腾布日格德等七位参赛选手获得冠军，次仁桑珠等七位参赛选手获“最佳人气歌手”，内蒙古电视台等七家卫视获得“优秀组织奖”。

5月24日 国家发展与改革委员会正式公布《关于

2013年深化经济体制改革重点工作的意见》，新闻节目展开深入报道。

5月24日 戏曲频道承办的《美猴王争霸赛》五晋一冠军总决赛暨颁奖晚会举行。该赛事于2月启动，包括京剧、昆曲、豫剧等近二十个戏曲剧种的专业演员，以及武术、杂技、魔术、歌舞剧等跨界领域和民间爱好者等300多名选手报名参加。

5月24日至6月10日 体育频道全程直播法国网球公开赛，直播总时长超过73小时，录像40小时。

5月26日 第13届苏迪曼杯世界羽毛球混合团体赛在马来西亚吉隆坡落幕。体育频道全程转播报道本届比赛。

5月26日 中国网络电视台正式上线原创体育直播产品"5+体育一网打尽"，填补了互联网权威网球产品的空白。

5月28日 由国家新闻出版广电总局主办，纪录频道承办的"纪录中国——首届优秀国产纪录片表彰晚会"成功举行。对入选"2011–2012年度国产优秀纪录片人才及机构扶持项目"的17部优秀纪录片、13位创作人才、6档纪录片栏目、12家播出和制作机构进行表彰。

5月31日 全国首例全环节"地沟油"系列案中生产环节案件在宁波二审开庭，这是食品安全司法解释发布后审理的最大一起食品安全案例。新闻中心以直播、新闻、专题等方式展开充分报道。

5月31日至6月8日 国家主席习近平出访拉美三国并赴美国举行中美元首会晤，中央电视台圆满完成报道任务。

5月 在国家新闻出版广电总局举办的2012年度优秀动画作品人才表彰活动上，央视动画有限公司原创自制动画片《猫眼小子包达达》获2012年度动画精品一等奖，合拍片《大耳朵爷爷历险记》和《甜甜圈宝贝》获三等奖，央视动画有限公司员工耿少波获优秀动画创作人才最佳奖。

5月 在中国广电协会组织的2013年荧屏导视奖评审会上，中央电视台选送的15件作品获不同级别奖项。其中，2012传统节日频道ID、主持人手语版形象片、CCTV伦敦奥运会报道总形象片、重阳节直播宣传片等分获频道ID、频道（台）形象宣传片、栏目（节目）收视宣传片等奖项一等奖。

5月 朝鲜最高领导人金正恩特使访华引发国内外舆论广泛关注，新闻中心组织国内外记者站展开及时、深入报道。

六月

6月1日 "六一"晚会《快乐的节日》由往年的少儿频道、综合频道并机播出调整为综合频道首播、少儿频道次日重播。中国网络电视台直播晚会视频，并首次通过iPhone、iPad及Android版移动客户端、手机电视进行直播。日本CCTV大富频道采用日语同声传译方式同步转播晚会。

6月3日 中央电视台台长胡占凡会见美国梦工厂动画公司首席执行官杰弗瑞·卡森伯格和东方梦工厂董事长黎瑞刚一行。

6月3日 央视网整合辟谣团队力量推出辟谣栏目《考证》，以进一步抵制网络谣言，营造健康文明的网络环境。

6月3日 由教育部主办、体育频道和中国大学生体育协会承办的首届"留动中国——在华留学生阳光运动文化之旅活动"在青岛落幕。

6月4日 2013世界华人炎帝故里寻根节暨拜谒炎帝神农大典在湖北随州举行。中文国际频道推出50分钟《炎帝故里寻根节开幕式》特别节目，对开幕式进行现场直播。

6月4日 欧盟宣布对中国光伏产品征收反倾销税。新闻中心组织综合频道、新闻频道多栏目，以资讯、评论等方式展开及时报道，充分表达中方立场。

6月6日 国家主席习近平在墨西哥参议院发表演讲。中央电视台综合频道、新闻频道、中文国际频道并机全程直播。

6月6日 央视财经50分维度领先指数在深圳证券交易所挂牌上市，包括央视创新领先指数、央视成长领先指数、央视回报领先指数、央视治理领先指数和央视责任领先指数五支新指数，分别对应央视财经50指数"五大维度"评价体系，每个指数的样本股为50支。五支新指数将与央视财经50指数共同运行，标志着以央视财经50指数为龙头的央视财经系列指数体系初步成型。

6月6日 2013成都财富全球论坛开幕晚宴举行，中共中央政治局常委、国务院副总理张高丽在晚宴上发表主旨演讲。中央电视台多个频道前后方联动展开及时全面报道。

6月6日 中国网络电视台2013–2014年黄金资源推介会举行，重点介绍CNTV"一云多屏"在内容、技术、多终端及营销等方面的整体战略。

6月6日 总编室举办"中央电视台节目创意投资会国际专场"活动，综合频道、综艺频道、少儿频道负责人和重点栏目制片人参加。现场共展示了22档节目模式，涵盖演播室综艺、游戏竞技、真人秀等节目类型。

6月7日 厦门BRT公交车发生爆炸，新闻中心组织多路记者展开持续报道，稳定社会情绪，回应社会关切。

6月7日至21日 体育频道圆满完成2012/2013赛季美国职业篮球联赛（NBA）总决赛直播报道。

6月8日 中央电视台党风廉政建设协调小组召开会议，研究全台党风廉政建设重点工作。

6月11日 “神舟十号”载人飞船发射，中央电视台多频道以直播、资讯等方式展开及时、充分的报道。6月11日开始，持续跟踪报道“神舟十号”载人飞船飞入太空、太空授课、与中央领导通话等。

6月11日至15日 财经频道播出“走进新国企”系列报道，受到多方好评。

6月12日 台湾中国国民党荣誉主席吴伯雄率领代表团访问大陆，综合频道、中文国际频道、新闻频道等持续展开深入报道。

6月12日 端午节当天，综艺频道播出特别节目《我们的节日·端午》。

6月12日 由中华全国台湾同胞联谊会、中文国际频道以及台湾新竹市文化基金会合办，两岸文化团体和新闻媒体共同参与的2013两岸共庆端午大型综艺晚会在台湾新竹市举行。这是中文国际频道首次在台湾举办文艺晚会。

6月16日 新闻中心启动2013“我们与藏羚羊”科考行动宣传报道，正式推出藏羚羊迁徙产仔大型直播特别节目。直播特别节目第一阶段于7月11日圆满收官。

6月17日 随着中午12点整点新闻的切出，中央电视台所有24个公共频道实现在新址全面播出。台领导胡占凡、罗明、魏地春、胡恩、何宗就、高峰、孙玉胜、张海鸽、袁正明、薛继军、梁晓涛、丁文华、程宏、李挺、朱彤、黄传芳、张宁、彭健明、董为民，国家新闻出版广电总局科技司司长王效杰，以及全台各中心、频道主要负责人参加播出启动仪式。

6月17日 综合频道播出“寻找最美消防员”活动颁奖典礼。活动自3月20日启动，是中央电视台“最美”系列公益品牌的承接延续。中国网络电视台承担颁奖典礼的新媒体传播和推广工作。

6月17日 中国共产主义青年团第十七次全国代表大会在北京召开，中央电视台圆满完成开幕式报道。

6月17日至18日 2013年八国集团峰会在英国北爱尔兰举行，中央电视台组织多路记者展开多角度持续报道。

6月18日 党的群众路线教育实践活动工作会议在北京召开，中共中央总书记、国家主席、中央军委主席习近平出席会议并发表重要讲话，对全党开展教育实践活动进行部署。中央电视台《新闻联播》等重点新闻栏目展开及时、深入报道。

6月18日 新闻中心持续报道“蛟龙号”载人潜水器在南海预定海域成功完成试验性应用阶段首次下潜。中央电视台自5月23日推出“蛟龙”探海系列报道以来，以直播形式持续关注蛟龙号起吊、试水、启航、抵达南海作业区等多个节点，该系列报道一直持续到9月。

6月18日 根据中宣部、中央文明办等六部委要求，中国网络电视台承担建设的全国网络公益广告作品通稿库正式开通。

6月18日至20日 在第60届戛纳创意节上，资产管理中心举办“戛纳·魅力中国日”活动。6月22日，资产管理中心策划创意制作的公益广告《关爱失智老人——打包篇》获第60届戛纳创意节“影视类”铜狮奖，这是中国影视公益广告首次获此殊荣。

6月19日 中央电视台第一期优秀新闻人才高级研修班在复旦大学开班，19名获得中央电视台“2012年度优秀新闻奖”的业务骨干参加培训。

6月19日 财经频道举办首期“财经学院”培训，邀请频道签约评论员姚景源讲解如何解读统计数据，提升频道编辑记者专业水平。

6月19日 由国信办指导、央视网承办的“中国梦·我的梦”大型网上征文活动官网正式推出。全面覆盖电脑、移动平台，实现征集、展示、评论、分享等一系列新媒体交互功能。

6月19日 由中国网络电视台和无锡市政府联合主办的2013中国电子商务创新发展峰会在无锡召开，这是电子商务行业首个国家级大型产业高层峰会。

6月20日 “神舟十号”航天员进行中国首次太空授课。中央电视台综合频道（标清、高清、香港）、新闻频道、中文国际频道（亚、欧、美）、英语新闻频道进行直播，教育系统组织全国8万余所中学的6000余万名师生通过电视直播同步收看。共有124个国家和地区的348家电视机构转播或部分使用了中文国际、英语新闻频道的直播信号。国际视通为英国路透社传送航天城PGM信号，时长55分钟。

6月20日 中央电视台2013年首届西班牙语大赛、首届法语大赛启动仪式在梅地亚中心举行。

6月20日 中央电视台举办编辑、记者、制片人马克思主义新闻观教育活动培训班。

6月20日 北京歌华有线电视网络股份有限公司将CCTV-3、CCTV-5、CCTV-6、CCTV-8等四套加密高清频道纳入基本节目收视包开始试验播出。

6月21日 海峡两岸关系协会与台湾海峡交流基金会领导人在上海举行第九次会谈，中文国际频道多角度开展报道。

6月21日 外语频道与国家新闻出版广电总局研修学院共同举办上海合作组织国家广播电视合作研讨会。

6月22日 2013（癸巳年）公祭中华人文始祖伏羲大典在甘肃天水举行，中文国际频道推出直播特别报道。

6月22日至25日 中共中央政治局召开专门会议，对照检查中央"八项规定"落实情况，讨论研究深化改进作风举措，中共中央总书记习近平主持会议并发表重要讲话。中央电视台重点新闻节目联动报道。

6月23日 中央电视台与北京理工大学举行合作框架协议签约仪式。总工程师丁文华，北京理工大学校长、中国科学院院士胡海岩共同为"中央电视台·北京理工大学数字表演与视觉创意联合实验室"揭牌。

6月23日 中文国际频道首个海外观众俱乐部在澳大利亚悉尼成立。

6月24日 习近平在北京航天飞行控制中心与"神舟十号"航天员通电话。中央电视台综合频道、新闻频道、中文国际频道及各外语频道对"天地通话"活动进行并机直播，并通过国际视通向海外媒体和相关机构提供了全程的公用信号。

6月24日至7月7日 体育频道全程直播2013年温布尔登网球锦标赛。

6月25日 沪深两市双双大幅下跌，新闻节目强化观察视角展开及时、深入报道。

6月26日 "神舟十号"返回舱成功返回，中央电视台综合频道、新闻频道、中文国际频道、外语频道进行直播报道。

6月26日 中央电视台副台长孙玉胜主持召开欧洲分台建设第一次联席会议，正式启动欧洲分台建设工作。

6月26日 纪录频道应邀参加在法国拉罗谢尔举行的2013年阳光纪录片节，并成功举办主题推介会。阳光纪录片节是欧洲最大的纪录片专业节展。

6月26日至28日 人力资源管理中心组织新闻中心、财经频道等15个部门的60名制片人、科组长举办2013年首期制片人管理能力提升培训班。

6月27日 由财经频道与资产管理中心共同策划的"CCTV汽车领袖高峰论坛"在北京举行。

6月29日 中央新闻纪录电影制片厂成立60周年暨延安电影团成立75周年之际，中央新闻纪录电影制片厂（集团）《口述历史》项目正式启动。

6月29日至7月11日 首届全国少儿京剧电视大赛决赛第一轮比赛举行，戏曲频道、央视网、长城平台CCTV戏曲频道及戏曲频道微博进行直播。

6月30日 中国网络电视台中国公开课首家海外宣传推广站点台湾站正式上线，为台湾青少年提供在线教育内容。

6月 美国政府监控全球民众电话及网络通信记录的"棱镜计划"曝光后，中央电视台新闻节目及时跟进报道，就"棱镜计划"具体内容、各国政府民众反应、斯诺登去向等展开全方位报道。

6月 围绕新疆连续发生暴力恐怖袭击案件，新闻中心、中文国际频道、外语频道及时追踪报道案件侦破进展，权威发布有关方面表态，充分反映维护新疆社会稳定的具体行动和有力措施。

6月 国家新闻出版广电总局组织的2012年度少儿精品发展专项资金及国产动画发展专项资金项目评审结果揭晓公示，中央电视台7个项目获得专项资金。其中少儿频道获"优秀少儿频道、动画频道"一等奖；《智慧树》栏目获"优秀少儿电视栏目"一等奖，《大风车》《新闻袋袋裤》获二等奖；动画片《猫眼小子包达达》获"优秀国产动画片"一等奖，《大耳朵爷爷历险记》获三等奖；导演耿少波获"优秀动画创作人才"最佳奖。

6月 中视传媒股份有限公司出品的电视剧《赵氏孤儿案》获第19届上海电视节"白玉兰"奖最佳电视剧金奖和最佳编剧两项大奖，纪录频道出品的《超级工程——上海中心建筑》获白玉兰奖纪录片评委会特别奖。

6月 综艺频道推出全新频道形象包装设计，围绕"你在哪里，舞台就在哪里""生活就是舞台"等核心理念，充分展现"在生活中发现艺术、用艺术映照生活"。

6月 中国网络电视台分别与海南省、内蒙古自治区签署协议，中国网络电视台签署三网融合IP电视三方协议的地区达到13个。

七月

7月2日 由央视网主办的央视网商城启动仪式暨中国好物产征集发布会在北京举行。

7月2日 中央电视台第二期品牌栏目创新高级研修班在南开大学开班，12名中央电视台2012年度品牌栏目制片人及9名英语新闻频道"成长之星"获得者参加，南开大学多位知名专家学者授课。

7月3日至9日 国家核事故应急协调委员会举办全国核应急宣传周活动，这是中国核应急领域首次全国性的大型宣传活动。外语频道在国务院新闻办组织下展开积极宣传报道。

7月5日 英语新闻频道在希腊多选股份公司的诺瓦直播卫星平台正式开播，诺瓦平台是希腊最大的直播卫星电视平台，拥有近40万用户，信号覆盖希腊和塞浦路斯两个国家。英国广播公司、美国有线电视新闻网和半岛电视台等255个电视频道在该平台上转播。

7月5日 中俄两国海军舰艇编队在俄罗斯符拉迪沃斯托克海空域举行联合军事演习。中文国际频道《中国新闻》《今日关注》等栏目展开全方位报道。

7月6日 由财经频道主办的大型公益活动“中国创业榜样”正式启动。俞敏洪、王健林、柳传志三位企业家分别围绕“致青春”、“致奋斗”、“致梦想”演讲。7月12日，财经频道播出“中国创业榜样”公益晚会。

7月6日至17日 2013年世界大学生夏季运动会在俄罗斯喀山市举行，体育频道全程转播报道。

7月7日 韩国韩亚航空公司客机在美国旧金山发生坠机事故，机上搭载的141名中国乘客中有两人遇难。综合频道、新闻频道、中文国际频道和各外语频道迅速反应、及时报道。

7月7日 “蛟龙号”载人深潜器在南海海山区下潜科考，新闻中心记者王凯博随两名职业潜航员一同下潜至3744米深处，中央电视台成为中国首家随“蛟龙号”展开深海潜海报道的媒体。

7月9日 由中宣部主办的“中国特色社会主义与中国梦宣传教育系列报告会”在人民大会堂举办第一场活动，央视网为该系列报告会独家网络直播机构。

7月9日 财经频道召开资本市场节目规划会，实行新的资本市场节目生产架构。频道资本市场节目的主体板块之一“交易时间下午版”由北京总部正式交由上海中心站独立操作。

7月11日至12日 中共中央总书记、国家主席、中央军委主席习近平在河北省调研指导党的群众路线教育实践活动，中央电视台圆满完成新闻报道任务。

7月14日 “谁是球王”中国民间乒乓球争霸赛总决赛在北京体育大学举行，来自全国六大赛区的40余名大区赛“球王”决出六个组别的全国“球王”，综合频道和体育频道并机直播。活动历时共三个半月。

7月15日 电视剧频道高清电视剧《画皮》和本集提要以高清文件化的方式从台外入库中央电视台媒资系统进行备播并文件化播出，实现了委托制作节目从台域外系统，以高清文件形式传输到台域内系统进行节目入库、备播、播出的流程。这标志着中央电视台“标退高进”工作取得实质性进展。

7月15日 央视总部E03（800平方米）演播室正式投入使用，首个入驻栏目为《我的一本课外书》暑期特别节目。E03演播室是整个E01群最后一个建设落成的演播室，三个演播室（E01、E02、E03）形成央视总部面积最大的演播室群，共享22台摄像机和64×64的矩阵。

7月16日 新闻中心“就业有‘位’来——2013大学生就业公益行动”圆满收官。活动于6月5日启动，旨在为严峻就业形势下的2013届大学毕业生提供就业帮助。

7月18日 中央电视台召开党的群众路线教育实践活动动员大会。台分党组书记、台长、台教育实践活动领导小组组长胡占凡，国家新闻出版广电总局教育实践活动中央电视台督导组组长杨波出席会议并讲话。

7月18日 2013年度央视财经50系列指数的新样本股名单出炉，其中包括央视50以及五只央视50分维度指数的197只样本股。6月6日在深交所挂牌的五只分维度指数首次完成了样本股更换，标志着新指数进入稳定运行阶段。

7月19日 由中央电视台主办、纪录频道发起并承办的“中国纪录片播出联盟”成立大会在河南郑州举行。

7月19日至21日 生态文明贵阳国际论坛2013年年会在贵州省贵阳市举行。本次论坛主题为“建设生态文明：绿色变革与转型”。中央电视台综合频道、新闻频道、财经频道、中文国际频道及各外语频道进行报道。

7月19日至8月4日 第15届世界游泳锦标赛在西班牙巴塞罗那举行，体育频道展开全面报道。

7月21日 戏曲频道和安徽卫视联合举办的《2013寻找七仙女》启动仪式在央视总部举行，9月6日至12日在北京决选。

7月22日 甘肃省定西市岷县、漳县交界发生6.6级地震，中央电视台各频道及时报道，并持续对地震的人员伤亡、财产损失、政府救援行动以及灾区居民的安置情况等进行全面、有序的报道。

7月23日 新闻中心、发展研究中心、中国网络电视台共同主办的“电视与新媒体创新论坛”暨央视新闻客户端同步上线发布仪式在梅地亚中心举行，中央电视台台长胡占凡出席仪式并作主旨演讲。

7月24日 “圆我中国梦、传播正能量”——讲文明树新风公益广告网上传递活动在中国网络电视台正式启动。

7月27日至8月15日 “和平使命——2013”中俄联合反恐军演在俄罗斯车里雅宾斯克举行，新闻中心军事节目部多路报道小组跟随参演部队，递进式报道中国军队通过空中转场、铁路运输等方式向俄境内军演地集结的动态新闻。

7月28日 军事·农业频道正式开播《军迷淘天下》栏目，这是中央电视台首届节目创意大赛孵化出的第一个常态栏目。

7月29日 中共中央总书记、国家主席、中央军委主席习近平视察北京军区机关，新闻中心精心组织实施报道。

7月30日 《新闻联播》在当晚19:22引入来自非洲的直播信号，首次现场直播1000余头角马和斑马向马拉河靠近的过程，并以记者连线、新闻回放等方式回顾半小时前1000余头角马跨越马拉河的壮观场景，这是《新闻联播》首次引入境外信号进行现场直播报道。

7月 综合频道、新闻频道、中文国际频道、英语新闻频道等持续深入关注葛兰素史克(中国)投资有限公司涉嫌严重经济犯罪案件，以丰富、平衡的信息量强化国内外舆论引导。

7月 针对社会关注的“气功大师”王林，综合频道、新闻频道多栏目展开集中报道，揭露“气功大师”王林的真实面目。

7月 中宣部、教育部、共青团中央向全国青少年推荐100种优秀图书、100部优秀影视片，中央电视台多部影视片入选，包括《超级工程》《周恩来外交风云》《越过太平洋——江泽民主席97访美纪行》《人民至上》《圆明园》《仰望星空》《美丽中国》等纪录片，《西游记》《十七岁不哭》《双筒望远镜》《解放》《江姐》等电视剧，《大头儿子和小头爸爸》《小鲤鱼历险记》《小牛向前冲》《五子说》等动画片。

八月

8月1日 为纪念中国人民解放军建军86周年，军事·农业频道播出特别节目《我是一个兵》文艺晚会。

8月1日 财经频道联动推出《中国经济转型一线报告》系列报道，聚焦“化解产能过剩”、“推进金融改革”、“聚焦城镇化进程”三大重点。

8月1日 新闻频道、英语新闻频道及西班牙语国际频道、法语国际频道、阿拉伯语国际频道、俄语国际频道推出“东非野生动物大迁徙”首场直播特别节目，第二阶段直播主体报道正式拉开序幕。8月10日，第二阶段最后一场直播特别节目顺利播出，标志着“东非野生动物大迁徙”直播特别节目主体报道圆满完成。

8月5日 科教频道开始播出20集人物系列纪录片《2013寻找最美乡村教师》。

8月5日至9日 英语新闻频道及西班牙语国际频道、法语国际频道、阿拉伯语国际频道、俄语国际频道以2013年拉萨雪顿节为契机，推出《直播西藏——拉萨雪顿节大型特别报道》。

8月5日至11日 体育频道成功转播报道在广州举行的2013年世界羽毛球锦标赛。

8月6日 中国网络电视台“熊猫频道”发布会在梅地亚中心举行。国家林业局局长赵树丛、国家新闻出版广电总局副局长聂辰席、中央电视台台长胡占凡出席并共同启动“熊猫频道”。

8月10日 由国家互联网信息办公室主办，财经频道、中国互联网协会、首都互联网协会承办，中国网络电视台协办的“网络名人社会责任论坛”在中央电视台新址召开。参加论坛的14名微博“大V”畅谈互联网时代网络名人影响力与责任感。

8月10日至18日 第14届世界田径锦标赛在莫斯科开幕，中央电视台派出以体育频道为主的报道团队，对比赛进行全程转播报道。

8月13日 “走进基层寻找感动——中央电视台党的群众路线教育实践活动主题报告会”举行，台领导胡占凡、罗明、胡恩、何宗就、高峰、孙玉胜、袁正明、薛继军、梁晓涛、丁文华、李挺、朱彤、张宁、董为民，国家新闻出版广电总局教育实践活动中央电视台督导组组长杨波、副组长赵建华出席。

8月13日 综艺频道围绕“天下有情人，爱要大声唱出来”主题推出10小时大型直播活动。音乐频道播出大型主题歌会《星光璀璨——2013国际情歌大汇》。

8月14日 财经频道与《光明日报》在《央视财经评论》栏目中推出首期联席评论：“用政府权力‘减法’换取市场活力‘加法’”。8月15日，《光明日报》在重要版面大篇幅刊登节目内容，并配发两篇联席评论。

8月16日 光大“乌龙指”事件引发股市大幅震荡，财经频道与综合频道《晚间新闻》栏目密切沟通，展开及时报道。

8月18日 中央电视台第二个开路播出的体育频道体育赛事频道（CCTV-5+）正式开播。频道播出台标为“CCTV-5+体育赛事”，以完整赛事直播、录像以及赛事集锦为基本节目形态，全天24小时全高清播出。

8月19日至20日 全国宣传思想工作会议在北京召开。中共中央总书记、国家主席、中央军委主席习近平出席会议并发表重要讲话。中央电视台及时充分报道。

8月20日 由中央外宣办主办，外语频道与新疆外宣办联合承办的“新疆是个好地方——上合组织国家媒体记者团赴新疆联合报道”活动在乌鲁木齐启动。中央电视台俄语国际频道及哈萨克斯坦国家电视台、吉尔吉斯斯坦国家电视台、俄通-塔斯社等中外主流媒体的

20余名记者组成联合报道组，前往喀什、伊犁等地开展采访拍摄活动。

8月20日 第29届电视剧“飞天奖”新闻发布会、中国电视艺术网（新版）上线暨2012年中国电视艺术发展报告（第二卷）首发启动仪式在中国网络电视台举行。中国电视艺术网（新版）由国家新闻出版广电总局中国电视艺术委员会主办，由CNTV具体承办。

8月20日 中国海军舰艇编队出访美国、澳大利亚、新西兰三国，并深入美军战略要地举行联合军演。中文国际频道多栏目多形式展开深入报道。

8月21日至24日 由国家新闻出版广电总局主办，中央电视台承办的第22届北京国际广播电影电视设备展览会于中国国际展览中心举行。

8月21日至31日 中文国际频道播出第六届“汉语桥”在华留学生汉语大赛的10场决赛、1场总决赛暨颁奖晚会。

8月22日至24日 由国家新闻出版广电总局主办、中央电视台承办的第11届中国国际影视节目展于北京展览馆举行。

8月22日 薄熙来受贿贪污滥用职权案在济南开庭审理。新闻中心严格按照中宣部有关部署，在新闻频道多栏目及时播出新闻，第一时间独家播发庭审相关视频画面，有关节目迅速被各家网络媒体转载，有力引领社会舆论。

8月24日 2013CCTV中国上市公司峰会在京召开，会议发布《2013中国上市公司运行报告》《中国企业发展环境报告2013》，正式公布2013年度央视财经50指数最新样本股名单，并举行了央视财经500指数的启动仪式。

8月31日 中文国际频道播出由中央电视台与国家汉办/孔子学院总部共同主办、中文国际频道承办的第六届“汉语桥”在华留学生汉语大赛总决赛暨颁奖晚会。

8月31日 第12届全运会在沈阳开幕。中央电视台综合频道、中文国际频道、体育频道、新闻频道、英语新闻频道、体育赛事频道，以及中国网络电视台全程直播。

8月 综合频道、新闻频道、财经频道多档新闻节目持续关注新西兰恒天然原料产品检测出肉毒杆菌事件，及时、权威回应公众关切。

8月 综合频道、新闻频道、中文国际频道配合全国公安机关集中开展的打击网络有组织造谣传谣等违法犯罪专项行动，第一时间关注北京警方打掉蓄意制造传播谣言、恶意侵害他人名誉，非法攫取经济利益的网络推手公司北京尔玛互动营销策划有限公司的情况。

8月 中央电视台选送的8件作品获第23届中国人大新闻奖。其中《新闻特写：发言人傅莹今天上岗》《香港回归十五周年特别报道——范徐丽泰眼中的“一国两制”》《夏丹追新闻系列报道》分获消息类、系列报道一等奖。

8月 中国国际电视总公司中视节点公司自主成功研发三维索道摄像系统（俗称“蜘蛛眼”）正式命名为“万向鹰眼（EagleVision）”。该系统为国内特拍行业填补了一项重要技术空白。

8月 国家新闻出版广电总局公布2013年全国“百强报刊”推荐名单。《中国电视报》获评全国“百强报刊”，并成为全国广电报中唯一获此殊荣的报纸。

8月 由中视传媒股份有限公司等联合出品的大型史诗抗战剧《中国地》获第29届飞天奖长篇电视剧一等奖。

九月

9月1日 综合频道播出由教育部与中央电视台联合主办、综合频道承办的特别节目2013《开学第一课》。《开学第一课》自2008年起已推出五届。

9月2日 第三届中国-亚欧博览会开幕式暨主论坛在新疆乌鲁木齐举行。中文国际频道、英语新闻频道及阿拉伯语国际频道、俄语国际频道对开幕式进行现场直播。

9月3日 第十届中国-东盟博览会暨商务与投资峰会在广西南宁开幕，国务院总理李克强出席开幕式并发表主旨演讲，综合频道、新闻频道、中文国际频道、英语新闻频道等展开多角度、多层次报道。

9月3日至9月13日 国家主席习近平出访土库曼斯坦、哈萨克斯坦、乌兹别克斯坦、吉尔吉斯斯坦中亚四国，并出席二十国集团领导人第八次峰会和上海合作组织成员国元首理事会第十三次会议。中央电视台及时准确完成报道。

9月5日至6日 G20领导人第八次峰会在俄罗斯圣彼得堡召开。新闻中心、中文国际频道、外语频道等组织前后方报道团队，展开及时充分、角度丰富的报道。

9月6日 由中央电视台主办，中国社会科学院语言研究所、北京语言大学、商务印书馆协办的首届“中国汉字书写和传承高峰论坛在北京举办，主题为“信息化时代汉字的书写和传承问题”。

9月8日至9日 由中央电视台与商务部主办、财经频道承办的2013国际投资论坛在厦门举行。中共中央政治局委员、国务院副总理马凯出席论坛并发表主旨演讲。

9月9日 中国电视长城（新西兰）平台通过MegaTEL电信公司的IP电视平台正式开播。

9月10日 综合频道、综合高清频道、科教频道播出2013“寻找最美乡村教师”活动颁奖典礼。由教育部新闻办主办、央视网承办的教师节专题“感念师恩第四季——我的老师”上线。

9月10日 中国对钓鱼岛及其附属岛屿进行常态化巡航监视一周年，中国海警派出舰船编队前往钓鱼岛领海进行巡航。新闻中心、中文国际频道开展及时充分的新闻报道。

9月11日 2013年夏季达沃斯论坛在大连开幕，国务院总理李克强出席开幕式并发表特别致辞。综合频道、新闻频道、财经频道、中文国际频道、外语频道以直播报道、特别节目等形式进行多角度、多层次报道。

9月12日 第12届全运会在辽宁沈阳闭幕，中央电视台圆满完成第12届全运会整体转播报道任务。

9月14日 由中央电视台主办的首届“全国电视公益广告大赛”举行颁奖典礼。大赛历时四个半月，设置“电视公益广告作品奖”、“电视公益广告最佳导演奖”、“电视公益广告最佳网络人气奖”、“电视公益广告创意脚本奖”等奖项。

9月15日至19日 2013年首届中国-阿拉伯国家博览会在宁夏回族自治区举行，阿拉伯语国际频道进行全面、深入报道。

9月16日 新闻中心组织《新闻联播》《焦点访谈》《新闻直播间》《东方时空》等栏目联动，持续三日独家追踪报道新生儿“第一口奶”背后黑幕，揭露个别医生护士为牟取私利，罔顾法规医德，串通奶粉企业，操纵新生儿“第一口奶”的骇人事实。

9月17日 中央电视台2014年节目资源推介会在人民大会堂举办，首次集中发布中央电视台2014年节目及广告资源，标志着2014年广告招标预售正式启动。台领导胡占凡、罗明、魏地春、胡恩、孙玉胜、袁正明、薛继军、程宏、朱彤、黄传芳、张宁、彭健明，全台各中心（室）、频道负责人，国家新闻出版广电总局、国家工商总局、国内外企业、广告公司、业内专家、新闻媒体代表等近3000人参加。

9月17日至22日 综合频道、新闻频道推出“2013钱塘观潮”特别节目。9月21日至22日，中文国际频道连续两天推出《潮起钱塘》特别节目。

9月19日 综艺频道直播2013年中秋特别节目《万家邀明月、一起过中秋》十小时大型直播，戏曲频道黄金时间播出中秋晚会《花好月圆》，音乐频道播出“更上一层楼”——2013中秋民族音乐会。

9月22日 由中国电影家协会、中央新闻纪录电影制片厂（集团）、中国网络电视台等29家单位联合主办的2013中国国际微电影大典在北京启动。中国网络电视台同步上线官网(wdy.cntv.cn)。

9月23日 中央电视台台长胡占凡会见越南国家电视台台长陈平明及越南使馆公使一行，并出席中央电视台与越南电视台新闻素材交换签约仪式。

9月23日至25日 中共中央总书记、国家主席、中央军委主席习近平到党的群众路线教育实践活动联系省河北省参加并指导省委常委班子专题民主生活会。新闻中心时政新闻部派出记者随行报道。

9月24日 由中央电视台主办、江苏广电总台协办的“2013全国电视新闻年会”在江苏南京举行。中央电视台台长胡占凡，江苏省委常委、宣传部长王文燕，以及全国35个省级电视台领导和新闻宣传负责人参加会议。

9月24日 由海外传播中心、法语国际频道、中国驻塞内加尔使馆、塞内加尔新闻、电信和数字经济部在塞内加尔首都达喀尔举行“中国电视周”开播仪式。法语国际频道选送的9部内容涵盖中华文明、传统艺术、饮食文化及现代风貌的纪录片从10月1日起在塞内加尔国家电视台陆续播出。

9月25日 第二届中国·嘉峪关国际短片电影展在甘肃兰州举行。法国、德国等11个国家的代表和全国16个省、区、直辖市的广播电影电视局相关负责人参加影展。

9月26日 2013欧亚经济论坛在陕西西安开幕，中文国际频道、英语新闻频道、俄语国际频道等全程直播开幕式。

9月27日至10月6日 体育频道和体育赛事频道全程转播报道2013年中国网球公开赛，

9月28日 科教频道播出2013年度“希望之星”英语风采大赛冠军争夺赛暨颁奖典礼，比赛设置的由美国哈佛大学、芝加哥大学、澳大利亚悉尼大学等名校组成的“国际招生团”是一大亮点。

9月29日 上海自由贸易试验区挂牌成立。中央电视台多个频道以直播、新闻等多种方式展开及时深入的报道。

9月29日至10月7日 《空中剧院》“2013上海行”连续进行九场直播。

9月30日 中央电视台英语新闻频道、法语国际频道和纪录频道（国际版）在加拿大第三大平台运营商贝尔（Bell）的直播卫星平台及IP电视系统落地开播，覆盖217万用户。

9月30日至10月4日 中央电视台成功举办第九届

全国电视小品大赛，共决出6个优秀作品奖、“五佳选手”奖和5个优秀组织奖。综艺频道、中国网络电视台进行全程直播。

9月 中央电视台仰光记者站正式获得缅甸联邦共和国宣传部的长期驻站审批，成为获得缅甸官方认可的8家国外驻站媒体之一，也是第一家获得常驻资格的中国电视媒体。

十月

10月1日 中央电视台成功直播报道党和国家领导人与首都各界代表向人民英雄纪念碑敬献花篮。

10月2日至8日 国家主席习近平对印度尼西亚、马来西亚进行国事访问并出席亚太经济合作组织(APEC)第二十一次领导人非正式会议，这是习近平首次访问东南亚并首次出席APEC会议。新闻中心派出数十人报道团队展开全程报道，形成多视角、全方位、立体化的报道格局。

10月6日至15日 体育频道和技术部门密切协作，圆满完成在天津举行的第六届东亚运动会转播报道任务。

10月11日 《焦点访谈》播出《证难办脸难看》，通过记者陪同办事群众的实地体验，反映北漂小伙半年往返河北家乡6次办理出国护照，以及江苏大学生创业三月之内往返11次办理营业执照和法人执照的情况，引发相关部门的高度重视和社会广泛关注。

10月13日 2013“寻找最美村官”颁奖典礼在综合频道黄金时段播出，中国网络电视台（CNTV）全程直播颁奖典礼并提供视频点播。活动于5月16日启动。

10月13日 新闻中心以重阳节和中国第一个法定老年节为契机，启动2013“我的父亲母亲”新闻公益行动。活动主题为“关注农村养老问题”。

10月14日至16日 为纪念习仲勋诞辰100周年，由中央党史研究室、国家新闻出版广电总局、中央电视台联合摄制，纪录频道承制的六集文献纪录片《习仲勋》在综合频道黄金时段首播，10月17日至19日在纪录频道重播。

10月15日 资产管理中心联合湖南卫视、江苏卫视、浙江卫视、东方卫视、安徽卫视、云南卫视在北京举行“电视的力量——中国电视影响力发展论坛”。

10月16日 由中央电视台主办的2013“寻找最美乡村医生”大型公益活动在北京举行启动仪式。中国网络电视台官方网站和微博同时上线。2013“寻找最美乡村医生”活动包括事迹征集报道、图片视频文章征集发布、颁奖典礼等内容，发动全社会广泛参与。

10月16日 被誉为广告界“奥斯卡”的第八届中国4A金印奖在杭州颁奖，资产管理中心制作播出的《回家系列——过门的忐忑篇》获影视作品类大奖。

10月17日 科教频道播出原创大型季播节目《发明梦工场》总决赛，经过13场晋级赛，民间发明项目“自动烹饪锅”以1.5亿元人民币投资的业绩获总冠军。

10月17日 由中央电视台承担的国家标准项目——《高清晰度数字电视主观评价用测试图像》通过全国广播电影电视标准化技术委员会的验收，填补了中国高清电视测试图像的空白，达到国际先进水平。

10月17日 “谁是球王”第二季——中国羽毛球民间争霸赛在京启动。此次活动由中国羽毛球协会和中央电视台体育频道共同主办，中视体育娱乐有限公司承办。

10月18日 综合频道和科教频道并机播出《中国汉字听写大会》总决赛，由中央电视台、国家语言文字工作委员会联合主办的首届《中国汉字听写大会》圆满落幕。节目自8月2日每周五晚黄金时段播出以来，累计收看人数超过3亿人次。总决赛并机总收视率高达2.6%，在全国上星频道黄金时段所有节目中收视第一。

10月18日 为期两年的中央电视台制片人管理能力轮训项目结束，全台共计722名制片人先后完成了专业课程学习和体验式培训。

10月18日至20日 由杭州市人民政府、中央新闻纪录电影制片厂（集团）联合主办的首届中国(杭州)国际微电影展在浙江杭州举办。

10月21日 台长胡占凡会见美国库恩传媒集团董事长罗伯特·库恩一行，双方就联合制作一档在英语新闻频道播出的访谈节目交换了意见。

10月21日 由国家新闻出版广电总局指导，央视网承建的中国纪录片网正式启用一级域名www.docuchina.cn。中国纪录片网拥有近6000部、7万多集纪录片资源，承担着国家新闻出版广电总局“优秀国产纪录片暨创作人才扶持项目”展播推广平台等重要工作，并举办“发现美丽中国”活动，实现纪录片题材集纳、融资交易等功能。

10月22日 “CCTV慈善之夜”启动仪式暨中国慈善年度高峰论坛在北京举行，“CCTV慈善之夜”特别节目于12月1日在央视总部录制。

10月23日 中央电视台召开国际频道海外落地工作会议。台长胡占凡出席会议并讲话。

10月26日 中央电视台制作播出的公益广告在第20届中国国际广告节上获多项大奖。其中《回家系列——过门的忐忑篇》获得“中国公益广告黄河奖”金奖，中央电视台资产管理中心获“中国公益广告突出贡献奖”等。

10月26日 中文国际频道播出“2013年CCTV-4海外忠实观众颁奖晚会”，晚会是“2013年中央电视台中文国际频道海外忠实观众有奖评选活动”的重要组成部分。中文国际频道已举办三届海外忠实观众评选活动。

10月27日至11月4日 2013年世界斯诺克国际锦标赛在成都举行。该赛事是体育频道的独家重点赛事资源，也是积分奖金第二高的世界级斯诺克赛事。

10月30日 北京市公安局破获“10·28”吉普车冲撞天安门金水桥暴力恐怖袭击案件。综合频道、新闻频道、中文国际频道、英语新闻频道及新媒体平台展开及时、充分报道，积极回应社会关切。

10月 中央电视台综合频道、新闻频道、中文国际频道多栏目、多角度揭秘中国军队首支战略核潜艇部队，这是中国媒体首次走进中国核潜艇部队。

10月 中央电视台8部作品获第23届中国新闻奖。其中，《习近平在参观复兴之路展览时强调承前启后继往开来继续朝着中华民族伟大复兴目标奋勇前进》《胶囊里的秘密》《“科学发展成就辉煌”大型图片展览网上展》《达赖集团与自焚暴力事件》分获消息类、专题类、网页设计类、国际传播类一等奖。

10月 中国电视艺术家协会、中央电视台发展研究中心和浙江省嘉兴市人民政府共同举办的第八届全国“德艺双馨电视艺术工作者”表彰大会在浙江嘉兴召开。新闻中心康辉、张宏民、张泉灵、董倩，综艺频道哈文、毕福剑，总编室王建宏，中国电视剧制作中心有限责任公司李汀，中央新闻纪录电影制片厂（集团）王一岩获“德艺双馨电视艺术工作者”荣誉称号。

10月 在中央文明办统筹下，央视网与山西运城剪纸艺术家合作，将第四届全国道德模范20位代表人物及事迹作为创作素材，制作“仁、义、诚、敬、孝”五大主题的剪纸风格公益广告作品。

10月 央视市场研究股份有限公司报送的《媒介共生性下的层级投放策略——基于鲜奶品类的实证研究》获中国市场研究协会第12届宝洁论文奖专业组一等奖。该奖是中国市场研究行业的最高研究奖。

十一月

11月3日 体育频道圆满完成2013赛季中国足球超级联赛赛事转播报道工作。

11月4日 中央电视台主持研发的多旋翼遥控航拍平台首次参与电视直播，圆满完成2013常熟智能车挑战赛报道任务。

11月4日 中国网络电视台旗舰版客户端应用程序全线入驻苹果（中国）实体专卖店。北京、上海、成都、深圳等城市实体店中的iPhone、iPod和iPad演示设备上，全部预装CNTV旗舰版客户端。

11月5日 2013年中央电视台智库论坛在北京举行，论坛以“电视的品质、品格、品位”为主题发布三个主体报告。

11月5日至6日 中共中央总书记、国家主席、中央军委主席习近平先后在长沙视察国防科学技术大学、在北京接见全军党的建设工作会议代表。新闻中心及时顺利完成报道。

11月7日 由中央电视台主办的“寻找最美孝心少年”大型公益活动推选结果揭晓新闻发布会在中国网络电视台举行，公布了年度十佳“最美孝心少年”和“特别关注孝心少年”名单。颁奖典礼于11月8日在综合频道、少儿频道并机播出。

11月7日 世界高层建筑学会“2013年度高层建筑奖”评选结果在美国芝加哥揭晓。中央电视台新址大楼获得最高奖——全球最佳高层建筑奖。

11月8日 在第一届“艺术对话经济”论坛上，财经频道与雅昌艺术网等合作启动央视财经艺术品系列指数，这是中国第一个由权威媒体发布的艺术品指数，成为央视财经系列指数中的一员。

11月9日 广州恒大足球俱乐部在2013年亚洲足球俱乐部冠军联赛决赛夺冠，这是中国足球自职业化以来夺得的首个洲际冠军，综合频道、新闻频道、体育频道全面聚焦广州恒大足球队夺冠历程。

11月11日 《纪录中国》栏目在全国70家省市级电视台正式开播，成为中国参与播出电视台最多、覆盖范围最广、节目种类最多的纪录片栏目。该栏目由纪录频道联合全国各省市级电视台共同开办，每天播出30分钟精品纪录片，涵盖自然类、社会类、人文类、文献类等内容，主要以优秀国产纪录片为主，同时适当播出国外经典纪录片。

11月11日 中国网络电视台与广西广电新媒体有限公司、中国电信广西分公司合作推出的IP电视业务在南宁测试开通，CNTV“三网融合”IP电视业务已实现在全国10个地区开通运营，三方协议签约地区达17个。

11月13日 新闻频道推出大型直播特别报道《天山转场》，对新疆天山西部的“牧民转场”这一独特的“民生工程”进行多视角、多形态报道。

11月14日 财经频道与香港《大公报》共同主办以

"激活转型升级的力量"为主题的"2013全球财经论坛·香港"。"央视财经论坛"作为财经频道一年一度重磅打造的品牌，已连续三年举办。

11月14日 中央电视台体育频道、中国传媒大学播音主持艺术学院体育播音人才联合培养项目启动仪式在中国传媒大学举行。

11月15日 欧洲通信卫星公司向英语新闻频道颁发国际电视领域的重要奖项——欧洲卫星电视奖。欧洲卫星电视奖的前身是热鸟奖，由欧洲通讯卫星公司于1998年首次颁发。

11月15日至12月6日 首届中央电视台西班牙语大赛决赛在西班牙语国际频道播出。

11月16日 正在中国访问的荷兰首相马克·吕特一行参观央视总部大楼，并接受财经频道专访。

11月16日 2013（第12届）四川电视节"金熊猫"奖国际纪录片各类奖项揭晓，纪录频道作品获得11项大奖，中央新闻纪录电影制片厂（集团）作品获得2项大奖。

11月16日 综艺频道每周六直播《我要上春晚特别节目——直通春晚》，直至2014年1月18日。

11月17日 体育频道圆满完成历时9个月的2013年中华龙舟大赛转播报道工作，全程转播了海南万宁、江西鄱阳、福建福州、江阴月城、甘肃永靖、贵州铜仁、东莞麻涌7站比赛，共制作公用信号30小时，直播13小时，录播近6小时。

11月17日 纪录频道在成都举办首届中国国际纪录片提案大会，共有300余位纪录片从业者参加。大会邀请欧亚广播电视学会、亚洲-太平洋广播联盟（ABU）、英国广播公司BBCEarth、中央新闻纪录电影制片厂（集团）等28家国内外知名机构的资深纪录片人担任决策人和嘉宾，对23组国内外提案进行现场评议，就提案内容、拍摄手段、经费预算等方面提出具体、专业的意见、建议。

11月18日 中央电视台举办2014年黄金资源广告招标现场竞购大会，216家国内外知名企业参与竞争，央视网进行独家网络直播报道。

11月19日 中国网络电视台旗下负责IP电视业务运营的子公司——爱上电视传媒有限公司，与中国电信集团公司签署IP电视合作协议。

11月19日至22日 中央新闻纪录电影制片厂（集团）等主办的首届亚洲微电影艺术节在云南省临沧市举办，举行"金海棠"奖颁奖盛典、高峰论坛等活动。资产管理中心制作的公益广告《爱心传递——洗脚篇》《关爱失智老人——打包篇》获"金海棠"最佳广告微电影奖。

11月20日 央视国际视频通讯有限公司"2013年全球视频媒体论坛·非洲电视媒体研讨会"在北京举行，央视国际视频通讯有限公司与来自坦桑尼亚、赞比亚、苏丹等15个非洲国家的国家广播电视公司、电视台签署了"非洲视频传输渠道"合作协议。

11月21日 由财经频道主持编制的"人民币指数"正式对外发布。这一指数选取美元、欧元、日元、港币、澳大利亚元、加元、英镑、俄罗斯卢布和马来西亚林吉特等9种货币作为样本，反映了2005年汇率改革启动以来，人民币对多种国际货币的汇率综合价值走势，是财经频道自央视50系列指数、央视艺术品指数之后新开辟的又一指数类型。

11月21日 由中国网络电视台、国家语言资源监测与研究中心、商务印书馆、山东卫视共同主办的"汉语盘点2013"活动正式启动。本次活动主题为"用一个字、一个词描述2013年的中国与世界"，分为网友推荐、专家评点和网络投票三个阶段。该活动已连续举办七年，CNTV第二次作为主办方参与。

11月22日 山东青岛中石化黄潍输油管线发生爆燃事故，造成生命财产重大损失。中央电视台新闻节目应对及时、把握稳妥。

11月24日至28日 中共中央总书记、国家主席、中央军委主席习近平到山东青岛、临沂、济宁、菏泽、济南等地考察调研，这是习近平在十八届三中全会闭幕后首次赴基层调研。中央电视台及时、准确、全面报道。

11月25日 科教频道创作的中国首部纯手绘高清动画纪录片《苍狼》作为2013中国（广州）国际纪录片节公众展播的首映片在广州公映。

11月28日 少儿频道首播央视动画重点打造的动画片《新大头儿子和小头爸爸》第一部50集。

11月28日至29日 由体育频道、全国电视体育节目主持人研究会主办的第六届全国电视体育节目主持人大会在石家庄举行。

11月30日 由财经频道主办的2013央视财经贵金属高峰论坛在京召开，中国证监会、上海期货交易所、上海黄金交易所等单位主要负责人参会。论坛对"黄金产业与大国战略"、"黄金价格是否结束十年牛市"主题进行讨论，并正式启动了央视财经贵金属指数。该指数是反映金、银、铂等贵金属品种走势的综合指标，是国内期货市场第一只贵金属商品分类指数。

11月 新闻中心、财经频道、外语频道、军事节目中心、央视网等全面展开党的十八届三中全会主题报道。

11月 由少儿频道拍摄的儿童电视剧《马头琴》在第30届芝加哥国际儿童电视节展映，并获"儿童评委奖”之真人电视节目类二等奖，这是中央电视台儿童节目首次参评。

11月 根据教育部、中宣部“卓越新闻传播人才教育培养计划”要求，清华大学新闻与传播学院副教授周庆安挂任新闻中心策划部副主任职务，中国青年政治学院新闻与传播系教授李永健挂任中文国际频道新闻部副主任职务。同时，中央电视台选派汪文斌、罗琴、肖振生、张巍、孙杰、王宝卿、问永刚等7人赴高校交流任教。

11月 由国家新闻出版广电总局、国家互联网信息办公室指导，中国网络视听节目服务协会主办的“2013优秀网络视听作品推选活动”揭晓获奖名单，2013 CCTV网络春晚获得评委会大奖，熊猫频道获“2013网络视听创新典范”及“网络视频十佳品牌栏目”两项大奖。

11月 新闻中心组织海外报道力量与后方编播系统联动，围绕中国划定东海防空识别区及后续热点新闻展开及时持续报道，受到外媒高度关注。

11月 由国家版权局指导、中国版权协会主办的第六届中国版权年会在京召开，中国网络电视台获2013年中国版权最具影响力企业，是全国唯一获奖的国家重点新闻网站。

十二月

12月1日 中央电视台广告业务全面并轨至新址系统，标志着资产管理中心新址系统全面上线并正式运行。

12月2日 “嫦娥三号”月球探测器成功发射升空。12月14日、15日，“嫦娥三号”分别完成落月、两器分离和互拍成像任务，标志着中国探月工程二期圆满成功。中央电视台多频道分别推出直播特别节目，全程直播“嫦娥三号”任务进展。

12月2日 中文国际频道连续7天播出由中央电视台和台湾中天电视台共同举办的第12届海峡两岸知识大赛总决赛。

12月4日 全国法制宣传日当天，综合频道播出由司法部、全国普法办和中央电视台联合推出的“12·4”法治宣传日特别节目《法治的力量——CCTV2013年度法治人物颁奖礼》。

12月5日 围绕中国第30次南极考察队开展新建科考站泰山站的物资卸运和中山站的物资补给，新闻中心随行报道团队首次运用海事卫星直播技术完成第一场南极直播报道。

12月5日至6日 播出传送中心顺利完成中央电视台付费频道搬至20套硬盘播出系统，付费频道播出搬迁工作全部结束，标志着中央电视台所有频道均实现文件化备播整备，为全台文件制播一体化创造了有利条件。

12月6日 南非前总统曼德拉逝世。中央电视台综合频道、新闻频道、中文国际频道、英语新闻频道和央视网等第一时间展开多角度主题报道。

12月11日至12日 2013央视财经论坛在北京举行，英国前首相布莱尔、巴基斯坦前总理阿齐兹，中国著名经济学家厉以宁、高尚全、樊纲等，以及联想控股董事长柳传志等知名企业家参加系列论坛活动。

12月12日 第14届中国经济年度人物颁奖盛典在中央电视台新址成功举行，典礼揭晓了终身成就奖、年度人物奖、创新奖和特别奖等奖项。

12月19日 中国工程院和中国科学院公布2013年两院院士增选结果，中央电视台总工程师丁文华当选中国工程院信息与电子工程学部院士，这是中国新闻出版广播电视科技领域的首位院士。

12月20日 由文化部、国务院新闻办公室、国务院侨务办公室、中国人民对外友好协会、孔子学院总部/国家汉办和中央电视台共同主办的第二届《中华之光——传播中华文化年度人物评选》颁奖典礼在央视总部举行。获奖者来自世界五大洲七个国家和地区，包括词学大师叶嘉莹、电影明星成龙、推动澳大利亚中医立法的林子强、为世界和平与文化交流贡献卓著的星云大师等。

12月21日 中国网络电视台与腾讯独家合作推出的微信电视正式发布，并在创维电视上首发上线。微信电视是CNTV与腾讯继“电视QQ”后推出的融合创新产品，集纳互联网电视作为家庭娱乐智能终端以及微信作为个人娱乐智能终端的双重优势。

12月22日 中央电视台主办的首届“2013海峡两岸媒体前瞻论坛”在北京成功举行。中共中央政治局常委、全国政协主席俞正声会见与会代表并发表重要讲话。国务院台办主任张志军、国家新闻出版广电总局副局长聂辰席、中央电视台台长胡占凡分别在论坛开幕式上致辞。论坛举行了题为“深化了解与增进认同”和“媒体传播与形式塑造”的分论坛，并达成《“2013海峡两岸媒体前瞻论坛”共同倡议》。央视网进行视频、图文直播。

12月22日 央视网主办的首届“金熊猫杯”北美国际微电影大赛颁奖典礼在加拿大列治文河石剧院举行，标志着本届大赛圆满落幕。大赛从9月启动，共收到来自全球近50部参赛作品，

12月23日 中央电视台副总编辑朱彤在土耳其与土耳其国家广播电视公司（TRT）副总经理易卜拉欣·艾兰签署两台节目交换播出合作谅解备忘录。这是中央电视台节目首次在土耳其主流电视频道中植入式播出。土耳其国家广播电视公司（TRT）创立于1964年，是土耳其唯一一家公共电视广播机构，在当地广播电视业拥有垄断地位，运营17个电视频道及18个广播频道。

12月24日 央视网与《文明》杂志合作，独家网络刊发十八届中央政治局常委习近平、李克强、张德江、俞正声、刘云山、王岐山、张高丽"文明人物特稿"，首次刊登大量未公开出版过的珍贵历史照片，讲述党和国家领导人平凡生活的生动故事，集中展现七位常委的从政生涯、个人风格和家庭细节，全面展示领导人亲民、开明、开放、平等的形象和风采。

12月25日 中央电视台副总编辑朱彤代表中央电视台与以色列教育电视台、以色列10频道签署合作谅解备忘录。以色列教育台将为中央电视台《成长汉语》节目制作希伯来语字幕版，并在其电视频道和互联网YouTube频道中播出；以色列10频道将为中央电视台纪录片译配希伯来语字幕，并在每周固定时段播出。此次合作将使中央电视台节目同时进入以色列的公共、商业两个播出领域。

12月26日 中央电视台召开版权工作会议。

12月26日 日本首相安倍晋三参拜靖国神社，成为2006年以来首位参拜靖国神社的现职首相。新闻频道、中文国际频道等迅速展开多角度报道。

12月28日 全国铁路实施新的列车运行图，同时春运火车票全面开售，新闻中心组织十余路直播团队展开递进式报道。

12月28日 综艺频道录制完成《星光大道》2013年度总决赛，"年度10强"通过比拼决出冠亚季军。

12月28日 由中国网络电视台、新丝路时尚机构联合主办的"中国美——2013CCTV网络模特大赛总决赛暨颁奖盛典"在四川省彭州市举行。CNTV通过网络、手机、IP电视、移动传媒等终端全程对大赛进行视频、图文直播，并特设网络人气大奖。

12月29日 科教频道播出由中央电视台和中国科学院共同发起，联合科技部、教育部、中国工程院、中国科学技术协会、国家自然科学基金委员会、国家国防科技工业局共同举办的《科技盛典——CCTV2013年度科技创新人物颁奖典礼》。

12月29日 综合频道大型电视音乐公益活动"《梦想星搭档》公益盛典"录制完成。

12月30日 电影频道、电视剧频道播出由国家新闻出版广电总局主办，中国电视艺术委员会和中央电视台承办的第15届电影"华表奖"、第29届电视剧"飞天奖"颁奖典礼。

12月31日 综合频道、综艺频道并机直播《启航2014——新年特别节目》。

12月 《2013荧屏大事记》特别策划，以"盘点年度荧屏热点、再现精彩影像时刻"的视角出发，梳理、推荐2013年全国各电视频道播出的30余个精品栏目。

12月 全国104个城市遭遇雾霾天气。新闻中心调动国内记者站采编力量，以丰富的报道形态高频次跟进雾霾现象，以及雾霾对百姓生活的影响。

12月 在新加坡举行的国际电视包装设计Promax&BDA亚洲大会上，纪录频道获得2项金奖与4项银奖。其中频道整体包装获得"最佳频道品牌形象"大奖。国际电视包装设计Promax&BDA大会是电视包装界最权威的大会。

12月 中央电视台获2012–2013年度亚广联新闻交换突出贡献奖。中央电视台曾数十次获得亚广联月度新闻交换奖，并十余次获得年度"亚广联新闻交换突出贡献奖"。2013年2月、7月、9月，中央电视台三次获得月度亚广联新闻交换奖。

12月 中央电视台发明专利"分级存储管理系统"获国家知识产权局颁发的"中国专利优秀奖"。

F U L U

附　录

附录

2013年中央电视台广告价目表

CCTV－1综合频道广告价目

时段广告价格 （单位：人民币元／次）

时段名称	播出时间	5秒	10秒	15秒	20秒	25秒	30秒
上午精品节目前	约08:30	20,300	30,400	38,000	51,700	60,800	68,400
第一精选剧场第一集贴片	约09:23	24,000	36,000	45,000	61,200	72,000	81,000
第一精选剧场第二集贴片	约10:12	29,300	44,000	55,000	74,800	88,000	99,000
第一精选剧场第三集贴片	约11:03	33,100	49,600	62,000	84,300	99,200	111,600
上午精品节目后	约11:54	46,900	70,400	88,000	119,700	140,800	158,400
新闻30分前	约11:57	46,900	70,400	88,000	119,700	140,800	158,400
今日说法前	约12:32	48,000	72,000	90,000	122,400	144,000	162,000
今日说法后	周一至周五、周日13:06 周六约13:28	42,700	64,000	80,000	108,800	128,000	144,000
下午精品节目前	周一至周五、周日13:10 周六约13:32	40,500	60,800	76,000	103,400	121,600	136,800
第一情感剧场第一集贴片	周一至周五约14:00 周六、日约14:22	33,100	49,600	62,000	84,300	99,200	111,600
第一情感剧场第二集贴片	周一至周五约14:50 周六、日约15:13	31,700	47,600	59,500	80,900	95,200	107,100
第一情感剧场第三集贴片	周一至周五约15:40 周六约16:05, 周日约15:06	30,400	45,600	57,000	77,500	91,200	102,600
下午精品节目一	周一至周六约16:33 周日约15:57	27,200	40,800	51,000	69,400	81,600	91,800
下午精品节目二	周一至周五16:35～17:45 周六、日16:00～17:45	27,200	40,800	51,000	69,400	81,600	91,800
下午精品节目三	周一至周五16:35～17:45 周六、日16:00～17:45	27,200	40,800	51,000	69,400	81,600	91,800
下午精品节目四	周一至周五16:35～17:45 周六、日16:00～17:45	27,200	40,800	51,000	69,400	81,600	91,800
下午精品节目五	约17:48	27,200	40,800	51,000	69,400	81,600	91,800

续表

时段名称	播出时间	5 秒	10 秒	15 秒	20 秒	25 秒	30 秒
18 点精品节目前	约 17:58	33,100	49,600	62,000	84,300	99,200	111,600
黄金档剧场第一集贴片	约 20:01	93,900	140,800	176,000	239,400	281,600	316,800
黄金档剧场第一集下集预告前	约 20:51	87,500	131,200	164,000	223,000	262,400	295,200
黄金档剧场集间	约 20:54	84,800	127,200	159,000	216,200	254,400	286,200
黄金档剧场第二集贴片	约 20:58	86,400	129,600	162,000	220,300	259,200	291,600
黄金档剧场第二集下集预告前	约 21:48	77,900	116,800	146,000	198,600	233,600	262,800
黄金档剧场后	约 21:50	73,600	110,400	138,000	187,700	220,800	248,400
名牌时间	约 21:55	71,500	107,200	134,000	182,200	214,400	241,200
晚间新闻前	约 21:58	71,500	107,200	134,000	182,200	214,400	241,200
晚间新闻后	周一至周五、周日 22:30；周六 22:20	64,000	96,000	120,000	163,200	192,000	216,000
魅力节目前	周一至周五、周日 22:35；周六 22:25	58,700	88,000	110,000	149,600	176,000	198,000
夜间精品节目前	周一至周六约 23:33 周日约 23:11	41,600	62,400	78,000	106,100	124,800	140,400
夜间精品节目一	周一至周六约 00:28 周日约 00:10	27,300	41,000	51,200	69,600	81,900	92,200
夜间精品节目二	周一至周六约 01:19 周日约 01:01	24,500	36,800	46,000	62,600	73,600	82,800
夜间精品节目三	周一至周日约 01:50	16,000	24,000	30,000	40,800	48,000	54,000

栏目广告价格　（单位：人民币元 / 次）

栏目名称	播出时间	5 秒	10 秒	15 秒	20 秒	25 秒	30 秒
生活早参考广告一	周一至周五 08:30 ~ 09:20 广告时间约 08:35	20,800	31,200	39,000	53,000	62,400	70,200
生活早参考广告二	周一至周五 08:30 ~ 09:20 广告时间约 09:17	20,800	31,200	39,000	53,000	62,400	70,200

CHINA CENTRAL TELEVISION YEARBOOK

续表

栏目名称	播出时间	5 秒	10 秒	15 秒	20 秒	25 秒	30 秒
今日说法中插一	周一至周日 12:35 ~ 13:05 广告时间约 12:37	52,300	78,400	98,000	133,300	156,800	176,400
今日说法中插二	周一至周日 12:35 ~ 13:05 广告时间约 13:03	52,300	78,400	98,000	133,300	156,800	176,400
魅力节目中插一	周日至周四 22:30 广告时间 22:40 ~ 23:30	58,700	88,000	110,000	149,600	176,000	198,000
魅力节目中插二	周日至周四 22:30 广告时间 22:40 ~ 23:30	58,700	88,000	110,000	149,600	176,000	198,000
魅力节目中插一（周末）	周五、周六 22:30 ~ 23:40	61,300	92,000	115,000	156,400	184,000	207,000
魅力节目中插二（周末）	周五、周六 22:30 ~ 23:40	61,300	92,000	115,000	156,400	184,000	207,000

（资产管理中心提供）

CCTV－2 财经频道广告价目

时段广告价格

（单位：人民币元／次）

时段名称	播出时间	5 秒	10 秒	15 秒	20 秒	25 秒	30 秒
白天二	周一至周日约 06:50	9,800	14,600	18,300	24,900	29,300	32,900
晚间 A1	周一至周五约 17:23	22,000	33,000	41,200	56,000	65,900	74,200
晚间 A	周一至周五约 19:58	40,900	61,300	76,600	104,200	122,600	137,900
晚间 B	周一至周五约 22:25 周六、周日约 22:55	45,800	68,600	85,800	116,700	137,300	154,400
晚间 C	周一至周五约 23:20 周六、周日约 23:35	30,600	45,800	57,300	77,900	91,700	103,100
晚间 D	周一至周五约 00:27 周六、周日约 00:47	17,100	25,600	32,000	43,500	51,200	57,600
晚间 A2	周六约 18:28	31,400	47,100	58,900	80,100	94,200	106,000

栏目广告价格

（单位：人民币元／次）

栏目名称	播出时间	5 秒	10 秒	15 秒	20 秒	25 秒	30 秒
对话	周日 21:55 ~ 22:53	59,900	89,800	112,300	152,700	179,700	202,100

（资产管理中心提供）

CCTV－3 综艺频道广告价目

时段广告价格

（单位：人民币元／次）

时段名称	播出时间	5 秒	10 秒	15 秒	20 秒	25 秒	30 秒
时段 1	周一至周日约 07:25	13,300	20,000	25,000	34,000	40,000	45,000
时段 2	周一至周日约 08:55	15,300	22,900	28,600	38,900	45,800	51,500
时段 3	周一至周日约 10:25	17,100	25,600	32,000	43,500	51,200	57,600
时段 5	周一至周日约 12:25	19,700	29,600	37,000	50,300	59,200	66,600
时段 6	周一至周日约 13:55	19,700	29,600	37,000	50,300	59,200	66,600
时段 7	周一至周日约 15:25	18,100	27,200	34,000	46,200	54,400	61,200
时段 8	周二至周四约 16:25	18,100	27,200	34,000	46,200	54,400	61,200
时段 9	周一至周日约 16:55	16,000	24,000	30,000	40,800	48,000	54,000
时段 10	周一至周日约 17:45	18,100	27,200	34,000	46,200	54,400	61,200
时段 11	周一至周日约 17:57	30,500	45,700	57,100	77,700	91,400	102,800
时段 12	周一至周日约 18:27	32,000	48,000	60,000	81,600	96,000	108,000
时段 13	周一至周四约 19:25	49,200	73,800	92,200	125,400	147,500	166,000
时段 13（周末）	周五至周日约 19:25	60,600	91,000	113,700	154,600	181,900	204,700
时段 14（A\B\C）	周一至周四约 20:55	49,200	73,800	92,200	125,400	147,500	166,000
时段 14（A\B\C）（周末）	周五至周日约 20:55	60,600	91,000	113,700	154,600	181,900	204,700
时段 15	周一至周四约 21:55	40,200	60,300	75,400	102,500	120,600	135,700
时段 16	周一至周四约 22:25	40,200	60,300	75,400	102,500	120,600	135,700
时段 16（周末）	周五至周日约 22:25	48,200	72,300	90,400	122,900	144,600	162,700
时段 17	周一至周日约 23:25	22,300	33,500	41,900	57,000	67,000	75,400
时段 19	周一至周日约 00:55	13,400	20,200	25,200	34,300	40,300	45,400

（资产管理中心提供）

CCTV－4 中文国际频道（亚洲版）广告价目

时段广告价格

（单位：人民币元／次）

时段名称	播出时间	5 秒	10 秒	15 秒	20 秒	25 秒	30 秒
七点直播新闻前	周一至周日约 06:57	10,400	15,600	19,500	26,500	31,200	35,100
午间精品节目前	周一至周日约 11:27	13,400	20,100	25,100	34,100	40,200	45,200
下午电视剧场贴片	周一至周五约 14:17	13,100	19,700	24,600	33,500	39,400	44,300
16 点直播新闻前	周一至周五约 15:57	13,100	19,700	24,600	33,500	39,400	44,300
18 点直播新闻后	周一至周日约 18:15	19,600	29,400	36,800	50,000	58,900	66,200
晚间电视剧场贴片	周一至周日约 19:12	26,800	40,200	50,200	68,300	80,300	90,400
今日亚洲后	周一至周日约 23:25	16,300	24,500	30,600	41,600	49,000	55,100

栏目广告价格

（单位：人民币元／次）

栏目名称	播出时间	5 秒	10 秒	15 秒	20 秒	25 秒	30 秒
华人世界	周一至周五 13:00	9,000	13,400	16,800	22,800	26,900	30,200
流行无限	周日 22:00	20,000	30,000	37,500	51,000	60,000	67,500
快乐汉语	周一至周五 22:45	11,400	17,000	21,300	29,000	34,100	38,300
城市 1 对 1	周日 17:15	10,600	15,800	19,800	26,900	31,700	35,600
中华情	周六 22:00	32,400	48,600	60,700	82,600	97,100	109,300

（资产管理中心提供）

CCTV－5 体育频道广告价目

栏目广告价格

（单位：人民币元／次）

栏目名称	播出时间	5 秒	10 秒	15 秒	20 秒	25 秒	30 秒
体育新闻	周一至周日 约 18:00 ～ 18:30	53,000	80,000	100,000	136,000	160,000	180,000
体育世界	周一至周日 约 21:30 ～ 22:15	53,000	80,000	100,000	136,000	160,000	180,000
体坛快讯	周一至周日 约 12:00 ～ 12:25	27,000	40,000	50,000	68,000	80,000	90,000
体育晨报	周一至周日 约 06:30 ～ 08:30	16,000	24,000	30,000	41,000	48,000	54,000
体育报道	周一至周五 约 00:00 ～ 00:25	17,000	26,000	32,800	45,000	52,000	59,000
黄金赛场——天下足球	周一 约 19:30 ～ 21:25	53,000	80,000	100,000	136,000	160,000	180,000
黄金赛场	周二至周日 约 19:30 ～ 21:25	53,000	80,000	100,000	136,000	160,000	180,000
体育人间	周一 约 18:35 ～ 19:25	43,000	64,000	80,000	109,000	128,000	144,000
武林大会	周二 约 18:35 ～ 19:25	43,000	64,000	80,000	109,000	128,000	144,000
赛车时代	周三 约 18:35 ～ 19:25	43,000	64,000	80,000	109,000	128,000	144,000
足球之夜	周四 约 18:35 ～ 19:25	43,000	64,000	80,000	109,000	128,000	144,000
篮球公园	周五 约 18:35 ～ 19:25	43,000	64,000	80,000	109,000	128,000	144,000
顶级赛事	周一至周五 约 00:30 ～ 03:30	16,000	24,000	30,000	41,000	48,000	54,000
极限时刻	周二 约 08:05 ～ 08:30	21,000	32,000	40,000	54,000	64,000	72,000
体育星探	周六 约 12:30 ～ 13:20	43,000	64,000	80,000	109,000	128,000	144,000
健身舞起来	周一至周日 约 06:00 ～ 06:25	16,000	24,000	30,000	41,000	48,000	54,000
冠军欧洲	比赛日周三、周四 22:30 ～ 23:55	32,000	48,000	60,000	82,000	96,000	108,000

（资产管理中心提供）

CCTV－6 电影频道广告价目

续表

时段广告价格

（单位：人民币元／次）

时段名称	5秒	10秒	15秒	20秒	25秒	30秒	45秒	60秒
A1约18:20（栏目后）	15,000	24,300	30,000	40,500	49,500	54,900	84,000	108,000
A2约18:50（故事片前）	16,000	25,900	32,000	43,200	52,800	58,600	89,600	115,200
A3约19:45（故事片间）	26,200	42,400	52,300	70,600	86,300	95,700	146,400	188,300
A4约20:40（故事片前）	31,100	50,400	62,200	84,000	102,600	113,800	174,200	223,900
B1约21:30（故事片间）	34,000	55,100	68,000	91,800	112,200	124,400	190,400	244,800
B2约22:25（故事片后）	27,300	44,100	54,500	73,600	89,900	99,700	152,600	196,200
B3约22:30（故事片前）	27,300	44,100	54,500	73,600	89,900	99,700	152,600	196,200
B4约23:10（故事片间）	19,000	30,700	37,900	51,200	62,500	69,400	106,100	136,400
C1约00:30（故事片后）	9,100	14,700	18,100	24,400	29,900	33,100	50,700	65,200
C2约01:20（故事片间）	7,000	11,300	13,900	18,800	22,900	25,400	38,900	50,000
C3约02:30（故事片后）	4,600	7,500	9,200	12,400	15,200	16,800	25,800	33,100
C4约03:20（故事片间）	2,700	4,300	5,300	7,200	8,700	9,700	14,800	19,100
约05:50（故事片前）	2,700	4,400	5,400	7,300	8,900	9,900	15,100	19,400
白天06:00～07:00	2,700	4,400	5,400	7,300	8,900	9,900	15,100	19,400
白天07:00～08:00	5,300	8,600	10,600	14,300	17,500	19,400	29,700	38,200
08:20～17:00（故事片或短片前后）	7,100	11,400	14,100	19,000	23,300	25,800	39,500	50,800
08:20～17:00（故事片间）	10,200	16,500	20,400	27,500	33,700	37,300	57,100	73,400
17:00～18:00（故事片或栏目前后）	12,800	20,700	25,500	34,400	42,100	46,700	71,400	91,800
白天套播（每日12次）	30,000	48,600	60,000	81,000	99,000	109,800	168,000	216,000
晚间套播（每日8次）	80,000	129,600	160,000	216,000	264,000	292,800	448,000	576,000
黄金套播（每日10次）	64,900	105,100	129,800	175,200	214,200	237,500	363,400	467,300
新导视套播（每日6次）	25,800	41,700	51,500	69,500	85,000	94,200	144,200	185,400

（电影频道提供）

CCTV－7 军事·农业频道广告价目

时段广告价格 （单位：人民币元／次）

时段名称	播出时间	5 秒	10 秒	15 秒	20 秒	25 秒	30 秒
时段 1	周一至周日约 07:00 ～ 07:03	2,400	3,600	4,490	6,100	7,200	8,100
时段 2	周一至周日约 09:07 ～ 09:10	3,500	5,200	6,520	8,900	10,400	11,700
时段 3	周一至周日约 10:10 ～ 10:14	3,500	5,200	6,520	8,900	10,400	11,700
时段 4	周一至周日约 12:21 ～ 12:25	3,700	5,500	6,859	9,300	11,000	12,300
时段 5	周一至周日约 14:12 ～ 14:13	3,700	5,500	6,860	9,300	11,000	12,300
时段 6	周一至周日约 15:18 ～ 15:21	3,700	5,500	6,860	9,300	11,000	12,300
时段 7	周一至周日约 17:27 ～ 17:30	3,700	5,500	6,860	9,300	11,000	12,300
时段 8	周一至周日约 18:00 ～ 18:05	3,480	5,220	6,920	9,400	10,440	12,500
时段 9	周一至周日约 20:30 ～ 20:33	8,000	12,000	14,970	20,400	24,000	26,900
时段 10	周一至周日约 21:05 ～ 21:08	7,700	11,600	14,520	19,700	23,200	26,100
时段 11	周一至周日约 21:10 ～ 21:12	7,700	11,600	14,520	19,700	23,200	26,100
时段 12	周一至周日约 22:32 ～ 22:38	7,700	11,600	14,520	19,700	23,200	26,100
时段 13	周一至周日约 23:10 ～ 23:13	3,700	5,500	6,860	9,300	11,000	12,300
时段 14	周一至周日约 00:42 ～ 00:44	2,400	3,600	4,490	6,100	7,200	8,100
时段 15	周一至周日约 00:48 ～ 00:52	2,400	3,600	4,490	6,100	7,200	8,100

（资产管理中心提供）

CCTV－8 电视剧频道广告价目

时段广告价格 （单位：人民币元／次）

时段名称	播出时间	5 秒	10 秒	15 秒	20 秒	25 秒	30 秒
光明剧场第三集贴片	周一至周日约 07:23	8,500	12,800	16,000	21,800	25,600	28,800
群星剧场前	周一至周日约 08:14	8,500	12,800	16,000	21,800	25,600	28,800
群星剧场第一集贴片	周一至周日约 08:18	8,500	12,800	16,000	21,800	25,600	28,800
群星剧场一二集间	周一至周日约 09:07	8,500	12,800	16,000	21,800	25,600	28,800
群星剧场第二集贴片	周一至周日约 09:12	8,500	12,800	16,000	21,800	25,600	28,800
群星剧场二三集间	周一至周日约 10:03	8,500	12,800	16,000	21,800	25,600	28,800
群星剧场第三集贴片	周一至周日约 10:07	8,500	12,800	16,000	21,800	25,600	28,800
群星剧场三四集间	周一至周日约 10:57	13,300	20,000	25,000	34,000	40,000	45,000
群星剧场第四集贴片	周一至周日约 11:02	13,300	20,000	25,000	34,000	40,000	45,000

续表

时段名称	播出时间	5 秒	10 秒	15 秒	20 秒	25 秒	30 秒
海峡剧场前	周一至周日约 11:51	13,300	20,000	25,000	34,000	40,000	45,000
海峡剧场第一集贴片	周一至周日约 11:57	13,300	20,000	25,000	34,000	40,000	45,000
海峡剧场集间	周一至周日约 12:47	13,300	20,000	25,000	34,000	40,000	45,000
海峡剧场第二集贴片	周一至周日约 12:53	13,300	20,000	25,000	34,000	40,000	45,000
温馨剧场前	周一至周日约 13:44	13,300	20,000	25,000	34,000	40,000	45,000
温馨剧场第一集贴片	周一至周日约 13:49	13,300	20,000	25,000	34,000	40,000	45,000
温馨剧场一二集间	周一至周日约 14:38	13,300	20,000	25,000	34,000	40,000	45,000
温馨剧场第二集贴片	周一至周日约 14:43	13,300	20,000	25,000	34,000	40,000	45,000
温馨剧场二三集间	周一至周日约 15:33	17,100	25,600	32,000	43,500	51,200	57,600
温馨剧场第三集贴片	周一至周日约 15:39	17,100	25,600	32,000	43,500	51,200	57,600
家庭剧场前	周一至周日约 17:01	17,600	26,400	33,000	44,900	52,800	59,400
家庭剧场第一集贴片	周一至周日约 17:06	17,600	26,400	33,000	44,900	52,800	59,400
家庭剧场集间	周一至周日约 17:56	27,700	41,600	52,000	70,700	83,200	93,600
家庭剧场第二集贴片	周一至周日约 18:01	27,700	41,600	52,000	70,700	83,200	93,600
黄金强档前	周一至周日约 18:50	45,900	68,800	86,000	117,000	137,600	154,800
黄金强档第一集贴片	周一至周日约 18:57	48,600	72,900	91,100	123,900	145,800	164,000
黄金强档一二集间	周一至周日约 19:46	69,300	104,000	130,000	176,800	208,000	234,000
黄金强档第二集贴片	周一至周日约 19:50	69,300	104,000	130,000	176,800	208,000	234,000
黄金强档二三集间	周一至周日约 20:38	69,300	104,000	130,000	176,800	208,000	234,000
黄金强档第三集贴片	周一至周日约 20:43	69,300	104,000	130,000	176,800	208,000	234,000
黄金强档三四集间	周一至周日约 21:31	69,300	104,000	130,000	176,800	208,000	234,000
黄金强档第四集贴片	周一至周日约 21:38	69,300	104,000	130,000	176,800	208,000	234,000
海外剧场前	周一至周日约 22:25	69,300	104,000	130,000	176,800	208,000	234,000
海外剧场第一集贴片	周一至周日约 22:30	69,300	104,000	130,000	176,800	208,000	234,000
海外剧场集间	周一至周日约 23:22	37,900	56,800	71,000	96,600	113,600	127,800
海外剧场第二集贴片	周一至周日约 23:27	37,900	56,800	71,000	96,600	113,600	127,800
都市剧场前	周一至周日约 00:17	17,600	26,400	33,000	44,900	52,800	59,400
都市剧场第一集贴片	周一至周日约 00:21	17,600	26,400	33,000	44,900	52,800	59,400
都市剧场第二集贴片	周一至周日约 01:10	8,500	12,800	16,000	21,800	25,600	28,800
都市剧场第三集贴片	周一至周日约 01:59	8,500	12,800	16,000	21,800	25,600	28,800

（资产管理中心提供）

CCTV－9 纪录频道广告价目

时段广告价格　　　　（单位：人民币元／次）

时段名称	播出时间	5 秒	10 秒	15 秒	20 秒	25 秒	30 秒
时段 4	周一至周日约 06:58	2,700	4,000	5,000	6,800	8,000	9,000
时段 5	周一至周日约 07:28	3,100	4,600	5,800	7,900	9,300	10,400
时段 6	周一至周日约 07:58	3,100	4,600	5,800	7,900	9,300	10,400
时段 7	周一至周日约 08:58	3,200	4,800	6,000	8,200	9,600	10,800
时段 8	周一至周六约 09:58 周日 09:28	3,200	4,800	6,000	8,200	9,600	10,800
时段 9	周一至周五约 10:28	3,500	5,200	6,500	8,800	10,400	11,700
时段 10	周一至周五约 10:58 周日 10:28	3,500	5,200	6,500	8,800	10,400	11,700
时段 11	周一至周五约 11:58 周六、周日 11:28	3,700	5,600	7,000	9,500	11,200	12,600
时段 12	周一至周五约 12:58 周六、周日 12:28	3,700	5,600	7,000	9,500	11,200	12,600
时段 13	周一至周五约 13:58 周六、周日 13:28	3,700	5,600	7,000	9,500	11,200	12,600
时段 14	周一至周五约 14:28	3,500	5,200	6,500	8,800	10,400	11,700
时段 15	周一至周五约 14:58 周六、周日 14:28	3,500	5,200	6,500	8,800	10,400	11,700
时段 16	周一至周五约 15:58 周六、周日 15:28	3,500	5,200	6,500	8,800	10,400	11,700
时段 17	周二至周五约 16:58 周六、周日 16:28	3,500	5,200	6,500	8,800	10,400	11,700
时段 18	周一至周日约 17:28	4,300	6,400	8,000	10,900	12,800	14,400
时段 19	周一至周日约 17:58	5,600	8,400	10,500	14,300	16,800	18,900
时段 20	周一至周日约 18:58	8,600	13,000	16,200	22,000	25,900	29,200
时段 21	周一至周日约 19:58	9,600	14,400	18,000	24,500	28,800	32,400
时段 22	周一至周日约 20:28	9,600	14,400	18,000	24,500	28,800	32,400
时段 23	周一至周日约 20:58	9,600	14,400	18,000	24,500	28,800	32,400
时段 24	周一至周日约 21:58	9,600	14,400	18,000	24,500	28,800	32,400
时段 25	周一至周六约 22:58	7,500	11,200	14,000	19,000	22,400	25,200
时段 26	周一至周日约 23:28	5,800	8,600	10,800	14,700	17,300	19,400
时段 27	周一至周日约 23:58	4,700	7,000	8,800	12,000	14,100	15,800

（资产管理中心提供）

栏目广告价格　（单位：人民币元／次）

栏目名称	播出时间	5 秒	10 秒	15 秒	20 秒	25 秒	30 秒
人文地理中插	周一至周日约 17:45	6,100	9,200	11,500	15,600	18,400	20,700
自然中插一、二	周一至周日 约 18:15、18:35	9,000	13,400	16,800	22,800	26,900	30,200
万象黄金档中插一、二	周一至周日 约 19:15、19:35	10,000	15,000	18,800	25,600	30,100	33,800
时代黄金档中插	周一至周日约 20:15	10,600	15,800	19,800	26,900	31,700	35,600
真相黄金档中插	周一至周日约 20:45	10,600	15,800	19,800	26,900	31,700	35,600
寰宇视野黄金档中插一、二	周一至周日约 21:15、21:35	10,000	15,000	18,800	25,600	30,100	33,800
特别呈现黄金档中插一、二	周一至周六 约 22:15、22:35	10,000	15,000	18,800	25,600	30,100	33,800
纪录电影黄金档中插一、二、三	周日约 22:20、22:40、23:10	10,000	15,000	18,800	25,600	30,100	33,800
发现中插	周一至周六约 23:15	6,300	9,400	11,800	16,000	18,900	21,200
周末大片中插 2	周日约 10:10	3800	5,800	7,200	9800	11,500	13,000
周末大片中插 3	周日约 10:40	3800	5,800	7,200	9,800	11,500	13,000
周末大片中插 4	周日约 11:10	4800	7,200	9,000	12,200	14,400	16,200
周末大片中插 5	周六日约 11:40	4800	7,200	9,000	12200	14,400	16,200
周末大片中插 6	周六日约 12:10	4800	7,200	9,000	12200	14,400	16,200
周末大片中插 7	周六日约 12:40	4800	7,200	9,000	12200	14,400	16,200
周末大片中插 8	周六日约 13:10	4800	7,200	9,000	12200	14,400	16,200
周末大片中插 9	周六日约 13:40	4800	7,200	9,000	12200	14,400	16,200
周末大片中插 10	周六日约 14:10	4200	6,200	7,800	10600	12,500	14,000
周末大片中插 11	周六日约 14:40	4200	6,200	7,800	10600	12,500	14,000
周末大片中插 12	周六日约 15:10	4200	6,200	7,800	10600	12,500	14,000
周末大片中插 13	周六日约 15:40	4200	6,200	7,800	10600	12,500	14,000
周末大片中插 14	周六日约 16:10	4200	6,200	7,800	10600	12,500	14,000
周末大片中插 15	周六日约 16:40	4200	6,200	7,800	10600	12,500	14,000
周末大片中插 16	周六日约 17:10	4700	7,000	8,800	12000	14,100	15,800

（资产管理中心提供）

CCTV－11 戏曲频道广告价目

时段广告价格

（单位：人民币元／次）

时段名称	播出时间	5秒	10秒	15秒	20秒	25秒	30秒
时段1	周一至周日约06:55	4,800	7,200	9,000	12,200	14,400	16,200
时段2	周一至周日约07:45	4,800	7,200	9,000	12,200	14,400	16,200
时段3	周一至周日约08:41	4,800	7,200	9,000	12,200	14,400	16,200
时段4	周一至周日约09:14	4,800	7,200	9,000	12,200	14,400	16,200
时段5	周一至周日约10:25	4,800	7,200	9,000	12,200	14,400	16,200
时段6	周一至周日约11:05	5,400	8,100	10,100	13,700	16,200	18,200
时段7	周一至周日约11:37	5,400	8,100	10,100	13,700	16,200	18,200
时段8	周一至周日约12:07	5,400	8,100	10,100	13,700	16,200	18,200
时段9	周一至周日约12:39	5,400	8,100	10,100	13,700	16,200	18,200
时段10	周一至周日约13:09	5,400	8,100	10,100	13,700	16,200	18,200
时段11	周一至周日约13:45	5,400	8,100	10,100	13,700	16,200	18,200
时段12	周一至周日约16:34	5,100	7,700	9,600	13,100	15,400	17,300
时段13	周一至周日约17:40	5,100	7,700	9,600	13,100	15,400	17,300
时段14	周一至周日约18:04	6,700	10,000	12,500	17,000	20,000	22,500
时段15	周一至周日约19:17	6,700	10,000	12,500	17,000	20,000	22,500
时段15A	周五、日约20:23	6,700	10,000	12,500	17,000	20,000	22,500
时段16	周一至周日约21:46	6,700	10,000	12,500	17,000	20,000	22,500
时段17	周一至周日约22:38	6,700	10,000	12,500	17,000	20,000	22,500
时段18	周一至周日约23:29	6,700	10,000	12,500	17,000	20,000	22,500
时段19	周一至周日约00:20	6,700	10,000	12,500	17,000	20,000	22,500

栏目广告价格

（单位：人民币元／次）

栏目名称	播出时间	5秒	10秒	15秒	20秒	25秒	30秒
快乐戏园	周一至周日08:43～09:14	6,200	9,400	11,700	15,900	18,700	21,100
名段欣赏	周一至周日10:28～10:59	6,200	9,400	11,700	15,900	18,700	21,100
一路欢笑	首播：周一至周日09:16～10:19 重播：周一至周日18:07～19:10，00:23～01:26	6,700	10,100	12,600	17,100	20,200	22,700
精彩回放	周一至周日16:37～17:40	8,300	12,500	15,600	21,200	25,000	28,100
过把瘾	首播：周五19:20～20:23 重播：周日20:37～21:40	8,700	13,000	16,300	22,200	26,100	29,300

（资产管理中心提供）

CCTV－12 社会与法频道广告价目

栏目广告价格

（单位：人民币元／次）

栏目名称	播出时间	5秒	10秒	15秒	20秒	25秒	30秒
平安365	首播：每日约11:39 重播：每日约08:55、00:38 周二至周四 约15:48	17,100	25,600	32,000	43,500	51,200	57,600
热线12	首播：每日约11:59 重播：每日约06:41、16:38	17,100	25,600	32,000	43,500	51,200	57,600
法律讲堂（生活版）	首播：每日约18:52 重播：每日约10:08、14:15	17,100	25,600	32,000	43,500	51,200	57,600
一线	首播：每日约19:24 重播：每日约07:55、14:48、23:14	18,700	28,000	35,000	47,600	56,000	63,000
天网	首播：周一至周五 约20:07 重播：周一至周三 约23:54 周二至周六 10:38、13:35、17:21	20,500	30,800	38,500	52,400	61,600	69,300
庭审现场	首播：周六约20:07 重播：周六约01:35 周日 约13:35、17:21	20,500	30,800	38,500	52,400	61,600	69,300
忏悔录	首播：周日约20:07 重播：周一约13:35、17:21； 周日约01:35	20,500	30,800	38,500	52,400	61,600	69,300
普法栏目剧	首播：每日约20:49 重播：每日约09:16、12:42、18:01	20,500	30,800	38,500	52,400	61,600	69,300
道德观察	首播：每日约21:39 重播：每日约08:35、11:19 周二至周四 约15:28	18,700	28,000	35,000	47,600	56,000	63,000
夜线	首播：周一至周三 约22:00 重播：周一至周三 约01:35 周二至周四 约06:00	17,100	25,600	32,000	43,500	51,200	57,600
庭审现场（隔周增播版）	首播：隔周周四约22:00 重播：隔周周四约23:54、01:35 周五约06:00、15:28	18,700	28,000	35,000	47,600	56,000	63,000
忏悔录（隔周增播版）	首播：隔周周四约22:00 重播：隔周周四约23:54、约01:35； 周五约06:00、约15:28	18,700	28,000	35,000	47,600	56,000	63,000
小区大事	首播：周五约22:00 重播：周五约23:54、01:35 周六 约06:00、15:28	17,100	25,600	32,000	43,500	51,200	57,600

续表

栏目名称	播出时间	5秒	10秒	15秒	20秒	25秒	30秒
从我做起	首播: 周六 约22:00 重播: 周六 约23:54 周日约06:00、10:38、15:28	17,100	25,600	32,000	43,500	51,200	57,600
心理访谈	首播: 周日约22:00 重播: 周日约23:54 周一 约06:00、10:38、15:28	17,100	25,600	32,000	43,500	51,200	57,600
法律讲堂（文史版）	首播: 周一至周六 约22:40 重播: 周一至周六 约01:02 周二至周日 约07:22、16:08	17,100	25,600	32,000	43,500	51,200	57,600
见证	首播: 周日约22:40 重播: 周一 约07:22、16:08 周日 约01:02	16,000	24,000	30,000	40,800	48,000	54,000

（资产管理中心提供）

CCTV－13 新闻频道广告价目

时段广告价格

（单位：人民币元／次）

时段名称	播出时间	5秒	10秒	15秒	20秒	25秒	30秒
上午直播时段	周一至周日09:00~12:00	16,700	25,100	31,400	42,700	50,200	56,500
新闻 30 分前	周一至周日约11:55	19,400	29,100	36,400	49,500	58,200	65,500
新闻 30 分后	周一至周日约12:30	19,400	29,100	36,400	49,500	58,200	65,500
下午直播时段	周一至周日13:00~18:00	16,700	25,100	31,400	42,700	50,200	56,500
共同关注前	周一至周日约17:55	20,500	30,800	38,500	52,400	61,600	69,300
东方时空前	周一至周日约19:55	34,900	52,300	65,400	88,900	104,600	117,700
东方时空后	周一至周日约20:58	32,300	48,500	60,600	82,400	97,000	109,100
午夜新闻前	周一至周日约23:55	21,300	32,000	40,000	54,400	64,000	72,000
午夜新闻后	周一至周日约01:00	14,600	21,900	27,400	37,300	43,800	49,300

栏目广告价格

（单位：人民币元／次）

栏目名称	播出时间	5秒	10秒	15秒	20秒	25秒	30秒
朝闻天下A套装	06:55、07:55	46,000	69,000	86,200	117,200	137,900	155,200
朝闻天下B套装	06:10、08:10	42,600	63,800	79,800	108,500	127,700	143,600
朝闻天下C套装	06:20、07:15	46,000	69,000	86,200	117,200	137,900	155,200
朝闻天下D套装	06:35、07:30	46,000	69,000	86,200	117,200	137,900	155,200
朝闻天下E套装	06:45、07:45	46,000	69,000	86,200	117,200	137,900	155,200
朝闻天下F套装	08:25	28,700	43,000	53,800	73,200	86,100	96,900

（资产管理中心提供）

CCTV－14 少儿频道广告价目

时段广告价格

（单位：人民币元／次）

时段名称	播出时间	5秒	10秒	15秒	20秒	25秒	30秒
早晨时段	06:00～08:00	12,500	18,800	23,500	37,600	42,300	47,000
上午时段	08:00～12:00	20,300	30,400	38,000	60,800	68,400	76,000
中午时段	12:00～13:00	32,000	48,000	60,000	96,000	108,000	120,000
下午时段	13:00～16:00	17,300	26,000	32,500	52,000	58,500	65,000
傍晚时段	16:00～17:00	18,900	28,400	35,500	56,800	63,900	71,000
傍晚黄金时段	17:00～18:00	25,600	38,400	48,000	76,800	86,400	96,000
晚间黄金时段A	18:00～19:00	37,300	56,000	70,000	112,000	126,000	140,000
晚间黄金时段B	19:00～20:00	37,300	56,000	70,000	112,000	126,000	140,000
晚间黄金时段C	20:00～21:00	30,900	46,400	58,000	92,800	104,400	116,000
晚间黄金时段D	21:00～22:00	28,300	42,400	53,000	84,800	95,400	106,000
深夜时段	22:00～25:30	19,200	28,800	36,000	57,600	64,800	72,000

栏目广告价格

（单位：人民币元／次）

栏目名称	播出时间	5秒	10秒	15秒	20秒	25秒	30秒
上午栏目	周一至周五06:00～08:00	14,800	22,200	27,800	44,500	50,000	55,600
	周一至周五08:00～12:00	24,000	36,000	45,000	72,000	81,000	90,000
动漫世界	周一至周五12:00～13:00	37,200	55,800	69,800	111,700	125,600	139,600
下午栏目	周一至周五13:00～16:00	20,500	30,800	38,500	61,600	69,300	77,000
动画剧场	周一至周五16:00～17:00	22,300	33,400	41,800	66,900	75,200	83,600
下午栏目	周一至周五17:00～18:00	29,800	44,600	55,800	89,300	100,400	111,600
动画乐翻天	周一至周五18:00～18:30	40,500	60,800	76,000	121,600	136,800	152,000
智慧树	周一至周五18:30～19:00	47,700	71,600	89,500	143,200	161,100	179,000
动画梦工场	周一至周五19:00～19:30	49,500	74,200	92,800	148,500	167,000	185,600
大风车	周一至周五19:30～20:00	38,400	57,600	72,000	115,200	129,600	144,000
银河剧场	周一至周五20:00～21:00	36,300	54,400	68,000	108,800	122,400	136,000
晚间栏目	周一至周五21:00～22:00	31,900	47,800	59,800	95,700	107,600	119,600
晚间栏目	周一至周五22:00～23:00	23,900	35,800	44,800	71,700	80,600	89,600
晚间栏目	周一至周五23:00～25:30	15,400	23,000	28,800	46,100	51,800	57,600
周末上午栏目	周六至周日06:00～08:00	17,100	25,600	32,000	51,200	57,600	64,000
	周六至周日08:00～11:00	27,700	41,600	52,000	83,200	93,600	104,000

续表

栏目名称	播出时间	5秒	10秒	15秒	20秒	25秒	30秒
动漫世界（周末版）	周六至周日11:00～13:00	42,800	64,200	80,300	128,500	144,500	160,600
周末下午栏目	周六至周日13:00～15:30	23,700	35,600	44,500	71,200	80,100	89,000
动画大放映（周末）	周六至周日15:30～17:15	25,600	38,400	48,000	76,800	86,400	96,000
动画大放映（周末）	周六至周日17:15～19:00	54,900	82,400	103,000	164,800	185,400	206,000
动画大放映（周末）	周六至周日19:00～20:00	57,100	85,600	107,000	171,200	192,600	214,000
动画大放映（周末）	周六至周日20:00～21:00	41,700	62,600	78,200	125,100	140,800	156,400
动画大放映（周末）	周六至周日21:00～22:30	36,800	55,200	69,000	110,400	124,200	138,000
周末晚间栏目	周六至周日22:30～25:30	27,500	41,200	51,520	82,400	92,700	103,040

（资产管理中心提供）

CCTV－15 音乐频道广告价目

时段广告价格

（单位：人民币元／次）

时段名称	播出时间	5秒	10秒	15秒	20秒	25秒	30秒
时段1	周一至周日07:27	4,100	6,100	7,600	10,300	12,200	13,700
时段2	周一至周日08:42	4,200	6,200	7,800	10,600	12,500	14,000
时段3	周一至周日09:51	4,200	6,200	7,800	10,600	12,500	14,000
时段4	周一至周五10:54	4,200	6,200	7,800	10,600	12,500	14,000
时段5	周一至周六11:30	4,200	6,200	7,800	10,600	12,500	14,000
时段6	周一至周日11:59	5,300	8,000	10,000	13,600	16,000	18,000
时段7	周一至周六12:40	5,300	8,000	10,000	13,600	16,000	18,000
时段8	周一至周日12:59	5,300	8,000	10,000	13,600	16,000	18,000
时段9	周一至周五13:03	5,300	8,000	10,000	13,600	16,000	18,000
时段10	周一至周日13:49	5,300	8,000	10,000	13,600	16,000	18,000
时段11	周一至周六14:15	4,500	6,800	8,500	11,600	13,600	15,300
时段12	周一至周日15:01	4,500	6,800	8,500	11,600	13,600	15,300
时段13	周一至周日15:48	4,500	6,800	8,500	11,600	13,600	15,300
时段14	周一至周日16:32	5,900	8,800	11,000	15,000	17,600	19,800
时段15	周一至周五17:52	5,900	8,800	11,000	15,000	17,600	19,800
时段16	周一至周日18:26	10,100	15,100	18,900	25,700	30,200	34,000
时段17	周一至周六18:51	10,100	15,100	18,900	25,700	30,200	34,000
时段18	周一至周日19:27	10,100	15,100	18,900	25,700	30,200	34,000
时段19	周一至周日20:38	20,300	30,400	38,000	51,700	60,800	68,400

续表

时段名称	播出时间	5秒	10秒	15秒	20秒	25秒	30秒
时段20	周一至周日21:29	20,300	30,400	38,000	51,700	60,800	68,400
时段21	周一至周日22:02	14,900	22,400	28,000	38,100	44,800	50,400
时段22	周一至周日22:25	14,900	22,400	28,000	38,100	44,800	50,400
时段23	周一至周日23:46	9,500	14,200	17,800	24,200	28,500	32,000

栏目广告价格　（单位：人民币元／次）

栏目名称	播出时间	5秒	10秒	15秒	20秒	25秒	30秒
风华国乐	周一至周日08:30～09:02	12,100	18,100	22,680	30,800	36,300	40,800
音乐告诉你	周一至周日17:45～18:15	12,100	18,100	22,680	30,800	36,300	40,800
乐游天下	周六18:20～18:50	17,900	26,900	33,600	45,700	53,800	60,500
快乐琴童	周日18:20～18:50	17,900	26,900	33,600	45,700	53,800	60,500
中国音乐电视	首播：周一至周日18:54～19:24 重播：周一至周日09:05～09:35	17,900	26,900	33,600	45,700	53,800	60,500
精彩音乐汇	首播：周一至周日19:30～20:30 重播：周二至周五13:00～14:00 周一至周五07:00～08:00	24,300	36,500	45,600	62,000	73,000	82,100
CCTV 音乐厅 纵情歌唱	首播:周一至周五20:40～21:40 重播:周一至周五06:00，09:15	24,300	36,500	45,600	62,000	73,000	82,100
一起音乐吧	周六20:40～21:40	24,300	36,500	45,600	62,000	73,000	82,100
音乐传奇	周一至周五21:45～22:05	22,400	33,600	42,000	57,100	67,200	75,600
民歌·中国	周一至周五22:10～22:40	22,400	33,600	42,000	57,100	67,200	75,600
经典	周一至周五22:50～23:50	17,900	26,900	33,600	45,700	53,800	60,500
今乐坛	周日23:10～23:30	17,900	26,900	33,600	45,700	53,800	60,500
乐上巅峰	首播：周日20:40～21:40 重播：周六23:40～24:40	24,300	36,500	45,600	62,000	73,000	82,100
歌声与微笑	首播：周日16:30～17:30 重播：周一10:50～11:50	17,900	26,900	33,600	45,700	53,800	60,500
百年歌声	首播：周日15:45～16:15 重播：周一11:45～12:15	17,900	26,900	33,600	45,700	53,800	60,500
音乐人生	首播：周日14:15～15:05 重播：周二14:15～15:05	17,900	26,900	33,600	45,700	53,800	60,500

（资产管理中心提供）

CCTV－NEWS 英语新闻频道栏目广告价目

栏目广告价格

（单位：人民币元／次）

栏目名称	播出时间	5秒	10秒	15秒	20秒	25秒	30秒
财经高峰会	周六10:30～11:00、21:30～22:00	7,000	10,600	13,200	18,000	21,000	23,700
财经亚洲	周一至周五18:00～18:30、21:00～21:40	17,000	26,000	32,500	44,200	52,000	58,500
今日话题	周一至周日19:30～20:00 13:00～13:30、08:30～09:00、03:30～04:00	12,000	17,300	22,000	30,000	35,200	39,100
今日亚洲	周一至周日08:00～08:30； 周一至周六22:00～22:30	5,900	8,800	11,000	15,000	17,600	19,900
世界观察	周日22:00～23:00 周一04:00～05:00、15:00～16:00	5,400	8,100	10,100	13,700	16,000	18,100
体育报道	周一至周日20:40～21:00 周二至周日15:30～16:00	8,700	13,000	16,300	22,000	26,000	29,400
文化报道	周一至周五10:30～11:00 周一至周六22:30～23:00 周一至周日18:30～19:00	12,000	17,300	21,700	29,000	34,700	39,100
新财富	周日10:30～11:00、21:30～22:00	7,000	10,600	13,200	18,000	21,000	23,700
新闻一小时	周一至周日12:00～13:00	8,700	13,000	16,300	22,000	26,000	29,400
中国24小时	周一至周日20:00～20:40、02:20～03:00、07:20～08:00	7,300	10,900	13,700	19,000	22,000	24,600
综合新闻20分	周一至周日07:00～07:20 02:00～02:20； 周一至周五21:40～22:00	12,000	17,300	21,600	29,300	35,000	38,900
综合新闻30分	周一至周日 05:00～05:30、06:00～06:30、10:00～10:30、11:00～11:30、14:00～14:30、16:00～16:30、17:00～17:30、19:00～19:30、23:00～23:30、00:00～00:30、03:00～03:30； 周一、周日09:00～09:30； 周二至周日04:00～04:30、15:00～15:30； 周六、日18:00～18:30、21:00～21:30	32,600	49,000	61,200	83,000	98,000	110,000

续表

栏目名称	播出时间	5秒	10秒	15秒	20秒	25秒	30秒
东方	周一至周日13:30～14:00 周二至周日04:30～05:00	5,900	8,800	11,000	15,000	17,600	19,900
发现	周二至周六14:30～15:00	8,700	13,000	16,300	22,000	26,000	29,400
海客谈	周二至周六06:30～07:00、 23:30～24:00	5,900	8,800	11,000	15,000	17,600	19,900
看中国	周四至周六00:30～01:00、 05:30～06:00、11:30～12:00、 17:30～18:00	7,000	10,600	13,200	18,000	21,000	23,700
旅游指南	周一至周三00:30～01:00、05:30 ～06:00、11:30～12:00、17:30 ～18:00	7,000	10,600	13,200	18,000	21,000	23,700
中心舞台	周日05:30～06:00、11:30～12:00、 17:30～18:00、00:30～01:00	8,700	13,000	16,300	22,000	26,000	29,400

（资产管理中心提供）

CCTV－高清频道广告价目

时段广告价格

（单位：人民币元/次；代理费率：15%）

时段名称	播出时间	5秒	10秒	15秒	20秒	25秒	30秒
广告1	周一至周日06:50	2,700	4,000	5,000	6,800	8,000	9,000
广告2	周一至周日08:28	2,700	4,000	5,000	6,800	8,000	9,000
广告3	周一至周日09:19	3,000	4,500	5,600	7,600	9,000	10,100
广告4	周一至周日10:09	3,000	4,500	5,600	7,600	9,000	10,100
广告5	周一至周日11:00	3,000	4,500	5,600	7,600	9,000	10,100
广告6	周一至周日11:55	3,000	4,500	5,600	7,600	9,000	10,100
广告7	周一至周日12:27	3,600	5,400	6,700	9,100	10,700	12,100
广告8	周一至周日13:20	3,600	5,400	6,700	9,100	10,700	12,100
广告9	周一至周日14:10	3,000	4,500	5,600	7,600	9,000	10,100
广告10	周一至周日14:40	3,000	4,500	5,600	7,600	9,000	10,100
广告11	周一至周日15:30	3,000	4,500	5,600	7,600	9,000	10,100
广告12	周一至周日16:20	3,000	4,500	5,600	7,600	9,000	10,100
广告13	周一至周日17:10	3,900	5,800	7,300	9,900	11,700	13,100

续表

时段名称	播出时间	5秒	10秒	15秒	20秒	25秒	30秒
广告14	周一至周日17:50	3,900	5,800	7,300	9,900	11,700	13,100
广告15	周一至周日18:45	5,200	7,800	9,800	13,300	15,700	17,600
广告16	周一至周日19:18	5,500	8,300	10,400	14,100	16,600	18,700
广告17	周一至周日20:07	5,500	8,300	10,400	14,100	16,600	18,700
广告18	周一至周日20:57	5,500	8,300	10,400	14,100	16,600	18,700
广告19	周一至周日21:58	5,500	8,300	10,400	14,100	16,600	18,700
广告20	周一至周日23:20	4,900	7,400	9,200	12,500	14,700	16,600
广告21	周一至周日23:40	4,900	7,400	9,200	12,500	14,700	16,600

（资产管理中心提供）

2013 年中央电视台栏目播出时间表

CCTV–1 综合频道栏目播出时间表

时间＼星期	星期一	星期二	星期三	星期四	星期五	星期六	星期日
04:31:55	03:41:55今日说法（重播）	今日说法（重播）					03:41:55今日说法（重播）
04:59:55	新闻联播（重播）						
05:29:55	人与自然（首播）						
05:56:55	台标+国歌+导视(1)						
06:00	朝闻天下 （直播）						
08:30	广告						
08:33	生活早参考（首播 ）					08:33 第一精选剧场 09:19 广告2′ +导视(2) 2′ +广告4′ 09:27 第一精选剧场 10:13 广告 10:17 第一 精选剧场 11:03 广告 11:07 第一 精选剧场	
09:03	广告						
09:09	天天饮食(首播)						
09:24	导视(4) 2′ +广告4′						
09:27	第一精选剧场						
10:13	广告						
10:16	第一精选剧场						
11:02	广告						
11:07	第一精选剧场						
11:53	广告1′ + 导视(8)2′ +广告4′						
12:00	新闻30 分						
12:30	一套导视(9)2′ +广告3′						
12:35	今日说法（首播）+中插广告（1′ 30″ ×2段）					今日说法+中插3′	
13:06	广告3′ +导视(10)1′ +广告3′					13:28 广告+导视	

续表

星期 / 时间	星期一	星期二	星期三	星期四	星期五	星期六	星期日
13:13	第一情感剧场					13:35 季播节目（重播） +广告11′ 15:23 广告3′ 15:26 电视剧 16:12 广告 16:16 电视剧 17:02 广告2′ 17:04 电视剧 17:50 广告2′ 17:52 生活提示	13:35谢天谢地（重播）+中插广告1′ 14:26 广告4′ 14:30 电视剧 15:16 广告 15:19 电视剧 16:05 广告3′ 16:08 生活提示 16:12 导视(14) 2′ +广告3′ 16:17 第一动画乐园（首播）+广告9′
13:59	导视(11) 1′ + 广告3′						
14:03	第一情感剧场						
14:49	导视(12) 1′ + 广告3′						
14:53	第一情感剧场						
15:39	广告2′ +导视(13) 2′ + 广告2′						
15:45	第 一情感剧场						
16:31	导视(14) 2′ +广告4′						
16:37	生活提示						
16:41	第一动画乐园（首播） +中插广告2段共3′ +广告4′						
17:56	导视(16) 2′ +广告4′						
18:02	第一动画乐园				加油! 少年派（首播）+中插广告2段共3′	寻宝（首播）+中插广告2段共3′	正大综艺(首播) +中插广告2段共3′
18:55	广告1′ +导视A 1′ 40″ + 广告2′ 20″						
19:00	新闻联播（直播）(含广告、天气预报)						
19:40	焦点访谈（直播）（含广告）						
约19:59	一套导视(17) 2′					导视(17) 1′	
20:01	广告1′ 30″ +电视剧前情提要30″ +广告3′					20:00 广告+精彩一刻30″ +广告	
20:06	特约剧场(46′ *2集+每集下集预告前中插广告2′ *2段+集间导视(18) 1′ +集间广告3′ 30″ +电视剧前情提要30″ +集间广告4′)					20:08 星光大道+中插广告4段共7′	季播活动(梦想星搭档等)
21:51	广告4′ +一套导视(19) 1′ +广告4′						
22:00	晚间新闻（直播）						
22:30	广告3′ +导视(20) 2′ +广告3′						
22:38	魅力·纪录 （首播） +中插广告2段共4′					谢天谢地你来啦(首播) +中插2段4′	为你而战（首播）+中插2段4′
23:32	一套导视(21)1′ +广告5′						

续表

<table>
<tr><th>星期
时间</th><th>星期一</th><th>星期二</th><th>星期三</th><th>星期四</th><th>星期五</th><th>星期六</th><th>星期日</th></tr>
<tr><td rowspan="2">23:38</td><td rowspan="2">看见（首播）</td><td rowspan="2">收藏传奇（首播）</td><td rowspan="2">寻宝（重编版）</td><td rowspan="2">一起聊聊（首播）</td><td rowspan="2">撒贝宁时间（首播）</td><td>开讲啦（首播）</td><td rowspan="2">首席夜话（首播）</td></tr>
<tr><td>24:28 星光大道（重播）</td></tr>
<tr><td>26:09</td><td>中华民族（首播）
+人口（首播）</td><td colspan="6">动物世界</td></tr>
</table>

CCTV—2 财经频道栏目播出时间表

<table>
<tr><th>星期
时间</th><th>星期一</th><th>星期二</th><th>星期三</th><th>星期四</th><th>星期五</th><th>星期六</th><th>星期日</th></tr>
<tr><td>06:45</td><td colspan="7">导视A 2′ + 导视 2′ + 公宣</td></tr>
<tr><td>06:50</td><td colspan="7">广告 3′ + 导视</td></tr>
<tr><td>07:00</td><td colspan="7">第一时间</td></tr>
<tr><td>09:00</td><td colspan="5">交易时间（上午版）</td><td colspan="2" rowspan="2">精编节目（或重播节目）</td></tr>
<tr><td>10:30</td><td colspan="5">消费主张（重播）+ 导视</td></tr>
<tr><td>11:50</td><td colspan="7">环球财经连线（午间版）（首播）</td></tr>
<tr><td>12:30</td><td colspan="5">经济与法（重播）+ 导视</td><td>精编节目（或重播节目）</td><td>12:30 是真的吗（重播）</td></tr>
<tr><td>13:00</td><td colspan="5">交易时间（下午版）+ 导视 + 公宣</td><td rowspan="2">14:10 一槌定音（重播）</td><td rowspan="2">交换空间（重播）</td></tr>
<tr><td>15:12</td><td>中国财经报道（重播）+ 导视</td><td>对话（重播）+导视</td><td>一槌定音（重播）</td><td>交换空间（重播）+ 导视</td><td>购时尚（重）+导视</td></tr>
<tr><td>16:12</td><td colspan="5">生财有道（重播）+ 导视 + 公宣</td><td colspan="2" rowspan="2">15:15 精编节目（或重播节目）</td></tr>
<tr><td>16:53</td><td colspan="5">市场分析室</td></tr>
<tr><td>17:13</td><td colspan="5">广告</td><td colspan="2">16:55 生财有道（重播）+ 导视</td></tr>
<tr><td>17:15</td><td colspan="5">精编节目（或重播节目）</td><td colspan="2">18:00 精编节目(或创新节目的分组赛节目)</td></tr>
<tr><td>18:43</td><td colspan="5">生财有道（首播）+ 导视</td><td rowspan="2">18:30 交换空间（首播）+ 导视</td><td rowspan="2">一槌定音（首播）</td></tr>
<tr><td>19:18</td><td colspan="5">消费主张（首播）+ 导视</td></tr>
<tr><td>19:58</td><td colspan="5">广告</td><td rowspan="2">19:30 是真的吗（首播）</td><td rowspan="2">购时尚(首播)+ 导视</td></tr>
<tr><td>20:00</td><td colspan="5">经济与法（首播）+ 导视</td></tr>
<tr><td>20:30</td><td colspan="7">经济信息联播（首播）</td></tr>
</table>

续表

时间＼星期	星期一	星期二	星期三	星期四	星期五	星期六	星期日
21:20	经济半小时（首播）+ 导视						
21:55	央视财经评论（首播）+ 导视 + 广告3′ + 导视					21:55 中国财经报道（首播）+ 广告 3′ + 导视	21:55 对话（首播）+ 广告 3′ + 导视
22:30	环球财经连线（晚间版） + 广告 2′				22:27 环球财经连线（晚间版）		
23:12	经济信息联播（重播）+ 广告 1′				经济信息联播（重播）+ 广告 2′	环球财经连线（晚间版）+ 导视 + 公宣	22:57 经济信息联播（重播）
24:03	经济半小时（重播）+ 导视					23:30 经济信息联播（重播）	23:49 导视
24:37	央视财经评论（重播）+ 导视					经济半小时（重播）+ 导视	23:51 经济半小时（重播）
25:07	精编节目					精编节目	

CCTV－3 综艺频道栏目播出时间表

时间＼星期	星期一	星期二	星期三	星期四	星期五	星期六	星期日
04:00	综艺喜乐汇/语言类节目						
05:21	综艺喜乐汇	天天把歌唱					综艺喜乐汇
06:12	综艺喜乐汇/语言类节目						
07:30	回声嘹亮	我要上春晚	开门大吉	向幸福出发	非常6+1	黄金100秒	中国好歌曲
09:00	黄金100秒	中国好歌曲	综艺盛典	我爱满堂彩	我要上春晚	幸福账单	越战越勇
10:30	向幸福出发	非常6+1	越战越勇	中国好歌曲	回声嘹亮	我要上春晚	开门大吉
12:00	文化正午+广告6′						
12:30	我要上春晚	开门大吉	向幸福出发	非常6+1	幸福账单	中国好歌曲	回声嘹亮

<table>
<tr><th>星期
时间</th><th>星期一</th><th>星期二</th><th>星期三</th><th>星期四</th><th>星期五</th><th>星期六</th><th>星期日</th></tr>
<tr><td>14:00</td><td colspan="5">综艺喜乐汇</td><td>综艺盛典</td><td>我爱满堂彩</td></tr>
<tr><td>15:25</td><td>综艺喜乐汇</td><td>快乐老家</td><td>舞蹈世界</td><td>艺览天下</td><td>文化视点</td><td>艺术人生</td><td rowspan="2">综艺喜乐汇</td></tr>
<tr><td>16:25</td><td colspan="5">天天把歌唱+广告5′</td><td rowspan="3">开门大吉</td></tr>
<tr><td>17:20</td><td colspan="5">文化大百科+广告1′</td><td rowspan="3">星光大道</td></tr>
<tr><td>17:30</td><td colspan="5">动物传奇+广告6′</td></tr>
<tr><td>18:00</td><td colspan="6">综艺喜乐汇</td></tr>
<tr><td>19:30</td><td>开门大吉</td><td>向幸福出发</td><td>非常6+1</td><td rowspan="2">星光大道</td><td>中国好歌曲</td><td>回声嘹亮</td><td>我要上春晚</td></tr>
<tr><td rowspan="2">21:00</td><td rowspan="2">快乐老家+广告10′</td><td rowspan="2">综艺盛典</td><td rowspan="2">我爱满堂彩</td><td rowspan="2">幸福账单</td><td rowspan="2">越战越勇</td><td rowspan="2">黄金100秒</td></tr>
<tr><td>21:25 艺术人生</td></tr>
<tr><td>22:00</td><td>星光大道</td><td>22:30 舞蹈世界</td><td>艺览天下</td><td>22:25 文化视点</td><td colspan="3">综艺喜乐汇</td></tr>
<tr><td>24:00</td><td>综艺喜乐汇</td><td colspan="3">23:30 综艺喜乐汇</td><td>中国好歌曲</td><td>回声嘹亮</td><td>我要上春晚</td></tr>
<tr><td>25:25</td><td>开门大吉</td><td>向幸福出发</td><td>非常6+1</td><td>综艺盛典</td><td>幸福账单</td><td>越战越勇</td><td>黄金100秒</td></tr>
<tr><td>26:43</td><td colspan="7">综艺喜乐汇</td></tr>
</table>

CCTV－4 中文国际频道·亚洲版栏目播出时间表

星期 时间	星期一	星期二	星期三	星期四	星期五	星期六	星期日
04:00	中国新闻						
05:00	走遍中国						
05:30	导视 (1)					体育在线（周末版）	外国人在中国
05:35	华人世界						
05:55	导视 (2)						
06:00	中国新闻						
06:10	导视 (3)						
06:13	远方的家					天涯共此时	中国文艺（周末版）
06:58	广告 (1)						
07:00	中国新闻						
07:25	导视 (4)						
07:28	海峡两岸						
07:58	导视 (5)						
08:00	中国新闻						
09:00	快乐汉语					中华情	流行无限+导视5′
09:15	电视剧场一						
10:00	中国新闻						
10:10	导视 (6)						
10:11	广告 (2)						
10:12	电视剧场一					文明之旅	中华医药
10:58	请您欣赏						
10:59	导视 (7)					导视	
11:00	中国新闻						
11:10	国宝档案						精彩一刻
11:25	导视 (8)						

续表

时间＼星期	星期一	星期二	星期三	星期四	星期五	星期六	星期日
11:27	广告 (3)						
11:30	海峡两岸						
12:00	中国新闻						
13:00	华人世界					外国人在中国	体育在线（周末版）
13:20	快乐驿站						
13:30	走遍中国						
14:00	中国新闻						
14:10	导视 (9)					广告	远方的家
14:13	广告 (4)					14:12深度国际	
14:15	电视剧场二					14:57 广告	导视+广告
15:00	电视剧场二					15:00 精彩一刻	远方的家
15:45	快乐驿站					15:15 远方的家	
15:55	导视 (10)						15:45 精彩一刻
15:57	广告 (5)						
16:00	中国新闻						
16:10	百家讲坛					远方的家	
16:50	天天饮食					16:55 导视	
17:00	中国新闻						
17:10	导视 (11)						
17:15	远方的家					天涯共此时	城市1对1
18:00	中国新闻						
18:15	中国文艺						中国文艺（周末版）
18:45	国宝档案						
19:00	中国新闻						
19:15	双语剧场						
20:00	走遍中国						
20:30	海峡两岸						

续表

<table>
<tr><th>星期
时间</th><th>星期一</th><th>星期二</th><th>星期三</th><th>星期四</th><th>星期五</th><th>星期六</th><th>星期日</th></tr>
<tr><td>21:00</td><td colspan="7">中国新闻</td></tr>
<tr><td>21:30</td><td colspan="7">今日关注</td></tr>
<tr><td>22:00</td><td>文明之旅</td><td>天涯共此时</td><td>中华医药</td><td>体育在线</td><td>深度国际</td><td rowspan="2">中华情</td><td>流行无限</td></tr>
<tr><td>22:45</td><td colspan="5">快乐汉语</td><td>22:55 导视</td></tr>
<tr><td>23:00</td><td colspan="7">今日亚洲</td></tr>
<tr><td>23:25</td><td colspan="7">广告(6)</td></tr>
<tr><td>23:26</td><td colspan="5">远方的家</td><td>城市1对1</td><td>中国文艺（周末版）</td></tr>
<tr><td>24:11</td><td colspan="6">中国文艺</td><td rowspan="2">文明之旅</td></tr>
<tr><td>24:41</td><td colspan="6">国宝档案</td></tr>
<tr><td>24:56</td><td colspan="7">导视 (12)</td></tr>
<tr><td>25:00</td><td colspan="7">中国新闻</td></tr>
<tr><td>25:10</td><td colspan="7">导视 (13)</td></tr>
<tr><td>25:15</td><td colspan="5">百家讲坛</td><td rowspan="2">天涯共此时</td><td rowspan="2">体育在线（周末版）</td></tr>
<tr><td>25:55</td><td colspan="5">导视 (14)</td></tr>
<tr><td>26:00</td><td colspan="7">新闻联播</td></tr>
<tr><td rowspan="2">26:30</td><td colspan="5" rowspan="2">华人世界</td><td rowspan="3">外国人在中国</td><td>导视</td></tr>
<tr><td>26:35 精彩一刻</td></tr>
<tr><td>26:50</td><td colspan="5">快乐驿站</td><td>26:50 天天饮食</td></tr>
<tr><td>27:00</td><td colspan="5">中国新闻</td><td rowspan="3">中华情</td><td rowspan="2">流行无限</td></tr>
<tr><td>27:10</td><td colspan="5">导视(15)</td></tr>
<tr><td>27:15</td><td>文明之旅</td><td>天涯共此时</td><td>中华医药</td><td>体育在线</td><td>深度国际</td><td>27:55 导视</td></tr>
</table>

CCTV－4 中文国际频道·欧洲版栏目播出时间表

北京时间	格林尼治时间	周一	周二	周三	周四	周五	周六	周日
04:00	20:00	中国新闻						
05:00	21:00	流行无限	文明之旅	天涯共此时	中华医药	体育在线	深度国际	中国文艺（周末版）
05:55	21:55	导视	05:45 国宝档案					
06:00	22:00	中国新闻						
06:10	22:10	导视(1)						
06:12	22:12	电视剧场一						
06:58	22:58	请您欣赏						
06:59	22:59	导视(2)						
07:00	23:00	中国新闻						
07:25	23:25	导视(3)						
07:27	23:27	广告 (1)						
07:28	23:28	海峡两岸						
07:58	23:58	导视(5)						
08:00	00:00	中国新闻						
09:00	01:00	寻宝	探索•发现					天涯共此时
09:47	01:47	导视	09:40 华人世界					精彩一刻
09:50	01:50	天天饮食						
10:00	02:00	流行无限	中国新闻					中华情
			10:15 文明之旅	天涯共此时	中华医药	体育在线	深度国际	
10:55	02:55	导视						
11:00	03:00	中国新闻						
11:10	03:10	百家讲坛						
11:50	03:50	快乐驿站						
12:00	04:00	中国新闻						

续表

北京时间	格林尼治时间	周一	周二	周三	周四	周五	周六	周日
13:00	05:00	城市1对1	远方的家					中国文艺（周末版）
13:45	05:45	精彩一刻	快乐汉语					精彩一刻
14:00	06:00	中国新闻						
14:10	06:10	中国文艺						外国人在中国
14:40	06:40	走遍中国						
15:10	07:10	海峡两岸						
15:40	07:40	华人世界						天天饮食
16:00	08:00	中国新闻						
16:10	08:10	导视（7）						
16:12	08:12	城市1对1	远方的家					中国文艺（周末版）
16:57	08:57	导视（8）						
17:00	09:00	中国新闻						
17:10	09:10	电视剧场二					中华医药	体育在线
17:56	09:56	请您欣赏					17:55 导视	
17:57	09:57	导视（9）					17:59 广告	
18:00	10:00	中国新闻						
18:15	10:15	电视剧场二					文明之旅	天涯共此时
19:00	11:00	中国新闻						
19:15	11:15	导视（10）						
19:17	11:17	百家讲坛						
19:57	11:57	导视（11）						

续表

<table>
<tr><th>北京时间</th><th>格林尼治时间</th><th>周一</th><th>周二</th><th>周三</th><th>周四</th><th>周五</th><th>周六</th><th>周日</th></tr>
<tr><td rowspan="2">20:00</td><td rowspan="2">12:00</td><td rowspan="2">流行无限</td><td colspan="5">探索·发现</td><td rowspan="5">中华情</td></tr>
<tr><td colspan="5">20:40 导视（12）</td></tr>
<tr><td rowspan="2">20:55</td><td rowspan="2">12:55</td><td rowspan="2">导视4</td><td colspan="5">20:42 快乐汉语</td></tr>
<tr><td colspan="4">20:57 导视（13）</td><td rowspan="2">导视</td></tr>
<tr><td>20:59</td><td>12:59</td><td colspan="5">广告（2）</td></tr>
<tr><td>21:00</td><td>13:00</td><td colspan="7">中国新闻</td></tr>
<tr><td>21:30</td><td>13:30</td><td colspan="7">今日关注</td></tr>
<tr><td rowspan="2">22:00</td><td rowspan="2">14:00</td><td colspan="6" rowspan="2">国宝档案</td><td>天天饮食</td></tr>
<tr><td>22:10 导视</td></tr>
<tr><td>22:15</td><td>14:15</td><td colspan="7">动画城</td></tr>
<tr><td>23:00</td><td>15:00</td><td colspan="7">今日亚洲</td></tr>
<tr><td>23:25</td><td>15:25</td><td colspan="5">电视剧场三</td><td colspan="2" rowspan="3">远方的家</td></tr>
<tr><td>24:11</td><td>16:11</td><td colspan="5">电视剧场三</td></tr>
<tr><td>24:57</td><td>16:57</td><td colspan="5">请您欣赏</td></tr>
<tr><td>24:59</td><td>16:59</td><td colspan="5">导视（14）</td><td rowspan="7">24:55 导视
25:00 外国人在中国
25:30 走遍中国
26:00 中华情</td><td rowspan="4">远方的家</td></tr>
<tr><td>25:00</td><td>17:00</td><td colspan="5">中国新闻</td></tr>
<tr><td>25:10</td><td>17:10</td><td colspan="5">快乐汉语</td></tr>
<tr><td>25:25</td><td>17:25</td><td colspan="5">走遍中国</td></tr>
<tr><td>25:55</td><td>17:55</td><td colspan="5" rowspan="2">华人世界</td><td rowspan="3">25:40 走遍中国
26:10 导视
26:15 城市1对1</td></tr>
<tr><td>26:00</td><td>18:00</td></tr>
<tr><td>26:15</td><td>18:15</td><td colspan="5">远方的家</td></tr>
<tr><td>27:00</td><td>19:00</td><td colspan="7">新闻联播</td></tr>
<tr><td>27:30</td><td>19:30</td><td colspan="6">中国文艺</td><td>体育在线（周末版）</td></tr>
</table>

CCTV－4 中文国际频道·美洲版栏目播出时间表

北京时间	美国东部时间	周一	周二	周三	周四	周五	周六	周日
04:00	15:00	中国新闻						
05:00	16:00	外国人在中国	中国文艺					
05:30	16:30	新闻联播						
06:00	17:00	精彩一刻	快乐汉语					精彩一刻
06:15	17:15	城市1对1	远方的家					中国文艺（周末版）
07:00	18:00	中国新闻						
07:25	18:25	导视（1）						
07:29	18:29	广告（1）						
07:30	18:30	走遍中国						
08:00	19:00	中国新闻						
09:00	20:00	精彩一刻	国宝档案					
09:15	20:15	电视剧场一						
10:00	21:00	中国新闻						
10:10	21:10	电视剧场一						
10:57	21:57	导视（2）						
11:00	22:00	流行无限	中国新闻					中华情
			11:10文明之旅	天涯共此时	中华医药	体育在线	深度国际	
11:55	22:55	导视（3）						
12:00	23:00	中国新闻						
13:00	00:00	走遍中国						
13:30	00:30	海峡两岸						
14:00	01:00	中国新闻						
14:10	01:10	导视（4）						
14:12	01:12	天涯共此时	电视剧场二					体育在线（周末版）
14:57	01:57	导视（5）						

续表

北京时间	美国东部时间	周一	周二	周三	周四	周五	周六	周日
22:00	09:00	文明之旅	天涯共此时	中华医药	体育在线	深度国际	中华情	流行无限
22:45	09:45	快乐汉语						22:55 导视
23:00	10:00	今日亚洲						
23:25	10:25	导视(13)					文明之旅	中华医药
23:27	10:27	探索 · 发现						
24:07	11:07	导视(14)						
24:09	11:09	广告 (2)						
24:10	11:10	百家讲坛						
24:50	11:50	天天饮食						
25:00	12:00	中国新闻						
25:10	12:10	华人世界					精彩回放	远方的家
25:30	12:30	电视剧场三					远方的家	
26:15	13:15	电视剧场三						
27:00	14:00	中国新闻						
27:10	14:10	导视(15)					导视4′ +广告1′	
27:15	14:15	动画城						

CCTV－5 体育频道栏目播出时间表

<table>
<tr><th>星期
时间</th><th>星期一</th><th>星期二</th><th>星期三</th><th>星期四</th><th>星期五</th><th>星期六</th><th>星期日</th></tr>
<tr><td>04:00</td><td colspan="7">空</td></tr>
<tr><td>04:25</td><td colspan="7">空</td></tr>
<tr><td>05:55</td><td colspan="7">国歌+预告</td></tr>
<tr><td>06:00</td><td colspan="7">健身动起来</td></tr>
<tr><td>06:25</td><td colspan="7">广告＋包装</td></tr>
<tr><td>06:30</td><td colspan="7">体育晨报</td></tr>
<tr><td>08:30</td><td colspan="7">广告＋包装</td></tr>
<tr><td>08:35</td><td colspan="7">空</td></tr>
<tr><td>09:30</td><td colspan="6">空</td><td></td></tr>
<tr><td rowspan="2">10:25</td><td colspan="4" rowspan="2">空+插播广告5′</td><td>10:55 广告+包装</td><td rowspan="2">10:25 空+插播广告5′</td><td rowspan="6">10:00 拳击（插播体坛快讯）</td></tr>
<tr><td>11:00 武林大会</td></tr>
<tr><td>11:55</td><td colspan="6">广告＋包装</td></tr>
<tr><td>12:00</td><td colspan="6">体坛快讯</td></tr>
<tr><td>12:25</td><td colspan="6">广告＋包装</td></tr>
<tr><td>12:30</td><td colspan="5">重点赛事（含插播广告5'）</td><td>12:30 空</td></tr>
<tr><td>14:00</td><td colspan="5">广告＋包装</td><td rowspan="3">13:20 空+插播广告5′</td><td>13:30 广告+包装</td></tr>
<tr><td>14:05</td><td colspan="5">赛事精选</td><td>13:35 空</td></tr>
<tr><td>14:30</td><td colspan="5">空 +插播广告5′</td><td>15:05 广告+包装</td></tr>
<tr><td>16:00</td><td colspan="5">广告+包装 2′</td><td rowspan="3">15:30 空+插播广告5′</td><td rowspan="2">15:10 空</td></tr>
<tr><td>16:02</td><td colspan="5">空 +插播广告2′</td></tr>
<tr><td>16:57</td><td colspan="5">广告＋包装</td><td>16:40 广告+包装</td></tr>
<tr><td>17:00</td><td colspan="5">空 +插播广告2′</td><td colspan="2">16:45 空</td></tr>
<tr><td>17:55</td><td colspan="5">广告＋包装</td><td colspan="2">17:55 广告+包装</td></tr>
<tr><td rowspan="2">18:00</td><td colspan="5" rowspan="2">体育新闻</td><td>18:00 体育新闻</td><td>18:00 体育新闻</td></tr>
<tr><td>18:30 广告+包装</td><td>18:50 广告+包装</td></tr>
<tr><td>18:30</td><td colspan="5">广告＋包装</td><td>18:35 足球之夜</td><td>18:55 空</td></tr>
</table>

续表

时间＼星期	星期一	星期二	星期三	星期四	星期五	星期六	星期日
18:35	体育人间					19:25 广告+包装	19:20 广告+包装
19:25	广告+包装					19:30 赛事	19:25 赛事
19:30	黄金赛场－天下足球	黄金赛场－赛事					
21:25	广告＋包装					21:25 广告+包装 21:30 欧洲联赛 28:00 结束	
21:30	体育世界						
22:00	第二黄金赛场－重点赛事						
23:55	广告＋包装						
24:00	体育报道（直播）						
24:25	广告+包装						
24:30	顶级赛事－高尔夫	顶级赛事	实况录像		顶级赛事		
27:30	广告＋包装						
27:35	空						
28:00	结束						

CCTV–6 电影频道栏目播出时间表

时间＼星期	星期一	星期二	星期三	星期四	星期五	星期六	星期日
18:00	空						世界电影之旅
18:05	空					爱上电影网	
18:20	资讯快车						
18:27	中国电影报道						
18:48	光影 (8) +广告 (4)						
19:00	流金岁月影片+广告(5)	19:05 故事片+广告 (5)				周末影院+广告 (5)	周日点播（国产长片）+广告 (5)

续表

<table>
<tr><th>星期
时间</th><th>星期一</th><th>星期二</th><th>星期三</th><th>星期四</th><th>星期五</th><th>星期六</th><th>星期日</th></tr>
<tr><td>20:40</td><td>流金岁月</td><td colspan="5">广告 (6) +日导</td><td>空</td></tr>
<tr><td>21:20</td><td>广告 (6) +日导</td><td colspan="4" rowspan="3">20:50 故事片+广告 (9)</td><td rowspan="3">20:50 光影周刊
21:05 爱电影
21:31 广告 (7) +日导+广告 (8)
21:40 佳片有约</td><td rowspan="3">21:05 广告 (6) +日导
21:15 世界电影之旅
21:30 爱电影
21:56 广告 (7) +日导+广告 (8)</td></tr>
<tr><td>21:30</td><td>爱电影</td></tr>
<tr><td>21:56</td><td>广告 (7) +日导+广告 (8)</td></tr>
<tr><td>22:00</td><td>字幕译制片+广告 (9)</td><td colspan="4" rowspan="10">22:30 爱电影
22:56 广告 (7)
22:58 日导+广告 (8)
23:05 字幕译制片+广告 (11)
24:45 日导+广告 (10)
24:55 故事片+广告 (13)
26:40 日导+广告 (12)
26:50 故事片 (白天1)
28:30 垫播
欣赏
国歌+台标</td><td>佳片有约影片+广告 (9)</td><td>周日点播 (译制片) +广告 (9)</td></tr>
<tr><td>23:55</td><td>日导+广告 (10)</td><td colspan="2">日导+广告 (10)</td></tr>
<tr><td>24:05</td><td>故事片+广告 (11)</td><td>故事片+广告 (11)</td><td>探索影厅故事片+广告 (11)</td></tr>
<tr><td>25:55</td><td>日导+广告 (12)</td><td colspan="2">日导+广告 (12)</td></tr>
<tr><td>26:05</td><td>故事片+广告 (13)</td><td colspan="2">故事片+广告 (13)</td></tr>
<tr><td>27:45</td><td>欣赏</td><td colspan="2">欣赏</td></tr>
<tr><td>27:50</td><td>故事片+ (白天1)</td><td colspan="2">故事片+ (白天1)</td></tr>
<tr><td>29:35</td><td>垫播+ (白天2)</td><td colspan="2">垫播+ (白天2)</td></tr>
<tr><td></td><td>欣赏</td><td colspan="2">欣赏</td></tr>
<tr><td></td><td>国歌+台标</td><td colspan="2">国歌+台标</td></tr>
</table>

CCTV—7 军事·农业频道栏目播出时间表

星期/时间	星期一	星期二	星期三	星期四	星期五	星期六	星期日
05:56:55	台标+国歌+导视						
06:00	农业气象						
06:05	农广天地（重播）						
06:35	聚焦三农（重播）						
07:00	广告3′+导视2′						
07:05	星光大道（重播）						
08:40	导视						
08:42	专题片						
09:07	广告2′+导视1′						
09:10	军事报道（重播）						
09:40	军事纪实（重播）					中国武警（首播）	军事科技（重播）
10:10	广告4′+导视2′+欣赏2′						
10:18	百战经典（重播）	讲武堂（重播）	军营大舞台（重播）	谁是终极英雄（重播）	军旅文化大视野（重播）	讲武堂（首播）	军旅文化大视野（首播）
11:18	导视2′+欣赏1′						
11:21	第一动画乐园						
12:21	广告4′+导视2′						
12:27	乡土（首播）					专题片	
12:57	聚焦三农（重播）						
13:22	每日农经（重播）					法制编辑部（重播）	乡约（重播）
13:42	致富经（重播）						
14:12	广告						
14:13	科技苑（重播）						农广天地（重播）

续表

时间＼星期	星期一	星期二	星期三	星期四	星期五	星期六	星期日
14:43	气象节目						
14:48	农广天地（首播）					健康之路、天天饮食等	
15:18	导视2′						
15:20	防务新观察（重播）	专题片					防务新观察（重播）
15:50	导视2′ +欣赏2′ +广告3′						
15:57	军事纪实（重播）					百战经典（首播）	谁是终极英雄（首播）
16:27	百战经典（重播）	讲武堂（重播）	军营大舞台（重播）	谁是终极英雄（重播）	军旅文化大视野（重播）	16:57 广告	
17:27	广告					17:00军营大舞台（首播）	中国武警（重播）
17:30	和平年代（重播）						17:30 军事科技（重播）
18:00	广告						
18:05	生活567（首播）					乡村大世界（首播）	阳光大道（首播）
18:30	科技苑（首播）						
19:00	农广天地（首播）						19:00 农广天地（首播）
19:30	军事报道（首播）						
20:00	军事纪实（首播）					防务新观察（首播）	
20:30	广告						
20:33	导视						
20:35	动物世界（重播）						
21:05	广告5′ +导视2′						
21:12	气象节目（首播）						
21:17	致富经（首播）					乡约（首播）	法制编辑部（首播）
21:47	每日农经（首播）						
22:07	聚焦三农（首播）						

续表

时间＼星期	星期一	星期二	星期三	星期四	星期五	星期六	星期日
22:32	广告6′+欣赏2′						
22:40	和平年代（首播）					军事科技（首播）	中国武警（重播）
23:10	广告3′+导视2′+欣赏2′						
23:17	生活567（重播）					阳光大道（重播）	乡村大世界（重播）
23:42	乡土（重播）						
24:12	农广天地（重播）						
24:42	广告4′+导视2′						
24:48	广告						

注：军事节目首播量：930分钟；重播量：1440分钟；播出总量：2370分钟。农业节目首播量：1455分钟；重播量：1785分钟；播出总量：3240分钟。

CCTV−8 电视剧频道栏目播出时间表

时间＼星期	星期一	星期二	星期三	星期四	星期五	星期六	星期日
05:49:00	台标+国歌+包装（1）						
05:51:00	早间剧场第一集						
06:37:00	早间剧场第二集						
07:23:00	早间剧场第三集贴片						
07:25:00	早间剧场第三集						
08:11:00	星推荐 （含片头后20秒广告）						
08:16:00	魅力剧场第一集贴片						
08:20:00	魅力剧场第一集						

续表

星期 时间	星期一	星期二	星期三	星期四	星期五	星期六	星期日
09:06:00	魅力剧场一二集间						
09:08:00	总编室包装一						
09:09:00	魅力剧场第二集贴片						
09:11:00	魅力剧场第二集						
09:57:00	魅力剧场二三集间						
09:59:00	包装（2）						
10:01:00	魅力剧场第三集贴片						
10:03:00	魅力剧场第三集						
10:49:00	魅力剧场三四集间						
10:51:00	包装（3）						
10:53:00	魅力剧场第四集贴片						
10:55:00	魅力剧场第四集						
11:41:00	星推荐（含片头后20秒广告）						
11:46:00	雨洁剧场前						
11:50:00	包装（4）						
11:52:00	雨洁剧场第一集贴片						
11:56:00	雨洁剧场第一集						
12:42:00	雨洁剧场集间						
12:45:00	包装（5）						
12:47:00	雨洁剧场第二集贴片						
12:50:00	雨洁剧场第二集						
13:36:00	星推荐（含片头后20秒广告）						
13:41:00	佳人剧场前						
13:44:00	包装（6）						
13:46:00	佳人剧场第一集贴片						

续表

星期 / 时间	星期一	星期二	星期三	星期四	星期五	星期六	星期日
13:49:00	佳人剧场第一集						
14:35:00	佳人剧场一二集间						
14:38:00	总编室包装二						
14:39:00	佳人剧场第二集贴片						
14:43:00	佳人剧场第二集						
15:29:00	佳人剧场二三集间						
15:32:00	包装（7）						
15:34:00	佳人剧场第三集贴片						
15:38:00	佳人剧场第三集						
16:24:00	星推荐（含片头后20秒广告）						
16:29:00	影视同期声前						
16:31:00	影视同期声						
16:51:00	家庭剧场前						
16:54:00	总编室包装三						
16:55:00	家庭剧场第一集贴片						
16:59:00	家庭剧场第一集						
17:45:00	家庭剧场集间						
17:48:00	包装（8）						
17:50:00	家庭剧场第二集贴片						
17:53:00	家庭剧场第二集						
18:39:00	微剧场贴片						
18:42:00	微剧场 +中插广告2′						
19:14:00	黄金强档前						
19:17:00	星推荐（含片头后20秒广告）						

续表

时间＼星期	星期一	星期二	星期三	星期四	星期五	星期六	星期日
19:22:00	黄金强档第一集贴片						
19:26:00	黄金强档第一集本集提要						
19:26:30	黄金强档第一集本集提要后						
19:27:30	黄金强档第一集						
20:07:30	黄金强档第一集下集预告前						
20:08:30	黄金强档第一集下集预告						
20:09:00	黄金强档一二集间						
20:12:00	总编室包装（四）						
20:13:00	黄金强档第二集贴片						
20:16:00	黄金强档第二集本集提要						
20:16:30	黄金强档第二集本集提要后						
20:17:25	黄金强档第二集						
20:57:25	黄金强档第二集下集预告前						
20:58:25	黄金强档第二集下集预告						
20:58:55	黄金强档二三集间						
21:01:55	包装（9）						
21:03:55	黄金强档第三集贴片						
21:06:55	黄金强档第三集本集提要						
21:07:25	黄金强档第三集本集提要后						
21:08:30	黄金强档第三集						
21:48:30	黄金强档第三集下集预告前						
21:49:30	黄金强档第三集下集预告						
21:50:00	星推荐（含片头后20秒广告）						
21:55:00	海外剧场第一集本集提要						

续表

星期 时间	星期一	星期二	星期三	星期四	星期五	星期六	星期日
21:56:00	海外剧场第一集贴片						
22:00:00	海外剧场第一集						
22:46:00	包装（10）						
22:48:00	海外剧场集间						
22:51:00	海外剧场第二集本集提要						
22:52:00	海外剧场第二集贴片						
22:56:00	海外剧场第二集						
23:42:00	原声影视前						
23:45:00	包装（11）						
23:47:00	原声影视贴片						
23:50:00	原声影视						
24:50:00	原声影视后						
24:53:00	都市剧场第一集						
25:39:00	都市剧场第二集						
26:25:00	都市剧场第三集						
27:11:00	都市剧场第四集						
27:57:00	都市剧场第五集						
28:43:00	都市剧场第六集						

CCTV–9 纪录频道栏目播出时间表

<table>
<tr><th>星期
时间</th><th>星期一</th><th>星期二</th><th>星期三</th><th>星期四</th><th>星期五</th><th>星期六</th><th>星期日</th></tr>
<tr><td>04:00</td><td colspan="7">发现</td></tr>
<tr><td>04:26</td><td colspan="7">频道导视(1)</td></tr>
<tr><td>04:30</td><td colspan="7">人文地理</td></tr>
<tr><td>04:56</td><td colspan="7">频道导视(2)</td></tr>
<tr><td>05:00</td><td colspan="7">特别呈现</td></tr>
<tr><td>05:54</td><td colspan="7">频道导视(3)</td></tr>
<tr><td>06:00</td><td colspan="7">时代</td></tr>
<tr><td>06:26</td><td colspan="7">频道导视(4)</td></tr>
<tr><td>06:30</td><td colspan="7">真相</td></tr>
<tr><td>06:56</td><td colspan="7">频道导视(5)</td></tr>
<tr><td>07:00</td><td colspan="7">发现</td></tr>
<tr><td>07:26</td><td colspan="7">频道导视(6)</td></tr>
<tr><td>07:30</td><td colspan="7">人文地理</td></tr>
<tr><td>07:56</td><td colspan="7">频道导视(7)</td></tr>
<tr><td>08:00</td><td colspan="7">自然</td></tr>
<tr><td>08:54</td><td colspan="7">频道导视(8)</td></tr>
<tr><td>09:00</td><td colspan="6">万象</td><td>发现</td></tr>
<tr><td>09:54</td><td colspan="6">频道导视(9)</td><td rowspan="4">09:26 频道导视 (9)
09:30 寰宇视野/自然/万象
10:24 频道导视 (10)
10:30 寰宇视野/自然/万象</td></tr>
<tr><td>10:00</td><td colspan="5">特别呈现</td><td rowspan="3">10:00 纪录电影</td></tr>
<tr><td>10:54</td><td colspan="5">频道导视(10)</td></tr>
<tr><td>11:00</td><td colspan="5">寰宇视野</td></tr>
<tr><td>11:54</td><td colspan="5">频道导视(11)</td><td colspan="2">11:24 频道导视(11)</td></tr>
</table>

续表

时间＼星期	星期一	星期二	星期三	星期四	星期五	星期六	星期日
12:00	自然					11:30 寰宇视野/自然/万象	
12:54	频道导视(12)					12:24 频道导视(12)	
13:00	万象					12:30 寰宇视野/自然/万象	
13:54	频道导视(13)						
14:00	时代					13:24 频道导视(13)	
14:26	频道导视(14)					13:30 寰宇视野/自然/万象	
14:30	真相						
14:56	频道导视(15)					14:24 频道导视(15)	
15:00	寰宇视野					14:30 寰宇视野/自然/万象	
15:54	频道导视(16)					15:24 频道导视(16)	
16:00	纪录电影	特别呈现				15:30 寰宇视野/自然/万象	
16:54		频道导视(17)				16:24 频道导视(17)	
17:00		发现				16:30 寰宇视野/自然/万象	
17:26	频道导视(18)					17:24 频道导视(18)	
17:30	人文地理						
17:56	频道导视(19)						
18:00	自然						
18:54	频道导视(20)						
19:00	万象						
19:54	频道导视(21)						
20:00	特别呈现						
20:54	频道导视(22)						
21:00	寰宇视野						
21:54	频道导视(23)						

续表

时间 \ 星期	星期一	星期二	星期三	星期四	星期五	星期六	星期日
22:00	时代						22:00 纪录电影
22:26	频道导视(24)						
22:30	真相						
22:56	频道导视(25)						
23:00	发现						
23:26	频道导视(26)						
23:30	人文地理						
23:56	频道导视(27)						
24:00	寰宇视野						
24:54	频道导视(28)						
25:00	自然						
25:54	频道导视(29)						
26:00	万象						
26:54	频道导视(30)						
27:00	时代						
27:26	频道导视(31)						
27:30	真相						
27:56	频道导视(32)						

CCTV—9 Documentary 栏目播出时间表

北京时间	星期一	星期二	星期三	星期四	星期五	星期六	星期日	美国东部时间	格林尼治时间
04:00	人文地理							16:00	21:00
04:27	频道导视							16:27	21:27
04:30	时代写真							16:30	21:30
04:57	频道导视							16:57	21:57
05:00	特别呈现							17:00	22:00
05:56	频道导视							17:56	22:56
06:00	发现之路							18:00	23:00
06:27	频道导视							18:27	23:27
06:30	历史传奇							18:30	23:30
06:57	频道导视							18:57	23:57
07:00	人文地理							19:00	00:00
07:27	频道导视							19:27	00:27
07:30	时代写真							19:30	00:30
07:57	频道导视							19:57	00:57
08:00	特别呈现							20:00	01:00
08:56	频道导视							20:56	01:56
09:00	精彩放送							21:00	02:00
09:56	频道导视							21:56	02:56
10:00	发现之路							22:00	03:00
10:27	频道导视							22:27	03:27
10:30	历史传奇							22:30	03:30
10:57	频道导视							22:57	03:57

续表

北京时间	星期一	星期二	星期三	星期四	星期五	星期六	星期日	美国东部时间	格林尼治时间
11:00	精彩放送							23:00	04:00
11:56	频道导视							23:57	04:57
12:00	人文地理							0:00	05:00
12:27	频道导视							00:27	05:27
12:30	时代写真							00:30	05:30
12:57	频道导视							00:57	05:57
13:00	特别呈现							01:00	06:00
13:56	频道导视							01:56	06:56
14:00	发现之路							02:00	07:00
14:27	频道导视							02:27	07:27
14:30	历史传奇							02:30	07:30
14:57	频道导视							02:57	07:57
15:00	精彩放送							03:00	08:00
15:56	频道导视							03:56	08:56
16:00	人文地理							04:00	09:00
16:27	频道导视							04:27	09:27
16:30	时代写真							04:30	09:30
16:57	频道导视							04:57	09:57
17:00	特别呈现							05:00	10:00
17:56	频道导视							05:56	10:56
18:00	发现之路							06:00	11:00
18:27	频道导视							06:27	11:27
18:30	历史传奇							06:30	11:30
18:57	频道导视							06:57	11:57
19:00	精彩放送							7:00	12:00

续表

北京时间	星期一	星期二	星期三	星期四	星期五	星期六	星期日	美国东部时间	格林尼治时间
19:56	频道导视							07:56	12:56
20:00	人文地理							08:00	13:00
20:27	频道导视							08:27	13:27
20:30	时代写真							08:30	13:30
20:57	频道导视							08:57	13:57
21:00	特别呈现							09:00	14:00
21:56	频道导视							09:56	14:56
22:00	发现之路							10:00	15:00
22:27	频道导视							10:27	15:27
22:30	历史传奇							10:30	15:30
22:57	频道导视							10:57	15:57
23:00	精彩放送							11:00	16:00
23:56	频道导视							11:56	16:56
24:00	人文地理							12:00	17:00
24:27	频道导视							12:27	17:27
24:30	时代写真							12:30	17:30
24:57	频道导视							12:57	17:57
25:00	特别呈现							13:00	18:00
25:56	频道导视							13:56	18:56
26:00	发现之路							14:00	19:00
26:27	频道导视							14:27	19:27
26:30	历史传奇							14:30	19:30
26:57	频道导视							14:57	19:57
27:00	精彩放送							15:00	20:00
27:56	频道导视							15:56	20:56

CCTV–10 科教频道栏目播出时间表

<table>
<tr><th>星期
时间</th><th>星期一</th><th>星期二</th><th>星期三</th><th>星期四</th><th>星期五</th><th>星期六</th><th>星期日</th></tr>
<tr><td>06:00</td><td colspan="7">地理•中国+导视3′</td></tr>
<tr><td>06:30</td><td colspan="5">人物（含大家）+导视3′</td><td colspan="2" rowspan="2">读书 、第10放映室+导视5′</td></tr>
<tr><td>07:00</td><td>讲述+导视3′</td><td></td><td></td><td></td><td></td></tr>
<tr><td>07:30</td><td>科影特别节目：文明密码+导视5′</td><td colspan="5">我爱发明+导视5′</td><td>原来如此+导视5′</td></tr>
<tr><td>08:30</td><td colspan="7">健康之路+导视3′</td></tr>
<tr><td>09:15</td><td colspan="7">走近科学+导视3′</td></tr>
<tr><td>09:45</td><td colspan="7">探索 · 发现+导视3′</td></tr>
<tr><td>10:30</td><td colspan="7">地理 · 中国+导视3′</td></tr>
<tr><td>11:00</td><td colspan="7">自然传奇+导视3′</td></tr>
<tr><td>11:45</td><td>科影特别节目：文明密码+导视5′</td><td colspan="5">我爱发明+导视5′</td><td>原来如此+导视5′</td></tr>
<tr><td>12:45</td><td colspan="7">百家讲坛（首播）+导视3′</td></tr>
<tr><td>13:30</td><td colspan="5">科技之光（首播）+导视3′</td><td colspan="2" rowspan="2">第10放映室、读书（首播）+导视5′</td></tr>
<tr><td>14:00</td><td colspan="5">人物（含大家）+导视3′</td></tr>
<tr><td>14:30</td><td colspan="7">健康之路+导视3′</td></tr>
<tr><td>15:15</td><td colspan="7">走近科学+导视3′</td></tr>
<tr><td>15:45</td><td colspan="5">讲述+导视3′</td><td colspan="2" rowspan="2">特别节目(国际合作项目)+导视5′</td></tr>
<tr><td>16:15</td><td colspan="5">科技之光+导视3′</td></tr>
<tr><td>16:45</td><td colspan="7">自然传奇+导视3′</td></tr>
<tr><td>17:30</td><td colspan="7">地理 · 中国+导视3′</td></tr>
<tr><td>18:00</td><td colspan="7">健康之路（首播）+导视3′</td></tr>
<tr><td>18:45</td><td>科影特别节目：文明密码（首播）+导视5′</td><td colspan="5">我爱发明（首播）+导视5′</td><td>原来如此（首播）+导视5′</td></tr>
<tr><td>19:45</td><td colspan="7">自然传奇（首播）+导视3′</td></tr>
<tr><td>20:30</td><td colspan="7">走近科学（首播）+导视3′</td></tr>
</table>

续表

星期 / 时间	星期一	星期二	星期三	星期四	星期五	星期六	星期日
21:00	讲述（首播）+导视3′					特别节目（首播）（国际合作项目）+导视5′	
21:30	人物（含大家）+导视3′						
22:00	探索·发现（首播）+导视3′						
22:45	科影特别节目：文明密码+导视5′	我爱发明+导视5′					原来如此+导视5′
23:45	百家讲坛+导视3′						
24:30	科技之光+导视3′					特别节目(国际合作项目)+导视2′	
25:00	讲述						
25:27	探索·发现+导视10′						
26:19	结束						

CCTV—11 戏曲频道栏目播出时间表

星期 / 时间	星期一	星期二	星期三	星期四	星期五	星期六	星期日
06:00	台标+国歌+ 主持人伴视(1)						
06:06	快乐戏园						
06:37	广告(1)						
06:38	锦绣梨园+中插广告3′						
07:41	主持人伴视(2)						
07:47	广告(2)						
07:48	名段欣赏						
08:16	主持人伴视(3)						
08:22	广告(3)						
08:23	九州大戏台+中插广告2′					一鸣惊人+中插广告3′	快乐戏园（周末版）+中插广告3′

续表

星期 / 时间	星期一	星期二	星期三	星期四	星期五	星期六	星期日
09:25	主持人伴视(4)						
09:31	广告(4)						
09:32	跟我学						
10:03	广告(5)						
10:06	一路欢笑+中插广告3′						
11:09	主持人伴视(5)						
11:15	广告(6)						
11:18	影视剧场						
12:05	广告(7)						
12:08	影视剧场						
12:55	广告(8)						
12:58	影视剧场						
13:45	主持人伴视(6)						
13:51	广告(9)						
13:54	CCTV空中剧院（精编版）+中插广告2′		京剧音配像（午间版）+中插广告2′	CCTV空中剧院（精编版）+中插广告2′		京剧音配像（午间版）+中插广告2′	影视剧场 (经典戏曲电影)+中插广告2′
16:33	广告(10)						
16:36	梨园闯关我挂帅+中插广告3′	青春戏苑+中插广告3′	梨园闯关我挂帅+中插广告3′	一鸣惊人+中插广告3′	青春戏苑+中插广告3′	快乐戏园（周末版）+中插广告3′	一鸣惊人+中插广告3′
17:39	广告(11)						
17:42	主持人伴视(7)						
17:48	戏曲采风						
18:03	广告(12)						
18:06	一路欢笑+中插广告4′						
19:10	主持人伴视(8)						
19:16	广告(13)						

续表

时间＼星期	星期一	星期二	星期三	星期四	星期五	星期六	星期日
19:20	京剧音配像 (晚间首播版) +中插广告2′	九州大戏台 (晚间首播版) +中插广告2′	CCTV空中剧院 (晚间首播版) +中插广告2′	京剧音配像 (晚间首播版) +中插广告2′	一鸣惊人 20:00 主持人伴视(9) 20:06 梨园闯关我挂帅 21:06 广告(14) 21:10 一路欢笑+中插广告3′	CCTV空中剧院 (晚间首播版)+中插广告2′	影视剧场(经典戏曲电影)+中插广告2′ 21:13 广告(14) 21:17 青春戏苑+中插广告3′
22:20	主持人伴视(10)						
22:26	广告(15)						
22:30	影视剧场						
23:18	广告(16)						
23:21	影视剧场						
24:09	广告(17)						
24:12	影视剧场						
25:00	广告(18)						
25:01	一路欢笑+中插广告3′						
26:04	主持人伴视(11)						
26:10	结束						

CCTV—12 社会与法频道栏目播出时间表

时间＼星期	星期一	星期二	星期三	星期四	星期五	星期六	星期日
05:55:00	晨曲导视						
06:00:00	见证	夜线				心理访谈	小区大事
06:40:00	导视(2)						
06:41:00	热线12						
07:21:00	导视						
07:22:00	法律讲堂（文史版）						
07:52:00	广告(1)						
07:54:00	导视(4)						
07:55:00	一线						
08:35:00	夕阳红						
08:55:00	平安365						
09:15:00	广告(2)						
09:15:30	导视(5)						
09:16:00	普法栏目剧						
10:06:00	广告(3)						
10:07:00	导视(6)						
10:08:00	法律讲堂						
10:38:00	忏悔录	天网					庭审现场
11:18:00	导视(7)						
11:19:00	道德观察						
11:39:00	平安365（首播）+广告2′						
11:59:00	热线12（首播）（直播）						
12:39:00	广告（4）						
12:41:00	导视（8）						
12:42:00	普法栏目剧						
13:32:00	广告（5）						

续表

星期 时间	星期一	星期二	星期三	星期四	星期五	星期六	星期日
13:34:00	导视 (9)						
13:35:00	见证	天网				心理访谈	小区大事
14:15:00	法律讲堂						
14:45:00	广告 (6)						
14:47:00	导视 (10)						
14:48:00	一线						
15:28:00	道德观察						
15:48:00	夕阳红（首播）+广告2′						
16:08:00	法律讲堂（文史版）						
16:38:00	热线12						
17:18:00	广告 (7)						
17:20:00	导视 (11)						
17:21:00	忏悔录	天网					庭审现场
18:01:00	普法栏目剧						
18:51:00	广告 (8)						
18:52:00	法律讲堂（首播）+广告3′						
19:22:00	广告 (9)						
19:23:00	导视 (12)						
19:24:00	一线（首播）+广告4′						
20:04:00	广告 (10)						
20:06:00	导视 (13)						
20:07:00	天网（首播）+广告4′					庭审现场（首播）	忏悔录（首播）
20:47:00	广告 (11)						
20:48:00	导视 (14)						
20:49:00	普法栏目剧（首播）+广告5′						
21:39:00	道德观察（首播）+广告2′						
21:59:00	广告 (12)						

续表

时间＼星期	星期一	星期二	星期三	星期四	星期五	星期六	星期日
21:59:30	导视 (15)						
22:00:00	夜线 (直播) (首播)				心理访谈 (首播) +广告4′	小区大事 (首播) +广告4′	见证 (首播) +广告4′
22:40:00	法律讲堂 (文史版) (首播) +广告3′						
23:13:00	广告 (13)						
23:14:00	导视 (16)						
23:54:00	天网					庭审现场	忏悔录
24:34:00	广告 (14)						
24:37:00	导视 (17)						
24:38:00	平安365						
24:58:00	广告 (15)						
25:01:00	导视 (18)						
25:02:00	法律讲堂 (文史版)						
25:32:00	广告 (16)						
25:34:00	导视 (19)						
25:35:00	夜线				心理访谈	小区大事	见证
26:15:00	结束						

CCTV—13 新闻频道栏目播出时间表

时间＼星期	星期一	星期二	星期三	星期四	星期五	星期六	星期日
06:00:00	朝闻天下 (07:00～08:30一套并机)						
09:00:00	上午直播间						
12:00:00	新闻30分 (一套并机)						

续表

<table>
<tr><th>星期
时间</th><th>星期一</th><th>星期二</th><th>星期三</th><th>星期四</th><th>星期五</th><th>星期六</th><th>星期日</th></tr>
<tr><td>12:35:00</td><td colspan="7">法治在线（直播）</td></tr>
<tr><td>13:00:00</td><td colspan="7">下午直播间</td></tr>
<tr><td>18:00:00</td><td colspan="7">共同关注</td></tr>
<tr><td>18:59:55</td><td colspan="7">新闻联播+焦点访谈（一套并机）</td></tr>
<tr><td>20:00:00</td><td colspan="7">东方时空（直播）</td></tr>
<tr><td>21:00:00</td><td colspan="7">新闻联播（重播）</td></tr>
<tr><td>21:30:00</td><td colspan="5">新闻1+1（直播）</td><td rowspan="3">21:30 新闻调查（首播）
22:15 新闻周刊（首播）</td><td rowspan="3">21:30 面对面（首播）
22:15 世界周刊（首播）</td></tr>
<tr><td>22:00:00</td><td colspan="5">国际时讯（直播）</td></tr>
<tr><td>22:30:00</td><td colspan="5">环球视线（直播）</td></tr>
<tr><td>23:00:00</td><td colspan="7">24小时（直播）</td></tr>
<tr><td rowspan="2">24:00:00</td><td colspan="5" rowspan="2">午夜新闻</td><td colspan="2">午夜新闻</td></tr>
<tr><td>24:15 新闻调查（重播）</td><td>24:15 面对面（重播）</td></tr>
<tr><td>25:00:00</td><td colspan="5">新闻直播间（直播）</td><td colspan="2">25:00新闻直播间（直播）</td></tr>
<tr><td>25:20:00</td><td colspan="5">新闻1+1（重播）</td><td colspan="2">25:10 导视</td></tr>
<tr><td>26:00:00</td><td colspan="5">新闻直播间（重播）</td><td>25:15 新闻周刊（重播）</td><td>25:15世界周刊（重播）</td></tr>
<tr><td>26:20:00</td><td colspan="5">导视</td><td colspan="2">26:00 新闻直播间（重播）</td></tr>
<tr><td>26:30:00</td><td colspan="5">环球视线</td><td colspan="2">26:10 导视</td></tr>
<tr><td>27:00:00</td><td colspan="5">新闻直播间（重播）</td><td>26:15 新闻调查（重播）</td><td>26:15面对面（重播）</td></tr>
<tr><td>27:20:00</td><td colspan="5">法治在线</td><td colspan="2">27:00 新闻直播间（重播）</td></tr>
<tr><td>27:40:00</td><td colspan="5">焦点访谈</td><td colspan="2">27:10 导视
27:15 法治在线
27:35 焦点访谈
27:51导视</td></tr>
<tr><td>27:56:00</td><td colspan="5">导视</td><td colspan="2">28:00 新闻直播间（重播）
28:10 导视</td></tr>
</table>

续表

<table>
<tr><th>星期
时间</th><th>星期一</th><th>星期二</th><th>星期三</th><th>星期四</th><th>星期五</th><th>星期六</th><th>星期日</th></tr>
<tr><td>28:00:00</td><td colspan="5">新闻直播间（重播）</td><td rowspan="3">28:15 新闻周刊（重播）</td><td rowspan="3">世界周刊（重播）</td></tr>
<tr><td>28:20:00</td><td colspan="5">导视</td></tr>
<tr><td>28:30:00</td><td colspan="5">新闻1+1（重播）</td></tr>
<tr><td>29:00:00</td><td colspan="7">新闻直播间（重播）</td></tr>
<tr><td>29:20:00</td><td colspan="5">法治在线</td><td rowspan="2">29:10 新闻调查（重播）</td><td rowspan="2">29:00 面对面（重播）</td></tr>
<tr><td>29:40:00</td><td colspan="5">焦点访谈</td></tr>
<tr><td>29:56:00</td><td colspan="7">国旗国歌</td></tr>
</table>

CCTV-14 少儿频道栏目播出时间表

<table>
<tr><th>星期
时间</th><th>星期一</th><th>星期二</th><th>星期三</th><th>星期四</th><th>星期五</th><th>星期六</th><th>星期日</th></tr>
<tr><td>05:55</td><td colspan="7">台标+频道呼号+晨曲+频道宣传片</td></tr>
<tr><td>06:00</td><td colspan="5">动画乐翻天</td><td rowspan="2">原创栏目</td><td rowspan="2">英雄出少年（首播）</td></tr>
<tr><td>06:30</td><td colspan="5">动画梦工场</td></tr>
<tr><td>07:00</td><td>芝麻开门(首播)</td><td colspan="4">动画剧场</td><td>金龟子城堡（首播）
07:30 大手牵小手(首播)</td><td>07:00 大仓库（首播）</td></tr>
<tr><td>08:00</td><td colspan="5">银河剧场</td><td colspan="2" rowspan="3">08:00 动画大放映（学龄版）
09:55 节目预告</td></tr>
<tr><td>08:55</td><td colspan="5">节目预告</td></tr>
<tr><td>09:00</td><td colspan="5">早间开心果（首播）</td></tr>
<tr><td>10:00</td><td colspan="5">小小智慧树（首播）</td><td colspan="2" rowspan="3">10:00 动画大放映（引进版）</td></tr>
<tr><td>10:30</td><td colspan="5">动画大放映——动画连连看（首播）</td></tr>
<tr><td>12:00</td><td colspan="5">动漫世界(首播)</td></tr>
<tr><td>12:55</td><td colspan="7">节目预告</td></tr>
</table>

续表

星期 时间	星期一	星期二	星期三	星期四	星期五	星期六	星期日
13:00	儿童剧（首播）					13:00 儿童剧 16:20 动画大放映——国产强档动画片	
16:00	动画剧场（首播）						
17:00	新闻袋袋裤（首播）						
17:15	芝麻开门(首播)	七巧板（首播）	绿野寻踪（首播）	快乐体验（首播）	看我72变（首播）		
18:00	动画乐翻天（首播）						
18:30	智慧树（首播）						
19:00	动画梦工场（首播）					19:00 动画大放映（学龄版）	
19:30	大风车（首播）						
20:00	银河剧场（首播）						
20:55	节目预告						
21:00	异想天开（首播）	智力快车（首播）	音乐快递（首播）	动感特区（首播）	快乐大巴（首播）	21:00 动画大放映——国产动画新片 90' 22:30 电影 24:10 左右 电视剧	
22:00	优秀国产电视剧（晚间版）						
28:00之前	结束						

CCTV−15 音乐频道栏目播出时间表

星期 时间	星期一	星期二	星期三	星期四	星期五	星期六	星期日
06:00	一路欢歌——历届春晚歌曲集锦						
07:00	精彩音乐汇						
08:10	今乐坛						

续表

<table>
<tr><th>星期
时间</th><th>星期一</th><th>星期二</th><th>星期三</th><th>星期四</th><th>星期五</th><th>星期六</th><th>星期日</th></tr>
<tr><td>08:30</td><td colspan="7">民歌·中国</td></tr>
<tr><td>09:05</td><td colspan="7">中国音乐电视</td></tr>
<tr><td>09:40</td><td colspan="6">音乐传奇</td><td>魔法奇迹（重播）</td></tr>
<tr><td>10:15</td><td colspan="6">星光璀璨</td><td rowspan="2">10:10中国好歌曲（重播）</td></tr>
<tr><td>11:45</td><td colspan="5">今乐坛</td><td rowspan="2">歌霸天下（重播）</td></tr>
<tr><td>12:00</td><td colspan="5">精彩音乐汇</td><td>12:00 精彩音乐汇</td></tr>
<tr><td>13:10</td><td colspan="6">中国音乐电视</td><td>13:10 全球中文音乐榜上榜</td></tr>
<tr><td>13:45</td><td colspan="6">民歌·中国</td><td>14:05 民歌·中国</td></tr>
<tr><td>14:20</td><td colspan="5">CCTV音乐厅——纵情歌唱演唱会系列</td><td>映山红</td><td rowspan="2">14:35 歌霸天下（重播）
15:55 古典音乐时刻</td></tr>
<tr><td>15:15</td><td colspan="6">经典</td></tr>
<tr><td>16:00</td><td colspan="6">星光璀璨</td><td>16:40 一起音乐吧——影视金曲</td></tr>
<tr><td>17:35</td><td colspan="7">影视留声机——乐读名著系列</td></tr>
<tr><td>18:00</td><td colspan="5">今乐坛</td><td rowspan="3">乐坛新能量——全球中文音乐榜上榜</td><td rowspan="2">2013超级童声第一季</td></tr>
<tr><td>18:20</td><td colspan="5">民歌·中国</td></tr>
<tr><td>18:55</td><td colspan="5">中国音乐电视</td><td>中国音乐电视</td></tr>
<tr><td>19:30</td><td colspan="5">精彩音乐汇</td><td>全球中文音乐榜上榜</td><td>精彩音乐汇</td></tr>
<tr><td>20:42</td><td>跟唱吧——又见邓丽君</td><td>凤凰传奇2013演唱会（蓝光版）</td><td>音乐影视作品赏析《刘三姐》</td><td>2013中国情歌大汇精编</td><td>歌霸天下</td><td>中国好歌曲</td><td rowspan="2">中国好歌曲(重播)</td></tr>
<tr><td>22:25</td><td colspan="4">音乐传奇</td><td>22:14　2013梦想星搭档公益盛典（精编版）</td><td>23:05　一起音乐吧-影视金曲</td></tr>
<tr><td>23:05</td><td colspan="4">CCTV音乐厅——纵情歌唱演唱会系列</td><td colspan="2">音乐传奇</td><td>22:45 光荣绽放——新十大二胡演奏家音乐会</td></tr>
<tr><td>24:00</td><td colspan="4">今乐坛</td><td colspan="2">24:40今乐坛</td><td>24:15 今乐坛</td></tr>
<tr><td>24:15</td><td colspan="4">精彩音乐汇</td><td colspan="2">24:55精彩音乐汇</td><td>24:30 精彩音乐汇</td></tr>
<tr><td>25:15</td><td colspan="4">中国音乐电视</td><td colspan="2">25:55中国音乐电视</td><td>25:30 中国音乐电视</td></tr>
</table>

CCTV—NEWS 英语新闻频道栏目播出时间表

星期 北京时间	星期一	星期二	星期三	星期四	星期五	星期六	星期日	美国东部时间	美国西部时间	欧洲西部时间	非洲时间
04:00	世界观察	综合新闻						15:00	12:00	20:00	23:00
04:30		东方						15:30	12:30	20:30	23:30
05:00	综合新闻							16:00	13:00	21:00	00:00
05:30	旅游指南			看中国			中心舞台	16:30	13:30	21:30	00:30
06:00	综合新闻							17:00	14:00	22:00	01:00
06:30	今日话题							17:30	14:30	22:30	01:30
07:00	综合新闻							18:00	15:00	23:00	02:00
07:20	中国24小时							18:20	15:20	23:20	02:20
08:00	综合新闻（北美）	财经亚洲（美洲版）					综合新闻（北美）	19:00	16:00	00:00	03:00
08:30	美洲观察						热点	19:30	16:30	00:30	03:30
09:00	综合新闻（北美）						综合新闻（北美）	20:00	17:00	01:00	04:00
09:30	非洲人物						对话非洲	20:30	17:30	01:30	04:30
10:00	综合新闻							21:00	18:00	02:00	05:00
10:30	文化报道					财经高峰会	新财富	21:30	18:30	02:30	05:30
11:00	综合新闻							22:00	19:00	03:00	06:00
11:30	旅游指南			看中国			中心舞台	22:30	19:30	03:30	06:30
12:00	新闻一小时							23:00	20:00	04:00	07:00
13:00	今日话题							00:00	21:00	05:00	08:00
13:30	东方							00:30	21:30	05:30	08:30

续表

<table>
<tr><th>星期
北京时间</th><th>星期一</th><th>星期二</th><th>星期三</th><th>星期四</th><th>星期五</th><th>星期六</th><th>星期日</th><th>美国东部时间</th><th>美国西部时间</th><th>欧洲西部时间</th><th>非洲时间</th></tr>
<tr><td>14:00</td><td colspan="7">综合新闻</td><td>01:00</td><td>22:00</td><td>06:00</td><td>09:00</td></tr>
<tr><td>14:30</td><td>美洲观察</td><td colspan="5">发现</td><td>热点</td><td>01:30</td><td>22:30</td><td>06:30</td><td>09:30</td></tr>
<tr><td>15:00</td><td rowspan="2">世界观察</td><td colspan="6">综合新闻</td><td>02:00</td><td>23:00</td><td>07:00</td><td>10:00</td></tr>
<tr><td>15:30</td><td colspan="6">体育报道</td><td>02:30</td><td>23:30</td><td>07:30</td><td>10:30</td></tr>
<tr><td>16:00</td><td colspan="5">财经亚洲</td><td colspan="2">综合新闻</td><td>03:00</td><td>00:00</td><td>08:00</td><td>11:00</td></tr>
<tr><td>16:30</td><td>非洲人物</td><td colspan="5">自然</td><td>对话非洲</td><td>03:30</td><td>00:30</td><td>08:30</td><td>11:30</td></tr>
<tr><td>17:00</td><td colspan="7">综合新闻</td><td>04:00</td><td>01:00</td><td>09:00</td><td>12:00</td></tr>
<tr><td>17:30</td><td colspan="3">旅游指南</td><td colspan="3">看中国</td><td>中心舞台</td><td>04:30</td><td>01:30</td><td>09:30</td><td>12:30</td></tr>
<tr><td>18:00</td><td colspan="7">非洲直播室</td><td>05:00</td><td>02:00</td><td>10:00</td><td>13:00</td></tr>
<tr><td>18:30</td><td colspan="7">文化报道</td><td>05:30</td><td>02:30</td><td>10:30</td><td>13:30</td></tr>
<tr><td>19:00</td><td colspan="7">综合新闻</td><td>06:00</td><td>03:00</td><td>11:00</td><td>14:00</td></tr>
<tr><td>19:30</td><td colspan="7">今日话题</td><td>06:30</td><td>03:30</td><td>11:30</td><td>14:30</td></tr>
<tr><td>20:00</td><td colspan="7">中国24小时</td><td>07:00</td><td>04:00</td><td>12:00</td><td>15:00</td></tr>
<tr><td>20:40</td><td colspan="7">体育报道</td><td>07:40</td><td>04:40</td><td>12:40</td><td>15:40</td></tr>
<tr><td>21:00</td><td colspan="5" rowspan="2">财经亚洲</td><td colspan="2">综合新闻</td><td>08:00</td><td>05:00</td><td>13:00</td><td>16:00</td></tr>
<tr><td>21:30</td><td rowspan="2">财经高峰会</td><td rowspan="2">新财富</td><td>08:30</td><td>05:30</td><td>13:30</td><td>16:30</td></tr>
<tr><td>21:40</td><td colspan="5">综合新闻</td><td>08:40</td><td>05:40</td><td>13:40</td><td>16:40</td></tr>
</table>

续表

星期 北京时间	星期一	星期二	星期三	星期四	星期五	星期六	星期日	美国东部时间	美国西部时间	欧洲西部时间	非洲时间
22:00	今日亚洲						世界观察	09:00	06:00	14:00	17:00
22:30	文化报道							09:30	06:30	14:30	17:30
23:00	综合新闻							10:00	07:00	15:00	18:00
23:30	美洲观察	海客谈					热点	10:30	07:30	15:30	18:30
24:00	综合新闻							11:00	08:00	16:00	19:00
24:30	旅游指南			看中国			中心舞台	11:30	08:30	16:30	19:30
25:00	非洲直播室	非洲直播室					非洲直播室	12:00	09:00	17:00	20:00
25:30	非洲人物						对话非洲	12:30	09:30	17:30	20:30
26:00	综合新闻							13:00	10:00	18:00	21:00
26:20	中国24小时							13:20	10:20	18:20	21:20
27:00	综合新闻							14:00	11:00	19:00	22:00
27:30	今日话题							14:30	11:30	19:30	22:30

CCTV-Français 法语国际频道栏目播出时间表

星期 北京时间	星期一	星期二	星期三	星期四	星期五	星期六	星期日	巴黎时间	美国东部时间	格林尼治时间
04:00	亚洲新闻							21:00	15:00	20:00
04:30	文艺舞台（首播）						对话（首播）	21:30	15:30	20:30
05:00	体育新闻							22:00	16:00	21:00
05:15	学汉语（首播）							22:15	16:15	21:15
05:30	前进中的中国（首播）							22:30	16:30	21:30
06:00	财经新闻							23:00	17:00	22:00
06:30	新探索　（首播）							23:30	17:30	22:30
07:00	文化新闻							00:00	18:00	23:00
07:10	电视剧（首播）							00:10	18:10	23:10
08:00	体育新闻（直播）							01:00	19:00	00:00
08:15	学汉语							01:15	19:15	00:15
08:30	纪录片（首播）							01:30	19:30	00:30
09:00	综合新闻（直播）							02:00	20:00	01:00
09:30	外国人看中国	旅游指南（首播）	外国人看中国	旅游指南（首播）	外国人看中国	旅游指南（首播）	缤纷生活（首播）	02:30	20:30	01:30
10:00	中国新闻　（直播）							03:00	21:00	02:00
10:30	文艺舞台							03:30	21:30	02:30
11:00	财经新闻（直播）							04:00	22:00	03:00
11:30	前进中的中国							04:30	22:30	03:30
12:00	亚洲新闻（直播）							05:00	23:00	04:00
12:30	新探索							05:30	23:30	04:30
13:00	文化新闻（直播）							06:00	00:00	05:00
13:10	电视剧							06:10	00:10	05:10
14:00	中国新闻（新）（直播）							07:00	01:00	06:00
14:30	纪录片							07:30	01:30	06:30
15:00	综合新闻（直播）							08:00	02:00	07:00

续表

北京时间 \ 星期	星期一	星期二	星期三	星期四	星期五	星期六	星期日	巴黎时间	美国东部时间	格林尼治时间
15:30	外国人看中国	旅游指南	外国人看中国	旅游指南	外国人看中国	旅游指南	缤纷生活	08:30	02:30	07:30
16:00	亚洲新闻（直播）							09:00	03:00	08:00
16:30	文艺舞台						对话	09:30	03:30	08:30
17:00	体育新闻（直播）							10:00	04:00	09:00
17:15	学汉语							10:15	04:15	09:15
17:30	前进中的中国							10:30	04:30	09:30
18:00	财经新闻（直播）							11:00	05:00	10:00
18:30	新探索							11:30	05:30	10:30
19:00	文化新闻（直播）							12:00	06:00	11:00
19:10	电视剧							12:10	06:10	11:10
20:00	中国新闻（新）（直播）							13:00	07:00	12:00
20:30	纪录片							13:30	07:30	12:30
21:00	综合新闻（直播）							14:00	08:00	13:00
21:30	外国人看中国	旅游指南	外国人看中国	旅游指南	外国人看中国	旅游指南	缤纷生活	14:30	08:30	13:30
22:00	亚洲新闻（直播）							15:00	09:00	14:00
22:30	文艺舞台						对话	15:30	09:30	14:30
23:00	体育新闻（直播）							16:00	10:00	15:00
23:15	学汉语							16:15	10:15	15:15
23:30	前进中的中国							16:30	10:30	15:30
24:00	财经新闻（直播）							17:00	11:00	16:00
24:30	新探索							17:30	11:30	16:30
25:00	文化新闻（直播）							18:00	12:00	17:00
25:10	电视剧							18:10	12:10	17:10
26:00	综合新闻（直播）							19:00	13:00	18:00

续表

北京时间＼星期	星期一	星期二	星期三	星期四	星期五	星期六	星期日	巴黎时间	美国东部时间	格林尼治时间
26:30	纪录片							19:30	13:30	18:30
27:00	中国新闻							20:00	14:00	19:00
27:30	外国人看中国	旅游指南	外国人看中国	旅游指南	外国人看中国	旅游指南	缤纷生活	20:30	14:30	19:30

CCTV－Español 西班牙语国际频道栏目播出时间表

北京时间＼星期	星期一	星期二	星期三	星期四	星期五	星期六	星期日	西班牙时间	巴西、阿根廷时间	美国东部、委内瑞拉、智利时间
04:00	纪录片B							21:00	17:00	15:00
04:30	这就是中国							21:30	17:30	15:30
05:00	拉美视点（录播）	财经新闻（录播）						22:00	18:00	16:00
05:15		学汉语						22:15	18:15	16:15
05:30	百科天地							22:30	18:30	16:30
06:00	中华艺苑（首播）							23:00	19:00	17:00
06:20	影视看台A1（首播）							23:20	19:20	17:20
07:10	影视看台A2（首播）							00:10	20:10	18:10
08:00	综合新闻(直播)							01:00	21:00	19:00
08:15	学做中国菜(首播)							01:15	21:15	19:15
08:30	神州行（首播）		对话（首播）	神州行（首播）		对话（首播）	神州行（首播）	01:30	21:30	19:30
09:00	综合新闻（直播）							02:00	22:00	20:00
09:28	荧屏导视(直播)							02:28	22:28	20:28
09:30	纪录片A（首播）							02:30	22:30	20:30
10:00	纪录片B（首播）							03:00	23:00	21:00
10:30	这就是中国（首播）							03:30	23:30	21:30
11:00	综合新闻（直播）						拉美视点（直播）	04:00	00:00	22:00
11:28	荧屏导视(直播)							04:28	00:28	22:28

续表

北京时间＼星期	星期一	星期二	星期三	星期四	星期五	星期六	星期日	西班牙时间	巴西 、阿根廷时间	美国东部、委内瑞拉 、智利时间
11:30	百科天地（首播）							04:30	00:30	22:30
12:00	财经新闻（直播）						综合新闻（直播）	05:00	01:00	23:00
12:20	影视看台B1（首播）							05:20	01:20	23:20
13:10	影视看台B2（首播）							06:10	02:10	00:10
14:00	综合新闻（直播）							07:00	03:00	01:00
14:15	学做中国菜							07:15	03:15	01:15
14:30	神州行		对话	神州行		对话	神州行	07:30	03:30	01:30
15:00	综合新闻（直播）							08:00	04:00	02:00
15:28	荧屏导视(直播)							08:28	04:28	02:28
15:30	纪录片A							08:30	04:30	02:30
16:00	纪录片B							09:00	05:00	03:00
16:30	这就是中国							09:30	05:30	03:30
17:00	财经新闻（直播）						拉美视点（录播）	10:00	06:00	04:00
17:15	学汉语(首播)						拉美视点（录播）	10:15	06:15	04:15
17:30	百科天地							10:30	06:30	04:30
18:00	中华艺苑							11:00	07:00	05:00
18:20	影视看台A1							11:20	07:20	05:20
19:10	影视看台A2							12:10	08:10	06:10
20:00	综合新闻(直播)							13:00	09:00	07:00
20:15	学做中国菜							13:15	09:15	07:15
20:30	神州行		对话	神州行		对话	神州行	13:30	09:30	07:30
21:00	综合新闻(直播)							14:00	10:00	08:00
21:28	荧屏导视(直播)							14:28	10:28	08:28
21:30	纪录片A							14:30	10:30	08:30
22:00	纪录片B							15:00	11:00	09:00
22:30	这就是中国							15:30	11:30	09:30

续表

星期 / 北京时间	星期一	星期二	星期三	星期四	星期五	星期六	星期日	西班牙时间	巴西 、阿根廷时间	美国东部、委内瑞拉 、智利时间
23:00	财经新闻(直播)						拉美视点 (录播)	16:00	12:00	10:00
23:15	学汉语							16:15	12:15	10:15
23:30	百科天地							16:30	12:30	10:30
24:00	中华艺苑							17:00	13:00	11:00
24:20	影视看台B1							17:20	13:20	11:20
25:10	影视看台B2							18:10	14:10	12:10
26:00	综合新闻(录播)							19:00	15:00	13:00
26:15	学做中国菜							19:15	15:15	13:15
26:30	神州行		对话	神州行		对话	神州行	19:30	15:30	13:30
27:00	综合新闻 (录播)							20:00	16:00	14:00
27:30	纪录片A							20:30	16:30	14:30

CCTV– العربية 阿拉伯语国际频道栏目播出时间表

星期 / 北京时间	星期一	星期二	星期三	星期四	星期五	星期六	星期日	阿拉伯地区 (麦加) 时间	格林尼治时间
04:00	综合新闻(首播)(直送)					每周财经	综合新闻(首播)(直送)	23:00	20:00
04:30	电视剧B (两集)							23:30	20:30
06:00	纪录片 A							01:00	22:00
06:45	跟我学							01:45	22:45
07:00	中国文艺							02:00	23:00
07:30	话说中国							02:30	23:30
08:00	综合新闻					每周财经	综合新闻	03:00	00:00
08:30	纪录片 B							03:30	00:30

星期 / 北京时间	星期一	星期二	星期三	星期四	星期五	星期六	星期日	阿拉伯地区（麦加）时间	格林尼治时间
09:00	对话						中国 · 中东	04:00	01:00
09:30	中国之旅							04:30	01:30
10:00	综合新闻(直播)							05:00	02:00
10:15	纪录片 A (首播)							05:15	02:15
11:00	中国文艺 (首播)							06:00	03:00
11:30	话说中国 (首播)							06:30	03:30
12:00	综合新闻 (直播)							07:00	04:00
12:30	电视剧A (两集)(首播)							07:30	04:30
14:00	综合新闻(直播)							09:00	06:00
14:15	跟我学 (首播)							09:15	06:15
14:30	纪录片 B (首播)							09:30	06:30
15:00	对话 (首播)					中国 · 中东(首播	对话	10:00	07:00
15:30	中国之旅 (首播)							10:30	07:30
16:00	综合新闻 (直播)							11:00	08:00
16:30	话说中国							11:30	08:30
17:00	中国文艺							12:00	09:00
17:30	纪录片							12:30	09:30
18:00	综合新闻(直播)							13:00	10:00
18:15	纪录片 A							13:15	10:15
19:00	对话					中国 · 中东	对话	14:00	11:00
19:30	中国之旅							14:30	11:30
20:00	综合新闻 (直播)				每周财经(直播)	综合新闻 (直播)		15:00	12:00
20:30	电视剧B(两集)(首播)							15:30	12:30
22:00	综合新闻(直播)							17:00	14:00
22:15	跟我学							17:15	14:15

续表

星期 / 北京时间	星期一	星期二	星期三	星期四	星期五	星期六	星期日	阿拉伯地区（麦加）时间	格林尼治时间
22:30	中国文艺							17:30	14:30
23:00	纪录片 B				每周财经(首播)(直送)	纪录片 B		18:00	15:00
23:30	中国之旅							18:30	15:30
24:00	综合新闻(直播)							19:00	16:00
24:30	电视剧A(两集)							19:30	16:30
26:00	综合新闻(首播)(直送)							21:00	17:00
26:15	纪录片 A							21:15	17:15
27:00	对话					中国 · 中东	对话	22:00	18:00
27:30	话说中国							22:30	19:30

CCTV－Русский 俄语国际频道栏目播出时间表

星期 / 北京时间	星期一	星期二	星期三	星期四	星期五	星期六	星期日	格林尼治时间	莫斯科时间
09:00	综艺大观（首播）					旅游指南（首播）		01:00	05:00
09:30	放映厅A（首播）							01:30	05:30
10:15	放映厅A（首播）							02:15	06:15
11:00	综合新闻（直播）							03:00	07:00
11:15	纪录片A（首播）					11:15胜者为王（首播）		03:15	07:15
11:45	纪录片A（首播）					12:00综合新闻（直播）		03:45	07:45
12:15	跟我学（首播）							04:15	08:15
12:30	流行乐坛（首播）					12:45纪录片A（首播）		04:30	08:30
12:35	故事汇（首播）							04:35	08:35

续表

<table>
<tr><th>星期
北京时间</th><th>星期一</th><th>星期二</th><th>星期三</th><th>星期四</th><th>星期五</th><th>星期六</th><th>星期日</th><th>格林尼治时间</th><th>莫斯科时间</th></tr>
<tr><td>13:00</td><td colspan="5">综合新闻（直播）</td><td colspan="2">13:15中国厨艺(首播)</td><td>05:00</td><td>09:00</td></tr>
<tr><td>13:30</td><td colspan="7">放映厅B（首播）</td><td>05:30</td><td>09:30</td></tr>
<tr><td>14:15</td><td colspan="7">放映厅B（首播）</td><td>06:15</td><td>10:15</td></tr>
<tr><td>15:00</td><td colspan="5">财经新闻（直播）</td><td colspan="2">综合新闻（直播）</td><td>07:00</td><td>11:00</td></tr>
<tr><td>15:15</td><td colspan="5">纪录片B（首播）</td><td colspan="2">综艺大观(首播)</td><td>07:15</td><td>11:15</td></tr>
<tr><td>15:45</td><td colspan="5">纪录片B（首播）</td><td colspan="2">中国厨艺</td><td>07:45</td><td>11:45</td></tr>
<tr><td>16:15</td><td colspan="5">综艺大观</td><td colspan="2">16:00 综合新闻（直播）</td><td>08:15</td><td>12:15</td></tr>
<tr><td>16:45</td><td colspan="5">跟我学</td><td colspan="2">16:30 对话（首播）</td><td>08:45</td><td>12:45</td></tr>
<tr><td>17:00</td><td colspan="5">综合新闻（直播）</td><td colspan="2">旅游指南</td><td>09:00</td><td>13:00</td></tr>
<tr><td>17:30</td><td colspan="7">放映厅A</td><td>09:30</td><td>13:30</td></tr>
<tr><td>18:15</td><td colspan="7">放映厅A</td><td>10:15</td><td>14:15</td></tr>
<tr><td rowspan="2">19:00</td><td rowspan="2">综合新闻（直播）</td><td>综合新闻（直播）</td><td rowspan="2">综合新闻（直播）</td><td>综合新闻（直播）</td><td rowspan="2">综合新闻（直播）</td><td colspan="2">综合新闻（直播）</td><td>11:00</td><td>15:00</td></tr>
<tr><td>19:15观点（首播）</td><td>19:15观点（首播）</td><td colspan="2" rowspan="2">19:15 胜者为王</td><td>11:15</td><td>15:15</td></tr>
<tr><td>19:30</td><td colspan="5">纪录片A</td><td>11:30</td><td>15:30</td></tr>
<tr><td>20:00</td><td colspan="5">纪录片A</td><td>北京时间（直播）</td><td>北京时间（首播）（直送）</td><td>12:00</td><td>16:00</td></tr>
<tr><td>20:30</td><td colspan="5">流行乐坛</td><td colspan="2" rowspan="2">对话</td><td>12:30</td><td>16:30</td></tr>
<tr><td>20:35</td><td colspan="5">故事汇</td><td>12:35</td><td>16:35</td></tr>
<tr><td>21:00</td><td colspan="5">财经新闻（直播）</td><td colspan="2">纪录片B（首播）</td><td>13:00</td><td>17:00</td></tr>
<tr><td>21:15</td><td colspan="5">综艺大观</td><td colspan="2" rowspan="2">21:30 纪录片B（首播）</td><td>13:15</td><td>17:15</td></tr>
<tr><td>21:45</td><td colspan="5">跟我学</td><td>13:45</td><td>17:45</td></tr>
<tr><td rowspan="2">22:00</td><td rowspan="2">综合新闻（直播）</td><td>综合新闻（直播）</td><td rowspan="2">综合新闻（直播）</td><td>综合新闻（直播）</td><td rowspan="2">综合新闻（直播）</td><td colspan="2" rowspan="2">旅游指南</td><td>14:00</td><td>18:00</td></tr>
<tr><td>22:15 观点（重播）</td><td>22:15 观点</td><td>14:15</td><td>18:15</td></tr>
<tr><td>22:30</td><td colspan="5">流行乐坛</td><td colspan="2" rowspan="2">综艺大观</td><td>14:30</td><td>18:30</td></tr>
<tr><td>22:35</td><td colspan="5">故事汇</td><td>14:35</td><td>18:35</td></tr>
</table>

续表

北京时间 \ 星期	星期一	星期二	星期三	星期四	星期五	星期六	星期日	格林尼治时间	莫斯科时间
23:00	综合新闻（直播）	综合新闻（直播）	综合新闻（直播）	综合新闻（直播）	综合新闻（直播）	综合新闻（直播）		15:00	19:00
		23:15 观点		23:15 观点		中国厨艺		15:15	19:15
23:30	放映厅B							15:30	19:30
24:15	放映厅 B							16:15	20:15
25:00	综艺大观					对话		17:00	21:00
25:30	跟我学					胜者为王		17:30	21:30
25:45	纪录片B							17:45	21:45
26:15	纪录片B					纪录片A		18:15	22:15
26:45	流行乐坛					纪录片A		18:45	22:45
26:50	故事汇							18:50	22:50
27:15	放映厅A							19:45	23:15
28:00	放映厅A							20:00	00;00
28:45	跟我学					中国厨艺		20:45	00;45
29:00	放映厅B							21:00	01:00
29:45	放映厅B							21:45	01:45
30:30	流行乐坛					对话		22:30	02:30
30:35	故事汇							22:35	02:35
31:00	纪录片A					旅游指南		23:00	03:00
31:30	纪录片A					综艺大观		23:30	03:30
32:00	纪录片B							00:00	04:00
32:30	纪录片B							00:30	04:30

《中国中央电视台年鉴(2013)》特约编辑名单

台办公室	张 勇
总编室	梁宇峰
新闻中心	王 潇
综合频道	张清春
财经频道	李晓瑜
综艺频道	魏 征
中文国际频道	昝瑞春
体育频道	王伟东
电视剧频道	刘秀杰
科教频道	赵京津
社会与法频道	张 羽
戏曲和音乐频道	李守进
少儿频道	兰 芳
外语频道	朱 易
纪录频道	许 伟
大型节目中心	伟欣欣
军事节目中心（解放军电视宣传中心）	马 杰
海外传播中心	邓 颖
人力资源管理中心	曲 洋
财务管理中心	赵 彤
技术管理中心	韩 强
技术制作中心	栗小斌
播出传送中心	王 丹
资产管理中心	何兴煌
发展研究中心	韩秋红
机关党委	刘 斌
新台址建设工程办公室	于建国
总部接收管理办公室	林 辰
监察室	曾进清
审计处	许 萌
音像资料馆	吕村景
中国电视报社	郭卫翔
中国国际电视总公司	李春秀
中国电视剧制作中心有限责任公司	周 磊
中央新闻纪录电影制片厂（集团）	伍 伟
央视国际网络有限公司	曹 佩
中央卫星电视传播中心	李 琼
中国有线电视网络有限公司	吴玉龙
中国广播电视国际经济技术合作总公司	何东波
中视传媒股份有限公司	徐沙英

《中国中央电视台年鉴(2013)》资料员名单

台办公室

秘书处	盛 潇
综合处	田大明
机要档案处	吴军红
保卫处	李环英
外事处	李亚楠
法规处	达 红
行政处	申 丽
房管处	杜劲军

总编室

规划部	吴 迪
节目播出部	王 钰
节目研发部	舒 彤
版权管理部	路 芃
市场评估部	武 强
受众服务部	郑 楠
节目推介部	刘 璐
综合部	闫国威
审片部	戚 佳

新闻中心

策划部	曹丹丹
时政新闻部	黄美玉

经济新闻部	刘　芳
社会新闻部	周军英
地方记者部	贾　佳
海外记者部	黄　成
国际新闻部	徐　广
军事节目部	马彦平
新闻评论部	李　严
新闻频道编辑部	王　琳
综合频道新闻编辑部	杨金月
新闻播音部	郭生彦
新闻视觉艺术编辑部	马　徽
综合频道	
综合部	朱筱瑜
节目部	秦　华
节目统筹部	王红玉
财经频道	
节目部	段凤臻
综艺频道	
综合部	张春堂
节目部	刘　勇
中文国际频道	
综合部	田　原
节目部	张华杰
新闻部	端木礼昕
体育频道	
综合部	张晨曦
节目部	张慧荣
竞赛部	王　鹏
新闻部	杨青青
赛事频道编辑部	李　铭
电视剧频道	
综合部	刘　明
节目部	曹　倩
项目部	孙志东
科教频道	
综合部	方　京
节目部	裴　宁
社会与法频道	
综合部	张素英
节目部	翟　颖
戏曲和音乐频道	
综合部	王　兰
节目部	周闫忱忱
少儿频道	
综合部	陈　狄　张凯夫
外语频道	
节目部	成　蜜
英语新闻频道	唐　静
西班牙语频道	贾　佳
法语频道	李玲玲
阿拉伯语频道	孙子谋
俄语频道	吴佳佳
大型节目中心	
综合部	田姗姗
海外传播中心	
统筹规划部	程书颖
项目部	曾　晋
联络部	张　媛
人力资源管理中心	
干部管理处	许新颖
劳动工资处	王　歆
培训职称处	谷小洁
人才交流处	韩　巍
劳动关系管理处	戴　静
离退休人员管理处	李晓津
财务管理中心	
综合业务处	高　凯
计划统计处	李云洁
财务管理处	夏　佳
会计核算处	韩　璐
财产物资处	何　昕
产业管理处	李莹莹
技术管理中心	唐伟莉
技术业务部	郭　凌
质量管理部	张建华
工程管理部	崔　雪
基础资源部	范　禹
制播应用部	李文翠
业务应用部	莫海珍
信息安全部	胡　南

动力管理部	李芮玄
技术制作中心	闫 芬
综合部	张瑞虹
录制一部	段芙蓉
录制二部	罗新艳 潘 汀
录制三部	陈 彤
录制四部	赵琛琛
制作部	刘 军
音频部	冀 虹
播出传送中心	
综合部	程 昕
播出一部	袁 梅
播出二部	季奕军
转播部	陶 湛
总控部	周联群
新闻制播一部	张 静
新闻制播二部	鲁建军
新闻制播三部	宋智军
资产管理中心	
综合部	王晓雪
市场部	唐爱慧
客户部、频道营销部	张 婕
监审部	刘茹娜
公益广告部	沙丽丽
发展研究中心	
发展战略研究部	钱 笑
电视传播研究部	刘支梅
产业与新媒体研究部	马战英
机关党委	闫晓文
党委办公室	邵 宁
团委	郑 漠
工会	吕思远
精神文明协调处	白 净
归国华侨联合会	刘志宏
监察室	李湘如
审计处	段 炼
中国电视报社	汪慧君
中国电视剧制作中心有限责任公司	林 晓
中央新闻纪录电影制片厂（集团）	蒋国耀
	孟兰云
	李 军
央视国际网络有限公司	郝铭铭
中央卫星电视传播中心	李 乔
中国有线电视网络有限公司	田 甜
中国广播电视国际经济技术合作总公司	周 煜
中视传媒股份有限公司	刘唯鹏

CCTV
中国中央电视台
CHINA CENTRAL TELEVISION YEARBOOK
年 鉴
2013
胡占凡 主编
《中国中央电视台年鉴》编辑部 编

CCTV

SUO YIN

索引

索引

汉语拼音索引

D

E

F

G

H

J

K

L

M

N

P

Q

R

S

Y

Z

数字索引

英文字母索引